中国知识产权培训中心系列教材·中国知识产权

专利代理实务

（第3版）

主　编◎吴观乐　　副主编◎穆魁良　　卢素华

知识产权出版社
全国百佳图书出版单位

图书在版编目（CIP）数据

专利代理实务/吴观乐主编. —3 版. —北京：知识产权出版社，2015.4

ISBN 978 - 7 - 5130 - 3411 - 1

Ⅰ.①专… Ⅱ.①吴… Ⅲ.①专利—代理（法律）—中国 Ⅳ.①D923.42

中国版本图书馆 CIP 数据核字（2015）第 063964 号

内容提要

本书依据第三次修改的《专利法》《专利法实施细则》和《专利审查指南2010》，全面论述了专利代理的基本知识；在此基础上重点说明从事专利代理工作必须掌握的专利申请文件的撰写方法和技巧、审查意见通知书的答复和技巧、复审程序和无效宣告程序中的代理事务和技巧、专利侵权诉讼的代理事务和技巧；此外还详细地介绍了专利代理工作中的其他内容。本书是专利代理人从事专利代理工作必备的工具书，也是备考全国专利代理人资格考试"专利代理实务"科目不可不备的重要参考书。

责任编辑：李 琳 王 欣		责任校对：谷 洋	
文字编辑：胡文彬		责任出版：刘译文	
装帧设计：张 冀			

‖ 中国知识产权培训中心系列教材·中国知识产权教程 ‖

专利代理实务（第 3 版）

Zhuanli Daili Shiwu（Di 3 Ban）

吴观乐　主编

穆魁良　卢素华　副主编

出版发行：知识产权出版社 有限责任公司　　　网　　址：http：//www.ipph.cn

社　　址：北京市海淀区马甸南村 1 号　　　　　邮　　编：100088

责编电话：010 - 82000860 转 8118　　　　　　责编邮箱：lilin@ cnipr.com

发行电话：010 - 82000860 转 8101/8102　　　　发行传真：010 - 82000893/82005070/82000270

印　　刷：三河市国英印务有限公司　　　　　　经　　销：各大网络书店、新华书店及相关销售网点

开　　本：889mm×1194mm 1/16　　　　　　 印　　张：47.25

版　　次：2015 年 4 月第 3 版　　　　　　　　 印　　次：2015 年 4 月第 8 次印刷

字　　数：1300 千字　　　　　　　　　　　　 定　　价：150.00 元

ISBN 978 -7 -5130 -3411 -1

主编简介

吴观乐 1963 年毕业于清华大学（工程热物理专业），1967 年毕业于中国科学院四年制研究生（力学所传热专业），1985 年在德国联邦专利局进修一年，1993 年在德国马普学会专利、版权和竞争法研究所进修半年。

毕业后在中国科学院力学所工作，曾任电弧风洞实验室副主任，先后获得 1981 年度"国防科委科研二等奖"（集体项目）和 1983 年度"中国科学院成果二等奖"（曾为此课题主要负责人之一）。

1983 年调到中国专利局（现为国家知识产权局专利局），先后从事发明专利实质审查、专利复审委员会的复审和无效程序的审查以及专利审查员的培训工作，并参与全国专利代理人资格考试的考前培训、出题和阅卷工作。历任中国专利局物理审查部副部长、中国专利局专利复审委员会副局级复审委员、中国专利局机械审查部部长、国家知识产权局专利局审查业务指导委员会副主任等职。参加了《专利法》和《专利法实施细则》第二次修订的工作、2000 年至 2001 年退休返聘期间承担了 2001 年版《审查指南》修订的全书统稿校稿工作和《审查指南修改导读》一书的统稿工作。

从 2001 年 9 月至 2014 年 4 月在北京市柳沈律师事务所任高级顾问，主要负责所内专利实务咨询和专利代理人的业务培训，在《专利法》第三次修订时，担任北京市柳沈律师事务在"第三次中国专利法及专利法实施细则修改"课题研究中承担的"外观设计专利的保护"课题的项目主持人，该课题的研究成果有多处被第三次修订的《专利法》吸取、采纳。在此期间，曾为北京大学的专利代理专业方向研究生和北京化工大学知识产权管理专业方向的在职研究生讲授专利实务课程。

在三十多年的专利生涯中，吴观乐先生还先后担任过中国知识产权研究会专利委员会副主任、国际知识产权教学与研究促进会（ATRIP）会员、中华全国专利代理人协会机械专利专业委员会主任、中国知识产权培训中心兼职教授。1993 年起享受国务院颁发的有突出贡献专家的政府特殊津贴。

吴观乐先生常年关注专利人才的成长，从 1988 年起，持续不断从事专利审查员和专利代理人的培训工作，先后为数千受众讲授专利审查/专利代理实务课程，在培训专利局审查员和全国专利代理人考试培训方面声誉卓著，被网友们誉为中国专利代理人考试培训"第一人"。

在长期的专利审查实践工作中，吴观乐先生积极思考，善于总结，先后出版专利著作9种（含合著），在国内外刊物上发表文章五十余篇。主要著作有：《专利申请文件撰写案例剖析》（合著及第一撰稿人），《中国专利教程系列：专利代理》（合著及第一撰稿人），《发明和实用新型专利申请文件撰写案例剖析（机械和日常生活领域）》（主编及主要撰稿人），《新编中国专利教程：专利代理概论》（副主编和主要撰稿人），《中国知识产权教程：专利代理实务》（主编和主要撰稿人），《专利代理人执业培训教材：专利代理业务基础知识》《专利代理实务应试指南及真题精解》（合编），《全国专利代理人资格考试考前培训教材——专利代理实务分册》（副主编、总审、修改和统稿）、《全国专利代理人实务技能培训教材——专利申请代理实务（机械分册）》（主编、撰稿人和统稿）。这些著作紧密联系专利审查及代理工作实际，内容翔实，论述周密细致，案例丰富生动，通俗易懂，有多种著作在二十多年间持续加印、改版更新，深受读者欢迎。

总　序

　　1992 年经国务院批准成立中国知识产权培训中心，这是我国政府为加强知识产权保护，完善知识产权保护制度，促进知识产权事业发展的一项重要举措。在国家知识产权局的直接领导下，国家版权局、商标局和其他政府部门以及涉外专利代理机构的支持下，经过近四年的筹建，中国知识产权培训中心于 1996 年 4 月 1 日在人民大会堂正式宣布成立，在国内外引起强烈反响，备受国内外知识产权界及其他各界的瞩目并寄予厚望。为了按照国务院的要求，高质有效地完成对全国在职人员进行知识产权培训的任务，培养出大批高质量的知识产权专门人才，中国知识产权培训中心将根据我国的国情和实际需要，采取各种切实可行的形式，开展丰富多彩的知识产权培训活动，其中主要是按照统一编写的教学大纲和教材实施正规的定期知识产权培训。为此，中国知识产权培训中心组织编写了"中国知识产权教程"。

　　"中国知识产权教程"主要面向知识产权各领域在职业务人员和其他领域从事知识产权工作的在职业务人员，同时也面向知识产权各领域在职非业务人员和社会公众。"中国知识产权教程"包括十三个分册，分别是：《知识产权法律基础》《知识产权的国际保护》《知识产权诉讼》《国外专利保护制度》《专利审查》《专利管理》《专利代理实务》《专利文献与信息》《版权保护的法律制度》《数字技术的知识产权保护》《商标保护的法律制度》《许可证贸易》和《反不正当竞争法原理》。以上十三分册分为通用分册和专业分册两大类，其中《知识产权法律基础》和《知识产权的国际保护》为通用分册，其余各分册为专业分册。通用分册力求具有一定的全面性、普及性和宣传性；专业分册力求具有理论深度，专业特点突出。通用分册和专业分册各有侧重，能分别单独完成某一方面的培训任务，能够对知识产权专业在职人员、非专业在职人员和社会公众进行普及、提高乃至系统的知识产权培训。同时，两类分册还能够有机结合，形成一个系统完整的知识产权培训教程，从而达到知识产权各专业系统理论知识培训指定教材的水平。

　　为保证各分册的质量和教程的整体水平，以上各分册分别由各自领域中实践经验丰富，理论水平高的专家、学者进行编写，并由权威专家进行审稿。各分册均根据最成熟的观点，采用当时最新的素材，从方便教学的角度进行编写，力求满足教学的需要。同时，在各分册中，也对各自领域中一些有价值的学术观点进行适当的介绍，从而兼顾学术研究的需要。

　　"中国知识产权教程"将适时根据最新素材和法律法规修改情况进行修改，并将根据实际需要增加新的分册，以满足教学培训工作的需要。

　　"中国知识产权教程"的编写工作得到了各有关部门领导和各方面专家学者的热情关心和大力支持，在此，中国知识产权培训中心表示衷心的感谢。

姜颖*

＊　姜颖同志为国家知识产权局原局长、中国知识产权培训中心原主任。——编辑注

第 3 版前言

　　《专利代理实务》一书自出版以来，受到广大专利工作者的热烈欢迎。第三次修改《专利法》后，不少读者以各种方式询问本书第 3 版何时能修订出版，再次说明广大读者对本书的关心和肯定，对本书的作者是最大的鼓励，在此向广大读者表示真挚的感谢！

　　本书的第 3 版修订工作于 2010 年就已启动。但是，在修订过程中获知《专利代理条例》修改工作被列入国务院 2011 年立法工作计划，且又得知最高人民法院正在酝酿制订专利侵权判定的具体标准，因此在完成第 3 版的基础工作后，原计划在这两项工作完成之后加以完善和补充再予以出版。不料，《专利代理条例》修订工作于 2011 年和 2012 年均未完成，最高人民法院所酝酿的专利侵权判定具体标准也未能按计划完成，这样本书第 3 版修订稿的定稿工作随之向后拖延。2013 年国务院法制办再次将《专利代理条例》修改工作列入立法工作计划，并在 2013 年以《专利代理条例修订草案（征求意见稿）》的方式向相关单位和相关专家征求意见，而北京市高级人民法院根据最高人民法院于 2009 年 12 月 21 日通过、并于 2010 年 1 月 1 日起施行的《最高人民法院关于审理侵犯专利权纠纷案件应用法律若干问题的解释》，于 2013 年 10 月 9 日发布了《专利侵权判定指南》，因此便从 2013 年 11 月起依据这两个文件对本书第 3 版进行了最后修订。在修订的过程中，同时将国家知识产权局于 2013 年 11 月 6 日和 2014 年 3 月 17 日先后发布的国家知识产权局令第 67 号和第 68 号《国家知识产权局关于修改〈专利审查指南〉的决定》，2014 年 1 月 6 日起欧、日、韩、中、美五局专利审查高速路试点项目，2014 年 2 月 28 日国家知识产权局印发的《关于促进专利代理行业发展的若干意见》中的有关内容补充到本书之中。此外，国家知识产权局已启动第四次修改《专利法》的工作，并于 2014 年 4 月 2 日发布了《专利法修改草案（送审稿）》，尽管这次《专利法》修改的内容不多，但由于尚未正式定稿，因此仅对其中比较重要的条款在本书相关内容之处用脚注方式作出了说明。需要说明的是，虽然本书第 3 版推迟到现在出版有一些客观原因，但作为本书的主编对于本书的第 3 版未能及时与读者见面仍然表示深深的歉意。

　　本书第 3 版主要作了两方面的修订：其一，根据第三次修改的《专利法》、相应修订的《专利法实施细则》和《专利审查指南 2010》，这一段时间新修订的有关法律法规、规章、法院的司法解释和指导意见以及《专利合作条约实施细则》的修订情况等对本书各章节作了比较全面的修订和补充，其中第二章第一节之四、第三章第二节、第五章、第六章第三节、第七章第二节和第五节、第八章第一节和第四节、第九章第二节、第十章第三节和第五节、第十一章第六节（第 2 版第十一章第五节）、第十二章、第十五章第一节、第十六章第一节、第十七章第二节和第三节、第十八章第一节之一的修订和补充内容较多；其二，根据实践经验对如何做好专利代理实务工作给予了较多的补充，例如在第十一章增加了一节（第五节），推荐了一件帮助读者了解发明专利申请文件撰写全过程的案例，在第十五章第二节之四中增加了一份复审请求书的撰写样例，对第十六章第二节、第三节作了较大的改写，并在第三节中更换了一件与外观设计授权标准变化相适应的意见陈述书的撰写案例，对第十八章第一节之二至四的内容作了较大的修改，并在第十八章第四节之三中增加了有关不服专利复审委员会复审决定或无效宣告请求审查决定提出的行政诉讼如何具体进行代理的内容。

　　本书第一编第一章至第三章的修订由穆魁良同志完成，第二编第四章至第九章及第十章第三节以及第三编第十一章至第十六章及第十八章第一节和第四节之三中的（二）和（三）的修订由吴观乐同志完成（其中第十一章第六节之一中外观设计专利申请文件推荐案例一、五、八至十二分别由北京市柳沈律师事务所的冯晓燕和张亮同志、国家知识产权局专利局外观设计部的朱斌同志提供），第二编第十章的第一节、第二节、第四节、第五节和第十八章的第二节至第四节［除第十八章第四节之三中的（二）和（三）外］的修订由陈建民同志完成，第三编第十七章的修订由韩飘扬同志完成，全书统稿校对工作由吴观乐同志完成。

　　本书编写的主要目的是为专利代理人平时办理专利代理事务提供一本工具书，但本书对全国专利代理人资格考试也特别有帮助，因此本书从第2版起已被列入"全国专利代理人资格考试备考用书"。

　　本书难免还存在不少错误之处，敬请读者见谅，并欢迎批评指正。

第 2 版前言

《专利代理实务》一书自 2006 年出版以来，受到了广大专利工作者的欢迎，认为本书对从事专利工作人员的专利事务实践起到了指导作用，对准备参加全国专利代理人资格考试的人员来说不失为一本通俗易懂的教材。广大读者的肯定对本书的作者是最大的鼓励。

从 2005 年开始，国家知识产权局对 2001 年施行的《审查指南 2001》进行了全面修订。新修订的《审查指南 2006》已于 2006 年 7 月 1 日起施行，因此《专利代理实务》一书的内容与已施行的《审查指南 2006》不相适应。除此以外，于 2005 年修订的《专利合作条约实施细则》也已于 2006 年 4 月 1 日起施行。尽管本书仅仅才出版一年，为了使《专利代理实务》一书更好地为广大读者服务，仍决定对本书进行修订，推出第 2 版，使其反映最新的专利法律法规的内容。

本书第 2 版主要作了四方面的修订：其一，根据新施行的《审查指南 2006》内容进行了修改，这部分修改的内容最多，涉及本书第二编除第九章以外的各章以及第三编第十一章至第十六章，尤其是其中第六章、第七章、第八章、第十三章、第十五章和第十六章作了较多的修改与补充，这部分的修订工作主要由吴观乐同志完成；其二，根据新施行的《专利合作条约实施细则》进行了修改，这部分的修改主要涉及第三编第十七章，由韩飘扬同志完成；其三，为适应全国专利代理人资格考试的要求进行的修改，这部分主要涉及第十三章和第十六章，由吴观乐同志完成；其四，对全书作了一次统校，对于原书中不太合适的内容作了修改，并根据平时专利代理工作的实践进行了修改和补充，此统校工作由吴观乐同志完成。

考虑到本书的内容不仅有助于专利代理实践工作，而且对全国专利代理人资格考试也特别有帮助，因此第 2 版《专利代理实务》将列入"全国专利代理人资格考试备考用书"。

本书难免还存在不少错误之处，敬请读者见谅，并欢迎批评指正。

第 1 版前言

为适应专利事业发展的需要，我国在建立专利制度不久就开始着手专利代理队伍的建设，至今已有二十多年。在此期间，我国专利代理队伍从无到有，不断壮大，相应的专利代理机构也在迅速发展。2000 年曾有多达 538 家专利代理机构。此后，为了适应社会主义市场经济发展的需要，这些机构按照国务院办公厅对经济鉴证类中介机构与政府部门实行脱钩改制意见进行了整顿，截至 2003 年年底年检通过的为 495 家。二十年来，接受过专利代理知识培训的有几万人，其中已有近八千人取得专利代理资格。为不断完善我国的专利代理制度，国家知识产权局条法司从 2003 年起开始着手修订《专利代理条例》，新的条例可望在 2006 年颁布。二十年来，我国的专利代理制度日臻完善，在专利制度中发挥着越来越重要的作用。

随着专利事业的不断发展，专利代理人的专利代理业务范围也由简及繁。在专利制度实施初期，专利代理业务主要是办理专利申请事务，后来增加了与专利复审和专利权无效宣告请求审查有关事务，近来专利侵权诉讼案件逐年快速增长，从而对专利代理行业提出了更高的要求。为适应开展专利代理工作的需要，中国知识产权培训中心确定出版《专利代理实务》一书，将其作为"中国知识产权教程"的一种。

本书以现行《中华人民共和国专利法》《中华人民共和国专利法实施细则》和《审查指南》为基础，总结、整理了多年来专利审查和专利代理的实践经验。全书共分三编，第一编为专利代理概述，第二编为专利代理基本知识，第三编为专利代理工作。第一编共三章，在对专利制度和专利代理的法律概念和特征、专利代理在专利制度中的作用作简单说明的基础上，重点介绍了我国专利代理制度的一些规定和具体做法，主要包括我国专利代理机构的建立和发展，专利代理机构的类型、组织形式、成立条件和审批手续，专利代理机构的人员组成和内部管理，专利代理机构的业务范围，专利代理人的权利、义务和职业道德等。第二编共八章，全面介绍了专利代理人必须掌握的最基本的专利知识，包括主要专利程序，专利事务处理中的文件、期限与费用，可授予专利权的保护客体，专利申请文件及其撰写要求，授予专利权的实质条件，合案申请的条件，专利诉讼等。第三编共八章，详细说明了专利代理中最主要的业务工作，以帮助专利代理人尽快掌握具体专利代理业务，包括专利申请文件的撰写，专利申请初步审查程序中的专利代理，发明专利申请实质审查程序中的专利代理，授予专利权阶段及其后的专利代理，复审程序中的专利代理，无效宣告程序中的专利代理，涉外与港台地区的专利代理，专利诉讼中的专利代理等。

本书编写时力求做到理论联系实际，既注重介绍基本知识，又结合实际案例说明如何办理专利代理实务，所有具有理工科专业大专以上学历者都能通过阅读本书自学有关专利知识并付诸专利事务实践。因此本书是指导专利代理实际事务的工作手册，对于打算取得全国专利代理人资格的人员来说是一本必读教材，对于从事专利代理工作的专利代理人或者准备自行办理有关专利事务的科技人员或其他人员来说可以作为办理专利事务的指南。

本书编写的具体分工如下：

前言由吴观乐同志撰写；

第一章第一节和第二节由穆魁良同志和吴观乐同志撰写，第三节由穆魁良同志撰写；

第二章和第三章由穆魁良同志撰写；

第四章至第九章由吴观乐同志撰写；

第十章第一节、第二节、第四节和第五节由陈建民同志撰写，第三节由吴观乐同志撰写；

第十一章第一节至第四节由吴观乐同志撰写（其中第四节之二电学类发明专利申请撰写示例由赵亮同志提供、崔伯雄同志撰写），第五节根据红波同志、刘桂荣同志、朱仁秀同志提供的材料汇编而成；

第十二章至第十六章由吴观乐同志撰写；

第十七章由韩飘扬同志撰写；

第十八章第一节由吴观乐同志撰写，第二节至第四节由陈建民同志撰写。

尹新天同志对本书进行了总审，袁德同志对本书第四章至第九章进行了审阅。

此外，在本书编写过程中多次请教过汤宗舜、程永顺、张晓玲、於毓桢、韩晓春、马来客等同志，获益匪浅，特此表示感谢。

本书的编写参考借鉴了许多著作和文章，从中吸取了不少宝贵的内容，例如第一章中就借鉴了《专利法教程》《知识产权法律保护问答》《专利代理概论》《专利代理》《知识产权原理》《知识产权教程》《专利文献与信息》，第十章第二节根据《知识产权诉讼》《专利权的保护》《专利诉讼》《新专利法详解》《专利代理概论》《专利侵权判定》进行汇编改写而成，但出于版面整洁和便于阅读的考虑，没有直接在参考引证之处作出标引，只将这些著作和文章作为参考文献列于全书文后，在此谨向被引用著作和文章的作者致以歉意，并表示衷心的感谢。

由于作者的水平和实践经验有限，本书内容一定会存在不少不妥之处，敬请读者批评指正。

目　　录

第一编　专利代理概述

第一章　专利制度与专利代理 ……………………………………………………… 3

第一节　专利、专利权和专利制度 ……………………………………………… 3

　　一、专利与专利权的基本特征 …………………………………………… 3

　　二、专利制度及其特征 …………………………………………………… 5

　　三、我国专利制度发展历史回顾 ………………………………………… 6

第二节　专利代理 ………………………………………………………………… 9

　　一、专利代理的概念 ……………………………………………………… 9

　　二、专利代理的特征 ……………………………………………………… 10

　　三、专利代理关系的终止和变更 ………………………………………… 12

　　四、专利代理在专利制度中的作用 ……………………………………… 13

第三节　与专利代理相关的其他知识产权法律法规 ………………………… 15

　　一、《商标法》及商标代理中应注意的一些问题 ……………………… 15

　　二、《著作权法》及交叉保护问题 ……………………………………… 18

　　三、《计算机软件保护条例》 …………………………………………… 19

　　四、《反不正当竞争法》 ………………………………………………… 23

　　五、《知识产权海关保护条例》 ………………………………………… 25

　　六、《集成电路布图设计保护条例》 …………………………………… 26

　　七、《审理专利侵权纠纷司法解释 2009》 ……………………………… 27

第二章　专利代理机构及专利代理人 ……………………………………… 29

第一节　专利代理机构的建立与发展 ………………………………………… 29

　　一、专利代理机构的建立和完善 ………………………………………… 29

　　二、专利代理机构的改革与调整 ………………………………………… 30

　　三、脱钩改制后的专利代理行业面临新的机遇和挑战 ………………… 31

　　四、专利代理行业管理的加强和发展规划的制定 ……………………… 32

第二节　专利代理机构的设立及人员组成 …………………………………… 34

　　一、专利代理机构组织形式、设立条件及审批程序 …………………… 34

　　二、申请设立专利代理机构应注意的问题 ……………………………… 35

　　三、专利代理机构的人员组成 …………………………………………… 38

第三节　专利代理人 …………………………………………………………… 39

　　一、专利代理人及其任务 ………………………………………………… 39

　　二、专利代理人的执业纪律 ……………………………………………… 40

　　三、专利代理人的权利和义务 …………………………………………… 42

四、专利代理人的职业道德 ·· 43

五、专利代理人的业务素质 ·· 45

第四节　专利代理机构的管理 ··· 46

一、专利代理机构的内部管理制度 ······································ 47

二、专利代理机构的业务管理 ·· 51

第三章　专利代理机构的业务范围 ·· 53

第一节　向客户提供咨询服务 ··· 53

一、咨询服务的形式 ·· 53

二、咨询服务的主要内容 ·· 54

三、咨询服务中应注意的问题 ·· 56

第二节　代办专利申请、专利审批及专利授权后的相关事务 ·················· 57

一、专利申请文件的准备及提交 ·· 57

二、专利申请审批期间的代理事务 ·· 60

三、专利授权后的代理事务 ·· 63

第三节　提供与专利事务相关的专利检索服务 ······························· 67

一、专利检索的重要性及其作用 ·· 67

二、专利信息检索的方法与步骤 ·· 69

三、专利检索在各类专利事务中的具体应用 ································ 71

第二编　专利代理基本知识

第四章　主要专利程序 ··· 79

第一节　专利程序 ··· 79

一、专利程序的种类 ·· 79

二、专利程序的启动 ·· 80

三、专利程序的审查和管理原则 ·· 80

第二节　《专利法》和《专利法实施细则》规定的主要专利程序 ·············· 81

一、专利申请与受理程序 ·· 81

二、专利申请的初步审查程序 ·· 82

三、发明专利申请实质审查程序 ·· 82

四、授权程序 ·· 83

五、复审程序 ·· 83

六、无效宣告请求审查程序 ·· 84

七、实用新型或者外观设计专利权检索和评价程序 ························ 85

八、专利实施强制许可程序 ·· 85

九、专利侵权诉讼程序 ·· 87

十、专利权属纠纷诉讼程序 ·· 87

十一、专利纠纷和专利违法行为的行政处理程序 ·························· 88

第三节　《行政诉讼法》和《行政复议法》涉及的专利程序 ·················· 88

一、行政复议程序 ·· 88

二、专利行政诉讼程序 …………………………………………………………………… 89

第四节　按照《专利合作条约》规定的主要专利程序 ……………………………… 90

一、国际申请的申请及受理程序 ………………………………………………………… 90

二、国际申请的国际检索程序 …………………………………………………………… 91

三、国际申请的国际初步审查程序 ……………………………………………………… 91

四、国际申请进入国家阶段的进入程序 ………………………………………………… 92

第五节　《专利审查指南 2010》和国家知识产权局办事规程中涉及的子程序 …… 92

一、保密程序 ……………………………………………………………………………… 93

二、向外国申请专利的保密审查程序 …………………………………………………… 93

三、中止程序 ……………………………………………………………………………… 94

四、恢复权利程序 ………………………………………………………………………… 95

五、延期请求程序 ………………………………………………………………………… 96

六、著录项目变更程序 …………………………………………………………………… 96

七、更正程序 ……………………………………………………………………………… 96

第五章　专利事务处理中的文件、期限与费用 …………………………………… 98

第一节　专利事务处理的期限 ……………………………………………………… 98

一、期限的种类 …………………………………………………………………………… 98

二、期限的计算 …………………………………………………………………………… 99

三、期限的管理 …………………………………………………………………………… 100

四、专利事务处理管理期限一览表 ……………………………………………………… 102

第二节　专利费用 …………………………………………………………………… 111

一、费用的种类 …………………………………………………………………………… 111

二、费用缴纳的期限 ……………………………………………………………………… 111

三、费用缴纳的管理 ……………………………………………………………………… 112

四、主要专利费用缴纳一览表 …………………………………………………………… 114

第六章　可授予专利权的保护客体 ………………………………………………… 118

第一节　可授予发明专利权的保护客体 …………………………………………… 118

一、专利法意义上的发明 ………………………………………………………………… 118

二、属于《专利法》第五条规定的不授予专利权的客体 ……………………………… 119

三、属于《专利法》第二十五条规定的不授予专利权的客体 ………………………… 120

第二节　可授予实用新型专利权的保护客体 ……………………………………… 123

一、实用新型专利保护适于实用的新的技术方案 ……………………………………… 124

二、实用新型专利只保护产品 …………………………………………………………… 124

三、实用新型专利只保护在形状和/或构造上作出改进的产品 ………………………… 125

第三节　可授予外观设计专利权的保护客体 ……………………………………… 126

一、外观设计专利的保护客体 …………………………………………………………… 126

二、属于《专利法》第五条第一款规定的不能授予外观设计专利权的客体 ………… 128

三、属于《专利法》第二十五条第一款第（六）项规定的不能授予

外观设计专利权的客体 ……………………………………………………………… 128

第七章　专利申请文件 ·· 130

第一节　专利申请文件简介 ·· 130

一、专利申请文件的组成 ·· 130

二、专利申请文件的作用 ·· 131

第二节　请求书 ·· 132

一、发明专利请求书 ·· 133

二、实用新型专利请求书 ·· 134

三、外观设计专利请求书 ·· 135

四、国际申请进入中国国家阶段声明 ···································· 135

第三节　发明和实用新型专利申请的权利要求书 ······················ 138

一、权利要求书简介 ·· 139

二、权利要求书的撰写要求 ··· 141

三、独立权利要求的撰写要求 ·· 144

四、从属权利要求的撰写要求 ·· 147

第四节　发明和实用新型专利申请的说明书 ····························· 149

一、发明和实用新型说明书的组成部分 ·································· 149

二、说明书应当满足的总体要求 ··· 150

三、说明书各个组成部分的撰写要求 ···································· 153

第五节　外观设计专利申请文件 ··· 159

一、使用外观设计的产品名称 ·· 159

二、外观设计的图片或照片 ··· 159

三、简要说明 ·· 162

第八章　授予专利权的实质条件 ··· 164

第一节　新颖性——发明与实用新型授予专利权实质条件之一 ······ 164

一、与新颖性有关的概念 ·· 164

二、审查原则和审查基准 ·· 167

三、优先权 ··· 170

四、不丧失新颖性的公开 ·· 175

五、对同样的发明创造的处理 ·· 177

第二节　创造性——发明与实用新型授予专利权实质条件之二 ······ 181

一、发明创造性的基本概念 ··· 181

二、发明创造性的审查原则和审查基准 ·································· 182

三、几种不同类型发明创造性的判断 ···································· 191

四、创造性判断时需要考虑的其他因素 ·································· 194

五、实用新型创造性的审查 ··· 195

第三节　实用性——发明与实用新型授予专利权实质条件之三 ······ 196

一、实用性概念 ··· 197

二、审查原则 ·· 197

三、审查基准 ·· 198

第四节　外观设计授予专利权的实质条件 ································· 199

一、2008 年《专利法》修改前后外观设计授权实质条件的主要变化 ……………… 200
二、与外观设计授权实质条件有关的概念 ……………………………………………… 201
三、《专利法》第二十三条第一款规定的实质性授权条件 …………………………… 204
四、《专利法》第二十三条第二款规定的实质性授权条件 …………………………… 208
五、《专利法》第二十三条第三款规定的实质性授权条件 …………………………… 212

第九章　发明创造可合案申请的条件 …………………………………………………… 215
　第一节　发明或者实用新型可合案申请的条件 ……………………………………… 215
　　一、发明和实用新型单一性的基本概念 …………………………………………… 215
　　二、发明和实用新型单一性的审查原则 …………………………………………… 216
　　三、发明和实用新型单一性的判断方法 …………………………………………… 217
　第二节　外观设计可合案申请的条件 ………………………………………………… 220
　　一、外观设计单一性的基本概念 …………………………………………………… 220
　　二、外观设计单一性的审查原则 …………………………………………………… 223
　　三、外观设计单一性的判断方法 …………………………………………………… 224
　第三节　分案申请 ……………………………………………………………………… 225
　　一、分案申请的提出 ………………………………………………………………… 225
　　二、分案申请应当满足的条件 ……………………………………………………… 225
　　三、提出分案申请时应当办理的手续 ……………………………………………… 226

第十章　专利诉讼 ………………………………………………………………………… 228
　第一节　概述 …………………………………………………………………………… 228
　　一、专利诉讼的概念和特点 ………………………………………………………… 228
　　二、专利诉讼发生的原因分析 ……………………………………………………… 229
　　三、专利诉讼的分类 ………………………………………………………………… 229
　　四、专利诉讼的法院管辖 …………………………………………………………… 230
　第二节　专利权属诉讼 ………………………………………………………………… 232
　　一、专利权属诉讼概述 ……………………………………………………………… 232
　　二、专利申请权归属诉讼 …………………………………………………………… 233
　　三、专利权归属诉讼 ………………………………………………………………… 236
　第三节　专利侵权诉讼 ………………………………………………………………… 237
　　一、专利侵权行为 …………………………………………………………………… 237
　　二、不视为侵犯专利权的几种情况 ………………………………………………… 241
　　三、共同侵权行为和间接侵权行为 ………………………………………………… 245
　　四、专利侵权的民事责任 …………………………………………………………… 247
　　五、专利侵权诉讼中的几个程序问题 ……………………………………………… 249
　第四节　专利合同诉讼 ………………………………………………………………… 256
　　一、专利合同概述 …………………………………………………………………… 256
　　二、专利合同诉讼概述 ……………………………………………………………… 259
　　三、专利权利转让合同的诉讼 ……………………………………………………… 261
　　四、专利实施许可合同的诉讼 ……………………………………………………… 262
　第五节　专利行政诉讼 ………………………………………………………………… 266

一、专利行政诉讼概述 ……………………………………………………… 266

二、以国家知识产权局为被告的专利行政诉讼 …………………………… 268

三、以专利复审委员会为被告的专利行政诉讼 …………………………… 271

四、以地方知识产权管理部门为被告的专利行政诉讼 …………………… 272

第三编　专利代理工作

第十一章　专利申请文件的撰写 ………………………………………… 277

第一节　撰写发明或者实用新型权利要求书和说明书的准备工作 …… 277

一、理解发明或者实用新型实质内容 ……………………………………… 277

二、就发明创造的内容与申请人或发明人进行必要的沟通 ……………… 281

三、对发明或者实用新型的相关现有技术进行检索和调研 ……………… 284

第二节　发明和实用新型专利申请权利要求书的撰写 ……………… 286

一、撰写权利要求书的主要步骤 …………………………………………… 286

二、如何撰写出较宽保护范围的独立权利要求 …………………………… 290

三、并列独立权利要求的撰写 ……………………………………………… 292

四、权利要求书撰写时应当注意避免出现的几个主要问题 ……………… 295

第三节　发明和实用新型专利申请说明书的撰写 …………………… 304

一、说明书各个组成部分及其摘要的撰写 ………………………………… 305

二、说明书的充分公开与保留技术秘密 …………………………………… 310

三、说明书撰写时应当避免出现的一些主要问题 ………………………… 313

第四节　一件发明专利申请文件的撰写案例 ………………………… 320

一、阅读和理解技术交底书中所介绍的发明创造技术内容 ……………… 320

二、对检索和调研到的现有技术进行分析 ………………………………… 324

三、与申请人就本发明技术内容进行沟通所得知的信息 ………………… 326

四、撰写权利要求书 ………………………………………………………… 328

五、撰写说明书 ……………………………………………………………… 338

六、最后完成的权利要求书和说明书文本 ………………………………… 340

第五节　发明和实用新型的权利要求书和说明书撰写示例 ………… 352

一、机械类发明专利申请撰写示例 ………………………………………… 352

二、电学类发明专利申请撰写示例 ………………………………………… 362

三、化学类发明专利申请撰写示例 ………………………………………… 369

四、物理类发明专利申请撰写示例 ………………………………………… 375

五、日常生活用品类实用新型专利申请撰写示例 ………………………… 384

第六节　外观设计图片和照片的绘制及简要说明的撰写 …………… 391

一、外观设计专利申请文件的准备 ………………………………………… 391

二、外观设计申请文件中可能出现的问题 ………………………………… 393

三、外观设计专利申请文件推荐实例 ……………………………………… 411

第十二章　专利申请初步审查程序中的专利代理 …………………… 429

第一节　三种专利申请的初步审查流程 ……………………………… 429

一、发明专利申请的初步审查流程 ……………………………………… 429

二、实用新型、外观设计专利申请的初步审查流程 ……………… 432

第二节　专利申请的提交和受理阶段的专利代理 …………………… 434

一、专利申请文件的提交 ………………………………………………… 434

二、专利申请费用的缴纳 ………………………………………………… 438

三、专利申请受理阶段的专利代理 …………………………………… 439

第三节　专利申请初步审查期间的专利代理 ………………………… 441

一、发明专利申请初步审查期间的专利代理工作 ……………… 442

二、实用新型专利申请初步审查期间的专利代理工作 ……… 447

三、外观设计专利申请初步审查期间的专利代理工作 ……… 450

四、实用新型和外观设计专利申请收到授予专利权通知书的处理 … 454

第十三章　发明专利申请实质审查程序中的专利代理 …………… 455

第一节　发明专利申请实质审查程序 ………………………………… 455

一、发明专利申请实质审查程序简介 ……………………………… 455

二、发明专利申请的实质审查流程 …………………………………… 456

第二节　启动实质审查程序的专利代理 ……………………………… 458

一、实质审查程序启动的两种方式 …………………………………… 458

二、实质审查程序的启动条件 ………………………………………… 458

三、申请人及专利代理人启动实质审查程序时应当进行的工作 … 458

第三节　对审查意见通知书的答复 …………………………………… 462

一、审查意见通知书简介 ………………………………………………… 462

二、专利代理人在答复审查意见通知书时的主要工作 ……… 463

三、对审查意见通知书所指出的几类主要实质性缺陷的处理 … 467

四、意见陈述书的撰写 …………………………………………………… 476

第四节　对专利申请文件的修改 ……………………………………… 490

一、专利申请文件修改的最基本要求 ……………………………… 490

二、权利要求书的修改 …………………………………………………… 493

三、说明书的修改 ………………………………………………………… 494

四、修改方式 ……………………………………………………………… 495

五、专利申请文件的修改案例 ………………………………………… 495

第五节　实质审查程序中的其他专利代理工作 …………………… 503

一、会晤 …………………………………………………………………… 503

二、电话讨论 ……………………………………………………………… 505

三、对修改文本不予接受通知书的处理 …………………………… 505

四、对视为撤回通知书的处理 ………………………………………… 506

五、对驳回决定的处理 …………………………………………………… 506

六、对授予专利权通知书的处理 …………………………………… 507

第十四章　授予专利权阶段及其后的专利代理 …………………… 508

第一节　授予专利权阶段的专利代理工作 ………………………… 508

一、办理登记手续 ………………………………………………………… 508

二、对视为放弃取得专利权通知书的处理 ……………………………………………………………… 509

第二节 授予专利权后的专利代理工作 ……………………………………………………………… 509

一、核对专利证书 ……………………………………………………………………………………… 509

二、年费的缴纳 ………………………………………………………………………………………… 510

三、对专利权终止通知书的处理 ……………………………………………………………………… 510

四、在专利权有效期内可能出现的其他专利代理工作 ……………………………………………… 511

第十五章 复审程序中的专利代理 …………………………………………………………………… 514

第一节 复审程序简述 ……………………………………………………………………………… 514

一、设置复审程序的必要性 …………………………………………………………………………… 514

二、启动复审程序的条件 ……………………………………………………………………………… 514

三、复审程序的审查流程 ……………………………………………………………………………… 515

第二节 提出复审请求时的专利代理 ……………………………………………………………… 522

一、接受复审程序的代理委托 ………………………………………………………………………… 522

二、复审请求理由的确定 ……………………………………………………………………………… 523

三、专利申请文件的修改 ……………………………………………………………………………… 523

四、复审请求书的撰写 ………………………………………………………………………………… 524

五、缴纳费用和提交代理委托书 ……………………………………………………………………… 533

第三节 复审程序形式审查阶段的专利代理 ……………………………………………………… 534

一、形式审查阶段各种通知书的答复和处理 ………………………………………………………… 534

二、形式审查阶段专利代理工作事务一览表 ………………………………………………………… 536

第四节 复审程序合议审查阶段的专利代理 ……………………………………………………… 538

一、对复审通知书的答复 ……………………………………………………………………………… 538

二、口头审理的提出、准备与口头陈述意见 ………………………………………………………… 541

第五节 复审决定后的专利代理 …………………………………………………………………… 542

一、复审决定为撤销驳回决定的情况 ………………………………………………………………… 542

二、复审决定为维持驳回决定的情况 ………………………………………………………………… 542

第十六章 无效宣告程序中的专利代理 …………………………………………………………… 544

第一节 无效宣告程序简述 ………………………………………………………………………… 544

一、设置无效宣告程序的必要性 ……………………………………………………………………… 544

二、无效宣告程序的启动条件 ………………………………………………………………………… 544

三、无效宣告程序的审查流程 ………………………………………………………………………… 546

四、宣告专利权无效的法律效力 ……………………………………………………………………… 557

第二节 提出无效宣告请求时的专利代理 ………………………………………………………… 557

一、接受委托代理 ……………………………………………………………………………………… 557

二、无效宣告请求理由的确定和无效宣告请求证据的准备 ………………………………………… 559

三、撰写无效宣告请求书 ……………………………………………………………………………… 569

四、无效宣告请求的提交与形式审查阶段的专利代理工作 ………………………………………… 581

第三节 答辩无效宣告请求书时的专利代理 ……………………………………………………… 587

一、确定有无资格接受委托 …………………………………………………………………………… 587

二、核实无效宣告请求人及其代理人的资格 ………………………………………………………… 587

三、阅读和分析无效宣告请求书以及所附的证据 ……………………………………… 588

四、根据分析结果与委托人研究应对策略 ……………………………… 594

五、修改专利文件 …………………………………………………………… 594

六、意见陈述书的撰写和提交 ………………………………………… 595

第四节　无效宣告请求合议审查阶段的专利代理 ……………………… 617

一、对转文通知书的处理 ………………………………………………… 617

二、对无效宣告请求审查通知书的答复 ……………………………… 618

三、口头审理的准备与辩论 ……………………………………………… 619

四、收到无效宣告请求审查决定后的工作 …………………………… 622

第十七章　涉外与港澳台地区的专利代理 …………………………………… 623

第一节　涉外专利代理业务范围与特点 ……………………………… 623

一、涉外专利代理业务范围 ……………………………………………… 623

二、涉外专利代理的特殊要求 ………………………………………… 624

三、办理涉外专利代理事务时应当注意的问题 ……………………… 625

第二节　PCT 国际申请的专利代理 …………………………………… 627

一、PCT 体系与基本知识 ………………………………………………… 628

二、国际申请在国际阶段的专利代理工作 …………………………… 631

三、国际申请进入国家阶段的专利代理工作 ………………………… 638

第三节　向港澳台地区申请专利的代理 ……………………………… 642

一、香港专利 ……………………………………………………………… 642

二、澳门专利 ……………………………………………………………… 646

三、台湾地区专利 ………………………………………………………… 648

第十八章　专利诉讼的代理 …………………………………………………… 650

第一节　专利侵权诉讼的代理 ………………………………………… 650

一、专利侵权判定方法和判定原则 …………………………………… 650

二、原告方提起专利诉讼阶段的代理事务 …………………………… 660

三、被告方答辩起诉状阶段的代理事务 ……………………………… 667

四、双方代理人在专利侵权诉讼中的其他代理事务 ………………… 673

第二节　专利权属诉讼代理 …………………………………………… 680

一、概述 …………………………………………………………………… 680

二、专利权属诉讼中原告的代理 ……………………………………… 683

三、专利权属诉讼中被告的代理 ……………………………………… 685

第三节　专利合同诉讼的代理 ………………………………………… 687

一、概述 …………………………………………………………………… 687

二、专利权利转让合同诉讼案件的代理 ……………………………… 690

三、专利实施许可合同诉讼案件的代理 ……………………………… 692

第四节　专利行政诉讼的代理 ………………………………………… 693

一、概述 …………………………………………………………………… 693

二、以国家知识产权局为被告的专利行政诉讼案件的代理 ………… 696

三、以专利复审委员会为被告的专利行政诉讼案件的代理 ………… 698

　　四、以地方知识产权管理部门为被告的专利行政诉讼案件的代理 ……………………… 716

附　录

　　附录一

　　　专利代理条例 ………………………………………………………………………… 718

　　　专利代理条例修订草案（征求意见稿）………………………………………………… 721

　　附录二

　　　专利代理事务常用表格下载网页地址 …………………………………………………… 727

　　附录三

　　　专利收费表 …………………………………………………………………………… 729

主要参考文献 ……………………………………………………………………………… 732

第一编

专利代理概述

第一章　专利制度与专利代理

新中国成立后的第一部《中华人民共和国专利法》（以下简称《专利法》），于1984年3月12日经第六届全国人民代表大会常务委员会审议通过，并于1985年4月1日起开始实施。随着我国专利制度的建立，专利代理行业也应运而生，成为我国专利工作体系中不可或缺的一部分。本章作为本书的引言，对专利、专利制度和专利代理作一简单介绍。

第一节　专利、专利权和专利制度

由于我国专利制度建立至今仅有30年的历史，人们对这方面还缺乏足够的了解，作为我国的专利代理人❶，应当对专利、专利权和专利制度的基本概念和基本特征以及我国专利制度的建立和发展过程有所了解，本节将在这方面作一概要说明。

一、专利与专利权的基本特征

1. 专利的基本概念

"专利"（patent）一词源于拉丁语"literae patents"，其原意是公开的文件或公开的证书，是中世纪西欧一些国家的王室用来表示所颁发的某种特权的证明。

世界上第一部专利法自1474年颁布以来迄今已有500多年的历史，尽管人们一直试图对"专利"这一概念作出明确的说明，但至今尚无统一的定义，其中相比之下能被人们接受的一种说法是：专利是专利权的简称，它是一种由专利机构（即国家政府的有关部门或者代表若干国家的地区性机构）针对提出的申请进行审查后向申请者颁发的、记载有发明创造内容且在一定期限内享有法律保护专有权的证明文件，即所获得的专利通常在此一定期限内只有得到拥有该专有权的权利人的许可才能予以实施。

由上述可知，"专利"本身包含两重意义。其一是指政府主管专利的部门（或代表若干国家的地区性专利机构）根据申请而颁发的、用来保护发明（在我国指发明、实用新型和外观设计三种发明创造）的一种法律文件，即专利证书，通常简称专利，其中记载了受法律保护的发明和拥有该专利证书的权利人（即专利权人）。其二是指该专利证书所享有的法律保护——专利权，即拥有该专利证书的权利人（即专利权人）可在一定期限内对该专利证书中记载的发明享有独占权。

当然，在实践中还经常会遇到其他称作专利的情况，如"查阅专利"中的专利是指专利文献，"专利实施许可"中的专利是指专利技术，这仅是人们习惯中的一种简称，严格说来，专利的含义应当只限于前面所说的两重含义。

2. 专利权的基本特征

专利权是知识产权的主要组成部分之一，是由国家专利主管机关根据法定程序授予专利权人的一种专有权利，属于一种无形财产的所有权。专利权这种无形财产具有以下四个基本特征。

---

❶ 我国《专利代理条例》10多年来一直处于酝酿修订阶段，为提高专利代理行业的地位，在2013年的《专利代理条例修订草案（征求意见稿）》中，拟将"专利代理人"改称为"专利代理师"，若修订后的《专利代理条例》中作此修改，则本书中的"专利代理人"就应当改为"专利代理师"。此后不再作重复注释说明。

（1）排他性

专利权是由政府主管部门授予专利权人的一种专有权利，具有排他性，也称作独占性。专利权人对其拥有的权利享有占有、使用、收益和处分的权利；专利权人有权许可或不许可他人实施其所拥有专利的技术；而他人未经专利权人的许可不得制造、使用、许诺销售、销售、进口已获专利的发明创造，否则就构成法律上的侵权行为。

就专利权属于权利人所有、非经权利人许可他人不得使用这一点来说，其与有形财产的排他权是相同的。但是由于其属于无形财产，因而就排他权而言，与有形财产的排他权也有不同之处。例如，两项完全相同的发明专利不能同时属于两个不同的权利人所有，一项同样的发明若已对一个申请人授予了专利权就不能再对另一个申请人授予专利权；而两件相同的有形财产可以同时属于不同的权利人，即多个权利人可以分别拥有一件彼此完全相同的有形财产。相反，专利权人可以将同一项专利分别许可不同的企业实施；而对于一件有形财产就不能同时处置给不同的人。

（2）地域性

专利的地域性是指专利权仅在一定的地区范围内有效，而不像有形财产的所有权那样不受地区范围的限制。专利权是经有关国家或地区主管专利机构按照其本国专利法或本地区的专利条约审查后授予的，仅在该国家或该地区的范围内有效，对其他国家和地区不发生法律效力。如果希望在其他国家和地区也得到保护，就必须再到这些国家和地区申请，被该国或该地区主管专利机构授权后才能得到保护。即使是根据《专利合作条约》提出的 PCT 申请，其在国际阶段也仅限于国际申请的效力，若想取得一个国家或地区的专利仍然必须经该国或该地区的审查再授予专利权。这一点与有形财产有本质的不同。对于有形财产，只要取得了所有权，不论将其带到哪一个国家，仍然属于自己的财产，可以受到有效的保护。

（3）时间性

专利的时间性是指专利权仅在法律规定的保护期限内受到法律保护。各个国家均在其专利法中明确规定了专利可以享受法律保护的最长期限，只要此期限届满，即使专利权人不想放弃，也不再拥有该项专利权，这一项专利技术就可供公众无偿使用。此外，一旦专利权人在此期限届满前因各种主、客观原因而失去所有权，该项无形财产也就落入了公用领域，可供任何人无偿使用。对于有形财产，其所有权没有时间限制，只要客体存在，所有权也就存在，财产所有人可以终身享用，甚至其合法的财产继承人也可无限期使用，以致几代人沿用下去，直到该有形财产损坏或灭失。

我国《专利法》所规定的三种发明创造的专利保护期限是不一样的，其中发明专利的保护期限为 20 年，而实用新型专利和外观设计专利的保护期限为 10 年。❶

（4）公开性

专利权的公开性是指发明创造受到法律保护的前提是必须将其发明创造的内容向公众公开，这一个基本特性是由专利制度的立法宗旨所决定的。专利制度的建立是为了促进科学技术的进步和发展，鼓励将发明创造成果在社会上推广应用，为此向那些作出创新并提供给社会使用的人授予专利权。与此相应，就要求那些想取得专利权的人将作出的发明创造向公众公开，以体现权利与义务的对等，因此各国在授予专利权时均将发明创造的有关内容进行公告，这就决定了专利权

---

❶ 我国专利法正在酝酿第四次修改，为与国际有关条约接轨，在《专利法》修订的上报送审稿中，拟将外观设计专利权的保护期限由 10 年改为 15 年。

的公开性。

二、专利制度及其特征

1. 专利制度的起源和传播

专利制度是依据专利法通过授予的专利权来保护和鼓励发明创造、从而推动技术进步和经济发展的法律制度。目前，专利制度已成为国际上各国普遍实行的一种法律制度。

专利制度一般认为起源于十二三世纪的西欧，到 14 世纪，英国国王就经常向引进新技术的外国技工授予垄断权利，给予保护。发明专利作为一种正规的制度，最先采用的国家是威尼斯共和国，威尼斯共和国于 1474 年公布了具有现代专利法特点的第一部专利法，这部专利法特别强调增进社会利益是授予专利的理论根据。

作为专利制度的第二个里程碑是英国的垄断法，它是因为英国王室滥用垄断权制度引起国民严重不满而由英国议会于 1623 年制定的，这个法律是 1623 年以前发展形成的普通法的宣示，其效力是把英王的特权限定于规定的渠道内合法地行使。

全面的专利法直到 18 世纪末才出现，美国于 1790 年根据其独立后 1787 年的宪法制定了一部专利法。在此同时，法国在封建时代因国王滥用特权也引起人民的强烈不满，在资产阶级革命后于 1791 年制定了法国第一部专利法。这部专利法认为每一项发明都是发明人的财产，法律保证发明人有权完全地和无限制地享有这种财产，从而专利从国王特权向人权方向发生转变。在 19 世纪，专利制度得到了传播，其他国家相继制定了专利法，如荷兰、奥地利、俄罗斯、巴伐利亚、普鲁士、瑞典、西班牙、智利、巴西、印度、阿根廷、加拿大、意大利、德国、日本，此外英国也于 1852 年有了一部正式的专利法。但是专利制度的传播也不是一帆风顺的，19 世纪中叶西欧发生了一场关于专利制度的大论战，推迟了专利制度的传播，例如荷兰于 1809 年制定了专利法，但于 1869 年又通过决议废除了专利法，直到 1912 年又重新制定了专利法。在这场论战中，支持与反对专利制度的双方难决胜负，因而建立专利制度的国家数量缓慢而稳步地增长。

世界范围内实行专利制度的国家在 1850 年为 10 个，到 1873 年为 22 个，1890 年为 45 个，1925 年为 73 个，1958 年为 99 个，1973 年为 120 个，1984 年为 158 个，截至 2013 年年底，成立专利局的国家或地区为 191 个，其中参加《专利合作条约》的国家已达 148 个，加入世界知识产权组织（WIPO）的国家和地区已达到 187 个。

2. 专利制度的特征

专利制度是适应商品经济及现代科学技术发展的需要而建立的，是一种利用法律和经济手段来推动技术进步创新的管理制度。为此，它有四个主要特征。

（1）法律保护

专利制度最重要的一个特征就是利用法律手段来保护发明创造，因此任何国家或地区专利制度的建立都必须制定一部相应的专利法规。也就是说，专利制度是依据专利法来保护已取得专利权的发明创造，专利权人依法在一定期限内拥有制造、使用、许诺销售、销售、进口其专利产品或者使用其专利方法及使用、许诺销售、销售、进口依照该专利方法直接获得的产品的独占权，他人若要实施必须按照专利法的规定取得专利权人的许可和支付相应的许可费用。

（2）自愿申请

任何建立专利制度的国家和地区，都必须成立一个主管专利的机构，通常为各国的专利局或各地区的专利组织。任何人想要取得发明创造的专利权，就必须主动向相应国家的专利局或相应地区的专利组织提出专利申请，经过相应的授予专利权的程序才有可能取得专利权。这种专利申请的提出是自愿的，因而即使是再好的发明创造、再有发展前途的高新技术，如果不主动提出专利申请，就不可能取得专利权。

（3）依法审查

提出专利申请的发明创造必须按照专利法的规定进行审查，上述各国专利局或地区的专利组织承担着这项审查任务。目前，国际上对此采取了不同的做法，有的国家采用登记制或文献报告制，有的国家采用审查制，但不论采用何种制度，采用登记制或文献报告制的要经过初步审查，采用审查制的不仅进行初步审查，还要进行实质审查。也就是说，对这些专利申请，只有在经过审查后，认为符合专利法有关规定的，才能授予专利权。

（4）技术公开

专利制度一方面以法律形式保护发明创造，另一方面又依法要求专利申请人将其发明创造的有关内容向社会公开，以此体现权利和义务对等。因此，上述各国专利局或相应地区的专利组织至少在公告授予专利权的同时将该项发明创造的内容公告出版；对于发明专利采用早期公开延时审查的，在进行初步审查后尚未进行实质审查时就将该发明创造的内容向社会公布。通过这种公开手段，有利于技术方案早日转化为生产力，有利于促进技术进步和经济发展。

三、我国专利制度发展历史回顾

1. 新中国成立前的专利制度

第一个将西方专利制度思想引入中国的是太平天国天王洪秀全的堂弟洪仁玕。他曾居住香港多年，学习过近代科学知识，研究过西方的政治经济，受到西方文化影响，1859年总理太平天国朝政，提出了具有资本主义色彩的《资政新篇》，鼓励发展私人近代企业。其主张虽然因太平天国革命的失败而未能实现，但却是我国最早的专利立法思想的反映。

在《资政新篇》发表20多年后，清朝光绪皇帝在资产阶级改良派的影响下于1882年批准赐予上海机器织布局的机器织布工艺10年专利，此后清王朝又批准了多项造纸、酿酒、纺纱、织布的专利。1898年光绪皇帝颁发了《振兴工艺给奖章程》，规定在国内未公知的工艺方法仿造出国外已有的产品被授予10年、国外没有的日常生活用品及其工艺被授予30年或国外没有的产品和工艺的重大发明被授予50年专利的不同等级的发明，成为我国近代史第一个有关专利的法规。

辛亥革命后，当时的工商部、农商部或农工商部分别于1912年、1923年、1928年、1932年和1939年先后公布过《奖励工艺品暂行章程》《暂行工艺品奖励章程》《奖励工艺品暂行条例》《奖励工业技术暂行条例》和《奖励工业技术修正暂行条例》。

我国历史上第一部正式的专利法是1944年由当时的国民政府颁布的，于1949年1月1日正式实施。该法规定对发明、新型和新式样授予专利权。发明专利权的保护期限为15年，新型专利权的保护期限为10年，新式样专利权的保护期限为5年，均自申请日起计算。

2. 新中国成立初期的专利制度

中华人民共和国成立后，党和政府十分重视对发明创造的保护，于1950年8月和10月分别颁布了《保障发明权与专利权暂行条例》和《保障发明权与专利权暂行条例实施细则》。按照该条例的规定，原则上发明人可以对其发明申请发明权或者专利权，但是对于发明人在国家单位工作且在本职工作范围内完成的发明、或者接受委托并领取报酬所完成的发明、或者与国防有关的发明或与人民群众福利有关需要推广的发明，则只发给发明证书，而不发给专利证书。因此在新中国建立初期的发明保护制度基本上与苏联当时实行的发明人证书和专利证书的双轨制相似。该条例从颁布之日起施行，但到1963年11月国务院颁布《发明奖励条例》时正式予以废止，历时

13 年，总共批准了 4 项专利权和 6 项发明权。

中央人民政府政务院在批准实施《保障发明权与专利权暂行条例》之后，还于 1954 年 5 月颁布了《有关生产的发明、技术改进及合理化建议的奖励暂行条例》，在 1963 年 11 月明令废止《保障发明权与专利权暂行条例》的同时，又颁布了《发明奖励条例》和《技术改进条例》，并于 1978 年重新修订并颁布《发明奖励条例》，也就是说，这一阶段在我国以发明奖励制度来代替发明保护制度。到 1983 年共计对 640 多项发明给予了奖励。

3. 《专利法》的诞生及修订

党的十一届三中全会之后，为了适应改革开放和加快社会主义现代化经济的发展，国务院于 1980 年 1 月决定在我国实行专利制度，着手起草《专利法》，为此在 1980 年 5 月成立了中国专利局。《专利法》的起草历时 4 年多，经过 20 多次修改。在 1984 年 3 月 12 日举行的第六届全国人民代表大会常务委员会第四次会议上审议通过了《专利法》，在 1985 年 1 月 19 日由国务院批准了《中华人民共和国专利法实施细则》（以下简称《专利法实施细则》）。《专利法》和《专利法实施细则》于 1985 年 4 月 1 日起施行。

《专利法》对发明、实用新型和外观设计三种发明创造给予专利保护。其中的发明是指对产品、方法或者其改进所提出的新的技术方案；实用新型是指对产品的形状、构造或者其结合所提出的适于实用的新的技术方案；外观设计是指对产品的形状、图案或者其结合以及色彩与形状、图案的结合所作出的富有美感并适于工业应用的新设计。

《专利法》的实施极大地鼓励了我国各单位和个人的发明创造积极性，专利申请量连年大幅度增长，促进了经济的发展。《专利法》的实施也吸引了大量的外国专利申请，为我国吸引外资和引进技术创造了良好的法律环境。《专利法》实施当年（仅 9 个月）中国专利局共受理三种专利申请 1.4 万多件，其中发明专利申请 8 500 多件，此后专利申请量以每年平均为 23% 的速度上升，1991 年三种专利申请量超过 5 万件，但在此期间发明专利申请量增长较慢，1991 年仅为 1.1 万多件，至 1991 年年底，中国专利局已累计受理专利申请接近 21 万件，批准专利超过 8 万件。

尽管《专利法》的实施对促进我国科技进步和经济发展起到积极的作用，但由于在制定《专利法》时尚缺乏实践经验，因而在《专利法》实施过程中暴露出一些问题和不完善之处，加之当时专利领域的国际协调加快，与此相应要求我国的专利保护水平向国际标准靠拢。因而为了落实深化改革、扩大改革的既定方针和履行我国政府在《中华人民共和国政府与美利坚合众国政府关于保护知识产权的谅解备忘录》中的承诺，1991 年开始着手《专利法》的第一次修改。这次修改的重点是使《专利法》与当时已经基本成型的《与贸易有关的知识产权协议》（TRIPS）相一致：扩大专利保护的领域，对化学物质、药品、食品、饮料和调味品给予专利保护；强化专利权的保护力度，增加了对进口权的保护，并将制造方法专利的保护效力延及到由此方法直接获得的产品；延长专利保护期限，发明专利的保护期为 20 年，实用新型和外观设计专利的保护期为 10 年；调整审批程序，将授权前的异议程序改为授权后的撤销程序等。第一次修改的《专利法》于 1992 年 9 月 4 日经第七届全国人民代表大会常务委员会第二十七次会议通过，与此同时，对《专利法实施细则》也作了修改，并于 1992 年 12 月 12 日由国务院批准公布。第一次修改的《专利法》和 1992 年 12 月 12 日公布的《专利法实施细则》从 1993 年 1 月 1 日起施行。

《专利法》的第一次修改进一步加快了专利事业的发展，最为明显的是专利申请量逐年急剧上升，1993 年三种专利申请量 7.7 万多件，尤其是发明专利申请冲破了前几年停滞徘徊不前的状态，1993 年当年发明专利申请量接近 2 万件，比 1992 年增长了 36%，此后几年三种专利申请量以每年平均约 10% 的速度上升，而且发明专利申请的平均增长量要高出此平均数约 1.4 个百分点。至 1999 年年底国家知识产权局累计受理专利申请超过 71 万件，批准专利超过 41 万件。

在 20 世纪 90 年代，国内外情况又发生了很大变化。为了适应社会主义市场经济体制改革和我国加入世界贸易组织的需要，1999 年再次着手《专利法》的第二次修改。这次修改的重点主要体现在：取消了专利权依单位所有制不同分为"持有"和"所有"的规定，明确国有企事业单位在申请和获得专利权方面与其他经济成分享有同样的权利和义务；进一步加大了专利的保护力度，完善了司法和行政执法；取消了撤销程序，并规定不服专利复审委员会有关实用新型和外观设计专利的复审决定和无效宣告请求审查决定均可以向人民法院起诉，从而简化、完善专利审批和维权程序，维护了当事人的合法权益；进一步与国际条约相协调，例如消除与 TRIPS 之间的差距，以适应加入世界贸易组织的需要。第二次修改的《专利法》于 2000 年 8 月 25 日经第九届全国人民代表大会常务委员会第十七次会议通过。与此同时，对《专利法实施细则》也作了修改，并于 2001 年 6 月 15 日由国务院批准公布。第二次修正的《专利法》和 2001 年 6 月 15 日公布的《专利法实施细则》从 2001 年 7 月 1 日起施行。《专利法》第二次修改后，再次激发了广大群众申请专利的热情，在 2001 年、2002 年、2003 年、2004 年、2005 年和 2006 年三种专利申请的总量分别增长 19.3%、24.1%、22.1%、14.7%、34.6% 和 20.3%，其中发明专利申请 6 年分别增长 22.1%、26.9%、31.3%、23.6%、33.2% 和 21.4%，尤其是 2002 年、2003 年、2005 年和 2006 年国内发明专利申请量分别增长了 32.5%、42.6%、42.1% 和 30.8%。这一点说明《专利法》的不断修改完善促使我国专利事业更健康迅速地发展。

为了进一步完善中国的专利制度，为了实施《国家知识产权战略纲要》，增强中国自主创新能力、建设创新型国家的需要，国家知识产权局于 2005 年 4 月启动了《专利法》第三次修改工作。这次修改的重点主要体现在：进一步明确了《专利法》的立法宗旨为提高创新能力，促进科学技术进步和经济社会发展；深化行政审批改革，建设服务型政府，如取消对涉外专利代理机构的指定，明确国家知识产权局传播专利信息的职责等；进一步明确权利的归属和管理，如明确共有专利权人之间的权利和义务界定，在中国完成的发明或实用新型向国外申请专利需进行保密审查等；提高发明、实用新型和外观设计专利的授权标准，如将现有技术和现有设计扩展到国外的公开使用，将抵触申请扩大到申请人本人的在先申请，增加了有关遗传资源保护的规定；较为全面地完善了外观设计专利制度，除提高外观设计专利授权标准外，还将平面印刷品中主要起标识作用的外观设计排除在保护范围客体之外，并允许对同一产品的多项相似外观设计合案申请，以及建立外观设计专利权评价报告制度等；加强专利权的保护，如赋予了外观设计专利权人许诺销售权，增加了诉前保全措施，加大了对专利侵权的处罚力度等；对专利侵权的有关问题作出了明确规定，如现有技术和现有设计抗辩原则，允许平行进口，关于药品和医疗器械的行政审批例外等；完善了强制许可制度，增加了与修改 TRIPS 的议定书相一致的内容；将假冒他人专利和冒充专利统称为假冒专利，强化违法行为的处罚力度等。第三次修改的《专利法》于 2008 年 12 月 27 日经第十一届全国代表大会常务委员会第六次会议通过，于 2009 年 10 月 1 日起实施。与此同时，《专利法实施细则》也作了适应性修订，并于 2010 年 1 月 9 日由国务院批准公布，这次修订的《专利法实施细则》自 2010 年 2 月 1 日起施行。正是由于《专利法》第三次修改，为我国自主创新能力的提高、促进经济社会发展提供了更有力的制度支撑，使我国专利申请量有了更大的增长；其中仅国内发明专利的申请量从 2008 年的近 20 万件，增加到 2010 年的近 30 万件、2011 年的 40 多万件、2012 年的 50 多万件，到 2013 年已达到 70 多万件。

第二节　专利代理

　　我国的专利代理制度是随着专利制度的诞生而逐步建立起来的。1984 年下半年原中国专利局开始着手培养专利代理人和建立专利代理队伍，并于 1985 年 9 月 12 日颁布了经国务院于 1985 年 9 月 4 日批准的《专利代理暂行规定》；在《专利代理暂行规定》基础上，经修改成为 1991 年 3 月 4 日国务院公布并于当年 4 月 1 日实施的《专利代理条例》。尽管我国专利代理制度建立至今已近 30 年，但大多数人对这个行业只有初步了解，本节将对专利代理的性质、特征以及专利代理制度的作用作一简单介绍。

一、专利代理的概念

　　在经济高度发展、相互交往频繁、社会分工日趋细化的当今世界，绝大多数公民、法人想要维持其正常的生产、生活秩序，都需要涉及大量的法律事务，但由于受时间、精力及知识结构所限，又难以亲自过问、参与或完成所有的民事法律行为。民法上的代理制度可以使他们不亲自进行这些民事法律行为，而由熟悉法律及具体办事程序的代理人按照其意愿代为办理某些具体事务，其法律后果由被代理人承担。这种代理制度不仅扩大了人们参与民事法律关系的范围，而且可以使人们省去更多的时间去做自己更擅长、更熟悉的本职工作，以便从上述事务中解脱出来。鉴于此，《民法通则》第六十三条规定了"公民、法人可以通过代理人实施民事法律行为"，换言之，代理人可以在受委托的代理权限内，以被代理人的名义实施民事法律行为，由此产生的法律后果由被代理人承担，这就是民法意义上的代理行为。对此还需要说明的是，尽管《民法通则》中有关代理的规定原本只适用于民事法律行为，但为了保护当事人的合法权益，法律允许将代理制度及有关规则扩展，适用于民事法律行为以外的其他法律行为，如诉讼行为等。

　　对于专利领域而言，由于其是一种涉及技术、经济、贸易、法律等领域的法律制度，而申请专利和办理其他专利事务手续繁杂、格式严谨，涉及的知识面广、专业性强。因而一般的发明人、申请人或其合法受让人都难以掌握和应用自如，自行办理专利事务往往不能有效地保障其合法权益，甚至会使其失去本来应当属于自己的相关权利。因此，当今世界上几乎所有实行专利制度的国家都建立了代理制度，涉及专利的有关事务多半由一批专门从事这方面事务工作的人员来办理。《专利法》对此也作了相应的规定，在《专利法》第十九条第一款和第二款分别规定："在中国没有经常居所或营业所的外国人、外国企业或外国其他组织申请专利和办理其他专利事务应当委托依法设立的专利代理机构办理""中国单位或者个人在国内申请专利和办理其他专利事务的，可以委托依法设立的专利代理机构办理。"这正是将《民法通则》中关于代理的规定应用到专利领域。根据《专利法》第十九条的规定，在《专利代理条例》第二条中明确规定，专利代理是指专利代理机构以委托人的名义，在代理权限范围内，办理专利申请或者办理其他专利事务❶；也就是说，专利代理机构接受当事人的委托，在代理权限内，以委托人的名义，按照《专利法》的具体规定，为委托人办理专利申请或其他专利事务。这里需要特别强调，按照《专利法》的规定，我国专利代理制度中的代理人是专利代理机构，而不是在专利代理机构中从事具体事务的专利代理人。

---

　　❶　在《专利代理条例修改草案（征求意见稿）》第二条中仍保留了该条款内容，具体规定为："本条例所称专利代理，是指专利代理机构接受委托，以委托人的名义在代理权限范围内办理专利申请或者其他专利事务的行为。"

由此可知，专利代理属于民法意义上的代理，是在特定专利领域中的代理。因而专利代理关系与民法上的代理关系一样，包括三个方面的关系：专利代理机构与委托人（即被代理人）之间的关系，它是基于委托人的意思表示而产生的委托授权关系，通常称作内部关系，其中的委托人可能是专利申请人、专利权人或其他利害关系人，如专利权无效宣告请求人；专利代理机构与第三人之间的代理行为关系，这种关系是在专利代理机构为委托人办理所委托的专利事务时发生的，通常称作外部关系，其中第三人是指办理所委托的专利事务时涉及的另一方，如国家知识产权局、地方知识产权管理机关、与委托人有利害关系的第三方；委托人与第三人之间因代理行为而产生的法律后果承受关系，即专利代理机构在办理所委托的有关专利事务期间，由该专利事务涉及的双方（委托人和第三方）来承受该委托事务的办理后果，从而在双方之间形成了法律后果承受关系，这通常在代理关系中也称作外部关系。

对于民法意义上的代理，从代理关系的产生来看，可以分为委托代理、法定代理和指定代理。委托代理是基于被代理人（即委托人）的委托授权而产生的代理；法定代理是指依照法律直接规定由其监护人为无行为能力人或限制行为能力人所进行的代理；指定代理是指根据人民法院和有关单位依法指定而产生的代理。但根据《专利法》和《专利代理条例》的有关规定，专利代理都是基于委托人的委托授权而产生的代理，因而属于委托代理。这种委托关系的建立，一方面需要由委托人表示愿意将办理有关专利事务的代理权授予专利代理机构，另一方面专利代理机构在对委托人授予代理权的专利事务进行了解的基础上表示愿意接受委托，这是一种双方互为接受并且双方自愿的行为，因而委托代理又可称作授权代理。

专利代理按照其代理权限的范围又可分为一般代理和特别代理。一般代理是指代理所有的事项，因而又称全程代理。按照国家知识产权局的要求，专利申请人在委托办理专利申请时不仅委托办理有关审批过程中的事务，还必须委托办理该专利申请授权后的有关专利事务。特别代理是指仅仅为某一事项或在某一阶段或在某一范围内进行代理的情况，例如无效宣告请求人委托某一专利代理机构对某一件专利办理专利权宣告无效的有关事务。

专利代理又可根据为办理一件专利事务所委托专利代理机构的数量分为单独代理或共同代理。单独代理又称独立代理，是指委托人只将代理权授予某一个专利代理机构，按照新修改的《专利审查指南2010》第一部分第一章第6.1.1节的规定，在委托办理专利申请手续时被委托的专利代理机构仅限一家，即只允许采用单独代理。共同代理是指就某一项专利事务委托两个或两个以上专利代理机构办理，这通常是指委托办理比较重要的专利复审、专利权无效宣告请求程序、专利侵权诉讼等有关事务时可能被采用的一种委托方式。

二、专利代理的特征

专利代理属于民法意义上的委托代理行为，是在特定专利领域中的代理行为，因此它既具有与其他民事代理共有的特征，也具有反映专利领域特有的特征。

（1）专利代理基于委托人的委托授权而产生

正如前面所指出的，专利代理是一种委托代理，基于委托人的委托授权而产生，也就是说被委托人必须经过委托人授权，才具有办理有关专利事务的代理权。因此《专利代理条例》第九条第一款明确规定：专利代理机构接受委托，承办业务，应当有委托人具名的书面委托书，写明委托事项和委托权限。❶ 由上述规定可知，专利代理必须经过委托才有效，而且这种委托必须订立

---

❶ 在《专利代理条例修改草案（征求意见稿）》第三十一条第一款中作出了类似的规定："专利代理机构接受委托，应当与委托人订立书面合同。"

书面委托合同。既然采用合同方式，就说明这种委托是双方自愿的，可以相互选择。

（2）被委托人以委托人的名义办理有关专利事务

在专利代理中，委托人是通过被委托人来办理自己所要实施的专利法律行为，也就是说被委托人是代替委托人进行专利法律行为，因而这种专利法律行为的主体仍然是委托人，这就决定了专利代理机构接受委托办理有关专利事务时，必须以委托人的名义进行活动。这一点与日常生活中或技术贸易过程中的中介活动不同，如委托商行受托出售或购买货物仍厅商行的名义，而技术贸易过程中的中介活动均以中介单位名义进行中介活动，均不是代理行为。

（3）专利代理行为的法律后果将直接由委托人承担

正由于专利代理机构是以委托人的名义进行与专利有关事务的活动，因而由其进行的专利代理行为等同于委托人亲自实施专利法律行为，由此产生的权利和义务均直接由委托人承受。因此，专利代理行为一旦生效，就在委托人与第三人之间形成了确定的法律关系，不仅专利代理行为所产生的权利属于委托人所有，而且其所产生的义务也是委托人应尽的义务。

（4）被委托人应当在受委托的代理权限范围内进行与专利有关的事务活动

由于专利代理活动中专利代理机构以委托人的名义进行专利法律活动，而专利代理行为的法律后果直接由委托人承担，因此专利代理行为应当在委托人授予的代理权限范围内进行。为此，在书面订立的专利代理委托合同中应当写明双方认可的专利代理权限，专利代理机构在专利代理期间不得擅自变更或扩大专利代理权限。从民法意义上讲，代理人超越代理权限的行为只有经过委托人的追认，委托人才承担其法律后果，否则对委托人没有效力，其法律后果由代理人自己承担。但需要引起注意的是，在专利代理中，有一部分越权行为有可能会造成委托人难以挽回的损失，例如，在专利申请审批授权过程中未经委托人的同意而缩小权利要求的保护范围，或者在无效宣告程序中未经专利权人的同意对权利要求进行修改或放弃部分权利要求等行为，都会对权利人的权益造成损失。因此，专利代理机构一定要将专利代理行为限定在受委托的代理权限范围之内。

（5）被委托人应当遵照委托人的指示方向办理有关专利事务

由于专利代理行为的法律后果直接由委托人承担，因此专利代理机构除了应当在受委托的代理权限范围进行活动外，还应当遵照委托人的指示办理有关具体事务，否则一旦委托人对专利法律行为的最终结果不满意时就难以区分责任。事实上，由于专利代理本身是代替委托人办理有关专利事务，从此角度看，在办理具体事务时总体上应当遵照委托人的指示和意见，朝着委托人指出的方向去努力，而不要擅自采取不同的对策。

（6）被委托人依法独立办理有关专利事务

前述强调了被委托人应当在委托的权限内进行与专利有关的事务活动和遵照委托人的指示办理有关专利事务。即，专利代理行为应当反映委托人的意志，但并不是要求被委托人成为一台办事机器，委托人说什么就执行什么。委托人并不精通专利事务是其提出委托的一个主要原因，因此被委托人应当借助所掌握的学识和经验，尤其是在办理专利事务方面的经验为委托人争取最有利的法律结果。被委托人依法独立办理有关专利事务包含两方面的含义：一方面是指被委托人有权独立地与第三人打交道，仅在必要时才要求委托人一起参与；另一方面是指被委托人可以凭借在技术和专利法律方面的知识以及办理专利事务的经验，自行决定如何向第三方作出意思表示，积极地为委托人争取权益。

（7）专利代理是一项涉及法律、技术和经济多方面学识的代理行为

专利制度的建立是为了鼓励发明创造，推动发明创造的应用，提高创新能力，促进科学技术

进步和经济社会发展，因而它与科技和经济有着十分密切的关系。专利制度给予法律保护的发明创造本身反映了当代科学技术的最新水平，推动整个社会的经济发展，这必然决定了专利代理是一项涉及法律、技术和经济贸易多方面学识的代理行为。鉴于此，对从事专利代理的人员提出了更高要求，不仅要求专利代理人熟悉法律事务，尤其要精通专利以及其他相关法律法规，还要求专利代理人从事过科学技术工作，至少具有理工科背景，从而能及时了解国际上科技发展最新动态，此外专利代理人还应当对经济贸易政策有一定程度的了解。

三、专利代理关系的终止和变更

专利代理关系的终止指委托人与被委托人之间建立的委托代理关系结束。如果在委托代理关系结束的同时，建立另一个新的委托代理关系来代替，就成为专利代理关系的变更。在专利代理实践中，专利代理关系的终止和变更主要有下述四种情况。

（1）专利代理事务完成

专利代理事务完成可以是指某一件专利代理事务的某一阶段或某项代理任务的结束。例如，代理某项发明专利申请，因其不具备创造性授权条件而最终被驳回，或者经过对审查意见答辩而被授予专利权；也可以是仅代理某项专利申请被驳回后的复审程序的复审事务；还可以是代理有关实用新型或外观设计专利权评价报告及代理办理专利登记簿副本等单项事务。当然，专利代理事务的完成也可以是指代理从专利申请至专利授权以及专利有效期内的全部专利事务的完成，即从专利申请至专利复审、授权及授权后年费的缴纳，直至该专利权届满终止或因未缴纳年费导致的专利权终止或者放弃专利权的全部专利事务；但是不包括无效宣告程序中的专利代理事务，即该专利权被他人提出无效宣告请求时，专利权人准备继续委托办理无效宣告程序中的专利代理事务需要另行委托，并单独出具委托书。

以上各种专利代理事务，应通过专利代理委托书确立委托关系，特殊事项可通过代理委托合同另行约定，委托书或委托合同约定的某件专利代理事务结束或完成后，则相应的委托代理关系终止。在专利代理委托中，大部分代理事务的完成都是以某一专利事务的某个阶段性结果或某项程序的结束来确定，较少采用以具体时间或期限的方式确定代理委托关系是否终结。

专利代理人在确立专利代理关系时应特别注意以下两点：

①按照国家知识产权局的要求，专利代理委托书第1栏中所述的在专利权有效期内的全部专利事务是包括专利申请及审查阶段、复审阶段及授权后专利有效期内费用的缴纳及国家知识产权局发出通知的转送，以及通知联络申请人或专利权人。如果因专利代理机构未将各种缴费通知或其他国家知识产权局发出的通知按期传送专利申请人或专利权人，并因此造成专利申请视为撤回、专利权终止，则专利代理机构应承担相应责任。因此，如果双方商定专利代理关系只到专利授权、而不包括授权后年费的缴纳，则应在该专利授权后向国家知识产权局办理解除委托关系的手续，以便国家知识产权局的通知书直接寄交专利权人。

②专利申请阶段只能委托一家专利代理机构，而不能委托多家专利代理机构（复审程序除外）。如果委托人不满意所委托的这家专利代理机构的服务，就应当对原委托的专利代理机构办理解聘手续；此时，若想委托另一家专利代理机构办理专利申请事务，应当另行办理委托手续。

（2）委托人取消委托或被委托人辞去委托

专利代理是一种建立在双方自愿基础上的法律委托行为，如果双方中的任何一方对另一方失去信任，就可能导致委托关系的结束。出现这样的情况时，委托人有权取消委托，相反被委托人可以辞去委托。无论是取消委托还是辞去委托，准备终止委托关系的一方应当向对方作出相应的意思表示，与此同时告知第三人（例如向国家知识产权局提交著录项目变更通知书并办理相关手续）。一旦作出此意思表示并告知了第三人，则该专利代理关系结束。通常在这种情况下，委托人往往会将该专利事务重新委托另一个被委托人办理，这样，就构成了专利代理关系的变更，即原专利代理关系终止，与此同时建立新的专利代理委托关系。此时，也应当将解除前一委托和重新建立后一委托的事实告知第三人，办理相应的变更手续，并附具解除原专利代理关系的证明材料和重新建立专利代理关系的证明材料。

（3）专利代理机构的合并或撤销

代理关系存在的前提条件是被委托人具有民事行为能力，一旦被委托人丧失了民事行为能力，必定会导致代理关系终止。在专利代理中，被委托人是专利代理机构，因此当一个专利代理机构进行合并或者该专利代理机构被撤销时，该专利代理机构就不再具有从事专利代理事务的能力，此时应当通知委托人。对于专利代理机构合并的情况，不论委托人是否愿意让委托的专利事务随着机构合并进行调整，还是委托人另行委托其他专利代理机构办理，都会导致专利代理关系的变更，即原专利代理关系终止，此时应建立新的专利代理委托关系。对于专利代理机构被撤销的情况，委托人往往会另行委托其他专利代理机构，这也将产生专利代理关系的变更。如果在上述专利代理机构合并或撤销的情况下，委托人决定自行办理有关专利事务，则产生专利代理关系的终止。在此还需要说明一点，当专利代理机构中承办该项专利事务的专利代理人因为调离、死亡或丧失民事能力时，应当告知委托人。如果委托人同意由该专利代理机构的其他专利代理人具体办理，则此时仅属于专利代理机构内部专利代理人的调整，专利代理关系仍然继续存在，这一点与民法中的代理不一样。当然，如果委托人不同意由该专利代理机构的其他专利代理人继续办理，则就属于前面所提到的委托人取消委托的情况。

（4）个人委托人的死亡或丧失民事行为能力和作为委托人的法人重组或消亡

法人因撤销、合并、解散或宣告破产后，就失去了民事主体资格，因此当专利代理关系中的委托人（即上述法人）因上述原因重组或消亡后，必定会对该专利代理关系产生影响。同样，个人委托人的死亡或丧失民事行为能力也必然会影响专利代理关系。通常在法人委托人重组或消亡时会进行法人清算，其享有的权利将作出相应处理，从而原委托专利代理事务的民事主体将归属该项权利的继承人，因此将根据继承人的意愿选择是否继续委托原专利代理机构办理或另行委托专利代理机构办理或自行办理有关专利事务，对于最后一种情况原专利代理关系终止，而前两种情况将产生专利代理关系的变更，即原专利代理关系终止，与此同时建立新的专利代理委托关系。同样，在个人委托人死亡或丧失民事行为能力时将由其继承人或监护人来确定专利代理关系的存在、变更或终止。其中，确定自行办理的，原专利代理关系终止；确定另行委托专利代理机构的，产生专利代理关系的变更；继续委托原专利代理机构办理的，由继承人决定的也将产生专利代理关系的变更，而由监护人决定的，原专利代理关系并未改变，只是由监护人代表委托人处理委托人与专利代理机构之间的关系。

四、专利代理在专利制度中的作用

随着我国专利制度的建立和不断完善，专利代理已经成为专利工作体系中不可或缺的一环，它在推动专利制度的建设和发展中起到了重要作用。专利代理工作在专利制度中起重要作用的原因在于专利制度的复杂性。专利事务要涉及技术、法律和经济贸易等多方面的内容，只有既精通专利法律法规和了解科学技术最新发展水平，又具有办理有关专利事务经验的专业人员才能将此项工作做好，而通过专门培训的专利代理工作人员就能适应专利代理工作的需要。

从总体看，专利代理在专利制度中主要起到下述五个方面的作用。

（1）有利于发明创造获得专利保护

专利制度建立的目的之一是为了保护发明创造的专利权。从一项发明创造作出到授予专利权，首先要考虑其是否适宜于专利保护和选择采用哪一种专利保护，然后要撰写和提交既符合《专利法》规定，又能争取最大保护的专利申请文件，与此同时办理各种与专利申请相关的手续，在专利申请审批期间还需要针对各种通知书作出答复和修改申请文件，直到该专利申请符合《专利法》和《专利法实施细则》的规定才能授予专利权。在此期间的专利事务是一项法律性和技术性很强的工作，未经过专门培训的科技人员和没有技术背景的法律人员对此很难胜任，而委托专利代理就能帮助专利申请人以及发明人或设计人解决此难题，不仅可使专利申请人的发明创造能早日得到专利保护，还能使该发明创造得到比较充分的保护。由此可知专利代理在专利制度中的第一个作用就是有利于发明创造得到专利保护。

（2）有助于提高专利申请审批工作的效率

国家知识产权局专利审批工作的效率不仅取决于其自身工作人员的数量和水平，还取决于专利申请文件的撰写质量和审批期间对各种通知书答复的质量。如果专利申请的撰写符合《专利法》和《专利法实施细则》的有关规定，就有可能直接授权。相反，专利申请文件撰写很不规范，不符合《专利法》和《专利法实施细则》的规定，就加大了审查难度和增加审查时间，尤其是对通知书的低质量答复和由于多次修改申请文件不合格造成多次发出通知书和进行多次答复，这样必定导致审查周期的延长、审查工作效率的降低，也加重了国家知识产权局审批部门的工作负担。经过专门培训和具有执业经验的专利代理人撰写的申请文件基本上符合要求，对审查通知书及时答复时能作出有说服力的陈述和/或对申请文件作出符合要求的修改，从而有助于缩短审批周期，提高专利申请审批工作的效率。

（3）有利于维护当事人的合法权益

专利制度的核心是对授予专利权的发明创造给予法律保护，我国对专利权的保护采取人民法院审判和管理专利工作的部门行政执法两条途径。但由于专利案件带有很强的技术性，尤其是对专利侵权的判断和对专利权的确定不仅涉及较为复杂的法律问题，而且常常涉及相当复杂的技术问题，因而一般未经过专利方面的培训和/或没有技术背景的律师往往难以胜任，对这种情况比较适宜的做法是同时委托专利代理机构和律师共同来承办专利民事诉讼和专利行政诉讼，这种律师和专利代理机构的优势互补将为当事人争取到最大的权益。我国专利民事诉讼和专利行政诉讼的实践已经证明，采用这种方式委托代理比较有效。由此可知，在专利诉讼中专利代理制度将有利于维护当事人的合法权益。

（4）有利于对外开放和便于涉外专利事务的开展

我国专利制度是适应我国对外开放政策建立的，因而专利制度建立后必定会出现不少涉外专利申请，按照《专利法》第十九条第一款的规定，在中国没有经常居所或者营业所的外国人、外国企业或者外国其他组织在中国申请专利和办理其他专利事务的，应当委托依法设立的专利代理机构办理。近10年来，中国单位或者个人对外申请专利的数量也不断增加，需要办理国外的专利事务，由于各专利代理机构中的资深专利代理人不仅熟悉中国专利法律法规，而且也熟悉国际或地区专利组织以及一些专利大国的专利法律法规，他们必将成为中国单位或个人与外国专利局或国外其他相关第三人（如外国专利律师事务所）之间办理国外专利事务的桥梁。由此可知，不论是外国人、外国企业或外国其他组织在中国境内办理专利事务，还是中国单位或者个人到国外办理专利事务，专利代理机构的专利代理工作起了不可或缺的作用，因此专利代理制度的建立方便了涉外专利事务的开展，适应了我国对外开放政策的需要。

（5）有利于促进专利技术的推广应用

专利权人对授予的专利权享有独占权，其获取专利权的最终目的是为了获取经济利益。经济利益通常可以通过两种方式来达到：自己独占实施，一旦出现他人未经许可的实施就要求他人停止侵权行为并赔偿相应的经济损失；转让专利权或许可他人实施专利技术，从而获取专利转让费或使用费。对于前者，就是前面第（3）点中所提到的专利民事诉讼法律事务；而对于后者，就要向他人转让专利技术或许可他人实施专利技术，为此需要签订专利转让合同或专利实施许可合同。就签订专利转让合同或专利许可合同而言，不仅涉及具体专利技术本身的内容，也涉及市场需求、价格结算、资料交接、费用支付等经济问题，还涉及违约、保密、赔付、仲裁等法律问题，对于这些问题专利代理机构和律师就能为签订合同的双方进行谈判，在专利许可贸易方面发挥积极的作用。由此可知，专利代理制度的建立也有利于促进专利技术的推广应用。

第三节　与专利代理相关的其他知识产权法律法规

随着知识产权保护的国际一体化进程加快和高科技技术的高速发展，广大公民对知识产权保护意识和要求的提高，不仅要求服务于知识产权事业的各类代理机构不断改革创新、提高服务观念和服务水平，也对就职于知识产权各类代理机构中的专利代理人及相关业务人员提出了更高的要求。作为一名专利代理人不仅要学习和熟练掌握专利法律法规，而且还要对与专利法相关的其他法律法规进行了解学习，才能不断拓宽视野、增长知识，进一步提高自己的专利代理水平和适应能力。本节将对与专利代理相关的其他知识产权法律法规以及最高人民法院针对《专利法》第三次修改发布的与专利侵权纠纷有关的司法解释作一简介，鉴于篇幅关系，仅介绍其中比较重要的七种：《中华人民共和国商标法》（以下简称《商标法》）、《中华人民共和国著作权法》（以下简称《著作权法》）、《计算机软件保护条例》《中华人民共和国反不正当竞争法》（以下简称《反不正当竞争法》）、《中华人民共和国知识产权海关保护条例》（以下简称《知识产权海关保护条例》）、《集成电路布图设计保护条例》和《最高人民法院关于审理侵犯专利权纠纷案件应用法律若干问题的解释》法释〔2009〕21号（以下简称《审理专利侵权纠纷司法解释2009》）。

一、《商标法》及商标代理中应注意的一些问题

《商标法》是1982年8月颁布的，在1993年2月、2001年10月和2013年8月分别进行了三次修改。商标同专利一样，都是知识产权领域中十分重要的保护客体，且又都属于工业产权范畴，它们之间除了保护客体不同、客体的主要作用不同外，具有知识产权共有的地域性、排他性、时间性等特征。因此，在《商标法》及商标的国际性保护条款中有些条款与《专利法》中的外观设计专利保护有一些交叉和重合之处。

1. 商标与外观设计专利之间的主要异同

（1）商标保护的客体是一种可用于商品的可视性标志

商标使用的最主要目的是为了区别自己和他人的商品，故商标与使用该商标的产品有间接的联系，即商标对产品而言其是一种附加的、可分离的标志。而外观设计保护的是具有符合《专利法》第二条第四款规定的"对产品的形状、图案或者其结合以及色彩与形状、图案的结合所作出的富有美感并适于工业应用的新设计"。由此可见，外观设计专利中所述的形状、图案或者其结合等要素必须通过产品这个载体直接体现出来，所以说外观设计专利和产品本体是不可分割的。

外观设计专利保护的是产品的外观设计，用于装饰、美化商品，使商品变得更美观。

（2）商标保护客体的具体体现内容

商标保护客体体现的内容是能将商品与他人商品区别开的可视标志，其包括文字、图形、字母、数字、三维标志、颜色的组合和声音等，以及上述要素的组合。而且，具有这种可视内容组合的标志的注册条件是申请注册的商标应当有显著特征，便于识别，并不得与他人在先取得的合法权利相冲突。外观设计保护客体的具体体现内容是从产品本身所能观察到的形状、图案或者其结合以及色彩与形状、图案的结合。而且外观设计专利的授权条件是符合《专利法》第二十三条第一款至第三款的规定："授予专利权的外观设计，应当不属于现有设计；也没有任何单位或者个人就同样的外观设计在申请日以前向国务院专利行政部门提出过申请，并记载在申请日以后公告的专利文件中。授予专利权的外观设计与现有设计或者现有设计特征的组合相比，应当具有明显区别。授予专利权的外观设计不得与他人在申请日以前已经取得的合法权利相冲突。"

由此可知，商标和外观设计是两种不同的概念。但是，在有些情况下，两者在内容的构成上或保护上有重复交叉之处，比如两者都可以包括图形、文字和颜色的组合，因而某些平面类的包装纸或标贴在第三次修改的《专利法》实施之前（2009年10月1日前）既可以注册商标，也可以将某些文字部分删除或覆盖后申请外观设计专利。由于这一原因，容易造成某些平面外观设计与商标的重复申请，造成权利冲突，因此，在第三次修改后的《专利法》第二十五条第一款第（六）项中规定："对平面印刷品的图案、色彩或者二者结合作出的主要起标识作用的设计，不授予外观设计专利权。"其目的就是在外观设计专利初步审查中，尽量排除与商标标识作用很接近的平面类外观设计。此外，根据国家知识产权局第68号公告的规定，对于包括图形用户界面的产品外观设计，可以提出外观设计专利申请。

在授权条件上，商标的显著特征相当于外观设计专利所要求的具有明显区别，其不同之处在于前者不一定与产品有关，即商标没有要求必须有一个有形的载体，因而一种商标可以适用于多种产品；而后者却必须要求和载体有关并不可分离，这个载体必须是一种可工业化实施的、有固定形状的产品。

（3）商标绝大部分是以平面形式体现

在商标中装饰文字占有较大比重或占有商标设计的大部分版面；而在外观设计专利中形状是外观设计三种要素中比较重要的一种，外观设计中出现的文字必须具有高度装饰性，且只属于外观设计的图案的一部分或辅助部分。

（4）商标权与外观设计专利权不能相冲突

由于商标构成内容和外观设计除产品形状外的其他构成要素有相近之处，因此，某些商标有可能与已授权的一些外观设计专利相近似或相同。例如，在标贴、标志类外观设计中有时会出现其产品上的图形、文字和色彩组合后体现的可视的图案内容与某些商标的内容相同或相似。这种相同或相似，可能导致与他人在先取得的合法权利相冲突，也可能因都具有独占权而发生权利相干涉。因此，在外观设计的申请和审查中，对产品的商标部分要求予以覆盖或删除而不予保护。在商标的注册审核及异议程序中，都有较严格审核要求。一旦发生冲突，则一般以在先获得的权利为主。❶

2. 商标代理中应注意的问题

（1）商标申请注册前应当进行检索

由于商标在审查过程中要进行检索，相当于对商标进行实质性审查，即《商标法》第九条、

───────────────

❶　参见北京市高级人民法院（2011）高行终字第1264号行政判决书。

第二十九条至第三十三条的相关规定。而且，商标还有初步审定后的异议程序来修正审查过程中的漏洞。因此，在商标正式申请注册前，应当先行检索。

（2）正确确定商标申请注册时的商品名称

由于商品名称是确定分类的重要依据，因此如果商品名称选用、翻译得不准确或不确定，不仅涉及其能否顺利通过审查，而且也涉及注册商标的专用权保护的力度和保护范围，所以，商标代理人应加强和补充对各类专业领域中的商品名称、属性方面知识的学习和掌握。

（3）商标代理中应特别注重对时限的监视

按照《商标法》第三十四条的规定，商标注册申请人对商标局发出的驳回申请、不予公告商标的书面通知不服的，可以自收到通知之日起 15 日内向商标评审委员会申请复审；当事人（即商标注册申请人）对商标评审委员会作出的复审决定不服的，可以自收到通知之日起 30 日内向人民法院起诉。按照《商标法》第三十五条的规定，被异议人（即商标注册申请人）不服商标局对初步审定公告的商标的异议请求作出不予注册决定的，可以自收到决定之日起 15 日内向商标评审委员会申请复审；被异议人对商标评审委员会的复审决定不服的，可以自收到决定之日起 30 日内向人民法院起诉；异议人不服商标局对初步审定公告的商标的异议请求作出准予注册决定的，可以向商标评审委员会请求宣告该注册商标无效。按照《商标法》第四十四条和第四十五条的规定，商标局对已注册的商标宣告无效的，当事人不服的，可以自收到通知之日起 15 日内向商标评审委员会申请复审，当事人对商标评审委员会作出的复审决定不服的，可以自收到通知之日起 30 日内向人民法院起诉；商标评审委员会针对其他单位或者个人对已经注册的商标提出的无效宣告请求作出维持注册商标或者宣告注册商标无效裁定的，当事人不服可以自收到裁定之日起 30 日内向人民法院起诉。

由于在商标代理及管理中，复审及起诉这两个重要的期限规定都远远短于专利代理中对驳回决定不服请求复审以及对专利复审委员会作出的复审决定、无效宣告请求审查决定不服向法院提出行政诉讼的 3 个月的期限，所以商标代理人从接到官方转文到通知客户提出陈述意见要争分夺秒地安排，并应尽量采取传真、电话等快速的通信手段与客户联系，尤其是对国外客户更应当考虑翻译、时差等因素的影响。另外，还要考虑处理商标业务的代理人的业务水平、办事效率和对工作认真负责的态度。否则，很容易造成转达不畅、答复不及时而延误期限，导致申请人权益受损。同时，在如此短的时间内如何安排代理人、如何保证程序监管是商标代理机构应当考虑的重要因素，也是商标代理中出现问题较多的一个环节。

（4）应当重视申请注册商标前的准备工作和审核期间的答复工作

申请注册商标前，商标代理人要检查检索是否到位、商品分类是否适当，这些也是关系到后期能否被核准的关键。

由于商标审查和核准采用的是实质性审查加异议两道关卡，而且没有什么中间缓冲和补正，因此若对驳回决定、异议转文答复不认真、不到位的话，则必然导致本程序的终止和无法补救而进入下一程序，不仅费力费时，并会导致新的费用产生，而且往往造成应得的权利丧失或受损，使客户的权益直接受到损害。

因此，在申请注册商标前必须进行负责任、全方位、多角度检索。同时，商标代理人的实际工作经验对检索结果的分析处理、商品分类的选定以及在意见陈述中法规条款的正确选择和论述也是十分重要的。

（5）商标和外观设计专利的保护期限不同

商标申请注册后可以通过续展延长其保护期，并使其得到较长时期或永久的保护，而外观设计专利则只有 10 年❶保护期，过此期限，再好的外观设计，再有市场的外观设计产品则会变为社会上的共有财富而被无偿使用。

二、《著作权法》 及交叉保护问题

《著作权法》于 1990 年 9 月 7 日经第七届全国人民代表大会常委会第十五次会议通过并颁布。又根据 2001 年 10 月 27 日第九届全国人民代表大会常委会第二十四次会议《关于修改〈中华人民共和国著作权法〉的决定》进行了第一次修改。后又根据 2010 年 2 月 26 日第十一届全国人民代表大会常务委员会第十三次会议《关于修改〈中华人民共和国著作权法〉的决定》进行了第二次修改。

著作权同专利权、商标权一样，是知识产权组成的三大主干之一，它们在法律上的共有特性是专有性、地域性、时间性。但它们之间又有重大的区别。

1. 著作权与专利权的区别

（1）保护对象不同

著作权所保护的是表达作品思想内容的具体表现形式，并不保护作品的思想内容（即作品的思想、理论、观点并不受著作权法保护），也就是说著作权法只是禁止不经作者或著作权人的许可或同意而擅自发表、复制、出版其作品，但是并不禁止他人使用作品中的思想、观点、理论。另外，作品所依附的载体不受著作权法的保护。

而专利权所保护的恰恰是发明创造的构思及能够体现该构思的产品和方法。因此，在《专利法》中对计算机程序（软件）控制的装置或利用计算机程序实现控制的方法，一般可以申请并经过审查而获得专利权。所以说《专利法》中这种对计算机软件与硬件结合融为一体后是侧重于从其构思、思想上进行保护的，这种保护方式正好弥补了计算机软件著作权法不保护作品思想的空白。

（2）所产生的程序不同

著作权与大部分民事权利一样，作品一经完成就自然产生了。因此，除计算机软件、集成电路布图设计以外的著作权产品都无须办理注册登记手续。而专利则不同，它不仅需要进行申请，而且还需进行审查、批准、公告、颁发证书等诸多程序。专利权的获得比著作权法中的计算机软件登记复杂、麻烦，需要花费较多的费用。

（3）专有程度不同

著作权的排他性、独占性体现在著作权的人身权部分的发表权、署名权、修改权及保护作品的完整权上。因此，著作权的排他性较弱，并不能排斥他人独立创作类似或雷同作品的权利。而专利权则是一种排他性、独占性较强的权利，这种排他性、独占性最主要体现在《专利法》第十一条所规定的侵权构成要件上。而侵权行为的判定原则是《专利法》第五十九条中的规定：即发明或者实用新型专利权的保护范围以其权利要求的内容为准，说明书及其附图可以用于解释权利要求的内容；外观设计专利权的保护范围以表示在图片或者照片中的该产品的外观设计为准，简要说明可以用于解释图片或照片所表示的该产品的外观设计。也就是说，在专利的侵权判定中，发明或实用新型专利权的保护范围除了权利要求中文字描述的字面侵权外，还包括从权利要求实质内容中得出的等同侵权；外观设计的专利权保护范围包括与该产品相同或相近种类产品的相同

---

❶　目前我国《专利法》正在酝酿第四次修改，在《专利法》修订草案上报送审稿中，外观设计专利的保护期限拟由 10 年改为 15 年。

和相近似的外观设计。

2. 著作权与商标权的区别

著作权对保护客体的要求是该作品具有非抄袭、剽窃他人的独创性或原创性。而商标对保护客体的主要要求是具有区别商品的可识别性。另外，著作权保护的核心是他人未经作者同意，不得以营利为目的复制其作品。而对于商标权的保护，只要不是将他人相近或相同商标使用在所核定的相同或同类商品上，则一般不会构成侵权。

大量复印、印制商标图案侵犯的是商标设计人的著作权，而不是侵犯了商标权。商标权不具有人身权。此外，著作权的终止、消失，只能以超过保护期限而进入公有领域的形式出现，而且，只限于财产权部分。谁也无法剥夺、撤销作者所享有的永久的署名权等。但是在商标权保护中，商标局有权对具有某种违法行为的商标权人的商标进行撤销。

三、《计算机软件保护条例》

《计算机软件保护条例》于 2001 年 12 月 20 日由国务院公布。在 2011 年 1 月 8 日进行了第一次修订，2013 年 1 月 30 日进行了第二次修订。

计算机软件是相对计算机硬件而言的，人们都知道硬件是组成计算机中的一些看得见、摸得着的元器件或零部件，例如键盘、硬盘、软盘驱动器、电子电路、机身及外部设备；而软件则是无实体的指示计算机硬件进行工作和如何进行工作的方法、步骤和要求。因此一台硬件配置相同的计算机，配以不同的软件，则计算机的功能、效果也不一样，因此，软件是计算机控制的中枢神经，是计算机运算操作程序和文档的总和。

1. 对计算机软件实施法律保护的必要性

由于计算机软件属于自然科学作品，而且在开发过程中要投入大量资金和专家的智力劳动并具有很高的实用价值和经济价值，导致或诱使许多人自己不研究、不开发，而采用不合法的手段直接享受或利用他人的软件成果的现象，再加之软件的复制简便、快捷、廉价，使得复制盗版现象屡禁不止。这种现象不仅扰乱了正常的市场秩序，而且使真正的软件开发商不愿意再付巨资进行新的开发研究或对其开发成果进行严密的封锁、保密，其封锁、保密的结果必然导致计算机软件业成果不能正常推广应用以及软件产业的停滞或萎缩。而进一步的结果将影响计算机行业及与之相关产业技术、信息技术及高新技术行业的发展。

所以，必须对计算机软件实施多方面、多层次的有效保护，以保护计算机软件著作权人的权益，调整计算机软件在开发传播和使用中发生的利益关系，鼓励计算机软件的开发与应用，促进计算机软件产业和国民经济信息化的发展。

2. 计算机软件的法律保护方式的选择

计算机软件的法律保护目前有四种可供选择的方式：采用著作权保护计算机软件（即《计算机软件保护条例》），采用专利保护计算机软件，采用《反不正当竞争法》中的商业秘密保护计算机软件，采用商标方式保护计算机软件。下面针对这四种方式分别作出简要说明。

（1）采用著作权保护计算机软件

由于计算机软件属于一种科技作品，采用著作权（版权）保护是顺理成章的，而且，绝大多数的国家也都承认计算机软件是著作权中所规定的作品。但是，采用著作权保护的内容仅限于计算机程序的可视创作形式或计算机程序的书面表达形式，按照《计算机软件保护条例》第六条的规定，软件著作权的保护不延及开发软件所用的思想、处理过程、操作方法或数学概念等。因此，《计算机软件保护条例》保护的软件著作权不仅无法保护形成计算机程序基础的算法而使得其他人可以自由运用某一计算机软件著作权的设计思想，而且他人在其基础上设计出新的软件也能获得另外的著作权保护。也就是说，采用著作权保护的对象仅仅是计算机源程序本身，稍加变化或者使用不同的计算机语言编制具有相同构思的源程序就不构成侵权。所以《著作权法》对软件的保护力度较弱。同时，著作权保护并不排斥其他独立完成的相同或类似的作品。

虽然以计算机软件著作权的形式保护计算机软件存在上述诸多缺点，但是，它也有费用低、不需要履行繁杂的手续和等待较长的审查时间就能取得快捷保护的优点，尤其是其具有相当长的保护期。另外，在计算机软件保护国际化方面有众多成员国参加的《保护文学和艺术作品伯尔尼公约》《世界版权公约》，所以，只要计算机软件取得上述国际公约某成员国的版权保护，计算机软件的国际保护也很容易实现。如果计算机软件著作权的作者不具有上述国际公约成员国国民的身份，那么只有计算机软件作品在某一成员国首次出版，才能自首次出版日起对计算机软件作品实行保护。

由此可见，计算机软件著作权的取得不需要履行任何手续，即计算机软件著作权自计算机软件开发完成之日起自动产生。

（2）采用专利保护计算机软件

采用专利方式保护计算机软件是目前正在引起人们普遍关注的另一种有效途径。因为，一方面，采用专利方式保护可以有效地保护计算机软件程序体现的思想，另一方面，以专利方式保护计算机软件也可以禁止那些采用了相同或相似设计思想而仅仅在书面表达形式上不同的独立设计的计算机软件的使用，这正好弥补了著作权法只保护计算机软件书面表达形式，而不保护计算机软件所采用的思想方面的不足。

（i）国内业界人士对采用专利保护计算机软件的一些观点

专利法作为一种工业产权保护法，它的保护范围也是有限的，它仅仅保护涉及工业产权的发明创造，根据《专利法》第二条第二款和第二十五条第一款第（二）项的规定，智力活动的规则和方法不能授予专利权，因此一项涉及计算机程序的发明只有在其解决了技术问题、使用了技术手段并能够取得技术性效果时，才属于我国《专利法》保护的客体。因此，如果发明专利申请只涉及计算机程序本身或仅仅记录在载体（例如磁带、磁盘或者其他可读存储介质）上的计算机程序，则就其程序本身而言，不管其以何种形式出现，都不能授予专利权。

目前我国业界人士对计算机软件是否给予专利保护，怎样给予专利保护存在许多不同的观点。一种观点认为，以计算机程序为特征的可读存储介质是软件信息记录的载体之一，由于这种载体中的可读存储介质本身的物理结构和特性没有发生任何变化，而记录在计算机中的可读存储介质上的计算机程序又是以源程序方式记录的，而目前世界各国都没有对计算机源程序授予专利权，因此这种以计算机程序为特征的计算机可读存储介质不应该获得专利保护，不管其是单一的记录形式，还是简单叠加、综合后的记录形式，都不应获得专利保护。而另一种观点认为，既然记录在所述计算机可读存储介质上的计算机程序具有技术性，那么记录了这种计算机程序的计算机可读存储介质也应具有技术性，所以，应当获得我国《专利法》的保护。

（ii）国外对采用专利方式保护计算机软件的一些观点

目前以美国为首的一些西方国家为了其自身利益和从其十分发达的计算机软件行业状况出发，对专利法保护的客体作出了一种开放性解释，实际上等于对专利法所保护的客体范围进行了扩大。如美国专利法第101条规定任何新的和有用的机器、方法、产品、组合物能够授予专利权。这等于对专利法保护的客体未作任何规定和限定，体现这一思想的最典型的案例是美国联邦巡回上诉法院（CAFC）对涉及1993年3月9日授权的Signature金融集团公司美国专利

US5193056 的无效宣告请求案上诉后的判决，该判决是美国联邦巡回上诉法院作出的有关计算机软件专利性最为重要的一个判决，它不仅对美国的金融、银行、保险等行业有重大的影响，而且给世界同行业的生存发展敲响了警钟，并且导致各国专利界对涉及商业经营方法的计算机软件是否给予保护的更大争论。

日本专利法强调凡是能够以技术手段实施的发明创造都属于专利法保护的客体，而实际上所谓有用的、能以技术手段实施这些说法本身就是一种很难界定或者根本无法界定出明确定义的有争议的话题，它争议之处不仅仅是所有计算机程序是否给予专利保护，更因为这类发明在授权后会给专利侵权判定带来更大的争议。

目前国家知识产权局对上述专利保护客体扩大的趋势持谨慎态度，对涉及计算机程序的发明专利申请，《专利审查指南 2010》第二部分第九章第 2 节、第 3 节和第 5 节分别对涉及计算机程序的发明专利申请的审查基准、审查示例以及说明书和权利要求书的撰写作出了具体说明。

（iii）关于采用专利方式保护计算机软件的保护力度问题

对于我国利用专利保护含计算机程序的发明专利的保护力度问题，由于计算机软件（包括计算机程序在内）的流通基本靠计算机可读存储介质本身的交换和流通实现，因而按照《专利法》《专利法实施细则》和《专利审查指南 2010》的规定可以认为目前将计算机软件排除在专利保护客体的范畴之外。换言之，就计算机程序本身而言，不管你记录在什么形式的载体上，不论以何种方式出现，都不授予专利权。而能授予专利权的涉及计算机程序的发明目前一般要求其具备三要素，并且能够与计算机硬件相结合或产生关系的应用软件发明，而这些发明实质上都是一些方法发明，只不过按照《专利审查指南 2010》的规定允许写成方法权利要求或者装置权利要求。

当专利权人的上述涉及计算机程序的发明内容，被以营利目的而复制或拷贝到某些计算机可读存储介质上时（即形成常说的盗版软件或盗版光盘），由于复制方法并没有涉及《专利法》第十一条所规定的使用其专利方法以及使用、许诺销售、销售、进口依照该方法直接获得的产品（因为将所述专利方法复制或记录到计算机可读存储介质上所获得的产品不属于依照该方法直接获得的产品之列），因此，无论复制方如何进行复制，都不能作为专利侵权认定。同时，由于这种复制产品不是依照所授权的专利的方法直接获得的产品，因而，销售这种复制产品也不能被认为是专利侵权。

从销售方购买上述复制产品或盗版软件的使用者，由于已经形成实际的销售行为，已被销售复制产品中的所述专利方法的专利权也被一次用尽。因此，盗版软件或被复制产品的使用方也可以认为不构成侵权。因此，以专利方式保护计算机程序的方法发明在保护以计算机可读存储介质流通环节的保护力度是极其有限的。因此，对于记录了计算机程序的计算机可读存储介质如何予以专利保护是目前国际上相当重视并在积极研究和考虑的一个现实问题。

（3）采用《反不正当竞争法》中的商业秘密保护计算机软件

通过上述对采用著作权法和专利法保护计算机软件的分析可知，在专利法及计算机软件著作权保护计算机程序上存在保护的真空。这个真空就是：由于专利法只保护用科学思想开发出来的技术方案，并不保护思想本身，而计算机软件是离不开算法的，而算法又被归类于为一种反映自然规律或逻辑运算的法则，因而，不能成为专利法保护客体，而在专利审查中计算机软件的新颖性、创造性和实用性审查又是很难通过的。所以，人们对计算机软件的保护开始倾向于《计算机软件保护条例》，即采用计算机软件著作权的保护，但是著作权保护的又只是计算机软件的表达形式及完整、成熟的作品，也不保护软件的创作思想，而计算机软件作品的完整性和成熟性只有通过试用、公开并投放市场后才能体现出来。因此，在一个计算机软件实际开发完成之前，具有大量智力和经费投入的计算机软件劳动成果却又时时刻刻存在被窃取或非法披露的可能，因此，在采用计算机软件著作权保护方面也存在著作权保护的真空。

《反不正当竞争法》中的商业秘密正好适应并弥补了计算机软件在专利和计算机软件著作权保护方面的不足。《反不正当竞争法》第十条第三款规定，商业秘密是指不为公众所知悉、能为权利人带来经济利益、具有实用性并经权利人采取保密措施的技术信息和经营信息。

由此可见，商业秘密是一种具有经济、市场、技术或竞争价值的供权利人自己使用的或收集的一种不愿让他人知悉的，并采取了保密措施的信息。因此，商业秘密的价值不仅体现在信息所处的载体上（例如纸张、磁盘、光盘等），而在于信息本身所蕴含的设计思想上，因此，商业秘密不仅保护思想的表达形式，还保护思想本身，而且，还避免了适用程序上的复杂性、权利用尽及保护时间上的有限性。所以，采用商业秘密方式保护计算机程序或其他一些技术内容或信息比采用专利法、计算机软件著作权保护该类技术信息更进了一步。

在采用商业秘密保护计算机软件时应注意以下四个问题。

（i）注意采取保密措施

由于法律保护的商业秘密的信息是通过禁止违反保密义务的泄露行为、不正当途径的窃取行为和不合理的使用行为而达到保护的，因此，法律要求对商业秘密采取保密措施，即通过权利人与雇员或他人订立保密合同或保密协议的方式进行约束或约定，同时，法律也不禁止他人独立的研发行为。

（ii）计算机软件特征适于用商业秘密来保护

由于计算机软件的开发研制需要大量的资金、时间及智力的投入，防泄密又是计算机软件开发中最基本的要求，新功能的软件肯定会以它的技术优势给软件权利人带来经济效益，这些特点恰好符合商业秘密的法律原则，所以，采用商业秘密对计算机软件采取保护是恰当的。

（iii）商业秘密的丧失

虽然商业秘密保护计算机软件具有专利法和著作权法不可替代的优势，但是也有自身的不足，例如有意与无意的泄露则意味着权利人商业秘密的永远消失；他人独立开发与研制出的功能相同或相近的软件的公开也会使权利人奉为至宝的商业秘密变得一文不值。另外，反编译技术可以使任何人都可以通过正当途径获得某一软件，并以此开发出与该软件功能相同或相似的软件。上述三种情况均会使在商业秘密保护下的计算机软件或其他信息顷刻之间失去生存的基础。因此，采取商业秘密保护计算机软件或其他信息也不是万能的、唯一的方法，商业秘密保护与采用专利、计算机软件著作权保护各有千秋，可针对不同的内容灵活地采取互补的方式进行保护。

（iv）商业秘密的法律运用

由于保密的计算机软件是一种无形资产，具有商业价值，任何违反保密义务的泄密行为和以不正当手段的窃密行为、使用行为均侵犯了权利人的财产权，故可以认定为是一种侵权行为。

对于雇主与雇员以及合作者之间，如果是采用严格的保密条款或保密合同进行保密责任约定的，则任一方泄露有关软件秘密则属于违约行为。

通过不正当途径窃取计算机软件秘密或明知有人泄密而仍然接受使用的，则构成不正当竞争。

上述商业秘密的法律适用，不仅适用于计算机软件，而且也同样适用于专利技术方案中一些可以不公开或不宜公开，但不影响专利新颖性、创造性和实用性审查，并且能进行保密又具有经济价值的工艺配方、诀窍或方法手段等。

（4）采用商标方式保护计算机软件

对于大量投放市场的计算机软件，权利人还可以通过其所具有的品牌影响采用商标方式进行产品区分和标识上的保护，因为，复制者为了让购买者相信其产品与原产品一样好，往往将商标一同复制。这样就可以通过商标侵权起诉复制者，也可以将商标与程序融为一体，以增加复制者的复制难度来达到防止复制的目的。

四、《反不正当竞争法》

《反不正当竞争法》于 1993 年 9 月 2 日由第八届全国人民代表大会常务委员会第三次会议通过。其立法宗旨是为了进一步完善和规范经营者的市场行为，保障社会主义市场经济的健康发展，鼓励和保护公平竞争，制止不正当行为，保护经营者和消费者的合法权益，是对《专利法》《商标法》《著作权法》《计算机软件保护条例》等知识产权法律法规中不予保护或保护力度较弱以及较难取证和认定的各类保护客体实施有效保护的一种重要补充。

1. 《反不正当竞争法》在知识产权法律事务中的地位

反不正当竞争法是指有关反对、限制、禁止不正当行为的法律法规及其司法解释等法律规范的总和。它涉及《专利法》及《专利法实施细则》《商标法》及《商标法实施条例》《著作权法》《计算机软件保护条例》《产品质量法》《消费者权益保护法》《关于禁止公用企业限制竞争行为的若干规定》《关于惩治生产销售伪劣商品犯罪的决定》以及商业秘密等诸多领域，是涉及范围最广、包含内容最多、适应性及可操作性较强的法律法规。

2. 《反不正当竞争法》中的商业秘密权与其他相关权利的区别

商业秘密是一个随着商品经济的迅速发展、市场竞争的加剧以及智力劳动成果越来越为人们重视而引起人们普遍关注和重视的现实问题。早在 1999 年美国就制定了统一商业秘密法，英国也在积极拟定保护秘密权法，1989 年日本公平贸易委员会也制定了类似的不公平贸易做法的指南，我国于 1993 年将商业秘密纳入到《反不正当竞争法》中给予保护，TRIPS 也将商业秘密、技术秘密等未公开信息列入可保护范围。可以说，商业秘密已成为世界各国立法机构关注的一个热点，它同专利法、商标法、著作权法一样，已成为知识产权法体系中的一个重要组成部分。而且，构成商业秘密要件的信息性、保密性、价值性和实用性随时体现在权利人的开发、生产策划、经营的全过程中，易于收集、操控和迅速实施保护。所以，在对专利、商标、著作权的保护力度上具有重要的补充和强化作用。

（1）商业秘密的保护与著作权保护的区别

商业秘密的保护与著作权保护的区别主要体现在保护的客体、范围、期限、状态及条件上，详见前述的利用商业秘密保护计算机软件著作权的相关内容。

（2）商业秘密的保护与专利权保护的区别

商业秘密保护与专利权保护主要有五个方面的区别。

（i）保护状态不同

商业秘密的保护是处于未公开状态下的经营信息和技术信息；而专利权保护的是应当充分公开的技术方案。

（ii）保护客体的范围不同

商业秘密保护的是经营信息和技术信息；而专利保护的是已获取的具体、清楚、完整的技术信息内容。凡专利不予保护的未公开的技术成果，理论上都属于商业秘密保护的范围，因此，可以说，商业秘密的保护覆盖面要比专利保护范围更广。

（iii）取得方式和条件不同

商业秘密的取得与著作权相似，即随其信息建立和形成而产生，无须进行注册、登记等手续，更无须通过审查和批准，因此，其取得法律保护的条件即新颖性要求很低；而专利权不能自然形成，必须经国家知识产权局审查批准，其取得的条件是接受审查的技术方案必须符合新颖性、创造性和实用性要求和其他实质性审查要求。

（iv）保护期限不同

商业秘密受保护的期限是随机而不确定的，可长可短，可因各种原因很快而失去保护，亦可因各种原因而无限期保护；而专利的保护期限由《专利法》作出了具体规定。

（v）权利主体不同

由于商业秘密的主体是自然产生并各自独立存在的，因而，其主体是多元性的；而专利权主体是单一的、排他的。

（3）商业秘密的保护与商标权保护的区别

商业秘密与商标权的区别主要体现在所保护的客体、状态、期限、主体及权利取得的方式上的不同，这些区别基本上与商业秘密与专利权的区别类似。

3. 商业秘密保护在专利保护中的具体应用

下面从五个方面说明商业秘密保护在专利保护中的具体应用。

（1）利用商业秘密保护那些易于保密、掌控的技术方案

对于专利申请中一些易于掌控和保密的配方、工艺、参数和限制条件都可以采用技术秘密的方式给予保护。因为，如果申请专利，就必须将它们公开，而一旦公开后，则很容易被他人得知或利用或改动后加以利用，而这种利用在专利未被授权前是得不到有效保护的，或者即使授权，权利人要想发现或取证，证明他人使用了自己的技术也较为困难。所以，对有些技术方案，权利人可以通过技术秘密的方式保护效果更好。例如，美国可口可乐公司的可口可乐这种饮料，如果要申请专利则要公开其核心技术，即公开其配方和生产工艺，公开配方和生产工艺是许多专利申请人最不愿意的，但如果不公开或公开不充分，又无法取得专利权。所以可口可乐没有采取专利的保护方式，而是采取了商业秘密为主的保护方式，不仅在技术上保持了其技术优势，而且取得了举世公认的经济效益，避免了其配方的公开及公开后的不易掌控和保护期的有限性等诸多不利因素。而且，可口可乐公司对可口可乐这一产品实施技术秘密加注册商标的保护措施是相当成功的。

（2）利用商业秘密保护那些附加的非必要技术特征

在专利申请中，往往把那些必要的技术特征写入限定保护范围的独立权利要求中，而把一些附加的非必要技术特征或者某些较佳参数或保护点列入从属权利要求，或者根本不把它们写入申请文件中，前者的写入是为了满足专利审查的新颖性、创造性和实用性以及其他实质性要求的审查需要或者是给日后的修改留有余地，而后者的不写入是想通过这些较佳点或范围或参数以技术秘密的方式留存下来，从而与所公开部分在日后实施或转让中的技术方案有所区别，以便留一手进行讨价还价或保留自己的竞争优势。但是采用后者以技术秘密保留时应该注意的前提是"不能影响整体技术方案的充分公开与实施，以及所写入的部分在判断新颖性和创造性时是否与背景技术有区别"。如果这种不写入或少写入一些有价值、易于保密的技术特征并不影响专利审批及授权的话，则完全可以将这些特征以技术秘密的方式进行保密。但是，如何把握这一点是较为困难的。

（3）对具有价值但能否被授权没有把握的技术方案，则可以用商业秘密方式加以保护

在专利申请过程中，特别是在发明专利的非装置申请中，经常遇到一些技术方案的创造性较低的情况，即使全盘托出、彻底公开也无把握被授权，则采取商业秘密的方式加以保护更好，因

为公开了也可能不会被批准。

（4）对不属于专利保护客体的技术方案可以采用商业秘密的方式加以保护

《专利法》第二十五条第一款第（二）项中，对属于智力活动的规则和方法的申请内容不授予专利权，例如涉及编排方法、检索方法、算法等及商业经营方法的各类申请，由于它们的申请内容本身都是以计算机程序为基础的方法发明或者是以人的思维、识别和记忆的规则或方法对信息进行处理，但并没有采用技术手段或者利用自然法则，也未解决技术问题和产生技术效果，所以不构成专利法意义上的技术方案。不符合《专利法》第二条第二款的规定，或者属于《专利法》第二十五条第一款第（二）项规定的不授予专利权的范围。

但此类申请由于相关产业的迅速发展和计算机的广泛应用以及美国、日本、欧洲等发达国家相关申请被批准，人们的申请意识或欲望增强，国家知识产权局的此类专利申请量也在呈上升趋势。但是，由于目前这方面存在很多争论或不确定性，且国家知识产权局也未作出相应法条的修改，所以，驳回量还是较大的。虽然，此类申请有一部分避开了《专利法》第二条、第二十五条所规定的不授予专利权的范围，但是，面临着进一步新颖性、创造性和实用性的审查，其结果也很不乐观。

因此，将属于此类的申请内容或者相关信息以商业秘密方式加以保护也是一种可以考虑的方案。

（5）对涉及专利权转让或虽已授权，但不易确认保护范围和侵权认定的相关专利采用商业秘密保护

在已申请专利或已授权的专利技术方案中，有一部分技术内容或特征没有被公开的情况也是时常存在的。另外，在专利申请中或专利申请前的试验或研发委托加工、合作开发阶段经常发生各类申请的专利技术被违法或不合理窃取或被内部离职、退休人员带走的情况，其中有些技术方案还被他人和竞争对手或合作者加以改头换面或略加改变而重复申请或抢先申请专利的现象也时常发生，而通过诉讼或宣告专利权无效解决此类专利纠纷往往费力费时。此外，在权利人对他人实施侵权诉讼过程中，对方会以无效宣告的应对方式进行反诉和拖延时间。但是如果当事人之间原来存在合作关系或原始雇佣关系的话，则可以优先考虑当事人之间是否存在商业秘密中所属的不正当竞争行为，如果存在这种不正当竞争行为，则可优先考虑或同时采取商业秘密的方式解决纠纷。例如，甲乙双方都有各自的专利，而乙方原来又是甲方的雇员或合作者或从属单位关系，又有证据证明乙方的技术或产品是从甲方窃取或采用不正当手段获取得到的，只要乙方所获得的技术信息符合不正当竞争或商业秘密的构成要件，就可以不正当竞争或商业秘密的方式进行保护。

五、《知识产权海关保护条例》

《知识产权海关保护条例》于2003年12月2日由国务院令第395号公布，根据2010年3月24日《国务院关于修改〈中华人民共和国知识产权海关保护条例〉的决定》修订。

1. 《知识产权海关保护条例》的作用

《知识产权海关保护条例》共有五章三十三条。其主要作用是针对与商标权、专利权、著作权有关的产品货物在进出口时所采取的一种强制性保护。

按照《知识产权海关保护条例》第二条的规定，其适用于与进出口货物有关并受中华人民共和国法律、行政法规保护的知识产权，包括商标专用权、著作权和与著作权有关的权利、专利权。也就是说，实施知识产权海关保护的前提是：与进出口货物有关的专利、商标、著作作品必

须是已经核准登记或授权的专利权、商标权或著作权，且应当具有证明这些权利存在的有效证明或证书。此外，知识产权权利人以及他们的代理人要求海关对其与进出口货物有关的知识产权实施保护的，应当向海关申请备案，并应当提出采取保护措施的申请。

2. 采用知识产权海关保护的效力

由于采用知识产权海关保护的最终结果是与专利权、商标权、著作权相关的产品，且这些产品是处于一种直观的，并处在一种侵权嫌疑货物货主无法封锁、掌控的环境中，不仅便于查找，而且易于实施保护。如果信息准确的话，保护效果和力度都很好。尤其适用于不便或很难进入侵权嫌疑货物当事人场地取证或不易采取其他保护措施的情况或场合。对那些只在国内组装生产，但不在国内销售的嫌疑货物较为适用。

但是，需要注意的是请求海关实施知识产权保护的权利申请人应当提前将其知识产权向海关总署申请备案，并按《知识产权海关保护条例》第七条的规定在申请书中填报所掌握的准确信息，而且在提出采取保护措施申请之前最好先行进行侵权分析判断。

六、《集成电路布图设计保护条例》

《集成电路布图设计保护条例》于 2001 年 4 月 2 日由国务院公布，并于 2001 年 10 月 1 日实施，由国家知识产权局负责其专有权的管理。

1. 集成电路布图设计的定义及目前的保护状况

下面分别对集成电路设计的定义和国际上集成电路布图设计保护状况给予简要说明。

（1）集成电路布图设计定义

按照《集成电路布图设计保护条例》的规定，布图设计就是用于制造集成电路的电子元件在传导材料中的具体排列和连接的布局设计。

（2）国际上集成电路布图设计保护的状况

从 19 世纪 80 年代开始，各国先后立法对集成电路布图设计予以保护，其实质内容相同，仅仅采用了不同的名称，例如：美国称之为半导体芯片保护法，日本称之为半导体集成电路的电路布局法，英国称之为半导体产品（拓扑图）条例。

2. 集成电路布图设计专有权获得保护的条件

现对集成电路布图设计获得专有权保护的条件给予简要说明。

（1）集成电路布图设计是一种新的智力劳动成果

集成电路布图设计是工程师根据集成电路所要执行指令和达到的功能而设计的集成电路的结构，它只能作为集成电路制造过程中的中间产品，因此，与著作权中的作品、专利权中的发明等智力成果相比，在创作过程和性质上有重大区别。

（2）集成电路布图设计必须具备原创性

集成电路布图设计若要获得保护，必须具备原创性，但这里所说的原创性，要比著作权法中的原创性意义更广，也可以将其提升到"非常规性"。所谓非常规性就是强调所要求保护的集成电路布图设计对集成电路技术领域制造者、设计者来说，是公认非常规的、有自己的特点和进步性，因此，集成电路布图设计的原创性要求是一种既高于著作权原创性要求，但又低于专利法所规定的创造性要求的标准。而实际上，集成电路布图设计这种原创性要求是生产厂家及设计人员在设计集成电路时必须事先考虑的，因为集成电路布图设计要应用于工业实践中，而且更新换代很快，如果没有自己的独特之处和进步性，则不会有市场竞争的优势，也就没有给予集成电路布图设计保护的必要性。

（3）集成电路布图设计是无形的

集成电路布图设计是制造集成电路中的电子元件在传导材料衬底上的排列和连接的布局设计，布局设计所体现的内容既可以被固定在磁盘或掩膜上，也可以被固定在集成电路产品中，但这些都是它体现的物质载体，而集成电路布图设计本身是无形的。

虽然集成电路布图设计具有知识产权客体所要求的无形性，但它同其他无形财产一样，具有客观的表现形式和可复制性。所以，必须给予法律保护。

3. 集成电路布图设计立法的必要性

现从两个方面说明集成电路布图设计立法的必要性。

（1）专利法不能对集成电路布图设计提供有效的保护

首先，在集成电路布图设计中，设计人员经常采用一些现有的单元电路进行组合搭配，而这种组合搭配很难达到专利法对创造性及组合发明中所要求的预料不到的技术效果的高度，所以，很难被批准为专利。其次，专利申请费时耗财，而集成电路布图设计是一种更新换代快的设计思路的具体体现，因此不便于通过审批时间很长的专利申请寻求保护。另外，一个普通的超大规模集成电路芯片的布图图案，有数百万个甚至几千万个坐标参数，其复杂程度已远远超出技术人员手工能力以及视觉范围，这样一种复杂程度是难以用说明书描述、用说明书附图的形式显示、用权利要求进行限定的。而采用外观设计既难以用肉眼识别又无美感，更难以图片或照片形式体现。再者，集成电路布图设计是制造集成电路的一个中间环节，不是一个独立的产品或完整的技术方案，不符合专利法关于发明的定义要求。

（2）著作权法也较难达到对集成电路布图设计的保护

由于集成电路芯片是一种产品而非作品，而集成电路布图设计属于制造这种产品过程中的一个技术环节，当然，对这种技术环节的仿制也应该是一个技术过程，但很难等同于著作权中对作品的复制，所以，用主要保护文学艺术作品的著作权保护集成电路布图设计也不适宜。

综上所述，需要针对集成电路布图设计专门立法进行保护。

七、《审理专利侵权纠纷司法解释 2009》

《审理专利侵权纠纷司法解释 2009》经 2009 年 12 月 21 日最高人民法院审判委员会第 1480 次会议通过，自 2010 年 1 月 1 日起施行。该司法解释是与《专利法》第三次修改相配套的一项重要的法律文件。现对其主要条款的内容进行汇总介绍。

1. 如何界定专利权的保护范围

《审理专利侵权纠纷司法解释 2009》的第一条至第三条及第八条分别较为明确地规定了发明和实用新型专利权及外观设计专利权保护范围的界定要求。对于发明和实用新型专利，按照权利人主张的权利要求（包括从属权利要求和法庭辩论终结前变更其主张的权利要求），根据《专利法》第五十九条第一款确定专利权的保护范围；必要时，可以运用说明书及附图、权利要求书中的相关权利要求、专利审查档案进行解释，说明书对权利要求用语有特别界定的，从其特别界定；上述方法仍不能明确权利要求含义的，可以结合工具书、教科书等公知文献以及本领域普通技术人员的通常理解再进行确定。对于外观设计专利，根据《专利法》第五十九条第二款确定专利权的保护范围。

2. 界定专利权保护范围时的限制

《审理专利侵权纠纷司法解释 2009》第四条至第六条对界定发明和实用新型专利权的保护范围作了相应限制性解释，以防止专利权人在起诉他人侵权时对授权的权利要求作扩大性解释。

《审理专利侵权纠纷司法解释 2009》第四条规定："对于权利要求中以功能或效果表述的技术特征，人民法院应当结合说明书和附图描述的该功能或者效果的具体实施方式及其等同的实施方式，确定该技术特征的内容。"该条提示专利代理人应关注权利要求是否得到说明书实质性支持和适度采用功能性限定权利要求，不能只注重撰写字面意义大的权利要求。

《审理专利侵权纠纷司法解释 2009》第五条规定："对于仅在说明书或者附图中描述而在权利要求中未记载的技术方案，权利人在侵犯专利权纠纷案件中将其纳入专利权保护范围的，人民法院不予支持。"该条提示专利代理人应当认真、全面地撰写权利要求书。

《审理专利侵权纠纷司法解释 2009》第六条规定："专利申请人、专利权人在专利授权或无效宣告程序中，通过对权利要求书、说明书的修改或者意见陈述而放弃的技术方案，权利人在侵犯专利权纠纷案件中又将其纳入专利权保护范围的，人民法院不予支持"。该条提示专利申请人（专利权人）及其专利代理人在前期专利申请审批阶段和无效宣告程序中，应全面考虑技术方案的取舍、申请文件的修改以及相应的意见陈述等对后期侵权诉讼程序的限制和影响。

3. 如何判定侵犯专利权

《审理专利侵权纠纷司法解释 2009》第七条、第九条至第十一条对三种专利侵权判定的方法作出具体说明。第七条涉及发明和实用新型专利侵权判定的方法，第九条至第十一条涉及外观设计专利侵权判定的方法。

4. 关于现有技术或现有设计抗辩的解释

《审理专利侵权纠纷司法解释 2009》第十四条第一款和第二款规定："被诉落入专利权保护范围的全部技术特征，与一项现有技术方案中的相应技术特征相同或者无实质性差异的，人民法院应当认定被诉侵权人实施的技术属于专利法第六十二条规定的现有技术。""被诉侵权设计与一个现有设计相同或无实质性差异的，人民法院应当认定被诉侵权人实施的设计属于专利法第六十二条规定的现有设计。"

该条款明确地告知专利代理人，在侵权诉讼中应当注意对现有技术或现有设计进行检索。当检索到了上述现有技术或现有设计时，也可以不提出无效宣告请求，而在侵权诉讼中采用该现有技术或者现有设计进行抗辩。当然，更保险的是在提出无效宣告请求的同时提出现有技术或现有设计抗辩。

第二章　专利代理机构及专利代理人

我国的专利代理机构随着专利制度的诞生而逐步建立和发展，是伴随中国改革开放的变革而不断完善和成长的，因此，从创建初期的几家国有的专利代理机构，发展到现在的上千家不同体制的专利代理机构，其间经历过几次大的变革和调整。同样，我国专利代理人队伍也从建立的初期专职、兼职并存的形式发展成为一支职业化、专业化的高素质队伍，目前已成为我国专利制度中连接广大申请人和专利审查部门之间的桥梁，在帮助广大申请人申请专利、促进专利审查的快速顺利进行、保证专利制度正常运行中起到了重要的作用。

第一节　专利代理机构的建立与发展

一、专利代理机构的建立和完善

我国的专利代理机构是按照《专利法》第十九条的规定建立的一种从事专利代理业务的中介服务机构，其所从事的专利代理业务不仅具有法律性，而且具有极强的技术性。

1.《专利法》实施初期的专利代理机构

从 1984 年下半年开始，由原中国专利局组织教师在全国各地巡回举办了多期专利专利代理人培训班，参加学习的多为大专院校、科研院所、国有大中型企业的科研人员，培训人数近万名，其中 6 000 多人通过了结业考试并取得了原中国专利局颁发的专利代理人临时证书。由此形成了我国最早的专利代理人队伍。

在不到两年的时间内，由上述专利代理人队伍中的部分代理人组建了近 200 家专利代理机构，这些专利代理机构绝大多数是建立在各大型企事业单位、科研院所和大专院校中，有相当一批专利代理人都属于兼职性质的。

2. 对专利代理人队伍进行考核和整顿

在建立专利代理人队伍后，从三个方面对专利代理人队伍进行了考核和整顿。

（1）依《专利代理暂行规定》进行考核

为了对上述专利代理机构进行管理，原中国专利局按照 1985 年 9 月 12 日颁布的、经国务院批准的《专利代理暂行规定》，对持有专利代理人临时证书的人员进行考核、换证，取消了一批不符合资质条件和未从事过专利代理工作人员的专利代理人资格。

（2）进行行业统一考试

1986 年 6 月 10 日组建了由原中国专利局、教育部、专利代理机构代表所组成的专利代理人考核委员会，并分别于 1988 年和 1990 年对已在专利代理机构工作的人员进行了两次行业考试，这两次行业考试对进一步提高专利代理人的水平起到了很好的作用。

（3）按《专利代理条例》进行行业管理

1991 年 4 月 1 日我国第一部专利代理法规《专利代理条例》正式颁布实施，原《专利代理暂行规定》同时废止。按照《专利代理条例》的规定，进行了下述三方面的工作。

①将专利代理资格与执业相分离，即取得专利代理人资格后，先颁发专利代理人资格证书，

以表明其知识水平已具备了从事专利代理工作的基本能力，但并不表明其已经可以以专利代理人的名义正式从事专利代理业务，必须接受专利代理机构的聘用后才能领取专利代理人工作证，并以专利代理人名义在该专利代理机构中从事专利代理工作。此项改革的好处是由专利代理机构按专利代理行业业务的实际工作状况，按需聘用专利代理人，从而控制专利代理人工作证的有序和按需发放。与此同时，又能保证具有专利代理资格的后备人员的储备及资格的保留，还有利于专利代理机构和专利代理人能够在聘用竞争中找到最佳位置，对提高专利代理机构的整体水平有促进作用。

②实行专利代理人资格的全国统一考试制度，使我国专利代理人队伍的培养选拔步入正轨。

③通过《专利代理条例》更进一步加强了对专利代理机构和专利代理人的管理，通过对专利代理人证书的换发及对专利代理机构重新登记公告的方式，对专利代理机构及专利代理人队伍进行了规范和整顿。此次专利代理机构重新登记历时3年，全国共有519家专利代理机构按《专利代理条例》的规定进行了重新登记手续，另有51家因不符合《专利代理条例》规定的设立要求而被撤销。

二、专利代理机构的改革与调整

为了进一步规范专利代理工作，在20世纪末到21世纪初，对专利代理机构进行了脱钩改制的改革调整。

1. 专利代理机构的体制设置不能适应社会主义市场经济的需要

1991年，全国专利代理机构的数量已发展到500多家，但由于历史的原因，全国500多家专利代理机构中有相当一部分属于国有企事业单位、科研院所、大专院校、各行业部委办或工业局成立组建或与其挂靠的专利代理机构，它们不符合中共中央办公厅在1992年10月发布的《关于专利代理机构设置及管理工作的若干意见》的规定。因为按照上述文件的精神，所有的经济类实体，尤其是中介服务类机构，必须在职能、财务、人员、名称四方面与原单位彻底脱钩，鼓励发展不占国家编制、经费的合伙制专利代理机构，走完全自负盈亏、自我管理、自主经营的道路，并成为能独立承担民事责任的主体。

而在500多家专利代理机构中，近80%的专利代理机构不符合上述四脱离的要求，长期以来一直存在以下三个问题。

（1）不符合中介机构独立承担民事责任的要求

由于专利代理机构同律师事务所、会计师事务所一样是一种中介服务机构，应当是一种自负盈亏、自主经营并能独立承担民事责任的主体，以便能承受工作失误、经营不利而导致的经营风险。国外的各类中介机构一直采用的是合伙制形式，国内的律师事务所及其他中介机构也早已实行这种自主经营模式，而我国大部分专利代理机构却仍然是挂靠在原单位的某一部门之中的、不能独立承担民事责任的主体。

（2）不符合中介服务机构公平竞争的市场行为

由于此类专利代理机构的人员工资、办公场所、设备甚至案源都是本单位、本系统提供的，由于这些专利代理机构不是自负盈亏、自主经营的经济实体，既不符合《专利代理条例》中专利代理机构的建立条件，也不符合工商管理规定，由于没有自负盈亏的紧迫感，其收费相当低，这种状况与已推向社会的其他专利代理机构相比，没有站在同一起跑线上，存在不公平竞争的问题。

（3）不利于党中央提出的廉政建设精神

由于这部分专利代理机构的挂靠单位是某些部委或某些地区负责专利管理的部门，因此，存在行业不正之风，不符合党中央关于党政机关和政府部门、尤其是司法部门与所办经济实体脱钩的规定。

2. 脱钩改制前后专利代理机构的概况

2000 年 7 月，国务院办公厅发布了《国务院办公厅转发国务院清理整顿经济鉴证类社会中介机构领导小组关于经济鉴证类社会中介机构政府部门实行脱钩改制意见的通知》，即国办〔2000〕51 号文件，在全国范围内启动了对会计师事务所、资产评估机构、专利代理机构及其他中介服务机构实行脱钩改制的工作。

国家知识产权局在进行调查研究的基础上，在 2001 年 1 月正式启动了专利代理机构的脱钩改制工作。改革前，全国有 538 家专利代理机构，其中大约有 100 家属于已符合改制要求的合伙制或有限责任制专利代理机构，其中还有 34 家属于国防或其他特殊行业的涉及国防保密专利代理业务的代理机构暂不实行脱钩改制，因此，需要按国办〔2000〕51 号文件进行脱钩改制的事务所约有 400 家。

经过近一年艰苦细致的工作，2001 年年底专利代理机构的脱钩改制工作在国家知识产权局及地方知识产权管理部门的具体领导下基本结束，其中 249 家专利代理机构按国办〔2000〕51 号文件进行了脱钩改革，另有 165 家专利代理机构因未能在规定期限内脱钩而被注销。

截至 2001 年年底脱钩改制基本结束时，全国合法注册的专利代理机构近 400 家。

三、脱钩改制后的专利代理行业面临新的机遇和挑战

专利代理行业在 2001 年完成脱钩改制后，面临新的机遇和挑战，从而要求专利代理机构不断完善自我。

1. 专利代理行业面临新的机遇和挑战

专利代理机构的脱钩改制是我国专利代理行业的一次深刻变革，彻底完成了从实施专利制度初期较为脆弱的、不健全的专利代理体制到适应市场经济需要的新体制的转化。这种新的专利代理机制的建立不仅进一步规范了专利代理行业的行为，有利于促进专利代理机构之间的公平竞争，发挥专利代理人的主观能动性，提高专利代理质量，也给专利代理行业带来了新的发展契机。

同时，专利代理机构脱钩改制的过程也是专利代理行业进行大重组、大洗牌的过程。在这个过程中，虽然有 100 多家未整改脱钩的专利代理机构被撤销，但是它们大多数早已名存实亡或案量很小、布局偏远、不具备发展前途和竞争能力很弱的小专利代理事务所以及经营不善的老所。而大量的从较大的涉外专利代理机构分离出来的专利代理人，又重新整合组建了许多有活力、有很强竞争潜力的新的专利代理机构。截至 2013 年年底全国共有专利代理机构 1 002 家，其中 34 家为国防专利代理机构，另有 100 多家律师事务所开展了专利代理业务；拥有专利代理人资格的人员已达 17 886 多人，正式领取专利代理人执业证的执业专利代理人 8 950 人，国内经过专利代理机构代理的专利申请占国内专利总申请量的 2/3 左右。由此可见，专利代理行业新的竞争格局正在逐步形成。

2. 在新的挑战面前专利代理机构要不断完善自我

随着大量新的专利代理机构的建立和有强大经济实力和丰富客户资源的律师事务所介入专利代理行业，以及涉外专利代理权的全面放开，甚至还要考虑国外专利代理行业的加入、《专利法条约》的修改、PCT 国际申请进程的加快、专利代理人考试面向港、澳、台开放等因素，中国专利代理行业将面临更为激烈的竞争。因此，无论大所还是小所，无论是老专利代理机构还是新专

利代理机构都要重新调整自己的经营方针，进一步强化内部管理和专利代理人队伍建设，否则，将会难以承受专利代理市场竞争的冲击。

四、专利代理行业管理的加强和发展规划的制定

在脱钩改制基本完成以后，新的自律运行机制需要对专利代理市场进一步规范、管理与监督。为此，国家知识产权局条法司会同相关部门制定和发布了《专利代理管理办法》和《专利代理惩戒规则（试行）》；并为了进一步促进专利代理行业的发展，配合国务院颁布的《国家知识产权战略纲要》制定了《专利代理行业发展规划（2009 年—2015 年）》和《关于促进专利代理行业发展的若干意见》，并积极着手修订《专利代理条例》。此外，中华全国专利代理人协会也制定了《专利代理服务指导标准》。

1. 《专利代理管理办法》和《专利代理惩戒规则（试行）》的制定和实施

由于 1991 年制定的《专利代理条例》已不能适应 20 世纪专利代理行业发展的需要，而《专利代理条例》的修订又难以在短期内完成，因此国家知识产权局在 2002 年和 2003 年先后制定和发布了《专利代理惩戒规则（试行）》和《专利代理管理办法》。

随着专利代理机构的脱制改制，旧的专利代理机构审批办法已不能适用，因此国家知识产权局条法司制定了《专利代理管理办法》，由国家知识产权局于 2003 年 6 月 6 日发布，自 2003 年 7 月 15 日施行。该管理办法对专利代理机构的设立、应提交的材料、审批程序以及专利代理人的执业范围都作了详细的规定和要求。

根据当时施行的《专利法》和专利代理行业实际状况制定的《专利代理惩戒规则（试行）》于 2002 年 12 月 12 日发布，自 2003 年 1 月 1 日起施行。该规则对规范专利代理职业行为和维护专利代理行业的正常秩序起到了一定的监管作用。

2. 《专利代理行业发展规划（2009 年—2015 年）》

2008 年 6 月 5 日，国务院颁布了《国家知识产权战略纲要》，决定实施国家知识产权战略。纲要从国家总体发展的战略高度，明确了到 2020 年将我国建设成为知识产权创造、运用、保护和管理水平较高的国家的目标；明确了"激励创造、有效运用、依法保护、科学管理"的十六字指导方针；突出了完善知识产权制度、促进知识产权创造和利用、加强知识产权保护、防止知识产权滥用等七大专项任务和九个方面的重点举措。

为了配合国家知识产权战略的实施需要，2009 年 3 月国家知识产权局发布了《专利代理行业发展规划（2009 年—2015 年）》，该规划明确了 2015 年专利代理行业的主要发展目标：

①专利代理服务的能力和水平有较大幅度的提升，确保专利代理人队伍进一步壮大、素质进一步提高，确保专利代理人达到 10 000 人左右。

②拥有熟练掌握专业领域技术、熟悉法律和贸易、精通外语的高素质复合型、具有国际竞争力的专利代理人 1 000 人左右。

③拥有特点突出、专业水平高的优秀专利代理机构 100 家以上。

④建立更加完善的专利代理行业法律体系和服务体系。

3. 《关于促进专利代理行业发展的若干意见》

为进一步完善专利代理市场体系，扩大专利代理行业规模，提升服务能力，为专利代理行业发展提供更多、更有力的支撑和保障，国家知识产权局制定了《关于促进专利代理行业发展的若干意见》，于 2014 年 2 月 28 日以国知发法字［2014］12 号印发并自发布之日起实施。该意见的主要精神是全面扩大行业规模，激发市场活力，创新服务模式，加大支持力度；主要内容如下。

①吸引优秀人才进入专利代理行业。如允许具有理工科背景的在读满一年以上的研究生报名参加全国专利代理人资格考试，探索建立与高校联合培养国际化、复合型、实用性知识产权实务人才的长效机制。

②营造有利于人才顺畅流动的环境，广泛集聚有资质的优秀人才进入专利代理行业执业发展。对于同时具有专利代理人资格证和法律职业资格证的人员，其律师执业经历视为专利代理执业经历；对于企业、高等院校、科研院所中具有专利代理人资格证的人员，其从事本单位专利申请工作的经历视为专利代理执业经历。

③促进资源配置的区域平衡。如引导、鼓励大中型专利代理机构到专利代理服务需求旺盛地区、专利代理人才紧缺地区开设分支机构，在符合相关条件的前提下，允许分支机构中专职执业的专利代理人数量由 2 名降为 1 名。

④健全专利代理行业退出机制。如简化专利代理机构组织形式变更以及注销程序，增强审批流程的可操作性和便利性。

⑤加强行业发展规划，完善行业标准体系。

⑥推动形成规范化、多元化的专利代理服务市场。

⑦激发行业协会活力。

4.《专利代理服务指导标准》

为了落实《专利代理行业发展规划（2009 年—2015 年）》、促进我国专利代理行业又快又好地发展、进一步提高专利代理机构的服务质量、维护委托人的利益、使专利制度在国家经济发展中发挥更大的作用，中华全国专利代理人协会制定了《专利代理服务指导标准》，并于 2009 年 5 月 11 日经第七届八次常务理事会审议通过，并在 2012 年又进行修改。《专利代理服务指导标准》规范了常见专利代理工作的基本原则、方法及具体代理业务的程序要求（指导标准的重点内容介绍请参见本书第三章"专利代理机构的业务范围"中的有关内容）。专利代理机构可根据自身的具体情况，制定不低于《专利代理服务指导标准》建议的服务质量标准和管理制度。各专利代理机构及其专利代理人可以在承接业务或作业前针对其作业内容去查找该指导标准的相关章、节的内容和注意事项。

5.《专利代理条例》的修订

为配合《专利法》第二次修改，国家知识产权局自 2001 年开始着手《专利代理条例》修订的调研工作，于 2003 年 3 月形成修订草案征求意见稿，经多方面论证和意见征集，于 2005 年 4 月形成《专利代理条例修订草案（送审稿）》并报国务院审议，《专利代理条例》修订工作被列入国务院 2006 年立法工作计划。但由于与专利代理管理相关的两项行政许可项目（专利代理人和专利代理机构资质审批）在 2002～2007 年多次列入行政审批清理整顿范围，从而导致《专利代理条例》修改工作未能如期完成。

随着国家知识产权战略的实施，《专利法》和《专利法实施细则》进行了第三次修改，《专利代理条例》的修订再次被列入国务院的立法工作计划。国家知识产权局在原有工作基础上再次启动了《专利代理条例》修订的相关工作，再次征求修改意见，形成了《专利代理条例修订草案（送审稿）》，国务院法制办于 2011 年和 2013 年两次以《专利代理条例修订草案（征求意见稿）》的方式征求相关单位和相关专家的意见。

2013 年国务院法制办的《专利代理条例修订草案（征求意见稿）》相对于现行《专利代理条例》，在体例上和内容上都作了较大修改。

修订草案共分六章，在现行《专利代理条例》的基础上，增加了"专利代理执业"一章，即总则、专利代理师、专利代理机构、专利代理执业、法律责任和附则。条文数由现有的二十八条增加到了五十六条。

修订内容主要涉及下述五个方面。

①明确了专利代理人协会的性质、职责及其与国家知识产权局之间的关系。

②将执业的专利代理专业人员的称谓变更为"专利代理师"；放宽了参加专利代理师资格考试的条件，即学历由"高等院校理工科专业本科以上"改为"高等院校理工科专业专科以上"，并取消了"从事两年以上科学技术工作或者法律工作"的条件；将专利代理执业证的审批核发改为执业备案。

③增加了专利代理机构的组织类型；明确了专利代理机构合伙人或股东的条件，明确了专利代理机构的设立程序；规范了在专利代理机构设立分支机构的条件和程序；规范了专利代理机构的变更、撤销。

④扩大了专利代理业务的范围，明确了专利代理的执业限制和要求，增加了专利代理机构年检的规定。

⑤明确了专利代理机构和专利代理师违规行为的法律责任。

第二节 专利代理机构的设立及人员组成

专利代理机构是按照《专利法》第十九条、《专利代理条例》第二章❶和《专利代理管理办法》第二章规定依法设立的、接受委托人委托办理专利申请或者其他专利事务的执业机构。按照《专利代理条例》第十四条规定，专利代理人是指获得"专利代理人资格证书"并持有"专利代理人执业证书"的人员。❷

一、专利代理机构组织形式、设立条件及审批程序

现对专利代理机构组织形式、设立条件、申请报批时应提交材料、审批程序作简单介绍。

1. 专利代理机构的组织形式

专利代理机构的组织形式应当为合伙制专利代理机构或者有限责任制专利代理机构两种。

（1）合伙制

合伙制专利代理机构应当由3名以上（含3名）具有专利代理人资格的人员（合伙人）共同出资发起，对该专利代理机构的债务承担无限连带责任。

（2）有限责任制

有限责任制专利代理机构应当由5名以上具有专利代理资格的人员（股东）共同出资发起，以该专利代理机构的全部资产对其债务承担责任。

对律师事务所申请开办专利代理业务的，则在该律师事务所执业的人员中应当有3名以上具有专利代理人资格的人员。

2. 专利代理机构的设立条件

在《专利代理条例》第四条❸以及《专利代理管理办法》第二章的第四条至第七条中都对专

---

❶ 在2013年国务院法制办的《专利代理条例修订草案（征求意见稿）》中为第三章。

❷《专利代理条例修订草案（征求意见稿）》第六条中规定："本条例所称专利代理师，是指具备本条例规定的执业条件，受所属专利代理机构指派提供专利代理服务的执业人员。"

❸《专利代理条例修订草案（征求意见稿）》中为第十八条至第二十条。

利代理机构的设立条件作了具体的规定，归纳起来为：

①具有符合规范的专利代理机构名称以及章程或合伙协议书；

②具有固定的办公场所和必要的资金和工作设施；

③具有符合规定数目的专利代理人；

④财务独立，能够独立承担民事责任；

⑤机构负责人应当具有专利代理人资格；

⑥设立专利代理机构的发起人员应当具备两年以上专利代理执业经历，并是能专职从事专利代理业务、具有专利代理人资格、年龄不超过 65 周岁的具有良好职业道德的人员；

⑦专利代理机构中的发起人员不应当是无民事行为能力或者限制民事行为能力的人，或者在政府机关或企业、事业单位工作但未正式办理辞职、离退休手续的人，或者因过错受过刑事处罚或受到《专利代理惩戒规则》中规定的通报批评、收回代理人执业证书等处罚不满 3 年的人，或者作为其他专利代理机构中的发起人还不满两年的人员。

3. 设立专利代理机构应准备和提交的申请材料

《专利代理条例》第五条❶及《专利代理管理办法》第八条中规定了在设立专利代理机构报批过程中，应当向审批机关提交与专利代理机构设立条件相对应的、符合要求的各种证明文件和材料。例如，专利代理机构的合伙协议书或章程、验资证明、办公场所和工作设施的证明等。

4. 设立专利代理机构的审批程序

在《专利代理条例》第六条❷及《专利代理管理办法》第九条中规定了设立专利代理机构的审批程序，归纳起来包括：

（1）向地方知识产权管理部门进行申请

凡申请设立专利代理机构的，应当首先向所在省、自治区、直辖市知识产权管理部门提交专利代理机构设立申请表及前述各项证明材料，由地方知识产权管理部门进行审查。经审查对不符合设立规定的，向提出申请设立专利代理机构的单位发出书面通知。

（2）上报国家知识产权局进行预批

经审查对符合设立专利代理机构规定的，由各受理申请的地方知识产权管理部门上报国家知识产权局进行复审，国家知识产权局对那些不符合规定条件的申请再通知地方知识产权管理部门进行重新审查，对符合规定条件的则进行预批准。

（3）预批准后正式办理工商登记

获得国家知识产权局预批准的专利代理机构在办理完正式工商登记后，凭工商登记的营业执照到国家知识产权局领取专利代理机构注册证和机构代码。

（4）办理专利代理人执业证书

经国家知识产权局正式批准后的专利代理机构应当自颁发专利代理机构注册证之日起 30 日内，向中华全国专利代理人协会申请办理从业的专利代理人执业证书。办理完执业证书后，专利代理机构才能正式接受委托人的委托并向国家知识产权局正式递交专利申请、办理其他专利事务。

二、申请设立专利代理机构应注意的问题

下面对申请设立专利代理机构的准备工作以及办理申请手续中应注意的问题作简要介绍。

---

❶ 在 2013 年国务院法制办的《专利代理条例修订草案（征求意见稿）》中为第二十一条。

❷ 《专利代理条例修订草案（征求意见稿）》中为第二十二条至第二十四条。

1. 申请设立专利代理机构之前的准备工作

申请设立专利代理机构之前应当做好下述五方面工作。

（1）发起人员的选择

由于专利代理机构在申请设立时有着严格的限制条件和审批要求，其组成人员也是专利代理机构正式审批成立后的主要经营者和合作者，因此，其组成人员的选择组合上要十分慎重。

首先，要考虑发起人员是否志同道合，即是否能够在日后合作中互相配合、各尽所长，是否能在艰苦的前期创业中任劳任怨、同甘共苦，是否能够在涉及利益分配、吸纳新股东时求大同存小异、保持专利代理机构的稳定和不断发展。

其次，要核实上述发起人员是否符合发起人员所规定的条件，是否能够专职从事专利代理机构中的专利代理工作并能够出具离退休证明或人才中心的存档证明，年龄是否已超过65周岁，以免手续不符合审批要求而导致审批受阻及审批时间上的浪费。

另外，发起人员之间的工作分工、股份份额的分配及日后的经营方针、分配原则及其他事项，均应事先约定和协商，最好应有正式的协议和书面约定，以免事后无章可循、无据可依而导致意见不统一。

（2）资金方面的准备及预算

虽然专利代理机构的正式注册资金只需要5万~10万元，但是，发起人员要考虑资金方面的准备远不止10万元注册资金。因为，在办理申请手续时，首先是要进行办公场所租用或购置，这些都需要较稳定的对外资金支付。故房屋的租金、招聘人员的工资、正式成立后办公费用的支付、劳保福利开支，尤其是正式运作后官费的代缴、垫付均要提前进行预算和准备。因为目前专利代理行业所承接的国外申请、中国港澳台地区客户的申请绝大部分都是先代理、先垫交相关费用后再进行结算，而从结算到客户付款、资金进账往往需要几个月甚至更长的时间。而国内一些企业也呈现出代理完成后再付款的现象。但是，专利代理人的工资、专利代理酬金的支付、官方费用的垫交却都是必须缴纳和支付的。所以，一个正式的完全独立经营的专利代理机构资金方面的考虑绝不是几万元、几十万元就够用的，而且业务做得越大，所需要的周转资金就越多。故在此方面，专利代理机构的发起人员应有思想上和资金上的准备。

（3）业务来源及业务的开拓

申办专利代理机构的目的就是为了获利，而获利的前提条件之一就是要有业务来源。业务来源当然有已有案源和新开发案源两种形式，前者是近水解近渴，而后者是远水解不了近渴。所以，案源的多少、案源来得快慢与新成立的专利代理机构的生存和发展是密切相关的。

如果在设立专利代理机构时根本没有什么案源，其案源都是要靠成立后去开发，则这类专利代理机构的发起人员必须具备以下三个条件：

①发起人员能够有足够的自主或外来资金支付开拓业务期间无业务收入情况下的各种费用支出和受聘人员的工资；

②发起人员具有在业务开拓阶段不依靠专利代理业务的收入养家糊口的精神准备；

③专利代理机构发起人员基本具备业务开拓和自行代理各项业务的能力和水平，否则，另行外聘能进行业务开拓的专利代理人将会进一步加大前期的费用支出。

（4）人员组成及配置

目前专利代理行业的发展已不同于专利制度建立初期时的专利代理的行业状况。因为委托业务的要求已不仅是单纯的专利申请，而是向更深、更广的全方位、"一条龙"委托的方向发展，从而对专利代理人综合业务素质的要求越来越高，而高素质的既懂专业又懂法律及外语的复合型人才不仅较为紧缺，而且成本很高。另外，委托业务的范围不再是简单的机电类申请和日常生活用品的发明创造的申请，而是向着机电结合、软硬结合、生化结合、高水平、大难度、多学科相互渗透交叉方向发展，因此，需要的是高层次、高水平的人员，目前较为抢手的是通信类、微电子类、计算机及软件类专利代理人或工程技术人员。如果没有这些人员的加盟或引入，新成立的专利代理机构是较难开拓业务和顺利承接业务的，也很难生存和发展。因此，专利代理机构从成立时或正式承接委托业务后，最起码要按机械、电子、化工的老三样配置好专利代理人，按专利代理人专业代理、文档管理和财务勤杂三项基本内容进行人员分工。如果要办理涉外专利代理业务，相关专利代理人员和文档管理人员的外语水平应当特别予以重视。

（5）办公地点的选择

设立专利代理机构除了人员选配组合外，较大的一个问题就是办公地点的选择，办公地点的选择一般应考虑以下几个因素。

如果客源是国内申请人为主，则应选择在交通便利、易于寻找的或能够挂牌告知的临街地段，周围环境可以不作首要选择；如果客源是以中国港澳台地区或国外业务为主、且又有较固定来源的，可以选择周边环境、办公环境好一些的写字楼。此外，地点的选择应考虑发展的需要，在选址和办公面积上如资金允许，最好一步到位，即考虑专利代理业务发展时的人员扩充、环境要求及客户来访的需要。

如果资金较为紧张，则可采取两步走的办法，在条件差、面积小的地方先行成立和作业，待业务和人员发展到一定程度和规模后再进行扩充。但一定要考虑迁址、变更给客户联系和案件变更方面带来的问题。

2. 在办理专利代理机构设立手续中应注意的问题

在办理专利代理机构设立手续时应当注意下述三方面问题。

（1）机构组成形式的选择

有限责任制和合伙制是目前专利代理机构最主要的组成形式，但两者是有区别的。最主要区别是前者的连带责任是有限的，即将来不论以何种形式、因何种原因产生债务和/或索赔，其债务索赔的承担责任也就是该专利代理机构的全部资产，而不涉及股东的私有资产，因而风险小一些。而后一种组织形式的债务或索赔承担则是既包括专利代理机构本身的全部资产，也包括全体合伙人个人的私有资产，其连带责任是无限的。因此，在报批专利代理机构时除了考虑设立合伙制的专利代理机构所需前期注册资金和所要求的专利代理人的数量较有限责任制相对少一些，办理上会更快捷一些外，还应充分考虑合伙制和有限责任制在日后债权、债务上的连带责任是不同的。

（2）在办理具体申请手续过程中一定要多咨询

由于申办设立专利代理机构不仅要涉及办理工商、税务等手续，而且还涉及专利代理行业要由国家知识产权局进行预审批和主要合伙人员在专利代理资格、年龄上的特殊审核要求，如果某一环节操作不当或考虑不周，都会影响审批进度和正常运作。

因此，除了事先做好调查咨询外，在审批过程中应注意以下几点：

①发起人员是否具有专利代理人的资格和是否能出具相关离退休证明或人才存档的证明，是否符合年龄要求；

②发起人员中途是否会因各种原因发生不能参与或退出的变动；

③由于国家知识产权局对专利代理机构所要求的组成形式之一是合伙制而并非股份合作制，所以在办理工商注册时一定要注意，不要因为工商注册的组织形式不符合行业管理所需求的组织

形式而延误开业时间；

④工商核准的专利代理机构的名称不应与本行业中其他专利代理机构名称相冲突，故在申请专利代理机构之前，均要先起几个企业名称预先核准，而核准后的企业名称是工商局在北京地区的检索结果，这个核准结果有可能与国家知识产权局所登记的其他地区的专利代理机构名称相同或相冲突，因此，在工商预核准企业名称之后，要先到国家知识产权局进行复核，如有冲突，则还要重新进行企业名称的核定。

（3）申办专利代理机构过程中应注意合理安排申办顺序

在申办专利代理机构过程中，如准备工作做得完备，申办顺序安排衔接得好，不仅可使申办手续顺利进行，而且能够缩短申办周期、节省费用。一般应按以下顺序进行：

①首先要确定组成人员和组织形式以及组成人员是否能出具相关证明，是否具备专利代理人执业资格；

②确定组成人员的股份份额、职务及公司章程，拟选办公地点；

③进行企业名称的预先核准及国家知识产权局的复核，复核无问题后再进行其他准备工作，比如验资、办公场所的正式租用等手续，不要在组成人员、组织形式、名称等未确定的前提下先行进行办公地点的租用，以免租金的浪费和其他原因而导致押金的损失；

④在上述事项准备好之后，应向当地知识产权局提交申请材料，待其初审并上报国家知识产权局预批准后再正式办理工商税务登记；

⑤在上述事项基本办理完毕后，则可进行办公用信纸、信封、宣传材料、档案袋的印制，以及与客户进行正式联系，因为此时办公地点、企业名称、联络方式已经确定，专利代理机构的核准已基本没有问题；

⑥在进行第⑤项工作的同时，应逐渐建立文档管理程序、完善确立内部人员分工和进行人员的招聘，为正式营业和正式接收案件代理做好准备；

⑦办理专利代理人执业证书，在工商、税务等登记正式办理完毕后，应到国家知识产权局领取专利代理机构注册证和机构代码。然后与国家知识产权局的相关部门联系落实后即可正式营业。

三、专利代理机构的人员组成

在专利代理机构成立的初期，由于案件均为新申请案，其基本无遗留事务，再加上成立初期案件量不会很多，为节省开支，其人员可以一身兼多职，专利代理人也可采取不坐班的形式。但随着案件量的增加，各种事务性工作会逐渐增多，如果还是一人兼多职，不仅忙不过来，还特别容易出现差错。而差错的出现、管理上的无序是专利代理机构最应重视的问题。因此，一个确确实实想以专利代理为业、专利代理为生的专利代理机构，应该在专利代理机构建立初期案件较少和人员不多时就建立起计算机文档系统和基本配套的专业人员，并制定出相应的管理制度和工作程序。作为一个较为正规的专利代理机构，应当具备以下几个基本条件。

1. 具有配套的专利代理人队伍

一般来讲，一个专利代理机构中专利代理人的配置应最低满足机械、电子、化工三大领域的业务需要。但随着高新技术的发展，上述三个领域已有了新的变化和发展，而传统的机械领域已与机电一体化及计算机控制密不可分，传统的纯机械申请已越来越少，而半导体、集成电路、计算机、通信、工业控制及与计算机应用密切相关的金融、证券、网络服务等领域的与计算机程序及应用相关的专利申请已成为新的业务增长点。而传统化工中的有机化学、无机化学已被更细的专业分工和新技术所替代，药物化学、高分子化学、基因工程、微生物、精细化工等领域也已成为专利业务的开拓方向。因此，一个具有一定规模和实力的专利代理机构的专利代理人布局应当适应和满足上述新技术领域的发展和变化，且上述专利代理人应具有较好的外语水平以适应代理涉外专利申请的需要。

2. 具有完善的期限监视服务系统和服务人员

作为一个较正规的专利代理机构，在具有分工明确、易于操作管理的管理流程基础上，应建立完善期限监视和费用代缴方面的计算机服务系统，这既是专利代理机构内部提高服务质量、减少差错失误的需要，也是对企业、对客户服务的需要。因此，要有专职的文档管理人员，要有熟悉电子申请、专利审批流程及办理和解决客户除申请及法律服务以外的专门服务人员，例如：负责期限监视、中间文件管理、费用缴纳、变更、恢复的相关工作人员。

3. 具有法律服务的专利律师

随着我国专利制度的发展、中国加入世界贸易组织后的实际需要以及社会对综合性法律服务需求的增加，仅有配套的专利代理人队伍有时已经满足不了当今的需要。因为，许多跨国公司、大型企业需要的是以"一条龙"形式提供知识产权全方位服务，它们不仅仅只停留在新专利申请的委托代理上，也不仅仅满足于只对专利申请本身业务的咨询服务上，而往往需要专利代理机构在专利申请前期就介入到企业申请专利和商标的前期策划工作（如市场调查分析、专利检索分析）以及专利预警和专利战略制定的工作中，同时，还要求专利代理机构能在企业的侵权打假及维权等法律性服务方面做更多的工作。因此，专职的、熟知并能胜任此方面的知识产权律师或者具有此类办案经验的专利代理人是专利代理机构发展到一定规模时或设定发展服务对象时应当考虑的问题。

第三节　专利代理人

专利代理人是专利代理机构中承接业务和办理具体专利事务的人员，因此，在选择和聘用专利代理人时，对其有特殊的执业要求。本节主要从专利代理人的权利义务、执业纪律及所应具备的业务素质等方面加以介绍。

一、专利代理人及其任务

下面对专利代理人及其任务给予简要介绍。

1. 专利代理人

按照《专利代理条例》第十四条和《专利代理管理办法》第十八条的规定：专利代理人是指获得"专利代理人资格证书"、持有"专利代理人执业证书"的人员。❶ 因此，专利代理人就是指经国家知识产权局考核后认可具有专利代理人资格、已被某一专利代理机构聘用、并且经国家知识产权局批准认可的执业人员。

2. 专利代理人的任务

在我国，专利代理人的任务就是承接专利代理机构业务范围内所接受委托的具体案件的办理。专利代理人办理的专利业务主要有以下几类。

---

❶ 按照 2013 年国务院法制办的《专利代理条例修订草案（征求意见稿）》第六条的规定，专利代理师是指具备专利代理条例规定的执业条件、受所属专利代理机构指派提供专利代理服务的执业人员。

（1）专利及法律咨询事务

咨询服务既是专利代理人职责中必不可少的一项任务，也是承接案件的基础性工作，它贯穿于专利申请、办理一切专利事务的始终。比如专利申请前有关专利基础知识的了解、专利申请类型的选择、材料的准备，专利申请后何时提出实质审查、何时提前公开、什么情况下放弃专利申请、怎样答复审查意见通知书、对驳回是否提出复审，以及授权后的专利保护、费用的缴纳等。

（2）专利申请阶段及专利有效期内的专利代理事务

这里所指的专利申请阶段和专利有效期内的专利代理事务是指从撰写专利申请文件、递交、审批、复审，直至授权后维持其专利权有效期内的全过程的相关服务，也包括与其相应的期限监视、代缴年费及著录事项的变更等。

（3）其他有关专利事务

其他有关专利事务包括专利行政复议，请求宣告专利权无效以及代办对宣告专利权无效请求的答辩，参与侵权诉讼及其他专利诉讼的代理和出庭，办理专利申请权、专利权转让及专利实施许可等，还包括承担专利检索、专利侵权分析、专利有效性分析、专利预警及专利法律顾问等事务。

二、专利代理人的执业纪律

由于专利代理人接受委托人委托后所做的每一项具体工作都会涉及国家的利益、公众的利益和委托人的利益，因此，专利代理人一定要遵守和履行以下几项执业纪律。

1. 专利代理人必须具有专利代理人资格

基于专利代理人工作的重要性，大多数国家的政府都制定了管理这一职业的规则。在许多国家，专利代理人执业是受法律保护的，如德国有专利律师法，日本有弁理士法，英、美等国的专利法中都有对专利代理人规定的专门章节，而我国亦有《专利代理条例》。在这些法律或条例中，强制地规定了一些作为从事专利代理执业人员的必要条件和具体规定。例如，德国的专利律师首先应是高等技术院校毕业生，毕业后有一年的工作实践，然后到一个工业企业的专利部门中并在一个已经取得专利代理资格的专利律师或顾问的督导下接受两年的实习和训练，再用4个月的时间在德国专利局接受培训，用8个月的时间在专利法院学习，最后由专利代理人考核委员会主持为期3天的考试，通过考试才算真正取得了专利代理人资格，才可以受聘到工业企业做专利顾问，才可以申请开业做专利律师。在日本，要想成为一个专利代理人，除需要有大学毕业文凭外，还必须经过非常困难的考试和筛选。在美国专利商标局从事业务活动的专利代理人除了具有理工科学位、通过专门的考试外，还必须有良好的品德和声誉。而我国的《专利代理条例》第十五条❶规定，拥护中华人民共和国宪法，并具备下列条件的中国公民，可以申请专利代理人资格：

①18周岁以上，具有完全民事行为能力；

②高等院校的理工科专业毕业（或具有同等学力），并掌握一门外语；

③熟悉专利法和有关法律知识；

④从事过两年以上的科学技术工作或者法律工作。

具备上述条件的人员，经本人申请，通过每年一次的专门的全国统一考试之后才能取得专利代理人资格。考试的主要内容可参见专利代理人考核委员会办公室每次考试前编写出版的《全国

---

❶ 2013年国务院法制办的《专利代理条例修订草案（征求意见稿）》第七条修订为：具备下列条件的中国公民，可以向国务院专利行政部门申请颁发专利代理师资格证：①申请时年龄在18周岁以上，具有完全的民事行为能力；②具有高等院校理工科专业专科以上学历；③通过国务院专利行政部门举办的全国专利代理师资格考试。

专利代理人资格考试指南》。

2. 专利代理人必须接受专利代理机构的委派承办专利代理事务

按照《专利代理条例》第九条、第十七条和第二十五条的规定❶，专利代理机构接受委托，应当与委托人签署书面委托书；具有专利代理人资格的人员，必须受聘于国家知识产权局正式批准的专利代理机构，承办该专利代理机构委派的专利代理业务，不得自行接受委托。之所以这样规定，是基于下述几个方面的原因。

（1）责任赔偿问题

在西方国家，凡取得专利代理人资格的人员，如果历史上没有犯罪或没有因犯错误而受开除公职处分的记录，在经济上没有被宣告破产，则只需缴纳保险费，参加专利代理人保险，就可以申请个人或合伙开业成立专利代理机构，专利代理人都是以个人名义自行接受委托承办专利业务并承担民事责任的，一旦发生因代理方责任给委托方造成重大失误并导致经济损失时，其一切后果及损失视具体情况由专利代理人投保的保险公司和专利代理人个人承担，其实行的是无限连带责任。

但在我国，一般的个人财产都不多，很难支付巨额的保险费，更难以承担经济赔偿责任，但为了维护委托人的利益，必须有一个能够收取费用、并且同时也能承担民事责任的独立的法人机构，这个法人机构就是各种形式、不同体制的专利代理机构。

（2）行业性质的需要

由于一件专利从申请到授权，直至授权后的管理需要数年甚至十几年的时间，在此期间，委托关系一直是存在和有效的。而专利代理机构作为一个独立的法人，无论是成立还是停业，都需要国家相关部门的批准，都要办理相应的手续，因此，专利代理机构应当具有一定的经济实力，有人监管和控制，一旦因专利代理人责任发生经济赔偿问题，委托人既有地方去找，也有地方去告。如果专利代理机构确有责任，委托人还会获得一定的赔偿，因为一个专利代理机构在成立和正常营业时都具有一定数额的资金和一定数量的固定资产，不会产生血本无归的现象。而如果委托专利代理人私下代理，则上述责任和赔偿都是无法分清的，因为私下代理是违法的。委托人和私下接案的专利代理人之间也无法签署和履行任何手续，一旦发生问题，双方都有责任，但由于没有签署委托手续，因此难以解决。

3. 专利代理人只能在一个专利代理机构中任职

《专利代理条例》第十八条规定❷，专利代理人不得同时在两个以上的专利代理机构从事专利代理业务。这种规定是基于专利代理业务是一种既复杂又要花费较多时间和精力的业务，无论是兼职还是专职专利代理人很难在两个或两个以上专利代理机构中同时执行任务。另外，一个专利代理人在两个或两个以上的专利代理机构中从事专利代理业务，很难使申请人的专利技术处于保密状态，特别是在不同的专利代理机构内就同一内容接受有利害关系的双方当事人委托的情况下，必然会损害委托人的合法权益，也必然会有损于专利代理机构的声誉。

4. 国家机关工作人员不得到专利代理机构中兼职

《专利代理条例》第二十二条规定❸，国家机关工作人员，不得到专利代理机构中兼职，从

---

❶ 在2013年国务院法制办的《专利代理条例修订草案（征求意见稿）》中与这三条规定相应的内容为第三十一条、第三十五条和第四十四条。

❷ 《专利代理条例修订草案（征求意见稿）》中与该条规定相应的内容为第三十六条。

❸ 《专利代理条例修订草案（征求意见稿）》第三十九条作出了更严格的规定，国务院专利行政部门或者省、自治区、直辖市人民政府管理专利工作的部门工作人员离职后在法律、行政法规规定的期限内不得从事专利代理工作。

事专利代理工作。这是因为国家机关工作人员是就职于国家立法机关、行政机关、审判机关、检察机关、军事机关及党的机关内的公务员，他们代表国家执行公务的同时，也拥有人事、财政、行政管理等权力。如果他们作为专利代理人接受当事人委托办理专利事务则属于代表个人或某个单位的利益进行工作，这种行为与他们享有的国家所赋予的某些权力、代表国家利益的本职工作相抵触，有时会损害国家或者当事人的利益。

5. 专利代理人受委托人授权权限的制约

专利代理的权限是由委托人授权的，其具体体现在专利代理委托书上。例如，委托人委托办理名称为××××的实用新型专利申请，在委托书上有明显的委托栏目，如专利代理人为委托人提出发明专利申请，则超越了代理权限。这种情况属于无权代理，其法律后果由专利代理人自负。此外，专利代理人在未取得委托人的同意就私自做主撤回专利申请或放弃答辩或不按委托人的要求代理，也属于超越代理权限的无权代理。

以上对专利代理人的执业纪律作了简要介绍。如果专利代理人违反了行业规定的执业纪律，则应受到《专利代理惩戒规则（试行）》第五条规定的惩戒处理，即轻者警告、通报批评；重者收回专利代理人执业证书、吊销专利代理人资格。

三、专利代理人的权利和义务

1. 专利代理人的权利

专利代理人的权利来自于两个方面，一是法律赋予的权利，二是委托人授予的权利，现简述如下。

（1）专利代理人在执行职务时享有法律的保障权

《专利代理条例》第二十一条规定，专利代理人依法从事专利代理业务，受国家法律的保护，不受任何单位和个人的干涉。因此，专利代理人受委托人委托到国家知识产权局或其他与专利事务有关的部门办理专利事务是一种权利，任何单位和个人不得干涉。

（2）查阅案卷、会晤和出席口头审理的权利

专利代理人就自己承办的专利案件，具有到国家知识产权局查阅案卷材料、约见会晤审查员、出席专利复审委员会口头审理及向有关单位、个人调查访问的权利，国家知识产权局和其他有关单位应在有关法律规章规定的范围内提供方便。

（3）有辞去委托和拒绝专利代理的权利

在符合有关规定和约定的条件下，在不损害委托人利益的前提下，专利代理人有权拒绝接受代理或辞去委托。这是指专利代理人根据法律规定或其他充足的理由，拒绝接受委托或拒绝承办某种业务的一种做法。例如，对于明显违背法律或根本没有可能获得专利权的发明创造，或者非正常专利申请，当事人委托专利代理人办理专利申请时，专利代理人应当从维护法律的实施和维护专利代理工作的严肃性出发，向当事人解释、讲明并有拒绝代理的权利。但为了慎重起见，在拒绝代理之前，具体接案或办案人员应征得专利代理机构负责人的同意。又如，在接受了委托人的委托之后，专利代理人发现委托人提供的申请材料不完备的情况下需向委托人索要补充材料，而在此时委托人不进行配合，并坚持要求专利代理人保证其专利能被授权，则专利代理人可以辞去委托。但一旦接受了委托，签订了协议，无正当的理由，一般不能辞去委托。

2. 专利代理人的义务

《专利代理条例》第十七条、第十八条、第二十五条对专利代理人的职责义务及处罚作了具

体规定。❶

（1）专利代理人应恪尽职守

专利代理人必须认真履行职责，恪守工作纪律和职业道德，依法维护委托人的合法权益，不得从事不利于委托人合法权益的活动。专利代理人一旦接受办理某一项专利事务的委托，他就是委托人的代言人，应在不违背法律的前提下尽一切努力去为委托人争取最大权益。例如，不能以代理费收得少就不为委托人尽全力，更不能为与委托人有利害关系的另一方办事。

（2）严格保密

由于专利代理人是最先了解委托人所委托的专利事宜内情或具体内容的当事人，因此在发明创造未公开之前，一定要替委托人保密。这不仅是专利代理人的义务，也是专利代理人的职业道德和专利代理机构的一种制度。专利代理人对委托人提供的发明创造的具体技术内容、专利诉讼的策略步骤等当事人不愿意向外透露的内容应当严格保密，而且要从文档及有关申请材料的保密措施入手。比如，专人管理文档、禁止外人进入档案室，各类有关文件应在专利代理机构内完成，并最好不要带回家中以免遗失。在无委托人书面指令的情况下，禁止将未公开的申请文件及专利审批的动态、结论告知他人。

（3）专利代理人不得弄虚作假

专利代理人不得协同委托人弄虚作假、捏造事实，欺骗专利主管机关。例如，委托人申请的专利是别人已经申请的专利，专利代理人也知道这一事实，专利代理人则不应该再进行专利代理。同样，专利代理人不得为委托人制造有利于委托人的伪证。

（4）不得私自接受委托

专利代理人不得违反纪律私自接受当事人的委托，不得私下收取报酬。因为，这样做表面上看是为委托人省了一些钱，专利代理人多得了一些利，但实际上是一种既违法又容易损害当事人权益的行为。因为专利代理人进行私自代理，一旦专利申请未被授权或其结果委托人不满意的话，则专利代理人很难推脱责任，也无法解释清楚。

四、专利代理人的职业道德

职业道德是各行各业的道德标准和行为规范，职业道德产生于社会分工，人们从事不同的职业就会有不同的职业道德。比如，救死扶伤是医生的职业道德，服从命令是军人的职业道德；买卖公平、诚实信用是商界人士的职业道德；廉洁奉公、全心全意为人民服务是国家机关工作人员的职业道德。而作为专利代理人，同样应当具有职业道德，这就是专利代理人在执行职务和履行职责时的思维方式、言行举止应当信守的道德规范和行为准则。一般来讲应当包含以下五方面的内容。

1. 维护法律的尊严和维护委托人的合法权益

专利代理人执行职务、开展业务，都必然和其实际活动相联系，这些活动的出发点就是维护法律的尊严和维护委托人的合法权益。承办专利事务时，无论是专利申请还是专利纠纷案件，都应坚持实事求是这个基本原则，既不能欺瞒审批部门，又不能搪塞或愚弄委托人。比如，在处理某个违反社会公德、有损于公众利益的申请时，已知审批部门不会直接批准此案，但为了一时的经济利益，不向委托人讲明，就改头换面申请。无论此案后果如何，都不符合专利代理人职业道德的要求，因为明知不被批准还申请，就等于欺骗了委托人，从而使委托人受到经济方面的损

---

❶ 在 2013 年国务院法制办的《专利代理条例修订草案（征求意见稿）》中与这三条相应的内容为第三十五条、第三十六条、第四十四条和第四十五条。

失，即使侥幸通过审查而被授权，也是对社会、公众利益的一种损害，不利于维护法律的严肃性。在遇到委托人、专利代理机构、国家这三者利益有冲突时，应首先考虑国家的利益，然后考虑委托人的利益，最后考虑专利代理机构及专利代理人自己的利益。

2. 热爱专利代理工作，具有奉献精神

我国专利制度建立以来，经过广大专利代理人的辛勤工作和努力，专利代理事业取得了令人瞩目的成就。人民群众对专利制度及专利代理机构的作用有了一定的了解和认识，但这种了解还远远不够，还需要每个专利代理人作出更大的努力。例如，在专利代理的案件中，每个案件情况不同，有难有易，但经常出现收取的代理费用与工作量不适应的情况，而委托人由于各种原因又不愿意承担与工作量相适应的费用。此时，作为一个负责任的专利代理人，既不能挑肥拣瘦，也不能因为收取的代理费偏低，影响自己的经济收入而马虎或拖拖拉拉应付委托人，更不能在撰写申请文件时带有情绪而影响撰写质量；应当抱着不管费用多少和案件难易而一视同仁的态度认真负责地工作，必要时应该加班加点，把每件专利申请和承办的其他专利事务都当做是一件精雕细刻的作品来完成，而不计较一时一事的得失，要对得起良知，充分理解委托人。

3. 诚信廉洁，实事求是

专利代理人作为法律和科技服务人员，既要维护法律的公正性，又要以科技人员的严谨作风和所掌握的知识，尽最大的努力为委托人谋取其应该得到的权益。具体地讲，就是要站在公正的立场上，在不违背法律规定的前提下，为委托人争取最大的利益。因此，在具体的案件办理过程中，既不能就不符合《专利法》《专利法实施细则》规定的案件向有关审查员行贿而破坏法律的严肃性，又不能为了维护与审查员的关系，而不顾委托人的利益，对能够争取的权益而不去争取，更不能借机向委托人索取贿赂和收受贿赂，要真正做到保持清正廉洁、不谋私利、诚心诚意地为委托人办理各项事务。

4. 谦虚谨慎，礼貌待人

谦虚谨慎、礼貌待人是社会主义精神文明的重要内容，也是为人处世的基本要求。专利代理人所接触到的委托人来自全国各地，可能是科学家或学生，还可能是不识字的农民或打工族，其文化素质、修养、经济条件可能千差万别，因而导致了他们在咨询和准备材料的过程中也大不相同。作为专利代理人，则不能有不耐烦的情绪，也不能有轻视的态度。因为他们都是你的客户，都应一视同仁，百问不烦，礼貌待人。即使专利代理人有道理也应心平气和地向委托人解释利弊，说明缘由。

同时，专利代理人在案件的代理过程中要同国家知识产权局的审查员打交道，就所涉及的各种问题与审查员进行答辩或会晤。虽然专利代理人、审查员都是专业对口并熟悉本专业的技术人员，但各自所站的角度不同，所代表的利益不同，对同一问题常有不同的看法。另外，对于申请文件的创造性会因其各种原因而有不同的看法，因此在和审查员进行沟通时要注意修养，即使审查员的审查意见有不当之处，即便个别审查员会晤时态度不好，也不应自命不凡，目中无人。作为一个专利代理人，要心平气和地摆事实、讲道理。对自己而言，正确的就坚持，错误的就应纠正；对他人而言，不能将自己的意志、看法强加于别人。只有这样，才有利于团结，搞好工作，才能不忘老朋友，多交新朋友，永做好朋友，使专利代理人真正成为审查员的有力助手、委托人的知心朋友。

5. 保守秘密，不谋私利

《专利代理条例》第二十三条规定❶，专利代理人对其在专利代理业务活动中了解的发明创

造的内容，除专利申请已经公布或者公告的以外，负有保守秘密的责任。在代理过程中，既不能将委托人的技术内容向其他人公开，也不能遗失委托人交付的资料。同时，要注意档案的整理，申请完毕后相关资料应退还委托人。

五、专利代理人的业务素质

业务素质是指人们从事或经营某种职业时所必须具备的、解决问题的知识和能力。不同性质的业务工作，所要求的业务素质是不同的。而专利代理人的业务素质就是专利代理人在从事专利代理工作时所必须具备的、解决专利代理过程中出现的各种问题的知识和能力。具体而言，应当包含以下三个方面的业务素质。

1. 广博的知识结构

专利代理工作是一项专业性很强的业务性工作，因而在其工作的每一个环节、每一个过程中都要涉及相应的法律和科技知识，其内容既丰富而又复杂，这就要求专利代理人具有博学多闻、范围广泛的知识结构。一个文化水平较低、知识面窄的专利代理人，其理解能力、分析问题的能力及语言文字的表达能力必然有限，也很难写出高质量的、易被审查员接受而当事人又满意的专利申请文件。专利代理人所应具备的知识结构应包括理论知识和实践知识两个方面，具体来讲，应包含以下四个方面的内容。

（1）专利代理人应具备基本的法律知识

由于专利代理工作是一项涉及法律事务的代理服务工作，因此，专利代理人必须对那些经常用到的或涉及的法律法规进行重点掌握和熟练运用。首先，应当十分熟悉《专利法》《专利法实施细则》《专利审查指南 2010》以及国家知识产权局对专利审查中出现的问题而发布的各种公告、通知等，对这些法律、法规、规章应当熟练掌握，只有这样才能够在专利申请、审批程序、复审程序和无效宣告程序中应用自如。在专利诉讼中经常遇到的是专利侵权、权属争议等事宜，这往往涉及诉讼时效、证据采信等内容，因此专利代理人对于《民事诉讼法》《民法通则》《刑法》《合同法》《行政诉讼法》以及最高人民法院关于知识产权案件诉讼的司法解释也应该了解和掌握。

此外，对《专利合作条约》和《专利合作条约实施细则》（尤其是国际申请文件的撰写与提交、国际申请国际阶段和进入中国国家阶段的有关规定）以及外国的专利法及相关法律也应有所了解，否则很难为客户提供全方位的优质服务。

在香港、澳门回归之后，内地客户要到这些特别行政区寻求专利产品出口后的保护，因此，对香港和澳门地区的知识产权保护方面的法律及规定进行学习并能进行实务操作也是专利代理人应该掌握的内容。

（2）专利代理人应具备丰富的自然科学知识

专利代理人的工作性质和任务主要是一种具有法律行为的科技服务工作，因而，专利代理人在代理过程中要接触到大量的发明创造和科学技术，这些技术涉及的范围广泛、种类繁多、形式多样，往往是多个学科的相互交叉和互为融合，一般来讲都是一些当代较新的科技内容，这就要求专利代理人不仅应当精通自己所学专业的知识，而且对相近领域的技术也应有相当的了解，还要随时学习和了解现代化的高新技术知识和本领域的最新研究发展动态，以便在专利代理中遇到一般性技术一看就明白，对相邻领域的关联技术内容一讲就清楚，而对于疑难的技术问题除了要自我学习外，还要向有关专家、学者、技术人员、审查员和发明人虚心求教。只有这样，才能按所掌握的法律规定和知识将纯技术方案理解并撰写成符合《专利法》规定和满足严格审查要求的专利申请文件，才能不断拓宽自己的知识面，把法律和技术融为一体，才能胜任专利代理工作的实际需要。

（3）专利代理人应具有较好的语言文字修养

专利代理事务中，无论是与客户当面交谈还是电话交流，或是撰写申请文件，其语言文字修养（除中文外，至少还应包括英语）都是十分重要的。这就要求专利代理人把自己的想法、自己的认识通过笔写、口述两种方式表达出来，而且要通过简洁的表达让他人理解和明白，因而作为一个专利代理人要有扎实的语言功底以及善于归纳总结、去粗取精的语言处理能力和基本功。这些基本功包括：记录和快速理解技术方案，叙述表达能力，修辞、语法、标点符号的正确使用，图表的绘制能力以及良好的外语水平。因为上述技巧和能力不仅要反映在撰写的专利申请文件中，而且在与委托人及客户的交谈咨询和往来函电交流中、在专利审批过程中的书面答复或与审查员会晤过程中、在复审或无效程序中的陈述意见和口头审理的争辩中、在专利诉讼的法律文书的撰写中以及法院开庭审理、论述观点时都将得到体现。

（4）专利代理人应具备社会科学知识

专利代理是一种社会服务性工作，涉及政治、经济和社会生活的各个方面，而接触到的客户来自国内外，他们的政治观点、文化修养、申请专利的目的、言谈话语也各有不同。专利代理人要与上述代表不同利益、带有不同目的形形色色的人打交道并能建立相互信任的合作关系，十分不容易，因为除了了解熟悉其技术方案和应当掌握相应法律知识以外，还要从客户的言谈话语和举止神态中了解、推测其心里的想法和真正想达到的目的，这对正确选择谈话方式以尽快切入申请前的实质性技术方案的了解大有益处，也是一个专利代理人必不可少的技能。因此，作为一个称职的专利代理人，要对社会学、心理学、经济学、管理学、决策学等社会科学知识有一定的了解和领悟。

2. 专利代理人必须不断地积累和丰富实践经验

专利代理工作完成得好坏，不仅要看其撰写出的专利申请文件是否符合授权条件，而且更要看其被授权专利的权利要求是否能经受住后期维权的考验。因为专利代理工作的质量将直接影响委托人的合法权益，专利代理人必须不断地总结、积累专利代理过程中成功和失败的经验教训，把它们归纳总结成一种便于操作的实际经验和体会。这种实际经验和体会往往比理论知识更为重要、更为有效。这种实际经验和体会就是专利代理人在工作实践中摸索、探寻、总结并经实践证明是正确的科学思维方法和工作方法。

3. 掌握科学的思维方法，提高综合分析判断能力

专利代理工作的复杂性、重要性，要求专利代理人必须具备科学的思维方法，要有科学分析问题和解决实际错综复杂问题的能力。因为，一个合格的专利代理人在其撰写申请文件、进行意见陈述、制作法律文件时，不仅要进行正确的逻辑分析，而且要反复推理、综合判断，以便透过表面领会实质，从纷繁的材料中发现问题、抓住要点，尤其是在处理某一具体事务时思路要前后延伸、左右扩充、相互联系、全方位地考虑问题。

第四节　专利代理机构的管理

随着我国专利制度的不断发展和完善，广大发明人、申请人专利意识的加强，以及专利代理行业的市场竞争的加剧，人们对专利代理机构的选择和要求越来越严格。而且，2002年出台的《专利代理惩罚规定（试行）》也对专利代理机构和专利代理人的行为规范作出了限定，制定了较为具体的惩罚措施。在这种情况下，如果一个专利代理机构缺乏完善的管理制度，不仅无法正确地管理其案件，也无法对专利代理人进行正常的管理，当然也不能正常维护委托人的合法权益和专利代理机构自身的合法权益。本节将对专利代理机构的内部管理制度和业务管理制度两个方面作一介绍。

一、专利代理机构的内部管理制度

专利代理机构通常应当从下述九个方面加强内部管理。

1. 加强职工的职业道德和执业纪律

由于专利代理工作与代理人员的责任心和执业纪律执行得好坏有密切关系，因此专利代理机构要对职工加强这方面的教育和日常的管理，以免出现问题而影响委托人的利益和损害专利代理机构的信誉。例如，加强离职专利代理人工作交接的管理。作为离职的专利代理人，首先应当本着专利代理人的职业道德和应负有的义务，按照所在专利代理事务所的交接规定和程序，提前向专利代理机构负责人递交辞职报告，以便事务所有足够的时间重新安排接案人员；其次要对自己所承接的案件及处理事务有一个妥善的处理方式，比如交接清单、档案移交及相关事项说明等；此外，应当有义务和责任协助专利代理机构处理未尽事宜和自己代理的案件的后续事务，这样不仅维护了委托人的权益，而且也为自身留下良好的形象。

2. 严格内部责任分工和加强协调合作

在专利代理机构中，虽然专利代理人负责专利申请文件的撰写及相关的技术工作，流程部门负责案件的流程管理与监视，但是，在以往的实际操作中，在专利代理人与流程部门的交接过程以及在处理委托人的要求时，经常出现一些意想不到的或者正常代理流程之外的问题。如果缺乏部门与部门之间严格的责任分工与严格的交接程序，则往往会出现相互推诿、管理混乱的情况，甚至造成无法弥补的损失。

3. 加强学习交流与培训

专利代理机构应当特别关注《专利法》和相关法律修改、变化，就一些案件中常发生的问题或一些典型案例进行学习、讨论或总结，以使专利代理人之间能相互学习、相互借鉴，并不断地提高专利代理水平、减少失误和差错。

第三次修改的《专利法》和作相应修改的《专利法实施细则》分别于 2009 年 10 月 1 日和 2010 年 2 月 1 日正式实施，与此同时《专利审查指南 2010》也作了相适应的修改，为了与第三次修改的《专利法》相适应，最高人民法院于 2009 年 12 月发布的《审理专利侵权纠纷司法解释 2009》也于 2010 年 1 月 1 日起正式施行。对于上述法律、法规的修改变化，专利代理机构不仅要积极组织专利代理人参加外部的宣讲培训活动，而且要把学习培训常态化，以使专利代理人能及时、准确、全面地掌握上述法律法规的修改和对专利代理事务所产生的影响变化，以便更好胜任专利代理工作的需要。

此外，专利代理机构还应当组织本所的专利代理人了解和学习世界知识产权组织，美、欧、日等发达国家和组织有关专利申请审批的新动向和规定（包括 2013 年启动的我国与美、欧、日、韩等五局专利审查高速路试点项目下提出 PPH 请求的流程），使专利代理人能够及时了解审查方面新的动态和信息，以适应国内外客户的咨询需要和代理业务的实际应用上的需要。

4. 强化考核与奖罚

专利代理机构内部在明确代理责任分工后，必须对各部门和各岗位人员执行规章制度的情况进行检查和监督。其目的之一是发现问题，解决隐患，制定新的制度防止责任事故的再次发生；

其目的之二是对那些恪尽职守的部门和个人做到胸中有数、奖罚分明，以激励先进、批评落后，使专利代理机构形成蓬勃向上、奖勤罚懒、励优惩劣的风气。

5. 建立内部保密机制

《专利法》第十九条第三款规定：专利代理机构应当遵守法律、行政法规，按照被代理人的委托办理专利申请或者其他专利事务；对被代理人发明创造的内容，除专利申请已经公布或公告的以外，负有保密责任。这是《专利法》对专利代理机构的规定，但是如何将此规定落实到专利代理机构的具体业务之中，如何与专利代理人的行为规范融为一体，则要有具体的内部规定和要求。

保守秘密既是专利代理机构的行业规定，也是所有专利代理人及相关工作人员的职业道德，更是专利代理人应当遵守的工作纪律。严禁利用工作之便，剽窃他人的发明创造给自己的亲属或朋友从事技术转让或技术开发谋求便利，更不能从中谋取私利。同时，应当加强专利代理过程中的保密意识。例如，不随意和外部人员谈及申请案的内容；不随便夹带申请资料出行或回家，以免造成遗失泄密；在未得到委托人的书面要求前不能将委托人的申请内容或申请后尚未公开的申请材料传真、邮寄、面交给他人；对因各种原因未正式申请专利的那些申请材料应当及时退交委托人。而且，目前一些较为正规的企业或公司在委托专利代理机构办理专利申请之前，均要与专利代理机构签订保密协议或在合作协议中加注保密条款，如果保密工作做得不好，则也会丢失客户，甚至陷入民事纠纷诉讼之中。

在实践中曾有这样一件案例，有一客户提出了一件发明专利申请并已初审合格，但尚未公开。此时，代理该项申请的某专利事务所工作人员接到从广州打来的电话，声称已委托该所提出了一件发明名称为×××、申请号为×××的发明专利申请，现因急于和一家公司谈转让，要求将此案申请文件传真到广州一份，工作人员随之调阅了此档案，其所述信息与该案记录完全相同，只是该专利申请尚有另一共同申请人，工作人员便询问此案专利代理人是否照传文件，专利代理人说：另一申请人在此之前已来过电话及传真，反映共同申请人未经其同意正在准备私自将此申请专利的技术单独转让。于是，工作人员随即与广州取得联系，要求其出具身份证复印件以及同案另一共同申请人同意转让的签字协议，从而避免了一场纠纷，妥善地处理了此事。

6. 重视建档及归档

专利代理机构的代理对象是委托人的发明创造，而这些发明创造的专利申请文件经专利代理人撰写，递交国家知识产权局专利局后以纸件或电子形式记载存放，有些文件可能要保留几年到二十几年。一件发明专利申请，从申请到授权，就需要几年的时间，而授权后还会发生侵权或无效宣告请求、年费缴纳等事宜，因此其档案在该案有效期限内或终止前或者委托人正式放弃之前应当以便于查找的方式加以保存。另外，档案健全与否还涉及专利代理机构与委托人和第三人（国家知识产权局、人民法院、各地方知识产权管理部门及相应职能部门）之间的责任问题。例如，委托人所提供的原始材料和对专利代理人撰写的申请文件的修改意见或确认指令，发明专利申请审查过程中审查意见答辩中往来意见的转文及回函，向第三人提交的文件、证据、公证材料的清单回执等，不仅要归档，而且要按时间顺序归档，以便日后产生矛盾或发生纠纷时有据可查，分清责任。在这方面，一般应注意以下五个问题。

（1）原始资料要齐全

在专利案件的代理中，无论何种形式的代理或何种案件的代理，委托人均要交付相应的资料并签订委托协议，而专利代理人则应将这些资料筛选分类，对处理案件有用的留下，对无用的可退还委托人，对委托人交付的参考性资料或证明应列出清单。对于申请案件，则应将原始材料、对修改申请文件的确认意见、递交指令、往来的传真、E-mail 及正式递交文件按时间顺序或类别装订成册。对过时不用的仍应退还委托人，对有参考作用的可作为附件另行装订或收放。

（2）中间文件要及时归档

一般案件递交后均会接到官方的通知或审查意见，例如受理通知书、补正通知书、审查意见通知书等。而无效或诉讼案件则也会收到官方转送的各类中间文件或者证据。此时，专利代理人应按其性质、类别进行整理，对需要转交委托人的文件先行复印再将原件转交委托人，复印件留档一套。对无须转交委托人的文件则可直接归档。对补正、审查意见及意见陈述需要修改申请文件或专利文件的，则在修改完毕后连同修改文本一同归档，此时切忌将原始文本拆分并前后混杂放置。如果中间往来文件多次且材料较多，应按往来全过程进行单独装订、统一存放。总之，在专利审批及有效期内的一切涉及各案的相关材料，必须完整无误地建档、归档。建档、归档制度对于专利案件的期限监视、提高工作效率乃至分清责任、弄清失误原因均有极为重要的作用，也是目前有些专利代理机构和专利代理人还未充分认识并注意的一个问题。例如，在一件实际案例中，有一客户委托某专利代理机构办理一件发明专利申请，收到委托人邮寄的原始材料后，专利代理人曾要求委托人补充材料。委托人来函声明只有这些材料，若因公开不充分而申请未获批准责任自负。该专利申请最后被驳回。由于专利代理人未将委托人的来函以及要求委托人补充材料的信函归档，致使责任分不清。最后以专利代理机构为委托人免费再次代办一件专利申请、专利代理机构向该专利代理人按 50% 的代理费用追偿的方式结束。从办理上述案件的教训中可见及时归档的重要性。

（3）案件进行中的文件取用、复印及核实应当有序

在案件代理的过程中，有时委托人或者与委托人有关系的人要求专利代理机构再复印提供或传真提供案件中的相关材料。这种现象有委托人亲自前来办理的，也有打电话的或者委托他人索取的。此时，专利代理机构一般遵循两个原则：其一，申请案未公开前，诉讼案未审结前，除委托人外不能向其他人提供任何有关案件资料；其二，他人前来索取一定要有委托人出具的委托书和委托人的相关证件，而通过电话或传真索取的一般不能轻易传送，委托人的书面指令应归档留存。

（4）案件结案后的档案应当留存一定时期

对于专利代理机构而言，一件新申请的结案要等到申请人放弃或权利终止或解除委托代理关系并最终被官方确认后才算结案。而一件专利权无效宣告请求案或侵权案件一定要等到其下一程序终止或结束后才能算结案。为此，《专利代理服务指导标准》建议，专利申请类的档案应该保存到专利有效期届满后 3 年，或者专利权放弃、申请撤回/视为撤回生效后 3 年，或者专利无效宣告决定/判决生效后 3 年。在档案保存期届满后，专利代理机构可以销毁文档，但对于放弃的专利和撤回的专利申请，应该保留委托人关于放弃、撤回的指示和专利代理机构处理的文书以及国家专利主管机关发出的相应的文书。对于专利有效性评估和专利权评估事务，专利代理机构应该保存档案到评估报告所涉及的专利的最后一个有效期届满日之后 3 年。

（5）电子申请的提交和利用计算机管理档案

随着办公自动化及网上代理业务和电子申请的开展，给专利代理机构的档案管理和专利代理人的作业模式提出了新的要求，例如委托人委托的材料可以从网上传送过来，专利代理人也可直接利用电子文档进行申请文件撰写、修改定稿以及递交。这种操作具有诸多的优点，但是网络的传输也有不易保密和收发的不确定性，因此专利代理人在进行网上代理时一定要留存电子备份或先行下载纸件留存后再在电子文档中进行撰写、修改。修改完毕后仍应备份后再发送给委托人，

以免因各种原因造成无完整备档材料进行核查的弊端。

7. 拒绝代理的管理

允许拒绝代理是专利代理机构管理的一个重要对外原则，因为这既涉及公众利益，又涉及职业道德。具体说来，对下述四种情况专利代理机构可以拒绝代理。

（1）不得就同一专利事务接受具有利害关系的双方当事人的委托

如果一个专利代理机构就同一专利事务接受具有利害关系双方的委托，其代理工作不仅难以进行，而且必然损害其中一方委托人的权益，这是《民法通则》禁止的。具体而言，在专利代理机构受委托人委托办理一件专利申请案被授权后，如果另一个委托人委托该同一专利代理机构对该件专利提出无效宣告请求时，该专利代理机构应当拒绝后者的代理委托；同样，当其接受专利权人的委托向法院提出侵权诉讼后，就不能再为该案被诉侵权方作委托代理，也不能承接被诉侵权方提出无效宣告请求的委托代理。

（2）注意不要承接委托协议排除条款中所指定公司的委托

如果专利代理机构与某一大客户签订专利代理协议，且在该协议中订立了只能给其代理专利申请及相关专利事务而不能给其同行或某公司代理专利申请及相关专利事务的约定条款时，如果约定中的同行或某公司也来委托其代理时，专利代理机构则应该说明情况，拒绝代理。在近几年市场竞争日趋激烈的情况下，一些外国公司和国内大企业经常会提出此类要求。而专利代理机构在承接此类业务时，一定要妥善处理。

（3）对某些客户提出无理要求时可以拒绝代理

在专利代理过程中，有时遇到一些委托人在其提交的申请材料不能满足申请和代理的基本要求且与专利代理人不配合的前提下，却要求专利代理机构作出某种根本不能实现的承诺。例如，在资料不全、公开不充分的情况下，既不提供资料，又要委托代理，还要写明如不授权或不能在某年某月之前拿到授权通知书就由该专利代理事务所承担责任，在这种情况下专利代理机构也可以拒绝代理。

（4）对专利申请有明显抄袭行为时可拒绝代理

对专利申请属于明显公开的抄袭、非正常专利申请或者有明显欺瞒行为时，专利代理人可以拒绝代理，不要仅考虑获利而违反职业道德。

8. 人员流动及相应的管理措施

专利代理机构的人员流动同其他行业一样是不可避免的，其原因是市场经济的发展、大环境的改变，必然导致对高素质人才的争夺。尤其是知识产权行业脱钩改制的深入及涉外专利业务的全面放开，使得专利、商标代理机构的高素质代理人及业务骨干的重新组合配置已成为一种趋势。这种趋势和结果必然造成不少专利代理机构骨干人员的外流，致使其业务开拓和正常代理受到一定影响。因此，各专利代理机构的负责人应正视这一现实，重视这一现象，及时调整、改变内部的一些分配机制和管理制度，尽最大可能留住人才，稳定专利代理人队伍。同时，应制定相应措施，处理好遗留案件的后续工作。在处理此类事务中，应注意以下三点。

（1）做好案件的交接

在专利代理人离职前应当完成遗留案件的交接和未处理完毕事务的交接，其中要注意对相关文件、档案进行清查核对，尤其要对委托人和国家知识产权局之间未尽事宜的处理情况和进度进行检查，以免影响案件的正常进展和损害委托人的利益。

（2）及时变更专利代理人并通知委托人

在原案专利代理人离职或因某种原因不能从事正常专利代理事务时，为防止和避免联络的脱节和造成委托人的不满，应当安排好接替的专利代理人员与离职人员的交接，以做到程序不乱、程序不断、事有人干。在进行专利代理人变更时，应当及时告知委托人，并到国家知识产权局办理相应的变更手续。

（3）核对费用的收取

清理遗留案件的收费和专利代理人酬金支付的情况，以对案件的各项费用的收入和支付情况有据可查。这样既便于向委托人交代，也便于向后续接案的专利代理人支付后续代理的报酬。

9. 委托关系的变更及文档的转移

由于委托人可以在委托关系存续期间终止委托合同、变更委托关系或变更委托事项，例如，委托人不满意原专利代理人在审查意见答辩过程中的服务，可以在复审阶段另行委托该专利代理机构其他专利代理人，或者在不变更专利代理机构前提下，另行委托其他专利代理机构仅代理该复审阶段事务，或者解除与原专利代理机构的委托关系而变更到其他专利代理机构办理复审及复审后的相关事务。此时，就可能存在变更专利代理人、增加专利代理机构或者变更专利代理机构的情况。如果是第二种情况，则原专利代理机构就应该把相应复审程序所需文件复印一份交付给新增加的专利代理机构；如果是第三种情况，原专利代理机构应当将完整的案卷转交至变更后的专利代理机构，同时应当复印或保存一份转移案卷存档备用，与此同时还应当注意委托人是否还有未履行的义务或者未支付的费用。

二、专利代理机构的业务管理

专利代理机构所从事的业务应当按照《专利法》所规定的程序进行，它既具有严谨的连续性，严密的相互链接性，又有非常严肃的法律性和不能随意改变的时限性。但在实际操作中这种连续性是靠多个部门、不同的岗位分别或配合完成的，所以对其业务的管理、人员的调配和责任分工的制定以及相互环节间的交接是十分重要的，不能中断或脱节，否则必然会埋下隐患。

虽然目前我国专利代理机构的体制各不相同，规模大小不一，经营思路各有千秋，客户来源不同，但其服务目标和具体任务是一致的。这就是为客户服务，对客户委托的案件和事务负责。一件申请案无论是委托人从千里之外寄过来的，还是委托人亲自送来的，或是专利代理人上门服务揽来的，还是从网上收到的，从接收到正式递交到国家知识产权局，再经过国家知识产权局有关审查部门的审查和专利代理人的修改或答复而直到授权或作出具体结论，要经过一年甚至数年的时间。其间要经过多次多人多岗位的转换传递。因此，专利代理机构必须具有严格规范的内部业务管理，才能保证其文件传递、转接无误。而规章制度的建立和制定一定要围绕着案件的流程，并针对流程中所涉及的或可能发生的一切事宜，按岗位进行划分、管理和监督。

1. 收案登记

凡是要通过专利代理机构申报处理的专利事务，不管其来源如何，都要由专管人员统一进行信息采集并进行登记、编号、初步核实，需要回函确认的应及时回函确认或索要欠缺材料。

2. 分案跟踪

按案件的专业性质、来源和递交期限将案件分配给相关代理作业部门或者专利代理人，并应注明委托人对案件的具体要求，比如递交时间、所要文件份数、代理类型等，尤其要按递交期限进行跟踪，以确保在委托人要求的期限内办完相关手续。

3. 交件检查

虽然案件由专利代理人完成，但作为代理承接方的专利代理机构却承担主要责任。因此，应有专管人员和负责人员对案件的形式问题或撰写等技术问题进行检查或抽查，保证所提交的材料在正式递交之前进行一次检查核对，争取把事故率降至最低，而专利代理人应在交案前进行综合性核对检查，以保证由专利代理人交出去的文件应当是能提交到国家知识产权局的合格文件。

4. 文件的寄发及中间文件转接及期限监视

在申请文件正式递交之后，申请部门应当将申请文本、受理通知书、专利代理报告、结算清单等加以整理，并进行一次最后核查，以把可能的问题在邮寄给委托人前解决。此外，对于国家知识产权局针对各案转送的所有文件应当进行收发文件登记，转送及处理结果应有签字和记录。例如申请人提交的变更、国家知识产权局的补正及审查意见等均应交由相应部门的相应人员接收并处理。其中对期限应重点进行监视，以避免逾期而造成视为撤回等责任事故。

5. 授权后费用缴纳及结案

专利申请被授权后，应及时将授权通知、应缴纳的相关费用以及办理登记手续等相关事项通知委托人，同时征询委托人是否委托监管。如不需要继续委托监管的，则应与委托人签订解聘协议，并向国家知识产权局递交变更解聘手续，使此类案件的后期缴费通知，由国家知识产权局直接寄交委托人，而不再通过专利代理机构转送。而对继续进行费用缴纳及需要进行期限监视的案件，由申请部门负责监视；对于出现侵权诉讼及无效宣告请求的案件，由申请部门收件后转交代理部门或法律部门进行处理并重新建档。对终止案件及时清理归档单独放置。

6. 维系与客户的合作关系

在专利代理机构中，人们往往比较重视业务的开拓和前期代理，而对后期的监管服务重视不够。实际上，在专利权有效期内，在整个专利代理过程中，自始至终都涉及与客户维系合作关系的问题。

维系与客户的关系通常体现在四个方面：其一体现在前期代理上；其二体现在后期期限监视、提示上；其三体现在日常的非代理业务的服务上，比如法律事务的咨询；其四体现在意见的征求及客户回访上。如果专利代理机构能够从以上四个方面着手进行工作，并把它们放在与开拓客户同等重要的位置，就能够与客户维系良好的合作关系，从而保证客户的长期稳定。

当然，不同规模、不同体制或业务来源不同的专利代理机构，有着各自的特点和要求，各自有不少值得探讨和学习的经验。

第三章 专利代理机构的业务范围

专利代理制度和专利代理机构是沿用民法上的代理制度而产生的一种为公民和法人在知识产权领域内进行专门服务的代理机构，其职能就是提供与知识产权相关的咨询服务，为客户准备、撰写申请文件，并通过专利代理人的知识、经验和努力使这些申请获得批准授权，而且要在委托人的权利受到侵害时，替他们出庭，为保护委托人的权益而奔走努力。近年来，专利代理机构的职能逐渐扩展到向企业提供专利信息分析、专利战略策划等新的代理业务。另外，为委托人办理与专利有关事务的专利代理机构还负有协助委托人进行期限监视、费用缴纳、权利恢复、变更的职能和义务，以便让广大申请人、发明人省去更多的时间去做他们更擅长、更熟悉、更应该做的本职工作。下面结合在本书第二章第一节中提到的《专利代理服务指导标准》，对专利代理机构的主要业务范围作具体说明。

第一节 向客户提供咨询服务

在专利代理机构的业务范围中，向客户提供各方面的以及不同阶段的咨询服务是专利代理机构的主要服务内容之一，也是能否吸引和维系客户的重要一环，更是承接案件的基础性工作。一个生意兴隆的专利代理机构，必须有一批精通业务、善于回答委托人的咨询并能与客户成为挚友的专利代理人。

一、咨询服务的形式

下面简单介绍咨询服务的各种形式。

1. 对发明人、申请人的咨询服务

发明人、申请人想办理专利申请或办理其他相关专利事务前，一般都要进行前期的咨询了解，有时亲自到专利代理机构面谈，有时要求专利代理机构指派专利代理人到其居所或单位进行上门服务，这两种形式都能与当事人直接接触，因而能实现较为深入细致的沟通，效果较好，成功率也较高。

2. 对中间代办人的咨询服务

出于各种原因，发明人或申请人不能亲自与专利代理人见面，而往往派一名办事人员代为咨询，此时往往只能进行一般性的问答和了解，不可能就具体问题、尤其是所申请专利的技术问题进行深入的了解。另外，这种中间转达信息的方式往往效果较差，故最好能有文字材料让办事人员带回，而且这种咨询可能需要反复进行多次。

3. 电话咨询

许多情况下专利代理人遇到的都是电话咨询，一般以问答的形式，不可能就技术问题进行深入讨论。但在电话咨询时，专利代理人应当有耐心，有些问题不能立即作答时，应当在查询后主动反馈给咨询客户，从而为所在专利代理机构树立良好的服务形象，以便与咨询客户建立合作关系。

4. 对信函、传真、E-mail 等方式的咨询

此类咨询往往只是一般性咨询，只需针对对方提出的问题逐一进行解释，但常要花费较长的时间写回函，因而如咨询客户未要求作书面答复时，也可通过电话方式进行解释。如果涉及具体案件时，应当争取当面讨论的机会。

二、咨询服务的主要内容

专利代理机构的咨询服务主要包括五个方面的内容。

1. 一般专利基本知识的咨询

由于我国建立专利制度的时间不长，公众对专利的作用、如何申请专利、专利批准后如何保护、申请专利要多少费用这些专利基本知识还不甚了解，而且许多个人或企业对专利还比较陌生，尤其是那些想申请专利的企业和个人，想了解更深层次的问题，这些深层次的问题既包括怎样策划专利申请、怎样申请才能少花钱多办事、如何回避已有专利等技术问题，又包括怎样使权利要求保护范围最大而又严密、如何防止别人侵权仿冒、遇到侵权仿冒时怎样处理等法律问题，还包括出现权属纠纷怎样解决处理的问题，这些问题不仅仅只发生在专利申请前期，往往贯穿专利申请的全过程，甚至在整个专利的有效期。因此，咨询工作是整个专利工作中重要的一环，也是委托人衡量一个专利代理机构业务水平及服务好坏的重要标志，因此要求专利代理人具备技术和法律的综合性知识，熟悉专利审批流程以及具有良好的语言表达能力及技巧。

2. 有关专利申请前后具体事务的咨询

在经过对专利基本知识、申请手续及费用一般咨询了解后，客户便会进一步进行具体申请前的实质性咨询，包括如何准备技术资料、为什么需要这些资料、如何选择申请类型、如何掌握申请时机、专利申请授权的可能性有多大、怎样签订专利代理协议等，尤其在申请资料的准备、补充和完善过程中，客户会不断地、反复地询问，专利代理人要进行详细解释，在经过对各种专利申请问题和各种法律问题的解答之后，才能取得一份基本的交底材料，才能开始着手申请文件的撰写工作。

当然，目前一些具有知识产权管理部门的大中型企业和公司由于有专职人员负责，且具有较完善的申请机制，其交底材料准备质量及技术含量较高。

在专利申请后，申请人或发明人经常咨询何时可以修改申请文件以及如何修改申请文件、何时提出实质审查请求、专利申请何时能批准、何时能拿到证书、申请被驳回后怎样提出复审请求等问题。同时，也经常涉及一些有关权利变更、恢复、补救等方面的咨询，专利代理人及相关人员在答复此类咨询时，要对各类专利的审批要求、各类申请所需要的材料、审批时限十分清楚，否则既无法解答客户提出的问题，更无法判别客户所提供的申请材料或相关证明材料是否齐备和符合要求。

3. 授权前有关保护问题的咨询

在专利申请阶段，经常有客户询问其专利申请在提出申请后至授权前这个阶段如何进行保护的问题，对此类问题专利代理人应向客户说明专利申请授权前后各个阶段专利保护的相应规定。对于实用新型和外观设计专利申请，在其专利申请日至授权公告日之间实施相同或相近技术的行为不构成侵权，只是不允许其在该专利授权后再继续实施与该专利相同或相近的技术，除非其获得专利许可。而对发明专利申请，在发明专利申请公布至授权公告日之间实施相近技术的人或单位应当在该专利被授权后向发明专利权人支付使用费，而在该专利授权公告日后实施的相近技术的实施行为，未经许可的，则属于侵权行为。该专利权人或利害关系人在授权前发现有实施其专利申请的行为时可发警告函，只有在该专利申请授权公告后才可以按照《专利法》第五十七条的规定以及在掌握相应侵权证据后进行起诉或提出处理。至于实用新型或外观设计专利权，专利权人或利害关系人在起诉或提出处理前应当先行请求国家知识产权局出具专利权评价报告，从而在起诉或提出处理时将该专利权评价报告提交给人民法院或者地方知识产权管理部门作为审查、处理专利侵权纠纷的证据。此外，对于三种类型的专利来说，专利权人应当做好对方可能对专利权提出无效宣告请求时的答辩准备，并考虑己方专利权在不牢固情况下的和解及后续维权事宜。

4. 有关专利权无效宣告请求和专利诉讼方面的咨询

专利权无效宣告请求及答辩方面的咨询是专利授权后发生较多的一类事务，一般都伴随有侵权诉讼，此类咨询工作量多而繁琐。其客户咨询的主要问题是：如何提出宣告他人专利权无效的请求，已有的材料或现有的证据能否将对方专利宣告无效；或者当他人对客户的专利提出无效宣告请求时该专利权能否维持有效；或者在无效宣告请求案件中己方有多大把握胜诉等。对于此类咨询，一般都应首先问清情况，了解清楚法律状态，基本看完无效宣告程序中的有关材料和证据之后再行解答，由于这方面咨询所花的时间和精力较大，可考虑适当收取咨询费用。而有关专利权属纠纷、专利合同争议及假冒专利方面的咨询及相关事务应在审看其材料后，问明原委后再发表意见，并告知咨询者只能到人民法院或者地方知识产权管理部门去起诉或提出处理。上述法律性较强的咨询接待工作最好安排懂专业的资深专利代理人或法律部门律师来专门处理。

5. 承担企业的专利顾问及其他知识产权服务

随着企业对知识产权的重视以及中国加入世界贸易组织后，企业面临更严峻的技术及市场竞争，各企业、各大公司对企业的知识产权工作越来越重视，不少企业组建知识产权部门，或在法律部门下设专利管理机构，负责其专利、商标、无形资产评估及相关法律事务，但是其毕竟不是一个专门的专利代理机构，这些企业需要专利代理机构的协助和配合。

（1）担任企业的知识产权法律顾问

对一些中小企业，虽然其专利申请量不大，但在其企业经营中会遇到专利的转让、他人起诉其产品侵权以及本单位专利被其他厂家仿冒以及专利技术合同纠纷方面的事务，而一般的企业所聘请的法律顾问对知识产权方面事务并不熟悉，所以，这些企业一般在专利代理机构中寻找一位有经验的专利代理人或具有专利代理人及律师双重身份和有实践经验的人担任企业的常年法律顾问，并支付其一定的费用，而法律顾问则定时或不定时到企业去解决一些相关问题，参与上述相关事务的处理，而经常性的工作则是接受企业的咨询、解答企业提出的各种问题及协助企业相关部门起草或修改合同。

（2）为企业举办与知识产权有关的讲座

不少企业为了提高管理人员或技术人员的专利意识，或者是为了企业申请专利开展前期准备，会邀请专利代理机构进行与知识产权有关的讲座，其主要内容是专利的作用、如何申报专利、怎样保护本单位的专利不受他人侵犯、如何检索专利文件、对侵权仿冒事宜如何处理等。

（3）为企业制定专利战略

较大的公司或企业在做任何一件事情之前都不是盲目的，不会为了暂时需要而临时采取一项措施，这些企业一般都要事先进行企业专利工作的策划，以便制定出符合自身特点的专利战略。作为企业专利顾问的专利代理机构有可能会承担协助企业制定专利战略的工作。

企业专利战略是近几年企业利用专利制度规则获得和保护市场竞争优势及最佳经济效果的总体性谋划。《专利代理服务指导标准》建议，企业专利战略制定包括如下步骤：在充分调研战略背景的基础上，通过全面周密的分析获得明确的战略思想；依据战略思想和企业实际提出可行的战略目标；根据战略目标找出实现该目标的战略重点和战略措施；通过分析综合确定最佳的战略步骤；综合调研和分析结果形成企业专利战略报告。

（4）专利预警

专利预警是近年在国内兴起的企业专利业务，其预警的目的是对可能发生的专利争端（专利侵权纠纷）提前作出分析并提前发布警告，以维护企业利益和最大限度地减少损失或避免损失。《专利代理服务指导标准》建议，在新产品销售前和新工艺使用前，需要进行专利预警分析。专利预警分析包括数据采集、分析研究和撰写报告等步骤。具体说来，专利预警分析的主要工作内容包括：研究分析预警对象（拟销售产品或拟使用技术或工艺）的技术领域和技术方案，按侵权风险检索的检索方法进行检索，即对预警对象拟销售或者使用的国家或地区的处于权利有效状态的专利权及处于审查中的专利申请进行专利检索，采集目标市场专利相关法律法规数据；然后依据检索的结果，确定出已授权的障碍专利和很可能被授权的潜在障碍专利，并根据上述国家或地区的专利侵权判定原则，分析判断预警对象在上述国家或地区销售或使用是否会对所确定的障碍专利或潜在障碍专利构成侵权，在此侵权判定的基础上，针对预警对象的技术方案，分析规避障碍专利或规避潜在障碍专利的可能性，提出可以规避侵权的方案或者不能规避的应对措施（如是否可对障碍专利提出异议或者无效宣告请求，或者一旦出现侵权纠纷时在境外拟采取的应诉方案）；在此基础上撰写预警分析报告，报告至少包括预警对象、障碍专利、法律法规、侵权分析和对策建议等五个方面内容。

（5）专利信息分析

专利信息分析是指从专利文献中采集专利信息，通过科学的方法对这些信息进行加工、整理和分析，转化为具有总揽性及预测性的竞争情报，为决策提供参考。

《专利代理服务指导标准》建议，专利信息分析工作通常分为前期准备、信息采集和分析以及撰写报告三个阶段。在前期准备阶段的主要工作为：组建分析班子，确定分析目标（即确定专利分析对象，如竞争对手、行业技术现状、特定技术主题等），研究对象背景资料，选择合适的分析软件和适用的数据库。在信息采集和分析阶段的主要工作为：对信息进行采集（拟定检索策略进行专利检索），对采集的数据、信息进行分析；将分析的结论或信息进行统计或加工，借助分析软件生成较为直观的工作图表和深度分析的目标群；然后采用定量分析、定性分析、拟定量分析和图表分析的方法进行综合、归纳和整理，汇总出专利信息所反映的本质问题或结论。撰写专利分析报告，报告通常包括分析目标、背景技术、专利信息源与检索策略、分析方法和分析工具、专利指标定义、专利信息的聚集及解析、建议以及附录等。

三、咨询服务中应注意的问题

咨询服务中应当注意下述四个方面。

1. 咨询服务人员一定要专业对口、精通业务

不论客户采取什么形式咨询，必须安排对客户咨询内容十分清楚且专业对口的人员来作出答复，因此在进行咨询接待前一定要问清客户的来意和要求。如果是询问了解专利申请事务的，还应当进一步问清其是什么领域的，以便安排专业对口人员；如果是询问专利诉讼方面事务的，则应当由律师和资深专利代理人解答。否则，客户第一印象不好或对第一次咨询不满意，则会另寻其他专利代理机构。

2. 咨询服务人员一定要有连续性

在进行咨询服务的过程中，有很多情况客户的咨询是非连续的，有可能是间隔时间较长的间断性咨询。但对于咨询服务人员来讲应当具有特定的连续性，除非客户要求更换咨询服务人员或同一客户的咨询业务本身不具有连续性。这样，可以更好、更有针对性地为客户提供连续性服务。

3. 提供咨询服务要有实际依据和可操作性

在对客户提供咨询服务时，业务人员要严肃认真、有理有据地向客户提供真实可信的意见，而且前后要基本一致，既不要简单、武断地对某些事情或问题过早地下定性结论，也不可对某些不甚了解或记忆不清楚或不准确的问题草率答复或解释。例如，不要在对客户申请内容或相关技术资料未彻底了解前对能否申请专利、专利申请能否授权或者在无效宣告请求程序中接受委托时对能否胜诉等问题过早作出结论性判断，更不能对那些非专利代理人或专利代理机构能决定的问题作出许诺，因为这些问题的最后决定权在专利审查部门或其他权力机关。

4. 专利代理机构提供的专利事务收费标准及程序管理应当统一

由于咨询服务是针对不同专业、不同业务种类进行的，因此不同业务种类接待咨询的业务人员可以就自己专业咨询范围内的问题作出不同程度、不同层次的解答，但是涉及专利代理机构的整体利益或程序时，应当统一口径，而不能各行其是。比如涉及专利事务收费标准、专利申请文件的管理等问题时，应该针对不同的业务种类，制定统一的对外咨询口径，以避免同一类事务间产生较大的解释差异。

第二节 代办专利申请、专利审批及专利授权后的相关事务

专利代理机构在专利申请、专利审批和专利授权后所代理的专利事务主要包括各类专利申请文件的准备、专利申请文件的提交，审批阶段对补正通知书和审查意见通知书的答复（包括申请文件的修改），专利申请被驳回后的复审、专利授权后的无效宣告程序中的代理事务，专利侵权诉讼的代理事务，以及与上述各项专利代理事务相配合的各种不同形式的专利检索服务。这些专利代理事务不仅涉及向国家知识产权局提出的"外向内"、"内向内"的专利申请和PCT申请进入中国国家阶段的相关事务；还包括"内向外"的专利申请，其中还涉及通过PCT申请向外国提出的专利申请。上述各种专利代理事务中，除了在本章第三节中将对专利代理机构提供的与专利事务相关的专利检索服务工作进行比较详细的说明外，而对其他专利代理事务将在本节作一简单介绍，而具体的要求和代理方式将在本书第二编和第三编的相关章节中作详细说明。

一、专利申请文件的准备及提交

在专利代理机构中，接受委托人委托办理各类专利申请是其最主要的业务内容。此阶段专利代理人的主要任务是通过其具有的知识、经验以及智力劳动，将申请人的纯技术成果或设计成果经其撰写或制作转变成基本满足授予专利权条件的申请文件。

专利申请文件的撰写和专利申请文件的提交包括以下几种形式：第一种是"内向内"申请文件的撰写及提交；第二种是"外向内"专利申请文件的撰写及提交；第三种是PCT申请进入中国国家阶段专利申请文件的翻译及提交；第四种是"内向外"专利申请文件的撰写及提交，其中包括PCT申请文件的撰写和提交。前三种都是向国家知识产权局提交的专利申请或者是PCT申请进入中国阶段的专利申请，因此，这三种申请应当满足我国《专利法》《专利法实施细则》和《专利审查指南2010》的相关规定；而第四种则需要满足各国专利法以及《专利合作条约》及其实施细则的要求。

下面就不同提交方式中申请文件的准备应当注意的事项分别进行简单的介绍。

1. 向国家知识产权局提交专利申请文件的准备

对于上述第一种和第二种向国家知识产权局提交的专利申请，《专利代理服务指导标准》建

议，对于发明或实用新型专利申请文件的撰写和外观设计专利申请文件的图片和照片制作，专利代理人在咨询阶段以及代理服务的全过程中，可以根据当事人的需要和申请内容的实际情况帮助其考虑和合理选择保护手段和申请专利的类型，并尽可能兼顾其在我国提出的专利申请的授权和其可能向国外提出的专利申请的授权。在申请文件的准备过程中，最重要的是透彻理解所申请的技术内容或设计内容、对不授权的客体进行仔细的排除、慎重考虑公开不充分问题并索要能够满足国家知识产权局审查授权要求的申请材料，按我国《专利法》的要求将其撰写或制作成合格的专利申请文件。

在处理发明或实用新型专利申请这一阶段业务时，专利代理机构需要有相应专业技能及文字表达能力的专利代理人负责承接和进行具体专利事务，其中负责"外向内"专利申请的专利代理人还必须具有较高的外语水平；在承办此类业务时，最主要的就是按照客户交付的申请材料或相应文本，在认真仔细阅读理解技术内容的基础上，对其技术方案进行浓缩升华，并归纳出权利要求书、说明书的各部分，同时专利代理人要凭借自己的知识和经验对申请材料或申请文本进行分析判断，并找出所存在的各种问题，以便要求委托人进一步补充和完善申请文件的内容。而在处理外观设计专利申请这一阶段业务时，专利代理机构应当安排熟悉机械制图和外观设计的专利代理人负责承接和进行具体专利事务；在承办此类业务时，最主要的就是检查客户提交的申请材料中的图片或照片是否符合《专利审查指南2010》中对外观设计专利申请的图片或照片的要求，是否缺少相应的视图，是否在简要说明中对于必须写明的事项作出说明，即凭借自己的知识和经验对申请材料或申请文本进行分析判断，并找出所存在的问题，以便要求委托人对申请材料进行修改或补充，以完善申请文件。专利代理人在处理此类事务时，要依靠对专利法律法规的正确理解和实践经验，快速、敏锐地发现那些影响后续审查的实质性缺陷及影响该技术或设计保护范围的问题，并及时向客户提出清楚、有理有据的见解和建议，在必要的情况下应坚持自己的意见，尽可能把能够解决的问题、能够克服和修正的缺陷、能够做的工作都在申请前向客户讲明，以便在申请前使问题得到解决，真正起到代办处理委托事务的责任。而在处理上述问题的同时，专利代理人不能仅考虑技术方案和设计本身存在的问题，还应当同时考虑和注意《专利法》和《专利法实施细则》与审查有关条款的要求和限制。

对于上述第三种PCT申请进入中国国家阶段专利申请文件的提交，如果国际阶段的公布的文本是外文的话，专利代理机构应当安排熟悉相应专业领域和具有较高外文水平的专利代理人将所需的申请文件准确地翻译成中文，若在国际阶段对专利申请文件进行了修改，就应当向客户了解是否以国际阶段修改文本作为审查基础，若以修改文本为审查基础，还应当准备该修改文本的中文译文。确保在该国际申请的最早优先权日起30个月（在要求宽限的情况下为32个月）向国家知识产权局提交进入国家阶段的声明和相应的申请文件。

2. "内向外"专利申请（包括提出PCT国际申请）文件的准备以及国际申请国际阶段的事务

"内向外"专利申请是指专利代理机构受国内委托人的委托，代表委托人向中国以外的国家或地区提出专利申请。专利代理机构还可以接受委托人的委托根据《专利合作条约》和《关于中国实施〈专利合作条约〉的规定》以及我国《专利法》第二十条的规定，代理申请人向世界知识产权组织国际局或向作为PCT申请受理局的中国国家知识产权局提出PCT申请。

根据《专利代理服务指导标准》的建议，在承接这两类案件时应当做好下述工作。

首先进行利益冲突排查和确认本专利代理机构中是否具有精通英语或目标申请国语言的专利代理人；其中对于通过非PCT申请途径向外申请的案件，如果技术方案的实质性内容是在中国境内完成的，还应当核查是否通过了保密审查，然后对费用进行估算，同时对付款方式、违约、欠费处理等事项作出明确约定，以避免在申请过程中发生费用纠纷，在此基础上进行立案建档并约定申请提交的时间。

在准备提交的专利申请文件过程中，由于目标国家、地区的专利法并不相同，因此对申请文件的审查、授权条件也不一样，在撰写申请文件时应按不同的审批要求撰写申请内容不同、格式要求不同的申请文本。尤其要注意那些准备要求中国优先权而准备向外国提出的申请或者采用PCT申请而准备进入美国、欧洲等国家和地区的申请，其申请文件及权利要求书的撰写不能仅考虑中国国家知识产权局的规定，还应考虑其他申请国家的规定。例如，在向中国国家知识产权局提交申请文件中应该保留那些与中国《专利法》不予保护客体（计算机程序、智力活动的规则和方法）有关的内容，以便日后向美国申请并要求中国优先权时，该优先权文本中有美国专利法给予保护的申请内容。对于这种情况，在向有关专利局提交申请文本之前应当经过委托人的确认。此外，对于接受客户"内向内"申请撰写、提交等工作委托的，如果客户有意愿还就相同的申请向欧洲、美国、日本、韩国等目标国家或地区提出申请或PCT申请的，专利代理机构在撰写过程中，可以酌情考虑按照五局达成的"共同申请格式"协议认可的共同格式撰写，以减轻申请人为满足于各局对专利申请的不同形式要求而重新撰写申请文件的负担。具体参见国家知识产权局于2012年6月27日发布的《关于提交"共同申请格式"的发明或者实用新型专利申请的公告》（第176号）。

对于"内向外"申请文件的外文译文，委托人自己有能力翻译专利申请文件的，可以约定以委托人提供的文本为准；委托人要求由专利代理机构将中文文本翻译成相应的外文或对其提供的外文译文做最后校对的，外文文本由专利代理机构最终定稿。对于向作为受理局的国家知识产权局提交的PCT申请，应当按照委托人的要求以中文或英文形式提交。对于委托专利代理机构撰写或修改的专利申请，双方应当事先约定申请文件所采用的语言。

如果准备申请文件过程中发现其有不符合目标国家或地区专利法规定之处或其他形式缺陷，专利代理机构应当与委托人联系，授权办理申请案的境外专利代理机构按当地法律实践进行补正，或在适当时机在原始公开范围内对申请文件进行修改。

此外，在准备提交专利申请文件的同时，及时向委托人收集其在外国或地区提交专利申请或提交国际申请所需的著录项目信息，对收到的申请文件和制作格式文件所需要的信息进行核实，以确认是否完整、清楚；在外国或者地区提交专利申请或者PCT申请需要提供优先权证明文件、生物保藏证明的，或者需要提供委托书、优先权转让证明、申请权转让证明等其他需申请人签署或提供的文件的，专利代理机构应当协助委托人办理。

在准备好提交的专利申请文件后，对于不要求优先权的申请，专利代理机构应以与委托人确定的提交时间为目标，尽早发出指示函。对于根据《保护工业产权巴黎公约》、以中国提交的在先申请为优先权而经由国外专利代理机构向境外的国家或地区提交的专利申请，专利代理机构应该在优先权日期届满前尽可能早地向境外的专利代理机构发出申请指示函和专利申请文件。

对于国际申请来说，专利代理机构在可能的情况下，尽量采用电子形式提交国际申请，以便为委托人节约申请费用。

此外，对于PCT申请，专利代理机构还应当做好国际阶段需要完成的四项工作：其一，在收到国际检索单位发出的国际检索报告和书面意见之后，根据检索报告和书面意见的结果和结论，确定是否需要向世界知识产权组织国际局提交一份对书面意见的非正式答复，并确定是否依据《专利合作条约》第19条对权利要求书进行修改；其二，对委托人给出是否提出国际初步审查要求的建议，并对提交国际初步审查要求的期限加以监控，且应当在期限届满前取得委托人关于是否提出国际初步审查要求的明确指示；其三，对于委托人提出国国际初步审查的情况，在收到国际初步审查单位发出的书面意见，应当指导委托人利用国际阶段的机会，依据《专利合作条约》第34条再次对说明书、附图和权利要求书进行修改，克服书面意见中就申请的专利性提出的异议，并更好地完善申请，以利于国际申请在今后国家程序中的审查；其四，就PCT申请进入各选定国和指定国的期限建立完善的监控，向委托人提示进入国家或地区阶段的期限，对于超过《专利合作条约》规定的进入国家或地区阶段的期限的，专利代理机构应当及时告知委托人有关目标国家或地区是否有宽限期、宽限期多长、费用多少等问题。

二、专利申请审批期间的代理事务

在专利申请文件提交后的专利申请审批期间需要处理的代理事务主要有以下八项。

1. 欠缺材料的补交和实质审查的提出

申请文件递交后的后续工作之一主要是按相关法条的要求在规定的期限内补交所欠缺的材料或证明，例如补交委托书、申请人要求有优先权的按照《专利法》第三十条所规定的自申请日起3个月内提交优先权副本。对于发明专利申请来说，按照《专利法实施细则》第四十六条的规定可在提出专利申请之后向国家知识产权局提交要求提前公开的声明，尤其要注意按照《专利法》第三十五条的规定在自该申请的申请日（有优先权要求的，自优先权日）起3年之内应委托人的指令在适当的时间提出实质审查的请求，如在此3年期限届满还未提出实质审查请求将导致该专利申请被视为撤回。此外，按照《专利法》第三十六条和《专利法实施细则》第四十九条的规定，还应当在请求实质审查时提供有关申请日前的参考资料或者审查结果资料，有正当理由无法提供的，应当向国家知识产权局声明。

2. 申请阶段费用的缴纳

按照《专利法实施细则》第九十三条至第九十六条、第一百条、第一百零三条、第一百零四条和第一百一十条第二款等规定，在申请递交后的一定期限内或各种程序启动时，专利代理机构应当为申请案缴纳申请费及其他相关费用，以使专利申请正常进行到下一审查程序。对于前三种专利申请的费用，一般采取由专利代理机构先行垫付后结算或者在承接案件时一并收取然后代付的方式。

对于"内向外"专利申请，由于其程序长，费用较大，并涉及向外国专利代理机构代为支付费用，尤其是外国专利代理机构的费用较难事先准确确定。因此，专利代理机构应加以重视，最好和申请人协商签订较为详细的费用计算收取、支付协议。最好按申请人或每个专利（或每组专利）设置单独账户进行资金管理。

3. 主动修改与撤回

在申请文件递交后，可能由于各种原因（如发现原申请文件的错误或应委托人的修改要求等）会发现需要对申请文件进行主动修改，此时应当在《专利法实施细则》第五十一条、第一百一十二条规定的期限内进行主动修改，但这种修改应当符合《专利法》第三十三条的规定。

在某些特殊的情况下，客户有可能因某种原因撤回专利申请、专利代理机构也会因一些技术或责任原因而撤回原专利申请，此时应当按照《专利法》第三十二条和《专利法实施细则》第三十六条的规定提出撤回专利申请的声明，对于主动撤回后的专利申请不得再采取其他法律补救措施。

4. 补正及对审查意见的答复

按照《专利法》的各项程序性条款和各实质性审查条款的规定，专利申请文件在国家知识产权局发明流程管理部门或者实用新型初审部门、外观设计初审部门进行初审时，或者发明专利申请从发明流程管理部门转入到各发明审查部门后进行实质审查期间，审查员会针对所发现的形式及实质问题发出补正通知书或审查意见通知书，专利代理人在接到此类通知书后，应当调阅案卷，进行有针对性的解释、修改或答辩，以克服此类通知书中指出的各类问题和缺陷。对于补正通知书通常以补正的方式加以解决；对于审查意见通知书，通常以意见陈述书的方式向国家知识产权局陈述意见，必要时随意见陈述书附交修改后的专利申请文件，供国家知识产权局继续进行审查。

此项工作是专利代理机构在承接专利申请后的一项重要事务工作，补正或审查意见通知书答复得好坏、是否及时，不仅关系到申请能否被授权或顺利进入下一程序，而且还关系到申请人权益的大小和利益的得失。同时，也是专利代理人申请文件撰写水平和外观设计图片或照片制作水平高低、权利要求划定是否适度的检验关卡，更是专利代理人提高撰写水平和制作水平、增长经验的好机会。

现对发明专利申请实质审查阶段的工作加以简单介绍。根据《专利代理服务指导标准》的建议，专利代理机构在收到发明专利申请实质审查阶段的审查意见通知书时应当做好下述各项工作：①核实案件相关著录信息后归档入卷，同时启动内部答复期限的监视；②及时向委托人转达审查意见通知书，并告知审查意见的答复期限，委托人要求提供分析建议的，应该根据审查意见的具体内容和委托人的具体要求提供相应审查意见答复建议函；③收到委托人的答复指示后，及时阅读分析委托人意见，必要时，就不一致的问题与委托人沟通，在此基础上确定是否对申请文件进行进行修改，并针对审查意见通知书中的审查意见进行全面答复，特别是应该针对涉及专利性和保护范围的审查意见逐一进行答复，不得有任何遗漏，也不得作出无实质内容的答复，在答复时，应当避免所陈述意见对后期无效宣告程序或侵权判定产生不利影响；④在提交了意见陈述书和申请文件修改文本后，及时向委托人报告并向委托人提供已经向国家知识产权局提交的答复意见和修改的申请文件替换页（有修改时）的副本，若委托人对审查意见的处理给专利代理机构以具体选择的机动余地或多套答复方案时，则专利代理机构应该在提交审查意见答复后的报告时对所作出的选择予以说明；⑤委托人要求延期答复的，专利代理机构应该及时办理延期手续并缴费，重新设定时限监视，并将新的答复期限报告委托人。

5. 变更和分案

在专利申请递交后（包括专利授权后）因各种原因可能产生申请人及其他著录项目的变动，因此，需要专利代理机构代为办理著录项目变更手续。在变更手续中，较为常见的是申请人地址及优先权、申请权或专利权转让而导致的变更，且这种变更最关键的是变更手续费用及所需证明的提交，进行变更时应当按照《专利法》第十条、《专利法实施细则》第十四条、第九十三条和第九十九条的规定办理著录项目变更手续，附具相应变更理由证明材料，并缴纳相应变更费用。

此外，对于在审查中发现的不符合《专利法》第三十一条规定的单一性的问题以及客户自行提出的分案请求，专利代理机构应当按照《专利法实施细则》第四十二条、第四十三条、第九十三条、第一百一十五条的规定办理分案申请的有关事务，并补交相应费用。

6. 请求恢复权利

在专利代理过程中，往往由于各种原因耽误期限而导致正常进行审查的申请案发生权利丧失，此时可以采取补救措施，而采取补救措施的主要方式就是按照《专利法实施细则》第六条、第九十三条、第九十九条有关规定（提交恢复权利请求书，缴纳恢复权利请求费，并消除造成权利丧失的原因）请求恢复权利，使已经丧失的权利得以恢复。

请求恢复权利的理由有两类：一类以不可抗力为理由请求恢复；另一类以其他正当理由请求恢复。导致权利丧失的原因很多，一般来说凡接到国家知识产权局专利局发出的视为撤回通知书或视为未要求优先权通知书的，可以以请求恢复权利的方式予以解决。但是，并非所有导致权利丧失的案件都可以请求恢复权利。例如，由于申请人或专利代理机构的原因而未在自申请日或优先权日起3年内提出实质审查请求的，要求国内优先权后其前案视为撤回的，则不属于可以请求恢复的范围。

7. 代理专利行政复议事宜❶

专利行政复议是指不服国家知识产权局所作出的具体行政行为而提出的行政复议请求，它与复审程序一样是中国专利制度的重要组成部分。

除了国家知识产权局作出的驳回决定、专利复审委员会作出的复审决定和无效宣告请求审查决定外，国家知识产权局作出的大部分具体行政行为以及专利复审委员会作出的程序性决定，都属于行政复议的客体。因此，行政复议受案范围很广泛，凡是专利申请人、专利权人及其他利害关系人认为国家知识产权局或专利复审委员会作出的具体行政行为侵犯其合法权益的，都可以提出专利行政复议。

根据《专利代理服务指导标准》的建议，专利代理机构在承接专利行政复议的代理事务时需要做好下述几方面工作：①确认委托事务是否属于专利行政复议范畴（不属于行政复议范畴的，建议委托人选择其他渠道主张权利）和委托人是否具有提起专利行政复议申请的主体资格，并核对是否超出提出专利行政复议申请的时限（自当事人认为国家知识产权局或专利复审委员会的具体行政行为侵犯其合法权益的得知之日起60日内）和委托人是否已经提起行政诉讼的核对（就同一行政行为已向法院提起行政诉讼并且已经立案的，除撤销专利行政诉讼外，提出行政复议是不会受理的），在此基础上确定是否提出行政复议请求；②收集和整理能够支持委托人的复议请求的相关证据，填写专利行政复议申请书，在"申请行政复议的要求和理由"部分写明申请人对国家知识产权局或专利复审委员会所作出的具体行政行为不服的意见及希望国家知识产权局或专利复审委员会怎样作为的要求；③提交行政复议申请文件，包括专利行政复议申请书一式两份、必要的证据材料（国家知识产权局或专利复审委员会作出的具体行政行为的书面文件）复印件两份，以及专利代理授权委托书，如请求停止执行具体行政行为和/或请求国家赔偿的，应以书面形式与复议申请一并提出；④收到国家知识产权局或专利复审委员会对复议申请作出的书面答复意见后及时转告委托人，并与委托人一起确定是否提出补充意见陈述还是撤销复议申请，必要时可以提出会面请求；⑤收到维持具体行政行为的行政复议决定后，与委托人协商是否要提出专利行政诉讼。

需要说明的是，行政复议不需要缴纳费用，因此行政复议是一种既省费用、又便捷、快速解决问题的通道。但是，目前行政复议制度还未引起足够的重视以及被有效地利用。

8. 请求复审

按照《专利法》第四十一条的规定，申请人对于国家知识产权局作出的驳回决定不服的，可以向专利复审委员会请求复审。

在专利申请的审查过程中，由于审查人员对法律条款或申请案技术内容的理解未必百分之百正确，加上授予专利权条件的基准本身带有一定的不确定性，对于一些本应当批准的专利申请被

---

❶ 考虑到专利申请审批期间和专利授权后都有可能出现当事人不服具体行政行为提出行政复议的情形，而这两个阶段行政复议事务在本质上没有区别，基于这一考虑，且为了节省本书的篇幅，在本小节介绍的内容不局限于专利申请审批阶段（如当事人还包括了专利权人）的事务，而在专利授权后的代理事务部分就不再对授权后的行政复议事务作重复说明。

不当地予以驳回的情况是不能完全避免的。所以，《专利法》通过设置复审程序，不仅给专利申请人提供了改变不合理审查结论的申诉机会，而且也是一种纠正审查失误的行政保障措施。

根据《专利代理服务指导标准》的建议，专利代理机构在专利申请被驳回后的复审程序中应当做好下述几方面工作：①向委托人转达驳回决定，此时应当将对专利申请和驳回决定的分析意见告知委托人，必要时给出建议，由委托人确定是否提出复审请求，并明确告知委托人提出复审请求的期限是在收到驳回决定之日起 3 个月内；②收到委托人请求复审的指示后，原则上应该按照委托人指示准备和提交复审请求，其中的复审请求书中应当针对驳回决定所涉及的理由和事实充分论述提出复审请求的理由，并附具有关证据，必要时修改专利申请文件，而且复审请求书中的复审请求人应当与该驳回申请记载的有效的全体专利申请人数量和名称（或/和姓名）相一致，承接的复审请求不是本专利代理机构代办的申请案时，应当办理委托手续；③收到复审通知书后，应当考虑合议组所持有的倾向性意见，以便向委托人给出有关答复和/或修改申请文件的建议，并根据委托人的指示准备意见陈述书；④收到复审决定后，若复审决定维持驳回决定，应当与委托人分析，是否有必要向北京知识产权法院提出专利行政诉讼，❶ 同时告知提出专利行政诉讼的期限及相关注意事项并进行时限监视，若复审决定撤销原驳回决定，应当根据委托人的要求，继续尽职处理好后续事务。

三、专利授权后的代理事务

专利申请被授权后，专利代理机构的代理事务主要包括专利年费缴纳、专利无效程序的代理事务、专利侵权诉讼代理事务等。

1. 年费的缴纳、证书领取以及期限监视

在专利授权后的有效期内，年费的正常缴纳是维持专利权有效的前提。作为专利代理机构，若仅重视专利申请、审批期间的专利事务代理，不重视专利授权后的相关事务的代理，则其服务是不配套的，因为期限监视和代缴费用是保证专利申请程序顺畅、法律状态正常的前提，否则，申请文件写得再好，由于未按时缴纳费用，也会导致申请的视撤或者权利的终止，使当事人承受经济上的损失和丧失商机。

年费的缴纳按照《专利法实施细则》第九十七条、第九十八条和第一百条的规定办理。

2. 代理专利权无效宣告请求及其维权答辩事宜

按照《专利法》第四十五条规定，自国家知识产权局授予专利权之日起，任何单位或者个人认为该专利权的授予不符合《专利法》和《专利法实施细则》有关规定的，可以请求专利复审委员会宣告该专利权无效。由于宣告专利权无效是一项具有较大难度的技术工作，涉及证据的使用和证据有效性等法律性问题，处理起来要花费较大的精力和时间，是当事人力所不及的，因此，无论是宣告专利权无效的请求方，还是作为专利权人的答辩方，往往都要委托专利代理机构进行代理。

根据《专利代理服务指导标准》的建议，专利代理机构在承接无效宣告程序代理事务时，应当根据其所代理的当事人是无效宣告请求人还是专利权人来完成相应的工作。

作为无效宣告请求人一方的专利代理机构，在提出无效宣告请求阶段应当完成的工作包括如下几个方面：①对委托人相关信息和委托事项进行了解，对是否存在利益冲突进行排查，以确定

---

❶ 关于不服复审决定的专利行政诉讼中的代理事务请参见本书第十八章第四节之三中的"（二）对不服专利复审委员会复审决定的专利行政诉讼案件原告的代理工作"中有关内容以及本节之三"专利授权后的代理事务"中的有关内容，在此不再作具体说明。

本专利代理机构是否能接受该项委托，经利益冲突排查后，委托人确认与专利代理机构建立代理关系的，应当签订委托代理合同，明确代理权限，并指定专利代理人，如果委托人要求专利代理机构代为和解或者代表委托人撤回无效宣告请求的，应当签订特别委托书；②建立委托关系后，针对本案的具体案情与委托人沟通，了解本案的背景，确定本次无效宣告请求想要达到的目的，在此基础上制定相应的无效宣告请求策略；③对委托人准备使用的证据进行分析，核查其提供的证据的真实性及效力，必要时对这些证据给予完善（如域外证据的公证认证，外文证据的翻译等），在此基础上分析以这些证据提出无效宣告请求能否达到预期目的，如果不能达到，则应当与委托人商量要否进行补充检索，以便找到更合适的证据❶，委托人若坚持按照已有证据提出无效宣告请求，应告知其风险性，如果能够达到，就应当着手提出无效宣告请求的具体事务；④在准备好证据和确定无效宣告理由后，撰写无效宣告请求书，正确填写无效宣告请求书标准表格及附件清单，其正文部分包括无效宣告请求理由、无效宣告请求范围及支持无效宣告请求理由的意见陈述；⑤向专利复审委员会提交无效宣告请求文件，包括必要的证据。

作为专利权人一方的专利代理机构，在答辩无效宣告请求书阶段的代理事务包括下述几个方面：①如果是在无效宣告请求程序中新委托的专利代理机构，需要了解委托人的相关信息，判断是否存在利益冲突，以确定本专利代理机构是否能接受该项委托，如果能接受委托，签订委托代理合同，确定委托代理关系，明确代理权限，并指定专利代理人，如果委托人需要专利代理机构代为修改权利要求书或者代为和解的，应当签订特别委托书；②阅读分析无效宣告请求书，核实请求书中无效宣告请求理由是否属于《专利法实施细则》第六十五条第二款所规定的法定无效宣告理由以及所附交证据的真实性，合法性和关联性，分析这些证据及其所公开的内容是否支持其无效宣告理由；③在仔细分析研究无效宣告请求书的内容和证据的基础上，与委托人商讨答辩策略，包括如何进行答复、是否提交反证材料、请求方提供的证据存在的缺陷是在答复中指出还是到口头审理时再指出、是否修改权利要求书以及如何修改、要否提出口头审理请求等；④完成答复意见，即针对无效宣告请求书撰写意见陈述书，并在指定期限内提交给专利复审委员会，附具必要的反证材料，在对权利要求书进行修改时附上修改后的权利要求书。

双方代理人在口头审理前后的代理事务包括下述几个方面：①收到专利复审委员会口头审理通知书（包括随口头审理通知书转送的对方的意见陈述和相关证据）后，尽快转送或通知委托人，并与委托人商定参加口头审理的人员名单、身份，以及是否需要证人出庭，是否需要物证演示等内容，及时提交口头审理通知书回执；②做好口头审理的各项准备工作，在与委托人商定口头审理的策略的基础上准备口头审理陈述意见，包括准备在口头审理时演示的材料，对于需要在口头审理时补交的材料（如证据原件、公证认证文件或证明某些公知常识的证据）提前向当事人索要，当事人有和解愿望的，了解其和解条件；③口头审理结束后及时将补充的口头审理陈述要点提交给专利复审委员会；④收到无效宣告请求审查决定后，尽快向委托人转达，审查决定不利方的专利代理机构应当与委托人商定要否提出专利行政诉讼，而审查决定有利方的专利代理机构应当让委托人做好对方不服决定提出专利行政诉讼的思想准备。

3. 专利行政诉讼代理事务

专利行政诉讼，是指当事人认为专利行政主管机关的具体行政行为损害其合法权益而依法向人民法院起诉、请求人民法院对其具体行政行为进行司法审查而发生的诉讼。

---

❶ 对于针对专利侵权诉讼反诉无效的情况，则可以先提出无效宣告请求，与此同时进行补充检索，以便在自提出无效宣告请求之日起一个月内补充理由和证据。

在专利代理实践中，专利行政诉讼中多半是不服专利复审委员会作出的复审决定或者无效宣告请求审查决定提出的行政诉讼，下面针对这两种专利行政诉讼的专利代理事务作一简单介绍。❶

根据《专利代理服务指导标准》的建议，不服专利复审委员会作出的复审决定或无效宣告请求审查决定提出的专利行政诉讼的工作内容包括如下几个方面❷：①对于不服无效宣告请求审查决定提出的专利行政诉讼，在接受委托时，应对所委托的案件信息进行核查以排查是否存在利益冲突，是否在诉讼时效期限内，如不存在利益冲突或利益冲突已解决，应按照有关法律规定办理委托手续，并告知委托人其诉讼权利和义务；②对于本专利代理机构在无效宣告程序代理的案件，如法院通知对方当事人已提起专利行政诉讼，专利代理机构应及时通知无效宣告程序的委托人，确定其是否愿意作为第三人参加诉讼并继续委托本专利代理机构代理该诉讼业务；③接受委托后，专利代理机构所指定的专利代理人应就该诉讼所需提交的文件进行准备，文件准备主要包括委托人主体资格证明文件、诉讼文书及证据的准备；④在法定期限内提交形式上符合法律规定和法院要求的诉讼文书及证据，作为原告的代理机构应及时缴纳诉讼费；⑤在立案之后，专利代理机构应及时向委托人汇报案件的受理情况和转送法律文书，按照法院的要求进行证据交换，收到开庭通知后与委托人做好开庭前准备工作，庭审时与委托人做好配合工作，庭审后与委托人商讨庭审过程中未尽事宜，研究应对策略，并根据法庭的要求，提交补充意见和代理词；⑥收到法院判决后，及时向委托人转达法院判决，并与委托人一起商定是否上诉，并提醒委托人上诉的期限。

4. 专利侵权诉讼的代理

按照《专利法》第十一条及第六十条的规定，对未经专利权人许可实施其专利而引起的纠纷，当事人不愿协商或协商不成的，专利权人或利害关系人可以向人民法院提起诉讼。此外，随着专利申请量的增加、累计授权专利逐年增多、国外申请的大量进入、人们专利意识的提高以及专利技术与经济活动的日益紧密结合，涉及专利侵权诉讼的案件出现了日渐增多的趋势，这不仅说明了公众利用专利权保护自己防范他人意识的提高，也反映出了我国在专利后期保护方面存在不足，从另一个角度讲，此类事务的增加，也对专利代理机构的服务范围和适应能力以及专利代理人的业务素质提出了更高的要求。

根据《专利代理服务指导标准》的建议，专利代理机构在承接专利侵权诉讼的代理事务时，应当根据其所代理的当事人是原告还是被告完成相应的工作。

原告方的专利代理机构在专利侵权诉讼一审程序中的代理事务包括下述几个方面：①在接受委托时，经利益冲突排查不存在利益冲突或者利益冲突已解决、且委托人确认与专利代理机构建立诉讼代理关系的，与委托人签订代理专利侵权诉讼合同，确定双方的权利和义务，明确代理权限和其他有关事项；②接受委托后，向委托人了解具体案情（与涉案专利侵权纠纷有关的诉讼主体、证据、专利信息等基本事实），组织办案人员对涉案专利和专利申请文档进行认真细致的阅读和研究，以熟悉和掌握涉案发明或实用新型专利的技术内容和权利要求或者外观设计的保护范围，必要时与委托人作进一步沟通，请委托人作技术说明或者展示，在此基础上，根据委托人提供的信息就被诉侵权产品或者方法是否落入专利保护范围提供初步意见；③对于委托人未曾就其专利的稳定性（有效性）进行分析/评估，建议委托人在启动诉讼程序之前对其专利进行有效性评估；④对于委托人尚未对侵权行为进行调查取证或其提供的证据不完整、不全面、不符合形式要求时，可以按照委托人的要求为其依法进行调查取证；⑤与委托人讨论和制定符合其利益并有利于实现诉讼主张的诉讼策略，包括对采取行政处理方式还是司法诉讼方式解决专利侵权纠纷的选择、诉讼法院的选择等；⑥准备诉讼文件，根据已经掌握的证据和案件的具体情况制作起诉状，整理诉讼主体证据、涉案被诉侵权物或方法的证据、赔偿证据等诉讼证据并制作相应的证据清单（目录），所制作的文件的内容应该得到委托人的确认；⑦在接到委托人的书面确认后，在法定期限内或者按照委托人要求的期限，按照委托人要求或者法院规定的方式向有管辖权的法院提交起诉状等相关诉讼文件和相关证据（或者按约定由委托人自行提交），并及时缴纳诉讼费；⑧在接到法院转达的被告的答辩状、证据以及证据交换/开庭传票后，应该及时向委托人汇报，并做好证据交换/开庭审理的相关准备工作，包括证据交换要点、质证要点、开庭审理要点、证据使用方式、代理词主要内容、可能出现的问题及其应对方式等，需要证人出庭、演示证物的，应当事前尽早作出安排，需要提供反证的，应当及时提出，必要时可以申请延期举证；⑨证据交换/开庭审理后，专利代理机构应当尽快向委托人报告证据交换/开庭审理的过程，必要时准备书面代理意见，经委托人审核确认后提交给法院，在开庭过程中，法庭要求补交证据或文件的，应当通知委托人按时提交有关材料；⑩裁判文书送达后，应及时转达委托人，协助委托人拟定相应诉讼策略，并及时准备相应文件。

被告方的专利代理机构在专利侵权诉讼一审程序中的代理事务包括下述几个方面：①承接一审被告的代理与一审原告代理一样，也要进行利益冲突核查、办理委托手续；②认真研究原告的起诉状和证据，确定其在形式上和实体内容上存在的缺陷，在此基础上对涉案专利、涉案专利的专利申请历史、被诉侵权产品或者方法及其实施的情况、委托人提供的与涉案专利相关的现有技术和不侵权证据进行研究，初步明确专利保护的范围，对涉案专利和被诉侵权产品或者方法进行技术特征对比分析，就被诉侵权产品或者方法是否落入专利保护范围提供初步意见，此外，还对委托人的行为是否属于不构成专利侵权的情形作出初步判断；③就上述初步分析结果与委托人进行沟通，商量并确定用以支持委托人主张的证据的范围，进行必要的调查取证；④在分析和调查取证的基础上，与委托人讨论和制定符合其利益的诉讼策略，包括是否向受理法院提出管辖异议、是否对涉案专利提出无效宣告请求并请求中止审理、证据的选择、和解的考虑等；⑤准备诉讼文件，根据已经掌握的证据和案件的具体情况制作答辩状、委托书、当事人身份证明材料，并将证明原告主张不成立的证据和支持委托人主张的证据准备齐全，制作相应的证据清单（目录），所制作的文件的内容应该得到委托人的确认；⑥接到委托人的书面确认后，在法定期限内代为向有管辖权的法院提交答辩状等相关诉讼文件和相关证据（或者由委托人自行提交），必要时可以申请延期举证；⑦至于证据交换、开庭前准备、开庭后补充意见以及裁判文书下达后事务的处理原则与原告方专利代理机构没有本质差别，在此不再作重复说明。

5. 其他专利法律事务的代理

专利代理机构除代办上述主要业务外，还可能涉及以下专利事务的代理：如其他专利民事诉讼（专利权属纠纷诉讼、专利合同纠纷诉讼、发明人资格纠纷诉讼等）中的代理事务、专利权转让时的代理事务、签署专利实施许可合同时的代理事务、海关知识产权备案保护事务的代理、请求地方知识产权管理部门或其他相应职能部门查处假冒专利的代理事务、请求国家知识产权局作出实施强制许可决定的代理事务等。在上述各类法律事务的代理中，专利代理机构应按照相应的法律规定量力而行，认真负责地进行代理。

根据《专利代理服务指导标准》的建议，专利代理机构在涉及专利权属纠纷或发明人争议纠纷的专利民事诉讼中的工作内容包括以下几个方面：①进行利益冲突排查后确定是否接受委托；

②接受委托后进行案情了解和沟通以便做好起诉准备，起诉准备主要是制定诉讼策略，调查取证，并撰写起诉状和准备起诉材料；③在法定期限内提起诉讼并交纳相关费用；④在接到法院送达的被告答辩状及开庭传票后，应做好开庭前的相应准备工作，并准时参加出庭。在代理此类纠纷过程中，专利代理机构应积极参与当事人双方的调解并关注权属纠纷当事人或人民法院是否向国家知识产权局提出了中止相关程序的请求。

第三节　提供与专利事务相关的专利检索服务

专利检索是目前使用十分广泛的一种了解和收集专利信息的方法。在研发人员开始研究课题之前，要通过检索了解本领域的研发趋势和技术现状，以避免重复研究和确定自己正确的研发方向。一个企业，在开发新产品前，也要对相关产业领域进行检索和调研，以使开发出的产品不仅具有技术上的竞争优势和市场销路，而且能够避免侵犯他人专利权。专利申请人在专利申请之前，也希望通过查新检索来获得最相关的现有技术信息，以使专利申请不与他人在先公开的专利相冲突或相重复，并使专利申请能顺利通过审查而授权且能保持其权利的稳定性。

此外，那些与某项专利有直接利害关系的人也会通过检索来获取能够否定该项专利权的对比文件和证据，以达到他们在需要时实现宣告该项专利权无效的目的。

总而言之，专利检索尤其是对专利文献的检索已成为人们十分关注的问题，已成为专利代理机构的一个重要的并且与其他专利事务密切相关的业务。

本节的专利检索服务的内容主要针对发明和实用新型的专利检索来进行说明。下面将从专利检索的重要性、检索的方法与步骤以及专利检索在具体专利事务中的应用三个方面进行介绍。

一、专利检索的重要性及其作用

下面从五个方面说明专利检索的重要性及其作用。

1. 专利检索是各个单位开发研究新产品前必须进行的一项工作

任何单位在开发研究之前一定要对本领域的技术现状和设计现状进行了解，其目的有三：其一可以借鉴其他单位的研究成果，从而避免本单位进行不必要的重复劳动；其二了解本行业竞争对手的情况，做到知己知彼，从而确定己方的研发方向；其三防止己方开发的产品落入他人的专利保护范围，从而避免陷入专利侵权的尴尬境地。

专利文献反映了当前科学技术发展的最新动态，并告知哪些发明创造正处于专利保护的状态，因此任何一个单位在开发新产品之前一定要事先进行专利检索，只有这样才能保证己方新产品的开发顺利进行，并不会在投入生产之后遭遇侵权纠纷那样进退两难的被动局面。

2. 专利检索是专利申请前的一项重要准备工作

一项发明创造授予专利权必须符合专利授权实质条件，对于发明和实用新型专利申请来说，必须相对于申请日前的现有技术具备新颖性和创造性，对于外观设计专利申请，必须与申请日前的现有设计或现有设计特征的组合有明显区别，而用于上述判断的绝大部分现有技术或现有设计（包括抵触申请）都可以通过专利检索发现以便确定专利申请是否满足授权实质条件。专利申请前的专利检索可以提供三方面的信息：其一，该项专利申请是否符合实质授权条件，即其有无提出专利申请的价值；其二，对发明和实用新型专利申请而言，如何相对于现有技术撰写权利要求书，从而为本专利申请确定一个合适的保护范围和对独立权利要求相对于最接近的现有技术进行正确的划界；其三，对于发明和实用新型专利申请，可以将检索到的现有技术写入说明书的第二部分"背景技术"中。

因此,专利代理人在向委托人了解发明创造的具体技术内容时,应当要求委托人提供所了解或检索到的现有技术或现有设计状况。如果缺少这部分内容,最好要求委托人先行进行一次专利检索。

3. 专利检索是否充分将会影响专利审批的结果和审批速度以及授权后专利的稳定性

在发明专利申请的实质审查阶段,国家知识产权局的实质审查部门针对该专利申请进行检索,其目的在于找出与要求保护的申请主题密切相关或相关的现有技术,或者找出抵触申请文件和防止重复授权的文件,以确定这些申请主题是否符合《专利法》第二十二条第二款和第三款有关新颖性和创造性的规定或者是否符合《专利法》第九条第一款的规定。如果专利申请前的专利检索不充分,则发明专利申请进入实质审查后审查员所检索到的对比文件就有可能破坏该专利申请的新颖性和创造性,最后导致该专利申请被驳回;相反,在专利申请前进行的专利检索越充分,则根据所检索到的对比文件、尤其是最接近的对比文件而撰写成的权利要求书就越有可能符合《专利法》第二十二条第二款和第三款有关新颖性和创造性的规定,加大了该专利申请授权的可能性,至少减少了该专利申请在实质审查阶段需要修改的内容,加快了专利申请授权的速度。因此,专利检索是否充分,不仅关系到被授予发明专利的质量,更关系到委托人所申请专利能否被授权和授权专利保护范围的大小。

对于实用新型和外观设计专利申请来说,专利申请前的充分检索更为重要。因为实用新型和外观设计专利申请不进行实质审查,尽管国家知识产权局为了提高实用新型和外观设计专利的质量,在 2013 年 11 月 6 日发布了《国家知识产权局关于修改〈专利审查指南〉的决定》(第 67 号),明确要求在实用新型或外观设计初步审查阶段加强对《专利法》第二十二条第二款实用新型专利申请明显不具有新颖性的审查,加强对《专利法》第二十三条第一款外观设计专利申请应当明显不属于现有设计的审查,强化对实用新型和外观设计专利申请的非正常申请和是否符合《专利法》第九条第一款的审查,但是在实用新型专利申请初步审查阶段仍然未通过检索来审查该申请是否符合《专利法》第二十二条第三款有关创造性的规定,在外观设计专利申请初步审查阶段仍然未通过检索来审查该申请是否符合《专利法》第二十三条第二款有关外观设计应当与现有设计或现有设计特征的组合有明显区别的规定,这类问题留到无效宣告请求程序中解决。但是在无效宣告请求程序中,对外观设计专利来说,不允许修改外观设计专利文件;对实用新型专利来说,虽然在面临请求人提出的影响权利要求创造性的现有技术时可对权利要求书进行修改,但其修改条件比发明专利申请实质审查阶段时对申请文件的修改条件更为苛刻,因此专利申请前的检索不充分必将影响实用新型和外观设计专利申请授权后的稳定性。同样,对于发明专利申请来说,也可能在实质审查期间出现漏检,从而专利申请前的检索不充分也有可能影响其授权后的稳定性。

4. 专利检索是无效宣告程序请求方寻找无效宣告请求证据的一种最主要的手段

在提出专利权无效宣告请求时最容易取得成功的理由是该发明或实用新型专利不具备《专利法》第二十二条第二款或第三款的新颖性或创造性规定以及外观设计专利不符合《专利法》第二十三条第一款和第二款的规定,为支持该无效宣告请求理由的成立必须提供相应的证据,即提供能否定该发明或实用新型专利新颖性和创造性的申请日前的对比文件或者提供能证明该外观设计专利属于现有设计或者与现有设计或现有设计特征的组合不具有明显区别的对比文件。为取得这一类证据,一种十分重要的手段就是进行专利检索。如果专利检索工作做得不到位、不对路,则可能产生漏检、错检,使很有使用价值的对比文件擦肩而过,使本能全部无效的专利权被维持或部分维持，或者使本能部分无效的专利权被维持专利权全部有效。因而，无效宣告程序请求方在提起无效宣告请求时应当进行充分的专利检索。按照《专利法实施细则》第六十七条和《专利审查指南2010》第四部分第三章第4.3节的规定，请求人在提出无效宣告请求之日起1个月后提交的新证据，专利复审委员会一般不予考虑，这更进一步要求请求方应当尽早在提起无效宣告请求前，最晚在自提出无效宣告请求之日起1个月内完成充分的专利检索。

5. 充分检索和收集资料对于专利侵权诉讼来说也是必不可少的

按照《专利法》第六十一条第二款的规定，专利权人在向人民法院提出侵权起诉时，涉及实用新型专利或外观设计专利的，人民法院或者地方知识产权管理部门可以要求专利权人提交由国务院专利行政部门（即国家知识产权局）进行检索、分析和评价后作出的专利权评价报告，如果该报告对专利权人不利，则专利权人就应当判定己方的专利权是否有可能被他人全部无效，以确定是否提起侵权诉讼，即实用新型或外观设计的专利权人一定要确保专利权比较稳固后再行起诉。另外，在法院审理侵权案件时，被诉侵权方也可以根据充分检索和调查的结果采取相应的对策，如已检索到与专利权人的专利密切相关的对比文件或者其他现有技术或现有设计，则一方面可以提出无效宣告请求，另一方面甚至可以用己方是按照现有技术或现有设计实施为由进行现有技术或现有设计抗辩以说明并未侵犯起诉人的专利权。

目前无论是在专利无效宣告程序及后续的不服行政决定的行政诉讼中，还是在专利侵权诉讼中，专利复审委员会和人民法院对在先销售、使用类证据的采信十分慎重，要求也极高，再加之此类证据本身难以直接取得，以及证据真实性判断具有相当的难度，其证明力单一、链接性较差等原因，使得此类证据被采用的概率较低，证明度有限。相反，上述审理机关对于通过检索和信息收集而得到的全世界各类专利文献的认定及采用是无争议的，而且其采用率及有效利用价值较高，而对各类国外的期刊、图书等公开出版物要进行公证或认证，操作起来很麻烦。所以，目前当事人很重视并愿意提供专利文献作为对比文件和证据使用。因此，对专利文献的检索和利用已成为进行此类专利事务不可缺少的重要环节。

二、专利信息检索的方法与步骤

专利信息检索是指根据一项数据特征从大量专利文献或专利数据库中挑选符合某一特定要求的文献或信息的过程。专利技术信息检索是指在获得某些专利信息的基础上，直接利用这些专利信息或将这些专利信息进行分析、归类后得出一些与这些专利信息相关的检索信息入口，从而检索出一批涉及待检索技术主题的参考文献的过程。专利技术信息检索分为由近而远地查找专利技术信息的追溯检索以及在具有较确定检索目标下的定题检索，后者是前者的补充和延伸。而作为检索信息的入口依据则是多种多样、互为交叉的。

追溯检索是专利信息主题检索中最重要、最基本的检索方式，它适用于新颖性和创造性检索和侵权检索，同样适用于技术引进过程中前期的技术分析论证、引进技术中专利技术的有效性判断和技术内容的筛选和确定，下面就专利技术信息的检索步骤及方式作一简单介绍。

1. 技术主题的分析与确定

在实际检索中，人们得知信息的途径很多，收集的信息也很多，但是就专利技术信息而言，是可以集中归纳的。如果获得或知悉的信息是一种无文字记载的口头传播信息或是一个大概的信息，则至少在这类信息中包含由谁研发了何种技术或产品、由谁生产了何种或何类产品、由谁准备与国外某类公司或某案申请人合作开发或引进某种产品或技术等信息。经过对这些信息的初步判断至少可以初步确定出此类技术信息中所包含的是哪一类或哪一种产品或方法，由什么单位或个人研发或生产，并在一定条件下可推知出他们能够研发什么技术或生产什么产品或申请哪一类专利，当然也可以从得知的技术或产品信息角度推断出研发者或生产者，即申请人或发明人的名字。因此，可以经过初步分析归纳出是哪一种产品或哪一种方法，以及有关申请人、发明人的名字和国别两大类信息，而通过对名字类信息的初步试检和进一步调查了解，可以删除一些信息，而依据保留下来的信息检索到相关的技术信息。

通过对这些技术信息的分析可进一步确定其技术主题。技术主题实际上就是专利技术信息中所指的发明名称中所包含的信息内容。

如果所得到的信息是一篇或几篇专利文献，则很快就能确定技术主题或主题词。

2. 从技术主题中选择主题词、关键词及相关词

在技术主题确定后，要对技术主题进行分析，从技术主题所包括或涵盖的技术内容中选择出关键词、主题词，并以此为基点扩展引申出与这些主题词相关的、可能也包括与该技术主题相关技术内容的同义词及相关词。

例如：技术主题是"一种用粉煤灰生产空芯砖的方法"，首先删除对检索无意义的词"一种用"和"的方法"，则变成"粉煤灰""空芯砖"这两个主题词。对这两个主题词进行扩展、延伸则可得到以下相关词"空芯砖→砖→用粉煤灰制砖及粉煤灰制造构件"，而不仅仅是指用粉煤灰制造空芯砖这个较窄小的检索范围，如果有必要，则可进一步扩大范围并将粉煤灰延伸至煤的燃烧物的利用，甚至可以从粉煤灰所包含主要成分的另外一个角度和领域去考虑与检索主题词相关的检索领域及主题词。

3. 根据所确定主题词选择分类位置

选择主题词的过程实际上是从包含技术主题的技术内容中提炼压缩出能体现技术核心和发明点的代表词，以便从中选择一组恰当的主题词的过程。

选择主题词的目的是为了从主题词中选择相对应的或可能的分类位置及分类号。通常可以先对照"关键词索引"或"分类表索引"找出该技术主题的大致分类，然后用分类表验证以确定分类。

4. 与分类号有机地进行组配、编制检索提问式

以所确定或初步确定的分类号为基本信息入口，通过字段、通配逻辑组配等各种方式编制成适用计算机检索的检索提问式。通常可以这样进行：先利用被检索技术主题的若干已知的主题词进行初步检索，找到若干篇相关专利文献，阅读其著录数据以确定初步检索结果；阅读初步检索结果的著录项目找出所涉及的 IPC 分类号，并对照《国际专利分类表》确定最相关的 IPC 分类号；阅读初步检索结果的著录项目和文摘，确定所涉及该技术主题的其他表述或同义词和近义词；将上述找到的 IPC 分类号与该技术主题和该技术主题的其他表述或同义词、近义词进行最后组配，确定检索提问式。

5. 选择所要检索的方式及国家

委托人委托专利代理机构进行专利检索往往有各种不同的目的及不同的初定检索目标，例如有的用于宣告他人专利权无效或用于侵权抗辩，有的用于防止新开发上市的产品侵犯他人的专利权，有的用于引进项目，有的用于具体的许可证贸易谈判。

如果检索的目的是用于宣告他人专利权无效或用于侵权抗辩，则就要以他人专利技术所确定的主题词进行世界性、有设定范围的追溯检索，同时还要辅以更进一步的手工检索。检索的选择范围要以该专利申请日前公开的专利文献为界定范围由近而远进行追溯检索。当然，还可以在该涉案专利申请的申请日之后的 1 年半期限内进行涉及抵触申请的新颖性检索。

如果检索的目的仅是防止其产品在中国境内销售时是否侵犯美国在中国拥有的同类技术的专利权,则检索的范围要以该产品拟生产的时间由近而远进行追溯检索,所确定的检索范围是美国同类技术主题在中国公开的相关专利文献。

总之,检索方式的选择、检索国家或地区的选择乃至以什么数据库为检索对象都与委托人的检索目的紧密相关。

6. 根据检索结果,浏览摘要进行筛选和验证

如果分类号选择得正确,检索提问式组配适当,就会得到较好的检索结果。如果这种命中结果还不满意,则要重新研究,并修改提问式进行二次检索和扩大检索。

如果检索命中效果较差甚至没有命中,则要重新分析信息来源的准确性、可靠性及再次分析研究主题内容,再选主题词进行重新检索,这种重新检索一定要扩大范围或重新确定主题词,而不能再重复原有检索。因为检索结果不理想的原因有两种:一种是选择的主题词或分类号不准确;另一种是根本就没有与拟定检索主题词密切相关的专利文献。前者可以通过重新确定分类号和搭配检索提问式解决,而后者则要另辟途径。

7. 进一步扩大检索或另辟检索途径

在阅读分析首次获得的专利文献摘要后进行第一次筛选,即从中排除一些与检索主题或目的无关或关系不大的专利文献。然后再调阅剩余的专利文献说明书以进一步确定那些有密切关系的文献。与此同时,还可以通过分析这些文献及其提示的内容来验证初步选择的分类号及检索方式是否正确。此外,还可以根据专利文献的背景技术或著录项目重新获得新的检索信息,也可以再次删除另一些关系不大的专利文献。

利用二次筛选后获得的新信息再次进行扩大检索。比如,通过背景技术中给出的参考文献或申请人等名字信息或者通过著录项目中的分类号、优先权及名字、国别等信息进行扩大检索。

扩大检索也可以从专利主题词所包含的相邻领域和不同的应用领域或者从其他非专利文献的期刊、教科书和各种专业书籍的角度去扩大检索。

例如,从一份检索出的专利文件中得到一篇用于"压制橡胶胶片多辊压型机"的产品主题,这个产品是一种具有辊筒组合排列的加工设备,橡胶物料经辊筒的碾压逐渐成为片状半成品。但是,这个检索结果与拟宣告专利权无效的专利主题:"一种用于压制橡胶胶片的水冷式多辊压型机"有一定差距,即实际检索结果与想要得到的结果之间相差一个"水冷"。经过分析可以得到进一步的扩大检索信息,水冷实际上是一种冷却方式,而冷却方式在结构上的体现是在辊筒内部设置冷却介质流经的通道,而反方向思维是通道既可通冷却介质,当然也可以通入加热介质。另外,多辊压型及通水冷却在钢铁的轧制过程、造纸、印染及涂料加工的辊类设备和生产工艺中都应该有所记载。所以说重新扩大的检索范围的主题应当进行修正,即将其确定为"利用辊筒对物料进行轧制或碾压或成型""在辊筒内通过介质进行加热或冷却"等新的技术主题,然后通过它们再重新确定一组关键词。

三、专利检索在各类专利事务中的具体应用

多数专利检索是为了判断一件发明或实用新型是否具备《专利法》第二十二条规定的新颖性和创造性。一件发明或实用新型专利申请或者发明或实用新型技术方案应当不同于现有技术所公开和提示的技术方案,如果两者技术方案相同或十分相近,则该发明或实用新型专利申请就可能不具备新颖性而不能授权或者该发明或实用新型专利很容易被宣告专利权无效。如果两者的技术方案不相同且不十分接近,则根据其与现有技术的差别大小,该专利申请就可能因具备创造性而

被授权或因不具备创造性而不被授权，或者该发明或实用新型专利有可能因具备或不具备创造性而被维持专利权有效或者宣告专利权全部无效或部分无效。

专利检索的时间界限分成两种情况：一种是检索现有技术中相关文献的时间界限，该时间界限为该申请的申请日，即检索发明专利申请在中国提出申请之日前公开的所有相同或相近技术领域的专利文献和非专利文献；另一种是检索抵触申请的时间界限，该时间界限是自该申请日至其后的 18 个月内，即检索这段时间内所有在该申请的申请日之前向国家知识产权局提交、并且在这段时间内已经公布或公告的相同或相近技术领域的中国专利申请文件或专利文件，以及所有在该申请日之前向国际申请受理局提交、且在这段时间内作出国际公布、并指定了中国的相同或相近技术领域的国际申请。

专利检索通常包括新颖性和创造性检索、侵权检索和技术引进检索以及专利法律状态检索和同族专利检索，其中前两种占大多数，下面将分别对新颖性检索、创造性检索以及侵权检索和技术引进检索加以介绍。

1. 新颖性检索及其判断

按照《专利法》第二十二条第二款的规定：新颖性是指该发明或者实用新型不属于现有技术，也没有任何单位或个人就同样的发明或者实用新型在申请日前向国家知识产权局提出过申请并且记载在申请日以后公布的专利申请文件或公告的专利文件中。

由此可知，新颖性检索包括两个方面：其一，专利申请日（有优先权的，为优先权日）以前的现有技术；其二，抵触申请。进行新颖性检索和判断时应当注意以下几点。

（1）新颖性判断中采用单独对比原则

由于新颖性检索的目的是为了判断现有技术中是否存在同样的发明或者实用新型以及判断是否存在该发明或实用新型的抵触申请，因而在新颖性判断中采用单独对比原则，这就要求检索到的对比文件所披露的技术内容与权利要求的技术方案是相同的，至少极其接近，如仅是简单的文字变换或惯用手段的直接置换。因此，需要将该专利申请或专利中一项权利要求的所有技术特征与一篇对比文件所公开的技术特征进行分析和对应比较。如果权利要求中有一个技术特征未被该对比文件披露，则不能否定该权利要求的新颖性，除非该技术特征是可以从该对比文件中直接导出的唯一内容。

（2）注意检索出的对比文件与专利申请或专利两者在技术特征上所存在的上下位关系

在新颖性判断中，如果一项权利要求的技术方案与对比文件所披露内容的区别仅仅在于其中一个或几个同类性质的技术特征采用了上、下位概念，则当对比文件中所公开的技术特征是下位概念或更窄的技术特征，则认为该对比文件的技术内容可以否定该专利申请或专利中该项权利要求的新颖性。

（3）构成抵触申请的要件

按照《专利法》第二十二条第二款的规定，构成否定新颖性的抵触申请应当满足三个要件：其一，该构成抵触申请的对比文件是向国家知识产权局提出的专利申请的公布文件或专利文件；其二，该抵触申请的申请日（有优先权的，为优先权日）必须是在该专利申请或专利的申请日（有优先权的，为优先权日）之前、并在该专利申请或专利的申请日或申请日以后公布或公告的；其三，该构成抵触申请的对比文件中披露了该专利申请或专利的权利要求的技术方案。

（4）对于包含性能、参数、用途或制备方法等特征的产品权利要求的新颖性

对于这类权利要求，应当考虑权利要求中的性能、参数、用途特征是否隐含了要求保护的产品具有特定的结构和/或组成，或者权利要求中的制备方法特征是否导致要求保护的产品具有特

定的结构和/或组成，如果该要求保护的产品具有区别于对比文件产品的结构和/或组成，则该权利要求具有新颖性，否则不具有新颖性。

（5）认真分析对比研究是新颖性检索中的重要环节

在新颖性检索中，除了遵循专利技术信息检索的一般步骤外，要更细致、更周全地考虑选择主题词、分类号，而且要仔细认真阅读、划分相对比技术方案的技术特征之间是否有一一对应的关系，技术特征中所体现的区别是否符合新颖性的判断规定。

（6）在新颖性检索时要一并考虑创造性问题

在实际检索操作中，人们都是将新颖性和创造性一并考虑的，因此在新颖性检索时都要将有关的专利文献一起收集分析。只不过以尽可能找到破坏专利新新颖性文件为最大希望，如果找不到能有效否定新颖性的专利文献，则肯定会退一步考虑用这些专利文献（将其中申请日前向国家知识产权局提出申请、申请日或申请日后公布或公告的中国专利申请公开文件或专利文件排除在外）来判断专利申请或专利的创造性。

2. 创造性检索及其判断

对创造性检索在检索方法、手段、技巧上与新颖性检索并无区别，只不过是判断创造性的依据不是单独对比，而可以将一份或多份对比文件的不同技术内容（包括本领域的公知常识）组合在一起进行评定，因此，其选用的对比文件篇数可以是一篇或一篇以上。在创造性检索和判断时要注意以下几点。

（1）在进行创造性检索和判断时，不得选用那些可用于判断是否构成其抵触申请的文件

按照《专利法》第二十二条第三款和第五款的规定，可作为创造性的现有技术是指申请日以前在国内外为公众所知的技术，因此不包括申请日前向国家知识产权局提出申请、申请日或申请日后公布或公告的中国专利申请文件或专利文件，也不包括申请日前向国际局或国际申请受理局提出申请但尚未作出国际公布、且在此后已进入中国国家阶段并在申请日以后由国家知识产权局作出公布或公告的国际专利申请文件，这些文件仅在新颖性判断时才予以考虑，因此在进行创造性判断时一定要将这一类文件排除在外。

（2）创造性判断，要基于所属技术领域技术人员的认知水平

由于在判断发明或实用新型的创造性时，是从所属技术领域技术人员的角度来分析该专利申请或专利的权利要求的技术方案相对于申请日（有优先权的，为优先权日）前的现有技术是否具有突出的实质性特点（对实用新型，为实质性特点）和显著的进步（对实用新型，为进步），因此在对检索结果分析时，在重新确定检索主题时，一定要考虑检索者对检索结果筛选分析时所站的立场和掌握的技术尺度，既不能太低，也不能要求过高，而应当基于所属技术领域技术人员的认知水平来进行分析。

在判断检索到的专利文件是否能破坏该专利申请或专利的权利要求的创造性时，要依据《专利审查指南 2010》第二部分第四章的相关审查基准进行。即，首先要从检索结果中选择出最接近的对比文件；然后将该权利要求的技术方案与该对比文件披露的技术内容进行对比以确定未被该最接近的对比文件披露的区别技术特征；再对这些区别特征进行研究、分析，判断现有技术中是否给出了将这些区别特征应用于该最接近的现有技术来解决其实际要解决的技术问题的技术启示，由此来确定该项权利要求是否具备创造性。

（3）创造性判断中要注意发明实际解决的技术问题和技术效果的比较

在进行创造性检索和判断时，除了确定主题、比较技术方案、反复筛选对比文件外，也要注意对比者之间是否有相同或相近的要解决的技术问题和技术效果，因为在创造性判断中除了技术

特征比较外，还要进行整体技术方案的比较和所解决的技术问题的比较。

在创造性判断中，应当着重分析两者或选用的对比文件之间是否在技术上存在某种联系或启示，所以在进行创造性检索时，应尽量注意选择那些有相互联系的技术、并且具有相同或接近的要解决的技术问题和效果的对比文件，而不能仅仅从技术内容的技术特征出发进行考虑。

（4）进行创造性检索时要放开思路，不能钻牛角尖

在创造性检索过程中，实际上检索得到的结果有时会达不到原定检索要求，甚至会一无所获。因此，检索过程本身应当是一个不断调整的动态检索过程。要从不同的角度、不同的领域，甚至可采取逆向思维方式来处理问题。例如：在对一件纺织用设备中的槽道凸轮的专利进行检索时，检索人员费了很大的精力也未能检索到相关的对比文件，因此未能宣告该专利权无效，但是在事后的检索中，无意中发现了一件有关编织带的针织方法的发明专利中公开了与该专利中的槽道凸轮具有相同结构的内容。

需要说明的是，当通过检索尚未检索到否定新颖性和创造性的对比文件时，需要检查一下原检索提问式是否有考虑不周之处，必要时应当进行补充检索，以达到新颖性、创造性检索中所要达到的最低目标要求。

3. 侵权检索和技术引进检索

侵权检索和技术引进检索都是与专利技术应用有关的检索。

（1）侵权检索和技术引进检索的特点

侵权检索包括防止侵权检索和被动侵权检索；而技术引进前的检索是指在技术引进前的一种综合性评价检索。

防止侵权检索是指将某一新的产品或生产方法正式用于工业化生产前的一种防御性检索，目的是为了防止自己的产品或采用的新方法或新工艺与他人的相类似或相同的有效专利发生冲突而进行的一种检索。

被动侵权检索是指自己生产的产品或已使用的生产方法与他人的有效专利发生了冲突，并已被他人警告或被诉侵权时所作的一种为寻求摆脱侵权手段的检索。

技术引进检索是指针对技术引进的项目所进行的检索，一方面判定该技术引进项目是否侵犯他人的专利权，另一方面还要核实引进项目时对方所声称的专利内容是否属实。由此可知，技术引进检索既包含专利技术信息检索，又包含了专利法律状态检索。

由上可知，防止侵权检索、被动侵权检索以及技术引进检索都要涉及己方已经实施或准备实施或者拟引进的一项技术（产品或方法），所要检索的对象主要是与己方已经实施或准备实施或者拟引进的一项技术有着密切关系的专利文献。在这些检索中，除了涉及专利法律状态的检索以外，其他检索都直接或间接地与新颖性和创造性检索有关，例如被动侵权检索的主要目的就是寻找可以直接否定对方专利新颖性或创造性的对比文件，而对于防止侵权检索和引进技术项目检索，在分析己方即将实施或引进的技术是否会侵犯他人专利权时，要分析该技术是否落入他人专利的保护范围，这种分析过程与新颖性检索和判断有着很大程度的相似之处。

（2）防止侵权的检索和分析判断

目前，不少企业不重视防止侵权的主动检索，仅仅在后期遭遇侵权警告或被提起侵权诉讼时才着手进行被动侵权检索。实际上，被动侵权检索仅是一种应急手段，处于被动的地位，而防止侵权的主动检索是一种十分有效的防止侵权的重要手段，是一种主动防范的措施，应当引起重视。

主动防止侵权的检索通常可以按照如下方式进行。

（ⅰ）以实际产品或方法为基础拟写出权利要求

针对自己研发或准备投入生产的产品或方法进行技术内容的分析，并按申请专利的方法拟写出与其相对应的说明书或至少是一个成文的权利要求书，以此权利要求书或说明书所记载的主题内容去进行针对性的新颖性和创造性检索。

（ⅱ）对检索出来的专利文献进行筛选分析

在进行新颖性和创造性检索后，对检索出的各类专利文献（即 X、Y、P、E 及 A 等类字母表示的专利文献）进行筛选分析，分析时要从两个角度去考虑：其一，该研发或准备投入生产的产品或方法相对于这些对比文件是否具备新颖性和创造性；其二，该研发或准备投入生产的产品或方法是否以相同或等同方式包含了一件目前还处于有效期的中国专利或外国专利的独立权利要求或其从属权利要求的全部技术特征，即是否存在一件会使己方研发或准备投入生产的产品或方法落入其保护范围的有效中国专利或外国专利。

（ⅲ）按分析结果进行决策

如果在检索充分的基础上，其分析结果为既未发现影响新颖性和创造性的对比文件，也未发现有可能会使己方研发或准备投入生产的产品或方法侵犯他人专利权的中国有效专利，则此产品或方法既可以申请专利，又可以在中国进行研发、投产和销售，因为它具有较好的可被授权前景及维护其权利的稳定性，同时在中国投入市场后也不会陷入侵权纠纷。如果同时也未发现有可能侵犯他人专利权的外国有效专利，则生产的产品还可以销售到相应的国家。

如果分析结果为未发现影响新颖性和创造性的对比文件，但发现有可能会使己方研发或准备投入生产的产品或方法侵犯他人专利权的中国有效专利，则一方面要考虑对己方研发或准备投入生产的产品或方法进行改进以绕过该中国有效专利，另一方面要积极申请专利，并考虑是否与对方互为许可或取得对方专利许可后再实施。至于可否将生产的产品销售到国外，则要视有无发现会使己方研发或准备投入生产的产品或方法侵犯他人专利权的外国有效专利的情况而定。

如果分析结果存在影响新颖性或创造性的对比文件，则己方研发或准备投入生产的产品或方法很难取得专利保护，此时主要考虑是否存在使己方研发或准备投入生产的产品或方法侵犯他人专利权的中国有效专利。如存在这样的中国有效专利，通常应当考虑通过修改研发方案或拟生产产品结构或生产方法的途径改变原计划或技术方案，以绕过或避开对比文件所公开的技术方案；若此时还想继续实施，则至少应当取得专利权人的许可，除非确有把握将此有效中国专利宣告无效。当然，在未发现会使己方研发或准备投入生产的产品或方法侵犯他人专利权的中国有效专利时可以继续进行研发或投产，但最好立即着手开发其他技术上更为先进的项目。

（3）被动侵权检索的具体步骤

在他人警告或他人起诉己方的实施行为侵犯其专利权时通常可按下述步骤着手被动侵权检索。

（ⅰ）对所警告或起诉侵权的专利的法律状态进行核实

首先核实其专利是否为授权专利和有效专利，其有效专利的主体与起诉的权利主体是否一致，这些信息从对方专利的法律状态和专利公告文本的著录项目及法院的起诉文件中可核实清楚。这项核实工作主要是针对对方发出侵权警告时进行，而对于法院已受理侵权诉讼的情况，这一点已得到了法院的核实认可，此时对方专利通常处于专利权的有效保护期内。

（ⅱ）进行侵权判断分析

首先对该专利的权利要求书和说明书进行认真阅读，通过对说明书、权利要求书的阅读和分析，将其权利要求书中的技术特征进行去伪存真的归类、划分，即划定起诉方或警告方所主张的权利要求的文字所限定的保护范围，以便针对其权利要求的具体情况采取相应的检索方式和应对策略。然后将己方的产品或方法（指对方侵权诉讼或警告函中所提及的产品或方法）进行技术特征的分析、划分，并将它们所包括的实际存在的技术特征与该专利中起诉方或警告方所主张的权利要求的保护范围进行比较，以确定是否构成相同或等同侵权。

（iii）针对不同的分析对比结果采取不同的检索和应对方式

如果侵权对比分析的结果为不侵权，则检索工作可以停止，并应直接到法院应诉。需要强调的是：由于这种对比都是被诉侵权方自行分析或委托专利代理机构或司法技术鉴定单位进行的，其观点能否被法院采纳和认同很难定论，故一般来讲，除了绝对有把握认定为不侵权的情况，还要继续进行检索和采取其他应对措施。通常，在此时可以针对对方专利的公告文本所载录的信息及所反映的技术主题和关键词进行新颖性、创造性检索，然后对检索到的专利文献进行筛选、归纳、分析、对比，找出可以否定对方专利新颖性和创造性的专利文件，以便对该专利提出无效宣告请求。提出无效宣告请求的目的主要是通过无效宣告将对方专利的权利要求全部无效掉以彻底解决侵权诉讼问题，或者通过无效宣告将对方专利权部分无效从而使己方被诉侵权产品或方法不再落入该部分维持专利权的保护范围之中。

当然，如检索到的专利文献或相关信息证据足以说明己方被诉侵权的产品或方法与一项现有技术相同或相接近，它们之间的差别远远小于己方被诉侵权的产品或方法与权利人专利的差别时，则可以在法院诉讼中采用现有技术抗辩来证明不侵权。

在无论怎样检索都查找不到与对方专利权接近或相关的专利文献或其他信息证据，而己方的产品或方法又确实落入权利人专利的保护范围中时，则只能应诉并争取与对方协商和解，此时最好先立即停止侵权行为。

（4）技术引进或许可证贸易中的检索、分析和决策

在技术引进中或专利许可证贸易中，一般都是要引进他人的、尤其是外国的先进技术来改变自己落后的技术现状。因此，在准备引进技术前和技术谈判过程中，首先要做到胸中有数和知己知彼，为此进行专利信息技术检索是十分重要的。

技术引进或许可贸易中的专利检索可按下述步骤进行。

①按引进方或许可方的姓名或技术名称进行检索，了解与该项引进技术或许可技术有关的专利数量及其法律状态，对于其中的有效专利还应当了解其可能继续维持的有效期为多长。

②对这些专利进行分类筛选，从中确定与该项引进技术或许可技术最为相关的有效专利，并对这些专利的水平进行分析，以进一步确定哪些是自己或国内相同行业能解决或已经解决的，哪些是非引进不可的。

③对己方初步确定的与引进技术或许可技术有关的专利进行分析，即分析对引进的专利技术加以改进后会否侵权，如果通过改进后生产的产品或使用的方法与准备引进的专利有本质的区别，则可以不引进或少引进。如果改进后的产品或方法仍在引进或许可的专利保护范围之内，在初步确定了与引进技术或许可技术有关的核心专利之后，一般还要分析这些核心专利技术是否与己方拟生产产品销售地区有关。如果对方未在国内或拟生产产品销售国有专利申请，则可以不考虑引进而采取仿制。反之，如果对方在国内或拟生产产品销售国具有专利，则进一步了解对方在相应地区是否还有其他许可行为，然后再考虑是否引进。

④针对包括上述专利在内的引进技术或许可技术进行检索，以确定引进该项技术或被许可实施这项技术以及在此基础上所进行的改进是否侵犯他人的专利权。若存在此情况，不能贸然引进，还要考虑引进后可否通过改进而摆脱侵犯他人的专利权，或者请对方或己方与他人协商以解决后续侵权隐患后再引进该项技术或被许可实施该项技术。

第二编

专利代理基本知识

第四章　主要专利程序

按照《专利法》和《专利法实施细则》的规定，一项发明创造必须经过国家知识产权局的审批才能授予专利权，授权后任何人可以向专利复审委员会提出无效宣告请求，专利权人可以针对第三者的专利侵权行为向人民法院提出专利侵权诉讼……因此，一件专利从其提出申请到批准授权以及在其专利权有效期间会经历各种专利程序。

第一节　专利程序

《专利法》和《专利法实施细则》既包含规定法律关系主体之间的权利和义务以及授予专利权条件等实体性条款，也包含保证权利和义务以及专利审批和诉讼得以实施的程序性条款，所以《专利法》本身不仅是一部实体法，也是一部专利程序法。这样一来，无论是专利申请的审批、无效宣告请求的审查还是专利诉讼都必然与专利程序密切相关，专利程序在整个专利法的实施过程中起着极为重要的作用。如果在上述专利程序实施过程中违反了有关程序条款，将会给当事人带来十分不利的后果，因此，作为申请人与专利代理人必须十分熟悉《专利法》和《专利法实施细则》以及其他相关法律和行政规程中所规定的各种专利程序。

一、专利程序的种类

专利程序在整体上可以分为两大类：第一类是法定专利程序；第二类是行政规程中涉及的专利程序。

1. 法定专利程序

所谓法定专利程序是指《专利法》《专利法实施细则》《行政诉讼法》和《行政复议法》以及我国所参加的国际专利条约（如《专利合作条约》）中所规定的程序。

按照《专利法》和《专利法实施细则》的规定，法定专利程序主要包括：申请及受理程序（包括国际申请进入中国国家阶段的进入程序）、初步审查程序、发明专利申请的实质审查程序、授权程序、复审程序、无效宣告请求审查程序、实用新型或外观设计专利权检索和评价程序、专利实施的强制许可程序、专利侵权诉讼程序、专利权属纠纷诉讼程序以及专利纠纷和专利违法行为的行政处理程序。其中前五个程序均归属于专利申请和审批程序。

《行政诉讼法》和《行政复议法》所涉及的法定专利程序主要为行政复议程序和专利行政诉讼程序。

《专利合作条约》的法定专利程序主要为：PCT申请的申请和受理程序、国际检索程序、国际初步审查程序以及其进入国家阶段的进入程序和审批程序。

2. 行政规程中涉及的专利程序

所谓行政规程中涉及的专利程序主要是指国家知识产权局依据《专利法》和《专利法实施细则》制定的《专利审查指南2010》以及其他有关行政规程中所涉及的程序。

行政规程中涉及的专利程序很多，难以一一列举。申请人和专利代理人应该熟悉下述几个程序：保密程序、向外国申请专利的保密审查程序、中止程序、恢复程序、著录项目变更程序、延期请求程序和更正程序。

二、专利程序的启动

专利程序的启动方式有两种：一种是应当事人的请求而启动，例如申请及受理程序、复审程序、无效宣告请求审查程序、实用新型或外观设计专利权检索和评价程序、专利侵权诉讼程序、专利权属纠纷诉讼程序、行政复议程序、专利行政诉讼程序、国际申请进入中国国家阶段的进入程序、中止程序、恢复权利程序、著录项目变更程序、延期请求程序等。另一种是由国家知识产权局自行启动的，如初步审查程序（也可称作审批程序的初步审查阶段）、授权程序等。但也有一部分程序，通常应当事人的请求而启动，而在国家知识产权局认为有必要时也可自行启动，例如发明专利申请的实质审查程序（也可称作发明专利申请审批程序的实质审查阶段）、专利实施的强制许可程序、保密程序、更正程序等。

对于由当事人请求而启动的专利程序来说，该专利程序的启动通常应该满足三个条件，即请求、期限和费用。

启动专利程序的请求应该由当事人以书面形式或电子文件的形式提出，所提交的文件在其形式和内容上应当满足专利法规或相关行政规程中规定的法律要求。

提出请求的期限是指为启动各种专利程序而向国家知识产权局专利局或其他有关部门提出请求（包括缴纳费用）的时间应当满足专利法规或相关行政规程中规定的期限要求。

费用是指启动各种专利程序应当向国家知识产权局专利局或其他有关部门缴纳的规定费用。

例如，对于发明专利申请实质审查程序，申请人必须在自该专利申请的申请日（有优先权的，指优先权日）起3年之内提交实质审查请求书及必要的附件，并在此3年的期限内缴纳实质审查费。

但有些由当事人请求而启动的专利程序对于请求提出的期限并无要求，如对于无优先权要求的专利申请及受理程序的启动，申请人只需提交请求书和相关文件以及缴纳费用即可，而对申请的提出无期限限制（当然从保护申请人的利益出发应当尽早提出申请），但需要注意的是缴纳费用有期限要求。同样，著录项目变更请求也属于这种情况。

此外，有些程序当事人提出请求时并不一定需要缴纳费用，例如申请人发现国家知识产权局所公布的专利申请文件或专利文件有误，就可请求启动更正程序，此时不需缴纳费用；此外，按照2009年修改的《专利法实施细则》的规定，当事人提出中止程序请求、强制许可请求以及裁决强制许可使用费的请求，都不必再缴纳费用。

当然，对于由国家知识产权局自行决定而启动的专利程序，则由国家知识产权局根据工作需要自行启动，不受上述三个条件的限制，但是国家知识产权局在启动该程序时或在该程序期间会以书面方式通知当事人，直接或间接地表示已开始进入该程序或该程序经审查已通过。

三、专利程序的审查和管理原则

从前面所述可知，由当事人请求的专利程序的启动通常由请求、期限和费用三个条件构成，因此，国家知识产权局专利局或其他有关部门在启动该专利程序前要对上述三个条件进行综合审查，如果其中有一个条件不满足或在给予补救机会后仍不满足，则该专利程序就不能启动。对上述三个条件的审查，在国家知识产权局专利局或其他有关部门有可能不是在同一个机构或者不是由同一个工作人员完成的，此时国家知识产权局专利局或者其他有关部门会指定其中一个机构或其中一个工作人员汇总进行综合管理，由其最后确定是否符合启动专利程序的条件。也就是说，对专利程序的启动采用对上述三个条件的综合管理原则。

在专利程序中，往往需要国家知识产权局专利局或其他有关部门与当事人之间以书面形式或电子形式交换意见、陈述观点，其中涉及双方当事人的程序，国家知识产权局专利局或有关部门还需要在双方当事人之间转送文件并给予陈述意见的机会。为保证专利程序的顺利进行，当事人应在一定期限内提交意见陈述书和有关文件或材料。当事人若未按照规定或指定期限作出响应就有可能认为当事人放弃陈述意见机会，或者视为当事人撤回其请求而导致程序终止。所以，国家知识产权局专利局或有关部门在上述专利程序中会指定专门机构或工作人员进行必要的期限监视，协助该专利程序的审查人员完成上述工作。

与此相应，专利代理机构为保证专利程序的顺利启动或者保证专利程序的顺利运行应该采用与之相应的管理原则。也就是说，在提出请求时采用综合管理原则：文件由专利代理人准备、期限由流程事务人员负责监视、费用由财务人员缴纳，最后由专人对这三个条件进行核实，确保专利程序顺利启动。而在专利程序中，对于需要专利代理人提交意见陈述书或其他相关资料的情况，专利代理机构应由专门的流程事务人员协助专利代理人关注相关期限，及时提醒专利代理人在期限届满前完成应做的工作，以保证专利程序的顺利进行。

最后需要说明的是，虽然专利授权后的专利权维持阶段并未处于一个专利程序之中，但为了维持专利权必须要按时缴纳年费，因此，国家知识产权局将由专门机构和人员监视年费缴纳情况。与此相应，若专利代理机构接受的委托工作中包含有授权后的全部专利事宜，则在专利授权后应在专利权前一年度期满前缴纳下一年度年费，与此相应专利代理机构应由专门的流程事务人员监视年费缴纳的情况，及时在缴费期限前缴纳年费。

第二节 《专利法》和《专利法实施细则》规定的主要专利程序

《专利法》和《专利法实施细则》规定的专利程序很多，但它们不在同一层面上。其中一部分是独立、完整的程序，如专利申请审批程序、专利无效宣告请求审查程序、专利侵权诉讼程序等。而另一部分是从属于这些独立程序的子程序，如专利申请审批程序中至少还包括申请与受理程序、初步审查程序、授权程序，对发明专利申请审批程序来说还包括实质实查程序，对被驳回的专利申请若申请人向专利复审委员会提出复审请求则还包含复审程序。本节不准备将上述程序分层次作介绍，只对其中比较重要的法定专利程序作一简要说明。

一、专利申请与受理程序

专利申请与受理程序是发明、实用新型或外观设计专利申请审批程序的启动程序，是专利申请审批程序中的第一个子程序。在此程序中，由国家知识产权局专利局初审部门审查该专利申请是否符合受理条件，决定是否受理该专利申请。

该程序属于由当事人（即申请人）提出请求而启动的专利程序。但该请求的提出不受期限限制，申请人在任何时候均可提出专利申请，不会因请求提出期限不符合要求而不受理。至于有优先权要求的专利申请，应当自其首次申请的申请日起 1 年（发明或实用新型专利申请）或半年（外观设计专利申请）内提出，但未在此期限内提出并不影响该专利申请的受理，仅会导致该专利申请不能享受优先权。

按照《专利法》第二十六条和《专利法实施细则》第十五条第一款和第二款的规定，发明或实用新型专利申请的申请人应当以书面形式或电子形式提交请求书、说明书及其摘要、权利要求书和必要的其他附件。上述请求书、说明书（不包括摘要）和权利要求书是提出申请时必须提交的文件，否则该申请不予受理。

按照《专利法》第二十七条和《专利法实施细则》第十五条第一款和第二款的规定，外观设计专利申请的申请人应当以书面形式或电子形式提交请求书、该外观设计的图片或者照片以及对该外观设计的简要说明等文件，否则该申请不予受理。

《专利法实施细则》第九十三条第一款第（一）项规定申请人必须缴纳申请费（包括必要的附加费，对发明专利申请来说，还包括公布印刷费），对此费用的缴纳有期限要求，应当按照《专利法实施细则》第九十五条第一款的规定，应当自提出申请之日起两个月内或者在收到受理通知书之日起 5 日（两者以期限在后者为最后期限）缴纳，逾期未缴纳或未缴足的，专利申请被视为撤回，此时若申请人未在规定期限内提出恢复权利请求，则该专利申请与受理程序结束。

二、专利申请的初步审查程序

专利申请受理并缴足其申请费后，该专利申请就进入了初步审查程序，由国家知识产权局专利局的初审部门对该专利申请进行初步审查。

在我国，对实用新型和外观设计专利申请采用初步审查制，因而该初步审查是实用新型和外观设计专利申请审批程序中的核心程序。而发明专利申请采用早期公开延期审查制，即先进行初步审查后公开，然后再进行实质审查，因而发明专利申请初步审查仅仅是其审批程序中的一个辅助审查程序，为其进入实质审查这个核心程序做好准备。

该初步审查程序是国家知识产权局专利局自行决定而启动的专利程序，当专利申请满足受理条件且缴足应缴纳的费用之后，即完成申请与受理程序之后，就自动转入初步审查程序。

对实用新型和外观设计专利申请来说，国家知识产权局专利局的实用新型审查部门或者外观设计审查部门在初步审查后认为初审合格，则发出授权通知书，从而结束初步审查程序。若经初步审查不合格作出驳回决定，申请人可在规定期限内向专利复审委员会提出复审请求，如果未在规定期限内提出复审请求，则该专利申请初步审查程序结束，如果申请人在规定期限内向专利复审委员会提出复审请求，则专利复审委员会对此驳回决定进行复审，作出的复审决定生效后该专利申请初步审查程序将根据复审决定结论或者继续进行初步审查或者结束审批程序。在初步审查期间，申请人未在通知书指定期限内作出答复，该专利申请被视为撤回，此时若申请人未在规定期限内提出恢复权利请求，则该初步审查程序及该专利申请的审批程序结束。

对发明专利申请来说，发明专利申请初审部门在初步审查后认为其初步审查合格，则按照《专利法》第三十四条的规定，或者自申请日（有优先权的，指优先权日）起满 18 个月即行公布该专利申请，或者根据申请人的请求早日公布其专利申请，与此同时该发明专利申请的初步审查程序结束，该专利申请处于等待实质审查程序启动的状态。对于初步审查不合格或者需要补正的情况，该初步审查的程序与前面所述实用新型或外观设计专利初步审查程序的情况相同，不再作重复说明。

三、发明专利申请实质审查程序

由国家知识产权局专利局的实质审查部门对发明专利申请进行实质审查的程序称作发明专利申请实质审查程序，通常简称为"实质审查程序"，它是发明专利申请审批程序中的核心程序。

该发明专利申请实质审查程序通常由申请人的请求而启动。按照《专利法》第三十五条第一款以及《专利法实施细则》第九十三条第一款第（二）项和第九十六条的规定，该启动需要满足三个条件：申请人以实质审查请求书的方式提出实质审查请求；该请求应在自该专利申请的申请日（有优先权的，指优先权日）起3年内提出；在上述期限内缴纳实质审查费。符合上述启动条件的，国家知识产权局将发出进入实质审查程序通知书，这表示该发明专利申请正式进入实质审查程序。

按照《专利法》第三十五条第二款的规定和《专利法实施细则》第五十条的规定，国家知识产权局认为必要时可自行启动该发明专利申请实质审查程序，但应当通知申请人。在这种情况下不需要申请人缴纳实质审查费用。

申请人若在上述规定的3年期限内未提出实质审查请求或未缴纳实质审查费用，则该申请被视为撤回。若申请人未再以不可抗拒事由或正当理由提出恢复权利请求，该专利申请的审批程序结束。

在发明专利申请实质审查期间，认为原专利申请文件或经过修改的专利申请文件符合《专利法》和《专利法实施细则》的规定，即未发现驳回理由的，国家知识产权局将发出授予专利权通知书，从而结束实质审查程序而进入授权程序。若在实质审查期间，发现其不符合《专利法》和《专利法实施细则》有关规定的，则以审查意见通知书、会晤、电话讨论等方式与申请人交换意见，要求申请人陈述意见或修改专利申请文件，此后该申请仍不符合《专利法》和《专利法实施细则》有关规定的，国家知识产权局可以作出驳回决定。对此驳回决定，申请人在规定期限内未提出复审请求，则该专利申请的实质审查程序以及该专利申请的审批程序结束；若申请人在规定期限内向专利复审委员会提出复审请求，则该专利申请的实质审查暂时自行中止，待复审决定生效后根据复审决定或者继续进行实质审查或者结束审批程序。在实质审查期间，申请人未按指定期限提交意见陈述书和提交修改申请文件的，该专利申请被视为撤回，此时若申请人未在规定期限内提出恢复权利请求，则该发明专利申请的实质审查程序及其审批程序结束。

四、授权程序

在实用新型和外观设计专利申请初步审查合格或者在发明专利申请实质审查合格后，国家知识产权局向申请人发出授予专利权通知书和办理登记手续通知书，从而自行进入专利申请的授权程序，由国家知识产权局专利局的初审部门处理此授权程序的有关事务。

按照《专利法实施细则》第五十四条和第九十三条第一款第（三）项及第九十七条的规定，申请人应当在收到授予专利权通知书之日起两个月内办理登记手续，并缴纳专利登记费、公告印刷费和授予专利权当年的年费，按照《专利审查指南2010》第五部分第九章第1.1.3节的规定，还应当同时缴纳专利证书印花税。申请人按期办理手续并缴纳有关费用的，则国家知识产权局授予该专利申请专利权，颁发专利证书，并予以公告，此时授权程序结束，该专利申请审批程序也随之结束。申请人期满未办理登记手续（包括未缴纳相关费用）的，视为申请人放弃取得专利权的权利。在这种情况下，如果申请人未在规定期限内提出恢复权利请求，则授权程序和该专利申请审批程序终止。

五、复审程序

专利申请人不服国家知识产权局对发明、实用新型、外观设计专利申请作出的驳回决定，则可以向专利复审委员会提出复审请求。由于复审请求是不服国家知识产权局驳回决定提出的上诉，因此，由专利复审委员会受理和审查。专利复审委员会对此复审请求进行审查的程序称作复审程序。需要说明的是，该复审程序仍然属于专利申请审批程序的一部分。

复审程序属于由当事人请求而启动的专利程序。该专利程序的启动需满足请求、期限和缴纳费用三个条件。

按照《专利法》第四十一条第一款和《专利法实施细则》第六十条第一款的规定，专利申请人对国家知识产权局作出的驳回申请的决定不服的，可以自收到驳回决定之日起3个月内以复审请求书的方式向专利复审委员会提出复审请求。按照《专利法实施细则》第九十三条第一款第（二）项和第九十六条的规定，专利申请人应在上述规定期限内缴纳复审费。

复审请求符合要求被受理后，由专利复审委员会对复审请求进行审查，如果经审查后，认为复审请求理由成立或者经复审请求人（即专利申请人）修改的专利申请文件克服了原驳回申请决定所指出的缺陷，则由专利复审委员会作出撤销原驳回决定的复审决定，该专利申请案卷送回原审查部门继续审查，即该专利申请继续进行审批程序。如果经审查后，认为复审请求理由不成立或者需要复审请求人修改专利申请文件或者需要复审请求人进一步提供证据或陈述意见的，则专利复审委员会将发出复审通知书，并要求复审请求人在指定期限内答复。复审请求人在指定期限内未作出答复，视为复审请求人撤回复审请求，若复审请求人未在《专利法实施细则》规定的期限内提出恢复权利请求，则此复审程序终止，与此同时该专利申请审批程序结束。复审请求人按期作出答复，专利复审委员会继续进行复审审查，若此时专利复审委员会认为应当撤销驳回决定的，则如前所述作出撤销原驳回决定的复审决定。若此时认为复审请求仍不成立，则作出维持原驳回决定的复审决定。专利复审委员会作出复审决定后，若复审请求人未在《专利法》第四十一条第二款规定的自收到复审决定的3个月期限内向北京知识产权法院起诉的，则复审程序以及该专利申请审批程序终止。若复审请求人不服复审决定且在上述期限内向北京知识产权法院起诉的，则此复审程序暂时自行中止，待法院对此行政诉讼案件作出判决并生效后，根据判决内容重新进入复审程序或者结束此复审程序和专利申请审批程序。

在复审程序期间，复审请求人在作出复审决定之前撤回其复审请求的，则该专利申请复审程序和专利申请审批程序终止。

在复审请求的审查过程中，专利复审委员会可以根据复审请求人的请求或者根据案情的需要自行决定进行口头审理，以利于更快、更正确地作出复审决定。

六、无效宣告请求审查程序

一件专利申请被国家知识产权局授予专利权后，任何单位或者个人认为该专利权的授予不符合《专利法》和/或《专利法实施细则》的有关规定，可以按照《专利法》第四十五条的规定自该专利授权公告之日起向专利复审委员会提出宣告该专利权无效的请求。专利复审委员会对此专利权无效宣告请求的审查程序称作无效宣告请求审查程序，通常简称为"无效宣告程序"或"无效程序"。

无效宣告程序属于由当事人请求而启动的专利程序。该专利程序的启动需满足请求、期限和缴纳费用三个条件。

按照《专利法》第四十五条和《专利法实施细则》第六十五条第一款的规定，任何单位或者个人认为一项专利权的授予不符合《专利法》和/或《专利法实施细则》的有关规定（即属于《专利法实施细则》第六十五条第二款规定的情况），可以在自该专利授权公告之日起提出无效宣告请求。按照《专利法实施细则》第九十三条第一款第（五）项和第九十九条第三款的规定，无效宣告请求人应当自提出请求之日起1个月内缴纳无效宣告请求费。

无效宣告请求符合要求被受理后，专利复审委员会将无效宣告请求文件转送被请求人（即专利权人），并开始对该无效宣告请求进行合议审查。在合议审查期间根据案情采用"转送文件通知书""审查通知书"和"口头审理"等不同审查方式。通过上述审查，专利复审委员会将作出无效宣告请求审查决定，宣告专利权全部无效、宣告专利权部分无效或维持专利权有效。若双方当事人（主要是审查决定结论对其不利的一方当事人）在收到审查决定之日起3个月内未向北京市知识产权法院起诉的，无效宣告请求审查决定生效，该无效宣告请求审查程序终止。若双方当事人之一在上述规定期限内向北京知识产权法院起诉，则该无效宣告请求审查程序直到法院判决生效（包括按此判决所需工作完成后）才终止。

此外，无效宣告请求的请求人在专利复审委员会作出审查决定之前撤回无效宣告请求的，该无效宣告请求审查程序终止。对于专利复审委员会采用口头审理进行审查的无效宣告请求审查案，无效宣告请求人未在指定的期限内提交口头审理通知书回执并且不参加口头审理的，视为请求人撤回无效宣告请求，该无效宣告请求审查程序终止。但是，在上述无效宣告请求人主动撤回请求或者无效宣告请求被视为撤回的情况，如果专利复审委员会认为根据已进行的审查工作能够作出宣告专利权无效或部分无效的决定的，不终止审查程序。

七、实用新型或者外观设计专利权检索和评价程序

由于实用新型专利和外观设计专利在授权前未经过实质审查，为便于专利侵权纠纷的判决或处理，《专利法》第六十一条第二款规定：专利侵权纠纷涉及实用新型专利或者外观设计专利的，人民法院或者管理专利工作的部门（即各地方知识产权管理部门）可以要求专利权人或者利害关系人（即有权提出侵权诉讼的人）出具由国务院专利行政部门（即国家知识产权局）对相关实用新型或者外观设计进行检索、分析和评价后作出的专利权评价报告，作为审理、处理专利侵权纠纷的证据。

鉴于此，实用新型或者外观设计专利的专利权人或者利害关系人在专利授权决定公告后，可以按照《专利法实施细则》第五十六条第一款的规定，请求国家知识产权局作出专利权评价报告。国家知识产权局完成实用新型或者外观设计专利的检索、分析和作出专利权评价报告工作的程序称作实用新型或者外观设计专利权的检索和评价程序。

该专利权检索和评价程序也是由当事人（即专利权人或者利害关系人）请求而启动的。

按照《专利法实施细则》第五十六条第一款和第二款的规定，实用新型或者外观设计专利的专利权人或者利害关系人可以在自该专利授权公告之日起以专利权评价报告请求书的方式向国家知识产权局提出作出专利权评价报告的请求，并应当按照《专利法实施细则》第九十三条第一款第（五）项和第九十九条第三款的规定自提出请求之日起1个月内缴纳专利权评价报告请求费。

所提出的作出专利权评价报告的请求符合规定，则该程序启动，直到国家知识产权局作出专利权评价报告后该程序终止。

八、专利实施强制许可程序

《专利法》第四十八条、第四十九条、第五十条和第五十一条规定了国家知识产权局给予实施发明专利或者实用新型专利强制许可的四种情况。国家知识产权局处理专利实施强制许可有关事务的程序称作专利实施强制许可程序。

专利实施强制许可程序可以根据当事人的请求而启动，也可以由国家知识产权局根据国务院有关主管部门的请求而启动。

由当事人请求而启动的专利实施强制许可程序分为两种情况。第一种是按照《专利法》第四

十八条规定的专利实施强制许可：对于发明或者实用新型专利权，如果专利权人自专利权被授予之日起满3年，且自提出专利申请之日起满4年，无正当理由未实施或者未充分实施其专利的，或者专利权人行使专利权的行为被依法认定为垄断行为，为消除或者减少该行为对竞争产生的不利影响的，具备实施条件的单位可以向国家知识产权局提出专利实施强制许可的请求，但是对于其中专利权人无正当理由未实施或者未充分实施其专利的情况，请求人必须在申请强制许可时提供证据证明其以合理的条件请求专利权人许可实施其专利而未能在合理长的时间内获得许可。第二种是按照《专利法》第五十一条规定的专利实施强制许可：一项取得专利权的发明或者实用新型比前已经取得专利权的发明或者实用新型具有显著经济意义的重大进步，其实施又依赖于前一发明或者实用新型的实施的，后一专利权人可向国家知识产权局请求实施前一发明或者实用新型专利的强制许可；在对该请求给予实施前一发明或实用新型专利强制许可的情形下，前一专利权人也可向国家知识产权局请求给予实施后一发明或者实用新型专利的强制许可；同样，按照《专利法》第五十一条规定提出专利强制许可的，也应当在申请强制许可时提供证据证明其以合理的条件请求专利权人许可实施其专利而未能在合理长的时间内获得许可。需要特别提请注意的是，按照2009年修改的《专利法实施细则》，上述由当事人提出的专利实施强制许可的请求，已不必再缴纳强制许可请求费。

由国务院有关主管部门请求而启动的专利实施强制许可程序也包括两种：在国家出现紧急状态或者非常情况时，或者为了公共利益的目的，国务院有关主管部门可以根据《专利法》第四十九条的规定请求国家知识产权局给予实施发明专利或者实用新型专利的强制许可；为了公共健康目的，对取得专利权的药品，国务院有关主管部门可以根据《专利法》第五十条的规定请求国家知识产权局给予制造并将其出口到符合中华人民共和国参加的有关国际条约规定的国家或者地区的强制许可。

国家知识产权局有关部门对强制许可请求审查后未发现驳回理由的，则作出给予实施强制许可的决定，专利权人对给予强制许可的决定不服的，可以根据《专利法》第五十八条的规定，自收到通知之日起3个月内向北京知识产权法院起诉，专利权人未起诉的，则强制许可的决定生效，此时应当在专利登记簿上登记并进行公告。

国家知识产权局对强制许可请求审查后认为不符合强制许可条件的，将作出驳回强制许可请求的决定。但是，国家知识产权局在作出驳回强制许可请求的决定之前，会通知请求人拟作出的决定及其理由，通常请求人可以在自收到通知之日起15日内陈述意见。

此外，请求人在国家知识产权局作出决定之前撤回其请求的，强制许可请求程序终止。

取得实施强制许可的单位或者个人应当付给专利权人合理的使用费，其数额由双方协商；双方不能达成协议的，可以就强制许可使用费请求国家知识产权局进行裁决。国家知识产权局应当自收到强制许可使用费裁决请求书之日起3个月内作出强制许可使用费的裁决，双方当事人中任一方对该裁决不服的，可以根据《专利法》第五十八条的规定，自收到通知之日起3个月内向北京知识产权法院起诉。双方均未起诉的，则强制许可程序中的裁决程序终止。此外，裁决请求的请求人在国家知识产权局作出裁决决定之前撤回裁决请求的，强制许可程序中的裁决程序终止。

国家知识产权局作出给予实施强制许可决定时，应根据强制许可的理由规定实施的范围和时间。在此规定的时间期满后，该强制许可程序终止。

当决定所规定的强制许可实施时间尚未期满而强制许可的理由消除并不再发生时，专利权人可以向国家知识产权局提出终止实施强制许可的请求，国家知识产权局经审查后认为符合终止条件，作出终止实施强制许可的决定，则该强制许可程序终止。国家知识产权局经审查认为请求终止强制许可的理由不成立的，作出驳回终止强制许可请求的决定。国家知识产权局在作出终止实施强制许可的决定或者在作出驳回终止强制许可请求的决定之前，将通知专利权人或者通知取得强制许可 的单位或个人拟作出的决定及其理由；通常，专利权人或者取得强制许可的单位或个人可以在自收到通知之日起 15 日内陈述意见。

九、专利侵权诉讼程序

按照《专利法》第六十条规定，未经专利权人许可而实施其专利，则侵犯了专利权人的专利权，由此而引起的纠纷可以由当事人协商解决，也可以由专利权人或利害关系人向人民法院起诉，也可以由专利权人或利害关系人请求地方知识产权管理部门处理。其中由人民法院对专利侵权纠纷案件进行审理的程序称为专利侵权诉讼程序。

专利侵权诉讼程序属于由当事人（即专利权人或利害关系人）的请求而启动的专利程序。作为原告，在提出专利侵权诉讼时，应当注意请求、期限和缴纳费用三个条件。

《专利法》第六十八条规定，侵犯专利权的诉讼时效为两年。需要说明的是该时效两年的规定与前面所述的启动程序的期限要求不一样，时效期限届满后，权利人丧失的权利是依诉讼程序强制义务人履行义务的权利，因而专利权人超过两年时效向人民法院起诉的，只要符合《民事诉讼法》关于起诉条件的规定，人民法院仍立案审理，该专利侵权诉讼程序启动。人民法院经过调查审理，认定即使考虑了时效中止和中断情况仍超过两年诉讼时效期限的，则作出原告丧失胜诉的判决，该判决生效后该专利侵权诉讼程序终止。

当事人就专利侵权纠纷向人民法院起诉的，应当在提出起诉时，最晚在收到缴费通知书 7 日内缴纳诉讼费，否则该专利侵权诉讼程序不能启动。

人民法院就专利侵权纠纷作出判决的，当事人未在收到判决书之日起 15 日（对涉外当事人可宽限到 30 日）内向上一级人民法院提起上诉的，则该专利侵权诉讼程序终止。否则，直到上一级法院判决生效后，该程序终止。

此外，按照《民事诉讼法》和《最高人民法院关于审理专利纠纷案件适用法律问题的若干规定》（法释〔2001〕第 21 号）（以下简称《审理专利纠纷司法解释 2001》）的规定，被告在答辩期间向专利复审委员会提出宣告原告专利权无效请求并已受理的，可以向人民法院提出中止该专利侵权诉讼的请求。人民法院可以根据案件情况决定是否暂时中止对专利侵权诉讼的审理。

十、专利权属纠纷诉讼程序

严格说来，专利权属纠纷诉讼程序并不属于《专利法》和《专利法实施细则》中明确规定的由人民法院审理的法定程序，而是在《审理专利纠纷司法解释 2001》中写明的由人民法院审理的程序。但由《专利法实施细则》第八十六条第一款的规定也能得知，当事人可以就专利申请权或者专利权的归属发生纠纷向人民法院起诉，这类由人民法院审理专利申请权或专利权的归属纠纷案件的程序称为专利权属纠纷诉讼程序。

专利权属纠纷诉讼程序与专利侵权诉讼程序一样属于由当事人请求而启动的专利程序。该程序的启动只需要满足请求和缴纳费用两个条件。

《专利法》和《专利法实施细则》并未涉及专利权属诉讼的时效，但按照《民法通则》第一百三十五条的规定，法律未另行规定的，向法院请求保护民事权利的诉讼时效期限为两年。同样超过该诉讼时效的，原告只丧失胜诉权，并不妨碍法院立案审理和专利权属纠纷的启动。

请求人就专利权属纠纷向人民法院提出起诉的，应当在提出起诉时，最晚在收到缴费通知书

7 日内缴纳诉讼费，否则该专利权属纠纷程序不能启动。

人民法院就专利权属纠纷作出判决的，当事人未在收到判决书之日起 15 日（对涉外当事人可宽限到 30 日）内向上一级人民法院提起上诉的，则该专利权属纠纷诉讼程序终止。否则，直到上一级人民法院的判决生效后，该程序才终止。

十一、专利纠纷和专利违法行为的行政处理程序

按照《专利法》第六十条规定，对于专利侵权纠纷，专利权人或利害关系人也可以请求管理专利工作的部门（即地方知识产权管理部门）处理。按照《专利法实施细则》第八十五条的规定，地方知识产权管理部门还可就专利申请权和专利权归属纠纷、发明人和设计人资格纠纷、职务发明创造的发明人和设计人的奖励和报酬纠纷以及发明专利申请公布后的使用费纠纷进行调解。此外，按照《专利法》第六十三条和第六十四条的规定，地方知识产权管理部门可以查处假冒专利的行为，并作出处罚决定。上述由地方知识产权管理部门依法执行处理、调解或查处的过程称作专利纠纷和专利违法行为的行政处理程序。

上述行政处理程序的启动条件并不一样。其中对专利侵权纠纷的处理或者对权属纠纷、资格纠纷或费用纠纷的调解均属于因当事人请求而启动的程序。而查处假冒专利行为的程序既可以应当事人的请求、他人的检举而启动，也可以由地方知识产权管理部门自行启动。

在上述由地方知识产权管理部门进行的专利侵权纠纷处理中，若认定侵权行为成立并责令停止侵权行为后当事人未向人民法院提起行政诉讼的，该专利行政处理程序终止；当事人不服，按照《专利法》第六十条的规定，自收到处理通知之日起 15 日内向人民法院起诉的，直到人民法院作出判决并生效后该专利行政处理程序终止。属于由地方知识产权管理部门调解的事务如果调解不成，不会作出具体行政决定，不存在当事人不服而起诉的问题，此时当事人可以另行向人民法院提起民事诉讼。对于地方知识产权管理部门对假冒专利的行为作出的处罚决定，当事人未向人民法院起诉或采取其他法律救济手段的，该程序终止；当事人不服，在收到决定之日起 6 个月❶内向人民法院提出行政诉讼的，直到人民法院作出判决并生效后程序终止。

第三节 《行政诉讼法》和《行政复议法》涉及的专利程序

《行政诉讼法》和《行政复议法》是我国通用法律，各专门法律中对涉及这两方面内容未作另行规定的均应适用此两个法律。因而，专利代理人对于《行政诉讼法》和《行政复议法》中所涉及的专利程序也应该有所了解。本节主要对国家知识产权局中的行政复议程序与人民法院的专利行政诉讼程序作一简要介绍。

一、行政复议程序

对国家知识产权局作出的具体行政行为不服的当事人，可以按照《行政复议法》第二条和《国家知识产权局行政复议规程》第二条的规定提出行政复议请求。这一类由国家知识产权局负责法制工作的行政复议机构（即设置在国家知识产权局专利局审查业务管理部的法律事务处）对此具体行政行为进行复核后以国家知识产权局名义作出行政复议决定的处理程序称作行政复议程序。

---

❶ 按照 2015 年 5 月 1 日施行的《行政诉讼法》的规定，该类行政诉讼的起诉期限由 3 个月改为 6 个月。

上述行政复议请求主要可针对国家知识产权局的下述五类具体行为提出：①不服国家知识产权局作出的有关专利申请、专利权的具体行政行为（如对专利申请不予受理不服的，对申请日的确定有争议的，对按保密专利申请处理或不按保密专利申请处理不服的，对专利申请视为撤回不服的，对优先权请求视为未要求不服的，对因耽误期限导致专利申请权或专利权丧失请求恢复权利而不予恢复不服的，对视为放弃取得专利权的权利不服的，对专利权终止不服的，对实施强制许可决定或终止强制许可决定不服的等）；②不服国家知识产权局作出的有关集成电路布图设计登记申请、布图设计专有权的具体行政行为（如对集成电路布图设计申请不予受理不服的，对集成电路布图设计登记申请视为撤回不服的，对因耽误期限导致有关集成电路布图设计的权利丧失请求恢复权利而不予恢复不服的，对集成电路布图设计非自愿许可决定不服的，对侵犯集成电路布图设计专有权所作行政处罚不服的等）；③不服国家知识产权局专利复审委员会作出的有关专利复审、无效的程序性决定（如对复审请求或无效宣告请求不予受理不服的，对复审请求或无效宣告请求视为撤回不服的，对驳回复审请求或驳回无效宣告请求不服的等）；④不服国家知识产权局作出的有关专利代理管理的具体行政行为（如对撤销专利代理机构的处罚不服的，对吊销其《专利代理人资格证书》的处罚不服的等）；⑤认为国家知识产权局作出的有关其他具体行政行为侵犯其合法权益（如对国家知识产权局以该国际申请存在《专利法实施细则》第一百零五条第一款第（二）项和第（三）项所列情形而作出其在中国效力终止的处分不服的，对国家知识产权局根据《专利法实施细则》第一百一十六条针对国际申请所作的复查决定不服的，包括以不作为形式存在的具体行政行为等）。

行政复议程序属于由当事人请求而启动的专利程序。该专利程序的启动需要满足请求和期限两个条件，但不需缴纳费用。

按照《行政复议法》第九条和《国家知识产权局行政复议规程》第八条的规定，提出行政复议的期限是从得知国家知识产权局作出具体行政行为之日起 60 日，并且规定在出现不可抗力或者其他正当理由耽误了此法定期限，可以在障碍消除后继续计算期限。

行政复议请求应当以行政复议申请书的方式提出，最好使用国家知识产权局制作的标准表格，一式两份，并提供必要的证据材料。被申请复议的具体行政行为以书面形式作出的，应当附具该文书或者其复印件。

行政复议请求符合上述要求，则行政复议程序启动。国家知识产权局专利局审查业务管理部法律事务处受理后，随即向有关部门及人员调查取证，然后审查具体行政行为是否合法与适当，作出行政复议决定。如作出撤销、变更等有利于请求人的行政复议决定，则行政复议程序终止。若作出的行政复议决定对请求人不利，但请求人未向国务院提出终局裁决，也未在收到复议决定书之日起 15 日内向北京知识产权法院提起诉讼，则该行政复议程序终止；否则，待国务院作出终局裁决和人民法院判决生效后（必要时按所述裁决或判决重新作出行政复议决定），该行政复议程序终止。

二、专利行政诉讼程序

对于上述行政复议请求所针对的国家知识产权局所作具体行政行为不服的，当事人或利害关系人也可以选择直接向人民法院起诉。此外，正如前面所述，对国家知识产权局专利局审查业务管理部法律事务处以国家知识产权局名义作出的行政复议决定不服的，还可以向人民法院起诉。除此之外，当事人对专利复审委员会的复审决定、专利权无效宣告请求审查决定不服的以及对地方知识产权管理部门关于停止侵权行为的处理决定、关于假冒专利行为的处罚决定不服的，可以向人民法院起诉。上述由人民法院审理的各类不服专利行政管理部门（包括专利复审委员会）决定而起诉案件的过程，称作专利行政诉讼程序。

上述各类专利行政诉讼程序均属于由当事人请求而启动的专利程序。该专利程序的启动需满足请求、期限和缴纳费用三个条件。

上述各类专利行政程序启动的期限条件不完全一样。其中，不服专利复审委员会复审决定或无效宣告请求审查决定或者不服国家知识产权局实施强制许可的决定或实施强制许可的使用费的裁决向法院起诉的，为自收到上述决定书或裁决书之日起 3 个月；不服国家知识产权局行政复议决定或者不服地方知识产权管理部门责令停止侵权行为的处理决定或行政复议决定向法院起诉的，为自收到决定书之日起 15 日；而不服国家知识产权局、专利复审委员会或地方知识产权管理部门的其他决定、通知或裁决向法院起诉的，为自收到上述决定书、通知书或裁决书之日起 6 个月。❶

对上述各类专利行政诉讼程序，请求人应当在提出起诉时，最晚在收到缴费通知书 7 日内缴纳诉讼费，否则该专利行政诉讼程序不能启动。

人民法院就专利行政诉讼作出判决的，当事人未在收到判决书之日起 15 日（对涉外当事人可宽限到 30 日）内，向上一级人民法院提起上诉的，则该专利行政诉讼程序终止。否则，直到上一级人民法院的判决生效后，该程序才终止。

第四节　按照《专利合作条约》规定的主要专利程序

《专利合作条约》（PCT）及《专利合作条约实施细则》涉及的主要专利程序包括：国际申请的申请和受理程序、国际检索程序、国际初步审查程序、国际申请进入国家阶段的进入程序、进入国家阶段的初步审查程序、进入国家阶段的实质审查程序等。前三个程序属于国际申请在国际阶段的程序，后几个程序属于国际申请进入国家阶段的程序，由于国际申请进入国家阶段后其程序与一般的国家专利申请相同，因此本节仅对国际申请的国际阶段程序和进入国家阶段的进入程序作一简单说明。

一、国际申请的申请及受理程序

国际申请的申请及受理程序本身是 PCT 申请的启动程序。按照 PCT 的规定，在 PCT 缔约国的任何发明专利（包括实用新型）申请均可作为国际申请向国际申请受理局提出或者直接向国际局提出。这种由国际申请受理局受理该国际申请的程序称作国际申请的申请及受理程序。

该程序属于由申请人提出请求而启动的专利程序。该请求的提出不受期限限制，申请人在任何时候均可提出申请。对于有优先权要求的专利申请，应当自其首次申请的申请日起 1 年内提出，但未在此期限内提出，只会导致该国际申请不能享受优先权，而不会导致该国际申请不予受理。❷

---

❶ 按照 2015 年 5 月 1 日起施行的《行政诉讼法》第四十六条的规定，除另有法律规定的情况，行政诉讼的起诉期限由 3 个月改为 6 个月。

❷ 按照 2007 年 4 月 1 日起生效的《专利合作条约实施细则》49 之三.2 的规定，要求优先权的国际申请的申请日晚于优先权期限届满之日、但在自该日起 2 个月内，可以办理优先权的恢复。对此需要说明的是，各指定局可以根据其国家法的规定确定是否认可该优先权的恢复，我国《专利审查指南2010》第三部分第一章第 5.2.1 节中明确规定，对国际申请在国际阶段恢复的优先权不予认可，相应的优先权要求在中国不发生效力。

按照 PCT 及其实施细则的规定，国际申请应当向国际局或者受理局提交请求书、说明书（至少是看上去像说明书的部分）和权利要求书（至少看上去是一项或几项权利要求）。请求书、说明书和权利要求书表达了申请人提出保护说明书和权利要求书中所描述发明（或实用新型）的请求，是国际申请受理的必要条件。只有这样才能由受理局以收到国际申请之日作为其国际申请日，并给出国际申请号，将该国际申请受理。

作为国际申请来说，申请人应当在自受理局收到国际申请之日起 1 个月内缴纳传送费、国际申请费、检索费，若申请人没有向受理局缴纳上述费用或者缴纳的数额不足以支付传送费、国际申请费和检索费，并在收到受理局发出的未缴费或缴纳费用不足的通知之日起 1 个月内未缴纳足以付清上述费用以及相应的滞纳金时，该国际申请将被认为撤回，从而该国际申请的后续程序（国际检索程序）就不能启动。

二、国际申请的国际检索程序

国际申请受理后，将由所述主管国际检索单位对该国际申请进行国际检索，从而进入了国际申请的国际检索程序。

该国际检索程序是该国际申请受理后自行启动的程序，但其也包含着强制申请人提出国际检索请求的含义，因为正如前面指出的那样，要求申请人在提出国际申请后缴纳检索费，申请人若不缴纳，则该国际申请被认为撤回。

国际申请的受理局收到申请人所提交的申请文件和应缴纳的费用后，便将其中一套文件作为检索本传送给主管国际检索单位（即国际检索局或国际检索机构），从而该国际检索程序启动。

国际检索单位的检索审查员在完成国际检索后应当作出国际检索报告，并将该国际检索报告送交申请人和国际局。申请人在收到国际检索报告的同时，还可能得到一份由国际检索单位制作的书面意见。申请人在收到国际检索报告后，可以在规定的期限内对国际申请的权利要求书向国际局提出修改。如果申请人不要求国际初步审查，国际局将代表国际检索单位就其书面意见内容出具一份关于专利性的国际初步报告（《专利合作条约》第 I 章）。国际局应当将此国际检索报告随同国际申请一起公布，或者在国际申请公布后单独进行公布，但上述书面意见和关于专利性的国际初步报告（《专利合作条约》第 I 章）不公布。从而该国际申请的国际检索程序终止。

三、国际申请的国际初步审查程序

按照 PCT 第 II 章的规定，国际申请的申请人可以要求主管国际初步审查单位对国际申请进行国际初步审查，该主管国际初步审查单位对作为国际申请主题的发明是否具有新颖性、创造性和工业实用性给出初步的、无约束力的初步审查意见，写成国际初步审查报告。这种由主管国际初步审查单位完成国际初步审查报告的过程称作国际初步审查程序。

该国际初步审查程序属于应当事人请求而启动的程序，该程序的启动需要满足三个条件：请求、期限和缴纳费用。

按照《专利合作条约》第 31 条以及《专利合作条约实施细则》第 53 条、第 54 条之二 . 1、第 57 条和第 58 条的规定，申请人应当在自国际申请的优先权日起 22 个月届满前或者在收到国际检索局发出的国际检索报告、不制定检索报告的声明或书面意见之日起 3 个月内（两者以期限在后者为最后期限）向主管国际初步审查单位提出国际初步审查要求书，说明所选定的使用国际初步审查结果的缔约国（选定国），并在自提出国际初步审查要求之日起 1 个月内（在缴纳滞纳金的情况下延长至国际初步审查单位发出缴纳通知之日起 1 个月内）缴纳手续费和初步审查费，在满足上述三个条件后，则进入国际初步审查程序。

但需要说明的是，除了国际初步审查按《专利合作条约实施细则》第 69 条 69.1（C）～（E）给予推迟启动的情况外，国际初步审查单位应当在得到国际初步审查要求书以及国际检索报告或者国际检索单位作出关于将不制定检索报告的声明后，开始进行国际初步审查工作。对于主管国际检索单位与主管国际初步审查单位是同一国家局或政府间组织的一部分，则国际初步审查工作可以和国际检索同时开始。

该国际初步审查工作开始后，经过审查员与申请人的意见交换后，国际初步审查单位最后作出关于专利性的国际初步报告（《专利合作条约》第 II 章），即国际初步审查报告，从而该国际初步审查程序终止。

四、国际申请进入国家阶段的进入程序

国际申请的国际阶段程序完成之后，申请人必须按照各指定国或选定国的规定履行进入国家阶段的行为，这些国家的专利局接受提出进入国家阶段请求的国际申请为本国专利申请的程序称作国际申请进入国家阶段的进入程序。

该国际申请进入国家阶段的进入程序是国际申请进入国家阶段的启动程序。该程序应当事人的请求而启动。该程序的启动应当满足请求、期限和缴纳费用三方面的条件。

首先申请人应当向指定局或选定局提交进入国家阶段声明以及国际申请的译文，以此来表明该国际申请进入指定局或选定局国家阶段的愿望。

按照 2001 年第 30 次 PCT 联盟大会作出的一项决定，PCT 第 22 条（1）中关于完成进入指定国国家阶段行为的期限由原来规定的自优先权日起 20 个月改为 30 个月，从而国际申请进入指定国国家阶段的期限与进入选定国国家阶段的期限相同，均为 30 个月，而且在允许宽限、缴纳宽限费的情况下可延长到 32 个月。上述规定已在 2002 年 4 月 1 日起生效。鉴于部分缔约国为适应 PCT 第 22 条的修改，需要修改本国专利法，故允许这些国家推迟该项修改的生效时间，暂时保持原有做法直到完成本国专利法的修改。《专利法实施细则》已经将国际申请进入中国国家阶段的期限定为自优先权日起 30 个月，并可宽限到 32 个月，该规定从 2003 年 2 月 1 日起执行。

如果申请人在宽限期届满后再办理或完成进入指定局或选定局国家阶段的手续，就会导致该国际申请进入该指定国或选定国的效力终止，因此国际申请进入国家阶段的请求不会被接受，从而不能启动该国际申请进入国家阶段的程序。

为启动该进入国家阶段的程序，申请人还应当在上述进入国家阶段期限届满前缴纳申请费及其他各国规定的费用，如果适用宽限期，还应当缴纳宽限费。如果在上述期限届满前未缴纳或缴足费用，则进入国家阶段的效力终止，因而也不能启动该进入国家阶段的程序。

该国际申请进入国家阶段的请求一旦被接受，则其后在该国家的专利程序基本上均与本国普通专利申请的程序相同。

第五节 《专利审查指南 2010》和国家知识产权局办事规程中涉及的子程序

除了上述专利法律法规中涉及的主要专利程序外，在各项行政规程中进一步涉及许多子程序。鉴于篇幅，本节仅对《专利审查指南 2010》和国家知识产权局办事规程中涉及的、比较重要的通用子程序作一简单说明。严格说来，这些比较重要的子程序大部分已在《专利法》和

《专利法实施细则》中提到，只是在《专利审查指南 2010》和国家知识产权局办事规程中作了进一步说明，如保密程序、向外国申请专利的保密审查程序、中止程序、恢复权利程序、延期请求程序、著录项目变更程序、更正程序等。

一、保密程序

《专利法》第四条的规定中涉及需要保密的专利申请，《专利法实施细则》第七条第二款和《专利审查指南 2010》第五部分第五章第 3 节至第 5 节又进一步涉及对国家知识产权局受理的发明或者实用新型专利申请进行保密审查的内容，因而在发明或者实用新型专利申请的初步审查程序中还需要对这一类发明或者实用新型专利申请进行保密审查，这种由国家知识产权局专利局发明或者实用新型专利申请初审部门进行保密审查以确定其是否按保密专利申请处理并对需要保密的专利申请采取保密措施的程序称作保密程序。

保密程序可以应申请人的请求而启动，也可以由国家知识产权局自行启动。

申请人认为其发明或者实用新型专利申请涉及国家安全或者重大利益需要保密的，应当在提出专利申请的同时在请求书上作出要求保密的表示，其申请文件应当以纸件形式提交。申请人也可以在发明专利申请进入公布准备之前，或者实用新型专利申请进入授权公告准备之前，提出保密请求，从而该发明或者实用新型专利申请的保密程序启动。该程序的启动无需申请人缴纳费用。

国家知识产权局自行启动的保密程序是分类审查员在对发明或者实用新型专利申请进行分类时，认为其内容可能涉及国家安全或者重大利益而对上述专利申请进行保密审查，从而启动该保密程序。

负责保密专利申请审查的审查员对申请人提出的保密要求进行审查后，认为该专利申请的内容涉及国防利益需要保密，就会将专利申请移交国防专利机构审查，并通知申请人，则国家知识产权局对本申请的保密程序终止。若进行保密审查后认为明显不需要保密且作出不予保密处理决定的，在申请人未提请行政复议的情况下，该保密程序终止。若进行保密审查后不属于上述两种情况，即认为其内容涉及国防利益以外的国家安全或重大利益需要保密的，则对该专利申请进行保密管理，并在保密条件下进行初步审查、实质审查和授权，直到该专利申请或专利解密时该保密程序才终止。

对于国家知识产权局自行启动的保密程序基本上与申请人请求启动的保密程序相似，只是经保密审查后认为不需保密的，不必通知申请人，保密程序随之终止。

需要说明的是，在此保密程序中解密程序的启动也有两种，一种应申请人的请求而启动，另一种由国家知识产权局自行启动。

二、向外国申请专利的保密审查程序

按照《专利法》第二十条的规定，任何单位或者个人将在中国完成的发明或者实用新型向外国申请专利的，应当事先报经国务院专利行政部门（即国家知识产权局）进行保密审查。国家知识产权局对申请人针对拟向外国申请的专利提出的保密审查请求进行审查以确定该专利涉及的技术内容是否需要保密的程序称作向外国申请专利的保密审查程序。

按照《专利法实施细则》第八条和《专利审查指南 2010》第五部分第五章第 6 节的规定，针对拟向外国申请专利的保密审查请求共有三种情况：

①直接向外国申请专利或者向有关国外机构提交国际申请的，应当在事先向国家知识产权局

提出向外国申请专利的保密审查请求；

②向国家知识产权局提出专利申请的同时或者之后向国家知识产权局提出向外国申请专利的保密审查请求，并说明拟将该专利申请向外国申请专利或者向有关国外机构提交国际申请；

③向国家知识产权局提交国际申请，这就视为同时提出了向外国申请专利的保密审查请求。

对于直接向外国申请专利或者向有关国外机构提交国际申请的情况，提出向外国申请专利保密审查请求后，该向外国申请专利的保密审查程序启动。如果经审查后，认为技术方案明显不需要保密，则通知请求人可以就该技术方案向外国申请专利，则该保密审查程序终止。经审查后认为技术方案可能需要保密的，审查员将向请求人发出暂缓向外国申请专利的审查意见通知书，请求人在其请求递交日起 4 个月内未收到上述暂缓向外国申请专利的审查意见通知书的，则可以就该技术方案向外国申请专利，该保密审查程序终止。已通知请求人暂缓向外国申请专利的，审查员将根据保密审查的结论发出向外国申请专利保密审查决定，将是否同意就该技术方案向外国申请专利的审查结果通知请求人，则该保密审查程序终止；如果请求人收到暂缓向外国申请专利的审查意见通知书、但在其请求递交日起 6 个月内未收到向外国申请专利保密审查决定的，则可以就该技术方案向外国申请专利，该保密审查程序终止。

对于在向国家知识产权局提出专利申请的同时或者之后向国家知识产权局提出向外国申请专利的保密审查请求的，按照同样方式进行保密审查。需要说明的是，如果国家知识产权局对该专利申请发出受理通知书而未发出暂缓向外国申请专利的审查意见通知书，请求人就可以将该专利申请向外国申请专利，该保密审查程序终止。

对于向国家知识产权局提交国际申请的情况，经审查后认为国际申请需要保密的，则在自申请日起 3 个月内发出因国家安全原因不再传送登记本和检索本的通知书，通知申请人和国际局该申请将不再作为国际申请处理，此时对该国际申请的保密审查请求程序以及该国际申请的国际阶段程序终止。如果经审查后，认为国际申请不需要保密的，将按照正常国际阶段程序进行处理，则申请人收到该国际申请的受理通知书后，就意味着该向外国申请专利的保密审查程序已终止。

三、中止程序

《专利法》和《专利法实施细则》中涉及的中止程序有两种：一种是发生在国家知识产权局专利申请审批程序、授权程序以及专利复审委员会的无效宣告请求审查程序中的中止；另一种是在人民法院审理或者地方知识产权管理部门处理侵权纠纷程序中的中止。这里仅对前一种中止程序作出说明。

根据《专利法实施细则》第八十六条第一款的规定，当地方知识产权管理部门或者人民法院受理了专利申请权或专利权归属纠纷后，国家知识产权局可以应权利归属纠纷当事人的请求中止有关程序。根据《专利法实施细则》第八十七条的规定，在人民法院裁定对专利申请权或专利权采取诉讼保全措施时，国家知识产权局可以应人民法院的要求而中止有关程序。国家知识产权局处理上述权利归属当事人提出的中止请求或者人民法院提出的中止有关程序的要求的程序称作中止程序。

应权利归属纠纷当事人的请求而启动的中止程序，只要向国家知识产权局提交中止程序请求书的请求人是权属纠纷的当事人，并随此请求书附具了该权利归属纠纷已被受理的证明，该中止程序即可启动。按照 2009 年修改的《专利法实施细则》的规定，已不再要求提出中止请求的请求人缴纳中止程序请求费。

应人民法院要求而启动的中止程序，只需要人民法院在附具诉讼保全措施裁定书的条件下要求国家知识产权局协助执行，该中止程序（即对专利申请权或专利权采取诉讼保全措施）即可启动。

对于当事人请求的中止程序启动后，直到地方知识产权管理部门作出的处理决定或人民法院作出的判决产生法律效力之后（必要时已办理著录项目变更手续），该中止程序终止；或者在此中止期限满 1 年内权利归属纠纷尚未结案，且请求人未在此期限内请求延长，则自中止请求之日起满 1 年该中止程序终止。

对于应人民法院要求协助执行诉讼保全措施而启动的中止程序，收到该人民法院送达解除保全通知书，经审核符合规定，该中止程序终止，或者在保全期限届满且人民法院没有裁定继续采取保全措施，自收到协助执行通知书之日起满 6 个月的，该中止程序终止。

对于涉及无效宣告程序中的专利，应权属纠纷当事人请求的中止或者应人民法院要求执行财产保全的中止，中止期限不超过 1 年，中止期限届满后将自行恢复有关程序，该中止程序终止。

四、恢复权利程序

按照《专利法实施细则》第六条第一款、第二款的规定，当事人因不可抗拒事由而延误《专利法》和《专利法实施细则》规定的期限或者国家知识产权局指定的期限，导致其权利丧失的，自障碍消除之日起 2 个月内，最迟自期限届满之日起 2 年内，可以向国家知识产权局请求恢复权利；当事人因正当理由而延误《专利法》和《专利法实施细则》规定的期限或者国家知识产权局指定的期限，导致其权利丧失的，可以自收到国家知识产权局的通知之日起 2 个月内向国家知识产权局请求恢复权利。国家知识产权局处理上述恢复权利请求的程序称作恢复权利程序。

上述可以恢复的权利主要包括专利申请权、专利权、要求优先权的权利。需要注意的是，上述恢复权利请求不适用于"享有不丧失新颖性公开宽限期"的"6 个月宽限期"（《专利法》第二十四条），"享有优先权的 12 个月（对发明或实用新型专利）或 6 个月（对外观设计专利）的优先权期限"（《专利法》第二十九条），发明专利权的 20 年保护期限或者实用新型、外观设计专利权的 10 年保护期限❶（《专利法》第四十二条）和专利侵权诉讼时效 2 年（《专利法》第六十八条）。例如，一件在先的发明或实用新型专利申请，过了 1 年后又提出另一件具有相同主题的发明或实用新型专利申请，就不能再要求该在先申请的优先权，该要求优先权的权利丧失不能再被恢复。但是，由于未在自申请日起 2 个月内缴纳优先权要求费而导致视为未要求优先权的，则可以因不可抗拒事由或正当理由而提出恢复优先权权利的请求。

任何恢复权利程序属于应当事人请求而启动的专利程序。该请求的提出受到期限的限制。对于因不可抗拒事由提出的，需要在该不可抗拒的障碍消除之日起 2 个月内（最迟自期限届满日 2 年）提出；而因正当理由提出的，需要在收到相应处分决定之日起 2 个月内提出。

按照《专利审查指南 2010》第五部分第七章第 6.2 节的规定，该请求应当以恢复权利请求书的方式提出，说明理由，并附具有关证明文件。

根据《专利法实施细则》第九十三条第（四）项和第九十九条的规定，请求人应当在上述允许提出恢复权利请求的期限内缴纳恢复权利请求费。

只有在办理了上述手续和消除造成权利丧失的原因之后，该恢复权利程序才予以启动。

经国家知识产权局审批同意恢复权利的，继续进行专利审批或授权后的程序，对于已公告过

❶ 目前我国《专利法》正在酝酿第四次修订，为与有关国际条约接轨，《专利法》修订的上报送审稿中将外观设计专利权的保护期限由 10 年改为 15 年。

处分决定的，则在专利公报上公告恢复权利的决定，此时该恢复权利程序终止。

经国家知识产权局审批后不同意恢复权利的，由国家知识产权局作出恢复权利请求审批通知书通知当事人，当事人不服的，可以在收到此审批通知书之日起 60 日内向国家知识产权局提出行政复议或者自收到此审批通知书之日起 6 个月内向人民法院提出行政诉讼❶，在上述期限未提出行政复议或行政诉出的，该恢复权利程序终止。

五、延期请求程序

根据《专利法实施细则》第六条第三款的规定，当事人在国家知识产权局指定的期限内不能完成通知书中所要求事宜的，可以在期限届满前向国家知识产权局提出延长该期限的请求。国家知识产权局处理期限延长请求的程序称作延期请求程序。

需要说明的是，该延期请求程序同样适用于复审程序期间专利复审委员会指定的期限。但在无效宣告请求审查程序中，专利复审委员会指定的期限不得延长。

该延期请求程序也属于应当事人提出请求而启动的程序。该程序的启动，需要当事人提交延长期限请求书，并说明理由。该请求的提出有期限要求，即应当在该指定的期限届满之前。此外，还应当在该指定的期限届满之前缴纳延长期限请求费。只有满足请求、期限和缴纳费用这三个条件时，该程序才能启动。

国家知识产权局对延期请求作出审查后，作出审批通知书通知当事人，从而延期请求程序终止。

六、著录项目变更程序

专利申请的著录项目包括：申请号、申请日、发明创造名称、分类号、优先权事项、申请人或者专利权人事项、发明人姓名、专利代理事项、联系人事项以及代表人等。在专利申请审批期间或者专利权有效期间处理上述著录项目变更事宜的程序称作著录项目变更程序。

著录项目变更程序可以应当事人请求而启动，也可以由国家知识产权局根据情况依职权进行变更。上述著录项目中有关人事的著录项目（指申请人或者专利权人事项、发明人姓名、专利代理事项、联系人事项、代表人）发生变化的，均需要由当事人请求而启动。该请求的启动不受期限限制，当事人在任何时候均可以著录项目变更申报书方式提出，且附交著录项目变更的有关证明材料。著录项目变更申报需要缴纳著录事项变更费❷，应当自提出请求之日起 1 个月内缴纳。

当事人提出著录项目变更申报后，经国家知识产权局审查，符合规定的，发出申报手续合格通知书，告知申请人著录项目变更前后的情况，必要时予以公告，著录项目变更程序终止。如果申报手续不符合规定，补正后仍不符合要求，视为未提出著录项目变更申报，通知申请人，当事人不服，可以请求行政复议或提出行政诉讼，逾期未提出行政复议或行政诉讼的，该著录项目变更程序终止。

除有关人事的著录项目外，其他著录项目的变更由国家知识产权局根据情况自行依职权变更，并通知当事人，此时无须当事人缴纳著录事项变更费。

七、更正程序

国家知识产权局和专利复审委员会在其处理专利事务中出现的错误一经发现，应当及时更

---

❶ 按照 2015 年 5 月 1 日施行的《行政诉讼法》的规定，此类行政诉讼的起诉期限由 3 个月改为 6 个月。

❷ 《专利法实施细则》和《专利审查指南 2010》中该费用名称不同，在《专利审查指南 2010》中为"著录项目变更手续费"。

正。对上述错误进行更正的程序称作更正程序。

此更正程序可以应当事人请求而启动，也可以由国家知识产权局或专利复审委员会自行启动。

当事人提出更正请求虽然无期限限制，但是对于国家知识产权局或专利复审委员会在通知书中提请当事人核实，并要求在指定期限内表示意见的，当事人逾期未提出不同意见而导致出现错误，则往往失去提出更正的机会，当事人对此情况应当引起足够的重视。

更正程序所处理的是由国家知识产权局或专利复审委员会在专利事务中出现的错误，因而该更正程序的启动不需要当事人缴纳有关费用。

该更正程序以国家知识产权局或专利复审委员会将更正结果通知当事人而终止，但对于出现在专利公告或专利文件（包括专利申请公布文件）中的错误，还应对所作更正予以公告。

第五章　专利事务处理中的文件、期限与费用

在前一章中，指出多数专利程序的启动应满足请求、期限与缴纳费用三项要素，其中请求以书面形式或电子形式进行，即以书面文件或电子文件形式提交。此外，在各专利程序进行专利事务的处理中，也需要提交文件或缴纳费用，而且有相应的期限要求。

第一节　专利事务处理的期限

专利事务处理对当事人完成某种行为的时间提出了要求，即当事人必须在规定或指定的期限内完成有关专利事务，否则将会因期限耽误而受到处分。作为申请人或专利代理人必须十分熟悉各专利程序中的各种期限，本节将对此作一介绍。

一、期限的种类

专利事务处理的期限分为两种：法定期限和指定期限。

1. 法定期限

法定期限是指《专利法》和《专利法实施细则》中规定的具体期限。可分为四类。

（1）允许当事人为启动专利程序提出请求的期限

该期限主要包括：要求优先权的专利申请提出专利申请的期限、要求享受不丧失新颖性宽限期的专利申请提出专利申请的期限、提出分案申请的期限、指定中国的国际申请办理进入中国国家阶段手续的期限、上述国际申请办理进入中国国家阶段手续的宽限期、发明专利申请提出实质审查请求的期限、被驳回专利申请提出复审请求的期限、对复审决定或无效宣告请求审查决定不服向人民法院起诉的期限、提出恢复权利请求的期限、提出延长期限请求的期限等。

（2）国家知识产权局要求当事人办理相关手续的期限

《专利法》和《专利法实施细则》具体给出的这一类法定期限较少，主要是办理专利授权登记手续的期限。

（3）当事人在专利程序中提交有关文件的期限

按照《专利法》和《专利法实施细则》的规定，大部分为启动专利程序而提出请求应提交的文件需要在请求时提交；但也规定了一部分可在专利程序期间提交的文件，这些文件的提交也有期限要求，这类法定期限主要包括：要求优先权的专利申请提交在先申请文件副本的期限、涉及生物材料的发明专利申请提交生物材料样品保藏证明和存活证明的期限、要求享受不丧失新颖性宽限期的专利申请提交相关证明文件的期限、指定中国的国际申请在进入中国国家阶段提交国际阶段修改文本的译文的期限、允许上述国际申请提出译文改正的期限、允许提出专利权无效宣告请求的请求人增加理由和补充证据的期限等。

（4）当事人缴纳有关专利费用的期限

有关这方面的内容将在下一节中作更具体的说明。

2. 指定期限

指定期限是国家知识产权局或专利复审委员会的审查人员在依据《专利法》和《专利法

实施细则》作出的各种通知中，指定申请人或其他有关当事人作出答复或完成某种行为的期限。

这类指定期限可以是指定当事人陈述意见、提交补正或修改文件的期限，例如对三种专利申请初步审查时的补正书或审查意见通知书的答复期限、发明专利申请实质审查中对审查意见通知书的答复期限、无效宣告请求审查程序中对转送文件或审查通知书陈述意见的期限等；也可以是要求当事人提交有关资料或办理有关手续的期限，例如发明专利申请实质审查中要求申请人提交与发明相关资料的期限、指定当事人附送所提交的外文证件或外文证明文件的译文的期限、对进入中国国家阶段的国际申请指定改正其译文所存在错误的期限。

上述指定期限的长短由审查人员根据情况确定，并在通知书中写明。在专利申请审批阶段，该指定期限通常为 2 个月；在发明专利申请实质审查程序中，申请人答复第一次审查意见通知书的期限为 4 个月；对于较为简单的行为，也可以给予 1 个月或更短的期限，例如，三种专利申请初审阶段对补正通知书的答复期限为 1 个月，而属于征求当事人对所确定事实（如所确定的会晤日期、授权时申请文件依职权修改内容）是否同意，则可以指定更短的期限。但是，在复审程序中对复审通知书的答复期限以及在无效宣告请求审查程序中对转送文件通知书或无效宣告请求审查通知书的答期限期为 1 个月；在这两个程序中，对于较为简单的行为，可以给出更短的期限，例如对补正通知书的答复期限为 15 天，对口头审理通知书提交回执的期限为 7 天。

二、期限的计算

由于耽误法定或指定期限会给当事人带来很大影响，甚至会造成权利的丧失，因而申请人或专利代理人应当十分清楚期限如何计算。

1. 期限的起算日

期限的起算日分为两种：

（1）以申请日、优先权日等固定日期为起算日计算

大部分法定期限是以申请日、优先权日等固定日期为起算日计算的。例如，发明专利申请的实质审查请求期限为自申请日（有优先权要求的，自优先权日）起 3 年内提出；要求优先权的专利申请提交在先申请文件副本的期限为自申请日起 3 个月。

（2）以通知和决定的收到日为起算日计算

全部指定期限和部分法定期限以通知和决定的收到日起计算。例如，答复补正通知书或审查意见通知书时提交补正书、意见陈述书和修改文件的期限（指定期限），自申请人收到上述通知之日起计算；无效宣告请求审查程序中专利权人收到专利复审委员会发出的无效宣告请求受理通知书以及转送的无效宣告请求书和有关文件副本后，作出意见陈述和提交修改文本的期限（指定期限）为自收到该通知书之日起计算；申请人办理专利权授权登记手续的期限（法定期限）为自收到授予专利权通知之日起计算；申请人不服驳回决定向专利复审委员会提出复审请求的期限（法定期限）自收到驳回决定之日起计算。

上述收到日为推定收到日，该推定收到日为从国家知识产权局发出文件之日（该日期记载在通知和决定上）起满 15 日。例如，国家知识产权局通知书或决定书的发文日为 2014 年 8 月 11 日，其推定收到日为 2014 年 8 月 26 日。但是如果当事人能提供证据，证明实际收到日晚于推定收到日，则期限从实际收到日起计算。但是，对于因无法通知到当事人而在专利公报上通过公告方式告知的，以公告日起满 1 个月推定为送达日。

2. 期限的届满日

期限起算日加上法定或者指定的期限即为期限的届满日。相应的行为应当在期限届满日之

前、最迟在届满日当天完成。

由此可知，期限的起算日不计算在期限内。期限以年或者月计算的，以其最后1月的与起算日相应的日期为期限届满日；该月无相应日的，以该月最后一日为期限届满日。例如，一件发明专利申请的申请日为2011年6月3日，其实质审查请求期限的届满日为2014年6月3日，而不是2014年6月2日；国家知识产权局对发出的驳回决定的发文日为2013年11月15日，则推定收到日为2013年11月30日，则其向专利复审委员会提出复审请求的期限届满日为2014年2月28日。

期限届满日是法定休假日或者移用周休息日的。以法定休假日或者移用周休息日后的第一个工作日为期限届满日。法定休假日包括法定节日和周休息日，其中法定节日指元旦（1天）、春节（3天）、清明节（1天）、"五一"国际劳动节（1天）、端午节（1天）、中秋节（1天）和国庆节（3天）；周休息日指每周的周六和周日；国家公告移用休息日，以北京市政府的公告为准。例如，国家知识产权局对某一发明专利申请发出的第一次审查意见通知书的发文日为2014年5月19日，其推定收到日为2014年6月3日，其指定答复期限为4个月，则该第一次审查意见通知书的答复期限为2014年10月8日（即2014年10月的第一个工作日），而不是2014年10月3日。又如，国家知识产权局作出的驳回决定的发文日为2011年6月17日，其推定收到日为2011年7月2日（请注意，尽管该日为周六，但是推定收到日遇到休息日，不顺延），允许提出复审请求的期限为3个月，则加上3个月为10月2日，在国庆节日期间，则应当以国庆节后第一个工作日10月8日为期限届满日，但是10月8日为周六，是移用周休息日，同样10月9日也是移用周休息日，因此允许提出复审请求的期限届满日为2011年10月10日。

需要说明的是，向国家知识产权局提交的各种文件（包括指定中国的国际申请办理进入国家阶段手续所提交的文件）以寄出的邮戳日或者面交日作为完成该行为的日期。信封上邮戳不清楚的，当事人应当提供证明来证实其实际邮寄日，否则以国家知识产权局收到日（即记载在文件上的穿孔日或收文日）为完成提交文件的日期。文件邮寄或面交到非受理部门或审查员个人的，该寄出日或面交日不具有法律效力，而以国家知识产权局专利局受理处（对于专利申请审批过程提交的文件）或者专利复审委员会（对于复审程序和无效宣告请求审查程序所提交的文件）实际收到日为完成该提交文件的日期。

三、期限的管理

正如本节开始所指出的那样，耽误期限会导致专利申请人或专利权人有关权利的丧失，因此申请人和专利代理人应当十分重视对专利申请或已授权专利的期限管理。

早期对期限的管理较多采用卡片管理方式。但随着计算机的普及以及所处理案件数量的增加，各专利代理机构均已采用计算机管理方式。就期限的管理来说，通常应该包括几方面的内容：期限的确定、期限届满前的提前警示、期限的延长请求、期限届满的补救。

1. 期限的确定

在确定一项需要完成的专利事务时，就应该同时确定完成该项专利事务的期限，最好还应该确定给出提前警示的期限，以保证该项专利事务能按期完成。

例如，对于一件发明专利申请，收到国家知识产权局的第一次审查意见通知书后，专利代理人首先应按照前面所述期限计算的有关内容确定提交意见陈述书和/或申请文件修改文本的期限届满日。在此时还应确定向委托人转送审查意见的期限、催促委托人给出答复意见的警示期限以及督促按时提交意见陈述书和/或修改文本的警示期限。

有时，对于一项专利事务可能需要确定多项工作的期限届满日。例如，在接到一件有优先权要求、涉及生物材料和不丧失新颖性公开的发明专利申请，此时就提出申请来说先后要确定6个期限的届满日。首先确定自该最早优先权日起12个月内提出专利申请的期限（逾期则不能享受优先权）。在提出专利申请后，对此专利申请要确定下述五个期限届满日：自申请日起2个月缴纳申请费、申请附加费、优先权要求费和公布印刷费的期限❶；自申请日起两个月内缴纳有关不丧失新颖性公开的证明材料的期限；自申请日起3个月内缴纳优先权文件副本的期限；自申请日起4个月内缴纳生物材料样品保藏证明和存活证明的期限；自优先权日起3年内提出实质审查请求的期限。并相应于这些期限届满日确定其各自给出提前警示的日期。

2. 期限届满前的提前警示

在期限管理中确定期限是十分重要的，但仅仅确定期限对于实现期限的监视是不够的，因为仅监视期限届满日并不能确保不耽误期限。必须要采取期限届满前的提前警示。

对于不同的专利事务，给出提前警示的时间是不同的，其根据该专利事务处理的难易而定。如果对于缴纳费用等比较简单的专利事务，则提前两三天给出警示即可。而对于比较复杂的专利事务，则往往需要10日、半月甚至1个月前就提醒有关人员，而且还可能要确定多个警示内容，对每个警示内容又给出多次警示。例如对第一次审查意见通知书的答复，在将通知书有关内容转达给委托人后，将该期限届满前1个月作为提醒委托人给出答复指示的第一次警示期，而将该期限届满前半个月作为督促委托人给出答复指示的紧急警示期；将该期限届满前10日作为提醒办案人员起草意见陈述书和修改申请文件的第一次警示期，而将该期限届满前3日作为督促办案人员提交意见陈述书和申请文件修改文本的紧急警示期。

3. 期限的延长

即使期限管理工作做得很好，但有时由于特殊原因，如委托人出差到国外一时联系不上，或者因为专利代理人手头有多件申请案的事务需要在同一时间内完成，有可能出现不能在期限届满日前完成某一事务的情况。

对于国家知识产权局指定的期限来说，《专利法实施细则》第六条第四款规定了解决此问题的补救办法。除了无效宣告请求审查程序中专利复审委员会指定的期限以外，允许当事人对国家知识产权局指定的期限提出延长期限的请求。但该延长期限的请求必须在该指定期限届满之前提出。因此，专利代理人对于一项在指定期限应完成的某项专利事务，如果在其第一次警示期尚未收到委托人的指示，就要着手考虑是否提出延长期限请求，并及时将此考虑转告委托人，一旦到达该紧急警示期尚未得到委托人的指示，或者委托人虽已给出指示而该项专利事务处理的准备工作难以在该期限届满前完成，则应立即着手以书面形式向国家知识产权局提出延长期限的请求，在延长期限请求书中写明提出延长期限的理由和所希望的延长期限为1个月丞是2个月，并在该期限届满之前缴纳延长期限请求费。对于同一通知或者决定中指定的期限通常只能允许延长一次。

4. 期限届满的补救

对于《专利法》和《专利法实施细则》规定的期限届满，或者对于国家知识产权局指定的期限届满，而当事人又未提出延长期限请求的情况，国家知识产权局将会因当事人耽误期限而对该件专利申请或者已授权专利作出处分决定，如视为撤回、视为未提出请求、视为未要求优先

---

❶ 如果国家知识产权局对该专利申请的受理通知书发出较晚，即收到受理通知书后距此两个月的期限届满日已不足15日，则可对该期限届满日进行调整，调整到自收到该受理通知书之日起15日，更具体地说，按照受理通知书的发文日加15日为推定收到日，再加15日为期限届满日。

权、视为放弃取得专利权的权利、专利权终止等。

当事人收到上述处分决定后，可以采取期限届满的补救措施。按照《专利法实施细则》第六条第一款、第二款、第五款的规定，除了不丧失新颖性公开的 6 个月宽限期外（《专利法》第二十四条）、允许提出优先权要求的自最早优先权日起 12 个月或 6 个月的期限（《专利法》第二十九条）、20 年或 10 年的专利保护期❶（《专利法》第四十二条）和 2 年的侵权诉讼时效（《专利法》第六十八条）以外，当事人因不可抗拒事由或因正当理由而延误《专利法》和《专利法实施细则》规定的期限或者国家知识产权局指定的期限而导致其权利丧失的（如收到上述处分决定），则可以自障碍消除之日起 2 个月内、最迟自期限届满之日起 2 年内（因不可抗拒事由）或者自收到国家知识产权局的通知之日起 2 个月内（因正当理由）向国家知识产权局提出恢复权利请求，并在上述期限届满前缴纳恢复权利请求费。

因此，在出现不可抗拒事由而不能办理某项专利事务，专利代理人应当在该障碍消除之日起立即与委托人商量是否要提出恢复权利请求。专利代理人在收到国家知识产权局因当事人耽误期限而发出的上述处分决定后，如果该期限延误是委托人自己造成的，应当立即将上述处分决定转送给委托人，并征询是否提出恢复权利的请求；若该期限延误是由于专利代理机构工作失误造成的，则应当立即主动向国家知识产权局提出恢复权利的请求。一旦决定提出恢复权利请求，就应当在上述期限届满之前以书面的形式向国家知识产权局提出恢复权利请求书，并在其中写明请求恢复的理由，附具有关证明材料，并在该期限届满之前（最好在提出请求的同时）缴纳恢复权利请求费。需要注意的是，在提出恢复权利请求的同时，应当完成尚未完成的行为以消除造成权利丧失的原因。例如：对于因未在指定期限内答复审查意见通知书而被视为撤回的情况，则在提出恢复权利请求的同时或在此之前已将意见陈述书提交给国家知识产权局；申请人在办理授权登记手续的期限内未缴足应该缴纳的费用而被视为放弃取得专利权的权利，则在提出恢复权利请求的同时或在此之前，补缴上述应缴纳而未缴足的费用。

四、专利事务处理管理期限一览表

专利事务处理中，文件、期限和费用是其三项最基本的要素，管理专利事务主要就是监视文件提交和费用缴纳的期限，避免未按期提交文件或未按期缴纳费用而导致当事人权利的丧失。为此，在这里列出专利事务处理期限管理一览表（见表 5-1），供申请人和专利代理人参考。为清楚起见，将其中有关专利费用缴纳的内容从此表中分出，另在第二节专利费用中单独列出。在该专利事务处理期限管理一览表中主要列出该专利事务处理的内容、应提交的文件、提交文件的期限、法律依据、该期限可否延长、未按期限办理可能受到的处分以及可以采用的补救措施。其中为简明起见，在法律依据一栏中将《专利法》简称为"法"，将《专利法实施细则》简称为"细则"，将《专利审查指南 2010》简称为"指南"（以下各表同）。此外，此表中均为涉及由国家知识产权局专利局处理的专利事务，而由其他部门（如专利复审委员会）处理的专利事务（如复审、无效宣告审查请求）的期限管理内容将在本书第三编相应章节中另列表作出说明。

---

❶ 目前我国《专利法》正在酝酿第四次修订，为与有关国际条约接轨，《专利法》修订的上报送审稿中将外观设计专利权的保护期限由 10 年改为 15 年。

表 5 - 1 主要专利事务处理期限管理一览表

涉及的专利事务		应提交的文件	提交文件的期限	法律依据	可否延长	未按期限办理手续的处分	未按期限办理手续的补救措施
申请发明专利	普通申请	请求书；权利要求书；说明书（必要时包括附图）	无期限要求				
	要求享受优先权	请求书；权利要求书；说明书（必要时包括附图）	自第一次提出专利申请之日起12个月内	法第二十九条	不能	视为未要求优先权通知书	无
		要求优先权声明（在请求书中写明）	在提出申请同时	法第三十条	不能	视为未要求优先权通知书	无
		在先申请文件副本❶	自申请日起3个月内	法第三十条	不能	视为未要求优先权通知书	恢复权利请求
	生物材料样品保藏	在请求书和说明书中写明保藏该生物材料样品的单位名称、地址、保藏日期和编号，以及该生物材料的分类命名（注明拉丁文名称）	在申请同时，其中生物材料样品保藏应在申请日（有优先权的，指优先权日）或申请日前完成	细则第二十四条			申请时未写明的，应当在自申请日起4个月内补正，期满未补正则视为未提交保藏
		生物材料样品保藏证明和存活证明	自申请日起4个月内	细则第二十四条	不能	视为生物材料样品未保藏通知书	恢复权利请求
	涉及遗传资源	在请求书中对遗传资源的来源予以说明	在提出申请同时	法第二十六条第五款 细则第二十六条第二款		不符合规定，补正通知书，未按期补正，视为撤回通知书	视为撤回后可提出恢复权利请求
		遗传资源来源披露登记表	在提出申请同时	细则第二十六条第二款		不符合规定，补交或补正，未按期补交或补正，视为撤回通知书	视为撤回后，可提出恢复权利请求

---

❶ 要求本国优先权并且在请求书中写明了在先申请的申请日和申请号的，视为提交了在先申请文件副本；要求外国优先权的，依照国家知识产权局与在先申请的受理机构签订的协议，国家知识产权局通过电子交换等途径从该受理机构获得在先申请文件副本的，视为申请人提交了经该受理机构证明的在先申请文件副本。

续表

涉及的专利事务		应提交的文件	提交文件的期限	法律依据	可否延长	未按期限办理手续的处分	未按期限办理手续的补救措施
申请实用新型专利	普通申请	请求书；权利要求书；说明书(包括附图)	无期限要求				
	要求享受优先权	请求书；权利要求书；说明书(包括附图)	自第一次提出专利申请之日起12个月内	法第二十九条	不能	视为未要求优先权通知书	无
		要求优先权声明(在请求书中写明)	在提出申请同时	法第三十条	不能	视为未要求优先权通知书	无
		在先申请文件副本❶	自申请日起3个月内	法第三十条	不能	视为未要求优先权通知书	恢复权利请求
申请外观设计专利	普通申请	请求书；图片或者照片；简要说明	无期限要求				
	要求享受外国优先权	请求书；图片或者照片；简要说明	自第一次在国外提出外观设计申请之日起6个月内	法第二十九条	不能	视为未要求优先权通知书	无
		要求优先权声明(在请求书中写明)	在提出申请同时	法第三十条	不能	视为未要求优先权通知书	无
		在先申请文件副本❷	自申请日起3个月内	法第三十条	不能	视为未要求优先权通知书	恢复权利请求
要求享受不丧失新颖性宽限期		在请求书中声明	自不丧失新颖性公开之日起6个月内提出专利申请时声明	细则第三十条	不能	视为未要求不丧失新颖性宽限期通知书	无
		提交不丧失新颖性公开的证明材料	自申请日起2个月内❸	细则第三十条	不能	视为未要求不丧失新颖性宽限期通知书	恢复权利请求

---

❶ 要求本国优先权并且在请求书中写明了在先申请的申请日和申请号的，视为提交了在先申请文件副本；要求外国优先权的，依照国家知识产权局与在先申请的受理机构签订的协议，国家知识产权局通过电子交换等途径从该受理机构获得在先申请文件副本的，视为申请人提交了经该受理机构证明的在先申请文件副本。

❷ 依照国家知识产权局与在先申请的受理机构签订的协议，国家知识产权局通过电子交换等途径从该受理机构获得在先申请文件的，视为申请人提交了经该受理机构证明的在先申请文件副本。

❸ 对于不丧失新颖性宽限的第三种情况，即他人未经申请人同意而泄露其内容，若在申请日前得知，在申请日起2个月内提交，若在申请日后得知，在得知情况后2个月内提交。

涉及的专利事务		应提交的文件	提交文件的期限	法律依据	可否延长	未按期限办理手续的处分	未按期限办理手续的补救措施
办理国际申请进入中国国家阶段手续	在规定期限内进入	国际申请进入中国国家阶段声明，并在声明中写明国际申请号；原始国际申请（以外文提出）的中文译文或者原始国际申请（以中文提出）的国际公布的摘要副本；附图副本（以外文提出的）或国际公布文件的摘要附图（以中文提出的）	自优先权日起30个月内	细则第一百零三条、第一百零四条	不能		给予2个月宽限期
	利用宽限期进入	除按规定办理需提交文件外，在进入声明中注明要求利用宽限期	自优先权日起32个月内	细则第一百零三条、第一百零四条、第一百零五条	不能	国际申请在中国效力丧失	恢复权利请求（仅限于不可抗拒事由）
	以国际阶段修改文本作为审查基础	国际阶段修改文本的译文	自进入日起2个月内	细则第一百零六条	不能	在审查时该修改不予考虑	可作为进入国家阶段的主动修改提出
	国际阶段已要求优先权的国际申请进入国家阶段时优先权要求继续有效	在进入声明中准确写明	在办理进入国家阶段手续时	指南第三部分第一章第5.2.1节	不能		
	请求恢复国际阶段被视为未提出的优先权要求	恢复国际阶段被视为未提出的优先权要求请求书	在办理进入国家阶段手续时	指南第三部分第一章第5.2.5节	不能	进入国家阶段之后提出的恢复请求不予考虑	

涉及的专利事务		应提交的文件	提交文件的期限	法律依据	可否延长	未按期限办理手续的处分	未按期限办理手续的补救措施
办理国际申请进入中国国家阶段手续	改正国际阶段的优先权书面声明中的错误	改正优先权要求请求书	在办理进入国家阶段手续时或者自进入日起2个月内	指南第三部分第一章第5.2.1节	不能	进入国家阶段后提出的改正请求不予考虑	
	消除国际阶段的优先权书面声明中未写明在先申请申请号的缺陷	在进入声明中写明	办理进入国家阶段手续时	指南第三部分第一章第5.2.1节和第5.2.5节	不能	视为未要求该项优先权通知书	恢复权利请求
	国际阶段声明要求享受不丧失新颖性宽限期的国际申请	在进入声明中予以说明	办理进入国家阶段手续时	细则第一百零七条 指南第三部分第一章第5.4节	不能	视为未要求不丧失新颖性宽限期通知书	对于国际公布文本中有记载而在进入声明中没有指明的，可以在自进入日起2个月内补正
		提交不丧失新颖性的证明材料	自办理进入国家阶段手续之日起2个月内	细则第一百零七条	不能	视为未要求不丧失新颖性宽限期通知书	恢复权利请求
	涉及生物材料样品保藏	在进入声明中指明记载生物材料样品保藏事项的文件及在该文件中的具体记载位置	办理进入国家阶段手续时	细则第一百零八条			可在办理进入国家阶段手续之日起4个月内补正，期满未补正，该生物材料视为未提交保藏
		生物材料样品保藏证明和存活证明	办理进入国家阶段手续之日起4个月内	细则第一百零八条	不能	视为生物材料样品未保藏通知书	恢复权利请求
	涉及遗传资源	在进入声明中予以说明	办理进入国家阶段手续时	细则第一百零九条		不符合规定，补正通知书，未按期补正，视为撤回通知书	视为撤回后，可提出恢复权利请求
		遗传资源来源披露登记表	办理进入国家阶段手续时	细则第一百零九条		不符合规定，补交或补正，未按期补交或补正，视为撤回通知书	视为撤回后，可提出恢复权利请求

续表

涉及的专利事务	应提交的文件	提交文件的期限	法律依据	可否延长	未按期限办理手续的处分	未按期限办理手续的补救措施
更正申请日的请求	附有收寄专利申请文件的邮局出具的寄出日期有效证明	提交申请文件之日起 2 个月内或者收到专利申请受理通知书 1 个月内	指南第五部分第三章第 4 节			
要求早日公布发明专利申请	要求提前公布声明	自申请日（有优先权的，指优先权日）起 15 个月内提出（此后提出的按正常 18 个月公布）	细则第四十六条；指南第五部分第八章第 1.2.1.1 节			
发明专利申请的实质审查请求	实质审查请求书❶	自申请日（有优先权的，指优先权日）起 3 年内法	法第三十五条	不能	视为撤回通知书	恢复权利请求（仅限于不可抗拒事由或非当事人责任的正当理由）
	申请日前与其发明有关的参考资料	提出实质审查请求时	法第三十六条、细则第四十九条	可声明补交		
发明专利申请提交外国检索资料或审查结果资料	外国检索资料或审查结果资料	在通知书指定的期限内	法第三十六条第二款	能	视为撤回通知书	恢复权利请求
著录项目变更请求	著录项目变更申报书；著录项目变更证明材料	无期限要求	指南第一部分第一章第 6.7 节			
发明专利申请的主动修改（包括进入国家阶段的要求获得发明专利权的国际申请）	修改的专利申请文件全文或相应替换页	（1）在提出实质审查请求时（2）自收到发明专利申请进入实质审查阶段通知书之日起 3 个月内	细则第五十一条第一款、第一百一十二条第二款	不能	有利于节约审查程序的修改文本（如消除了原申请文件存在的应消除的缺陷）逾期提交后可被接受作为审查文本，但不利于节约审查程序的修改本不予接受	

❶ 对于以电子申请提交的发明专利申请，拟通过专利审查高速路（PPH）加快审查的，可以在提交实质审查请求时或者在权利进入实质审查阶段通知书之后、且国家知识产权局对该申请尚未进行实质审查的期间提交"参与专利审查高速路（PPH）项目申请表"和"权利要求书对应表"。

续表

涉及的专利事务	应提交的文件	提交文件的期限	法律依据	可否延长	未按期限办理手续的处分	未按期限办理手续的补救措施
实用新型或外观设计专利申请的主动修改	修改的专利申请文件全文或相应替换页	自申请日起2个月内	细则第五十一条第二款	不能	有利于节约审查程序的修改文本（如消除了原申请文件存在的应消除的缺陷）逾期提交后可被接受作为审查文本，但不利于节约审查程序的修改文本不予接受	
进入国家阶段的要求获得实用新型专利权的国际申请的主动修改	修改的专利申请文件全文或相应替换页	自办理进入国家阶段手续之日起2个月内	细则第一百一十二条第一款	不能	同上	
进入国家阶段的国际申请主动改正译文错误	改正译文错误请求书；译文改正页	（1）做好国家公布发明专利申请或者公告实用新型专利权的准备工作之前（2）自收到发明专利申请进入实质审查阶段通知书之日起3个月内	细则第一百一十三条第一款	不能		确实存在译文错误，可在答复审查意见通知书时一并进行，视作按照通知书要求改正译文错误
进入国家阶段的国际申请按照通知书要求改正译文错误	改正译文错误请求书译文改正页	在通知书指定的期限内	细则第一百一十三条第三款	能	视为撤回通知书	恢复权利请求
国家知识产权局初步审查时发出的审查意见通知书	意见陈述书和/或专利申请修改文件	在通知书指定的期限内	细则第四十四条第二款	能	视为撤回通知书	恢复权利请求
国家知识产权局针对请求书、权利要求书、说明书（包括附图）、摘要、外观设计图片、照片、简要说明发出的补正通知书	相应补正文件	在通知书指定的期限内	细则第四十四条第二款	能	视为撤回通知书	恢复权利请求

续表

涉及的专利事务	应提交的文件	提交文件的期限	法律依据	可否延长	未按期限办理手续的处分	未按期限办理手续的补救措施
国家知识产权局针对专利代理委托手续发出的补正通知书或审查意见通知书	补交或重交改正后的有关文件	在通知书指定的期限内	细则第四十四条；指南第一部分第一章第6.1.1节和第6.1.2节	能	国内申请视为未委托专利代理 涉外专利申请期满未答复视为撤回，补正仍不符合规定驳回专利申请	未按期限办理补正手续的，可以提出恢复权利请求
国家知识产权局的办理手续补正通知书	相关手续的相关补正文件	在通知书指定的期限内	细则第四十四条	能	视为未提出办理该项手续的请求	恢复权利请求
国家知识产权局通知附送外文证件和证明文件的中文译文	外文证件和证明文件的中文译文	在通知书指定的期限内	细则第三条第二款	能	视为未提交该证件和证明文件	恢复权利请求
国家知识产权局实质审查时发出的审查意见通知书	意见陈述书和/或专利申请的修改文件	在通知书指定的期限内	法第三十七条	能	视为撤回通知书	恢复权利请求
国家知识产权局对进入国家阶段的国际申请发出的补正通知书（涉及优先权证明材料的除外）	按补正通知书的要求对有关文件补正或提交有关材料	在通知书指定的期限内	细则第一百零四条	能	视为撤回通知书	恢复权利请求
国家知识产权局对进入国家阶段的国际申请就提交享有优先权的证明材料发出补正通知书	申请人享有优先权的证明材料	在通知书指定的期限内	指南第三部分第一章第5.2.3.2节	能	视为未要求优先权通知书	恢复权利请求

涉及的专利事务	应提交的文件	提交文件的期限	法律依据	可否延长	未按期限办理手续的处分	未按期限办理手续的补救措施
国家知识产权局对进入国家阶段的国际申请要求提交在先申请文件副本	在先申请文件副本	在通知书指定的期限内	细则第一百一十条第三款	能	视为未要求优先权通知书	恢复权利请求
请求延长期限	延长期限请求书	在相应指定期限届满前	细则第六条第四款		针对该期限内应完成的专利事务作出处分决定	
以不可抗拒事由为由请求恢复权利	恢复权利请求书	自障碍消除之日起2个月内，最迟自期限届满日起2年内	细则第六条第一款	不能		
以其他正当理由为由请求恢复权利	恢复权利请求书	自收到通知书之日起2个月内	细则第六条第二款	不能		
办理授权登记手续	（主要为缴纳有关费用，详见本章第二节）	自收到授予专利权通知书之日起2个月内	细则第五十四条	不能	视为放弃取得专利权通知书	恢复权利请求
提出分案申请	提交文件同普通申请，但须在请求书中写明为分案申请及有关母案申请信息，此外，尚须提交母案申请的副本	收到授予专利权通知书之日起2个月办理授权登记手续的期限届满之前（专利申请被驳回已生效、已撤回、或者被视为撤回尚未恢复的，不能再提出分案申请）	细则第四十二条第一款，第五十四条	不能	分案申请视为未提出通知书	
请求作出专利权评价报告	专利权评价报告请求书（写明专利号）；请求人为利害关系人时的相关证明文件	授予实用新型或外观设计专利权决定公告之后	细则第五十六条；指南第五部分第十章第2.3节			
请求退回多缴、重缴、错缴专利费用	退款请求书	自缴费之日起3年内	细则第九十四条第四款；指南第五部分第二章第4.2.1.3节	不能	不予退款	

第二节 专利费用

本节先对费用的种类、缴纳费用的期限、费用缴付方式、费用缴纳的管理作一简单介绍，最后列出费用缴纳一览表。

一、费用的种类

《专利法实施细则》第九十三条规定了向国家知识产权局提出专利申请在其审批阶段及授权后可能缴纳的各种费用。《专利法实施细则》第一百零四条、第一百一十条、第一百一十三条和第一百一十五条又对国际申请办理进入中国国家阶段手续时缴纳的费用和进入国家阶段可能缴纳的特殊费用作了进一步说明。

上述费用归纳起来可分为下述几类：

①提出专利申请时（包括国际申请办理进入国家阶段手续时）缴纳的费用，主要包括：申请费、申请附加费、发明专利申请的公布印刷费、优先权要求费。

②专利申请审批期间（包括复审请求）缴纳的费用，主要包括：发明专利申请实质审查费、复审费、延长期限请求费。

③办理授予专利权登记手续时缴纳的费用，主要包括：专利登记费、公告印刷费、当年专利年费以及印花税。

④专利授权后缴纳的费用，专利年费是授权后应当缴纳的费用，此外授权后可能缴纳的费用包括：专利权评价报告请求费、无效宣告请求费。

⑤在专利申请审批期间或授权后均可能缴纳的费用，主要包括：著录事项变更费、恢复权利请求费。

⑥国际申请进入中国国家阶段的特殊费用，主要包括：进入中国国家阶段期限耽误的宽限费、改正译文错误手续费、单一性恢复费。

二、费用缴纳的期限

根据《专利法》《专利法实施细则》和《专利审查指南2010》的有关规定，上述各种费用中有的应当在其有关条款具体规定的期限内缴纳，有的应当在《专利法》和《专利法实施细则》规定的提出有关请求的相应期限内缴纳，有的应当在国家知识产权局发出的通知书中指定的原专利事务应完成的期限内缴纳。

1. 应当在《专利法实施细则》具体规定的期限内缴纳

属于这一类的费用主要有：

①向国家知识产权局提出专利申请（不包括国际申请进入中国国家阶段的专利申请）应缴纳的申请费、申请附加费、优先权要求费以及发明专利申请的公布印刷费，应当在自申请日起2个月内或者在收到受理通知书之日起15日内缴纳。

②国际申请在国际阶段要求过优先权，在进入国家阶段该优先权继续有效的，优先权要求费应当在自进入日起2个月内缴纳。

③著录事项变更费、专利权评价报告请求费、无效宣告请求费应当自提出请求之日起1个月内缴纳。

④除授权当年之外的各年度年费，应当在上一年度期满前缴纳。

⑤逾期未缴纳或未缴足专利授权当年以后的年费，应当在自应缴纳年费期满之日起 6 个月内补缴，并缴纳一定比例的滞纳金。

2. 应当在《专利法》和《专利法实施细则》规定的提出有关请求或办理有关专利事务手续的相应期限内缴纳

属于这一类的费用主要有：

①发明专利申请实质审查费应当在自申请日（有优先权的，指优先权日）起允许提出实质审查请求的 3 年期限内缴纳。

②恢复权利请求费应当在自当事人收到国家知识产权局确认权利丧失通知之日起，允许提出权利恢复请求的 2 个月期限内缴纳。

③复审费应当在自申请人收到国家知识产权局作出驳回专利申请的决定之日起允许提出复审请求的 3 个月期限内缴纳。

④专利登记费、公告印刷费、授权当年年费、印花税应当在自当事人收到国家知识产权局作出的授予专利权通知之日起办理授权登记手续的 2 个月期限内缴纳。

⑤国际申请进入中国国家阶段时应缴纳的申请费、申请附加费以及发明专利申请的公布印刷费应当在办理进入中国国家阶段手续的规定期限内缴纳，即自该国际申请的国际申请日（有优先权的，指优先权日）起 30 个月内缴纳；提出宽限请求的，自上述国际申请日（有优先权的，指优先权日）起 32 个月内缴纳宽限费。

⑥国际申请的申请人主动提出改正译文的，该改正译文错误的手续费应当在允许提出改正请求的期限（国家知识产权局做好国家公布发明专利申请或公告实用新型专利权的准备工作之前或者在收到国家知识产权局发出的发明专利申请进入实质审查阶段通知书之日起 3 个月）内缴纳。

3. 应当在国家知识产权局指定的原专利事务应完成的期限或者办理相应专利事务的期限届满之日前缴纳

属于这一类的费用主要有：

①延长期限请求费应当在国家知识产权局指定的原专利事务应完成的期限届满之日前缴纳。

②国际申请的申请人应国家知识产权局通知书的要求而改正译文的，该改正译文错误的手续费应当在该通知书指定的完成改正译文的期限内缴纳。

4. 应当在国家知识产权局通知书中指定的期限内缴纳

属于这一类的费用为：国际申请的单一性恢复费应当在国家知识产权局通知的缴纳该单一性恢复费的期限内缴纳。

三、费用缴纳的管理

上面对专利费用缴纳的期限作了介绍，申请人或其委托的专利代理机构未在规定或指定的期限内缴纳应缴纳的费用时，将可能导致申请人权利的丧失，因而必须十分重视对费用缴纳的监管。

1. 缴费日的确定与缴费期限的监视

前面将缴纳费用的期限归纳为四种情况，从而在提出某项请求时、在收到国家知识产权局的有关通知时或者在办理前一项专利事务时，就确定其应当缴纳费用的期限。例如，在向国家知识产权局提出专利申请时，就确定自该申请日起 2 个月为缴纳有关申请费等费用的期限❶，并同时

---

❶ 如果自该专利申请的申请日起 1 个半月内尚未收到受理通知书时，则收到该受理通知书后可重新确定该期限，即按该受理通知书的发文日加 15 日、再加 15 日作为缴纳有关申请费用的期限。

确定自其申请日（或优先权日）起 3 年为缴纳实质审查费用的期限；准备提出延长期限请求，就应当在将原专利事务处理期限定为提出该延长期限请求的期限的同时，作为缴纳该延长期限请求费的期限；在收到国家知识产权局办理授权登记手续时，就确定自该通知之日起加 15 日（推定收到日）再加 2 个月为缴纳专利登记费、授权当年年费等费用的期限；在缴纳前 1 年年费的同时确定下一次缴纳年费的期限。

在确定缴费日期后，就应当对此缴费期限进行监视，在该期限届满前一定时间（如期限届满7 日前）给出警示，检查是否已缴纳上述费用，若尚未缴纳或缴足，应当提醒和督促有关人员尽快完成该项费用的缴纳。

2. 费用减缓请求及其手续

为了鼓励发明人申请专利，我国从开始实施专利制度以来，就制定了有关申请专利费用减缓办法，对于年收入较低的个人和年经济效益较差的单位（认定收入较低或经济效益较差的标准根据当时经济发展情况而定，2006 年 10 月 12 日国家知识产权局局令第 39 号《专利费用减缓办法》中将个人年收入较低规定为年收入不超过 2.5 万元人民币），申请专利缴费确有困难的，可以请求国家知识产权局减缓申请费、发明专利申请审查费、复审费以及专利批准后 3 年内的年费这四种费用，但其他各项专利费用不允许减缓。

请求减缓专利费用的，应当提交费用减缓请求书，必要时附具有关证明文件。这四种费用的减缓请求可以在提出专利申请时一并提出，也可以分别提出，但最迟应当在有关费用期限届满前2 个半月提出，其中申请费的减缓必须在提出申请的同时提出，在国家知识产权局受理专利申请后，申请费不再减缓。

个人请求减缓费用的，应当在费用减缓请求书中如实填明本人年收入情况，必要时应当根据国家知识产权局的要求提供市级以上人民政府知识产权局（或相应职能部门）出具的关于其经济困难的证明。单位请求减缓费用的，应当如实填写经济困难情况，并附具市级以上人民政府知识产权局（或相应职能部门）出具的证明，在证明中说明请求减缓的单位是企业、事业单位还是机关团体，并说明其经济困难情况。

上述四种费用的减缓比例不一样，按照国家知识产权局公告的第 75 号规定，其中的申请费、发明审查费和授权以后 3 年年费的减缓比例，对于个人请求减缓的，最高不得超过 85%，对于单位请求减缓的，最高不得超过 70%，两个以上的个人（包括两个人）或者个人与单位共同申请专利的，最高减缓比例不得超过 70%；而复审费的减缓比例，对于个人请求减缓的，最高不得超过 80%，对于单位请求减缓的，最高不得超过 60%，两个以上的个人或者个人与单位共同申请专利的，最高减缓比例不得超过 60%。申请人或专利权人为两个以上（包括两个）的单位，提出专利费用减缓请求的，不予批准。

费用减缓请求由国家知识产权局审批。未被批准的，应当在接到通知后，在《专利法》和《专利法实施细则》规定的期限内按规定数额缴纳费用。

对于被批准减缓的专利申请，在申请人或者专利权人的发明创造取得经济效益后，应当向国家知识产权局补缴所减缓的各项专利费用。

3. 费用交付的方式

按照《专利法实施细则》第九十四条的规定，各项专利费用可以直接向国家知识产权局（包括设立在全国各地的国家知识产权局专利局代办处可代收申请时应缴纳的费用）缴纳，也可以通过邮局或银行汇付，或者以国家知识产权局规定的其他方式缴纳。

费用通过邮局或银行汇付的，应当在汇单上写明正确的申请号或者专利号、缴纳的费用名称；同时还应当写明汇款人姓名或者名称及其通信地址（包括邮政编码）。费用直接向国家知识产权局缴纳的，以缴费当日为缴费日；通过邮局汇付的，以邮局取款通知单上的汇出日为缴费日。邮局取款通知单上的汇出日与中国邮政普通汇款收据上收汇邮戳日表明的日期不一致的，以当事人提交的中国邮政普通汇款收据原件或经公证的收据复印件上表明的收汇邮戳日为缴费日。通过银行汇付的，以银行实际汇出日为缴费日。

涉外专利申请应当通过国家知识产权局委托的专利代理机构缴纳专利费用，并应当用指定的外币支付，按缴纳或汇出该费用之日国家规定的汇兑率折合成人民币后结算。

4. 缴费差错的纠正及退款

上面已指出，在通过邮局或银行汇付缴纳费用时应写明申请号或者专利号以及费用名称。如果未写明上述内容的，费用将被退回，因缴费人信息不全或者不准确，造成费用不能退回的，费用入暂存。费用被退回或被入暂存的，视为未办理缴费手续。

通常国家知识产权局在收到申请人缴纳有关费用后，会向申请人或其专利代理机构邮寄收费收据。如果经过一段时间未收到有关收费收据，应当及时向国家知识产权局查询，以免由于在汇单上填写错误而导致权利丧失。如果被退回费用，应当了解被退回的原因。在查询得知国家知识产权局尚未收到这笔费用或者被退回费用时，如果尚未超过应当缴纳费用的期限，就应当立即以正确的方式再次向国家知识产权局缴纳有关费用；在查询得知汇付的费用已入暂存，且尚未超过应当缴纳费用的期限的情况，就应当立即向国家知识产权局更正，告之该笔费用所属的专利申请号或专利号及其缴纳的费用类型。实际上，此时多数情况已超过该费用缴纳期限，除专利年费外，应当准备提出恢复权利请求，一旦收到国家知识产权局的处分决定，就着手提出恢复权利请求，并在此同时向国家知识产权局缴纳应缴纳的费用。即使在此之前已经向国家知识产权局缴纳了费用最好也要再缴纳上述费用，然后查询上次邮寄或银行汇付的费用为什么国家知识产权局未收到，以免耽误允许提出恢复权利请求的期限。至于多缴的费用可通过退款的方式退回。

对于专利年费未按时缴纳或未缴足的情况，可在年费期满之日起 6 个月内补缴，并按照补缴时所超过的期限缴纳相应的滞纳金。按照《专利法实施细则》第九十八条的规定，补缴时间超过规定期限不足 1 个月时，不缴纳滞纳金，超过规定期限 1 个月至 2 个月的，缴纳滞纳金数额为全额年费的 5%，超过 2 至 3 个月的，滞纳金为全额年费的 10%，超过 3 至 4 个月的，滞纳金为全额年费的 15%，超过 4 至 5 个月的，滞纳金为全额年费的 20%，超过 5 至 6 个月的，滞纳金为全额年费的 25%。

按照《专利法实施细则》第九十四条第四款的规定，多缴、重缴、错缴专利费用的，当事人可以自缴费日起 3 年内，向国家知识产权局提出退款请求，其中错缴费用的，即当事人在缴费时写错费用种类的，必须在提出请求时提供相关证据。但是减缓请求被批准之前已经按照规定缴纳的各种费用，不能要求退款。

四、主要专利费用缴纳一览表

前面已指出，如果专利费用未在规定或指定期限内缴纳，则会导致当事人权利的丧失，为便于申请人、专利代理人在专利审批过程和授权后的专利管理过程中及时缴纳相应费用，这里列出缴纳费用一览表（见表 5－2）。除了列出缴纳费用名称（其中带＊号的属于可以请求减缓的费用）、缴纳费用期限、其法律依据外，还指明未按期缴纳费用可能受到的处分以及可采用的补救措施。至于具体缴纳费用金额由于会发生变动，故未列入，但在本书最后以附录的方式给出。至于涉及第三方需缴纳的费用，如无效宣告请求费，将在其相应的章节中作出说明。

表 5 - 2　主要专利费用缴纳一览表

涉及程序	应缴纳费用名称（＊表示该项费用可以请求减缓）	费用缴纳期限	法律依据	未按期缴纳的处分	未按期缴纳的补救措施
申请发明专利	申请费＊ 公布印刷费 申请附加费	自申请日起 2 个月内或者自收到受理通知书之日起 15 日内	细则第九十五条第一款	视为撤回通知书	恢复权利请求
申请实用新型专利	申请费＊ 申请附加费	自申请日起 2 个月内或者自收到受理通知书之日起 15 日内	细则第九十五条第一款	视为撤回通知书	恢复权利请求
申请外观设计专利	申请费＊	自申请日起 2 个月内或者自收到受理通知书之日起 15 日内	细则第九十五条第一款	视为撤回通知书	恢复权利请求
要求优先权	优先权要求费	在缴纳申请费同时（即自申请日起 2 个月内或者自收到受理通知书之日起 15 日内）	细则第九十五条第二款	视为未要求优先权通知书	恢复权利请求
办理国际申请进入中国国家阶段的手续	申请费 申请附加费 公布印刷费（仅对发明专利申请）	自申请日（或自优先权日）起 30 个月内	细则第一百零三条和第一百零四条	其中申请附加费可通知补交，其余费用未缴纳或未缴足视为未在规定期限内办理进入国家阶段手续	给予 2 个月宽限期
	优先权要求费（有优先权要求时）	自进入日起 2 个月内	细则第一百一十条第二款	视为未要求该优先权	恢复权利请求
利用宽限期办理国际申请进入中国国家阶段手续	申请费 申请附加费 公布印刷费（仅对发明专利申请）	自申请日（或自优先权日）起 32 个月内	细则第一百零三条和第一百零四条	其中申请附加费可通知补交，其余费用未缴纳或未缴足则国际申请在中国的效力终止	恢复权利请求（仅限于不可抗拒事由）
	优先权要求费（有优先权要求时）	自进入日起 2 个月内	细则第一百一十条第二款	视为未要求该优先权	恢复权利请求
请求恢复国际阶段被视为未提出的优先权要求	恢复费（即恢复权利请求费）	在办理进入中国国家阶段手续时	指南第三部分第一章第 5.2.5 节	视为未提出恢复优先权要求的请求	恢复权利请求

涉及程序	应缴纳费用名称（＊表示该项费用可以请求减缓）	费用缴纳期限	法律依据	未按期缴纳的处分	未按期缴纳的补救措施
国际申请进入中国国家阶段后主动改正译文错误	译文改正费	（1）做好国家公布发明专利申请或者公告实用新型专利权的准备工作之前（2）自收到发明专利申请进入实质审查通知书之日起3个月内	细则第一百一十三条第一款	视为未提出改正译文错误请求	恢复权利请求
国际申请进入中国国家阶段后，按照通知书要求改正译文错误	译文改正费	在通知书指定的期限内	细则第一百一十三条第二款、第三款	申请被视为撤回	恢复权利请求
发明专利申请实质审查请求	实质审查费＊	自申请日（或自优先权日）起3年内	法第三十五条；细则第九十三条、第九十六条	视为未提出实质审查请求，导致申请视为撤回	恢复权利请求
以其他正当理由请求恢复权利	恢复权利请求费	自收到通知书之日起2个月内	细则第六条第二款和第三款、第九十三条、第九十九条第一款	视为未提出恢复权利请求	无
著录项目变更请求	著录事项变更费	自提出请求之日起1个月内	细则第九十三条、第九十九条第三款	视为未提出变更请求通知书	虽可提出权利恢复请求，但无此必要
请求延长期限	延长期限请求费	在相应期限届满前	细则第六条第四款、第九十三条、第九十九条第二款	视为未提出延期请求通知书	恢复权利请求
请求复审	复审费＊	自收到驳回决定之日起3个月内	法第四十一条、细则第九十三条、第九十六条	复审请求视为未提出通知书	恢复权利请求
办理授权登记手续	专利登记费公告印刷费授权当年年费＊印花税	自收到授予专利权通知书之日起2个月内	细则第五十四条、第九十三条、第九十七条；指南第五部分第九章第1.1.3节和第1.1.5节	视为放弃取得专利权通知书	恢复权利请求

涉及程序	应缴纳费用名称（ * 表示该项费用可以请求减缓）	费用缴纳期限	法律依据	未按期缴纳的处分	未按期缴纳的补救措施
提出分案申请	分案申请的相关费用	相关费用缴纳期限内，如该期限已届满或自分案申请递交日期至期限届满不足 2 个月，则自分案申请提交日起 2 个月内或者自收到受理通知书之日起 15 日内补缴	指南第一部分第一章第 5.1.2 节	视为撤回通知书	恢复权利请求
缴纳年费（授权当年年费除外）	年费（其中授权以后前 3 年的年费可以减缓 * ）	在上一年度期满前	细则第九十三条、第九十八条	缴费通知书（通知补缴年费）	在补缴年费期满之前缴足年费及相应滞纳金
补缴年费	年费 滞纳金（按逾期长短而定）	自缴纳年费期满之日起 6 个月内	法第四十四条；细则第九十八条；指南第五部分第九章第 2.2.1.3 节	专利权终止通知书（专利权自应当缴纳年费的年度起终止）	恢复权利请求
请求作出专利权评价报告	专利权评价报告请求费	自提出请求之日起 1 个月内	细则第九十三条、第九十九条第三款	视为未提出专利权评价报告请求通知书	虽可提出权利恢复请求，但无此必要

第六章 可授予专利权的保护客体

《专利法》第二条第一款明确规定我国《专利法》保护的发明创造是发明、实用新型和外观设计三种。《专利法》第二条第二款至第四款又分别对发明、实用新型、外观设计专利权所保护的客体给出了明确定义。此外,《专利法》和《专利法实施细则》还对专利保护的客体作了某些限制性的规定。

第一节 可授予发明专利权的保护客体

《专利法》第二条第二款对可授予发明专利权的保护客体作出了定义,但在《专利法》第五条和第二十五条又对发明专利的保护客体作了限制性规定。本节将对这些条款作进一步说明。

一、专利法意义上的发明

《专利法》第二条第二款规定:"发明,是指对产品、方法或者其改进所提出的新的技术方案。"

由上述定义可知,应当从两个方面来理解可授予发明专利权的保护客体。

1. 发明是一项新的技术方案

就发明是一项新的技术方案而言,它包含两个层面的含义。

首先,它必须是一项技术方案。技术方案是对要解决的技术问题所采取的利用了自然规律的技术手段的集合。技术手段是由技术特征来体现的。也就是说技术方案是指利用自然规律解决人类在实践中遇到的特定技术问题时所采用的具体技术手段的集合。未采用技术手段解决技术问题以获得符合自然规律的技术效果的方案,不属于《专利法》第二条第二款规定的发明专利的保护客体。

其次,发明必须是一项"新的"技术方案,也就是说其必须是一种创新的或对现有技术作出改进的技术方案。很显然,未对现有技术作出改进的技术方案对科学技术的进步和生产力的发展并未起到促进作用,理所当然不应当授予专利权。

曾有这样一件专利申请,它要求保护一种烟盒,在烟盒的盖子上面有一块刊登广告的位置。由于它与现有技术中的烟盒相比,留出刊登广告的位置并不是用于解决技术问题,其采取的措施不是技术手段,即其相对于现有技术中的烟盒来说不是一项新的技术方案,由此可知这种留有刊登广告位置的烟盒不属于可授予发明专利权的保护客体。

2. 发明专利既保护产品又保护方法

由《专利法》第二条第二款的规定可知,发明专利的保护客体既可以是产品,也可以是方法。对于产品来说,它必须是由人类技术生产制造出来的物品,如果只是发现自然界存在的物品,如找到具有一定花纹形状的雨花石,则不属于发明专利所保护的产品。对于方法来说,只要其是解决技术问题所采用的方法,除《专利法》另有限制规定的情况(这将在下面作进一步说明)外,都属于专利法意义上的发明专利可给予保护的客体。

在这里需要说明的是,气味或者诸如声、光、电磁、波等信号或者能量,既不是产品,也不是方法，因此也不属于《专利法》第二条第二款规定的发明专利的保护客体。但是利用其性质解决技术问题的，不论是产品（如激光蚀刻机），还是方法（利用激光的蚀刻方法），属于《专利法》第二条第二款规定的发明专利保护客体。

二、属于《专利法》第五条规定的不授予专利权的客体

2008 年修改的《专利法》第五条相对于修改前的《专利法》第五条增加了第二款的内容，其第一款规定："对违反法律、社会公德或者妨害公共利益的发明创造，不授予专利权。"第二款规定："对违反法律、行政法规的规定获取或者利用遗传资源，并依赖该遗传资源完成的发明创造，不授予专利权。"

1. 《专利法》第五条第一款规定的不授予专利权的客体

《专利审查指南 2010》第二部分第一章第 3 节对《专利法》第五条第一款所规定的不授予专利的客体作了进一步说："发明创造的公开、使用、制造违反了法律、社会公德或者妨害了公共利益的，不能被授予专利权。"由此可知，第一项发明创造的公开、使用、制造属于违反了法律、违反了社会公德或者妨害了公共利益的三种情况之一，就不能授予专利权。下面从这三方面分别加以说明。

（1）违反法律的发明创造

法律，是指由全国人民代表大会或者全国人民代表大会常务委员会依照立法程序制定和颁布的法律，它不包括行政法规和规章。

发明创造本身的目的与法律相违背的，不能被授予专利权。例如伪造国家货币的设备、吸毒器具等。

但是，如果发明创造的目的并未违反法律，但由于被滥用而导致违法的，如以医疗为目的的各种毒药、麻醉品等，仍属于可以授予专利权的保护客体。

此外，《专利法实施细则》第十条又对此作了明确说明，对于仅实施为国家所禁止的发明创造不属于违反法律而不授予专利权的保护客体。其含义是指，如果仅仅是发明创造的产品的生产、销售或使用受到法律的限制或约束，则该产品本身及其制造方法并不属于违反法律的发明创造。例如，以国防为目的的各种武器虽然只能在法律限制范围内生产、销售及使用，但这些武器及其制造方法仍属于可授予专利权的保护客体。

（2）违反社会公德的发明创造

社会公德，是指公众普遍认为是正当的，并被接受的伦理道德和行为准则。我国《专利法》中所称的社会公德限于中国境内。

发明创造在客观上与社会公德相违背的，不能被授予专利权。例如偷盗汽车的工具、非医疗目的的人造性器官及其替代物、人与动物交配的方法、克隆的人或克隆人的方法、人胚胎的工业或商业目的的应用等明显违反社会公德，不属于可授予专利权的保护客体。

（3）妨害公共利益的发明创造

妨害公共利益，是指发明创造的实施或使用会给公众或社会造成危害，或者会使国家和社会的正常秩序受到影响。

凡是发明创造以致人伤残或损害财物为手段的（如使盗窃者双目失明的防盗装置及方法），发明创造的实施或使用会严重污染环境、严重浪费能源或资源、破坏生态平衡、危害公共健康的（如一种化合物的制造方法导致严重大气污染的），均属于妨害公共利益的发明创造，不能授予专利权。

此外，专利申请的文字或者图案涉及国家重大政治事件或宗教信仰、伤害人民感情或民族感情或者宣传封建迷信的，例如算命工具，也不能授予专利权。

需要说明的是，如果发明创造的滥用而可能妨害公共利益的（如放射性诊断治疗设备）或发明创造在产生积极效果的同时存在某种缺点的（如对人体有副作用的药品），则不能以妨害公共利益为理由而不授予专利权。但是，如果发明创造本身是为了达到有益目的，而其使用和实施必然会导致妨害公共利益，例如防汽车偷盗装置采用释放催眠气体方法使盗车者开车时昏迷而便于抓获，但由于此时汽车失去控制会对行人造成伤害，则仍属于不可授予专利权的保护客体。

2. 《专利法》第五条第二款规定的不授予专利权的客体

《专利法实施细则》第二十六条第一款对《专利法》第五条第二款中所涉及的"遗传资源"和"依赖遗传资源完成的发明创造"作出了具体的规定。遗传资源，是指取自人体、动物、植物或者微生物等含有遗传功能单元并具有实际或者潜在价值的材料；依赖遗传资源完成的发明创造，是指利用了遗传资源的遗传功能完成的发明创造。

《专利法》第五条将以违法方式获取或利用遗传资源而完成的发明创造排除在可授予专利权的客体之外，并不是因为这类发明创造的目的本身违反法律、行政法规，而是因为该发明创造所依赖的遗传资源在获取或利用过程中违反了我国关于遗传资源管理、保护的法律或行政法规。

违反法律、行政法规的规定获取或者利用遗传资源，是指遗传资源的获取或者利用未按照我国有关法律、行政法规的规定事先获得有关行政管理部门的批准或者相关权利人的许可。例如，按照《中华人民共和国畜牧法》和《中华人民共和国畜禽遗传资源进出境和对外合作研究利用审批办法》的规定，向境外输出列入中国畜禽遗传资源保护名录的畜禽遗传资源，应当办理相关审批手续，某发明创造的完成依赖中国向境外出口的列入中国畜禽资源保护名录的某畜禽遗传资源，未办理审批手续的，该发明创造不能被授予专利权。

三、属于《专利法》第二十五条规定的不授予专利权的客体

《专利法》第二十五条第一款列出了六种不授予专利权的情况。其中，前五种，即科学发现、智力活动的规则和方法、疾病的诊断和治疗方法、动物和植物品种以及用原子核变换方法获得的物质，属于不能授予发明和实用新型专利权的客体。

1. 科学发现

科学发现是指对自然界中客观存在的物质、现象、变化过程及其特性和规律的揭示，科学理论是对自然界认识的总结。专利法意义上的发明专利（包括实用新型专利）是利用人们所认识的客观自然规律来解决客观世界所存在的技术问题的技术方案。由此可知，发现不同于发明，无论是科学发现还是科学理论都属于人们对客观世界自然规律的认识范畴，不是专利法意义上的发明，因而不能授予专利权。

虽然发明与发现两者在本质上是不同的，但发明多半是建立在发现的基础上的，因此两者关系密切。例如发现光的折射现象或者总结得出的折射定律属于科学发现或科学理论，显然对折射现象和折射定律这些客观自然规律不能授予专利权。但是在利用折射现象和折射定律使物体放大成像的方法以及利用折射原理的放大镜、显微镜、望远镜都属于利用自然规律解决技术问题的技术方案，因而属于发明范畴，可以授予专利权。

对此需要作出说明的是：目前医药、生物技术或类似领域在此问题上已经有所放宽。按照传统观点，仅仅发现某种已知物质具有某种过去未被人们认识的特性，通常认为属于发现，不能授予专利权；但是在医药领域，发现某些已知物质具有治疗某种疾病的效果（无论是一次医药用途

还是二次医药用途），只要将其写成"该已知物质在制药中的应用"或"在制备治疗某种疾病的药品中的应用"，就可作为物质的医药用途发明而不排除其作为可授予专利权的保护客体。❶ 对于生物技术领域，仅仅从自然界找到以天然形态存在的基因或 DNA 片段，仅仅是一种发现，不能授予专利权；但是，如果是首次从自然界分离或提取出来的基因或 DNA 片段，其碱基序列是现有技术中不曾记载的，并能确切地表征，且在产业上有利用价值，则该基因或 DNA 片段本身及其得到方法均属于可授予专利保护的客体。

2. 智力活动的规则和方法

智力活动是指人的思维运动，智力活动的规则和方法是指那些指导人们进行思维、表述、判断和记忆的规则和方法。由于它们没有采用技术手段和利用自然法则，也未解决技术问题或产生技术效果，因而不构成技术方案，不能授予专利权。

按照《专利审查指南 2010》第二部分第一章第 4.2 节所作的说明可得知下述两种情况属于智力活动的规则和方法，不能授予专利权。

①如果一项发明的权利要求仅仅涉及智力活动的规则和方法，即智力活动的规则和方法本身，则不能授予专利权，例如交通行车规则、时间调度表、图书分类规则或字典编排方法、数学换算方法、人口统计方法等，《专利审查指南 2010》进一步明确了信息表述方法和计算机程序本身属于智力活动的规则和方法，不能授予专利权。

②如果一项发明的权利要求就其主题名称而言，并不是智力活动的规则和方法，但是除其主题名称外，对其进行限定的全部内容均为智力活动的规则和方法，例如一种采用新的分类方法的图书分类卡，则该权利要求实质上仅仅涉及智力活动的规则和方法，也不应当授予专利权。

对于智力活动的规则和方法有必要作两点说明。其一是有关计算机程序的发明，如果其是为了解决技术问题，利用了技术手段和能够产生技术效果，就属于可授予专利保护的客体，通常应当以涉及计算机程序的装置或方法来表述其技术方案。按《专利审查指南 2010》第二部分第九章第 2 节的规定，存储计算机程序的计算机可读存储介质，如果其区别仅在于计算机程序本身，则不属于可授予专利权的客体，但需要说明的是这仅是目前的规定，从发展的角度看，有可能会放开。其二是有关商业经营方法，在国际上随着计算机技术、互联网和电子商务的发展，不少国家，尤其是美国竭力主张商业经营方法可授予专利权。在我国，按照《专利审查指南 2010》的规定，仍不能授予专利权。

3. 疾病的诊断和治疗方法

按照《专利审查指南 2010》第二部分第一章第 4.3 节的规定，此处的疾病不仅指人体的疾病，还包括动物体的疾病。疾病的诊断和治疗方法是指以有生命的人体或者动物体为直接实施对象，进行识别、确定或消除病因或病灶的过程。将疾病的诊断和治疗方法排除在可授予专利权的保护客体之外是出于人道主义的考虑和社会伦理的原因，允许医生在诊断和治疗过程中有选择各种方法的自由。

《专利审查指南 2010》中对属于诊断方法和治疗方法的发明作出了如下明确规定。

一项与诊断有关的方法同时满足两个条件：以有生命的人体或动物体为对象、以获得疾病诊断结果或健康状况为直接目的，则属于疾病的诊断方法，不能被授予专利权。如果不满足其中条件之一，就不属于《专利法》第二十五条意义上的疾病诊断方法，可授予专利权。例如在已经死

---

❶ 请注意，在撰写这一类权利要求时，不能写成该已知物质"用于治病""用于治疗某种疾病"或者"作为药物的应用"，因为这样属于《专利法》第二十五条第一款第（三）项中规定的"疾病的诊断和治疗方法"而不能授予专利权。

亡的人体或动物体上实施病理解剖方法，由于未以有生命的人体或动物体为对象，不属于疾病诊断方法；再如，直接目的不是获得诊断结果或健康状况，而只是从活的人体或动物体获取作为中间结果的信息的方法，或处理信息（形体参数、生理参数或其他参数）的方法，由于其不是以获得疾病诊断结果为直接目的，因而也不属于疾病诊断方法。但需要说明的是，判断是否同时满足上述两个条件时，应当从发明的实质内容出发进行分析，而不是从表述形式上看是否满足上述两个条件。例如，一项发明以离体样品（如已经脱离人体或动物体的组织、体液或排泄物）进行处理或检测以获取生理参数等信息，但是根据现有技术中的医学知识和该专利申请公开的内容，只要知晓所获取的信息，就能直接获得疾病的诊断结果或健康状况，即使从表面上看，该方法并不直接以有生命的人体或动物体为对象，所获取的也只是生理参数等中间结果，仍然应当认为其在实质上满足上述两个条件，不能授予专利权。如果根据现有技术中的医药知识和专利申请公开的内容不能够直接得出疾病的诊断结果或健康状况时，这些信息才被认为是中间结果，从而该方法不属于诊断方法，不能以此理由拒绝授予专利权。

对于治疗方法来说，凡是使有生命的人体或者动物体恢复或获得健康或减少痛苦，进行阻断、缓解或者消除病因或病灶的过程，均属于疾病的治疗方法。其不仅包括普通的药物治疗方法、外科手术治疗方法、心理疗法，还包括以治病为目的的各种治疗方法（如针灸、推拿、护理、辐射、冷冻、涂覆等）、为预防疾病而实施的各种免疫方法、为实施外科手术治疗和药物治疗采用的辅助方法（如麻醉深度监控方法、药物注射方法等）、处置人体或动物体伤口的方法、以治疗为目的的整容、肢体拉伸、减肥、增高等方法以及以治疗为目的的其他方法。但是，如果某一方法最终目的是为了治疗疾病，但其直接目的不是治疗，如制造假肢或假牙的方法，则不属于疾病的治疗方法。此外，通过非外科手术处理动物体以改变其生长特性的畜牧业生产方法（如增加羊毛产量的方法），单纯美容方法，动物屠宰方法，对已经死亡的人体或动物体采取的解剖、整理遗容、制作标本的处置方法，杀灭人体或动物体外部（皮肤或毛发上）的细菌、病毒、跳蚤等的方法，改善非病态条件下的人体或动物体环境的方法，由于这些方法本身的目的不是治疗，也不属于疾病治疗的方法。

最后，对于疾病的诊断和治疗方法还需要补充说明三点。其一，疾病的诊断和治疗方法不能授予专利权，但用于实施疾病诊断和治疗方法的仪器或装置可授予专利权。其二，用药物治疗疾病的方法不能授予专利权，但药物本身以及已知物质在制药中的应用或在制备治疗某种疾病的药物中的应用可以授予专利权。其三，对于外科手术方法来说，以治疗为目的的外科手术方法不能授予专利权；而对有生命的人体或动物体实施非治疗目的的外科手术，虽然不属于疾病的治疗方法，但由于其以有生命的人体或动物体为实施对象，无法在产业上应用，因而不具备实用性，不能授予专利权；但是对于已经死亡的人体或者动物体实施的外科手术的方法，只要该方法不违反《专利法》第五条，则属于可授予专利权的保护客体。

4. 动物和植物品种

按照《专利法》第二十五条第一款第（四）项的规定，动物和植物品种不能授予专利权。

《专利法》所称动物是指不能自己合成、而只能靠摄取自然的碳水化合物及蛋白质来维系其生命的生物，但不包括人。《专利法》所称植物是指可以借助光合作用，以水、二氧化碳和无机盐等无机物合成碳水化合物、蛋白质来维持生存，并通常不发生移动的生物。由于动物和植物是有生命的物体，因而不能授予专利权。

关于动物和植物品种的知识产权保护问题需要作下述几点说明：

①动物和植物品种虽然不能授予专利权，但是动物和植物品种可以通过《专利法》以外的其

他法律保护。目前考虑到我国是农业大国，在农、林植物品种开发研究方面取得了不少成绩，如袁隆平的杂交水稻在国际上处于领先地位，为此我国已对植物新品种的保护制定了《植物新品种保护条例》，因而可以申请授予植物新品种权。

②动物和植物品种不能授予专利权，但根据《专利法》第二十五条第二款的规定，对动物和植物品种的生产方法可以授予专利权，但这仅局限于非生物学的方法，生产动物和植物品种的生物学方法（或主要是生物学方法）仍不能授予专利权。也就是说，在生产动物和植物品种的非生物学方法中，由于人的技术介入对该方法所要达到的目的或者效果起了主要的控制作用或者决定性作用，例如采用放养手段来生产瘦肉型猪的方法，因此可以授予专利权。

③对于生物材料本身可否授予专利权分成四种情况来考虑。其一，微生物（如细菌、真菌、病毒等）既不属于动物、又不属于植物，因而并不排除可以授予专利权；但是，未经任何技术处理而存在于自然界的微生物不能授予专利权，因为其属于科学发现；如果微生物经过分离成为纯培养物，并且具有特定的工业用途时，则在按规定对生物材料保藏后，可以成为发明专利权的保护客体。其二，对于基因（包括人体基因）及 DNA 片段，当其首次从自然界分离或提取出来，其碱基序列是现有技术中不曾记载并能被确切地表征，且在产业上有利用价值，则该基因或 DNA 片段本身及其分离提取方法均属于可授予专利权的保护客体。其三，转基因动物或植物是通过基因工程的重组 DNA 技术等生物方法得到的动物或植物，其本身仍属于"动物品种"或"植物品种"的范畴，因此不能授予专利权。其四，涉及生物技术的发明，如果其商业开发有悖于社会公德或者妨害公共利益（如克隆人的方法以及克隆的人、改变人生殖系遗传身份的方法、人类胚胎的工业或商业目的的应用等），则认为不符合《专利法》第五条的规定而不能授予专利权。

5. 用原子核变换方法获得的物质

原子核变换方法以及用该方法所获得的物质关系到国家的经济、国防、科研和公共生活的重大利益，因而《专利法》第二十五条第一款第（五）项将其列为不能授予专利权的保护客体。

需要说明的是，在《专利法》第二十五条第一款第（五）项仅写明用原子核变换方法获得的物质不能授予专利权。但在《专利审查指南 2010》第二部分第一章第 4.5.1 节中明确将原子核变换方法也排除在可授予专利权的保护客体范围之外。

原子核变换方法，是指使一个或几个原子核经分裂或者聚合，形成一个或几个新原子核的过程，例如完成核聚变反应的磁镜阱法，这样的变换方法不能授予专利权。但是，为实现原子核变换而采用的辅助手段，例如增加粒子能量的粒子加速方法不属于原子核变换方法，可授予专利权。此外，为实现原子核变换方法的各种设备、仪器及其部件均可授予专利权。

用原子核变换方法获得的物质主要是指用加速器、反应堆以及其他核反应装置生产、制造的各种放射性同位素，这些同位素不能授予专利权。但是这些同位素的用途以及使用这些同位素的仪器、设备（如利用 γ 粒子探测金属内部缺陷的方法或 γ 粒子探伤仪）可授予专利权。

第二节　可授予实用新型专利权的保护客体

《专利法》第二条第三款对可授予实用新型专利权的保护客体作出了定义。《专利法》第五条和第二十五条对实用新型专利的保护客体作出了限制性规定。鉴于，《专利法》第五条和第二十五条对发明专利保护客体所作的限制性规定同样适用于实用新型专利的保护客体，也就是说这方面的规定对两者来说基本是相同的，因而本章第一节对发明专利有关这方面的说明对实用新型专利均适用，本节不再作重复说明。

《专利法》第二条第三款规定："实用新型，是指对产品的形状、构造或者其结合所提出的适于实用的新的技术方案。"

由上述规定可知，可授予实用新型专利权的保护客体要少于可授予发明专利权的保护客体。

从可授予专利权的保护客体来看，发明专利和实用新型专利在适于实用的新的技术方案这一方面基本相同。两者的主要区别在于：发明专利不仅保护产品而且保护方法；实用新型专利只保护产品，而且只保护那些在形状和/或构造上作了改进的产品。

下面对《专利法》第二条第三款所规定的实用新型专利的保护客体作进一步具体说明。

一、实用新型专利保护适于实用的新的技术方案

就适于实用的新的技术方案来说，这是实用新型专利和发明专利与外观设计专利之间的根本不同点，而对于实用新型和发明来说，两者基本相同。

对适于实用的新的技术方案来说，其包含三个层面的内容：技术方案、新的技术方案和适于实用的技术方案。

就"技术方案"这一点来说，实用新型与发明专利的要求是相同的，未采用技术手段解决技术问题以获得符合自然规律的技术效果的方案，不属于实用新型专利保护的客体。产品的形状以及表面的图案、色彩或者其结合的新方案，没有解决技术问题的，不属于实用新型专利保护的客体。产品表面的文字、符号、图表或者其结合的新方案，不属于实用新型专利保护的客体。例如：仅改变按键表面文字、符号的计算机或手机键盘；以十二生肖形状为装饰的开罐刀；仅以表面图案设计为区别特征的棋类、牌类，如古诗扑克等。

至于"新的"和"适于实用"这两方面，这是对可以获得专利保护的实用新型的一般性定义，而不是判断"新颖性"和"实用性"的具体审查标准，因此仅仅根据申请文件的描述判断其相对于背景技术是否作出了改进以及能否在产业上应用并产生有用的效果。

二、实用新型专利只保护产品

根据《专利法》第二条第三款的规定，实用新型专利只保护产品，所述产品应当是经过产业方法制造的，有确定形状、构造且占据一定空间的实体。也就是说，实用新型专利不保护方法，也不保护未经人工制造的、自然存在的物品。

由此可知，一切有关方法，包括产品的制造方法、使用方法、通信方法、处理方法以及将产品用于特定用途等均不属于实用新型专利的保护客体，不能授予实用新型专利权。例如，齿轮的制造方法、工作间的除尘方法或数据处理方法等。

一项发明创造可能既包括对产品形状、构造的改进，也包括对生产该产品的专用方法、工艺或构成该产品的材料等方面的改进。但是实用新型专利仅保护对产品形状、构造提出的技术方案。

对此需要说明的是，如果权利要求中既包含形状、构造特征，又包含对方法本身提出的技术方案，则不属于实用新型专利的保护客体。例如，一种木质牙签，主体形状为圆柱形，端部为圆锥形，其特征在于：木质牙签加工成型后，浸泡于医用杀菌剂中 5 至 20 分钟，然后取出晾干。由于该权利要求包含了对方法本身提出的技术方案，因而不属于实用新型专利的保护客体。但是，以现有技术中已知方法的名称限定产品的形状、构造的，例如，以焊接、铆接等已知方法名称限定各部件连接关系的，不属于对方法本身提出的技术方案。

由于实用新型专利只保护产品，也就是说，保护由人类技术生产制造出来的物品，因而在这

一点上，与发明专利一样，未经制造的、自然界存在的物品，如经大气层落入地球表面的陨石、海边由海水涨落冲刷成型的天然卵石、南京雨花台的雨花石等也不属于实用新型专利的保护客体。

三、实用新型专利只保护在形状和/或构造上作出改进的产品

根据《专利法》第二条第三款的规定，如果一项产品在形状和构造上作出了改进，则属于可授予实用新型专利权的保护客体；如果一项产品的改进不涉及该产品的形状和/或构造，则不属于实用新型专利的保护客体，不能授予专利权。

1. 产品的形状

产品的形状是指产品所具有的、可以从外部观察到的确定的空间形状。对产品形状作出改进的技术方案可以是针对产品的三维空间形态所提出的技术方案，例如对凸轮形状、刀具形状作出的改进，也可以是针对产品的二维形态所提出的技术方案，例如对型材的断面形状作出的改进。

无确定形状的产品，如气态、液态、粉末状、颗粒状的物质或材料，其形状不能作为实用新型产品的形状特征，例如化合物、油漆、墨水、颜料、去污粉、猫沙等均由于其不具有形状特征（当然其也不具有构造特征）而不属于实用新型专利权的保护客体。

需要说明的是，不能仅仅以产品的某个技术特征为无确定形状的气态、液态、粉末状、颗粒状物质而认定该产品不属于实用新型专利权的保护客体。也就是说，允许产品中的某个技术特征为无确定形状的物质，如液态、气态、粉末状、颗粒状物质，只要其在该产品中受该产品的结构特征的限制即可。例如，对温度计的形状构造所提出的技术方案中允许写入无确定形状的酒精，对最早出现的由两层透明板材和密封地位于该两层板材之间的含沙液体构成的沙画，允许写入无确定形状的沙子。

此外，实用新型不能以生物的或自然形成的形状作为其产品的形状特征，例如，不能以植物盆景中植物生长所形成的形状作为产品的形状特征，也不能以自然形成的假山形状作为产品的形状特征。同样也不能以摆放、堆积等方法获得的非确定的形状作为产品的形状特征。例如，仓储物料的堆积形状、尺寸，为使粮仓具有良好通风、又能最大量储存粮食的特殊形状摆放的粮垛。

但是，如果产品在某种特定情况具有确定的空间形状时，该产品属于可授予实用新型专利权的保护客体，如具有特定形状的冰杯、降落伞等。

2. 产品的构造

产品的构造是指产品各个组成部分的安排、组织和相互关系，即各组成部分之间的相对位置、排列布置、连接关系和相互配合关系等。

产品的构造可以是机械构造，如产品零部件以及这些零部件的相对位置、排列顺序、彼此连接关系和机械配合关系；也可以是线路构造，如构成产品的元器件、连接线路以及这些元器件之间的排列布置、连接关系和彼此间的功能作用关系。

复合层可以认为是产品的构造，产品的渗碳层、氧化层等属于复合层结构。也就是说，在某基材上形成渗碳层，由于其形成了双层复合层，相对于原单一基材来说产品的构造有了改变，属于可授予实用新型专利权的保护客体。

物质的分子结构、组分、金相结构等不属于实用新型专利给予保护的产品构造。例如，仅改变焊条药皮成分的电焊条不属于实用新型专利保护的客体。

应当注意的是，如果权利要求中既包含形状、构造特征，又包含对材料本身提出的技术方案，则不属于实用新型专利保护的客体。例如，一种菱形药片，其特征在于，该药片是由20%的

A 组分、40% 的 B 组分及 40% 的 C 组分构成的。由于该权利要求包含了对材料本身提出的技术方案，因而不属于实用新型专利的保护客体。

但是，将现有技术中已知材料应用于具有形状、构造的产品上，例如复合木地板、塑料杯、记忆合金制成的心脏导管支架等不属于对材料本身提出的技术方案。

综上所述，实用新型专利所保护的客体是在形状和/或构造上作出改进的产品。

第三节　可授予外观设计专利权的保护客体

《专利法》第二条第四款对可授予外观设计专利权的保护客体作出了定义，本节主要对该款内容作具体说明。此外，《专利法》第五条第一款和第二十五条第一款第（六）项对外观设计专利的保护客体作了限制性规定，本节对此规定作一简要说明。

一、外观设计专利的保护客体

《专利法》第二条第四款规定："外观设计，是指对产品的形状、图案或者其结合以及色彩与形状、图案的结合所作出的富有美感并适于工业应用的新设计。"

按照上述规定，应当从三个层面上来理解外观设计专利的保护客体，首先它是一件产品的外观设计，即该外观设计的载体应当是产品；其次它是指由该产品的形状、图案或其结合而构成的或者该产品的色彩与形状、图案的结合而构成的外观设计；最后它是一项适于工业应用的富有美感的新设计。

1. 外观设计的载体应当是产品

首先应当指出，外观设计专利与发明专利、实用新型专利存在本质的不同。发明和实用新型专利保护的是技术方案，例如要求保护一种产品就是从技术角度出发对一件产品给予专利保护；而外观设计专利保护的不是产品的本身，而是保护一种产品的外观设计，即从审美角度出发对一件产品的外观设计给予专利保护。

但是，外观设计专利保护的外观设计必须以产品作为其载体。该产品是指任何用工业方法生产出来的产品，不能重复生产的手工艺品、农产品、畜产品、自然物不能作为外观设计的载体。而且，该工业方法生产出来的产品本身就应该带有该外观设计，如果在工业生产品的基础上进行不能重复的手工业行为而使该产品得到一种不能重现的新外观，则该最终产品的外观设计也不能得到外观设计专利保护。例如在用工业方法生产的扇子的扇面上人工作画，则这种扇面上带画的扇子的外观设计就不能得到外观设计专利保护。此外，一幅画的工业复制品本身也不能得到外观设计专利保护；除非经过一幅画的创作者本人同意后，在与创作者在先获得的权利不发生冲突的条件下，将该画融入一件产品的外观设计中，成为由工业方法直接制成的带有该画的产品，该产品的外观设计才能得到外观设计专利保护。

2. 构成外观设计的要素

构成外观设计的是产品的外观设计要素或要素的结合，其中包括形状、图案或其结合以及色彩与形状、图案的结合。

产品的形状是指产品造型的设计，也就是由产品外部的点、线、面的移动、变化、组合而呈现出的外表轮廓。

图案是指由任何线条、符号、色块的排列或组合而在产品的表面构成的图形。

色彩是指用于产品上的颜色或颜色的组合，制造该产品所用材料的本色不是外观设计的色彩。

产品的形状、图案和色彩构成了一件产品外观设计的三要素。三者相互独立，分别为产品外观设计的一个要素；但又相互关联，例如在产品一个表面（平面或曲面）上多种色块的排列组合构成一种图案，产品沿一个视向所见到的明显的轮廓线构成一种图案。

需要说明的是，根据《专利法》第二条第四款的规定，产品的形状或图案可以独立构成外观设计；而产品的色彩不能独立构成外观设计，只能与产品的形状和/或图案结合起来构成产品的外观设计。由此可知，产品的外观设计包括六类：

①产品的单纯形状的外观设计；

②产品的单纯图案的外观设计；

③产品的形状和图案结合的外观设计；

④产品的形状和色彩结合的外观设计；

⑤产品的图案和色彩结合的外观设计；

⑥产品的形状、图案和色彩结合的外观设计。

3. 适于工业应用的富有美感的新设计

适于工业应用的设计，是指该外观设计能应用于产业上并形成批量生产。由此可知，靠手工制作而不能确保重复生产的艺术品，如根雕、微雕等，由于其不能应用于产业上，也不能形成批量生产，因此不属于外观设计专利的保护客体。

富有美感，是指在判断是否属于外观设计专利权的保护客体时，关注的是产品的外观给人的视觉感受，而不是产品的功能特性或技术效果。例如由传输要求而设计出具有特定外缘曲面的凸轮形状是由凸轮的功能特性决定的，因而认为其不富有美感而不属于外观设计专利的保护客体。

就"新设计"而言，是对可获得专利保护的外观设计的一般性定义，并不是判断外观设计是否相同或实质相同的具体审查标准，仅根据申请文件的内容及一般消费者的常识进行判断。通常，仿真设计（如完全模仿自然物原有形态的玩具）、仅以其产品所属领域内司空见惯的几何形状和图案构成的外观设计（如正六角形的单色磁砖）不是新设计，不属于外观设计专利保护的客体。

4. 不属于外观设计专利权的保护客体

《专利审查指南2010》第一部分第三章第7.4节中列出了十一种不符合《专利法》第二条第四款规定而不给予外观设计专利保护的客体的具体情况。这里列出供读者参考。

①取决于特定地理条件、不能重复再现的固定建筑物、桥梁等，例如，包括特定的山水在内的"山水别墅"，不能授予外观设计专利权。

②因其包含有气体、液体及粉末状等无固定形状的物质而导致其形状、图案、色彩不固定的产品，如每翻转一次形成不同图案的沙画，不属于可授予外观设计专利权的保护客体。

③产品不能分割、不能单独出售且不能单独使用的局部设计，如帽檐、袜跟、杯把等，不给予外观设计专利保护；但可单独出售的产品部件本身的外观设计，如纽扣、锅盖、门拉手等可授予外观设计专利权。

④对于由多个不同特定形状或图案的构件组成的产品而言，如果构件本身不能单独出售且不能单独使用，则该构件的外观设计不属于可授予外观设计专利权的客体；仅仅在这些不同特定形状图案的构件组合在一起，共同作为一件产品时，其外观设计才属于可授予外观设计专利权的保护客体。例如，一组由不同形状的插接块组成的拼图玩具，只有将所有插接块共同作为一项外观设计申请时，才属于外观设计专利保护的客体。

⑤不能作用于视觉或者肉眼难以确定、需要借助特定的工具（如经紫外线照射或置于一种酸性溶液中）才能分辨其形状、图案、色彩的产品，则该产品的外观设计由于包含不能作用于视觉的外观设计，或者在特定条件下才显现其形状、图案、色彩，因此不能授予外观设计专利权。

⑥要求保护的外观设计不是产品本身常规的形态，如餐巾叠成各种形状的外观设计，不给予外观设计专利保护。

⑦以自然物原有形状、图案、色彩作为主体的外观设计，包括自然物本身（如南京雨花台的雨花石）的外观以及自然物仿真设计，都不给予外观设计专利保护。

⑧纯属美术、书法、摄影范畴的作品，如前面所指出的由画家作出的一幅画及其复制印刷品等，不给予外观设计专利保护。

⑨仅以在其产品所属领域内司空见惯的几何形状和图案构成的外观设计，不能授予外观设计专利权。

⑩文字和数字的字音、字义不属于外观设计保护的内容。

⑪游戏界面以及与人机交互无关或者与实现产品功能无关的产品显示装置所显示的图案，例如电子屏幕壁纸、开关机画面、网站网页的图文排版等，不给予外观设计专利保护。

二、属于《专利法》第五条第一款规定的不能授予外观设计专利权的客体

与发明和实用新型专利权一样，违反法律、社会公德或者妨害公共利益的外观设计，不能授予专利权。

1. 违反法律的外观设计

违反法律是指外观设计违反了由全国人民代表大会或者全国人民代表大会常务委员会依照立法程序制定和颁布的法律。例如，带有人民币图案的床单的外观设计违反了《中国人民银行法》，因而不能授予外观设计专利权。

2. 违反社会公德

违反社会公德是指外观设计的内容与公众普遍接受的伦理道德或应当遵守的行为准则相抵触。只要其在客观上与社会公德相违背，就不能授予专利权。例如，带有暴力凶杀或淫秽内容的图片或照片的产品的外观设计违背了我国目前公众所能接受的道德风俗，因而不能授予外观设计专利权。

3. 妨害公共利益

妨害公共利益是指外观设计的实施使用给公众或社会造成危害，或者使国家和社会的正常秩序受到影响。例如，外观设计中的文字或者图案涉及国家重大政治事件、经济事件、文化事件，或者涉及宗教信仰，以致妨害公共利益或者伤害人民感情或民族感情的、或者宣扬封建迷信的、或者造成不良政治影响的，这些外观设计不能授予专利权。如以中国国旗、国徽作为图案内容的外观设计，纪念香港、澳门回归的纪念币，带有宣扬日本军国主义的日本战舰图案的玩具等。

三、属于《专利法》第二十五条第一款第（六）项规定的不能授予外观设计专利权的客体

按照《专利法》第二十五条第一款第（六）项的规定，对平面印刷品的图案、色彩或者二者的结合作出的主要起标识作用的设计，不能授予外观设计专利权。

《专利审查指南2010》第一部分第三章第6.2节又对此作出进一步规定，如果一件外观设计专利申请同时满足下列三个条件，则认为所述申请属于《专利法》第二十五条第一款第（六）

项规定的不授予外观设计专利权的情形：

（1）使用外观设计的产品属于平面印刷品；

（2）该外观设计是针对图案、色彩或者二者的结合作出的；

（3）该外观设计主要起标识作用。

对于上述第（1）个条件，平面印刷品应当包含两层含义：平面产品和印刷品；若只是两者之一，例如地毯是平面产品，但不是印刷品，或者纸质手提袋是印刷品，但其是立体产品，不是平面产品，均不满足此第（1）个条件。

上述第（3）个条件的主要起标识作用是指所述外观设计的主要用途在于使公众识别所涉及的产品、服务的来源等，例如用于贴在汽车前窗上的某单位进门卡，其表面的图案仅由表示年份的数字和该单位名称的汉字组成，就属于主要起标识作用的外观设计。

壁纸、纺织品的外观设计给人以美感的视觉感受，并不起到标识作用，因而不属于《专利法》第二十五条第一款第（六）项所限制的情形，属于可授予外观设计专利权的保护客体。

第七章　专利申请文件

一项发明创造，必须由有权申请的人以书面形式或国家知识产权局规定的电子文件形式向国家知识产权局提出申请，才有可能取得专利权，这些为取得专利权而在提出专利申请时以书面形式或国家知识产权局规定的电子文件形式提交的文件称作专利申请文件。

第一节　专利申请文件简介

我国《专利法》规定了三种类型的专利，即发明专利、实用新型专利和外观设计专利。发明专利和实用新型专利两者都是保护新的技术方案，而外观设计专利保护的是"富有美感并适于在工业应用的新设计"，不是新的技术方案，因而外观设计的专利申请文件与发明、实用新型专利申请文件的撰写要求完全不同。

由《专利审查指南 2010》第五部分第一章第 1 节中对专利申请文件和其他文件作出的说明可知，申请人在提出专利申请时，向国家知识产权局提交的《专利法》第二十六条规定的请求书、说明书（包括说明书附图）及其摘要、权利要求书或者《专利法》第二十七条规定的请求书、图片或照片、简要说明等文件，称为专利申请文件；在提出专利申请的同时或者提出专利申请之后，申请人（或专利权人）、其他相关当事人在办理与该专利申请（或专利）有关的各种手续时，提交的除专利申请文件以外的各种请求、申报、意见陈述、补正以及各种证明、证据材料，称为其他文件。

下面对发明、实用新型专利与外观设计专利就申请文件的组成和作用，分别作出说明。

一、专利申请文件的组成

下面分别对发明和实用新型专利申请文件的组成以及外观设计专利申请文件的组成作出具体说明。

1. 发明和实用新型专利申请文件的组成

根据《专利法》第二十六条第一款的规定，发明和实用新型的专利申请文件包括请求书、说明书及其摘要、权利要求书等文件。

请求书是申请人用来向国家知识产权局表达请求授予专利权愿望的文件。国家知识产权局统一印制了发明专利和实用新型专利请求书的表格。专利代理人或申请人只要按照要求填写发明或实用新型名称、发明人姓名、申请人姓名或名称、地址以及其他有关内容即可。

说明书作为一项记载技术内容的文件向全社会充分公开发明或实用新型的技术内容，并使该领域普通技术人员能够实施，从而对社会科学技术发展作出贡献；作为对这种社会贡献的交换，申请人可取得该项发明或实用新型的专利权。

权利要求书用来确定发明或实用新型专利权的保护范围。提出专利申请时，提交的权利要求书表达了申请人想要请求保护的范围；经审查授权后的权利要求书，成为专利侵权纠纷处理和诉讼时判断是否构成侵权的法律性文件。

说明书摘要是发明或者实用新型专利申请所公开内容的概要，也就是说明书记载内容的概述，它仅是一种技术情报，不具有法律效力。

根据《专利审查指南 2010》第五部分第三章第 2.1 节和第 2.2 节的规定，上述发明和实用新型专利申请文件中的请求书、说明书和权利要求书是每一件发明或实用新型专利申请在提出申请时应当提交的文件，如果缺少上述三个文件中的任何一个，则该专利申请将不予受理，其中实用新型专利申请文件的说明书中还必须包括说明书附图，否则也不予受理。也就是说，请求书、说明书（对于实用新型专利申请来说，还包括说明书附图）和权利要求书是专利申请受理的必要条件之一。至于专利申请中的说明书摘要，由于它仅是一种技术信息，允许申请人在提出专利申请文件后补交，因而不是发明和实用新型专利申请受理的必要条件。

《专利审查指南 2010》第五部分第一章第 1 节提到的"其他文件"分为两类：一类是指出该专利申请时或提出专利申请之后应当随专利申请文件附交的其他文件；另一类是申请人、专利权人、其他相关当事人在办理与该专利申请或者专利有关的其他各种手续时提交的文件。

申请人在提出发明或者实用新型专利申请时，请求书、说明书及其摘要和权利要求书这些专利申请文件是每一件专利申请必须提交的文件；而随专利申请文件附交的其他文件并不是每一件申请必须提交的，仅当该申请涉及某一方面特殊问题时才需要提交与此相关的附件，例如专利代理委托书（委托专利代理机构办理专利申请手续的）、在先申请文件副本（要求本国优先权或外国优先权的）、不丧失新颖性公开的证明材料（要求享受不丧失新颖性公开宽限期的）、生物材料保藏证明和存活证明（涉及生物材料的发明专利申请）、记载着核苷酸或氨基酸序列表的光盘或软盘（涉及核苷酸或氨基酸序列的发明专利申请）、费用减缓请求书（要求费用减缓的）等。

2. 外观设计专利申请文件的组成

根据《专利法》第二十七条的规定，外观设计专利申请文件包括请求书、外观设计的图片或照片以及对该外观设计的简要说明等文件。

请求书是申请人用来向国家知识产权局表达请求授予专利权愿望的文件。国家知识产权局统一印制了外观设计专利请求书的表格。同样，专利代理人或申请人只要按照要求填写使用外观设计的产品名称，设计人姓名，申请人姓名或名称、地址以及其他有关内容即可。

外观设计的图片或照片应当清楚地显示要求专利保护的产品的外观设计，以用来确定外观设计专利权的保护范围。授权后的外观设计图片或照片成为专利侵权纠纷处理和诉讼时判断是否构成侵权的法律性文件。

按照《专利法实施细则》第二十八条第一款的规定，外观设计的简要说明应当写明外观设计产品的名称、用途、外观设计的设计要点；省略视图或者请求保护色彩（更确切说，请求给予专利保护的外观设计包含色彩）的，应当在简要说明中写明。

根据《专利审查指南 2010》第五部分第三章第 2.1 节和第 2.2 的规定，上述外观设计专利申请文件中的请求书、图片或照片，以及简要说明都是每一件外观设计专利申请在提出申请时应当提交的文件，如果缺少上述三个文件之一，该外观设计专利申请将不予受理。对于外观设计专利申请，也需要根据各专利申请涉及的某一方面特殊问题，随专利申请文件附交相关的其他文件，例如专利代理委托书（委托专利代理机构办理专利申请手续的）、在先申请文件副本（要求外国优先权的）、不丧失新颖性公开的证明材料（要求享受不丧失新颖性公开宽限期的）、费用减缓请求书（要求费用减缓的）等。

二、专利申请文件的作用

专利申请文件是一种法律文件，其作用主要有六个方面：

①启动国家知识产权局对专利申请的审批程序；

②向全社会充分公开发明创造的内容；

③阐明申请人对该发明创造所请求的保护范围；

④国家知识产权局对申请文件记载的内容进行审查，申请时提交的专利申请文件是审查的原始依据；

⑤专利批准后的授权文本是判断侵权的依据；

⑥用作信息检索的信息源。

对发明、实用新型和外观设计的请求书来说，三者都是向国家知识产权局表达请求授予专利权愿望的文件，它们的主要作用就是上述第①项作用——启动国家知识产权局对专利申请的审批程序。

对于发明或实用新型的申请文件来说，其权利要求书和说明书是国家知识产权局审查该专利申请可否授予专利权的主要对象，而申请时提交的说明书和权利要求书是该申请的原始依据。

其中发明或实用新型的权利要求书用来表述专利的保护范围，申请时提交的权利要求书反映了专利申请人当时对该发明或实用新型所请求保护的范围，而授权时所批准的权利要求书表述了该发明或实用新型所取得的保护范围。当然，该权利要求书也是启动发明和实用新型专利申请审批程序必须提交的文件。综上所述，发明或实用新型的权利要求书起到了上面所写明的专利申请文件六方面作用中的第①、第③、第④、第⑤四个方面的作用，尤其是其中第③和第⑤两个方面的作用。

首先，发明或实用新型的说明书主要用来向社会充分公开发明或实用新型的内容，所属技术领域技术人员根据说明书中记载的技术内容能够实现该发明或实用新型。其次，说明书是权利要求书所表述的保护范围的依据；说明书必要时（主要指权利要求书的文字所表述的保护范围不清楚而导致歧义时）可以用来解释权利要求。再次，说明书及其摘要，可以用作检索的信息源，提供技术信息。此外，说明书也是启动发明和实用新型专利申请审批程序必须提交的文件。由此可知，发明或实用新型的说明书起到了上述专利申请文件六方面作用中的第①、第②、第④、第⑤、第⑥五个方面的作用，尤其是其中第②个方面的作用。

对于外观设计申请文件来说，其外观设计的图片或照片也是启动外观设计专利申请审批程序所必须提交的文件，其用来向社会公开该项外观设计的内容，并可用作外观设计检索的信息源。申请时提交的外观设计图片或照片用来表述专利申请人所要求保护的外观设计的保护范围，是审查该项外观设计专利申请可否授权的对象和该项外观设计专利申请的原始依据，授权时批准的外观设计专利的图片或照片表述了该项外观设计专利所取得的保护范围。由此可知，外观设计的图片或照片起到了上述专利申请六个方面的作用，其中最主要的是第②、第③、第⑤和第⑥四方面的作用。

至于外观设计的简要说明，其作用主要是对外观设计图片或照片所表述的保护范围作出更清楚的说明，可用于解释图片或照片所表示的该产品的外观设计。

第二节　请求书

按照修改后的《专利法》《专利法实施细则》《专利审查指南2010》的规定，国家知识产权局对发明、实用新型和外观设计三种专利申请的请求书的标准表格重新作了修改。修改后的三种专利请求书均包括两页，但对于外国向中国国家知识产权局直接提出的专利申请，还包括第三页，用来给出专利请求书的英文信息。该请求书中的部分内容在表格中填写不下时（主要指发明人、申请人和要求优先权声明的内容），可在统一制定的附页中续写。为了帮助专利申请人和专利代理人更正确地填写请求书，本节将对三种专利申请的请求书表格前两页的主要内容和填写要求作一简单说明。最后也对国际申请进入中国国家阶段声明的内容和填写要求作一说明。

一、发明专利请求书

与《专利审查指南 2010》相适应的发明专利请求书参见本书附录二中的表 1。

该请求书表格共有 26 栏，其中第①栏至第⑥栏和第㉖栏有关申请号、分案提交日、申请日、费减审批、向外申请审批、挂号号码和国家知识产权局审核意见等内容由国家知识产权局填写，在此不再作出说明。

该请求书表格的第⑦栏填写发明名称，该名称应当与提交的发明说明书中的名称一致。该发明名称应当简短、准确，一般不得超过 25 个字，特殊情况下，例如化学领域的某些发明，可以允许最多到 40 个字。

该请求书表格的第⑧栏为发明人，发明人应当为自然人。发明人应当使用本人真实姓名，不得使用笔名或者其他非正式的姓名。外国发明人中文译名可以使用外文缩写字母，姓和名之间用圆点隔开，圆点置于中间位置。发明人有两个以上的，应先自左向右、再自上而下依次填写，发明人姓名之间应当用分号隔开。当专利申请的发明人很多，而在此栏中填写不下时，可在统一制定的附页中续写。发明人可以请求不公布其姓名，应当在此栏所填写的相应发明人后面注明"（不公布姓名）"。

在请求书表格的第⑨栏需填写第一发明人国籍，第一发明人为中国内地居民的，应同时填写居民身份证件号码。

该请求书表格的第⑩栏为申请人。申请人是中国单位或个人的，应当填写其名称或者姓名、地址、邮政编码、电话、电子邮箱、组织机构代码或者居民身份证件号码。申请人是个人的，应当填写本人真实姓名，不得使用笔名或其他非正式的姓名。申请人是单位的，应当使用全称，不得使用缩写或简称，且应当与所使用的公章上的单位名称一致。申请人是外国人、外国企业或者外国其他组织的，应当填写其姓名或者名称、国籍或者注册的国家或者地区、经常居所地或者营业所所在地。申请人是个人的，其中文译文可以使用外文缩写字母，姓和名之间用圆点分开，圆点置于中间位置。申请人是企业或者其他组织的，其名称应当使用中文正式译文的全称。

申请人为多个，应当确定申请人的顺序，其中前三位申请人依次填写在第⑩栏，其余的申请人填写在附页中。申请人为多个且未委托专利代理机构的，除在请求书中另有声明以外，以请求书中指名的第一署名申请人为代表人。

请求书表格的第⑪栏是供未委托专利代理机构办理申请手续时填写的。未委托专利代理机构时，第⑪栏中所指定的联系人是国家知识产权局送交各种通知书的收件人。申请人是单位的，联系人应当是本单位的工作人员；申请人为个人且需由他人代收国家知识产权局所发信函的，也可填写联系人。联系人只能填写一人，填写联系人的，还需要填写联系人的通信地址、邮政编码、电话号码和电子邮箱。

请求书表格的第⑫栏是供专利申请有两个或两个以上申请人时填写指定代表人的，如有两个或两个以上申请人而未填写此栏时，则表示以第一申请人为代表人，否则应当在此栏声明由第二申请人还是第三申请人为代表人。对于专利申请人未委托专利代理机构、且未在第⑪栏指定联系人的，则在第⑫栏中所声明的代表人为国家知识产权局送交各种通知书的收件人；如此时此栏未填写，则第一申请人为收件人。

委托专利代理机构办理专利申请手续的，应当填写第⑬栏中的内容，除填写专利代理机构名称外，还应当注明注册的机构代码。该栏中还应当填写专利代理人的姓名，同时填写专利代理人执业证号和联系电话，专利代理机构指定的专利代理人不得超过两人。

请求书表格的第⑩、第⑪和第⑬三栏中有关申请人、联系人和专利代理机构的地址，应当符合邮件能够迅速、准确投递的要求。本国的地址应当包括所在地区的邮政编码，以及省（自治区）、市（自治州）、区、街道门牌号码和电话号码，或者省（自治区）、县（自治县）、镇（乡）、街道门牌号码和电话号码，或者直辖市、区、街道门牌号码和电话号码。地址中可以包含单位名称，但单位名称不得代替地址。外国的地址应当注明国别、市（县、州），并在请求书第三页中附具申请人英文详细信息。

所提出的专利申请为分案申请时，应当在第⑭栏中填写原案申请号和原案申请日；本申请为再次分案申请的，还应当填写所针对的分案申请的申请号。此外，在提出分案申请时，应当提交原申请的申请文件副本以及原申请中与本分案申请有关的其他文件副本。

对于涉及生物材料的发明专利申请，应当在第⑮栏中填写生物材料样品保藏有关内容，包括保藏单位及其地址、保藏日期、保藏编号和分类命名。此外，若在申请时不能提交生物材料样品保藏证明和存活证明的，应当在自申请日起4个月内提交。

对于涉及核苷酸或氨基酸序列表的发明专利申请，应当在第⑯栏填写声明。

就依赖遗传资源完成的发明创造申请专利，应当在第⑰栏填写发明创造是依赖于遗传资源完成的声明。另外还需要填写遗传资源来源披露登记表，写明该遗传资源的直接来源和原始来源。

专利申请要求外国优先权或者本国优先权的，应当在第⑱栏中正确填写要求优先权声明的有关内容：在先申请的原受理机构名称、在先申请日和在先申请号。要求多项优先权的，应当分别写明上述三方面内容。要求优先权声明的内容填写不下时，可在统一制定的附页中续写。要求外国优先权的，还应当在提出专利申请之日起3个月内提交在先申请文件的副本，并应当在缴纳申请费的同时缴纳规定的优先权要求费；要求本国优先权的，应当在缴纳申请费的同时缴纳规定的优先权要求费。

专利申请要求享受不丧失新颖性宽限期的，应当在第⑲栏中填写不丧失新颖性宽限期声明，并在自申请日起两个月内提交证明文件。

专利申请要求作保密处理的，应当在第⑳栏中填写有关保密请求的内容。

请求书表格的第㉑栏供申请人声明已对同样的发明创造在申请本发明专利的同日申请了实用新型专利。

请求书表格的第㉒栏供申请人作出要求发明专利申请提前公布的声明。

在请求书表格的第㉓栏申请文件清单和第㉔栏附加文件清单中，应当按实际提交的文件情况正确填写文件名称、份数、页数和权利要求项数。

申请人委托专利代理机构的，应当在请求书表格的第㉕栏加盖专利代理机构公章。未委托专利代理机构的，应当由全体申请人在此栏签字或盖章，但其中的申请人为单位的，则必须加盖单位公章。请求书中的申请人或专利代理机构的签字或盖章不得为复印件。

二、实用新型专利请求书

与《专利审查指南2010》相适应的实用新型专利请求书参见附录二中的表2。

实用新型请求书的表格共有22栏。其与发明专利请求书表格相比主要有如下几个区别：其一，比发明专利请求书表格少了 4 栏：与生物材料样品保藏有关的内容、与核苷酸或氨基酸序列表有关的内容、与遗传资源有关的内容以及与提前公布有关的内容，与此相应各栏的编号作了调整；其二，第⑦栏由发明名称变为实用新型名称，但填写要求与发明名称相同；其三，该请求书表格第⑱栏（相当于发明专利请求书表格的第㉑栏）的内容是声明就同样的发明创造在申请本实用新型专利的同时申请了发明专利。

至于请求书表格中与发明专利请求书表格相同内容的栏，其填写要求也相同，在此不再作重复说明。

三、外观设计专利请求书

与《专利审查指南 2010》相适应的外观设计专利请求书参见附录二中的表 3。

外观设计专利请求书表格共有 21 栏，其中第①栏至第⑤栏和第㉑栏为由国家知识产权局填写的内容，与发明和实用新型专利请求书表格相比，所减少的一栏为发明和实用新型专利请求书表格中的第⑤栏与"向外申请审批"有关的内容。

该请求书表格的第⑥栏为使用外观设计的产品名称，该产品名称应当与外观设计图片或者照片中表示的外观设计相符合，准确、简明地表明要求保护的产品的外观设计。产品名称一般应当符合国际外观设计分类表中小类列举的名称。产品名称比发明或实用新型名称更简短，一般不得超过 20 个字。

该请求书表格的第⑦栏和第⑧栏中只是将发明和实用新型专利请求书表格第⑧栏和第⑨栏中的发明人改为设计人，但这两栏的填写要求与发明和实用新型专利请求书的填写没有区别。

该请求书表格的第⑨栏至第⑬栏相当于发明和实用新型专利请求书第⑩栏至第⑭栏的内容，其填写要求与发明和实用新型专利请求书中相应栏的填写要求相同。

该请求书表格的第⑭栏相当于发明专利请求书表格第⑱栏和实用新型专利请求书表格第⑮栏的内容，由于外观设计专利申请只有外国优先权而没有本国优先权，因此该栏为要求外国优先权声明，但在填写要求上与发明和实用新型专利请求书表格中相应栏的填写要求相同。

该请求书表格的第⑮栏相当于发明专利请求书表格第⑲栏和实用新型专利请求书表格第⑯栏的内容，其填写要求与发明和实用新型专利请求书表格相应栏的填写要求相同。

该请求书表格的第⑯栏和第⑰栏供多项外观设计合案申请时填写相关信息。其中，同一产品两项以上的相似外观设计作为一件申请提出时，应当在第⑯栏中写明本申请所包含的相似外观设计的项数，但一件外观设计专利申请中的相似外观设计不得超过 10 项；用于同一类别并且成套出售或者使用的产品的两项以上外观设计，作为一件申请提出时，应当在第⑰栏中写明本申请所包含的外观设计的项数，但成套产品外观设计专利申请中不应包含某一件或几件产品的相似外观设计。

在请求书表格的第⑱栏申请文件清单和第⑲栏附加文件清单中，应当按实际提交的文件正确填写文件名称、份数、页数及图片或照片的幅数。

请求书表格的第⑳栏（相当于发明专利请求书表格第㉕栏和实用新型专利请求书表格第㉑栏）有关全体申请人或专利代理机构签字或者盖章，与发明专利请求书表格第㉕栏的填写要求完全相同，在此不再作重复说明。

四、国际申请进入中国国家阶段声明

国际申请进入中国国家阶段声明分为发明和实用新型两种。这两种表格的主要部分均为 3

页，可参见附录二中的表 12 和表 13，此外这两种表格均包括两种附页，其一是本表各栏内容填写不下时的附加页，其二是用于填写本声明中的有关英文信息。

这两种表格的绝大部分是相同的，因此下面先对国际申请进入中国国家阶段声明（发明）表格作详细介绍，然后简要地说明国际申请进入中国国家阶段的书面声明（实用新型）的不同之处。

1. 国际申请进入中国国家阶段声明（发明）

国际申请进入中国国家阶段声明（发明）共有 31 栏，除了第①栏至第④栏和第㉛栏有关国家申请号、递交日、费减审批、挂号号码和国家知识产权局审核意见由国家知识产权局填写外，共有 26 栏需要专利代理机构填写的内容。现对这些栏目的填写内容和填写要求作一简单说明。

该表第⑤栏供申请人所委托的专利代理机构填写本机构内部该申请案的案卷号。

该表第⑥栏至第⑫栏这 7 栏用于填写与国际申请有关的信息（国际申请号、国际申请日、优先权日、国际公布号、国际公布日，国际公布语言和发明名称），这 7 栏内容应当按照国际局公布的国际公布文本扉页中记载的内容填写。例如该国际公布文本上记载的发明名称不是原始国际申请请求书中的发明名称，而是由国际检索单位审查员确定的，则在发明名称栏中所填写的发明名称应当是国际检索单位审查员确定的发明名称的中文译文，即与国际公布文本扉页中记载的发明名称相同。又如国际申请日由于某种原因在国际阶段被更改的，在表格中填写的国际申请日应当与国际公布文本扉页中记载的、即作了更改的国际申请日一致。此外，若该国际申请要求了多项优先权，则优先权日应当填写最早的优先权日。在这 7 栏中，对于国际申请尚未作出国际公布的，可以不填写第⑨栏至第⑪栏。

该表第⑬栏是发明人。按照 PCT 的规定，国际申请对不同指定国可以写明不同的发明人，在该栏中所填写的发明人应当与国际公布文本扉页上记载的对中国的发明人一致，但在此栏仅需要填写发明人姓名的中文，其有关英文信息填写在附页中。在国际阶段发生过发明人变更，则应当按照国际局所传送的记录变更通知书通报的发明人信息填写。针对中国的发明人经国际局登记已经死亡的，在进入国家阶段时，仍应当作为发明人填写在进入声明中。对于国际申请的国际公布文本中未记载发明人的，则应当在进入声明中补充写明发明人。发明人有两个以上，应当自左向右、再自上而下依次填写，发明人姓名之间应当用分号隔开。此栏填写不下时，可在统一制定的附页中续写。发明人可以请求不公布姓名，应当在此栏所填写的相应发明人后面注明"（不公布姓名）"。

该表第⑭栏应当填写第一发明人国籍，第一发明人为中国内地居民的，应当同时填写居民身份证件号码。

该表第⑮栏是申请人。按照 PCT 的规定，国际申请对不同指定国可以写明不同的申请人，在该栏中所填写的申请人应当与国际公布文本扉页上记载的对中国的申请人一致，但此处应当将申请人的姓名或名称、地址译成中文，至于申请人的英文信息应填在附页中。在国际阶段发生过申请人变更或者申请人的姓名或名称、地址变更的，则应当按照国际局所传送的记录变更通报的申请人信息填写。经国际局登记已经死亡的申请人不再写入进入声明中，死亡申请人的继承人尚未确定的除外。申请人是中国单位或个人的，应当填写其名称或者姓名、地址、邮政编码、组织机构代码；申请人是外国人、外国企业或外国其他组织的，应当填写其姓名或者名称、国籍或者注册国家或地区。申请人多于 2 个时，本栏只填写 2 个，其余的写入附页中。

该表第⑯栏是供未委托专利代理机构办理申请手续时填写的。未委托专利代理机构时，第⑯栏中所指定的联系人是国家知识产权局送交各种通知书的收件人。申请人是单位的，联系人应当是本单位的工作人员；申请人为个人且需要由他人代收国家知识产权局所发信函的，也可填写联系人。联系人只能填写一人，填写联系人的，还需要填写联系人的通信地址、邮政编码、电话号码和电子邮箱。

该表第⑰栏是供专利申请有两个以上申请人时填写指定代表人的，如有两个或两个以上申请人而未填写此栏时，则表示以第一申请人为代表人，否则应当在此栏声明由第二申请人为代表人。对于专利申请人未委托专利代理机构、且未在第⑯栏指定联系人的，则在第⑰栏中所声明的代表人为国家知识产权局送交各种通知书的收件人；如此时未填写此栏，则第一申请人为收件人。

该表第⑱栏是有关专利代理机构和专利代理人的信息。凡在内地没有经常居所或者营业所的香港、澳门、台湾或者外国申请人，应当委托专利代理机构办理国际申请进入中国国家阶段的有关事务。在内地有经常居所或者营业所的申请人，可以委托专利代理机构办理国际申请进入中国国家阶段的有关事务，也可以自行办理。因此，委托专利代理机构办理有关事务的，则应当填写该栏的内容，在此处写明专利代理机构的名称、注册的机构代码以及专利代理人的姓名、执业证号和电话号码。

该表第⑲栏是与要求提前处理有关的信息。如果国际申请在优先权日起 30 个月期满前办理进入中国国家阶段手续并要求国家知识产权局提前处理和审查国际申请，则在该栏第 1 段前给出选择标记，在由国家知识产权局网站中下载的表格中此栏第 1 段前已打上了默认的选择标记，因而在这种情况下只需保留此默认选择标记即可；如果此时国际局尚未向国家知识产权局传送国际申请文本副本的，申请人请求国家知识产权局作为指定局要求国际局传送国际申请文件副本的，则在该栏第 2 段前给出选择标记。申请人在自优先权日起 30 个月期满前办理进入手续但不要求提前处理，应当取消该栏第 1 段前的默认选择标记。

该表第⑳栏为有关提前公布的信息，申请人要求提前公布时，应当填写此栏。若填写此栏，则不需要再提交发明专利请求提前公布声明。

该表第㉑栏为审查基础文本声明。申请人在本栏中表明其希望国家知识产权局以什么文本为基础进行审查。对说明书、权利要求书、附图、核苷酸序列表，可以分别从原始提出的国际申请文件的中文译文、按照 PCT 第 19 条作出的修改的中文译文（仅对权利要求书包括这一项选择）、按照 PCT 第 34 条作出的修改（即按照专利性国际初步报告的附件）的中文译文、按照 PCT 第 28 条或第 41 条作出的修改（即在进入国家阶段时作出的修改）的中文译文中进行选择。如果选择按照 PCT 第 19 条作出的中文译文为审查基础，应当在国际公布文本中有相应内容的原文记载。如选择按照 PCT 第 34 条作出的修改的中文译文，应当在专利性国际初步报告之后附有相应内容的原文。

该表第㉒栏为有关优先权要求的信息。对于有效的优先权要求，应当在本栏准确写明其原受理机构名称、在先申请的申请日及在先申请号。通常写明的内容应当与国际公布文本扉页中记载的内容一致。如果在国际阶段没有提供在先申请的申请号的，则应当在该栏写明，否则该项优先权要求视为未提出。如果在国际阶段提出的优先权书面声明中某一事项填写错误，则可以在附上在先申请文件副本作为改正依据的基础上提出改正请求，此时在本栏中写明改正后的优先权事项。国际申请有多项优先权要求，有关内容本栏填写不下时，可以使用规定格式的附页续写。

该表第㉓栏为有关遗传资源的信息。本国际申请涉及遗传资源的，应当填写此栏。

该表第㉔栏是与援引加入有关的信息。申请人在递交国际申请时遗漏了某些项目或部分的，在办理进入中国国家阶段手续时，如果提交的中文译文中未包含援引加入项目或部分的，则应当在该栏第 1 段前作出选择标记，这种情况下可保留原国际申请日。如果提交的中文译文包含援引加入项目或部分的，则应当在该栏第 2 段前作出选择标记，请求修改相对于中国的申请日，并在该段中具体指明援引加入的项目或部分。如果申请人在办理进入中国国家阶段手续时未在进入声明中予以指明并请求修改相对于中国的申请日，则在后续程序中不能再通过请求修改相对于中国的申请日的方式保留援引加入项目或部分。

该表第㉕栏为有关生物材料样品保藏的信息。对于涉及生物材料的国际申请，在进入中国国家阶段时应当填写该栏的内容，一方面说明在本申请说明书译文何处和/或在 PCT/RO/134 表中对生物材料样品保藏情况作了记载，另一方面说明生物材料样品保藏编号、保藏日期和保藏单位。此外，应当在自进入日起 4 个月内提交生物材料样品的保藏证明和存活证明。国际申请中涉及的生物材料保藏的有关内容在本栏填写不下时，可以使用规定格式的附页续写。

该表第㉖栏为不丧失新颖性宽限期声明。国际申请涉及的发明属于《专利法》第二十四条第（一）项或第（二）项情形并在提出国际申请时作出过声明的，应当在此栏作出声明，并应当在自进入日起 2 个月内提交证明文件。

该表第㉗栏为有关复查请求的有关信息。《专利法实施细则》第一百一十六条是根据 PCT 第 25 条的规定制定的，允许申请人对国际申请在国际阶段被受理局拒绝给予国际申请日、或者受理局或国际局宣布国际申请已被认为撤回、或者受理局宣布对中国的指定已被认为撤回的三种情况，在收到上述处理决定的通知之日起 2 个月内向国家知识产权局提出复查请求。凡提出复查请求的，应当同时办理进入中国国家阶段手段。国际申请属于这种情况的，应当填写此栏内容。

该表第㉘栏为提交文件清单，第㉙栏为附加文件清单。应当按照实际提交的各个文件的名称、份数、页数以及权利要求项数正确填写此栏。

该表第㉚栏为全体申请人或专利代理机构签字或盖章。委托专利代理机构的，应当由专利代理机构加盖公章。未委托专利代理机构的，申请人为个人的，应当由本人签字或者盖章；申请人为单位的，应当加盖单位公章；有多个申请人的，由全体申请人签字或者盖章。该栏中的签字和公章不得为复印件。

2. 国际申请进入中国国家阶段声明（实用新型）

由于实用新型专利申请不涉及遗传资源、不涉及生物材料和不存在提前公布申请文件事宜，因此国际申请进入中国国家阶段声明（实用新型）的表格与国际申请进入中国国家阶段声明（发明）的表格相比，减少了与提前公布有关信息、与遗传资源有关信息、与生物材料样品保藏有关信息这 3 栏内容，国际申请进入中国国家阶段声明（实用新型）的表格共有 28 栏，其中需要专利代理机构填写的内容为 23 栏。随着减少这 3 栏内容，各栏的编号作了相应的调整。

此外，由于实用新型专利申请不涉及核苷酸序列表，因此国际申请进入中国国家阶段声明（实用新型）第⑳栏审查基础文本声明中只涉及说明书、权利要求书和附图，而不再包括核苷酸序列表。

其余需要专利代理机构填写的 22 栏内容中，除了第⑫栏的栏名为实用新型名称外，这 22 栏的填写内容与填写相求均与国际申请进入中国国家阶段声明（发明）相同，在此不再作重复说明。

第三节　发明和实用新型专利申请的权利要求书

《专利法》第五十九条第一款规定："发明或者实用新型专利权的保护范围以其权利要求的

内容为准，说明书及其附图可以用于解释权利要求的内容。"由此可知，权利要求书是用来确定发明或实用新型专利权保护范围的法律文件。一份专利申请的主题是否属于能够授予专利权的范围，所要求保护的发明创造是否具备新颖性、创造性和实用性，专利申请是否符合单一性的规定，他人的实施行为是否侵犯了专利权，都取决于权利要求书的内容，或者与权利要求书的内容有直接的关联，因此，权利要求书是发明和实用新型专利申请文件中最重要的文件。本节对权利要求书的内容及其撰写要求作一简单介绍。

一、权利要求书简介

权利要求书由权利要求组成，一份权利要求书至少有一项权利要求。权利要求用技术特征的总和来表示发明或实用新型的技术方案，限定发明和实用新型要求专利保护的范围。

1. 权利要求的类型

按照权利要求所保护的技术方案的性质划分，有两种基本类型：产品权利要求和方法权利要求。

产品权利要求，在国际上又称作"物的权利要求"，但由于这种类型的权利要求所涉及的物并不包括自然界天然存在的物，仅仅指人类技术生产的物，即产品，因此将这类权利要求称作产品权利要求更为确切。需要注意的是，这类产品权利要求所保护的客体不仅包括常规概念之下的产品，还包括如机器、系统这些可通过人类技术生产获得的任何具体的实体。也就是说，它可以是物质、材料、物品、工具、装置、设备、仪器、部件、元件、线路、合金、组合物、化合物、药物制剂、涂料、水泥、玻璃等。

方法权利要求，国际上又称作"活动的权利要求"，其所保护的是有时间过程要素的活动，它可以是制造方法、使用方法、通信方法、处理方法以及将产品用于特定用途的方法。虽然在执行这些方法步骤时也会涉及物，例如材料、设备、工具等，但是其核心不在于对物本身的创新或改进，而是通过方法步骤的组合和执行顺序来实现方法发明所要解决的技术问题。

《专利审查指南2010》第二部分第二章第3.1.1节中还进一步说明了为什么要区分权利要求的类型："在类型上区分权利要求的目的是确定权利要求的保护范围。通常情况下，在确定权利要求的保护范围时，权利要求中的所有特征均应当予以考虑，而每一个特征的实际限定作用应当最终体现在该权利要求所要求保护的主题上。"由上述内容可知，产品权利要求和方法权利要求所要求保护的是两种不同类型的客体，在确定该权利要求的保护范围时应当考虑对该权利要求限定的所有技术特征，但在考虑这些技术特征的限定作用时应当要考虑其所要求保护的是哪一类型的客体。

基于上述考虑，对于一件产品，如果其中的一个或多个技术特征无法用结构和形状特征进行描述，而且用物理和化学参数也无法将此产品与现有技术中的产品区别开来，则允许借助方法特征进行表征；但是，在此需要说明的是，这一项包含有方法特征的权利要求仍然是产品权利要求，不应当将其归于方法权利要求。

这种情况对于化学产品权利要求具有一定的代表性，为了对这一类产品权利要求的表述进行规范，《专利审查指南2010》第二部分第十章第4.3节作了明确的规定：

"对于仅用结构和/或组成特征不能清楚表征的化学产品权利要求，允许进一步采用物理－化学参数和/或制备方法来表征。

（1）允许用物理－化学参数来表征化学产品权利要求的情况是：仅用化学名称或者结构式或者组成不能清楚表征的结构不明的化学产品。参数必须是清楚的。

（2）允许用制备方法来表征化学产品权利要求的情况是：用制备方法之外的其他特征不能充分表征的化学产品。"

由上述规定可知，在撰写一项化学产品的权利要求时，首先应当考虑用结构和/或组成特征进行表征。如果用结构和/或组成特征表征该化学产品时已经能清楚地使其与现有技术中的产品相区分开，则不应当用物理－化学参数来表征该化学产品。也就是说，仅仅当用结构和/或组成特征不能清楚表征该化学产品时，才可考虑用物理－化学参数来表征该化学产品，而且在此时还要求这些参数是清楚的。此外，对于一项化学产品权利要求，如果用结构和/或组成特征不能清楚表征该化学产品，而且用物理－化学参数来表征该化学产品时也不能使其与现有技术中的产品相区分开，则可以用制备方法来表征该化学产品权利要求；但是，如果用结构特征和/或组成特征已能清楚地表征该化学产品，或者用物理－化学参数已能清楚地表征该化学产品，则不允许用制备方法来表征该化学产品的权利要求。

对于机械或电学领域，如果权利要求中所涉及的产品具有与上述化学产品相似的性质，则对于这些权利要求所涉及的产品也允许进一步采用物理－化学参数和/或制备方法来表征。

对于这类用物理－化学参数和/或制备方法来表征的产品权利要求，其要求保护的主题仍然是产品，这些物理－化学参数和/或制备方法特征对该权利要求的限定作用最终表现在其对该权利要求所要求保护的产品本身带来的影响。

正如前面已经指出，产品用于特定用途的方法为方法权利要求，因而产品用于特定用途就属于方法特征，那么对于主题名称中含有用途限定的产品权利要求来说，如何来考虑其中用途限定的作用呢？《专利审查指南2010》第二部分第二章第3.1.1节对此又作了进一步明确的规定，并举例加以说明："对于主题名称中含有用途限定的产品权利要求，其中的用途限定在确定该产品权利要求的保护范围时应当予以考虑，但其实际的限定作用取决于对所要求保护的产品本身带来何种影响。例如，主题名称为'用于钢水浇铸的模具'的权利要求，其中'用于钢水浇铸'的用途对主题'模具'具有限定的作用；对于'一种用于冰块成型的塑料模盒'，因其熔点远低于'用于钢水浇铸的模具'的熔点，不可能用于钢水浇铸，故不在上述权利要求的保护范围内。然而，如果'用于……'的限定对所要求保护的产品或设备本身没有带来影响，只是对产品或设备的用途或使用方式的描述，则其对产品或设备例如是否具有新颖性、创造性的判断不起作用。例如，'用于……的化合物 X'，如果其中'用于……'对化合物 X 本身没有带来任何影响，则在判断该化合物 X 是否具有新颖性、创造性时，其中的用途限定不起作用。"

由上述规定可知，对于一项主题名称中含有用途限定的产品权利要求，该用途限定在确定该产品权利要求的保护范围均应当予以考虑；但是，在判断该产品权利要求是否具备新颖性、创造性时，需要考虑该用途的限定作用是否对所要求保护的产品本身带来影响：若其对于所要求保护的产品本身带来影响，则该用途限定对该产品权利要求是否具备新颖性、创造性的判断起作用；相反，若其对于所要求保护的产品本身不带来影响，则该用途限定对该产品权利要求是否具备新颖性、创造性的判断不起作用。因此，在撰写这类产品权利要求时，对前一种用途限定对要求保护的产品本身带来影响的情况，该产品权利要求可以考虑采用含有用途限定的主题名称，以较窄的保护范围来换取比较稳固的专利权；相反，对于后一种用途限定对要求保护的产品本身没有带来影响的情况，在撰写该产品权利要求的主题名称时通常不必写入用途限定，因为写入用途限定后，使其保护范围变窄，而该用途限定对该权利要求是否具备新颖性、创造性的判断又不起作用，显然在这种情况写入用途限定有弊而无利。

最后，需要说明的是，按照《专利法》第二条第二款的规定，发明是指对产品、方法或者其改进所提出的新的技术方案，因而发明专利给予保护的客体可以是产品，也可以是方法，也就是说发明专利申请的权利要求书中既可以有产品权利要求，也可以有方法权利要求。而按照《专利法》第二条第三款的规定，实用新型是指对产品的形状、构造或者其结合所提出的适于实用的新的技术方案，由此可知，实用新型专利只保护产品，不保护方法，而且必须是有形状、结构的产品，因而实用新型专利给予保护的客体仅仅是有形状、结构的产品，也就是说实用新型专利申请的权利要求书中只允许有产品权利要求，不允许有方法权利要求。

2. 独立权利要求和从属权利要求

《专利法实施细则》第二十条第一款规定，权利要求书应当有独立权利要求，也可以有从属权利要求。

在一份权利要求书中，独立权利要求应当从整体上反映发明或者实用新型的技术方案、记载解决其技术问题所需的必要技术特征。其中必要技术特征是指，发明或者实用新型为解决其技术问题所不可缺少的技术特征，其总和足以构成发明或者实用新型的技术方案，使之区别于背景技术中所述的其他技术方案。

对于一份权利要求书中具有多项权利要求的情况，如果其中一项权利要求包含了另一项同类型权利要求中的所有技术特征，且对另一项权利要求的技术方案作进一步限定，则该权利要求为从属权利要求。从属权利要求用附加技术特征对被引用的权利要求作进一步限定，此附加的技术特征可以是对引用权利要求中的技术特征作进一步限定的技术特征，也可以是增加的技术特征。

从属权利要求只能引用在前的权利要求。被从属权利要求进一步限定的权利要求可以是独立权利要求，也可以是从属权利要求。也就是说，从属权利要求可以引用独立权利要求，也可以引用从属权利要求。

此外，从属权利要求可以仅引用在前的一项权利要求，也可以引用在前的两项或两项以上的权利要求，后者称作多项从属权利要求。

在一件专利申请的权利要求书中，独立权利要求所限定的客体的保护范围最宽。由于从属权利要求包含了其引用的权利要求的全部技术特征，其用附加技术特征对被引用的权利要求作进一步限定，所以从属权利要求的保护范围落在其所引用的权利要求保护范围之内。

《专利法》第三十一条第一款规定，一件发明或者实用新型专利申请应当限于一项发明或实用新型，而对于一项发明或者实用新型来说，应当只有一项独立权利要求，但还可以包括多项直接或间接对该独立权利要求作限定的从属权利要求。

《专利法》第三十一条第一款还规定，属于一个总的发明构思的两项以上的发明或者实用新型，可以作为一件专利申请提出。在这种情况下，权利要求书中可以有两项或两项以上独立权利要求。写在前面的独立权利要求称为第一独立权利要求，其他独立权利要求称作并列独立权利要求。

二、权利要求书的撰写要求

《专利法》第二十六条第四款、《专利法实施细则》第十九条和第二十条对权利要求书的撰写要求作了明确的规定，《专利审查指南 2010》第二部分第二章第 3.2 节又对此作了更具体的规定，现分为实质性要求和形式要求两部分来加以说明。

1. 实质性要求

按照《专利法》第二十六条第四款的规定，权利要求书撰写的实质性要求为：权利要求书以说明书为依据，清楚、简要地限定要求专利保护的范围。

（1）以说明书为依据

《专利审查指南2010》第二部分第二章第3.2.1节对此作了进一步说明："权利要求应当以说明书为依据，是指权利要求应当得到说明书的支持。权利要求书中的每一项权利要求所要求保护的技术方案应当是所属技术领域的技术人员能够从说明书充分公开的内容中得到或概括出的技术方案，并且不得超出说明书公开的范围。"

权利要求通常由说明书中公开的一个或者多个实施方式或实施例概括而成。通常，权利要求的概括方式主要有两种：用上位概念概括；用并列选择法概括（即用"或者"或者"和"并列几个必择其一的具体特征）。前者如用"气体激光器"概括氦氖激光器、氩离子激光器、一氧化碳激光器、二氧化碳激光器等；后者如"特征A、B、C或D"或者"由A、B、C和D组成的物质组中选择其一"等。

权利要求的概括应当适当，不得超出说明书公开的范围。如果所属技术领域的技术人员可以合理预测说明书给出的实施方式或明显变型方式都具备相同的性能或用途，则应当允许申请人将权利要求的保护范围概括至覆盖其所有的等同替代或明显变型方式。

①权利要求概括范围的宽窄取决于其与现有技术相关的程度。一项开拓性发明，比起已知技术领域中的改进性发明，允许有较宽的概括范围。一项概括恰当的权利要求应当与说明书公开的内容相当，既要得到说明书的支持，又不使专利申请人应当获得的权益受到损害。

②对于用上位概念概括的权利要来说，如果说明书实施方式或实施例中的技术特征是下位概念，而发明或实用新型的技术方案利用了其上位概念技术特征的所有下位概念的共性，则允许在权利要求中将此技术特征概括成上位概念；相反，若发明或实用新型是利用了此下位概念的个性，则不允许权利要求中将此技术特征概括成此下位概念的上位概念。对于用并列选择方式概括的权利要求来说，可将这些并列选择方式中的各个可选择要素按其性质相近进行分组，若说明书中对每一组至少给出一个相应的实施例或实施方式，则允许该权利要求采用此并列选择概括方式；相反，如果其中有一组性质相近的可选择要素在说明书中未给出任何实施例或实施方式，则应当将这一组可选择要素从权利要求的并列选择概括方式中排除出去。通常说明书中的实施例或具体实施方式越多，可以允许权利要求的概括程度越大。然而也可以只有一种具体实施方式，但是由这一实施方式概括成权利要求的技术特征对本领域技术人员来说必须是显而易见的。此外，权利要求的概括不得包含一些推测的、其效果难以预先确定和评价的内容，否则认为这种概括超出了专利申请说明书中所公开的内容。也就是说，当权利要求的概括使所属技术领域的技术人员有理由怀疑该上位概括或并列概括所包含的一种或多种下位概念或选择方式不能解决发明或者实用新型所要解决的技术问题，并达到相同的技术效果，则应当认为该权利要求没有得到说明书的支持。

③通常，对产品权利要求来说，应当尽量避免使用功能或效果特征来限定发明或实用新型。只有在某一技术特征无法用结构特征来限定，或者技术特征用结构特征限定不如用功能或效果特征来限定更为恰当，而且该功能或者效果能通过说明书中规定的实验或者操作或者所属技术领域的惯用手段直接或肯定地验证的情况下，使用功能或者效果特征来限定发明或实用新型才是允许的。也就是说，能用形状结构特征清楚限定技术特征时就不要采用功能性限定，只有当说明书中有多个实施方式，用形状结构特征无法将其限定而采用功能限定方式可清楚限定时，才对此技术特征采用功能性限定。当然，如果说明书中仅给出一个以特定方式实现某功能限定技术特征的具体实施方式，但本领域的技术人员立即能想到现有技术中还存在其他具有相同功能的类似结构，而且该发明或实用新型的技术问题不是通过实现该功能的具体结构来解决的，而是通过具有该功

能的部件与其他部件之间的连接关系、配合关系来解决的，则对此技术特征采用功能性限定也是允许的。相反，如果本领域的技术人员不能明了此功能还可以采用说明书中未提到的其他替代方式来完成，或者本领域技术人员有理由怀疑该功能性限定所包含的一种或几种方式不能解决发明或者实用新型所要解决的技术问题，并达到相同的技术效果，则权利要求中不得采用覆盖了上述其他替代方式或者不能解决发明或实用新型技术问题的方式的功能性限定。此外，不允许出现纯功能性限定的权利要求，尤其不允许将该权利要求相对于最接近的现有技术的改进表述成与发明或实用新型所要解决技术问题等同的功能性特征。

当要求保护的技术方案的部分或全部内容在原始申请的权利要求书中已经记载而在说明书中没有记载时，允许补入说明书，以体现权利要求以说明书为依据。但是，权利要求的技术方案在说明书中存在一致性的表述，并不意味着权利要求必然得到说明书的支持。只有本领域的技术人员能够从说明书充分公开的内容中得到或概括得出该项权利要求所要求保护的技术方案时，记载该技术方案的权利要求才被认为得到了说明书的支持。

就权利要求书以说明书为依据而言，如果一件专利申请的权利要求书包含有多项权利要求，例如包括独立权利要求及其从属权利要求，或者包括多项独立权利要求及其相应的从属权利要求，其中任何一项权利要求都应当得到说明书的支持，即每一项独立权利要求及其相应的从属权利要求都应当得到说明书的支持。

（2）清楚地限定要求专利保护的范围

所撰写的权利要求是否清楚，对于确定发明或者实用新型所要求的保护范围是极为重要的，因此按照《专利法》第二十六条第四款的规定，权利要求书还应当清楚地限定要求专利保护的范围。这主要包括两个方面的含义，其一是指每项权利要求应当清楚，其二是指构成权利要求书的所有权利要求作为一个整体也应当清楚。

对于每项权利要求应当清楚来说，既要求每项权利要求的类型清楚，又要求每项权利要求所确定的保护范围清楚。

①每项权利要求的类型应当清楚。首先，权利要求的主题名称应当能够清楚地表明该权利要求的类型是产品权利要求还是方法权利要求，不允许采用模糊不清的主题名称（如"一种……技术"），也不允许主题名称中既包含产品又包含方法（如"一种……产品及其制造方法"）。此外，权利要求的主题名称还应当与权利要求的技术内容相适应。其次产品发明或者实用新型应当写成产品权利要求，通常采用产品的形状、结构、组成等结构型技术特征来描述。但是在特殊情况下，如果产品权利要求中的一个或多个技术特征无法用结构特征予以清楚表征时，允许借助物理或化学参数表征（注意，使用参数表征时，所使用的参数必经是本领域技术人员根据说明书的教导或通过所属技术领域的惯用手段可以清楚而可靠地加以确定的）；当无法用结构特征并且也不能用参数特征予以清楚地表征时，允许借助于方法特征来表征。而方法发明应当写成方法权利要求，通常采用工艺过程、操作条件、步骤或流程等方法技术特征来描述；对于属于方法权利要求的用途权利要求，应当注意从权利要求的撰写措词上使其与产品权利要求区分开来，例如作为化合物 X 的用途权利要求应当写成"用化合物 X 作为杀虫剂"或者"化合物 X 作为杀虫剂的应用"，不应写成"用化合物 X 制成的杀虫剂"或"含化合物 X 的杀虫剂"，后两者为产品权利要求。

②每项权利要求所确定的保护范围应当清楚，即权利要求中的文字应当清楚、正确地描述发明或者实用新型的技术特征。为此，权利要求中的用词应当严谨，不应当造成对发明或者实用新型技术方案的误解；对于自然科学名词，国家有统一规定的，应当采用规定的技术术语，不得使

用行话、土话或者自行编造的词语。国家没有统一规定的，可以采用本技术领域约定俗成的术语，必要时对于最新出现的技术概念，甚至可以采用自定义词，但不应当采用所属技术领域中具有基本含义的词汇来表示其本意之外的其他含义，以免造成误解或语义混乱，但此时应当在说明书中对该自定义词给出明确的定义；尽可能从正面描述发明或实用新型的技术特征，不得采用导致保护范围不清楚的否定词语来限定技术特征；不要采用多义词或者本技术领域中含义不确定的用语等。

构成权利要求书的所有权利要求作为一个整体也应当清楚，这是指权利要求之间的引用关系应当清楚，这将在本节之四中进一步作详细说明。

（3）简要

按照《专利法》第二十六条第四款的规定，权利要求书还应当简要地限定要求专利保护的范围。不仅每一项权利要求应当简要，而且所有权利要求作为一个整体也应当简要。

就每一项权利要求应当简要而言，包括以下两方面的含义：

①权利要求的表述应当简要，除记载技术特征外，不得对原因或理由作不必要的描述，也不得使用商业性宣传用语；

②为避免权利要求之间相同内容的不必要重复，在可能的情况下，权利要求应尽量采取引用在前权利要求的方式撰写。

就所有权利要求作为一个整体应当简要而言，也包括以下两方面的含义：

①一件专利申请中不得出现两项或两项以上保护范围实质相同的同类权利要求；

②权利要求的数目应当合理，在权利要求书中允许有合理数量的限定发明或者实用新型优选技术方案的权利要求。

2. 形式要求

权利要求书除了需要满足上述实质性要求之外，尚需满足下述形式要求：

①权利要求书中包括几项权利要求的，应当用阿拉伯数字顺序编号；

②若有几项独立权利要求，各自的从属权利要求应当尽量紧靠其所引用的权利要求；

③每一项权利要求只允许在其结尾使用句号，以强调其含义是不可分割的整体；

④权利要求中使用的科技术语应当与说明书中使用的一致；

⑤权利要求中可以有化学式或者数学式，但不得有插图；

⑥除绝对必要外，权利要求中不得使用"如说明书……部分所述"或者"如图……所示"等类似用语；绝对必要的情况是指当发明或实用新型涉及的某特定形状仅能用图形限定而无法用语言表达时，权利要求可以使用"如图……所示"等类似用语；

⑦权利要求中通常不允许使用表格，除非使用表格能够更清楚地说明发明或实用新型要求保护的主题；

⑧权利要求中的技术特征可以引用说明书附图中相应的附图标记，但必须加括号，放在相应的技术特征后面，且附图标记不得解释为对权利要求保护范围的限制；

⑨除附图标记或者其他必要情形必须使用括号外，权利要求中应当尽量避免使用括号；

⑩权利要求中采用并列选择时，其含义应当是清楚的；

⑪一般情形下，权利要求不得引用人名、地名、商品名或者商标名称。

三、独立权利要求的撰写要求

1. 独立权利要求的撰写格式

《专利法实施细则》第二十一条第一款和第二款对独立权利要求的撰写格式作了明确规定。

（1）通常采用两部分格式撰写独立权利要求

按照《专利法实施细则》第二十一条第一款的规定，发明或者实用新型的独立权利要求应当包括两个部分：前序部分和特征部分。

前序部分写明要求保护的发明或者实用新型技术方案的主题名称以及发明或者实用新型主题与最接近的现有技术共有的必要技术特征，必要时应当反映发明或者实用新型的应用领域。特征部分写明发明或者实用新型区别于最接近的现有技术的技术特征，即本发明或实用新型具有的，而未包含在最接近的现有技术中的区别技术特征，这些特征和前序部分写明的特征一起构成发明或实用新型要求保护的技术方案，并限定其保护范围，这一部分通常以"其特征是……"或者类似的用语开始。这样撰写的独立权利要求既清楚地说明了本发明或实用新型与最接近的现有技术的关系，又强调了其自身相对于最接近的现有技术作出改进的实质内容。

独立权利要求按照两部分格式来撰写并不影响其保护范围，独立权利要求分两部分撰写的目的，在于使公众更清楚地看出独立权利要求的全部技术特征中哪些是发明或实用新型与最接近的现有技术所共有的技术特征，哪些是发明或实用新型区别于最接近的现有技术的特征。按照两部分格式撰写的独立权利要求，与不采用两部分格式撰写的相比，有下述几个方面的优点：

①有助于审查员理解发明创造的实质内容以及该发明创造与最接近的现有技术的关系，在判断其是否具备新颖性和创造性时可作出比较正确的评价，从而加快实质审查程序。

②便于公众理解发明创造的实质内容以及该发明创造与最接近的现有技术的关系，对其感兴趣的公众可以果断地决定是否采用此项专利技术，并可在签订专利许可证贸易合同时更合理地确定使用费。

③采用两部分格式撰写的独立权利要求在一定程度上可使独立权利要求更为简明，前序部分仅需写明与发明或实用新型技术方案密切相关的、共有的必要技术特征。

正是由于采用两部分格式撰写的独立权利要求具有上述几个方面的优点，所以采用两部分方式来撰写独立权利要求是合理的、必要的。对于改进型的专利申请案，通常要求将独立权利要求分成前序部分和特征部分来撰写，即要求其相对于最接近的现有技术划清前序和特征两个部分的界限。

（2）几种不适于采用两部分格式撰写独立权利要求的情况

按照《专利法实施细则》第二十一条第二款的规定，发明或者实用新型的性质使独立权利要求不适于采用划分前序部分和特征部分的方式来表达的，可采用其他方式撰写。

发明和实用新型不适于采用前序部分和特征部分的方式撰写的情况有：

①开拓性发明、化学物质发明以及一部分用途发明；

②由几个状态等同的已知技术整体组合而成的发明，其发明实质在于组合本身；

③已知方法的改进发明，其改进之处仅在于省去某种物质或材料，或者是用一种物质或材料代替另一种物质或材料，或者省去某个步骤；

④已知发明的改进在于系统中部件的更换或者其相互关系上的变化。

（3）并列独立权利要求的撰写格式

并列独立权利要求的撰写分为同类型并列独立权利要求和不同类型并列独立权利要求两种情况。

①同类型产品或同类型方法并列独立权利要求的情况。通常其与第一狙立权利要求的撰写格式相同，包括前序部分和特征部分。

②不同类型并列独立权利要求为体现其与第一独立权利要求具有一个总的发明构思，可以采

用两种格式：一种是回引在前的独立权利要求；另一种不回引在前的独立权利要求，而对在前独立权利要求的技术方案中的技术特征作重复描述。从简要的角度看，通常采用前一种格式。不同类型并列独立权利要求通常也应当包括前序部分和特征部分。

为帮助理解，此处给出一个包括三项具有一个总的发明构思的发明案例，它涉及产品、该产品制造方法和制造方法中的专用设备三项独立权利要求，从而说明不同类型并列独立权利要求的撰写格式。为节省篇幅，仅给出与并列独立权利要求撰写格式有关部分的内容。

"1．一种沸腾液体传热壁，……其特征在于：……。

2．一种制造权利要求 1 所述沸腾液体传热壁的方法，……其特征在于：……。

3．一种实现权利要求 2 所述制造沸腾液体传热壁方法中的专用铲刮刀具，……其特征在于：……。"

2．独立权利要求的实质性要求

独立权利要求除了要按照上述格式来撰写外，更重要的是必须满足下述实质性的要求。

（1）独立权利要求应当清楚地限定要求专利保护的范围

独立权利要求应当清楚、正确地描述发明或实用新型，表述其要求保护的范围。

①独立权利要求请求保护的主题类型清楚，即产品发明通常应当用产品的结构特征加以限定；方法发明通常应当用工艺过程、操作条件、步骤或者流程等方法技术特征加以限定。

②限定该独立权利要求保护范围的技术特征的用词应当清楚，即应当采用国家统一规定的技术术语，不得使用行话、土话或自行编造的词语，不得使用含义不确定的词语，不得使用导致保护范围不清楚的词语。

③前序部分所写明的技术特征也必须是本发明或实用新型的技术特征，即这部分应当写明本发明或实用新型与最接近的现有技术共有的技术特征，切不可写入只属于最接近的现有技术而不属于本申请的技术特征。

④对于已写入前序部分的、与最接近的现有技术所共有的技术特征，切不可在特征部分重复描述，只可在特征部分对其作进一步限定。

⑤特征部分进一步写明的技术特征应当尽可能从前序部分的共有技术特征出发加以说明，至少要给出这些技术特征与前序部分中的某个共有技术特征之间的关系。

⑥产品独立权利要求除了列出产品的部件或结构外，还应当写明各部件或各结构之间的位置关系或相互作用关系。

（2）独立权利要求应当反映与现有技术的区别

独立权利要求应当反映出与现有技术的区别，使其限定的发明或实用新型的技术方案相对于已获知的现有技术具备新颖性和创造性。

《专利法》第二十二条对发明和实用新型取得专利权必须具备的新颖性、创造性和实用性作了具体规定。作为从整体上反映发明或实用新型技术方案、限定专利保护范围的独立权利要求，理所当然也应满足此要求。为此，在撰写独立权利要求时，首先将发明与最接近的现有技术共有的必要技术特征写入前序部分；在这之后，一定要将反映发明突出的实质性特点和显著的进步或者反映实用新型实质性特点和进步的区别技术特征写入特征部分，使该独立权利要求满足新颖性、创造性的要求。

有关可授予专利权的新颖性和创造性这两个实质性条件将在本书第八章第一节和第二节作出进一步详细的说明。

（3）独立权利要求应当记载解决技术问题的必要技术特征

《专利法实施细则》第二十条第二款规定，独立权利要求应当从整体上反映发明或实用新型的技术方案，记载解决技术问题的必要技术特征。该条规定实际上包含两方面的含义。

①独立权利要求应当包括解决发明或实用新型技术问题所必需具备的全部必要技术特征。对产品权利要求，不仅要给出解决技术问题所必需的部件，对于这些部件，还应当写明对解决技术问题来说必不可少的，又不属于该领域技术人员普通知识范畴的具体结构及其相对位置关系或作用关系；对方法权利要求来说，不仅要写明该方法的步骤，对每一步骤还应当给出解决技术问题必不可少的，又不属于该领域技术人员普通知识范畴的操作过程和工艺条件。

②独立权利要求只需从整体上反映发明或实用新型的技术方案，不必写入该发明或实用新型的非必要技术特征，即不必写入进一步解决其技术问题的附加技术特征。否则，独立权利要求保护范围过窄，使该专利申请得不到充分的保护。

（4）独立权利要求应当以说明书为依据

对于独立权利要求来说，为了得到说明书的支持，在撰写时应该注意下述三点。

①独立权利要求描述的技术方案至少应体现在说明书第五部分的一个具体实施方式中。如果说明书中任何一个具体实施方式都未反映独立权利要求的全部技术特征，那么该独立权利要求就没有得到说明书的支持。

②独立权利要求中出现的概括性描述或功能性限定应能从说明书第五部分具体实施方式中记载的内容自然而合理地推出。

③独立权利要求描述的技术方案应当记载在说明书第三部分，即发明和实用新型内容部分，以发明或者实用新型必要技术特征总和的形式阐明其实质。

（5）多项并列独立权利要求应当属于一个总的发明构思

一件申请中，多项并列独立权利要求应当属于一个总的发明构思，满足单一性要求。

如何确定一组发明或实用新型属于一个总的发明构思呢？如果一组发明或实用新型的技术方案之间存在技术上的联系，这种技术上的联系具体表现在：其相应的权利要求在技术上相互关联，包含一个或多个相同的或相应的特定技术特征。其中的特定技术特征是指一项发明或实用新型作为一个整体考虑时对解决现有技术存在的问题作出贡献的技术特征。那么，就可以认为这一组发明或实用新型属于一个总的发明构思。

对于同一主题名称的两项以上发明或实用新型来说，如果它们解决同一技术问题、技术方案构思相同（具有相同或相应的特定技术特征）、取得效果相近，就可以认为属于一个总的发明构思，满足单一性要求。

对于不同主题名称的两项以上发明或实用新型以及两项以上不同类型发明来说，如果它们解决的技术问题实质相同，技术方案中存在相应的特定技术特征，以此体现技术上的联系，作为整体解决了现有技术的问题，就可以认为它们属于一个总的发明构思，满足单一性要求。

四、从属权利要求的撰写要求

1. 从属权利要求的撰写格式

按照《专利法实施细则》第二十二条第一款的规定，通常从属权利要求也包括两个部分：引用部分和限定部分。引用部分应当写明所引用的权利要求的编号及其主题名称，通常先写编号，再重述所引用的权利要求所要求保护的技术方案的主题名称。例如，权利要求1请求保护的技术方案为"一种能识别安危电压的试电笔"，其主题名称是试电笔，则引用比权利要求1的从属权利要求的引用部分可写成："按照权利要求1所述的试电笔，……"。限定部分紧接在该引用句之后，对于独立权利要求按照两部分格式撰写的，其从属权利要求的限定部分也以"其特征是……"开始，然后写明发明或实用新型的附加技术特征，对其引用的权利要求作进一步限定。

2. 从属权利要求的实质性要求

从属权利要求撰写的实质性要求包括三个方面。

（1）从属权利要求应当清楚地描述发明或实用新型

作为权利要求书的一部分，从属权利要求也应当清楚地描述发明或实用新型。

对于从属权利要求，为了清楚、正确地描述发明或实用新型，除了要满足前面权利要求书的撰写要求中所提到的权利要求类型清楚和文字表达清楚外，还需注意下述四点。

①从属权利要求的限定部分应当用附加技术特征对引用的权利要求作进一步限定，这些附加技术特征可以是对引用权利要求技术特征的进一步限定的技术特征，也可以是增加的技术特征。在前者情况下，这些附加技术特征应尽量从引用的权利要求的技术特征出发来加以说明；而在后一种情况下，应清楚地表达这些附加技术特征与引用权利要求中的某个或某些技术特征之间的结构位置关系或作用关系。

②在限定部分不要重复其引用权利要求中的技术特征，而应当采用对被引用权利要求中出现的技术特征作进一步限定的表述方式，从而清楚地限定发明或实用新型，以免造成对该从属权利要求保护范围的错误表达。

③从属权利要求的引用关系应当正确，以确保从属权利要求清楚地限定其保护范围。为此，从属权利要求限定部分作进一步限定的技术特征应当是在其引用的权利要求中出现过的技术特征，或者在限定部分应当写明附加技术特征与引用的权利要求中的技术特征之间的关系。此外，表述两项并列技术方案的从属权利要求之间不得相互引用。

④从属权利要求相对于其进一步解决的技术问题来说，技术方案应当完整。也就是说，如果从属权利要求为解决其进一步的技术问题需要靠多个措施的配合才能实现，则该从属权利要求的限定部分应当将反映这多个措施的技术特征全部写入，不要将其分拆成几个从属权利要求，否则其中一部分从属权利要求将会因技术方案不完整而被认为未清楚地限定其保护范围。

（2）从属权利要求的主题名称应与其引用权利要求的主题名称一致

从属权利要求的类型和主题名称应当与其引用权利要求的类型和主题名称相一致。即其要求保护的技术方案仍应该涉及其引用权利要求的整个产品或方法，不可变为其引用权利要求中的一个部件或一个工艺步骤，也不要将其要求保护的主题变为以其所引用权利要求的主题为其部件或其工艺步骤的技术方案。

（3）从属权利要求的保护范围应当落在其引用权利要求的保护范围之内

由于从属权利要求是用附加技术特征对其引用的权利要求作进一步限定，因此从属权利要求的保护范围应当落在其引用权利要求的保护范围之内，即从属权利要求的保护范围应当比其引用权利要求的保护范围窄。为此，从属权利要求的限定部分不能采用替代的方式撰写，即不得写成："用……来代替……"。此外，从属权利要求限定部分也不得写成不包含其引用权利要求中某个技术特征的方式。

3. 从属权利要求的形式要求

《专利法实施细则》第二十二条第二款和《专利审查指南2010》第二部分第二章第3.3.2节对从属权利要求的撰写提出了五方面的形式要求：

①从属权利要求只能引用其前面的权利要求，不能引用在其后面的权利要求。

②引用两项以上权利要求的多项从属权利要求只能以择一方式引用在前的权利要求，即其引用的权利要求的编号应当只能用"或"及其同义的择一引用方式表达，不得用"和"或其等

同语。

③多项从属权利要求不得作为另一项多项从属权利要求的引用基础，即多项从属权利要求不得直接或间接地引用另一项多项从属权利要求。

④有几项从属权利要求时，其引用有先后层次，要有顺序地引用。

⑤直接或间接从属于某一项独立权利要求的所有从属权利要求都应当写在该独立权利要求之后，另一项独立权利要求之前。

第四节　发明和实用新型专利申请的说明书

专利申请文件中的说明书用来详细说明发明或实用新型的具体内容，主要起着向社会公众公开发明和实用新型技术内容的作用，因而《专利法》第二十六条第三款规定，说明书应当对发明或者实用新型作出清楚、完整的说明，以所属技术领域的技术人员能够实现为准。此外，根据《专利法》第二十六条第四款的规定，权利要求书应当以说明书为依据，即说明书应当支持权利要求书，因而说明书公开的内容将会影响该权利要求书请求保护的范围。由此可知，说明书也是发明和实用新型专利申请文件中十分重要的文件，本节将对发明和实用新型说明书的组成部分及其撰写要求作一简单介绍。

一、发明和实用新型说明书的组成部分

《专利法实施细则》第十七条对说明书组成部分的规定与 PCT 国际申请说明书组成部分的规定基本相同。

按照《专利法实施细则》第十七条第一款的规定，发明或者实用新型专利申请的说明书首先应当写明发明或者实用新型的名称，该名称应当与请求书中的名称一致。说明书通常应当包括五个部分内容，并按照下列顺序撰写。

（1）技术领域

写明发明或者实用新型要求保护的技术方案所属的技术领域。

（2）背景技术

写明对发明或者实用新型的理解、检索、审查有用的背景技术；有可能的，并引证反映这些背景技术的文件。

（3）发明或者实用新型内容

写明发明或者实用新型所要解决的技术问题以及解决其技术问题采用的技术方案，并对照现有技术写明发明或者实用新型的有益效果。

（4）附图说明

说明书有附图的，对各幅附图作简略说明。

（5）具体实施方式

详细写明申请人认为实现发明或者实用新型的优选方式；必要时，举例说明；有附图的，对照附图。

说明书的每一部分之前应当给出这一部分的标题。

作为专利申请文件，说明书应当有一说明书摘要，概述说明书所公开的内容。但它仅是一种技术信息，其内容不属于发明或者实用新型原始公开的内容，不具有法律性效力。按照《专利法实施细则》第二十三条第一款的规定，说明书摘要应当写明发明或者实用新型专利申请所公开内

容的概要，即写明发明或者实用新型的名称和所属技术领域，并清楚地反映所要解决的技术问题、解决该问题的技术方案的要点以及主要用途。

二、说明书应当满足的总体要求

按照《专利法》第二十六条第三款的规定，说明书应当对发明或者实用新型作出清楚、完整的说明，以所属技术领域的技术人员能够实现为准，也就是说，说明书应当充分公开发明或者实用新型的技术内容。按照《专利法实施细则》第十七条第三款的规定，发明或者实用新型说明书应当用词规范、语句清楚。此外，《专利法》第二十六条第四款要求权利要求书应当以说明书为依据，而反过来也就要求说明书支持权利要求书。以上就是发明或者实用新型专利申请说明书应当满足的总体要求。

1. 说明书应当充分公开发明或者实用新型的技术内容

《专利法》第二十六条第三款规定："说明书应当对发明或者实用新型作出清楚、完整的说明，以所属技术领域的技术人员能够实现为准……"由上述规定可知，对说明书提出了三个方面的要求，清楚、完整和能够实现。但是，这三个方面的要求并不是并列的，说明书对发明或者实用新型作出的清楚、完整的说明，应当达到所属技术领域的技术人员能够实现的程度。也就是说，三者之中以本领域的技术人员能够实现为核心，即说明书应当满足充分公开发明或者实用新型的要求。

（1）清楚

说明书清楚是指其记载的内容清楚揭示了发明或者实用新型的实质。为此说明书中记载的内容应当满足三方面的要求。

①主题明确，清楚揭示发明和实用新型的实质。即从现有技术出发，清楚地写明发明或者实用新型所要解决的技术问题、为解决该技术问题所采用的技术方案以及该方案所能取得的有益技术效果，从而使该领域技术人员能够确切理解发明或者实用新型所要求保护的内容。

②前后内容一致，符合逻辑。即说明书各部分内容相互关联，成为一个整体，尤其是所要解决的技术问题、技术方案和有益技术效果之间应当相互适应，不得相互矛盾或不相关联，其余部分也紧密围绕所要解决的技术问题和技术方案展开描述，各部分内容应当相互依存，相互支持。

③表述准确。即说明书应当使用发明或者实用新型所属技术领域的技术术语。说明书的表述应当准确表达发明或者实用新型的技术内容，不得模棱两可、含糊不清，以致所属技术领域的技术人员不能清楚、正确地理解该发明或实用新型。

（2）完整

说明书完整是指其应当包括有关理解、实现发明或者实用新型所需的全部技术内容。一份完整的说明书应当包括下列三项内容。

①帮助理解发明或者实用新型不可缺少的内容。例如，对所属技术领域和背景技术的描述，对附图的说明。

②确定发明或者实用新型的新颖性、创造性和实用性所需的内容。例如所要解决的技术问题、技术方案和有益效果等。

③实现发明或者实用新型所需的内容。例如为解决其技术问题所采用的技术方案的具体实施方式。

对于克服了偏见的发明或者实用新型，说明书还应当对传统偏见作出说明，并解释为什么说该发明或者实用新型克服了偏见，新的技术方案与偏见之间的差别以及为克服偏见所采用的技术手段。

凡属于普通技术人员不能直接、唯一地从现有技术得出的有关内容，均应在说明书中作出描述。

（3）能够实现

所属技术领域的技术人员能够实现，是指所属技术领域的技术人员根据说明书所描述的技术内容，就能够实现发明或者实用新型的技术方案，解决其技术问题，并产生预期的技术效果。为此，说明书应当清楚地记载发明或者实用新型的技术方案，详细地描述实现发明或者实用新型的具体实施方式，完整地公开对于理解和实现发明或者实用新型必不可少的技术内容，达到所属技术领域的技术人员能够实现该发明或者实用新型的程度。

由此规定可知，依据说明书的记载能否实现发明或者实用新型，与判断发明或者实用新型是否具备创造性一样，应当基于所属技术领域的技术人员的知识和能力进行评价。因此，所属技术领域的技术人员的含义适用于《专利审查指南2010》第二部分第四章第2.4节的规定："所属技术领域的技术人员，也可称为本领域的技术人员，是指一种假设的'人'，假定他知晓申请日或者优先权日之前发明所属技术领域所有的普通技术知识，能够获知该领域中所有的现有技术，并且具有应用该日期之前常规实验手段的能力，但他不具有创造能力。如果所要解决的技术问题能够促使本领域的技术人员在其他技术领域寻找技术手段，他也应具有从该其他技术领域中获知该申请日或优先权日之前的相关现有技术、普通技术知识和常规实验手段的能力。"

在理解上述有关所属技术领域的技术人员的含义时，应当注意这样三点：其一，他不是一个具体的人，而是一个假设的"人"，对其知识和能力应当有一个客观的标准；其二，他不具有创造能力；其三，该本领域的技术人员的知识和能力随着社会发展、随着时间的推移而不断提高。鉴于此，对于本领域的技术人员的知识和能力通常这样来确定：申请日（专利申请有优先权要求的，为优先权日）前出版的该领域的教科书（包括科普读物）、技术手册、技术词典中所记载的内容可作为他知晓的本领域的普通技术知识，申请日（专利申请有优先权要求的，为优先权日）前出版的该领域的其他出版物中所记载的内容以及除出版物外的其他公开使用和其他方式公开的内容可作为他能够获知的该领域的现有技术，而在上述这些出版物、公开使用和其他方式公开的常规实验手段可作为他具有的常规实验手段的能力。这样一来，都是以出版物、公开使用和其他方式公开的内容作为判断本领域技术人员知识和能力的依据，从而就比较客观，通常不应当因判断的人员不同而对所属技术领域的技术人员得出不同的理解。

《专利审查指南2010》第二部分第二章第2.1.3节给出了五种由于缺乏解决技术问题的技术手段而被认为无法实现的情况。

①说明书中只给出任务和/或设想，或者只表明一种愿望和/或结果，而未给出任何使所属技术领域的技术人员能够实施的技术手段。

②说明书中给出了技术手段，但对所属技术领域的技术人员来说，该手段是含糊不清的，根据说明书记载的内容无法具体实施。

③说明书中给出了技术手段，但所属技术领域的技术人员采用该手段并不能解决发明或者实用新型所要解决的技术问题。

④申请的主题为由多个技术手段构成的技术方案，对于其中一个技术手段，所属技术领域的技术人员按照说明书记载的内容并不能实现。

⑤说明书中给出了具体的技术方案，但未给出实验证据，而该方案又必须依赖实验结果加以证实才能成立。这种情况主要出现在化学领域，对于化学产品或者化学产品用途发明的专利申

请，如果其技术方案的成立必须依赖实验结果来加以证实，那么仅仅在说明书中给出具体的技术方案是不够的，还应当在说明书中给出证实其技术方案能够成立的实验结果，有关这方面的具体内容可参见《专利审查指南 2010》第二部分第十章第 3.1 节和第 3.3 节的规定。

除此之外，对于涉及新的生物材料的发明专利申请，如果该生物材料公众不能得到，则由于说明书文字记载很难描述该生物材料的具体特征，即使有了这些描述也得不到生物材料本身，因此所属技术领域的技术人员根据说明书的记载仍然不能实施发明。在这种情况下，为了满足《专利法》第二十六条第三款的要求，应当按照《专利法实施细则》第二十四条的规定，在申请日前或者最迟在申请日（有优先权的，指优先权日）将该生物材料的样品提交至国家知识产权局认可的生物材料样品国际保藏单位进行保藏，且应当在申请日或者最迟自申请日起 4 个月内提交保藏单位出具的保藏证明和存活证明。否则将会以本专利申请未充分公开发明、不符合《专利法》第二十六条第三款的规定驳回该专利申请。

2. 说明书应当支持权利要求书

《专利法》第二十六条第四款规定权利要求书应当以说明书为依据，此规定说明了权利要求书和说明书之间的关系，即说明书应当支持权利要求书。从审查员的审查角度看，主要判断权利要求书中的技术方案所采用的概括表述方式或者功能限定技术特征的表述方式能否从说明书充分公开的内容得到，即是否得到说明书的支持，如果权利要求的技术方案得不到说明书的支持，则要求专利申请人或专利代理人修改权利要求书，以满足权利要求以说明书为依据这一要求。但从专利申请人或专利代理人来说，其考虑的角度与审查员相反，如果在撰写专利申请文件时发现权利要求中采用概括性的表述方式或者功能限定技术特征的表述方式得不到说明书的支持，不是改写权利要求书来适应说明书所公开的内容，而是向说明书补充更多的内容，以使说明书支持权利要求书。也就是说，对专利申请人或专利代理人来说，在撰写专利申请文件时，应当使说明书公开的内容满足"支持权利要求所表述的保护范围"这一要求。

为使说明书支持权利要求，在撰写说明书、尤其是撰写说明书具体实施方式时应当注意下述几个方面：

①权利要求书中的每个技术特征，均在说明书中作了说明；

②对权利要求书中的每一项权利要求来说，至少在说明书中的一个具体实施方式或一个实施例中得到反映，即至少在说明书中的一个具体实施方式中包含了独立权利要求中的全部必要技术特征，且至少在说明书中的一个具体实施方式中反映了从属权利要求优选方案的全部技术特征；

③对于权利要求书中采用概括性表述方式或者功能限定技术特征表述方式的情况，说明书中应当给出足够的实施方式或实施例，从而对权利要求所要求的保护范围给予支持；

④说明书中记载的内容与权利要求的内容相适应，没有矛盾。

有关这方面的详细内容将在下面结合说明书各个组成部分的撰写要求、尤其是具体实施方式的撰写要求作进一步说明。

3. 说明书应当用词规范，语句清楚

《专利法实施细则》第十七条第三款规定，说明书应当用词规范，语句清楚；也就是说，说明书的内容应当明确，无含糊不清或者前后矛盾之处，使所属技术领域的技术人员容易理解。

首先，说明书中的文字表达应当力求使本领域的技术人员能正确地理解发明或者实用新型的技术内容。

说明书应当使用发明或者实用新型所属技术领域的技术术语。对自然科学名词应当尽量采用国家规定的、统一的术语；国家没有统一规定的，可以采用所属技术领域约定俗成的术语，也可以采用鲜为人知或者最新出现的科学技术用语；如果国家没有统一规定、且本技术领域没有约定俗成的技术用语，可以直接使用外来语（中文音译或意译词），但是其含义对所属技术领域的技术人员来说必须是清楚的，不会造成理解错误；必要时还可以采用自定义词，在这种情况下，应当给出明确的定义或者说明，而且不应当使用在所属技术领域中具有基本含义的词汇来表示其本意之外的其他含义，以免造成误解和语义混乱。此外，说明书中使用的技术术语与符号应当前后一致。

《专利审查指南 2010》第二部分第二章第 2.2.7 节对于说明书中可否使用非中文表述形式作出了明确的规定："说明书应当使用中文，但是在不产生歧义的前提下，个别词语可以使用中文以外的其他文字。在说明书中第一次使用非中文技术名词时，应当用中文译文加以注释或者使用中文给予说明。"

在此之后，进一步明确了在说明书可以使用非中文表述形式的三种情况。

①本领域技术人员熟知的技术名词可以使用非中文形式表述，例如用"EPROM"表示可擦除可编程只读存储器，用"CPU"表示中央处理器；但在同一语句中连续使用非中文技术名词可能造成该语句难以理解的，则不允许。

②计量单位、数学符号、数学公式、各种编程语言、计算机程序、特定意义的表示符号（如中国国家标准缩写 GB）等可以使用非中文形式。

③说明书中所引用的外国专利文献、专利申请、非专利文献的出处和名称应当使用原文，必要时给出中文译文，并将译文放置在括号内。

说明书中的计量单位应当使用国家法定计量单位，包括国际单位制计量单位和国家选定的其他计量单位。必要时可以在括号内同时标注本领域公知的其他计量单位。

说明书中无法避免使用商品名称时，其后应当注明其型号、规格、性能及制造单位。

说明书中应当避免使用注册商标来确定物质或者产品。

此外，按照《专利法实施细则》第十七条第三款的规定，说明书中不得使用"如权利要求……所述的……"一类的引用语，也不得使用商业性宣传用语。

三、说明书各个组成部分的撰写要求

本节之一已对发明和实用新型专利申请说明书的组成部分作了说明。下面对发明或实用新型说明书各组成部分的撰写要求作进一步具体说明。

1. 名称

发明或者实用新型的名称应当清楚、简要，写在说明书首页正文部分的上方居中位置。

按照《专利审查指南 2010》第二部分第二章第 2.2.1 节的规定，发明和实用新型的名称应当按照下列各项要求撰写。

①说明书中的发明或者实用新型的名称与请求书中的名称应当一致，一般不得超过 25 个字，特殊情况下，例如，化学领域的某些申请，可以允许最多到 40 个字。这一要求包括两个部分，实际上在确定说明书的名称时只要考虑后一要求，即一般不超过 25 个字，最多为 40 个字。而对于前一部分，实际上是请求书有关发明或实用新型名称的填写应当满足的要求，如果说明书的名称与请求书中的名称不一致，只要说明书中的名称符合其他规定，此时应当修改的是请求书中填写的发明或实用新型名称，而不是修改说明书写明的发明或实用新型名称。

②采用所属技术领域通用的技术术语，最好采用国际专利分类表中的技术术语，不得采用非技术术语。在确定发明或者实用新型的名称时，这一要求是应当予以满足的，即应当采用通用的

技术术语，不要采用非技术术语，尤其不要采用杜撰的技术名词。例如有一件实用新型专利申请的名称为"两仙争渡"，本领域的技术人员仅根据该专利申请的实用新型名称，不清楚这一专利申请涉及一种什么样的技术主题。

③清楚、简要、全面地反映要求保护的发明或者实用新型的主题和类型（产品或者方法），以利于专利申请的分类，例如一件包含拉链产品和该拉链制造方法两项发明的申请，其名称应当写成"拉链及其制造方法"。

④不得使用人名、地名、商标、型号或者商品名称等，也不得使用商业性宣传用语。例如，下述名称明显不符合这一要求："徐氏微型潮湿报警器""AGY－1型炮泥塑性测定仪""椰树牌椰汁"等。

除了《专利审查指南2010》第二部分第二章第2.2.1节规定的四方面要求外，还应当注意两点：有特定用途或特定应用领域的，应在名称中体现；尽量避免将发明或实用新型的区别技术特征写入名称中。这两点可以作为核实独立权利要求的主题名称是否正确的一种手段。

2. 技术领域

这一部分应当写明发明或者实用新型的技术领域。

专利法意义下的发明或实用新型的技术领域与通常人们所理解的广义的技术领域的含义是不一样的。为此，《专利审查指南2010》第二部分第二章第2.2.2节明确规定："发明或者实用新型的技术领域应当是要求保护的发明或者实用新型技术方案所属或者直接应用的具体技术领域，而不是上位的或者相邻的技术领域，也不是发明或者实用新型本身。"

此外，在撰写发明或实用新型的技术领域这一部分时应当注意三点：

①《专利审查指南2010》第二部分第二章第2.2.2节进一步说明发明或者实用新型技术方案所属或者直接应用的具体技术领域往往与发明或者实用新型在国际专利分类表中可能分入的最低位置有关。因此，通常可按国际专利分类表确定其所属或者直接应用技术领域，尽可能确定在最低的分类位置上。

②应体现发明或者实用新型要求保护的技术方案的主题名称和发明的类型。如果一件专利申请包含有属于一个总的发明构思的两项以上主题名称不同的发明或实用新型，即其权利要求书中包含两项以上独立权利要求，且这些独立权利要求所要求保护的技术方案的主题名称不一样，那么该专利申请的技术领域也应当反映出这几项发明或实用新型技术方案的主题名称，对于发明专利申请来说，若包含有不同类型的独立权利要求，还应当反映出发明的类型。

③发明或者实用新型的技术领域不应当具体到包含有反映该发明或实用新型相对于最接近的现有技术作出改进的内容，也就是说，技术领域部分不应当写入体现发明或者实用新型相对于最接近的现有技术作出改进的区别技术特征。

3. 背景技术

这一部分应当写明对发明或者实用新型的理解、检索、审查有用的背景技术，有可能的，并引证反映这些背景技术的文件。

除开拓性发明或实用新型外，这一部分至少要引证一篇包含发明或者实用新型权利要求书中的独立权利要求前序部分技术特征的现有技术文件，即引证与发明或者实用新型专利申请最接近的现有技术文件，必要时再引用几篇较接近的或相关的对比文件。在这部分引证的文件可以是专利文件，也可以是非专利文件，例如期刊、手册和书籍等。

通常，对背景技术的描述应当包括三方面内容。

①注明其出处，通常可采用引证文件或指出公知公用两种情况：引证专利文件时，至少要写

明专利文件的国别和公开号，最好包括公开日期，引证非专利文件时，要写明这些文件的标题和详细出处，使公众和审查员能从现有技术中查阅到这些文件；对公知公用情况也要给出其具体发生的时间、地点以及可使公众和审查员能调研和了解到该现有技术的其他相关信息。

②简要说明背景技术的相关技术内容，即简要给出背景技术的主要结构和原理，通常不必结合附图作详细描述；即使引证文件中涉及的内容对本发明或者实用新型充分公开而言是必不可少的内容而需要结合附图作展开说明的，在背景技术部分也只需要作简要说明，而在具体实施方式部分作为描述本发明或实用新型具体实施方式的基础结合附图作出说明。

③客观地指出背景技术中存在的问题和缺点，但是仅限于涉及由发明或者实用新型的技术方案所解决的问题和缺点；在可能的情况下，说明存在这种问题和缺点的原因以及解决这些问题时曾经遇到的困难。

其中，在引证文件时应当注意下述三点。

①引证文件应当是公开出版物，除纸件形式外，还包括电子出版物等形式。

②所引证的非专利文件和外国专利文件的公开日应当在本申请的申请日之前，所引证的中国专利文件的公开日不能晚于本申请的公开日；也就是除了可以引证申请日前公开的非专利文件、外国专利文件和中国专利文件外，还可以引证申请人本人在申请日前或申请日当天向中国国家知识产权局提出申请、但在申请日尚未公开的专利申请文件，对于后一种专利申请文件来说仅仅在该引证文件早于本申请的公开日以前公开时，才能认为本申请说明书中公开了该引证文件中的内容。

③引证外国专利或非专利文件的，应当以所引证文件公布或发表时的原文所使用的文字写明引证文件的出处及相关信息，必要时给出中文译文，并将译文放置在括号内。

仅仅在引证文件满足上述要求时，才认为本申请说明书中公开了所引证文件中的内容。

4. 发明或者实用新型内容

说明书这一部分应当写明发明或者实用新型所要解决的技术问题以及解决其技术问题采用的技术方案，并对照现有技术写明发明或者实用新型的有益效果。

下面对这三个方面的内容给予详细说明。

（1）要解决的技术问题

发明或者实用新型所要解决的技术问题，是指发明或者实用新型要解决的现有技术中存在的技术问题。发明或者实用新型专利申请记载的技术方案应当能够解决这些技术问题。

通常在撰写说明书时，应当针对最接近的现有技术中存在的技术问题结合本发明所取得的效果写明本发明或者实用新型所要解决的技术问题。与此相应，在此之后写明的本发明或者实用新型的技术方案应当能够解决所写明的这些要解决的技术问题。

发明或者实用新型所要解决的技术问题在撰写时还应当满足下面几点要求。

①应当采用正面的、尽可能简洁的语言客观而有根据地反映发明或者实用新型要解决的技术问题，也可以进一步说明其技术效果。

②应当反映发明或者实用新型要求保护的技术方案的主题名称以及发明的类型。

③应当具体体现出其要解决的技术问题，但又不得包含技术方案的具体内容，即既要反映本发明或实用新型技术方案所能解决的具体技术问题，但又不包含本发明或实用新型相对于最接近的现有技术的区别特征。

④不得采用广告宣传用语，即应当实事求是地写明本发明或者实用新型究竟解决什么技术问题，切记不要为追求宣传效果而采用夸大或不切实际的词句。

⑤除了写明独立权利要求所要解决的技术问题外，还可写明从属权利要求的技术方案进一步解决的技术问题，但这些进一步解决的技术问题应当与一个总的发明构思有关。

（2）技术方案

技术方案是说明书的核心部分，是申请人对其要解决的技术问题所采取的技术措施的集合，而技术措施是由技术特征来体现的。技术方案的描述应使所属技术领域的技术人员能够理解，并能解决所要解决的技术问题。

在技术方案这一部分，至少应反映包含全部必要技术特征的独立权利要求的技术方案，还可以给出包含其他附加技术特征的进一步的技术方案。说明书中记载的这些技术方案应当与权利要求所限定的相应技术方案的表述相一致。

发明或者实用新型的技术方案在撰写时应当满足下面几点要求。

①清楚完整地写明独立权利要求的技术方案，应当包括解决其技术问题的全部必要技术特征。

②用语应当与独立权利要求的用语相应或相同，以发明或实用新型必要技术特征的总和形式阐明其实质。

③必要时还可描述从属权利要求的技术方案，写明对其进一步限定的附加技术特征，为避免误解应当另起段描述。

④若有几项独立权利要求时，这一部分的描述应当反映这几项独立权利要求技术方案的内容，并在描述时尽量体现它们之间属于一个总的发明构思。

⑤说明书中记载的这些技术方案应当与权利要求所限定的相应技术方案的表述相一致。

（3）有益效果

说明书应当清楚、客观地写明发明或者实用新型与现有技术相比所具有的有益效果。有益效果是指由构成发明或者实用新型的技术特征直接带来的或者是由这些技术特征必然产生的技术效果。

有益效果是确定发明是否具有"显著的进步"或者实用新型是否具有"进步"的重要依据。

通常，有益效果可以由产率、质量、精度和效率的提高，能耗、原材料、工序的节省，加工、操作、控制、使用的简便，环境污染的治理或根治，以及有用性能的出现等方面反映出来。

发明或者实用新型的有益效果在撰写时应当满足下面几点要求。

①通常可以用对发明或者实用新型结构特点的分析和理论说明相结合，或者通过列出实验数据的方式予以说明，应当通过与现有技术进行比较而得出，不得只断言发明或者实用新型具有的有益效果，尤其不得采用广告宣传性语言，作不切实际的宣传。

②对机械、电气等技术领域，多半可结合其结构特点或作用方式进行说明；而对化学领域，大多数情况借助实验或试验数据来说明；对于目前尚无可取的测量方法而不得不依赖于人的感官判断的，例如味道、气味等，可以采用统计方法表示的实验结果来说明有益效果。

③引用实验或试验数据说明有益效果时，应当给出必要的实验或试验条件和方法。

需要说明的是，发明或者实用新型内容部分应当包括"要解决的技术问题""技术方案"和"有益效果"这三方面的内容，但不一定严格按照上述顺序撰写。

5. 附图说明

说明书有附图的，说明书文字部分应当在描述发明或者实用新型的具体实施方式之前集中对说明书中的各幅附图作简略说明。

附图说明部分应当满足下述几方面要求。

①应当按照机械制图国家标准对附图的图名、图示的内容作简要说明。

②附图不止一幅时，应当对所有附图按顺序作出说明，且每幅附图应当单编一个图号。

《专利审查指南2010》第二部分第二章第2.2.5节还规定，对于零部件较多的情况，允许用列表的方式对附图中具体零部件名称列表说明。但从实践来看，该列表说明以单独成页的方式置于整个说明书文字部分之后、说明书附图之前为好，这样更方便阅读附图。

6. 具体实施方式

发明或者实用新型的具体实施方式部分是说明书的重要组成部分，它对于充分公开、理解和实现发明或者实用新型以及支持和理解权利要求来说是极为重要的。这一部分应当详细写明申请人认为实现发明或者实用新型的优选的具体实施方式。在适当的情况下，应当举例说明；说明书有附图的，应当对照附图作出说明。

在撰写发明或者实用新型的具体实施方式部分时应当注意下述几个方面。

①通常这一部分至少具体描述一个优选的具体实施方式，这些优选的具体实施方式应当体现申请中解决技术问题所采用的技术方案，并应当对权利要求的技术特征给予详细说明，以支持权利要求，如任何一个具体实施方式应当包括一项独立权利要求的全部技术特征，而对于任何一项权利要求来说，至少有一个具体实施方式包括其全部技术特征，即体现该权利要求的技术方案。

②对优选的具体实施方式的描述应当详细，使所属技术领域的技术人员能够实现该发明或者实用新型，而不必再付出创造性劳动，如进一步的摸索研究或实验。

③在权利要求（尤其是独立权利要求）中出现概括性技术特征而使其覆盖较宽的保护范围时，这部分应当给出多个具体实施方式，除非这种概括对本领域技术人员来说是明显合理的；当产品权利要求中包含有功能性限定的技术特征时，这部分应当给出尽可能多的具体结构（相当于具体实施方式），除非该功能性限定的技术特征已成为本领域技术人员普遍知晓的技术名词；当权利要求相对于背景技术的改进涉及数值范围时，通常应当给出两端值附近（最好是两端值）的实施例，当数值范围较宽时，还应当给出至少一个中间值的实施例。

④通常对最接近的现有技术或者发明或者实用新型与最接近的现有技术共有的技术特征可以不作详细展开说明，但对发明或者实用新型区别于最接近的现有技术的技术特征，以及从属权利要求中出现的且不是现有技术或公知常识的附加技术特征应当足够详细地作出说明。尤其那些对充分公开发明或者实用新型来说必不可少的内容，不能采用引证其他文件的方式撰写。

⑤对于产品的发明或者实用新型，实施方式或者实施例应当描述产品的机械构成、电路构成或者化学成分，说明组成产品的各部分之间的相互关系；对于除化学产品以外的其他产品，不同的实施方式是指几种具有同一构思的具体结构，而不是不同结构参数的选择，除非这些参数的选择对技术方案有重要意义；对于可动作的产品，必要时还应当说明其动作过程，以帮助对技术方案的理解。

⑥对于方法发明，应当写明其步骤，包括可以用不同的参数或者参数范围表示的工艺条件。

⑦在结合附图描述优选的具体实施方式时，可借助附图标记进行描述，使用的附图标记或符号应当与附图中所示的一致，并放在相应部件的名称之后，不加括号。

⑧在发明或者实用新型的内容比较简单的情况下，即权利要求技术特征的总和限定的技术方案比较简单的情况下，在说明书发明或者实用新型的内容部分已经对发明或者实用新型专利申请所要求保护的主题作出清楚、完整的描述时，则在具体实施方式中可以不必作重复描述。

7. 说明书附图

附图是说明书的一个组成部分，其作用是用图形补充说明文字部分的描述，帮助本领域的技术人员直观地、形象化地理解发明和实用新型的每个技术特征和整体技术方案。对于机械和电学技术领域中的专利申请，说明书附图的作用尤其明显，因此说明书附图应当力求清楚地反映发明或者实用新型的内容。

对于发明和实用新型的附图，应当注意下述几个方面。

①实用新型的说明书中必须有附图。机械、电学、物理领域中涉及有结构的产品的发明说明书也应当有附图；但是对于那些用文字足以清楚、完整地描述其技术方案的发明专利申请，可以没有附图。

②发明或者实用新型的说明书有几幅附图时，用阿拉伯数字顺序编号，且每幅附图编一个图号；几幅附图可绘制在一张图纸上，按顺序排列，彼此应明显地分开。

③附图通常应竖直绘制，当零件横向尺寸明显大于竖向尺寸必须水平布置时，应当将该图的顶部置于图纸的左边，同一页上各幅附图的布置应采用同一方式。

④一件专利申请有多幅附图时，在用于表示同一实施方式的各幅附图中，表示同一组成部分（同一技术特征或者同一对象）的附图标记应当一致，即使用相同的附图标记。说明书中与附图中使用的相同的附图标记应当表示同一组成部分。

⑤说明书文字部分中未提及的附图标记不得在附图中出现；附图中未出现的附图标记也不得在说明书文字部分提及，即说明书文字部分中出现的附图标记至少应在一幅附图中加以标注。

⑥附图应当用制图工具和黑色墨水绘制，线条应当均匀清晰、足够深，并不得着色和涂改；附图的大小及清晰度应当保证在该图缩小到 2/3 时仍能清楚地分辨出图中的各个细节。

⑦附图中除必需的文字外，不得含有其他注释，但对于流程图、框图一类的附图，应当在其框内给出必要的文字或符号。

⑧说明书附图集中放在说明书文字部分之后。

8. 说明书摘要

说明书摘要是与专利有关的技术信息，用于概括说明书所记载的内容。

说明书摘要的内容不属于发明或者实用新型原始记载的内容，不能作为以后修改说明书或者权利要求书的根据，也不能用来解释专利权的保护范围。就此意义而言，说明书摘要不具有法律效力。

说明书摘要的撰写应当满足下述要求。

①说明书摘要应当写明发明或者实用新型所公开内容的概要，即写明发明或者实用新型的名称和所属技术领域，并清楚地反映所要解决的技术问题、解决该技术问题的技术方案的要点以及主要用途，其中以技术方案的要点为主。

②说明书摘要应当简单扼要，摘要文字部分不得用发明或者实用新型的名称作为标题，全文（包括标点符号）不超过 300 字，摘要不分段。

③说明书中有附图的，应当指定并提供一幅最能反映该发明或者实用新型技术方案要点的附图作为摘要附图，附图的大小及清晰度应当保证在该图缩小到 4 厘米×6 厘米时仍能清楚地分辨出图中的各个细节。

④说明书摘要中可以包含最能说明发明的化学式，该化学式可被视为摘要附图。

⑤说明书摘要中不得出现商业性宣传用语。

⑥说明书摘要文字部分的附图标记应当加括号，且摘要文字部分出现的附图标记应当在摘要附图中加以标注。

第五节 外观设计专利申请文件

在本章第一节中已经指出，外观设计专利申请文件主要包括请求书、外观设计的图片或照片，以及对该外观设计的简要说明。

由于已在本章第二节中对外观设计专利申请文件请求书的主要内容和填写要求作了介绍，本节重点对所提供的外观设计图片或照片以及简要说明应当满足的要求加以说明。此外，对外观设计专利申请文件请求书中使用的外观设计产品名称作了进一步说明。

一、使用外观设计的产品名称

请求书中所写明的使用外观设计的产品名称（包括简要说明中所写明的外观设计产品的名称）对图片或者照片中表示的外观设计所应用的产品种类具有说明作用，因此使用外观设计的产品名称应当与外观设计图片或者照片中表示的外观设计的载体❶相符合，准确、简明地表明要求保护的外观设计的载体❷。

在填写该使用外观设计的产品名称时，应当满足下述四项要求。

①与外观设计图片或照片中表示的外观设计的载体相符合，例如棋盘不能写成棋。

②一般不得超过 20 个字。

③一般应当符合国际外观设计分类表中小类列举的名称。

④产品名称应当规范，通常应当避免使用下述名称：

（ⅰ）含有人名、地名、国名、单位名称、商标、代号、型号或以历史时代命名的产品名称，如茅台酒瓶、海尔空调机、成吉思汗腰刀等；

（ⅱ）概括不当、过于抽象的名称，如文具、炊具、乐器、医疗器械、建筑用物品等；

（ⅲ）描述技术效果、内部构造的名称，如节电冰箱、节油发动机、人体增高鞋垫、可伸缩钓鱼竿、装有新型发动机的汽车等；

（ⅳ）附有产品规格、大小、规模、数量单位的名称，如 34 英寸电视机、中型书柜、一双手套等；

（ⅴ）以外国文字或无确定的中文意义的文字命名的名称，如克莱斯酒瓶，但已经众所周知并且含义确定的文字可以使用，如 DVD 播放机、LED 灯、USB 集线器等。

二、外观设计的图片或照片

按照《专利法》第二十七条第二款的规定，申请外观设计专利的，申请人提交的有关图片或者照片，应当清楚地显示要求专利保护的产品的外观设计。

就立体产品的外观设计而言，产品设计要点涉及六个面的，应当提交六面正投影视图；产品设计要点仅涉及一个或几个面的，应当至少提交所涉及面的正投影视图和立体图，并应当在简要说明中写明省略视图的原因。

就平面产品的外观设计而言，产品设计要点涉及一个面的，可以仅提交该面正投影视图；产

---

❶ 在《专利审查指南 2010》第一部分第三章第 4.1.1 节中此处无"的载体"三个字，显然是不太确切的，因为产品名称所反映的应当是具有该外观设计的载体的名称，故在此处加上"的载体"这三个字。

❷ 在《专利审查指南 2010》第一部分第三章第 4.1.1 节中此处为"要求保护的产品的外观设计"，出于同样的理由，在此处改为"要求保护的外观设计的载体"。

品设计要点涉及两个面的，应当提交两面正投影视图。

就包括图形用户界面的产品外观设计而言，应当至少提交整体产品外观设计视图。图形用户界面为动态图案的，应当至少提交一个状态的上述整体产品外观设计视图，对其余状态可仅提交关键帧的视图，所提交的视图应当能唯一确定动态图案中的动画的变化趋势。

必要时，还应当提交该外观设计产品的展开图、剖视图、剖面图、放大图以及变化状态图。

此外，可以提交参考图，参考图通常用于表明使用外观设计的产品的用途、使用方法或者使用场所等。

六面正投影视图的名称，必须采用主视图、后视图、左视图、右视图、俯视图和仰视图，并标注在相应视图的正下方。其中主视图所对应的面应当是使用时通常朝向消费者的面或者最大程度反映产品的整体设计的面。例如带杯把的杯子的主视图应当是杯把在侧边的视图。

对于成套产品，应当在其中每件产品的视图名称前以阿拉伯数字顺序编号标注，并在编号前加上"套件"两个字，例如"套件4主视图"。

对于同一产品的相似外观设计，应当在其中每个设计的视图名称前以阿拉伯数字顺序编号标注，并在编号前加"设计"两个字，如"设计2主视图"。

对于无组装关系或者组装关系不唯一的产品，应当提交各构件的视图，并在每个构件的视图名称前以阿拉伯数字顺序编号标注，编号前加上"组件"两个字，如"组件3左视图"。需要说明的是，对于组装关系唯一的组件产品，应当提交组合状态的产品视图。

对于有多种变化状态的产品的外观设计，其专利申请中显示变化状态的视图名称后，应当以阿拉伯数字顺序编号。

1. 图片的绘制

外观设计的图片应当参照我国技术制图和机械制图国家标准中有关正投影关系、线条宽度以及剖切标记的规定绘制，并应当以粗细均匀的实线表达外观设计的形状。不得以阴影线、指示线、虚线、中心线、尺寸线、点划线等线条表达外观设计形状。可以用两条平行的双点划线或自然断裂线表示细长物品的省略部分。图面上可以用指示线表示剖切位置和方向、放大部位、透明部位等，但不得有不必要的线条或标记。图片应当清楚地表达外观设计。

图片可以使用包括计算机在内的制图工具绘制，但不得使用铅笔、蜡笔、圆珠笔绘制，也不得使用蓝图、草图、油印件。对于使用计算机绘制的外观设计图片，图面分辨率应当满足清晰的要求。

2. 照片的拍摄

外观设计照片的拍摄应当使镜头对正产品的中心部位拍摄，通常应当遵循正投影规则，避免因透视产生的变形影响产品的外观设计的表达。照片应当背景单一，避免出现该外观设计产品以外的其他内容；产品和背景应有适当的明度差，以清楚地显示产品的外观设计。照片应当避免强光、反光、阴影、倒影、衬托物。照片中的产品通常应当避免包含内装物或者衬托物，但对于必须依靠内装物或者衬托物才能清楚地显示产品的外观设计时，则允许保留内装物或衬托物。此外，照片应当清晰，避免因对焦等原因导致的产品外观设计无法清楚地显示。

通常，若采用照片来表示所请求保护的外观设计专利权范围，则所有视图均应当提交照片的原件，不得为复印件。如果所提交的外观设计立体图或使用状态图的照片仅作为所提交的外观设计图片的参考，此时其专利权的保护范围仍以外观设计的图片为准。

3. 图片或者照片的色彩

色彩包括黑白灰系列和彩色系列。

对于简要说明中声明"请求保护色彩"❶的外观设计专利申请，属于黑白灰系列的，应当提交黑白图片或者照片；属于彩色系列的，应当提交彩色图片或照片。图片的颜色应当着色牢固、不易褪色。

4. 对所提交的图片和照片绘制的具体要求

所绘制的图片和拍摄的照片应当满足下述要求。

①各视图的比例应当一致，且投影关系相对应。

②绘制的图片各视图应当按正投影制图法绘制，即所有的投影线都互相平行，且垂直于投影面；拍摄的照片应当使镜头对正产品的中心部位拍摄，且应当避免因透视产生的变形影响产品的外观设计的表达。

③当一组六面视图或一组两面视图不能充分表达该外观设计时，应当提交必要的展开图、剖视图、立体图、局部放大图、变化状态图等。

④剖视图应当按照机械制图国家标准规定的画法进行标注，在其有关图上标明剖切平面的位置和表示投影方向的箭头，并在箭头旁和剖视图下方用相同的标记表明两者的关系。

⑤对于局部放大图，应当在有关图上标出放大部位，并在该放大部位处和局部放大图下方用相同的标记表明两者的关系。

⑥外观设计产品有几种不同变化状态时，应当分别提交不同变化状态的图，如折叠伞，不仅要提交其打开状态的相关视图，还要提交一种折叠状态图。

⑦对于细长物品或按一定规律变化的细长物品，绘图时可省略其中间一段长度，但应当用两条平行的双点画线或自然断裂线的方式来表示，此时并应当在简要说明中加以说明。

⑧对于透明物品，应当按照透明可见部分的真实情况绘制，当内层和外层有两种以上形状、图案和色彩时应当分别表示出来。

⑨对于产品的外观设计涉及六个面的，若后视图和主视图相同或对称时可省略后视图，若左视图和右视图相同或对称时可省略左视图或右视图，若俯视图和仰视图相同或对称时可省略俯视图或仰视图，若产品为回转体，且其外观设计的前后左右均相同时可省略后视图、左视图和右视图，对于大型或位置固定的机械设备以及底面和/或背面不经常看到的物品可省略仰视图和/或后视图，但上述省略视图情况应当在简要说明中加以说明。

⑩对于产品设计要点仅涉及两个面的，若后视图与主视图相同或对称时或后视图无图案时可省略后视图，但上述省略视图情况应当在简要说明中加以说明。

⑪对于组件产品来说，若组装关系唯一，应当提交组合状态的视图；无组装关系或组装关系不唯一，应当提交每一构件的视图。

⑫对于积木类产品，应当以每一单件的相应视图为基础提交每一单件的相应视图以及一组组合状态的立体图；对于插接件或插接组件玩具，应当以各单个插接件为基础提交各个插接件的相应视图。对于平面拼图玩具，只需提交组合状态主视图，不必提交单件视图。

⑬对于成套产品合案申请时，应当分别提交每件产品的六面视图或两面视图，符合上述省略视图条件的允许省略有关视图。

⑭对于同一产品两项以上相似外观设计合案申请时，应当针对各项相似外观设计提交相关视图。

⑮外观设计图片或照片中不得包括不能作为要求保护的外观设计具体内容的图形、文字，如

---

❶ 此处"请求保护色彩"的含义是指"请求保护的外观设计包含色彩要素"。

人物肖像、商标、标志、国旗、国徽、名著、著名建筑物等。

⑯外观设计图片中不得包括不属于产品形状的轮廓线或者图案的边界线或花纹线的其他线条，如阴影线、中心线、尺寸线、指示线、虚线等，上述线条应当从图片中删去。

三、简要说明

按照《专利法》第二十七条第一款的规定，外观设计专利申请文件除了外观设计的图片或照片外，还包括对外观设计的简要说明；也就是说，简要说明是提出外观设计专利申请时必须提交的文件之一。《专利法》第五十九条第二款规定："外观设计专利权的保护范围以表示在图片或者照片中的该产品的外观设计为准，简要说明可以用于解释图片或者照片所表示的该产品的外观设计。"由上述规定可知，2008年修改《专利法》后，简要说明在外观设计专利申请文件中的地位及其作用大大提高了，因此应当对简要说明给予足够的重视。

《专利法实施细则》第二十八条对简要说明应当包括的内容作出明确的规定。根据此规定，对外观设计的简要说明应当包括四方面的内容。

①外观设计产品的名称，该产品名称应当与外观设计图片或者照片中表示的外观设计的载体的名称相一致，也应当与请求书中的产品名称一致。

②外观设计产品的用途，简要说明中应当写明有助于确定产品类别的用途，对于具有多种用途的产品，应当写明所述产品的多种用途。

③外观设计的设计要点，设计要点是指与现有设计相区别的产品的形状、图案及其结合，或者色彩与形状、图案的结合，或者部位。

④指定一幅最能表明设计要点的图片或者照片。

按照《专利法实施细则》第二十八条第一款和第三款的规定，外观设计的图片或照片省略视图的，或者请求保护色彩（即请求保护的外观设计包含有色彩要素）的，应当在简要说明中写明；但是，简要说明不得使用商业性宣传用语，也不能用来说明产品的性能和内部结构。

具体说来，下列情况应当在简要说明中写明。

①省略视图的情况：如果外观设计专利申请省略了视图，应当写明省略的原因，例如因对称或相同而省略某视图，因位置固定而底面不经常看到而省略仰视图等。

②请求保护色彩的情况：如果外观设计专利申请请求保护色彩，应当写明请求保护的外观设计包含有色彩要素。

③对同一产品的多项相似外观设计提出一件外观设计专利申请的情况，应当在简要说明中指定其中一项作为基本设计。

④对于单元图案两方连续或者四方连续等而无限定边界的平面产品（如花布、壁纸等），应当对其属于何种无限定边界的情况作出说明。

⑤对于细长物品的长度采用省略画法的情况，应当在简要说明中写明其长度采用了省略画法。

⑥如果产品包含由透明材料制成的部分，且该透明部分对产品的外观设计带来视觉效果的影响，应当在简要说明中予以说明。

⑦如果产品包含了由特殊视觉效果的材料制成的部分，且该部分对该产品的外观设计带来影响，应当在简要说明中予以说明

⑧如果外观设计产品属于成套产品，在简要说明中写明其为成套产品，必要时应当写明各套

件所对应的产品名称。

⑨如果外观设计产品属于无组装关系或者组装关系不唯一的组件产品，应当在简要说明中加以说明。

⑩对产品外观设计包括图形用户界面的情况，必要时说明图形用户界面的用途、图形用户界面在产品中的区域、人机交互方式以及变化状态等。

第八章 授予专利权的实质条件

《专利法》第二十二条对发明和实用新型专利申请授予专利权的三个实质条件（新颖性、创造性和实用性）作了规定。《专利法》第二十三条对外观设计专利申请授予专利权的实质条件（不属于现有设计及在先外观设计申请中没有相同和实质相同的外观设计、与现有设计或现有设计特征的组合有明显区别以及不得与他人在先取得的合法权利相冲突）作了规定。此外，《专利法》第九条还规定了禁止重复授权原则。对于发明专利申请来说，实质审查程序的重要内容之一就是根据检索到的现有技术来判断专利申请是否符合上述条款的规定，若不符合上述条款的规定，可以此为理由作出驳回决定。而在发明、实用新型和外观设计专利申请授予专利权后，专利不符合上述条款规定、尤其是不符合《专利法》第二十二条和第二十三条规定是提出无效宣告请求的最重要的理由。因而对于当事人和专利代理人来说，应当十分熟练地掌握上述条款所涉及的授予专利权的实质条件，这样才能在发明专利申请的实质审查程序或者发明、实用新型或外观设计专利无效宣告请求审查程序中取得主动。为此，本章将对上述授予专利权的实质条件作一介绍，供专利代理人和有关当事人参考。其中第一节至第三节分别针对发明和实用新型授予专利权的实质条件作出说明，而第四节对外观设计授予专利权的实质条件作出说明。

就《专利法》第二十二条和第二十三条（包括《专利法》第九条，下同）而言，2008 年修改《专利法》时作了较大的修改，而《施行修改后的专利法的过渡办法》第二条规定："修改前的专利法的规定适用于申请日在 2009 年 10 月 1 日前（不含该日，下同）的专利申请以及根据该专利申请授予的专利权；修改后的专利法的规定适用于申请日在 2009 年 10 月 1 日以后（含该日，下同）的专利申请以及该专利申请授予的专利权……"由此可知，就授予专利权的实质条件（即《专利法》第二十二条第二十三条的规定）将会在很长一段时间（发明专利可能会长达 20年、实用新型和外观设计专利会长达 10 年）处于修改前后《专利法》规定的内容共用的状态：对于申请日（有优先权要求的，为优先权日）在 2009 年 10 月 1 日前提出的专利申请，按照修改前的《专利法》的有关规定来判断专利申请或专利是否符合授权条件；而对于在 2009 年 10 月 1日（有优先权要求的，为优先权日）以后提出的专利申请，按照修改后的《专利法》的有关规定来判断专利申请或专利是否符合授权条件。因此，专利代理人不仅应当掌握修改后的《专利法》有关专利授权条件的规定，还应当掌握修改前的《专利法》有关专利授权条件的规定。鉴于此，本章除了重点介绍修改后的《专利法》第二十二条和第二十三条有关专利授权实质条件的规定，还对相关条款在这次修改时主要作了哪些修改作简要说明。

第一节 新颖性——发明与实用新型授予专利权实质条件之一

对于发明和实用新型来说，其新颖性实质条件的标准是相同的，因而本节对其作统一介绍，不再加以区分。

一、与新颖性有关的概念

《专利法》第二十二条第二款对授予专利权的新颖性条件作了明确规定："新颖性，是指该发明或者实用新型不属于现有技术；也没有任何单位或者个人就同样的发明或者实用新型在申请日以前向国务院专利行政部门提出过申请，并记载在申请日以后公布的专利申请文件或者公告的专利文件中。"

由上述定义可知，出现下述两种情况之一就会使该专利申请不具备新颖性：

①该专利申请属于现有技术；

②已有同样的发明或者实用新型记载在其申请日前（不含申请日）向国家知识产权局提出申请、在其申请日以后（含申请日）公布的专利申请文件或公告的专利文件中。

前一种情况是指现有技术中已出现过与该专利申请相同的技术内容，后一种情况是指存在该专利申请的抵触申请。

1. 现有技术

《专利法》第二十二条第五款规定："本法所称现有技术，是指申请日以前在国内外为公众所知的技术。"由此可知，现有技术是指申请日前公众能够得知的技术内容，即其在申请日前处于能够为公众获得的状态。具体来说，现有技术包括申请日前在国内外出版物上公开发表、在国内外公开使用或者以其他方式为公众所知的技术。

按照上述规定，现有技术的时间界限是申请日，享有优先权的，则指优先权日，即申请日（享有优先权的，指优先权日，以下涉及现有技术的内容中提到的申请日均表示同样的含义）前公开的技术内容均属于现有技术，但不包括申请日当天公开的技术内容。

按照上述规定，现有技术的公开方式主要有三种：出版物公开、使用公开和以其他方式公开。

按照上述规定，现有技术不再有地域界限。有关"现有技术地域界限"规定的变化是这次《专利法》修改的一个重大改变，按照修改前的《专利法》，申请日前在国内外出版物上公开发表、在国内公开使用或者以其他方式为公众所知的技术为现有技术，修改后的《专利法》将公开使用或者以其他方式为公众所知的技术的地域界限由国内（不包括港、澳、台地区）扩大到国内外，即扩大到全世界范围，从而与出版物的地域界限相同。

专利法意义上的出版物是指记载技术或设计内容的独立存在的传播载体，并且应当表明或者有其他证据证明其公开发表或出版时间。

符合上述含义的出版物可以是各种印刷的、打字的纸件（如专利文献、科技杂志、科技书籍、学术论文、专业文献、教科书、技术手册、正式公布的会议记录或技术报告、报纸、产品样本、产品目录、广告宣传册），也可以是用电、光、磁、照相等方法制成的视听资料（如缩微胶片、影片、照相底片、录像带、磁带、唱片、光盘），还可以是如以互联网或其他在线数据库等其他形式存在的资料。

出版物不受地理位置、语言或者获得方式的限制，也不受年代的限制。出版物的出版发行量、是否有人阅读过、申请人是否知道是无关紧要的。

对于印有"内部资料""内部发行"等字样的出版物，确系在特定范围内发行并要求保密的，不属于公开出版物。

出版物的印刷日视为公开日，有其他证据证明其公开日的除外。印刷日只写明年月或年份的，以所写月份的最后一日或者所写年份的12月31日为公开日。

由于使用而导致技术方案的公开，或者导致技术方案处于公众可以得知的状态，这种公开称为使用公开。

使用公开的方式包括能够使公众得知其技术内容的制造、使用、销售、进口、交换、馈赠、演示、展出等方式。只要通过上述方式使有关技术内容处于公众想得知就能得知的状态，就构成使用公开，而不取决于是否有公众得知。但是，未给出任何有关技术内容的说明，以致所属技术领域的技术人员无法得知其结构和功能或材料成分的产品展示，不属于使用公开。

如果使用公开的是一种产品，即使所使用的产品或装置需要经过破坏才能够得知其结构和功能，也仍然属于使用公开。使用公开还包括放置在展台上、橱窗内公众可以阅读的信息资料及直观资料，如招贴画、图纸、照片、样本、样品等。

使用公开以公众能够得知该产品或方法之日为公开日。

为公众所知的其他公开方式，主要指口头公开，例如口头交谈、报告、讨论会发言、广播、电视、电影等能够使公众得知技术内容的方式。

口头交谈、报告、讨论会发言以其发生日为公开日。公众可接收的广播、电视或电影的报道，以其播放日为公开日。

2. 抵触申请

根据《专利法》第二十二条第二款的规定，在发明或实用新型新颖性的判断中，由任何单位或者个人就同样的发明或者实用新型在申请日前（不含申请日）向国家知识产权局提出、并且在申请日以后（含申请日）公布的专利申请文件或者公告的专利文件损害该申请日提出的专利申请的新颖性。在判断新颖性时，将这一种损害新颖性的专利申请，称为抵触申请。

由上述规定可知，按照修改后的《专利法》的规定，构成抵触申请的专利申请文件或专利文件应当符合三个条件：

①该专利申请是向国家知识产权局提出的；

②其在申请日（有优先权的，指优先权日，以下涉及抵触申请的内容中提到的申请日均表示同样的含义）前提出申请、且在申请日或申请日后公开；

③记载了同样的发明或者实用新型。

只有符合上述三个条件时，该专利申请文件或专利文件才构成抵触申请，只要其中有一个条件不满足，就构不成抵触申请，则该专利申请文件或专利文件就不影响在该申请日提出的专利申请的新颖性。

此外，《专利审查指南2010》第二部分第三章第2.2节还进一步明确："抵触申请还包括满足以下条件的进入了中国国家阶段的国际专利申请，即申请日以前由任何单位或者个人提出、并在申请日之后（含申请日）由专利局作出公布或公告的且为同样的发明或者实用新型的国际专利申请。"也就是说，对于一件在申请日提出的专利申请，由任何单位在申请日前提出申请、在申请日前尚未作出过国际公布❶，但在申请日或者申请日以后作出了进入中国国家阶段的中文公布、且为同样的发明或者实用新型的国际申请也构成该专利申请的抵触申请。

有关"抵触申请"规定的变化也是这次《专利法》修改的一个重大改变，按照修改前的《专利法》，只有他人就同样的发明或实用新型在申请日前向国家知识产权局提出的专利申请、在申请日后公开的专利申请文件或者专利文件才构成抵触申请，修改后的《专利法》将他人修改成任何单位或个人，扩大了可构成抵触申请文件的范围。也就是说，按照修改前的《专利法》，构成抵触申请的专利申请文件和专利文件还要多一个条件：即该申请是由他人提出的。也就是说，按照修改前的《专利法》，由申请人本人提出的、且为同样发明或实用新型的在先申请不构成其

---

❶ 《专利审查指南2010》第二部分第三章第2.2节中虽然未写明该在申请日前未作出过国际公布这一条件，但应当包括这一条件，因为该PCT申请在该专利申请的申请日前已作出国际公布，就构成该专利申请的现有技术，其不仅可以作为判断该专利申请是否具备新颖性的对比文件，还可以作为判断该专利申请是否具备创造性的对比文件了。

在后申请的抵触申请，而按照修改后的《专利法》，由申请人本人提出的、且为同样发明或实用新型的在先申请构成其在后申请的抵触申请。

二、审查原则和审查基准

1. 审查原则

新颖性的判断是针对一件专利申请权利要求的技术方案作出的。审查一项权利要求的技术方案是否具有新颖性时，按照下述三个审查原则进行判断。

（1）单独对比

判断新颖性时，应当将被审查的发明或者实用新型各项权利要求的技术方案与每一项现有技术或者申请日前由任何单位或者个人向国家知识产权局提出申请并在申请日后（含申请日）公布或公告的（以下简称"申请在先公布在后的"）发明专利申请文件或者实用新型专利文件中相关的技术内容单独进行比较，不得将其与几项现有技术或者申请在先公布在后的发明专利申请文件或者实用新型专利文件中披露的技术内容的组合、或者与一份对比文件中的多项技术方案所披露的技术内容的组合进行对比。

（2）对比文件全文比较方式

判断新颖性时，应当将被审查的发明或者实用新型各项权利要求的技术方案与作为现有技术的对比文件全文中的任一技术内容或者与申请在先公布在后的发明专利申请文件或者实用新型专利文件的全文（权利要求书和说明书）中的任一技术内容单独进行对比分析。

（3）同样的发明或者实用新型

被审查的发明或者实用新型各项权利要求的技术方案与一项现有技术或者申请在先公布在后的发明专利申请文件或实用新型专利文件中记载的一项技术内容相比，其技术领域、解决的技术问题（指客观上实际解决的技术问题）、技术方案和预期效果实质上相同，则认定两者为同样的发明或者实用新型。

2. 审查基准

《专利审查指南2010》第二部分第三章第3.2节给出了新颖性判断的五个审查基准。

（1）相同内容的发明或者实用新型

发明或者实用新型内容相同是指专利法意义上的相同。当一项现有技术或对比文件中披露的一项技术内容包含了发明或实用新型一项权利要求的全部技术特征，则不论现有技术或该对比文件中公开的一项技术内容是否还包含发明或实用新型权利要求技术方案中未记载的技术特征，则认定该项权利要求与该项现有技术或该对比文件中的该项技术内容是相同的发明或实用新型，除非该项权利要求技术方案属于采用封闭式或类似方式表达的权利要求。

而且此处的相同是指两者在实质上相同。如果其中两者的技术内容实质上相同，其区别仅仅是文字表达上的简单变换，则认定两者仍然是相同的发明或实用新型。

《专利审查指南2010》还进一步明确，上述相同的内容应当理解为包括可以从对比文件中直接地、毫无疑义地确定的技术内容。例如一件专利申请的权利要求请求保护一种带有车底盘、车身、驾驶室、发动机的汽车，其相对于现有技术只是对汽车的刹车系统作了改进。如果对比文件公开了一种汽车上的刹车系统，其披露的刹车系统与该专利申请完全相同，即使在该对比文件中未明确写明该汽车包含车底盘、车身、驾驶室和发动机，由于对本领域技术人员来说，每辆汽车肯定有上述部件，则认定这些技术特征属于可以从对比文件中直接导出的唯一内容，从而该项权利要求相对于该对比文件不具备新颖性。《专利审查指南2010》的这一规定对于该对比文件构成专利申请抵触申请的情况起到了防止对两件实质上相同的发明或实用新型重复授权的作用。目前国际上对新颖性的判断有从严趋势，在 2001 年 WIPO 专利法常设委员会关于 SPLT 的会议上初步统一了这方面的观点，给出了四种应当认定不具备新颖性的情况，其中一种与《专利审查指南2010》的上述内容相当。

（2）惯用手段的直接置换

如果发明或者实用新型专利申请的一项权利要求所要求保护的技术方案与一项现有技术或对比文件披露的一项技术内容的区别仅仅是所属技术领域的惯用手段的直接置换，则该专利申请的该项权利要求相对于该项现有技术或技术内容来说不具备新颖性。

惯用手段的直接置换可以这样来确定，当现有技术或对比文件中的技术手段与专利申请文件中权利要求的技术特征均为该领域在处理相应技术问题时经常采用的手段，而且在现有技术或对比文件中该技术手段能起到该专利申请文件权利要求中该技术特征的作用，则认定两者是惯用手段的直接置换。例如橡皮板与鸡毛纸板是人们在解决密封问题时经常采用的技术手段，如果专利申请权利要求的技术方案相对于一项现有技术来说仅仅是用鸡毛纸板来代替耐油橡皮板，那么由于在专利申请的该项权利要求技术方案中所起的密封作用与耐油橡皮板在此处所起作用相同，则可认定用鸡毛纸板来代替耐油橡皮板是惯用手段的直接置换。如果反过来，在对比文件中为鸡毛纸板，在专利申请中为耐油橡皮板，当该耐油橡皮板在专利申请中仅起到密封作用时仍可认为两者是惯用手段的直接置换；但是当专利申请采用耐油橡皮板来作为润滑油系统的密封部件时，其在专利申请中所起的作用不仅是密封，还可防止油对其所产生的腐蚀作用，而鸡毛纸板并不能起到后一作用，这样用耐油橡皮板来代替鸡毛纸板就不是惯用手段的直接置换。

（3）两者的区别仅在于采用上位概念的技术特征来代替现有技术或对比文件中的下位技术手段

上位概念和下位概念是专利领域中判断发明或者实用新型新颖性时所采用的专利名词，用来表示两组相关事物的相对关系。上位概念相对于下位概念，表达的是抽象事物的特点，并反映下位概念所表达的一组事物的共性；而下位概念相对于上位概念，表达的是具体事物的特点，除了反映这一组具体事物的共性外，还反映这一具体事物的个性。例如就"氟、氯、溴、碘"和"卤族元素"来说，"氟、氯、溴、碘"相对于"卤族元素"是下位概念，而"卤族元素"相对于"氟、氯、溴、碘"为上位概念。又如"毛笔、钢笔、圆珠笔、签字笔、铅笔"相对于"笔"是下位概念，"笔、尺、橡皮、本子"相对于"文具"是下位概念；而"文具"相对于"笔、尺、橡皮、本子"是上位概念，"笔"相对于"毛笔、钢笔、圆珠笔、签字笔、铅笔"是上位概念。

当发明或者实用新型权利要求的技术方案与一项现有技术或一件申请在先公布在后的发明或实用新型相比，两者的区别仅在于前者对某个或某些技术特征采用了上位概念，而后者为采用下位概念限定的同类技术特征，则采用下位概念限定同类技术特征的现有技术使采用上位概念限定的专利申请权利要求丧失新颖性。例如，专利申请的权利要求技术方案中某个技术特征为卤族元素，而对比文件披露的技术内容与该技术方案的区别仅在于该技术特征为氯，则该权利要求相对于该对比文件不具备新颖性。

如果情况相反，两者的区别仅仅在于专利申请中某个技术特征为下位概念，而在现有技术中该技术特征为上位概念，则采用上位概念限定的现有技术内容不能否定该专利申请用下位概念作进一步限定的技术方案的新颖性。例如发明专利申请与对比文件的区别仅在于专利申请从对比文件中所披露的卤族元素中选用了氯，则该对比文件不影响该专利申请的新颖性。

需要说明的是，以下位概念影响新颖性的判断基准在化学领域采用得比较多，而在机械、电学、物理领域采用得较少，因为在这些领域中，如果权利要求中的技术特征是阀门，就直接认定对比文件中披露的球阀是一种阀门，从而得出这两个技术特征相同，而不通过上、下位概念认定两者为相同技术特征。

（4）两者的区别仅在于其中所采用的以数值或者以连续变化数值范围限定的技术特征

对于权利要求技术方案与一项现有技术或对比文件中的一项技术内容的区别仅在于该技术方案中采用了以连续变化数值范围限定的技术特征的情况，则现有技术或对比文件中披露了该数值范围中的一些具体数值或者披露了位于该数值范围中一个较窄的数值范围或者披露了一个具有共同端点或部分重叠的数值范围，则认定该相应的技术特征相同，由此得出该发明或实用新型权利要求相对于该项现有技术或该对比文件不具备新颖性。

与此相反，对比文件或现有技术中相应的技术特征为一较宽的数值范围，而技术方案中相应技术特征是位于该较宽数值范围之中的、无共同端点的较窄数值范围或者是该数值范围之中、除端点之外的确定数值或离散数值，则该现有技术或对比文件不能否定该权利要求的新颖性。

若两者的区别仅在于：权利要求的技术方案中该相应技术特征是一确定数值，而现有技术或对比文件披露了该确定数值或者以该确定数值为端点的连续变化数值范围，则该现有技术或对比文件使该发明，实用新型权利要求丧失新颖性。

（5）包含性能、参数、用途或制备方法等特征的产品权利要求

由《专利审查指南 2010》第二部分第三章第 3.3.1 节的规定可知，产品权利要求通常用产品的形状、结构、组成等特征来表征，这种表征是最直接的。但是在特殊情况下，当产品权利要求用形状、结构、组成等特征还无法与现有技术中的已知产品区分开时，还允许采用物理化学参数、性能，甚至采用制备方法特征、用途特征来加以表征。对于包含性能、参数、用途、制备方法等特征的产品权利要求，按照以下原则进行新颖性判断。

对于包含性能、参数特征的产品权利要求，应当考虑权利要求中的性能、参数特征是否隐含了要求保护的产品具有某种特定结构和/或组成。如果该性能、参数隐含了要求保护的产品具有区别于对比文件产品的结构和/或组成，则该权利要求具备新颖性；相反，如果所属技术领域的技术人员根据该性能、参数无法将要求保护的产品与对比文件产品区分开，则可推定要求保护的产品与对比文件产品相同，因此申请的权利要求不具备新颖性，除非申请人能够根据申请文件或现有技术证明权利要求包含性能、参数特征的产品与对比文件产品在结构和/或组成上不同。

对于包含用途特征的权利要求，应当考虑权利要求中的用途特征是否隐含了要求保护的产品具有某种特定结构和/或组成。如果该用途由产品本身的固有特性决定，而且用途特征没有隐含产品在结构和/或组成上发生改变，则该用途限定的产品权利要求相对于对比文件的产品不具有新颖性。但是，如果该用途隐含了产品具有特定的结构和/或组成，即该用途表明产品结构和/或组成发生改变，则该用途作为产品的结构和/或组成的限定特征必须予以考虑。例如，"起重机用吊钩"指仅适用于起重机的尺寸和强度等结构的吊钩，若其与"钓鱼用吊钩"形状相同，仍应认为具有不同结构，两者是不同的产品。

对于包含制备方法的产品权利要求，应当考虑该制备方法是否导致产品具有某种特定的结构和/或组成。如果本领域的技术人员可以断定该方法必然使该产品具有不同于对比文件产品的特定结构和/或组成，则该权利要求具备新颖性；相反，如果申请的权利要求所限定的产品与对比文件产品相比，尽管所述方法不同，但产品的结构和组成相同，则该权利要求不具备新颖性，除非申请人能够根据申请文件或现有技术证明该方法导致产品在结构和/或组成上与对比文件产品不同，或者该方法给产品带来了不同于对比文件产品的性能从而表明其结构和/或组成已发生

变化。

需要说明的是，上述五个基准同样适用于创造性判断中对同一类性质的技术特征是否相同的对比判断。

三、优先权

优先权本身并不属于新颖性审查判断的内容，但考虑到优先权本身是专利的一个重要概念，有必要在专利代理基础知识中作一介绍，而可否享受优先权的判断与新颖性有关相同内容的发明或实用新型的判断基本相同，因此将涉及优先权的内容放在本节中作一介绍。

专利权属于一种无形财产的所有权。专利权这种无形财产具有四个基本特征：排他性、地域性、时间性和公开性。其中专利权的地域性是指专利权仅在一定的地域范围内有效，而不像有形财产的所有权那样不受地域范围的限制。专利权是经有关国家或地区主管专利机构按照其本国专利法或本地区的专利条约审查后授予的，仅在该国家或该地区的范围内有效，对其他国家和地区不发生法律效力。如果一项发明创造的申请人想在多个国家或者地区获得专利保护，就必须在多个国家或者地区分别提出专利申请。但是，向多个外国专利局分别提交专利申请时，在文本准备、翻译以及办理申请事务等方面都需要时间，而国际上绝大多数国家都采用先申请制，为了解决便于申请人向外国申请专利，《保护工业产权巴黎公约》（以下简称《巴黎公约》）第四条规定中的 A～F 款、H 款和 I 款规定了优先权原则：要求缔约国相互之间给予对方的国民以一定期间的优先权，从而缔约国国民在一个缔约国第一次提出申请之后，可以在一定期限内就同一主题向其他缔约国提出申请保护，其在后申请可以在某些方面被视为是在第一次申请的申请日提出的，也就是说，申请人提出的在后申请与其他人在其首次申请日之后就同一主题所提出的申请相比，享有优先的地位，这就是优先权原则。优先权原则的制定为缔约国的国民在其他缔约国获得专利保护提供了极大的便利。

随着专利制度的发展，优先权原则不再局限于仅对外国申请人提供这种优惠待遇，而是进一步扩大适用到本国申请人，即申请人在本国提出首次申请之后，在一定期间内又就相同主题在本国再次提出申请的，也可以享有首次申请的优先权。这样一来，优先权原则从可以享受外国优先权扩大到还可以享受本国优先权。

我国于 1985 年加入了《巴黎公约》，作为缔约国也必定要遵循《巴黎公约》有关优先权的规定。因此在《专利法》第二十九条中对外国优先权和本国优先权作出了规定。

按照《专利法》第二十九条第一款的规定："申请人自发明或实用新型在外国第一次提出专利申请之日起十二个月内，或者自外观设计在外国第一次提出专利申请之日起六个月内，又在中国就相同主题提出申请的，依照该外国同中国签订的协议或者共同参加的国际条约或者依照相互承认优先权的原则，可以享有优先权。"这种优先权，称作外国优先权。

按照《专利法》第二十九条第二款的规定："申请人自发明或者实用新型在中国第一次提出专利申请之日起十二个月内，又向国家知识产权局就相同主题提出专利申请的，可以享有优先权。"这种优先权，称作本国优先权。

1. 享有优先权的条件

按照《专利法》第二十九条和《专利法实施细则》第三十三条的规定，外国优先权与本国优先权主要有三点区别：其一，对本国优先权来说，仅仅发明和实用新型专利申请可享受优先权，外观设计专利申请不能享受本国优先权，而对外国优先权来说，三种专利申请均可享受外国优先权；其二，对于本国优先权，在先申请的主题被授予专利权后，不得作为要求优先权的基础，而对外国优先权来说，在先申请被授予专利权不会影响其作为在后申请要求优先权的基础，即要求享受外国优先权的在后申请可否享受优先权与外国对该在先申请审批的最终结果无关，只要该在先申请在有关国家或政府间组织中获得确定的申请日，就可作为要求外国优先权的基础；其三，要求本国优先权的，其在先申请自后一申请提出之日起即视为撤回，而对外国优先权来说，在中国提出后一申请对其在先申请无任何约束。

按照《专利法》第二十九条和第三十条，《专利法实施细则》第三十二条、第三十三条、第九十五条第二款以及《专利审查指南》第一部分第一章第 6.2.1 节、第 6.2.2 节的规定和第二部分第三章第 4 节、第八章第 4.6 节的有关规定，专利申请可享有优先权的条件为七个。

①对于要求外国优先权的，作为优先权要求基础的在先申请应当是在《巴黎公约》或其他共同参加的国际条约的成员国内提出的，或者是对该成员国有效的地区申请或者国际申请，或者是在与我国签有协议的国家或承认我国优先权的国家提出的；对于要求本国优先权的，在先申请应当是向国家知识产权局提出的。此外，要求优先权的申请人应当有权享受《巴黎公约》给予的权利，即该申请人是《巴黎公约》或其他共同参加的国际条约的成员国的国民或者居民，或者是与我国签有协议的国家或承认我国优先权的国家的国民或者居民。需要特别提请注意的是，根据国家知识产权局令第五十八号《关于台湾同胞专利申请的若干规定》，台湾地区申请人在台湾地区专利主管机构第一次提出发明、实用新型或外观设计专利申请的申请日是在 2010 年 9 月 12 日以后（含当日）的，在国家知识产权局就相同主题提出专利申请的，可以要求享有台湾地区在先申请的优先权。

②对于外国优先权，要求优先权的在后申请的申请人应当与在先申请的申请人一致，或者是在先申请的申请人的一部分；申请人完全不一致，则在后申请的申请人应当是在先申请的优先权受让人，即应当在提出在后申请之日起 3 个月内提交由在先申请的全体申请人签字或盖章的优先权转让证明文件；在先申请具有多个申请人，且在后申请具有多个与之不同的申请人的，可以提交由在先申请的所有申请人共同签字或者盖章的转让给在后申请的所有申请人的优先权转让证明文件，也可以提交由在先申请的所有申请人分别签字或者盖章的转让给在后申请的申请人的优先权转让证明文件。而对于本国优先权，要求优先权的在后申请的申请人应当与在先申请的申请人一致，不一致的（包括为在先申请的申请人一部分的情况），在后申请的申请人应当在提出在后申请之日起 3 个月内提交由在先申请的全体申请人签字或盖章的优先权转让证明文件。

③对于外国优先权，作为优先权基础的在先申请应当是申请人在外国第一次提出的专利申请，即申请人早于该在先申请的所有专利申请中均未记载过与该在后申请要求享受优先权的主题相同的发明创造；对于本国优先权，作为优先权基础的在先申请应当是申请人第一次提出的发明专利申请或者实用新型专利申请，即申请人早于该在先申请的所有专利申请中均未记载过与该在后申请要求享受优先权的主题相同的发明或实用新型。

④对于要求外国优先权或本国优先权的发明和实用新型专利申请，在后申请应当自在先申请的申请日起 12 个月内提出；对于要求外国优先权的外观设计专利申请，在后申请应当自在先申请的申请日起 6 个月内提出。

⑤要求优先权的在后申请应当与在先申请的主题相同，更确切地说，在后申请中要求享受优先权的主题已在作为优先权基础的在先申请的申请文件中作了记载。其中，对于发明和实用新型专利申请，在后申请权利要求中限定的技术方案只要已记载在其在先申请中就可享有该在先申请的优先权，而不必要求其包含在该在先申请的权利要求书中。

⑥要求外国优先权或本国优先权的，应当在提出在后申请的同时在请求书中作出要求在先申

请优先权的声明，写明作为优先权基础的在先申请的申请日、申请号和原受理机构名称；其中要求外国优先权的，还应当在自提出在后申请的申请日起 3 个月内提交由受理该在先申请的国家或者政府间组织的主管部门出具的在先申请文件副本，在先申请文件的副本至少应当表明受理的国家或者政府间组织、申请人、申请日、申请号等。

⑦要求外国优先权或本国优先权的，应当在缴纳在后申请的申请费用的同时缴纳优先权要求费，即最迟自提出在后申请的申请日起 2 个月内或者在自收到在后申请的受理通知书之日起 15 日内缴纳该优先要求费。

对于本国优先权，《专利法实施细则》第三十二条还进一步规定了三种在先申请的主题不得作为优先权基础的情况。其一，该在先申请的主题已要求过另一个更早的在先申请的优先权；其二，该在先申请的主题已经被授予专利权；其三，该在先申请的主题属于按照规定提出的一件分案申请中记载的主题。对于此第一种和第三种情况，其不能作为享受优先权的基础在于该在先申请的主题不是申请人第一次提出的专利申请，即不符合上面所述七个可享受优先权条件中的第③个条件。在第一种情况中，该在先申请的主题已在申请人另一更早的在先申请中作过记载；而在第三种情况中，该在先申请的主题已在该在先申请的母案申请中作过记载。至于第二种情况，正是前面所指出的本国优先权与外国优先权的第二个不同之处，即已被授权的在先申请的主题不能再作为享受优先权的基础，而要求外国优先权时，即使该在先申请已被外国专利局授权，仍能作为后一申请享受外国优先权的基础。

2. 多项优先权与部分优先权

按照《专利法实施细则》第三十二条第一款的规定，申请人在一件专利申请中可以要求一项优先权，也可以要求多项优先权。

如果在后申请包含有多项技术方案，而这几项技术方案分别在申请人的几项在先申请中第一次作出记载，且在后申请的申请日与最早那项在先申请的申请日相隔不超过 12 个月的情况下，该在后申请可以享受多项优先权。该在后申请的多项技术方案不仅可以是几项并列的独立权利要求，也可以是一项独立权利要求中几项并列的技术方案，还可以是独立权利要求及其从属权利要求。最后一种情况是指，在前几项在先申请中，其中一项在先申请是基础申请，而其他几项在先申请是对基础申请作出的进一步改进。

一件申请要求多项优先权时，如果其中一项在先申请不符合上述可享受优先权的条件，则该在后申请不能享受该项优先权，但仍可享受其余符合上述条件的在先申请的优先权。

要求多项优先权的专利申请，不论是要求外国优先权还是要求本国优先权，都应当符合《专利法》第三十一条以及《专利法实施细则》第三十四条关于单一性的规定。

对于要求多项优先权的专利申请，可以全部要求外国优先权；也可以全部要求中国优先权，即作为多项优先权基础的首次申请全部是中国专利申请；当然还可以既要求外国优先权，又要求本国优先权，即作为多项优先权基础的首次申请中一部分是外国专利申请，另一部分是中国专利申请。其中，作为多项优先权基础的外国首次申请可以是在不同的国家或政府间组织出的，当然也可以仅仅是在同一个外国国家或政府间组织提出的。

如果要求优先权的在后申请中，除包括记载在作为优先权基础的在先申请文件中的技术方案外，还增加了在先申请中未公开的技术方案，如新的并列独立权利要求的技术方案、反映说明书新增实施方式或实施例的从属权利要求，此时该在后申请仍然可享受优先权，即记载在在先申请文件中的技术方案可享受优先权，其余新增加的技术方案不能享受优先权。这种情况称作享受部分优先权。

3. 可否享受优先权的判断

对于一件要求优先权的专利申请，国家知识产权局在初步审查时并不对其能否享受优先权作全面审查。只是针对那些明显不能享受优先权的情况，如不符合上述可享受优先权的第①、②、④、⑥、⑦个条件或者明显不符合可享受优先权的第③、⑤个条件以及要求本国优先权的在先申请主题已被授权作出处理。而对于在后申请与在先申请主题相同或者该在先申请的主题是否是申请人的第一次专利申请，则留待此后的实质审查中加以判断。

这里需要说明，一件专利申请能够享受优先权的意义仅在于：申请日与优先权日之间公开的现有技术（包括出版物公开、使用公开和以其他方式公开）不能用作影响该专利申请新颖性和创造性的现有技术；在申请日与优先权日之间由任何单位或者个人❶向国家知识产权局提出的另一专利申请（包括任何单位或个人的优先权日在此之间的另一专利申请）不能构成影响该专利申请新颖性的抵触申请。基于此，在发明专利申请的实质审查期间，仅在检索到申请日与优先权日之间存在影响该专利申请新颖性、创造性的对比文件时才核实该专利申请的主题与在先申请的主题是否相同，是否可享受优先权。若优先权能成立，则在此期间公开的现有技术或者任何单位或个人申请在先、公布在后的中国专利申请文件或专利文件，就不能用作否定该专利申请的现有技术或对比文件，反之则可用这些现有技术或对比文件评价该专利申请的新颖性、创造性。也正由于此，虽然在三种专利的无效宣告请求审查中不能享受优先权不属于可以提出无效宣告请求的理由，但是如果提出无效宣告请求的请求人找到了申请日与优先权日之间影响发明或实用新型专利新颖性和/或创造性的现有技术或对比文件或者影响外观设计专利相同或实质相同或不具有明显区别的现有设计或对比文件，且经过优先权核实认定该专利不能享受优先权时，可以在指出其不能享受优先权的同时以发明或实用新型不具备《专利法》第二十二条第二款和第三款规定的新颖性和/或创造性或者以外观设计不符合《专利法》第二十三条规定的授权条件为理由提出无效宣告请求。

至于对发明或者实用新型专利申请如何认定在后申请的主题与在先申请的主题是否相同，既有与前面所述的新颖性判断相似之处，又有不同之处，具体说来其判断的比较对象是相同的，但判断的标准不完全相同。

就判断的比较对象而言，在判断发明或实用新型的在后申请的主题与在先申请的主题是否相同与新颖性判断相同，将在后申请权利要求的技术方案与整个在先申请文件作比较。只要该技术方案已记载在在先申请文件中，即使其仅记载在在先申请文件的说明书中而未记载在其权利要求书中，此在后申请的该项权利要求就可享受在先申请的优先权。

为帮助理解优先权的判断是针对在后申请的权利要求技术方案进行的，在此作一个抽象化的具体说明。

如果在后申请的两项权利要求的技术方案为 A 和 B，其中 A 记载在其一件在先申请文件 D 中，而 B 未记载该在先申请文件 D 中，则该在后申请可享受部分优先权，即表述技术方案 A 的权利要求可享受在先申请文件 D 的优先权，而另一项表述技术方案 B 的权利要求不能享受优先权。同样，如果在后申请的一项权利要求中包含有两项并列的技术方案 A 和 B，其中 A 记载在其一件在先申请文件 D 中，而 B 未记载该在先申请文件 D 中，则该在后申请也可享受部分优先权，即该权利要求的技术方案 A 可享受在先申请文件 D 的优先权，而该权利要求的另一项技术方案 B

---

❶ 按照修改前的《专利法》，本人的申请在先、公布在后的中国专利申请文件或专利文件不会构成影响该专利申请新颖性的抵触申请，因此对于 2009 年 10 月 1 日前提出的申请，此处应为"他人"，本节中属于同样情况的，不再重复作脚注说明。

的权利要求不能享受优先权。

如果后一申请两项权利要求的技术方案为 A 和 B，其中 A 记载在其一件在先申请文件 D1 中，B 记载在另一件在先申请文件 D2 中，则该在后申请文件中表述技术方案 A 的权利要求可享受在先申请文件 D1 的优先权，在后申请文件中表述技术方案 B 的权利要求可享受在先申请文件 D2 的优先权，即后一申请享受两项优先权。

在判断能否享受优先权时，将权利要求的技术方案作为一个整体来考虑，视其是否记载在在先申请文件中，而不是将其分解成技术特征来考虑。例如后一申请的权利要求的技术方案由两组技术特征 E 和 F 构成，其一件在先申请文件 D1 仅披露了 E 组技术特征，另一件在先申请文件 D2 仅披露了 F 组技术特征，则由于没有一件在先申请文件披露了该权利要求的全部技术特征，因而此后一申请中包含 E 组和 F 组技术特征的权利要求不能享受优先权。

就判断标准而言，与优先权有关的"在后申请的主题与在先申请的主题是否相同"与新颖性的判断标准不完全相同，其依据是什么呢？按照《专利审查指南 2010》第二部分第三章第 3.1 节有关新颖性审查原则中规定，"同样的发明或实用新型"是指两者的技术领域、所解决的技术问题、技术方案和预期效果实质上相同，《专利审查指南 2010》第二部分第三章第 3.2 节列出了五个审查基准，其中第一个基准属于两者的技术领域、所解决的技术问题、技术方案和预期效果相同的情况，其余四个基准属于实质相同的情况；而在《专利审查指南 2010》第二部分第三章第 4.1.2 节与优先权有关的相同主题的发明创造的定义中明确指出："专利法第二十九条所述的相同主题的发明或者实用新型，是指技术领域、所解决的技术问题、技术方案和预期的效果相同的发明或者实用新型。"由此可知，在判断能否享受优先权时，发明或实用新型的在后申请的主题与在先申请的主题是否相同的判断标准仅适用《专利审查指南 2010》第二部分第三章第 3.1 节中列出的五个审查基准中的第一个（即前面给出新颖性审查基准中的第一个）"同样内容的发明或者实用新型"，而不适用后几个审查基准。例如，对于在后申请的主题与在先申请的主题的区别仅在于其中一个技术特征为上下位概念关系的判断结论，就与新颖性判断不同：在新颖性判断中，若对比文件中该技术特征为下位概念，而专利申请的权利要求书中该技术特征为上位概念，则认定两者为同样的发明或实用新型，该对比文件使该专利申请的权利要求不具备新颖性；而在可否享受优先权的判断中，不论是在先申请的主题中采用下位概念、在后申请的主题中采用上位概念，还是在先申请的主题中采用上位概念、在后申请的主题中采用下位概念，均认为两者的主题不相同，从而不能享受优先权。

4. 优先权的效力

申请人在外国或在本国提出首次申请后，就相同主题的发明创造在优先权期限内向中国提出的专利申请，可以享受优先权，从而使这一件在后向中国提出的专利申请在某些方面可以被看作是在该外国或在本国首次申请的申请日提出的，首次申请的申请日就称作这件在后申请的优先权日。也就是说，优先权日使这件在后向中国提出的专利申请在某些方面处于优先的地位。

优先权的效力主要体现在两个方面。

首先，对于一件享有优先权的专利申请，由于优先权的效力，在其优先权日和实际申请日之间的优先权期限内所出现的由任何单位或个人向中国国家知识产权局提出的相同主题专利申请❶、

---

❶ 按照修改前的《专利法》的规定，申请人本人申请在先、公布在后的中国专利申请不构成抵触申请，因此对于 2009 年 10 月 1 日前提出的专利申请，此处应当为"由他人向中国国家知识产权局提出的相同主题专利申请"。以上说明对于本页及下页均适用，不再重复作脚注说明。

在优先权期限内记载有相同主题发明创造的国内外出版物的公开、或者相同主题的发明创造被国内外使用公开或以其他方式公开❶，不会使这件享有优先权的专利申请失去效力，即不会影响这件专利申请的新颖性和创造性。

其次，如果在优先权期限内出现一件由任何单位或个人向中国国家知识产权局提出的相同主题的专利申请（包括在该优先权期限内出现由任何单位或个人提出的、并在该优先权期限后进入中国国家阶段的国际申请），在按照《专利法》第九条的先申请原则进行判断时，由于优先权的效力，享有优先权的专利申请因为其优先权日早于由他人提出的专利申请的申请日（或国际申请的国际申请日）而属于在先申请，在满足授予专利权的条件时，专利权授予该件享有优先权的专利申请，而在优先权期限内由任何单位或个人提出的专利申请或者国际申请不能获得专利权。

当然，对于两件向国家知识产权局提出且主题相同的专利申请都享有优先权的情况，在按照《专利法》第九条的先申请原则进行判断时，专利权授予优先权日在先的那件专利申请，而优先权日在后的专利申请不能获得专利权。

四、不丧失新颖性的公开

为促进科学技术交流和保护申请人合法权益，各国专利法以及《巴黎公约》等与专利有关的国际条约均规定，申请日（有优先权的，指优先权日）前的一段时期内出现的、与该专利申请有关的某些在先公开，例如违反申请人意愿的公开、申请人在某些展览会或在某些其他场合自行作出的公开，将不视作该专利申请的申请日（有优先权的，指优先权日）之前的现有技术。我国《专利法》将此称作不丧失新颖性的公开。

1. 不丧失新颖性公开的三种情况

按照《专利法》第二十四条的规定，一项申请专利的发明创造在其申请日以前6个月内出现下述三种情况的，不丧失新颖性：

①在中国政府主办或者承认的国际展览会上首次展出；

②在规定的学术会议或者技术会议上首次发表；

③他人未经申请人同意而泄露其内容。

前两种是申请人为促进科学技术交流而自行作出的公开，后一种是他人违背申请人意愿而作出的公开。

中国政府主办的国际展览会，包括国务院、各部委主办或者国务院批准由其他机关或者地方政府举办的国际展览会；中国政府承认的国际展览会是指《国际展览会公约》规定的由国际展览局注册或认可的国际展览会。所谓国际展览会，是指在该展览会上展出的展品除了举办国的产品以外，还应当有来自外国的展品。申请人在申请日前6个月内在上述国内外举办的这类展览会上展出的展品和散发的介绍展品的宣传册所公开的发明创造不影响申请人对这件专利申请取得专利权。❷

---

❶ 按照修改前的《专利法》的规定，现有技术不包括国外的使用公开和以其他方式公开，因此对于2009年10月1日前提出的专利申请，此处应当为"或者相同主题的发明创造被国内使用公开或以其他方式公开"。以上说明对于本页及下页均适用，不再重复作脚注说明。

❷ 根据修改前的《专利法》的规定，申请日前外国展览会上展出的展品未构成该专利申请的现有技术，因而无须将这类展览会上的产品展出作为不丧失新颖性公开的情况。由此可知，对于2009年10月1日前提出的专利申请，申请人在申请日前6个月内在中国政府主办的国际展览会上展出的展品和散发的介绍展品的宣传册以及在中国政府承认的在外国举办的国际展览会上散发的介绍产品的宣传册所公开的发明创造不影响申请人对这件专利申请取得专利权。

规定的学术会议或者技术会议是指国务院有关主管部门或者全国性学术团体组织召开的学术会议或者技术会议，不包括省以下或者受国务院各部委或全国性学术团体委托或者以其名义组织召开的学术会议或者技术会议。但后者所述会议本身有保密约定的，申请人在该会议上的首次自行发表也不影响其专利申请取得专利权。

他人未经申请人同意而泄露其内容所造成的公开，包括他人未遵守明示或默示的保密信约而将发明创造内容公开以及他人用威胁、欺诈或间谍活动等手段从发明人或申请人那里得知发明创造的内容而后造成的公开。

更确切地说，不丧失新颖性公开的本意应当理解为《欧洲专利公约》或 PCT 所称作的"无损害公开"或者"不视作现有技术的公开"。因为对发明或实用新型专利申请来说，申请人所作的上述公开既不能作为影响申请人本人在 6 个月内提出的发明或实用新型专利申请新颖性的现有技术，也不能作为影响这件专利申请创造性的现有技术；对外观设计专利申请来说，申请人的上述公开也不能作为判断申请人本人在 6 个月内提出的外观设计专利申请是否符合《专利法》第二十三条授予专利权条件的现有设计。但是在此需要强调的是，上述不视作现有技术或现有设计的公开仅仅适用于申请人本人在此后 6 个月内提出的专利申请，而对于他人的在后专利申请自然构成申请日前的现有技术或现有设计。

对于前两种不丧失新颖性公开的情况，申请人应当在提出专利申请时在请求书中作出声明，并在自申请日起 2 个月内提交该发明创造已经在有关国际展览会或者学术会议、技术会议上展出或发表的证明文件。其中，国际展览会的证明材料，应当由展览会主办单位出具，证明材料中应当注明展览会展出日期、地点、展览会的名称以及该发明创造展出的日期、形式和内容，并加盖公章；学术会议和技术会议的证明材料，应当由国务院有关主管部门或者组织会议的全国性学术团体出具，证明材料中应当注明会议召开的日期、地点、会议的名称以及该发明创造发表的日期、形式和内容，并加盖公章。而对于第三种情况，申请人在获知此在先公开后应当尽快提交或者应国家知识产权局要求在指定期限内提交证明此在先公开属于他人违反本人意愿而公开的有关材料；申请人提交的关于他人泄露申请内容的证明材料，应当注明泄露日期、泄露方式、泄露的内容，并由证明人签字或盖章。如果申请人未按照有关规定提供证明材料，则视为申请人未提出享受不丧失新颖性宽限的请求。

2. 宽限期

按照《专利法》第二十四条的规定，享受不丧失新颖性公开的宽限期（或者称为优惠期）为 6 个月。自上述公开发生之日起 6 个月内提出的专利申请可以享受此宽限，超过 6 个月再提出专利申请则不能享受不丧失新颖性公开的宽限。

需要说明的是，不丧失新颖性公开的宽限与优先权的效力不同。对于优先权来说，在优先权日与申请日之间任何公开的内容均不作为其现有技术，在优先权日与申请日之间任何单位或个人提出的专利申请均不会导致该专利申请不能授权。而对于不丧失新颖性的宽限来说，仅仅是把申请人（包括发明人）的某些公开或者第三人违背申请人意愿将从申请人或发明人那里以合法手段或不合法手段获知的发明内容作出的某些公开，认为是不损害该专利申请授权条件的公开。实际上，发明创造公开以后已经成为现有技术或现有设计，只是这种公开在一定期限内对申请人的专利申请来说不视为影响其授权条件的现有技术或现有设计，并不是把发明创造的公开日看作专利申请的申请日。因此，从公开之日至提出申请的期间（即在宽限期内），不属于上述三种情况的对该专利申请发明创造内容的公开（如第三人独立地作出了同样的发明创造后进行的公开、申请人本人作出的另一次不属于上述前两种情况的公开），或者第三人独立作出同样的发明创造且在此宽限期内提出专利申请都会导致该专利申请不能取得专利权。因此申请人为促进科技交流而作出前两种自行公开后，应尽快着手申请专利，越早越好，这一点与要求享受优先权完全不同，应当对此引起足够的重视。

五、对同样的发明创造的处理

《专利法》第九条第一款和第二款规定："同样的发明创造只能授予一项专利。但是，同一申请人同日对同样的发明创造既申请实用新型专利又申请发明专利，先获得的实用新型专利权尚未终止，且申请声明放弃该实用新型专利权的，可以授予发明专利权。""两个以上的申请人分别就同样的发明创造申请专利的，专利权授予最先申请的人。"

《专利法实施细则》第四十一条条第一款和第二款规定："两个以上的申请人同日（指申请日；有优先权的，指优先权日）分别就同样的发明创造申请专利的，应当在收到国务院专利行政部门的通知后自行协商确定申请人。""同一申请人在同日（指申请日）对同样的发明创造既申请实用新型专利又申请发明专利的，应当在申请时分别说明对同样的发明创造已申请了另一专利；未作说明的，依照专利法第九条第一款关于同样的发明创造只能授予一项专利权的规定处理。"

依照上述条款的规定以及《专利法》第二十二条第二款有关抵触申请的规定，可以得出如下四点结论。

①《专利法》第九条第一款第一句的内容规定了不能重复授予专利权的原则。禁止对同样的发明创造授予多项专利权，是为了防止权利之间存在冲突。在这里，同样的发明创造是指两件或两件以上申请（或专利）所要求保护的客体相同。

②《专利法》第九条第一款第二句的规定是作为禁止同样的发明创造重复授权的一种例外，允许同一申请人既申请实用新型专利又申请发明专利，从而在发明专利申请未授权之前用实用新型专利加以保护，而在发明专利申请授权时通过放弃实用新型专利权来取得发明专利的保护，但是这必须要满足三个条件：同一申请人的发明和实用新型两件专利申请在同日（仅指申请日）向国家知识产权局提出申请；在两件申请的请求书中分别说明对同样的发明创造已申请了另一专利；在发明专利申请授权前，声明自公告授予发明专利权之日起放弃实用新型专利权时，先获得的实用新型专利权尚未终止。

③如果两件申请不是同日（指申请日；有优先权的，指优先权日）提出的，则不论是否为同一申请人，都将通过申请在先的中国专利申请文件或专利文件是否构成在后申请的现有技术或抵触申请来确定在后申请可否授予专利权，不必考虑两者是否为同样的发明创造。

④如果两件专利申请为同日（指申请日；有优先权的，指优先权日）提出，则除上面第②点所说的情况外，还需要确定两者是否为同样的发明创造，以防止对同样的发明创造重复授权。

1. 判断原则

鉴于《专利法》第九条的规定是为了防止重复授权，因此在判断专利申请或专利是否符合《专利法》第九条的规定时，主要是判断两者所要求保护的客体是否为同样的发明创造。对于发明和实用新型专利申请或专利来说，《专利法》第五十九条第一款规定，发明或者实用新型专利权的保护范围以其权利要求的内容为准，说明书及其附图可以用于解释权利要求的内容，因此判断两者所要求保护的客体是否为同样的发明创造时，应当将两件发明或者实用新型专利申请文件或专利文件的权利要求书的内容进行比较，而不是将其中一件专利申请或专利文件的权利要求书与另一件专利申请或专利文件的全部内容进行比较。

　　具体来说，如果一件专利申请或专利的一项权利要求与另一件专利申请或专利的某一项权利要求的保护范围相同，应当认为它们是同样的发明创造，因此这两件专利申请或专利不符合《专利法》第九条第一款关于同样的发明创造只能授予一项专利权的规定。

　　相反，如果两件专利申请或专利的权利要求的保护范围不同，即使两件专利申请或专利的说明书的内容完全相同，仍应当认为两者所要求保护的发明创造不同，不能认为两件专利申请或专利不符合《专利法》第九条第一款关于同样的发明创造只能授予一项专利权的规定。

　　对此尚需要强调的是，如果一件专利申请权利要求的保护范围比另一件专利申请权利要求的保护范围小，即使其全部落入另一件专利申请权利要求的保护范围之内，仍然应当认为两者要求保护不同的发明创造，不能认为这两项权利要求不符合《专利法》第九条第一款关于同样的发明创造只能授予一项专利权的规定。例如，一件专利申请的一项权利要求与另一件专利申请的某一项权利要求中的主题名称和绝大多数的技术特征均相同，仅仅其中一个技术特征在该件专利申请的权利要求中为上位概念而在另一件专利申请的权利要求中为下位概念，或者在该件专利申请的权利要求中为一个较宽的连续数值范围而在另一件专利申请的权利要求中为一个较窄的、落入此较宽连续数值范围之内的连续数值范围，则应当认为两项权利要求的保护范围不同，不属于同样的发明创造，也就是说，这两项权利要求符合《专利法》第九条第一款关于同样的发明创造只能授予一项专利权的规定。

　　通过上述分析可知，在判断发明或者实用新型专利申请或专利是否符合《专利法》第九条第一款关于同样的发明创造只能授予一项专利权的规定时，其判断的比较对象与前面判断发明或者实用新型专利申请或专利是否具备《专利法》第二十二条第二款规定的新颖性是不一样的。在判断是否具备新颖性时，是将一件专利申请或专利的一项权利要求与任何单位或者个人❶申请在先、公布在后的中国专利申请文件或专利文件或者与一件在先公开的现有技术中位于任何部分的一个技术方案进行比较，而不是仅将两件专利申请或专利的权利要求书的内容进行比较。正因为如此，对于一件专利申请或专利来说，如果存在任何单位或者个人申请在先、公布在后的中国专利申请文件或专利文件或者申请日前已公开的中国专利申请文件或专利文件，应当根据《专利法》第二十二条第二款或第三款的规定，判断该专利申请或专利是否具备新颖性或创造性，而不是根据《专利法》第九条第一款关于同样的发明创造只能授予一项专利权的规定，判断是否会导致重复授权；而仅仅对于同日（指申请日；有优先权的，指优先权日）提出的两件以上发明或实用新型专利申请或专利，才判断这些专利申请或专利是否符合《专利法》第九条第一款的规定。

2. 对同样的发明创造的处理方式

　　《专利审查指南2010》第二部分第三章对审查时出现同样的发明创造时如何进行审查作出了说明，《专利审查指南2010》第四部分第七章又对无效宣告程序中出现同样的发明创造时如何审理作出了说明。相关的申请人或专利权人应当针对不同的情况采取相应的措施以争取对己方比较有利的结果。下面分为申请人（或专利权人）相同以及申请人（或专利权人）不同的两种情况分别作进一步说明。

---

　　❶ 按照修改前的《专利法》的规定，此处"任何单位或者个人"应为"他人"。因而，对于2009年10月1日（有优先权的，指优先权日）前提出的专利申请，需要按照修改前的《专利法》《专利法实施细则》和《审查指南》作出判断。也就是说，只有他人申请在先、公布在后的中国专利申请文件或专利文件才需要判断是否构成抵触申请，而对于申请人本人的申请在先、公布在后的中国专利申请文件或专利文件不会构成抵触申请，而需要判断是否属于同样的发明创造只能授予一项专利权的情形。此后，正文中遇到类似情况的，不再重复给出脚注，请读者特别注意。

（1）申请人相同

按照《专利审查指南 2010》相关章节的规定，对于同一申请人同日（指申请日；有优先权的，指优先权日）就同样的发明创造提出的两件专利申请或专利，其总的原则是由申请人或专利权人自行选择或者修改，但是若其中一件已授权，则对另一件专利申请只能通过修改的方式取得专利权，除非属于《专利法》第九条第一款第二句、且符合《专利法实施细则》第四十一条第二款规定的情形。

如果两件专利申请均处于专利申请审批阶段，在收到国家知识产权局针对两件专利申请发出有关两者属于同样的发明创造的通知书后，应当在指定的期限内作出答复，并采取相应的措施消除这一缺陷。当两件专利申请的权利要求书完全相同时，可以选择撤回其中一件专利申请，或者对其中一件专利申请的权利要求书进行修改且使得修改后的所有权利要求中的任一项与未作修改的专利申请的权利要求书中任一项权利要求的保护范围都不相同；当两件专利申请的权利要求书中部分权利要求的保护范围相同时，可以将其中一件专利申请的权利要求书中那些保护范围与另一件专利申请相同的权利要求删除，或者将这一部分权利要求修改得与另一件专利申请权利要求书中任一项权利要求的保护范围均不相同。对于上述通知书，申请人期满未作答复的，相应的专利申请将被视为撤回；经申请人陈述意见或者进行修改后仍不符合《专利法》第九条第一款规定的，两件专利申请均予以驳回。

如果一件专利申请已被授权，而另一件专利申请尚处于审批阶段，这种情况多半是已授权的专利为实用新型专利，或者另一件专利申请为已授权专利的分案申请。申请人在收到国家知识产权局针对这件处于审批阶段的专利申请所发出的申请文件存在属于同样的发明创造这一缺陷的通知书后，其做法是对尚未授权专利申请的权利要求书进行修改且使得修改后的所有权利要求中的任一项与已授权专利的权利要求书中任一项权利要求的保护范围都不相同。

但是，对于同一申请人同日（仅指申请日）对同样的发明创造既申请实用新型专利又申请发明专利的，在先获得的实用新型专利权尚未终止，并且申请人在申请时分别说明对同样的发明创造已申请了另一专利的，除修改发明专利申请外，还可以通过放弃实用新型专利权的方式来取得发明专利权。在这种情况下，申请人如果收到国家知识产权局针对这件处于审批阶段的发明专利申请所发出的申请文件存在属于同样的发明创造这一缺陷的通知书后，其做法是除通过修改发明专利申请权利要求书使修改后的所有权利要求与实用新型专利授权的权利要求书中任一权利要求都不相同的处理方式外，还可以通过放弃实用新型专利权来取得发明专利权。❶ 如果选择放弃实用新型专利权，则实用新型专利权自公告授予发明专利权之日起终止。

在无效宣告程序中，以不符合《专利法》第九条第一款为无效宣告理由的无效宣告请求案可以针对同一专利权人的具有相同申请日（有优先权的，指优先权日）的两件属于同样的发明或实用新型的专利同时提出或针对其中一件提出，也可以是在同一申请人的具有相同申请日（有优先权的，指优先权日）两件属于同样的发明或实用新型的专利申请中一件已被授权另一件尚未授权时针对已授权的专利提出。

对于前一种情况，若两项专利权的授权公告日不同，而授权在前的专利权被提出无效宣告请求，则在不存在其他无效宣告理由或者其他理由不成立的情况下，专利复审委员会应当维持该项专利权有效。如果授权在后的专利权被提出无效宣告请求，则专利复审委员会经审查后认为构成

---

❶ 对于 2009 年 10 月 1 日以后提出的专利申请，可以声明自授予发明专利权公告之日起放弃实用新型专利权。对于 2006 年 7 月 1 日前提出的专利申请，也可以声明自授予发明专利权公告之日放弃实用新型专利权。但是，对于 2006 年 7 月 1 日以后至 2009 年 10 月 1 日前提出的专利申请，应当声明自始放弃实用新型专利权。

同样的发明创造的，应当宣告该项专利权无效。如果上述两项专利权为同一专利权人同日（仅指申请日）申请的一项实用新型专利权和一项发明专利权，专利权人在申请时根据《专利法实施细则》第四十一条第二款的规定作出过说明、且发明专利权授予时实用新型专利权尚未终止，则在此情形下，专利权人可以通过放弃授权在前的实用新型专利权以保留请求宣告无效的发明专利权。若两项专利权的授权公告日相同，无效宣告请求人仅针对其中一项专利权提出无效宣告请求，则专利复审委员会经审查后认为构成同样的发明创造的，应当宣告被请求宣告无效的专利权无效。两项专利权均被提出无效宣告请求的，专利复审委员会一般应合并审理。经审查认为构成同样的发明创造的，专利复审委员会应当告知专利权人上述两项专利权构成同样的发明创造，并要求其选择仅保留其中一项专利权。专利权人选择仅保留其中一项专利权的，在不存在其他无效宣告理由或者其他理由不成立的情况下，专利复审委员会应当维持该项专利权有效，宣告另一项专利权无效。专利权人未进行选择的，专利复审委员会应当宣告两项专利权无效。

而对于后一种情况，由于另一件专利申请尚未授权，专利权人可以在答复无效宣告请求书中认定这一无效宣告理由不能成立，但是此时应当通过修改那件尚未授权的专利申请的权利要求书且使修改后的所有权利要求中的任一项与已授权专利的权利要求书中任一项权利要求的保护范围都不相同，以便另一项专利申请能早日授权。不过考虑到另一件专利申请多半是发明专利申请，为使另一件专利申请能得到合适的保护，专利权人还可以通过删除已授权专利（通常为实用新型专利）的部分权利要求或权利要求的技术方案来维持这件专利权部分有效。

（2）申请人／专利权人不同

对于不同申请人提出的两件发明或实用新型的专利申请或专利，若申请日不同，则应当审查申请日在后的那件专利申请是否符合《专利法》第二十二条第二款有关新颖性的规定，仅仅在两件专利申请或专利的申请日相同时才依据《专利法》第九条第一款和第二款的规定进行审查和审理。

对于不同申请人在同一申请日提出申请的两件专利申请或专利，无论是在审批阶段还是在无效宣告请求程序，其处理的原则均依据《专利法》第九条第一款和《专利法实施细则》第四十一条第一款的规定，即由专利申请人或专利权人自行协商。

如果这两件均处于专利申请审批阶段，则国家知识产权局将根据《专利法实施细则》第四十一条第一款的规定通知这两件专利申请的申请人，请他们自行协商确定申请人。这两件专利申请的申请人可以采用下述方法之一进行处理：协商后撤回一件专利申请，而另一件通过办理著录项目变更手续成为共同申请人；协商后对两件专利申请的权利要求书进行修改，使各自的权利要求书中的任何一项权利要求的保护范围均不同于另一件专利申请权利要求书中任一项权利要求。申请人期满未答复的，其专利申请被视为撤回，协商不成或者经申请人陈述意见或进行修改后仍不符合《专利法》第九条第一款规定的，两件申请均予以驳回。

如果这两件均已被授予专利权，在无效宣告程序中以不符合《专利法》第九条第一款为理由提出的无效宣告请求案可能是针对这两件专利分别提出的，也可能是仅针对其中一件提出的。

对于两件专利分别被提出无效宣告请求的情况，专利复审委员会一般会对两件无效宣告请求案合并审理。两专利权人可以通过协商仅保留其中一项专利权，当然在这种情况下通常会办理著录项目变更手续，这两件专利的专利权人成为这项维持有效的专利权的共同专利权人。如果两件专利的专利权人协商不成，专利复审委员会将分别对这两件专利作出宣告专利权无效的审查决定。

对于仅针对一件专利提出无效宣告请求的情况，由于专利复审委员会不能自行启动无效宣告程序，因此仅能针对这件被提出无效宣告请求的专利进行审理。此时，收到无效宣告请求书的这件专利的专利权人应当主动与另一件专利的专利权人进行协商，以便确定放弃哪那一件专利权。如果协商不成，则专利复审委员会仅能针对这件专利作出宣告专利权无效的审查决定，因此另一件专利的专利权人有可能对协商不积极，在这种情况下，已被提出无效宣告请求的这件专利的专利权人就应当通过对另一件专利提出无效宣告请求的手段来促进协商成功。

第二节　创造性——发明与实用新型授予专利权实质条件之二

根据《专利法》第二十二条第三款的规定，创造性，是指发明相对于现有技术，具有突出的实质性特点和显著的进步，实用新型相对于现有技术，具有实质性特点和进步。由此可知，发明的创造性标准要高于实用新型，但两者的审查原则和判断方法基本上相同，因此本节先重点论述发明创造性的审查原则、审查基准和判断方法，然后再指出判断实用新型创造性与判断发明创造性有哪些不同。

一、发明创造性的基本概念

下面对发明创造性所涉及的三个基本概念（发明创造性定义、所属技术领域的技术人员以及突出的实质性特点和显著的进步）作出说明。

1. 发明创造性的定义

《专利法》第二十二条第三款对创造性作了明确规定："创造性，是指与现有技术相比，该发明具有突出的实质性特点和显著的进步，该实用新型具有实质性特点和进步。"

对于上述条款中所称的现有技术在《专利法》第二十二条第五款中作了进一步说明，现有技术是指申请日前在国内外为公众所知的技术❶。

由此可知，影响专利申请创造性的现有技术仅仅包括新颖性一节中所提到的出版物公开和除出版物以外的公知公用两种情况，而由任何单位或者个人在申请日（有优先权的，指优先权日）前向国家知识产权局提出过申请且在申请日（有优先权的，指优先权日）当日或之后公布或公告的专利申请文件或专利文件中记载的内容不属于现有技术，因此这些文件不能用作评价其创造性的对比文件。

2. 所属技术领域的技术人员

创造性的判断基于所属技术领域的技术人员的知识和能力进行评价。因而引入了"所属技术领域的技术人员"这一概念。《专利审查指南2010》对这一概念作出了更清楚、更正确的说明。

根据《专利审查指南2010》第二部分第四章第2.4节的说明，所属技术领域的技术人员又称本领域的技术人员，他并不是一个实际存在的特定的人，而是指一种假设的"人"，在评价创造性时应当从这一假设的"人"的角度去分析。这种假设的"人"知晓申请日（有优先权的，指优先权日）之前发明所属技术领域所有的普通知识（如记载在该技术领域教科书、技术手册或技术词典等工具书中的内容），能够获知该领域中所有的现有技术（即其通过检索或调研而找到

---

❶　对于2009年10月1日前提出的专利申请，其创造性的标准适用修改前的《专利法》，即其中的国外公开使用和其他方式的公开不属于现有技术。

的现有技术中所披露的内容），并且具有应用该日期之前常规实验的手段和能力（即具有应用教科书、技术手册或技术词典中记载的以及所检索到的现有技术中记载的常规实验手段的能力），但不具有创造能力（即其仅能根据教科书、技术手册、技术词典或检索到的现有技术所记载的内容和启示直接组合而不会在此基础上作出进一步实质性的改进）。如果所要解决的技术问题能够促使本领域的技术人员在其他技术领域寻找技术手段，他也应具有从该其他技术领域中获知该申请日（有优先权的，指优先权日）之前的相关现有技术、普通技术知识和常规实验手段的能力（即其能获知相邻、相关及可联想到的其他技术领域的教科书、技术手册、技术词典和检索到的对比文件中记载的内容）。

由上述内容可知，判断创造性的本领域的技术人员的能力和水平随着时间的推移而提高，例如 20 年前有关计算机方面的知识和能力不属于除计算机以外其他领域技术人员所掌握的内容，而在 20 年后的今天，有关计算机方面的基本知识应当属于所有技术领域技术人员的普通知识。正由于此，在判断创造性时不能以判断时该技术领域技术人员的水平和能力进行分析，而应当以该专利申请或专利的申请日（有优先权的，指优先权日）时该技术领域技术人员的水平和能力来判断该专利申请文件是否具备创造性。

3. 突出的实质性特点和显著的进步

根据《专利法》第二十二条第三款的规定，为满足创造性的要求，发明专利申请不仅应当相对于申请日前的现有技术具有突出的实质性特点，而且还应当具有显著的进步。

《专利审查指南 2010》第二部分第四章第 2.2 节进一步写明，发明有突出的实质性特点，是指对所属技术领域的技术人员来说，发明相对于现有技术是非显而易见的。如果所属技术领域技术人员在现有技术的基础上仅仅通过合乎逻辑的分析、推理或者有限的试验可以得到一项发明的技术方案，则该技术方案对该技术领域的技术人员是显而易见的，也就不具备突出的实质性特点。

同样，《专利审查指南 2010》第二部分第四章章第 2.3 节又进一步写明，发明有显著的进步是指发明与现有技术相比能够产生有益的技术效果。

在国际上，通常将发明专利申请相对于现有技术是否非显而易见作为判断其创造性的依据。而我国将非显而易见作为判断创造性的两个条件之一，即突出的实质性特点，也就是说我国创造性标准比国际通用标准还要多满足一个条件，即显著的进步。为了与国际通用标准趋于一致，在《专利法》未对此条款作修改的前提下，在《专利审查指南 2010》中降低了对显著的进步的要求，除发明克服现有技术中存在的缺点和不足外，还将"为解决某一技术问题提供了一种不同构思的技术方案""代表某种新的技术发展趋势"以及"虽在某些方面有负面效果，但在其他方面具有明显积极的技术效果"也认为具有显著的进步，从而在一件专利申请相对于现有技术具有突出的实质性特点的前提下，几乎对于所有的情况都可以得出其具有显著的进步。这样，我国判断创造性的标准就基本上与国际上的标准一致了。

二、发明创造性的审查原则和审查基准

下面先对发明创造性的审查原则作出说明，在此基础上对突出的实质性特点的审查基准和判断方法以及显著的进步的审查基准作出进一步具体说明。

1. 审查原则

与审查新颖性一样，审查一件专利申请是否具备创造性，也是针对该专利申请权利要求的技术方案作出的。

《专利审查指南 2010》第二部分第四章第 3.1 节规定按照下述三个审查原则来判断创造性。

（1）同时审查创造性标准的两个条件

审查一件发明专利申请的权利要求是否具备创造性，应当同时审查该权利要求所表述的技术方案是否具有突出的实质性特点和是否具有显著的进步。

既然同时审查创造性的两个条件，那么又如何做到前面所指出的与国际上通用的标准趋于一致呢？目前对创造性标准的两个条件是这样掌握的：当一件发明专利申请权利要求的技术方案相对于现有技术具有突出的实质性特点，则基本上可以认定其也具有显著的进步（至于此两方面的判断将在后面作进一步说明）。反之，当一件专利申请的技术方案相对于现有技术来说尚不能明确得出其具有突出的实质性特点的结论，如果该发明由于产生预料不到的有益效果而相对于最接近的现有技术具有显著的进步时，就同时由所产生的预料不到的有益效果证明了该技术方案具有突出的实质性特点，从而认定该专利申请具备创造性。

（2）对技术方案本身、解决的技术问题和有益效果作整体分析

在评价发明是否具备创造性时，不仅要考虑发明的技术方案本身，而且还要考虑发明所属技术领域、所解决的技术问题和所产生的技术效果，将发明作为一个整体看待。也就是说，在判断发明相对于现有技术是否具有突出的实质性特点和显著的进步时，不仅要分析构成技术方案的技术特征，还要分析其相对于最接近的现有技术所解决的技术问题，以及分析其区别技术特征相对于最接近的现有技术起什么样的作用、产生什么样的有益效果（具体分析参见后面审查基准部分）。

（3）现有技术结合对比

与新颖性审查"单独对比"的审查原则不同，审查创造性时，将一份或者多份现有技术中的不同的技术内容组合在一起对要求保护的发明进行评价。更确切地说，是将几项现有技术结合起来与专利申请技术方案进行对比分析，例如：一篇对比文件（包括国内外的公开使用或以其他方式的公开）与公知常识的结合，两篇或多篇对比文件（包括国内外的公开使用或以其他方式的公开）分别披露的几项现有技术的结合，同一篇对比文件中所披露的几项现有技术的结合，或者多篇对比文件（包括国内外的公开使用或以其他方式的公开）分别披露的几项现有技术与公知常识的结合等。

2. 突出的实质性特点的审查基准与判断方法

具有突出的实质性特点的审查基准是指，对本领域的技术人员来说，要求保护的发明相对于现有技术是否显而易见。具体说来，就是将要求保护的发明的技术方案与相关现有技术进行分析对比，若由这些现有技术得到该技术方案对本领域的技术人员是显而易见的，则该技术方案不具有突出的实质性特点，反之，若分析对比的结果表明要求保护的发明的技术方案对本领域技术人员是非显而易见的，则该技术方案具有突出的实质性特点。

判断由现有技术得到该技术方案是否显而易见按三个步骤进行：确定最接近的现有技术、确定发明的区别特征和其实际解决的技术问题以及分析由最接近的现有技术和其他相关现有技术得到该技术方案是否显而易见。

（1）确定最接近的现有技术

正如上述第（3）个审查原则中所指出的，创造性判断时应当将多项现有技术结合起来作对比分析。也就是说，在判断该技术方案是否具有突出的实质性特点时应当分析由多项现有技术得到该发明的技术方案是否显而易见。作为该判断的第一步就是从多项相关现有技术中确定哪一项与要求保护的发明的技术方案最密切相关，也就是确定哪一项现有技术是作为该项发明的基础，

这项现有技术就称作该发明的最接近的现有技术。

通常最接近的现有技术与该发明属于相同的技术领域。与其他相关的现有技术相比，它所披露的与该发明技术方案相同的技术特征最多，或者它所要解决的技术问题、技术效果或用途最接近，甚至它已能解决或部分解决该发明原定打算解决的技术问题。但是，在判断发明是否具有突出的实质性特点时所确定的最接近的现有技术还存在一种特殊的情况；虽然该最接近的现有技术与要求保护的发明技术领域不同，但能够实现发明的功能，且公开发明的技术特征最多，这多半是在相同技术领域未找到十分相关的现有技术的情况。

由此可知，在确定最接近的现有技术时，首先从几项相关现有技术中选择那些与发明技术方案的技术领域相同的现有技术，然后再从其中选择已初步能解决原定打算解决的技术问题和/或披露发明的技术特征最多的现有技术，将其定作该发明最接近的现有技术。如没有相同技术领域的现有技术或者相同领域的现有技术所披露的内容与发明的技术方案相距较远，则可以在相近技术领域的现有技术中进行选择，选择能实现发明功能、且公开发明技术特征最多的相近技术领域现有技术作为最接近的现有技术。

（2）确定发明的区别特征和其实际解决的技术问题

正如前面第（2）个审查原则中所指出的，在判断创造性时应当从技术方案、所解决的技术问题和有益效果整体考虑，因而在确定了最接近的现有技术后，就要客观分析并确定该技术方案相对于最接近的现有技术实际上解决了什么技术问题。为此，首先要分析该技术方案在最接近的现有技术基础上作了哪些改进，即其相对于最接近的现有技术具有哪些区别技术特征，然后根据这些区别技术特征所能达到的技术效果确定该发明实际解决的技术问题。

由于在审查中认定的最接近的现有技术可能不同于说明书中所描述的现有技术，因而基于最接近的现有技术所确定的该发明实际解决的技术问题就可能与说明书中所记载的要解决的技术问题不同。在这种情况下，在作下面第三步分析时应针对实际解决的技术问题进行分析。

（3）分析该发明要求保护的技术方案是否显而易见

在确定了本发明最接近的现有技术以及该技术方案相对于该最接近的现有技术的区别技术特征和其实际解决的技术问题后，就要分析其他相关现有技术是否给出将这些区别技术特征应用到该最接近的现有技术中以解决其存在的技术问题（即发明实际解决的技术问题）的启示（以下简称为"给出结合的启示"），这种启示会使本领域的技术人员在面对所述技术问题时，有动机改进该最接近的现有技术并获得要求保护的发明的技术方案。如果现有技术中存在这种结合的启示，则认为本领域技术人员根据这些启示得到该技术方案是显而易见的；相反如果没有一篇相关现有技术（包括公知常识）给出结合的启示，则认为该技术方案是非显而易见的。

至于如何判断相关现有技术是否给出结合的启示，主要是分析这些区别特征是否为公知常识，是否在其他相关现有技术中披露过。

如果这些区别特征为公知常识，即上述区别特征是教科书或工具书中披露的解决该重新确定的技术问题的技术手段或者是本领域（包括日常生活领域）解决该重新确定的技术问题的惯用手段，则认为现有技术中给出了结合的启示。

如果区别特征为另一篇相关对比文件或另一件相关公知公用技术中披露的技术手段（包括披露最接近的现有技术的对比文件中所记载的其他现有技术中所采用的技术手段），则需分析该技术手段在这些对比文件或公知公用技术中所起的作用与该区别特征在要求保护的发明中为解决该重新确定的技术问题所起的作用是否相同，只要该技术手段在这些对比文件或公知公用技术中所起的作用包含有该区别技术特征在要求保护的发明中为解决该重新确定的技术问题所起的作用，则认定两者作用相同，从而认定该对比文件或公知公用技术给出了结合的启示。反之，如果从该技术手段在对比文件或公知公用技术中所起的作用不能得知其能起到该区别特征在本发明中为解决重新确定的技术问题所起的作用，则认定两者作用不同，从而认定该对比文件或公知公用技术未给出结合的启示。

如果上述区别技术特征既不属于公知常识，又未在其他相关对比文件或相关公知公用技术中披露，通常就认为现有技术未给出结合的启示，在这种情况下，可得出该技术方案相对于现有技术是非显而易见的，具有突出的实质性特点。

下面将通过三个实际案例来帮助理解上述内容，尤其理解如何分析现有技术是否给出得到技术方案的启示。

第一个案例涉及一件旋流平焰燃烧器的发明专利申请案。旋流平焰燃烧器是工业炉窑及加热炉中的燃烧装置，其火焰呈盘状，直接贴在炉墙上。该发明旋流平焰燃烧器结构的正视图和俯视图如图 8 - 1 所示。

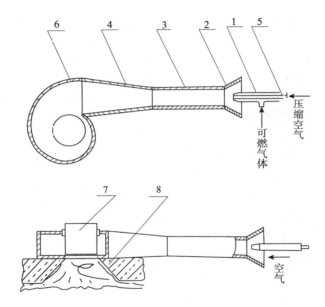

图 8 - 1　发明专利申请的旋流平焰燃烧器的正视图和俯视图

旋流平焰燃烧器由可燃气体喷嘴 1、吸入段 2、混合管 3、扩压管 4 和旋流器 6 组成，在可燃气体喷嘴 1 中有一根与高压气源相连通的中心管 5。采用这种结构的旋流平焰燃烧器，对于不同种类的可燃气体均能得到比较充分的燃烧。当一种可燃气体需要较多的空气才能充分燃烧时，就让中心管内通入较多的高压空气，其与可燃气体一起在吸入口处产生负压，从而在那里抽吸更多的低压空气。相反，当使用的可燃气体为达到充分燃烧只需要较少的空气时，则减少中心管的高压空气量，从而使空气与可燃气体之比降低，甚至关闭高压空气，得到最小的空气与可燃气体的流量比。该发明专利申请的权利要求 1 为：

"1. 一种旋流平焰燃烧器，包括可燃气体喷嘴（1）、吸入段（2）、混合管（3）、扩压管（4）和旋流器（6），该可燃气体喷嘴（1）伸入到该吸入段（2），从而当可燃气体从可燃气体喷嘴（1）流入到吸入段（2）时将可燃气体喷嘴（1）周围空气吸入，其特征在于：在所述可燃气体喷嘴（1）中设置了一根与高压气源相连通的中心管（5）。"

检索后，找到的最接近的现有技术与权利要求 1 中的技术方案十分相近，该旋流平焰燃烧器也包括可燃气体喷嘴、吸入段、混合管、扩压管和旋流器，其与该发明的唯一不同之处是该可燃气体喷嘴是单层管，没有与高压气源相连通的中心管。该最接近的现有技术的结构如图 8-2 所示。

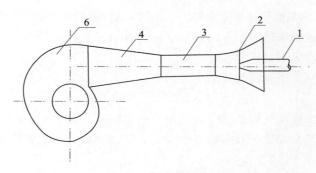

图 8-2 最接近现有技术旋流平焰燃烧器的结构示意图

由此可知，权利要求 1 与该最接近的现有技术相比的区别特征是：该可燃气体喷嘴中设置了一根与高压气源相连通的中心管。从而可确定该权利要求 1 的技术方案相对于该最接近的现有技术实际解决的技术问题是提供一种对不同可燃气体都能实现充分燃烧的旋流平焰燃烧器，从而该旋流平焰燃烧器适用于各种可燃气体。

在实质审查过程中还检索到一篇相关的对比文件，其公开了一种如图 8-3 所示的焊炬，它是一种可燃气体乙炔的燃烧器，在该焊炬的可燃气体喷嘴 8 中也有一根与高压气源相通的中心管 9，那么该对比文件是否给出将上述技术特征应用到该最接近的现有技术中来解决上述实际技术问题的启示呢？即本领域技术人员在面对图 8-2 所示最接近的现有技术所存在的不能使各种可燃气体得到充分燃烧这个技术问题时，是否有动机将图 8-3 所示焊炬中与高压气源相通的中心管用来解决上述技术问题？为此，应该分析"与高压气源相通的中心管"这一技术特征在焊炬这篇对比文件和在本发明中所起的作用是否相同。在本发明中，当高压气体从位于可燃气体喷嘴的中心管喷出时，其加大了由可燃气体引射的低压空气量，改变了可燃气体与空气的混合比，从而可使高热值可燃气体充分燃烧。而在此对比文件中该焊炬是焊接用的焰炬，其可燃气体是乙炔，在可燃气体喷嘴中设置与高压气源相通的中心管是为了调节火焰长度，以适应不同焊接工艺的需要。需要细长火焰时在加大高压空气量的同时减少低压空气量；而需要短粗火焰时减小高压空气量，与此同时增加低压空气量。在这两种情况下，基本保持空气与可燃气体的混合比不变。因而从这篇对比文件中得不到利用可燃气体喷嘴的中心管来调节空气与可燃气体的混合比以解决本发明所要解决技术问题的启示。由此可知，由上述两篇对比文件得到权利要求 1 的技术方案对本领

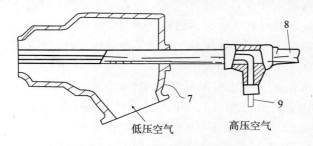

低压空气   高压空气

图 8-3 对比文件中的焊炬结构示意图

域技术人员来说是非显而易见的，即该权利要求 1 的技术方案相对于上述两篇对比文件具有突出的实质性特点。

由此案例可知，当对比文件中明确写明的区别技术特征所起的作用与发明在解决技术问题时所起的作用完全不同，即根据该对比文件不能得知该区别技术特征能起到解决本发明技术问题的作用时，则认为对比文件未给出结合的启示，不能以此来否定该发明的创造性。

第二个案例涉及一件自动补偿交流稳压器的无效宣告请求案。该专利是对申请日前已经公知的环形自动补偿交流稳压器所作的改进。此公知的自动补偿交流稳压器由环形调压器、自动控制电路、传动机构组成，碳刷相对于调压器线包的滑动轨道为圆形。当输出电压 V_0 偏离电压额定值时，控制电路根据偏差信号的正负，使电机作相应方向的旋转，从而自动补偿了偏差，使输出电压保持相对稳定。但是对于这样的环形自动补偿交流稳压器，不仅其线包绕制困难，而且从电动机转动到碳刷转动需要高减速比的减速传动机构才能满足碳刷低速滑动的要求。该专利是一种具有相同补偿原理的自动补偿交流稳压器，其结构如图 8－4 所示。

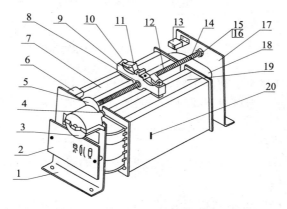

图 8－4 自动补偿交流稳压器结构示意图

为使线包绕制方便、传动机构结构简单，该专利的权利要求书中所保护的自动交流稳压器为：

"1. 一种自动补偿交流稳压器，包括变压器、自动控制电路、传动机构和碳刷对变压器表层的滑动，其特征在于：碳刷对 C 型变压器滑动的轨迹是直线。

2. 按照权利要求 1 所述的稳压器，其特征在于：实现碳刷的直线滑动采用了螺杆和导向螺母结构。"

由此可知，上述权利要求 1 所要求保护的自动补偿交流稳压器相对于其最接近的现有技术环形自动补偿交流稳压器的区别特征是将环形铁芯改为 C 型铁芯，将碳刷沿线包做圆弧运动改为沿线包做直线运动。在权利要求 2 中又进一步限定采用螺杆和导向螺母结构将电机的转动转换成碳刷沿线包做直线运动。

无效宣告请求人又找到一篇申请日前已授权公开的美国专利文件，其公开了一种如图 8－5 所示的手动调压器，其中披露了 C 型铁芯及利用螺杆和导向螺母结构将手动转把的转动转换成碳刷沿线包的直线移动。因此请求人以该对比文件和申请日前公知的环形自动补偿交流稳压器为证据，向专利复审委员会提出了无效宣告请求。

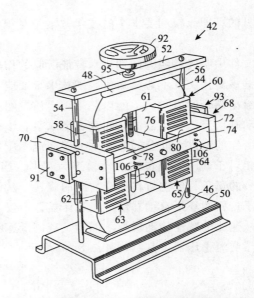

图 8 - 5　对比文件中手动调压器的结构示意图

乍看起来，此对比文件涉及手动调压器，与该专利技术领域不同，其要解决的技术问题是为避免碳刷使线圈近邻匝短路，与该专利要解决的技术问题无关。但仔细分析此对比文件后，会得出与此相反的结论。

虽然此对比文件与本专利的技术领域不同，但自动补偿交流稳压器本身就是在调压器的基础上增加自动控制电路和传动机构而构成的，因此调压器是自动补偿交流稳压器的相近或相关技术领域。

至于该对比文件所解决的技术问题是通过对调压器的线包绕线方式作改进以避免碳刷使线圈近邻匝短路，但该专利说明书的附图以及相应文字部分已清楚地指出直线式调压器采用了 C 型铁芯，并采用螺杆和导向螺母结构将手动转把的转动转换成碳刷沿线包的直线移动。本领域技术人员都知道：直线式调压器的 C 型铁芯与环形调压器的环形铁芯相比最大的优点就是线包绕制方便；采用螺杆、导向螺母结构，手动转把旋转一周，碳刷在线包上移动很小距离，因而可以很容易地把直流电机的高速旋转转换成碳刷线包的直线运动，从而解决了环形自动补偿交流稳压器高减速比要求带来的传动机构复杂的问题。由此可知，此对比文件所披露的 C 型铁芯以及螺杆、导向螺母结构这两个技术特征在直线式调压器中所起的作用（即其客观效果）与其在解决该专利要解决的技术问题时所起的作用一样，因此本领域技术人员在面对环形自动补偿交流稳压器所存在的技术问题（线包绕制困难和要求高减速比的传动机构）时，有动机将此对比文件中的上述两个技术手段应用到环形自动交流稳压器中以解决上述技术问题，也就是说此对比文件给出了将上述两个技术手段应用到环形自动交流稳压器中来而得到权利要求 1 和权利要求 2 技术方案的启示，因而这样的结合对本领域的技术人员来说是显而易见的，不具有突出的实质性特点。

由此案例可知，如果一篇相关领域的对比文件披露了一项发明专利的区别技术特征，该区别技术特征在该对比文件中所起的作用（即客观效果）与其在解决该专利待解决的技术问题时所起的作用相同，尽管此对比文件本身所要解决的技术问题与本专利要解决的技术问题不同，本领域技术人员仍可以将其与最接近的现有技术结合起来得到该专利的技术方案，则这样结合而成的技术方案不具有突出的实质性特点。

第三个案例涉及一件发明专利申请的复审请求案。该专利申请的压差传感器具有一个其上、下表面暴露于待测压差下的圆形扁平膜片，其上、下表面粘贴着两对应变片，此两对应变片构成测量回路中的惠斯顿电桥。当该膜片在上、下表面所经受的压差作用下变形时，由此两对应变片构成的惠斯顿电桥就会输出一个与压差相应的电流值。为消除由温度变化所引起的非线性误差的影响，相对于上述最接近的现有技术，该专利申请采用的技术手段是：该两对应变片的电阻大小相等，对温度非线性变化相同，其在膜片上所粘贴的位置上、下对称。在实质审查过程中审查员在上述最接近的现有技术基础上又引用了一篇申请日前授权的美国专利文件，其披露了一种压差传感器。该对比文件中记载的发明目的（即所解决的技术问题）也是为了消除温度非线性变化的影响，且在其中一个实施方式中披露了在该膜片上、下对称地设置了两对应变片（见图8-6），且电阻大小相等。从而认为由这篇美国专利文件能获知与最接近的对比文件相结合而得到本发明技术方案的启示，因而以该专利申请不具备创造性为由驳回该专利申请。申请人对此驳回决定不服，向专利复审委员会提出了复审请求。

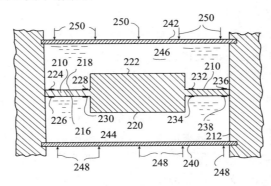

图8-6 对比文件中压差传感器的一种实施方式的结构示意图

在复审过程中，合议组仔细分析了这篇美国专利文件，注意到该专利有两个实施方式，该第二个实施方式结构如图8-7所示，而在此实施方式中构成惠斯顿电桥的两对应变片并不是上下对称分布。此外，该美国专利文件说明书中明确写明本发明消除非线性误差的影响是通过图8-6和图8-7两个实施方式中的位于膜片中部的凸起来实现的。图8-7所示实施方式中仅在膜片的一个表面上粘贴有两对应变片，由此也间接证明该美国专利消除温度非线性误差的影响是借助膜片中部的凸起这个技术措施来解决，而与两对应变片上下对称分布无关，因而该领域的技术人员看到图8-6所示实施方式没有动机会想到借助该美国专利中所披露的上、下对称分布的两对应变片来解决本发明专利申请所要解决的技术问题——消除温度非线性误差的影响，即从该美国专利文件中得不到将上述上、下对称分布的两对应变片与最接近的现有技术结合而构成本发明专利申请技术方案的启示，因此不能由该美国专利文件及本发明专利申请说明书中所提到的最接近的现有技术来否定本发明专利申请具有突出的实质性特点。

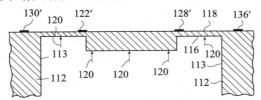

图8-7 该对比文件中压差传感器另一种实施方式结构示意图

由这个案例可知:如果存在这样一篇对比文件,即使其中写明的所解决的技术问题与待判断有无创造性的专利申请或专利相对于最接近的现有技术所要解决的技术问题相同,其中也披露了本发明相对于最接近的现有技术的区别技术特征,仍然需要分析区别技术特征在两者中所起的作用是否相同。若该对比文件中写明其所解决的技术问题是借助其他技术特征来实现的,而且也不能从这篇对比文件中记载的内容得知或推出上述区别特征在解决上述技术问题起到相同的作用,则不能认为从该对比文件中可获知将上述区别技术特征应用到最接近的现有技术中来解决上述技术问题的启示,即不能从该对比文件得到将上述区别技术特征与最接近的现有技术结合成为本发明专利申请技术方案的启示,从而不能以此来否定该专利申请具有突出的实质性特点。

3. 显著的进步的审查基准

判断一项发明是否具有显著的进步的审查基准是该发明是否具有有益的技术效果。按照《专利审查指南2010》第二部分第四章第3.2.2节的规定,如果一项发明的技术方案属于下述四种情况之一,则认为该技术方案相对于现有技术具有有益的技术效果,即具有显著的进步。

(1)发明与现有技术相比具有更好的技术效果

发明与现有技术相比具有更好的技术效果(例如质量改善、产量提高、节约能源、防治环境污染等)是该发明具有显著进步的直接的说明。

在实践中,除了通过试验数据直接对比发明与现有技术两者的技术效果外,还可以通过对发明结构特点的分析和理论说明相结合的方式来说明发明的技术方案相对于现有技术具有更好的技术效果,即从该权利要求的技术方案相对于最接近的现有技术的区别特征出发进行分析,说明该区别特征为发明权利要求技术方案所带来的有益效果。现以前面所提到的旋流平焰燃烧器来加以说明,从该权利要求所要求保护的旋流平焰燃烧器与最接近的现有技术的区别特征"在所述可燃气体喷嘴中设置了一根与高压气源相连通的中心管"出发进行分析,正由于设置了这样一根与高压气源相连通的中心管,就可根据可燃气体种类调节中心管中高压气体的流量,从而改变可燃气体与空气的混合比,使可燃气体实现充分燃烧,为该发明专利权利要求的技术方案带来了有益的技术效果,以此说明该发明专利具有显著的进步。

(2)发明提供了一种与最接近的现有技术构思不同的技术方案,其技术效果基本上达到现有技术的水平

对于发明专利来说,当其相对于现有技术具有突出的实质性特点时,在绝大多数情况下都可采用上面第(1)种情况的方式说明其有益效果,但在实践中还会遇到这样一种情况,该权利要求的技术方案和最接近的现有技术相比,采用了不同的设计构思解决同一个技术问题,两者在解决这一技术问题时所达到的效果基本相当,在这种情况,就难以用上面第(1)种情况中所采用的方式来说明其带来有益效果,而应当强调两者为解决同一技术问题采用了不同构思的技术方案,且其技术效果基本上达到现有技术的水平,以此来说明发明专利权利要求的技术方案具有显著的进步。

(3)发明代表某种新技术发展趋势

发明代表某种新技术的发展趋势,就意味着该发明在技术上开拓了一个新的发展方向,对于尚处于开发初期的技术,必然还需要探索研究,因此不应当对其在有益效果方面提出过高的要求。《专利审查指南2010》对这种情况作出了明确规定,只要该发明代表某种新技术发展趋势,就认为该发明相对于现有技术具有有益的技术效果,具有显著的进步。例如,最初出现晶体管时,虽然其在性能上不如电子管,但由于其开辟了半导体技术领域的发展新趋势,应当认为其具有有益的技术效果,具有显著的进步。

（4）尽管发明在某些方面有负面效果，但在其他方面具有明显积极的技术效果

事物的存在总有两面性，在一个方面得到改进的同时往往又会在另一个方面带来新的问题，尤其是一项技术的发展总要从不成熟走向成熟，因此即使发明在某些方面有负面效果，但在其他方面具有明显积极的技术效果，就不能认为其是变劣发明，应当认为其具有有益的技术效果。例如，上面提到的晶体管技术在发展初期就属于这种情况，其相对于电子管来说放大性能上远不如电子管，但由于其具有体积小这一明显积极的技术效果，就应当认为该发明具有有益的技术效果，具有显著的进步。

从上述规定可知，《专利审查指南2010》对显著的进步的要求已放得很低了，尤其是规定了第（2）种至第（4）种情况。这样一来，如果一件专利申请的技术方案相对于现有技术来说具有突出的实质性特点，那么除技术上明显退步外，大多数都属于上述规定中的第（1）种和第（2）种情况，另外对于那些在某些方面有负面效果的情况还规定了上述第（4）种情况，只要在某一方面有明显积极技术效果也认定为有显著的进步。由此可知，通常只要认定一项专利申请的技术方案相对于现有技术具有突出的实质性特点，也就可认为其也具有显著的进步。从而，我国对创造性判断的标准与国际上对创造性判断的标准基本一致。

三、几种不同类型发明创造性的判断

《专利审查指南2010》第二部分第四章第4节针对发明与最接近的现有技术的区别特征的特点对以下六种不同类型发明的创造性判断作出了具体的说明：开拓性发明、组合发明、选择发明、转用发明、已知产品的新用途发明、要素变更的发明。

1. 开拓性发明

开拓性发明，是指一种全新的技术方案，在技术史上未曾有过先例，它为人类科学技术在某个时期的发展开创了新纪元。

从上述开拓性发明的定义可知，由于其对人类科学技术发展起到了开创性的作用，因此《专利审查指南2010》第二部分第四章第4.1节中明确规定："开拓性发明同现有技术相比，具有突出的实质性特点和显著的进步，具备创造性。"

显然，中国的四大发明——指南针、造纸术，活字印刷术和火药就属于开拓性发明，如果当时申请发明专利，就具有突出的实质性特点和显著的进步，具备创造性。类似地，近代技术中有划时代意义的发明，如蒸汽机、白炽灯、电话机、收音机、照相机、唱片机、录音机、电视机、录像机、雷达、激光器、计算机等在第一次出现并提出专利申请时均属于开拓性发明，应当认为这些发明具有突出的实质性特点和显著的进步，具备《专利法》第二十二条第三款规定的创造性。

2. 组合发明

组合发明，是指将某些技术方案进行组合，构成一项新的技术方案以解决现有技术客观存在的技术问题。

《专利审查指南2010》第二部分第四章第4.2节明确写明，对组合发明创造性进行判断时通常应当考虑："组合后的各技术特征在功能上是否彼此相互支持、组合的难易程度、现有技术中是否存在组合的启示以及组合后的技术效果等"。

需要提请注意的是，按照《专利审查指南2010》的上述规定，组合发明是指将两个或多个现有技术中已知技术方案组合在一起构成一项新的技术方案，这些现有技术中已知的技术方案成为所构成的新的技术方案的技术特征。如果将两个或多个现有技术中已知技术方案各自的一个或

一些技术特征组合起来成为新的技术方案，则不能称作组合发明。例如，由电子表和圆珠笔构成的带电子表的圆珠笔为组合发明；而对于抽油杆上的封闭环形可移动式刮油器，不是源自抽油杆上的封闭环形固定刮油器和抽油杆上带纵向开口的环状移动式刮油器的组合发明，即不能认为其是由封闭环形固定刮油器中的技术特征"封闭环形"和带纵向开口的环状移动式刮油器中的技术特征"移动式"组合而成的组合发明。

对于组合发明来说，如果要求保护的发明仅仅是将某些已知产品或方法组合或连接在一起，各自以其常规的方式工作而且总的技术效果是各组合部分效果之总和，组合后的各技术特征之间在功能上无相互作用关系，仅仅是一种简单的叠加，对于这种组合发明，《专利审查指南2010》第二部分第四章第4.2节中称作显而易见的组合，因此，这种组合发明不具备创造性。

此外，《专利审查指南2010》第二部分第四章第4.2节还规定：如果组合仅仅是公知结构的变型，或者组合处于常规技术继续发展的范围之内，而没有取得预料不到的技术效果，这样的组合发明也属于非显而易见的组合，不具备《专利法》第二十二条第三款规定的创造性。

相反，如果组合后的技术特征在功能上彼此支持，并取得了新的技术效果；或者组合后的技术效果比每个技术特征（相当于组合前的已知技术方案）原有的技术效果的总和更优越，则这种组合具有突出的实质性特点和显著的进步，发明具备创造性。其中组合发明的每个单独的技术特征（相当于组合前的已知技术方案）是否完全或部分已知并不影响对该发明创造性的评价。

3. 选择发明

选择发明，是指从现有技术中公开的宽范围中，有目的地选出现有技术中未提到的窄范围或个体的发明。

按照《专利审查指南2010》第二部分第四章第4.3节的规定，对于选择发明进行创造性判断时，主要考虑所作出的选择是否带来预料不到的技术效果。如果带来预料不到的技术效果，则认为该选择发明是非显而易见的，符合《专利法》第二十二条第三款有关创造性的规定；相反，如果未带来预料不到的技术效果，则认为该选择发明是显而易见的，不符合《专利法》第二十二条第三款有关创造性的规定。

具体来说，如果发明仅仅是从一些已知的可能性中进行选择，或者发明仅仅是从一些具有相同可能性的技术方案中选出一种，而选出的方案未能取得预料不到的技术效果，则该发明不具备创造性。

《专利审查指南2010》第二部分第四章第4.3节还规定，如果发明是在可能的、有限的范围内选择具体的尺寸、温度范围或者其他参数，而这些选择可以由本领域的技术人员通过常规手段得到并且没有产生预料不到的技术效果，则该发明对本领域技术人员来说是显而易见的，不具备《专利法》第二十二条第三款规定的创造性。

此外，《专利审查指南2010》第二部分第四章第4.3节还规定，如果发明是可以从现有技术中直接推导出来的选择，则该发明不具备《专利法》第二十二条第三款规定的创造性。

相反，如果选择发明所作出的选择使得发明取得了预料不到的技术效果，则应当认为该发明具有突出的实质性特点和显著的进步，具备《专利法》第二十二条第三款规定的创造性。

4. 转用发明

转用发明，是指将某一技术领域的现有技术转用到其他技术领域中的发明。

《专利审查指南2010》第二部分第四章第4.4节中写明，对转用发明的创造性进行判断时，通常应当考虑："转用的技术领域的远近、是否存在相应的技术启示、转用的难易程度、是否需要克服技术上的困难、转用所带来的技术效果等。"

对于转用发明，如果转用是在类似的或者相近的技术领域之间进行的，并且未产生预料不到的技术效果，则这种转用发明不具备《专利法》第二十二条第三款规定的创造性。

相反，如果这种转用能够产生预料不到的技术效果，或者克服了原技术领域中未曾遇到的困难，则这种转用发明对本领域的技术人员来说是非显而易见的，具有突出的实质性特点和显著的进步，符合《专利法》第二十二条第三款有关创造性的规定。

5. 已知产品的新用途发明

已知产品的新用途发明，是指将已知产品用于新的目的的发明。

《专利审查指南2010》第二部分第四章第4.5节中写明，对于已知产品的新用途发明进行创造性判断时，通常应当考虑："新用途与现有用途技术领域的远近、新用途所带来的技术效果等。"

对于已知产品的新用途发明，如果新的用途仅仅是使用了已知材料的已知的性质，则这种用途发明对于本领域技术人员来说是显而易见的，不具有突出的实质性特点和显著的进步，因此不具备《专利法》第二十二条第三款规定的创造性。

相反，如果新的用途是利用了已知产品新发现的性质，并且产生了预料不到的技术效果，则这种用途发明对于本领域技术人员来说是非显而易见的，具有突出的实质性特点和显著的进步，因此具备《专利法》第二十二条第三款规定的创造性。

6. 要素变更的发明

要素变更的发明，包括要素关系改变的发明、要素替代的发明和要素省略的发明。

《专利审查指南》第二部分第四章第4.6节中写明，对要素变更发明的创造性进行判断时，通常应当考虑："要素关系的改变、要素替代和省略是否存在技术启示、其技术效果是否可以预料等。"

要素关系改变的发明，是指发明与现有技术相比，其形状、尺寸、比例、位置及作用关系等发生了变化。

对于要素关系改变的发明，如果要素关系的改变没有导致发明效果、功能及用途的变化，或者发明效果、功能及用途的变化是可预料到的，则该发明对本领域的技术人员来说是显而易见的，即本发明专利申请权利要求的技术方案相对于最接近的现有技术没有突出的实质性特点和显著的进步，不具备《专利法》第二十二条第三款规定的创造性。

相反，如果要素关系的改变导致发明产生了预料不到的技术效果，则该发明对本领域的技术人员来说是非显而易见的，即本发明专利申请权利要求的技术方案相对于最接近的现有技术具有突出的实质性特点和显著的进步，符合《专利法》第二十二条第三款有关创造性的规定。

要素替代的发明，是指已知产品或方法的某一要素由其他已知要素督代的发明。

对于要素替代的发明，如果发明是相同功能的已知手段的等效替代，或者是为解决同一技术问题，用已知最新研制出的具有相同功能的材料替代公知产品中的相应材料，或者是用某一公知材料替代公知产品中的某材料，而这种公知材料的类似应用是已知的，且没有产生预料不到的技术效果，则该发明对于本领域的技术人员来说是显而易见的，没有突出的实质性特点和显著的进步，不符合《专利法》第二十二条第三款有关创造性的规定。

相反，如果要素的替代能使发明产生预料不到的技术效果，则该发明对本领域的技术人员来说是非显而易见的，具有突出的实质性特点和显著的进步，具备《专利法》第二十二条第三款规定的创造性。

要素省略的发明，是指省去已知产品或者方法中的某一项或多项要素的发明。

对于要素省略的发明，如果发明省去一项或多项要素后其功能也相应地消失，则本发明对于本领域的技术人员来说是显而易见的，不具有突出的实质性特点和显著的进步，因此不符合《专利法》第二十二条第三款有关创造性的规定。

相反，如果发明与现有技术相比，发明省去一项或多项要素后，依然保持原有的全部功能，或者带来预料不到的技术效果，则本发明对于本领域技术人员来说是非显而易见的，具有突出的实质性特点和显著的进步，因此，符合《专利法》第二十二条第三款有关创造性的规定。

四、创造性判断时需要考虑的其他因素

《专利审查指南 2010》第二部分第四章中除了给出前述创造性判断采用的审查原则、审查基准和判断方法外，还在第 5 节中指出了创造性判断时应当考虑的其他四个方面的因素。

申请人或专利代理人在论述专利申请具备创造性时可借助下述四个应当考虑的因素作为支持己方观点的依据。

（1）发明解决了人们一直渴望解决、但始终未能获得成功的技术难题

某个科学技术领域中的技术难题，人们长期渴望解决、经发明者的努力予以解决了，则该发明具有突出的实质性特点和显著的进步，具备创造性。

（2）发明克服了技术偏见

技术偏见是指在某段时间内、某个技术领域中，技术人员对某个技术问题普遍存在的、偏离客观事实的认识，它引导人们不去考虑其他方面的可能性，阻碍人们对该技术领域的研究和开发。如果发明克服了这种技术偏见，采用了人们由技术偏见而舍弃的技术手段，从而解决了技术问题，则这种发明具有突出的实质性特点和显著的进步，具备创造性。

（3）发明取得了预料不到的技术效果

发明与现有技术相比，其技术效果产生"质"的变化，具有新的性能，或者产生"量"的变化，超出人们预期的想象，即这种"质"的或"量"的变化对本领域技术人员来说事先无法预测或推理出来，则认为该发明取得了预料不到的技术效果。此时，一方面认为该发明具有显著的进步，同时也反映发明的技术方案非显而易见，具有突出的实质性特点，因而该发明具备创造性。

（4）发明在商业上获得成功

当发明的产品在商业上获得成功时，如果这种成功是由于发明的技术特征直接导致的，则一方面反映发明具有有益效果，同时也说明了发明是非显而易见的，因而这类发明具有突出的实质性特点和显著的进步，具备创造性。

申请人或专利代理人在利用上述四个方面论述专利申请具备创造性时应注意下述几个问题。

①正如前面所指出的，创造性的判断是针对权利要求的技术方案进行的，因此，在争辩专利申请具备创造性时应当将为发明带来上述效果的技术特征写入独立权利要求中，例如为解决长期渴望解决而未能解决的技术问题所采用的技术手段，或者为克服技术偏见所采用的技术手段，或者使发明产生预料不到技术效果的技术手段，或者为发明带来商业上成功的技术手段。需要强调的是上述技术手段必须已记载在该申请的原专利申请文件（即原说明书和权利要求书）中，否则该专利申请将会因未充分公开发明而被驳回。因此申请人或专利代理人在撰写这几种类型的专利申请时应当十分慎重，千万不可将上述技术手段作为技术秘密保留起来而不写入原说明书中。

②对于发明解决了人们一直渴望解决、但始终未能获得成功的技术难题来说，最好在说明书中已明确写明该发明所解决的技术问题是人们长期渴望解决的技术问题，此外还要求作为该发明

最接近的现有技术与相关的现有技术距本发明专利的申请日已经有较长的时间，在这种情况下，以此为理由争辩该发明专利申请的技术方案具备创造性才有可能取得成功。此外，既然本领域的技术人员长期以来不能解决渴望解决的技术问题，作为该发明来说必定采用了人们不易想到的技术措施，则该技术措施至少已写入说明书中，并应当将其写入到独立权利要求中。

③对于发明克服技术偏见的情况，申请人或专利代理人应当在专利申请文件的原始说明书的背景技术部分写明这种技术偏见，并进一步在说明书的其他部分，如在发明内容部分写明为什么本发明克服了技术偏见，新的技术方案与偏见之间的差别以及克服偏见所采用的技术手段。如果原申请文件中未作出上述说明，那么从上述角度论述该专利具备创造性时就难以争辩成功，因为按照《专利审查指南2010》第二部分第二章第2.1.2节的规定，为使发明和实用新型专利满足《专利法》第二十六条第三款规定的"说明书应当对发明或者实用新型作出清楚、完整的说明，以所属技术领域的技术人员能够实现为准"这一要求，说明书中应当包含上述内容。

④对于产生预料不到技术效果的发明来说，只要将导致发明产生预料不到技术效果的技术特征写入到独立权利要求中去，就可由此证明该独立权利要求的技术方案具有突出的实质性特点，当然发明具有预料不到的技术效果也就说明其具有显著的进步，从而就可得出其具备创造性。然而，对于有突出实质性特点的发明来说，就不再要求其有预料不到的技术效果，只要其属于前面所指出的具有显著进步的四种情况之一，就可认定其有显著的进步，从而得出具备创造性的结论。

⑤当以发明在商业上获得成功作为发明具有创造性的依据时，不能仅仅以商业上的业绩作为商业上成功的证据，还必须说明该商业上的成功是由于发明技术方案的改进所取得的，因为商业上的成功还可能是由于其他原因所致，例如通过销售技术的改进或者广告宣传效果带来的，由这些非技术的原因带来的商业上的成功并不能证明发明专利申请具备创造性。

五、实用新型创造性的审查

《专利审查指南2010》第四部分第六章第4节中规定："在实用新型专利创造性的审查中，应当考虑其技术方案中的所有技术特征，包括材料特征和方法特征。"

《专利审查指南2010》第四部分第六章第4节中还规定："实用新型专利创造性审查的有关内容，包括创造性的概念、创造性的审查原则、审查基准以及不同类型发明的创造性判断等内容参照本指南第二部分第四章的规定。"❶

但是，根据《专利法》第二十二条第三款的规定，创造性，是指与现有技术相比，该发明具有突出的实质性特点和显著的进步，该实用新型具有实质性特点和进步。

由上述规定可知，实用新型专利创造性判断的审查原则以及其判断方法与发明创造性的判断基本没有区别，在审查基准方面两者总体上也没有区别，只是按照《专利法》第二十二条第三款有关创造性的规定，实用新型专利创造性的标准应当低于发明专利创造性的标准。

具体来说，两者在创造性判断标准上的不同，主要体现在判断现有技术中是否存在"技术启示"上。也就是说，在判断现有技术中是否存在技术启示时，实用新型专利与发明专利存在区别，这种区别体现在下述两个方面。

（1）现有技术的领域

对于发明专利，不仅要考虑该发明所属的技术领域，还要考虑其相近或相关的技术领域，以

---

❶　《专利审查指南2010》第二部分第四章对发明创造性的概念、发明创造性的审查原则和审查基准以及不同类型发明的创造性判断作出了具体说明。

及该发明所要解决的技术问题能够促使本领域的技术人员到其中去寻找技术手段的其他技术领域。

而对于实用新型专利，一般着重于考虑该实用新型专利所属的技术领域。但是现有技术中给出明确的启示，例如现有技术中有明确的记载，促使本领域的技术人员到相近或者相关的技术领域寻找有关技术手段的，可以考虑其相近或者相关的技术领域。

现举一个设想的例子加以说明。若一件有关电扇的实用新型专利，该电扇带有电子定时电路。对于实用新型专利，如果通过检索找到了在该实用新型专利的申请日之前已经出现过带电子定时电路的电扇，只是电子定时电路结构不一样，则在这种情况下可以认为现有技术给出了会促使本领域的技术人员到相关的技术领域寻找技术手段的明确记载，即现有技术中已告知本领域的技术人员可以到电子定时电路领域去寻找有关技术手段，在这种情况下，在对该件实用新型专利创造性的判断过程中应当考虑申请日前电子定时电路领域中所公开的对比文件。相反，如果在对电扇领域检索的过程中，所找到的对比文件中都没有披露过带电子定时电路的电扇，则说明现有技术中未给出到电子定时电路领域寻找技术手段的明确记载，则在该件实用新型专利创造性的判断过程中不应当考虑申请日前电子定时电路领域中所公开的对比文件。相反，如果这件有关电扇的专利为发明专利，由于其相对于不带有电子定时电路的电扇来说是解决能对电扇进行定时控制的技术问题，则由该发明专利申请所要解决的技术问题会促使本领域的技术人员到电子定时电路去寻找技术手段，即在该件发明专利申请创造性的判断中应当考虑申请日前电子定时电路领域中所公开的对比文件。

（2）现有技术的数量

对于发明专利申请而言，可以引用一项、两项或者多项现有技术评价其创造性。

而对于实用新型而言，一般情况下可以引用一项或者两项现有技术评价其创造性；但是，由现有技术通过"简单的叠加"而成的实用新型，可以根据情况引用多项现有技术评价其创造性。

现再以带电子定时电路的电扇为例作出说明。对于发明专利申请，若其在带电子定时电路的电扇这项最接近的现有技术的基础上，对其电子定时电路作出了改进，采用了由另两篇对比文件所披露的电子定时电路组合而成的定时电路，且这两篇对比文件给出了解决其技术问题的启示，则这三项现有技术可以用来否定该发明专利申请技术方案的创造性；但对于实用新型专利来说，则不能由此三项现有技术来否定其技术方案的创造性，因为评价实用新型创造性通常只可以引用一至两项现有技术，且该实用新型技术方案不是由这三项现有技术"简单叠加"而成。

当然，多项现有技术的"简单叠加"仍可用来否定实用新型技术方案的创造性。如果一件自行车的实用新型专利，对其部件车铃、刹车、脚蹬同时作出改进，且这三项改进相互之间是独立的、没有联系，则三篇分别记载带有相同结构车铃、相同结构刹车或相同结构脚蹬的自行车的对比文件可以用来否定该实用新型专利的创造性，因为该实用新型技术方案是由这三项现有技术"简单叠加"而成。

第三节　实用性——发明与实用新型授予专利权实质条件之三

根据《专利法》第二十二条第四款的规定，对于发明和实用新型专利申请来说，实用性授权条件的标准是相同的，因而本节对发明和实用新型的实用性授权条件作统一的说明，不再加以区分。

一、实用性概念

《专利法》第二十二条第四款规定："实用性，是指该发明或者实用新型能够制造或者使用，并且能够产生积极效果。"

《专利审查指南 2010》第二部分第五章第 2 节又进一步明确规定："实用性，是指发明或者实用新型申请的主题必须能够在产业上制造或者使用，并且能够产生积极效果。"

由上述规定可知，授予专利权的发明或者实用新型，必须是能够解决技术问题、并且是能够应用的发明或实用新型。具体说来，如果一件发明或者实用新型专利申请要求保护一种产品，则该产品必须在产业中能够制造，并且能够解决技术问题。如果一件发明专利申请要求保护一种方法，则该方法必须在产业中能够使用，并且能够解决技术问题。满足上述条件的产品或方法，才认为其具备《专利法》第二十二条第四款规定的实用性，才有可能被授予专利权。

此处所指产业，包括工业、农业、林业、水产业、畜牧业、交通运输以及文化教育、生活用品和医疗器械等行业。

在产业上能够制造或者使用的技术方案是指符合自然规律、具有技术特征的任何可实施的技术方案。需要注意的是，在这里所强调的能够制造或使用并不要求该发明或者实用新型的技术方案已经制造或者已经使用，只要存在在产业中制造或使用发明或实用新型技术方案的可能性即可。

能够产生积极效果，是指发明或者实用新型专利申请在提出申请之日，其产生的经济、技术和社会的效果是所属技术领域的技术人员可以预料到的，而且这些效果应当是积极的、有益的。

二、审查原则

发明或者实用新型是否具备实用性，应当在新颖性和创造性审查之前进行判断。也就是说，在发明和实用新型的三个实质性授权条件之中，首先要判断其是否具备实用性，只有在该发明或者实用新型满足了实用性的要求，才判断该发明或者实用新型是否具备新颖性和创造性。

按照《专利审查指南 2010》第二部分第五章第 3.1 节的规定，判断发明或实用新型是否具备实用性需要遵循以下两个审查原则。

1. 以申请日提交的说明书和权利要求书所公开的整体内容为依据

判断发明或实用新型的实用性以申请日提交的说明书（包括附图）和权利要求书所公开的整体内容为依据，而不仅仅局限于权利要求所记载的内容。

发明或者实用新型的专利申请文件除请求书外，还必须包括说明书和权利要求书。按照《专利法》第二十六条第四款的规定，权利要求书用于说明发明或者实用新型的技术特征，清楚、简要地限定要求专利保护的范围；而按照《专利法实施细则》第十七条第一款的规定，说明书除写明发明或者实用新型的名称外，通常应当包括技术领域、背景技术、发明内容、附图说明、具体实施方式五个部分。由此可知，说明书从多个方面对权利要求书请求保护的技术方案作出展开性的说明，因此，一件发明或者实用新型专利申请请求保护的主题是否具备实用性，不能仅仅局限于权利要求所记载的内容，还必须考虑说明书中所记载的内容，也就是说必须以申请日提交的说明书和权利要求书所公开的整体内容作为判断依据。

由于合案申请的存在，在一件专利申请或专利文件中可能包含多项属于一个总的发明构思的发明或者实用新型，在这种情况下可能其中只有部分或个别发明创造不具备实用性。因此目前国家知识产权局在指出专利申请或专利不具备实用性是针对权利要求来评述的。即便如此，仍然必须从这一项独立权利要求及其所有的从属权利要求以及其说明书中记载的有关内容整体来看其能否在产业上实施或使用，以得出其是否具备实用性的结论。

一件专利申请不具备实用性是指一件专利申请的主题本身不可能在产业上制造或使用。对于那些本身有可能在产业上制造或使用而由于申请文件撰写不当而造成的缺陷，例如独立权利要求缺少说明书或从属权利要求中已作记载的必要技术特征而导致该权利要求技术方案不能解决其技术问题，则不能作为专利申请不具备实用性的依据。因为这些必要技术特征已记载在从属权利要求或说明书中，则根据整个申请文件或专利文件的记载，其能在产业上制造或使用，在这种情况下就不能得出其不具备实用性的结论。

2. 实用性与所申请的发明或者实用新型是怎样创造出来的或者是否已经实施无关

有一些发明创造，尤其是发明本身是在偶然的机会中发现的，只要该发明的产品或方法能由本领域技术人员重复实现，就不能因其发现的偶然性而认为其不具备实用性。

而对于实施来说，只要在申请日本领域技术人员已预计随着技术生产能力的发展能够被实施，即使在申请日当时还未实施，甚至根据当时的技术生产能力尚不能实施的情况下，仍应当认为该发明或实用新型具备实用性。

三、审查基准

《专利法》第二十二条第四款规定的"能够制造或者使用"是指发明或者实用新型技术方案具有在产业上被制造或使用的可能性。满足实用性要求的技术方案不能违背自然规律并且应当具有再现性。因不能制造或使用而不具备实用性是由技术方案本身固有的缺陷引起的，与说明书公开的程度无关。

《专利审查指南2010》第二部分第五章第3.2节列出六种被认定为不具备《专利法》第二十二条第四款规定的实用性的情况作为判断实用性的审查基准。

1. 无再现性

具备实用性的发明或者实用新型专利申请的主题，应当具有再现性。相反，无再现性的发明或者实用新型专利申请主题不具备实用性。

再现性是指所属技术领域的技术人员，根据公开的技术内容，能够重复实施专利申请中为解决技术问题所采用的技术方案。这种重复实施不得依赖任何随机因素，并且实施结果应该是相同的。

如果根据说明书中记载的技术内容实施该发明和实用新型具有很大的随意性（如按说明书中记载的技术内容实施该发明或实用新型具有偶然性）或需要有特定技艺的专门人员或专家才能实现（如微雕方法），则认为该专利申请无再现性，从而该专利申请不具备实用性。

需要说明的是，不可将产品的成品合格率低认定为无再现性。发明或者实用新型专利产品的成品合格率低与不具有再现性是有本质区别的。对于成品合格率低，应当认为是能够重复实施的，仅仅因为在实施过程中未能确保某些技术条件（例如环境洁净度、温度等）而导致成品合格率低；而无再现性是在确保发明或实用新型专利申请所需全部技术条件下仍不可能重复实现该技术方案所要求达到的结果。

2. 违背自然规律

具备实用性的发明或者实用新型专利申请应当符合自然规律。由于违背自然规律的发明或实用新型是根本不可能实施的，因此违背自然规律的发明或实用新型（如违背能量守恒定律的永动机）不具备实用性。

需要说明的是，应当将未弄清机理的发明创造与违背自然规律区分开来。由于人们对自然规律的认识需要一个过程，因此有些发明创造在尚未弄清机理的情况就已研发成功，这样的发明创造不能认为其违背自然规律。为此，如果在怀疑一件发明或者实用新型专利申请是否违反自然规律时，若通过实验证实其能够实现，就不能认定其违反自然规律，因而不能得出该发明或者实用新型专利申请不具备实用性的结论。

3. 利用独一无二的自然条件的产品

具备实用性的发明或者实用新型专利申请不得是由自然条件限定的独一无二的产品。利用特定的自然条件建造的自始至终都是不可移动的唯一产品不具备实用性。

需要说明的是，如果该产品是针对特定自然条件设计的，如一个跨度大于 1 000 米的桥梁，由于还存在其他类似的特定条件，则不能以此为理由来否定其具备实用性，因为该产品并不是独一无二的（即唯一的）。

此外，即使该产品本身是应用于特定条件下的唯一产品，也不能以此为理由来否定该产品的部件或构件的实用性，因为这些部件或构件还可用于其他产品，除非这些部件、构件是该产品的特定专用部件或构件，且无任何其他实用前景的情况。

4. 人体或者动物体的非治疗目的的外科手术方法

人体或者动物的外科手术方法包括以治疗为目的或者非治疗目的两种。对于以治疗为目的的外科手术方法属于《专利法》第二十五条第一款第（三）项中的疾病治疗方法这一类不授予专利权保护的客体。而对于非治疗目的的外科手术方法，例如由单眼皮切割成双眼皮（为美容而实施的外科手术方法）、从活牛身体上摘取牛黄的方法、实施冠状造影前采用的外科手术方法（为辅助诊断而采用的外科手术方法），由于其以有生命的人或动物为实施对象，无法在产业上使用，因而不符合《专利法》第二十二条第四款有关实用性的规定。

5. 无积极效果

具备实用性的发明或者实用新型专利申请的技术方案应当能够产生预期的积极效果。如果一件发明或者实用新型专利申请明显无益、脱离社会需要，则该专利申请的技术方案无实用性。国际上通常作为这类发明或实用新型的例子是老鼠发电机；我国曾对含有剧毒物质的增白化妆品的发明专利申请案，以其不符合《专利法》第二十二条第四款有关实用性的规定驳回了该专利申请，其具体理由为：这种化妆品长期使用会导致使用者慢性中毒，对人体造成极大伤害，致使这种化妆品不具有使用价值，脱离社会需要，无积极效果，因而不具备实用性。

6. 测量人体或者动物体在极限情况下生理参数的方法

这类不具备实用性的情况是《专利审查指南2010》根据多年的审查实践总结出来的。由于测量人体或动物体在极限情况下的生理参数需要将被测对象置于极限环境中，这会对人或动物的生命构成威胁，不同的人或动物个体可以耐受极限的条件是不同的，需要有经验的测试人员根据被测对象的情况来确定其耐受的极限条件，因而此类方法无法在产业上使用，不具备实用性。在《专利审查指南2010》第二部分第五章第3.2.5节中列举了两个不具备实用性的实例：通过逐渐降低人或动物的体温以测量人或动物对寒冷耐受程度的测量方法；利用降低吸入气体中氧气分压的方法逐级增加冠状动脉的负荷，并通过动脉血压的动态变化观察冠状动脉的代偿反应，以测量冠状动脉代谢机能的非侵入性的检查方法。

第四节　外观设计授予专利权的实质条件

《专利法》第二十三条有关外观设计授予专利权的实质条件是 2008 年《专利法》修改时内

容变化最大的几个条款之一。为此，本节先对 2008 年《专利法》修改前后有关外观设计授权实质条件作了哪些变化作一简单说明，然后对与外观设计授权条件有关的几个基本概念作出说明，在此基础上再重点对修改后的《专利法》第二十三条规定的外观设计授予专利权的实质条件作比较详细的介绍。

一、2008 年《专利法》修改前后外观设计授权实质条件的主要变化

为了更清楚地说明《专利法》修改前后外观设计授权实质条件的主要变化，先对《专利法》修改前后的外观设计授权实质条件作出简要说明。

1. 《专利法》修改后的外观设计授权实质条件简介

修改后的《专利法》第二十三条规定："授予专利权的外观设计，应当不属于现有设计；也没有任何单位或者个人就同样的外观设计在申请日以前向国务院专利行政部门提出过申请，并记载在申请日以后公告的专利文件中。授予专利权的外观设计与现有设计或者现有设计特征的组合相比，应当具有明显区别。授予专利权的外观设计不得与他人在申请日以前已经取得的合法权利相冲突。本法所称现有设计，是指申请日以前在国内外为公众所知的设计。"

由上述规定可知，按照修改后的《专利法》的规定，授予专利权的外观设计专利应当符合如下四个实质性条件。

①不属于现有设计，即该外观设计相对于申请日（有优先权的，指优先权日）之前的现有设计（即申请日以前在国内外为公众所知的设计）来说应当是新的，而不是已有的，从而排除了与现有设计在整体视觉效果上相同或实质相同的外观设计。

②不存在抵触申请，即在申请日（有优先权的，指优先权日）之前没有任何单位或者个人就同样的外观设计提出过专利申请，并记载在申请日以后公告的专利文件中。

③与现有设计或者现有设计特征的组合相比，应当具有明显区别。

④不得与他人在申请日以前已经取得的合法权利相冲突，即该外观设计是申请人通过创造性劳动或者合法途径获得、而不是照搬、抄袭或者非法使用他人在先权利所保护的对象。

2. 《专利法》修改后的外观设计授权实质条件相对于修改前的《专利法》作出的主要变化

修改前的《专利法》第二十三条规定："授予专利权的外观设计，应当同申请日以前在国内外出版物上公开发表过或者国内公开使用过的外观设计不相同和不相近似，并不得与他人在先取得的合法权利相冲突。"

由上述规定可知，修改后的外观设计的授权实质条件与修改前相比，除了授权外观设计不得与他人在先取得的合法权利相冲突这一要求没有本质变化外，其他方面的要求明显提高了。有关这方面的改变主要反映在以下三个方面。

（1）提高了外观设计相对于现有设计授权条件的标准

按照修改前《专利法》第二十三条的规定，授予专利权的外观设计与现有设计相比不相同和不相近似；而按照修改后《专利法》第二十三条的规定，授予专利权的外观设计不属于现有设计，且与现有设计或者现有设计特征的组合相比具有明显区别。

在这次修改《专利法》的立法过程中，其修改的基本思路是：将属于修改前《专利法》第二十三条规定的与现有设计"相同"的情形全部归入修改后《专利法》第二十三条第一款中的"属于现有设计"之中；而将修改前《专利法》第二十三条中规定的与现有设计"相近似"的情形一分为二，其中相似程度较高的情形，也就是与一份现有设计相比仅在不重要细节上有所不同的情形，也归入到修改后《专利法》第二十三条第一款中的"属于现有设计"之中（在《专利

审查指南 2010》第四部分第五章第 5 节中将这种情形称作实质相同的外观设计），而其中相似程度较低的情形，也就是与一份现有设计相比其区别并非仅仅在于不重要细节上有所不同，但仍然不具有明显区别的情形，归入到修改后《专利法》第二十三条第二款中规定的与现有技术不具有明显区别的情形。除此之外，还提高了外观设计相对于现有设计的授权标准，对授予专利权的外观设计增加了一个条件，即修改后的《专利法》第二十三条第二款中所增加的"与现有设计或者现有设计特征的组合相比，应当具有明显区别"这一要求，也就是说如果该外观设计与两项以上现有设计的特征组合相比不具有明显区别，则该外观设计不符合《专利法》第二十三条第二款的规定而不能授予专利权。

（2）扩大了现有设计的范围

按照修改前《专利法》第二十三条的规定，现有设计包括申请日以前在国内外出版物上公开发表过或者国内公开使用过的外观设计；而按照修改后《专利法》第二十三条第四款的规定，现有设计是指申请日以前在国内外为公众所知的设计，《专利审查指南 2010》第四部分第五章又明确规定，现有设计包括申请日以前在国内外出版物上公开发表过、公开使用过或者以其他方式为公众所知的设计。由此可知，按照修改后的《专利法》，现有设计相对于修改前的《专利法》扩充了两方面的内容：其一将申请日以前国外公开使用过的外观设计也纳入现有设计的范围；其二将申请日以前国内外以其他方式公开的外观设计也纳入了现有设计的范围。

（3）引入了抵触申请的概念

对于外观设计，修改前的《专利法》第二十三条未引入抵触申请的概念，因此，如果存在他人申请在先、公告在后的相同或相近似的中国外观设计专利时，对该在后的外观设计来说，只能以修改前的《专利法》第九条的规定为依据不授予专利权；按照修改后的《专利法》第二十三条第一款的规定，与发明和实用新型专利申请一样引入了抵触申请的概念，而且与修改后的《专利法》第二十二条第二款的规定一样，不仅他人申请在先、公告在后的中国外观设计专利文件构成抵触申请，而且申请人本人的申请在先、公告在后的中国外观设计专利文件也构成抵触申请。

二、与外观设计授权实质条件有关的概念

根据《专利法》第二十三条的规定，在判断一件外观设计是否符合授权实质条件的规定时，需要将一件外观设计专利申请或者专利与现有设计进行比较，在此判断比较分析过程中将涉及一些基本概念：现有设计、判断客体、判断主体、优先权。现对四个基本概念作一简要说明。

1. 现有设计

《专利审查指南 2010》第四部分第五章第 2 节对《专利法》第二十三条第四款中规定的现有设计（申请日以前在国内外为公众所知的设计）又作出了进一步具体的说明：现有设计包括申请日以前在国内外出版物上公开发表过、公开使用过或者以其他方式为公众所知的设计。

由此可知，现有设计可以是申请日（有优先权的，指优先权日）前已公告的中国外观设计专利或者其他国家已经授权公告的外观设计，或者是在申请日（有优先权的，指优先权日）前已印刷出版的期刊、书籍等出版物上登载的外观设计；也可以是申请日前以销售、使用等方式为公众所知的工业品的外观设计，或者是自然物的外形、基本几何形状这些公众所熟知的设计；还可以是以图片展示、幻灯片放映、影视等其他方式为公众获知的设计。

《专利审查指南 2010》第四部分第五章第 2 节又进一步明确指出，现有设计中一般消费者所熟知的、只要提到产品名称就能想到的相应设计，称为惯常设计。例如提到冰箱，就能想到其有上下两门单侧开、上中下三门单侧开、上下两门对开或者上中下三门对开的设计。

2. 判断客体

在判断一件外观设计专利申请或者专利是否符合授权实质条件时，需要将待判断是否符合授权条件的外观设计与其他在先设计进行比较，《专利审查指南2010》第四部分第五章第3节将这些进行比较的对象称为判断客体。为简便起见，以下将其中待判断是否符合授权条件的外观设计称作待判断客体，《专利审查指南2010》第四部分第五章第3节又将其中被请求宣告无效的外观设计专利简称作涉案专利，而其他用于与待判断客体（无效宣告请求程序中为涉案专利，下同）进行比较的在先设计通常称作对比设计。

在确定待判断客体时，首先应当根据该外观设计专利申请或专利的图片或者照片来加以确定；此外，还应当根据其简要说明中是否写明"请求保护色彩❶""平面产品单元图案两方连续或者四方连续等无限定边界的情况（以下简称'不限定边界的情况'）"等内容加以确定。

对于一件外观设计专利申请或者专利，其要求保护的外观设计就其形状、图案和色彩三项要素进行区分，可以分为六种类型：

①单纯形状的外观设计，是指无图案且未请求保护色彩的产品的形状设计；

②单纯图案的外观设计，是指未请求保护色彩并且不限定边界的平面产品的图案设计；

③形状和图案结合的外观设计，是指未请求保护色彩的产品的形状和图案设计；

④形状和色彩结合的外观设计，是指请求保护色彩的无图案产品的形状和色彩设计；

⑤图案和色彩结合的外观设计，是指请求保护色彩且不限定边界的平面产品的图案和色彩设计；

⑥形状、图案和色彩结合的外观设计，是指请求保护色彩的产品的形状、图案和色彩设计。

对于上述第④类至第⑥类外观设计，应当在专利申请文件的简要说明中写明请求保护色彩（即请求保护的外观设计包含有色彩），否则只属于前三种类型的外观设计。对于第②类和第⑤类外观设计，则应当在专利申请文件的简要说明中写明平面产品中的单元图案两方连续或四方连续的无限定边界的情况。而对于外观设计属于第①类还是第③类，或者是第④类还是第⑥类，主要依据外观设计专利申请或专利的图片或照片来确定。

由《专利法》第二十三条的规定可知，可用来与待判断客体进行比较的对比设计包括两类：一类是现有设计，即申请日（有优先权的，指优先权日）前在国内外为公众所知的设计；另一类是申请日（有优先权的，指优先权日）前提出申请、申请日以后授权公告的中国外观设计专利。但是需要说明的是，对于前一类对比设计，既可以用来判断待判断客体是否与该对比设计相同或实质相同，又可以用来判断待判断客体是否与该对比设计有明显区别或者是否与该对比设计和其他现有设计特征的组合有明显区别；而对于后一类对比设计（即申请日前提出申请、申请日后授权公告的中国外观设计专利），只可以用来判断待判断客体是否与该对比设计相同或实质相同，不可以用来判断待判断客体是否与该对比设计有明显区别，也不可以用来判断该待判断客体是否与该对比设计和其他现有设计特征的组合有明显区别。

需要说明的是，在判断待判断客体与在先设计是否相同或实质相同时，首先应当确定待判断客体属于上述哪一种类型的外观设计，用来进行比较的在先设计通常必须至少包含待判断客体相应类型外观设计具有的所有要素。

最后，需要强调的是，《专利法》第二十四条规定的不丧失新颖性公开的情况同样适用于外观设计专利申请或专利，即申请日（有优先权的，指优先权日）前6个月内由申请人或设计人作

---

❶ 指要求保护的外观设计包含色彩要素。

出的属于《专利法》第二十四条第（一）项、第（二）项两种情况的公开或者他人违背申请人或发明人意愿作出的公开（即属于该条第（三）项情况的公开）对该件外观设计专利申请来说不视作现有设计，因而上述公开的外观设计不能用来作为判断该件外观设计是否符合《专利法》第二十三条第一款和第二款实质授权条件的在先设计。

3. 判断主体

按照《专利审查指南 2010》第四部分第五章第 4 节的规定，在依据《专利法》第二十三条第一款和第二款以及《专利法》第九条的规定判断外观设计是否符合实质性授权条件时，应当基于一般消费者的知识水平和认知能力进行评价。一般消费者是一个专利法意义下的假想的人，其既不是日常生活中的普通消费者，也不是具有创新设计能力的专业设计人员。

对于不同种类的产品，具有不同的消费者群体，作为某种类外观设计产品的一般消费者，应当具备下列特点：

①对于待判断客体申请日之前相同种类或者相近种类产品的外观设计及其常用设计手法具有常识性的了解，其中常用设计手法包括设计的转用、拼合、替换等类型；

②对外观设计产品之间在形状、图案以及色彩上的区别具有一定的分辨力，但不会注意到产品的形状、图案以及色彩的微小变化。

4. 优先权

在本章第一节之三中，已对发明和实用新型专利申请可以享受优先权的条件、优先权的效力作出了说明，其中发明和实用新型专利申请可以享受优先权的形式条件多半也适用于外观设计专利申请（例如要求外国优先权时的受理国的条件，申请人的条件，在先申请为首次申请的要求，提交在先申请的副本、缴纳优先权要求费等），因此这部分内容不再在此作出重复说明，仅对外观设计专利申请优先权与发明和实用新型专利申请优先权的不同之处加以说明。

（1）关于被要求享有优先权的在先申请

对于外观设计专利申请，只能要求享有外国优先权，不能要求享有本国优先权，即其被在后申请要求享有优先权的在先申请只能是外国专利申请，不能是中国专利申请。此外，该在先申请不仅可以是外国的外观设计专利申请，按照《巴黎公约》的规定，该在先申请还可以是外国的实用新型专利申请，只要该在后的外观设计专利申请要求保护的主题已清楚地表示在该在先的实用新型专利申请文件中；以此类推，也不排除该在先申请可以是外国的发明专利申请。

（2）优先权的期限

外观设计专利申请可以享有优先权的最长期限为 6 个月。也就是说，对于要求外国优先权的外观设计专利申请，要求享有在先外国首次申请优先权的在后申请应当自在先外国首次申请的申请日起 6 个月内提出。

（3）优先权的主题

中国在后申请的主题应当与其要求享有优先权的在先外国首次申请的主题相同。主题相同应当满足两个条件：其一是两者属于相同产品的外观设计，其二是中国在后申请要求保护的外观设计应当清楚地表示在其外国首次申请中。

对于前一条件，其中的相同产品并非指在后申请和在先申请的产品名称完全相同，而是根据简要说明、视图或者在先申请文件中的分类号等信息来判断两者是否用途相同，以确定两者是否属于相同产品。例如，在先申请的产品名称为"电子产品"，由于在我国不允许使用概括不当、过于抽象的名称，因此申请人向我国提交外观设计专利申请时将产品名称改为"MP3 播放器"，在这种情况下，如果由简要说明、视图已能得知该电子产品实际上是一种 MP3 播放器，则应当认为两者为相同产品；反之如果在先申请的名称为"汽车"，而在中国在后申请的产品名称为"汽车文具盒"，则应当认定两者不是相同产品。

对于后一条件，并不要求中国在后申请的图片或者照片与在先的外国首次申请完全一致。此外，根据《专利法实施细则》第三十一条第四款的规定，也不要求在先的外国首次申请中也必须包含有中国在后申请中所写明的简要说明。对此，《专利审查指南2010》第四部分第五章第9.2节作出了明确的规定："如果中国在后申请要求保护的外观设计与其在外国首次申请中的图片或者照片不完全一致，或者在后申请文本中有简要说明而在先申请文本中无相关简要说明，但根据两者的申请文件可知，所述在后申请要求保护的外观设计已经清楚地表示在所述外国首次申请中，则可认定中国在后申请要求保护的外观设计与其在外国首次申请的外观设计主题相同，可以享有优先权。"例如，在先外国首次申请中仅给出该产品书柜的立体图，而在中国的在后申请中仅给出该申请的该书柜的主视图和右视图，并在简要说明中对未给出的视图说明其因对称设计（如左视图）及位置固定而不会被看见（如俯视图、仰视图、后视图）而省略，由于该中国在后申请的主视图和右视图已清楚地反映在外国首次申请的立体图中，因而可以认定两者具有相同的主题，可以享有外国首次申请的优先权。又如，在先外国首次申请要求保护汽车的外观设计，申请文件中的图片是该汽车的六面彩色视图，在中国的在后申请的申请文件中，除了该汽车的六面彩色视图外，还在简要说明中写明要求保护色彩，鉴于该汽车的色彩要素已清楚地表示在外国首次申请的六面视图中，因而无论在先外国首次申请中是否要求保护色彩，均不影响中国的在后申请享有该外国首次申请的优先权。

三、《专利法》第二十三条第一款规定的实质性授权条件

根据《专利法》第二十三条第一款的规定，授予专利权的外观设计应当不属于现有设计，也没有任何单位或者个人就同样的外观设计在申请日前向国家知识产权局提出过申请，并记载在申请日以后公告的专利文件中（即不存在抵触申请）。

《专利审查指南2010》第四部分第五章第5节中又进一步对该条款中的"不属于现有设计"和"同样的外观设计"作出了说明。由所作说明可知，该条款中的"不属于现有设计"，是指在现有设计中，既没有与待判断客体相同的外观设计，也没有与待判断客体实质相同的外观设计；该条款中的"同样的外观设计"，是指外观设计相同或实质相同，因而不存在抵触申请也就是要求所有申请在先、公告在后的中国外观设计专利文件中不包含与待判断客体相同或实质相同的外观设计。

综上可知，对于一件待判断客体来说，为了得出其不属于现有设计和不存在抵触申请的结论，就应当确认现有设计中以及申请在先、公告在后的中国外观设计专利文件中没有相同或者实质相同的外观设计。也就是说，除了进行比较的对比设计应当分别属于现有设计或者申请在先公告在后的中国外观设计专利文件外，在判断其不属于现有设计和不存在抵触申请时，两者就相同或者实质相同的判断方式和判断基准应当是相同的。

下面从判断方式和判断基准两方面作出进一步说明。❶

---

❶ 《专利法》第九条第一款"同样的发明创造只能授予一项专利权"中的同样的发明创造，对于外观设计而言，是指要求保护的产品的外观设计相同或者实质相同，其判断方式和判断基准与此相同，因此本节对外观设计的同样的发明创造的判断方式和判断基准不再单独作出说明。

1. 判断方式❶

在判断是否存在相同和实质相同的外观设计时，除了应当从前面所定义的一般消费者的角度进行判断外，通常还应当按照下述几种判断方式进行判断。

（1）单独对比

在判断外观设计是否相同或实质相同时，通常应当将待判断客体与一项对比设计进行单独对比，而不能将两项或者两项以上的对比设计结合起来与待判断客体进行对比。

待判断客体包含有若干项具有独立使用价值的产品的外观设计的，例如，成套产品外观设计或者同一产品两项以上的相似外观设计，可以用不同的对比设计与其所对应的各项外观设计进行单独对比。

待判断客体是由组装在一起使用的至少两个构件构成的产品的外观设计的，可以将与其构件数量相对应的明显具有组装关系的构件结合起来作为一项对比设计与待判断客体进行对比。

（2）直接观察

在将待判断客体与对比设计进行比较时，应当通过视觉进行直接观察，不能由视觉直接分辨的部分或者要素不能作为判断的依据。如有些纺织品用视觉观看其形状、图案和色彩是相同或者实质相同的，但在放大镜下观察，其纹路有很大的不同，使得其形状和图案有很大的不同，这种情况仍认为是相同或者实质相同。

（3）仅以产品的外观作为判断的对象

在将待判断客体与对比设计进行比较时，应当仅以产品的外观作为判断的对象，考虑产品的形状、图案和色彩这三个要素产生的视觉效果。

在待判断客体仅以部分要素限定其保护范围的情况下，在与对比设计进行比较时，对比设计中的其他要素不予考虑。

在待判断客体为产品零部件、而对比设计为产品整体的情况下，仅将对比设计中相对应的零部件部分作为判断对象，其余部分不予考虑。

对于外表使用透明材料的产品而言，通过人的视觉能观察到的其透明部分以内的形状、图案和色彩，应当视为该产品的外观设计的一部分。

（4）整体观察、综合判断

在将待判断客体与对比设计进行比较时，应当采用整体观察、综合判断的方式。即由待判断客体与对比设计的整体来判断，而不是从外观设计的部分或者局部出发得出判断结论。

对比设计的图片或者照片未反映产品各面视图的，应当依据一般消费者的认知能力来确定对比设计所公开的信息。如果依据一般消费者的认知能力，能够根据对比设计图片或者照片已经公开的内容即可推定出产品其他部分或者其他变化状态的外观设计的，则该其他部分或者其他变化状态的外观设计也被视为已经公开。例如，在轴对称、面对称或者中心对称的情况下，如果图片或者照片仅公开了产品外观设计的一个对称面，则其余对称面也被视为已经公开。

在确定待判断客体时，应当以外观设计专利授权文本中的图片或者照片表示的外观设计为准。简要说明可以用于解释图片或者照片所表示的该产品的外观设计。

如果对比设计图片或者照片未公开的部位属于该种类产品使用状态下不会被一般消费者关注的部位，并且待判断客体在相应部位的设计的变化也不足以对产品的整体视觉效果产生影响，则

---

❶ 该部分判断方式同样适用于对该待判断客体（无效程序中为涉案专利）是否符合《专利法》第二十三条第二款中有关与现有设计相比应当具有明显区别的判断。

认为该部位的设计不影响整体观察、综合判断的结果。例如冷暖空调扇，如果对比设计图片或者照片没有公开冷暖空调扇的底面和背面，待判断客体在底面或者背面的设计的变化也不足以对产品整体视觉效果产生影响，则不影响对两者进行整体观察、综合判断。

如果待判断客体中对应于对比设计图片或者照片未公开的内容仅仅是该类产品的惯常设计并且不受一般消费者关注，则认为这部分的设计内容不影响整体观察、综合判断的结果。例如对比设计图片或者照片未公开的部分是货车车厢的后挡板，而当待判断客体中货车车厢的后挡板仅仅是这类产品的惯常设计时，则不影响对两者进行整体观察、综合判断。

（5）组件产品的判断

一件由多个构件相结合构成的产品称作组件产品，例如插接玩具产品、插接拼图产品、由水壶和加热底座组成的电热开水壶、扑克牌、国际象棋棋子等。

对于插接拼图、电热开水壶这类组装关系唯一的组件产品，应当以组合状态下整体外观设计为比较对象进行判断，而不是以所有单个构件的外观设计为比较对象进行判断。例如由水壶和加热底座组成的电热开水壶，在购买和使用这类产品时，一般消费者会对水壶和加热底座组合后的整体外观设计留下印象，所以应当以水壶和加热底座位于组合状态时的整体外观设计为比较对象，而不是将两者的水壶、加热底座分别作为比较对象。

对于插接组件玩具这类组装关系不唯一的组件产品，应当以其所有单个构件的外观设计为比较对象。例如，对于插接组件玩具产品，在购买和插接这类产品的过程中，一般消费者会对单个构件的外观设计留下印象，所以应当以插接组件的所有单个构件的外观设计为比较对象，而不是以插接后的整体的外观设计为对象进行判断。

对于扑克牌、国际象棋棋子这种各构件之间无组合关系的组件产品，在购买和使用这类产品的过程中，一般消费者会对单个构件的外观设计留下印象，因此应当以所有单个构件的外观设计为比较对象进行判断。

（6）变化状态产品的判断

销售和使用时呈现不同状态的产品称作变化状态产品。如果进行比较的对象为变化状态的产品，则对于对比设计而言，所述产品在不同状态下的外观设计均可作为比较的对象，而对于待判断客体，则应当以其使用状态所示的外观设计作为与对比设计进行比较的对象。

（7）设计要素的判断

外观设计的要素是指形状、图案和色彩。

对于产品外观设计整体形状而言，圆形和三角形、四边形相比，其形状有较大差异，通常不能认定为实质相同，但产品形状是惯常设计的除外。对于包装盒这类产品，应当以其使用状态下的形状作为判断依据。

图案的判断应当从题材、构图方法、表现方式及设计纹样等因素加以比较。如果题材相同，但其构图方法、表现方式、设计纹样不相同，则通常也不构成图案的实质相同。应当注意的是，色彩的不同也可能使图案不同。此外，在进行比较判断时，产品外表出现的包括产品名称在内的文字和数字应当作为图案予以考虑，但不应当考虑字音、字义。

对色彩的判断要根据颜色的色相、纯度和明度三个属性以及两种以上颜色的组合、搭配进行综合判断。色相指各类色彩的相貌称谓，例如朱红、湖蓝、柠檬黄、粉绿等；纯度即彩度，指色彩的鲜艳程度；明度指色彩的亮度，白色明度最高，黑色明度最低。单一色彩的外观设计仅作色彩改变，两者仍属于实质相同的外观设计。

2. 判断基准

下面对外观设计相同以及外观设计实质相同的判断基准加以说明。

（1）外观设计相同

外观设计相同，是指待判断客体与对比设计是相同种类产品的外观设计，并且待判断客体的全部外观设计要素与对比设计相应设计要素相同。

由上述规定可知，认定待判断客体与对比设计构成相同外观设计需要满足两个条件。其一，两者是同一种类产品的外观设计，在确定产品的种类时，可以参考产品的名称、国际外观设计分类以及产品销售时的货架分类位置，但是应当以产品的用途是否相同为准；相同种类的产品是指用途完全相同的产品，例如机械表和电子表，尽管内部结构不同，但两者的用途相同，因而属于相同种类的产品。其二，待判断客体的全部外观设计要素与对比设计相应设计要素相同，例如，若待判断客体为形状和图案相结合的外观设计，只要这两个设计要素与对比设计的形状和图案相同，不论对比设计是否带有色彩，就可认定两者相应的要素相同。

只有在上述两个条件同时满足的情况下，才认定两者构成相同的外观设计，如果上述两个条件中有一条不满足，则认定两者是不相同的外观设计。产品种类不同，即使其外观设计的三个要素均相同，也不应当认为两者是相同的外观设计。如果产品种类相同，只要待判断客体中有一项外观设计的要素与对比设计不相同，则两者应当是不相同的外观设计。

《专利审查指南2010》第四部分第五章第5.1.1节对未导致产品外观设计的变化而应当认定为属于相同外观设计的情况作出了说明。由此说明可知，下述三种未导致产品外观设计变化的情况应当认定为相同的外观设计。

①待判断客体与对比设计的区别仅在于常用材料的替换，例如橡胶锤和金属锤，若两者的形状、图案和色彩均相同，虽然在使用过程中因两者轻重不同适用场合有所不同，给一般消费者的印象也有差别，但两者的差别并不是由两者的外观设计的在视觉印象上产生的，因此仍应当将两者认定为相同的外观设计。

②待判断客体与对比设计两者的产品仅存在产品功能、内部结构或者技术性能的不同，例如声控开关和触摸开关，若两者的形状、图案及色彩均相同，虽然一般消费者因两者在使用过程采用不同方式启动而会将两者区别开来，但这种差别并不是由两者的外观设计产生的视觉印象带来的，而是由其产品内部结构、技术性能带来的，因此仍应当将两者认定为相同的外观设计。

③待判断客体与对比设计两者的产品仅存在尺寸上的不同，例如待判断客体是儿童用的座椅，其与对比设计中的成人座椅具有相同的形状、图案和色彩，虽然两者尺寸不同会使一般消费者在视觉印象上形成差别，但这并不是由两者的形状、图案和色彩的不同而产生的视觉印象上的差别，因而仍然将两者认定为相同的外观设计。

（2）外观设计实质相同

在认定待判断客体与对比设计为不相同的外观设计的基础上，需要进一步判断两者是否为实质相同的外观设计。

外观设计实质相同的判断仅限于相同或者相近种类产品的外观设计。因而在对两者进行比较判断时，首先需要确定两者是否为相同或相近种类产品的外观设计。对于产品种类既不相同也不相近的外观设计，无须将待判断客体与对比设计进行是否实质相同的比较和判断，即可认定两者不构成实质相同的外观设计，例如毛巾和地毯的外观设计。

相近种类的产品是指用途相近的产品，例如玩具和小摆设的用途是相近的，两者属于相近种类的产品。应当注意的是，当产品具有多种用途时，如果其中部分用途相同，而其他用途不同，则两者应当属于相近种类的产品，如带 MP3 的手表与手表都具有计时的用途，两者属于相近种类的产品。

《专利审查指南 2010》第四部分第五章第 5.1.2 节列出了待判断客体与对比设计存在区别而一般消费者从整体观察可以认定为实质相同的五种情况。

①待判断客体与对比设计的区别在于施以一般注意力不能察觉到的局部的细微差异，例如两台灯的区别在于其圆形旋钮周沿上的棱状突起条数分别为 12 条和 14 条，一般消费者如果不进行细致反复对比，则这些局部细微的差异是不会察觉的，因此应当认定两者为实质相同的外观设计。

②待判断客体与对比设计的区别在于使用时不容易看到或者看不到的部位，例如垃圾箱的整体形状、各分类垃圾腔室及其投入口的数量、布置和形状的设计以及底部支脚数量和该支脚高度与整个垃圾箱高度的比例均相同，其区别仅在于两垃圾箱支脚的横截面分别为正方形和长方形以及两垃圾箱的底板与侧板之间分别采用了焊接或嵌入连接方式，由于两垃圾箱支脚的横截面形状是一般消费者在使用时不容易看到的部分，而两垃圾箱的底板与侧板之间的连接方式位于垃圾箱的底部，是一般消费者在使用时看不到的部位，因而上述区别通常不会给一般消费者留有视觉印象，因此应当认为两者为实质相同的外观设计。但是有证据表明待判断客体在不容易看到部位的特定设计对于一般消费者能够产生引人注目的视觉效果的，则认为待判断客体与对比设计不属于实质相同的外观设计。

③待判断客体与对比设计的区别在于将某一设计要素整体置换为该类产品的惯常设计的相应设计要素，例如将带有相同图案和色彩的饼干盒，其不同之处仅仅为其横截面由正方形变为圆形，则认为两者为实质相同的外观设计。

④待判断客体与对比设计的区别在于将对比设计作为设计单元按照该种类产品的常规排列方式作重复排列或者将其排列的数量作增减变化，例如，对于报告厅内的连排座椅，如果其每个单元的外观设计与对比设计的单个座椅相同，或者其每个单元的外观设计与对比设计连排座椅每个单元相同而仅仅是两者的单元数量不同，对于这种按照常规排列方式作重复排列或者排列数量和增减变化的情况，应当认为两者属于实质相同的外观设计。

⑤待判断客体与对比设计的区别在于互为镜像对称，例如，对于非对称设计的毛衣，如果两者的形状、图案和色彩构成的外观设计互为镜像对称，则应当认为两者为实质相同的外观设计。

四、《专利法》第二十三条第二款规定的实质性授权条件

《专利法》第二十三条第二款规定："授予专利权的外观设计与现有设计或者现有设计特征的组合相比，应当具有明显的区别。"

由上述规定可知，授权的外观设计专利应当同时满足如下三个条件：

①与一项相同或相近种类产品的现有设计相比具有明显区别；

②与一项不相同且不相近种类产品的现有设计相比具有明显区别；

③与现有设计及其特征的组合有明显区别。

也就是说，如果待判断客体不满足上述三个条件中的任何一个，就认为其不符合《专利法》第二十三条第二款的规定而不应当授予外观设计专利权。

在判断授予专利权的外观设计是否满足上述第一个条件时，其判断方式与本节之三中给出的判断方式基本相同，因而在相应部分不再作重复说明。

而在判断授予专利权的外观设计是否满足后两个条件时，其判断方式有所不同，将在下面相应部分作出说明。

为了便于说明和理解，下面从不具有明显区别的角度来分析这三个条件。

1. 与相同或者相近种类产品的现有设计相比不具有明显区别

《专利审查指南 2010》第四部分第五章第 6.1 节就"与一项相同或者相近种类产品现有设计是否不具有明显区别"的判断基准以及判断时应当综合考虑的因素作出了具体说明。

如果一般消费者经过对待判断客体与现有设计的整体观察可以看出，两者的区别对于产品外观设计的整体视觉效果不具有显著影响，则认为待判断客体与现有设计相比不具有明显的区别。在此需要提请注意的是，该显著影响的判断仅限于相同或者相近种类产品的外观设计。

在按照上述判断基准进行判断时，应当综合考虑如下因素。

（1）两者的区别是否位于使用时容易看到的部位

在将待判断客体与现有设计进行整体观察综合对比时，应当更关注使用时容易看到的部位，使用时容易看到部位的设计变化相对于不容易看到部位的设计变化，通常对整体视觉效果更具有显著影响，例如冰箱的背面和底面在使用过程中不被一般消费者关注，因而仅仅冰箱背面或底面的设计与现有设计有较大不同，通常仍认为不具有显著区别，除非有证据证明待判断客体在这些不容易看到部位的特定设计对于一般消费者能够产生引人注目的视觉效果。

（2）在比较两者是否有明显区别时该类产品的惯常设计应当不作为对比的主要对象

如果待判断客体与现有设计中的部分设计内容采用了该类产品的惯常设计，则其余设计的变化通常对整体视觉效果更具有显著的影响。例如，两者均为细长圆柱形易拉罐，则两者的表面图案对整体视觉效果更具有显著的影响；又如，对于包括图形用户界面的产品外观设计，如果涉及专利其余部分的设计为惯常设计，其图形用户界面对整体视觉效果更具有显著的影响。

（3）在比较两者是否有明显区别时，由产品的功能唯一限定的特定形状不作为对比的主要对象

如果待判断客体与现有设计中包含有由产品的功能唯一限定的特定形状，则在将待判断客体与现有设计进行整体观察综合对比时，通常认为由产品的功能唯一限定的特定形状对其整体视觉效果不具有显著的影响。例如，凸轮曲面形状是由所需要的特定运动行程唯一限定的，其区别对整体视觉效果通常不具有显著影响；又如，汽车轮胎的圆形形状是由功能唯一限定的，则其胎面上的花纹对整体视觉效果更具有显著影响。

（4）两者的区别是否为局部细微的变化

如果待判断客体与现有设计的区别仅在于局部细微变化，则其对整体观觉效果不足以产生显著影响，则认为两者不具有明显区别。例如，待判断客体与现有设计的产品均为抽油烟机，两者在外观设计上的区别点仅在于两者位于同一位置的控制按钮区中的按钮数量和布置不同，由于控制按钮区在抽油烟机仅为一个局部细微的设计，在整体设计中所占比例很小，其变化不足以对整体视觉效果产生显著影响，因而认定两者不具有显著区别。

《专利审查指南 2010》第四部分第五章第 6.1 节还指出，外观设计简要说明中设计要点所指设计并不必然对外观设计整体视觉效果具有显著影响，不必然导致涉案专利与现有设计相比具有明显区别。这主要是指简要说明未正确写明设计要点的情况，例如在简要说明中将该产品不易看到的部位的设计作为设计要点；如果简要说明正确地反映了设计要点，则应当认为该设计要点所指设计会对外观设计整体视觉效果具有显著影响。

2. 与不相同且不相近种类产品的现有设计相比不具有明显区别

按照《专利审查指南 2010》第四部分第五章第 6.2.1 节和第 6.2.2 节的规定，对于在判断客体与一项不相同且不相近种类产品的现有设计是否具有明显区别通常可按照下述判断方法和判断基准作出判断。

（1）判断方法

在将待判断客体与一项不相同且不相近种类产品的现有设计进行对比分析时，通常按照以下步骤来判断前者是否与后者不具有明显区别：

①确定待判断客体所涉及的外观设计内容，认定其属于哪一类型外观设计，即其涉及外观设计三个要素（形状、图案、色彩）中的哪些设计要素；

②确定该项不相同且不相近种类产品的现有设计所公开的信息，注意力集中在与待判断客体所涉及的设计要素相应部分的内容；

③将待判断客体所涉及的设计要素与该项不相同或不相近种类产品的外观设计的相应要素进行对比，以判断两者的区别是否在整体上对一般消费者在视觉上产生显著影响，

④在待判断客体所涉及的设计部分与该项不相同或不相近种类产品的外观设计的对应部分的设计相同或者仅存在细微差别的情况下，判断在与待判断客体相同或者相近种类产品的现有设计中是否存在具体的转用的启示，如果存在上述启示，除非此区别能产生独特的视觉效果，应当认为两者不具有明显区别。

（2）判断基准

与一项不相同且不相近种类产品的现有设计相比不具有明显区别是指，待判断客体是由一项不相同且不相近种类产品的外观设计转用得到的，两者的设计特征相同或者仅有细微差别，且该具体的转用手法在相同或者相近种类产品的现有设计中存在启示。

在这里，转用是指将产品的外观设计应用于其他种类的产品。模仿自然物、自然景象以及将无产品载体的单纯形状、图案、色彩或者其结合应用到产品的外观设计中，也属于转用。

以下几种类型的转用属于明显存在转用手法的启示的情形，由此得到的外观设计与现有设计相比不具有明显区别。

①单纯采用基本几何形状或者对其仅作细微变化得到的外观设计，这种转用属于常用的设计手法，一般消费者无需任何启示都能想到，因此认定这种转用得到的外观设计与现有设计相比不具有明显区别。例如倒圆锥台形的蛋糕，由于其形状仅仅将简单的几何造型圆锥台倒置，并未做任何其他设计，因此应当认定该蛋糕的外观设计与现有设计不具有明显区别。

②单纯模仿自然物、自然景象的原有形状得到的外观设计，这种原样将自然物转用为产品外观设计的方法是常用的设计手法，因此认定这种转用得到的外观设计与现有设计相比不具有明显区别。例如形状和色彩构成的翠鸟造型的挂坠，如果其完全模仿了自然界中的翠鸟而未作任何变形，就可认定该挂坠的外观设计与现有设计不具有明显的区别。

③单纯模仿著名建筑物、著名作品的全部或者部分形状、图案、色彩得到的外观设计，这种简单模仿著名建筑物、著名作品作为产品外观设计是一种常用的设计手法，因此认定由这种转用所得到的外观设计与现有设计相比不具有明显区别。例如胸前印有八骏图的T恤衫，由于其形状采用的是该类产品的常用形状，其设计要点在于图案设计，而该图案采用了名画家徐悲鸿的八骏图，因此该T恤衫的外观设计与现有设计不具有明显区别。

④由其他种类产品的外观设计转用得到的玩具、装饰品、食品类产品的外观设计，这是一种常用的设计手法，因此认定由这种转用得到的外观设计与现有设计相比不具有明显区别。例如，玩具汽车的设计模仿了某品牌最新型号已上市轿车的造型，则认定该玩具汽车的外观设计与现有设计不具有明显区别。

3. 与现有设计及其特征的组合相比不具有明显区别

《专利审查指南2010》第四部分第五章第6.2.1节和第6.2.3节分别对"与现有设计及其特

征的组合相比是否不具有明显区别"的判断方法和判断基准作出了具体说明。

（1）判断方法

在判断待判断客体与现有设计及其特征的组合是否具有明显区别时，通常按照以下步骤进行判断：

①确定待判断客体所涉及的外观设计内容，认定其属于哪一类型外观设计，即其涉及外观设计三个要素（形状、图案、色彩）中的哪些设计要素；

②确定各项相关现有设计公开的信息，关注这些现有设计与待判断客体所涉及的设计要素相应部分的内容；

③将待判断客体所涉及的外观设计内容分别与各项现有设计对应部分进行对比，在此基础上将待判断客体所涉及的外观设计内容与这些现有设计的组合或者现有设计对应部分的组合在整体上进行对比；

④在待判断客体所涉及的外观设计内容与这些现有设计组合而成的设计或者与这些现有设计对应部分组合而成的设计相比在整体上设计相同或仅存在细微差别的情况下，则要判断与待判断客体相同或者相近种类产品的现有设计中是否存在具体的组合手法的启示，如果存在上述启示，应当认为待判断客体与现有设计及其特征的组合不具有明显区别，除非这种组合能产生独特视觉效果。

（2）判断基准

与现有设计及其特征的组合相比不具有明显区别是指，待判断客体是由现有设计或者现有设计特征组合得到的，所述现有设计与涉案专利的相应设计部分相同或者仅有细微差别，且该具体的组合手法在相同或者相近种类产品的现有设计中存在启示。

在这里，现有设计特征是指现有设计的部分设计要素或者其结合，如现有设计的形状、图案、色彩要素或者其结合，或者现有设计的某组成部分的设计如整体外观设计产品中的零部件的设计。

组合包括拼合和替换，是指将两项或者两项以上设计或者设计特征拼合成一项外观设计，或者将一项外观设计中的设计特征用其他设计特征替换。以一项设计或者设计特征为单元重复排列而得到的外观设计属于组合设计。上述组合也包括采用自然物、自然景象以及无产品载体的单纯形状、图案、色彩或者其结合进行的拼合和替换。

以下几种类型的组合属于明显存在组合手法的启示的情形，由此得到的外观设计属于与现有设计特征的组合相比不具有明显区别的外观设计。

①将相同或者相近种类产品的多项现有设计原样或者作细微变化后进行直接拼合得到的外观设计。例如，由杵杆和杵臼组成的杵捣器，其由一种现有设计中的杵杆和另一种现有设计中的杵臼拼合成一体或者略作细微变化后拼合成一体而得到的外观设计，则认为该杵捣器与现有设计的杵杆和杵臼的组合相比不具有明显的区别。

②将产品外观设计的设计特征用另一项相同或者相近种类产品的设计特征原样或者作细微变化后替换得到的外观设计。例如，对于一种书柜的外观设计，其与现有设计中的书柜的区别仅仅在于其用于开启柜门的把手采用了与另一种现有技术写字桌中抽屉的把手相同或略作变化的把手，这种替换是一种常用的设计手法，因此认为这种书柜的外观设计与现有设计及其特征的组合不具有明显的区别。

③将产品现有的形状设计与现有的图案、色彩或者其结合通过直接拼合得到该产品的外观设计；或者将现有设计中的图案、色彩或者其他现有设计的图案、色彩或者其结合替换成其他现有

设计的图案、色彩或者其结合得到的外观设计。例如一种带有图案的鱼形餐盘，如果现有设计中已有了鱼形餐盘，其所带的图案也为现有设计中已有的图案，则这种带有图案的鱼形餐盘由现有设计中鱼形餐盘和现有图案直接拼合得到的，因而认为这种鱼形餐盘的外观设计与现有设计的组合相比不具有明显的区别。

需要说明的是，在上述不具有明显区别的组合后的外观设计中，各项设计或者设计特征在视觉上并未产生呼应关系，而是独立存在、简单叠加，未形成独特视觉效果。如果组合的外观设计具有独特视觉效果（如由一种现有设计的瓶盖和另一种现有设计中的瓶体组合成容器瓶的外观设计在整体上呈现一种卡通鱼形），则认为组合后的外观设计与现有设计或现有设计的特征组合相比具有明显的区别。

五、《专利法》第二十三条第三款规定的实质性授权条件

《专利法》第二十三条第三款规定："授予专利权的外观设计不得与他人在申请日以前已经取得的合法权利相冲突。"

该条款规定了授予外观设计专利权应当满足的第二个实质性条件。在2008年修订《专利法》时，这一条款的内容在实质上并没有变化，只是从文字上进一步将原条款中的"在先取得"明确为"在专利申请日以前已经取得"；但是由于《专利法实施细则》第六十六条第三款规定的内容相对于修改前的《专利法实施细则》第六十五条第三款作了修改，从而解决权利冲突的途径有了变化。

《专利法》第二十三条第三款规定的内容主要是为了解决实践中出现的外观设计专利权与商标专用权、著作权之间的冲突问题，即可以阻止有些外观设计专利申请人未经许可就将他人已经注册的商标或者享有著作权的美术作品结合自己的产品申请外观设计，对于这种情况就要以其不符合《专利法》第二十三条第三款的规定为理由提出专利权无效宣告请求。

1. 对外观设计专利权产生冲突的条件

就《专利法》第二十三条第三款规定的内容而言，该条款中所称的"他人"是指专利权人以外的民事主体，包括自然人、法人或者其他组织；该条款中所称的"合法权利"，是指依照中华人民共和国法律享有并且在涉案专利申请日仍然有效的权利或者权益，按照2001年6月公布的《最高人民法院关于审理专利纠纷案件适用法律问题的若干规定》第十六条的规定，该在先取得的合法权利包括商标权、著作权、企业名称权（包括商号权）、肖像权以及知名商品特有包装或者装潢使用权等，其中最经常遇到的是商标权和著作权。

上述合法权利在什么样的条件才会对外观设计专利权形成冲突呢？

（1）相冲突的权利必须是在先已经取得的权利

相冲突权利的取得之日应当早于外观设计专利的申请日。

对商标专用权来说，在先商标权是指在该外观设计专利的申请日之前他人在中华人民共和国法域内依法受到保护的商标权，也就是说，为构成在先商标权，这些商标在其异议期满无异议或异议不成立而予以注册的审定公告日（请注意，不是其注册之日）应当早于该外观设计专利权的申请日。

对著作权来说，在先著作权是指在该外观设计专利的申请日之前，他人通过独立创作完成作品或者通过继承、转让等方式合法享有的著作权，其中作品是指受《著作权法》及《著作权法实施条例》保护的客体，也就是说，为构成在先著作权，该作品创作完成之日（请注意，不是其出版之日）应当早于该外观设计专利权的申请日。

（2）相冲突的权利必须仍处于有效状态

这一点与前面判断外观设计相同和实质相同不同，如果该外观设计专利申请或外观设计专利与另一项已授权和公告的在先外观设计相同或实质相同，即使该在先外观设计专利在该项外观设计的申请日之前已放弃专利权，则仍以该项外观设计与申请日前已公告的外观设计相同或实质相同为理由而不能授予专利权或宣告该专利无效；而对于一项与他人在先取得的合法权利相冲突的外观设计专利来说，如果在提出外观设计专利申请时，在先权利依法已经终止，如商标所有人在取得专用权后又放弃该项权利，则该项在先权利不会对该项外观设计专利权构成冲突。

（3）未经在先权利人许可，该外观设计方案中使用了他人享有权利的内容

对于在先权利为注册商标权的情况，未经商标所有人许可，在外观设计方案中使用了与在先商标相同或者相似的设计，专利的实施将会误导相关公众或者导致相关公众产生混淆，损害商标所有人的相关合法权利或权益的，就构成权利冲突；其中在先商标与该外观设计专利中含有的相关设计的相同或者相似的认定，原则上适用商标相同、相似的判断标准，对于在中国境内为相关公众广为知晓的注册商标，在判定权利冲突时可以适当放宽产品种类。

对于在先权利为著作权的情况，在接触或者可能接触他人享有著作权的作品的情况下，未经著作权人许可，外观设计的设计方案中使用了与该作品相同或者实质性相似的设计，从而导致该外观设计专利的实施将会损害在先著作权人的相关合法权利或者权益的，则构成了权利冲突。需要说明的是，如果该外观设计专利的专利权人能证明该外观设计方案是专利权人独立创作的，则不认为构成权利冲突，例如其外观设计上的图案采用了自行拍摄的照片，由于取景角度与在先权利中的照片取景角度相同而导致两照片相似，若能提供证据加以证明，则不应当认定构成权利冲突。

2. 解决权利冲突的途径

由于"不得与他人在申请日以前已经取得的合法权利相冲突"是外观设计授予专利权的实质条件，因而国家知识产权局在对外观设计专利申请进行初步审查时不处理权利冲突的问题。但是，权利冲突是无效宣告请求的理由之一，因而发现他人的外观设计专利与本人的在先合法权利相冲突时，可以以此为理由向专利复审委员会提出专利权无效宣告请求。

按照 2009 年修改前的《专利法实施细则》第六十五条第三款的规定，以授予专利权的外观设计与他人在先取得的合法权利相冲突为理由请求宣告外观设计专利权无效，但是未提交生效的能够证明权利冲突的处理决定或者判决的，专利复审委员会不予受理。由于在实践中，在先权利人在提出无效宣告请求之前获得认定存在权利冲突的行政处理决定或者司法判决相当困难，因为构成权利冲突不一定要有实际侵权行为存在，例如专利权人既未自己实施也未许可他人实施其外观设计专利，在这种情况下，在先权利人无法以权利冲突请求行政部门进行处理或者向法院提起诉讼，从而使得解决权利冲突的途径无法实现。为此，这次修改《专利法实施细则》时对原第六十五条第三款（即修改后的第六十六条第三款）的内容作了修改："以不符合专利法第二十三条第三款的规定为理由请求宣告外观设计专利权无效，但是未提交证明权利冲突的证据的，专利复审委员会不予受理。"与此相应，《专利审查指南 2010》第四部分第五章第 7 节中规定："在无效宣告程序中请求人应就其主张进行举证，包括证明其是在先权利的权利人或者利害关系人以及在先权利有效。"

此外，按照《专利审查指南 2010》第四部分第三章第 3.2 节的规定，以授予专利权的外观设计与他人在申请日以前取得的合法权利相冲突为理由请求宣告外观设计专利权无效的请求人应当是在先权利人或者利害关系人（指有权根据相关法律规定就侵犯在先权利的纠纷向人民法院起

诉或者请求相关行政管理部门处理的人）。

　　根据修改后的《专利法》《专利法实施细则》和《专利审查指南2010》的上述规定，发现他人的外观设计专利与申请日前的在先合法权利相冲突时，在先权利人或者利害关系人就可以在提出本人是在先权利的权利人或者利害关系人以及该在先权利有效的证据的基础上，以该外观设计专利不符合《专利法》第二十三条第三款的规定为理由向专利复审委员会提出无效宣告请求，专利复审委员会将会对该无效宣告请求作出审查，只要所提交证据足以证明该外观设计专利已与该在申请日以前取得且在申请日仍然有效的合法权利相冲突，专利复审委员会将会宣告该外观设计专利权无效。

第九章　发明创造可合案申请的条件

一件专利申请应当限于一项发明创造，这是国际上各国专利法普遍采用的专利申请单一性原则。规定单一性原则主要有两方面原因：其一，使申请人或专利权人所行使的权利与其所承担的义务相对等，防止只缴纳一份专利申请或专利费用而使其多项专利申请接受审查或取得多项专利权；其二，方便国家知识产权局对专利申请进行管理、分类、检索和审查。

但是，在有些情况下，两项与两项以上的发明创造密切相关，实际上是在一个总的构思基础上形成的，在这种情况下若要求申请人分成两件或多件申请请求保护未免过于苛求，因此国际上均允许将几项密切相关的发明创造放在一件申请中作为合案申请，在这种情况下仍认为该合案申请满足单一性的规定。

第一节　发明或者实用新型可合案申请的条件

发明既允许保护产品，又允许保护方法；而实用新型仅允许保护产品。因而可合案申请的发明既可以是多项产品发明，也可以是多项方法发明，甚至是产品发明和方法发明；而对实用新型，仅允许多项产品合案申请。尽管发明与实用新型有上述不同，但两者在单一性的概念、审查原则和审查基准上基本相同，因而将两者的单一性合在本节中一起介绍，但需要注意的是本节中涉及方法的内容均不适用于实用新型专利申请。

一、发明和实用新型单一性的基本概念

下面对发明和实用新型单一性原则的法律依据及其涉及的基本概念"总的发明构思"和"特定技术特征"作简单说明。

1. 法律依据

《专利法》第三十一条第一款规定："一件发明或者实用新型专利申请应当限于一项发明或者实用新型。属于一个总的发明构思的两项以上的发明或者实用新型，可以作为一件申请提出。"

由上述规定可知，对发明或者实用新型专利申请的单一性要求包含有两方面含义：

①一件发明或实用新型专利申请应当限于一项发明或者实用新型；

②属于一个总的发明构思的两项或两项以上的发明或者实用新型，可以作为一件专利申请提出。

上述含义①给出了专利申请单一性的最基本内容：一申请一发明创造，也就是说，一项发明或者实用新型专利申请通常应当仅限于一项发明或者实用新型，该专利申请的权利要求书中通常只允许包括一项独立权利要求。含义②规定了符合单一性的例外情况：如果两项或两项以上的发明或实用新型属于一个总的发明构思，则可以在一件申请中提出。也就是说，允许在一件发明或实用新型专利申请中出现两项或多项独立权利要求，但是在这种情况下，这两项或多项独立权利要求之间应当具有一个总的发明构思，使它们在技术上相互关联，否则该两项或多项发明必须分案申请。

2. "总的发明构思"和"特定技术特征"

《专利法实施细则》第三十四条对总的发明构思作了进一步明确的规定："依照专利法第三

十一条第一款规定，可以作为一件专利申请提出的属于一个总的发明构思的两项以上的发明或者实用新型，应当在技术上相互关联，包含一个或者多个相同或者相应的特定技术特征，其中特定技术特征是指每一项发明或者实用新型作为整体，对现有技术作出贡献的技术特征。"

上述规定明确了一件申请要求保护的两项以上的发明或者实用新型是否属于一个总的发明构思的判断方法：属于一个总的发明构思的两项以上的发明或者实用新型必须在技术上相互关联，这种关联体现在它们的权利要求中具有相同或者相应的特定技术特征。由此可知，在上述判断方法中为判断两项发明或者实用新型是否属于一个总的发明构思引入一个专利领域的特有的基本概念："特定技术特征"。

《专利审查指南2010》第二部分第六章第2.1.2节中对"特定技术特征"的概念作出了进一步的说明："特定技术特征是专门为评定专利申请单一性而提出的一个概念，应当把它理解为体现发明对现有技术作出贡献的技术特征，也就是使该发明相对于现有技术具有新颖性和创造性的技术特征，并且应当从每一项要求保护的发明的整体上考虑后加以确定。"

从上述规定中还可以明确两点：其一是两项发明或实用新型可合案申请并不要求这两项发明或实用新型的所有特定技术特征相同或相应，只要两者有一个特定技术特征相同或相应即可；其二是并不要求一定是相同的特定技术特征，只要有一个相应的特定技术特征就可以认定两者在技术上相互关联，属于一个总的发明构思。

二、发明和实用新型单一性的审查原则

根据上述单一性的基本概念，单一性判断应当遵照下述六项审查原则。

①发明或实用新型是否符合单一性规定应当针对权利要求所要求保护的技术方案进行判断，分析这些权利要求的技术方案是否属于一个总的发明构思，即分析这些权利要求中是否包含使它们在技术上相互关联的一个或多个相同或相应的特定技术特征。但是，在判断权利要求中的特定技术特征是否相同或相应时，必要时可以参照说明书和附图记载的内容进行分析。需要说明的是，如果说明书中包含有多项不属于一个总的发明构思的技术内容，只要权利要求中并未对这些技术内容都要求保护，而在权利要求书中所要求保护的技术方案之间具有相同或相应的特定技术特征，则应当认定该专利申请符合单一性的规定，不得以说明书中包含的技术内容不属于一个总的发明构思而认为该专利申请不符合《专利法》第三十一条第一款的规定。

②通常，仅需审查独立权利要求之间是否符合单一性的规定；而不需审查独立权利要求与其从属权利要求之间的单一性，除非该从属权利要求形式上是从属权利要求而实质上是独立权利要求。这是因为独立权利要求与其真正的从属权利要求属于一项发明创造，因此符合《专利法》第三十一条第一款规定的一件发明或者实用新型专利申请应当限于一项发明或者实用新型的单一性要求。此外当独立权利要求具有新颖性和创造性后，其真正的几项从属权利要求由于包含了该独立权利要求的全部技术特征因而包含了独立权利要求中的特定技术特征，由此可知这些从属权利要求具有相同的特定技术特征，因此一定符合单一性的规定；但是，如果一项独立权利要求由于不具备新颖性或创造性等理由而不能授权，则需要考虑这些从属权利要求之间是否符合单一性的规定。

③对于仅包含一项技术方案的独立权利要求来说，不存在单一性问题，即使该技术方案对于最接近的现有技术方案采取了两个无关的改进措施，也不存在单一性问题。但是，当一项独立权利要求包含几项并列的技术方案，如马库什权利要求，则应当审查这些并列技术方案之间是否符合单一性的规定。

④由于特定技术特征是相对于现有技术作出创造性贡献的那些技术特征，因此不仅在检索前审查单一性，而且还应当在检索后进一步审查专利申请的单一性。通过检索后，可能会发现检索前所认定的两项并列独立权利要求之间的特定技术特征不再是对现有技术作出贡献的特定技术特征而导致该两项并列独立权利要求之间不符合单一性规定，也可能由于独立权利要求不符合新颖性或创造性的规定而导致其他两项或多项并列独立权利要求之间无单一性或导致其两项或多项并列的从属权利要求之间无单一性。

⑤《专利审查指南 2010》第二部分第六章第 2.2.1 节中列举了六种可允许合案申请的独立权利要求的组合方式，但对此需要说明两点：其一，《专利审查指南 2010》规定的这六种组合情况仅是形式上的满足，仍需要判断它们之间是否存在相同或相应的特定技术特征；其二，这六种组合情况并非穷举，即使不属于这六种组合方式，但它们之间具有相同或相应的特定技术特征，仍可合案申请。

⑥单一性要求主要是一个程序性条件，而不是一个实质性条件，因而其仅可作为驳回专利申请的理由，而不能作为提出专利权无效宣告请求的理由。也就是说，在专利申请的初步审查或实质审查期间，可以要求申请人修改不符合单一性规定的专利申请，申请人坚持不修改则可作出驳回决定。但是一旦不符合单一性规定的专利申请在审查期间未能发现而授予了专利权，则不能以此为理由提出专利权无效宣告请求和作出宣告专利权无效的审查决定。

三、发明和实用新型单一性的判断方法

《专利审查指南 2010》第二部分第六章第 2.2.2 节从审查角度对单一性的判断方法作出了具体说明："在对包含在一件申请中的两项以上发明进行检索之前，应当首先判断它们之间是否明显不具有单一性。如果这几项发明没有包含相同或相应的技术特征，或所包含的相同或相应的技术特征均属于本领域惯用的技术手段，则它们不可能包含相同或相应的体现发明对现有技术作出贡献的特定技术特征，因而明显不具有单一性。

对于不明显缺乏单一性的两项以上发明，即需要通过检索之后才能判断单一性的情形，通常采用以下的分析方法。

（1）将第一项发明的主题与相关的现有技术进行比较，确定体现发明对现有技术作出贡献的特定技术特征。

（2）判断第二项发明中是否存在一个或者多个与第一项发明相同或相应的特定技术特征，从而确定这两项发明是否在技术上相关联。

（3）如果在发明之间存在一个或多个相同或相应的特定技术特征，即存在技术上的关联，则可以得出它们属于一个总的发明构思的结论。相反，如果各项发明之间不存在技术上的关联，则可以作出它们不属于一个总的发明构思的结论，进而确定它们不具有单一性。"

由上述说明可知，从审查角度考虑，是在专利申请不符合单一性时通知申请人，因而整个分析的重点是判断专利申请是否不具有单一性。一旦专利申请明显不具有单一性，则不进行检索就可以发出分案通知书或审查意见通知书，只有在明显具有单一性的情况，才通过检索找到相关现有技术后再进一步分析是否不具有单一性。

而作为专利申请人一方的专利代理人来说，其出发点正好与审查角度相反，主要想证实专利申请具有单一性，因而在提出专利申请前应当先进行检索，然后根据检索到的现有技术来判断是否具有单一性，而在答复审查意见通知书时应当针对审查员在审查期间所检索到的现有技术来判断是否具有单一性。鉴于专利代理人在单一性问题上站在与审查员不同的立场，分析问题的角度

也必定与审查员不一样，因而具体判断方法也应当作出相应的调整。通常，专利代理人在判断两项或两项以上发明或实用新型之间是否符合单一性规定时应当按照下述三个步骤进行。

①将第一项独立权利要求的技术方案与相关的现有技术作比较，确定其中哪些技术特征是对该项技术方案作出创造性贡献的特定技术特征。

②将其他几项并列独立权利要求的技术方案与其相关的现有技术作比较，分别确定这几项技术方案中相对于现有技术作出创造性贡献的特定技术特征。

③分析第一项独立权利要求和另外几项并列独立权利要求中的特定技术特征，以确定它们之间是否存在相同或相应的特定技术特征。如果它们两两之间均存在相同或相应的特定技术特征，即存在技术上的关联，则可以认定它们属于一个总的发明构思，满足单一性的要求；如果其中某两项独立权利要求之间没有相同或相应的特定技术特征，则这两项独立权利要求的技术方案不属于一个总的发明构思，即在技术上不相关联，因此不符合单一性规定。

为帮助对上述审查原则和判断方法的理解，现举一些简化的例子作出说明。

第一个简化例子是申请人提出一件有关扶手椅的专利申请，在其扶手表面上有一个用于放置茶杯的浅凹坑，为了使该茶杯更平稳地放于此扶手面上而不易被碰倒，在此凹坑四周有一圈凸圈，为防止茶杯内倒热水后烫坏扶手凹坑底面，在凹坑底部设置了一层隔热垫。申请人提交的权利要求书中包含有下述两项独立权利要求。

"1. 一种椅子，其一侧具有一个上表面可放置物品的扶手，其特征在于：所述扶手上表面靠近外侧一角的板面上有一个供放置茶杯的浅凹坑，在此凹坑四周有一圈向上伸出的凸圈。"

"2. 一种椅子，其一侧具有一个上表面可放置物品的扶手，其特征在于：所述扶手上表面靠近外侧一角的板面上有一个供放置茶杯的浅凹坑，在此凹坑底表面上有一隔热垫。"

申请人提交的上述权利要求书是以普通的带放置物品面板的扶手椅为最接近的现有技术撰写而成的，在未检索前，这两项独立权利要求特征部分具有相同的特定技术特征"扶手上表面靠近外侧一角的板面上有一个供放置茶杯的浅凹坑"，因而此时可初步认为这两项独立权利要求符合单一性的规定。

如果该专利申请是针对扶手上表面已带有浅凹坑的扶手椅作出的改进，则申请人提交的权利要求书中的独立权利要求通常就将所述扶手上表面靠近外侧一角的板面上有一个供放置茶杯的浅凹坑写入前序部分，则其特征部分仅剩下"凹坑四周有一圈凸圈"或"凹坑底表面上有一隔热垫"的特定技术特征，而这两个特定技术特征分别解决不同的技术问题"进一步防止碰倒茶杯"或"进一步防止烫坏扶手上凹坑的底表面"，且两个特定技术特征无任何关联，因而这两个特定技术特征既不相同，又不相应，则可认定这两项独立权利要求之间不具有单一性。

以上只表示检索前如何初步判断上述两项独立权利要求之间具有单一性。由于国际上和我国都明确规定特定技术特征是使该发明或实用新型相对于现有技术作出创造性贡献的技术特征，因而需要进一步在检索后确定各项独立权利要求的特定技术特征。具体来说，应当按照上述判断单一性的三个步骤进行。

首先，根据对现有技术的检索，确定第一项独立权利要求的特定技术特征。若找到的最接近的现有技术仍为普通的具有可放置物品面板的扶手椅，而另一篇相关的现有技术为桌面一角有放置茶杯浅凹坑的桌子。则扶手上表面带有凹坑的扶手椅相对于上述两项现有技术就不具有创造性，因而原先认定为特定技术特征的扶手上表面的浅凹坑通过检索已不再是该项独立权利要求的特定技术特征了，从而该项独立权利要求的特定技术特征是：此凹坑四周有一圈向上伸出的凸圈。

其次，针对其他独立权利要求进行检索，找出其最接近的现有技术和相关现有技术，以确定它们的特定技术特征。在本例中两者是同类产品，因此在本例中所找到的最接近的现有技术和相关现有技术与第一项独立权利要求相同，则其特定技术特征为凹坑底部有一隔热垫。如果对于产品、方法这样的多项独立权利要求来说，两者的最接近的现有技术和相关现有技术很可能是不同的，因而对其他几项独立权利要求应当针对它们的最接近的现有技术和相关现有技术来确定其特定技术特征。

最后，分析这几项独立权利要求的特定技术特征是否相同或相应。在本例中，通过检索第一项独立权利要求的特定技术特征是此凹坑四周有一圈向上伸出的凸圈，作用是使茶杯不易碰倒，而第二项独立权利要求的特定技术特征是此凹坑底部有一隔热垫，作用是防止烫坏凹坑底表面。显然两者不是相同的特定技术特征。至于两者是否相应呢？虽然这两个特定技术特征都是针对凹坑作出的进一步限定，对于两个权利要求来说，凹坑是相同的技术特征，但由于凹坑并不是该发明或实用新型对现有技术作出创造性贡献的技术特征，因而凹坑不再是两者相同的特定技术特征，从而不能由此得出对凹坑作进一步限定的两个特定技术特征在技术上相关，又由于两者对发明或实用新型所起的作用完全不同，即其解决技术问题不同，尤其是这两者对凹坑的进一步限定是两个无关的措施，因而这两个特定技术特征不是相应的特定技术特征。由此可知，这两项独立权利要求既没有相同的特定技术特征，又没有相应的特定技术特征，所以这两项独立权利要求之间不符合单一性规定。

第二个简化例子涉及产品和方法两项独立权利要求。为简明起见不再像前一例子那样逐步分析，而对这种情况作一概要说明。该产品为吸声内衬，其相对于现有技术作出的改进中有一个技术特征是其吸声层表面为开角不大于 60° 的锯齿形，该技术特征的作用是提高该产品的吸声效果。该吸声内衬的制造方法中有一个技术特征是在注模前先在模具的锯齿形底表面上涂上一层脱模剂，其作用是为了方便脱模以保证所制成的吸声内衬的吸声层表面的锯齿形状，从而确保制得的吸声内衬具有较好的吸声效果。由此可知这两个技术特征是相应的技术特征。如果通过检索，这两个技术特征仍然分别是使该产品或该方法相对于现有技术作出创造性贡献的技术特征，则这两个相应的技术特征就成为两个相应的特定技术特征，因而该产品独立权利要求和该方法独立权利要求之间具有单一性。如果通过检索，这两个技术特征或者其中之一不再成为使其相应产品或方法相对于现有技术作出创造性贡献的技术特征，则它们就不再是该产品或方法的特定技术特征，因此这两个技术特征仅仅是这两项独立权利要求相应的技术特征，而不是相应的特定技术特征，这样就不能由此认定这两项独立权利要求具有单一性，而需要进一步分析这两项独立权利要求的其他特定技术特征中有无相应的特定技术特征，根据此进一步分析判断该两项独立权利要求是否具备单一性。

上面对检索后得出两项并列独立权利要求之间不存在单一性结论的情况作了说明。下面再对另两种在检索后得出不具有单一性结论的情况作一说明。

对上述有关扶手椅的情况，极有可能将权利要求书撰写成一项独立权利要求和两项从属权利要求，这样撰写可取得最宽的保护范围。

"1. 一种椅子，其一侧具有一个上表面可放置物品的扶手，其特征在于：所述扶手上表面靠近外侧一角的板面上有一个供放置茶杯的浅凹坑。

2. 按照权利要求 1 所述的椅子，其特征在于：所述凹坑四周有一圈向上伸出的凸圈。

3. 按照权利要求 1 所述的椅子，其特征在于：所述凹坑底表面上有一隔热垫。"

如果此时通过检索找到了如前面所述的扶手上表面已带有浅凹坑的扶手椅或者找到桌面一角

有放置茶杯浅凹坑的桌子，则上述独立权利要求 1 相对于现有技术不具备新颖性或创造性，此时类似于前面的分析可知，并列的从属权利要求之间就不再存在相同或相应的特定技术，因而这两项并列的从属权利要求之间缺乏单一性。

当然，在这种情况下，若将权利要求 2 改写成新的独立权利要求 1，而将权利要求 3 改写成对新独立权利要求 1 作进一步限定的从属权利要求 2，则从属权利要求 2 由于包含了新权利要求 1 中的全部技术特征，所以该从属权利要求 2 与新独立权利要求 1 之间又有了相同的特定技术特征，因而两者符合单一性的规定。

至于一项独立权利要求不具备新颖性或创造性而造成其他并列独立权利要求之间无单一性的情况，最典型的是一件专利申请包含产品、产品的制造方法和产品的用途三项独立权利要求的情况。这三项独立权利要求原有的特定技术特征是产品本身，因而三者之间有单一性。当检索到第一独立权利要求相对于现有技术不具备新颖性或创造性时，则产品本身就不再成为该产品的特定技术特征，从而就需要进一步分析另两项并列独立权利要求之间是否具有相同或相应的特定技术特征，以确定另两项并列独立权利要求之间是否具有单一性。

有关这方面的其他例子可参见《专利审查指南 2010》第二部分第六章第 2.2.2 节。

第二节　外观设计可合案申请的条件

由于外观设计与发明、实用新型要求保护的客体完全不同，因而其对单一性的要求、审查原则、判断方法与发明、实用新型对单一性的要求、审查原则、判断方法也有较大不同，本节对外观设计可合案申请的条件作一说明。

一、外观设计单一性的基本概念

下面对外观设计单一性原则的法律依据、单一性的基本内容以及两项以上外观设计可合案申请的两种例外情况分别作出说明。

1. 法律依据

《专利法》第三十一条第二款规定："一件外观设计专利申请应当限于一项外观设计。同一产品两项以上的相似外观设计，或者用于同一类别并且成套出售或者使用的产品的两项以上外观设计，可以作为一件申请提出。"

由上述规定可知，对外观设计专利申请的单一性要求包含以下两方面的含义：

①一件外观设计专利申请应当限于一项外观设计；

②同一产品两项以上的相似外观设计或者用于同一类别并且成套出售或者使用的产品的两项以上外观设计，可以作为一件申请提出。

上述含义①是外观设计专利申请单一性的基本内容，体现了一申请一发明创造的基本原则。而上述含义②的内容规定了多项外观设计符合外观设计专利申请单一性的两种例外情况：同一产品两项以上的相似外观设计，可以在一件申请中提出；用于同一类别并且成套出售或者使用的产品的两项以上外观设计，可以在一件申请中提出。

在 2008 年修改《专利法》和 2009 年修改《专利法实施细则》时，有关外观设计专利申请的单一性主要作了两方面的修改，其一是增加了一种多项外观设计符合外观设计专利申请单一性的例外情况，即同一产品的两项以上的相似外观设计可以合案申请，其二是对成套产品可合案申请的条件有所放宽，按照 2009 年修改前的《专利法实施细则》第三十六条第一款的规定，该成套产品中的各产品属于国际外观设计分类表中同一小类的产品，而按照 2009 年修改后的《专利法实施细则》第三十五条第二款的规定，该成套产品中的各产品只要属于国际外观设计分类表中同一大类的产品即可。

2. 一件外观设计专利申请应当限于一项外观设计

一件外观设计专利申请限于一项外观设计，是指一件外观设计专利申请限于一件产品所使用的一项外观设计。

对于一件产品，可以是各个构成部分不可分割的产品，该产品以整体形态存在，例如由杯体和杯把构成的杯子，其杯体和杯把成一体，不能拆分，则该杯子的外观设计属于一件产品所使用的一项外观设计。

但是，一件产品也可以是由多个构件组成的组件产品，其构件虽然可以分离，但各个构件在使用过程中不可缺失，其中一个构件的缺失会影响整体产品用途的实现，所以包含各构件的组件产品在一件申请中被作为一件产品对待，例如由杵杆和杵臼组成的杵捣器，该杵捣器的外观设计属于一件产品所使用的一项外观设计。

需要说明的是，对于由多个构件组成的组件产品，在有些情况下，各构件也具备单独申请的条件，例如由杯盖和带把杯体组成的杯子，由于杯盖和带把杯体分别具备单独申请的条件，因此既可以将此由杯盖和带把杯体组成的杯子的外观设计作为一件所使用的一项外观设计提出专利申请，也可以将杯盖的外观设计和带把杯体的外观设计分别作为一件产品的外观设计单独提出专利申请。

对于组件产品，可以根据组装关系分为三类组件产品：无组装关系的组件产品，如麻将牌、扑克牌，这类产品的外观设计属于一件产品所使用的一项外观设计；组装关系唯一的组件产品，如拼图玩具、由水壶和加热底座两构件组成的电热水壶，这类产品的外观设计通常属于一件产品所使用的一项外观设计，但也有部分这类组件产品的构件本身分别具备单独申请的条件，如前面所给出的由杯盖和带把杯体组成的杯子；组装关系不唯一的组件产品，其各个构件必须与其他构件配合使用，但其具有多种不同的组配方式，例如积木玩具，这类产品的外观设计也属于一件产品所使用的一项外观设计。

3. 同一类别且成套出售或者使用的产品的外观设计

"同一类别并且成套出售或者使用的产品的两项以上外观设计可以作为一件专利申请提出"是 2008 年修改前的《专利法》第三十一条第二款就已规定的多项外观设计符合外观设计专利申请单一性的例外情况。

2009 年修改的《专利法实施细则》第三十五条第二款规定："专利法第三十一条第二款所称同一类别并且成套出售或者使用的产品的两项以上外观设计，是指各产品属于分类表中同一大类，习惯上同时出售或者同时使用，而且各产品的外观设计具有相同的设计构思。"

修改后的《专利审查指南 2010》第一部分第三章第 9.2 节又进一步规定："成套产品是指由两件以上（含两件）属于同一大类、各自独立的产品组成，各产品的设计构思相同，其中每一件产品具有独立的使用价值，而各件产品组合在一起又能体现出其组合使用价值的产品，例如由咖啡杯、咖啡壶、牛奶壶和糖罐组成的咖啡器具。"

由上述规定可知，成套产品可以合案申请应当满足三个条件：各产品属于同一类别；各产品习惯上同时出售或者同时使用并具有组合使用价值；各产品的设计构思相同。现针对这三个条件加以说明。

（1）各产品属于同一类别

国际外观设计分类表将外观设计产品分为 32 个大类 219 个小类。这次修改《专利法》和

《专利法实施细则》后放宽了可合案申请的成套产品为同一类别的要求：由国际外观设计分类表中同一小类的产品放宽到属于国际外观设计分类表中的同一大类的产品。

需要说明的是，各产品属于同一大类是成套产品的两项以上外观设计可以合案申请的必要条件，而不是合案申请的充分条件，其还应当满足《专利法》第三十一条第二款有关成套出售或者使用以及属于相同设计构思的要求。但是，如果该两项以上外观设计的产品属于同一大类，那么只要其同时满足下述成套出售或者使用以及相同设计构思这两个条件，该成套产品的两项以上外观设计就可以合案申请。

（2）各产品习惯上同时出售或者同时使用并具有组合使用价值

修改后的《专利审查指南2010》第一部分第三章第9.2.2节规定："专利法实施细则第三十五条第二款所述的成套出售或者使用，指习惯上同时出售或者同时使用并具有组合使用价值。"

对于上述规定，同时出售或者同时使用这两个条件不必同时满足，只要满足其中之一即可。

产品同时出售，是指两项以上外观设计的产品习惯上同时出售，而不是要求必须同时出售，例如由床单、被罩和枕套，其习惯上可以组成多件套床上用品同时出售，但不排除可以对床单、被罩和枕套分别出售。但为了促销而随意搭配出售的产品，例如随着销售洗衣机而赠送的吹风机，不应当认为是习惯上同时出售，不能将洗衣机和吹风机作为成套产品提出合案申请。

产品同时使用，是指两项以上外观设计的产品习惯上同时使用。即使用其中一件产品时，会产生使用联想，从而想到另一件或另几件产品的存在，而不是指在同一时刻同时使用这几件产品。例如成套酒具中的酒杯和酒壶等。

需要注意的是，在判断是否属于同时出售或者使用时还要考虑是否具有组合使用价值。例如餐桌和餐椅，每一件产品有独立的特性和使用价值，其组合在一起又能体现了其组合使用价值，由于它们分别属于分类表中的06大类03小类和06大类01小类，则只要两者具有相同的设计构思，就满足两项以上外观设计可以合案申请的条件。相反，对于设计构思相同的书桌和衣柜，两者虽然同属于分类表中的06大类，但由于其没有组合使用价值，则不能认定为同时出售或者使用，因而不满足两项以上外观设计可以合案申请的条件。

（3）各产品的设计构思相同

修改后的《专利审查指南2010》第一部分第三章第9.2.3节中规定："设计构思相同，是指各产品的设计风格是统一的，即对各产品的形状、图案或者其结合以及色彩与形状、图案的结合所作出的设计是统一的。形状的统一，是指各个构成产品都以同一种特定的造型为特征或者各构成产品之间以特定的造型构成组合关系。图案的统一，是指各产品上图案设计的题材、构图、表现形式等方面应当统一。若其中有一方面不同，则认为图案不统一，因此不能作为成套产品合案申请。……对于色彩的统一，不能单独考虑，应当与各产品的形状、图案综合考虑。"

对于成套产品，除了满足上述三个条件以外，该成套产品中不应当包含其中某一件或者几件产品的相似外观设计。例如，一项包含咖啡器具成套产品外观设计专利申请中，不应当再包括所述咖啡杯、咖啡壶、牛奶壶或者糖罐的两项以上的相似外观设计。

最后，还需要说明的是，构成成套产品的每一件产品还应当分别具备授权条件才能被授予专利权，其中一件产品不具备授权条件的，除非删除该件产品的外观设计，否则该专利申请不应当被授予专利权。

4. 同一产品的两项以上的相似外观设计

"同一产品的两项以上的相似外观设计可以作为一件申请提出"的规定是2008年修改《专利法》时新增加的内容。允许将同一产品的两项以上的相似外观设计合案申请，不但保护了基本设计，也保护了与该基本设计相似的设计，从而对专利申请人或者专利权人给予了更充分的保护。

按照修改前的《专利法》《专利法实施细则》和《专利审查指南2010》的规定，如果申请人同时设计出同一产品的两项以上相似外观设计，对该产品的两项以上相似外观设计无法都得到专利保护。如果将这两项以上同一产品的外观设计合案申请，就会认为其不符合单一性而只能分案；但一旦分为几件外观设计专利申请，又会因其不符合修改前的《专利法实施细则》第十三条第一款有关同样的发明创造只能被授予一项专利权的规定，从而在无效宣告请求程序中就很有可能仅维持其中一项外观设计的专利权，而其余几项外观设计专利被宣告无效。对于这种情况，按照修改后的《专利法》《专利法实施细则》和《专利审查指南2010》的规定，只要该同一产品的相似外观设计不超过10项，就可以合案申请，从而对这些相似外观设计都给予了保护。

由2008年修改的《专利法》第三十一条第二款中所增加的允许两项以上外观设计合案申请的例外情况可知，该两项以上的外观设计应当满足两个条件：这些外观设计为同一产品的外观设计；且这些外观设计为相似外观设计。现对这两个条件加以说明。

1. 同一产品

首先，允许合案申请的两项以上的相似外观设计应当是同一产品的外观设计，例如这两项以上的外观设计的产品都是项链，或者都是戒指，或者都是耳环。即使各项外观设计分别属于国际外观设计分类表中的同一大类，甚至为同一小类，例如各项外观设计分别为项链、戒指、耳环的外观设计，仍不能认为属于同一产品，不能以同一产品的两项以上相似外观设计提出合案申请。当然，对于各项外观设计的产品属于国际外观设计分类表中的同一大类的情况下，只要它们满足成套产品且设计构思相同的条件，则可以将其作为成套产品的外观设计提出合案申请。

2. 两项以上的外观设计为相似外观设计

《专利法实施细则》第三十五条第一款对"同一产品的两项以上相似外观设计可以作为一件申请提出"的规定作出了进一步具体的规定："依照专利法第三十一条第二款规定，将同一产品的多项相似外观设计作为一件申请提出的，对该产品的其他设计应当与简要说明中指定的基本设计相似。一件外观设计专利申请中的相似外观设计不得超过10项。"

按照上述规定，在这类合案申请中的外观设计不应当超过10项，并在该申请文件的简要说明中指定其中一项为基本设计，而其他几项外观设计应当与该基本外观设计单独进行对比是相似的，即其他几项外观设计分别与该基本外观设计相比是相似的。

二、外观设计单一性的审查原则

根据上述外观设计单一性的基本概念，外观设计单一性的判断应当遵照下述五项审查原则。

①只涉及一种产品的一项外观设计的外观设计专利申请不存在缺乏单一性的问题，也就是说，仅仅当一件外观设计专利申请中包含有同一产品的多项外观设计或者包含有多种产品的外观设计，才需要考虑其是否符合单一性的规定。

②如果一件外观设计专利申请涉及多个单独部件的外观设计，而这些单独部件各自本身并未构成一种产品，而是这些单独部件组合的整体构成一种产品，则这样的外观设计专利申请由于仅为一种产品而不存在单一性问题，例如积木、组合柜、棋、牌、由壶体和壶盖构成的咖啡壶、插接组件玩具等。

③当两种以上产品的外观设计同时满足这些产品属于国际外观设计分类表的同一大类、习惯上同时出售或者同时使用并具有组合使用价值、且各产品的外观设计构思相同时，应当认定它们之间符合单一性，可合案申请。如果这些产品不属于同一大类，或者这些产品不是习惯上同时出

售或同时使用，或者这些产品不具有组合使用价值，或者这些产品之间的外观设计构思不同，就可以认定不符合合案申请的条件。

④仅仅当两种以上产品的外观设计在形状、图案、色彩三方面的设计及其结合均为统一的，才认定它们的设计构思相同，如果上述三方面中有任何一方面的设计风格不统一，则这些产品的外观设计之间就不具有单一性，不可合案申请。

⑤对于包含同一产品的两项以上外观设计的专利申请，除指定为基本设计以外的其他外观设计应当分别与该基本设计相似，若存在与该基本设计不相似的其他外观设计，则该专利申请不符合单一性的规定，除非将该项与该基本设计不相似的其他外观设计删除。

三、外观设计单一性的判断方法

一件外观设计专利申请中若包含有两项以上外观设计，则这两项以上外观设计是否满足单一性的要求通常按照下述方法来进行判断。

①首先分析一下该件外观设计专利申请中两项以上外观设计的产品是否为同一产品。如果是同一产品，则判断这两项以上外观设计是否为属于同一产品的相似外观设计；否则判断这两项以上外观设计是否为同一类别并且成套出售或者使用的产品的两项以上外观设计。

②在判断同一产品的两项以上外观设计是否可以合案申请时，首先根据该专利申请的简要说明认定其中一项为基本外观设计，然后将其他外观设计分别与该基本外观设计相比以确定它们是否为相似外观设计。判断时，通常将两者进行整体观察比较，如果其他外观设计和基本外观设计具有相同或者相似的设计特征，且两者之间的区别点在于局部细微变化，或者在于该类产品的惯常设计，或者在于设计单元重复排列，或者仅在于色彩要素的变化等情形，就可以认为两者属于相似的外观设计，则该件外观设计专利申请中的同一产品的两项以上外观设计满足单一性的要求，可合案申请。

③在判断不同产品的两项以上外观设计是否可以合案申请时通常分三个层次来考虑。

——首先，考虑这些产品之间是否位于国际外观设计分类表中的同一大类：若不属于同一大类，即可认定这些产品的外观设计之间不符合单一性的规定，例如家用螺丝刀、克丝钳属于08大类"工具和五金器具"，而家用手电筒属于26大类"照明设备"，则这三件产品的外观设计不可合案申请；如果属于同一大类，则需要对其进行第二层次的考虑。

——在产品属于同一大类的前提下，进一步判断这些产品是否属于习惯上同时出售或者同时使用且具有组合使用的价值的产品：若这些产品不属于同时出售或者同时使用的产品（如高压锅、电饭锅和蒸锅）或者这些产品仅有单独使用价值而没有组合使用价值（书桌和衣柜），则这些产品的外观设计之间不符合单一性的规定；若属于同时出售或者同时使用且具有组合使用价值的产品，例如餐桌和餐椅，就需要进行下述第三层次的考虑。

——在产品属于同一大类、且习惯上可同时出售或者同时使用、且具有组合使用的价值的情况下，需要进一步判断这些产品的外观设计构思是否相同，主要判断各产品的设计风格是否统一，即判断这些产品的外观设计在形状上是否统一、图案上是否统一、色彩上是否统一。就形状是否统一而言，如果各构成产品都以同一种特定的造型为特征（如茶具中各构成部件的形状都为正六边形的横截面）或者各构成产品之间以特定的造型构成组合关系（如一套六件果盘组合成梅花形），则可认定这些产品形状相统一；如不属于上述情况，通常认为它们之间在形状上不统一。就图案是否统一而言，如果各产品上图案设计的题材、构图、表现形式等方面相同、相近或者组合起来体现一个设计思想以体现一个统一和谐的整体（如均采用相同图案为主体的床上用品五件套，或者由印有白雪公主和七个小矮人所生活森林和小屋风景的茶壶和八个分别印有白雪公主和七个小矮人的茶杯构成的茶具），则可认定它们之间具有单一性；如果题材、构图、表现形式等有一方面不统一，则就认定它们不符合统一和谐原则，不能合案申请。就色彩统一而言，不能单独考虑，应当与各产品的形状、图案综合考虑。如果各产品的形状、图案符合统一协调的原则，在简要说明中没有写明请求保护色彩的情况下，设计构思相同；在简要说明中写明请求保护色彩的情况下，若产品的色彩风格一致，则设计构思相同，若各产品的色彩变换较大，破坏了整体的和谐，则不能作为成套产品合案申请。当两种以上属于同一大类、且习惯上同时出售或同时使用并具有组合使用的产品的外观设计在形状、图案和色彩三方面均相统一，可认定两者设计构思相同，则它们满足单一性要求，可合案申请。如果这三方面有一方面不统一，则就认定设计构思不同，从而它们之间不具有单一性，不可合案申请。

通常判断不同产品的两项以上外观设计是否符合单一性规定可按上述三个层次逐一分析下来，因为上述第一个层次是最容易确定的，而第三个层次判定难度最大。需要说明的是，在实践中有一些合案申请可以很容易地看出这些产品的设计构思明显不同，相反，要确定其是否为同时出售或者同时使用有一定困难，则就可由其设计构思明显不同而直接得出它们之间不具有单一性的结论。

第三节　分案申请

对于前两节所指出的包括两项或两项以上不符合单一性要求的发明创造的情况，申请人若对这几项发明创造均想取得专利权，则应当将其中不符合单一性要求的发明创造另行提出分案申请。本节将对分案申请作一说明。

一、分案申请的提出

按照《专利法实施细则》第四十二条第一款的规定，一件专利申请包括两项以上发明、实用新型或者外观设计的，申请人可以在该条款规定的期限和其他条件下（将在后面作详细说明）向国家知识产权局提出分案申请。

国家知识产权局在专利申请审查期间认为该专利申请不符合单一性时会发出审查意见通知书告知此事实，当申请人同意此观点时，为取得专利权则应当在该通知书指定的期限内修改申请文件，将其中不符合单一性要求的内容删去。对于这些删去的内容，申请人可以另行提出分案申请。

按照《专利法实施细则》第四十二条第一款的规定，分案申请不局限于上述应通知书要求而提出分案申请的情况，申请人还可以主动提出分案申请，即申请人可以在未接到通知书时就自行将专利申请中的多项技术方案或多项外观设计中的一部分从母案中删除而另行提出分案申请。这种情况常常是申请人在申请时采用的一种策略，例如申请时对其中一项发明创造是否提出专利申请尚未作出决定，便将有关内容记载在另一项专利申请中，经过一段时间认定这一部分内容有商业价值，便再提出分案申请，该分案申请享有母案申请的申请日。

二、分案申请应当满足的条件

按照《专利法》《专利法实施细则》和《专利审查指南 2010》的规定，分案申请应当满足下述五项条件。

（1）分案申请的申请人

分案申请的申请人应当是原申请人或其受让人、继承人，对于受让人、继承人应附具有关法律文件的证明材料。

分案申请中的发明人应当是原申请中的发明人或者是其中的一部分成员。

（2）允许提出分案申请的时间

无论是申请人主动提出的分案申请，还是为克服国家知识产权局审查意见通知书中指出的不符合单一性缺陷而将从原申请中删去的不符合单一性要求的内容另行提出分案申请，都应当在收到该母案申请授予专利权通知书之日起2个月期限届满之前任何时间提出。如超过此期限则该分案申请视为未提出。此外，如果该专利申请已撤回，或者被视为撤回尚未恢复，或者被驳回且已生效，则也不允许再提出分案申请，在上述三种情况下提出的分案申请也被视为未提出。

在这里需要提请注意的是，按照《专利审查指南 2010》第一部分第一章第 5.1.1 节的规定，对于已提出过分案申请，申请人需要针对该分案申请再次提出分案申请的，允许再次分案申请提出的时间仍按原母案申请的状况来确定，除非该再次分案申请是根据审查员作出的分案申请不符合单一性要求的审查意见而提出的。也就是说，申请人针对分案申请主动要求再次分案申请的，除了因审查意见通知书要求的情况外，也必须在原母案申请授予专利权通知书之日起2个月期限届满之前提出。

（3）分案申请的类别

按照《专利法实施细则》第四十二条第三款的规定，分案申请不得改变原申请的类别。也就是说，母案申请为发明专利申请，则分案申请不得改为实用新型专利申请，只能为发明专利申请；实用新型专利申请的分案申请也只能是实用新型专利申请；而外观设计专利申请在分案申请时不能改为发明或者实用新型专利申请。需要提请注意的是，按照《专利审查指南 2010》第五部分第三章第 2.2 节的规定，分案申请改变类别的将不予受理。

（4）分案申请的内容

按照《专利法实施细则》第四十三条第一款的规定，分案申请不得超出原申请记载的范围。也就是说对发明或实用新型专利申请的分案申请，不得超出母案申请原说明书和权利要求书的记载范围；而对外观设计专利申请的分案申请，不得超出母案申请原图片或者照片表示的范围。若出现超出原申请记载范围的情况，应当按照国家知识产权局的审查意见通知书中的要求进行修改，删去超范围的内容。如果不修改或者修改后仍超出原申请记载范围的情况，该分案申请将被驳回。

（5）分案申请的文本

发明和实用新型专利申请的分案申请应当在其说明书的开头，即在技术领域之前，说明该申请是哪一件申请的分案申请，并写明原申请的申请日、申请号和发明创造名称。

提出分案申请后，原申请与分案申请的权利要求书应当分别要求保护不同的发明；而原申请与分案申请的说明书可以采用原申请的说明书，也可以仅保留与其权利要求书所要求保护范围相适应的部分。

对于外观设计专利申请的分案申请，若原申请包含两项以上外观设计的，分案申请应当是原申请中的一项或几项外观设计；原申请为产品整体外观设计的，不允许将其中的一部分作为分案申请提出。

三、提出分案申请时应当办理的手续

提出分案申请时，首先应当在请求书中正确填写原申请的申请号和申请日，原申请是国际申请的，还应当在原申请号之后的括号内注明国际申请号。此外，还应当提交原申请的申请文件副本，以及原申请中与分案申请有关的其他文件副本（如优先权文件副本）；原申请中已提交过的各种证明材料，可以使用复印件；原申请是国际申请，且国际公布使用外文的，除提交原申请的中文副本外，还应当同时提交原申请国际公布文本的副本。对于分案申请的申请人与原案申请人不一致的，应当提交有关申请人变更的证明材料（如合法的权利转移证明）。分案申请不符合上述三方面要求之一，且未在国家知识产权局补正通知书指定的期限内补正的，则该分案申请被视为撤回。

分案申请应当作为一件普通专利申请在其法定期限内办理有关手续。但由于分案申请享有母案申请日，因而在提出分案申请时其部分法定期限可能已届满，如提交优先权证明材料的期限、自申请日（有优先权的，指优先权日）起 3 年后提出分案时的实质审查请求期限等，此时应当自该分案申请提交日起 2 个月内或者自收到受理通知书之日起 15 日内补办这些期限已满的各种手续。

提出分案申请应当像一件普通专利申请那样在规定期限内（以母案申请的申请日起算）缴纳有关费用。对于提出申请时，期限已满的各种费用也应当在自该分案申请提交日起 2 个月内或者自收到受理通知书之日起 15 日内补缴。

若未在上述期限内办理有关手续或者未缴纳或缴足有关费用的，则该分案申请被视为撤回。

第十章 专利诉讼

随着我国专利制度的建立和发展，与专利有关的民事诉讼和行政诉讼也日益增多。目前国内大部分的律师事务所只有法律人员，而专利诉讼不仅涉及法律问题，而且涉及不少技术问题，因而仅仅由无技术背景的律师很难完全胜任，因此在专利诉讼中必然需要具有技术背景的资深专利代理人共同参与。这意味着专利代理机构所从事的专利代理业务必将会扩展到专利诉讼工作，专利代理人也应当了解和掌握专利诉讼的有关事务和知识。

第一节 概　　述

与专利有关的民事诉讼和行政诉讼主要包括专利权属诉讼（专利申请权和专利权的归属诉讼）、专利侵权诉讼、专利合同诉讼和专利行政诉讼。在对上述各类与专利有关的诉讼作详细说明之前，先对专利诉讼作概要介绍，主要包括专利诉讼的特点、专利诉讼的分类以及专利诉讼的法院管辖。

一、专利诉讼的概念和特点

专利诉讼是指由人民法院审理的、由当事人和其他诉讼参与人参加的涉及与专利权及相关权益有关的各类诉讼的总称。专利诉讼有狭义和广义理解之区分，狭义的专利诉讼指专利权被授予后涉及有关以专利权及权益为争议标的的诉讼活动；广义的专利诉讼还可以包括在专利申请阶段涉及的专利申请权归属的诉讼、申请专利的技术因许可实施而引起的诉讼、因发明人或设计人资格纠纷引发的诉讼、专利申请在审批阶段所发生的是否能授予专利权的诉讼以及专利权被授予前所发生的涉及专利申请人以及相关权利人权益的诉讼等。在现实中，专利诉讼多为广义理解。

专利诉讼一般具有下述三个特点。

（1）专利诉讼的标的是专利权人以及相关权利人的经济权益

无论在专利申请阶段，还是在专利权授予后所发生的诉讼，也无论是因发明人或设计人资格引发的诉讼，还是专利实施的违约行为所引发的诉讼，就其实质而言，均涉及专利权人以及相关权利人的经济权益。以发明人资格的确定为例，如果发明人的资格不能真实、准确地认定，不仅会影响到发明人享有的荣誉，同样会影响到由此产生的报酬和物质奖励的权利，甚至会影响到一项专利权的归属问题。

（2）专利诉讼所涉及的事项是专利权的授予、归属、行使和保护

专利诉讼的事项绝大多数涉及专利权的授予、归属、行使和保护，例如，专利权被他人非法行使引发的专利侵权纠纷涉及专利权的保护，被许可方违约所引发的专利侵权或违约诉讼或者许可方违约引发的专利实施许可合同诉讼是在专利权的行使过程中发生的，专利权能否获得授权引发的专利行政诉讼涉及专利权的授予，专利申请权或专利权应当归属于谁涉及权利的归属纠纷。当然，也还有一些争议可能会涉及社会公共利益。

（3）专利诉讼适用的程序根据不同的诉由分为民事诉讼程序和行政诉讼程序

专利权虽为民事权利的一种，但是与专利有关的诉讼并不完全属于民事诉讼，还有一部分

（例如涉及专利权是否可以得到授权以及专利权是否应当宣告无效或维持的）属于行政诉讼，所以专利诉讼适用的程序涉及两种不同的诉讼规则，一种为民事诉讼程序，另一种为行政诉讼程序。凡是专利权人或相关权利人与其他当事人之间发生的与专利有关的纠纷而向人民法院提起的诉讼为民事诉讼，适用《民事诉讼法》；专利权人或其他当事人为维护自己的权益而以专利行政管理机关为被告向人民法院提起的诉讼为行政诉讼程序，适用《行政诉讼法》。

二、专利诉讼发生的原因分析

从近年来司法实践看，专利诉讼呈平稳上升的趋势，并且涉及的地区和人群也越来越广泛。例如，在《专利法》施行的前 10 年，专利诉讼基本上集中在北京、上海、广东以及江苏、浙江等一些经济较为发达地区，但是从最近的发展看，专利诉讼涉及的地区分布有所改变，不仅是经济较为发达地区的专利诉讼案件数量有所上升，经济不发达的我国内地的专利诉讼案件也时有发生，一些原来从未受理专利诉讼案件的法院也开始受理专利诉讼案件。而且，涉及专利诉讼的主体也有所改变，早期通常有影响的专利诉讼案件多为外国人或外国企业起诉中国的企业或个人的诉讼案件，或者是中国比较有影响的企业起诉较弱的企业或个人的诉讼案件，而近 10 来年，中国公民或中国企业起诉国外投资企业的专利诉讼也时有发生，中国公民起诉国内知名企业或者平等竞争的企业之间起诉的专利诉讼也会发生。上述现象虽直接表现为专利诉讼数量的上升、纠纷的增加，但是实际上这种现象是可喜的，说明人们专利法律意识及保护意识在强化。

分析专利诉讼发生的原因，大致有以下四方面因素。

①《专利法》已经成为调整市场竞争关系、维护社会正常经济秩序的重要法律之一，依靠保护技术创新而促进经济增长的理念已经深入人心，对于不依靠技术创新而一味剽窃、模仿他人智力成果以获得不正当经济利益的行为，人们嗤之以鼻，并在享有专利权的情况下开展保护正当的市场竞争。

②《专利法》长达近 30 年的实施，使企业和公民的专利法律观念得到普遍加强，专利知识的普及率大大提高。此外，伴随着专利意识的强化，专利权人的维权意识也普遍提高。《专利法》最初实施时，人们还经常将专利视为一种荣誉，而现在更多的企业已经将专利视为一种实际的经济利益或可期待的经济利益，作为自己竞争的优势力量，并学会了努力保护这种利益来占据市场竞争的有利位置。

③随着中国现代化建设的发展和加入世界贸易组织，市场竞争也越来越激烈，国际的竞争甚至直接体现为国内的竞争。为了保持竞争的优势，人们更加重视专利权的保护。

④企业追求公平竞争的意识越来越强，这就使相关的公众对授予专利权的合法性予以关注。为追求公平竞争，不仅被诉专利侵权的企业或个人会对专利权本身的有效性进行监督并向专利复审委员会提出无效宣告请求，而且无效宣告请求的双方当事人为维护自己的权益会向人民法院提出行政诉讼，尤其是 2000 年我国对《专利法》进行了第二次修改后，规定对于实用新型和外观设计专利由专利复审委员会作出的决定不再是终局决定，任何当事人不服专利复审委员会作出的任何种类专利的无效宣告请求审查决定，都可以向人民法院提起行政诉讼，这就使专利确权的行政诉讼案件较大幅度地增加。

三、专利诉讼的分类

了解专利诉讼的分类是为了更好地了解所适用的法律和诉讼程序，有效、尽责地进行诉讼代理。专利诉讼的分类按照专利诉讼涉及的被告、争议客体和适用的程序来确定，通常可以将专利诉讼分为以下几大类。

（1）专利权属诉讼

专利权属诉讼是指涉及一项专利申请权或专利权最终归属于谁的诉讼，主要指专利申请权归属诉讼和专利权归属诉讼。专利申请权归属诉讼发生在专利申请阶段，专利权归属诉讼发生在专利权授予后。

（2）专利侵权诉讼

专利侵权诉讼是指专利权人因专利权受他人非法侵害而引发的诉讼。它们可以是单一专利侵权引起的专利侵权诉讼，也可以是伴随其他原因而引起的专利侵权诉讼，如由专利实施许可引起的、由专利权转让引起的、由假冒专利引起的或由技术贸易引起的等。但其中遇到最多的是单一专利侵权引起的专利侵权诉讼。

（3）专利合同诉讼

专利合同诉讼是指因为不履行或部分履行专利实施许可合同或专利转让合同而引发的诉讼。这类诉讼涉及的事项是合同约定或法律规定的权利和义务。在这类诉讼中，合同当事人的违约行为是引起诉讼的重要原因和事由，专利实施许可合同文本或专利转让合同文本通常是判断和解决这类纠纷的重要依据。这类诉讼通常应当涉及双方签订的书面许可合同或书面转让合同，但对于专利实施许可合同诉讼来说，还包括构成事实上的专利实施许可但没有书面协议的情况。

（4）专利行政诉讼

专利行政诉讼的严格含义是指当事人不服国家知识产权局（包括专利复审委员会）和地方知识产权管理部门作出的具体行政行为而向人民法院提起诉讼的案件，包括：当事人因不服专利复审委员会作出的维持驳回申请的复审决定或作出的无效宣告请求审查决定而提起的行政诉讼；当事人不服国家知识产权局作出的具体行政行为（包括行政复议决定）而以其为被告的行政诉讼；当事人不服地方知识产权管理部门作出的关于停止侵权行为的处理决定、关于假冒专利作出的处罚决定等而以其为被告提起的行政诉讼。

虽然这类诉讼为行政诉讼，适用《行政诉讼法》审理，但鉴于这类诉讼的特点，为使人民法院更好地进行审理，最高人民法院作出相关决定，此类专利行政诉讼案件由专门审理知识产权案件的民事审判庭负责审理，尤其是第十二届全国人民代表大会第十次会议于2014年8月31日通过了在北京、上海、广州设立专门的知识产权法院的决定，即北京市、上海市和广东省的专利行政案件由这三地的知识产权法院负责审理。这是专利行政诉讼案件不同于一般行政诉讼案件审理的特点之一。

（5）其他有关的专利诉讼

其他有关的专利诉讼包括因发明人或设计人资格而引发的诉讼、职务发明创造实施并取得经济效益后单位不依照法律规定给予发明人或设计人一定报酬或奖励而引发的诉讼等。

四、专利诉讼的法院管辖

专利诉讼的法院管辖是决定由哪个地域的人民法院和哪一级人民法院有权管辖专利诉讼的一审案件的原则，具体分为级别管辖和地域管辖。

1. 专利诉讼的级别管辖

专利诉讼的级别管辖是指哪一级别的人民法院有权审理一审专利诉讼案件的权限。根据我国《民事诉讼法》《行政诉讼法》和最高人民法院有关司法解释的规定，专利诉讼的级别管辖不同于一般的民事诉讼案件和行政诉讼案件，其一审案件级别管辖一般在中级人民法院，甚至在中级人民法院的基础上还有进一步的限制，也就是说并不是所有的中级人民法院能够审理所有的第一审专利诉讼案件。例如，涉及专利诉讼案件，在级别管辖的基础上进一步限制了受理法院的范围。根据我国最高人民法院的规定，除北京市、上海市和广东省的专利诉讼由 2014 年底设立的北京知识产权法院、上海知识产权法院和广州知识产权法院负责审理专利民事和行政诉讼的第一审案件外，其他各省、自治区、直辖市人民政府所在地的中级人民法院以及由最高人民法院特别指定的中级人民法院负责审理专利民事和行政诉讼的第一审案件；特别需要指出的是，最高人民法院还从 2009 年起尝试指定一些经济比较发达地区的基层人民法院可以审理部分专利诉讼的第一审案件，但审理范围有限，有关内容可参见本章第三节之五"专利侵权诉讼中的几个程序问题"中的第 3 点"诉讼的级别管辖"及其脚注所写明的内容。

法律之所以对专利诉讼案件的审理作出严格的级别管辖规定，主要目的在于保证专利诉讼案件的审判质量、更好地保护当事人的合法权益。由于现行级别管辖的规定决定了审理专利诉讼案件的法院数量比较少，也有利于培养一支有较高法律素养和审判水平的法官队伍。

2. 专利诉讼的地域管辖

由于专利诉讼从适用的诉讼程序划分可以分为民事诉讼和行政诉讼，所以专利诉讼的地域管辖也有所不同。

对于专利民事诉讼，根据我国《民事诉讼法》确定的"原告就被告"的基本管辖确定原则，专利诉讼的地域管辖法院是被告所在地法院，这也是专利诉讼管辖的最基本原则，当事人一般根据这条原则来确定起诉的法院。除了这条基本原则之外，专利诉讼因涉及的行为和请求事项的不同，还有一些特别的地域管辖规定对"原告就被告"原则进行补充，以方便当事人进行诉讼，方便人民法院进行案件的审理。这些特别的地域管辖规定主要包括下述内容。

①涉及专利实施许可合同履行、条款争议或专利权转让合同履行等而发生的诉讼，原告除了依据"原告就被告"原则到被告所在地的中级人民法院提起诉讼外，还可以选择合同履行地的中级人民法院起诉。❶

②对于专利侵权行为提起的诉讼，原告除了依据"原告就被告"原则到被告所在地的中级人民法院提起诉讼外，还可以选择向侵权行为地的中级人民法院提起诉讼。

侵权行为地包括侵权行为的实施地和侵权行为的侵权结果发生地。

侵权行为的实施地包括：

（i）被诉侵权产品的制造、使用、销售、许诺销售、进口等行为的实施地；

（ii）被诉侵犯专利方法的使用行为的实施地，依照该专利方法直接获得的产品的使用、许诺销售、销售、进口等行为的实施地；

（iii）被诉侵犯外观设计专利的产品的制造、许诺销售、销售、进口等行为的实施地；

（iv）被诉假冒专利的行为实施地，以及上述行为的侵权结果发生地。

所谓侵权结果发生地通常被理解为侵权行为实施后，其影响力所延及的地域。例如，侵权行为人在上海实施了制造专利侵权产品的行为，北京的消费者也能买到侵权产品，北京就可以视为侵权结果发生地。原告如果选择在北京起诉，北京的法院就有权管辖。但是要特别注意的是，为了避免当事人滥用法院管辖的选择权，最高人民法院还进一步对侵权行为地的选择作出限制，根据最高人民法院的有关司法解释，如果原告仅对侵权产品的制造者提起诉讼，未对侵权产品的使

---

❶ 归属于北京市、上海市和广东省管辖的，分别向北京知识产权法院、上海知识产权法院、广州知识产权法院提起诉讼，以下不再作重复说明。

用者、销售者提起诉讼的，而制造地与使用地或销售地不一致的，则原告必须到制造地的人民法院提起诉讼；只有在原告将销售者或使用者与制造者一起起诉的，销售地或使用地的人民法院才有权进行管辖。

需要注意的是，如果被诉侵权人通过网络进行许诺销售，通常原告不能将获得许诺销售信息的网络终端所在地的人民法院作为管辖法院，一般应当将实际销售地的法院作为提出请求的管辖法院；即使是许诺销售，被告所在地的法院则多会成为因许诺销售而引发的专利侵权诉讼的管辖法院。

③无论哪一种专利诉讼，如果两个以上地域的人民法院都有权进行管辖的，则由先受理案件的人民法院进行管辖。

对于专利行政诉讼来说，其管辖法院的规定是十分明确的。根据《行政诉讼法》第十五条和第十八条的规定、《最高人民法院关于专利、商标等授权确权类知识产权行政案件审理分工的规定》以及《最高人民法院关北京、上海、广州知识产权法院案件管辖的规定》，当事人对专利复审委员会作出的具体行政行为（如复审决定、无效宣告请求审查决定等）不服而以专利复审委员会为被告提出的行政诉讼的第一审案件，或者当事人对国家知识产权局作出的具体行政行为（如实施专利强制许可决定、实施专利强制许可的使用费裁决、行政复议决定等）不服而以国家知识产权局为被告的行政诉讼的第一审案件，由北京知识产权法院负责审理；当事人对地方知识产权管理部门作出的具体行政行为（如针对专利侵权行为作出的处理决定、针对假冒专利行为作出的处罚决定、行政复议决定等）不服而以地方知识产权管理部门为被告提出的行政诉讼的第一审案件，除北京市、上海市、广东省分别由北京知识产权法院、上海知识产权法院和广州知识产权法院负责审理外，一般由该地方知识产权管理部门所在地的省、自治区、直辖市人民政府所在地的中级人民法院负责审理，如果作出具体行政行为机关所在地的中级人民法院已是最高人民法院特别指定的中级人民法院，则由这些中级人民法院负责审理。

第二节　专利权属诉讼

专利权和其他知识产权一样属于民事财产权。既然是民事财产权，就必然要归属于权利所有人。当其归属主体发生争议，就出现权属纠纷，当事人协商不成就会诉诸人民法院，成为专利权属诉讼。本节首先对专利权属诉讼的特点作概要说明，然后分专利申请权归属诉讼和专利权归属诉讼两个部分作进一步说明。

一、专利权属诉讼概述

专利权属诉讼是指涉及专利权或专利申请权最终归属于谁引发的诉讼，包括专利申请权归属诉讼和专利权归属诉讼。专利权属诉讼的结果表现为确认一项具体专利权或专利申请权归谁所有。

专利权属诉讼与其他专利诉讼相比具有下述特点。

（1）诉讼一般不涉及专利权本身的有效性

各方当事人均不得以专利权归属或者专利申请权归属发生争议为由，要求专利复审委员会宣告一项专利权无效，或者以此要求国家知识产权局驳回申请人的专利申请。但是为了保障各方当事人的合法权利，如果一项具体的专利申请权或专利权发生了权利归属争议，当事人有权告知国家知识产权局，并可请求国家知识产权局就专利申请的审批或专利权的维持工作采取一些保障措施，例如，在专利申请权发生权属诉讼时暂时中止专利审批工作、不再发出授权通知和颁发专利证书等，对于已经授权的专利发生权属诉讼就不会因目前状态下的专利权人恶意不缴纳费用而公告专利权终止等。

（2）引起专利权属诉讼的原因多样化

引起专利权属诉讼的原因多种多样，如在专利申请阶段的专利申请权归属纠纷、在专利权授予后发生的专利权归属纠纷、因职务发明创造和非职务发明创造认定而引发的实质上的专利申请权或专利权归属纠纷、因委托发明或合作发明而引发的专利申请权或专利权归属诉讼。

（3）法律对专利权属诉讼的诉讼时效和管辖法院有特殊限定

无论是何种原因引发的实用新型或外观设计专利权归属诉讼还是发明专利权归属诉讼，其诉讼时效的期限为自权属诉讼针对的专利权公告后 2 年，在此期间，如果自认的"权利人"没有行使诉权，就有可能导致丧失胜诉权。对于发明专利的申请权归属纠纷，诉讼时效为自发明专利申请公布后的 2 年。但是，人民法院通过诉讼实践，对于因专利侵权案件而反诉的专利权归属诉讼拟采取宽容的措施，目前还在酝酿作出相关规定，对此问题应当关注最高人民法院的司法解释。

专利权属诉讼一般由被告所在地的人民法院管辖，涉及委托开发合同或合作开发合同的，也可以由合同履行地的人民法院管辖。

（4）专利权属诉讼中的举证责任一般由原告承担

根据《民事诉讼法》和最高人民法院有关证据及举证责任的司法解释的规定，民事诉讼一般遵循"谁主张，谁举证"的原则，由于专利权属诉讼发生的前提是已经有人申请了专利或获得了专利权，而自认的"权利人"又认为自己才是真正的权利人，所以在专利权属诉讼中，被告一般不承担举证责任。如果提出权利归属主张的原告不能提供足够的证据证明己方是真正的专利申请人或专利权人，则人民法院将作出维持现有权属状况的判决。当然，被告如果能够在诉讼中主动提供相关权属证据，积极帮助法院查明案件事实，将有助于案件审理的顺利进行。

二、专利申请权归属诉讼

专利申请权，是指公民、法人或者其他组织依照法律规定或者合同约定所享有的就发明创造向国家知识产权局提出专利申请的权利。

专利申请权归属诉讼，是指当事人之间就谁具有向国家知识产权局提出专利申请的权利发生争议而向人民法院提起的诉讼。

1. 专利申请权的特点

专利申请权实际上是一项产生可期待利益的权利，它是产生专利权的基础，但是专利申请权并不一定转变成专利权。基于专利申请权归属争议而发生纠纷的原因恰在于它有可能转为专利权而获得实际的权益。

专利申请权具有下述两个特点。

①专利申请权只是在专利申请阶段的一种权利，专利申请一旦被国家知识产权局授权或驳回，专利申请阶段即告结束，专利申请权也随之消失。申请人也可以在申请阶段主动撤回专利申请，从而导致一项具体的专利申请权的消失。

②正因为专利申请权是一项对专利权的期待性权利，拥有申请权的权利人在享有专利申请权期间，虽然可以实施自己专利申请的技术方案，但是不具有实施上的排他性权利，至多在发明专利申请公布后专利申请人享有临时保护的权利，即有权要求使用发明的人支付使用费，但是临时保护的真正实现也要在发明专利权授予并公告后。

2. 引发专利申请权归属诉讼的原因

专利申请权归属诉讼是一项发明创造在申请专利后授予专利权之前当事人之间因谁应当享有专利申请权而发生的诉讼。根据《最高人民法院关于审理专利申请权纠纷案件若干问题的通知》的规定，专利申请权诉讼案件主要包括下述三类：

①因发明创造是职务发明创造还是非职务发明创造而引发的诉讼案件。虽然此类诉讼从表面上看，涉及的是对一项发明创造性质的确定，而实际上确定发明创造的职务与非职务性质，是确定专利申请权归属的前提。

②因确定发明创造的发明人或设计人而引发的诉讼案件。此类诉讼并不一定涉及专利申请权的归属争议，但其中有一部分会涉及专利申请权归属，因为发明人或设计人的确定有时也可能涉及发明创造归属性质的确定，从而引发专利申请权归属争议。

③关于合作（协作）完成或者接受委托完成的发明创造因确定哪一方有权申请专利而引发的诉讼。此类诉讼的发生通常是由于当事人事先在合同中未明确约定专利权归属，或一方当事人违反合同的约定申请了专利，或根本没有订立合作开发合同或委托开发合同。

3. 因职务或非职务发明性质的争议而引发的专利申请权归属诉讼

关于职务发明创造和非职务发明创造的专利申请权的归属，《专利法》第六条第一款和第二款作出了明确的规定，即职务发明创造申请专利的权利属于该单位；非职务发明创造申请专利的权利属于发明人或者设计人。由此可见，涉及职务发明创造和非职务发明创造的专利申请权归属问题，法律规定是明确的，关键是如何适用法律对职务发明创造和非职务发明创造的判断标准来确定发明创造的职务或非职务性质。

根据《专利法》第六条第一款的规定，执行本单位的任务或者主要利用本单位的物质条件所完成的发明创造为职务发明创造。为进一步明确职务发明创造的内涵，《专利法实施细则》第十二条第一款和第二款又分别对"执行本单位的任务所完成的发明创造"和"本单位的物质条件"作出了明确的规定。

所谓"执行本单位的任务所完成的发明创造"是指：

①发明人或设计人在本职工作中作出的发明创造；

②发明人或设计人履行本单位交付的本职工作之外的任务所作出的发明创造；

③发明人或设计人在退休、调离原单位后或者劳动、人事关系终止后1年内作出的，与其在原单位承担的本职工作或者原单位分配的任务有关的发明创造。

所谓利用"本单位的物质条件"完成的发明创造，是指发明人或设计人利用本单位的资金、设备、零部件、原材料或者不对外公开的技术资料等所完成的发明创造。根据《专利法》第六条第三款的规定，对于利用"本单位的物质条件"完成的发明创造，发明人或设计人和所在单位可以通过订立合同来明确专利申请权和专利权的归属。

《专利法》第六条和《专利法实施细则》第十二条对职务发明创造作了进一步明确的规定，但在实践中还可能会遇到一些在法律、法规中尚没有明确或详尽规定的情况，此时在审判实践中法院会结合法律原则、立法目的以及公平公正原则解决争议。

4. 因发明人或设计人资格而引发的专利申请权归属诉讼

这类诉讼的直接原因是因发明人或设计人的身份确定发生了争议。

需要说明的是，因发明人或设计人的资格引发的专利诉讼并不一定涉及专利申请权归属诉讼。例如，一项职务发明创造往往是许多人共同劳动的结果，在共同参与发明的过程中，有些人是负责下达任务、提供经费和物质条件、调配工作人员的组织领导者；有的是参加课题的有关试验、分析、化验、数据处理工作的辅助人员；还有一些人是直接参加设计和构思课题内容、制定技术路线和实施方案、解决技术难题的研究人员等，这些人当然不可能都成为发明创造的发明人或者设计人，因为法律明确规定只有对发明创造作出创造性贡献的人才是发明人或者设计人。也就是说，在一般情况下，对发明创造的整体构思、设计并对关键技术的解决作出创造性工作的人，包括在发明创造课题研究过程中作出整体设计构思并提出具备新颖性、创造性、实用性的技术方案的人，在技术成果完成过程中对解决该项成果技术方案的关键技术问题起到了骨干和关键作用的人，始终负责该项课题研究并对解决关键技术问题作出创造性贡献的人，都可能成为发明人或设计人。如果完成一项职务发明创造所在单位的某位领导或与发明无关的人员被确定为该项发明创造的发明人、设计人或共同发明人、共同设计人，必然要影响真正发明人或设计人的合法权益，有可能导致真正发明人或设计人不能获得应有的荣誉或物质利益。所以，真正的发明人或设计人有权就发明人、设计人资格提出自己的主张，当这种主张在本单位不能得到支持时，便会引发确定发明人或设计人资格的诉讼案件。

显然，上述情况中的发明人或设计人资格的争议并不会引发专利申请权归属诉讼，因为这种争议并不会改变发明创造是职务发明创造还是与非职务发明创造的性质，只是改变发明人或设计人的身份，故诉讼的结果只是使发明人或设计人的因发明创造完成而享有的利益不受侵犯。根据《专利法》的规定，职务发明创造的专利申请权和专利权虽然属于单位，但是发明人或设计人获得荣誉、报酬或奖励的权利是相对独立存在的。也就是说，职务发明的发明人或设计人虽然不享有专利申请权、专利权，但享有发明人或设计人的荣誉权、署名权及获得奖励或报酬的权利。

需要注意的是，因发明人或设计人资格而发生的争议在有些情况下会同时引发专利申请权归属的诉讼。例如，陈某在检索国内外资料的基础上，利用业余时间，自筹资金，经过研究和多次实验后，研制成功"汽车行驶测速器"中的关键部件，并在此基础上形成了"汽车行驶测速器"的技术方案。陈某向好朋友甄某介绍了自己研制"汽车行驶测速器"的经过，并且委托甄某按照其设计的图纸加工成实样，向其支付了材料费用于购置原材料和进行加工。甄某在征得本单位有关领导的同意后，开始为陈某加工产品的样品。样品完成后，经多次试用，能够达到对汽车测速的功能，具有很好的技术效果。陈某与甄某所在单位协商共同向交通管理部门申请，将该产品用于车辆的管理。此时，甄某所在单位在未通知陈某的情况下，就该产品以本单位的名义向国家知识产权局申请了职务发明专利，并将陈某和甄某列为共同发明人。陈某获悉此消息后，随即向甄某所在单位的领导提出了异议，认为自己是"汽车行驶测速器"的唯一发明人，该发明创造不是职务发明。但是甄某所在单位领导对陈某提出的异议并没有理睬，于是陈某无奈之下向当地有管辖权的人民法院提起诉讼，提出了两项诉讼请求，首先要求确定自己是该专利申请的唯一发明人，其次要求确认专利申请权归属于自己。显然，在此案例中，虽然陈某提出的第一项诉讼请求是确定自己的发明人资格，但是其要达到的诉讼目的是所提出的第二项请求能够得到支持，即主张该项发明创造的专利申请权。而如果陈某的唯一发明人身份能够确定，其主张专利申请权的请求也随之会实现。因此，陈某提出的发明人资格确定的请求实质上是实现其主张专利申请权的前提必要条件，该案实质上应当属于专利申请权归属诉讼。

5. 因申请专利的发明创造是否为合作开发的发明创造的争议而引发的专利申请权归属诉讼

这类诉讼发生的关键原因是当事人各方对于合作开发者的身份确定产生了分歧。因此，认定当事人之间是否存在合作开发关系以及当事人各方是否真正参加了合作开发活动是正确处理此类纠纷的关键问题。

确定当事人之间是否存在合作开发关系的重要依据是当事人签订的合作开发协议。当事人之间的合作开发关系往往是通过当事人订立的合同确立的，同时，当事人也通过签订"技术开发合同"来确定双方当事人在合作开发中享有的权利和承担的义务以及对于合作开发成果所享有的权利。如果当事人并没有订立相关的合作开发书面协议，或者虽签署了合作开发书面协议但未约定专利权归属的相关条款，则使这类诉讼案件的审理难度增加。在审判实践中，人民法院对于已经发生的事实将依据当事人提供的证据进行公正的认定，从而判定当事人之间是否建立事实上的合作开发关系。

关于合作开发的发明创造的专利申请权归属，《专利法》第八条作出了明确规定，两个以上单位或者个人合作完成的发明创造，除另有协议的以外，申请专利的权利属于共同完成的单位或者个人。

在确定是否属于合作开发的发明创造时，要特别注意其与委托开发完成的发明创造的区别。在一般的情况下，通常认为上述两者的区别在于，合作开发是合作的各方主体都真正参与了发明创造的实际研发活动，而委托开发中的委托方一般只提出要求和支付相关的开发费用，并未参加发明创造的实际研发活动。

6. 因申请专利的发明创造是否为委托开发的发明创造的争议而引发的专利申请权归属诉讼

委托开发的发明创造是指一方当事人委托另一方当事人完成的发明创造。关于委托开发的发明创造的专利申请权归属，《专利法》第八条同样作出了明确的规定，一个单位或个人接受其他单位或者个人的委托所完成的发明创造，除了协议另有约定外，申请专利的权利属于完成该项发明创造的单位或者个人。根据《专利法》的上述规定，当事人可以通过订立合同来约定委托开发的发明创造的专利申请权的归属，在没有订立合同或合同约定不明确的情况下，委托开发的发明创造的专利申请权归属于发明创造的完成方。委托开发的发明创造的委托方通常是仅仅提出特定要求、支付开发经费并承担大部分风险的当事人，但是委托方并不参加也不派人参加开发活动，开发活动是由接受委托的一方当事人完成的。如果委托方与开发方没有就开发成果申请专利的事宜达成协议的，委托方不享有专利申请权，但是根据《合同法》的规定，委托方对于委托开发完成的发明创造享有免费的实施权。

三、专利权归属诉讼

专利权归属诉讼，是指当事人之间就谁应当是真正的专利权人发生争议而向人民法院提出的诉讼。专利权归属诉讼与专利申请权归属诉讼发生的原因基本相同，具有本质上的相同点。当然，因为诉讼发生的时间阶段不同，争议的权利性质不同，两者也具有本质上的不同。

专利权归属诉讼的时效是在专利权被授予后的2年内。由于专利权归属所争议的对象是一项已经得到授权的专利权，因此当事人诉争的权利性质已经不是期待性的权利而是现实的权利。胜诉的一方当事人就能享有实际的专利权，进而有可能通过实施专利而获得经济利益。

因为专利申请权归属和专利权归属诉讼发生的原因基本相同，所以在本节不再重复论述，只是将常见的专利权归属纠纷的原因归纳介绍如下。

1. 基于职务发明创造和非职务发明创造争议而引发的专利权归属诉讼

由于一项专利申请，尤其是实用新型和外观设计专利申请在申请阶段是处于保密状态的，相关的利害关系人在专利申请阶段未必能获知专利申请的具体情况，因此不会在专利申请阶段提起有关申请权的诉讼请求。如果该项专利申请被授予专利权，授权公告的公开性会导致相关利害关系人获知专利的全部内容，此时就可以提出权利主张。虽然利害关系人提出权利主张原因与主张专利申请权的原因相同，但因提出主张的时间阶段不同，权利归属争议的性质也发生了相应的变化。

2. 基于发明人或设计人的身份确定发生争议而引发的专利权归属诉讼

需要说明的是，与因发明人或设计人的资格引发的专利申请权归属诉讼一样，因发明人或设计人的资格引发的专利诉讼并不一定涉及专利权归属诉讼，但在有些情况下因发明人或设计人资格而发生的争议会同时引发专利权归属诉讼。

比较常见的情形是发明人或设计人单独完成或者与其他发明人或设计人共同完成的发明创造，却被完成发明创造以外的人申请专利并获得专利权而引起纠纷。有关这方面的例子可参见前面有关专利申请权归属诉讼部分中因发明人或设计人的资格引发的专利申请权归属诉讼中给出的例子。

3. 基于委托开发所产生的发明创造被授予专利权后就归属争议而引发的专利权归属诉讼

这类诉讼比较常见的情形是：委托开发完成的发明创造，在无书面约定但是却有口头约定的情况下，委托方将该发明创造进行专利申请并取得专利权而引发诉讼；委托开发的双方当事人虽有合同约定专利权归属但因约定不明确而引发专利权归属诉讼等。

4. 基于合作开发所产生的发明创造被授予专利权后就归属发生争议而引发的专利权归属诉讼

这类诉讼比较常见的情形是：合作开发完成的发明创造，在既无合同约定、又无其他各方声明放弃其共有专利申请权的情况下，该发明创造被其中一方共有人独自申请专利并获得专利权而引发专利权归属诉讼等。

从上述说明可知，正因为专利权归属诉讼发生的原因与专利申请权归属诉讼发生的原因基本相同，所以诉讼的种类和适用的法律也基本相同。在审理专利权归属诉讼案件时，人民法院依据《专利法》的相关规定和最高人民法院的相关司法解释作出判决，法律的具体适用可以参照前面确定专利申请权归属时的阐述。

第三节　专利侵权诉讼

专利权是一种属于知识产权的无形财产权，与其他有形财产权一样，其权利主体专利权人对取得专利权的发明创造享有专有权，具有独占性和排他性。专利权人的这种无形财产与其他有形财产一样不允许受到侵犯，即未经专利权人的同意，不得实施该项发明创造。一旦出现侵犯专利权的行为就会引发民事纠纷，专利权人就可能向人民法院提起民事诉讼，这类涉及专利侵权行为的民事诉讼称为专利侵权诉讼。作为专利代理人在实践中必然会遇到专利侵权诉讼的业务，为此本节对专利侵权诉讼的基本知识作一简单介绍，供专利代理人参考。

一、专利侵权行为

《专利法》第十一条对专利权的法律效力作了明确规定："发明和实用新型专利权被授予后，除本法另有规定的以外，任何单位或者个人未经专利权人许可，都不得实施其专利，即不得为生产经营目的的制造、使用、许诺销售、销售、进口其专利产品，或者使用其专利方法以及使用、许诺销售、销售、进口依照该专利方法直接获得的产品。外观设计专利权被授予后，任何单位或者个人未经专利权人许可，都不得实施其专利，即不得为生产经营目的的制造、许诺销售、销售、进口其外观设计专利产品。"

根据上述规定，作为专利侵权行为必须有被侵犯的专利保护客体以及被诉侵权的实施行为。

专利侵权行为的认定就是判断该被诉实施行为是否侵犯了他人所拥有的一项已授权并处于专利权有效保护期内的专利保护客体的专利权。

由《专利法》第十一条的规定可知，构成专利侵权行为的条件为五项：

①该实施行为发生在该项专利权授权以后的专利权有效保护期内；

②该实施行为未经专利权人许可；

③该实施行为以生产经营为目的；

④该实施行为是法定禁止的侵害行为；

⑤该实施行为落入该项专利权的保护范围。

1. 实施行为发生在专利授权后的专利权有效保护期内

对一项发明专利权来说，其有 4 个重要日期：申请日、公布日、授权公告日（即权利生效日）和权利终止日。对一项实用新型专利权和外观设计专利权来说，其有 3 个重要日期：申请日、授权公告日（即权利生效日）和权利终止日。

按照《专利法》第四十二条的规定，发明专利权的保护期限为 20 年，实用新型和外观设计专利权的保护期限为 10 年❶，均自申请日起计算。由此可知，发生在专利申请日前的实施行为不构成侵权行为。该专利权从申请日起才能得到保护。

按照《专利法》第十一条的规定，仅仅发生在该专利授权公告日到权利终止日这一段期间内的实施行为才构成侵权行为。

那么如何体现从专利申请日到授权公告日期间对专利权的保护呢？对于发明专利来说，《专利法》第十三条又规定了临时保护措施，即发明专利申请公布之后，申请人可以要求实施其发明的单位或者个人支付适当的费用。对于在此临时保护期内使用发明而未支付适当费用的实施行为，专利权人可以在授予专利权之后按照《专利法实施细则》第七十九条的规定，请求地方知识产权管理部门进行调解，也可以在授予专利权之后按照《最高人民法院关于审理专利纠纷案件适用法律问题的若干规定》（法释［2015］4 号）（以下简称《审理专利纠纷司法解释2015》）第一条的规定向人民法院提起专利民事诉讼。但是，对于这样的实施行为，按照《专利法》的规定，并未定为专利侵权行为，只能要求支付适当费用，而不能要求"停止侵权行为"和"赔偿损失"。

发明专利在申请日与公布日期间以及实用新型专利和外观设计专利在申请日与授权公告日期间能得到什么保护呢？在《专利法》和《专利法实施细则》中没有作出明确规定，然而从《专利法》有关条款中，可以推导出在此期间能得到一定的保护。这主要体现在两方面：其一，先用权所允许的实施规模以申请日为准，授权后超过申请日规模的实施行为仍然构成侵权，从发明专利申请公布日至授权公告日期间超过申请日规模的实施行为仍应支付适当费用；其二，阻止他人在申请日后向国家知识产权局就相同发明创造提出专利申请而取得专利权。为帮助理解，现举一例加以说明。

申请人 A 有一项设备发明专利申请，申请日后一年半公布，两年半授权。他人 B 在申请日前也研制出相同的设备，并在申请日前做好了生产能力为 1 000 台/月的准备，且此时已制造了 500 台存放其仓库内，从申请日至公布日期间其生产能力不断扩大，达到 3 000 台/月，申请人 A 通知他人 B 支付适当费用，他人 B 拒付，继续在公布日生产规模下生产和销售直到授予专利权。此

---

❶ 目前我国《专利法》正在酝酿进行第四次修改。其中，为使外观设计专利的保护与国际条约相适应，在《专利法》修改的送审稿中，将外观设计专利权的保护期限由 10 年改为 15 年。

时专利权人 A 可以到地方知识产权管理部门请求调解或向人民法院提起诉讼。

在上述情况中，哪些实施行为构成侵权呢?

显然，他人 B 在申请日前生产的 500 台设备不是在专利权保护期内制造的，因而不构成侵权行为。通常授权后的生产和销售行为构成侵权行为，而在公布日与授权公告日期间的制造和销售行为虽然可以向人民法院提起诉讼要求其支付适当费用，但不构成侵权行为。然而在本案中由于他人 B 具有先用权，因而申请日的保护作用体现在其公布日后的实施行为中所允许先用权的规模按申请日的生产能力 1 000 台/月来确定，因而授权后的 3 000 台/月中的 1 000 台/月可以享受先用权，其余 2 000 台/月构成侵权行为;而在公布日到授权公告日的 1 年之中所生产、销售的设备中有 1 000 台/月 ×12 个月 =12 000 台可以享受先用权，余下的应当支付适当费用。

从上述例子分析可知，申请日前的实施行为不构成侵权;授权公告日后的实施行为构成侵权;公布日至授权公告日期间可以享受临时保护，即该期间的实施行为虽不构成侵权，但应支付适当费用;申请日至公布日期间的实施行为不构成侵权，也不需要支付适当费用;但在有先用权的情况下，申请日的生产能力为先用权所允许的实施规模，超过先用权允许实施规模的部分在公布日至授权公告日之间应当支付适当费用，而在授权公告日后构成了侵权行为。

2. 该实施行为未经专利权人许可

显然，与专利权人签订过专利许可合同（包括强制实施许可），并向专利权人支付过专利使用费的实施行为是得到专利权人同意的，因此这样的实施行为不应该算作专利侵权行为。只有未经专利权人许可的实施行为才有可能构成专利侵权行为。

虽然《专利法》第十二条所规定的专利实施许可合同是一种明示合同，然而，在一定条件下专利权人与他人之间所进行的行为也可以形成默认许可。

按照《专利法》第十二条规定，专利实施许可应当订立实施许可合同。该实施许可合同通常为书面实施许可合同，但在实践中若将有无此书面合同作为是否经过专利权人许可的唯一依据是不太公正、合理的，因为专利权人与他人之间在一定条件下可能会存在默认许可的情形。美国联邦最高法院早在 1927 年的一个判例中就曾经指出，如果专利权人说过的话或进行过的行为使得第三者能够合乎情理地推导出专利权人已经同意他人制造、使用专利产品或使用专利方法，则此说过的话或进行过的行为就构成一种默认许可。这种观点应当说是比较公正、合理的。其实，《专利法》第六十九条第（一）项中所规定的专利权用尽原则实质上就承认了一种默认许可。当然，还可能出现其他可视为默认许可的情况。如《专利权的保护（第 2 版）》第 77 ~ 79 页所介绍的美国联邦巡回上诉法院（CAFC）在一项"虾刀"专利的判例中就作出了"受到侵害的他人有权出售有关产品，以便获得对侵害行为的救济"的判决，尽管双方原合同仅是对该产品的委托制造，在专利权人拒绝支付有关费用时，则可认定专利权人默认受到侵害的对方可出售该产品以取得补偿，从而未构成侵权。此判例值得我国借鉴。

3. 该实施行为以生产经营为目的

由于《专利法》第十一条规定的禁止行为是以生产经营为目的的实施行为，因此非生产经营目的的实施行为不构成侵权。

按照此规定，个人非商业目的的使用排除在专利侵权行为之外，因为个人利用专利的实施行为不属于为生产经营目的的范围，无需得到专利权人的许可。《欧共体专利公约》（Convention for the European Patent for the Common Market，1989 年 12 月 15 日修改的文本）对此作了明确的规定，其第 27 条第（a）款明确写明私人范围非商业目的使用专利技术的行为不构成侵犯专利权的行为。同样，个人制造少量专利产品赠送给亲朋好友也可视为私人范围非商业目的实施专利技术的行为，不构成侵犯专利权。

但是，在实践中会出现一些商业赠送行为或搭送行为，尽管此赠送和搭送对消费者来说是免费的，但这种搭送行为多半是出于推广宣传其产品的，即为其今后销售该产品服务，如果该产品是专利产品，可以主张其是许诺销售行为。

4. 该实施行为是法定禁止的侵害行为

对产品专利（包括发明和实用新型专利）而言，法定禁止的侵害行为是指制造、使用、许诺销售、销售、进口该专利产品的行为，不论是该专利产品本身还是作为其他产品的部件都不允许。

对于制造专利产品的行为，不经专利权人同意而制造专利产品都会构成专利侵权行为。明知该制造行为会造成侵权（如专利申请人或专利权人已事先告知情况）仍继续制造则属于故意侵权行为；在专利申请授权公告后制造专利产品，即使其未得知此事实，仍属于过失侵权行为；对于在该产品专利申请日前自行研究开发出同样产品，并做好制造该产品的准备，属于《专利法》第六十九条第（二）项规定的可以享有先用权的情况，其制造也仍然要受到限制，仅限制在该专利申请日前的生产能力和生产规模，超出部分仍然构成侵犯专利权的行为。同样，对于进口专利产品的行为，只要未经专利权人同意，都会构成侵犯专利权的故意行为或过失行为。

对于销售、许诺销售和使用专利产品的，按照《专利法》的规定分成三种情况：专利权人制造、进口或者经专利权人许可而制造、进口的专利产品售出后，销售、许诺销售和使用专利产品的不构成侵权行为；为生产经营目的使用、销售（包括许诺销售）不知道是未经专利权人许可而制造并售出的专利产品构成专利侵权行为，但能证明其产品合法来源的善意第三人可以免于追究其侵权的赔偿责任；而对于明知侵权的销售、许诺销售和使用专利产品的行为，则属于故意侵权行为，并应追究侵权赔偿责任。

需要说明的是，按照《最高人民法院关于审理侵犯专利权纠纷案件应用法律若干问题的解释》（法释［2009］21号）（以下简称《审理专利侵权纠纷司法解释2009》）第十二条第一款的规定，将侵犯发明或者实用新型专利权的产品作为零部件，制造另一产品的，被认定为属于《专利法》第十一条规定的使用行为；销售另一产品的，被认定为属于《专利法》第十一条规定的销售行为。

对发明的方法专利而言，法定的禁止侵害行为是指使用该专利方法以及使用、许诺销售、销售、进口依照该专利方法直接获得的产品。也就是说，对一项方法专利来说，其法律保护并不局限于禁止他人未经专利权人许可而使用该专利方法，还延及用该专利方法直接获得的产品，即禁止他人未经专利权人许可而使用、许诺销售、销售和进口该方法直接获得的产品。

但是，并非所有方法专利的保护范围都能得到延伸，作业方法（如测量、检验、操作）以及归属于用途发明的应用方法不能延及产品，只有使获得的产品在结构、形状或特性发生变化的制造加工方法才允许延及该制造加工方法直接获得的产品。

同样，按照《审理专利侵权纠纷司法解释2009》第十三条的规定，对于使用专利方法获得的原始产品，被认定为《专利法》第十一条规定的依照专利方法直接获得的产品，而对于将上述原始产品进一步加工、处理而获得后续产品的行为，被认定为属于《专利法》第十一条规定的使用依照该专利方法直接获得的产品。

对外观设计专利而言，法定禁止的侵害行为是指制造、许诺销售、销售、进口采用或体现该外观设计专利的产品。由于外观设计的使用不会产生商业上的经营效果，因而其法定禁止的侵害行为不包括使用该外观设计专利的产品。

同样，需要说明的是，按照《审理专利侵权纠纷司法解释2009》第十二条第二款的规定，将侵犯外观设计专利权的产品作为零部件，制造另一产品并销售的，被认定为属于《专利法》第十一条规定的销售行为，但侵犯外观设计专利权的产品在该另一产品中仅具有技术功能的除外。

5. 该实施行为落入该专利权的保护范围

前面四项条件涉及被诉侵权行为发生的时间、目的、是否经过专利权人的许可等，基本上不涉及被诉侵权产品或者方法的具体技术内容，可称其为构成侵权的形式要件，而此项条件是判断被诉侵权行为中制造、许诺销售、销售、使用、进口的产品是否为该专利产品或该专利方法直接获得的产品，或者被诉侵权行为中所使用的方法是否为该专利方法。因而该项条件为构成专利侵权的技术要件。

在判断是否满足构成专利侵权的技术要件时通常可以分成两步。首先，确定专利权的保护范围，对于发明和实用新型专利来说，根据权利要求的内容来确定其保护范围，说明书（包括附图）可以用于解释权利要求的内容；对于外观设计专利来说，根据表示在图片或照片中的该产品的外观设计来确定其保护范围，简要说明可以用于解释图片或照片所表示的该产品的外观设计。其次，将被诉侵权客体与该专利的保护范围进行比较，分析判断该被诉侵权客体是否落入专利保护范围之内。

有关这一技术要件的判断认定，涉及的内容较多，在本书第十八章第一节之一中将对此作具体说明。

二、不视为侵犯专利权的几种情况

专利权是一种具有排他性的权利，原则上未经专利权人同意，任何人都不得擅自实施其发明创造。但是为了维护国家和民族的利益以及防止专利权人滥用专利权，几乎所有实行专利制度的国家都毫无例外地对专利权人的权利作了限制性规定。我国《专利法》也作出了类似规定，下面对此作进一步说明。

1.《专利法》规定的三类不视为侵犯专利权的情况

按照《专利法》的规定，有三类未经专利权人同意而实施专利的行为不视为侵犯专利权。

（1）计划许可的实施行为

《专利法》第十四条规定，国有企业事业单位的发明专利，对国家利益或者公共利益具有重大意义的，国务院有关主管部门和省、自治区、直辖市人民政府报经国务院批准，可以决定在批准的范围内推广应用，允许指定的单位实施。

这种属于计划许可的实施行为不视为构成侵犯专利权的行为。但是，这些实施单位应当按照国家有关规定向专利权人支付专利使用费。

（2）强制许可的实施行为

《专利法》第四十八条至第五十一条规定了四种强制许可的情况：

①发明专利或者实用新型专利的专利权人自专利权被授予之日起满3年，且自提出专利申请之日起满4年无正当理由未实施或未充分实施其专利、并又拒绝以合理条件许可他人实施其专利，或者专利权人行使专利权的行为被认定为垄断行为，属于上述两种情况之一的，可根据具备实施条件的单位或者个人的申请，给予实施该专利的强制许可。

②在国家出现紧急状态或非常情况或者为了公共利益的目的，给予实施发明专利或者实用新型专利的强制许可。

③为了公共健康目的，对取得专利权的药品，给予制造并将其出口到符合我国参加的有关国

际国家或地区的强制许可。

④在前申请的发明或实用新型专利的专利权人拒绝以合理条件许可以其专利为基础的从属专利的权利人实施其专利，可根据从属专利权利人的请求，给予实施前一发明或者实用新型专利的强制许可；在上述给予强制许可的情形下，还可根据在前申请的专利的专利权人的请求，给予实施后一专利的强制许可。

此四种情况的强制许可实施行为也不视为侵犯专利权的行为。

（3）五种不视为侵犯专利权的行为

《专利法》第六十九条规定了五种不视为侵犯专利权的行为：

①专利产品或者依照专利方法直接获得的产品由专利权人或者经其许可的单位、个人售出后，使用、许诺销售、销售或者进口该产品的；

②在专利申请日前已经制造相同产品、使用相同方法或者已经做好制造、使用的必要准备，并且仅在原有范围内继续制造、使用的；

③临时通过中国领陆、领水、领空的外国运输工具，依照其所属国同中国签订的协议或者共同参加的国际条约，或者依照互惠原则，为运输工具自身需要而在其装置和设备中使用有关专利的；

④专为科学研究和实验而使用有关专利的；

⑤为提供行政审批所需要的信息，制造、使用、进口专利药品或者专利医疗器械的以及专门为其制造、进口专利药品或者专利医疗器械的。

此外，《专利法》第七十条还根据民法保护善意第三人的理论对善意第三人作出了免责规定。按照此规定，为生产经营目的使用、许诺销售或者销售不知道是未经专利权人许可而制造并售出的专利侵权产品，能证明该产品合法来源的，虽构成侵权行为，但不承担赔偿责任。

对于前两类不视为侵犯专利权的计划许可和强制许可，界限比较清楚。下面重点对后一类的几种情况作一说明。

2. 专利权用尽原则

按照《专利法》第六十九条第（一）项的规定，专利产品或者依照专利方法直接获得的产品，由专利权人或者经其许可的单位、个人售出后，使用、许诺销售、销售或者进口该产品的行为不构成专利侵权行为。

该规定在专利法理论上称作"专利权用尽原则"，即专利权人制造或者许可他人制造的专利产品或依其专利方法直接获得的产品第一次合法售出后不再对该产品的使用、许诺销售、销售或进口具有限制约束的权利。作出这样的规定是因为专利权通过其第一次合法销售已取得了合理的利益，如果允许其权利延续到销售后的产品的流通和使用上，则显然给公众的生活带来不便，妨碍商品的流通，不利于商品经济。因此，为防止对专利权的保护超过合理限度，以免对正常的经济秩序产生不良影响，该规定是十分必要的。

但是，在实践中经常会出现一些难于清楚认定是否属于权利用尽的情况，例如对于专利产品的维修情况是否也适用权利用尽原则。经过较长时间的实践，法院对下述几种从专利权人或经专利权人许可的其他人处获得的专利产品采取后续处理行为的情形是否适用专利权用尽原则有了比较统一的意见：①基于权利用尽原则，专利产品的所有人可以采取各种措施保养、维修其专利产品，但是对专利产品的维修超出了必要界限，使维修行为等同于制造行为时，就不适用专利权用尽原则；②修复已损坏的专利产品并上市销售的行为不适用专利权用尽原则；③将他人专利产品作为零部件或原材料利用的行为可主张适用专利权用尽原则；④外观设计专利产品合法售出后，通常适用专利权用尽原则,但是,对于一些包装类产品(如酒瓶)的外观设计专利,将他人权利用尽的产品外观设计重新投入商业利用的行为不适用专利权用尽原则;⑤将外观设计专利产品的外观设计更改后投入市场的行为,一般适用专利权用尽原则。

该专利权用尽原则在一国境内适用是毫无疑义的。但是,由于专利权的地域性特点,此专利权用尽原则能否在国际上也适用呢?也就是说,同一专利权人针对相同的发明创造在不同国家取得专利权后,他在其中一个国家出售或者许可他人出售该专利产品之后,如果第三人未经专利权人许可,将此售出的产品进口到另一个已被授予专利权的国家,是否也构成侵权呢?这也正是近几年内受到各国普遍关注的热点问题——平行进口问题。

基于我国 2008 年修改的《专利法》已规定专利产品第一次合法售出后不再受限制约束的行为已扩展到进口行为,也就是说我国修改后的《专利法》采取了允许平行进口的立场,这在世界各国的专利法中还是比较少见的。

需要提请注意的是,认定平行进口行为不构成侵犯专利权的前提条件仅仅是专利权人或者其被许可人在我国境外售出其专利产品或者依照专利方法直接获得的产品,而与该专利权人在销售地所在的国家或者地区是否就该产品获得专利权以及获得何种专利权类型无关,也与专利权人或者其被许可人在售出其专利产品或者依照专利方法直接获得的产品时是否附具限制性条件无关。如果在售出上述产品时在购销合同中附具了限制进口到我国的条件,仍然未构成侵权行为,而属于违反购销合同的行为。

3. 先用权

按照《专利法》第六十九条第(二)项的规定,某项发明创造在申请人提出专利申请之前,任何第三者已经制造相同产品、使用相同方法或者已经做好制造、使用的必要准备,在该发明创造授予专利权后,仍可继续在原有的范围内制造或者使用该项发明创造,其可获得先用权,具有先用权的单位或个人在原有范围内制造或使用不视为侵犯专利权。

在我国,对于同样的发明创造来说,专利权授予首先向国家知识产权局提出专利申请的人,即先申请原则。先用权是先申请制的一种必要的补救性措施,其为了消除先申请制带来的某些不利因素,如他人在申请日前已开发研制成功相同发明创造,并已着手准备实施,此时若禁止其继续此实施行为明显不合情理。规定先用权原则后,以申请日为时间界限,合理调整申请在前的专利权人和申请日前已实施或准备实施的单位或个人之间的利益,以使他们都受到公平的保护。

对于先用者要取得先用权必须同时满足下述条件:

①先用者所制造的产品或使用的方法与一项授予专利权的发明或实用新型相同或等同,或者先用者所制造产品的外观设计与一项授予专利权的外观设计相同或相近似;

②先用者在申请日前独立开发研究出该发明创造,而不是抄袭、窃取专利权人的;

③先用者在申请日前已制造该产品或使用该方法或者已为该制造或使用做好了必要准备,即先用者已经完成实施发明创造所必需的主要技术图纸或工艺文件,或者已经制造或购买实施发明创造所必需的主要设备或原料;

④先用者在该专利申请公布之后或者授权之后的制造或使用行为仍保持在其申请日前原有的范围和规模之内,该原有范围和规模是指专利申请日前已有的生产规模以及利用已有的生产设备或者根据已有的生产准备可以达到的生产规模;

⑤先用权只限于先用者自己实施,除了与先用者的企业一起被转让或继承外,不得任意转让他人。

但是,需要指出的是,先用权并不是一种单独存在的权利,而仅仅是一种对抗专利侵权的抗辩权，因而只有在侵权诉讼中才考虑。也就是说，要在同时满足下述条件时才考虑判断先用权是否成立：

①一项发明创造已授权；

②先用者的实施行为在申请日前尚未使有关技术内容或设计内容为公众所知，即尚未构成使该专利丧失新颖性的现有技术，或者尚未构成与该专利相同或相近似的现有设计；

③先用者在专利申请公布之后或者授权之后继续该实施行为；

④专利权人认为先用者的实施行为侵犯了其专利权，向有关人民法院起诉或要求地方知识产权管理部门予以处理。

4. 临时过境交通工具上使用专利的行为

为方便国际交通运输，《巴黎公约》第5条之三规定临时过境交通工具上使用专利的行为不视为侵权行为。为此，《专利法》第六十九条第（三）项中作了类似的规定：临时通过中国领陆、领水、领空的外国运输工具，依照其所属国同中国签订的协议或者共同参加的国际条约，或者依照互惠原则，为运输工具自身需要而在其装置和设备中使用有关专利的，不视为侵犯专利权。

但适用本条款时应当明确以下几点：

①只有《巴黎公约》成员国、与我国有保护专利权双边协议或与我国在专利保护方面有互惠关系的国家的车辆、船舶、飞机才享有这种权利；

②上述车辆、船舶、飞机只有在偶然或临时通过我国领陆、领水、领空时才享有这种权利，其中临时过境包括定期或不定期过境，但进口到我国境内的车辆、船舶、飞机不能享受此权利；

③上述车辆、船舶、飞机使用授予专利权的发明创造仅是为了过境的需要，而不是用于其他目的，如广告、销售等；

④不仅适用于装置和设备本身受到专利保护的情况，还适用于使用专利方法来操作装置和设备的情况；

⑤仅适用于取得专利权的产品的使用，不包括在上述运输工具上制造受我国专利保护的产品或者向公众出售专利产品或按专利方法制成的产品。

5. 专为科学研究和实验而使用有关专利的行为

《专利法》第六十九条第（四）项中规定：专为科学研究和实验而使用有关专利的，不视为侵犯专利权的行为。不少国家的专利法中都有类似规定。

首先应当明确，仅仅专为科学研究和实验而使用专利技术，即针对专利技术本身进行科学研究和实验了解专利技术本身及其技术效果以判断该专利技术是否可行或者对专利技术本身作进一步改进，这样的使用才不视为侵犯专利权。如果以利用专利技术作为手段，在其他项目中进行科学研究和实验，其目的为开发研制另一种新产品，甚至是为了向某一经营单位提供有关数据或进行技术转让，则不属于这种使用专利技术的情况，不能排除在侵犯专利权的行为之外。

其次，不应当根据使用该专利技术的单位性质来判断。即使是科研院所，其使用专利技术的目的不是专为科学研究和实验，仍构成专利侵权行为。相反，若某从事生产经营活动的企业，使用某项专利技术的行为仅仅是对该项专利技术本身进行科学研究，则仍属于所述的不视为侵犯专利权的行为。

6. 为提供行政审批所需信息使用有关专利的行为

这一规定称作药品和医疗器械的实验（Bolar）例外。

由于各国对药品和医疗器械上市需要进行审批，如果只有在专利权保护期限届满后才允许其他公司开始进行相关实验，以获取药品和医疗器械行政管理部门颁发上市许可所需的资料和数据，就会大大延迟仿制药品和医疗器械的上市时间，从而在客观上延长专利权保护期限。为解决这一问题，美、加、英、澳等国均在其专利法中明确规定了 Bolar 例外，这一制度也被世界贸易组织的争端解决机构在对有关纠纷的裁决中认可，认为采用 Bolar 例外没有违背 TRIPS 的规定。我国在 2008 年修改《专利法》时，在《专利法》第六十九条第（五）项中作出了类似的规定：为提供行政审批所需要的信息，制造、使用、进口专利药品或者专利医疗器械的，以及专门为其制造、进口专利药品或者专利医疗器械的，不视为侵犯专利权。

按照上述规定，共有两类情形不视为侵犯专利权：

①为提供行政审批所需要的信息，制造、使用、进口专利药品或者专利医疗器械的，不视为侵犯专利权，即药品或医疗器械生产者或研发机构为提供行政审批所需要的信息而实施专利的行为不视为侵犯专利权；

②专门为其制造、进口专利药品或者专利医疗器械的，不视为侵犯专利权，即他人专门为药品或医疗器械生产者或者研发机构提供行政审批所需要的信息而实施专利且将这些信息提供给药品或医疗器械生产者或者研发机构的行为，不视为侵犯专利权。

7. 非故意的使用或销售行为

在 2000 年修改《专利法》之前，将使用或者销售不知道是未经专利权人许可制造并售出专利产品的行为，也规定为不视为侵犯专利权。但在实践中，由于制造行为难以发现而造成专利权人因不能追究上述销售者或使用者的法律责任而无法得到真正的专利保护，因此，2000 年修改《专利法》之后，不再将上述行为视为不侵犯专利权的行为。但是如果要上述善意第三人承担专利侵权的所有民事责任，显然会影响公众利益。这样，任何商场就要去核实其所经营的成千上万种产品是否为专利相关产品、是否由专利权人或经专利权人许可而制造的，同样公众从市场上购买商品时也要去作类似调查，而这种核实和调查十分困难，实际上不可能进行，因而从 2000 年修改《专利法》开始增加了对上述善意第三人的免责条款，即目前施行的《专利法》第七十条所作出的规定：为生产经营目的使用、许诺销售或者销售不知道是未经专利权人许可而制造并售出的专利侵权产品，能证明其产品合法来源的，不承担赔偿责任。

对上述免责条款应当明确四点：

①上述使用和销售者的行为是非故意行为，即主观上不知道该产品是专利侵权产品，如果被告知或得知该产品是未经专利权人许可而制造的侵权产品后继续使用或销售该专利产品，不能免除赔偿责任；

②上述善意第三人的行为仅局限于使用、许诺销售或销售，不包括非故意制造行为和进口行为；

③上述善意第三人必须证明其产品有合法来源，那些与非法制造者串通的，不能免除赔偿责任；

④免责条款所免除的仅仅是赔偿责任，专利权人有权要求善意第三人停止侵权行为和消除影响。

三、共同侵权行为和间接侵权行为

实施《专利法》第十一条规定的侵犯专利权的行为可以由单个民事主体完成，也可以由两个以上民事主体共同完成。相对于单个民事主体的单独侵权行为而言，由两个以上民事主体共同实施《专利法》第十一条规定的专利侵权行为，按照《民法通则》第一百三十条和《侵权责任法》

第八条的规定，两个以上共同实施专利侵权的民事主体构成了共同侵权。《审理专利侵权纠纷司法解释2009》第十二条第三款对该条前两款所列出的专利侵权情况作出了认定为共同侵权的规定："对于前两款规定的情形，被诉侵权人之间存在分工合作的，人民法院应当认定为共同侵权。"北京市高级人民法院于2013年10月9日发布的《专利侵权判定指南》中第一百零五条和第一百零七条对此也作出了相应的规定："两人以上共同实施专利法第十一条规定的行为，或者两人以上相互分工协作，共同实施专利法第十一条规定的行为的，构成共同侵权。""将侵犯专利权的产品作为零部件，制造另一产品并出售的，如果被诉侵权人存在分工合作，构成共同侵权。"

《专利法》第十一条所规定的专利侵权行为都是直接侵权行为。但是，各国的专利实践表明，仅仅禁止直接侵权行为和追究直接侵权者的侵权责任在有些情况下不能给专利权人提供充分有效的保护，因为有些行为人虽然自己不直接侵犯专利权，却诱导、怂恿或教唆（包括帮助）他人实施专利，这种行为客观上也损害了专利权人的利益，在这种情况下仅仅追究直接侵权者的侵权责任既不合理，也不充分。尤其是被这些行为人所诱导、怂恿或教唆的他人实施该专利的行为属于未侵犯专利权的情形，如果不允许追究这类行为人诱导、怂恿、教唆他人实施该专利的侵权行为，则会导致专利权受到侵害而得不到保护。基于上述原因，许多国家和组织都在其专利法中明确写入了与间接侵权（即诱导、怂恿、教唆他人实施专利的行为）有关的规定。

虽然我国《专利法》未对间接侵权行为作出明确规定，但在司法实践中为有效保护专利权，可以根据《最高人民法院关于贯彻执行〈中华人民共和国民法通则〉若干问题的意见（试行）》第一百四十八条的规定："教唆、帮助他人实施侵权行为的人，为共同侵权人，应当承担连带民事责任。"认定上述诱导、怂恿、教唆、帮助他人实施专利的行为构成共同侵权。由此可见，在司法实践中确实存在将上述间接侵权行为认定为共同侵权行为的必要性。《专利侵权判定指南》第一百零六条、第一百零八条和第一百零九条对此也作出了相应的规定："教唆、帮助他人实施专利法第十一条规定的行为，与实施人为共同侵权人。""提供、出售或者进口专门用于实施他人产品专利的材料、专用设备或者零部件的，或者提供、出售或者进口专门用于实施他人方法专利的材料、器件或者专用设备的，上述行为人与实施人构成共同侵权。""为他人实施专利法第十一条规定的行为提供场所、仓储、运输等便利条件的，与实施人构成共同侵权。"

对于将这种教唆、帮助他人实施专利的间接侵权行为认定为共同侵权行为的构成条件，应当明确下述几点。

①被认定为共同侵权行为的间接侵权的行为人主观上有诱导、怂恿、教唆或帮助他人直接侵权或实施专利技术的故意。这包括两方面的含义：其一，该行为会导致直接侵权行为或实施该专利技术行为的发生，两者之间有因果关系；其二，行为人明知或者显然应当知道其行为将导致实施专利技术行为的发生，如果行为人不知道其行为会导致他人直接侵犯专利权，这种非故意行为不构成共同侵权。

②被认定为共同侵权行为的间接侵权行为人为诱导、怂恿、教唆或帮助他人直接侵权所提供的对象是专用于实施该专利技术的。此含义通常指其所提供的是专门为实施该专利技术（产品或方法）而设计的关键部件或关键设备，而不是市场上可以买到的通用部件或通用设备。对于不仅可用于实施专利技术、也可以用于其他场合的产品，通常不会认定为共同侵权。但是，如果行为人在提供该通用产品时故意促使购买者来实施该专利技术，仍应当认定为共同侵权行为。如果该行为人虽未向他人直接提供上述实施专利技术的关键部件或关键设备，而以一般技术许可合同方式诱导他人实施专利技术造成直接侵权行为的，该行为人的行为也构成了共同侵权。

③被认定为共同侵权行为的间接侵权行为一般应以直接侵权发生为前提条件，没有直接侵权

行为发生的情况通常不存在这种可被认定为共同侵权行为的间接侵权。但是，需要说明的是，北京市高级人民法院曾于 2001 年发布了《北京市高级人民法院关于〈专利侵权判定若干问题的意见（试行）〉的通知》（京高法发［2001］229 号），其中在第七十九条和第八十条列出了几种依法不存在直接侵权行为或不视为侵犯专利权时直接追究间接侵权行为人侵权责任的情况。其第七十九条的规定基本上相当于《欧共体专利公约》中的规定，即被该行为人所诱导、怂惠、教唆的他人实施专利技术的行为属于个人非营利目的的制造、使用专利产品或使用专利方法的行为，或者属于原《专利法》第六十三条（即目前施行的《专利法》第六十九条第（一）项至第（四）项）规定的所述不视为侵犯专利权的行为时，该行为人的诱导、怂惠、教唆行为仍可直接追究其责任。其第八十条的规定与美国专利法中的规定相类似，即被该行为人所诱导的他人实施专利技术的行为发生或者可能发生在中国境外时，该行为人的诱导行为仍可直接追究其责任。

四、专利侵权的民事责任

专利权是一种财产权，它同普通财产权一样受法律保护。任何人侵犯了他人的专利权，就应当承担相应的法律责任。

《专利法》第六十条对专利侵权的民事责任仅规定了停止侵权行为和赔偿损失两种，但是按照《民法通则》第一百一十八条的规定，专利权受到侵害的，有权要求停止侵害，消除影响，赔偿损失。

1. 停止侵权行为

按照《专利法》第六十条和《民法通则》第一百一十八条的规定，立即停止侵权行为是专利侵权案件的侵权人应当依法承担的主要民事责任之一。

专利侵权案件的停止侵权行为，是指停止所有构成侵权和实施专利的行为，即指侵权人应当停止擅自制造、使用、许诺销售、销售、进口其发明或实用新型专利产品，或者停止擅自使用其专利方法及使用、许诺销售、销售、进口依照该专利方法直接获得的产品，或者停止擅自制造、许诺销售、销售、进口其外观设计专利产品，包括共同侵权人停止其诱导、怂惠、教唆他人实施专利技术的行为。❶

从停止侵权行为的广义角度来看，销毁侵权产品、销毁侵权产品的制造设备和模具以及销毁实施专利方法的设备和模具也同样起到了制止侵权行为的作用，因而通常将上述销毁行为也作为停止侵权行为这种法律责任的具体形式之一。

法院作出的发生效力的判决书或者民事调解书送达侵权人后，侵权人不立即停止侵权的，则专利权人可以向人民法院申请强制执行；地方知识产权管理部门认定侵权行为成立责令停止侵权行为后，侵权人期满未起诉又不停止侵权行为的，则地方知识产权管理部门可以向人民法院申请强制执行。

2. 赔偿侵权损失

根据《民法通则》规定的民事侵权损害赔偿的补偿原则，《专利法》第六十五条第一款规

---

❶ 在我国司法实践的一些判例中，如果要求停止所有使用已构成专利侵权的产品的行为（包括下文所提到的采取销毁侵权产品和其制造设备和模具等），有可能会直接影响公众利益或者造成社会财富的浪费，在这种情况下可能会采取一些向专利权人支付专利技术使用费的补偿措施而不再作出停止使用被诉侵权产品的判决，有关内容可参见北京市高级人民法院（2011）高民终字第 869 号民事判决书、深圳市中级人民法院（2004）深中法民三初字第 587 号民事判决书、广东省高级人民法院（2005）粤高法民三终字第 129 号民事调解书。此外，笔者还主张，如果专利权人在侵权诉讼中从侵权产品制造者那里已得到足以补偿其损失的赔偿，那么对于那些购买这些侵权产品的使用者来说，即使其出于生产经营目的进行了购买和使用，只要其在购买时不知道这些产品是未经专利权人许可而制造并出售的，似乎也应当不再作出停止使用这些已购买侵权产品的判决更为合理。

定："侵犯专利权的赔偿数额按照权利人因被侵权所受到的损失确定；实际损失难以确定的，可以按照侵权人因侵权所获得的利益确定。权利人的损失或者侵权人获得的利益难以确定的，参照该专利许可使用费的倍数合理确定。赔偿数额还应当包括权利人为制止侵权行为所支付的合理开支。"《专利法》第六十五条第二款又进一步规定："权利人的损失、侵权人获得的利益和专利许可使用费均难以确定的，人民法院可以根据专利权的类型、侵权行为的性质和情节等因素，确定给予一万元以上一百万元以下的赔偿。"❶

此外，在 2008 年修改《专利法》时，根据法院的实践经验，将侵权损失的赔偿扩展到包括权利人为制止专利侵权行为而合理支出的赔偿，即目前施行的《专利法》第六十五条第一款中还规定了 "赔偿数额还应当包括权利人为制止侵权行为所支付的合理开支"。事实上，在法院的司法实践中，从 2001 年起已根据权利人的请求及具体案情将权利人因调查（如通过公证所购买合理数量的侵权产品）、制止侵权行为（如委托律师制止侵权）所支付的合理费用计算在赔偿数额之内。

最高人民法院根据法院的实践经验，分别于 2009 年和 2015 年对专利侵权损害赔偿作了进一步的解释。在《审理专利纠纷司法解释 2015》和《审理专利侵权纠纷司法解释 2009》中对于专利侵权损害赔偿作了更明确的说明。

《审理专利纠纷司法解释 2015》第二十条规定：

专利法第六十五条规定的权利人因被侵权所受到的实际损失可以根据专利权人的专利产品因侵权所造成销售量减少的总数乘以每件专利产品的合理利润所得之积计算。权利人销售量减少的总数难以确定的，侵权产品在市场上销售的总数乘以每件专利产品的合理利润所得之积可以视为权利人因被侵权所受到的实际损失。

专利法第六十五条规定的侵权人因侵权所获得的利益可以根据该侵权产品在市场上销售的总数乘以每件侵权产品的合理利润所得之积计算。侵权人因侵权所获得的利益一般按照侵权人的营业利润计算，对于完全以侵权为业的侵权人，可以按照销售利润计算。"

《审理专利侵权纠纷司法解释 2009》第十六条第一款对确定侵权人因侵权所获得的利益所作的补充规定为："人民法院依据专利法第六十五条第一款的规定确定侵权人因侵权所获得的利益，应当限于侵权人因侵犯专利行为所获得的利益；因其他权利所产生的利益，应当合理扣除。"接着，在该条第二款和第三款中又进一步明确，"侵犯发明、实用新型专利的产品系另一产品的零部件的，人民法院应当根据该零部件本身的价值及其在实现成品利润中的作用等因素合理确定赔偿数额。""侵犯外观设计专利权的产品为包装物的，人民法院应当按照包装物本身的价值及其在实现被包装产品利润中的作用等因素合理确定赔偿数额。"

对于参照专利许可使用费计算赔偿数额的情形，《审理专利纠纷司法解释 2015》第二十一条规定："权利人的损失或者侵权人获得的利益难以确定时，有专利许可使用费可以参照的，人民法院可以根据专利权的类型、侵权行为的性质和情节、专利许可的性质、范围、时间等因素，参照该专利许可使用费的倍数合理确定赔偿数额；没有专利许可使用费可以参照或者专利许可使用费明显不合理的，人民法院可以根据专利权的类型、侵权行为的性质和情节等因素，依照专利法第六十五条第二款的规定确定赔偿数额。"

此外，《审理专利纠纷司法解释 2015》第二十二条还进一步规定："权利人主张其为制止

---

❶ 目前正在酝酿对我国《专利法》进行第四次修改，为加强对专利权的保护，这次修改《专利法》将加大故意侵权行为的赔偿力度，在 2014 年 4 月上报的送审稿中，对于故意侵犯专利权的行为，可以根据侵权行为的情节、规模、损害后果等因素，在目前《专利法》中规定的计算方法确定的赔偿数额基础上提高至 2～3 倍。

侵权行为所支付合理开支的，人民法院可以在专利法第六十五条确定的赔偿数额之外另行计算。"

3. 消除影响

消除影响是《民法通则》第一百一十八条规定的对侵害专利权、商标权、著作权等知识产权应当承担的民事责任之一，这是由知识产权的特殊性质所确定的。

对专利侵权而言，消除影响主要是针对侵权产品质量低劣而损害专利产品在消费者中的信誉而采取的措施。对于这类侵权案件，应当责令侵权人以适当方式在其造成不良影响的范围内消除影响，为专利产品正名。

侵权人消除影响通常是通过新闻媒介（如报纸、杂志、广播、电视）在其造成损害的范围内发表声明，承认侵权行为，为其低劣侵权产品影响专利产品的信誉表示道歉，并作出不再侵权的保证。

当然，对于一般的专利侵权行为，基本上未影响专利权人信誉的，在赔偿专利权人的经济损失后，就无须再采取消除影响的措施。

五、专利侵权诉讼中的几个程序问题

前面对专利侵权诉讼的实体问题——专利侵权行为以及专利侵权民事责任作了简要说明，现将专利侵权诉讼程序中的几个重要程序问题——诉讼时效、诉讼当事人、诉讼的级别管辖、诉讼的地域管辖、诉讼的举证责任、诉讼的证据保全、诉讼的财产保全、先予执行和诉前禁令以及诉讼的中止等作一介绍。

1. 诉讼时效

《专利法》第六十八条第一款规定，侵犯专利权的诉讼时效为 2 年，自专利权人或者利害关系人得知或者应当得知侵权之日起计算。

对于上述专利侵权诉讼时效的有关规定需要作下述六点说明。

①该 2 年诉讼时效是权利人请求法院保护其权利的期限。但是，这不是起诉权的期限，也就是说，权利人诉讼时效期限届满后还可以向法院起诉，法院应当受理，但当法院查明诉讼时效已经届满，则作出驳回原告诉讼请求的判决。

②该 2 年诉讼时效的起算日从权利人或利害关系人得知或者应当得知侵权之日起计算。此处，"得知"是指权利人发现侵权行为（包括确定侵权行为人）的确切事实；"应当得知"是指根据所发生的某一特定事实（如报纸、电视、电台所作的广告宣传）能推出该权利人作为一般人应当知道该侵权行为存在，此时即使权利人实际并未得知仍应视为该权利人应当得知。

③在 2 年诉讼时效期间的最后 6 个月内，权利人因不可抗力或其他障碍无法行使请求权的，由于这种情况权利人并无过错，则此时诉讼时效中止，等上述造成无法行使请求权的原因消失之后，再继续计算该诉讼时效；也就是说，在诉讼时效的最后 6 个月中有一段时间因不可抗力或其他障碍而无法行使请求权，则从该原期限届满日起（对于该无法行使请求权的原因在原期限届满前已消失的情况）或者从该无法行使请求权的原因消失时起（对于该无法行使请求权的原因在原期限届满后才消失的情况）向后顺延同样长的一段时间。

④在诉讼时效期间，因法定事由发生（如侵权方在接到侵权警告后表示愿意协商解决），则此时诉讼时效中断，即已进行的时效期限不再计入，等此法定事由消除后（如上述协商破裂）重新开始计算诉讼时效。

　　⑤对于连续实施的侵权行为，权利人超过2年起诉的，侵权损害赔偿应当自权利人向法院起诉之日起向前推算2年；如果侵权行为在起诉时仍在继续，则在专利权有效期内法院应判决被告停止侵权。

　　⑥对于发明专利申请公布后至专利权授予前的合理使用费，该诉讼时效从专利权人得知或者应当得知他人使用其发明之日起计算，但专利权人于专利权授予之日前即已得知或者应当得知的，自专利权授予之日起计算。

2. 诉讼当事人

　　专利侵权诉讼的当事人包括原告和被告两方。

　　就专利侵权诉讼当事人的原告来说，《专利法》第六十条规定为专利权人或者利害关系人。

　　专利权人是指依法获得专利权的个人、法人或者其他民事主体。其可以是国家知识产权局授予该项专利时的专利权人；对于该项专利存在专利权转让或继承的情况下，也可以是通过转让、继承等方式获得专利权的人。❶

　　利害关系人是指除专利权人外，专利权被侵犯时对其有利害影响的人，也就是专利实施许可的被许可人，主要包括独占实施许可合同的被许可人、排他实施许可合同的被许可人和普通实施许可合同的被许可人。在我国的司法实践中，对这三类利害关系人作为原告的要求是不同的。独占实施许可合同的被许可人可以单独向人民法院起诉；排他实施许可合同的被许可人在专利权人不起诉的情况下可以单独起诉；而普通实施许可合同的被许可人在许可合同中未另有约定时，只能与专利权人一起作为共同原告起诉。

　　专利侵权诉讼当事人的被告是指被诉实施专利侵权行为的公民、法人或其他组织，即他们可以是《专利法》第十一条中规定的未经专利权人许可，以生产经营为目的而制造、使用、许诺销售、销售、进口其发明或实用新型专利产品或者使用其专利方法及使用、许诺销售、销售、进口依该专利方法直接获得的产品的直接侵权行为人，或者是制造、许诺销售、销售、进口其外观设计专利产品的直接侵权行为人。当同一项专利的上述直接侵权行为是同一人所为，则以其为被告。如果针对同一项专利的上述行为由几个行为人所为，则原告可以选择其中一个行为人为主要被告，其他行为人为共同被告，或者分别以他们为被告单独起诉。对于存在被认定为共同侵权行为的间接侵权行为的情况，通常应当以其所诱导、怂恿、教唆的直接侵权行为人为被告，以间接侵权行为人为共同被告；但是，如果被诱导、怂恿、教唆实施专利技术的行为不视为侵犯专利权时或者依法不存在直接侵权行为时，可以直接将间接侵权行为人作为共同被告起诉。

3. 诉讼的级别管辖

　　《审理专利纠纷司法解释2015》第二条对专利侵权诉讼的级别管辖作了明确规定："专利纠纷第一审案件，由各省、自治区、直辖市人民政府所在地的中级人民法院和最高人民指定的中级人民法院管辖。"最高人民法院指定的中级人民法院最初仅仅是一些经济特区和计划单列市所在地的中级人民法院，后来逐步扩大到一些沿海及经济相对发达地区的中级人民法院，随着专利案件增多和地方人民法院审判经验增强，又在全国各地指定了越来越多的中级人民法院，截至2012

---

　　❶ 《最高人民法院关于对诉前停止侵犯专利权行为适用法律问题的若干规定》（法释［2001］20号）将专利财产权利的合法继承人归于利害关系人。笔者认为，专利权的合法继承人在办理继承手续后就成为新的专利权人，从这个角度看，将通过转让、继承等方式获得专利权的人归为专利权人更为合适。

年年底，可以受理侵犯专利权纠纷的中级人民法院已经达到了 83 个❶。另外，从 2009 年开始，最高人民法院也开始试点指定一些基层人民法院审理部分专利纠纷第一审案件，至 2012 年年底已指定了 4 个基层人民法院❷审理部分实用新型和外观设计专利侵权纠纷案。此外，第十二届全国人民代表大会常务委员会第十次会议上通过了关于在北京、上海、广州设立知识产权法院的决定，最高人民法院在 2014 年 10 月 31 日发布了《最高人民法院关于北京、上海、广州知识产权法院案件管辖的规定》，根据这一规定，北京市一中院和二中院及其海淀和朝阳两个基层法院、上海市一中院和二中院、广东省广州中院和其他中院不再受理专利民事和行政诉讼案件，由此可知在北京市、上海市、广东省管辖区内的专利侵权诉讼第一审案件不再由上述各中级人民法院和基层人民法院负责审理，而分别由北京知识产权法院、上海知识产权法院、广州知识产权法院负责审理。需要说明的是，我国《民事诉讼法》第二十条还规定由高级人民法院管辖在本辖区有重大影响的一审民事案件，根据 2010 年 1 月 28 日颁布的《最高人民法院关于调整地方各级人民法院管辖第一审知识产权民事案件标准的通知》（法发〔2010〕5 号）第一条至第三条的规定，各省、自治区、直辖市高级人民法院管辖其辖区内诉讼标的额在 2 亿元以上的第一审专利侵权案件以及标的额在 1 亿元以上且当事人一方住所地不在其辖区或者涉外、涉港澳台的第一审专利侵权民事案件，上述昆山市人民法院和义乌市人民法院这两个由最高人民法院指定的基层人民法院管辖其辖区内诉讼标的额在 500 万元以下的第一审实用新型和外观设计专利侵权纠纷案件。

4. 诉讼的地域管辖

《审理专利纠纷司法解释 2015》第五条对专利侵权诉讼地域管辖作了明确规定：由侵权行为地或者被告住所地人民法院管辖。

其中侵权行为地包括：被诉侵犯发明、实用新型专利权的产品的制造、使用、许诺销售、销售、进口等行为的实施地；被诉侵犯外观设计专利权的产品的制造、许诺销售、销售、进口等行为的实施地；侵犯方法发明专利权时，该专利方法使用行为的实施地；侵犯制造方法发明专利权时，除了该制造方法使用行为的实施地外，还包括依照该制造方法直接获得产品的使用、许诺销售、销售、进口等行为的实施地。

《审理专利纠纷司法解释 2015》第六条进一步对同一项专利发生多种侵权行为的专利侵权诉讼地域管辖作了具体规定："原告仅对侵权产品制造者提起诉讼，未起诉销售者，侵权产品制造地与销售地不一致的，制造地人民法院有管辖权；以制造者与销售者为共同被告起诉的，销售地人民法院有管辖权。销售者是制造者分支机构，原告在销售地起诉侵权产品制造者制造、销售行为的，销售地人民法院有管辖权。"

---

❶ 这 83 个中级人民法院的分布情况为：北京市一中院和二中院，上海市一中院和二中院，天津市一中院和二中院，重庆市一中院和五中院，浙江省杭州中院、温州中院、金华中院、宁波中院、台州中院、嘉兴中院、湖州中院、绍兴中院、衢州中院和丽水中院，广东省广州中院、深圳中院、珠海中院、汕头中院、佛山中院、东莞中院、江门中院和中山中院，江苏省南京中院、苏州中院、南通中院、镇江中院、盐城中院、无锡中院、常州中院、徐州中院、泰州中院、扬州中院和连云港中院，山东省济南中院、青岛中院、烟台中院、潍坊中院、淄博中院和东营中院，福建省福州中院、厦门中院和泉州中院，江西省南昌中院、景德镇中院和宜春中院，辽宁省沈阳中院、大连中院和葫芦岛中院，新疆维吾尔自治区乌鲁木齐中院、新疆生产建设兵团农十二师中院和农八师中院，湖北省武汉中院、宜昌中院和襄樊中院，湖南省长沙中院、株洲中院和湘潭中院，内蒙古自治区呼和浩特中院和包头中院，四川省成都中院和绵阳中院，黑龙江省哈尔滨中院和齐齐哈尔中院，广西壮族自治区南宁中院和柳州中院，河北石家庄中院，山西省太原中院，陕西省西安中院，河南省郑州中院和洛阳中院，安徽省合肥中院，吉林省长春中院，海南省海口中院，贵州省贵阳中院，云南省昆明中院，西藏自治区拉萨中院，甘肃省兰州中院，青海省西宁中院以及宁夏回族自治区银川中院。

❷ 这 4 个基层人民法院是江苏省昆山市人民法院、浙江省义乌市人民法院、北京市海淀区人民法院和北京市朝阳区人民法院。

5. 诉讼的举证责任

专利侵权诉讼属于民事诉讼，因而专利侵权诉讼的举证责任遵循《民事诉讼法》第六十四条第一款规定的举证责任基本原则——当事人对自己提出的主张，有责任提供证据，即"谁主张，谁举证"。

根据上述规定，专利权人向人民法院起诉行为人侵权或行为人否认侵权，分别承担提供证据的责任。如果当事人不举证或者举证的材料不能证明所主张的事实，就要承担对己方不利的法律后果，甚至败诉。

《民事诉讼法》第六十四条中除了在第一款中规定了上述"谁主张，谁举证"的基本原则外，还在第二款中规定："当事人及其诉讼代理人因客观原因不能自行收集的证据，或者人民法院认为审理案件需要的证据，人民法院应当调查收集。"《最高人民法院关于适用〈中华人民共和国民事诉讼法〉若干问题的意见》（法发［1992］22号）（以下简称《民诉意见》）第七十三条中列出了四种由人民法院负责收集的证据：

①当事人及其诉讼代理人因客观原因不能自行收集的，例如，原告请求法院以被告侵权获得作为赔偿依据时，在提供证据证明侵权成立并申请证据保全后，由法院封存、提取被告账册而查清被告获利情况；

②人民法院认为需要鉴定、勘验的；

③双方当事人提供的证据所证明的事实相互矛盾而无法认定的；

④人民法院认为应当自行收集的证据。

此外，法院审理侵权案件过程中，举证责任会发生转移，当负有举证责任的一方对其所主张事实充分举证而达到证明所主张的事实的部分或全部的要求，则举证责任将转移到另一方当事人，另一方当事人必须举出足够充分的证据进行抗辩，否则会得出对方主张成立的结论。

除上述举证责任转移外，在专利侵权诉讼中也存在《民事诉讼法》中规定的举证责任倒置情况。《专利法》第六十一条第一款根据 TRIPS 第 34 条对新产品的制造方法专利采用了举证责任倒置的规定："专利侵权纠纷涉及新产品制造方法的发明专利的，制造同样产品的单位或个人应当提供其产品制造方法不同于专利方法的证明。"《最高人民法院关于民事诉讼证据的若干规定》（法释［2001］33号）第四条第一款第（一）项也明确规定："因新产品制造方法发明专利引起的专利侵权诉讼，由制造同样产品的单位或者个人对其产品制造方法不同于专利方法承担举证责任。"按照上述规定，对于新产品的制造方法专利的专利权人在证明该产品是新的以及被告制造、许诺销售、销售、使用或进口的产品与采用专利方法直接获得的产品相同后，尽管此时专利权人尚未提出证明被告产品是采用专利方法制造的证据，举证责任已经改为由被告承担，被告此时为证明其不侵权应当提供其产品制造方法不同于专利方法的证明。

对于举证责任，《民诉意见》第七十五条还规定了五种不需要当事人举证的情况：

①一方当事人对另一方当事人陈述的案件事实和提出的诉讼请求明确表示承认的；

②众所周知的事实和自然规律及定理；

③根据法律规定或已知事实，能推定出的另一事实；

④已为法院发生法律效力的裁判所确定的事实；

⑤已为有效证书所证明的事实。

6. 诉讼的证据保全

《民事诉讼法》第八十一条第一款和第二款规定："在证据可能灭失或者难以取得的情况下，当事人可以在诉讼过程中向人民法院申请保全证据，人民法院也可以主动采取保全措施。""因情况紧急，在证据可能灭失或者难以取得的情况下，利害关系人可以在提起诉讼或者申请仲裁前向证据所在地、被申请人住所地或者对案件有管辖权的人民法院申请保全证据。"

在专利侵权纠纷案件中，经常发生侵权人为逃避侵权责任而销毁侵权工具、隐匿财务账册等情况，如不及时采取相应措施，将会给以后的调查取证和法院的审理工作带来困难，因而2008年修改的《专利法》在第六十七条第一款中增加了有关诉前证据保全的规定："为了制止专利侵权行为，在证据可能灭失或者以后难以取得的情况下，专利权人或者利害关系人可以在起诉前向人民法院申请保全证据。"尽管修改后的《专利法》并未针对诉讼过程中可否申请保全证据作出规定，但是根据《民事诉讼法》第八十一条第一款的规定，应当理解在专利侵权诉讼过程中也允许申请保全证据。也就是说，专利权人或利害关系人根据《专利法》第六十七条第一款的规定，既可以在提起诉讼前向人民法院申请保全证据，也可以在诉讼过程中向人民法院申请保全证据，相对来说，在诉讼过程中申请保全证据比诉前申请保全证据更有可能获得法院的支持。

《专利法》第六十七条第二款至第四款进一步对诉前保全证据作出了更具体的规定："人民法院采取保全措施，可以责令申请人提供担保；申请人不提供担保的，驳回申请。""人民法院应当自接受申请之时起四十八小时内作出裁定；裁定采取保全措施的，应当立即执行。""申请人自人民法院采取保全措施之日起十五日内不起诉的，人民法院应当解除该措施。"

根据上述《民事诉讼法》和《专利法》的有关规定，对于诉前或诉讼过程中的证据保全应当明确下述四点。

①证据保全以当事人申请为主。虽然《民事诉讼法》第八十一条第一款还规定"人民法院也可以主动采取保全措施"，但在《专利法》中并未作相应明确规定，而且从目前的司法实践来看，人民法院一般也不会主动采取保全证据措施，因此专利权人或利害关系人认为需要向人民法院申请采取保全证据措施的，应当主动及时地向人民法院提出保全证据申请。

②专利权人或利害关系人提出保全证据申请的前提是：要求采取保全措施的证据确实与查清案件事实有关，且该证据确实存在可能灭失或者难以取得的情形。因此，专利权人或利害关系人向人民法院申请保全证据时需要具体说明保全证据的必要性，即具体说明该证据与查清案件的关系以及不及时采取保全措施将会导致该证据灭失或以后无法取得该相关证据。

③专利权人或利害关系人向人民法院申请保全证据，应当按照法院要求提供财产担保。由于上述保全证据措施会影响被申请人的正常经营活动，甚至可能对被申请人造成财产损失，因此专利权人或利害关系人在人民法院采取保全证据措施时应当按照人民法院要求提供财产担保，按照《专利法》第六十七条第二款的规定，若专利权人或利害关系人不提供担保的，其所提出的保全证据申请将会被驳回。

④提出诉前证据保全的专利权人或利害关系人负有及时起诉的义务。按照《专利法》第六十七条第四款的规定，申请人自人民法院采取保全证据措施之日起15日内不提起侵权诉讼的，人民法院应当解除该措施。在这种情况下，由于专利权人或利害关系人未及时起诉而造成被申请人损失的，专利权人或利害关系人还要承担相应的损害赔偿。

7. 诉讼的财产保全

《专利法》未对专利侵权诉讼中的财产保全作出规定，作为一种民事诉讼，侵犯专利权诉讼中的财产保全主要适用《民事诉讼法》中的财产保全制度。

《民事诉讼法》第一百条第一款和第一百零一条第一款分别对诉中和诉前的财产保全作出了规定："人民法院对于可能因当事人一方的行为或者其他原因，使判决难以执行或者造成当事人其他损害的案件，根据对方当事人的申请，可以裁定对其财产进行保全、责令其作出一定行为或者禁止其作出一定行为;当事人没有提出申请的,人民法院在必要时也可以裁定采取保全措施。"
"利害关系人因情况紧急,不立即申请保全将会使其合法权益受到难以弥补的损害的,可以在提起诉讼或者申请仲裁前向被保全财产所在地、被申请人住所地或者对案件有管辖权的人民法院申请采取保全措施。申请人应当提供担保,不提供担保的,裁定驳回申请。"

在本节之四中已经指出,在专利侵权诉讼中,认定被诉侵权人的侵权行为成立,则被诉侵权人应当承担赔偿责任。为防止被诉侵权人在诉讼期间转移藏匿财产(包括侵权获利)而导致诉讼判决的赔偿不能兑现,专利权人和利害关系人可以在诉讼过程中,甚至在紧急情况下在提起侵权诉讼前向人民法院提出财产保全的申请,人民法院通常会在 48 小时内作出是否采取财产保全措施的裁定。其中在诉前提出财产担保申请的,应当在人民法院采取保全措施后 30 日内❶依法提起诉讼,未依法提起诉讼的,人民法院解除保全措施。由于财产保全可能会影响被诉侵权人的正常经营活动,因而申请财产保全时专利权人和利害关系人应当提供财产担保,以备在诉讼审理后认为侵权不成立时或者对诉前申请财产担保未依法起诉时作为对被诉侵权人的补偿。

当然,在专利侵权诉讼审理过程中,人民法院发现有证据表明被诉侵权方采取藏匿、转移财产而可能导致最后判决不能执行或难以执行的,可以依职权采取财产保全的措施,但是在实践中人民法院依职权采取财产保全的情形比较罕见。

采取财产保全的措施中包括了对被诉侵权人制造、许诺销售、销售的"侵权"产品进行查封、扣押等措施的,则该财产保全措施同时还起到了下面将要作具体说明的"先予执行"和"诉前禁令"的作用。

采取财产保全措施的目的是为了防止损害权利人利益的行为发生,以保证人民法院的生效判决得以顺利执行。此时,若被诉侵权人也提供了担保,为了不影响其正常生产经营秩序,在其所提供的担保符合法律规定的条件下,解除财产保全措施。

8. 先予执行和诉前禁令

根据《民事诉讼法》第一百零六条的规定,人民法院对于所审理的民事诉讼案件,因情况紧急需要先予执行的,可以根据当事人的申请,裁定先予执行。《民诉意见》第一百零七条又进一步明确了四种属于情况紧急的情形:需要立即停止侵害、排除妨碍;需要立即停止某项行为;需要立即返还用于购置生产原料、生产工具货款的;追索恢复生产、经营急需的保险理赔费。

在专利侵权诉讼中,往往在提出专利侵权诉讼时,被诉侵权人已经制造出"侵权产品",而这些"侵权产品"的上市或继续制造、上市的行为将会进一步损害专利权人或利害关系人的利益,甚至会造成难以弥补的损失,面对这种紧急情况,专利权人或利害关系人可以根据《民事诉讼法》及其司法解释的规定在提出专利侵权诉讼时或在此之后向人民法院提出"先予执行"申请,请求人民法院在终审判决生效前以裁定的形式责令被诉侵权人立即停止侵权行为。专利权人或利害关系人提出先予执行的申请后,人民法院可以责令专利权人或利害关系人提供担保,专利权人或利害关系人不提供担保的,将驳回先予执行的申请。

人民法院以裁定形式责令被诉侵权人立即停止侵权行为后,被诉侵权人不服不得上诉,只可

---

❶ 根据 2012 年 8 月 31 日第二次修正后的《民事诉讼法》,对于诉前申请财产保全的申请人,要求其在人民法院采取财产保全措施后提起诉讼或仲裁的期限由 15 日改为 30 日,而考虑到《专利法》中对侵权诉讼的财产保全未作明确规定,因此应当服从《民事诉讼法》,故在此仍将此期限确定为 30 日。而对于诉前证据保全来说,由于《专利法》中明确了专利权人自人民法院采取证据保全措施之日起 15 日内未依法提起诉讼的,人民法院解除证据保全措施,因此在前面对证据保全部分的说明中仍将此期限确定为 15 日。不过在实务中,对于诉前的财产保全申请,建议还是在自人民法院采取财产保全措施之日起 15 日内提起诉讼比较稳妥。

以申请复议一次，复议期间不停止裁定的执行。人民法院裁定对侵权行为采取的措施不因被诉侵权人提出反担保而解除。

在 2000 年修改《专利法》时，为加大对专利权的保护力度以及与国际接轨，在当时修改的《专利法》第六十一条中增加了比"先予执行"更有利于专利权人的"诉前禁令"的规定。最高人民法院于 2001 年 6 月 5 日制定了《最高人民法院关于对诉前停止侵犯专利权行为适用法律问题的若干规定》（法释［2001］20 号）（以下简称《诉前禁令司法解释 2001》）对"诉前责令停止侵权行为"的申请人、管辖法院及其他有关内容作了具体规定。2008 年修改的《专利法》第六十六条第一款至第五款再次明确规定："专利权人或者利害关系人有证据证明他人正在实施或者即将实施侵犯专利权的行为，如不及时制止将会使其合法权益受到难以弥补的损害的，可以在起诉前向人民法院申请采取责令停止有关行为的措施。""申请人提出申请时，应当提供担保；不提供担保的，驳回申请。""人民法院应当自接受申请之时起四十八小时内作出裁定；特殊情况需要延长的，可以延长四十八小时。裁定责令停止有关行为的，应当立即执行。当事人对裁定不服的，可以申请复议一次；复议期间不停止裁定的执行。""申请人自人民法院采取责令停止有关行为的措施之日起十五日内不起诉的，人民法院应当解除该措施。""申请有错误的，申请人应当赔偿被申请人因停止有关行为所遭受的损失。"

根据《专利法》的上述规定以及《诉前禁令司法解释 2001》的有关规定，申请"诉前禁令"，应当注意下述几点。

①诉前禁令的申请人可以是：专利权人（包括专利权的合法转让人或合法继承人），独占实施许可合同的被许可人，专利权人不提出诉前禁令申请情况下的排他实施许可合同的被许可人。

②诉前禁令的管辖法院是有专利侵权管辖权的人民法院。

③提出诉前禁令申请时，应当提交证实其专利权真实有效的文件和证明被申请人正在实施或者即将实施侵犯专利权行为的证据，涉及实用新型专利或外观设计专利的，还应当提交国家知识产权局出具的专利权评价报告；对于利害关系人，还需要提交专利实施许可合同以及在国家知识产权局备案的证明材料，未经备案的应当提交专利权人的证明或证明其享有权利的其他证据；排他实施许可合同被许可人单独提交申请的，还需要提交专利权人放弃申请的证明材料；对于专利权继承人，同时还需提交证明已经继承或正在继承的有关材料。

④申请人提出诉前禁令申请时应当提供担保，不提供担保将被驳回申请；人民法院可根据具体情况责令申请人追加担保，不追加担保则解除有关停止措施；停止侵犯专利权行为裁定所采取的措施不因被申请人提出反担保而解除。

⑤当事人对裁定不服的，可以在收到裁定之日起 10 日内申请复议一次，复议期间不停止裁定的执行。

⑥专利权人或者利害关系人在人民法院采取停止有关行为措施后 15 日内应当起诉，15 日内不起诉的，人民法院解除裁定采取的措施。申请人不起诉的，被申请人可以向有管辖权的人民法院起诉，请求申请人赔偿。

⑦申请错误造成被申请人损失的，被申请人可以向有管辖权的人民法院起诉要求赔偿或者在专利侵权诉讼中提出损害赔偿请求。

9. 诉讼的中止

《民事诉讼法》第一百五十条规定了中止诉讼的六种情况。在专利侵权诉讼中，除因为主体原因外，属于其中第五种（本案必须以另一案审理结果为依据而另一案尚未审结）应当中止的情况主要有两种：专利侵权的被告向专利复审委员会提出无效宣告请求；该专利权被提出权属诉讼请求。

对于前一种侵权被告反诉无效的情况，人民法院可以根据案件具体情况，作出是否中止审理侵权案件的决定；而对后一种专利权归属纠纷的情况，人民法院应当中止侵权案件的审理，等权属纠纷终审判决后再以该判决所确定的专利权归属作为侵权诉讼审理的依据。

《审理专利纠纷司法解释2015》第九条至第十二条对前一种反诉无效的情况人民法院是否中止侵权案件的审理又作了进一步明确规定。

对实用新型、外观设计专利侵权案，被告在答辩期间请求宣告该项专利权无效的，人民法院通常应当中止侵权诉讼。但是下述四种情况可以不中止侵权诉讼的审理：

①原告所出具的由国家知识产权局所作出的检索报告或者专利权评价报告中未发现导致实用新型或者外观设计专利权无效的事由；

②被告提供的证据足以证明其使用的技术或设计已经公知（即足以证明其使用的是现有技术或现有设计）；

③被告请求宣告该项专利权无效所提供的证据或者所依据的理由明显不充分；

④人民法院认为不应当中止诉讼的其他情形。

对实用新型、外观设计专利侵权案，被告在答辩期满后请求宣告该专利权无效的，除人民法院审查后认为有必要中止诉讼的以外，人民法院不应当中止侵权诉讼。

对发明专利侵权案，或者经专利复审委员会审查并维持专利权的实用新型、外观设计专利侵权案，被告在答辩期间请求宣告该专利权无效的，人民法院可以不中止侵权诉讼。

人民法院决定中止侵权诉讼审理的，专利权人或者利害关系人请求责令被告停止有关行为或者采取其他制止侵权损害继续扩大的措施，并提供了担保，人民法院经审查符合有关规定的，可以在裁定中止诉讼的同时一并作出有关裁定。

第四节　专利合同诉讼

专利权属于知识产权，是一种无形的财产权。对于所拥有的这项财产权，专利权人或专利申请人可以自行实施获取经济利益，也可以通过专利申请权或专利权的转让或者专利技术的实施许可来获取经济利益。对于后者，通常需要订立专利申请权或专利权的转让合同或者订立专利实施许可合同予以实现。由于这些合同未能履行或未能全部履行而引发的诉讼称作专利合同诉讼，性质为专利民事诉讼。本节首先对专利合同和专利合同诉讼作出概要说明，在此基础上分别对专利申请权和专利权转让合同的诉讼和专利许可实施合同的诉讼作进一步说明。

一、专利合同概述

下面对专利合同的概念、分类、效力认定、解除以及变更和撤销给予简单说明。

1. 专利合同的概念

专利合同是指当事人就专利申请权及专利权的转让以及就专利实施许可而明确当事人双方之间的权利义务而订立的合同的统称。专利合同又具体分为涉及专利权利转让的专利申请权转让合同和专利权转让合同以及不涉及专利权利转让的专利实施许可合同。

根据《专利法》第十条的规定，专利申请权和专利权是可以转让的。同时，根据该条规定可以得知，专利申请权和专利权转让的合同行为是要式法律行为，其合同形式和生效条件均不能仅仅取决于当事人的意思而需要根据法律的规定来确定。

具体分析，要式法律行为的含义包括如下四方面的内容。

①中国单位或者个人向外国人转让专利申请权或者专利权的，必须经国务院有关主管部门批准，这一规定实际上体现了中国主体向中国以外的主体转让专利申请权和专利权时在程序上的限制。

②当事人之间转让专利申请权和专利权的，应当订立书面协议，这是对于专利申请权和专利权转让合同在形式上的限制。

③当事人之间转让专利申请权和专利权的，不仅要订立书面合同，而且要向国家知识产权局进行转让登记，这是对于专利权利转让行为生效在程序上的要式规定。

④转让专利申请权和专利权的，由国家知识产权局公告，专利权、专利申请权的转让自登记日起生效，这是对于专利权利转让行为效力的要式规定。

2. 专利合同的分类

如前所说，专利合同可以分为专利权利转让类的合同和专利实施许可合同。

专利权利转让类合同又包括专利申请权转让合同和专利权转让合同。专利申请权转让合同是指专利申请人在提出专利申请、被授予专利权之前根据自己的意愿和受让方的需要，与受让方达成的关于转让专利申请权的协议，合同的主要内容就是明确当事人之间的权利义务。专利申请权合同包括单位向职工和其他个人转让、职工和其他个人向单位转让、单位向单位转让以及个人向个人转让、共有人向其他共有人转让等合同。专利权转让合同是指专利权人与受让方就专利权的转让达成的明确双方权利和义务的协议。根据《专利法》第二条的有关规定，专利的种类分为发明专利、实用新型专利和外观设计专利，专利权利转让合同也相应地分为发明专利权利转让合同、实用新型专利权利转让合同和外观设计专利权利转让合同，三种不同种类的专利权转让的权利义务的约定也会有所不同。

专利实施许可合同是指专利权人作为许可方与被许可方（实施方）就专利权的许可实施而达成的明确双方权利义务的协议。专利实施许可分为普通许可、独家许可（又称排他许可）和独占许可几种，各种合同约定的权利义务各有特点。通常，也将已经申请专利但尚未获得专利权的技术的实施许可也纳入广义的专利实施许可合同的范围。

3. 专利合同的效力认定

专利合同的效力认定是专利合同诉讼中的首要问题。确认专利合同的效力在某种程度上是解决专利合同纠纷的前提。所以，在一般情况下，人民法院审理专利合同诉讼案件，首先要审查专利合同的效力，对于无效的专利合同，因为其不受法律保护，当事人主张合同权利的请求就不能实现。

对于专利合同效力的认定，不仅应当依据《合同法》对于合同效力的一般规定，而且要依据《专利法》的特别规定。

从实体要件上看，根据《合同法》第五十二条的规定，下列情形的专利合同为无效合同：

①一方以欺诈、胁迫的手段订立合同，损害国家利益的合同；

②恶意串通，损害国家、集体或者第三人利益的合同；

③以合法形式掩盖非法目的的合同；

④损害社会公共利益的合同；

⑤违反法律、行政法规的强制性规定的合同。

除了上述《合同法》的规定之外，《专利法》在专利合同的形式和生效程序上对合同的效力也作出了规定。例如，《专利法》第十条对专利合同的相关要式作出了规定，一旦人民法院在专利合同诉讼案件的审理中发现合同的形式要件和生效程序不符合这些规定，合同就不能认定生效。虽然专利合同没有生效和无效是有区别的，但是在专利合同诉讼中，专利合同没有生效和无效对于当事人胜诉的影响却有共同之处。总之，凡双方当事人签订的专利合同主张无效或没有生效的，应当根据上述相应的法律规定，提交相应的证据证明该合同具有法律规定的无效或没有生效的情形。人民法院将根据当事人提交的证据和相应的法律规定，认定该合同的效力。

4. 专利合同的解除

专利合同的解除是指专利合同成立后，因一方当事人或双方当事人的协议或其他客观原因，使基于专利合同发生的权利义务关系归于消失的行为。引起专利合同解除的原因既有客观原因，又有主观原因；既有单方原因，又有双方原因；既有双方共同意志决定的专利合同的解除，又有可能是因一方违约行为导致的专利合同的解除。

专利合同解除的最常见原因是当事人协商解除，即基于双方当事人达成共同的意见而解除专利合同。只有在法律明确规定或当事人在合同中明确规定可以单方解除的具体条件和情形下，专利合同才可以单方解除。

《合同法》第九十四条规定，有下列情形之一的，当事人可以解除合同：

①因不可抗力致使不能实现合同目的，其中不可抗力是指双方当事人在订立专利合同时不能预见、对其发生和造成的后果不能避免且不能克服的情况；

②在合同履行期限届满之前，当事人一方明确表示或者以自己的行为表明不履行主要债务的，这通常是指当事人的先期违约行为；

③当事人一方迟延履行主要债务，经权利人催告后在合理期限内仍未履行的；

④当事人一方迟延履行债务或者有其他违约行为致使不能实现合同目的的；

⑤法律规定的其他情形。

专利合同的解除必须依照一定的程序进行。对于一方当事人根据专利合同的约定或法律规定行使解除权的，应当依据《合同法》第九十六条的规定通知对方。需要注意的是，当事人对于解除专利合同有异议提起诉讼的，属于确认之诉，即确认合同是否解除之诉。对于双方协议解除专利合同的，实际上是以一个新合同代替原来的专利合同，只要双方当事人达成一致，专利合同即告解除。专利合同解除后，将产生一定的法律后果。根据《合同法》第九十七条的规定，专利合同解除后，尚未履行的，终止履行；已经履行的，根据履行情况和合同性质，当事人可以要求恢复原状、采取其他补救措施，并有权要求赔偿损失。

5. 专利合同的变更和撤销

专利合同的变更是指对专利合同中各条款的修改和补充，即表现为对合同的客体和内容的改变。专利合同的撤销是指专利合同的当事人通过行使撤销权，终止专利合同确定的权利义务关系。

专利合同变更的原因与专利合同解除的原因基本相同，协商一致是变更的主要原因。在合同没有违反法律规定的情况下，非经对方当事人同意，一方当事人一般不得擅自变更合同。合同撤销的原因和情形则由法律明确规定。

根据《合同法》第五十四条的规定，下列合同的当事人一方有权请求人民法院或者仲裁机构变更或者撤销合同。

①因重大误解订立的合同。因重大误解订立的合同是指合同当事人对合同关系某种事实因素如客体、价金等产生了主观认识上的错误并因这些错误而订立的合同。

②在订立合同时显失公平的。显失公平的合同是指一方当事人利用其优势或者利用对方没有

经验致使双方的权利义务明显违反公平、等价有偿原则的合同。

③一方以欺诈、胁迫的手段或者乘人之危，使对方在违背真实意思的情况下订立的合同。以欺诈、胁迫手段签订的合同，一般为无效合同，乘人之危订立的合同，是指一方当事人利用对方当事人的危难处境或紧迫需要，为牟取不正当利益，迫使对方违背自己的真实意愿而订立的合同。

以上合同的受损害一方当事人有权请求人民法院或者仲裁机构变更或者撤销原合同。当事人请求变更的，人民法院或者仲裁机构不得撤销。当然，请求撤销合同的权利的行使在时间上要受到法律的限制，根据《合同法》第五十五条的规定，具有撤销权的当事人自知道或者应当知道撤销事由之日起 1 年内没有行使撤销权的，或者具有撤销权的当事人知道撤销事由后明确表示或者以自己的行为放弃撤销权的，撤销权消灭。特别要注意的是，行使撤销合同权利的时间限制不适用诉讼时效的中止或中断的法律规定，即从当事人知道或者应当知道合同撤销事由之日起计算，行使撤销权的最长期间为 1 年，当事人在这 1 年中不行使撤销权，则撤销权消灭。

二、专利合同诉讼概述

下面对专利合同诉讼的概念、专利合同的履行及违约责任、专利权被宣告无效后对专利合同诉讼的影响三个方面作出具体说明。

1. 专利合同诉讼的概念

专利合同诉讼是指当事人因专利实施许可合同、专利申请权或专利权转让合同的条款发生歧义就合同的变更、撤销、解除、履行以及当事人的违约等发生争议而不能协商解决时所引发的诉讼。就专利合同争议而言，其解决争议的途径与一般的专利争议的解决途径不同，当事人可以在专利合同中约定争议的解决方式和途径，也可以在发生争议后达成解决争议的途径和方法。当事人既可以选择在发生合同争议时到人民法院进行诉讼的途径解决争议，也可以选择在发生争议后到仲裁机构通过仲裁解决争议。在引发专利合同诉讼发生的诸原因中，最常见的原因是一方或双方当事人的违约，对违约行为的认定是确定当事人承担法律责任的前提，而违约行为的认定与合同的履行又是密切相关的，这也是人民法院或仲裁机构审理因违约而引起的专利合同诉讼案件要查明的关键事实。

2. 专利合同的履行及违约责任

专利合同的履行是指专利合同的双方当事人为了实现订立专利合同的目的而作出的实施专利合同约定义务的行为。《合同法》第六十条规定，当事人应当按照约定全面履行自己的义务。当事人应当遵循诚实信用原则，根据合同的性质、目的和交易习惯履行通知、协助、保密等义务。根据法律规定，当事人履行专利合同，必须遵守两条原则：其一，全面履行合同原则，即专利合同的当事人在履行的主体、履行的标的、履行的期限、履行的地点、履行的方式等方面要严格遵守合同的约定，不允许擅自对合同约定的上述内容进行变更；其二，诚实信用原则，即专利合同的当事人在履行合同时，应当诚实守信，相互协作和配合，不滥用权利。

根据法律关于履行合同原则的规定，专利合同的一方当事人违反专利合同的约定，不履行专利合同或者履行专利合同义务不符合约定的条件和内容，即可构成专利合同违约。未违约方有权向人民法院起诉，追究违约方的法律责任。

专利合同违约的具体情形大致可以分为两种：其一，不履行专利合同，即完全没有履行专利合同约定的义务；其二，履行专利合同义务不符合合同的约定，即违反法律规定的全面履行原则，没有全面履行专利合同义务。根据《合同法》第一百零七条的规定，当事人一方不履行合同义务或者履行合同义务不符合约定的，应当承担继续履行、采取补救措施或者赔偿损失等违约责任。另外，按照《合同法》第一百一十四条的规定，当事人可以约定一方违约时根据违约情况向对方支付约定数额的违约金，也可以约定因违约产生的损失赔偿额的计算方法。约定的违约金低于造成的损失的，当事人可以请求人民法院或者仲裁机构予以增加；约定的违约金过分高于造成的损失的，当事人可以请求人民法院或者仲裁机构予以适当减少。当事人就迟延履行约定违约金的，违约方支付违约金后，还应当履行债务。

根据以上法律规定，归纳违反专利合同须承担的违约责任形式有以下四种：

①继续履行，即违约方继续履行专利合同所规定的义务；

②采取补救措施，即违约方应当将自己不能履行或者不能全面履行专利合同义务的情况及时通知对方当事人，并和对方当事人共同协商相应的补救措施，以便将违反专利合同所造成的损失减少到最低限度；

③支付违约金，违约金是法律规定或者合同约定在一方当事人违反合同时，必须向对方当事人支付的一定的金额；

④赔偿损失，当事人一方不履行合同义务或者履行合同义务不符合约定，给对方造成损失的，没有约定违约金或约定的违约金不能弥补所有的损失的，违约方必须向未违约方赔偿损失，赔偿额应当相当于因违约所造成的损失，包括合同履行后可以获得的利益，但不得超过违反合同一方订立合同时预见到或者应当预见到的因违反合同可能造成的损失。

3. 专利权被宣告无效后对专利合同诉讼的影响

根据《专利法》第四十五条和第四十七条第一款的规定，在一项发明创造被授予专利权并公告后，任何单位或者个人认为该专利权的授予不符合专利法有关规定的，都可以请求专利复审委员会宣告该专利权无效；宣告无效的专利权视为自始不存在。由于专利合同是以《专利法》保护的发明创造内容来确定相关的权利和义务的，所以当合同所指向的专利权被宣告无效，将会对合同的履行和双方当事人的关系产生影响，对专利合同诉讼也会产生影响。

根据《专利法》第四十七条第二款和第三款的规定，一项专利权被宣告无效后，其对已经签订或履行的专利合同以及专利合同诉讼所产生的影响可以表现在以下五个方面。

①对于专利权转让合同而言，如果当事人在已经办理完专利权登记变更手续并已经被国家知识产权局公告，受让方也向专利权人支付了转让金，即可认为该专利权转让合同已经履行完毕。根据《专利法》第四十七条第二款的规定，专利权转让合同已经履行，该专利权被宣告无效的，对该专利权转让合同不具有追溯力。法律的这种规定，主要是为了技术市场的相对稳定。但是，因专利权人的恶意给受让方造成损失的，则另当别论。

②对于专利实施许可合同而言，如果双方当事人签订了合同并依照合同约定履行了各自的合同义务，则专利权被宣告无效后，对该专利实施许可合同已经履行的部分不产生追溯力，而对于合同尚未履行的部分，则一般不再履行；但是，合同中另有约定的按照合同中的约定条款处理。如果专利权人有恶意并造成被许可方的损失的，另当别论。

③对于专利实施许可和专利转让合同而言，虽然专利权被宣告无效不能对专利合同本身产生追溯力，也就是说，受让方或被许可方不能因为专利权被宣告无效而主张专利权人返还专利转让费或实施许可费，但是如果专利权人有恶意并且给合同的另一方造成损失的，受害方可以根据法律规定，要求让与人向自己赔偿损失。让与人的恶意可以表现为，明知他人已经拥有专利权、利用实用新型和外观设计不进行实质审查的制度特点而故意重复申请专利；明知自己的专利是重复授权的专利还故意转让或许可给他人；明知他人已经对自己的专利提起了宣告无效的请求、且专

利会被无效，故意在此期间将专利许可给他人实施并获得报酬等。

④对于专利实施许可和专利转让合同而言，虽然合同已经履行，专利权被宣告无效对于合同没有追溯力，但是依照《专利法》第四十七条第三款的规定，如果专利权人不向专利权的受让人返还专利权转让费或者不向被许可方返还实施许可费用明显违反公平原则，则专利权人应当向专利权的受让人或被许可方返还全部或部分专利权转让费或许可实施费用。一般的显失公平是指专利权人通过履行专利合同从被许可方或受让方获得的利益明显是暴利。

⑤专利权被宣告无效对于正在进行的合同诉讼的影响因诉讼的原因不同而有所区别。例如，专利权人提起诉讼要求支付转让费或实施许可费用的，专利权被宣告无效，其诉讼请求不能得到支持；如果是被许可方或受让方因让与人违约而提起诉讼的，且违约行为在纠正后并不会对实施技术造成影响，那么专利权被宣告无效对正在进行的合同诉讼也许不会产生影响或产生影响不大。

三、专利权利转让合同的诉讼

下面对专利权利转让合同诉讼产生的原因、法律适用和诉讼结果三个方面作出具体说明。

1. 专利权利转让合同诉讼产生的原因

专利权利转让合同的诉讼包括专利权转让和专利申请权转让合同的诉讼，它们的共同点是以转让有关专利的权利为合同标的，不同点是所转让的有关专利的权利所处的时间阶段不同、权利性质有所不同，因而当事人在合同中所约定的权利义务也有所区别。

在专利合同诉讼中，有关专利权利转让的诉讼并不是常见的诉讼。根据司法实践，引发此类诉讼的原因主要包括以下四种。

①由于专利权被宣告无效或专利权没有授予而引起的。这两种情况的出现，都可能引起受让方就转让金的返还、损失的赔偿等出现争议，在协商不成的情况下，必然引发诉讼。

②由于专利权或专利申请权被第三人所主张而引起的。在专利权或专利申请权转让后，由于第三人向受让方主张权利的归属，必然会影响到受让方权利的稳定性，而且一旦第三方胜诉，则受让方的合法利益就会受到损害。所以，第三方主张权利的，原权利人不仅会承担应诉的义务，同时如果原权利人败诉，又拒绝赔偿受让方损失的，会因此而发生与受让人的纠纷。

③由于受让的技术不能实施或不能达到预定的技术指标（参数）而引起的。转让专利权或专利申请权的根本目的还是转让可以实际实施、能带来经济效益的发明创造，如果由于权利人所转让的专利权或专利申请权的技术不能实施，或实施后不能达到预定技术指标，就会使受让人的预期目标落空，由此会就转让费的返还、实际投资不能收回所造成的损失赔偿等产生争议，从而引发诉讼。

④由于当事人迟延履行合同所引起的。对于专利权人而言，迟延履行主要指不办理或迟延办理有关转让手续、迟延交付相关证书资料等行为；对于受让方而言，迟延履行主要是指不支付或迟延支付转让费等行为。当事人的迟延履行行为如果不能通过协商得到合理的解决，就可能引发诉讼。

2. 专利权利转让合同诉讼的法律适用

专利权利转让合同诉讼中的法律适用一般采取合同约定优先原则：有合同约定的从合同约定，没有合同约定的依照法律规定。当然合同约定的内容明显违反法律的基本原则和社会公共道德、公序良俗的，合同约定的内容因无效而不能适用的除外。例如，关于专利权被宣告无效对合同的影响，如果当事人在合同中已经约定，无论在什么情况下，只要专利权被宣告无效，权利人都要返还转让费或者根据转让年度按照比例返还转让费，那么即使一项专利权被转让多年，一旦被宣告无效，原权利人因不愿意返还费用而引发诉讼，人民法院在审理中就可以直接依据合同的约定判决原权利人返还或部分返还转让费。如果当事人在专利权转让合同中没有就专利权被宣告无效的效力事宜作出约定，则人民法院只能依据法律对专利权被无效宣告后的追溯力的规定来作出判决。对于专利申请权转让的协议也是如此，如果当事人就申请是否能被授予专利权对于双方权利义务的影响作出约定的，在诉讼中，法院会依据合同的约定作出判决；如果没有约定，则会依据法律的规定。可见，订立一份完善、公平的专利转让合同是非常重要的。

3. 专利权利转让合同诉讼的结果

关于诉讼结果，在这里特指相关当事人要承担的法律责任。根据法律的规定和合同的约定，此类诉讼的结果主要包括以下五种情况。

①由于专利权被宣告无效所引起的诉讼，专利权人能够被证实有过错并且合同有明确约定返还费用、赔偿损失的，专利权人会因此而承担上述责任。如果合同没有明确约定的，人民法院会依据《专利法》的规定和合同履行的实际情况，判决专利权人承担赔偿损失、返还全部或部分转让费的法律责任。这些责任有可能是单一的，也有可能同时适用。如果专利权人没有过错，则一般不会承担上述法律责任。

②对由于转让的专利权或专利申请权的权利归属被第三人主张且原权利人败诉所引起的诉讼，人民法院会依据合同的约定或法律的规定，并根据具体情况判决原权利人承担返还转让金、赔偿损失等法律责任。

③由于非受让方的原因造成转让的技术不能实施或不能达到约定的技术指标和要求而引起的诉讼，如果能够证明确实是由于技术本身的缺陷不能实施或达到约定的指标，人民法院会依据合同的约定或法律的规定和具体情况，判决原权利人承担返还转让费的全部或部分、赔偿损失等责任。

④由于专利权人或专利申请人迟延办理专利权或专利申请权的转让登记手续而引起的诉讼，则法院会判决权利人承担支付违约金甚至赔偿损失等责任。同时，如果受让方依法提出解除转让合同的，会得到法院的支持。

⑤由于受让方迟延支付价款而引起的诉讼，如果能够证明受让方确实有过错，法院会判决受让方支付违约金、赔偿损失。如果权利人依法提出解除转让合同的主张，会得到法院的支持。

特别需要指出的是，在专利权或专利申请权转让之前已经订立的专利实施许可合同或专利申请技术实施许可合同的，被许可方的实施权不受有关专利权利转让合同的影响，即使双方发生了诉讼，诉讼的结果对已经订立或履行的实施许可合同不产生影响。但是，权利人要将已经许可给他人实施的情况如实告知给受让方，否则有可能会构成违约，严重的还可能会引起合同解除的后果。

四、专利实施许可合同的诉讼

下面对专利实施许可合同诉讼产生的原因、法律适用和诉讼结果，以及涉及的几个特殊法律问题三个方面作出具体说明。

1. 专利实施许可合同诉讼产生的原因

专利实施许可合同诉讼产生的原因在司法实践中常见的有以下五种。

①专利权人许可实施的技术不能达到约定的技术指标或质量标准，或者被许可的技术根本不能实施。这是引起诉讼发生的最常见原因。对于因这种情况发生的诉讼，人民法院通常会比较谨

慎地判断技术不能实施的根本原因是什么，甚至会委托或聘请有关专家进行鉴定或参与咨询，以便作出准确而公平的判决。

②专利权人在合同履行中，没有完全履行技术指导、交付技术资料的义务。在实践中，此原因也是引起专利实施许可合同诉讼比较常见的原因，有时还会与第一个原因构成诉讼发生的共同原因。通常，由于专利申请文件是公开的，被许可方只要依据专利申请文件的内容就可以实施专利技术，所以人民法院在因此类原因引发的诉讼案件的审理中会谨慎把握。只有合同明确约定受让方确需技术指导而权利人没有履行指导义务的，才能确定权利人的责任，否则会加重权利人的义务和责任。

③被许可方不支付或迟延支付许可使用费。这是因被许可方的违约行为而引发的诉讼。在实践中，这也是比较常见的引发专利实施许可合同诉讼的原因。在一般情况下，如果专利权人能够证明自己对于合同已经尽到了全部履行的义务，或者被许可方没有证据表明专利权人违约的，则由此原因引起的诉讼较容易审理及解决。

④专利权人违反了由实施许可合同类型对己方其他实施许可合同在实施地域方面的限制或者被许可方违反了实施的地域限制。专利实施许可合同可以分为独占实施、排他实施（即独家实施）和普通实施，实施的性质决定了权利人再次签署其他专利实施许可合同的限制。在实践中，对于这三种性质的许可实施，当事人还可以通过协商进行一些变通，例如合同可以约定以省为地域的排他实施；合同也可以约定被许可方只有在特定的地区可以实施等。如果一方当事人违反了这些约定，相对方的合法利益就会或可能会受到影响，所以当事人的上述违约行为也有可能导致诉讼的发生。

⑤许可实施合同涉及的专利技术本身陷入专利纠纷。这种情况包括：被许可方实施了专利权人许可的技术后，受到第三人的侵权指控，被动地介入侵权诉讼成为被告，且在诉讼中败诉；专利权人所拥有专利的法律有效性被否定，如被宣告无效或被归属第三人等。由于存在上述专利纠纷，必然会影响被许可方正常进行实施活动，从而引发诉讼。

2. 专利实施许可合同诉讼中的法律适用和诉讼结果

专利实施许可合同诉讼中法律适用的原则与有关专利权利转让合同是基本相同的，其中主要的适用依据也是当事人订立的合同条款。只要合同条款不违反法律禁止性的规定，并且约定明确、规范、具有可操作性，人民法院在审判中可以直接适用。合同没有约定的，人民法院则直接适用我国《合同法》和《专利法》的规定。

专利实施许可合同诉讼的结果即指当事人承担的法律责任，具体包括以下六种情况。

①在专利实施许可合同订立后，专利权人因为没有履行合同约定的不作为义务而侵害被许可方的专利实施权的，是权利人一方多见的违约行为。这主要表现在排他实施许可合同或独占实施许可合同的专利权人在已经许可被许可方实施专利的范围内就同一专利又与第三人订立专利实施许可合同，或者在已经许可被许可方独占实施专利的范围内自己又实施该专利。对于这种违约行为，专利权人应当承担违约责任，即支付违约金或赔偿损失；同时还应当立即停止实施行为，包括制止第三人的实施行为和自己停止实施行为。第三人产生的损失有权向专利权人请求赔偿。如果专利实施许可合同中的被许可方根据合同的约定，要求专利权人退还许可使用费的，有时并不意味合同终止，被许可方有权继续实施权利人的专利技术。

②如果专利权人违反专利实施许可合同约定的保密义务，将与专利有关的不公开的信息或技术秘密透露给他人，则专利权人应当支付违约金或者赔偿被许可方的经济损失，被许可方则有权继续实施专利权人的专利。

③专利权人在一般情况下有对被许可方指导实施专利技术的义务，当事人另有约定的除外。但是专利权人没有尽到技术指导义务必须是在确实影响了被许可方的实施时，才承担支付违约金或承担迟延履行而造成损失的赔偿责任。需要注意的是，被许可方在合同没有明确约定此行为可以作为解除合同理由的情况下，一般不能因为专利权人未尽技术指导义务而终止专利实施许可合同。

④专利实施许可合同的被许可方违反合同约定，不支付或迟延支付许可使用费的（包括拒付全部使用费或部分使用费），则被许可方除了必须如数支付许可使用费外，还要承担支付违约金的责任。如果被许可方不支付许可使用费和支付违约金的，则应当停止实施专利，交还技术资料。专利权人在被许可方经专利权人催促仍然不履行支付许可使用费的情况下，可以主动提出解除专利实施许可合同的请求，并可同时要求被许可方承担支付违约金的责任，法院一般会支持专利权人的诉讼请求。

⑤被许可方实施他人专利超过合同约定的行为范围和地域范围的，或未经专利权人同意擅自许可第三人实施该专利的，应当停止违约行为，承担违约责任，违约责任的形式多为支付违约金或者赔偿损失。

⑥被许可方违反专利实施许可合同约定的保密义务的，应当承担合同约定的支付违约金、赔偿金等违约责任。如果合同还同时约定此行为可以作为专利权人的解约原因的，专利权人有权解除合同。

3. 专利实施许可合同诉讼涉及的几个特殊法律问题

经过多年的司法实践，法律逐步完善，但现实中出现问题的速度总会超过法律修订的速度，所以法律不可能对专利实施许可合同中的所有问题进行明确而详细的规定。本书就以下在司法实践中经常遇到而尚无明确法律规定的问题进行相关的说明。

（1）对于被许可方因为许可标的不能实施或实施后不能达到预期技术指标而提起诉讼时是否需要专家鉴定

在专利实施许可合同履行过程中，被许可方常会因合同约定的专利技术不能实施或虽能实施却不能达到预期技术指标而提出争议，进而引发与专利权人之间的诉讼。在由此原因引发的诉讼中，除了当事人双方举证外，人民法院是否一定要聘请技术专家对该技术可否实施的问题进行鉴定是在审判中经常遇到的问题，并且与此伴随的是专家依据什么标准来进行鉴定。

在实践中，对于是否需要专家进行鉴定存在不同的意见。笔者认为，如果有证据证明专利权人许可实施的技术是一项已经被实际应用的技术（专利权人自己实施或已经许可给他人实施并且已生产出合格的产品），只是被许可方没有实施成功，则无须进行鉴定就可认定该技术实施可行；如果专利权人已经有证据证明被许可方没有实施成功的原因是非技术本身的其他客观原因，则无须进行鉴定；对于明显违反科学原理而且被许可方是出于明显的缺少相关知识而签订合同的，也无须鉴定就可认定该技术的不可实施性；只有在专利权人许可的技术没有实施成功的先例，并且实施的技术参数不稳定或技术设计原理可能有悖科学原理，在法官根据自己所掌握的相关知识很难作出准确判断的情况下，才有必要邀请专家进行技术鉴定，以保证审判的公正性。

当事人在专利实施许可合同中订立的技术或产品的"验收标准和方式"，应当是专家鉴定和法院判断许可技术是否具有可实施性的标准。法院和专家不能超越合同中约定的标准，否则会有悖公平和公正原则。人民法院可以根据案情的需要和上述规则，聘请专家进行鉴定；也可以决定以合同约定的验收标准及方法为依据，采取当事人自行鉴定的形式对技术成果作出评价，还可以在法院的主持下，由专利权人直接进行实施行为，以检测许可的技术是否符合合同约定的质量标准。以上自检和自测的方式主要适用于合同条款中对验收标准及方法约定明确而技术成果本身不很复杂的纠纷。对于经国家知识产权局授予专利权的发明专利，实施后取得经济效益，并由专利实施单位出具财务部门的经济效益证明或社会效益证明，根据《科学技术成果鉴定办法》的规定，可视为已通过鉴定，这种视同鉴定形式与科技成果的其他鉴定形式应当具有同样的效力。

如果人民法院根据案情决定委托专家进行鉴定的，则应当允许当事人在专家鉴定前陈述和介绍相关情况以利于专家作出的鉴定更有针对性。同时，人民法院应当注意为当事人保守商业秘密。人民法院在审判中应当根据专家的鉴定对许可技术的可实施性和专利权人是否违约作出判断，例如专家鉴定认为专利技术在实施后达不到约定效果的，应视为许可方违约。

（2）在专利实施许可合同的诉讼中第三人以原告的身份提出专利侵权诉讼应如何处理

人民法院在审理专利实施许可合同诉讼案件过程中，第三人提出合同双方当事人侵犯其专利权的情况并要求法院制止侵权行为的独立诉讼请求的，法院应当如何处理，是专利实施许可诉讼中可能会产生的问题，在实践中，有以下五种处理意见。

①如果专利实施许可合同的许可方不是专利权人或其合法继受人，在未经专利权人同意的情况下，以专利权人的身份订立专利实施许可合同，专利权人提出侵权诉讼的，合同纠纷与侵权纠纷应合并审理。

②合同的许可方是受专利权人委托转让专利技术，但其以自己的名义与他人订立专利实施许可合同的，可以分案审理。

③如果合同的许可方和第三人都是专利权人，只是他们各自的专利技术内容相同或类似，可能属于专利的"重复授权"而有待于进一步认定的，可先解决合同纠纷。如属"重复授权"的，则应先由第三人向专利复审委员会提出无效宣告请求，由专利复审委员会作出审查决定后，再解决侵权纠纷。不应仅凭许可方与第三方都是专利权人，就盲目作出"重复授权"或"后申请者侵权"的认定。

④如果合同的许可方和第三人都是专利权人，但两者的专利权存在从属关系，从属专利的专利权人作为许可方订立了专利实施许可合同而构成了对基本专利侵权的，人民法院可以将合同纠纷与侵权纠纷合并审理。

⑤如果合同的许可方和第三人是共同专利权人，许可方未经其他共同专利权人的允许，独自转让共有的专利技术的，应合并审理，这样更有利于查清事实，保护各方当事人的合法利益。

笔者对上述看法中的第④种、第⑤种意见不持异议，但是对前三种看法有不同的意见。笔者认为：在第①种处理意见的情况中，对于与专利权人无任何法律联系的所谓的"许可方"，与他人签订专利许可协议而引发的第三人提出侵权诉讼的，不应当与合同诉讼并案审理而应当对侵权诉讼先行审理，因为所谓的"许可方"的行为是否构成侵权对于实施许可合同是否有效关系重大，如果有侵权结论在先，则被许可方就可以完全改变自己的诉讼主张并一并解决合同终止和合同赔偿的相关问题，这样就可以清楚划分不同的法律关系，有利于准确适用法律。在第②种处理意见的情况中，对于合法的代理人以自己的名义与他人签订专利实施许可协议而引发的第三人提出侵权诉讼的，则应当合并审理，因为法院无论最终裁判以谁的名义签订合同，不会影响被许可方实施技术的内容和当事人相关的权利义务，合并审理会有效地解决合同纠纷。在第③种处理意见的情况中，因约定许可实施的技术可能构成"重复授权"而引发的第三人提起的侵权诉讼，则应当先行解决是否构成"重复授权"的争议，虽然法院不是专利审查机构，但是"重复授权"基于技术内容相同或相近似，可以委托有资质的技术鉴定机构进行鉴定；对于比较简单的技术，法官自己就可以作出判断，故对于是否构成"重复授权"的认定并不是太难的问题。而如果合同诉讼解决在先，其结果势必要受到专利是否重复授权判定的影响，甚至其审判结果会被推翻，显然不利于法律的尊严和判决的实施。

（3）在专利实施许可合同诉讼中案外人或被许可方对合同涉及的专利提出了无效宣告请求时合同诉讼是否要中止审理

对于此问题的处理，人民法院通常会根据具体的案情作出不尽相同的处理。例如，根据《民事诉讼法》第一百五十条第一款第（五）项的规定，如果合同诉讼必须以无效宣告请求审查决定为依据的，人民法院可以中止诉讼的审理；但是，如果专利权被宣告无效的结果对于合同本身争议的焦点没有直接的关系，则合同诉讼无须以专利权无效宣告请求的审查结论为前提，则人民法院可以不中止诉讼的审理。

（4）在专利实施许可合同诉讼中第三人提出专利权归属争议应当如何处理

在一般情况下，人民法院应当中止对合同诉讼案件的审理，先解决当事人之间的专利权归属纠纷。因为专利实施许可合同是基于许可方拥有专利权而成立的，因此专利权归属于谁将会直接影响专利实施许可合同的有效性，不解决归属问题，合同的权利义务关系将处于不稳定的状态。况且专利权归属纠纷案件与专利实施许可合同纠纷案件是两种不同类型的案件，不能合并审理。

第五节　专利行政诉讼

本章第二节至第四节对三种主要的专利民事诉讼作了比较详细的说明。除此之外，专利诉讼中还有一类十分重要的诉讼——专利行政诉讼。本节在对专利行政诉讼的种类和特点作概要介绍之后，分别对以国家知识产权局为被告、以专利复审委员会为被告和以地方知识产权管理部门为被告的三类专利行政诉讼作比较详细的说明。

一、专利行政诉讼概述

下面对专利行政诉讼的种类和专利行政诉讼的特点两个方面作简要介绍。

1. 专利行政诉讼的种类

专利行政诉讼，是指当事人认为专利行政主管机关的具体行政行为侵犯其合法权益而依法向人民法院起诉、请求人民法院对其具体行政行为进行司法审查而发生的诉讼。

专利行政主管机关包括国家知识产权局、专利复审委员会以及地方人民政府所属地方知识产权管理部门。根据作出具体行政行为的专利行政主管机关不同，可以将专利行政诉讼案件分为三大类。第一类是以国家知识产权局为被告的行政诉讼案件；第二类是以专利复审委员会为被告的行政诉讼案件；第三类是以地方知识产权管理部门为被告的行政诉讼案件。

2. 专利行政诉讼的特点

专利行政诉讼案件虽然涉及民事权利，但由于其均是针对专利行政主管机关的具体行政行为的合法性而提起的，因此归入行政诉讼案件。作为行政诉讼的一类案件，专利行政诉讼的审理受我国《行政诉讼法》的调整。但是专利行政诉讼的特殊性又决定了其与其他行政诉讼的区别，主要表现在以下五个方面。

（1）专利行政诉讼中的被告具有特定性

行政诉讼的被告，是指被原告起诉指控在行政决定中侵犯原告合法权益或与之发生行政争议而由人民法院通知应诉的行政机关。一般行政诉讼的被告可以是各级、各种行政机关；而专利行政诉讼的被告则为国家知识产权局、专利复审委员会或者地方知识产权管理部门。

（2）专利行政诉讼的管辖具有确定性

专利行政诉讼中被告的特定性决定了它在诉讼管辖上的确定性。由于国家知识产权局和专利复审委员会的所在地属于北京市法院受理行政案件的管辖区域，又由于专利行政诉讼的技术性、专业性较强，因此根据《最高人民法院关于北京、上海、广州知识产权法院案件管辖的规定》，不服国家知识产权局或专利复审委员会的行政决定提起的专利行政诉讼第一案案件，均由北京知识产权法院负责审理。对于地方知识产权管理部门作出的行政处理决定或查处决定不服提起的专利行政诉讼第一审案件，除北京市、上海市、广东省管辖的案件分别由北京知识产权法院、上海知识产权法院、广州知识产权法院负责审理外，其他各省、自治区、直辖市管辖的案件一般由作出具体行政行为的机关所在地的省、自治区、直辖市人民政府所在地的中级人民法院负责审理，但是如果作出具体行政行为机关所在地的中级人民法院已是最高人民法院特别指定的中级人民法院，则由这些中级人民法院负责审理。而除专利行政诉讼案件以外的其他一般行政诉讼案件，为了适应被告分散而又众多的特点，相关案件分别由分布在全国各地的人民法院管辖，并以地域管辖为主，第一审案件一般由基层人民法院管辖。

（3）在专利行政诉讼案件中，部分案件有利害关系的第三人

在专利行政诉讼案件中，有一部分诉讼案件所涉及的具体行政行为本身是针对双方当事人之间的民事争议作出的决定，因而民事争议中认为该行政决定对其不利的一方当事人作为原告提起专利行政诉讼时，另一方就成为与该专利行政诉讼案件有利害关系的第三人。例如，不服专利复审委员会无效宣告请求审查决定而提起的行政诉讼，如果请求人作为原告，则专利权人作为有利害关系的第三人参加诉讼；反之，专利权人作为原告，则无效宣告请求人作为有利害关系的第三人参加诉讼。被责令停止专利侵权行为的被请求人不服地方知识产权管理部门作出的处理决定而向人民法院提起专利行政诉讼的，专利权人作为有利害关系的第三人参加诉讼。此外，不服国家知识产权局作出的实施强制许可的决定或者有关强制许可使用费的裁决而引发的专利行政诉讼等也必然涉及第三人。对于这类涉及第三人的案件，人民法院应当通知第三人参加专利行政诉讼案件的审理活动。

（4）部分专利行政诉讼案件伴随专利民事争议而产生

目前，不服专利复审委员会专利权无效宣告请求审查决定的行政诉讼在专利行政诉讼案件中占有较大的比例。而向专利复审委员会提出专利权无效宣告请求的当事人多半是专利侵权诉讼案件中的被告，即大多数专利权无效宣告请求审查案件是由于被诉侵权人为摆脱己方在专利侵权诉讼中的被动局面而向专利复审委员会"反诉无效"而发生的。如果专利复审委员会作出无效宣告请求审查决定后，当事人不服而向人民法院提起专利行政诉讼的，则该专利行政诉讼就会与专利侵权诉讼出现交叉。在这类案件中，一般先发生专利侵权诉讼，一旦侵权诉讼的被告提出宣告专利权无效的请求，就会启动确认该专利权是否有效的行政审查程序，此时专利侵权诉讼可能会被中止审理。如果专利权人或无效宣告请求人对专利复审委员会作出的宣告专利权无效、部分无效或者维持专利权有效的审查决定不服的，有权向北京知识产权法院提起专利行政诉讼。此时，一般需待北京知识产权法院对于专利复审委员会的审查决定作出判决并生效后，专利侵权诉讼才重新恢复审理。当然，对于发明专利的侵权之诉，法院可以不中止审理，这样就有两个独立的诉讼，而且形成了"交叉诉讼"。这是其他行政诉讼案件所不具有的一个显著特点。鉴于这样的"交叉诉讼"的审理时间长，无法及时结案，根据最高人民法院的司法政策，上海、北京等一些审理专利诉讼案件较多的地区，采取了严格控制审限的具体措施。例如，在专利侵权案件中，反诉专利权无效的行政审查案件作出了无效宣告请求审查决定，如果该审查决定维持专利权有效或

部分有效的，法院就不会中止案件的审理；而该审查决定宣告专利权无效的，法院一般会让原告撤诉，原告不撤诉的，法院也会根据情况作出驳回起诉的判决。对于后一种情况，如果该无效宣告请求审查决定经过司法审查即专利行政确权诉讼被人民法院撤销，原告的专利权得到恢复，此时原告可以再提起专利侵权诉讼。

（5）专利行政诉讼案件的审理范围以行政决定的范围为限

专利行政案件的起因是原告对国家知识产权局、专利复审委员会或者地方知识产权管理部门所作出的具体行政行为不服，而这些具体行政行为一般是专利主管机关根据当事人的申请或直接依照法定程序作出的。因此，人民法院在审理专利行政诉讼案件时，将审查该决定的作出有无事实作为根据，适用法律、法规是否正确，有无违反法定程序，有无超越职权等。对行政处理决定未涉及的问题，即使原告请求人民法院一并审理，人民法院也不能一并作出判决。

例如，提出无效宣告请求的请求人仅以某项发明专利不具备新颖性而要求专利复审委员会宣告该发明专利权无效，专利复审委员会经过审查，认为该发明专利具备新颖性，从而作出维持该发明专利权有效的无效宣告请求审查决定。请求人如果不服该审查决定向人民法院提起行政诉讼，并同时提出了该项专利不具备创造性的理由，即使作为行政诉讼原告的请求人还是基于原有证据提出行政诉的，但由于其提出的该专利不具备创造性的理由在无效宣告请求的审查阶段并没有提出，人民法院在审理中就不能审查该专利的创造性，否则就超出了专利复审委员会行政决定的审理范围。当事人如果要以该专利不具备创造性为理由请求宣告其无效的，应另行提出宣告该项专利权无效的请求，由专利复审委员会就创造性问题作出审查决定。

二、以国家知识产权局为被告的专利行政诉讼

根据《行政复议法》第二条及《行政诉讼法》第二条和第四十四条的规定，公民、法人或者其他组织认为行政机关作出的具体行政行为侵犯其合法权益的，既可以在复议期限内提出行政复议申请寻求行政救济，也可以在诉讼时效内向人民法院起诉而直接寻求司法救济。对于寻求行政救济手段的，若当事人不服行政复议决定的，除了法律规定的行政复议决定为最终裁决的，还可以再向人民法院起诉寻求司法救济。《行政复议法》第八条第二款还规定，行政机关对民事纠纷的调解或其他处理不能复议，需依法申请仲裁或向人民法院提起诉讼。此外，根据《立法法》第八十三条的规定，对于同一机关制定的法律、行政法规来说，特别规定与一般规定不一致的，适用特别规定，因此在特别规定中对于行政机关作出的某些具体行政行为已明确规定了行政救济手段的话，则按照特别规定办理。

国家知识产权局作为国家行政机关，在行使行政管理职权过程中，会作出许多具体行政行为。按照上述规定，对国家知识产权局的具体行政行为不服的，大部分既可提起行政诉讼，又可申请行政复议；一部分只能提起行政诉讼，不能申请行政复议；也有一部分既不能提起行政诉讼，也不能申请行政复议，只能按照《专利法》或其他相关法律法规的规定寻求其他法定救济手段。现分别予以说明。

1. 国家知识产权局作出的具体行政行为按照其可采取的救济手段划分的类型

正如前面所指出的，对于国家知识产权局作出的具体行政行为按照其可采取的救济手段可以分为三个类型：可以直接提起行政诉讼或申请行政复议的具体行政行为；只可提起行政诉讼但不能申请行政复议的具体行政行为；既不能提起行政诉讼又不能申请行政复议的具体行政行为。

（1）可以直接提起行政诉讼或申请行政复议的具体行政行为的范围

2012年9月1日起施行的《国家知识产权局行政复议规程》第四条规定的五类可以依法申

请行政复议的情形中有四类是以国家知识产权局为被告的具体行政行为，而在其第五条明确规定的十一种不能申请行政复议的情形中有七种为国家知识产权局作出的具体行政行为。

根据上述规定，下述四类由国家知识产权局作出的具体行政行为，当事人不服的既可以直接提起行政诉讼，也可以申请行政复议。

①对国家知识产权局作出的有关专利申请、专利权的具体行政行为不服的：如专利申请人对不予受理其专利申请不服的，专利申请人对申请日的确定有争议的，专利申请人对视为未要求优先权不服的，专利申请人对其专利申请按保密专利申请处理或不按保密专利申请处理不服的，专利申请人对专利申请视为撤回不服的，专利申请人对视为放弃取得专利权的权利不服的，专利权人对专利权终止不服的，专利申请人、专利权人在耽误有关期限导致其权利丧失后请求恢复权利而不予恢复不服的，国际申请的申请人对国家知识产权局根据《专利法实施细则》第一百零五条规定终止其国际专利申请在中国的效力不服的，国际申请的申请人对国家知识产权局根据《专利法实施细则》第一百一十六条所作复查决定不服的等。

②对国家知识产权局作出的有关集成电路布图设计登记申请、布图设计专有权的具体行政行为不服的❶：如布图设计登记申请人对不予受理其布图设计登记申请不服的，布图设计登记申请人对布图设计登记申请视为撤回不服的，当事人对不允许恢复有关权利的请求不服的等。

③对国家知识产权局作出的有关专利代理管理的具体行政行为不服的：如专利代理机构对撤销其机构的处罚决定不服的，专利代理人对吊销其专利代理人资格证书的处罚决定不服的。

④认为国家知识产权局作出的其他具体行政行为侵犯其合法权益的：如专利权人对给予实施强制许可的决定不服的，强制许可请求人对终止实施强制许可的决定不服的，国际申请的申请人对国家知识产权局根据《专利法实施细则》第一百零五条第一款第（二）项和第（三）项规定终止其国际专利申请在中国的效力不服的，认为国家知识产权局对其应当完成的具体行政行为不作为的等。

（2）只可提起行政诉讼但不能申请行政复议的具体行政行为的范围

根据前述规定，对国家知识产权局的具体行政行为不服，只可提起行政诉讼而不能申请行政复议的，主要有下述三种：

①申请行政复议的申请人不服行政复议决定的；

②专利权人或实施强制许可的被许可人对实施强制许可使用费的裁决不服的；

③集成电路布图设计权利人、非自愿许可取得人对非自愿许可报酬的裁决不服的；

④布图设计权利人、被诉侵权人对布图设计专有权侵权纠纷处理决定不服的。

上述第①种是由《行政复议法》规定的；而对于后三种具体行政行为，由于属于行政机关对民事纠纷的裁决，因而有关当事人不服的，只能就此提起行政诉讼，不能提起行政复议申请。

（3）既不能提起行政诉讼又不能申请行政复议的具体行政行为的范围

对国家知识产权局的具体行政行为不服，既不可提起行政诉讼又不能申请行政复议的，主要有下述四种：

①专利申请人对驳回专利申请的决定不服的可以在法定的 3 个月期限内向专利复审委员会提出复审请求；

②任何单位或个人认为国家知识产权局授予的专利权不符合《专利法》有关规定的，可以在

---

❶　集成电路布图设计专有权与专利权是两种不同的知识产权，因此有关集成电路布图设计的行政复议和诉讼的内容不属于专利行政复议和专利诉讼的内容，但是考虑到本书可作为全国专利代理人资格考试的参考书，为帮助有关考生了解国家知识产权局行政复议规程的有关内容，故在此一并介绍给读者。

自该专利权授权公告日起向专利复审委员会请求宣告该专利权无效；

③集成电路布图设计登记申请人对驳回登记申请的决定不服的可以在法定的 3 个月期限内向专利复审委员会提出复审请求；

④国际申请的申请人对国家知识产权局作为国际申请的受理单位、国际检索单位和国际初步审查单位所作决定不服的。

对于上述第①至第③种情形，根据《立法法》第八十三条中有关一般规定服从特别规定的原则，采用《专利法》和《集成电路布图设计保护条例》中规定的法律救济手段；而对第④种情形来说，由于其不属于国家行政机关的具体行政行为，因而既不能提起行政诉讼，也不能申请行政复议。

2. 行政复议的审理与决定

国家知识产权局设立行政复议机构（即设立在国家知识产权局专利局审查业务管理部中的法律事务处）审理复议案件，复议机构应当在收到复议申请书之日起的 60 日内作出复议决定，但如果案件情况复杂，可以延长 30 日。

复议决定有如下四种结论。

①国家知识产权局的具体行政行为适用法律、法规、规章及有关规范性文件正确，事实清楚，符合法定权限和程序的，决定维持。

②国家知识产权局的具体行政行为有程序上的不足的，决定有关部门进行补正。

③国家知识产权局的有关部门不履行法律、法规、规章规定的职责的，决定其在一定期限内履行。

④出现下述六种情形之一的，决定撤销、变更原具体行政行为，并可决定有关部门重新作出具体行政行为：

——主要事实不清、证据不足的；

——适用法律、法规、规章错误的；

——违反法定程序的；

——超越或者滥用职权的；

——具体行政行为明显不当的；

——出现相反证据，撤销或者变更原具体行政行为更为合理的。

按照现行《行政复议法》第十四条的规定，申请人对行政复议决定不服的，有两种救济途径可供选择。一种是在收到复议决定书之日起 15 日向北京知识产权法院起诉；另一种是向国务院提出终局裁决。由于我国制定《行政复议法》时，尚未加入 WTO，第二种途径与 WTO 的规定明显不符，不少学者要求对此进行修改，但在该条款修改前，不服行政复议决定的还有权向国务院提出终局裁决。

3. 不服行政复议决定而引发的行政诉讼案件的审理

北京知识产权法院适用行政诉讼程序审理不服国家知识产权局的行政复议决定而引发的行政诉讼案件，从程序和法律的适用两方面对被告的行政行为进行审查。由于行政复议涉及事项相对于其他专利诉讼的事项要简单，所以法院在审理时通常无须聘请有关专家参加咨询和鉴定。北京知识产权法院经审查，认为国家知识产权局所作出的行政复议决定在程序和适用法律上均符合法律规定的，则作出维持复议决定的判决；相反，如果在审理中发现国家知识产权局所作出的行政复议决定在程序或法律适用的任何一方面存在缺陷，则作出撤销行政复议决定的判决。北京知识产权法院还可以视国家知识产权局行政行为的具体内容判令其作出新的具体行政行为。

三、以专利复审委员会为被告的专利行政诉讼

尽管专利复审委员会在行政关系上隶属于国家知识产权局，但是正如前所述，专利复审委员会的行政职能实际上是对国家知识产权局的一部分具体行政行为的再审查，即其属于国家知识产权局行政救济制度的一个组成部分，因此从此角度考虑，专利复审委员会的行政职能与国家知识产权局的行政职能并不是处于一个层面，因而将以专利复审委员会为被告的行政诉讼独立出来，作为单独的一类行政诉讼。

1. 专利复审委员会作出的具体行政行为按照其可采取的救济手段划分的类型

2012 年国家知识产权局根据国务院于 2007 年发布的《行政复议法实施条例》对《国家知识产权局行政复议规程》进行了修订，将专利复审委员会的部分具体行政行为纳入行政复议的范围，在该规程的第四条中明确规定，对专利复审委员会作出的有关专利复审、无效的程序性决定不服的，可以申请行政复议。由此，对于专利复审委员会作出的具体行政行为按照其可采取的救济手段可以分为两个类型：一类是可以直接提起行政诉讼或申请行政复议的具体行政行为；一类是只可提起行政诉讼但不能申请行政复议的具体行政行为。

（1）可以直接提起行政诉讼或申请行政复议的具体行政行为的范围

这类可以直接提起行政诉讼或申请行政复议的具体行政行为就是 2012 年修订《国家知识产权局行政复议规程》时新纳入行政复议范围的专利复审委员会的部分具体行政行为，即不服专利复审委员会作出的有关专利复审、无效的程序性决定可以直接向人民法院提起行政诉讼，也可以先申请行政复议，不服行政复议的还可再提起行政诉讼。

（2）只可提起行政诉讼但不能申请行政复议的具体行政行为的范围

按照《国家知识产权局行政复议规程》第五条的规定，专利复审委员会的下述几种行为只可提起行政诉讼，但不能申请行政复议：

①专利申请的复审请求人对复审决定不服的；

②专利权人或者无效宣告请求人对无效宣告请求审查决定不服的；

③集成电路布图设计登记申请的复审请求人对复审决定不服的；

④集成电路布图设计权利人对撤销布图设计登记的决定不服的。

需要说明的是，在实践中，对专利复审委员会作出的具体行政决定不服而采取法律救济手段最经常见到的是专利申请的复审请求人不服专利复审委员会的复审决定而提起的行政诉讼和专利权人或无效宣告请求人不服专利复审委员会的无效宣告请求审查决定而提起的行政诉讼。下面针对这两种行政诉讼作进一步说明。

2. 专利申请的复审请求人不服复审决定而提起的行政诉讼

按照《专利法》第四十一条第二款的规定，专利申请人对专利复审委员会的复审决定不服的，可以自收到驳回决定之日起 3 个月内向北京知识产权法院起诉，由北京知识产权法院适用行政诉讼程序作出判决。

专利复审委员会所进行的复审共包括两类请求：一类是对专利申请人不服初步审查阶段驳回发明、实用新型或外观设计专利申请提出的复审请求进行审查；另一类是对专利申请人不服发明专利申请实质审查阶段所作出的驳回决定提出的复审请求进行审查。因此不服专利复审委员会作出的复审决定而引发的专利行政诉讼也包括相应的两类。

从司法实践看，对于专利复审委员会针对初步审查阶段被驳回专利申请进行复审后作出的复审决定，复审请求人不服而提起的行政诉讼案件，主要涉及申请文件的格式缺陷和是否属于违反

法律禁止性的规定，审理此类案件相对比较容易，因而人民法院在查清事实的基础上就可以依据法律作出判断。相对于在初审阶段被驳回专利申请的行政诉讼案件，在实质审查阶段被驳回而最后导致的行政诉讼案件就相对复杂。法院在审判这类案件时，如果涉及比较专业的技术问题，可以聘请有关技术专家作陪审员或邀请技术顾问提供意见，或者委托进行司法鉴定，以便更好地对有争议的发明创造的技术内容进行分析，作出公正合理的判决。

3. 专利权人或无效宣告请求人对无效宣告请求审查决定不服而提起的行政诉讼

根据《专利法》第四十六条第二款的规定，无效宣告请求人或者专利权人对专利复审委员会作出的无效宣告请求审查决定不服的，可以在自收到审查决定之日起的3个月内，向北京知识产权法院提起行政诉讼。北京知识产权法院应当对专利复审委员会的审查行为在实体和程序上进行司法审查，判决维持或撤销专利复审委员会作出的无效宣告请求审查决定。如果北京知识产权法院撤销专利复审委员会作出的无效宣告请求审查决定，则同时会判决专利复审委员会重新作出审查决定。

四、以地方知识产权管理部门为被告的专利行政诉讼

对于以地方知识产权管理部门为被告的专利行政诉讼，下面从法律依据和所涉及的具体行政行为的范围两个方面给予说明。

1. 以地方知识产权管理部门为被告的行政诉讼的法律依据

根据《专利法》第六十条和《专利法实施细则》第七十九条的规定，各省、自治区、直辖市人民政府以及专利工作量大又有实际处理能力的设区的市人民政府设立的管理专利工作的部门可以处理专利权人以及有关权利人提出的请求，对专利侵权、假冒专利等行为是否成立等事项作出判断和处理。地方知识产权管理部门对专利侵权纠纷作出责令侵权人立即停止侵权行为的处理决定的，当事人不服，可以在自收到处理决定之日起的15日内向有管辖权的法院提起行政诉讼；对于地方知识产权管理部门对假冒专利行为进行查处作出处罚决定的，由于在《专利法》《专利法实施细则》和《专利行政执法办法》中均未对提起行政诉讼的期限作出规定，因此可以按照《行政诉讼法》第四十七条的规定自收到处罚决定之日起的6个月内向有管辖权的法院提起行政诉讼，❶ 但鉴于《专利行政执法办法》第四十七条规定了假冒专利行为的行为人应当自收到处罚决定之日起15日内缴纳处罚决定写明的罚款，到期不缴纳的，每日按罚款数额的百分之三加处罚款，因此最好在自收到处罚决定之日起15日内向有管辖权的法院提起行政诉讼。

在以地方知识产权管理部门为被告而提起的行政诉讼案件的审理中，法院对其所作行政处理决定从程序和实体两方面进行审查，对于这两方面均没有违反法律规定的，作出驳回原告起诉的判决；对于这两方面有违反法律规定的，则作出撤销行政处理决定或限期作出新的行政行为的判决。

2. 以地方知识产权管理部门为被告的行政诉讼所涉及的具体行政行为的范围

根据《专利法实施细则》第八十五条的规定，地方知识产权管理部门不再对专利申请权和专利权归属纠纷、发明人和设计人的资格纠纷、职务发明的发明人和设计人的奖励或报酬纠纷以及在发明专利申请被公布后专利权授予前使用发明而未支付适当费用的纠纷具有行政处理权，而只有调解权。因此，当事人只有在自愿达成协议并签收后，调解才能发生法律效力。如果经调解，当事人不能达成协议，权利人（或认为自己是权利人的）一方应当以另一方当事人为被告，向有

---

❶ 按照2015年5月1日施行的《行政诉讼法》的规定，此类行政诉讼案件的起诉期限，由3个月改为6个月。

管辖权的法院提起民事诉讼。

鉴于此,以地方知识产权管理部门为被告的行政诉讼所涉及的具体行政行为主要涉及两种:

①当事人不服地方知识产权管理部门作出的责令停止侵权行为的处理决定;

②当事人不服地方知识产权管理部门作出的对假冒专利行为的处罚决定。

第三编

专利代理工作

第十一章 专利申请文件的撰写

有了一项很好的发明创造，并不意味必然能够获得很好的专利保护。对一项发明创造能否获得充分、有效的法律保护，与其专利申请文件的撰写质量有着密切的关系。因此，能否撰写出一份既符合法律要求，又取得较宽保护范围的专利申请文件，关系到专利申请人的切身利益，是专利代理人职责的重要组成部分。作为专利代理人来说，应当掌握专利申请文件的撰写技巧，为申请人提交一份既符合《专利法》《专利法实施细则》以及《专利审查指南 2010》的要求、又能争取较宽保护范围的专利申请文件。

作为专利代理基本知识，本书第二编第七章对专利申请文件的组成、主要内容以及撰写要求作了介绍。为了帮助专利代理人（包括申请人）掌握专利申请文件的撰写技巧，本章将进一步具体介绍如何撰写专利申请文件。由于发明和实用新型专利权保护的是相对于现有技术具备新颖性、创造性和实用性的技术方案，两者比较相近，而外观设计专利权保护的是富有美感并适于工业应用的新设计，与发明和实用新型所保护的主题有本质的不同，因此本章首先介绍如何撰写发明和实用新型的权利要求书和说明书，最后再对外观设计的图片或照片的绘制及其简要说明的撰写作进一步说明。

第一节 撰写发明或者实用新型权利要求书和说明书的准备工作

专利代理人在撰写发明或者实用新型权利要求书和说明书之前通常应当做好三项准备工作：通过阅读申请人或发明人所提供的技术交底书或者通过，申请人或发明人对发明创造所涉及的技术内容的介绍理解发明或实用新型技术内容的实质；就发明和实用新型的技术内容与申请人或发明人进行必要的沟通；对其所属技术领域的相关现有技术进行必要的补充检索和调研。这是撰写好权利要求书和说明书的基础。

一、理解发明或者实用新型实质内容

当申请人或发明人通过技术交底书或者通过口头方式向专利代理人介绍发明或者实用新型的具体内容、并委托专利代理人撰写申请文件时，专利代理人首先要弄清楚该发明和实用新型的实质内容，以确定该发明创造涉及哪些主题，每项主题又涉及哪些实质性改进，而对于这些改进中哪些技术特征是解决技术问题的关键。只有这样，才有可能写出质量较高的权利要求书和说明书。

专利代理人在听取申请人或发明人对其发明创造的介绍以及阅读理解技术交底书以理解发明或者实用新型的实质内容时，至少要搞清下述五个方面的问题。

1. 申请人或发明人提供的技术交底书和口头介绍中所说明的发明创造涉及哪些主题

申请人或发明人提供的技术交底书中描述的发明创造多半仅涉及一个主题，在这种情况下仅需要确定这一主题是否属于《专利法》规定的发明或实用新型的保护客体，并通过对这一主题技术内容的分析，判断其属于方法发明还是产品发明，该项发明创造就这一主题作了哪几方面的改进，这些改进分别解决了哪些技术问题，尤其是该项发明创造所采取的各个技术手段分别在此项

发明创造中起到什么样的作用。

但是在实践中，申请人或发明人提供的技术交底书中所描述的发明创造还可能涉及不止一个主题，例如本章第五节"发明和实用新型的权利要求书和说明书撰写示例"之一中的"机械类发明专利申请撰写示例"中的发明创造涉及三个主题：用于沸腾液体的传热壁、这种传热壁的制造方法以及该制造方法中所采用的铲刮刀具。在这种情况下，需要判断这些主题中哪些属于《专利法》规定的发明或实用新型的保护客体，以及这些主题分别作出了哪些改进、采取了哪些技术手段和解决了哪些技术问题。

甚至还可能存在这样的情况，通过对申请人或发明人所介绍的发明创造或者所提供的技术交底书的分析，发现了一些申请人或发明人并未想到、但实际上可以给予专利保护的主题，例如申请人或发明人原先只想保护一件产品，但通过对提供的技术交底书的分析，还发现该产品中某一部件的材料也是一种属于专利法意义下的发明创造，则应当将该产品中所采用的这种新材料也确定为要求专利保护的主题。

2. 判断所涉及的这些主题中哪些是属于专利法意义下的发明或者实用新型的保护客体

《专利法》第二条第二款至第四款对《专利法》第二条第一款规定的给予保护的发明、实用新型和外观设计三种专利客体作了进一步具体的规定，《专利法》第五条和第二十五条从我国具体国情出发又从上述保护范畴中将一部分主题排除在可授予专利权的保护客体之外。因此，在确定了技术交底书所描述的发明创造涉及哪些主题之后，就要判断这些主题是否属于专利法意义下的保护客体，并为其选择合适的专利保护类型。也就是说，首先将不属于专利保护客体的主题排除，然后根据发明创造内容的实质涉及技术方案（包括什么类型的技术方案）还是涉及产品的外观设计来确定是申请发明专利、实用新型专利，还是外观设计专利。

例如，一种香烟盒，其改进仅在于盒体上留出印刷宣传广告的位置，则由于其不是技术方案，也不是对产品外观的设计方案，因而不符合我国《专利法》第二条的规定，不可能授予发明或者实用新型专利权，也不可能授予外观设计专利权。

又如，申请人发明了一种汽车防盗装置，其在盗车者开车时会释放出一种催眠气体，从而使盗车者失去知觉而便于捕获，这种装置虽然为了达到有益的目的，但客观上由于汽车失控而造成对行人的危害，故这种汽车防盗装置因妨碍公众利益属于《专利法》第五条规定的不授予专利权的客体。

再如，申请人想保护一种结构基本上与现有技术相同而仅其外形为独特、憨厚的熊猫造型的挂钟，则其不属于发明和实用新型的保护范畴，应当告知申请人申请外观设计专利。

如果申请人要求保护的是一种具有不同焊药配方的焊条，则应当向申请人指出，所要求保护的焊条包含对材料本身提出的技术方案，因而不属于实用新型专利保护的客体，只可申请发明专利。同样，如果申请要求保护的是一种对烟气成分的分析方法，由于实用新型只保护产品，不保护方法，因此只能申请发明专利，不能申请实用新型专利，除非将此发明创造的主题改变为烟气成分分析仪。

3. 由发明实质内容确定其属于方法发明还是产品发明，或者以哪一种为主

专利领域的发明分为产品发明和方法发明。有些发明创造的技术内容可能既涉及产品发明的内容，又涉及方法发明的内容，作为专利代理人在遇到这种情况时，应当帮助申请人分析其实质究竟是产品发明还是方法发明。如果该发明实质内容既可以描述成产品发明，又可以描述成方法发明时，专利代理人可以帮助申请人从商业目的出发根据实际保护效果确定其要保护的客体，或以其中哪一个为主。但是，当该发明内容从实质上分析只可能是其中一种，应当帮助申请人作出正确的选择。下面举两个例子加以说明。

第一个例子与烟气现场分析装置有关。由于该分析装置与待测烟道钓连接管道经常被烟灰堵塞，现有技术中在该连接管道上设置了一个气流冲洗机构以解决此问题。申请人对此作了进一步改进，在连接管道上靠近烟道位置上加装一个阀门，先将阀门关紧，向管道充气，等压力升高后突然打开此阀门，压力急剧释放，从而起到更好的冲刷管道效果。该发明的构思是将常压冲刷改为高压突然释放冲刷，其结构变化不大，仅增加一个阀门，因此该发明的实质是对方法发明的改进。在这种情况下，应当建议申请人将申请的保护客体确定为方法发明。若申请人还想制止生产厂家制造和销售这样的设备时，则可以在此专利申请中同时要求保护实现该方法的专用设备。

另一个例子涉及暖气片组，在传统的暖气片组中，各片暖气片之间用螺纹接头连接，在组装暖气片组时需要逐片组装，很不方便。为简化暖气片的组装工作，设计了一种新的暖气片组结构，各暖气片之间通过进、出水连通管来连接，将各暖气片套装到进、出水连通管上，其间装有密封片，只需要从两端借助螺纹结构将各暖气片压紧在进、出水连通管上，从而可以十分方便地组装暖气片组。当然，该暖气片组的组装方法与传统的组装方法也不一样。对于这种情况，本发明创造的实质究竟是暖气片组还是该暖气片的组装方法呢？显然，该发明创造的实质是暖气片组的结构，其组装方法是由暖气片组的结构决定的，因而应当以产品作为要求保护的客体。

在此，还需要说明一点，如果最后确定的保护客体是方法，则只能申请发明专利，不能申请实用新型专利；相反，如果最后确定的保护客体是产品，而且是从结构和／或形状对其作出改进，那么既可以申请发明专利，也可以申请实用新型专利。

4. 针对各项主题全面、正确理解其技术内容

对于各项主题，在确定了采用产品发明还是方法发明予以保护后，需要进一步从两个方面进行分析研究：对于涉及多个实施方式的主题，分析这些实施方式之间的关系；对该项主题作了哪几方面的改进，理清这些改进之间的关系。

对于技术交底书中所描述的主题涉及多个实施方式的情况，在撰写权利要求书之前，需要弄清这几个实施方式之间的关系，即分析这几个实施方式之间是并列关系还是主从关系。如果属于并列关系，则应当尽可能以概括方式描述其技术方案，使该几个实施方式都落入保护范围，然后再针对并列实施方式进一步限定所要求保护的技术方案。如果属于主从关系，则针对主要实施方式撰写要求保护的技术方案，然后再针对进一步作出改进的从属实施方式限定所要求保护的技术方案。当然，还可能既存在并列实施方式又存在主从实施方式的情况，例如这一主题包括了三个实施方式，其中第一个实施方式与第二、第三实施方式之间是并列关系，而第二与第三实施方式之间是从属关系，则应当先以概括方式描述其技术方案，再分别针对第一和第二实施方式限定所要求保护的技术方案，然后再对第二实施方式的技术方案进一步限定成第三实施方式的技术方案。由此可知，为撰写层次清楚的权利要求书，应当在撰写之前先弄清该项主题所涉及的实施方式之间是并列关系还是主从关系。

此外，对每一项主题还需要分析其作了哪几个方面的改进，这些改进分别解决了什么技术问题，分别以哪些技术手段来解决技术问题。也就是说，通过分析，明确该项主题为解决其技术问题所采取的各个技术手段分别起什么作用，在此基础上理清这些改进之间的关系，从而全面、正确地理解这一项主题的技术内容。

现以"便携式牙刷"为例对此作一说明。申请人向专利代理人提供了如图 11 - 1 和图 11 - 2 所示的两种便携式旅行牙刷的产品。

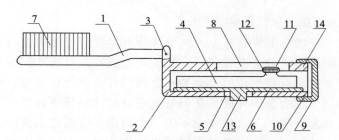

图 11－1　第一种便携式旅行牙刷结构简图

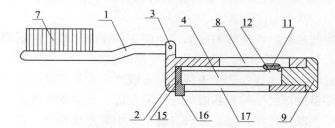

图 11－2　第二种便携式旅行牙刷结构简图

这两种便携式牙刷均由牙刷本体 1、兼作刷柄的盒体 2 和置放于盒体中的牙膏软袋 4 组成，牙刷本体与盒体用铰链 3 连接；盒体顶壁有一个形状、大小与牙刷刷毛 7 相应的空腔 8，折叠携带时牙刷刷毛正好落入此空腔内；盒体另一端设有放置和更换牙膏软袋的开口及相应的端盖 9；牙膏软袋的出膏口 12 开在牙膏软袋与刷毛空腔相对应的位置处。以上是该两种产品（即本申请两种实施方式）的共同技术特征。在图 11－1 中的便携式牙刷，其盒体底部开有孔 5，牙膏软袋下方有一块置于盒底的带凸块 13 的压板 6，凸块从盒体底部的孔中伸出；在图 11－2 中的便携式牙刷，其盒体底部开有一条沿盒体长边走向的长条形槽 17，在盒体远离空腔那一端设置了一块侧面带有拨块 16 的可移动板 15，拨块从此长条形槽中伸出并可沿此长条形槽移动。上述压板及其相应结构与可移动板及其相应结构均用来挤压牙膏软袋，将牙膏直接挤到位于空腔处的牙刷刷毛上，因而它们是相应的技术特征。

由上述对发明创造内容的分析可知，该发明创造便携式牙刷涉及两个实施方式，两者之间是并列关系，应当首先以概括方式描述将这两个实施方式都包括在内的技术方案，然后再针对两个并列实施方式进一步限定要求保护的技术方案。

此外，该便携式牙刷相对于牙刷与牙膏是分开的旅行漱具这样的现有技术来说，主要作了四方面的改进：兼作放置牙膏盒体的刷柄是解决牙刷和牙膏两者合一、便于携带这个技术问题的技术手段；盒体顶壁上设有供携带时将牙刷刷毛置入其内的空腔是保持携带时刷毛清洁的技术手段；至于牙膏软袋的出口开在牙膏软袋与刷毛空腔相对应的位置以及两种实施方式中相应的挤压牙膏软袋的压板或可移动板，是为了实现不必从盒体中取出牙膏软袋而直接将牙膏挤至牙刷刷毛上所采取的措施；盒体一端设有端盖是为了方便更换牙膏采取的技术措施。通过对上述便携式两种实施方式结构的分析，正确理解其技术内容，从而为撰写权利要求书和说明书做好了准备。

5. 确定申请中最主要的主题，初步分析其他主题与该主题是否属于一个总的发明构思

通过对各项属于专利法意义下的发明或者实用新型专利保护客体的主题进行具体分析之后，就应当进一步从这些主题中确定一项主题，作为本件专利申请中最主要的主题，通常可从三个方面考虑：哪一项主题是技术交底书中描述的发明创造的核心，哪一项主题与其他主题的关系更为密切，哪一项主题所包含的技术改进最多。

按照《专利法》第三十一条第一款的规定，属于一个总的发明构思的两项以上的发明或者实用新型，可以合案申请。因此，在确定本件专利申请中最主要的主题之后，需要初步判断其他主题与所确定的最主要的主题之间是否属于一个总的发明构思。若属于一个总的发明构思，则可合案申请。若不属于一个总的发明构思，则应当分案申请，即对那些与最主要的主题不属于一个总的发明构思的主题另行提出一件专利申请，按照 2008 年修改的《专利法》，这两件专利申请最好同日提出，否则先提出的那件专利申请有可能成为后一件专利申请的抵触申请，除非将与后一件专利申请要求保护主题有关的内容从先提出的那件专利申请中删去。当然，在后一种不属于一个总的发明构思的情况下，可以仅仅告知申请人或发明人这个初步判断结果，但作为一种专利申请的策略，仍然可以先合案申请，若国家知识产权局在审查过程中指出这些主题与最主要的主题之间不具有单一性时，再判断这些主题是否具有商业上的价值，以便确定对这些主题另行分案还是在原专利申请中放弃对这些主题的保护。❶

需要说明的是，对于发明专利申请来说，不能包括在一项权利要求内的两项以上属于一个总的发明构思的产品或者方法的同类独立权利要求可以合案申请；此外，两项以上属于一个总的发明构思的不同类独立权利要求（产品和方法独立权利要求）也可合案申请；但对于实用新型专利申请来说，只有那些不能包括在一项权利要求内的两项以上属于一个总的发明构思的产品权利要求才可合案申请，因为方法发明不属于实用新型专利的保护客体。

判断其他主题与最主要的主题之间是否属于一个总的发明构思时，应当将它们的技术方案进行分析对比，分析各个技术方案之间是否具有技术上的联系，是否具有相同或相应的特定技术特征。也就是说，分别确定整体上反映各项主题技术方案的各项独立权利要求相对于现有技术作出新颖性和创造性贡献的特定技术特征，然后对比各项独立权利要求的特定技术特征，判断它们彼此之间有无相同或相应的特定技术特征。若存在一个相同或相应的特定技术特征，则其他主题与最主要的主题之间满足单一性的要求；若既无相同、又无相应的特定技术特征，则它们之间就不符合《专利法》第三十一条第一款有关单一性的规定。关于发明或实用新型专利申请是否符合发明创造可合案申请的单一性条件请参见第二编第九章第一节的有关内容。

二、就发明创造的内容与申请人或发明人进行必要的沟通

申请人尤其是发明人虽然熟悉发明创造的具体技术内容，但由于他们对专利知识了解不深，因而提供的技术交底书的内容往往不能满足撰写专利申请文件的需要。而作为专利代理人，虽然比较熟悉专利法律法规，但由于所撰写的专利申请文件的技术内容往往与以前所学专业或所从事的工作领域不一样，难以全面、深入理解发明创造的技术内容，更何况对该发明创造的市场前景也不清楚，这样就不能撰写出高质量的专利申请文件。因此，在理解发明创造的实质内容期间，必要时应当就发明创造的技术内容与申请人或发明人进行必要的沟通。❷

撰写专利申请文件时，与申请人或发明人进行沟通时需要补充了解的内容有如下几个方面。

1. 请申请人或发明人就发明创造作进一步具体说明

就这一方面来说，需要了解的内容较多：其一，就发明本质与申请人或发明人进行沟通，以

---

❶ 在实践中可以采用这种处理方式，但在全国专利代理人资格考试时，对于那些与最主要的主题不属于一个总的发明构思的主题，不应当在同一件申请中要求保护，应当建议申请人另行提出一件专利申请。

❷ 在实践中，专利代理人在撰写申请文件的整个过程中，需要不断与申请人或发明人进行必要的沟通，因此本部分所写明的内容不仅仅局限于理解发明创造实质内容期间，还包括对现有技术进行必要的补充检索后，甚至在具体撰写权利要求书和说明书期间，都需要与申请人和发明人就发明创造的具体内容作进一步沟通。

扩展发明构思；其二，针对提供材料中存在的不清楚之处请申请人或发明人作展开说明；其三，对于多处作出改进的发明创造，请申请人或发明人进一步说明这几处改进之间的关系，必要时了解市场对该产品的需求。

为帮助申请人或发明人扩展发明构思，通常可从下述两点着手。首先，请申请人或发明人就一项具体发明创造说明其改进的基本原理，从而站在一个更宏观的角度来理解该项发明创造的发明构思，例如，对于将在下面作为撰写实例加以说明的"可识别安危电压的试电笔"一例中，尽管申请人或发明人提供的技术交底书中仅给出一种能识别安危电压试电笔的具体结构，但通过与申请人或发明人的沟通，了解到该件发明创造的构思是设置一条分流电阻支路，测试时先让此分流电阻支路与限流电阻、氖管支路处于断开状态以确定待测位置是否有电压，一旦指示带电，再使此分流电阻支路与限流电阻、氖管支路处于并联状态以确定是否带有对人体有危险的触电电压，从而在撰写该项发明创造的权利要求书时就不会局限于申请人或发明人提供的具体结构，而从该发明的基本构思（设置一条可与限流电阻、氖管支路处于并联和断开两种工作状态的分流电阻支路）出发撰写权利要求书，从而扩展了保护范围。其次，针对该发明创造解决技术问题所采取的各个技术手段，向申请人或发明人了解有无替代的其他技术手段，如存在可替代的其他技术手段，则应当针对这些技术手段采用概括表述技术特征的方式来扩展发明构思，为申请人争取更宽的保护范围。

至于请申请人或发明人针对提供资料中存在的不清楚之处作展开说明，至少可包括下述几点：其一，针对该发明创造各方面改进所采取的技术手段说明每一个具体手段在该发明创造中所起的作用，若该具体技术手段由多个技术特征构成，最好还要求申请人或发明人针对每一个技术特征说明其所起的作用；其二，对提供的资料中所提到的某些技术内容作进一步补充说明，例如某技术手段的采用有无限制条件，某些技术名词的具体含义以及是否为该技术领域已有的技术术语，对提供材料中涉及的试验补充或完善试验条件，对提供材料中出现的矛盾之处作出解释或修改等。鉴于造成提供资料不清楚的情况多种多样，应当根据具体情况确定需要展开说明的内容。

对于一项发明创造作了多处改进的情况，如果经分析后认为这些改进之处彼此无主从关系而相互独立，则需要与申请人或发明人进行沟通，根据市场需求情况以及上市后哪一种改进最容易被仿制，确定如何选择请求保护的技术方案，以使该项发明创造得到较好的保护。当然，对于这几处改进都存在被单独仿制的情况，可以与申请人或发明人商议针对这几项改进分别提出专利申请。

2. 请申请人或发明人补充使发明创造充分公开所必需的技术内容

按照《专利法》第二十六条第三款的规定，一件专利申请的说明书应当对发明或者实用新型作出清楚、完整的说明，使所属技术领域的技术人员能够实现，即说明书应当充分公开发明或实用新型。如果一件专利申请的说明书未充分公开发明或者实用新型，则该专利申请将被驳回，不能授予专利权。因此，当申请人或发明人提供的技术交底书存在《专利审查指南 2010》第二部分第二章第 2.1.3 节中所指出的五种由于缺乏解决技术问题的技术手段而无法实现该发明或者实用新型时，专利代理人应当要求申请人或发明人补充必要的技术内容，例如：当提供的资料中对某一技术主题仅仅提出设想时，应当要求申请人或发明人补充具体的技术方案；当提供的资料中对技术方案只给出含糊不清、无法具体实施的技术手段时，请申请人或发明人对该技术方案加以细化，使得本领域的技术人员根据此补充的内容能实现相应的技术手段；当技术方案的成立需要实验数据来证实时，请申请人或发明人补充相应的实验数据；当技术方案中涉及一种新的化学物质时，则应当要求申请人或发明人至少补充一种该化学物质的生产方法，并举例说明这种化学物质的用途。

3. 请申请人或发明人针对技术交底书中对某主题所要求的保护范围补充必要的实施方式和实施例

按照《专利法》第二十六条第四款的规定，权利要求书应当以说明书为依据，即说明书具体实施方式部分的描述应当支持权利要求书所要求保护的范围。如果权利要求书要求保护的范围得不到说明书的支持，则只能将权利要求书所要求的保护范围限定在与说明书公开的内容相适应的范围。因此，专利代理人在阅读技术交底书时，体会到申请人或发明人对这项发明创造要求较宽的保护范围，而提供的技术交底书中所给出的具体实施方式或实施例不足以支持该保护范围时，应当要求申请人或发明人补充相应的实施方式或实施例。现举一例加以说明。笔者在一件发明专利申请的咨询工作中，申请人要求保护一种常温常压等离子体处理植物种子的方法，但技术交底书中给出的实施方式仅仅涉及某种蔬菜种子，显然所要求的保护范围得不到说明书的支持，为此建议申请人补充对粮食、花卉种子进行常温常压等离子处理的实施方式，且对于蔬菜、粮食、花卉均应当给出几种不同品种种子的实施方式，只有这样才能支持其权利要求的保护范围。当然，对于申请人或发明人想要保护的优选实施方式，也应当要求他们补充相应的实施方式。此外，在理解发明或者实用新型实质内容期间帮助申请人或发明人扩展发明构思时，也应当请他们就扩展的部分提供相应的实施方式。

4. 就技术交底书中所涉及的多个主题与申请人或发明人商议申请策略

对于技术交底书涉及多个要求保护的主题、且这些主题之间不属于一个总的发明构思时，就应当与申请人或发明人进行沟通，以确定申请策略。如果他们急于想取得专利权，则应当建议将那些与最主要的主题不属于一个总的发明构思的主题另行提出一件专利申请。但是，考虑到不符合《专利法》第三十一条第一款有关单一性的规定仅仅是驳回理由而不是无效宣告理由，而一件专利申请的费用尤其是授权后的年费对申请人来说，是一笔不小的费用，因而如果他们并不急于想取得专利权，则也可以与他们商议先将这些主题合案申请，若审查员认为这些主题之间不具有单一性时，再将这件专利申请中的那些不属于一个总的发明构思的主题删去，并根据在这一段时间内对这些删去的主题的技术发展和市场需求情况的了解，确定是否将这些删去的主题另行提出分案申请。当然，如果审查员在审查过程中未指出单一性缺陷而授予了专利权，即使那时公众认为这些主题之间不符合单一性也不能以此为理由提出无效宣告请求，这样就为申请人省下一笔不菲的专利申请费和专利年费。

需要说明的是，往往申请人或发明人在提供技术交底书时，并未意识到其发明创造中还包含另一个可以申请专利的主题，从而在技术交底书中不会对该项主题作出展开说明。此时，若专利代理人在理解发明或者实用新型的实质内容时，认为该项主题还有申请专利的价值，则应当提请申请人或发明人考虑要否对这一项主题也要求专利保护。如果他们同意对这项主题也加以保护，则应当要求他们针对该项主题补充前面 1 至 3 小节中所说明的必要技术内容。在这种情况下，该项主题往往与申请人或发明人原先想要保护的主题之间不符合单一性的要求，此时可以建议申请人就该项主题补充必要的技术内容另行提出一件专利申请。当然，在实践中，也可像前面所指出的那样，首先对该项主题补充技术内容，并将该项主题与申请人想要保护的其他主题合在一起作为一件专利申请提出；然后，在审批过程中根据审查员的审查意见以及当时技术发展和市场需求情况，再决定是否将该项主题从该专利申请中删去以及是否另行提出分案申请。❶

---

❶ 需要说明的是，在实践中可以这样处理，但在全国专利代理人资格考试答题时，应当要求申请人补充相应的技术内容后，另行提出一件专利申请。

三、对发明或者实用新型的相关现有技术进行检索和调研

通常，申请人或发明人在技术交底书中应当对所了解的与该发明或者实用新型相关的现有技术进行介绍，并会将有关这些现有技术的资料一并提供给专利代理人，专利代理人应当认真地研究这些现有技术。但是，申请人或发明人所提供的现有技术多半是在开发研究之前所了解到的，到准备申请时现有技术会有所发展，更何况他们在研发前对现有技术的了解有可能不全，因此专利代理人在撰写专利申请文件之前，有必要在取得他们同意的基础上再对现有技术进行补充检索和调研。只有更全面地掌握该发明或者实用新型的现有技术，才能撰写出高质量的专利申请文件。

在检索和调研过程中，应当考虑如下四个方面的问题。

1. 将那些与现有技术相比不具备新颖性或者明显不具备创造性的主题去除

根据《专利法》第二十二条第二款和第三款的规定，具备新颖性和创造性是一件专利申请授予专利权的必要条件。也就是说，如果要求保护的主题相对于现有技术不具备新颖性和创造性，则该件专利申请将不会被授权。因此前面所确定的要求保护的主题中若包含有相对于现有技术不具备新颖性或者明显不具备创造性的主题，则应当将这些主题剔除，仅针对那些相对于现有技术具备新颖性和创造性的主题来撰写专利申请文件。

当然，还有可能出现某一主题的一部分实施方式相对于现有技术不具备新颖性或者明显不具备创造性，而另一些实施方式相对于现有技术具备新颖性和创造性的情况，此时应当将该主题中那些相对于现有技术不具备新颖性或者明显不具备创造性的具体实施方式去除，而仅仅针对那些相对于现有技术具备新颖性和创造性的具体实施方式撰写要求保护的技术方案。

2. 根据检索和调研到的现有技术为要求保护的主题确定合适的保护范围

对于那些相对于现有技术具备新颖性和创造性的主题，分别将这些要求保护的主题与相关的现有技术进行对比分析，确定这些主题分别相对于现有技术带来哪些有益技术效果，在此基础上确定各个主题所解决的技术问题，从而为各个主题确定合适的保护范围。

就一项要求保护的主题来说，如果与检索到的最接近的现有技术相去甚远，就可尽量将其要求保护的范围写得宽一些，使该项要求保护的主题得到更充分的保护。相反，如果要求保护的主题与所检索到的现有技术比较接近，就应该将其保护范围写得窄一些，使其相对于最接近的现有技术和相关的现有技术仍然具备新颖性和创造性，这样可加快发明专利申请的审批进程，甚至有可能使该申请在发明实质审查过程中不发审查意见通知书而直接授权；而对于实用新型专利申请在批准授权后其法律地位更为稳固。以上述便携式旅行牙刷来说，如果检索到了已将刷柄兼作放置牙膏软袋的盒体且可在携带时将牙刷刷毛置入盒体中的牙刷，则应当将该申请的保护范围确定得窄一些，以不需要取出牙膏软袋就可将牙膏挤到刷毛上作为所要解决的技术问题，将牙膏软袋出口设置在与刷毛空腔相对应的位置和挤压牙膏软袋的机构作为必要技术特征写入独立权利要求。相反，如果没有检索到牙膏、牙刷合成一体的旅行牙刷，则可将其要求保护的范围写得宽一些，只需将刷柄兼作牙膏软袋的盒体写入独立权利要求即可，而将盒体顶壁上的相应刷毛空腔以及上述牙膏软袋出口位置和挤压装置分别作为对该独立权利要求作进一步限定的技术方案的附加技术特征，写成对独立权利要求作进一步限定的从属权利要求。

一旦一项要求保护的主题与所检索到的最接近的现有技术十分相近，没有本质区别，则作为发明专利申请几乎没有取得专利的可能；而作为实用新型专利申请，即使取得专利权，其法律地位也极不稳固，极有可能在后续无效宣告请求审查程序中被宣告专利权全部无效，此时应当劝说申请人放弃将这一项技术主题申请专利。但对于这种情况，需要慎重对待，因为申请人申请专利

大多有商业目的。如果经检索证明其发明创造有新颖性，则专利代理人一般应以积极态度对待该项申请。当从技术角度判断该申请与现有技术区别不大时，应告知申请人该申请在审批程序或无效宣告程序中可能出现的后果；若申请人仍希望申请专利，且从法律角度判断该申请的创造性有商讨余地，专利代理人应当为申请人提出专利申请作积极准备。

3. 进一步判断这些相对于检索到的现有技术具备新颖性和创造性的主题是否仍符合单一性规定

正如本书第二编第九章第一节中所指出的那样，在判断合案申请的两项或两项以上的发明或者实用新型是否属于一个总的发明构思时，要确定它们是否具有相同或相应的特定技术特征，而此特定技术特征是指每一项发明或者实用新型作为整体对现有技术作出新颖性和创造性贡献的技术特征。因此，需要在对现有技术进行调研和检索的基础上，进一步确定各项要求保护的主题是否还具有相同或相应的特定技术特征，因为在检索前所认定的相同或相应的特定技术特征通过检索后有可能被认定不再是特定技术特征，从而在检索前初步认为具有单一性的几项要求保护的主题会被认为不再符合单一性的规定。例如上述两种便携式旅行牙刷，通过检索后找到了另一种十分相近的牙刷，只是其采用了不同的挤压牙膏软袋的结构，从而使上述盒体顶壁上有相应刷毛空腔、牙膏软袋出口与刷毛空腔位置相对应以及具有挤压牙膏软袋装置的便携式旅行牙刷不具备新颖性，或者通过检索认定上述具有牙膏软袋装置的便携式旅行牙刷相对于检索到的现有技术不具备创造性，则对于盒体顶壁上有相应刷毛空腔、牙膏软袋出口与刷毛空腔相对应以及挤压牙膏软袋装置来说，这些在检索前被认为是相同的特定技术特征已不再是该两种便携式旅行牙刷相对于现有技术作出贡献的特定技术特征，而压板及其相应结构与可移动板及其相应结构由于找到另一种挤压牙膏软袋装置的结构，两者也就可能不再是相应的特定技术特征，从而这两种便携式旅行牙刷经过检索后其相对于检索到的现有技术不再具有相同或相应的特定技术特征，因而不符合《专利法》第三十一条有关单一性的规定，需分案申请。

4. 初步判断可否将一些技术要点作为技术秘密保留起来

作为申请人或发明人，为了防止他人未经许可实施发明或实用新型，或者为了在商业竞争中取得主动地位，常常希望将一些重要的附加技术要点作为技术秘密保留起来，而不写入说明书中。对于这样的申请案，对所属技术领域进行检索和调研就更为重要。通常，此时应当建议申请人到国家知识产权局进行新颖性检索。

在检索到最接近的现有技术和相关技术后，初步判断把这些重要的附加技术要点作为技术秘密保留起来后，该申请相对于现有技术是否仍然具备新颖性和创造性。如果具备新颖性和创造性，就可进一步考虑是否有必要将其保留起来；与此相反，若保留技术秘密有可能使该申请丧失新颖性或创造性，则应当劝说申请人不要将这些技术要点作为技术秘密保留起来。对于发明专利申请，至少将其记载在说明书中，否则在实质审查时，审查员若认为该发明不具备新颖性或创造性，就会因原始申请文件中未公开这些技术要点而不能补入说明书和权利要求书中，失去修改专利申请文件的机会，从而不能取得专利权；最好还应当将这些重要的附加技术要点写入一项或几项从属权利要求中，这样在无效宣告程序中专利权比较稳固。对于实用新型专利申请，不仅应当将这些技术要点记载在说明书中，还应当记载在权利要求书中，至少将其写入一项或几项从属权利要求中，以备公众在授权公告后向专利复审委员会提出无效宣告请求时，即使独立权利要求被宣告无效，还可以就这几项从属权利要求争取到维持该专利权部分有效的结果。

即使在检索后认为可将一些附加技术要点作为技术秘密保留起来，还应当告诉申请人保留技术秘密会承担风险。如果他人在该专利申请后将上述附加技术要点作为发明或实用新型进一步改进的方案提出专利申请而被授权后，则申请人再按此作为技术秘密保留起来的技术方案（即包含上述附加技术要点的技术方案）投入生产时就会侵犯他人的专利权。所以，在决定保留技术秘密时需要十分慎重。

在充分理解发明或者实用新型具体技术内容以及了解其现有技术状况的基础上，可以开始着手撰写权利要求书和说明书。通常，在发明或者实用新型技术内容比较简单的情况下，可以先撰写权利要求书，再撰写说明书。如果该项发明或者实用新型技术内容比较复杂，可以将两者的撰写结合起来，先起草说明书中揭示该发明或者实用新型详细内容的第五部分"具体实施方式"，再撰写权利要求书，最后完成说明书的其他部分和进一步完善对发明或者实用新型具体实施方式的描述。但在实际撰写中，权利要求书和说明书往往不是一次定稿，而是根据后写的内容修改在先完成的那一部分内容，使其不断完善。下面将分别对如何撰写权利要求书和说明书作进一步说明。

第二节　发明和实用新型专利申请权利要求书的撰写

按照《专利法》第五十九条的规定，发明或者实用新型专利权的保护范围以其权利要求的内容为准。也就是说，权利要求书是用于确定发明或者实用新型专利权保护范围的法律文件。因此，权利要求书是发明和实用新型专利申请文件中最重要的部分，其撰写是一项法律性、技术性很强的工作。权利要求书的撰写好坏将会直接影响发明创造能否获得专利以及取得专利保护范围的大小，也会影响该专利申请在国家知识产权局的审批进度。为早日取得专利权，撰写必须符合《专利法》《专利法实施细则》以及《专利审查指南2010》的有关规定。本节重点论述如何撰写权利要求书。

由于发明专利既保护产品，又保护方法，而实用新型专利只保护有形状、结构改进的产品，不保护方法，因而本节中涉及的方法类权利要求的撰写仅适用于发明专利申请，不适用于实用新型专利申请。

一、撰写权利要求书的主要步骤

为便于读者掌握，先针对仅要求保护一项主题的发明或者实用新型，说明如何撰写权利要求书。

对于一项要求保护的主题，权利要求书的撰写通常可按下述步骤进行：
①在理解发明或者实用新型的基础上，找出其主要技术特征，弄清各技术特征之间的关系。
②根据检索和调研得到的现有技术，确定与该发明或者实用新型最接近的现有技术。
③根据最接近的现有技术，进一步确定该发明或者实用新型要解决的技术问题，从而列出该发明或者实用新型为解决此技术问题所必须包括的全部必要技术特征；并应当尽可能用上位概念或者并列选择的方式加以概括，以使其具有较宽的保护范围。
④与最接近的现有技术作比较，将它们共同的必要技术特征写入独立权利要求的前序部分，该发明或者实用新型区别于最接近的现有技术的必要技术特征写入特征部分，从而完成独立权利要求的撰写。
⑤对其他附加技术特征进行分析，将那些有可能对申请的创造性起作用的技术特征作为对该发明或者实用新型进一步限定的技术方案的附加技术特征，写成相应的从属权利要求。

下面结合一个具体实例（能识别安危电压的试电笔）说明如何按上述五个步骤来撰写权利要求书。

1. 深入理解发明或者实用新型并列出主要技术特征

该案例为一种能识别安危电压的试电笔。该试电笔的具体结构如图 11－3 所示。

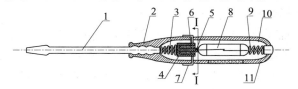

图 11－3　识别安危电压的试电笔

在该试电笔中，一个具有良好导电性能和机械强度的测试触头 1 被塑注在绝缘外壳 2 内，该绝缘外壳可以是透明塑料制成的，或者开有一个透明窗口以便观察氖管 8 是否启辉，绝缘外壳有一个空腔，测试触头从绝缘外壳的一端伸进空腔，与一塔形弹簧 3 相接触，塔形弹簧的另一端与具有 E 形纵截面的同心电阻 4 相连，其中间圆柱体部分为限流电阻 5，外面的圆环柱体部分为分流电阻 6，内外柱体之间的环形凹槽内可填充有绝缘树脂，以保证可靠绝缘和提高机械强度。中间的圆柱体部分略高于外面的圆环柱体部分，使氖管的一端仅与限流电阻接触，而不会触及分流电阻。氖管的另一端与一圆柱弹簧 9 相连，手触电极 11 被塑注在后盖 10 中，当将后盖旋在绝缘外壳上时，手触电极的一端与圆柱弹簧接触，两个弹簧的弹性压力使得从测试触头、限流电阻、氖管到手触电极之间形成可靠的电连接。分流电阻的另一端与一个识别电极 7 相连，该识别电极 7 由圆环形弹性金属片冲压而成，圆环的内边缘向中间伸出多片接触爪，同心电阻圆环柱体部分的外表面被这些接触爪弹性地卡住，形成识别电极与分流电阻之间的良好电接触。弹性金属片外边缘伸出绝缘外壳中部，弯过来贴在绝缘外壳的外表面，成为识别电极供人手接触的接触点。测试时，先将人手仅与手触电极接触，若氖管启辉，表示被测物体带电；此时再使人手同时与手触电极和识别电极接触，即此时分流电阻支路与限流电阻、氖管支路并联，若被测金属体带有对人体无危险的感应电势，由于电势源内阻很大，从而大大降低了测试金属体的带电电位，则氖管熄灭；若被测金属体带有危险的触电电压，因其内阻小，分流电阻支路的接入几乎不降低被测金属体的带电电位，则氖管保持启辉，从而实现区分安危电压。

由上述分析可知，本发明主要包括下列技术特征：

①测试触头 1。

②透明的或带有透明观察窗的绝缘外壳 2。

③塔形弹簧 3 和柱形弹簧 9。

④由分流电阻 6 和限流电阻 5 构成的 E 形纵截面的同心电阻 4，内层限流电阻和外层分流电阻之间充填有绝缘树脂。

⑤氖管 8。

⑥手触电极 11。

⑦识别电极 7，其为圆环形弹性金属片，内边缘向中间伸出多片接触爪，外边缘伸出绝缘外壳中部贴在绝缘外壳的外表面。

⑧测试触头 1—塔形弹簧 3—限流电阻 5—氖管 8—柱形弹簧 9—手触电极 11 依次串接。

⑨测试触头 1—塔形弹簧 3—分流电阻 6—识别电极 7 依次串接。

2. 根据检索和调研结果确定最接近的现有技术

经检索和市场调查，只找到两种相关的现有技术：美国专利说明书 US2213973A 公开的试电器和目前市场上最常见的试电笔。

美国专利说明书 US2213973A 公开的试电器由测试触头、氖管、手触电极和外壳构成。目前市场上出售的普通试电笔与该技术相比，多了一个限流电阻和金属弹簧，即其测试回路由测试触头、限流电阻、氖管、金属弹簧和手触电极串接而成。

将该申请与上述两种现有技术进行比较，显然可知目前市场上出售的试电笔是最接近的现有技术。从技术领域来看，两者都是指示电压存在的装置，但市场出售的试电笔与该申请的技术领域完全相同；此外，市场上出售的普通试电笔与美国专利说明书 US2213973A 公开的试电器相比，前者与该申请具有更多的共同技术特征。

3. 分析和确定该申请的全部必要技术特征

将该申请与最接近现有技术市场上出售的普通试电笔作比较，可知该申请能区分被测金属体所带电势对人体是否有危险，这就是该申请相对于最接近的现有技术所解决的技术问题。

在上面所描述的该申请主要技术特征中，哪一些是解决上述技术问题的必要技术特征，应当写入独立权利要求中？下面对这些主要技术特征逐个进行分析。

显然，测试触头、绝缘外壳、氖管、限流电阻、手触电极、分流电阻和识别电极是该发明的主要组成部件，且均与上述要解决的技术问题有关，因而是解决上述技术问题的必要技术特征。

对于限流电阻和分流电阻构成 E 形纵截面的同心电阻以及内层限流电阻和外层分流电阻之间充填有绝缘树脂并不是解决上述技术问题的必要技术特征，将两者制成 E 形纵截面同心电阻可以使试电笔结构更紧凑，两者之间充填绝缘树脂可保证两者绝缘更可靠和提高机械强度，但将两者制成单独的部件或者制成其他形状仍能实现区分安危电压，因而只是对该发明作进一步改进的附加技术特征。

同样识别电极伸出绝缘外壳是为了在测试时人手能与之接触，因此也是解决上述技术问题的必要技术特征，而识别电极的具体结构和其伸出的位置只是使试电笔的结构更紧凑和在区分安危电压时使用起来更方便，因而不是解决上述技术问题的必要技术特征。

至于第③个技术特征塔形弹簧和柱形弹簧的作用是使各部件之间的电连接更可靠，没有这两个弹簧的试电笔同样能区分安危电压，因此它们不是解决上述技术问题的必要技术特征。

至于第⑧和第⑨两个技术特征写明上述试电笔主要组成部件的连接关系，只有按上述方式连接才能使该试电笔区分安危电压，因此这两个技术特征是解决上述技术问题的必要技术特征。但是，由于塔形弹簧和柱形弹簧不是必要技术特征，因而在上述连接关系的描述中应将塔形弹簧和柱形弹簧去掉。

需要说明的是第②个技术特征中的绝缘外壳是透明的或带透明窗对于该试电笔识别被测金属体是否带电和区分安危电压来说是必不可少的，但由于此技术特征属于现有技术的内容，是本领域技术人员的公知常识，且与该发明要解决的技术问题无直接关系，因而从简要角度出发，在按前序部分和特征部分格式撰写独立权利要求时可以不必将其写入独立权利要求中。

4. 撰写独立权利要求

在列出上述全部必要技术特征后，再与最接近的现有技术市场上最常见的试电笔进行比较，确定其与最接近的现有技术所共有的必要技术特征：测试触头、绝缘外壳、限流电阻、氖管、手触电极以及测试触头与限流电阻、氖管、手触电极依次串接，将这些技术特征写入独立权利要求的前序部分；而分流电阻和伸出绝缘外壳的识别电极以及识别电极与分流电阻、测试触头依次串接是该发明与最接近的现有技术相比的区别技术特征，则将其写入特征部分。

最后写成的独立权利要求为：

"1. 一种试电笔，在其绝缘外壳（2）中，测试触头（1）、限流电阻（5）、氖管（8）和手触电极（11）顺序串接，其特征在于：它还有一个与所述测试触头（1）电连接的分流电阻（6），该分流电阻（6）的另一端与一个部分伸出所述绝缘外壳（2）的识别电极（7）电连接。"

5. 撰写从属权利要求

在权利要求书中撰写从属权利要求有什么作用呢？

在发明专利申请的实质审查程序中，审查员如果认为独立权利要求与其检索到的现有技术相比不具备新颖性或创造性，就可进一步判断从属权利要求相对于这些现有技术是否还具备新颖性和创造性，而不必等申请人修改独立权利要求后再继续审查，从而可加快审查程序。

而在发明和实用新型专利的无效宣告程序中，从属权利要求的重要性就更为明显。此时若独立权利要求不能成立，一般只允许将从属权利要求上升为独立权利要求，而不允许专利权人将说明书中的技术内容补充到权利要求中去。因此从属权利要求成为无效宣告程序中专利权人的多道防线，为该专利争取部分维持专利权保留一条退路。

从属权利要求的另一个作用是限定一些比较有商业应用价值的具体技术方案。在侵权诉讼中，这样的从属权利要求使专利权人十分主动，由于它将保护范围限定得十分明确而使对方无纠缠余地。同样，从属权利要求在专利实施许可贸易中对专利权人也十分有利。

由此可知，撰写好从属权利要求也是十分重要的。

在撰写从属权利要求前，对该申请的附加技术特征逐个进行分析，从其中选出那些重要的、对该申请具备新颖性和创造性起作用的技术特征作为该专利申请进一步限定的技术方案的附加技术特征，写成从属权利要求。

在本案例中，限流电阻和分流电阻构成 E 形纵截面同心电阻使该试电笔结构更紧凑，识别电极的具体结构以及其从绝缘外壳中部伸出使该试电笔在区分安危电压时使用更方便，这些技术特征是该发明专利申请中比较重要的技术特征，对该发明专利申请的新颖性和创造性有贡献，因而可作为该发明专利申请的附加技术特征，写成对独立权利要求作进一步限定的从属权利要求。

"2. 按照权利要求 1 所述的试电笔，其特征在于：所述分流电阻（6）和所述限流电阻（5）是一个具有 E 形纵截面的同心电阻（4），该同心电阻（4）的中间圆柱体为限流电阻（5），其外部圆环柱体为分流电阻（6），中间圆柱体略高于四周的圆环柱体。

3. 按照权利要求 2 所述的试电笔，其特征在于：所述识别电极（7）是一个圆环状的弹性金属片，其从圆环内边缘向中心伸出多个接触爪，卡住所述同心电阻（4）外部圆环柱体的外表面，该弹性金属片外边缘伸出所述绝缘外壳（2）的中部，弯过来贴在该绝缘外壳（2）的外表面。"

对于构成 E 形纵截面同心电阻的限流电阻和分流电阻之间充填绝缘树脂这个技术特征来说，正如前面所指出的，其与该发明要解决的技术问题有关，有助于限流电阻和分流电阻两者更好绝缘和提高其机械强度，如果仅就使两者更好绝缘而言，这对于本领域技术人员来说是容易想到的手段，对该专利申请是否具备新颖性和创造性所起的作用不大，不一定需要写成一项从属权利要求，但是通过在限流电阻和分流电阻之间充填绝缘树脂还可以提高 E 形纵截面同心电阻的强度，就这一点对于该专利申请的创造性有贡献，因而可以将此作为该发明专利申请的附加技术特征，写成另一项从属权利要求：

"4. 按照权利要求 2 或 3 所述的试电笔，其特征在于：所述同心电阻（4）的中间圆柱体与外部圆环柱体之间形成的环形槽内填充有绝缘树脂。"

对于绝缘外壳为透明的或者其带有透明观察窗以及塔形弹簧和柱形弹簧这几个技术特征来说，是现有技术中的公知手段，其与该发明要解决的技术问题无关，因而不可能在其引用的权利要求不具备新颖性或创造性时，而认为此进一步限定的技术方案会具备新颖性和创造性，因此将这四个技术特征中的任何一个或几个作为附加技术特征写成从属权利要求对本专利申请来说没有太大的必要。

在这里需要说明一点，因为权利要求的数量超过 10 项后，国家知识产权局要收取权利要求附加费，按照目前的收费标准，从第 11 项权利要求起，每项权利要求将收取 150 元人民币，因此对于那些对专利申请创造性贡献不大的附加技术特征（正如本案例中的塔形弹簧、柱形弹簧以及绝缘外壳是透明的等）完全没有必要写成从属权利要求。

以上结合一实例对权利要求书撰写的主要步骤作了说明，下面再以此实例进一步说明如何为申请人撰写一份取得更大专利保护范围的权利要求书。

二、如何撰写出较宽保护范围的独立权利要求

从申请人的角度，总希望专利申请能取得更大的保护，因此，专利代理人应当从申请人的利益出发，尽量撰写出一项保护范围较宽的独立权利要求。为此，在撰写独立权利要求时不要局限于申请人所给出的发明或实用新型的具体实施方式，应当尽可能采用概括性描述来表述其技术特征。

申请人在向专利代理人介绍其发明或实用新型时，有时只给出一种具体实施方式。撰写独立权利要求时，若局限于此具体实施方式，往往会使其保护范围过窄，第三者在实施时，将其稍作变化，就有可能在采用该发明创造构思的同时绕过此独立权利要求的保护范围而不侵权，因此，专利代理人在撰写独立权利要求时，应当与申请人一起分析发明或者实用新型的具体实施方式，确定其发明或者实用新型的关键构思是什么？哪些是解决其技术问题必不可少的技术特征，在这之中是否有一部分可用类似的结构达到相同或相近的效果，可否用概括性的描述来表述，以便为申请人撰写出保护范围较宽的独立权利要求。

下面仍以上述试电笔为例加以说明。前一节中从申请人提供的能识别安危电压试电笔的具体实施方式出发，在普通试电笔的基础上增加了识别电极和分流电阻，其电路示意图如图 11 - 4 (a) 所示，由测试触头、分流电阻和识别电极构成区分安危电压的测试电路，从而将识别电极也作为必要技术特征写入了独立权利要求，这样写成的独立权利要求局限于申请人所提供的具体实施方式。实际上该发明创造的关键是在普通试电笔的基础上增加一条在测试时可与由测试触头、氖管、限流电阻和手触电极构成的限流电阻测试电路处于并联或断开两种状态的分流电阻支路，当分流电阻支路与该限流电阻测试电路断开时指示该被测金属体是否带电，而与限流电阻测试电路处于并联时指示该被测金属体所带电势是否对人体有危险。为了达到此效果，该识别电极也可以用一个如图 11 - 4 (b) 和图 11 - 4 (c) 所示的微动开关 12 来代替，同样还可以用如图 11 - 4 (d) 所示的电路图那样，采用一个双位双接点手触电极 11' 来代替手触电极和识别电极。由此可知，识别电极不是该发明构思的关键技术特征，不应作为该发明的必要技术特征写入独立权利要求，而应当与申请人一起分析该发明所作改进的实质，采用概括上述三种具体实施方式的表述方式，从而为申请人撰写出一项保护范围较宽的独立权利要求。

"1. 一种试电笔，在其绝缘外壳（2）中，测试触头（1）、限流电阻（5）、氖管（8）和手触电极（11）顺序串接，其特征在于：它还有一个与所述测试触头（1）电连接的分流电阻（6）支路，该分流电阻（6）支路两端的连接使其在测试时可与由所述限流电阻（5）和氖管（8）构成的支路处于并联、断开两种工作状态。"

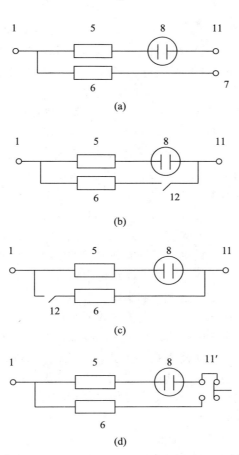

图 11 - 4　可识别安危电压试电笔的电路图

这样撰写后，独立权利要求的保护范围加大了，但必然会对该申请的创造性带来影响。为了增加该申请取得专利的可能性和在授予专利权后更有利于维持专利权，应将上述三个具体实施方式撰写成从属权利要求。例如：

"2. 按照权利要求 1 所述的试电笔，其特征在于：所述分流电阻（6）支路由一个分流电阻（6）和一个部分伸出所述绝缘外壳（2）的识别电极（7）组成，该分流电阻（6）的一端与所述测试触头（1）电连接，另一端与该识别电极（7）电连接。

3. 按照权利要求 2 所述的试电笔，其特征在于：所述分流电阻（6）和所述限流电阻（5）是一个具有 E 形纵截面的同心电阻（4），该同心电阻（4）的中间圆柱体为限流电阻（5），其外部圆环柱体为分流电阻（6），中间圆柱体略高于四周的圆环柱体。

4. 按照权利要求 3 所述的试电笔，其特征在于：所述识别电极（7）是一圆环状的弹性金属片，从圆环内边缘向中心伸出多个接触爪，卡住所述同心电阻（4）外部圆环柱体的外表面，该弹性金属片外边缘伸出所述绝缘外壳（2）的中部，弯过来贴在该绝缘外壳（2）的外表面。

5. 按照权利要求 3 或 4 所述的试电笔，其特征在于：所述同心电阻（4）的中间圆柱体与外部圆环柱体之间形成的环形槽内填充有绝缘树脂。

6. 按照权利要求 1 所述的试电笔，其特征在于：所述分流电路（6）支路由一个分流电阻（6）和一个微动开关（12）串联而成，该分流电阻支路的一端与所述测试触头（1）电连接，另一端与所述手触电极（11）电连接。

7. 按照权利要求 1 所述的试电笔，其特征在于：所述手触电极（11）是一个双位双接点按键式电极（11′），所述限流电阻（5）和氖管（8）支路与该按键式电极（11′）两个位置的接点均相连接，而所述分流电阻（6）支路的一端与所述测试触头（1）电连接，另一端仅与该按键式电极（11′）两个位置中一个位置的接点电连接。

8. 按照权利要求 6 或 7 所述的试电笔，其特征在于：所述分流电阻（6）和限流电阻（5）是一个具有 E 形纵截面的同心电阻（4），该同心电阻（4）的中间圆柱体为限流电阻（5），其外部圆环柱体为分流电阻（6），中间圆柱体略高于四周的圆环柱体。

9. 按照权利要求 8 所述的试电笔，其特征在于：所述同心电阻（4）的中间圆柱体与外部圆环柱体之间形成的环形槽内填充有绝缘树脂。"

由此试电笔的例子可知，在撰写独立权利要求时应当弄清楚发明或者实用新型的关键构思，不要局限于申请人提供的具体实施方式，这一点对专利代理人提出了较高的要求。

但在实践中，还会遇到申请人提供了多个实施方式的情况，如果这些实施方式都解决同一技术问题，彼此之间为并列的关系，就应当尽可能帮助申请人找出这些实施方式相对于现有技术来说的共同发明构思是什么。就上述试电笔一例来说，若申请人一开始就提出了上述如图 11 - 4 中所述的三种实施方式，就应当首先从此三种实施方式的结构中找到其相对于现有技术的相同特定技术特征——分流电阻，然后重点分析其他特定技术特征，寻求它们之间的共同点，在这种有多个实施方式的情况，往往可以采用功能概括的方式，即采用功能限定的技术特征，对本例而言，就是用"该分流电阻支路两端的连接使其在测试时可与由限流电阻和氖管构成的支路处于并联、断开两种工作状态"作为对识别电极、微动开关以及双位双接点手触电极的功能性概括，从而得到了前面所给出的独立权利要求 1。

这种根据申请人提供的多个实施方式概括成一个保护范围较宽的独立权利要求的撰写能力是对专利代理人撰写权利要求书和说明书的最基本的要求，是每个专利代理人必须要掌握的。为此在 2000 年、2002 年和 2004 年全国专利代理人资格考试专利申请文件撰写科目的机械和电学试题以及 2007 年、2009 年、2011 年、2012 年和 2013 年全国专利代理人资格考试专利代理实务科目的申请文件撰写试题中都出现了客户提供多个实施方式的情况。

三、并列独立权利要求的撰写

根据《专利法》第三十一条的规定，两项或者两项以上属于一个总的发明构思的发明或者实用新型，可以作为一件申请提出。这些申请案的权利要求书包含有多项独立权利要求，独立权利要求 1 为第一独立权利要求，也可称作主权利要求，其余几项独立权利要求称作并列独立权利要求。本节简单介绍一下并列独立权利要求的撰写。

1. 同类型产品或方法的并列独立权利要求

在撰写同类型方法发明、同类型产品发明或者实用新型的并列独立权利要求时，必须体现出其技术方案与第一独立权利要求属于一个总的发明构思，也就是说它们在技术上相互关联，包含相同的或者相应的特定技术特征。

在前面曾指出可识别安危电压试电笔的识别电极不是该发明构思的必要技术特征，独立权利要求应采用概括性的语言来进行描述。但是，对于该案例中的三个具体实施方式也可分为三项独立权利要求来撰写。现以此为例说明同类产品的并列独立权利要求应如何撰写。与图 11 - 4（a）所示的试电笔实施方式相应的独立权利要求可写成：

"1. 一种试电笔，在其绝缘外壳（2）中，测试触头（1）、限流电阻（5）、氖管（8）和手触电极（11）顺序串接，其特征在于：它还有一个与所述测试触头（1）电连接的分流电阻（6）支路，该分流电阻（6）支路的另一端与一个部分伸出所述绝缘外壳（2）的识别电极（7）相连接。"

在图11-4（b）和图11-4（c）的具体实施方式中，识别电极用一个微动开关来代替，断开微动开关时，手触电极只与限流电阻、氖管支路相通；合上微动开关时，则手触电极同时与限流电阻、氖管支路和分流电阻支路相通。在图11-4（d）的具体实施方式中，手触电极采用一种双位双接点按键式电极，当按键式电极处于未按下位置时，使其只与氖管、限流电阻组成的支路相通，此时相当于普通试电笔；而当按键式电极处于按下位置时，其不仅与氖管、限流电阻组成的支路相通，还与分流电阻支路相通，从而就可根据氖管是否保持启辉来识别电压的安危。显然，这两个具体实施方式与第一独立权利要求属于一个总的发明构思：带有一条分流电阻支路，测试时该分流电阻支路与限流电阻、氖管支路可处于并联、断开两种工作状态。因此可将这两个具体实施方式写成两项并列独立权利要求，它们的前序部分与第一独立权利要求的前序部分相同；特征部分包含相同的特定技术特征——有一个与测试触头电连接的分流电阻支路，还包含与识别电极相应的特定技术特征——微动开关或双位双接点按键式手触电极。该两项并列独立权利要求可写成：

"2. 一种试电笔，在其绝缘外壳（2）中，测试触头（1）、限流电阻（5）、氖管（8）和手触电极（11）顺序串接，其特征在于：它还有一个由分流电阻（6）和微动开关（12）串联而成的分流电阻支路，该分流电阻支路的一端与所述测试触头（1）电连接，另一端与所述手触电极（11）电连接。

3. 一种试电笔，在其绝缘外壳（2）中，测试触头（1）、限流电阻（5）、氖管（8）和手触电极（11）顺序串接，其特征在于：它还有一个与所述测试触头（1）电连接的分流电阻支路；所述手触电极（11）是一个双位双接点按键式电极（11′），所述限流电阻（5）和氖管（8）支路与该按键式电极（11′）两个位置的接点均相连接，而该分流电阻（6）支路仅与其中一个位置的接点电连接。"

对于属于一个总的发明构思的方法发明来说，并列独立权利要求的撰写方法大致相同，其前序部分多半与第一独立权利要求相同，特征部分具有相同的和/或相应的方法步骤、工艺条件特定技术特征，以体现这些方法发明具有同一发明构思。

但对产品并列独立权利要求来说，还有另一种情况，即两项产品是彼此配套的产品，此时并列独立权利要求的前序部分和特征部分的技术特征与第一独立权利要求的前序部分和特征部分的技术特征相对应，以体现两者之间属于一个总的发明构思。现以目前市场上供应的新型两相三脚插头、两相三孔插座为例加以说明。其第一独立权利要求为：

"1. 一种两相三脚插头，其三个插脚位置呈三角形分布，其特征在于：所述三个插脚为扁金属片，其中地线插脚的横断面沿半径方向延伸，而另两个插脚以该地线插脚横断面的径向走向为对称轴，成八字形，其靠近地线插脚的一端与另一端相比更远离对称轴。"

与此相应的并列独立权利要求为：

"2. 一种两相三孔插座，其三个插孔位置呈三角形分布，其特征在于：所述三个插孔横断面形状是扁平长方形，其中地线插孔的横断面沿半径方向延伸，而另两个插孔以该地线插孔横断面的径向走向为对称轴，成八字形，其靠近地线插孔的一端与另一端相比更远离对称轴。"

上述两独立权利要求的技术特征明显相对应。然而，有一些配套产品并不像插头、插座那样，它们特征部分的技术特征并不明显相对应，但只要其特征部分的技术特征体现对于现有技术所作的贡献，即对解决技术问题所起的作用相应即可。例如，无线广播发射接收系统采用了一种新的工作频率，该专利申请要求保护两项主题，其中一项独立权利要求的保护主题是发射机，另一项是接收机，如果前者特征部分技术特征是为了能发射该工作频率信号而作出的改进，后者特征部分的技术特征是为了接收该工作频率的信号作出的改进，则可以认为两项独立权利要求的特征部分为相应的特定技术特征，即这两项要求保护的主题属于一个总的发明构思，可以合案申请。

2. 不同类发明的并列独立权利要求

合案申请中更常见的情况是属于一个总的发明构思的不同类发明，如产品及其专用于制造该产品的方法、方法和实现该方法的专用设备等。在撰写这类并列独立权利要求时，为了体现它们属于一个总的发明构思，并列独立权利要求应当能反映出与第一独立权利要求的产品或方法之间的联系。对此可采用两种方法表示：其一用文字直接描述第一独立权利要求中的产品或方法；其二采用引用第一独立权利要求的语句。通常后者更为简洁清楚，这里需要提醒一点，该权利要求仍为独立权利要求，仍分前序部分和特征部分，只是前序部分中包含引用第一独立权利要求的语句，从表面上看与从属权利要求有些相似，但它们各自所限定的技术方案的主题名称完全不同，因此实质上仍是并列独立权利要求。并列独立权利要求的特征部分应当体现出与第一独立权利要求在技术方案上有技术上的联系，即其区别技术特征通常对第一独立权利要求区别技术特征有依赖关系。

这里给出一个产品、该产品的制造方法以及其专用设备的申请案例，以说明不同类型发明的并列独立权利要求应当如何撰写。

该申请案的产品为用于沸腾液体的传热壁，其结构如图 11-5 所示，在传热管管体 1 表面 6 的下方有许多平行窄长通道 2，这些通道彼此间距很小，通道上方的表面上有许多三角形的孔 5，按一定的规则间隔排列着，每个孔中都有一个非对称突起 4，该突起在小孔横截面上的投影面积小于小孔的横截面面积。这种传热壁面制造方法的主要步骤如图 11-6 所示：先在金属管外表面上形成多条浅沟槽 7，然后用铲刮刀具 9 沿外表面铲刮起带切口 12 的肋片 11，在这同时，铲刮刀具端部后缘 10 上的突出部分挤压该金属管上尚未铲刮起的表面，使其相邻的浅沟槽内形成一个隆起，当形成全部肋片后，再将肋片端部折弯，与相邻肋片搭接，从而得到外表面上的小孔内有非对称突起的传热管壁面。

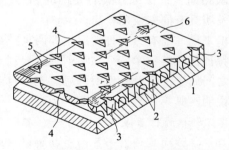

图 11-5　用于沸腾液体的传热壁面的结构示意图

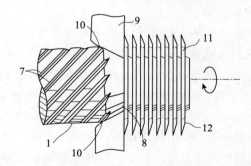

图 11-6　用于沸腾液体的传热壁面的制造方法示意图

对于该申请案，三个独立权利要求可按下述方式撰写：

"1. 一种用于沸腾液体的传热壁，该传热壁外表面（6）下方有许多平行、窄长的通道（2），该外表面（6）上沿着这些通道（2）间隔地开有小孔（5），使这些通道（2）与传热壁外部相通，其特征在于：所述外表面（6）上的小孔（5）中有一个从孔壁向孔中心伸出的非对称突起（4），它在该小孔（5）横截面上的投影面积与该小孔（5）横截面的面积比为 0.4～0.8。

2. 一种制造权利要求1所述的沸腾液体传热壁的方法，先在管壁上形成彼此间隔很近的、端部带有多个均匀分布切口（12）的成排肋片（11），再将肋片（11）端部折弯，并与相邻肋片（11）搭接，从而在外表面（6）下方形成平行窄长的通道（2），肋片切口（12）处成为沿通道（2）间隔设置的小孔（5），其特征在于：所述带切口（12）的肋片（11）是按照下述工艺步骤制得的，先在金属管外表面上形成多条浅沟槽（7），此后用铲刮刀具（9）沿着金属管外表面铲刮起带切口（12）的肋片（11），在这同时铲刮刀具（9）的后缘（10）挤压该金属管上尚未被铲刮起的外表面（8），使与其相邻的浅沟槽（7）变形，在该浅沟槽（7）的斜面或波谷部分形成隆起，从而在铲刮下一个肋片（11）时，该肋片（11）的切口（12）内有一个隆起部分，这样在形成肋片（11）后，将肋片（11）折弯与相邻肋片（11）搭接时，该隆起部分就成为小孔（5）内从孔壁向孔中心伸出的非对称突起（4）。

3. 一种实现权利要求2所述制造沸腾液体热壁方法中的专用铲刮刀具，该刀具端部表面是倾斜的，形成锐角的铲刮前缘，其特征在于：在所述刀具端部的后缘（10）有一个高出端部斜面、可对尚未铲刮起的金属管外表面（8）起挤压作用的突出部分。"

显然，这三项独立权利要求属于一个总的发明构思。第一独立权利要求技术方案的特定技术特征是该传热壁表面上的每个小孔中有非对称的突起。制造方法并列独立权利要求在前序部分用引用方式表明是生产权利要求1所述沸腾液体传热壁的制造方法，而其特征部分的工艺步骤正是为了使该传热壁表面上的小孔中出现非对称突起，与第一独立权利要求特征部分中的每个小孔中有非对称突起是相应的特定技术特征。专用铲刮刀具的并列独立权利要求在前序部分表明是按权利要求2所述制造方法生产权利要求1中沸腾液体传热壁时所采用的专用刀具，其特征部分的技术特征，即刀具端部的后缘有一个高出端部斜面的突出部分正是反映了为使该方法能在小孔中形成非对称突起而对刀具结构作出的改进，也就是说，其与上述产品独立权利要求和方法独立权利要求的特征部分具有相应的特定技术特征。由此可知，这三项独立权利要求不仅从实质上满足了单一性要求，而且从撰写的角度也体现了它们之间属于一个总的发明构思，满足单一性要求。

四、权利要求书撰写时应当注意避免出现的几个主要问题

从多年审查过程中遇到的申请案来看，权利要求书中出现的问题既有形式上的，也有实质性的。这里，将重点指出权利要求书中经常出现的实质性缺陷。

1. 权利要求未清楚限定要求专利保护的范围

《专利法》第二十六条第四款规定权利要求书应当"清楚、简要地限定要求专利保护的范围"。但是，在实践中权利要求书中经常出现各种未清楚限定要求专利保护范围的情况，现列举如下。

①权利要求类型不清楚。

除了产品权利要求中的一个或多个技术特征无法用结构特征予以清楚表征的情况外，产品权利要求通常应当用产品的结构技术特征来限定其要求保护的客体，方法权利要求通常应当用方法的步骤、工艺条件技术特征来限定其要求保护的客体。在权利要求中既出现产品的结构特征，又

出现方法的步骤、条件等技术特征一般是不允许的。如果在产品权利要求中出现方法技术特征，如××部件是在××工艺条件下用××方法加工而成的；或者在方法权利要求的特征部分出现结构技术特征，如描述产品部件或有关装置的具体结构。这两种情况都会造成发明类型混淆不清。但是，必须指出，在方法权利要求的工艺步骤中可以出现该步骤所采用的属于现有技术的装置、设备或工具，例如：

"一种……的方法，其特征在于：先用粉碎机将煤块粉碎成小块，然后在球磨机中将其磨成煤粉……。"

此外，有些申请案将所要求保护的权利要求技术方案的主题名称写成"一种××技术"，这样的权利要求的类型也是不清楚的，因为不知其是产品还是方法。

②产品独立权利要求只列出部件名称，而未给出这些部件的具体结构、相对位置或相互作用关系。

产品独立权利要求仅列出部件的名称是不够的，未描述它们的具体结构、相对位置关系或相互作用关系，往往会使该独立权利要求表述的保护范围不清楚。例如，有一份名称为"保健鞋垫"的实用新型申请案，独立权利要求为：

"1. 一种由橡胶或塑料制成的鞋垫，其特征在于：该鞋垫内设有特定形状的气室和通气孔。"

显然，该权利要求是不清楚的，未给出气室、通气孔在鞋垫中的位置以及两者之间的关系。为了清楚地描述此实用新型，该权利要求可写成：

"1. 一种由橡胶或塑料制成的鞋垫，其特征在于：所述鞋垫的背面有一排排气室，该鞋垫正面与每个气室相对应的位置上开有通气孔，使气室与鞋垫正面相通。"

对于与电子线路有关的专利申请，独立权利要求不一定要给出部件之间的位置关系，但必须给出部件之间的连接关系、信号传送关系或相互作用关系。至于电学领域中权利要求采用功能限定的部件作为其技术特征的情况，这些功能限定应反映出该部件与其他部件的相互作用关系，如信号传送关系，否则在该权利要求中应当直接写明该部件与其他部件的连接关系或者位置关系。

③同一技术特征前后重复描述，使权利要求未清楚、正确地限定发明或实用新型。

独立权利要求前序部分的部分技术特征和特征部分的部分技术特征重复描述，或者从属权利要求限定部分的部分技术特征和其引用权利要求中的技术特征重复，使权利要求所表述的保护范围不正确，因而该权利要求被表述成一种错误的保护范围。例如，"带火焰稳定器的直流煤粉燃烧器"申请案中的原独立权利要求就存在此类问题。该发明专利申请案的直流煤粉燃烧器只有一个火焰稳定器，其相对于最接近的现有技术所作出的改进是将现有技术中设置在煤粉气流喷口外的火焰稳定器移到煤粉气流喷口内，将其形状改为船形，但该独立权利要求却写成：

"1. 一种带有火焰稳定器的直流煤粉燃烧器，其特征在于：在直流煤粉燃烧器的煤粉气流喷口内加装一个船形火焰稳定器……。"

按此独立权利要求的文字描述，火焰稳定器这个技术特征前后重复，因此该直流煤粉燃烧器有两个火焰稳定器，一个是现有技术中的安装在煤粉气流喷口外的火焰稳定器，另一个是加装在煤粉气流喷口内的船形火焰稳定器。显然，该权利要求未正确限定发明。正确描述的方式是对前序部分的技术特征火焰稳定器作进一步限定，该独立权利要求应当写成：

"1. 一种直流煤粉燃烧器，它包括煤粉气流喷口和火焰稳定器，其特征在于：所述火焰稳定器是船形的，设置在所述煤粉气流喷口的通道内……。"

④用词不确切，从而未清楚地描述发明或实用新型。

权利要求用词应当严谨，不要采用多义词或含义模糊的词汇，否则会使权利要求保护范围不清楚，甚至会给出一个错误的保护范围。

有的申请案中权利要求用词不当，致使其所表述的范围与发明或实用新型根本不是一回事。一件三色笔的实用新型申请案，该三色笔具有三根笔芯，每根笔芯内各装一种原色，三根笔芯中的原色是不同的，在权利要求中却写成"三根笔芯内各装有三种原色"，显然该权利要求未准确地描述该实用新型。

采用多义词或含义不清的词汇，如"很宽范围""特定形状""合适温度"等也会使权利要求的保护范围不清楚。例如，在前面提到的保健鞋垫一例中，写成"特定形状的气室"是不符合要求的。如果对气室的形状有特殊要求，应具体写明是什么形状；如果对气室的形状没有要求，应将这几个字删去。

⑤出现导致权利要求保护范围不清楚的否定词句。

权利要求中的技术特征通常不要采用否定性语句，除非否定性语句已清楚地限定发明和实用新型的保护范围，因为在多数情况下采用否定性语句会导致保护范围扩大，而不能清楚地界定其要求保护的范围。例如，在一些申请案中，权利要求中采用了否定语句："非焊接方法""××部件的材料不是塑料"等，而对其技术方案来说，并不是除焊接方法之外的其他所有方法或者除塑料之外的所有其他材料都能解决其要解决的技术问题，因此这实际上给出一个过宽的保护范围。

但是，对于那些虽包含有否定词，而已构成特定意义的技术名词，如"非门""不饱和烃"等则是允许的，因为它已清楚地表达了其特定的范围。

当然对于那些采用否定语句比采用正面肯定语句更清楚地限定保护范围的情况，也可以采用否定语句来限定。例如，在一种可减少墨水沾附至钢笔笔杆的墨水瓶中，设置了一个吸墨水腔室，该吸墨水腔室底壁或其侧壁靠近底壁处有一个墨水流入口，其侧壁上与底壁相距一定高度处（大约相当于普通钢笔尖高度）开有一个导气口，这样吸墨水腔室中墨水的高度保持在与普通钢笔笔尖高度相当的位置，就确保普通钢笔置于该吸墨水腔室中抽吸墨水时不再有墨水或仅仅有很少的墨水沾附在钢笔笔杆上。为了使这种墨水瓶也适用于包尖的钢笔，则作为该墨水瓶的进一步改进，在该吸墨水腔室底壁上设置一个高度略比导气口位置与底壁间距离小的垫块，以供包尖钢笔的笔尖放在该垫块上抽吸墨水，显然，该垫块一定不能挡住墨水流入口，对于这样的改进方案，其从属权利要求限定部分的技术特征中很可能表述成"所述垫块与该吸墨水腔室底壁上或其下部侧壁上无墨水流入口的部分相邻，……"尽管该技术特征中出现了"无墨水流入口"的否定式文字表述方式，但由于其清楚地限定了该改进方案，在这种情况下采用否定式文字表述并未导致其保护范围不清楚，因此应当允许。

⑥权利要求中出现易导致权利要求保护范围不确定的括号。

权利要求中除了附图标记可使用括号、数学式或化学式中所用的括号、发明所属领域通用单位或通用技术名词表示法中的括号外，应当尽量避免在权利要求中使用括号，否则不清楚括号中的内容是对该权利要求作进一步限定的技术特征，还是对该权利要求中的技术特征作澄清性说明，从而导致保护范围不确定。目前，有些申请案的权利要求文字部分出现了括号，这是不合适的。若括号中的内容是对该权利要求起限定作用的技术特征，可将此括号去掉；若括号中的内容不起限定作用，只是对该权利要求中的技术特征作解释或说明，应当将此括号中的内容连同括号一起删去，对该权利要求中技术特征的进一步解释或说明应当放在说明书的具体实施方式中。

⑦仅依靠附图标记对技术特征作进一步限定会造成权利要求保护范围不清楚。

权利要求中附图标记的作用仅仅在于帮助公众理解权利要求的内容，其含义不局限在附图标记所指的附图具体结构。若按附图标记所指的附图具体结构来理解权利要求，会缩小该权利要求的保护范围。因此，权利要求中标注在技术名词后面的附图标记对该技术名词不起任何限定作用。目前，有的申请案的权利要求中出现了名称相同的两个部件，例如某层状产品由多层组成，其中两层技术名称相同，在对这两层结构作进一步限定时仅采用附图标记来说明哪一层是不合适的，应该用权利要求的具体文字来区分到底是哪一层，仅依靠附图标记对技术特征作进一步限定会造成权利要求保护范围不清楚。

⑧权利要求中的数学公式或化学结构式未说明参数的意义或未给出参数的取值范围。

目前有些申请案只在说明书中说明了数学公式或化学结构式中参数所代表的含义或取值范围，而未在权利要求中加以说明，从而使表述该申请保护范围的权利要求不清楚，必须用说明书来解释或限定，这是不正确的。当权利要求中出现数学公式或化学结构式时，应该说明参数的含义，必要时给出其取值范围。

⑨同一权利要求中出现一般方案和优选方案两种选择。

目前，在有些申请案中，同一权利要求中既给出一般方案，又给出优选方案。这样，同一权利要求就表述了两个要求保护的范围，一个较宽的保护范围和一个较窄的保护范围，且后者落入前者的保护范围中，从而造成该权利要求的保护范围不清楚。在这种情况下应将优选方案另写成一个从属权利要求，从属于描述一般方案的权利要求。

⑩从属权利要求的保护范围未落入其直接或间接引用的权利要求保护范围之内。

从属权利要求是对其引用的权利要求作进一步限定，因此其保护范围应落入其引用的权利要求的保护范围之内。而目前有些权利要求的撰写不满足此要求，现以"夹心风燃烧器"为例加以说明，原权利要求1和2为：

"1. 一种由向火侧风口、夹心风口和背火侧风口组成的夹心风燃烧器，其特征在于：所述夹心风口偏置，其位置偏向于背火侧风口；所述向火侧风口出口部位的外侧壁向外扩，扩口角为5°~25°，该出口部位的内侧壁朝着向火侧风口内部折入，折入角为5°~35°，形成一个带折弯的向火侧风口。

2. 按照权利要求1所述的夹心风燃烧器，其特征在于：所述向火侧风口仅在出口部位的外侧壁设有扩口角5°~25°。"

显然，权利要求1请求保护的夹心风燃烧器中，向火侧风口出口部位的外侧壁向外扩，内侧壁向内折，而权利要求2的夹心风燃烧器中，向火侧风口出口部位的外侧壁向外扩，但内侧壁为直壁，两者表述了不同的保护范围，所以权利要求2不应写成从属权利要求，应写成并列独立权利要求。

有些从属权利要求的限定部分是用另一个部件来代替其引用的权利要求的某个部件，如："按照权利要求×所述的××，其特征在于，其中的×××用×××来代替"。在这种情况下，该从属权利要求应当写成与该引用的权利要求相并列的一项从属权利要求；若其引用的权利要求为独立权利要求时，则应写成并列独立权利要求。

⑪从属权利要求所保护的技术方案的主题名称与其引用的权利要求所保护的技术方案主题名称不一致。

从属权利要求与其引用的权利要求是同一项发明，所保护的技术方案的主题名称应当是同一个主题名称。目前，在有些申请案中，独立权利要求请求保护一种产品，而从属权利要求变成保护该产品的一个部件，这是不允许的。例如，一件实用新型的申请案，其独立权利要求1请求保护的是：

"1. 一种便携式旅行牙刷,由牙刷本体和盒体组成……。"

但其从属权利要求 2 的引用部分写成:

"2. 按照权利要求 1 所述的盒体,其特征在于……。"

这显然是不正确的,从属权利要求 2 应写成:

"2. 按照权利要求 1 所述的旅行牙刷,其特征在于:所述盒体是……。"

⑫从属权利要求的附加技术特征既未从其引用的权利要求的技术特征出发来限定,也未给出增加的附加技术特征与引用权利要求中的技术特征之间的关系。

从属权利要求增加的附加技术特征应当从其引用的权利要求的技术特征出发进行限定性描述或者给出其与引用权利要求中技术特征之间的结构关系或位置关系,否则会造成该从属权利要求的保护范围不清楚。现以"用于沸腾液体的传热壁"为例来加以说明。若原权利要求 1 和 2 为:

"1. 一种用于沸腾液体的传热壁,其特征在于:所述传热壁外表面下方有许多平行、窄长的通道,外表面上沿着通道间隔地开有许多小孔,使通道与传热壁外部相通。

2. 按照权利要求 1 所述的传热壁,其特征在于:突起的形状是非对称的,它与小孔横截面的面积比为 0.4~0.8。"

显然,权利要求 2 进一步限定的附加技术特征"突起"在权利要求 1 中未出现过,从而它在传热壁结构中的位置是不清楚的,不知该"突起"是设置在小孔中还是在通道中,因而未清楚地表述其请求保护的范围。该权利要求 2 的限定部分应从权利要求 1 中出现过的技术特征"小孔"出发作进一步限定描述,可改写成:

"2. 按照权利要求 1 所述的传热壁,其特征在于:所述小孔中有一个从孔壁向孔中心伸出的非对称突起,它在该小孔横截面上的投影面积与该小孔横截面的面积比为 0.4~0.8。"

这样改写后,权利要求 2 清楚地表述了其要求保护的范围。

⑬从属权利要求引用关系不当,造成保护范围不清楚。

从属权利要求既可引用独立权利要求,也可引用从属权利要求,甚至可以引用多项权利要求。若引用多项在前的权利要求时,应使其限定部分的附加技术特征和每一项被引用的权利要求结合起来所描述的技术方案都能清楚地表述其保护范围。目前,有些申请案撰写时未注意这一点,前面所述的保健鞋垫申请就是一例,原申请权利要求书中的从属权利要求 2 限定该保健鞋垫上与脚掌心正对应的地方固定有一脚弓形的辅助垫块,从属权利要求 3 同时引用权利要求 1 和权利要求 2,其限定部分对辅助垫块作进一步限定,由于辅助垫块仅是权利要求 2 的附加技术特征,并未在权利要求 1 中出现过,因此该权利要求 3 只可引用权利要求 2,引用权利要求 1 是不合适的,因为该权利要求 3 限定部分的附加技术特征和权利要求 1 全部技术特征两者的总和并未清楚地描述该申请案进一步限定的技术方案。

⑭从属权利要求进一步限定的技术方案不完整,未清楚地表述其要求保护的范围。

在有些申请案中,对引用的权利要求作进一步限定的技术方案,为解决其进一步的技术问题,必须同时包含几个技术特征,但申请人在撰写此从属权利要求时却将这几个技术特征分写成几项从属权利要求的附加技术特征,从而造成其中部分从属权利要求进一步限定的技术方案不完整,未清楚地限定从属权利要求的保护范围。

2. 独立权利要求未反映出与现有技术的区别

独立权利要求未反映出与现有技术的区别,表述的发明或实用新型的技术方案相对于现有技术来说不具备新颖性或创造性。

撰写的独立权利要求不具备新颖性或创造性可能有两种情况:一种是由于专利代理人、申请人对现有技术了解不全，因而当审查员找到更相关的对比文件，应当对独立权利要求作进一步的限定，这种情况不属于权利要求书的撰写问题。另一种是专利代理人、申请人已找到相关的现有技术，甚至已将其写入说明书的背景技术部分，但所撰写的独立权利要求未反映出与这些现有技术的区别，使其相对于这些现有技术不具备新颖性和创造性。这里讨论的是后一种情况。

出现这样的问题可能由两方面的原因造成。其一是申请人总想取得更宽的保护范围；其二是专利代理人或申请人看到国外的申请案中包含许多从属权利要求，因而在撰写权利要求书时也朝着这个方向去做，将反映该发明或实用新型与现有技术区别的一些技术特征写到从属权利要求中，从而造成独立权利要求相对于现有技术不具备新颖性和创造性。对于前一种情形，应通过积累实践经验逐渐找到一个合适的平衡点；对于后一种情形，依照本节之一中所介绍的方法步骤来撰写独立权利要求就可以在一定程度上得到解决。

目前这方面存在的问题主要有两种。

①独立权利要求从整体上看未反映出与现有技术的区别或未体现其具备新颖性或创造性。

按照《专利法》第五十九条的规定，发明或者实用新型专利权的保护范围以其权利要求的内容为准，因而权利要求书是侵权判断时确定该专利保护范围的主要依据。正鉴于此，体现该专利最宽保护范围的独立权利要求应当满足其授权条件，即应当具备《专利法》第二十二条所规定的新颖性和创造性，因此，在撰写申请文件时不仅要使说明书中描述的实施例或实施方式与现有技术相比具备新颖性和创造性，而且必须使独立权利要求也具备新颖性和创造性。

目前，不少专利申请案虽然在说明书中详细地描述了该发明或者实用新型的主要内容，但独立权利要求却撰写得十分简单，例如只列出产品的部件名称，致使其相对于现有技术来说不具备创造性，或者相对于说明书背景技术部分引证的文件来说就不具备创造性，甚至于其全部技术特征已被该引证的文件披露，连新颖性的条件都不具备。这个问题在实用新型专利申请案中表现得尤为突出，值得专利代理人和申请人重视。这样撰写的独立权利要求在发明专利申请实质审查中肯定不能通过，对于实用新型专利申请即使被授权，也有可能会被公众提出无效宣告请求。因此，专利代理人和申请人应当以检索和调研所得到的现有技术为基础撰写独立权利要求，使其从整体上看相对于现有技术具备新颖性和创造性。

②将反映发明或者实用新型实质内容的技术特征写入独立权利要求的前序部分，特征部分仅剩下该领域技术人员所熟知的普通知识。

对于独立权利要求，应当将其与最接近的现有技术共有的技术特征，写入前序部分，反映其（突出的）实质性特点和（显著）进步的区别技术特征写入特征部分。而目前有一些专利申请案中将反映发明或实用新型实质内容的区别技术特征写入前序部分。例如，有一件申请案涉及一种纺纱工艺中切断纱线的方法，现有技术中纱线切断后，纱线容易弄乱，故该发明的实质内容是尽量缩短纱线的输送距离，并将纱线的切断位置选择在尽量靠近纱线卷轴处，但提交的原权利要求书中，将上述发明实质内容写在独立权利要求的前序部分中，而在特征部分仅为："将切断纱线的刀具向着纱线的方向送进，切断纱线后再退回原处。"显然，这样撰写的独立权利要求尽管从实质上看仍可能具备创造性，但由于特征部分仅为普通技术人员所熟知的常识，从表面上看似乎不具备创造性，甚至会被认为不具备新颖性，因此这样撰写的独立权利要求对申请人是不太有利的，至少容易被提出无效宣告请求。这样的撰写问题在实际申请案中遇到的不多，但也值得引起注意。

3. 独立权利要求未从整体上反映发明或实用新型的技术方案，记载解决其技术问题的必要技术特征

《专利法实施细则》第二十条第二款对独立权利要求的撰写提出了要求，因此独立权利要求应当符合这方面的规定。目前这方面的问题主要有如下三种情况。

①独立权利要求未记载解决发明或者实用新型技术问题的全部必要技术特征。

独立权利要求未记载全部必要技术特征是目前权利要求书中经常出现的问题之一。根据《专利法实施细则》第五十三条第（二）项的规定，在这种情况下，审查员可以以该专利申请不符合《专利法实施细则》第二十条第二款为理由驳回该专利申请。

有些申请人或专利代理人在撰写权利要求书时不了解从属权利要求的作用，只将发明或实用新型技术方案中的一部分必要技术特征写入独立权利要求，而另一部分必要技术特征分别写入几项从属权利要求。这样撰写的独立权利要求未从整体上说明发明或实用新型的技术方案。有一件发明申请案，发明名称为"检测电机叠片铁芯片间断路的设备"，其发明要解决的技术问题是不必经过反复比较检测就可确定短路故障点的位置和大小。为解决此技术问题，该检测设备必须要逐点测量，因此使测量线圈从铁芯一端移至另一端的结构应该是解决该技术问题的必要技术特征。但独立权利要求并未包含此技术特征，从而该独立权利要求未记载解决其技术问题的全部必要技术特征，未能清楚地限定发明，撰写不符合要求。另一个在本章第一节中所提到的实用新型申请案"便携式牙刷"也是存在这方面问题的一个典型例子。原申请的独立权利要求1为：

"1. 一种便携式旅行牙刷，包括牙膏、牙膏盒和牙刷，其特征在于：牙刷与牙膏盒连接用铰链，牙膏盒上有刷毛腔，牙膏盒内的牙膏侧面有出膏口。"

而另外两个必要技术特征"牙膏软袋出膏口的位置与刷毛腔位置相对应"以及"位于牙膏软袋下方的压板（或挤压牙膏的挤压装置）"分别写入从属权利要求2和3的限定部分。显然，这两个技术特征也是该实用新型技术方案中的实质内容，是解决该实用新型技术问题（不必从盒体中取出牙膏软袋即可刷牙）的必要技术特征，也应该写入独立权利要求中。

②独立权利要求中写入了非必要技术特征，致使发明或实用新型保护范围过窄。

这个问题也是目前申请案中经常出现的问题。有些申请人在独立权利要求中写入了许多非必要技术特征，使其保护范围过窄，更严重的情况是独立权利要求所描述的内容几乎等同于说明书中具体实施方式，第三者在实施时只要略作改变就有可能不侵权，这样撰写而成的独立权利要求虽然比较容易被授予专利权，但很难得到真正的保护。有一份名称为"电炒锅"的实用新型申请案，该实用新型要解决的技术问题是要提供一种可更换电热元件、加工工艺简单、成品率高的电炒锅，解决该技术问题所采用技术手段是：锅体和电热盘是浇注在一起的整体件；电热盘的底平面上开有安放电热元件的凹槽，电热元件固定在凹槽中，电热盘下方用压板封闭凹槽下方的开口。但申请人撰写的原独立权利要求却包含了许多不属于解决技术问题必要技术特征的附加技术特征：两电热元件以同心环形的方式布置在电热盘内，电热盘与外壳之间设隔热筒、间壁上的螺孔成等距离分布等。虽然这样撰写的独立权利要求未违反《专利法》有关规定，可被授权，但这些附加技术特征的写入使独立权利要求保护范围过窄，因而使该授权后的专利得不到充分的保护。

③独立权利要求局限于发明或实用新型的具体实施方式，未采用概括性描述来表述发明或实用新型的技术特征。

专利代理人在帮助申请人撰写专利申请文件时，可以按照申请人提供的具体实施方式来撰写独立权利要求，这不应该算作撰写申请文件的一个问题。但是，一个优秀的专利代理人，应该帮助申请人对此具体实施方式进行分析，探求有无相类似的具体实施方式，可否采用概括性描述来表述发明或实用新型的技术特征，从而为申请人争取一个更宽的保护范围。有关这方面的情况仍以本章第一节提到过的"便携式牙刷"和本节的案例"试电笔"为例加以说明。前一案例的原申请案中将"挤压牙膏软袋的装置"局限于"在牙膏软袋下方的压板"，而后一案例将"可使分流电阻支路与限流电阻、氖管支路处于并联、断开两种工作状态的结构"局限于"识别电极"，这样撰写成的独立权利要求保护范围较窄。为取得更宽的保护范围，前一案例可按本章第四节之五中的案例给出的推荐方式撰写；后一案例可采用两种方式撰写：一种如本节之三所说的那样写成几个并列的独立权利要求；另一种方式与前一案例相同，如本节之二所指出的那样，先写出一个包含有功能性限定技术特征的独立权利要求，再按各个实施方式分别写成从属权利要求，从取得更宽保护范围的角度看，后一种方式更为可取。

4. 权利要求书未以说明书为依据

《专利法》第二十六条第四款规定的"权利要求书应当以说明书为依据"，是指权利要求应当得到说明书的支持。《专利审查指南2010》第二部分第二章第3.2.1节中进一步明确指出："权利要求中的每一项权利要求所要求保护的技术方案应当是所属技术领域的技术人员能够从说明书充分公开的内容中得到或概括得出的技术方案，并且不得超出说明书公开的范围。"

对于权利要求书未得到说明书的支持，主要指下述四种情况。

①权利要求书所要求的保护范围与说明书公开的内容不相适应。

按照《专利审查指南2010》第二部分第二章的上述规定，说明书公开的内容与权利要求书保护的范围应当是一致的。但目前在有些申请案中，权利要求请求保护的范围超出了说明书中公开的内容，使两者不相适应。例如有一份名称为"胶合板表面缺陷探头"的发明申请案，其说明书公开的内容仅涉及胶合板凹形缺陷（如节孔、虫孔、裂缝以及类似的缺陷）的测试方法及装置，按其测量方法来看，无法测量其他类型的缺陷，如污渍等。原独立权利要求写成："一种胶合板表面缺陷探测头……。"这显然超出了说明书公开的内容，应改写成"一种测量胶合板表面凹形缺陷的探头……。"又如另一份发明专利申请案，独立权利要求请求保护的是高频开关参数测试仪，但从说明书公开的内容来看仅仅是测量高频开关的机械参数，因此该独立权利要求应明确地表达成："一种高频开关机械参数测试仪……。"

②权利要求表述的保护范围不适当，不能从说明书公开的内容得到或概括出所要求保护的技术方案。

当权利要求书中出现上位概念或功能性限定的技术特征时，不仅应当在说明书中有记载，还应当能从说明书中记载的实施方式或实施例中公开的内容得到或概括得出。目前，有些申请案中，从说明书中的描述不能得到权利要求所概括的内容，例如在说明书中指出发明是利用氟、氯在常温状态下为气态的特性来实现的，但在权利要求书概括成卤族元素，这样的概括是不合适的，因为卤族元素溴、碘在常温下不是气体，普通技术人员从说明书中对氟、氯记载的内容得不到独立权利要求概括为卤族元素的结果。

对于并列选择概括方式来说，如果权利要求中某一技术特征是从多个并列要素中作出选择，则应当按其性质相近进行分组，说明书具体实施方式部分应当对每一组至少给出一个实施例。在目前的一些申请案中，说明书中未给出足够的实施例，以致其中一组或多组相近性能的要素未给出实施例。

对于功能性限定技术特征，除了已形成该领域的通用技术名词，如换向开关外，最好有多个实施方式支持。有些申请案，在权利要求书中对产品发明的某一技术特征采用功能性限定，但在说明书中仅给出一种具体实施方式，而对于本领域技术人员来说，如果从说明书所记载的这个具体实施方式并不能想到说明书中未提到的其他替代方式也能实现该功能，则这种采用功能性限定的权利要求也未得到说明书的支持。

③特定应用领域的发明或者实用新型在权利要求书中未加以限定。

说明书对发明或者实用新型应用领域作了限定，说明仅适用于特定的应用领域，则权利要求书也应明确表达出该特定的应用领域。有一些属于这类情况的申请案，权利要求书中未对其特定应用领域加以限定，例如有一项发明专利申请案，说明书中描述的是"测量洗衣机甩干用感应电动机的负荷检测装置"，而且这一装置对其他电动机不适用，但该权利要求书中仅表明是测量电动机负荷的检测装置，未写明其特定应用领域是洗衣机甩干用的电动机，这样撰写的权利要求书也与说明书描述的内容不相适应，表述了一个过宽的保护范围。

④权利要求书中要求保护的技术方案未在说明书所描述的具体实施方式中得到体现。

目前有些申请案的说明书虽然在其第三部分发明内容中有一段与独立权利要求技术方案相应的文字描述，但在说明书第五部分中描述的各个具体实施方式都未包含独立权利要求的全部必要技术特征或对它们作进一步展开说明的限定性技术特征，这时仍认为权利要求书未得到说明书的支持。例如有一个名称为"燃烧器"的发明专利申请案，该燃烧器带有可拆卸喷嘴，为防止该喷嘴在运行过程中出现相对转动，说明书中给出两种具体实施方式，一种燃烧器的喷嘴横截面形状不是圆形的；另一种在喷嘴前部设有固定销子，但在独立权利要求中所请求保护的燃烧器却同时采用这两个结构来防止喷嘴出现相对转动，显然，该独立权利要求没有得到说明书的支持。在这种情况下，说明书中应当有一个具体实施方式，既包含有非圆形横截面的可拆卸喷嘴，又有固定喷嘴的销子，至少在这两个具体实施方式之后加一段文字说明，以体现可以同时采取这两个措施来防止喷嘴在运行过程中出现相对转动，只有这样，权利要求书才得到说明书的支持。

此外，在一些申请案的权利要求书中，从属权利要求的优选方案未记载在说明书的具体实施方式中，甚至在整个说明书中都没有写明。例如一件申请案中其技术方案涉及的一个技术特征在说明书中给出了氯、溴、碘三个实施例，从而独立权利要求可将该技术特征概括为卤族元素，但此时其从属权利要求将该卤族元素进一步限定为氟是不允许的，因为说明书中没有氟的实施例，该从属权利要求没有以说明书为依据。

在化学领域经常遇到这样的情况，在说明书中有一段与权利要求书中某技术方案相应的文字描述，但在说明书中没有一个相应的实施例或缺少支持该保护范围较宽技术方案的多个实施例，此时将认为该权利要求未得到说明书的支持。需要说明的是，在这种情况下，其他领域在对专利申请文件的审查过程中可根据不同的案情采用不同的修改方式：当权利要求书中的技术方案本身就是一种实施方式时，则在说明书"具体实施方式"部分补入相应的文字说明即可；当该技术方案需要有具体实施方式给予支持时，则应当删去该项权利要求。而在化学领域，只能采用删除权利要求或者缩小权利要求保护范围的方式，即对于说明书中没有一个相应实施例的情况，只能将权利要求书中的这项权利要求删去；对于缺少支持该保护范围较宽技术方案的多个实施例的情况，只能根据说明书中的具体实施例修改该项权利要求，缩小其保护范围。

5. 多项并列独立权利要求不属于一个总的发明构思，不满足单一性

申请案不满足单一性的问题经常出现，不满足的情况也多种多样，这里仅对专利代理人和申请人比较容易忽视的两种情况作一说明。

①合案申请的几项发明或者实用新型的产品权利要求虽然对该产品同一部件作出改进，但它们之间没有对现有技术作出贡献的相同或相应的特定技术特征。

有的专利代理人或申请人认为，几项发明或者实用新型只要是对产品的同一部件作出改进，就具有单一性，可合案申请。这样的理解并不正确，必须对它们作具体分析，即分析它们的技术方案之间是否具有相同或相应的特定技术特征，如果存在相同或相应的特定技术特征，则满足单一性的要求，否则它们之间缺乏单一性，需要分案申请。有一项发明名称为"煤粉炉的煤粉、空气混合物供给管路上的分流器"，它包括三项独立权利要求，虽然这三项独立权利要求都是对该分流器的分流挡板作出改进，但该分流挡板是现有技术中已有的技术特征，即其不是这些独立权利要求对现有技术作出贡献的特定技术特征，因而该分流挡板只是这些独立权利要求之间的相同的技术特征，而不是相同的特定技术特征。这三项独立权利要求对分流挡板作出的改进分别采用了各自的技术手段，解决各自的技术问题：第一项独立权利要求是通过在分流挡板下方设置多条可拆卸的板条来调节分流挡板与壳体间的间隙，以适应各种燃料所有运行工况的需要；第二项独立权利要求是在分流挡板的中心叶片上覆盖耐磨损材料，从而减少分流挡板的磨损，延长使用寿命；第三项独立权利要求是在分流挡板表面上设置多条横向条状突起，阻止煤粉沿分流挡板表面从上向下滑动。由此可知，这三项独立权利要求相对于现有技术来说，既没有相同的特定技术特征，又没有相应的特定技术特征，因此它们是不属于一个总的发明构思的三项发明，故不可合在一件申请案中申请。

②同一申请案中几项描述不同类发明的独立权利要求，形式上看它们之间有一定的关联，但其实质上没有对现有技术作出贡献的相同或相应的特定技术特征。

有一些专利代理人或申请人认为，产品权利要求和该产品制造方法的权利要求一定可以合案申请，其理由是《专利审查指南2010》第二部分第六章第2.2.1节列举了可以合案申请的独立权利要求的组合包括了这一种情况，其实这种观点是不全面的，并未正确理解《专利审查指南2010》第二部分第六章第2.2.1节的规定。这些规定是对《专利法》第三十一条和《专利法实施细则》第三十四条的具体说明，其列举的各种组合情况仍然要满足《专利法》第三十一条和《专利法实施细则》第三十四条规定的"属于一个总的发明构思"这个要求。现以"高频吸声内衬及其制造方法"发明专利申请案为例加以说明，该申请案的第一项独立权利要求请求保护的是高频吸声内衬，技术方案是通过基料、填料的选用得到一种原料易得、成本低廉的吸声内衬；并列独立权利要求请求保护的是吸声内衬的制造方法，技术方案是采用底面呈锯齿形的模具来浇注。尽管此并列独立权利要求写明是制造权利要求1所述的吸声内衬的方法，但实际上是专用于制造表面为锯齿形吸声内衬的方法，是为了改进吸声效果，因此这种制造方法的技术方案与第一独立权利要求的技术方案之间没有技术上的联系，制造方法中采用底面为锯齿形的模具并不是针对吸声内衬所选基料、填料而作出的改进，因此它们之间不仅没有相同的特定技术特征，也没有相应的特定技术特征，是两个互相独立、不相关的技术方案，不属于一个总的发明构思，不可合案申请。

第三节　发明和实用新型专利申请说明书的撰写

发明和实用新型专利申请文件中的说明书用来详细说明发明或者实用新型的具体内容，主要起着向社会公众公开发明或者实用新型技术内容的作用。此外，根据《专利法》第五十九条的规定，说明书还有一个作用是解释权利要求。专利的保护范围是根据权利要求的内容确定的，不是严格按照权利要求的字面含义来确定。如果权利要求中的文字可以有多种解释或者对其所表示的技术特征有疑义时可用说明书（包括附图）来解释，以确定权利要求的保护范围。由此可知，说明书是发明和实用新型专利申请中的基础文件，其撰写好坏也会影响到该专利申请能否被授予专利权和专利申请的审批速度，因此对专利代理人（包括申请人）来说，也应当重视说明书的撰写。本节重点介绍如何撰写说明书的各个组成部分以及如何处理说明书充分公开发明和保留技术秘密两者的关系。

一、说明书各个组成部分及其摘要的撰写

本书第七章第四节中对说明书的总体撰写要求和说明书各个组成部分的撰写要求作了简要说明。这里将对说明书各个组成部分的撰写作进一步说明。为清楚起见，仍以"可识别安危电压的试电笔"为例，以帮助专利代理人和申请人进一步理解。

通常撰写专利申请文件时，在充分理解发明或者实用新型内容的基础上，先起草权利要求书，然后再撰写说明书。在前面已经给出"可识别安危电压的试电笔"的三项并列独立权利要求，现以此三项并列独立权利要求为基础来撰写说明书。

1. 发明或者实用新型的名称

在确定发明或者实用新型名称时，应当尽量满足本书第七章第四节之三中的"1. 名称"所提出的要求。

通常可以根据权利要求请求保护的技术方案的主题名称来确定发明或者实用新型名称。如果权利要求书中仅有一项独立权利要求，或者有多项技术方案主题名称相同的独立权利要求，则就可用独立权利要求技术方案的主题名称作为发明或者实用新型的名称；如果权利要求书中有多项独立权利要求，且它们所请求保护的技术方案的主题名称不一样，则发明或者实用新型的名称应当反映这些独立权利要求技术方案的主题名称和发明的类型。当反映多项独立权利要求技术方案主题名称的发明名称过长，超过 25 个字时，则对后几项并列独立权利要求的主题名称可采用简写方式，有关这方面的简写方式可参见本章第四节"一件发明专利申请文件的撰写案例"和第五节"发明和实用新型的权利要求书和说明书撰写示例"中之一"机械类发明专利申请撰写示例"。

可识别安危电压的试电笔发明专利申请虽有三项独立权利要求，但都是产品发明，即可识别安危电压的试电笔，从国际专利分类表中查到其相应小组 G01R 19/155 为指示电压存在的装置，故可用它来作为该发明的名称。但从采用本技术领域的通用技术名词和尽量反映其特定用途和应用领域这两点来考虑，采用"试电笔"作为权利要求所请求保护的技术方案的主题名称以及该发明专利申请的名称更好，它不仅包含了"指示电压存在装置"的全部含义，而且是更通用的技术名词，更能反映发明所请求保护客体的用途或应用领域。

有的申请人认为此试电笔是用来识别安危电压的，希望把这个特点写到名称中去，成为"可识别安危电压的试电笔"，以便揭示该发明的优点。若现有技术中已出现过识别安危电压的试电笔，则可采用此名称；若该发明是第一次提供能识别安危电压的试电笔，则用"试电笔"作为发明名称更好。

2. 发明或者实用新型的技术领域

正如本书第七章第四节之三中的"2. 技术领域"所指出的，发明或者实用新型的技术领域是指发明或者实用新型所属或者直接应用的技术领域，既不是发明或者实用新型所属或者应用的广义技术领域，也不是其相邻技术领域，更不是发明或者实用新型本身。因此，对于试电笔申请案来说，不可写成"电工测量仪器"，也不可写成"借助分流电阻支路来识别安危电压的试电笔"，前者为广义技术领域，后者为发明本身。

一般来说，可按国际专利分类表确定直接所属的技术领域，尽可能地确定在最低的分类位置上。通常其内容应当与独立权利要求的前序部分相应，但可以更简洁些。

这一部分也应体现发明或实用新型要求保护的技术方案的主题名称以及发明的类型。如发明是一种产品和该产品的制造方法，则发明所属技术领域也应包括产品和其制造方法。

这部分常用的格式语句是："本发明（或本实用新型）涉及一种……"或"本发明（或本实用新型）属于……"。

综上所述，试电笔申请案这部分可写成：

"本发明涉及一种指示电压存在的装置，尤其是主要由绝缘外壳、测试触头、限流电阻、氖管和手触电极组成的试电笔。"

至于既涉及产品又涉及方法的发明专利申请，或者包含多项不同主题名称的同类型独立权利要求的发明或者实用新型专利申请，所属技术领域如何体现其主题名称和类型可参见本章第四节"一件发明专利申请文件的撰写案例"和第五节"发明和实用新型的权利要求书和说明书撰写示例"中之一"机械类发明专利申请撰写示例"。

最后，还想强调一下，尽管发明或者实用新型所属技术领域在说明书中并不是关键的部分，但是正确说明其技术领域也十分重要，若表述不好，也可能影响其审查结果，因此也必须给予足够的重视。

3. 发明或者实用新型的背景技术

发明和实用新型以解决现有技术中存在的问题作为要解决的技术问题，所以这部分应当对申请日前的现有技术进行描述和客观评价，记载就申请人所知，且对理解、检索、审查该申请有参考作用的背景技术。

除开拓性发明外，至少要引证一篇与该申请最接近的现有技术，必要时可再引用几篇较接近的对比文件，以便使公众和审查员了解现有技术大体发展状况以及该申请与现有技术之间的关系，但不必详细说明形成现有技术的整个发展过程。

简介现有技术需要包括三个方面的内容：

①注明其出处，通常可采用给出对比文件（专利文献或非专利文献）或指出公知公用情况两种方式。

②简要说明其主要结构和原理，一般不必结合附图作详细描述。

③客观地指出其存在的主要问题。

就试电笔申请案来说，检索到一份美国专利说明书 US2213973A，它披露的试电器与目前市场上购买到的普通试电笔大体相似。因此，在撰写说明书这一部分时可先指出美国专利说明书 US2213973A 公开了一种结构与目前市场上购买到的普通试电笔基本相似的试电器，简单描述其主要结构：由测试触头、氖管、手触电极和外壳组成。在此基础上重点介绍最接近的现有技术，即目前市场上可购买到的普通试电笔，指出其测试回路由测试触头、限流电阻、氖管、金属弹簧和手触电极串接而成，并简述其如何指示被测金属体带电，最后指出其存在的主要问题——不能区分被测金属体所带电势是否对人体有危险。

4. 发明或者实用新型的内容

按照《专利法实施细则》第十七条第一款的规定，说明书这一部分包括三方面的内容：发明或者实用新型要解决的技术问题、解决其技术问题采用的技术方案以及发明或者实用新型相对于现有技术所带来的有益效果。

需要说明的是，撰写说明书这一部分时，只要反映上述三方面的内容即可，并不要求必须按顺序分成三方面来写。但是最好先针对现有技术，尤其是最接近的现有技术存在的问题提出本发明或者实用新型所要解决的技术问题；然后再写明解决该技术问题的技术方案和该技术方案所带来的有益效果。在撰写后两方面内容时，可以先描述独立权利要求的技术方案，接着写明该独立权利要求带来的有益效果，然后再针对重要的从属权利要求写明对该发明或者实用新型作出进一步改进的技术方案，并说明其带来的有益效果；也可以先描述独立权利要求的技术方案，接着另起段给出重要的从属权利要求的技术方案，然后再分析独立权利要求的技术方案和这些重要的从属权利要求所带来的有益效果。

下面分别对这三方面内容的撰写作出说明。

（1）发明或者实用新型要解决的技术问题

在对背景技术作了简要描述和评价的基础上，针对现有技术，尤其是最接近的现有技术所存在的问题结合该发明或者实用新型所能取得的技术效果提出该发明或实用新型要解决的技术问题，也就是该发明或实用新型要解决的任务。这一部分应当以社会对其客观需要为依据，用尽可能简洁的语言客观而有根据地阐明。

说明书这一部分采用的格式语句是："本发明（或本实用新型）要解决的技术问题是提供一种……"

正如本书第七章第四节之三中之 4 中的"（1）要解决的技术问题"所指出的，说明书的这一部分应当体现发明或者实用新型要求保护的技术方案的主题名称以及发明的类型，并应当采用正面语句直接、清楚地写明发明或者实用新型所要解决的技术问题。

对于试电笔申请案来说，由于只涉及产品试电笔，因此发明要解决的技术问题只需反映是针对试电笔提出的即可（至于既涉及产品又涉及方法的发明专利申请，或者包含多项不同主题名称的同类型独立权利要求的发明或者实用新型专利申请，其要解决的技术问题如何体现其主题名称和类型可参见本章第四节"一件发明专利申请文件的撰写案例"和第五节"发明和实用新型的权利要求书和说明书撰写示例"中之一"机械类发明专利申请撰写示例"）。为了直接、清楚地写明其要解决的技术问题，不应将其写成"提供一种使用方便的试电笔"，因为未体现出要解决什么具体技术问题。当然，写成"本发明要解决的技术问题是提供一种带分流电阻支路的试电笔"也不合适，因为其中"分流电阻支路"是技术方案的主要内容，而不是其要解决的技术问题。同样，也不要将其写成"提供一种利用分流电阻支路来区分安危电压的试电笔"，因为该要解决的技术问题中包含了技术方案的主要内容。对于本申请案，建议将其写成："本发明要解决的技术问题是提供一种能区分安危电压的试电笔"，或者写成："本发明要解决的技术问题是提供一种试电笔，它能方便地区分被测金属体是带有危险的触电电压还是没有危险的感应电势"。

（2）发明或者实用新型的技术方案

《专利审查指南 2010》第二部分第二章第 2.2.4 节中指出，发明或者实用新型专利申请的核心是其在说明书中记载的技术方案，因此撰写这部分内容时应当给予足够的重视。

通常首先用一个自然段说明发明或实用新型的主要构思，以必要技术特征总和形式来阐明发明或者实用新型的实质。

对于只有一项独立权利要求的申请案来说，这一段应当针对独立权利要求的技术方案进行描述，其用语应当与独立权利要求的用语相同或相应，即采用独立权利要求的概括性词句来阐明其技术方案。

对于有两项或两项以上同类型发明或者实用新型的独立权利要求的申请案来说，最好先用一个自然段来说明这些权利要求技术方案的共同构思，然后再用几个自然段分别描述这几项独立权利要求的技术方案。当然也可以直接分成几个自然段分别描述这几项独立权利要求的技术方案，但此时最好在文字上能明显体现它们之间属于一个总的发明构思。

对于有两项或两项以上不同类型的发明独立权利要求的申请案来说，应分成两个或多个自然段描述，所描述的内容应当体现出这些独立权利要求属于一个总的发明构思，而且分别用相应的独立权利要求的词句来阐明它们的技术方案。

对于上述三种情况都要对其重要的从属权利要求的附加技术特征进行简单描述。对于每个重要的从属权利要求，可以用一个自然段来描述。

说明书这一部分所记载的这些技术方案应当与权利要求所限定的技术方案的表述相一致。

对试电笔申请案来说，权利要求书中包括三项产品独立权利要求，因此最好先用一个自然段来描述这三项独立权利要求的共同发明构思。可按下述方式撰写：

"为解决上述技术问题，本发明所采用技术方案的基本构思是：在普通试电笔中设置一条分流电阻支路，测试时该分流电阻支路与限流电阻、氖管支路可处于并联、断开两种工作状态。"

然后，再用三个自然段分别描述第一独立权利要求和两项并列独立权利要求的具体技术方案。在第一个自然段中指出用一个识别电极来达到使分流电阻支路与限流电阻、氖管支路可处于并联、断开两种工作状态。在第二个和第三个自然段分别指出用微动开关或按键式手触电极来实现使分流电阻支路与限流电阻、氖管支路可处于并联、断开两种工作状态。具体如何撰写可参见本章第五节"发明和实用新型的权利要求书和说明书撰写示例"中之四"物理类发明专利申请撰写示例"。

当然对试电笔申请案的上述三个技术方案来说，其将分流电阻和限流电阻构成一个 E 形纵截面的同心电阻是一个比较重要的改进方案，因此应当再用一个自然段写明该从属权利要求的技术方案。

至于有两项或两项以上不同类型发明独立权利要求的申请案，具体如何撰写发明的技术方案可参见本章第四节"一件发明专利申请文件的撰写案例"和第五节"发明和实用新型的权利要求书和说明书撰写示例"中之一"机械类发明专利申请撰写示例"。

（3）发明或者实用新型与背景技术相比的有益效果

这部分内容与发明或者实用新型要解决的技术问题有关，但又不相同。要解决的技术问题是指发明或者实用新型所要解决的现有技术中存在的技术问题，而有益效果是指该发明或者实用新型与现有技术相比具有的优点，也就是构成该发明或者实用新型技术方案的技术特征所带来的有益效果。

在说明发明或者实用新型的有益效果时应当具体进行分析，不能只给出断言，尤其是不得采用广告性语言，做不切实际的宣传。通常可以通过对发明或者实用新型结构特点分析和理论说明相结合的方式，或者通过列出实验数据的方式予以说明，不得只断言发明或者实用新型具有有益的效果。

对于试电笔申请案，可采用对结构特点的分析和理论说明相结合的方式来说明有益效果。从该试电笔中增加分流电阻支路这个技术特征出发，对该试电笔的电路进行分析，从而说明该试电笔与最接近的现有技术相比能起到识别安危电压的作用以及结构简单、成本低等有益效果。

5. 附图说明

对于实用新型专利申请以及说明书有附图的发明专利申请，在发明或者实用新型的内容之后应当给出附图说明。

这部分通常以下述格式句开始："下面结合附图对本发明（或实用新型）的具体实施方式作进一步详细的说明"在这之后再集中给出各幅附图的图名。

对于试电笔发明申请案来说，共有 6 幅附图，其中 4 幅电路图，2 幅结构图，在这部分集中描述一下这 6 幅附图的图名。

6. 发明或者实用新型的具体实施方式

说明书中这部分内容是说明书充分公开发明或者实用新型的关键所在，是公众理解、实施该发明或者实用新型的关键的所在，因此，这部分应当详细、具体地描述实现发明或者实用新型的优选方式，在适当情况下举例说明，从而清楚地说明整个发明或者实用新型如何通过独立权利要求的必要技术特征以及从属权利要求中的附加技术特征来解决发明或实用新型的技术问题，使所属技术领域的技术人员按照其记载能够实现发明或者实用新型。对于实用新型以及说明书有附图的发明，这部分应当结合附图进行描述。

除此之外，权利要求书是否得到说明书的支持也取决于这一部分的撰写。除少数特别简单的情况，这部分至少应该给出一个最佳实施方式或具体实施方式。如果权利要求中出现概括性（上位概念概括或并列选择概括）的技术特征，这部分应当给出多个实施方式，除非这种概括对于本领域技术人员来说是显而易见的；而对于权利要求中出现功能或效果表述的技术特征，鉴于 2009 年发布的《最高人民法院关于审理侵犯专利权纠纷案件应用法律若干问题的解释》（法释〔2009〕21 号）第四条中规定了"对于权利要求中以功能或者效果表述的技术特征"，"应当结合说明书和附图描述的该功能或者效果的具体实施方式及其等同的实施方式，确定该技术特征的内容"，因此，应当在说明书中给出尽可能多的具体实施方式。此外，所有从属权利要求的优选方案也应当在这一部分的具体实施方式中得到体现。

在撰写说明书的这一部分时，一般不必给出产品结构的具体尺寸，不要将化学领域的特殊要求不恰当地应用到机械、电学和物理领域来。在化学领域中的具体工艺条件如温度、压力等可作为技术方案实施例中的参数选择，而在机械、电学和物理领域，只有当这些具体结构尺寸有特定的选择含义才需要以实施例给出。通常，对产品发明或实用新型来说，不同实施方式是指那些有同一构思，但结构不同的实施方式，而不是具体的结构尺寸。

在试电笔申请案中，有三个具体实施方式，一个采用分流电阻和识别电极来解决其技术问题；另一个采用分流电阻和微动开关；而第三个采用分流电阻和按键式手触电极。在这一部分应当分别对此三个具体实施方式进行描述。但描述时，可重点描述其中一个，如采用分流电阻和识别电极的技术方案，另外两个在这个基础上作简要描述，相同的内容可省略。

7. 说明书附图

说明书中附图的作用在于用图形补充说明书文字部分的描述，更清楚、完整地公开发明或者实用新型内容，对于实用新型来说，其说明书至少应当包括一幅附图；对于发明来说，除了那些根本不需要附图的情况，也尽可能借助附图描述发明的具体实施方式。

试电笔申请案有三项产品独立权利要求，对每项独立权利要求的技术方案至少应分别给出一幅附图。为了更清楚地反映出它们具有同一构思，采用电路图来表示。对其中第二种技术方案，有两种不同的电路连接方式，所以给出两幅电路图。此外，为了更清楚地描述该发明，对独立权利要求 1 的技术方案作了展开性说明，因而对此技术方案还给出两幅反映产品具体结构的示意图。

绘制附图时应满足本书第七章第四节之三中的"7. 说明书附图"所写明的要求，在此不再重复说明。

8. 说明书摘要

根据《专利法实施细则》第二十三条的规定，说明书摘要应当写明发明或者实用新型的名称和所属技术领域、所要解决的技术问题、解决该技术问题的技术方案的要点以及主要用途。重点应当放在发明或者实用新型技术方案的要点上，将发明或者实用新型最本质的内容公开出来，而其他部分应该用尽量少的文字（甚至一句话）来表达更多的内容，使摘要简单扼要，全文（包括标点符号）不超过300字。如果发明既涉及产品发明又涉及方法发明，或者发明或实用新型包括几项主题名称不同的同类型独立权利要求，则也应当在说明书摘要中得到体现。此外摘要不分段，不得出现广告宣传用语。

说明书摘要可采用下述起始格式句："本发明（或实用新型）涉及一种……"或"本发明（或实用新型）公开了一种……"。

对于实用新型申请案或者说明书有附图的发明申请案，应指定并提供一幅最能说明发明或实用新型技术方案要点的附图。摘要文字部分出现的附图标记应当加上括号，且这些附图标记必须标注在该摘要附图中。

对于试电笔申请案，说明书摘要的第一句话可写成："本发明涉及一种能够识别安危电压的试电笔"，这一句话既反映了该发明的主题名称和所属技术领域，又说明了该发明要解决的技术问题和主要用途。在这之后，重点描述该发明的主要构思——测量时可与限流电阻、氖管支路处于断开或并联两种工作状态的分流电阻支路，并简要地说明其三种技术方案，最后十分简明地说明一下其有益效果。

至于既涉及产品又涉及方法的发明专利申请，或者包含多项不同主题名称的同类独立权利要求的发明或者实用新型专利申请，说明书摘要如何体现其主题和类型可参见本章第四节"一件发明专利申请文件的撰写案例"和第五节"发明和实用新型的权利要求书和说明书撰写示例"中之一"机械类发明专利申请撰写示例"。

上面结合"可识别安危电压的试电笔"说明了如何撰写说明书的名称、五个组成部分及其附图、摘要。该说明书全文可见本章第五节"发明和实用新型的权利要求书和说明书撰写示例"中的之四"物理类专利申请撰写示例"给出的推荐文本。

二、说明书的充分公开与保留技术秘密

不少申请人在申请专利时，为了想控制市场或防止被仿制，总想将发明或者实用新型的一些关键要点作为技术秘密保留起来而不写入说明书和权利要求书。但《专利法》第二十六条第三款又规定：说明书应当对发明或者实用新型作出清楚、完整的说明，以所属技术领域的技术人员能够实现为准，即说明书应当将发明或者实用新型的实质内容充分公开。因此，在这种情况下，专利代理人应当帮助申请人撰写出一份既保留技术秘密，又充分公开发明或者实用新型实质内容的说明书。现以一个实际申请案为例来说明如何处理这两者之间的关系。

1. 判断说明书充分公开的依据

如何判断说明书是否将发明充分公开了呢？具体来说，判断标准就是：所属技术领域的技术人员能否根据说明书中公开的内容，不花费创造性劳动，就可实现该发明或者实用新型权利要求书所要求保护的技术方案。该"实现"包括两方面的含义：再现该申请权利要求书请求保护的产品或方法；该产品或方法解决了其所提出的技术问题。

下面结合申请案"生产粉煤灰陶粒的热窑设备及工艺"对此加以说明。

该申请案的独立权利要求请求保护一种粉煤灰陶粒热窑。说明书中公开的粉煤灰陶粒热窑结构如图11-7所示，该热窑壁面由内层1与外层3组成，其间设有保温层2，保温层温度控制在1 150℃~1 250℃，从而形成横截面上温度均匀的等温窑，使焙烧的陶粒4性能最好。但是，在说明书中并未描述如何设置该保温层以及用什么措施来控制保温层在1 150℃~1 250℃。此外，

带有保温层的窑壁结构在热工炉窑中是屡见不鲜的，很容易找到公开具有这种结构的热工炉窑的对比文件；至于窑壁温度控制在 1 150℃～1 250℃属于该领域技术人员的普通知识，因为从对比文件中可查到陶粒成型的最佳温度为 1 200℃左右，正落在这个温度区间内。从而，审查员认为该申请不具备创造性。

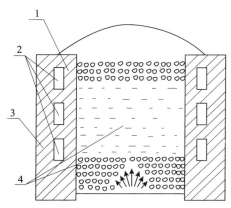

图 11－7　粉煤灰陶粒热窑结构示意图

申请人在接到审查意见通知书后要求会晤，在会晤中说明该保温层不是一般意义上的保温层，而是一个通道，其中通以烟气、燃气或者高温火焰，这是发明的实质内容。遗憾的是本领域技术人员从说明书中并不能得到有关该发明实质内容的启示，对于保温层来说，本领域技术人员一般只能理解成"绝热保温材料制成的保温层"或者"真空保温层"，本领域技术人员不经过创造性的劳动从说明书和现有技术得不到该发明的主要构思——窑壁内设有可通高温烟气、燃气或高温火焰的通道。即该申请的说明书未充分公开该发明的实质内容。在这种情况下，对说明书进行修改时也不能将这些内容补充进去，最后申请人不得不自动撤回该申请。

2. 保留技术秘密要以充分公开为前提

我国早期的专利申请案中未充分公开的问题比较多，这不仅因为我国专利申请人缺乏撰写申请文件的经验，还因为申请人想保留"技术秘密"而故意未充分公开。"生产粉煤灰陶粒的热窑设备及工艺"的申请人曾谈到类似的观点，他们在撰写申请文件时就故意将"窑壁中设有可通高温烟气或燃气的通道"这个技术特征不写到说明书中，他们考虑中国是发展中国家，一旦将这个关键特征公开了，外国人很快学过去，反过来又超过我们，所以将这个技术特征作为技术秘密保留起来。

出现上述问题是因为申请人未搞清什么是专利说明书允许保留的技术秘密。专利代理人应当向申请人讲清什么情况下允许保留技术秘密。对于一份专利申请来说，其发明主要构思必须要在说明书中充分公开，以便本领域技术人员能够实施。可作为技术秘密保留下来的不是解决发明或者实用新型技术问题的必要技术特征，而只是一些附加的技术要点，或不属于要求专利保护的技术内容，没有这些技术要点本领域技术人员仍能实施该发明或者实用新型，但其效果不如包括这些技术要点的产品或方法，是缺乏市场竞争力的。例如，与包括这些技术要点的产品相比，制造出来的产品成本较高或性能较差；与包括这些技术要点的方法相比，采用的工艺方法效率较低或者产品合格率较低等。而另外一些直接影响发明或者实用新型能否实施的技术要点（也就是解决技术问题的必要技术特征）就不能作为技术秘密保留起来，必须记载在说明书中，否则就会导致发明或者实用新型未充分公开。上面所说的粉煤灰陶粒热窑烧结设备中"窑壁内设有可通高温烟气的通道"正是不能作为技术秘密保留下来的必要技术特征，应该记载在说明书中。

由此可见，保留技术秘密必须以充分公开为前提，申请人在申请专利并准备保留技术秘密时，就要认真考虑哪些技术要点可以保留不公开，而哪些不可保留，必须公开。

3. 如何处理充分公开与保留技术秘密之间的关系

在撰写带有技术秘密的专利申请文件时，通常需要考虑三个方面的问题。

①正如前面所说，首先要考虑哪些技术特征是解决其技术问题的必要技术特征，哪些是使该技术问题解决得更好的附加技术特征，解决技术问题的必要技术特征必须在说明书中充分公开，不得作为技术秘密保留下来。

②进行充分检索，找到最接近的对比文件以及相关文件，初步判断把一部分技术要点作为技术秘密保留起来的发明或者实用新型是否仍具备新颖性和创造性，也就是说要考虑该发明或者实用新型在保留技术秘密后是否导致不能取得专利权。如果有这种可能，最好在说明书中不要保留，否则当审查员提出该申请不具备新颖性或创造性时，因原说明书未公开此技术要点而不能补充到说明书中去，从而失去取得专利权的可能。

③要考虑这些技术要点作为技术秘密保留有没有实际意义。一般来说，方法发明中的工艺特征作为技术秘密保留下来要比保留市场上流通产品的结构特征有利。对于后者，其结构特征很难作为技术秘密保留下来，因为本领域技术人员从市场购来此产品后就能得知其具体结构，这样的技术特征作为技术秘密保留下来而不写入说明书中没有实际意义。

下面结合"生产粉煤灰陶粒的热窑设备及工艺"申请案来进行分析。

上面已经说过，窑壁中的高温烟气通道是解决技术问题的必要技术特征，必须在说明书中充分公开，而且应当补充到独立权利要求中。但是申请人能否保留一些技术秘密呢？这还是有可能的。譬如说申请人试验过多种结构形状的通道，其中有的形状使窑壁温度更均匀，陶粒成品合格率更高，那么这种通道形状就不一定要在说明书中完全公开，因为普通形状的通道已经能实施该发明，解决该发明的技术问题，通道的具体结构形状不是完成该发明技术问题的必要技术特征。又如烟气或燃气流过通道的速度和温度也可能会影响陶粒生产的效率和质量，这些最佳速度和最佳温度也可作为技术秘密保留下来。

除此以外，专利代理人还应当帮助申请人对现有技术进行调研，这对于决定哪些技术特征可作为技术秘密也是一个重要的依据。譬如说，经过调研已找到带有烟气通道的热窑壁，那么最佳的通道形状就不能作为技术秘密保留，应当写到说明书中，否则申请就会因不具备新颖性或创造性而导致驳回。即使经调研未找到有烟气通道的热窑壁，还应当估计一下这样公开后取得专利权的可能性有多大。在没有把握的情况下，还应当在原始说明书中对通道具体形状加以披露，否则审查员找到有力的对比文件后，由于原始说明书中未公开通道具体形状就失去了修改权利要求的机会，而不能取得专利权。当然，在这种情况下，不必将该技术特征补充到独立权利要求中，但可以将其写成一个对独立权利要求作进一步限定的从属权利要求。

最后再来看这些技术特征作为技术秘密保留下来有无实际意义。显然，烟气、燃气流过通道的最佳速度和最佳温度是有保留技术秘密价值的。一般来说，产品具体结构特征作为技术秘密保留价值不大，但对此热窑设备中窑壁通道具体形状还是可以作为技术秘密保留下来的，一方面因为它不是市场上流通的产品，第三者不能得知其具体通道形状；另一方面凡是购买此发明专利使用权的企业虽可得悉通道具体形状，但他们从本单位利益出发通常不会将其泄露给其他第三者，而且还可以在专利许可合同中约定不得将有关内容泄露给他人。

综上分析可知，此申请案在撰写说明书时应当将"窑壁内设有通以高温烟气、燃气的通道"写到说明书中，使发明得到充分公开，与此同时，将此结构特征作为解决技术问题的必要技术特征写到独立权利要求中。至于烟气通道最佳结构形状，在一些情况下（如检索后可肯定独立权利要求具备新颖性和创造性时），可以作为技术秘密加以保留，在说明书中不加以披露；而在另一些情况中（如对独立权利要求的新颖性和创造性没有把握时），不作为技术秘密保留起来，在说明书中加以披露。

需要特别说明的是，如果将发明的一些技术要点作为技术秘密保留起来，申请人是要承担一定风险的，因此决定保留技术秘密时应当十分慎重。有关这方面的内容已在本章第一节之三中的"4. 初步判断可否将一些技术要点作为技术秘密保留起来"作过说明，在此不再重复。

三、说明书撰写时应当避免出现的一些主要问题

从多年来专利审查过程中遇到的申请案来看，说明书撰写主要存在两方面的问题：说明书未充分公开发明或实用新型；所撰写的说明书各个组成部分内容的撰写不符合要求。

1. 说明书未充分公开发明或者实用新型

说明书未充分公开发明或者实用新型是专利申请文件撰写的致命缺陷。一件专利申请若存在未充分公开的缺陷，为克服此缺陷就必须补入原专利申请文件中未曾记载的重要技术内容，而根据《专利法》第三十三条的规定，专利申请文件的修改不得超出原说明书和权利要求书的记载范围，因此未充分公开发明或者实用新型必将导致该专利申请被驳回。作为专利代理人和申请人，在撰写专利申请文件时应当对此问题给予足够的重视。

从目前提交的专利申请文件来看，说明书未充分公开发明或者实用新型主要有三种情况。

①说明书未给出具体解决方案，仅提出一种设想或者对发明或实用新型的技术内容只给出原则性的指示。

有些申请案说明书中所描述的内容仅仅是申请人的一种设想，或者仅仅是一些原则性的指示，并未给出为解决发明或者实用新型技术问题而采用的具体技术手段，本领域技术人员根据说明书的记载无法实施该发明或者实用新型，致使该说明书未充分公开发明或实用新型。现以"全能坡度强力牵引机车"申请案为例加以说明。该申请案要解决的技术问题是提供一种能在全坡度范围（包括垂直上下）槽洞中行驶和停留的牵引机车。在说明书中仅记载了发明人为解决此技术问题所给出的一些原则性指示：在机车上、下、左、右四个侧壁安置轮系，并靠弹性胀力作用于槽洞各壁。从事车辆设计制造的本领域技术人员根据这些原则性指示难以实现该发明，需要花费大量的创造性劳动。例如，在说明书中仅记载了"各轮系用同步动力驱动，有同步的线速度，转向时并能取差速"，而未具体描述用什么样的技术手段来达到此效果。显然，牵引机车由一台主发动机传动到四个侧壁的轮系（每一侧壁有多排轮轴）达到同步驱动并具有同步速度，需要很复杂的系统，此外，转向时的差速机构也要比普通机车的差速机构复杂得多，因此在说明书中至少应给出一种传动系统和差速机构的结构方案，说明如何实现同步驱动、转向时并能差速这一技术要求，根据说明书记载的内容，估计该申请案的发明人只是给出一种设想，尚未形成解决发明技术问题的技术方案，因而说明书中不可能充分公开此发明。这是说明书公开不充分的一种类型。在遇到这种情况时，专利代理人可劝说申请人暂时不要提出该专利申请，应进一步完善该发明，将其设想具体化，等形成具体技术方案后再向国家知识产权局提出专利申请。

②说明书中将发明或者实用新型的必要技术特征作为技术秘密保留起来。

如果说明书未充分公开的发明是由于发明人尚未完成发明或者实用新型而导致专利申请被驳回，那么这对申请人还不会带来太大的损失，因为发明人的工作本来就没有做到家，理所当然不能取得专利权。但是还有一部分申请案，本来有可能取得专利权，但因申请人有意将发明或者实

用新型的必要技术特征作为技术秘密保留起来，致使说明书未充分公开，最后导致专利申请被驳回。本节之二中以"生产粉煤灰陶粒的热窑设备及工艺"申请案为例对这个问题作了比较全面的说明。现再举一例，该发明专利申请的名称为"潜油泵"，发明人利用三元流动理论设计了潜油泵叶片的形状和流道形状，减少了流体对叶片的冲击和分离损失，提高了潜油泵的水力效率。按三元流动理论设计叶片是一项十分复杂的劳动，到该专利申请的申请日，完成这项工作远非设计潜油泵的本领域技术人员所能完成的，因此该发明说明书至少应当描述动、静叶片的几何形状和流道形状。但原说明书中仅描述了由叶片、流道形状变化而带来的5项结构参数的变化，而本领域技术人员根据这5个参数既不能确定流道几何形状，也不能确定叶片三维空间的几何形状，也就是说该说明书并未对发明作出清楚、完整的说明，所属技术领域的技术人员根据说明书的记载不能实施该发明。对于该申请，发明人已完成了发明，就其技术内容和产生效果来看是一项很好的发明，但由于申请人怕被仿制，故意将其中关键技术特征（叶片和流道形状）作为技术秘密保留起来，未予披露，最后导致该发明专利申请不能取得专利权。

对上述两个申请案来说，说明书中给出了解决技术问题的技术手段，但该手段是含糊不清的，本领域技术人员根据说明书记载的内容无法具体实施，属于《专利审查指南2010》第二部分第二章第2.1.3节中所列举的第（2）种情况。还有一些申请案，由于申请人想保留技术秘密，将一些关键技术特征未写入专利申请文件中，因而本领域技术人员根据说明书中写明的技术手段实施的发明或者实用新型并不能解决所要解决的技术问题，属于《专利审查指南2010》第二部分第二章第2.1.3节中所列举的第（3）种情况。

专利代理人遇到申请人想保留技术秘密的情况，应按照本节之二中所述内容帮助申请人确定是否保留技术秘密。若要保留技术秘密，应当以说明书和权利要求书充分公开发明或实用新型为前提。

③说明书撰写不当，未将发明或者实用新型实质内容公开出来。

除了申请人有意将必要技术特征作为技术秘密保留起来而导致说明书未充分公开外，还有一些申请案是由于申请人或专利代理人缺乏撰写专利申请文件的经验而造成的。有一份"用于攀登电线杆的便携式梯子"的发明专利申请案，该攀登梯由底座、可折叠梯身以及梯身顶部的开合爪牙三部分组成。在此申请案的说明书中仅指出在攀登梯下方扭动梯身可使其顶部的开合爪牙通过棘爪、棘齿夹紧电杆，而未给出开合爪牙的具体结构，因而本领域技术人员仅由说明书中公开的内容不能实施该发明。当审查员指出此问题时，申请人强调没有撰写专利申请文件的经验，希望将开合爪牙的具体关键结构补充到说明书和权利要求书中，但是根据《专利法》第三十三条的规定，无论是申请人的主动修改还是应审查员要求所作的修改，均不得超出原说明书和权利要求书的记载范围，这样一来，一份很有价值的发明专利申请因原专利申请文件撰写不当，未充分公开发明而失去取得专利权的可能。由此可知，专利代理人在撰写申请文件前要充分理解发明实质内容，务必将构成发明的关键技术内容记载在原说明书中。

化学领域对专利申请的说明书充分公开发明提出了一些更高的要求，例如权利要求的技术方案涉及一种新的化合物，则在说明书中应当至少给出一种制备该化合物的方法。即使一项方法发明的其中一个步骤涉及一种新的化合物，也要在说明书中给出一种制备该化合物的方法，否则会认定其属于《专利审查指南2010》第二部分第二章第2.1.3节中所列举的第（4）种未充分公开发明的情况：由多个技术措施构成的技术方案，对其中一个技术措施所属技术领域的技术人员按照说明书记载的内容并不能实现。又如化学领域中有些涉及药品、DNA片段、基因以及肽和蛋白质的发明专利申请案的技术方案，必须依赖实验结果加以证实才能成立，此时若在说明书中仅给出具体技术方案而未提供实验证据，则属于《专利审查指南2010》第二部分第二章第2.1.3节中所列举的第（5）种情况。因而对于这类申请案来说，专利代理人应当提醒申请人，让其提供这方面的材料，在撰写专利申请文件时，将有关内容写入原说明书中。

2. 说明书各个组成部分存在的主要问题

说明书各个组成部分撰写时存在的问题很多，限于篇幅，仅指出其中几个经常出现的、比较重要的问题。

（1）名称

前面已指出发明或者实用新型的名称应当符合的要求。在目前申请案中发明或者实用新型的名称不满足这些要求的情况主要有下列四种。

①发明或者实用新型名称与权利要求技术方案的主题名称和类型不一致。

如果发明申请案的内容既涉及产品，又涉及其制造方法，即包括了产品和方法两项独立权利要求，则发明名称应该包括这两个方面的内容。目前有一部分这样的申请案，其发明名称只包含了一方面的内容，例如发明专利申请的内容涉及用于沸腾液体的传热壁及其制造方法，其名称仅为"用于沸腾液体的传热壁"，这是不满足要求的。同样，发明内容为方法时，如用于沸腾液体传热壁的制造方法，若将名称写成产品"用于沸腾液体的传热壁"也是不合适的，此外，即使是产品，发明或者实用新型名称也应与权利要求技术方案的主题名称相一致，例如权利要求请求保护的是闹钟的起闹止闹装置，则名称写成"闹钟"也是不正确的，相反如果权利要求技术方案的主题名称为闹钟，尽管该技术方案相对于现有技术来说仅对其中的起闹止闹装置作出改进，说明书的名称仍应写成闹钟，不应写成闹钟的起闹止闹装置。

②名称内包含区别技术特征。

有不少申请人希望在名称中写入区别技术特征，以反映其相对于现有技术作出的改进。这样，不仅会使名称过长，超过规定的25个字的要求；而且还会为权利要求的撰写带来困难，因为若将区别技术特征写入说明书的名称，为使独立权利要求技术方案的主题名称与说明书的名称相一致，则独立权利要求的前序部分也就包含了区别技术特征。此外，若名称包含区别技术特征，就不能满足符合国际专利分类表的类、组名的要求。因此，发明或者实用新型名称应当尽量避免写入区别技术特征。例如有一份技术方案主题名称为混凝土搅拌机的实用新型申请案，其主要构思是将手动卸料机构改为用搅拌驱动电机带动的卸料机构，将该实用新型专利申请说明书的名称写成"用搅拌驱动电机带动卸料机构的混凝土搅拌机"是不合适的，应当写成"混凝土搅拌机"。

申请人在说明书的名称中写入发明或者实用新型的区别技术特征的出发点是想让他人从说明书的名称就得知其发明或者实用新型的技术要点，这种心情可以理解。专利代理人此时应当向申请人作出解释，告知说明书摘要是专利信息情报的工具，上述内容可以写入说明书摘要中。

③名称中未采用本领域的通用技术名词，而采用杜撰的名词。

发明或者实用新型名称应当反映出该发明创造的主题。若采用杜撰的名词，就不清楚该发明创造究竟是什么。例如有一份实用新型申请案，其名称为"二仙争渡"，从该名称不可能想象出该实用新型是一种游戏棋——连通棋。显然，采用杜撰的名词"二仙争渡"来作为该实用新型的名称是很不合适的。

④名称中出现人名、地名、商标或商品型号等含义不清的词汇。

发明或者实用新型名称应简洁明了地反映发明创造的内容。但是仍有一部分申请案名称中出现了人名、地名、商标、商品型号等不反映其技术内容的词汇。如"徐氏1.5V微型潮温报警器""AGY－J型炮泥塑性测定仪"等。这种名称中包含了与技术方案根本无关的内容，明显带有广告宣传性质，因此是不允许的。

（2）技术领域

发明或者实用新型所属技术领域是指发明或者实用新型所属或直接应用的技术领域。这方面撰写的主要问题有三种。

①最经常出现的问题是将其写成广义技术领域。

专利申请说明书中技术领域的含义与我国通常所说的技术领域含义不一样。通常所说的技术领域是指广义的技术领域，而专利法意义上的技术领域是指其所属或直接应用的技术领域。由于这个原因，不少申请案中的技术领域写成了广义的技术领域。例如，在本章第一节提到的"便携式牙刷"实用新型申请案中，其直接所属技术领域应当是"牙刷"，原申请案中将其写成"日常生活用品"是不合适的。同样，将"圆珠笔"写成"文化用品"、"游戏棋"写成"智力玩具"、"注射器"写成"医疗器具"、"打夯机"写成"建筑机械"、"聚乙烯润滑组合物"写成"化工产品"等都不符合要求。

②将所属技术领域写成发明或实用新型本身。

有些申请案将说明书第一段作为对发明或者实用新型的概括说明，因而将所属技术领域写成该发明创造本身。例如，有一件实用新型专利申请对自行车车锁作了改进，将锁芯由转动开启方式改为平动开启，其所属技术领域写成"本实用新型是一种锁芯为平动式的自行车锁"，成为实用新型本身，这是不合适的，仍应写成"本实用新型涉及一种自行车车锁"。

③与发明或者实用新型的保护内容或类型不一致。

此类问题与发明或者实用新型名称中的第一个问题比较相似，在此不再赘述。

在撰写发明或者实用新型所属技术领域时，一般可以按国际专利分类表来确定其直接所属技术领域，尽可能确定在其最低位置上。例如，有一申请案，对有多个环状分隔气室的轮胎在结构上作进一步改进，其在国际专利分类表上的最低位置为 B60C 5/20，则此实用新型技术领域可与此相应，写成"本实用新型涉及一种有多个环状分隔气室的轮胎"。

（3）背景技术

按照《专利法实施细则》第十七条第一款第（二）项的规定，这部分应当写明对发明或者实用新型的理解、检索、审查有参考作用的背景技术。这部分撰写的主要问题有三种。

①仅笼统地论述目前在我国和国际上现有技术的现状。

有一部分申请案在撰写申请文件前未对现有技术状况进行检索和调研，因而仅笼统地凭着申请人的直觉撰写了目前国内和国际上现有技术状况，而未给出现有技术的出处，即未给出专利文献和非专利文献的来源，或者未指出公知公用的具体情况。因而当审查员或公众需要进一步了解这些现有技术的详细状况就无从查考。对于专利文献应当指出是什么国家、什么类型（公布、公告还是专利文本）以及公布号、公告号或专利号，最好给出公布日；对于非专利文献应给出其作者名、文章名、杂志名、卷号、期号和出版年月，或者作者名、书名、章节、页次、出版社和出版年月；对于公知公用技术应具体说明在什么地方以什么方式公开的。

②仅给出现有技术出处，而未对现有技术的内容进行简要描述。

有一些申请案未对现有技术的内容作简要描述。这样，审查员和公众在阅读说明书以后，仍然无法了解现有技术的具体技术内容，因而不利于审查员和公众理解该发明或者实用新型。在描述现有技术时，除了要给出其出处外，还应当简要地说明其主要结构和原理，并客观地指出其存在的主要问题，但是仅限于涉及由发明或者实用新型技术方案所解决的问题和缺点。

③背景技术部分内容写得过多，不仅写入有参考作用的现有技术，甚至还写入了与该发明相差较远的技术。

有一份申请案，对锅炉热管换热器作了改进。在现有技术部分描述了各种类型的换热器，这是没有必要的，这部分通常只需要描述近期的锅炉热管换热器即可，最多描述到早期的锅炉热管换热器。用很大篇幅来描写这种热管换热器出现之前的其他类型锅炉换热器反而未突出想说明的重点。

（4）发明或者实用新型内容

按照《专利法实施细则》第十七条第一款第（三）项的规定，这一部分应当包括三方面的内容：发明或者实用新型要解决的技术问题、解决技术问题的技术方案以及该技术方案带来的有益效果。目前这一部分的撰写存在的主要问题有八种。

①未直接、具体地写明所要解决的技术问题。

有一些申请案，在指出现有技术存在的问题后，将要解决的技术问题笼统地写成："本发明（或实用新型）要解决的技术问题是提供一种克服上述缺点的……"当有多项现有技术的情况，就不清楚是克服上述各项现有技术的全部缺点，还是某项现有技术的部分缺点。因此，应当明确地写明解决什么技术问题，例如："本发明要解决的技术问题是提供一种流动阻力小、传热效果好的热交换器"。

②仅仅笼统地说明其要解决的问题，而未反映出所解决的具体技术问题。

有些申请案对其要解决的技术问题只写出其能达到的抽象效果，而不反映它能解决什么样的技术问题。例如："本实用新型所解决的技术问题是提供一种卫生牙刷"就属于这种情况，未从技术角度出发指出其达到什么样的卫生效果。应当写成"本实用新型要解决的技术问题是提供一种便于外出携带时保持刷毛清洁卫生的牙刷"。

③技术方案描述主次不分、层次不清。

有些申请案在说明书这一部分描述技术方案时，将独立权利要求的必要技术特征和一些重要的从属权利要求的附加技术特征混在一起描述，使审查员和公众不能从这一部分描述中立即清楚地掌握发明的实质内容，甚至根据这一段文字描述会使公众认为从属权利要求中的附加技术特征也是解决其技术问题的必要技术特征，而要求申请人将这些附加技术特征补充到独立权利要求中去。当然，在发明实质审查过程中，也可修改说明书使其与权利要求书相适应，即使这样仍然说明这部分的撰写不合适，需要修改。对于实用新型专利申请来说，虽然在审查时会被通过而授权，但这会在侵权诉讼时对专利权人带来不利的影响。因此在撰写技术方案时应当层次分明，先用一个自然段描述与独立权利要求相应的技术方案，然后再另起段描述与重要的从属权利要求相应的技术方案。

④技术方案描述不完整，甚至缺少这一部分内容。

有一些申请案，对技术方案描述过于简单，类似于发明或者实用新型要解决的技术问题，未体现出为解决技术问题而采用的具体技术手段，个别申请案甚至缺少这一部分内容，这显然是不符合撰写要求的。

此外，有些申请案独立权利要求本身就未包含解决其技术问题的必要技术特征，则说明书中与独立权利要求相应的这一部分也就不完整了。

⑤对于有多项独立权利要求的合案申请，发明或者实用新型内容的描述未反映出这些独立权利要求的技术方案之间属于一个总的发明构思。

有些申请案有几项并列的产品权利要求或方法权利要求，但这部分仅分别描述这几个具体技术方案，而未先用一个自然段来描述它们之间的共同构思。有些发明申请案，包含有不同类的发明，如既有产品独立权利要求，又有方法独立权利要求，但在描述这部分内容时仅停留在它们的具体技术方案上，而未对体现它们属于一个总的发明构思的内容加以说明，在具体撰写时如何体现它们之间属于一个总的发明构思，可分别参阅本章第五节"发明和实用新型的权利要求书和说明书撰写示例"之四和之一中给出的物理类和机械类发明专利申请撰写示例。

⑥未明确写明发明或者实用新型技术方案带来的有益效果。

有不少申请案，专利代理人或申请人未分清要解决的技术问题与有益效果之间的区别。发明或者实用新型要解决的技术问题是其相对于现有技术、尤其是相对于最接近的现有技术所要解决的技术问题。而有益效果是通过分析或通过实验结果对比具体说明该发明或者实用新型技术方案带来的客观有益效果。两者之间既有联系，又有区别。其联系体现在有益效果一定体现该要解决的技术问题，其区别是有益效果比要解决的技术问题更具体。为帮助理解，此处以"粉煤灰陶粒热窑烧结设备"为例来加以说明，该发明要解决的技术问题是提供一种用燃煤烧结粉煤灰陶粒的热窑设备，它使边料层正常焙烧，从而实现用立窑生产粉煤灰陶粒。在有益效果部分不仅应反映出其能解决该技术问题，而且还应当通过分析给出具体的优点和客观效果，因而可写成："由于本发明在热窑内、外层窑壁之间设置了可通高温烟气的通道，减少窑壁附近陶粒的向外散热，致使炉内温度均匀，从而保证全窑均匀焙烧，烧结的陶粒强度差异不大，边料层不与内层壁黏结，产品合格率高。采用本发明热窑来烧结粉煤灰陶粒投资少（与以重油为燃料的设备相比减少50%）、能耗低（降低一半）、粉煤灰掺量大（由80%提高到90%）、成本低（每平方米陶粒由22元降至15元）。"

⑦对发明或者实用新型的有益效果只给出断言，不作具体分析。

有不少申请案在说明发明或者实用新型的有益效果时只给出断言，不作具体分析，不能令审查员或公众信服。这一部分通常可采用"对结构特征和理论说明相结合的方式或者用实验数据证明的方式"进行描述。上面推荐的"粉煤灰陶粒热窑烧结设备"的有益效果就是将对结构分析、理论说明方式和数据证明方式结合起来进行描述的。先通过具体结构分析说明其能得到的效果，然后用具体数据从客观上来证实这些效果，这样的描述比较令人信服。

⑧在有益效果的说明中不实事求是地宣传，甚至采用广告性语言。

这个问题也是发明或者实用新型内容这一部分撰写中经常遇到的。有些申请案企图通过这些不实事求是的宣传或广告性语言来说明其有显著的进步，其实这是没有用的，因为专利申请文件既是一份技术文件，又是一份法律文件，必须从技术角度来说明其有益效果。夸大的宣传和广告性语言只会适得其反，这一点应提醒专利代理人和申请人特别注意。

（5）附图和附图说明

说明书的附图和附图说明存在的主要问题有四种。

①说明书有附图，但在说明书文字描述部分未集中给出附图说明。

这样的说明书，在受理和初审时不容易发现提交的申请文件是否遗漏附图，对申请人带来不利。如果说明书中有一段集中的附图说明，在受理或初审时就可将这一段文字与说明书的附图进行比较，若有遗漏，就可及时通知申请人补交，而不致使申请日向后推迟过长。否则到实质审查时才发现，就会对申请人带来相当大的损失。

②各幅附图的附图标记未统一编号。

有些申请案中几幅附图的附图标记均从阿拉伯数字1开始编号，因此同一附图标记在不同附图中代表不同的部件，这样在说明书中引用附图标记时会造成混淆不清。所有附图的附图标记应统一编号，同一附图标记在不同附图中都应代表同一部件。

③在流程图或者电路、程序方框图中用附图标记代替必要的文字说明。

对说明书附图的绘制要求中有一条为：除必要的词语外，不得包含其他的文字注释。有些申请案根据此条规定将流程图、电路或程序方框图中必要的文字说明删去了，改用附图标记，这是不合适的。审查员和公众从这些流程图和方框图中无法直接得知该申请的实质内容究竟是什么，减少了附图的直观性。因此《专利审查指南 2010》第二部分第二章第 2.3 节明确规定，对于流程图、框图这一类的附图应当在其框内给出必要的文字或符号。

④说明书具体实施方式部分所提及的附图标记中有一些在所有的附图中均未出现。

这类问题估计是无意遗漏造成的，只要专利代理人或申请人在绘制附图时认真核校，就可避免这个问题。

（6）具体实施方式

说明书的这部分内容应详细描述实现发明或者实用新型的具体实施方式，说明书中有附图的应当结合附图作进一步说明。这一部分经常出现四种问题。

①说明书中的具体实施方式或实施例与权利要求书请求保护的范围不相适应。

具体实施方式部分撰写不当，有可能会造成说明书描述的内容不支持权利要求书。目前有些申请案这部分内容与权利要求书表述的保护范围不相适应。例如，有一件发明专利申请案，权利要求书中要求保护的主题名称是一种制备 $Ag-P$ 催化剂的方法，而在说明书中有一个实施例却是制备 $Ag-Na-P$ 三组分催化剂的方法，显然该实施例与权利要求保护的对象不相适应，应将其删去。此外，有些申请案的权利要求书中有些技术特征未在具体实施方式中加以描述，这也属于说明书不支持权利要求的情况，在撰写时应当在说明书中描述这些技术特征，必要时还应当对其作展开说明。

②对于技术方案为产品的发明或者实用新型专利申请，这部分未描述技术方案的具体结构，仅给出一些具体尺寸。

出现这种情况往往和说明书"发明或者实用新型内容"部分描述过于详细有关。由于在说明书"发明或者实用新型内容"部分已详细地描述了本来应当放在这一部分描述的内容：如产品的具体结构、各部件的细节等，这一部分就只能列举产品的具体结构尺寸，最多再描述其产生的效果。更有甚者，这一部分仅列出附图标记以及与其相对应的部件名称，根本未起到对发明或者实用新型作进一步详细说明的作用。

③未对权利要求书中的所有优选方案给出实施例。

这个问题对于化学领域的申请案来说，尤其突出。有不少化学领域的申请案，权利要求中有好多种优选方案，但说明书中只给出其中一部分优选方案的实施例，这是不允许的。为消除此缺陷，应当在说明书"具体实施方式"部分写入相应的实施例。

④化学领域的发明申请案中缺少必要内容从而导致未充分公开发明。

化学领域的发明专利申请对充分公开的要求比较高，例如一项涉及新化合物的发明专利申请，应当在说明书具体实施方式部分至少给出一种制造该新化合物的方法，涉及药品、DNA 片段、基因以及肽和蛋白质的发明专利申请必须在说明书具体实施方式部分提供有关实验证据，以证实其技术方案能够成立，否则上述两类化学领域的申请均被视为未充分公开。而目前一部分申请人或专利代理人对此未引起足够的重视，说明书中缺少这部分内容，以致说明书未充分公开发明，从而导致该专利申请被驳回。

（7）说明书摘要

说明书摘要撰写不符合要求是专利申请文件撰写中经常出现的问题之一。这方面的问题主要有三种。

①说明书摘要缺少技术方案的要点。

这是目前说明书摘要中最主要的问题。不少申请案在摘要中未描述其技术方案的要点，仅仅在给出其名称后说明其所取得的效果，因而不能起到传递专利信息的作用。说明书摘要中最主要的内容是写明发明或者实用新型专利申请的技术方案的要点。

②说明书摘要中包括过多广告性宣传用语。

这个问题也是目前说明书摘要撰写中普遍出现的问题。其情况与说明书"发明或者实用新型内容"部分中的第⑧个问题大体相同，为节省篇幅，此处不再作进一步说明。

③说明书摘要文字中的附图标记未在其摘要附图中标出。

由于在说明书中是结合所有附图来描述发明或实用新型，而说明书摘要中仅指定其中一幅附图，因此有些申请案说明书摘要中的一部分附图标记未在说明书摘要附图中标出。此时可在说明书摘要附图中补上这些附图标记；若在说明书摘要附图中无法标出，则应当将说明书摘要文字中出现的这些附图标记删去。

第四节　一件发明专利申请文件的撰写案例

为了帮助读者更清楚地了解一件发明或者实用新型专利申请文件撰写的全过程，下面对2008年全国专利代理人资格考试专利代理实务科目试题所涉及的具体内容进行改编，作为一件发明专利申请文件撰写的范例介绍给读者。

一、阅读和理解技术交底书中所介绍的发明创造技术内容

申请人所提供的技术交底书中对发明创造涉及的技术内容主要作了如下介绍。

"油炸食品、特别是油炸马铃薯片因其具有松脆口感而成为人们喜爱的小吃食品。现有油炸食品通常是这样制得的：先将食品原料制成所需要的形状，例如将马铃薯加工成薄片状；再将食品原料、如马铃薯片放入油炸器皿中油炸，油炸温度大体控制在170℃~190℃；将已炸好的油炸食品取出沥油后进行离心去油。按照此油炸方法得到的油炸食品一般含有32%~35%（重量百分比）的油脂，显然这样的油炸食品含油量过高，对食用者的健康不利，且不便长期保存，尤其是高温油炸会在油炸食品中产生对人体有害的物质。

本发明旨在得到一种低油脂含量的油炸食品，如油炸马铃薯片、油炸玉米薄饼、油炸丸子、油炸春卷、油炸排叉、油炸蔬菜、油炸水果等，其含油量至少可以降至20%~25%（重量百分比），优选为16%~20%（重量百分比），尤其是14%~16%（重量百分比）。

为得到这种低油脂含量的油炸食品，可以在油炸之前先对食品原料进行焙烤；然后在真空条件下对经过焙烤过的食品原料进行油炸，此后再对经过油炸后的食品进行离心脱油处理，从而可得到低油脂含量的油炸食品。

为了制得这种低油脂含量的油炸食品，相应地设计出能实现上述油炸方法的设备。

下面以油炸马铃薯片为例，对本发明制作油炸食品的方法、制作油炸食品的设备以及所制得的油炸食品作详细说明。

在本发明制作油炸马铃薯片的方法中，首先在油炸之前对马铃薯片进行焙烤。在焙烤过程中，由于马铃薯片局部脱水，会在其表面结成小鼓泡。焙烤之后再进行油炸，可使小鼓泡继续膨胀，形成较大鼓泡，从而改善马铃薯片的口感。通常可以采用常规烤箱对马铃薯片进行焙烤。

本发明制作油炸马铃薯片方法中的油炸过程在真空条件下进行，真空度可以在较宽的数值范

围内选取，因为在常规的真空条件下，就可以明显降低油温，这不仅有助于防止产生对人体有害的物质，还可降低油炸食品的油脂含量，例如真空油炸后的马铃薯片逼常含有约20%～25%（重量百分比）的油脂。通过大量的实验表明，真空度保持在0.02～0.08MPa较为适宜，可以使油脂沸腾温度降低至80℃～110℃，除了可以有效地防止产生对人体有害的物质外，油炸马铃薯片的油脂含量可以降低到20%～23%（重量百分比），而且还能达到所需的油炸效果。

在真空条件下对马铃薯片油炸之后，对油炸后的马铃薯片进行离心处理。通过离心处理，可以将油炸后留在马铃薯片表面上的油脂脱去，降低其油脂含量。如前所述，在真空度0.02～0.08MPa的条件下进行真空油炸，马铃薯片的油脂含量可达到20%～23%（重量百分比），经离心处理后，马铃薯片的油脂含量可以进一步降低至约18%～20%（重量百分比）。由此可知，在本发明制作油炸马铃薯片的方法中，经过离心处理后可以制得低油脂含量、且表面具有鼓泡的油炸马铃薯片。

但是，在实践中发现，对经过油炸的马铃薯片立即在常压条件下进行离心处理，容易导致马铃薯片破碎，致使无法获得完整的油炸食品。为解决这一问题，将经过油炸的马铃薯片在真空条件下进行离心脱油处理，从而有效地防止马铃薯片破碎，使其保持完整外形。另外，还发现，在真空条件下进行离心脱油处理，可以使油炸马铃薯片表面上的油脂不易渗入薄片内部，这样有利于进一步改善离心脱油效果并提高脱油效率。通过真空离心处理，马铃薯片油脂含量可进一步降低至约14%～18%（重量百分比），其中在优选真空度0.02～0.08MPa的条件下进行油炸的油脂含量可降低到14%～16%（重量百分比）。

另外，在油炸过程中容易出现马铃薯片之间相粘连的现象，也容易出现油脂起泡现象。马铃薯片之间相粘连会影响油炸效果，油脂起泡则容易造成油脂飞溅，因此，应当尽量避免油炸过程中出现前述两种现象。为此，在本发明制作油炸马铃薯片的方法中还可以在油脂中添加一种新组配成的组合物。这种组合物由防粘剂、消泡剂和风味保持剂组成。其中，所述防粘剂可以选自卵磷脂、硬脂酸中的一种或者它们的混合物；消泡剂可以选自有机硅聚合物、二氧化硅中的一种或者它们的混合物；风味保持剂可以选自乌苷酸二钠、肌苷酸二钠中的一种或者它们的混合物。这种组合物中含有30%～40%（重量百分比）防粘剂、40%～50%（重量百分比）消泡剂和10%～20%（重量百分比）风味保持剂。

为实现上述制作马铃薯片方法，设计了如图11－8、图11－9两种结构的制作马铃薯片的设备。为简化起见，在图11－8和图11－9中仅示出了与本发明制作方法内容密切相关的必要组成部分，而略去了例如注油装置、加热装置等其他组件。

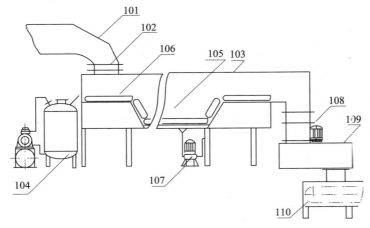

图11－8

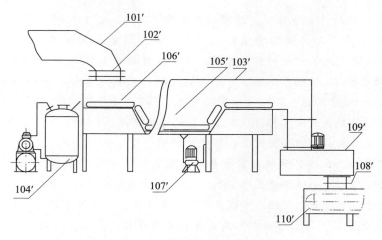

图 11 - 9

图 11 - 8 示出了本发明第一种制作马铃薯片设备的结构。如图 11 - 8 所示，制作油炸食品的设备包括原料供应装置 101、进料阀 102、油炸装置 103、抽真空装置 104、油槽 105、传送带 106、传送带驱动装置 107、油炸装置的排出阀 108、离心脱油装置 109、产品送出装置 110。其中，油炸装置 103 的一侧设有输入口，通过进料阀 102 与原料供应装置 101 的出料口密封固定连接；油炸装置 103 的另一侧设有输出口，通过油炸装置的排出阀 108 与离心脱油装置 109 的输入口密封固定连接。油炸装置 103 内部设有具有一定宽度的传送带 106，由正对油炸装置 103 输入口下方的位置延伸到邻近油炸装置 103 输出口上方的位置，其中间部位沉降到用于容纳油脂的下凹油槽 105 中。使油炸装置保持在真空条件下的抽真空装置 104 和传送带驱动装置 107 设置在油炸装置 103 外部。产品送出装置 110 设置在离心脱油装置 109 的下方，其输入口与离心脱油装置 109 输出口相连接。

上述制作油炸马铃薯片设备的工作过程为：将油槽 105 中的油脂预加热并保持在约 80℃ ~ 110℃。打开进料阀 102，使原料供应装置 101 中经过焙烤的马铃薯片落到传送带 106 上。然后关闭进料阀 102 和排出阀 108，使油炸装置 103 呈密闭状态。启动抽真空装置 104，使油炸装置 103 内达到并保持稳定的真空度。之后，启动传送带驱动装置 107，传送带 106 将其上的马铃薯片送入油槽 105 内的油脂中进行油炸。油炸完毕后，打开排出阀 108，使油炸装置内恢复大气压，经过油炸的产品通过排出阀 108 进入离心脱油装置 109，在其中通过离心处理将油炸马铃薯片表面上的油脂除去。离心脱油处理后的马铃薯片经产品送出装置 110 排出。

在图 11 - 9 示出的本发明制作马铃薯片设备第二种结构与上述第一种结构的不同之处仅在于：去掉油炸装置 103′ 输出口处的排出阀 108，而将油炸装置 103′ 直接与离心脱油装置 109′ 输入口密封固定连接，与此同时，在离心脱油装置 109′ 的输出口处以密封连接方式设置了出料阀 108′。在油炸和离心过程中，关闭进料阀 102′ 和出料阀 108′，即油炸和离心脱油过程均在真空条件下进行。油炸和离心脱油处理结束后，打开出料阀 108′ 使马铃薯片经产品送出装置 110′ 排出。"

通过对上述技术交底书的阅读和研究，可以初步得出如下几点看法。

①申请人对本发明创造要求保护三个主题：油炸食品、制作油炸食品的方法和制作油炸食品的设备。这三个主题均为技术主题，因而属于《专利法》的保护客体。从介绍的内容来看，其均与技术内容有关，而与产品的外观无关，不属于外观设计专利的保护客体，因此不能申请外观设计专利。在这三个主题中，制作油炸食品的方法只属于发明专利的保护客体，只能申请发明专

利；制作油炸食品的设备这一主题属于发明专利和实用新型专利的保护客体，既可以申请发明专利，又可以申请实用新型专利；而对于油炸食品本身而言，就其在表面形成鼓泡这一技术特征而言，属于形状构造特征，因此这样的油炸食品既可以申请发明专利，又可以申请实用新型专利，但是就其油脂含量而言，则包含有对材料本身的改进，如果将此也作为限定所要求保护的油炸食品的技术特征，则该油炸食品只能申请发明专利，不能申请实用新型专利。

②按照技术交底书的介绍，其还新组配了一种可用于添加到制作油炸食品的油脂中的组合物，其既可以作为本发明制作油炸食品方法中的一项技术措施，但也有可能作为一个技术主题要求给予保护。但是，该主题涉及一种新材料，不属于实用新型专利的保护客体，因此不能申请实用新型专利，只能申请发明专利。但是，根据技术交底书所介绍的内容来看，有关该组合物的说明存在一些不清楚之处，例如现有技术中是否存在消泡剂、防粘剂和风味保持剂？作为新发明的组合物是否仅在于组分的选择还是包括其含量的选配？该组合物的制备有无特殊要求？其用于添加到制作油炸食品的油脂中是否符合《食品卫生法》的规定？此外，未针对组合物的不同组分及其含量给出足够的实施例，需要请申请人作补充说明。有关这部分内容在后面与申请人进行沟通时再作具体说明。

③由技术交底书介绍的内容可知，该油炸食品的油脂含量明显低于现有技术中的油炸食品，因而可以初步认为其具备新颖性和创造性，可以作为要求保护的主题。

④由技术交底书介绍的内容可知，制作油炸食品的方法主要采取了四项措施：油炸前的焙烤、真空油炸、油炸后离心脱油处理或者真空离心脱油处理、油炸前或油炸过程中向油脂中添加组合物。通过对该发明技术内容的理解，其相对于申请人所了解的现有技术来说，其主要技术手段首选是真空油炸，离心脱油处理是该制作油炸食品方法的一种优选措施，而其中真空离心脱油是其进一步优选的离心脱油方式，而向油脂中添加新组配的组合物是一种辅助手段。至于油炸前的焙烤，从技术交底书的介绍方式看似乎是一种必要的技术手段，但从其所起的作用来看相对于申请人在技术交底书中所写明的本发明目的来看可以将其作为一种辅助手段，这一点应当在与申请人沟通时请申请人予以认定。

此外，对于真空油炸步骤，技术交底书中写明，真空油炸过程中真空度保持在 0.02 ~ 0.08MPa 较为适宜，相应的油脂沸腾温度降低为 80℃ ~ 110℃。对此，在与申请人沟通时，需要了解真空度与油炸温度两者之间的对应关系，是否存在使油脂温度维持在 80℃ ~ 110℃ 的其他措施。

⑤技术交底书对制作油炸食品的设备提供了如图 11 - 8 和图 11 - 9 所示的两种结构。在图 11 - 8 所示的第一种结构中，抽真空装置使油炸装置保持在真空状态，即在真空条件下进行油炸，但由于出料阀设置在油炸装置和离心装置之间，因而离心脱油并不是在真空条件下进行；在图 11 - 9 所示的第二种结构中，出料阀设置在离心装置之后，抽真空装置同时对油炸装置和离心装置抽真空，因而使油炸装置和离心装置同时保持在真空运行状态。

此外，在技术交底书中对制作方法的描述部分说明焙烤通常在常规烤箱中进行，这并不表示其局限于常规烤箱，还可以是其他焙烤装置。但是，这两幅油炸食品制作设备的附图中均未出现焙烤装置，因此需要向申请人了解该焙烤装置是否必须另行配备，还是也可以作为油炸食品制作设备的组成部件之一。

⑥申请人要求保护的三个主题，都是针对油炸食品，尽管列举了该油炸食品可以是油炸马铃薯片、油炸玉米薄饼、油炸丸子、油炸春卷、油炸排叉、油炸蔬菜、油炸水果等，但仅针对油炸马铃薯片作了具体说明，而缺少对其他油炸食品的说明，为了防止在审批程序或无效宣告程序中

认为权利要求所限定的保护客体未以说明书为依据，应当建议申请人补充其他油炸食品的实施例。

⑦通过对上述四项主题的分析，如果作为一件发明专利申请，确定最主要的主题可以有两种方式：一种是以制作油炸食品方法为最主要的主题，因为本发明实质是针对油炸食品制作方法作出的改进，另两个主题是实现该油炸食品制作方法的设备和由该油炸食品制作方法所制得的油炸食品。另一种是以油炸食品为最主要的主题，另两个主题为这种油炸食品的制作方法和设备，因为方法和设备都是为了得到这种低油脂含量的油炸食品而作出的改进。当然就制作油炸食品方法、设备和油炸食品这三项主题而言，三者属于一个总的发明构思，因而可以在一件发明专利申请中合案申请。但添加到油脂中的新组配的组合物与这三项主题没有相同或相应的特定技术特征，因此与这三项主题不属于一个总的发明构思。

二、对检索和调研到的现有技术进行分析

通过检索和调研，找到两篇如 2008 年全国专利代理人资格考试专利代理实务科目试题中所给出的对比文件：对比文件 1 和对比文件 2，应当针对这两项现有技术对本发明作进一步分析。

其中对比文件 1 公开了如下内容。

"本发明提供一种油炸薯片的制备方法，包括将准备好的马铃薯片送入油炸装置内，油炸装置内保持约 0.08 ~ 0.10MPa 的真空度，油炸温度约为 105℃ ~ 130℃；将经过油炸的马铃薯片送入离心脱油机中进行脱油；经脱油处理的薯片最后被排出，该薯片的含油量可降低到 20% ~ 22%（重量百分比）。

本发明还提供一种实现上述油炸薯片制备方法的设备。如图 11 – 10 所示，本发明设备包括进料装置、油炸装置、输送网带、离心脱油装置、出料室和抽真空装置等。油炸装置包括一个外壳，在该外壳上设有输入口和输出口。油炸装置外壳输入口通过一进料阀与进料装置的出料口密封固定连接，油炸装置外壳输出口通过一排出阀与离心脱油装置的输入口密封固定连接。可采用任何常规的抽真空装置使油炸装置外壳内保持真空状态。在油炸装置中设置有输送网带，输送网带的输入端正对于外壳输入口，其输出端正对于外壳输出口（即离心脱油装置输入口）。离心脱油装置的输出口与出料室的输入口连接。最终通过出料室输出口将经过离心脱油处理的油炸薯片排出。

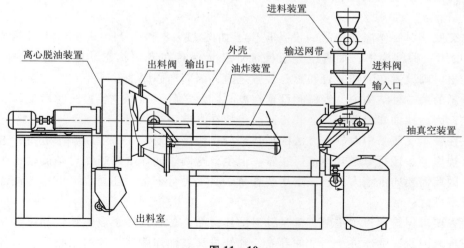

图 11 – 10

本发明设备的工作过程如下：打开进料阀，使经切片和预成型的物料落到油炸装置中的输送网带上。然后关闭进料阀和出料阀，使油炸装置呈密闭状态。启动抽真空装置，使油炸装置外壳内达到并保持稳定的真空度。启动输送网带使其连续运转，其上的物料被带入油锅中进行油炸。油炸完毕后，打开出料阀，使油炸装置内恢复大气压。经过油炸的产品通过出料阀被送入离心脱油装置进行离心处理。离心处理后的产品经出料室被排出。"

对比文件2公开了如下内容。

"本发明涉及一种制备油炸马铃薯薄片的方法。该方法包括以下步骤：（i）将马铃薯加工成薄片状；（ii）将马铃薯薄片进行焙烤；（iii）将经焙烤的马铃薯薄片引入油炸器中进行油炸；（iv）使经油炸的马铃薯薄片与过热蒸汽接触，以达到去除部分油脂的目的；（v）对与过热蒸汽接触过的马铃薯薄片进行脱水处理。

可采用任何常规方法对马铃薯薄片进行焙烤。在焙烤过程中，马铃薯薄片表面结成一个个小鼓泡。之后对马铃薯薄片进行油炸，适宜的油炸温度为约165℃~195℃，优选油温为约175℃~180℃。在油炸过程中，马铃薯薄片表面的小鼓泡会继续膨胀，形成较大鼓泡，从而改善马铃薯薄片口感。

将经过油炸的马铃薯薄片送入脱油箱使其与过热蒸汽接触，以便从薄片表面去除油脂。过热蒸汽温度优选保持在约150℃~175℃。通过使油炸马铃薯薄片与过热蒸汽相接触，可以明显降低马铃薯薄片的含油量。一般来说，常规的在油炸之后采用离心脱油方法生产的油炸马铃薯薄片含有约26%~30%（重量百分比）的油脂，且成品容易破碎。根据本发明所述方法，可以生产出含油量约为13%~18%（重量百分比）的油炸马铃薯薄片，而且所生产的油炸马铃薯薄片表面具有鼓泡。"

通过将本发明与两篇对比文件所披露的内容进行比较，可以得出如下几点看法：

①低油脂含量（油脂含量约为13%~18%重量百分比）、且表面形成鼓泡的油炸马铃薯薄片已被对比文件2公开，因此技术交底书中有关油炸食品的主题相对于对比文件2中的油炸马铃薯薄片不具备新颖性，因此在专利申请中应当将油炸食品的主题去除。

②就制作油炸食品的方法这一主题而言，对比文件1已公开了在真空度为0.08~0.10MPa条件下对马铃薯片进行油炸以及对经油炸过的马铃薯片进行离心脱油处理的内容，因此对该主题的改进不能仅确定为对食品原料进行真空油炸和油炸后对其离心脱油，若如此确定其要求保护的主题，则该主题相对于对比文件1不具备新颖性而不能授予专利权。此外，在对比文件2中，为了使油炸马铃薯薄片形成较大鼓泡而改善其口感，在油炸之前先对马铃薯薄片进行焙烤以在表面形成小鼓泡，由此可知，即使该主题的改进再增加油炸前焙烤的内容，该主题将会因其相对于现有技术（即相对于这两篇对比文件）不具备创造性而不能授权。通过上述分析可知，对于制作油炸食品的方法来说，其主要改进点应当从油炸在更高的真空度（小于0.08MPa）下进行、在真空条件下进行离心脱油处理以及向油脂中添加新组配的组合物这三个方面加以选择。

③对于制作油炸食品的设备这一主题而言，由于技术交底书中介绍的第一种结构已经被对比文件1公开，即这种结构的制作油炸食品设备的实施方式相对于对比文件1不具备新颖性，因此应当将这种实施方式排除在要求保护的主题之外，即仅针对第二种结构制作油炸食品设备的实施方式要求专利保护。但是，在这种情况下，该设备权利要求的改进内容明显不多，需要与申请人就该设备的技术内容作进一步沟通，例如本发明油炸食品制作设备相对于现有技术中的设备还有哪一些未被现有技术披露的改进内容，另外还有哪些可以替代的结构也能使该制作设备实现真空

离心脱油。

④鉴于现有技术中未给出有关由防粘剂、消泡剂和风味保持剂组成、用作油脂添加剂的组合物的技术内容，因而可以针对该主题要求专利保护，有必要在与申请人沟通时提出有关这方面的建议。

⑤正如前面所指出的，补充检索后，已确定将油炸食品这一主题从要求保护的客体中去除，因此应当将油炸食品的制作方法作为本专利申请最主要的主题。

⑥在确定了制作油炸食品方法作为本专利申请最主要的主题后，需要分析申请人在技术交底书中提到的另一个主题制作油炸食品的设备以及在理解技术交底书时新发现的另一个有可能授权的主题（用作油脂添加剂的组合物）与油炸食品制作方法之间是否具有一个总的发明构思。此分析结果与制作油炸食品方法这一主题改进点的确定有关。若将油炸食品制作方法的改进点确定为在更高真空度条件下进行油炸，第二种结构制作油炸食品设备与该制作方法这两个主题就会因不存在相同或相应的特定技术特征而不属于一个总的发明构思，则制作油炸食品设备不能与该制作方法合案申请；同样，用作油脂添加剂的组合物也与该制作方法之间不存在相同或相应的技术特征，因而也不属于一个总的发明构思，不能与该制作方法合案申请。若将油炸食品的制作方法的改进点确定为真空离心脱油，则第二种结构制作油炸食品设备具有与制作油炸食品方法中的真空离心脱油相应的特定结构，因此这两个主题之间属于一个总的发明构思；但是用作油脂添加剂的组合物仍然与该制作方法之间不存在相同或相应的技术特征，与第二种结构制作油炸食品设备也没有相同或相应的特定技术特征，因而不能与该制作油炸食品的方法和制作油炸食品的设备合案申请。若将油炸食品的制作方法的改进点确定为向油脂中添加组合物，则第二种结构制作油炸食品设备与油炸食品制作方法这个主题之间不存在相同或相应的特定技术特征，不属于一个总的发明构思，因而不能与该制作方法合案申请；但是在这种情况下，用作油脂添加剂的组合物与该制作方法之间具有"新组配的组合物"这一相同的特定技术特征，因此属于一个总的发明构思，可以合案申请。

⑦通过上述对三个主题是否属于一个总的发明构思的分析可知，该制作油炸食品的方法的改进点应当在真空离心脱油处理和向油脂中添加组合物两者之间选择，通常应当在与申请人沟通后请申请人定夺。但是，考虑到申请人在技术交底书中的原意，也可以先将改进点确定在真空离心脱油处理，与此同时应当请申请人针对真空离心脱油这一步骤有无进一步的改进措施作出补充说明，并针对进一步改进措施补充必要的实施例（包括应当反映出真空油炸和真空离心处于相同真空条件和不同真空条件下的实施例）的试验数据。而对于另一种可能性，可在与申请人沟通时告知申请人，以便申请人确定要否另行提出一件专利申请。同样，在与申请人沟通时，还应当将改进点确定在更高真空度下进行油炸的技术方案告知申请人，请申请人进一步研究分析更高真空度是否产生特别有效的技术效果，若采用更高真空度能产生预料不到的技术效果，申请人可考虑再提出一件专利申请，若未产生预料不到的技术效果，则这样的技术方案将会因相对于现有技术不具备创造性而不能授予专利权，因此就不必再另行提出一件专利申请。

三、与申请人就本发明技术内容进行沟通所得知的信息

在前面两个过程中与申请人就本发明的技术内容共进行了八个方面的沟通，申请人对这八个方面给出如下补充意见。

①对于油炸前焙烤马铃薯片这一工艺步骤，申请人明确了是一种可选择的步骤，由于焙烤起

到了在马铃薯片表面产生小鼓泡，从而在油炸后形成较大的鼓泡以改善口感，从降低油炸食品的油脂含量来看并不是必经的步骤。此外，油炸前的焙烤步骤仅适用于油炸马铃薯片、油炸苹果片等经焙烤后表面能形成小鼓泡的油炸食品，而不适用于如油炸素丸子这种焙烤后表面不会形成鼓泡的油炸食品，也不适用于如油炸排叉这种烤熟后不便油炸的油炸食品。

②对于真空油炸过程中真空度保持在 0.02 ~ 0.08MPa 与相应的油脂沸腾温度降低为80℃ ~ 110℃两者之间是否有对应关系，申请人告知本发明就是通过控制真空度将油脂温度维持在较低温度，真空度与油脂沸腾温度之间为对应的关系。

③针对技术交底书中对新组配的组合物所存在的不清楚之处，在沟通时申请人作了下述补充说明：对本领域技术人员来说防粘剂、消泡剂和风味保持剂是已知的，且本发明中作为消泡剂、防粘剂和风味保持剂所选择的原料是食品工业加工过程中允许采用的添加剂，符合《食品卫生法》的规定。但现有技术中只是分别使用，而未将它们组合在一起使用，本发明通过试验发现，将这三种成分按照技术交底书中给出的重量百分比混合而成的组合物可以在防粘、消泡和保持风味三个方面同时取得较好的效果；技术交底书中对于防粘剂、消泡剂和风味保持剂这三种成分的组分选择还可以选用现有技术中的其他已知的防粘剂、消泡剂和风味保持剂，技术交底书中给出的是优选；这种组合物的制备并无特殊要求，按常规的方式将这三种组分混合在一起即可。

④在与申请人沟通后，申请人针对该新组配的组合物补充了多种不同组分、不同含量组合物的实施例，以支持其在技术交底书中针对这三种成分给出的组分选择和含量选择的范围。

⑤对于真空离心脱油步骤，申请人作出了补充说明：离心脱油的真空条件可以选择得与真空油炸的真空条件相同；但是，对于真空离心脱油而言，其真空条件为 0.04 ~ 0.06MPa 时成品完整度最好，而从真空油炸而言真空度越高，含油量越小，因此也可以使真空油炸和真空离心脱油在不同的真空条件下运行。此外，就真空离心脱油来说，为得到较好的离心脱油效果，希望脱油时间较长，而从保持油炸食品成品完整考虑，真空离心脱油时间较短为好，通过长期实践的摸索，其真空离心脱油时间在 15 ~ 25 秒能取得最好的效果。

⑥对于油炸食品制作设备，申请人告知，采用技术交底书中图 11 - 9 所示油炸食品制作设备的结构，可以使离心脱油与真空油炸在相同的真空条件下进行，这种油炸食品制作设备具有结构简单和操作方便的优点。但是，为使离心脱油和真空油炸处于不同的真空条件下，还可采用其他结构的油炸食品制作设备，例如在油炸装置的输出口和离心脱油装置的输入口之间再设置一个隔离阀，将用于使油炸装置保持真空油炸状态的抽真空装置同时用作该离心脱油装置的抽真空装置；当然在此时也可以为该离心脱油装置另配设一个抽真空装置。

此外，申请人在沟通时还告知对该油炸食品制作设备的离心脱油装置还作出了一些改进：为使马铃薯片从离心脱油装置中顺利排出，并进一步提高对马铃薯片进行离心脱油的效率，离心脱油装置的旋转轴线以相对于垂直方向倾斜的方式设置。经试验发现，离心脱油装置的旋转轴线相对于垂直方向倾斜 25° ~ 35°的角度为最佳。

⑦在与申请人沟通后，为了支持其在技术交底书中要求保护制作油炸食品的方法和设备这两个保护范围较宽的主题，申请人进一步补充了油炸排叉、油炸素丸子和油炸苹果片的实施例，并与申请人一起针对这些实施例整理成反映其工艺条件及成品性能的表 11 - 1，其中对于马铃薯片和苹果片分别给出两个实施例，其中之一为真空油炸和离心脱油在相同真空条件下进行，另一个真空油炸和离心脱油在不同真空条件下进行。

表 11 – 1　不同食品原料在相应真空油炸和真空离心工艺中所得到的油炸食品性能测试结果

食品原料	马铃薯片	马铃薯片	排叉	素丸子	苹果片	苹果片
主要 加工步骤	焙烤 真空油炸且添 加组合物 真空离心脱油	焙烤 真空油炸且添 加组合物 真空离心脱油	焙烤 真空油炸且添 加组合物 真空离心脱油	焙烤 真空油炸且添 加组合物 真空离心脱油	焙烤 真空油炸且添 加组合物 真空离心脱油	焙烤 真空油炸 真空离心脱油
油炸 真空度	0.02MPa	0.04MPa	0.02MPa	0.08MPa	0.08MPa	0.10MPa
离心 真空度	0.04MPa	0.04MPa	0.06MPa	0.06MPa	0.08MPa	0.08MPa
离心时间	25 秒	15 秒	20 秒	20 秒	25 秒	15 秒
成品 油脂含量	14%（重量）	15%（重量）	15%（重量）	16%（重量）	15%（重量）	16%（重量）
成品 性状	松脆 风味口感 完整　不粘连	松脆 风味口感 完整　不粘连	较松脆 风味口感 完整　不粘连	较松脆 风味口感 完整　不粘连	松脆 风味口感 完整　不粘连	松脆 完整

⑧与申请人沟通后，本专利申请作为发明专利申请提出，在这件专利申请中，仍确定制作油炸食品的方法和制作油炸食品的设备这两个主题为要求保护的客体，因此将真空离心脱油处理作为制作油炸食品的方法这一主题的主要改进之处，而其他几方面作为本专利申请中对该主题的进一步改进。此外，申请人还同意另提出一件发明专利申请，包含两个要求保护的主题：该新组配的组合物和该新组配组合物在油炸食品中作为油脂添加剂的应用，或者以向油脂中添加新组配的组合物为主要改进之处的制作油炸食品的方法和该新组配的组合物❶；至于以更高真空度为主要改进之处的制作油炸食品方法这一主题，考虑到这一技术方案并未产生预料不到的技术效果，因此申请人不准备另行提出一件专利申请。

四、撰写权利要求书

鉴于与申请人沟通后已确定本专利申请要求保护的两个主题是制作油炸食品的方法和制作油炸食品的设备，现分别针对这两个主题（油炸食品制作方法和油炸食品制作设备）撰写权利要求书。如前面分析所述，本专利申请要求保护的最主要的主题是油炸食品制作方法，因此先针对这一主题说明如何撰写独立权利要求和从属权利要求。

1. 对油炸食品制作方法这一主题撰写独立权利要求和从属权利要求

由于前面在阅读和理解技术交底书、对现有技术的检索和调研以及与申请人沟通时已对油炸食品制作方法这一主题和补充检索到现有技术进行了充分的分析，下面以此为基础撰写权利要求书。

---

❶　为简化起见，以下仅针对本申请撰写权利要求书和说明书，不再针对另一件申请撰写权利要求书和说明书。但是，需要提请注意的是，该另行提出的专利申请应当与本申请同日提出，否则在先提出的专利申请有可能会成为在后提出的申请的抵触申请。

（1）对油炸食品制作方法这一主题所涉及技术特征的分析

由前面分析可知，油炸食品制作方法这一主题包括下述几个特征：❶

①油炸前对食品原料进行焙烤的步骤；

②在真空条件下进行油炸的步骤；

③真空油炸步骤中的真空度保持在 0.02 ~ 0.08MPa❷；

④向真空油炸所使用的油脂中添加由防粘剂、消泡剂和风味保持剂组成的组合物；

⑤在该组合物中，防粘剂为 30% ~ 40%（重量百分比），消泡剂为 40% ~ 50%（重量百分比），风味保持剂为 10% ~ 20%（重量百分比）；

⑥防粘剂选自卵磷脂、硬脂酸中的一种或者它们的混合物；

⑦消泡剂选自有机硅聚合物、二氧化硅中的一种或者它们的混合物；

⑧风味保持剂选自乌苷酸二钠、肌苷酸二钠中的一种或者它们的混合物；

⑨将经过真空油炸的油炸食品进行离心脱油处理的步骤；

⑩上述离心脱油处理是在真空条件下进行的；

⑪上述真空离心脱油处理与真空油炸时的真空条件相同；

⑫上述真空离心脱油处理的真空度保持在 0.04 ~ 0.06MPa；

⑬上述真空离心脱油处理的时间为 15 ~ 25 秒；

⑭上述油炸食品为油炸马铃薯片、油炸排叉、油炸素丸子或油炸苹果片。

（2）确定最接近的现有技术及相对于该最接近的现有技术解决的技术问题

显然，申请人在技术交底书中所说明的现有技术、对比文件 1 和对比文件 2 三者与本发明专利申请中的制作油炸食品方法都属于相同的技术领域。对比文件 1 公开的现有技术与申请人技术交底书中所说明的现有技术相比还披露了真空油炸和真空离心脱油的技术内容，与对比文件 2 公开的现有技术相比还披露了真空油炸和离心脱油的内容，由此可知对比文件 1 与另两项现有技术相比披露了本发明更多的技术特征。对比文件 2 与另两项现有技术相比就其所解决的技术问题降低油炸食品的油脂含量来说所达到的技术效果与本发明更为接近。因此，可以从对比文件 1 和对比文件 2 中确定一篇最接近的现有技术。但就本发明制作油炸食品方法的主要改进而言，对比文件 1 相对于对比文件 2 披露了本发明油炸食品制作方法中的两个重要的技术特征：真空油炸和离心脱油，因此确定对比文件 1 是本发明油炸食品制作方法的最接近的现有技术。

确定本发明油炸食品制作方法的最接近的现有技术为对比文件 1 后，进一步确定本发明相对于对比文件 1 所解决的技术问题。对比文件 1 中的油炸食品制作方法相对于技术交底书中现有技术油炸食品制作方法来说，减少了油炸食品的油脂含量，但本发明制作油炸食品的方法在真空条件下离心脱油所得到的油炸食品的油脂含量更低，因此将本发明要解决的技术问题确定为提供一

---

❶ 在分析技术特征过程中，对于制作油炸食品的方法只列出了三个步骤：焙烤、真空油炸和离心脱油，并未像 2008 年全国专利代理人资格考试专利代理实务试卷中的参考答案"修改后的权利要求书范文"那样，还包括"将所述油炸食品排出的步骤"，这是由于在此处为申请文件的撰写，而对于"将食品原料送入"和"将油炸食品排出"这种现有技术必定存在的步骤，从权利要求简要出发可以不写入独立权利要求的前序部分，因而在进行技术特征分析时不再列入。而作为 2008 年全国专利代理人资格考试专利代理实务试卷，由于考题是答复审查意见通知书时对权利要求书进行修改，鉴于申请时的权利要求 1 中已包含有将油炸食品排出的内容，在答复审查意见时通常不应删去权利要求 1 中的技术特征，因而参考答案中修改后的独立权利要求 1 仍包含了"将所述油炸食品排出的步骤"这一技术特征。

❷ 通过与申请人的沟通，明确了真空度与油脂沸腾温度之间为对应关系，即真空度保持在 0.02 ~ 0.08MPa 时油脂沸腾温度就必定降低到 80℃ ~ 110℃，且在本发明中仅仅通过控制真空将油脂维持在较低温度，因此以真空度保持在 0.02 ~ 0.08MPa 为制作油炸食品方法的一个技术特征后，就不应再将油脂沸腾温度为 80℃ ~ 110℃再确定为制作油炸食品方法的一个技术特征。

种能得到油脂含量更低、例如油脂含量为 14%～18%（重量百分比）的油炸食品制作方法。

（3）确定本发明油炸食品制作方法这一主题解决上述技术问题的必要技术特征

在确定本发明要解决的技术问题之后，就本发明中对降低油脂含量起作用的几个主要技术特征（真空油炸、离心脱油和真空离心脱油）与申请人进行了一次沟通，并请申请人考虑本发明可否将发明点确定为常压油炸后进行真空离心脱油以得到较低油脂含量的油炸食品。申请人明确告知，本发明中其油脂含量的降低主要借助真空油炸实现，通过真空油炸可减少约 12% 的油脂含量，而通过真空离心脱油这一步骤油脂含量约减少 6%，因而对于本发明，从降低油脂含量角度来看，真空油炸是最重要的技术措施，在常压油炸后进行真空离心脱油并不能得到较低油脂含量的油炸食品。❶

下面具体分析本发明油炸食品制作方法中的哪些技术特征是制得含油量更低的油炸食品的必要技术特征。

本发明油炸食品制作方法包括三个步骤：焙烤、真空油炸和离心脱油，即前面分析中列出的①、②和⑨三个技术特征。但是，由对技术交底书中技术内容的分析可知，"油炸前对油炸食品的原料进行焙烤"是为了使最后得到的油炸食品表面形成较大的鼓泡而改善口感，与降低油炸食品的油脂含量无关，因此不是解决油炸食品油脂含量过高这一技术问题的必要技术特征，这一点在与申请人沟通时得到了确认，因而应当将"油炸前对油炸食品的原料进行焙烤"的步骤排除在本发明制作油炸食品方法这一主题的必要技术特征之外。而对于真空油炸和离心脱油这两个步骤，其作用是为了降低油炸食品的油脂含量，因此这两个步骤是制作油炸食品方法这一主题的必要技术特征。

此后，再对其他技术特征进行分析。通过对技术交底书内容的分析可知，前述第③～⑧个技术特征是对真空油炸步骤的进一步限定，其中第④～⑧个技术特征是有关添加组合物的技术内容，正如前面所分析的那样，这些技术特征所起的作用是为了防粘、防油溅和保持风味，与降低油炸食品的油脂含量并无直接关系，因此这几个特征也不是本发明制作油炸食品方法为解决油炸食品油脂含量过高这一技术问题的必要技术特征。至于第③个技术特征"真空油炸步骤中的真空度保持在 0.02～0.08MPa"虽然也起到了降低油炸食品油脂含量的作用，但从技术交底书中介绍的材料来看，在常规的真空度下进行油炸，只要离心脱油步骤是在真空条件下进行，就能得到更低油脂含量的油炸食品，因此这一技术特征中所保持的真空度是一种优选方案，因此也不应当将其作为本发明油炸食品制作方法的必要技术特征。

至于上述第⑩个技术特征是将离心脱油步骤进一步限定在真空条件下进行，由技术交底书介绍的内容来看，这一技术特征的作用既起到了防止油炸食品破碎、又可提高脱油效率，即该技术特征相对于本发明要解决的技术问题来看也可进一步降低油炸食品的油脂含量。鉴于对比文件 1 已披露了真空油炸和离心脱油这两个步骤，因此为使本发明制作油炸食品的方法相对于对比文件 1 中的方法具备新颖性、创造性以及得到更低油脂含量的油炸食品，应当将这一个技术特征作为本发明油炸食品制作方法的必要技术特征。尤其是考虑到该技术特征作为必要技术特征加入后，

❶ 目前在为客户撰写专利申请文件时有一种倾向，不考虑申请人发明创造的发明点而一味追求更宽的保护范围，最后写成的权利要求书偏离了原发明创造的发明点，在这种情况下，一旦专利申请在审批期间或者在专利授权后出现不利的结果时，将会引起客户的不满。因此在撰写专利申请文件时，应当首先考虑在原有发明创造的发明点的基础上撰写权利要求书；如果通过分析后，确实认为发明创造变更发明点能为申请人争取更宽的保护范围，则应当与客户进行沟通，向客户提出必要的建议，由客户自行决定申请策略；在这种情况下，一定不要将专利代理人的主张强加给客户，一定要尊重客户的意见。在本案例中，客户已经明确不同意专利代理人变更发明点的建议，因此应当按照客户的意见来撰写独立权利要求。

还可以起到防止油炸食品破碎的作用，因此可以考虑将本发明要解决的技术问题进一步确定为提供一种能得到具有完整外形、不易破碎、且油脂含量更低的油炸食品制作方法。

至于上述第⑪～⑬个技术特征是对真空离心脱油条件的进一步限制，是优选措施，因此不应当将其作为本发明油炸食品制作方法的必要技术特征。

上述第⑭个技术特征是对食品原料的限定，由于与申请人沟通后申请人已补充了足够的实施例，此时为使本发明制作油炸食品的方法取得更宽保护范围，不应当将对食品原料进行限定的这一技术特征作为必要技术特征。

通过上述分析可知，前面所列出的 14 个技术特征中，仅仅②、⑨、⑩这三个技术特征是本发明油炸食品制作方法这一主题的必要技术特征。在此基础上撰写独立权利要求。

（4）撰写独立权利要求

在确定了本发明油炸食品制作方法的必要技术特征之后，将其与对比文件 1 所公开的油炸食品制作方法进行对比分析。由于对比文件 1 中的油炸食品制作方法也公开了上述第②个技术特征"真空油炸"和第⑨个技术特征"离心脱油"，即这两个技术特征是本发明油炸食品制作方法与对比文件 1 中的油炸食品制作方法共有的技术特征，因此将这两个技术特征写入到独立权利要求 1 的前序部分中；而第⑩个技术特征"离心脱油在真空条件下进行"在对比文件 1 中没有公开，可知这一个技术特征是本发明相对于对比文件 1 的区别技术特征，则将它写入到独立权利要求的特征部分。由此完成独立权利要求 1 的撰写：

"1. 一种油炸食品制作方法，该方法包括如下步骤：

将待油炸的食品原料在真空条件下进行油炸，

然后对所述经过油炸的食品进行离心脱油处理，

其特征在于：所述离心脱油处理步骤在真空条件下进行。"

（5）撰写从属权利要求

下面针对前面列出的其他附加技术特征撰写油炸食品制作方法独立权利要求的从属权利要求。

本发明油炸食品制作方法相对于最接近的现有技术作出的改进是在真空条件下进行离心脱油，上述技术特征⑪、⑫和⑬涉及真空离心脱油的优选条件，因此先针对这三个附加技术特征撰写从属权利要求：其中对离心脱油真空条件的两个优选措施撰写成两个并列的从属权利要求 2 和 3；而对真空离心脱油处理时间作进一步限定的优选方案撰写成引用权利要求 1 至 3 中任一项的多项从属权利要求 4。在此基础上，再针对其他附加技术特征撰写从属权利要求。

上述第③个技术特征将真空油炸步骤中的真空度限定在 0.02～0.08MPa 范围，与离心脱油的真空条件有一定关联性，因而先针对油炸真空条件撰写一项从属权利要求 5，基于权利要求 4 已是一项多项从属权利要求，为满足《专利法实施细则》第二十二条第二款有关多项从属权利要求不得作为另一项多项从属权利要求基础的规定，该项从属权利要求的引用部分仅引用了权利要求 1 至 3 中的任一项权利要求，而未再引用权利要求 4。

上述第①个技术特征限定在真空油炸步骤前先对食品原料进行焙烤，但该油炸前的焙烤步骤仅适用于油炸马铃薯片、油炸苹果片等经焙烤后表面能形成小鼓泡的油炸食品，而不适用于如油炸素丸子这种焙烤后表面不会形成鼓泡的油炸食品，也不适用于如油炸排叉这种烤熟后不便油炸的油炸食品，因此在针对该附加技术特征撰写从属权利要求时应当先对油炸食品原料加以限定，即该从属权利要求限定部分的技术特征应当撰写成如下方式："对适于在油炸前进行焙烤的油炸食品原料，在真空油炸之前，先对所述油炸食品原料进行焙烤"，同样为满足多项从属权利要求不得引用另一项多项从属权利要求的规定，所撰写的从属权利要求 6 也只引用了权利要求 1 至 3 中的任一项权利要求，而未再引用权利要求 4 和 5；紧接着针对马铃薯片、苹果片等适于在油炸前进行焙烤的食品原料作具体限定，撰写从属权利要求 7，由于这种食品原料的选择是对权利要求 6 的技术方案的进一步限定，因而引用部分仅引用了权利要求 6，鉴于申请人只提供了马铃薯片、苹果片两种可在油炸前进行焙烤的食品原料的实施例，该权利要求 7 的限定部分对食品原料仅限定为马铃薯片或苹果片。

最后针对第④～⑧这一组向油脂中添加组合物的技术特征撰写从属权利要求。首先，应当在所撰写的从属权利要求 8 中写入第④个技术特征，向真空油炸所使用的油脂中添加由防粘剂、消泡剂和风味保持剂组成的组合物；考虑到申请人在沟通时明确告知现有技术中已经出现过防粘剂、消泡剂和风味保持剂，但只是分别使用，而未将它们组合在一起使用，本发明通过试验发现，将这三种成分按照技术交底书中给出的重量百分比混合而成的组合物可以在防粘、消泡和保持风味三方面同时取得较好的效果，因而，在该项从属权利要求 8 中还应当对这三种成分的含量加以限定，即还应当写入第⑤个技术特征：该组合物中，防粘剂为 30%～40%（重量百分比），消泡剂为 40%～50%（重量百分比），风味保持剂为 10%～20%（重量百分比）。出于与前面权利要求 5 和权利要求 6 同样的理由，该项权利要求 8 引用部分也仅引用了权利要求 1 至 3 中的任一项权利要求，而未再引用权利要求 4、5 和 6。在此之后，再针对该项从属权利要求 8 分别从组分选择撰写更下一层的从属权利要求 9 至 11。

最后，针对油炸食品制作方法撰写的 10 项从属权利要求如下。

"2. 按照权利要求 1 所述的油炸食品制作方法，其特征在于：所述真空离心脱油处理所保持的真空条件与所述真空油炸所保持的真空条件相同。

3. 按照权利要求 1 所述的油炸食品制作方法，其特征在于：所述真空离心脱油处理所保持真空条件的真空度为 0.04～0.06MPa。

4. 按照权利要求 1 至 3 中任一项所述的油炸食品制作方法，其特征在于：所述真空离心脱油处理的时间为 15～25 秒。

5. 按照权利要求 1 至 3 中任一项所述的油炸食品制作方法，其特征在于：所述真空油炸过程所保持真空条件的真空度为 0.02～0.08MPa。

6. 按照权利要求 1 至 3 中任一项所述的油炸食品制作方法，其特征在于：对适于在油炸前进行焙烤的油炸食品原料，在油炸之前，先对所述油炸食品原料进行焙烤。

7. 按照权利要求 6 所述的油炸食品制作方法，其特征在于：所述油炸食品原料为马铃薯片或者苹果片。

8. 按照权利要求 1 至 3 中任一项所述的油炸食品制作方法，其特征在于：在用于油炸的油脂中添加由防粘剂、消泡剂和风味保持剂组成的组合物，其中防粘剂占 30%～40%（重量百分比），消泡剂占 40%～50%（重量百分比），风味保持剂占 10%～20%（重量百分比）。

9. 按照权利要求 8 所述的油炸食品制作方法，其特征在于：所述防粘剂选自卵磷脂、硬脂酸中的一种或者它们的混合物。

10. 按照权利要求 8 所述的油炸食品制作方法，其特征在于：所述消泡剂选自有机硅聚合物、二氧化硅中的一种或者它们的混合物。

11. 按照权利要求 8 所述的油炸食品制作方法，其特征在于：所述风味保持剂选自鸟苷酸二钠、肌苷酸二钠中的一种或者它们的混合物。"

2. 对油炸食品制作设备这一主题撰写独立权利要求和从属权利要求

本案例的油炸食品制作设备具有三种不同结构，因此在针对这三种不同结构的设备撰写权利要求时，需要根据这三种设备之间的关系来确定产品权利要求撰写的总体安排。

（1）分析三种油炸食品制作设备之间的关系以确定产品权利要求的总体安排

对于具有多种不同结构的产品权利要求而言，在撰写独立权利要求和从属权利要求时，首先应当分析这些不同结构的产品之间的关系。

如果这些不同结构的产品之间的区别使它们之间形成并列的、且满足单一性要求的技术方案，则应当尽可能对这些不同结构的产品之间的区别采用概括方式（上位概念或者功能性限定）的技术特征加以限定，从而撰写一项将这些不同结构的产品都纳入其要求专利保护范围的独立权利要求，从而使该专利申请得到比较充分的保护；在此基础上再分别针对这些不同结构的产品的区别撰写相应的从属权利要求。但是，在某些情况下，无法针对这些不同结构的产品撰写成一项将这些产品都纳入其要求专利保护范围的独立权利要求，则可以分别针对这些具有不同结构的产品分别撰写独立权利要求。当然，有时还可能出现介于上述两者之间的情况，例如共有四种不同结构的产品，虽然不能针对这四种不同结构的产品概括撰写成一项独立权利要求，但可以针对其中一部分产品，如其中的三种不同结构的产品概括撰写成一项将这三种产品都纳入专利保护范围的独立权利要求，此时就可针对这三种不同结构的产品撰写一项独立权利要求，而对另一种无法概括到其中的产品单独撰写一项独立权利要求。

如果这些不同结构的产品之间有主从关系，即这几种不同结构的产品以其中一种结构的产品为基础，而其他几种结构的产品是在这种产品的基础上通过增加（注意：不是替代）某一部件或某些部件作出的进一步改进，就可针对这种结构的产品撰写独立权利要求，而将其他几种结构的产品作为该独立权利要求的从属权利要求撰写。但是，需要注意的是，在这种结构的产品的基础上通过替代方式作出进一步改进，就不能采用这种撰写方式，针对其他几种结构的产品撰写的从属权利要求就会成为假从属权利要求；尤其要特别注意，在有些情况，表面上看是增加部件，实际上是一种结构的替代，同样也不能采用这种撰写方式。对于这种部件替代或结构替代的多种不同结构的产品，仍应当按照前面所说的几种不同结构产品形成并列的技术方案那样来撰写独立权利要求和从属权利要求。

当然，如果几种不同结构的产品是并列的技术方案，且彼此之间不属于一个总的发明构思，则只能分别以独立权利要求方式撰写，当然它们合案申请必定不满足单一性的要求。

就本案例来说，根据客户所补充的材料可知，可在真空条件下进行离心脱油的油炸食品制作设备有三种结构。通过对这三种不同结构的油炸食品制作设备的分析比较，应当认为这三种结构为彼此并列的技术方案，在这种情况下，首先应当考虑针对这三种油炸食品制作设备的不同结构采用概括的技术特征加以表征，以撰写一项能将这三种结构产品都纳入专利保护范围的独立权利要求，在此基础上再针对其不同结构撰写从属权利要求。如果通过分析，对于这三种产品的不同结构难以用上位概念或者功能性限定的特征加以概括，就要考虑可否针对其中两种不同结构的油炸食品制作设备撰写一项能将这两种制作设备纳入专利保护范围的独立权利要求，若皆不可能的话，就只能针对三种结构分别撰写独立权利要求。

（2）对三种结构油炸食品制作设备所涉及的技术特征的分析

针对这三种油炸食品制作设备进行技术特征分析时，应当先列出这三种结构所共有的各个主要部件、这些部件本身的重要共有结构以及这些部件之间共有的连接关系或者其他关系：

①原料供应装置，用于将油炸食品原料或者经过焙烤的油炸食品原料送到油炸装置的输入口；

②油炸装置，用于对油炸食品原料或者经过焙烤的油炸食品原料进行油炸；

③用于使油炸装置保持于真空条件的抽真空装置；

④用于对经油炸的食品进行离心脱油的离心脱油装置；

⑤用于将经真空离心脱油后的油炸食品成品送出的产品送出装置；

⑥以密封连接方式设置在油炸装置输入口处的进料阀；

⑦以密封连接方式设置在离心脱油装置输出口处的出料阀；

⑧该油炸装置包括对油炸食品原料进行油炸的油槽，将来自原料供应装置的油炸食品原料送往油槽、且在油炸完成后将经油炸的食品送往离心脱油装置的传送带，以及该传送带的驱动装置；

⑨为提高离心脱油效率并确保马铃薯片从离心装置中全部排出，离心脱油装置的旋转轴线以相对于垂直方向倾斜的方式设置，优选其旋转轴线相对于垂直方向倾斜 25°~35°。

这三种结构的油炸食品制作设备之间存在如下两个区别。

（i）在第一种结构油炸食品制作设备中，油炸装置的输出口与离心脱油装置的输入口直接连通并密封连接，而在后两种替代结构油炸食品制作设备中，油炸装置的输出口和离心脱油装置的输入口之间设置密封隔离阀。

（ii）在第一种结构油炸食品制作设备中，由于油炸装置的输出口与离心脱油装置的输入口直接连通并密封连接，则用于使油炸装置保持在真空条件下的抽真空装置也使离心脱油装置保持在真空条件下对经油炸的食品进行离心脱油；而在第二种结构油炸食品制作设备中，离心脱油装置保持在真空条件下对经油炸的食品进行离心脱油是通过在离心脱油装置和使油炸装置保持在真空条件下的抽真空装置之间设置连接通道来实现的；在第三种结构油炸食品制作设备中，离心脱油装置保持在真空条件下运行是通过为该离心脱油装置配置单独的抽真空装置来实现的。

由于优先考虑对油炸食品制作设备撰写一项能将三种不同结构的制作设备都纳入其保护范围的独立权利要求，就应当首先对这三种制作设备在结构上的不同之处进行分析，正如前面分析时所指出的本发明油炸食品制作设备相对于现有技术的改进为离心脱油装置在真空条件下运行，上述三种制作设备的两个不同之处都与此改进之处密切相关，因此应当探讨可否对这三种制作设备的两个不同之处采用概括的技术特征加以表述。

现分析可否针对上述两个不同之处采用概括的技术特征加以表述。对前两种制作设备，用于使离心脱油装置在真空条件下运行采用了同一个抽真空装置，对上述两个不同之处可以采用功能性限定的技术特征"用于使油炸装置保持在真空条件下的抽真空装置还用于使离心脱油装置保持在真空条件下运行"来表述，但后一种结构油炸食品制作设备却另设置了专用于对离心脱油装置抽真空的抽真空装置，因此对前两种结构的油炸食品制作设备的不同之处所采用的上述概括表述方式对于后一种结构的油炸食品制作设备不适用；对后两种结构的油炸食品制作设备，两者的共同之处是"在油炸装置的输出口和离心脱油装置的输入口之间设置一个隔离阀"，这一技术措施相对于第一种结构油炸食品制作设备所采用的技术措施"油炸装置的输出口与离心脱油装置的输入口直接连通并密封连接"是一种替代手段，因此对第一种结构的油炸食品制作设备不适用。由上述分析可知，似乎对这三种结构油炸食品制作设备，难以采用上位概念或功能性限定的技术特征将这三种设备中的与本发明设备主要改进之处有关的不同之处加以概括。因此可以考虑对这三种结构的油炸食品制作设备是采用分别撰写独立权利要求的方式还是对其中两种结构的油炸食品制作设备采用概括表述方式。正如前面分析所指出的，对前两种结构的油炸食品制作设备的不同之处可以采用功能性限定的技术特征，因此可考虑撰写一项将前两种制作设备概括在内的独立权利要求，而对第三种制作设备另撰写一项独立权利要求。

但是，对这三种结构的制作设备与最接近的现有技术相比之后，会认识到其有一个区别特征为"在离心脱油装置输出口处以密封连接方式设置出料阀"，因而在此基础上可以采用与上述区别特征相匹配的、描述离心脱油装置工作状态的技术特征来表征上述三种结构制作设备的不同之处，即采用"所述离心脱油装置在真空条件下进行离心脱油"这一个对三种结构制作设备均适用的技术特征。这样一来，对于这三种结构的制作设备可以撰写一项将这三种制作设备均纳入专利保护范围的独立权利要求了。不过，需要说明的是，对于这样概括的独立权利要求，在审查时有可能会被认为这一技术特征仅表示离心脱油装置的工作状态，未采用结构特征加以限定，从而得出其不符合《专利法》第二十六条第四款规定。为此，在采用这种方式撰写独立权利要求时，应当至少在说明书中写明针对前两种结构进行概括的技术特征，从而为专利申请文件的修改提供了退路。当然在权利要求书中包括一项概括前两种制作设备的从属权利要求就更好了。

（3）确定最接近的现有技术及本发明要解决的技术问题

与前面对油炸食品制作方法的分析相类似，对比文件1中的油炸马铃薯片制作设备和本发明油炸食品制作设备属于相同的技术领域，其要解决的技术问题与本发明油炸食品制作设备更接近，且披露了本发明油炸食品制作设备更多的技术特征（离心脱油装置），因此对比文件1中的油炸马铃薯片制作设备是本发明油炸食品制作设备的最接近的现有技术。

同样类似于前面的分析，本发明油炸食品制作设备相对于该最接近的现有技术所要解决的技术问题是提供一种能得到具有完整外形、不易破碎且油脂含量更低的油炸食品的制作设备。

（4）确定本发明油炸食品制作设备这一主题的必要技术特征

为方便对本发明上述三种结构的油炸食品制作设备分析其解决上述技术问题的必要技术特征，现将前面所列出的三种油炸食品制作设备的九个共同技术特征以及针对两个不同之处对三种结构油炸食品制作设备所采用概括表述方式的技术特征再罗列于后。

①原料供应装置，用于将油炸食品原料或者经过焙烤的油炸食品原料送到油炸装置的输入口；

②油炸装置，用于对油炸食品原料或者经过焙烤的油炸食品原料进行油炸；

③用于使油炸装置保持于真空条件的抽真空装置；

④用于对经油炸的食品进行离心脱油的离心脱油装置；

⑤用于将经真空离心脱油后的油炸食品成品送出的产品送出装置；

⑥以密封连接方式设置在油炸装置输入口处的进料阀；

⑦以密封连接方式设置在离心脱油装置输出口处的出料阀；

⑧该油炸装置包括对油炸食品原料进行油炸的油槽，将来自原料供应装置的油炸食品原料送往油槽且在油炸完成后将经油炸的食品送往离心脱油装置的传送带，以及该传送带的驱动装置；

⑨离心脱油装置的旋转轴线以相对于垂直方向倾斜的方式设置，优选其旋转轴线相对于垂直方向倾斜25°～35°；

⑩离心脱油装置保持在真空条件下进行离心脱油。

按照技术交底书中所给出的图11-9所示的油炸食品制作设备的结构以及在与申请人沟通时申请人所作出的补充说明，本发明的油炸食品制作设备主要包括原料供应装置、油炸装置、离心脱油装置、抽真空装置、进料阀、出料阀和产品送出装置，即前面所列出的①～⑦这七个特征中所涉及的组成部件。在这七个组成部件中，"原料供应装置"和"产品排出装置"并不是与本发明要解决的技术问题有密切关系的组成部件，按照《专利审查指南》第二部分第二章第3.3.1节的规定，可以不写明这些组成部件，与此相应采用"包括"的表述方式。更为重要的是，上市销售的油炸食品制作设备可以用"产品收集盘"来代替"产品排出装置"，或者销售的设备根本没有"产品排出装置"，而由购买者自行配备"产品排出装置"或"产品收集盘"，因此"产品排出装置"不是本发明解决其技术问题的必要技术特征，若将"产品排出装置"写入独立权利要求就会使该要求保护的主题得不到充分的保护；同样，上市销售的该设备也可以不包括"原料供应装置"，而由购买者自行配置，因此"原料供应装置"也不是本发明解决其技术问题的必要技术特征，独立权利要求不写入"原料供应装置"可以得到更充分的保护，更何况销售的设备还包括焙烤装置时，该原料供应装置就不是将油炸食品的原料送到油炸装置的输入口了。出于上述考虑，在撰写制作油炸食品设备的独立权利要求时，不应当将"原料供应装置"和"产品排出装置"作为必要技术特征写入独立权利要求，即上述特征①和⑦不是解决上述技术问题的必要技术特征。

上述特征②~⑥这五个特征中所涉及的组成部件是与本发明油炸食品制作设备所解决的上述技术问题密切相关的组成部件，因此应当是本发明油炸食品制作设备这一主题的必要技术特征，同样为清楚限定该权利要求的保护范围，还应当清楚写明这五个特征中所涉及的这些组成部件之间的关系。

上述特征⑧是油炸装置的具体结构，其与本发明油炸食品制作设备所解决的上述技术问题无关，更何况对本发明油炸食品制作设备来看，该油炸装置还可以采用与此不同的其他结构，因此不应当将该特征作为本发明的必要技术特征。

上述特征⑨是本发明油炸食品制作设备中离心脱油装置的优选结构，因此不是本发明油炸食品制作设备解决上述技术问题的必要技术特征。

上述特征⑩限定本发明油炸食品制作设备中的离心脱油装置在真空条件下运行，其确保该设备所生产的油炸食品具有完整外形、不易破碎、且具有更低的油脂含量，因此是解决上述技术问题的必要技术特征。

(5) 撰写油炸食品制作设备的独立权利要求

鉴于本发明油炸食品制作设备的产品独立权利要求是针对前面的油炸食品制作方法而设计的，且也仅是实现上述油炸食品制作方法的设备，因此该独立权利要求的主题名称最好写明其与方法独立权利要求之间的关系。由于该设备独立权利要求中不包含有焙烤装置，也未反映其添加由防粘剂、消泡剂和风味保持剂组成的组合物的结构，因此将其主题名称确定为"一种实现权利要求1至5中任一项所述油炸食品制作方法的设备"。

此外，在撰写独立权利要求时应当将与对比文件1中制作油炸马铃薯片设备的共同技术特征写入独立权利要求的前序部分，而将反映使其离心装置在真空条件下运行的结构部分的特征写入特征部分，以体现其与油炸食品制作方法的独立权利要求之间属于一个总的发明构思。

此外，对于产品权利要求，最好在其部件名称之后标注上带括号的相应附图标记。

最后撰写成的油炸食品制作设备的独立权利要求如下。

"12. 一种用于实现权利要求1至5中任一项所述油炸食品制作方法的设备，包括油炸装置(3)，对经油炸的食品进行离心脱油的离心脱油装置(5)，用于使所述油炸装置(3)保持于真空条件的抽真空装置(4)，以及以密封连接方式设置在所述油炸装置(3)输入口处的进料阀(2)，其特征在于：在所述离心脱油装置(5)的输出口处以密封连接方式设置出料阀(6)，所

述离心脱油装置（5）保持在真空条件下进行离心脱油。"❶

显然，所撰写的这一项设备独立权利要求 12 的特定技术特征是"使该设备中的离心脱油装置在真空条件下进行离心脱油"，与方法独立权利要求 1 中的特定技术特征"离心脱油处理步骤在真空条件下进行"是相应的特定技术特征，因此这项设备独立权利要求 12 和方法独立权利要求 1 属于一个总的发明构思，满足单一性的要求，可以合案申请。

（6）撰写油炸食品制作设备的从属权利要求

首先，应当针对三种结构的油炸食品制作设备的不同之处分别撰写一项从属权利要求，但正如前面所指出的，为在上述独立权利要求未被接收时修改的权利要求未超出原说明书和权利要求书的记载范围，最好先针对前两种结构的油炸食品制作设备撰写一项能将这两种制作设备纳入保护范围的从属权利要求。该从属权利要求可以撰写如下：

"13. 按照权利要求 12 所述的油炸食品制作设备，其特征在于：所述离心脱油装置（5）进行离心脱油所保持的真空条件由所述用于使油炸装置（3）保持于真空条件的抽真空装置（4）来提供。"

然后针对前两种结构的油炸食品制作设备的不同之处分别撰写一项从属权利要求，由于两者是并列的技术方案，因此这两项从属权利要求均只引用权利要求 13。下面给出所撰写成的这两项从属权利要求 14 和 15。

"14. 按照权利要求 13 所述的油炸食品制作设备，其特征在于：所述抽真空装置（4）向所述离心脱油装置（5）提供进行离心脱油的真空条件是通过将所述离心脱油装置（5）的输入口与所述油炸装置（3）的输出口直接连通并密封连接来实现的。

15. 按照权利要求 13 所述的油炸食品制作设备，其特征在于：所述抽真空装置（4）向所述离心脱油装置（5）提供进行离心脱油的真空条件是通过下述方式来实现的，在所述油炸装置（3）的输出口和所述离心脱油装置（5）的输入口之间以密封连接方式设置隔离阀（8），在所述抽真空装置（4）与所述离心脱油装置（5）之间设置了用于使所述离心脱油装置（5）在真空条件下运行的连接通道（41）。"

此后，针对后一种结构油炸食品制作设备的不同之处撰写一项从属权利要求，由于其与前两种结构的制作设备是并列的技术方案，因此所撰写的从属权利要求 16 仅引用了权利要求 12：

"16. 按照权利要求 12 所述油炸食品制作方法的设备，其特征在于：在所述油炸装置（3）的输出口和所述离心脱油装置（5）的输入口之间以密封连接方式设置隔离阀（8），所述离心脱油装置（5）进行离心脱油所保持的真空条件是由为所述离心脱油装置（5）单独配置的抽真空装置（9）提供的。"

根据技术交底书的介绍，真空油炸前的焙烤过程可以在单独的常规烤箱中进行，当然也可以在该制作油炸食品的设备中将焙烤装置组装在真空油炸装置之前，因此针对这种带有焙烤装置的油炸食品制作设备撰写一项从属权利要求。由于这一改进对独立权利要求 12 以及从属权利要求 13 至 16 中的技术方案都能适用，因此将该从属权利要求写成以择一方式引用这五项权利要求的从属权利要求。

---

❶　鉴于技术交底书中的第一种结构的制作油炸食品设备相对于对比文件 1 不具备新颖性，因此所撰写的专利申请文件的说明书中将不再包含第一种结构的制作油炸食品设备的附图，而只包含第二种结构的制作油炸食品设备的附图，与此相应，说明书附图中将表示第二种结构的制作油炸食品设备附图的附图标记右上角的"'"号去掉，因此下面撰写的权利要求中的附图标记也不带有右上角的"'"号。此外，为结合附图对本发明具体实施方式的描述更方便一些，将所有附图标记进行统一调整编号，参见最后完成的权利要求书和说明书的参考文本中的图 1 至图 3。

"17. 按照权利要求12至16中任一项所述的油炸食品制作设备，其特征在于：该设备还包括设置在所述油炸装置（3）之前的焙烤装置，所述油炸装置（3）的输入口通过所述进料阀（2）与所述焙烤装置的输出口相连接。"

考虑到在与申请人进行沟通时还了解到该油炸食品制作设备相对于现有技术中的油炸马铃薯片制作设备还作出了使油炸食品成品从离心脱油装置中顺利排出和进一步提高离心脱油效率的改进措施：离心脱油装置的旋转轴线相对于垂直方向倾斜设置，因此将离心脱油装置旋转轴线倾斜设置以及其优选倾斜角度作为附加技术特征写成两项从属权利要求18和19。尽管这一改进对独立权利要求12和从属权利要求13至17这六项权利要求的技术方案都能适用，但由于权利要求17是一项多项从属权利要求，为了满足《专利法实施细则》第二十二条第二款规定的"多项从属权利要求不得作为另一项多项从属权利要求的基础"这一规定，权利要求18未引用权利要求17，而仅以择一方式引用了独立权利要求12以及权利要求13至16这四项从属权利要求，而权利要求19仅引用权利要求18。

"18. 按照权利要求12至16中任一项所述的油炸食品制作设备，其特征在于：所述离心脱油装置（5）的旋转轴线以相对于垂直方向倾斜的方式设置。

19. 按照权利要求18所述的油炸食品制作设备，其特征在于：所述离心脱油装置（5）的旋转轴线相对于垂直方向倾斜的角度为25°~35°。"

五、撰写说明书

鉴于在本章第三节"发明和实用新型专利申请说明书的撰写"中已结合"可识别安危电压的试电笔"案例详细说明了如何撰写说明书，为避免过多不必要的重复，在这里不再对本件发明专利申请说明书的撰写作详细的说明，只是重点说明一下撰写说明书各个组成部分时应当注意什么，读者可结合附在此后的推荐的说明书的具体内容来加深理解。

1. 名称

由于本专利申请的权利要求书中涉及两项独立权利要求，前一项的主题名称为油炸食品制作方法，后一项的主题名称为油炸食品制作设备，因此发明名称应当反映这两项独立权利要求的主题名称，建议写成"油炸食品制作方法和实现该方法的设备"或者写成"油炸食品制作方法和制作设备"。

2. 技术领域

同样，由于本专利申请的前一项方法独立权利要求的技术方案与后一项产品独立权利要求的技术方案具有不同的主题名称，因此应当反映这两类具有不同主题名称的独立权利要求的技术领域。对于每一类独立权利要求的技术领域，既应当反映其主题名称，也可以包括其前序部分的全部或一部分技术特征，但不要写入区别技术特征。建议可写成：

"本发明涉及一种油炸食品制作方法，包括真空油炸步骤和离心脱油处理步骤。

本发明还涉及一种实现上述油炸食品制作方法的设备，包括油炸装置，对经油炸的食品进行离心脱油的离心脱油装置和用于使油炸装置保持于真空条件的抽真空装置。"

3. 背景技术

在这一部分至少应当对最接近的现有技术作出说明，对本专利申请来说，至少应当在这部分引用对比文件1，并简要说明该对比文件1中所公开的油炸食品制作方法的主要步骤和油炸食品制作设备的主要结构，然后相对于本发明专利申请客观地指出其所存在的问题。如果认为必要的话，还可以对比较重要的其他现有技术作简要说明；但是，对本专利申请而言，由于对比文件2

中的油炸食品制作方法与本专利申请差别较大，且未公开油炸食品制作设备的结构，因此在背景技术部分可以不再对检索到的对比文件 2 作出具体说明。

4. 发明内容

这一部分包括三方面内容：本发明要解决的技术问题、本发明的技术方案和有益技术效果。对本发明专利申请的情况，倾向于采用如下的撰写方式：首先针对两项主题写明本发明要解决的技术问题是提供一种能得到具有完整外形、不易破碎且油脂含量更低的油炸食品的制作方法和制作设备；然后针对油炸食品制作方法的独立权利要求给出其技术方案，在此基础上说明该技术方案带来的有益技术效果，在这之后再另起段写明该独立权利要求的几项重要的从属权利要求的技术方案，并结合这些技术方案说明其进一步带来的有益技术效果；最后再针对油炸食品制作设备的三种不同结构所撰写的独立权利要求给出其技术方案，在此基础上说明其带来的有益技术效果，同样在此之后另起段写明该制作设备独立权利要求的从属权利要求的技术方案及进一步带来的有益技术效果。

5. 附图及附图说明

鉴于技术交底书中给出的反映第一种制作油炸食品设备的结构（即图 11 − 8 所示的制作油炸食品设备）相对于补充检索到的对比文件 1 不具备新颖性，在说明书中就不应当再将这种结构的油炸食品设备称作本发明的实施方式，因而在说明书中应当不再包括技术交底书中的图 11 − 8，而仅保留技术交底书中的图 11 − 9 作为本发明专利申请说明书的附图 1。在这种情况下，应当对原技术交底书图 11 − 9 中的附图标记进行修改，去掉附图标记右上角的"′"号，并对附图标记进行了规范调整。此外，考虑到在与申请人进行沟通时申请人对该制作油炸食品的设备给出了两种替代结构，由于在此替代结构中既具有一个设置在油炸装置输出口和离心脱油装置输入口之间的隔离阀，又具有一个设置在离心脱油装置输出口处的出料阀，因此建议增加两幅反映油炸食品制作设备替代结构的附图，与此同时对所增加的两幅附图中的附图标记也与原图 11 − 9 一样进行了规范调整。在这种情况下，说明书附图说明部分对这三幅附图作出说明。

当然，还可以采用另一种处理方式：将技术交底书中的图 11 − 8，作为本发明制作油炸食品设备的最接近现有技术加以说明；然后再针对技术交底书中的图 11 − 9 及新增加的两幅附图对本发明制作油炸食品设备的三种结构作具体详细说明，此时在附图说明和具体实施方式部分不能再将与技术交底书中的图 11 − 8 相应的附图称作本发明的具体实施方式，而应当明确写明为现有技术中的制作油炸食品设备的示意图。但从本案例来看，还是采用前一种处理方式（即不再保留技术交底书中的图 11 − 8）为好。

6. 具体实施方式

具体实施方式部分所描述的内容一定要将本发明充分公开，并且应当支持所撰写的权利要求书中所限定的每一项技术方案的保护范围。

对于本案例来说，除了根据技术交底书提供的本发明具体技术内容进行描述外，还应当包括与申请人在沟通后所补充的必要技术内容：例如有关清楚说明新组配组合物的内容；为支持新组配组合物中有关组分选择、含量范围所补充的技术内容；为支持独立权利要求保护范围所补充的有关油炸排叉、油炸素丸子和油炸苹果片的技术内容；油炸食品制作设备的两种替代结构的技术内容；以及油炸食品制作设备中有关离心脱油装置旋转轴倾斜设置的内容等。其中，有关需要实施例支持权利要求保护范围的内容涉及化学领域中有关组分选择和含量选择的内容，可采用化学领域中列举实施例的方式来加以说明；而对于不同油炸食品原料，从简化角度出发，可以采用列表给出实施例的方式；对于所补充的油炸食品制作设备的替代结构可结合新增加的两幅附图作为第二种实施方式和第三种实施方式加以具体说明。补充了上述内容和实施方式/实施例后，已清楚地公开了本发明专利申请要求保护的各个主题，并足以支持权利要求的保护范围。

此外，在撰写具体实施方式时，还应当为审批阶段对权利要求书进行修改做好准备，即对审批阶段修改权利要求时可能出现的权利要求的技术方案，也应当在具体实施方式部分给出明确说明。

7. 说明书摘要

说明书摘要部分首先写明本发明专利申请的名称，然后重点对制作油炸食品方法独立权利要求和制作油炸食品设备独立权利要求的技术方案的要点作出说明，在此基础上进一步说明其解决的技术问题和主要用途。

此外，还应当将原技术交底书中的图 11 − 9 作为说明书摘要附图。

六、最后完成的权利要求书和说明书文本

按照上述分析，完成权利要求和说明书文本的撰写，下面给出最后完成的权利要求书和说明书文本。

权 利 要 求 书

1. 一种油炸食品制作方法，该方法包括如下步骤：

将待油炸的食品原料在真空条件下进行油炸，

然后对所述经过油炸的食品进行离心脱油处理，

其特征在于：所述离心脱油处理步骤在真空条件下进行。

2. 按照权利要求 1 所述的油炸食品制作方法，其特征在于：所述真空离心脱油处理所保持的真空条件与所述真空油炸所保持的真空条件相同。

3. 按照权利要求 1 所述的油炸食品制作方法，其特征在于：所述真空离心脱油处理所保持真空条件的真空度为 0.04～0.06MPa。

4. 按照权利要求 1 至 3 中任一项所述的油炸食品制作方法，其特征在于：所述真空离心脱油处理的时间为 15～25 秒。

5. 按照权利要求 1 至 3 中任一项所述的油炸食品制作方法，其特征在于：所述真空油炸过程所保持真空条件的真空度为 0.02～0.08MPa。

6. 按照权利要求 1 至 3 中任一项所述的油炸食品制作方法，其特征在于：对适于在油炸前进行焙烤的油炸食品原料，在油炸之前，先对所述待油炸食品原料进行焙烤。

7. 按照权利要求 6 所述的油炸食品制作方法，其特征在于：所述油炸食品原料为马铃薯片或者苹果片。

8. 按照权利要求 1 至 3 中任一项所述的油炸食品制作方法，其特征在于：在用于油炸的油脂中添加由防粘剂、消泡剂和风味保持剂组成的组合物，其中防粘剂占 30%～40%（重量百分比），消泡剂占 40%～50%（重量百分比），风味保持剂占 10%～20%（重量百分比）。

9. 按照权利要求 8 所述的油炸食品制作方法，其特征在于：所述防粘剂选自卵磷脂、硬脂酸中的一种或者它们的混合物。

10. 按照权利要求 8 所述的油炸食品制作方法，其特征在于：所述消泡剂选自有机硅聚合物、二氧化硅中的一种或者它们的混合物。

11. 按照权利要求 8 所述的油炸食品制作方法，其特征在于：所述风味保持剂选自鸟苷酸二钠、肌苷酸二钠中的一种或者它们的混合物。

12. 一种用于实现权利要求 1 至 5 中任一项所述油炸食品制作方法的设备，包括油炸装置（3），对经油炸的食品进行离心脱油的离心脱油装置（5），用于使所述油炸装置（3）保持于真空条件的抽真空装置（4），以及以密封连接方式设置在所述油炸装置（3）输入口处的进料阀（2），其特征在于：在所述离心脱油装置（5）的输出口处以密封连接方式设置出料阀（6），所述离心脱油装置（5）保持在真空条件下进行离心脱油。

13. 按照权利要求 12 所述的油炸食品制作设备，其特征在于：所述离心脱油装置（5）进行离心脱油所保持的真空条件由所述用于使油炸装置（3）保持于真空条件的抽真空装置（4）来提供。

14. 按照权利要求 13 所述的油炸食品制作设备，其特征在于：所述抽真空装置（4）向所述离心脱油装置（5）提供进行离心脱油的真空条件是通过将所述离心脱油装置（5）的输入口与所述油炸装置（3）的输出口直接连通并密封连接来实现的。

15. 按照权利要求 13 所述的油炸食品制作设备，其特征在于：所述抽真空装置（4）向所述离心脱油装置（5）提供进行离心脱油的真空条件是通过下述方式来实现的，在所述油炸装置（3）的输出口和所述离心脱油装置（5）的输入口之间以密封连接方式设置隔离阀（8），在所述抽真空装置（4）与所述离心脱油装置（5）之间设置了用于使所述离心脱油装置（5）在真空条件下运行的连接通道（41）。

16. 按照权利要求 12 所述油炸食品制作方法的设备，其特征在于：在所述油炸装置（3）的输出口和所述离心脱油装置（5）的输入口之间以密封连接方式设置隔离阀（8），所述离心脱油装置（5）进行离心脱油所保持的真空条件是由为所述离心脱油装置（5）单独配置的抽真空装置（9）提供的。

17. 按照权利要求 12 至 16 中任一项所述的油炸食品制作设备，其特征在于：该设备还包括设置在所述油炸装置（3）之前的焙烤装置，所述油炸装置（3）的输入口通过所述进料阀（2）与所述焙烤装置的输出口相连接。

18. 按照权利要求 12 至 16 中任一项所述的油炸食品制作设备，其特征在于：所述离心脱油装置（5）的旋转轴线以相对于垂直方向倾斜的方式设置。

19. 按照权利要求 18 所述的油炸食品制作设备，其特征在于：所述离心脱油装置（5）的旋转轴线相对于垂直方向倾斜的角度为 25°～35°。

说 明 书

油炸食品制作方法和实现该方法的设备

技术领域

本发明涉及一种油炸食品制作方法,包括真空油炸步骤和离心脱油处理步骤。

本发明还涉及一种实现上述油炸食品制作方法的设备,包括油炸装置,对经油炸的食品进行离心脱油的离心脱油装置和用于使油炸装置保持于真空条件的抽真空装置。

背景技术

油炸食品、尤其是油炸马铃薯片、油炸排叉等因具有松脆口感而成为人们喜爱的小吃食品。最初的油炸食品是这样制得的:先将食品原料制成所需要的形状,如将马铃薯加工成薄片状,或者将已揉好的面团擀平分切成条状、必要时再折叠成所需形状;再将制成所需形状的食品原料放入油炸器皿中油炸,油炸温度大体控制在170℃~190℃;然后将已炸好的油炸食品取出沥油去油。按照此油炸方法得到的油炸食品一般含有32%~35%重量百分比的油脂,显然这样的油炸食品含油量过高,对食用者的健康不利,且不便长期保存,尤其是高温油炸会在油炸食品中产生对人体有害的物质。

为此,近十年来,人们一直在致力于对油炸食品制作方法的改进,例如,在真空条件下对油炸食品进行油炸以降低油温,在油炸后将已炸好的油炸食品进行离心脱油,从而可使油炸食品的油脂含量降低到25%(重量百分比)以下。中国发明专利申请公布说明书CN1×××××××A公开了一种油炸薯片的制作方法,包括将准备好的马铃薯片送入油炸装置内,油炸装置内保持约0.08~0.10MPa的真空度,油炸温度约为105℃~130℃;将经过油炸的马铃薯片送入离心脱油装置中进行常压脱油;经脱油处理的马铃薯片最后被排出。在该发明说明书中还公开了一种实现上述油炸薯片制作方法的设备,该设备主要包括进料装置、油炸装置、对经油炸的食品进行离心脱油的离心脱油装置、出料室以及用于使油炸装置保持于真空条件的抽真空装置等。在上述油炸薯片制作方法和油炸薯片制作设备中所制得的油炸马铃薯片的含油量可降低到20%~22%(重量百分比)。但是,这样制得的油炸马铃薯片存在容易破碎的缺陷,不能使其保持完整外形,不仅影响油炸食品的外观,也影响油炸食品的口感。

发明内容

为克服上述油炸食品制作方法和制作设备所存在的缺陷,本发明所要解决的技术问题是提供一种能得到具有完整外形、不易破碎且油脂含量更低的油炸食品的制作方法。

与此相应,本发明另一个要解决的技术问题是提供一种能得到具有完整外形、不易破碎且油脂含量更低的油炸食品的制作设备。

就油炸食品制作方法而言,本发明解决上述技术问题的制作方法包括如下步骤:将待油炸的食品原料在真空条件下进行油炸,然后对经过油炸的食品在真空条件下进行离心脱油处理。

由于经油炸的食品在真空条件下进行离心脱油处理,就能有效地防止油炸食品破碎,使其保持完整外形;更何况在真空条件下进行离心脱油处理,可以使油炸食品表面上的油脂不易渗入其内部,这样有利于改善离心脱油效果并提高脱油效率,例如对于马铃薯片的油脂含量进一步降低到约14%~18%(重量百分比)。

作为油炸食品制作方法的改进,其真空离心脱油可以在与真空油炸处于相同的真空条件下进行,从而可使采用这种油炸食品制作方法的制作设备结构简单、操作方便。但是,也可以使真空离心脱油和真空油炸处于不同的真空条件下进行,以使真空油炸和真空离心脱油分别在其优选条件下运行:例如当真空油炸过程的真空度保持在

0.02～0.08MPa，最终制得的油炸食品的油脂含量可进一步降低到14%～16%（重量百分比）；而真空离心脱油处理所保持真空条件的真空度为0.04～0.06MPa时，所制得的低油脂含量的油炸食品成品不易破碎，能完全保持完整外形。

作为油炸食品制作方法的进一步改进，真空离心脱油处理的时间为15～25秒，既能得到较好的离心脱油效果，又使油炸食品成品保持完整外形。

本发明的油炸食品制作方法适用于制作油炸马铃薯片、油炸玉米薄饼、油炸丸子、油炸春卷、油炸排叉、油炸蔬菜、油炸苹果片等油炸食品。除了如油炸素丸子这种焙烤后表面不会形成鼓泡或者如油炸排叉这种原料烤熟后不便油炸的油炸食品外，对于其他如马铃薯片和苹果片这些适于在油炸前进行焙烤的油炸食品原料，本发明油炸食品制作方法可作出进一步改进：在真空油炸之前，先对待油炸食品原料进行焙烤。在焙烤过程中，会在待油炸食品原料（如马铃薯片或苹果片）的表面形成一个个小鼓泡，焙烤之后再进行真空油炸，可使小鼓泡继续膨胀，形成较大鼓泡，从而进一步改善油炸马铃薯片或苹果片的口感。

作为本发明油炸食品制作方法的另一种改进，还可以在用于油炸的油脂中添加由防粘剂、消泡剂和风味保持剂组成的组合物，其中防粘剂占30%～40%（重量百分比），消泡剂占40%～50%（重量百分比），风味保持剂占10%～20%（重量百分比）。由于加入的组合物中包含有防粘剂，从而可防止油炸食品原料粘接在一起而影响其油炸效果；由于加入的组合物中包含有消泡剂，从而在真空油炸时不会出现油脂起泡，也就不会引起油脂飞溅，减少油脂的损失；由于加入的组合物中包含有风味保持剂，可以保持油炸食品独特的口感。通过上述三种组合物组分含量的搭配，可以同时在这三方面达到较好的效果。

对于这种组合物中的防粘剂，可以优选自卵磷脂、硬脂酸中的一种或者它们的混合物；对于其中的消泡剂，可以优选自有机硅聚合物、二氧化硅中的一种或者它们的混合物；而对于其中的风味保持剂，可以选自鸟苷酸二钠、肌苷酸二钠中的一种或者它们的混合物。

就油炸食品制作设备而言，本发明为解决所述技术问题的油炸食品制作设备包括油炸装置，对经油炸的食品进行离心脱油的离心脱油装置，用于使油炸装置保持于真空条件的抽真空装置，以密封连接方式设置在油炸装置输入口处的进料阀，以及以密封连接方式设置在离心脱油装置的输出口处的出料阀；该离心脱油装置保持在真空条件下进行离心脱油。

上述结构的油炸食品制作设备可以使油炸后的食品在真空条件下进行离心脱油，正如前面所指出的那样，不仅有效地防止油炸食品破碎，使其保持完整外形，而且改善离心脱油效果并提高脱油效率，使最后制得的油炸食品的油脂含量降低到约14%～18%（重量百分比）。

在上述油炸食品制作设备中，离心脱油装置进行离心脱油所保持的真空条件可以由用于使油炸装置保持于真空条件的抽真空装置来提供。

上述由用于使油炸装置保持于真空条件的抽真空装置向所述离心脱油装置提供进行离心脱油的真空条件，可以通过将离心脱油装置的输入口与油炸装置的输出口直接连通并密封连接来实现。采用这种结构的油炸食品制作设备，由于油炸装置与离心装置直接密封连接，无须增加其他部件就可使离心脱油装置也在真空条件下运行，因此其结构简单，操作方便。

上述由用于使油炸装置保持于真空条件的抽真空装置向所述离心脱油装置提供进行离心脱油的真空条件，也可以按下述方式来实现：在油炸装置的输出口和离心脱油装置的输入口之间以密封连接方式设置隔离阀，在上述抽真空装置与离心脱油装置之间设置了用于使离心脱油装置在真空条件下运行的连接通道。采用这种结构的油炸食品制作设备，真空离心脱油与真空油炸可以根据需要选择在不同的真空条件下运行。

在上述油炸食品制作设备中，离心脱油装置进行离心脱油所保持的真空条件通过下述方式来实现的：在油炸装置的输出口和离心脱油装置的输入口之间以密封连接方式设置隔离阀，离心脱油装置进行离心脱油所保持的真空条件由为离心脱油装置单独配置的抽真空装置来提供。在这种油炸食品制作设备中，由于为离心脱油装置单独配置了抽真空装置，因此该设备的真空离心脱油与真空油炸可以根据需要选择在不同的真空条件下运行。

作为本发明油炸食品制作设备的改进，该设备还包括设置在油炸装置之前的焙烤装置，油炸装置的输入口与焙烤装置的输出口相连接。采用这种结构的油炸食品设备，在真空油炸之前先对油炸食品原料进行焙烤，正如前面所指出的那样，这种设备所制得的油炸食品表面形成较大的鼓泡，进一步改善油炸食品的口感。

作为本发明油炸食品制作设备的进一步改进，离心脱油装置的旋转轴线以相对于垂直方向倾斜的方式设置，采用这种结构的制作油炸食品的设备，可确保油炸食品从离心脱油装置中顺利排出，且可提高对油炸食品离心脱油的效率；尤其优选离心脱油装置的旋转轴线相对于垂直方向倾斜的角度为 25°~35°，可确保油炸食品从离心脱油装置中全部排出。

附图说明

图 1 是本发明制作油炸食品设备第一种实施方式的示意图。

图 2 是本发明制作油炸食品设备第二种实施方式的示意图。

图 3 是本发明制作油炸食品设备第三种实施方式的示意图。

具体实施方式

下面先以油炸马铃薯片为例，对本发明的具体实施方式进行描述。

本发明制作油炸马铃薯片的方法主要包括三个步骤：对油炸食品的原料马铃薯片进行焙烤、对马铃薯片进行真空油炸以及将经油炸的马铃薯片进行真空离心脱油。但是，在这三个步骤中，对马铃薯片进行焙烤的步骤并不是必需的，只是一个优选的步骤。

本发明制作油炸食品的方法优选在真空油炸之前对马铃薯片进行焙烤。在焙烤过程中，由于马铃薯片局部脱水，会在其表面形成小鼓泡。之后，再对其进行油炸，可使小鼓泡继续膨胀，形成较大鼓泡，从而改善油炸马铃薯片的口感。这一焙烤过程可以在独立的焙烤装置（如烤箱）中完成，再将经焙烤的马铃薯片送往制作油炸食品的设备，在该设备中进行真空油炸和真空离心脱油。当然也可以将焙烤装置作为整个油炸设备的一个组成部分，先在该制作油炸食品设备的焙烤装置中对马铃薯片进行焙烤，再将经焙烤的马铃薯片输送到真空油炸装置进行真空油炸。

本发明制作油炸食品方法中的油炸过程维持在真空条件下进行是必要的。真空度可以在较宽的数值范围内选取，因为在常规的真空条件下，就可以明显降低油温，这不仅有助于防止产生对人体有害的物质，还可降低油炸食品的油脂含量。通过大量的实验表明，真空度保持在 0.02~0.08MPa 较为适宜，可以使油脂沸腾温度降低至 80℃~110℃，既可以有效地防止产生对人体有害的物质和降低油炸马铃薯片的油脂含量，又可以达到所需的油炸效果。

在真空条件下对马铃薯片油炸之后，需要对油炸后的马铃薯片进行脱油处理。在实践中发现，对经过油炸的马铃薯片立即在常压条件下进行离心处理，虽然马铃薯片的油脂含量可以降低至 18%~20%（重量百分比），但是油炸后的马铃薯片十分易碎，致使无法获得完整的油炸食品。为解决这一问题，在本发明的制作方法中，对油炸的马铃薯片的离心脱油处理也是在真空条件下进行的，这样一来可以有效地防止马铃薯片破碎，使其保持完整外形。另外，还发现在真空条件下进行离心脱油处理，可以使油炸马铃薯片表面上的油脂不易渗入薄片内部，这样有利于进一步改善离心脱油效果并提高脱油效率；也就是说，对经过真空油炸的马铃薯片进行真空离心处理，可以使马铃薯片具有完整外形、不易破碎，且油脂含量进一步降低至约 14%~18%（重量百分比）。

真空油炸过程和真空离心脱油处理可以在相同的真空度条件下完成，也可以分别在其优选的真空条件下进行。在优选真空度 0.02~0.08MPa 的条件下进行油炸，最后制得的具有完整外形且不易破碎的油炸马铃薯片的油脂含量可降低到 14%~16%（重量百分比）；若进一步在优选真空度 0.04~0.06MPa 的条件下进行离心脱油，则可以得到油脂含量为 14%~15%（重量百分比）、并具有完整外形且不易破碎的油炸马铃薯片。

此外，控制真空离心脱油的时间可以既确保油炸马铃薯片成品保持更完整的外形，又使油炸马铃薯片具有更低的油脂含量，经过大量试验证明，真空离心脱油的时间为 15~25 秒能得到两者兼顾的配合效果。

在真空油炸过程中，会出现马铃薯片之间相粘连的现象，还会出现油脂起泡现象。马铃薯片之间相粘连会影响油炸效果，油脂起泡则容易造成油脂飞溅，为尽量避免油炸过程中出现上述两种现象，在本发明制作油炸马铃薯片的方法中还可以向油脂中添加一种由油炸过程中常用的防粘剂、消泡剂和风味保持剂组成的组合物。经过实践得知，当这种组合物中含有 30%~40%（重量百分比）防粘剂、40%~50%（重量百分比）消泡剂和 10%~20%（重量百分比）风味保持剂时，在真空油炸过程中不仅马铃薯片之间不会出现相粘结，从而不会影响油炸效果,而且也不会出现油脂起泡,避免油脂飞溅而浪费油脂,还可以使制得的油炸马铃薯片具有所想要的独特风味口感。在这种组合物中,防粘剂可以选自卵磷脂、硬脂酸中的一种或者它们的混合物;消泡剂可以选自有机硅聚合物、二氧化硅中的一种或者它们的混合物;风味保持剂可以选自乌苷酸二钠、肌苷酸二钠中的一种或者它们的混合物。

(注:为使权利要求中的技术方案得到说明书的支持,在此处应当补充至少三组不同组合物组分和含量的实施例,当然给出更多组更好。在每一个实施例中对这三个组分分别给出具体的组分选择和含量,例如该组合物由30%卵磷脂、50%二氧化硅以及20%乌苷酸二钠和肌苷酸二钠的混合物组成,且针对每一个实施例给出在添加了这种组合物进行真空油炸后所得到的油炸马铃薯片所具有的良好性能。而就所有的实施例而言,对于防粘剂,既有以卵磷脂为防粘剂的,也有以硬脂酸为防粘剂的,还有以卵磷脂和硬脂酸的混合物为防粘剂的,且其含量至少有30%和40%的,当然还可以有35%的;对于消泡剂,既有以有机硅聚合物为消泡剂的,也有以二氧化硅为消泡剂的,还有以有机硅聚合物和二氧化硅的混合物为消泡剂的,且其含量至少有40%和50%的,当然还可以有45%的;对于风味保持剂,既有以乌苷酸二钠为风味保持剂的,也有以肌苷酸二钠为风味保持剂的,还有以乌苷酸二钠和肌苷酸二钠的混合物为风味保持剂的,且其含量至少有10%和20%的,当然还可以有15%的。为了满足化学物质充分公开的要求,最好在描述实施例时给出一种该组合物的制备方法。)

本发明制作油炸食品的方法,除了应用于油炸马铃薯片外,还应用于其他油炸食品,如油炸玉米薄饼、油炸丸子、油炸春卷、油炸排叉、油炸蔬菜、油炸水果等油炸食品。下面表1给出有关油炸马铃薯片、油炸排叉、油炸素丸子和油炸苹果片这四种具体油炸食品原料在不同真空油炸和真空离心工艺(包括是否在油炸前进行焙烤)条件下所得到的油炸食品性能测试结果,共给出了六组测试数据。

表1　不同食品原料在相应真空油炸和真空离心工艺中所得到的油炸食品性能测试结果❶

食品原料	马铃薯片	马铃薯片	排叉	素丸子	苹果片	苹果片
主要 加工步骤	焙烤 真空油炸且添加组合物 真空离心脱油	焙烤 真空油炸且添加组合物 真空离心脱油	真空油炸且添加组合物 真空离心脱油	真空油炸且添加组合物 真空离心脱油	焙烤 真空油炸且添加组合物 真空离心脱油	焙烤 真空油炸 真空离心脱油
油炸 真空度	0.02MPa	0.04MPa	0.02MPa	0.08MPa	0.08MPa	0.10MPa
离心 真空度	0.04MPa	0.04MPa	0.06MPa	0.06MPa	0.08MPa	0.08MPa
离心时间	25秒	15秒	20秒	20秒	25秒	15秒
成品 油脂含量	14%(重量)	15%(重量)	15%(重量)	16%(重量)	15%(重量)	16%(重量)
成品 性状	松脆 风味口感 完整　不粘连	松脆 风味口感 完整　不粘连	较松脆 风味口感 完整　不粘连	较松脆 风味口感 完整　不粘连	松脆 风味口感 完整　不粘连	松脆 完整

图1示出了本发明制作油炸食品设备第一种实施方式的结构。如图1所示,制作油炸食品的设备包括原料供应装置1、进料阀2、油炸装置3、抽真空装置4、油槽31、传送带32、传送带驱动装置33、离心脱油装置5、出料阀6、产品送出装置7。其中,油炸装置3的一侧设有输入口,通过进料阀2与原料供应装置1的出料口密封固定连接;油炸装置3的另一侧设有输出口,该输出口直接与离心脱油装置5输入口密封固定连接,出料阀6密

---

❶ 鉴于编者专业领域的局限,本表中给出的内容并不一定准确,只是作为一种推荐的撰写格式供参考。

封设置在离心脱油装置 5 输出口处。油炸装置 3 内部设有具有一定宽度的传送带 32，由正对油炸装置 3 输入口下方的位置延伸到邻近油炸装置 3 输出口上方的位置，其中间部位沉降到用于容纳油脂的下凹油槽 31 中。使油炸装置 3 和离心脱油装置 5 保持在真空条件下的抽真空装置 4 以及传送带驱动装置 33 设置在油炸装置 3 和离心脱油装置 5 外部。产品送出装置 7 设置在由离心脱油装置 5 的下方，其输入口与离心脱油装置 5 输出口相连接，从而可以将从离心脱油装置 5 的输出口排出的油炸食品及时送走；当然，该制作油炸食品的设备也可以用一个置于离心脱油装置 5 输出口下方的产品收集盘来代替产品送出装置 7，待产品收集盘装满后将此产品收集盘运走，而在此处再放置另一个产品收集盘。

此外，为使油炸食品从离心脱油装置 5 中顺利排出，还可以将离心脱油装置 5 的旋转轴线以相对于垂直方向倾斜一定角度的方式设置，而且还能提高对油炸食品进行离心脱油的效率。经试验发现，离心脱油装置 5 的旋转轴线相对于垂直方向倾斜 25°～35° 的角度能取得更佳的效果。

上述油炸食品制作设备的工作过程为：将油槽 31 中的油脂预加热并保持在约 80℃～110℃。打开进料阀 2，使原料供应装置 1 中的油炸食品原料落到传送带 32 上。然后关闭进料阀 2 和出料阀 6，使油炸装置 3 和离心脱油装置 5 呈密闭状态。启动抽真空装置 4，使油炸装置 3 和离心脱油装置 5 内达到并保持稳定的真空度。之后，启动传送带驱动装置 33，传送带 32 将其上的油炸食品原料送入油槽 31 内的油脂中进行泊炸。油炸完毕后，再通过传送带 32 将已油炸过的食品送入离心脱油装置 5，在其中通过离心脱油处理将油炸食品表面上的油脂除去。离心脱油完毕后，打开出料阀 6，使油炸装置 3 和离心脱油装置 5 内恢复大气压，经过油炸的产品经出料阀 6 进入产品送出装置 7 排出。在本发明上述油炸食品制作设备中制得的油炸食品（如油炸马铃薯片、油炸玉米薄饼、油炸丸子、油炸春卷、油炸排叉、油炸蔬菜、油炸水果等）具有完整外形、不易破碎，且油脂含量更低。

在图 1 所示的本发明的油炸食品制作设备中，油炸装置 3 的输入口直接与原料供应装置 1 的出料口密封固定连接。对于那些可以在真空油炸前先进行焙烤的食品原料，如马铃薯片或苹果片，可以先放在独立的焙烤装置（如烤箱）中进行焙烤，完成焙烤后将表面已形成小鼓泡的待油炸食品原料运送到本发明的油炸食品制作设备的原料供应装置 1 中，再由原料供应装置 1 送入到油炸装置 3 中。但是，本发明制作的油炸食品设备也可以包括一个位于油炸装置 3 之前、用于对需要焙烤的待油炸食品原料进行焙烤的焙烤装置（图 1 中未示出），油炸装置 3 的输入口通过进料阀 2 与焙烤装置的输出口相连接，原料供应装置 1 的输出口与焙烤装置的输入口相连接。在这种带有焙烤装置的油炸食品制作设备中，原料供应装置 1 先将食品原料（如马铃薯片或苹果片）送入焙烤装置进行焙烤，此时进料阀 2 是关闭的。焙烤完成后，打开进料阀 2，并将经过焙烤后表面已形成小鼓泡的食品原料（如马铃薯片或苹果片）送入油炸装置 3，然后再关闭进料阀 2 和出料阀 6，使油炸装置 3 和离心脱油装置 5 呈密闭状态。启动抽真空装置 4，使油炸装置 3 和离心脱油装置 5 内达到并保持稳定的真空度。随后如同前面所述那样进行真空油炸和真空离心脱油，直到将油炸食品成品经出料阀 6 送至产品送出装置 7 排出或者送至产品收集盘，从而得到所需要的具有完整外形、不易破碎、表面形成较大鼓泡、且油脂含量更低的油炸食品（油炸马铃薯片或苹果片）。

图 2 示出了本发明的油炸食品制作设备的第二种实施方式的结构，与图 1 所示的油炸食品制作设备相比，其不同之处是在油炸装置 3 的输出口和离心脱油装置 5 的输入口之间以密封方式设置一个隔离阀 8，且上述使油炸装置 3 保持于真空条件的抽真空装置 4 的抽气口还通过连接通道 41 与离心脱油装置 5 相连通，即该抽真空装置 4 还用于使离心脱油装置 5 保持在真空条件下进行离心脱油。在这种实施方式的油炸食品制作设备中，当待油炸的食品原料送入到油炸装置 3 后，在进行真空油炸前，先将进料阀 2 和位于油炸装置 3 和离心脱油装置 5 之间的隔离阀 8 关闭，启动抽真空装置 4，使油炸装置 3 达到并保持稳定的真空度，之后，启动传送带驱动装置 33，传送带 32 将其上的油炸食品原料送入油槽 31 内的油脂中进行油炸。油炸完毕后，打开隔离阀 8，将经真空油炸后的油炸食品送入离心脱油装置 5 后，再关闭隔离阀 8 和出料阀 6，并启动抽真空装置 4，使离心脱油装置 5 达到并保持稳定的真空度，对经真空油炸后的油炸食品进行真空离心脱油。离心脱油完毕后，打开出料阀 6，经过真空油炸和真空离心脱油的产品经出料阀 6 进入产品送出装置 7 或产品收集盘。

当然，作为本发明油炸食品制作设备的第三种实施方式是在如图 2 所示在油炸装置 3 的输出口和离心脱油装置 5 的输入口之间以密封方式设置一个隔离阀 8 的基础上，如图 3 所示为离心脱油装置 5 另外配置一台用于使其保持在真空条件下进行离心脱油的抽真空装置 9，其工作过程与前面所述第二种实施方式相同，在此不再作重复说明。

图 1 所示的本发明油炸食品制作设备第一种实施方式与图 2 和图 3 所示的本发明油炸食品制作设备第二种和第三种实施方式各有其优点：图 1 所示的本发明油炸食品制作设备的结构比图 2 和图 3 所示的两种油炸食品制作设备的结构简单，且操作更为方便，但是其真空油炸与真空离心脱油两个步骤在相同的真空条件下完成；而在图 2 和图 3 所示的两种油炸食品制作设备中，真空油炸与真空离心脱油两个步骤可以根据需要选择不同的真空条件。

上面结合附图对本发明优选的具体实施方式和实施例作了详细说明，但是本发明并不限于上述实施方式和实施例，在本领域技术人员所具备的知识范围内，还可以在不脱离本发明构思的前提下作出各种变化。

说 明 书 附 图

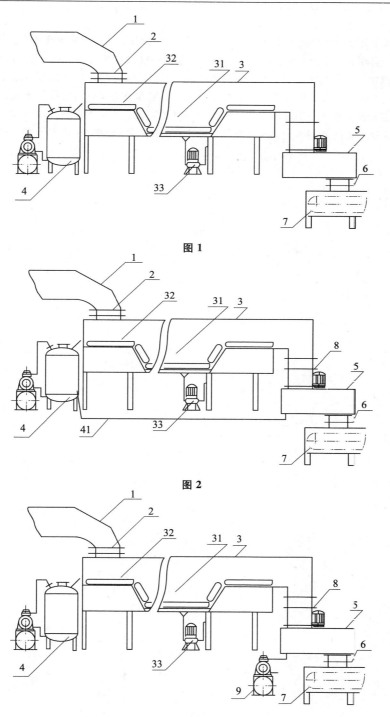

图 1

图 2

图 3

说 明 书 摘 要

　　本发明涉及制作油炸食品的方法和实现该方法的设备。制作油炸食品的方法包括如下步骤：将食品原料在真空条件下油炸，然后再在真空条件下离心脱油。实现该方法的设备包括油炸装置（3），对经油炸食品离心脱油的离心装置（5），以密封连接方式设置在油炸装置输入口处的进料阀（2），以及以密封连接方式设置在离心装置输出口处的出料阀（6）；此外，该设备还包括用于使油炸装置和离心装置同时保持于真空条件的抽真空装置（4）或者使油炸装置和离心装置分别保持于真空条件的抽真空装置。采用本发明制作油炸食品的方法和设备制得的油炸食品油脂含量可降低到14%～18%（重量百分比），且成品不易破碎，保持完整外形。

摘 要 附 图

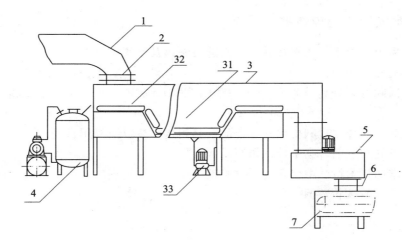

第五节　发明和实用新型的权利要求书和说明书撰写示例

本章前三节对发明或者实用新型的权利要求书和说明书的撰写方法等内容作了介绍，并在第四节中以油炸食品制作方法和制作设备为例比较详细地说明发明专利申请文件撰写的全过程。为帮助专利代理人进一步掌握权利要求书和说明书的撰写技巧，现给出几份撰写基本满足要求的权利要求书和说明书。为了使它们更具有代表性，对这些案例均进行了改写。

一、机械类发明专利申请撰写示例

案例名称：用于沸腾液体的传热壁、其制造方法以及专用铲刮刀具

选用本案例的几点考虑：

①该案例的国际专利分类号为 F28F 13/00 和 B21D 53/06，可作为机械领域专利申请文件的撰写示例。

②此案例包括三项独立权利要求——产品、其制造方法以及专用设备，可作为属于一个总的发明构思的几项不同类发明合案申请的撰写示例。

③当权利要求的技术特征中包含通过试验而选择的参数范围时，说明书具体实施方式描述中应给出反映参数选择的试验数据。

权 利 要 求 书

1. 一种用于沸腾液体的传热壁，该传热壁外表面（6）下方有许多平行、窄长的通道（2），外表面（6）上沿着这些通道（2）间隔地开有小孔（5），使这些通道（2）与该传热壁外部相通，其特征在于：所述外表面（6）上的小孔（5）中有一个从孔壁向孔中心伸出的非对称突起（4），它在该小孔（5）横截面上的投影面积与该小孔（5）横截面的面积比为 0.4 ~ 0.8。

2. 按照权利要求 1 所述的传热壁，其特征在于：所述非对称突起（4）的一侧高于另一侧，整个突起（4）是倾斜的。

3. 按照权利要求 1 或 2 所述的传热壁，其特征在于：所述非对称突起（4）的前端成双舌片形或具有多个裂口。

4. 一种制造权利要求 1 至 3 中任一项所述的沸腾液体传热壁的方法，先在管壁上形成彼此间隔很近的、端部带有多个均匀分布切口（12）的成排肋片（11），再将肋片（11）端部折弯，并与相邻肋片（11）搭接，从而在外表面（6）下方形成平行窄长的通道（2），肋片切口（12）处成为沿通道（2）间隔设置的小孔（5），其特征在于：所述带切口（12）的肋片（11）是按照下述工艺步骤制得的，先在金属管外表面上形成多条浅沟槽（7），此后用铲刮刀具（9）沿着金属管外表面铲刮起带切口（12）的肋片（11），在这同时该铲刮刀具（9）的后缘（10）挤压该金属管上尚未被铲刮起的外表面（8），使与其相邻的浅沟槽（7）变形，在该浅沟槽（7）的斜面或波谷部分形成隆起（71），从而在铲刮下一个肋片（11）时，该肋片（11）的切口（12）内有一个隆起部分（13），这样在形成肋片（11）后，将该肋片（11）折弯与相邻肋片（11）搭接时，该隆起部分（13）就成为小孔（5）内从孔壁向孔中心伸出的非对称突起（4）。

5. 实现权利要求 4 所述制造沸腾液体传热壁方法中的专用铲刮刀具，该刀具端部表面是倾斜的，形成锐角的铲刮前缘，其特征在于：在所述刀具端部的后缘（10）有一个高出端部斜面、可对尚未铲刮起的金属管外表面起挤压作用的突出部分。

说 明 书

用于沸腾液体的传热壁、其制造方法以及专用铲刮刀具

技术领域

本发明涉及一种用于空调、制冷系统中沸腾液体的传热壁，该传热壁通过液体的汽化和沸腾将热量传递给与其相接触的液体。本发明还涉及这种用于沸腾液体的传热壁的制造方法以及在这种制造方法中所采用的专用铲刮刀具。

背景技术

近一二十年来，为了有效地将热量从平板或管表面传递给液体，用于氟利昂这类液体的沸腾传热技术迅速发展。尤其是近几年来，在传热壁下方设置多条可与液体相接触的窄长通道来提高传热效果。美国专利说明书US4060125A 就公开了这样一种传热壁，在该传热壁面下方的窄长通道平行地伸展着，它们彼此相隔很小的距离，外表面上沿着该通道间隔地开有小孔，使通道与传热壁外部相通，采用这样的结构后，液体通过小孔流入通道，在通道壁上形成一层液体，增加了液体与传热壁的接触面，从而可以提高沸腾传热的传热效率，但是这种结构的传热壁有一个与传热壁热负荷匹配的最佳小孔直径，热负荷过大或者过小都会降低传热性能。

美国专利说明书 US4059147A 中也揭示了类似结构的传热壁以及该传热壁的制造方法。首先用滚动挤压方法在传热壁表面上向外挤出肋片，肋片的高度比肋片的厚度大几倍，也大于肋片的间距，接着用滚花刀具在肋片端部形成有间隔的小切口，然后将肋片端部折弯，使其几乎与相邻的肋片相搭接。

发明内容

本发明所要解决的技术问题是在上述用于沸腾液体的传热壁的基础上提供一种传热性能更好、更稳定的传热壁；为此，本发明还要提供一种制造这种传热壁的方法以及专用铲刮刀具。

为解决上述技术问题，本发明对外表面下方有许多平行窄长通道的沸腾液体传热壁的结构作了进一步改进：在外表面上沿通道间隔设置的小孔中形成一个从孔壁向孔中心伸出的非对称突起，它在小孔横截面上的投影面积与小孔横截面的面积比为0.4～0.8。

为了在传热壁小孔中形成上述非对称突起，本发明的制造方法包括下述几个步骤：先在金属管外表面上形成多条浅沟槽；然后用铲刮刀具沿着金属管外表面铲刮起带切口的肋片，在这同时铲刮刀具的后缘挤压该金属管上尚未被铲刮起的外表面，使与其相邻的浅沟槽处变形，在浅沟槽的斜面或波谷处形成隆起，从而在下一次铲刮时，铲刮起的肋片的切口内有一个隆起部分；当制得彼此间隔很近、端部带有多个均匀分布切口的成排肋片后，将肋片端部折弯，使其与相邻肋片搭接，从而在外表面下方形成平行窄长的通道，外表面上沿通道间隔设置的小孔内形成从孔壁向孔中心伸出的非对称突起。

为使传热壁外表面上的小孔中形成非对称突起，上述制造方法要采用专用的铲刮刀具，该铲刮刀具的端部表面是倾斜的，形成锐角的铲刮前缘，该刀具端部后缘有一个高出该端部斜面的突出部分。当用这样的铲刮刀具铲刮肋片时，此突出部分对尚未铲刮起的金属管表面起挤压作用，在浅沟槽的斜面或波谷处形成隆起，该隆起最后成为外表面小孔中的非对称突起。

由于在上述传热壁外表面的小孔中设置了非对称突起，它对从小孔流入通道的沸腾液体起到一种加热作用。在热负载较小情况下，通道内产生的蒸汽容积很小，液体很容易流入通道，使通道内充满液体，由于突起对沸腾液体的加热作用，使通道内充满沸腾液体的区域面积要小于没有突起存在的情况，也就是说加大了通道壁的液膜层，提高了沸腾传热的效率。

附图说明

下面结合附图和实施方式对本发明作进一步详细的说明。

图 1 为本发明用于沸腾液体的传热壁面的透视图。

图 2 为图 1 所示传热壁面外表面小孔的俯视图。

图 3 为图 2 所示小孔沿 III – III 线的剖视图。

图 4 为图 2 所示小孔沿 IV – IV 线的剖视图。

图 5 描述了本发明制造如图 1 所示传热管壁面时肋片成型的步骤。

图 6 为肋片成型时铲刮刀具挤压表面使浅沟槽端部变形的透视图。

图 7 为成型肋片的示意图。

图 8 至图 10 为沸腾液体在该传热壁通道中的三种工作状态。

图 11 为图 1 至图 4 传热壁面的传热特性曲线图。

具体实施方式

图 1 为本发明沸腾液体传热壁面的透视图。在传热壁面基体或者传热管管体 1 上有许多平行的窄长通道 2，这些通道彼此间距很小。通道 2 上方的外表面 6 上有许多三角形的小孔 5，按一定的规则间隔排列。每个小孔 5 中都有一个突起 4，该突起 4 在小孔横截面的投影面积小于小孔 5 的横截面面积；突起 4 的形状是非对称的。如图 2 所示，三角形小孔 5 的底边 51 与通道 2 相平行，与该底边 51 斜交的两个侧边 52、53 以及从侧边 52 伸出的突起 4 相当于通道 2 侧壁 3 的延伸部分，突起 4 以横跨的方式伸进小孔 5 中，并将小孔 5 的一部分堵住。该小孔 5 的形状也可以是其他形状，如矩形、梯形、U 形或半圆形等，突起 4 也可以是任何所希望的形状，优选该突出的前端部有多个裂口，或者突起的前端成双舌片形。

从图 3 和图 4 可知，由三角形小孔 5 侧边 52 伸出的突起是倾斜的，倾角为 5° ~ 80°，其靠近底边 51 处那部分的水平位置要高于靠近另一侧边 53 处那部分的水平位置。

图 1 到图 4 所示的传热壁面可以采用如下加工步骤制成：首先如图 5 所示在传热管管体 1 表面上加工出许多浅沟槽 7，其走向与垂直管体 1 中心轴的平面斜交；然后以铲刮表面而不切削表面层的方式在传热管壁面上铲刮起许多肋片 11；最后将每个肋片 11 的端部折弯，使其与相邻的肋片相接触（图 5 中未画出最后一个加工步骤）。

传热管管体 1 由导热材料制成，例如可选用外径为 18 毫米、壁厚为 1.1 毫米的铜管材。铜管表面的浅沟槽是用滚花刀具加工的，在管体 1 外表面上产生许多平行的、截面为 V 形的、螺旋状盘绕的浅沟槽 7。图 5 中的浅沟槽 7 与管体 1 的轴线成 45° 角。各条浅沟槽彼此之间的间隔为 0.2 ~ 1 毫米，深度为 0.1 ~ 0.15 毫米。当然，浅沟槽 7 的形状不局限于 V 形，可以是任何一种所需要的截面形状，如矩形、梯形、U 字形或弧形。其加工方式不限于滚花加工，也可以是滚压成型或切削加工方式。

在形成浅沟槽 7 后，用铲刮刀具 9 对管体 1 外表面进行加工，斜跨过浅沟槽 7 铲刮管体 1 外表面，而不切掉表面层，形成端部带有许多 V 形切口 12 的肋片 11。该铲刮刀具端部是倾斜的，其前缘成锐角，而其后缘 10 处有一个高出端部斜面的突出部分，因而当铲刮刀具铲刮时，该后缘 10 上的突出部分对尚未铲刮起的管体表面 8 施加挤压摩擦作用，迫使 V 形浅沟槽 7 附近表面 8 上的材料流动到浅沟槽 7 中，在其一斜边及其波谷处形成如图 6 所示的隆起 71，这样当铲刮下一个肋片 11 时，该肋片 11 端部切口 12 内也就出现一个隆起部分 13（见图 7）。在作上述铲刮加工时，若取铲刮角为 25°，肋片间的距离为 0.5 毫米，铲刮深度为 0.35 毫米，则加工制得的肋片高度可达 0.90 毫米。

在这之后，对肋片 11 端部进行变形加工，将肋片 11 端部折弯，其折弯方向朝着隆起部分 13 的方向，并使其与相邻的肋片 11 相接触，从而制得如图 1 所示的传热壁面，相邻肋片间空腔 14 成为该传热壁面表面 6 下方通过小孔 5 与外界相通的窄长通道 2，肋片 11 的切口 12 中靠近波谷处的隆起部分 13 成为三角形小孔 5 中从孔壁向孔中心伸出的突起 4。折弯肋片可以采用滚压的方法，也可以采用模压的方法。例如，在上述实施方式中，使平滚轮与铜管外圆周保持接触，将铜管绕中心轴转动，并作轴向运动，在平滚轮施加的压力作用下，铜管外径减小到 18.30 毫米，最后形成的窄长通道宽度大约为 0.26 毫米，高度为 0.50 毫米。

当传热管 1 处于图 8 所示的工作状态时，通道 2 的整个壁面上都覆盖了一层液体薄膜 105。此时，所有通道内壁上都有效地起到传递热量的作用，把热量传递到液体薄膜 105 上，液体薄膜 105 厚度很小，液体很快变成气态 103，汽化的液体 101 带着汽化潜热从通道 2 内排出。一旦通道 2 内壁面上没有液体浸润时，液体就立刻通过小孔 5 输送到通道 2 中，于是通道 2 的整个内壁表面又重新形成一层新的液体薄膜层 105。这样，在整个工作阶段，通道 2 整个内壁表面都有一层均匀的液体薄膜 105。

但当传热管 1 尚未达到有效地进行传热情况时，通道 2 内产生的蒸汽较少，那么从通道 2 内释放到壁外的汽化的液体 101 对进入通道 2 的液态冷却介质 102 的流动阻力很小，液态介质很容易进入通道 2，因而通道 2 的局部地区充满了液态介质，如图 9 中的 106 所示，因而产生的液体薄膜区 105 减小了。在充满液态介质的区域，热量以显热方式传递，与以潜热方式传递相比，其传热性能大大降低。但是，对于有突起 4 的小孔 5 来说，突起 4 对通过小孔 5 流进通道 2 的液态冷却介质起一种加热作用，与无突起的传热壁相比，通道 2 上充满液态冷却介质的区域减小了，也就是说液体薄膜 105 区加大了，有助于改善传热性能。

当传热管 1 热负荷加大时，通道 2 内产生的气态冷却介质容积增加。与此同时，流入到通道 2 的液态冷却介质容积减小，使通道 2 内壁表面上有一部分没有液体薄膜，如图 10 中表面 108 的情况。此处的热量也以显热方式传给汽化的冷却介质，传热性能大大下降，因而小孔 5 中的突起 4 尺寸不可太大，以便在热负载高时，仍有足够的液体冷却介质流入通道 2，使通道 2 上没有润湿部分的内壁面积减小，以改善高负载时的传热性能。

从上述分析可知，突起 4 的尺寸有一个最佳范围。为确定此突起 4 的最佳尺寸范围，做了六组试验。在这些试验中，均采用三氯氟甲烷作为冷却介质。设突起 4 在小孔 5 横截面上的投影面积与小孔 5 横截面的面积比为 Ψ，该六组试验中 Ψ 的变化值与平均值如表 1 所示。

表 1

试验组别	No. 1	No. 2	No. 3	No. 4	No. 5	No. 6
Ψ 值变化范围	0.19 ~ 0.33	0.27 ~ 0.36	0.37 ~ 0.53	0.54 ~ 0.66	0.58 ~ 0.74	0.61 ~ 0.78
Ψ 值平均值	0.29	0.31	0.44	0.60	0.66	0.70

该六组试验结果如图 11 所示。从该图可知，当突起 4 在小孔横截面上的投影面积与小孔横截面之比 Ψ 的平均值在 0.44 ~ 0.70 变化时，有可能得到高的传热效率。这对于每个壁面来说，相当于 Ψ 在 0.4 ~ 0.8。

本发明不局限于上述管状传热壁面，同样适用于圆环状、板状或其他形状的传热壁面，只要在其外表面上小孔中设置了从孔壁向孔中心伸出的突起，均属于本发明的范围。

说 明 书 附 图

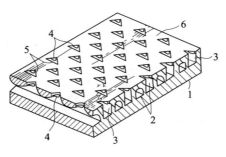

图 1

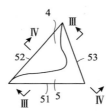

图 2

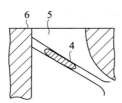

图 3

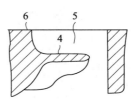

图 4

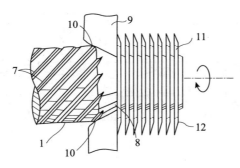

图 5

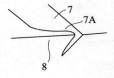

图 6

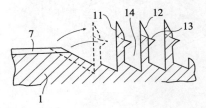

图 7

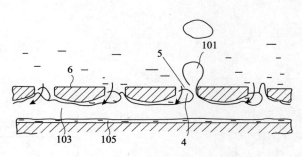

图 8

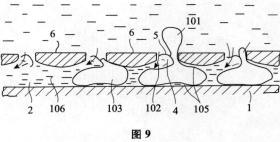

图 9

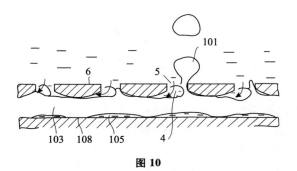

图 10

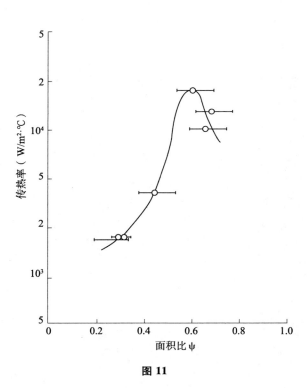

图 11

说 明 书 摘 要

　　本发明涉及一种空调、制冷系统中的沸腾液体传热壁、其制造方法及专用铲刮刀具。传热壁外表面（6）下方有许多平行的窄长通道（2），外表面上沿通道间隔开有小孔（5）。本发明在小孔（5）中设置了从孔壁向孔中心伸出的非对称突起（4），其在小孔（5）横截面上的投影面积与小孔（5）横截面的面积比为 0.4～0.8，采用这样的结构后使该传热壁的传热性能更好、更稳定。为制得该传热壁面，先在金属管外表面上形成多条浅沟槽，然后用后缘有突出部分的铲刮刀具沿金属管外表面铲刮起带切口的肋片，由于铲刮刀具后缘突出部分对金属管外表面尚未铲刮起的部分起挤压作用，在浅沟槽内形成隆起，从而折弯肋片端部后，制得小孔中有非对称突起的传热壁面。

摘 要 附 图

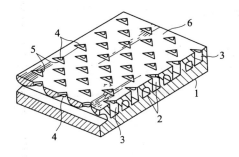

二、电学类发明专利申请撰写示例

案例名称：用于电话机中的紫外线消毒器

选用本案例的几点考虑：

①该案例的国际专利分类号为 H04R 1/12，可作为电学领域专利申请文件的撰写示例。

②该案例涉及电子线路，对于这类申请，独立权利要求除了给出电子元器件的名称外，还必须记载这些元器件相互之间的电气关系，所给出的独立权利要求可作为用功能限定来表示各元器件之间电功能关系的示例。

③该案例的说明书既包括电子线路的框图，又包括其电路原理图，所给出的说明书及其附图可作为既用框图又用电路原理图作进一步细化展开说明的撰写示例。

权 利 要 求 书

1. 一种用于电话机中的紫外线消毒器，其包括

——挂机检测装置（1），用于检测电话机的挂机/摘机状态，

——紫外光灯装置（2），发出用于对电话机杀菌消毒的紫外光，

——自动控制装置（3），根据电话机的挂机/摘机状态来控制紫外光灯装置（2）的启动；

其特征在于：

所述自动控制装置（3）包括

——触发电路（4），在挂机状态启动所述紫外光灯装置（2），

——延时电路（5），通过控制该触发电路（4）的翻转来控制所述紫外光灯装置（2）的发光延时时间。❶

2. 按照权利要求 1 所述的紫外线消毒器，其特征在于：所述挂机检测装置（1）包括通过整流桥（QL）与电话线并联的光电耦合器（GU），以向所述自动控制装置（3）传送挂机信号。

3. 按照权利要求 1 或 2 所述的紫外线消毒器，其特征在于：所述触发电路（4）包括 555 集成定时器。

4. 按照权利要求 1 或 2 所述的紫外线消毒器，其特征在于：所述延时电路（5）由电阻器（R_2）和电容器（C_2）的串联电路组成。

5. 按照权利要求 4 所述的紫外线消毒器，其特征在于：所述触发电路（4）包括 555 集成定时器。

6. 按照权利要求 5 所述的紫外线消毒器，其特征在于：所述电阻器（R_2）和电容器（C_2）的连接点与所述 555 集成定时器的第二管脚（P_2）和第六管脚（P_6）连接，该电容器（C_2）的另一端接地，该电阻器（R_2）另一端与所述 555 集成定时器的第四管脚（P_4）和第八管脚（P_8）连接，并通过三极管（BG_1）与电源连接。

7. 按照权利要求 1 所述的紫外线消毒器，其特征在于：所述紫外光灯装置（2）包括自激振荡电路（6）和紫外光灯管（7），所述自激振荡电路（6）通过激发该紫外光灯管（7）使其发光。

---

❶ 为更符合中文表述习惯，该独立权利要求的特征部分还可按下述方式撰写：

"1. 一种用于电话机中的紫外线消毒器，包括用于检测电话机挂机/摘机状态的挂机检测装置、用于发出对电话机杀菌消毒的紫外光的紫外光灯装置以及根据电话机挂机/摘机状态来启动紫外光灯装置的自动控制装置，其特征在于：所述自动控制装置（3）包括触发电路（4）和延时电路（5），该触发电路（4）在挂机状态启动紫外光灯装置（2），该延时电路（5）通过控制该触发电路（4）的翻转来控制所述紫外光灯装置（2）的发光延时时间。"

说 明 书

用于电话机中的紫外线消毒器

技术领域

本发明涉及一种用于电话机中的紫外线消毒器，其包括挂机检测装置、紫外光灯装置和自动控制装置。

背景技术

目前，电话作为一种大众通信工具，其使用已经相当普遍。但是，根据调查，在单位及公众场所使用的电话机，尤其是在听筒部位带有很多细菌和病毒，在人们通过电话机进行交流的同时，这些病菌和病毒也一同与人"交流"，造成交叉传染。

为了避免交叉传染疾病，已经提出了各种针对电话机进行杀菌消毒的措施。例如在 1995 年 × 月 × 日公告的实用新型专利 ZL95 × × × × × × × 中提出一种贴在电话机受话器处的灭菌垫或消毒膜，能够灭杀电话机上残留的病菌。但是，这种灭菌垫或消毒膜使用成本高、定期更换不方便。如果不及时更换，则其自身即成为新的病菌滋生场所，造成更为严重的污染。此外，灭菌垫或消毒膜自身的厚度在通话过程中也会产生噪声，并影响话音质量。

在 2002 年 × 月 × 日公开的发明专利申请 CN1 × × × × × × × A 中披露了一种电话机的紫外线消毒装置，它安装在电话机座上，与受话器相对，该消毒装置包括基座、紫外线灯管和控制电路板。当通话完毕挂机后，控制电路自动接通紫外线灯管的电源，进行消毒。当有人使用话机时，控制电路自动切断紫外光灯管的电源，停止消毒。但是，这种消毒装置在电话机挂机时始终进行消毒工作，造成不必要的电源消耗。同时，紫外线的长期使用，也会对其附近的用户造成一定的安全隐患。

发明内容

本发明要解决的技术问题是提供一种用于电话机中的紫外线消毒器，它不仅可以自动控制消毒时间，而且能降低功耗。

为解决上述技术问题，本发明用于电话机中的紫外线消毒器包括：用于检测电话机挂机/摘机状态的挂机检测装置、用于发出对电话机杀菌消毒的紫外光的紫外光灯装置以及根据电话机的挂机/摘机状态来启动紫外光灯装置的自动控制装置。该自动控制装置包括触发电路和延时电路，其中的触发电路在挂机状态启动紫外光灯装置；延时电路通过控制触发电路的翻转来控制紫外光灯装置的发光延时时间。

作为本发明的一种优选方案，所述挂机检测装置包括通过整流桥与电话线并联的光电耦合器，以向所述自动控制装置传送挂机信号。

作为本发明的另一种优选方案，所述触发电路可以是 555 集成定时器。

作为本发明的又一种优选方案，所述延时电路可以由电阻器和电容器的串联电路组成。

作为本发明进一步的优选方案，在所述延时电路中，电阻器和电容器的连接点与 555 集成定时器的第二管脚和第六管脚连接，电容器的另一端接地，电阻器的另一端与 555 集成定时器的第四管脚和第八管脚连接，并通过三极管与电源连接。

作为本发明的再一个优选方案，所述紫外光灯装置可以包括自激振荡电路和紫外光灯管，自激振荡电路通过激发紫外光灯管使其发光。

由于自动控制装置中包含延时电路，从而可对紫外光灯装置进行自动定时控制，在电话机挂机之后，该消毒器自动启动，工作一段时间完成杀菌消毒之后自动关闭，无须人工操作，从而降低了功耗。正由于本发明的紫外线消毒器在延时消毒之后紫外光灯立即停止发光，因而不会因紫外光灯长时间发光而对用户造成影响，安全性良好。

尤其是，本发明的消毒器在挂机检测装置和自动控制装置之间采用了光电耦合器件进行隔离后，就不会影响电话机的原有功能和通信网络系统。

此外，本发明结构简单、体积小、成本低，可加装在任一型号的电话机内。

附图说明

下面结合附图和具体实施方式对本发明作进一步详细的说明。

图1是本发明电话机紫外线消毒器的优选实施方式的电路方框图。

图2是图1所示电话机紫外线消毒器的优选实施方式的电路原理图。

具体实施方式

图1是本发明用于电话机中的紫外线消毒器的优选实施方式的电路方框图。该紫外线消毒器由挂机检测装置1、紫外光灯装置2和自动控制装置3构成。当挂机检测装置1检测到电话机的挂机动作时，将挂机信号传送给自动控制装置3，自动控制装置3根据挂机信号控制紫外光灯装置2定时发光。

自动控制装置3包括触发电路4和延时电路5。触发电路4根据来自挂机检测装置1的挂机信号启动紫外光灯装置2发光，延时电路5连接到触发电路4，并通过其控制紫外光灯装置2的发光延时。紫外光灯装置2中包括自激振荡电路6和紫外光灯管7，自激振荡电路6接收来自触发电路4的启动信号，在延时电路5所决定的发光延时时间内激发紫外光灯管7发光。

图2是本发明用于电话机中的紫外线消毒器的优选实施方式的电路原理图。

挂机检测装置1为并联设置在电话线上的整流桥 QL，并有光电耦合器 GU 串联在整流桥输出回路中。

在本实施方式中，自动控制装置3由光电耦合器 GU 控制，触发电路4是一个555集成定时器。触发电路4的输出端 P_3 脚经二极管 D、电阻器 R_4 接开关三极管 BG_2 的基极，开关三极管 BG_2 的发射极接地，集电极接三极管 BG_3 的发射极。三极管 BG_3 的集电极接升压变压器 T 的初级线圈的负极 T_1，三极管 BG_3 的基极经电阻器 R_5 接升压变压器 T 次级线圈的中心端 T_4。由三极管 BG_3、升压变压器 T、电阻器 R_5 和电阻器 R_6 构成自激振荡电路6，以升压变压器 T 的次级端自耦升压作为紫外光灯管7的工作电源。如图2所示，紫外光灯管7的一端接三极管 BG_3 发射极，另一端接升压变压器 T 次级线圈的负极 T_3。

如图2所示，光电耦合器 GU 和三极管 BG_1 为触发电路4提供电源和进行复位控制。电阻器 R_2 和电容器 C_2 组成控制触发电路4延时时间的延时电路5，改变电容器 C_2 的容量，即可改变触发电路4的延时时间。电阻器 R_4 和三极管 BG_2 构成振荡电压的开关电路。

在该优选实施方式中，将整流桥 QL 的输入端 A、B 两点并联连接在电话内的电话网线上，设置 3~5V 工作电源。为了保证紫外线消毒灭菌时间，在本实施方式中，可将电容器 C_2 取值为 $100\mu F$。这时，紫外光灯管7的一次照射时间大约为 6~9 分钟，完全满足杀菌消毒要求。紫外光灯管7可以安装在电话机内，处于话筒受话器所在的位置，相应位置的电话机为透光外壳。

当话机处于摘机状态时，A、B 两端为低电压，光电耦合器 GU 关断，触发电路4处于稳定的复位状态，其输出端 P_3 脚输出低电平，开关三极管 BG_2 关断，紫外光灯管7熄灭。

当挂机时，A、B 两端点转而为高压，光电耦合器 GU 导通，触发电路4的输出端 P_3 脚输出高电平，电流经二极管 D 和电阻器 R_4 使开关三极管 BG_2 饱和导通，三极管 BG_3 和升压变压器 T 起振，升压变压器 T 的次级端自耦升压激发紫外光灯管7发光，杀菌消毒开始。同时，工作电压通过延时电路5的电阻器 R_2 开始向电容器 C_2 充电，一段时间之后，由于电容器 C_2 端电压的升高，触发电路4翻转，其输出端 P_3 脚转而输出低电平，紫外光灯管熄灭，并保持此状态。再次摘机时，重复上述过程。

在本实施方式中，在触发电路4复位时，由于延时电路5的电容器 C_2 不能立即放电，需要延时3秒钟左右，也就是再次点亮紫外光灯管7是在3秒钟之后，因此可防止误动作。

说 明 书 附 图

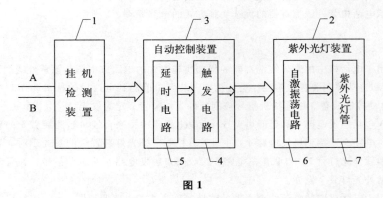

图 1

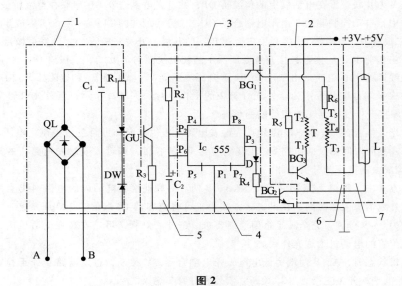

图 2

说 明 书 摘 要

　　本发明公开了一种用于电话机中的紫外线消毒器，包括用于检测电话机挂机/摘机状态的挂机检测装置（1）、用于发出对电话机杀菌消毒的紫外光的紫外光灯装置（2）以及根据电话机的挂机/摘机状态来启动紫外光灯装置的自动控制装置，该自动控制装置（3）包括触发电路（4）和延时电路（5），该触发电路（4）在挂机状态启动紫外光灯装置（2），该延时电路（5）通过控制该触发电路（4）的翻转来控制所述紫外光灯装置（2）的发光延时时间。本发明以挂机信号自动激发紫外光灯管发光，完成预定时间的杀菌消毒后自动关闭，具有自动控制消毒时间、功耗低、安全性高以及不影响电话机和网络系统功能的优点。

摘 要 附 图

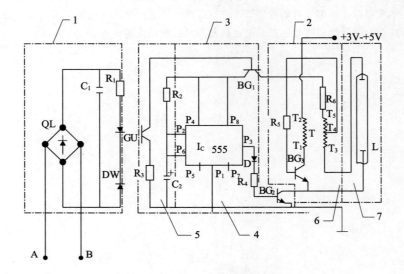

三、化学类发明专利申请撰写示例

案例名称：润滑剂组合物及其用途

选用本案例的几点考虑：

①该案例的国际专利分类号为 C10M 107/50、A61L 2/18，可作为化学领域发明专利申请，尤其是组合物发明专利申请的撰写示例。

②此案例包括两项独立权利要求——产品及其用途，可作为包含用途独立权利要求的发明专利申请文件撰写的参考例。

③本案例请求保护一种组合物，独立权利要求的保护范围对该组合物的组分和含量作了限定，并且基本上得到了说明书实施例描述的支持。

权 利 要 求 书

1. 一种润滑剂组合物，包括有机硅化合物组分（A）和聚氧乙烯烷基酚组分（B），其特征在于：

组分（A）为：

（i）一种或多种通式如下的聚二甲基硅氧烷

$$HO \left[\begin{array}{c} CH_3 \\ Si \\ CH_3 \end{array} - O \right]_X H \ ,$$

式中，X 取值为 3～51；或

（ii）通式如下的硅烷醇

$$R'_2 CH_3 SiOH,$$

式中，一个 R′为苯基，另一个 R′为甲基或苯基；

组分（B）溶于组分（A），组分（B）的通式为：

$$R - Ph - [OCH_2CH_2]_n OH,$$

式中，R 代表具有 6～12 个碳原子的烷基，Ph 代表亚苯基，而 n 的取值范围为 8～10；

组分（B）占组分（A）和组分（B）总重量的重量百分比为 1%～70%。

2. 按照权利要求 1 所述的组合物，其特征在于：组分（B）占组分（A）和组分（B）总重量的重量百分比为 2%～25%。

3. 按照权利要求 1 所述的组合物，其特征在于：所述聚二甲基硅氧烷的链中具有 4～30 个硅原子。

4. 按照权利要求 3 所述的组合物，其特征在于：所述聚二甲基硅氧烷的链中具有 5～15 个硅原子。

5. 按照权利要求 1 至 4 中任何一项所述的组合物，其特征在于：所述聚氧乙烯烷基酚中 n 为 9，R 代表壬基。

6. 按照权利要求 1 所述的组合物，其特征在于：所述组合物在 25℃下的最终黏度低于 500 毫米²/秒。

7. 按照权利要求 1 所述的组合物，其特征在于：所述组合物在 25℃下的最终黏度范围为 50～100 毫米²/秒。

8. 权利要求 1 至 7 中任何一项所述的组合物用于医疗器械的消毒杀菌。

说 明 书

润滑剂组合物及其用途

技术领域

　　本发明涉及包含有机硅化合物和聚氧乙烯烷基酚的润滑剂组合物，特别是涉及可用来作为消毒杀菌的润滑剂组合物。

背景技术

　　已知有些聚氧乙烯烷基酚具有消毒杀菌性能，因此可将它们加到一些特定用途的润滑剂中。英国专利申请公开说明书 GB 1043513A 披露了这类组合物，其中将聚氧乙烯烷基酚分散到水不溶聚硅氧烷聚氧化烯共聚物之中。虽然已知硅氧烷液，特别三甲基硅氧端基封闭的聚二甲基硅氧烷可用来使弹性和塑性材料润滑，但不能与那些具有消毒杀菌作用的化合物相容。将硅氧烷液和聚氧乙烯烷基酚组合起来又可能得到不稳定、呈乳状不透明的分散液。

发明内容

　　本发明要解决的技术问题是提供一种稳定，且外观透明的消毒杀菌润滑剂。

　　经过多年的工作，现已找到一种硅链羟基的有机硅化合物可以用作某些聚氧乙烯烷基酚的载体，从而可制成既稳定、外观又透明、且可以有效地用作润滑剂的消毒杀菌组合物。

　　本发明的上述润滑剂组合物之中包括有机硅化合物组分（A）和聚氧乙烯烷基酚组分（B），组分（A）为：

（i）一种或多种通式如下的聚二甲基硅氧烷

$$HO\!-\!\left[\begin{array}{c}CH_3\\|\\Si\\|\\CH_3\end{array}\!-\!O\right]_X\!-\!H ,$$

　　式中，X 取值为 3~51；或

（ii）通式如下的硅烷醇

$$R'_2 CH_3 SiOH,$$

　　式中，一个 R' 为苯基，另一个 R' 为甲基或苯基；

　　组分（B）溶于组分（A），组分（B）的通式为：

$$R\!-\!Ph\!-\![OCH_2CH_2]_n OH,$$

　　式中，R 代表具有 6~12 个碳原子的烷基，Ph 代表亚苯基，而 n 的取值范围为 8~10；

　　组分（B）占组分（A）和组分（B）总重量的重量百分比为 1%~70%。

　　作为本发明的一种优选方式，组分（B）占组分（A）和组分（B）总重量的重量百分比为 2%~25%。

　　本发明还提出上述组合物可用于医疗器械消毒杀菌的润滑剂。

　　可以用作本发明组合物中组分（A）（i）的聚二甲基硅氧醇基本上是线性的物料。这些物料在聚合物分子的端位上含有硅烷醇基。而特别有用的物料为 α、ω－二甲基硅烷醇端基封闭的聚二甲基硅氧烷。这些聚合物和制取这些聚合物的方法在硅氧烷技术领域是众所周知的。例如，可将二甲基二氯硅烷进行水解，并在必要时将其低分子量水解产品进行聚合，即可得到这些物料。硅烷醇端基封闭的聚二甲基硅氧烷广泛用于硅氧烷技术领域，并且不同于所谓的"硅氧烷流体"，其中存在的是二甲基硅烷醇端基（$-Si(CH_3)_2OH$），而不是三甲基甲硅烷基

（–Si（CH$_3$）$_3$）。可以用作本发明组合物中组分（A）（ii）的硅烷醇及其制造方法在硅氧烷技术领域也是众所周知的。

优选的聚二甲基硅氧烷（A）（i）为其链中具有 4～30 个硅原子的聚二甲基硅氧烷。优选硅氧烷链中存在 5～15 个硅原子的聚二甲基硅氧烷。尤其是硅氧烷链中为 9 个硅原子的聚二甲基硅氧烷。

对于本发明组合物中的聚氧乙烯烷基酚（B），可以优选为其通式中的 n 为 9 的化合物，其中 R 可为己基、庚基、辛基或壬基，例如可为 3，5，5 – 三甲基己基，尤其优选壬基。

本发明所提出的润滑剂组合物稳定，并且外观透明。虽然可以向本发明组合物中添加其他组分，但是本发明优选组合物仅仅由组分（A）和组分（B）组成。如果添加其他组分，则在优选的组合物中这些添加的组分含量很少，例如微量的含硅烷醇端基，且硅氧烷链中具有大量硅原子的聚二甲基硅氧烷，或者微量的像聚二甲基环硅氧烷和六甲基二硅氧烷这样的挥发性硅氧烷。但是对于大多数消毒杀菌应用情况而言，优选的聚二甲基硅氧烷（A）（i）应尽可能纯。采用众所周知的提纯方法，例如进行蒸馏操作或薄膜蒸发操作以便除去其中可能存在的任何挥发性物料，即可达到上述提纯目的。本发明组合物中的优选硅氧烷成分包括聚二甲基硅氧烷（A）（i）或者多种聚二甲基硅氧烷（A）（i）的混合物。而特别优选的本发明组合物中组分（A）仅仅由最优选的聚二甲基硅氧烷（A）（i）组成，即仅仅由含有 5～15 个硅原子的聚二甲基硅氧烷（A）（i）组成。

组分（B）用于润滑剂组合物中的用量可为组分（A）和组分（B）总重量的 1%～70%，优选为 2%～50%。对于大多数应用情况而言，以组分（A）和组分（B）的总重量计算，组分（B）的重量百分比不多于 50%。在应用硅烷醇（A）（ii）时，则组分（A）和组分（B）以上述任何比例存在时，均可获得透明溶液，其优选比例与上述应用聚二甲基硅（A）（i）作为有机硅化合物时的优选比例相同。当组分（A）（i）与少量（如小于组分（A）和组分（B）总重量的 20%）组分（B）并用时，可获得透明溶液。因而，更为优选的组分（A）和组分（B）比例的取值范围是：组分（B）占组分（A）和组分（B）总重量的百分比为 2%～25%，最优选为 3%～10%。

本发明提出的润滑剂组合物容易制备，其中仅需要将组分（A）和组分（B）按规定比例混合起来即可。选择各组分时要优先考虑的因素是使本发明组合物在 25℃下的最终黏度低于 500 毫米^2/秒，因为这样才可能使该组合物易于加工处理。对于大多数应用情况，优选的黏度范围为 40～150 毫米^2/秒，更优选为 50～100 毫米^2/秒。

本发明提出的组合物可应用于需要具有消毒杀菌液态组合物的各个领域。这些组合物尤其适于用作医疗消毒杀菌的润滑剂，适宜的用途可用于对外科手术用手套或者各种特殊手术和治疗操作用医疗器械的消毒处理。

具体实施方式

以下所述实施例详细地说明了本发明。在这些实施例中，除另有说明外，所有份数和百分比均按重量计算。

实施例 1

将 8 克具有 9 个亚乙氧基的聚氧乙烯壬基酚搅拌加入到 92 克通式如下的聚二甲基硅氧烷中。

$$\mathrm{HO} \left[\begin{array}{c} \mathrm{CH_3} \\ | \\ \mathrm{Si} - \mathrm{O} \\ | \\ \mathrm{CH_3} \end{array} \right]_6 \mathrm{H} \quad ,$$

所得产品为 25℃下黏度为 40 毫米^2/秒的透明液体。

实施例 2

将 64 克具有 9 个亚乙氧基的聚氧乙烯壬基酚搅拌加入到 36 克通式如同实施例 1 所用的聚二甲基硅氧烷中。所得产品为 25℃下黏度为 120 毫米^2/秒的透明液体。

实施例 3

将 10 克具有 9 个亚乙氧基的聚氧乙烯壬基酚搅拌加入到 90 克二苯基甲基硅烷醇中。所得产品为 25℃下黏度为 180 毫米^2/秒的透明液体。

实施例 4

将 20 克具有 9 个亚乙氧基的聚氧乙烯壬基酚搅拌加入到 80 克通式如下的聚二甲基硅氧烷中。

$$\text{HO} - \left[\overset{\displaystyle CH_3}{\underset{\displaystyle CH_3}{\overset{|}{\underset{|}{Si}}}} - O \right]_{48} - H \quad,$$

所得产品为 25℃ 下黏度为 480 毫米^2/秒的透明液体。

实施例 5

将 60 克具有 9 个亚乙氧基的聚氧乙烯壬基酚搅拌加入到 40 克通式如下的聚二甲基硅氧烷中。

$$\text{HO} - \left[\overset{\displaystyle CH_3}{\underset{\displaystyle CH_3}{\overset{|}{\underset{|}{Si}}}} - O \right]_{9} - H \quad,$$

所得产品为 25℃ 下黏度为 100 毫米^2/秒的透明液体。

实施例 6

将 4 克具有 9 个亚乙氧基的聚氧乙烯壬基酚搅拌加入到 96 克通式如下的聚二甲基硅氧烷中。

$$\text{HO} - \left[\overset{\displaystyle CH_3}{\underset{\displaystyle CH_3}{\overset{|}{\underset{|}{Si}}}} - O \right]_{27} - H \quad,$$

所得产品为 25℃ 下黏度为 50 毫米^2/秒的透明液体。

实施例 7

将 30 克具有 9 个亚乙氧基的聚氧乙烯壬基酚搅拌加入到 70 克用实施例 5 和 6 所用聚二甲基硅氧烷按 8：2 比例混合的混合物中。所得产品为 24℃ 下黏度为 60 毫米^2/秒的透明液体。

实施例 8

将 24 克具有 9 个亚乙氧基的聚氧乙烯壬基酚搅拌加入到 76 克用实施例 5 和 6 所用聚二甲基硅氧烷按 6：4 比例混合的混合物中。所得产品为 24℃ 下黏度为 58 毫米^2/秒的透明液体。

实施例 9

将 15 克具有 9 个亚乙氧基的聚氧乙烯壬基酚搅拌加入到 85 克用实施例 5 和 6 所用聚二甲基硅氧烷按 4：6 比例混合的混合物中。所得产品为 24℃ 下黏度为 54 毫米^2/秒的透明液体。

实施例 10

将 8 克具有 10 个亚乙氧基的聚氧乙烯壬基酚搅拌加入到 92 克用实施例 5 和 6 所用聚二甲基硅氧烷按 8：2 比例混合的混合物中。所得产品为 24℃ 下黏度为 51 毫米^2/秒的透明液体。

实施例 11

将 25 克具有 8 个亚乙氧基的聚氧乙烯壬基酚搅拌加入到 75 克二甲基苯基硅烷醇中。所得产品为 25℃ 下黏度为 121 毫米^2/秒的透明液体。

说 明 书 摘 要

本发明公开了一种润滑剂组合物，其包括由二甲基硅烷醇端基封闭，并含有 3～51 个 Si 原子的聚二甲基硅氧烷或通式为 R'_2CH_3SiOH（式中一个 R' 为苯基，另一个 R' 为甲基或苯基）的硅烷醇，其中还溶有通式为 $R-Ph-[OCH_2CH_2]_nOH$（式中 R 选自 6～12 碳烷基，Ph 为亚苯基，n 为 8～10）的聚氧乙烯烷基酚。该组合物可很有效地用作透明消毒杀菌组合物。

四、物理类发明专利申请撰写示例

案例名称：试电笔

选用本案例的几点考虑：

①该案例的国际专利分类号为 G01R 19/055，可作为物理领域专利申请文件的撰写示例。

②此案例撰写时未局限于原有的一种具体实施方式，最后写成的权利要求书和说明书争取到一个较宽的保护范围。

③此案例包括三项独立权利要求，为三项不能包括在一项权利要求内的产品独立权利要求，可作为几项属于一个总的发明构思的发明或实用新型专利申请合案申请的撰写示例。❶

---

❶ 为使本节中的案例反映更多不同类型权利要求书的写法，本案例采用三项并列独立权利要求的撰写方式。实际上，对本案例来说，采用本章第二节之二中的撰写方式更好，即将此三项独立权利要求对应的三种实施方式概括成一项独立权利要求，而将此三种实施方式写成三项并列的从属权利要求，从而可取得更宽的保护范围，而且权利要求的总数量可减少到 10 个左右。

权 利 要 求 书

1. 一种试电笔，在其绝缘外壳（2）中，测试触头（1）、限流电阻（5）、氖管（8）和手触电极（11）顺序串接，其特征在于：它还有一个与所述测试触头（1）电连接的分流电阻（6）支路，该分流电阻（6）支路的另一端与一个部分伸出所述绝缘外壳（2）的识别电极（7）电连接。

2. 按照权利要求1所述的试电笔，其特征在于：所述分流电阻（6）的阻值为所述限流电阻（5）阻值的1~2倍。

3. 按照权利要求1或2所述的试电笔，其特征在于：所述分流电阻（6）和所述限流电阻（5）是一个具有E形纵截面的同心电阻（4），该同心电阻（4）的中间圆柱体为限流电阻（5），其外部圆环柱体部分为分流电阻（6），中间圆柱体略高于四周的圆环柱体。

4. 按照权利要求3所述的试电笔，其特征在于：所述识别电极（7）是一圆环状的弹性金属片，其从圆环内边缘向中心伸出多个接触爪（15），卡住所述同心电阻（4）外部圆环柱体的外表面，该弹性金属片外边缘伸出所述绝缘外壳（2）的中部，弯过来贴在该绝缘外壳（2）的外表面。

5. 按照权利要求3所述的试电笔，其特征在于：所述同心电阻（4）的中间圆柱体与外部圆环柱体之间形成的环形槽内填充有绝缘树脂。

6. 一种试电笔，在其绝缘外壳（2）中，测试触头（1）、限流电阻（5）、氖管（8）和手触电极（11）顺序串接，其特征在于：它还有一条由分流电阻（6）和微动开关（2）串联而成的分流电阻支路，该分流电阻支路的一端与所述测试触头（1）电连接，另一端与所述手触电极（11）电连接。

7. 按照权利要求6所述的试电笔，其特征在于：所述分流电阻（6）的阻值为所述限流电阻（5）阻值的1~2倍。

8. 按照权利要求6或7所述的试电笔，其特征在于：所述分流电阻（6）和所述限流电阻（5）是一个具有E形纵截面的同心电阻（4），该同心电阻（4）的中间圆柱体为限流电阻（5），其外部圆环柱体为分流电阻（6），中间圆柱体略高于四周的圆环柱体。

9. 按照权利要求8所述的试电笔，其特征在于：所述同心电阻（4）的中间圆柱体与外部圆环柱体之间形成的环形槽内填充有绝缘树脂。

10. 一种试电笔，在其绝缘外壳（2）中，测试触头（1）、限流电阻（5）、氖管（8）和手触电极顺序串接，其特征在于：它还有一个与所述测试触头（1）电连接的分流电阻（6）支路；所述手触电极是一双位双接点按键式电极（11′），所述限流电阻（5）和氖管（8）支路与该按键式电极（11′）两个位置的接点均相连接，而该分流电阻（6）支路仅与其中一个位置的接点电连接。

11. 按照权利要求10所述的试电笔，其特征在于：所述分流电阻（6）的阻值为所述限流电阻（5）阻值的1~2倍。

12. 按照权利要求10或11所述的试电笔，其特征在于：所述分流电阻（6）和所述限流电阻（5）是一个具有E形纵截面的同心电阻（4），该同心电阻（4）的中间圆柱体为限流电阻（5），其外部圆环柱体为分流电阻（6），中间圆柱体略高于四周的圆环柱体。

13. 按照权利要求12所述的试电笔，其特征在于：所述同心电阻（4）的中间圆柱体与外部圆环柱体之间形成的环形槽内填充有绝缘树脂。

说　明　书

试　电　笔

技术领域

本发明涉及一种指示电压存在的装置，尤其是主要由绝缘外壳、测试触头、限流电阻、氖管和手触电极串接而成的试电笔。

背景技术

美国专利说明书 US2213973A 公开了一种结构与目前市场上普通试电笔基本相似的试电器，它由测试触头、氖管、手触电极和外壳构成。目前市场上出售的普通试电笔与其相比，多了一个限流电阻和金属弹簧，即其测试回路由测试触头、限流电阻、氖管、金属弹簧和手触电极串接而成。当测试触头与被测试金属体接触、人手与手触电极接触时，若被测对象相对大地有较高电压，则试电笔中的氖管启辉，表示被测金属体带电。但是许多电器设备或家用电器的金属外壳并不带对人有危险的触电电压，仅仅由分布电容和/或正常的漏电电阻感应而产生电势，这也会使试电笔中的氖管启辉，因此一般的试电笔不能区分有危险的触电电压和没有危险的感应电势，这往往给检测工作造成困难和带来错误的判断。

发明内容

本发明所要解决的技术问题是提供一种试电笔，它能方便地区分被测金属体是带有危险的触电电压还是没有危险的感应电势。

为解决上述技术问题，本发明的基本构思是：在普通试电笔中设置一条分流电阻支路，该分流电阻支路的连接使其在测试时可以与限流电阻、氖管支路处于并联或断开两种工作状态。测试时，先将人手与手触电极接触，并使分流电阻支路处于断开状态，若氖管启辉，表示被测物体带电；此时再接入分流电阻支路，使其与限流电阻、氖管支路并联，若被测金属体带有对人体无危险的高电势，由于电势源内阻很大，从而大大降低了测试金属体的带电电位，则氖管熄灭；若被测金属体带有危险的触电电压，因其内阻小，分流电阻支路的接入几乎不降低被测金属体的带电电位，则氖管保持启辉。从而识别被测物体所带电势是否会造成对人体的伤害。

作为实现本发明基本构思的第一种技术方案，在试电笔的绝缘外壳中设置一个分流电阻，该分流电阻的一端与测试触头电连接，另一端与一个部分伸出绝缘外壳、供人手接触的识别电极相连接，从而形成一条在测试时可以与限流电阻、氖管支路处于并联或断开两种工作状态的分流电阻支路。当人手仅与手触电极接触时，分流电阻未接入测试电路，指示被测物体是否带电；氖管启辉后，人手同时接触手触电极和识别电极，从氖管是否保持启辉可得知金属体所带电势对人体是否有危险。

作为实现本发明基本构思的第二种技术方案，在试电笔中设置一条由分流电阻和微动开关串接而成的分流电阻支路，该分流电阻支路一端与测试触头电连接，另一端与手触电极相连接，从而该分流电阻支路在测试时可以与限流电阻、氖管支路处于并联或断开两种工作状态。当人手与手触电极接触时，断开微动开关，分流电阻支路断路，为普通试电笔；合上微动开关，分流电阻支路接入，则识别电压的安危。

作为实现本发明基本构思的第三种技术方案，在试电笔的绝缘外壳中设置一个与测试触头电连接的分流电阻，而其手触电极为双位双接点按键式手触电极，限流电阻、氖管支路与按键式手触电极两个位置的接点均相连接，而分流电阻仅与其中一个位置（如低位）的接点电连接，从而形成一条在测试时可以与限流电阻、氖管支路处于并联或断开两种工作状态的分流电阻支路。当按键处于高位时，为一个普通试电笔；处于低位时，可识别电压的安危。

　　作为上述三种技术方案的改进，上述分流电阻与限流电阻构成一个具有 E 形纵截面的同心电阻，该同心电阻的中间圆柱体为限流电阻，其外部圆环柱体部分为分流电阻，中间圆柱体略高于四周的圆环柱体。采用这种 E 形纵截面的同心电阻，可以使试电笔的结构更紧凑。进一步在同心电阻的中间圆柱体与外部圆环柱体之间形成的环形槽内填充有绝缘树脂后，可以提高同心电阻的机械强度。

　　作为对第一种技术方案（即带有识别电极的技术方案）的进一步改进，上述识别电极为圆环状的弹性金属片，从圆环内边缘向中心伸出多个接触爪，卡住同心电阻外部圆环柱体的外表面，该弹性金属片外边缘伸出绝缘外壳的中部，弯过来贴在外壳的外表面。这样一来，可以方便地区分手触电极和识别电极，从而使用很方便、更安全。

　　由于上述试电笔中采用了可与限流电阻、氖管支路处于并联、断开两种工作状态的分流电阻支路，当接入分流电阻支路时就可从氖管是否保持启辉确定被测物体所带电势是否对人体有危险，因而可以十分方便地区分安危电压。此外，由于分流电阻支路中采用了最便宜、最简单的电阻元件，结构简单，几乎不增加成本。

附图说明

　　下面结合附图和具体实施方式对本发明作进一步详细的说明。

　　图 1 是本发明试电笔第一种实施方式的电路原理图。

　　图 2 是表示图 1 所示实施方式试电笔具体结构的纵剖面图。

　　图 3 是图 2 所示试电笔沿 I–I 线的剖视图。

　　图 4 是本发明试电笔第二种实施方式的电路原理图。

　　图 5 是图 4 所示实施方式的另一种电路原理图。

　　图 6 是本发明试电笔第三种实施方式的电路原理图。

具体实施方式

　　在图 1 所示电路原理图中，试电笔金属测试触头 1 与限流电阻 5、氖管 8 和手触电极 11 相串联，金属测试触头 1 还与一个分流电阻 6 相连，分流电阻 6 另一端与人体可接触的识别电极 7 相连。在普通试电笔中，通常限流电阻阻值为几兆欧。为保证人体使用安全，本实施方式中分流电阻阻值通常不应比限流电阻小，最好取限流电阻的 1~2 倍。当区分被测对象是否带有危险电压时，人体同时接触手触电极 11 和识别电极 7，分流电阻 6 被接入测试电路。若被测金属体带有无危险的高电势，则氖管 8 熄灭；相反，带有危险的触电电压时，则氖管 8 保持启辉。

　　图 2 是按上述电路原理图设计而成的试电笔纵剖图。一个具有良好导电性能和机械强度的测试触头被塑注在绝缘外壳 2 中，这里测试触头 1 可做成螺丝刀形状，使试电笔能兼作螺丝刀用。外壳 2 可以是透明塑料制成的，或者开有一个透明窗口以便观察氖管 8 是否启辉。外壳 2 有一个圆柱形空腔，其靠近测试触头 1 的一端成圆锥形，测试触头 1 在外壳 2 中的一端从圆锥形空腔的顶部伸进空腔，与一塔形弹簧 3 相接触，塔形弹簧 3 的另一端与分流电阻 6 和限流电阻 5 的一端相连。在图 2 的具体结构中，限流电阻 5 和分流电阻 6 制成具有 E 形纵截面的同心电阻 4，其中间圆柱体部分相当于限流电阻 5，外面的圆环柱体部分相当于分流电阻 6，内外柱体之间的环形凹槽内可填充有绝缘树脂，以保证可靠的绝缘和提高机械强度。中间的圆柱体部分略高于外面的圆环柱体部分，使氖管 8 的一端仅与限流电阻 5 接触，而不会触及分流电阻 6。采用这种同心电阻 4 使整个结构紧凑，装配方便。氖管 8 的另一端与一圆柱弹簧 9 相连，手触电极 11 被塑注在后盖 10 中，当将后盖 10 旋在外壳 2 上，手触电极 11 的一端与圆柱弹簧 9 接触，而且由于两个弹簧的弹性压力使得从测试触头 1、限流电阻 5、氖管 8 到手触电极 11 之间形成可靠的电连接。分流电阻 6 的另一端与一个识别电极 7 相连，识别电极 7 最好如图 3 所示由圆环形弹性金属片、例如弹性铜片冲压而成，圆环的内边缘向中间伸出多片（图中是 4 片）接触爪 15，同心电阻 4 圆环柱体部分的外表面被这些接触爪 15 弹性地卡住，形成识别电极 7 与分流电阻 6 之间的良好电接触。这种形状的识别电极 7 可以很容易地与试电笔外壳 2 塑注成一体，弹性金属片外边缘伸出绝缘外壳 2 中部，弯过来贴在外壳 2 的外表面，成为识别电极 7 供人手接触的接触点，其位置应使得用手握住试电笔时很容易用一个手指去触摸它。

本发明也可按另一种实施方式的电路原理图（图 4 和图 5）设计出另一种具体结构的试电笔。其分流电阻支路由分流电阻 6 和微动开关 12 串接而成，图 4 中分流电阻 6 的一端与测试触头 1 电连接，微动开关 12 与手触电极 11 相连接，采用这种连接方式的电路时，其限流电阻 5 和分流电阻 6 可以像图 2 中所示那样，制成具有 E 形纵截面的同心电阻 4，并可在其内外柱体之间的环形凹槽内填充绝缘树脂；而在图 5 中微动开关 12 与测试触头 1 相连，分流电阻 6 的一端与手触电极 11 相连。从原理上看，图 4 和图 5 两者所起作用完全相同，但从试电笔具体结构来看，图 4 所示电路原理图比图 5 更实用。当人手与手触电极 11 接触时，断开微动开关 12，分流电阻支路断路，像普通试电笔一样指示被测物体是否带电；氖管 8 启辉时，合上微动开关 12，此时分流电阻支路接入，就可根据氖管是否保持启辉确定所带电势对人体是否有危险。

还可根据图 6 所示电路原理图设计出另一种具体结构的试电笔。在这种结构中，手触电极是一种双位双接点按键式电极 11′，限流电阻 5 和氖管 8 的支路与按键式电极 11′两个位置的接点都相连接，而分流电阻 6 的一端与测试触头 1 连接，另一端仅与按键式电极 11′其中一个位置（如低位）的接点电连接。当按键处于高位时，分流电阻 6 未接入测试电路，为一普通试电笔；而按键处于低位时，则分流电阻 6 与限流电阻 5、氖管 8 支路并联，氖管 8 指示被测对象带有危险的触电电压还是没有危险的感应电势。当然，在这种实施方式中，其限流电阻 5 和分流电阻 6 可以与前两种实施方式一样，制成具有 E 形纵截面的同心电阻 4，并在其内外柱体之间的环形凹槽内填充绝缘树脂。

当然，该分流电阻 6 支路的连接不局限于上述三种形式，若有其他形式可使分流电阻支路在测试时与限流电阻、氖管支路处于并联或断开两种工作状态，也属于本发明的保护范围。

此外，本发明不仅适用于试电笔，对于其他类似的指示电压存在的装置，只要其采用了上述分流电阻支路来识别安危电压，也属于本发明的保护范围。

说 明 书 附 图

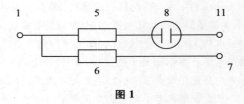

图 1

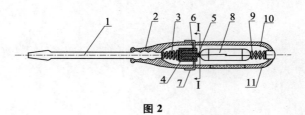

图 2

图 3

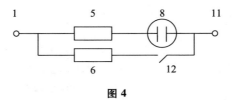

图 4

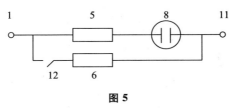

图 5

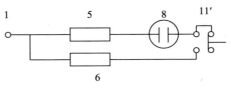

图 6

说 明 书 摘 要

　　本发明公开了一种能够识别安危电压的试电笔，它在普通试电笔中增加了一条分流电阻（6）支路。当人体与手触电极（11）接触进行测试时，该分流电阻支路可处于与限流电阻（5）、氖管（8）支路并联或断开两种工作状态。当分流电阻支路断开时，氖管指示测试对象是否带电；并联时，指示所带电势是否有危险。该分流电阻支路可以由分流电阻（6）和识别电极（7）构成；也可由分流电阻和微动开关构成；或者手触电极为一个双位双接点按键式电极，限流电阻、氖管支路与按键式电极两个位置的接点均相连接，而分流电阻支路仅与按键式电极中一个位置的接点电连接。采用这种结构的试电笔，不仅能区分安危电压，而且结构简单、成本低。

摘 要 附 图

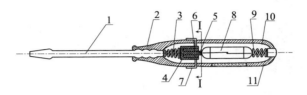

五、日常生活用品类实用新型专利申请撰写示例

案例名称：便携式牙刷

选用本案例的几点考虑：

①该案例的国际专利分类号为 A46B 11/02，可作为日常生活用品领域专利申请文件的撰写示例。

②此案例撰写时未局限在原有的一种实施方式（即说明书中的第一种具体实施方式），撰写独立权利要求时为申请人争取一个较宽的保护范围，并在说明书中补充了其他的具体实施方式。

权 利 要 求 书

1. 一种便携式牙刷，由牙刷本体（1）、兼作刷柄的盒体（2）和置于该盒体（2）内的牙膏软袋（4）组成，该牙刷本体（1）与该盒体（2）之间为活动连接，其特征在于：所述盒体（2）顶壁上有一个形状、大小与牙刷本体（1）上的刷毛（7）相应的空腔（8），携带时所述牙刷本体（1）上的刷毛（7）正好位于此空腔（8）内；所述牙膏软袋（4）的出膏口（12）位置与该刷毛空腔（8）位置相应；该盒体（2）中有一个挤压该牙膏软袋（4）的装置。

2. 按照权利要求1所述的便携式牙刷，其特征在于：所述挤压牙膏软袋的装置是一块位于该牙膏软袋（4）下方的、带凸块（13）的压板（6）；所述盒体（2）底壁上与该压板凸块（13）位置相应处开有一个孔（5），该压板凸块（13）从此孔（5）中伸出。

3. 按照权利要求1所述的便携式牙刷，其特征在于：所述挤压牙膏软袋的装置是一块位于所述盒体（2）远离所述刷毛空腔（8）那一端的可移动板（15），该可移动板（15）边缘有一拨块（16）；所述盒体（2）壁上与此拨块（16）相应位置处开有一条长条形槽（17）；该可移动板（15）上的拨块（16）从此长条形槽（17）中伸出，并可沿此长条形槽（17）移动。

4. 按照权利要求1至3中任一项所述的便携式牙刷，其特征在于：所述盒体上有一个可供更换所述牙膏软袋（4）的开口和一个与此开口相配的盖（9）。

说 明 书

便携式牙刷

技术领域

本实用新型涉及一种便携式牙刷，尤其是由牙刷本体和兼作刷柄的盒体组成的便携式牙刷。

背景技术

人们到外地工作、旅行，日常洗漱用品是随身之物。为了携带方便和保持刷毛卫生，出现了便携式旅行漱具。目前市场上最常见的便携式漱具有两种，一种便携式漱具由漱具盒、普通牙刷、牙膏袋组成，携带时将牙刷、牙膏袋放入漱具盒中，使用时从盒中取出即可，但这样的漱具盒太大，不便携带。随后，出现了便携式牙刷，由牙刷本体和兼作刷柄的盒体组成，牙刷本体可以活动地装在此盒体上。不使用时，可将牙刷本体从盒体一侧的开口插入此盒，防止刷毛在旅行携带时被弄脏；使用时将牙刷本体取出，倒过来安装在盒体上，即可刷牙。这样的牙刷体积小，便于携带，但在旅行时还需另带牙膏，牙刷和牙膏是分开的。

日本实用新型公开说明书 JP－实开昭××－××××公开了一种牙刷、牙膏袋在携带时合为一体的旅行牙刷，此旅行牙刷也有一个兼作刷柄的盒体，此盒体容积比上面所述市场上见到的便携式牙刷的盒体略大一些，其内还可放置一管旅行用的小包装牙膏袋，携带时可将此小包装牙膏袋从盒体上的开口放到兼作刷柄的盒体内，因此三者在携带时成为一体，比较方便。但是，在每次使用牙刷时，还必须从盒体中取出牙膏软袋，用毕再放回。

实用新型内容

本实用新型要解决的技术问题是提供一种使用、携带更方便的便携式牙刷，不仅携带时牙刷与牙膏软袋合成一体，而且在使用时不必从盒体中来回取放牙膏软袋就可刷牙。

为解决上述技术问题，本实用新型便携式牙刷由牙刷本体、兼作刷柄的盒体和置于盒体内的牙膏软袋组成，牙刷本体与盒体之间为活动连接；盒体顶壁上有一个形状、大小与牙刷本体上的刷毛相应的空腔，该空腔的位置可使携带时牙刷本体上的刷毛正好位于此空腔内；牙膏软袋出膏口的位置与此刷毛空腔位置相对应，该盒体中有一个挤压该牙膏软袋的装置。

此挤压牙膏软袋的装置可以是一块位于牙膏软袋下方的、带凸块的压板，盒体底壁上与此压板凸块位置相应处开有一个孔，凸块从此孔中伸出。

此挤压牙膏软袋的装置还可以是一块位于远离刷毛空腔那一端的可移动板，该可移动板边缘上有一拨块，盒体壁上与此拨块相应位置处开有一条长条形槽，可移动板上的拨块从此长条形槽中伸出，并可沿此长条形槽移动。

采用这样的结构后，由于盒体壁上设置了接纳刷毛的空腔，旅行携带时，刷毛就置于此空腔内，从而可保持刷毛清洁，符合卫生要求。又由于牙膏软袋出膏口与刷毛空腔位置相应，盒体中又有一挤压牙膏软袋的装置，使用时通过挤压牙膏软袋装置，例如按压带凸块的压板或沿长条形槽拨动带拨块的可移动板，就可以在不取出牙膏软袋的条件下将牙膏从出膏口挤到牙刷刷毛上，进行漱洗，从而使用十分方便。

附图说明

下面结合附图和具体实施方式对本实用新型作进一步详细的说明。

图 1 是本实用新型便携式牙刷第一种实施方式的剖视图。

图 2 是本实用新型便携式牙刷第二种实施方式的剖视图。

具体实施方式

图 1 所示便携式牙刷由牙刷本体 1、兼作刷柄的盒体 2 和牙膏软袋 4 组成，牙刷本体 1 与盒体 2 用铰链 3 连接，牙膏软袋 4 置于盒体 2 中。盒体 2 形状是细长方体，盒体 2 顶壁上有一个形状、大小与刷毛 7 相应的空腔 8，当牙刷折叠起来放置时，牙刷刷毛 7 正好落在此刷毛空腔 8 内。盒体 2 底壁上开有孔 5，置于盒底的牙膏软袋压板 6 的下方有一凸块 13，从此孔 5 中伸出。牙膏软袋 4 采用软袋包装，放在压板 6 上。牙膏出膏口 12 开在牙膏软袋 4 上侧与刷毛空腔 8 位置相应处。出膏口 12 上有螺纹，与牙膏旋盖 11 相匹配。盒体 2 一端有端盖 9，端盖 9 内壁上有 2 至 4 个突起 14，它与盒体 2 侧端外壁上的凹孔 10 相卡紧。

图 2 给出另一种便携式牙刷的剖视图，其中采用了另一种挤压牙膏软袋 4 的装置。在盒体 2 远离刷毛空腔 8 那一端设置了一块可移动板 15 来代替图 1 中的压板 6，该可移动板 15 侧面有一个突出的拨块 16，盒体 2 壁上与此拨块 16 相对应的位置处开有一条沿盒体 2 长边走向的长条形槽 17，可移动板 15 上的拨块 16 从此长条形槽 17 中伸出，沿着长条形槽 17 拨动拨块 16 时，可以使可移动板 15 沿着盒体 2 长边方向移动。

使用时，将牙刷本体 1 转动一个角度，打开牙膏旋盖 11，再将牙刷本体 1 转回来，使刷毛 7 靠在出膏口 12 上，用手按动压板 6 的凸块 13 或拨动可移动板 15 上的拨块 16，即可将牙膏挤在刷毛 7 上，再将牙刷本体 1 转动 180 度伸直，盖上旋盖 11 即可刷牙。

当然，此挤压牙膏软袋 4 的装置还可采用其他结构，如目前市场上可买到的固体胶棒中的螺旋送进机构、青岛日用化工厂生产的马牌润面油的送进机构。同样，牙刷本体与盒体之间的连接不局限于铰链连接，还可采用其他活动式连接方式，如卡入式连接。兼作刷柄盒体的截面形状可为半圆形、半椭圆形或其他适用形状。这样的变换均落在本实用新型的保护范围之内。

说 明 书 附 图

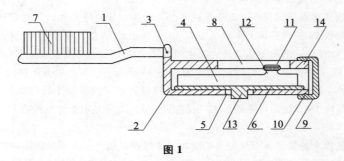

图 1

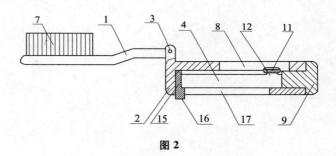

图 2

说 明 书 摘 要

　　本实用新型涉及一种便携式牙刷。该便携式牙刷由牙刷本体（1）、兼作刷柄的盒体（2）和置于盒体内的牙膏软袋（4）组成，盒体顶壁上有一个形状、大小与刷毛（7）相应的空腔（8），携带时牙刷本体上的刷毛正好位于此空腔内，保持刷毛干净。在本实用新型的便携式牙刷中，牙膏软袋的出膏口（12）位置与刷毛空腔（8）位置相对应；盒体中有一个挤压牙膏软袋的装置，例如置于牙膏软袋下方的带凸块（13）的压板（6），或者盒体中远离刷毛空腔一端有一块带拨块的可移动板，这样只需按动此压板上的凸块或拨动此可移动板上的拨块而不必将牙膏软袋取出就可将牙膏挤在刷毛上，因此使用十分方便。

摘 要 附 图

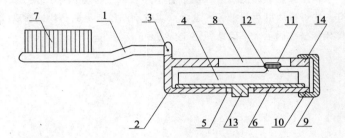

第六节　外观设计图片和照片的绘制及简要说明的撰写

在本书第七章第五节中对外观设计专利申请文件的撰写要求作了简要介绍。本节主要介绍如何准备外观设计专利申请文件和指出外观设计申请文件可能出现的问题，最后给出十二份推荐的外观设计专利申请文本。

一、外观设计专利申请文件的准备

专利代理人在为委托人准备外观设计专利申请文件时主要考虑四个方面的问题：判断是否属于外观设计专利保护的客体；确定请求书中的使用外观设计的产品名称；准备外观设计的图片或照片；对外观设计作出简要说明。

1. 判断专利申请是否属于外观设计专利保护的客体

专利代理人在接受外观设计专利申请的委托后，首先要判断该专利申请要求保护的外观设计是否属于《专利法》第五条第一款或者第二十五条第一款第（六）项规定的不授予专利权的情形。若该外观设计包含有涉及《专利审查指南 2010》第一部分第三章第 6.1 节中违反法律、违反社会公德或妨害公共利益的内容，则应当告知申请人包含这方面设计内容的外观设计因不符合《专利法》第五条第一款的规定而不能授予专利权，请其考虑可否将有关内容，从该外观设计中删去，并提供删去上述内容的图片或照片；当然，对于该外观设计的主要设计内容均属于《专利法》第五条第一款规定的不授予专利权的情形，应当建议申请人不再提出外观设计专利申请。若使用该外观设计的产品属于平面印刷品，且该外观设计针对因素、色彩或两者的结合作出并主要起到使公众识别产品、服务来源的标识作用，则应当告知申请人，这样的外观设计属于《专利法》第二十五条第一款第（六）项规定的"对平面印刷品的图案色彩或者二者的结合作出的主要起标识作用的设计"，不能取得专利权，除非对该外观设计作较大改动，增加设计内容，使其不再成为主要使公众识别产品服务来源标识作用的设计。

其次，判断该专利申请要求保护的外观设计是否符合《专利法》第二条第四款的规定。具体来说，判断该专利申请是否为《专利审查指南 2010》第一部分第三章第 7.4 节列出的 11 种不能授予外观设计专利权的情形或类似的情形。若该外观设计专利申请属于这 11 种情形之一，首先考虑是否存在对其作出修改而使其符合《专利法》第二条第四款规定的可能，例如委托人原来要求申请"杯把"的外观设计专利，则可以将其修改为带有这种杯把的"杯子"。然后将考虑的结果立即告知委托人，由其决定是否继续申请外观设计专利或者作出修改后再申请外观设计专利。

通过分析，不属于《专利法》第五条第一款和第三十五条第一款第（六）项规定的情形，也不属于《专利审查指南》第一部分第三章第 7.4 节所列出的不符合《专利法》第二条第四款规定的 11 种情形，则应当立即为委托人准备外观设计专利的申请文件。

2. 使用外观设计的产品名称

在确定使用外观设计的产品名称时，首先根据委托人对该外观设计产品的介绍，从国际外观设计分类表的"产品目录表"中选择，尽量选用该分类表的"产品目录表"中列出的名称。

如果国际外观设计分类表的"产品目录表"中没有相应的产品名称，可以从其中选择相近的产品名称作相应的变化。例如对于近两年新出现的夏天使用的其内部充有水的凉枕，则可以从国际外观设计分类表的"产品目录表"中 06 大类 09 小类中的 P0243 "枕头"和 M0102 "充气床垫"出发，将产品名称定为"充水枕头"。但是，在对产品名称作相应变化时应当注意不要在其中增加不符合规定的内容：如描述产品技术效果、内部构造的内容，反映产品规格、大小、规模、数量单位的内容，反映产品制造单位、设计人员、产地、商标、型号或其他类似的内容；另外也不应当将产品名称上升到日常所指的产品类别或其使用领域。

如果从委托人提供的外观设计图片或照片以及委托人对产品及其性能的介绍难以确定该外观设计产品的分类，从而无法确定其产品名称，则应当尽快与委托人联系，进一步了解该产品及其主要功能，从而为其确定合适的名称。例如，具有储钱罐和台钟两种功能的产品，应当让委托人确认以何者为主，即该产品是带台钟的储钱罐还是带储钱罐的台钟。若为前者，可选用 03 大类 01 小类 B0107 的产品名称"存钱罐"；若为后者，则选用 10 大类 01 小类 C0513 的产品名称"钟"。

3. 图片和照片

通常，外观设计的图片或照片由委托人提供。

作为专利代理人，首先应当根据委托人对该外观设计产品的介绍，检查委托人所提供的图片或照片是否齐备。对于立体产品，是否提供了六面视图的图片或照片，或者在产品涉及一个面或几个面的，是否提交了所涉及面的正投影视图和立体图；对于平面产品，产品设计要点涉及两个面的，是否提供了两面正投影图的图片或照片。若缺少有关视图，就要看委托人是否对此情况作出了说明，即所缺视图是否由于产品设计要点不涉及这个面而省略的，或者由于产品的对称性或视图的相同而省略的，或者由于该产品位于正常位置时该面不易被见到而省略的。此外，还应当分析该产品有无特殊性，是否需要提供展开图、剖视图、剖面图、放大图、变化状态图以及使用状态参考图。外观设计有几种不同变化状态的，是否具有不同变化状态的相应视图；包括图形用户界面的产品外观设计，是否提供了整体产品外观设计视图，其中图形用户界面为动态图案的，是否至少提供了一个状态的上述整体产品外观设计视图和其余状态的关键帧的视图，是否能唯一确定动态图案中动画的变化趋势；两件以上物品的组合件产品是否提供了组合状态的相应视图和各件单独的视图。一旦发现缺少有关视图，应当立即要求委托人提供。

在视图齐全的情况下，要检查所有这些图片或照片是否符合要求。若出现不符合要求的，例如轮廓线不清晰，图片中出现应删除或修改的阴影线、中心线、尺寸线、指示线、虚线、点画线等线条，照片中因存在强光、反光、阴影、倒影、衬托物而影响外观设计内容正确表达的情况；视图比例不一致；投影关系不符合正投影规则、视图之间的投影关系不对应或视图方向颠倒等视图投影关系错误；细长物品或透明物品的表示不规范等，应当请委托人考虑作出修改。若有可能最好对不符合要求的视图作出修改后请委托人确认，从而尽快为委托人准备好一套符合要求的外观设计的图片或照片。

在准备图片或照片的同时，一旦发现该外观设计专利申请包括多项外观设计，其既不是《专利法》第三十一条第二款规定的同一产品的两项以上的相似外观设计或其项数超过 10 项，也不符合《专利法》第三十一条第二款和《专利法实施细则》第三十五条第二款规定的非成套产品或设计构思不相同的产品，则也应当告知委托人该专利申请可能不符合外观设计专利申请的单一性，请委托人考虑是以多件专利申请分别提出，还是先合案申请后根据审查意见再决定是否分案。

4. 简要说明

在准备好外观设计的图片和照片后，就开始着手撰写简要说明。

《专利审查指南 2010》第一部分第三章第 4.3 节列出了四方面必须写明的内容和六种需要根

据不同申请案的情况针对性地给予说明的内容。

对所有的外观设计专利申请都应当写明下述四方面内容。

①外观设计产品的名称：按照前面所确定的使用外观设计的产品名称填写，且应当与请求书中填写的相一致。

②外观设计产品的用途：应当写明有助于确定产品类别的用途，对于有多种用途的产品，应当写明所述产品的多种用途。

③外观设计的设计要点：设计要点是指与现有设计相区别的产品的形状、图案及其结合，或者色彩与形状、图案的结合，或者部位；对设计要点的描述应当简明扼要。

④指定一幅最能表明设计要点的图片或者照片。

目前不少申请人担心写明设计要点会形成对该专利申请的限制，因而不太愿意填写。笔者认为，这种担心是多余的。2008 年修改的《专利法》对外观设计授权条件修改的立法本意在于保护有创新内容的设计，因而写明设计要点总体上对申请人来说有利于侵权诉讼的判决和无效宣告请求纠纷的审理，尤其是随着对外观设计专利保护的完善将会日益体现。如果被诉侵权方产品的外观设计中包含了所有设计要点中所强调的内容，即使其他方面存在差别，只要这些差别是该产品的常规设计，就很有可能被判为侵权。相反，如果无效宣告请求的对比文件中披露的外观设计未包含设计要点中的一项或几项，就很有可能维持专利权有效。但是设计要点强调得多将有助于维持专利权，但认定侵权就要困难一些；而设计要点强调得少比较容易认定侵权，但维持专利权的难度加大。因此，专利代理人应当与申请人充分交换意见，了解申请人所作出的这项外观设计相对于现有设计是在局部上作出了新设计还是在整体上的创新，如果是在局部上作出了新设计，则应当在简要说明中写明设计要点在其局部，如写明设计要点在于形状、图案还是两者的结合，或者是色彩与形状和/或图案的结合，或者在于产品的哪一个或哪几个视图，或者在于该产品的哪一局部部位作出的设计；当然如果该外观设计相对于现有设计是在总体上体现出有创新，则可以写明设计要点在于整体，在此情况下还可以进一步说明其在于形状、图案还是两者的结合，或者是色彩与形状和/或图案的结合。如果申请人作出的外观设计在多个局部均有创新，在这种情况下可以考虑针对设计要点分别在各个局部以及设计要点在这些局部的组合，甚至设计要点在于整体提出多件外观设计专利申请。

需要根据不同申请案的具体情况针对性地作出说明的内容可以分为下述三类。

①说明视图的有关情况：如视图的省略及省略原因，平面产品中单元图案两方连续或四方连续而无限定边界，以及细长物品采用省略画法的情形等，这三种情形为《专利审查指南 2010》第一部分第三章第 4.3 节中列出的第（1）种、第（3）种和第（4）种情形。

②对产品情况的说明：如产品的透明部分，产品具由有特殊视觉效果的新材料的部分，以及产品状态变化情况等，前两种情形为《专利审查指南 2010》第一部分第三章第 4.3 节中列出的第（5）种情形。

③说明多项外观设计合案申请的情况，即《专利审查指南 2010》第一部分第三章第 4.3 节中列出的第（2）种和第（6）种情形：对于同一产品的多项相似外观设计合案申请的，指定其中一项为基本设计；对于成套产品的外观设计，写明各套件所对应的产品名称。

需要注意的是，在简要说明中不要写入商业性宣传用语，也不要说明产品的性能和内部结构。

二、外观设计申请文件中可能出现的问题

为帮助专利代理人进一步掌握和了解外观设计专利申请文件的撰写和绘制，现指出目前外观

设计专利申请经常出现的问题，以供参考。

1. 使用外观设计的产品名称

使用外观设计的产品的名称中最常见的问题有七种。

①使用人名、地名、国名、单位名称、商标、代号、型号或以历史时代命名的产品名称，如"徐氏开瓶器""成吉思汗宝刀""XF-7型吸尘器""红星牌电饭锅"等。

②概括不当、过于抽象的名称，如"建筑用品""机床""衣服"等；但是，对于成套产品可以采用合适概括的名称，如对于由床单、被套、枕套构成的成套产品，其名称可以为"床上用品"。

③产品名称中包含描述技术效果、内部构造的内容，如"节电手电筒""多功能健身器""具有多个充气腔室的轮胎"等。

④产品名称中带有产品规格、大小、规模、数量单位，如"43英寸电视机""800W微波炉""中型书柜""一副三角板"等。

⑤未写明具体的产品名称，如"台""架"等，应当写成"控制台""盆架"。

⑥名称省略不当，例如将"棋盘"写成"棋"。

⑦以外国文字或无确定中文意义的文字命名的名称，例如"CRYSTAL项链""克莱斯酒瓶"等；但已经众所周知且含义确定的文字可以使用，如"DVD播放机""U盘"。

2. 简要说明

简要说明中经常出现的问题主要有下述七种。

①未写明设计要点，或者所写明设计要点与图片、照片表示的内容不相对应，或者未按照《专利审查指南2010》第一部分第三章第4.3节的要求写明设计要点以致造成设计要点内容过于繁杂而不明确其设计要点究竟在何处。

②未写清楚视图有关情况，例如省略视图时未写明省略的原因，对花布、壁纸等以单元图案示出的平面产品未写明是两方连续还是四方连续等。

③未写清楚产品的有关情况，如对产品的透明部分未予以指明。

④未对多项外观设计合案申请作出必要的说明，如对于同一产品的多项相似外观设计未指定其中一项为基本设计，对于成套产品未给出各套件的产品名称。

⑤写入了产品的性能、优点、内部结构等内容，这些内容不是对图片或照片的补充说明，不应当写入。

⑥写入了对该产品的广告宣传内容，如产品的获奖情况或节能效果。

⑦指定的一幅图片或者照片不能清楚地表明其设计要点。

3. 图片和照片

图片和照片绘制中最常见的问题有九种。

①"图片或照片"文件的使用方法不对。横向使用文件时，视图的顶部应当在装订线一方，图11-11所示是错误的，主视图应当旋转180°后才为正确的位置，如图11-12所示。

图 11 - 11

图 11 - 12

②绘图应当按照我国现行外观设计专利申请的制图要求和机械制图的国家标准绘制，并使用制图工具和黑色墨水。图 11 – 13 中剖视图的表示法和剖面线的表示不规范，不符合机械制图的国家标准，视图中出现中心线，不符合我国现行外观设计专利申请的制图要求，此外各视图名称手写而成，也不符合要求，图 11 – 14 为符合申请要求的视图。

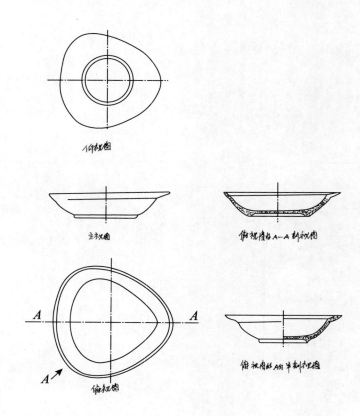

图 11 – 13

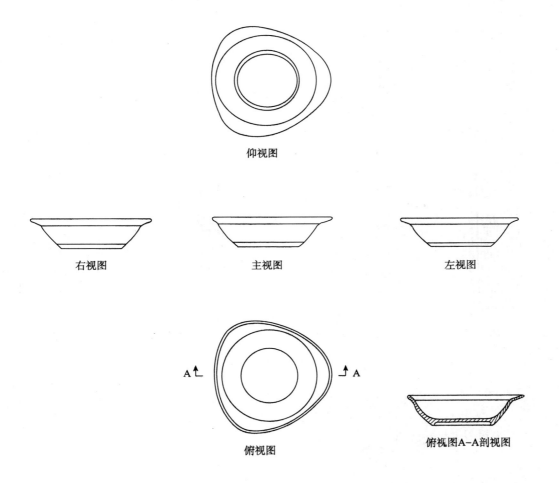

仰视图

右视图   主视图   左视图

俯视图   俯视图A-A剖视图

图 11－14

③轮廓线线条不连续，图形不清晰，如图 11 – 15 的六个视图中的后视图上部的轮廓线和左视图中部的垂直线条不清晰，应当重新绘制补交；图 11 – 16 为符合申请要求的视图。

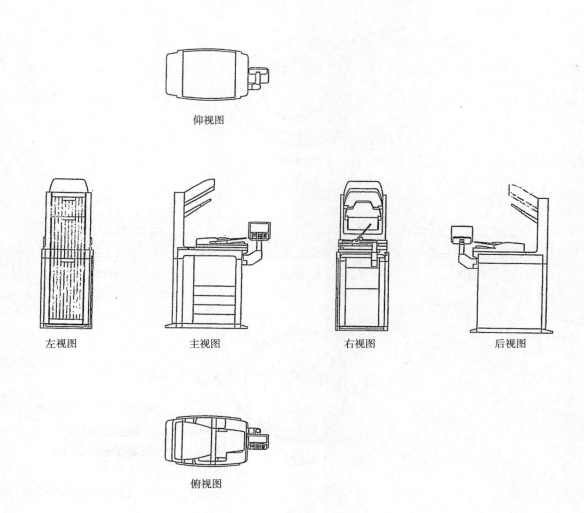

仰视图

左视图　　　　　　主视图　　　　　　右视图　　　　　　后视图

俯视图

图 11 – 15

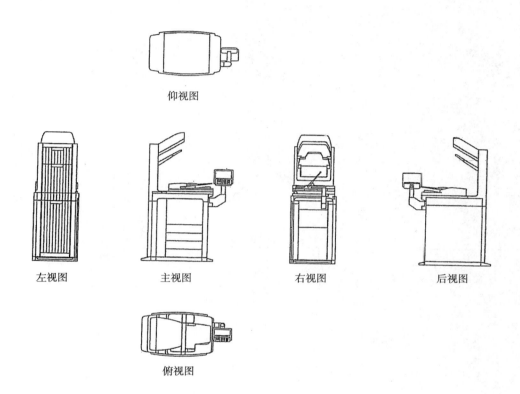

仰视图

左视图　　主视图　　右视图　　后视图

俯视图

图 11－16

④各视图之间的投影关系不对应，如图 11 – 17 中，俯视图和仰视图的图位及方向有误，图 11 – 18 给出了正确的视图。

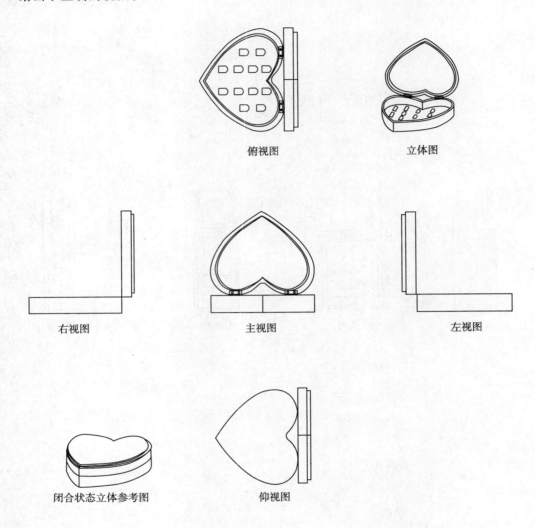

俯视图 立体图

右视图 主视图 左视图

闭合状态立体参考图 仰视图

图 11 – 17

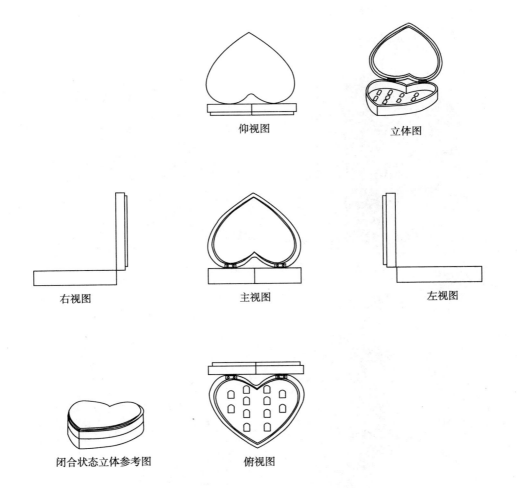

仰视图　　　　　　　　立体图

右视图　　　　　　主视图　　　　　　左视图

闭合状态立体参考图　　　　俯视图

图 11 – 18

⑤照片未按照正投影规则拍摄制作，如图 11 - 19 中的主视图和后视图，图 11 - 20 为符合申请要求的照片。

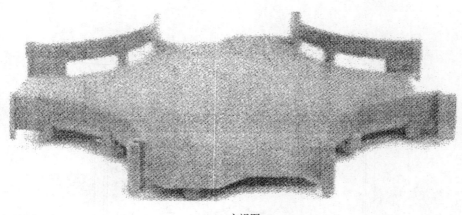

主视图

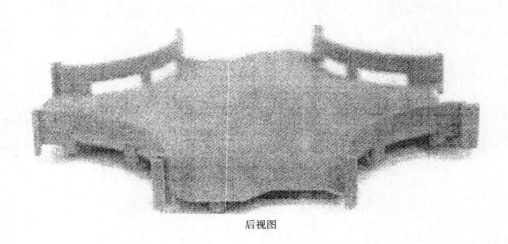

后视图

图 11 - 19

主视图

后视图

图 11 – 20

⑥各视图的投影关系正确，但各视图的尺寸比例不一致，如图 11 – 21 中后视图的尺寸与其他视图不成比例。

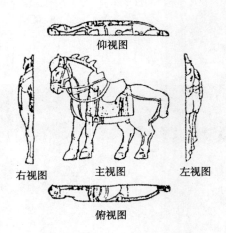

仰视图

右视图　　主视图　　左视图

俯视图

后视图

图 11 – 21

⑦视图中存在不应在外观设计视图中给出的线条，如阴影线、虚线、尺寸线、中心线等，如图 11 − 22 中各视图因包含阴影线和虚线而不符合申请的要求，且其中未给出各视图的名称；图 11 − 23 为符合申请要求的视图。

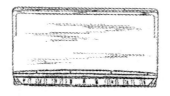

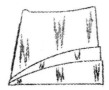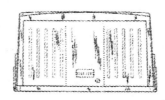

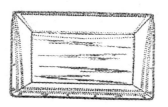

图 11 − 22

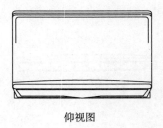

仰视图

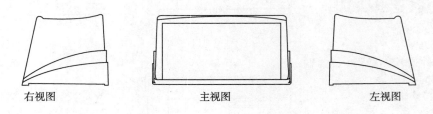

右视图　　　　　　主视图　　　　　　左视图

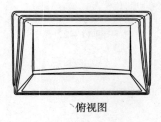

俯视图

图 11－23

⑧照片中不应当出现影响外观设计内容表达的陪衬物，拍摄时与产品无关的陪衬物应当删除。图 11-24 中出现了照片背景中的布帘和灯光的阴影，图 11-25 为符合申请要求的照片视图。

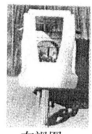
右视图

主视图

左视图

俯视图

立体图

图 11-24

右视图

主视图

左视图

俯视图

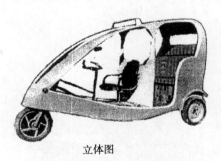

立体图

图 11－25

⑨两项以上外观设计可合案申请的条件之一是该两项以上外观设计的产品属于同一类别。图
11－26 中的酒瓶属于 09 大类 01 小类，瓶贴属于 19 大类 08 小类，因而不能合案申请，而且瓶贴
由正贴、背贴和颈贴三个部分组成，对这三部分未分别给出它们的相应视图，因此不符合申请的
要求。正确的视图应当如图 11－27 所示，去除酒瓶后仅保留瓶贴三个部分的三幅主视图，并给
出其三者组合起来的使用状态参考图。

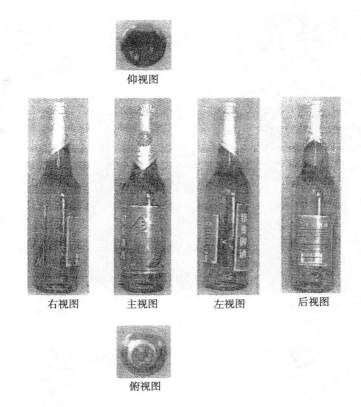

图 11－26

410 ⬥ 专利代理实务(第3版) ◈─────────●

主视图1

主视图2

主视图3

使用状态参考图

图 11 - 27

三、外观设计专利申请文件推荐实例

现推荐十二份绘制基本符合要求的外观设计图片或照片以及简要说明，并针对各个案例具体说明如何提供相应的图片或照片以及如何写明简要说明。

1. 外观设计专利申请文件实例一：壁纸

由于本外观设计产品壁纸为平面产品，且产品设计要点仅涉及其正面，因而可以仅提交本外观设计的主视图，但在简要说明中应当注明省略后视图。此外，对于壁纸、花布、花边这类四方连续或两方连续而无限定边界的情况，还应当在简要说明中写明其为四方连续或者其在上下（或左右）两个方向为两方连续。对于壁纸、花布、花边这类产品，若其要求保护的外观设计包含色彩要素，则应当提交彩色图片或照片一式两份，且应当在简要说明中写明请求保护色彩；若要求保护的外观设计不包含色彩要素，则只需要提供黑白图片或黑白照片即可。

主视图

简要说明

1. 本外观设计产品的名称：壁纸。

2. 本外观设计产品的用途：墙面装饰等。

3. 本外观设计的设计要点：产品的图案与色彩的结合。

4. 最能表明设计要点的图片或者照片：主视图。

5. 平面产品：省略后视图。

6. 请求保护色彩。

7. 平面中的单元图案四方连续。

2. 外观设计专利申请文件实例二：绞肉机

本外观设计产品绞肉机为立体产品，通常应当提供六面视图。为清楚起见，最好按照投影关系排列，也可以分别绘制在几张纸上。通常绞肉机的底部是使用者在使用时观察不到的部分，因而也可省略仰视图，但此时应当在简要说明中写明省略仰视图的理由，但就本申请案而言，为清楚反映本外观设计的设计要点中所强调的底座形状近似为圆台形，不仅保留了仰视图还提供了立体图。此外，申请人强调了本外观设计与现有设计的不同之处主要在于：绞肉机上部进料部分的形状近似为倒四棱台形、底座的形状近似为圆台形，以及正视图中底座中部的旋钮位置及其在底座中部所占的尺寸比例，因而在简要说明中应当将上述内容写明为本外观设计的设计要点。

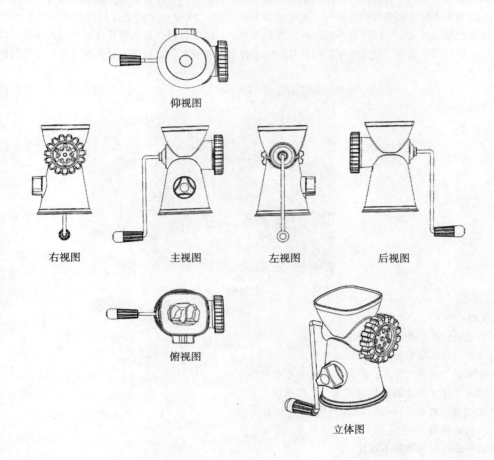

仰视图

右视图　　　　　　主视图　　　　　　左视图　　　　　　后视图

俯视图　　　　　　　　　　　　立体图

简要说明

1. 本外观设计产品的名称：绞肉机。

2. 本外观设计产品的用途：用于绞肉。

3. 本外观设计的设计要点：产品的形状，其中上部进料部分形状近似为倒四棱台形、底部形状近似为圆台形，主视图中底座中部旋钮位置及其在底座所占尺寸比例。

4. 最能表明设计要点的图片或者照片：立体图。

3. 外观设计专利申请文件实例三：汽车

　　本外观设计产品为立体产品，本应当提供六面视图，由于本外观设计前、后对称，故省略了后视图，又因为汽车底部为使用者在使用时观察不到的部分，故又省略了仰视图，因而仅提交了主视图、左视图、右视图和俯视图四幅视图，与此同时应当在简要说明中写明省略左视图和仰视图的理由。此外，为清楚反映本外观设计产品汽车的设计要点，又提交了两幅立体图。

| 右视图 | 主视图 | 左视图 |

俯视图

立体图1　　　　　　　　　　　　　　　立体图2

　简要说明

1. 本外观设计产品的名称：汽车。

2. 本外观设计产品的用途：交通工具。

3. 本外观设计的设计要点：产品的形状，尤其是主视图和立体图中所反映的侧面车窗后部与车顶后部相匹配的形状和图案。

4. 最能表明设计要点的图片或者照片：立体图 2。

5. 本外观设计产品汽车主视图与后视图对称，省略后视图；汽车底部为使用时观察不到的部分，省略仰视图。

4. 外观设计专利申请文件实例四：吸顶灯

本外观设计产品为立体产品。由于该产品是旋转对称产品，即左、右、后视图和主视图相同，则可以省略左、右和后视图；且因为产品底面为使用者在使用时观察不到的部分，故还可以省略仰视图。因此，仅提交了主视图和俯视图，且在简要说明中写明省略左、右、后和仰视图的理由。当然，申请人认为必要时允许提交剖视图，但也可以不提交。

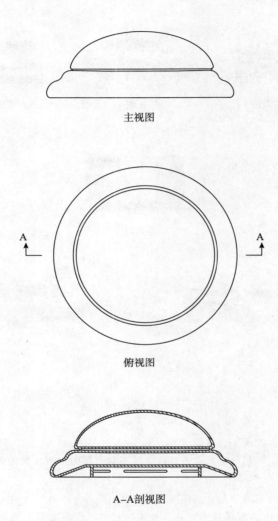

主视图

俯视图

A–A剖视图

简要说明

1. 本外观设计产品的名称：吸顶灯。

2. 本外观设计产品的用途：安装至天花板或壁面的照明灯具。

3. 本外观设计的设计要点：产品形状。

4. 最能表明设计要点的图片或照片：主视图。

5. 产品旋转对称，省略左、右、后视图；产品底面为使用时观察不到的部分，省略仰视图。

5. 外观设计专利申请文件实例五：手机

本外观设计的产品手机具有闭合状态、打开使用状态和放置状态。本产品手机的外观设计主要体现在其闭合状态翻盖表面上的丝印图案的效果，因此将其闭合状态作为主要状态提交六面正投影视图和立体图；而对于其打开使用状态和放置状态，以参考图方式提交。

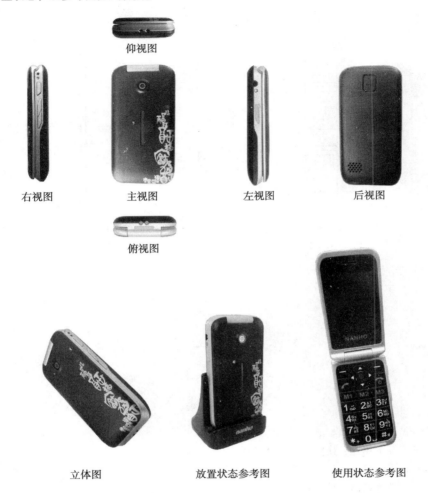

仰视图

右视图　　　　主视图　　　　左视图　　　　后视图

俯视图

立体图　　　　　放置状态参考图　　　　使用状态参考图

简要说明

1. 本外观设计产品的名称：手机。
2. 本外观设计产品的用途：适用于老人使用的翻盖手机。
3. 本外观设计的设计要点：反映其翻盖表面上丝印图案效果的主视图。
4. 最能表明设计要点的图片或者照片：立体图。

6. 外观设计专利申请文件实例六：型材

　　由于本外观设计的产品为建筑装饰用型材，其上下对称和前后对称，因而省略了后视图和仰视图。且因为型材为不定长度的细长物品，因而采用省略一段长度的画法，即在右视图、左视图和俯视图中采用双点画线表示省略一段长度。与此相应在简要说明中写明其左视图、右图视和俯视图采用了省略长度的画法，并说明省略后视图和仰视图的理由。

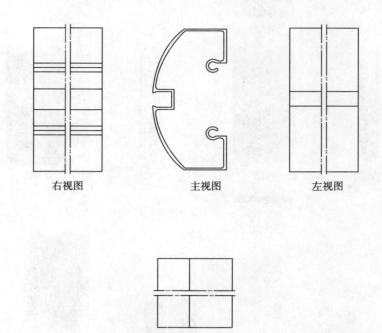

右视图　　　　　　　　主视图　　　　　　　　左视图

俯视图

简要说明

1. 本外观设计产品的名称：型材。

2. 本外观设计产品的用途：建筑物装饰用型材。

3. 本外观设计的设计要点：型材断面所反映出的造型。

4. 最能表明设计要点的图片或者照片：主视图。

5. 本外观设计产品型材的上、下对称，仰视图和俯视图相同，省略仰视图；后视图与主视图对称，省略后视图。

6. 本外观设计产品为不定长度产品。

7. 外观设计专利申请文件实例七：客车

本外观设计产品为立体产品，由于客车的顶部和底部是使用者在使用时观察不到的部分，因而省略了俯视图和仰视图的照片，在简要说明中对此应当作出说明。此外，照片中包含了不能作为要求保护的外观设计具体内容的文字，因而应当对照片中的文字作相应处理。要求保护的外观设计包含色彩要素，则应当在简要说明中，写明请求保护色彩或请求保护的外观设计包含色彩。

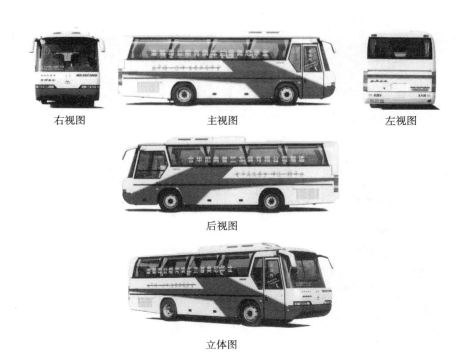

右视图　　　　　　　　　主视图　　　　　　　　　左视图

后视图

立体图

简要说明

1. 本外观设计产品的名称：客车。
2. 本外观设计产品的用途：交通工具。
3. 本外观设计的设计要点：主视图和后视图所反映的色彩和图素相结合的设计风格。
4. 最能表明设计要点的图片或照片：立体图。
5. 客车的顶部和底部是使用时观察不到的部分，省略俯视图和仰视图。
6. 请求保护的外观设计内容包含色彩。

8. 外观设计专利申请文件实例八：茶具

本外观设计专利申请要求保护的产品是由一个茶壶、多个茶杯和多个茶杯托碟组成的成套喝茶用瓷质茶具，属于同一大类、成套出售或使用、且具有相同设计构思的成套产品。对于这种成套产品，应当提交各个套件的六面正投影视图（可省略的视图除外），必要时还可以提供各套件的立体图，为体现成套产品组合使用的价值，最好还提交组合状态的立体图。各套件的视图名称前以阿拉伯数字顺序编号，并在编号前加以"套件"字样。

套件1右视图　　套件1主视图　　套件1左视图　　套件1后视图

套件1俯视图

套件2右视图　　套件2主视图　　套件2左视图

套件2俯视图

套件3主视图　　套件3后视图

套件3仰视图

使用状态参考图

简要说明

1. 本外观设计产品的名称：成套茶具，其中套件 1 为茶壶，套件 2 为茶杯，套件 3 为茶杯托碟。

2. 本外观设计产品的用途：喝茶用的成套茶具等。

3. 本外观设计的设计要点：产品的形状、图案与色彩的结合。

4. 最能表明设计要点的图片或者照片：套件使用状态参考图。

5. 请求保护色彩。

6. 套件 1、2 仰视图无设计要点，省略套件 1、2 仰视图；套件 2 后视图与套件 2 主视图对称，省略套件 2 后视图；套件 3 左、右、俯视图与套件 3 仰视图对称，省略套件 3 左、右、俯视图。

9. 外观设计专利申请文件实例九：电动剃须刀

本外观设计专利申请要求保护的外观设计是电动剃须刀的4项相似外观设计，属于可合案申请的同一产品的多项相似外观设计。对于这种同一产品多项相似外观设计的专利申请，应当提交各个设计的六面正投影视图（可省略的视图除外），必要时还可以提供各个设计的立体图，各设计的视图名称前以阿拉伯数字顺序编号，并在编号前加以"设计"字样；并在简要说明中指定其中一项作为基本设计。

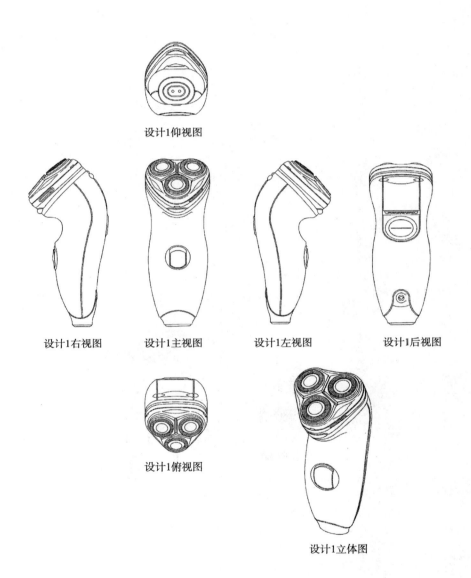

设计1仰视图

设计1右视图　　设计1主视图　　设计1左视图　　设计1后视图

设计1俯视图

设计1立体图

设计2仰视图

设计2右视图

设计2主视图

设计2左视图

设计2后视图

设计2俯视图

设计2立体图

设计3仰视图

设计3右视图

设计3主视图

设计3左视图

设计3后视图

设计3俯视图

设计3立体图

设计4仰视图

设计4右视图

设计4主视图

设计4左视图

设计4后视图

设计4俯视图

设计4立体图

简要说明

1. 本外观设计产品的名称：电动剃须刀。

2. 本外观设计产品的用途：男性剃胡须用品。

3. 本外观设计的设计要点：产品的总体形状。

4. 最能表明设计要点的图片或者照片：设计1立体图。

5. 基本设计：设计1。

10. 外观设计专利申请文件实例十：染色机

　　本外观设计专利申请要求保护的外观设计是由设计单元重复排列组成的染色机的四项相似外观设计，属于可合案申请的同一产品的多项相似外观设计。对于这种同一产品多项相似外观设计的专利申请，应当提交各个设计的六面正投影视图（可省略的视图除外），必要时还可以提供各个设计的立体图，各设计的视图名称前以阿拉伯数字顺序编号，并在编号前加以"设计"字样；并在简要说明中指定其中一项作为基本设计。

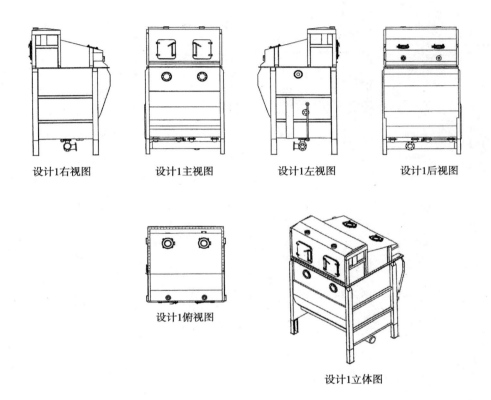

设计1右视图　　　　设计1主视图　　　　设计1左视图　　　　设计1后视图

设计1俯视图

设计1立体图

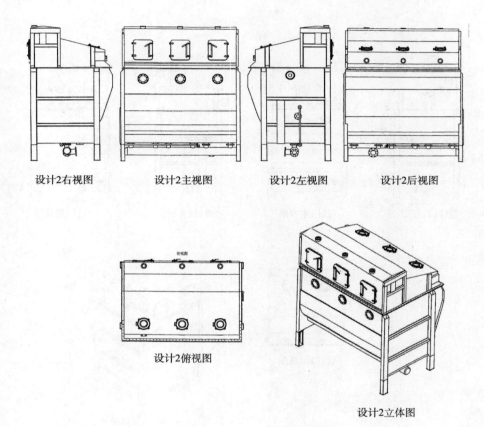

设计2右视图　　设计2主视图　　设计2左视图　　设计2后视图

设计2俯视图

设计2立体图

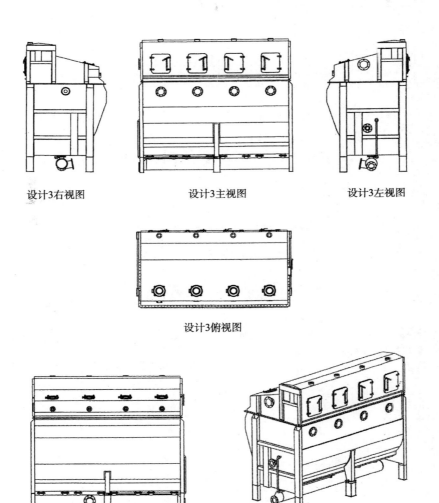

设计3右视图　　　　　　设计3主视图　　　　　　设计3左视图

设计3俯视图

设计3后视图　　　　　　　　　设计3立体图

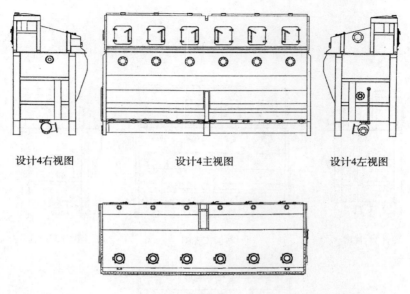

设计4右视图　　　　　　设计4主视图　　　　　　设计4左视图

设计4俯视图

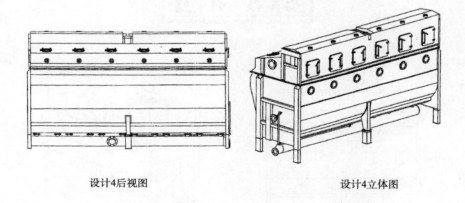

设计4后视图　　　　　　　　　设计4立体图

简要说明

1. 本外观设计产品的名称：染色机。

2. 本外观设计产品的用途：纺织行业织物染色机械。

3. 本外观设计的设计要点：产品重复排列设计单元的形状。

4. 最能表明设计要点的图片或者照片：设计1立体图。

5. 基本设计：设计1。

6. 染色机底面为不常见面，省略设计1、2、3、4的仰视图。

11. 外观设计专利申请文件实例十一：包含图形用户界面的手机

本外观设计的产品手机虽然包含图形用户界面，但该图形用户界面为非动态的。对于这类产品的外观设计，应当提交整个产品外观设计视图。对本外观设计申请而言，由于六个视图均可见，且各视图不相同，也不对称，因此应当提交该手机的六面视图，其中将反映其图形用户界面的视图作为主视图。对于这类外观设计专利申请，在简要说明中，应当写明其设计要点为主视图所示图形用户界面，并指定该反映图形用户界面的主视图为最能表明设计要点的图片，此外，还应写明此图形用户界面是哪一种具体内容的界面。

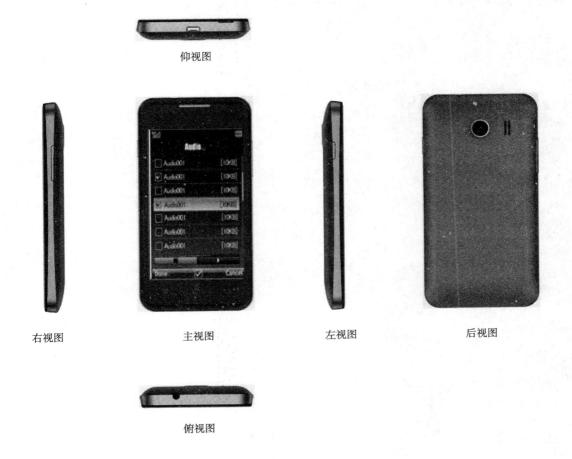

仰视图

右视图   主视图   左视图   后视图

俯视图

简要说明
1. 本外观设计产品的名称：包含图形用户界面的手机。
2. 本外观设计产品的用途：用于通信。
3. 本外观设计的设计要点：主视图所示图形用户界面。
4. 指定主视图作为最能表明设计要点的图片。
5. 所示图形用户界面为手机联系人的浏览界面。

12. 外观设计专利申请文件实例十二：包含动态图形用户界面的手机

本外观设计的产品为包含动态图形用户界面的手机。对于这类产品的外观设计，应当至少提交一个状态的整体产品外观设计视图，还应当提交其他状态的关键帧视图。就本外观设计专利申请而言，除了提交该手机的六面视图（其中主视图反映其动态图形用户界面的一个状态），还给出该动态图形用户界面的另外三个状态（即界面变化状态图1、2、3）。对于这类外观设计专利申请，在简要说明中，应当写明其设计要点为主视图及界面变化状态图1、2、3所示的动态图形用户界面，并指定其中的主视图为最能表明设计要点的图片，此外，还应写明此图形用户界面是哪一种具体内容的界面，以及由哪几幅图反映了其动态依次变化的信息。

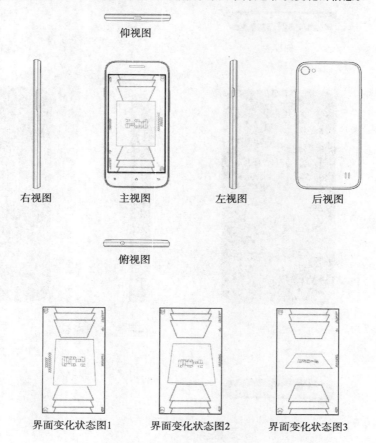

仰视图

右视图　　　　主视图　　　　左视图　　　　后视图

俯视图

界面变化状态图1　　　界面变化状态图2　　　界面变化状态图3

简要说明

1. 本外观设计产品的名称：包含动态图形用户界面的手机。

2. 本外观设计产品的用途：用于通信。

3. 本外观设计的设计要点：主视图及界面变化状态图1、2、3所示的动态图形用户界面。

4. 指定主视图作为最能表明设计要点的图片。

5. 所示图形用户界面为手机联系人的浏览界面，主视图所示界面、界面变化状态图1、2、3依次变化，实现联系人信息的切换。

第十二章　专利申请初步审查程序中的专利代理

按照《专利法》第三十四条和第三十五条的规定，我国发明专利申请采用早期公开、延期审查制度，也就是说对发明专利申请先进行初步审查，经初步审查合格后，自申请日起（有优先权要求的，自最早的优先权日起）满18个月即行公布。然后再根据申请人自申请日（有优先权要求的，自最早的优先权日）起3年内随时提出的实质审查请求对发明进行实质审查，实质审查合格后再授予专利权。也就是说，发明专利申请从提出申请到授权要经过初步审查和实质审查两个阶段。而按照《专利法》第四十条的规定，我国对实用新型和外观设计专利申请采用初步审查制，即经过初步审查后未发现驳回理由的，就授予专利权。也就是说，对实用新型和外观设计专利申请从提出申请到授权只经过初步审查。

在本章中将对发明、实用新型、外观设计三种专利申请的初步审查流程、初步审查的主要内容，尤其是初步审查程序（又称专利申请审批程序中的初步审查阶段）的专利代理工作作一简单介绍。而对发明专利申请的实质审查程序（又称发明专利申请审批程序中的实质审查阶段）以及三种专利申请在授予专利权阶段及授权后的专利代理工作将在下面第十三章和第十四章介绍。

第一节　三种专利申请的初步审查流程

申请人向国家知识产权局提出发明、实用新型和外观设计三种专利申请后，首先由国家知识产权局审查其是否符合《专利法实施细则》第三十九条的受理条件，然后国家知识产权局按照《专利法实施细则》第四十四条规定的内容对三种专利申请进行初步审查。在这期间，国家知识产权局将依法发出各种通知书，专利代理人或申请人将针对这些通知书作出答复，必要时对专利申请文件作出补正，直到发明专利申请文件符合初步审查要求而被公布、实用新型和外观设计专利申请符合初步审查要求而被通知授予专利权，或者直到三种专利申请因不符合初步审查要求而驳回，或者直到专利申请主动撤回或被视为撤回，则三种专利申请的初步审查程序结束。

专利代理人和申请人要正确处理初步审查程序中的有关事务，必须对三种专利申请的初步审查流程本身有个全面了解，因而本节先采用方框图的方式简要说明三种专利申请的初步审查流程。有关初步审查程序中专利代理工作将在后几节作进一步具体说明。

一、发明专利申请的初步审查流程

国家知识产权局收到申请人提交或由专利代理机构代申请人提交的发明专利申请文件后，首先审查其是否符合专利申请的受理条件。若不符合受理条件将会发出不予受理通知书；专利申请文件符合受理条件时，就发出受理通知书，并在通知书中告知所确定的申请日和给出的申请号。接着对这些受理的发明专利申请进行初步审查。初步审查时，发现发明专利申请不符合《专利法》和/或《专利法实施细则》的有关条款规定的，则根据案情情况分别发出各种通知书。对于申请文件存在可以通过补正克服的缺陷的，发出补正通知书；对于申请文件存在不可能通过补正方式克服的明显实质性缺陷的，发出审查意见通知书；除此以外，还针对不同的案情，发出视为未要求优先权通知书、视为未要求不丧失新颖性宽限通知书、生物材料样品视为未保藏通知书、视为未提出通知书等。申请人在收到上述通知书后应当在通知书指定的期限内进行补正、提交修改的专利申请文件，或者补办有关手续或补交相应的证明文件，以及/或者陈述意见。对于补正通知书和审查意见通知书，在指定期限内未给予答复的，根据情况发出视为撤回通知书或其他通知书（包括视为未委托专利代理机构通知书）。申请人因正当理由难以在指定期限内作出答复的，可以提出延长期限请求。对于审查意见通知书的答复，经陈述意见或者修改后仍然没有消除明显实质性缺陷的，或者对于申请文件的形式缺陷已针对该缺陷发出过两次补正通知书，经陈述意见或者补正后仍然未消除该缺陷的，国家知识产权局将会作出驳回决定或其他各种结论性通知书。对于上述结论性通知不服的，申请人可以采用请求恢复权利、行政复议或行政诉讼的救济措施。对于驳回决定不服的，可以向专利复审委员会提出复审请求。如果初步审查时，认为专利申请符合《专利法》和《专利法实施细则》的有关规定，或者经陈述意见、补正或补办有关手续后认为专利申请符合《专利法》和《专利法实施细则》的有关规定，国家知识产权局将发出初步审查合格通知书。发明专利申请经初步审查合格后，自申请日（要求优先权的，为优先权日）起18个月期满时公布。在发明专利申请公布时，国家知识产权局将向申请人发出发明专利申请公布通知书。

下面简要列出发明专利申请初步审查的流程图，其中粗线框表示应当由申请人或专利代理人进行的工作。

发明专利申请初步审查流程图

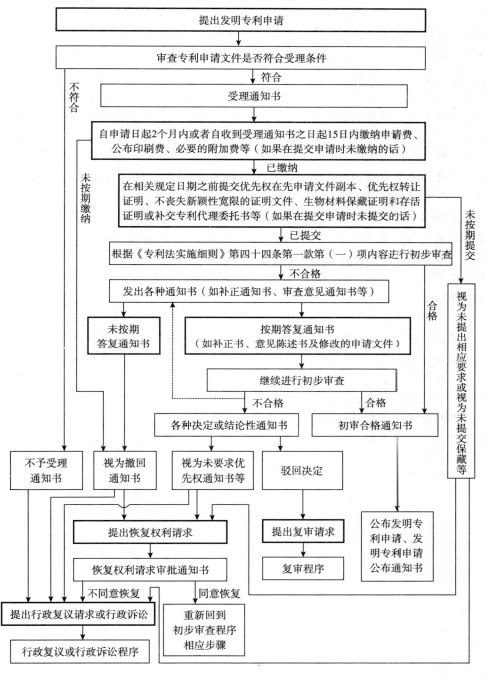

二、实用新型、外观设计专利申请的初步审查流程

国家知识产权局收到申请人提交或由专利代理机构代申请人提交的实用新型或外观设计专利申请文件后，首先审查其是否符合专利申请的受理条件。若不符合受理条件将会发出不予受理通知书；专利申请文件符合受理条件时，就发出受理通知书，并在通知书中告知所确定的申请日和给出的申请号。接着对这些受理的实用新型或外观设计专利申请进行初步审查。初步审查时，发现实用新型或外观设计专利申请不符合《专利法》和/或《专利法实施细则》的有关条款规定的，则根据案情情况分别发出各种通知书。对于申请文件存在可以通过补正克服的缺陷的，发出补正通知书；对于申请文件存在不可能通过补正方式克服的明显实质性缺陷的，发出审查意见通知书；除此以外，还针对不同的案情，发出视为未要求优先权通知书、视为未要求不丧失新颖性宽限通知书、视为未提出通知书等。申请人在收到上述通知书后应当在通知书指定的期限内进行补正、提交修改的专利申请文件，或者补办有关手续或补交相应的证明文件，以及/或者陈述意见。对于补正通知书和审查意见通知书在指定期限内未给予答复的，根据情况发出视为撤回通知书或其他通知书（包括视为未委托专利代理机构通知书）。申请人因正当理由难以在指定期限内作出答复的，可以提出延长期限请求。对于审查意见通知书的答复，经陈述意见或者修改后仍然没有消除明显实质性缺陷的，或者对于申请文件的形式缺陷已针对该缺陷发出过两次补正通知书，经陈述意见或补正后仍然未消除该缺陷的，国家知识产权局将会作出驳回决定或其他各种结论性通知书。对于上述结论性通知不服的，申请人可以采用请求恢复权利、行政复议或行政诉讼的救济措施。对于驳回决定不服的，可以向专利复审委员会提出复审请求。如果初步审查时，认为专利申请符合《专利法》和《专利法实施细则》的有关规定，或者经陈述意见、补正或补办有关手续后认为专利申请符合《专利法》和《专利法实施细则》的有关规定，国家知识产权局将发出授予专利权及办理登记手续通知书。

下面简要列出实用新型和外观设计专利申请初步审查的流程图，其中粗线框表示应当由申请人或专利代理人完成的工作。

实用新型和外观设计专利申请初步审查流程图

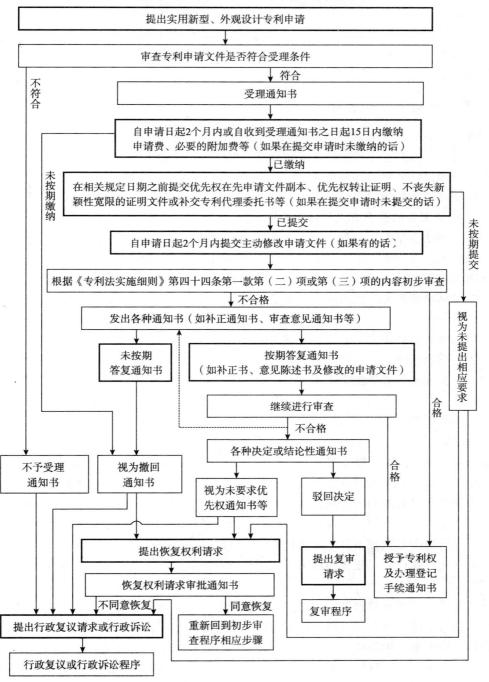

第二节　专利申请的提交和受理阶段的专利代理

专利申请审批程序的启动从专利申请的受理开始，因此专利申请的受理是发明、实用新型、外观设计进入专利申请初步审查程序的前提。为此，本节对专利代理人为专利申请受理所做的工作作一简单介绍。

一、专利申请文件的提交

专利代理人在接受了申请人的委托确定了专利申请的类型之后，就应当尽快准备好专利申请文件，尤其是按本书第十一章的要求准备好权利要求书和说明书（对发明、实用新型专利申请），或者准备好外观设计的图片或照片和简要说明（对外观设计专利申请），然后将上述专利申请文件提交给国家知识产权局。

1. 专利申请文件的提交方式和提交地点

按照《专利法实施细则》第十五条规定，专利申请文件可以以书面方式提交，也可以以国家知识产权局规定的其他形式提交。按照2004年2月12日国家知识产权局令第三十五号和《专利审查指南2010》第五部分第一章第2节和第十一章第4节的规定，发明、实用新型和外观设计专利申请以及国际申请进入中国国家阶段除了采用书面文件形式提交外，还可以采用电子文件形式提交。

对于以书面文件形式提交的专利申请文件（包括办理国际申请进入中国国家阶段手续时以书面文件形式提交的申请文件），专利代理人可以直接递交给国家知识产权局专利局受理处的受理窗口，也可以通过邮局邮寄递交到国家知识产权局专利局受理处，还可以通过速递公司递交到国家知识产权局专利局受理处。对于国内的首次申请（即非涉外申请、非分案申请、未要求优先权的申请）还可以采用上述三种方式向设置在部分省、市的国家知识产权局专利局代办处递交，到2014年年底已经设置的省市代办处包括：沈阳、济南、长沙、南京、成都、上海、西安、广州、武汉、郑州、长春、天津、哈尔滨、石家庄、北京、昆明、杭州、贵阳、重庆、深圳、福州、乌鲁木齐、南宁、南昌、银川、合肥、兰州、海口、太原、西宁以及隶属于南京代办处的苏州分理处。向国家知识产权局专利局受理处或者代办处窗口直接递交的专利申请，以收到日为递交日；通过邮局邮寄递交到国家知识产权局专利局受理处或者代办处的专利申请，以信封上的寄出邮戳日为递交日，寄出的邮戳日不清晰无法辨认的，以国家知识产权局专利局受理处或者代办处收到日为递交日；通过速递公司递交到国家知识产权局专利局受理处或者代办处的专利申请，以收到日为递交日。

申请人或者专利代理机构以电子文件形式提交专利申请或者以电子文件形式办理国际申请进入中国国家阶段手续，应当先与国家知识产权局签订电子专利申请系统用户注册协议，办理用户代码和密码，成为电子申请用户。电子申请用户应当按照规定的文件格式、数据标准、操作规范和传输方式向国家知识产权局电子专利申请系统提交电子申请文件，国家知识产权局电子专利申请系统收到电子文件的日期为递交日。

2. 提出发明和实用新型专利申请应当提交的文件

按照《专利审查指南2010》第五部分第一章第1节的规定，申请人向国家知识产权局提出发明和实用新型专利申请时，应当向国家知识产权局提交《专利法》第二十六条规定的请求书、说明书及其摘要和权利要求书等文件；此外，申请人在提出专利申请的同时或者提出专利申请文件之后，还需要为办理与该专利申请有关的手续提交其他请求、证明材料等文件。

在这些文件中，请求书、说明书及其摘要和权利要求书是每一件发明和实用新型专利申请都必须提交的文件，称作发明和实用新型的专利申请文件。其中的请求书、说明书和权利要求书必须在提出申请的当天提交；至于说明书摘要，由于其只作为专利情报的工具，不作为专利申请原始公开的内容，允许在申请日后自行补交或者应国家知识产权局补正通知书的要求补交。

对于上述请求书、权利要求书、说明书及其摘要的具体填写或撰写已分别在本书第七章第二节至第四节以及第十一章第一节至第四节中作了详细说明，在此不再作重复说明。

除上述发明和实用新型的专利申请文件外，提出发明和实用新型专利申请应当提交的其他文件并不是每件专利申请必须提交的，根据不同专利申请的具体情况需要提交不同的其他文件。

对于委托专利代理机构办理专利申请手续的，除了在请求书中写明委托专利代理机构办理专利申请手续的有关内容外，还应当提交委托书。该委托书应当使用国家知识产权局制定的表格，写明委托权限、发明创造名称、委托的专利代理机构名称、专利代理人姓名，上述内容应当与请求书中填写的内容相一致。在专利申请确定申请号后提交委托书的，还应当注明专利申请号。委托书应当由全体申请人签字（申请人是个人时）或加盖单位公章（申请人是单位时），并由专利代理机构加盖公章。申请人委托专利代理机构办理专利申请手续的，在向国家知识产权局交存总委托书的前提下可以只提交总委托书复印件，同时写明发明创造名称、专利代理机构名称、专利代理人姓名和国家知识产权局给出的总委托书编号，并加盖专利代理机构公章。

至于要求本国优先权或外国优先权的，除了要在请求书中写明在先申请的申请日、申请号和受理该在先申请的国家名称或者政府间组织名称外，还应当提交在先申请文件的副本。对于要求外国优先权的，应当在自提出在后申请之日起3个月内提交由该在先申请受理国家或政府间组织出具的该在先申请文件的副本以及该副本首页的中文译文；需要说明的是，依照国家知识产权局与在先申请的受理机构签订的协议，国家知识产权局通过电子交换等途径从该受理机构获得在先申请文件副本的，视为申请人提交了经该受理机构证明的在先申请文件副本；已经提交过该在先申请的副本而需要再次提交的，可以仅提交该副本的中文题录译文，但应当注明在先申请文件副本的原件所在申请案的申请号。对于要求本国优先权的，只需要在请求书中写明了在先申请的申请日和申请号，则视为提交了在先申请文件副本，该在先申请文件的副本由国家知识产权局根据规定制作后放入案卷。此外，由于要求外国优先权的在后申请的申请人与在先申请文件副本中记载的申请人应当一致或者是在先申请的申请人之一，因而当申请人完全不一致，并且在先申请的申请人将优先权转让给在后申请的申请人的，应当在提出在后申请之日起3个月内提交由在先申请的全体申请人签字或盖章的优先权转让证明文件；在先申请具有多个申请人，且在后申请具有多个与之不同的申请人的，可以提交由在先申请的所有申请人共同签字或盖章的共同转让给在后申请的所有申请人的优先权转让证明文件，或者提交由在先申请的所有申请人分别签字或盖章的转让给在后申请的申请人的优先权转让证明文件。而要求本国优先权的在后申请的申请人与在先申请文件副本中记载的申请人应当一致，不一致的，应当在提出在后申请之日起3个月内提交由在先申请的全体申请人签字或盖章的优先权转让证明文件。

至于要求享受不丧失新颖性公开宽限期的专利申请，除了在请求书中作出声明外，还应当在自申请日起2个月内提交证明材料。其中涉及国际展览会的证明材料，应当由展览会主办单位出具，证明材料中应当注明展览会展出的日期、地点、展览会名称以及该发明创造展出的日期、形式和内容，并加盖公章；涉及学术会议和技术会议的证明材料，应当由国务院有关主管部门或者组织会议的全国性学术团体出具，证明材料中应当注明会议召开的日期、地点、会议名称以及该发明创造发表的日期、形式和内容，并加盖公章；申请人在申请日前已获知他人未经本人同意而泄露发明创造内容的，最好也在请求书中作出声明，并提交关于他人泄露申请内容的证明材料，其中注明泄露日期、泄露方式、泄露的内容，并由证明人签字或盖章。

对于分案申请来说，应当以原申请（第一次提出的申请）为基础提出，并应当在请求书中写明为分案申请和填写原申请的申请号和申请日；对于已提出过分案申请，因该分案申请缺乏单一性需要再次提出分案申请的，还应当在原申请的申请号后的括号内填写该分案申请的申请号，并附具审查员发出的指明了单一性缺陷的审查意见通知书或分案通知书的复印件。除在请求书中写明上述内容外，还应当提交原申请的申请文件副本以及原申请中与本分案申请有关的其他文件副本（如优先权文件副本）。原申请中已提交过各种证明材料的，可以使用复印件。原申请是国际申请的，还应当在请求书中原申请号之后的括号内注明国际申请号；原申请的国际公布使用外文的，除提交原申请的中文副本外，还应当同时提交原申请国际公布文本的副本。此外，分案申请的专利申请人应当与原申请的专利申请人相同，若不相同，则应当提交有关申请人变更的证明材料；需要注意的是，分案申请的发明人必须是原申请的发明人或者是其中的部分成员。

本书第五章第二节已指出，为鼓励发明人申请专利，年收入较低的个人和年经济效益较差的单位可以对申请费、发明专利申请实质审查费、复审费以及专利批准后前3年的年费提出费用减缓请求，这4种费用的减缓可以在申请时一并提出，也可以对各项费用分别提出，因而申请人请求减缓的费用中包括申请费的，则应当在提出专利申请时提交费用减缓请求书，而对申请费以外的其他3项费用提出减缓请求的，应当在有关费用缴纳期限届满日的两个半月之前提交费用减缓请求书。对个人申请人来说，在费用减缓请求书中写明个人申请人的年收入情况，必要时提供市级以上人民政府知识产权管理部门出具的关于其经济困难情况的证明；对单位申请人来说，应当在费用减缓请求书中如实写明经济困难情况，并附具市级以上人民政府知识产权管理部门出具的证明，并在证明中说明请求减缓费用的单位是企业、事业单位还是机关团体，并说明其经济困难情况。

上述其他文件对发明专利申请和实用新型专利申请均适用。此外，对于发明专利申请，还有可能提交下述三种其他文件。

对于涉及新的生物材料的发明专利申请，如果该生物材料公众不能得到，且对该生物材料的说明不足以使所属技术领域的技术人员实施其发明的，应当在申请日前或最迟在申请日（有优先权的，指优先权日）将该生物材料的样品提交到国家知识产权局认可的生物材料样品国际保藏单位（即《国际承认用于专利程序的微生物保存布达佩斯条约》规定的国际保藏单位）保藏，在提出这样的专利申请时除了在请求书和说明书中写明该生物材料的分类命名（注明拉丁文名称）、保藏该生物材料样品的单位名称、地址、保藏日期和保藏编号外，还应当在申请时（最迟自申请日起4个月内）提交保藏单位出具的保藏证明和存活证明。

对于发明专利申请包含一个或多个核苷酸或氨基酸序列的，应当将该序列表作为说明书的一个单独部分提交，并单独编写页码；此外，还应当在提出申请的同时提交与该序列表相一致的光盘或软盘，即该核苷酸或者氨基酸序列的计算机可读形式的副本。

对于依赖遗传资源完成的发明创造申请发明专利，申请人应当在发明专利请求书中说明该专利申请涉及的发明创造是依赖于遗传资源完成的，并应当提交遗传资源来源披露登记表，写明该遗传资源的直接来源和原始来源，无法说明原始来源的，应当陈述理由。

3. 提出外观设计专利申请应当提交的文件

按照《专利审查指南》第五部分第一章第1节的规定，申请人向国家知识产权局提出外观设计专利申请时，应当向国家知识产权局提交《专利法》第二十七条规定的请求书、外观设计的图片或照片、简要说明等文件；此外，申请人在提出专利申请的同时或者提出专利申请文件之后，还需要为办理与该专利申请有关的手续提交其他请求、证明材料等文件。

在这些文件中，请求书、外观设计的图片或照片和简要说明是每一件外观设计专利申请都必须提交的文件，称作外观设计的专利申请文件。有关请求书的填写、外观设计的图片或照片的绘制和简要说明的撰写已分别在本书第七章第二节和第五节以及第十一章第六节中作了详细说明，在此不再作重复说明。

除上述外观设计专利申请文件外，提出外观设计专利申请应当提交的其他文件也不是每件外观设计专利申请必须提交的，根据不同专利申请的具体情况需要提交不同的其他文件。外观设计专利申请的其他文件大部分与实用新型专利申请的其他文件相同，其主要区别反映在与优先权有关的内容，即外观设计专利申请只可要求享受外国优先权，而不能要求本国优先权。因此，有关外观设计专利申请应当提交的其他文件中除了不存在与本国优先权有关的文件外，与其他文件（专利代理委托书、要求外国优先权的在先申请副本、要求外国优先权的优先权转让证明文件，要求享受不丧失新颖性公开宽限的证明文件、分案申请的原申请的申请文件副本、分案申请的有关申请人变更的证明材料等）有关的内容均与前面所述的发明和实用新型专利申请文件中的相应文件相同，读者可参阅上述内容，在此不再作重复说明。

4. 国际申请进入中国国家阶段应当提交的文件

按照《专利法实施细则》第一百零四条第一款的规定，国际申请进入中国国家阶段应当提交的文件包括：以中文提交国际申请进入中国国家阶段的声明（针对要求获得的专利权类型选用相应的表格），写明国际申请号；国际申请以外文提出的，提交原始国际申请的说明书和权利要求书的中文译文、说明书摘要的中文译文，其中国际申请有附图和摘要附图的，还应当提交附图副本和摘要附图副本，附图中有文字的，将其替换为对应的中文文字；国际申请以中文提出的，提交国际公布文件中的摘要和摘要附图副本，但是，在以中文提出的国际申请完成国际公布前，申请人请求提前处理并要求提前进行国家公布的，还需要提交原始申请的权利要求书、说明书及其附图（有附图时）的副本。

对于国际申请进入中国国家阶段申请文件的提交需要注意的是，上述文件（主要指进入中国国家阶段的声明和原始国际申请的说明书、权利要求书中文字的中文译文）的提交有期限要求，必须在自该国际申请的申请日（有优先权要求的，自优先权日）起30月内提交，最迟至32个月（其中增加2个月延误办理进入中国国家阶段手续的宽限期，在这种情况下需要在国际申请进入中国国家阶段的声明中注明要求利用宽限期），否则会造成该国际申请在中国的效力的丧失，该效力的丧失除了由于不可抗拒事由造成的以外，即使提出恢复权利请求也不会被接受。

对于进入中国国家阶段的国际申请在进入声明中要求以国际修改文本作为审查基础且该修改的国际公布使用外文的，还应当在提交上述文件的同时，提交国际阶段修改文本的中文译文，此修改文本的中文译文在办理进入手续时未提交的，最迟在自进入日❶起2个月内提交，在该期限之后提交修改文本中文译文的，修改部分将不予考虑。

要求优先权的国际申请在进入中国国家阶段时，仅需在进入声明中准确地写明其在先申请的申请号、申请日及原受理机构名称，所写明的内容通常应当与国际公布文本中记载的一致；而不

---

❶ 进入日是指国际申请向国家知识产权局办理了满足《专利法实施细则》第一百零四条第一款第（一）项至第（三）项规定的进入国家阶段手续之日。上述满足要求的进入国家阶段手续是在同一日办理的，该日即为进入日。上述满足要求的进入国家阶段手续是在不同日办理的，以进入国家阶段手续最后办理之日为进入日。

需要再提交被要求优先权的在先申请文件副本，因为上述副本已经提交并保存在国际局了。对于其中需要请求恢复国际阶段被视为未提出的优先权要求、且该被视为未提出优先权要求的有关信息连同国际申请一起公布过的，还应当在办理进入中国国家阶段手续时，提交恢复国际阶段被视为未提出的优先权要求请求书，并缴纳恢复费，其中申请人未向国际局提交过在先申请文件副本的，还应附具在先申请文件副本作为恢复的依据，若被延误则不能请求恢复。对于需要改正国际阶段优先权书面声明中书写错误的国际申请，还应当在办理进入中国国家阶段手续时，最迟自进入日起2个月内提交改正优先权要求请求书，若被延误也不能请求恢复。

对于国际阶段通过援引在先申请的方式加入提交国际申请时遗漏项目或部分而保留原国际申请日的，由于我国对《专利合作条约实施细则》的上述规定作出保留，对此不予认可，因此在办理进入国家阶段手续时，仍要在申请文件中保留援引加入项目或部分，应当在进入声明中予以指明，并请求修改相对于中国的申请日，否则不允许申请文件中保留援引加入项目或部分。

对于要求享受不丧失新颖性宽限期的国际申请，在进入中国国家阶段时除了应当在进入声明中写明外，也应当在自进入日起2个月内提交不丧失新颖性公开的证明材料，若证明材料是外文的，最好给予公证，并将有关内容译成中文。

对于涉及生物材料样品保藏的国际申请，在办理进入中国国家阶段手续时，除了在进入声明中指明记载生物材料样品保藏事项的文件及在该文件中的具体记载位置，还应当在自进入日起4个月内提交生物材料样品保藏证明和存活证明。

对于国际申请涉及的发明创造的完成依赖于遗传资源的，应当在进入声明中予以说明，并提交遗传资源来源披露登记表，写明该遗传资源的直接来源和原始来源，无法说明原始来源的，应当陈述理由。

对于国际申请在国际阶段向国际局办理过申请人变更手续的，在办理进入中国国家阶段手续时应当提供变更后的申请人享有申请权的证明材料；其中，国际局在国际阶段传送过"记录变更通知书"（PCT/IB/306表）通报申请人变更或者申请人的姓名或名称、地址变更的，应当认为已向国家知识产权局申报，可以在进入声明中直接填写变更以后的信息。

对于国际申请的申请人与作为优先权基础的在先申请人不是同一人（在先申请有多个申请人时不是其中之一），或者在提出在先申请后更改姓名的，应当提供申请人享有优先权的证明材料；如果在国际申请的国际阶段已按规定标准语句作出过在国际申请日享有在先申请优先权的声明，则可以不提交。

二、专利申请费用的缴纳

按照《专利法实施细则》第九十三条和第九十五条的规定，普通国家申请在办理专利申请手续时应当缴纳申请费、申请附加费、公布印刷费、优先权要求费。其中申请附加费是指发明和实用新型专利申请文件中的权利要求超过10项和/或说明书超过30页时应当增缴的费用，公布印刷费是指为发明专利申请在18个月公布应当缴纳的费用。这样，对于外观设计专利申请来说，只需缴纳申请费，有优先权要求时还需缴纳优先权要求费；对于实用新型专利申请来说除了需缴纳申请费外，有优先权要求时需缴纳优先权要求费，若申请文件内容超过上述规定（权利要求10项、说明书30页）时还需缴纳申请附加费；而对于发明专利申请来说，除缴纳申请费外，还必须缴纳公布印刷费，此外在有优先权要求时需缴纳优先权要求费，申请文件超长时需缴纳申请附加费。

上述费用可以在提交申请文件时同时缴纳，提交申请文件时未缴纳的，应当自申请日起2个月内或者在收到受理通知书之日起15日内缴纳。

对于国际申请进入中国国家阶段来说，应当在办理进入中国国家阶段手续时缴纳申请费、公布费（保护类型为发明时）和申请附加费，并应当自进入日起 2 个月内缴纳优先权要求费，但是该国际申请是由国家知识产权局受理的，则可以免缴申请费和申请附加费。其所缴纳费用与普通国家申请相比主要有下述几点不同：其一，该费用应当在提交进入中国国家阶段申请文件时缴纳，至迟不得晚于自国际申请日（有优先权的，自优先权日）起 30 个月，不能在收到受理通知书后再缴纳；其二，若延误进入中国国家阶段的期限并请求宽限两个月的话，还应当缴纳宽限费，此时上述申请费等费用和宽限费应当在自国际申请日（或优先权日）起 32 个月内缴纳；其三，对于请求恢复国际阶段被视为未提出的优先权的国际申请，还应当在缴纳上述费用的同时缴纳恢复费。

三、专利申请受理阶段的专利代理

下面在对国家专利申请的受理条件作简单介绍基础上具体说明专利代理人在国家专利申请受理阶段需要完成的工作，在此之后对办理国际申请进入中国国家阶段手续时的专利代理工作以及分案申请受理阶段的专利代理工作给予具体说明。

1. 国家专利申请的受理

国家知识产权局在收到申请人提交的专利申请文件后，就要对专利申请是否符合受理条件进行审查。

对于普通国家专利申请可否受理主要从两方面进行审查：必要的申请文件是否齐备以及申请文件是否达到最起码的要求；申请人的资格以及是否按规定办理了必要的委托手续。

具体说来，普通国家专利申请应当满足下述基本受理条件。

①申请文件中有请求书，该请求书中专利申请的类别明确，写明了申请人姓名或者名称及其地址。

②发明专利申请文件中有说明书和权利要求书；实用新型专利申请文件中有包含附图的说明书和权利要求书；外观设计专利申请文件中有图片或照片以及简要说明。

③申请文件使用中文打字或者印刷；全部申请文件字迹、线条清晰可辨，没有涂改，能够分辨其内容；发明或者实用新型的说明书附图和外观设计的图片是用不易擦去的笔迹绘制，且没有涂改。

④申请人是在中国没有经常居所或营业所的外国人、外国企业或外国其他组织的，则其所属国必须是与中国共同参加的国际条约的成员国，或者同我国签订有相互给予对方国民以专利保护的协议，或者在其所属国的法律中订有依互惠原则给外国人以专利保护的；而且该专利申请应当委托依法设立的专利代理机构办理，并不得直接从外国向国家知识产权局邮寄专利申请。

⑤申请人是我国港澳地区及台湾地区的个人、企业或者其他组织的，应当委托依法设立的专利代理机构办理申请手续，并不得直接从港澳台地区向国家知识产权局直接邮寄专利申请。

上述前三个条件是有关必要申请文件的条件，后两个条件是有关申请人资格和必要委托手续的条件。

如果专利申请不满足上述五个条件，则该专利申请将不予受理。具体说来，专利申请出现下述六种情况之一，该专利申请将不予受理。

①专利申请文件中缺少请求书，或者专利申请类别（发明、实用新型或者外观设计）不明确或难以确定的，或者请求书中未写明申请人姓名或者名称及其地址；发明或者实用新型专利申请缺少权利要求书和/或说明书的，实用新型专利申请的说明书缺少附图的，外观设计专利申请缺

少外观设计的图片或照片或者简要说明的；申请文件未使用中文，或者申请文件的字迹、线条不清以致无法辨认或能被擦去或被涂改。

②外国申请人因国籍或者居所原因明显不具有提出专利申请的资格。

③在中国内地没有经常居所或者营业所的外国人、外国企业或者外国其他组织作为第一署名申请人，未委托依法设立的专利代理机构办理专利申请手续。

④在中国内地没有经常居所或营业所的港澳台地区的个人、企业或其他组织作为第一署名申请人，未委托依法设立的专利代理机构办理专利申请手续。

⑤直接从外国或直接从港澳台地区向国家知识产权局邮寄专利申请文件的。

⑥分案申请改变专利申请类别的。

2. 国家专利申请受理阶段的专利代理工作

国家知识产权局对专利申请文件是否符合受理条件进行审查后，通常将依法作出受理通知书或不予受理通知书。

专利代理人或申请人在收到受理通知书后应当为该专利申请的初步审查做好下述五个方面的工作。

①核实受理通知书中给出的申请日与该申请的递交日是否一致，或由于邮戳不清等非己方原因造成国家知识产权局确定的申请日有误，可以提出更正申请日的请求，并附具必要的证据，如收集邮局出具的证明或其他有效证明材料。

②在提交申请文件时未缴纳申请费和/或其他有关费用的，应当自申请日起 2 个月内或者自收到受理通知书之日起 15 日内缴纳申请费、公布印刷费（仅对发明专利申请）和必要的申请附加费（仅对发明或实用新型专利申请）。

③对于要求外国优先权而在提交申请时未提交在先申请文件副本和/或缴纳优先权要求费的，应当在自申请日起 3 个月内提交在先申请文件副本（依照国家知识产权局与在先申请的受理机构签订的协议，国家知识产权局通过电子交换等途径从该受理机构获得在先申请文件副本的除外），在自申请日起 2 个月内或者自收到受理通知书之日起 15 日内缴纳优先权要求费；对于要求本国优先权而在提交申请时未缴纳优先权要求费的，应当在自申请日起 2 个月内或者自收到受理通知书之日起 15 日内缴纳优先权要求费；对于要求优先权而在后申请的申请人与在先申请不一致需提交优先权转让证明文件而尚未提交的，应当在自申请日起 3 个月内提交优先权转让证明文件。

④对于要求享受不丧失新颖性宽限期而尚未提交证明材料的，应当自申请日起 2 个月内提交有关证明材料。

⑤对于涉及新的生物材料的发明专利申请而尚未提交生物材料保藏证明和存活证明的，应当在自申请日起 4 个月内提交保藏单位出具的保藏证明和存活证明。

专利代理人或申请人在收到不予受理通知书后，首先应当考虑国家知识产权局作出的不予受理通知书是否正确，此外应当确定导致不予受理的结果是由专利代理人或申请人自身的过错造成的还是由其他原因造成的。在作出上述判断的基础上，决定是否采取救济手段。如果是由于自身原因造成的，则要分析是何种性质的。属于申请人根本无资格向中国提出专利申请的，则应当向申请人作出解释。而属于可以克服的缺陷，如由于工作失误而导致申请文件不全，则应尽快将文件备齐重新提交申请。如果认为国家知识产权局作出的不予受理通知书不符合《专利法》《专利法实施细则》和《专利审查指南 2010》的规定，例如申请人所属国虽不是《巴黎公约》成员国但该国在实践中未排除我国申请人向该国申请专利，则可以在自收到不予受理通知书之日起 60 日内采用行政复议的法律救济手段或者自收到不予受理通知书之日起 2 个月内提起行政诉法。

3. 办理国际申请进入中国国家阶段手续时的专利代理工作

对于办理进入中国国家阶段手续的国际申请，经国家知识产权局专利局国际申请处审查，确认其在中国具有效力且符合《专利法实施细则》第一百零四条第一款第（一）项至第（三）项要求的，则会接受该专利申请。此时，专利代理人和申请人将会收到由国家知识产权局发出的国际申请进入中国国家阶段通知书，在该通知书中给出国家申请号，并明确国际申请进入中国国家阶段的日期（即前面提到的进入日）。

在收到上述通知书后，作为专利代理人应当注意下述几件事。

①凡再次向国家知识产权局办理任何手续，均应当写明上述所给定的国家申请号。

②对于要求享受不丧失新颖性宽限期而尚未提交证明材料的，应当在自进入之日起 2 个月内提交有关证明材料。

③对于涉及新的生物材料的发明专利申请而尚未提交生物材料保藏证明和存活证明的，应当在自进入日起 4 个月内提交保藏单位出具的保藏证明和存活证明。

④对于以国际修改文本作为审查基础而尚未提交该修改文本的中文译文的，应当在自进入日起 2 个月内提交该修改文本的中文译文。

对于国际申请办理进入中国国家阶段手续而未予接受的，可以如普通国家专利申请收到不予受理通知书那样考虑是否提出法律救济手段。需要说明的是，如果该未被接受是由于不可抗拒事由而导致延误办理进入国家阶段手续期限（自优先权日起 32 个月）造成的，可以采用另一种更为快捷的救济手段，即按照《专利法实施细则》第六条第一款的规定自收到该通知书之日起 2 个月内提出恢复权利请求。

4. 分案申请受理阶段时的专利代理工作

分案申请在其受理阶段与普通专利申请受理阶段的不同之处仅在于国家知识产权局除了发出受理通知书、不予受理通知书外，还有可能发出分案申请视为未提出通知书。

按照《专利法实施细则》第四十二条的规定，分案申请应当在收到国家知识产权局对原申请作出授权通知之日起办理登记手续的 2 个月期限届满之前提出，且此时原申请应当处于未被驳回或驳回尚未生效、未被撤回以及未被视为撤回或视为撤回后已恢复的法律状态。如果分案申请提交日在原申请办理登记手续期限届满之后，或者在被驳回生效之后，或者已被撤回之后，或者视为撤回尚未恢复时提出的，则国家知识产权局将会作出分案申请视为未提出通知书。

对于国家知识产权局作出的分案申请视为未提出通知书，如果导致分案申请提交日的延误是由于不可抗拒事由或邮路耽搁造成的，专利代理人还可以按照《专利法实施细则》第六条第一款至第三款的规定自收到该通知书之日起 2 个月内提出恢复权利请求，并附具有关证明文件，除由于不可抗拒事由的原因外，还需要缴纳恢复权利请求费。

对于分案申请来说，专利代理人在收到受理通知书除了像普通专利申请那样做好前面所提到的五个方面的工作外，还应当关注其办理相关手续的法定期限：由于分案申请适用的各种法定期限从原审请日起算，因此对于那些已经届满或者自分案申请递交日起至期限届满日不足 2 个月的各种期限，应当在自分案申请递交日起 2 个月内或者自收到受理通知书之日起 15 日内补办相应手续和补交相关费用。例如，对于发明专利申请的分案申请是在自原申请日起 3 年后提出的，则在收到该分案申请受理通知书时应当检查一下是否已提交了实质审查请求书和是否缴纳了实质审查费，如尚未提交，则应当在收到受理通知书之日起 15 日内或者自分案申请递交日起 2 个月内提交实质审查请求书和缴纳实质审查费。

第三节　专利申请初步审查期间的专利代理

专利申请文件受理后，该专利申请就进入了初步审查阶段，本节在对发明、实用新型、外观设计三种专利申请的初步审查工作内容作简要介绍的基础上，重点对三种专利申请初步审查阶段的专利代理工作进行说明。

一、发明专利申请初步审查期间的专利代理工作

下面先对发明专利申请初步审查工作的主要内容以及国家知识产权局在此期间可能发出的各类通知书作一简单介绍，在此基础上重点说明专利代理人在收到这些通知书时应当如何做好专利代理工作。

1. 发明专利申请初步审查的主要审查内容及相应的通知书

按照《专利法实施细则》第四十四条第一款第（一）项以及《专利审查指南2010》第一部分第一章第1节的规定，发明专利申请初步审查主要审查下述四方面内容。

①申请文件的形式审查，即专利申请是否包含《专利法》第二十六条规定的申请文件，以及这些文件格式上是否明显不符合《专利法实施细则》第十六条至第十九条、第二十三条的规定，是否符合《专利法实施细则》第二条、第三条、第二十六条第二款、第一百一十九条、第一百二十一条的规定。

②申请文件的明显实质性缺陷审查，即专利申请是否明显属于《专利法》第五条、第二十五条规定的情形，是否不符合《专利法》第十八条、第十九条第一款、第二十条第一款的规定，是否明显不符合《专利法》第二条第二款、第二十六条第五款、第三十一条第一款、第三十三条或者《专利法实施细则》第十七条、第十九条的规定。

③其他文件的形式审查，即与专利申请有关的其他手续和文件是否符合《专利法》第十条、第二十四条、第二十九条、第三十条以及《专利法实施细则》第二条、第三条、第六条、第七条、第十五条第三款和第四款、第二十四条、第三十条、第三十一条第一款至第三款、第三十二条、第三十三条、第三十六条、第四十条、第四十二条、第四十三条、第四十五条、第四十六条、第八十六条、第八十七条、第一百条的规定。

④有关费用的审查，即专利申请是否按照《专利法实施细则》第九十三条、第九十五条、第九十六条、第九十九条的规定缴纳了相关费用。

由于发明专利申请在初步审查之后还要进行实质审查，因而对专利申请存在的实质缺陷的审查主要放在实质审查程序进行，在初步审查阶段对于专利申请文件存在的实质缺陷只是审查其是否明显不符合《专利法》和/或《专利法实施细则》的有关规定。而对于专利申请文件的形式缺陷、与专利申请有关的其他手续和文件以及专利申请费用的缴纳是发明专利申请初步审查阶段中审查的重点。

经过初步审查，发现专利申请不符合上述《专利法》和/或《专利法实施细则》有关条款规定的，国家知识产权局会根据案情情况分别发出补正通知书、审查意见通知书、视为撤回通知书、视为未要求优先权通知书、视为未委托专利代理机构通知书、视为未要求不丧失新颖性宽限通知书、生物材料样品视为未保藏通知书、视为未提出通知书、驳回决定等。

发明专利申请经初步审查合格后，自申请日（要求优先权的，为优先权日）起满15个月进行公布准备，并在18个月期满时公布，而申请人要求提前公布其专利申请的或者至上述满15个月时因各种原因初步审查尚未合格的，则在初步审查合格后自审查合格之日起进行公布准备，并于3个月期满时公布。在发明专利申请初步审查合格时，国家知识产权局将发出发明专利申请初步审查合格通知书。在发明专利申请公布时国家知识产权局将向申请人发出发明专利申请公布通知书。

2. 对补正通知书的答复

国家知识产权局对发明专利申请发出补正通知书主要有两种情况：申请文件存在可以通过补正方式消除的缺陷；与专利申请有关的其他手续不完备或其他文件不齐全。下面针对这两种情况分别说明如何作出答复。

（1）专利申请文件存在可以通过补正方式消除的缺陷

专利申请文件中的请求书、权利要求书和说明书，存在可以通过补正方式消除的缺陷时，国家知识产权局将发出补正通知书。例如，对于请求书来说，其中发明名称、有关申请人和发明人的内容（如单位申请人未写全称、发明人是单位等）、有关专利代理机构和专利代理人的内容（如专利代理机构与所盖公章不一致、缺少专利代理人工作证号）、有关分案申请内容等填写不正确，或者有关地址不详、缺少签章或签章为复印件等。对于权利要求书来说，其中要求保护的技术方案缺少技术特征从而明显未表述请求的保护范围、使用"如说明书……部分所述"或者"如图……所示"的用语、明显含有商业性宣传用语或贬低诽谤他人或他人产品的词句、权利要求书内容明显不连续或多项权利要求未使用阿拉伯数字连续编号等。对于说明书来说，缺少各部分的标题、缺少对其附图作出说明的附图说明部分、包含商业性宣传用语、说明书摘要缺少发明名称或技术方案要点、缺少说明书摘要或摘要附图、缺少说明书中提及的附图、附图为非正规的手绘草图等。

对于上述补正内容通常只要按照补正通知书中的要求进行补正即可，如果对于其中的内容不能正确理解，最好打电话与审查员联系，明确所存在的问题再作针对性的修改。对于有些缺陷可能存在多种解决途径的，应考虑采用何种方式对申请人更为有利或者何种修改方式更为合理。例如，对于缺少说明书中所提及附图的情况，由于补正时既可以补交附图（但此时以补交附图之日为申请日），也可以取消对附图的说明而保留原申请日，因而应当分析取消对附图的说明是否导致专利申请未充分公开，只有在不导致说明书未充分公开时，才可以采用取消对附图的说明这种修改方式，否则应当采用补交附图而变更申请日的补正方式。又如当说明书中的发明名称与请求书中的名称不一致时，尽管补正通知书是作为说明书所存在的缺陷指出的，首先应当考虑说明书中的发明名称是否合适，只要说明书中的名称符合《专利审查指南2010》第二部分第二章第2.2.1节的规定，尤其是说明书的名称与权利要求技术方案的主题名称一致时，应当修改请求书中的发明名称，而不是修改说明书中的发明名称，即重新提交请求书，将其中填写的发明名称修改得与说明书的名称相一致。

（2）与专利申请有关的其他手续不完备或其他文件不齐全

与专利申请有关的其他手续不完备或其他文件不齐全时，国家知识产权局通常也会发出补正通知书。例如，委托专利代理的手续（如缺专利代理委托书、专利代理委托书中缺委托权项等）、要求优先权的手续（如提交的在先申请文件副本不符合国际惯例的要求、在提交在先申请文件副本的前提下优先权声明中填写内容不正确、申请人与在先申请的申请人不一致而未提交优先权转让证明材料或该证明材料为复印件等）、分案申请的有关手续（如缺原案申请文件副本、申请人不一致时未提交权利转让合同原件等）、要求享受不丧失新颖性宽限期的有关手续（如提交的证明材料或证明文件不符合要求、缺少在学术会议或技术会议上首次发表的文件副本等）、保藏新的生物材料的有关手续（如提交的保藏证明中的内容与请求书中写明的内容不一致等）、申请涉及遗传资源的有关手续（如未提交遗传资源披露登记表、登记表中未写明直接来源、登记表中未写明原始来源且未说明理由等）、提交核苷酸或氨基酸序列表的计算机可读形式副本的手续（如未提交记载有该序列表的光盘或软盘）。

对于办理上述手续的补正通知书而言，专利代理人应当按照《专利法》《专利法实施细则》以及《专利审查指南2010》的规定补办相关手续，以便将有关手续或文件补齐。同样，对于上述任一手续的相关文件与请求书中写明的内容不一致时，应当首先区分出何者是错误的，对该错误作出改正。从实践来看，多半是请求书中的填写内容不正确造成的，此时应当修改请求书。

由于补正通知书涉及不同内容，未按期补正或者补正不符合要求会导致不同的结果，如视为撤回、视为未提出，甚至驳回，专利代理人应当注意该通知书中在这方面所写明的内容。

3. 对审查意见通知书的答复

发明专利申请初步审查阶段中的审查意见通知书，主要针对专利申请明显存在可能导致作出驳回决定的实质性缺陷情况作出的。即专利申请属于《专利法》第五条（违反国家法律、违反社会公德、妨害公共利益或者违反法律法规获取或利用遗传资源）或第二十五条第一款（科学发现、智力活动规则和方法、疾病的诊断和治疗方法、动物和植物品种、原子核变换方法及其获得的物质）规定的情况，或者明显不符合《专利法》第十八条（申请人资格）、第十九条第一款（在中国无经常居所或营业所的外国人、外国企业或外国其他组织提出专利申请需委托依法设立的专利代理机构办理专利申请手续）或第二十条第一款（在中国完成的发明或实用新型向外国申请专利的应当事先报经国家知识产权局进行保密审查）的规定，或者明显不符合《专利法》第二条第二款（发明定义）、第三十一条（单一性）、第三十三条（修改不得超出原始申请文件记载范围）或《专利法实施细则》第十七条（对说明书的要求）、第十九条（权利要求书应当写明技术特征）规定的情况。

对于上述审查意见通知书，专利代理人应当认真对待，仔细分析，如果确实存在上述缺陷，则可以考虑有无克服上述缺陷的方法，如将修改超范围的内容删去、将不属于一个总的发明构思的独立权利要求及其从属权利要求删去、将说明书或权利要求书中明显属于《专利法》第五条、第二十五条第一款规定的内容删去等以消除所指出的缺陷。当然，如确实存在上述缺陷而无补救办法时则应当与申请人商量，考虑是否放弃该申请。如果认为不存在上述缺陷，应当提交意见陈述书，充分说明该专利申请符合《专利法》和《专利法实施细则》有关规定的理由。在答复审查意见通知书时，应当十分慎重，因为审查员认为所陈述的意见不能成立或者所作的修改仍未克服所指出的缺陷时，就有可能导致对该专利申请被驳回。

4. 对视为撤回通知书的处理

在发明专利申请初步审查期间作出的视为撤回通知书主要有下述几种：①未在审查意见通知书、补正通知书（包括涉外专利申请中专利代理手续不符合规定而发出的审查意见通知书和补正通知书，但不包括非涉外专利申请中专利代理手续不符合规定而发出的补正通知书）指定的期限内作出答复；②未在申请日起2个月内或自收到受理通知书之日起15日内缴纳或缴足申请费；③未在申请日（有优先权要求的，为优先权日）起3年内提交实质审查请求和/或缴纳、缴足审查费。

在收到上述视为撤回通知书后，如果发现是由于专利代理人或专利代理机构工作失误造成耽误期限而导致视为撤回的，则应当立即着手办理恢复权利手续。如果是由于委托方未按期给出指令造成的，则应当立即告知委托人，并征询其是否确实想放弃该专利申请，若委托方并不想放弃该专利申请，就应当着手办理恢复权利手续。

一旦决定办理恢复权利手续，务必在自收到该视为撤回通知书之日起2个月内提出恢复权利请求，且在此期限内缴纳、缴足恢复权利请求费。此外，还应当在提出恢复权利请求之前，最晚在提出恢复权利请求的同时消除导致视为撤回的原因，如针对审查意见通知书或补正通知书作出答复或缴纳缴足申请费。

需要提醒专利代理人注意的是，如果认为国家知识产权局的视为撤回通知书有差错，如己方已按期作出答复、按期提出了实质审查请求或者按期缴纳了有关费用，在这种情况下仍应当先办理恢复权利手续，缴纳恢复权利请求费，并使用意见陈述书向国家知识产权局陈述意见，附具证实己方在期限内已完成上述工作的证据。如国家知识产权局经核实是国家知识产权局的差错或期限耽误是非专利申请人自身原因造成的，则国家知识产权局将退还恢复权利请求费。如果因不先办理恢复手续耽误了恢复期限就不能再请求恢复权利。

另外一种视为撤回的情况是在后专利申请要求该专利申请的本国优先权所必然导致的结果，对于这种视为撤回通知书，专利代理人只需要将此通知书转给委托人，而不需要再做其他任何工作。

5. 对视为未要求优先权通知书的处理

初步审查中发出视为未要求优先权通知书主要有三种情况：其一是不符合享受优先权条件，如因为申请人的国籍或在先申请受理国而无权要求外国优先权、要求优先权的在先申请至该申请的申请日已超过 12 个月、要求优先权的声明是在申请日之后提出的；其二是由于耽误期限造成的，如自申请日起 3 个月内未提交在先申请文件副本、自申请日起 2 个月内或自收到受理通知书之日起 15 日内未缴纳或缴足优先权要求费；其三是未按期对办理手续补正通知书中有关优先权要求事项进行补正或补正后仍不符合规定的。

收到上述视为未要求优先权通知书的，就应当分析其属于上述哪一种情况。属于上述第一种情况的，就应当分析国家知识产权局的上述通知是否正确，如认为通知认定的事实不正确，则可以在自收到该通知之日起 60 日内向国家知识产权局审查业务管理部法律事务处提出行政复议或者自收到通知之日起 3 个月内向法院提出行政诉讼，通常提出行政变议更为方便有效；如果该通知正确，则该专利申请仅能作为未要求优先权的专利申请处理。属于上述第二种耽误期限的情况，应当立即向国家知识产权局提出优先权恢复请求，缴纳恢复权利请求费；对于其中确实由己方原因耽误期限的，则应当在提出恢复权利请求之前，最迟在提出恢复权利请求的同时，消除导致作出上述视为未要求优先权通知的原因；而认为耽误期限是由非己方原因造成的或由国家知识产权局失误造成的，可在提出恢复权利请求和缴纳恢复权利请求费的同时，提供证实己方已按期办理有关手续的证据，并在意见陈述书中作出说明，并要求国家知识产权局核实后退还恢复权利请求费。属于第三种情况的，要区分是未按期补正还是补正后仍不合格，若为前者，按上述第二种情况处理，若为后者则按上述第一种情况处理。

由于视为未要求优先权并不影响该专利申请的正常审批程序，因而决不要因为针对该通知提出恢复权利请求或行政复议而忽视该专利申请案的正常代理工作的进行。

6. 对视为未委托专利代理机构通知书的处理

初步审查阶段发出视为未委托专利代理机构通知书主要有两种情况，都是对非涉外专利申请发出的：其一，未在国家知识产权局发出的关于委托专利代理手续的补正通知书中指定的期限内作出答复；其二，答复时所附的委托书或其他有关材料仍未消除上述通知书中指出的缺陷。

对于非涉外的专利申请，由于专利申请可以不通过专利代理机构进行，不会导致该专利申请被视为撤回，因此收到未委托专利代理机构通知书后，可另行重新办理委托专利代理机构的手续，并以著录项目变更申请书的形式提出著录项目变更请求，缴纳相应的著录项目变更费，而不必采取提出恢复权利请求或行政复议的手段，因为采用重新办理专利代理手续和著录项目变更手续既省钱又省时间。

7. 对视为未要求不丧失新颖性宽限通知书的处理

初步审查阶段发出视为未要求不丧失新颖性宽限通知书主要有两种情况：其一，国家知识产权局认定为不属于《专利法》第二十四条规定的情况；其二，耽误期限造成。

对于前一种情况，应当分析国家知识产权局作出的上述认定是否正确，若认为正确，则就要分析所发生的事实是否对该专利申请的新颖性或创造性产生影响，在此基础上考虑是否修改权利要求书或撤回专利申请；若认为不正确，则应当在自收到该通知之日起 60 日内向国家知识产权局专利局审查业务管理部法律事务处提出行政复议请求，或者自收到该通知书之日起 3 个月内向法院提出行政诉讼，通常提出行政复议更为方便有效。

对于第二种耽误期限情况，就要分析是耽误哪一种期限。若是未在提出申请之日起 2 个月内提交证明材料或者未在国家知识产权局发出要求提交证明文件通知书中指定的期限内提交证明材料的，则可以在自收到该视为未要求不丧失新颖性宽限通知书之日起 2 个月内提出恢复权利请求，缴纳恢复权利请求费，并消除造成发出此通知书的原因。至于属于国家知识产权局认为申请超过 6 个月宽限期后才提出申请的，则应当分析造成超期限的原因，如果由己方原因造成，则该申请只能不享受不丧失新颖性的宽限，从而如前面所述那样考虑是否修改权利要求书或撤回该专利申请；如果由非己方原因（如邮路耽误）造成，若此时尚在允许提出申请日更正请求的期限（自申请日起 2 个月或自收到受理通知书之日起 1 个月）内，则可以向国家知识产权局提出申请日更正请求，并附具用于证明该专利申请实际提交日的证明文件，若此时已经超出允许提出申请日更正请求的期限，则不再有任何法律补救措施，该申请只能不享受不丧失新颖性的宽限，从而也只能分析所发生的事实对该专利申请新颖性和创造性的影响，在此基础上考虑是否修改权利要求书或撤回专利申请。对于这种由非己方原因（如邮路耽搁）造成国家知识产权局所认定的申请日超出了允许该申请可享受不丧失新颖性宽限的 6 个月宽限期的情况，作为专利代理人应当在收到受理通知书后主动对国家知识产权局给出的申请日进行核实时加以发现，并及时向国家知识产权局提出申请日更正请求。

8. 对生物材料样品视为未保藏通知的处理

初步审查阶段发出生物材料样品视为未保藏通知书主要有两种情况：其一，该保藏本身不符合要求，如保藏单位不是《国际承认用于专利程序的微生物保存布达佩斯条约》所规定的国际保藏单位，或该保藏是在申请日（有优先权要求的，指优先权日）后完成的；其二，耽误期限造成。

对于前一种情况，只要该通知本身正确，就应当考虑生物材料样品视为未保藏是否导致专利申请未充分公开，从而考虑是否修改权利要求书或撤回该专利申请，如认为此通知不正确，则可以在自收到本通知之日起 60 日内提出行政复议请求，或者自收到该通知书之日起 3 个月提出行政诉讼，通常采用前者更为方便、有效。

对于后一种情况，不论是由于在自申请日起 4 个月内未提交保藏证明和/或存活证明，还是未在自申请日起 4 个月内对申请时未写明的有关内容进行补正，均可以如前面所述的那样自收到该通知书之日起 2 个月内提出恢复权利请求，缴纳恢复权利请求费。对于耽误期限是己方原因造成的，还应当在提出恢复权利请求之前消除导致上述通知书的原因。若为非己方原因造成的，则在恢复权利请求书中作出说明，并附具证实非己方责任的证据。

9. 对视为未提出通知书的处理

在初步审查阶段发出的视为未提出通知书中，有些是指该专利申请视为未提出，有些是初审期间所提交的某些文件（如要求优先权、著录项目变更等）视为未提出。其可能由两方面原因造成：该请求或该文件本身存在问题或者是耽误期限。因此在收到此通知书后，首先应当根据通知书中的选项弄清其到底属于哪一种情况，然后有针对性地选用行政复议或行政诉讼，或者选用请求恢复权利或其他更合适的方式来处理。

10. 对驳回决定的处理

在发明专利申请初步审查阶段，发出驳回决定主要有三种情况：其一，国家知识产权局以该发明专利申请明显存在实质性缺陷发出审查意见通知书后，经申请人陈述意见和/或修改专利申请文件仍然存在所述实质性缺陷；其二，国家知识产权局对申请文件存在的同一形式缺陷发出补正通知书后经两次补正仍未消除该缺陷；其三，国家知识产权局发出有关涉外专利申请半委托专利代理机构办理的审查意见通知书或者发出专利代理手续不符合规定的补正通知书，经申请人陈述意见或引正后仍不符合规定。

对于第一种情况的驳回决定，专利代理人应当对驳回决定进行分析，然后根据分析结果与委托人尽快确定是否提出复审请求。通常认为驳回决定不正确或有待探讨的，可建议委托人提出复审请求；而认为驳回决定正确的，仅向委托人转送驳回决定，并对驳回决定内容加以说明，不应当再建议请求复审，甚至在委托人还坚持提出复审请求时，还应当向委托人说明复审请求的难度。在这种情况下，到底是否提出复审请求，专利代理人应当按照委托人的意见办理，一旦委托人要求复审，则应当在自收到驳回决定之日起3个月内向专利复审委员会提出复审请求，并缴纳复审费。

对于第二种情况，应当在补正时消除补正通知书中指出的缺陷，力求不出现这种情况的驳回决定。同样，对于第三种情况，也应当在答复审查意见通知书或者在补正时加以解决，避免出现这种情况的驳回决定。

11. 收到发明专利申请进入实质审查阶段通知书后的工作

发明专利申请在进入实质审查之前还可能收到发明专利申请初步审查合格通知书和发明专利申请公布通知书。对于上述两种通知书，国家知识产权局只是将此专利申请初步审查进行的情况告知专利申请人，并未对专利申请人提出要求，因此专利代理人在收到上述通知书后只需转告委托人即可。

在发出初步审查合格通知书和公布通知书之后，发明专利申请初步审查工作已基本完成。一旦专利申请人提出了实质审查请求并经审查认为该请求符合规定后，国家知识产权局将发出发明专利申请进入实质审查阶段通知书。此外，有些申请案的实质审查请求是在发明专利申请公布之前提出的，则国家知识产权局在发明专利申请初步审查合格后公布该发明专利申请时，向专利申请人发出发明专利申请公布及进入实质审查阶段通知书。在此之后，该发明专利申请进入实质审查阶段。因此，该进入实质审查阶段的通知书可以说是发明专利申请初步审查阶段的最后一份通知书，也是发明专利申请进入实质审查阶段的第一份通知书。专利代理人在收到上述通知书后，应当立即转告委托人，并征询委托人是否修改专利申请文件，这是发明专利申请的最后一次主动修改的机会。如果委托人表示要修改，则必须在自收到进入实质审查阶段通知书之日起3个月内向国家知识产权局提交主动修改文本。

二、实用新型专利申请初步审查期间的专利代理工作

下面先对实用新型专利申请初步审查工作的主要内容以及国家知识产权局在此期间可能发出的各类通知书作一简单介绍。鉴于专利代理人在实用新型专利申请初步审查阶段时这些通知书的处理原则与发明专利申请初步审查阶段对相应通知书的处理原则大体相同，故不再作重复说明，仅仅针对审查意见通知书或补正通知书中涉及的一些实质性缺陷具体说明如何进行答复和修改专利申请文件。

1. 实用新型专利申请初步审查的主要审查内容及相应的通知书

按照《专利法实施细则》第四十四条第一款之（二）以及《专利审查指南2010》第一部分第二章第1节的规定，实用新型专利申请初步审查主要审查下述四个方面内容。

①申请文件的形式审查，即专利申请是否包含《专利法》第二十六条规定的申请文件，这些文件是否符合《专利法实施细则》第二条、第三条、第十六条至第二十三条、第四十条、第四十二条、第四十三条第二款和第三款、第五十一条、第五十二条、第一百一十九条、第一百二十一条的规定。

②申请文件的明显实质性缺陷审查，即专利申请是否明显属于《专利法》第五条、第二十五条规定的情形，是否不符合《专利法》第十八条、第十九条第一款、第二十条第一款的规定，是否明显不符合《专利法》第二条第三款、第二十二条第二款或第四款、第二十六条第三款或第四款、第三十一条第一款、第三十三条或《专利法实施细则》第十七条至第二十二条、第四十三条第一款的规定，以及是否依照《专利法》第九条规定不能取得专利权。

③其他文件的形式审查，即与专利申请有关的其他手续和文件是否符合《专利法》第十条第二款、第二十四条、第二十九条、第三十条以及《专利法实施细则》第二条、第三条、第六条、第十五条、第三十条、第三十一条第一款至第三款、第三十二条、第三十三条、第三十六条、第四十五条、第八十六条、第一百条、第一百一十九条的规定。

④有关费用的审查，即专利申请是否按照《专利法实施细则》第九十三条、第九十五条、第九十九条的规定缴纳了相关费用。

上述四方面内容基本上与前面发明专利申请初步审查内容相当。其主要区别在两个方面：其一，由于实用新型专利申请没有实质审查，其在初步审查合格后就授予专利权，因此其初步审查中对申请文件的明显实质性缺陷的审查内容比发明专利申请的初步审查内容多，即其增加了与《专利法》第二十二条第二款和第四款、第二十六条第三款和第四款以及《专利法实施细则》第十八条、第二十条至第二十二条有关的内容；其二，由于发明与实用新型给予保护的客体不一样，对实用新型来说只保护有形状、结构改进的产品，因而在实用新型专利申请的初步审查中将该专利申请是否符合《专利法》第二条第三款的规定作为审查重点。

同样，实用新型专利申请经初步审查后，发现申请不符合上述《专利法》和/或《专利法实施细则》有关条款规定的，国家知识产权局会根据案情情况分别发出审查意见通知书、补正通知书、视为撤回通知书、视为未要求优先权通知书、视为未委托专利代理机构通知书、视为未要求不丧失新颖性宽限通知书、视为未提出通知书、驳回决定等。

专利代理人对上述通知书或决定的处理原则，与前面发明专利申请初步审查阶段的处理原则大体相同，因而在此不作重复说明，仅仅对审查意见通知书或补正通知书中涉及的一些实质缺陷应当如何具体答复或修改专利申请文件作一具体说明。

此外，由于实用新型专利申请没有实质审查，因此在初步审查合格后并不发出初步审查合格通知书，而直接发出授予实用新型专利权及办理登记手续通知书。

2. 对通知书中指出的几类主要实质性缺陷的处理

这一部分仅针对实用新型专利申请与发明专利申请相比的特殊性问题，说明如何进行答复和修改专利申请文件。

（1）专利申请明显不符合《专利法》第二条第三款的规定

《专利法》第二条第三款是实用新型初步审查阶段最主要的审查内容，也是实用新型初步审查时涉及实质性缺陷比较常见的一种。

这种意见通常是用审查意见通知书的方式发出的，如经过陈述意见和/或修改申请文件仍然未克服此缺陷的，该实用新型专利申请有可能导致被驳回。因而在收到这种审查意见通知书时应当十分慎重，要仔细分析审查意见基于什么得出该专利申请不符合《专利法》第二条第三款的规定，通过将专利申请所要求保护的主题与《专利审查指南 2010》第一部分第二章第 6 节的内容进行对比分析，以确定该审查意见是认为该专利申请保护的主题不是产品、还是未反映出产品在形状和/或结构上的变化、还是认为其不是技术方案、还是其不是适于实用的新的技术方案，然后在此基础上分析判断审查意见通知书中的这种认定是否合理。一旦认为审查意见通知书中的认定不正确或不合理，则有针对性地作出争辩。例如，审查意见通知书中指出该产品与最接近的现有技术的区别仅在于选用了一种异形型材来作为窗框，属于仅改变材料的产品而不符合《专利法》第二条第三款的规定时，首先确定这属于该实用新型相对于最接近的现有技术来说在形状、结构上是否有改进的判断问题，然后分析异形型材的选用是否让该技术方案在形状、结构上带来改进，由于异形型材的选用并不是一种单纯材料的选择，而是对该型材截面形状的选择，只要这种截面不是常规所选用的型材形状（如圆形），则异形型材的选用就反映出该实用新型在形状、结构上作出改进的新的技术方案，因此属于实用新型的保护客体，符合《专利法》第二条第三款的规定。如果认为审查意见通知书中的认定有一定道理，就要进一步考虑是否需要对权利要求所限定的主题进行修改，或者重新申请一件发明专利申请，要求该实用新型专利申请优先权。例如，权利要求中既包含形状、构造特征，又包含对材料的限定，就应当判断这种限定是对材料本身提出的技术方案还是将现有技术中的已知材料应用于具有形状、构造的产品上。若是前者，则该权利要求所请求保护的主题不属于实用新型专利保护的客体，此时可考虑修改该权利要求，将其中对材料本身的进一步限定（即对材料本身提出的技术方案）删去，或者重新申请一件发明专利申请，要求该实用新型专利申请优先权；若是后者，可不修改权利要求，而在意见陈述书中说明该权利要求中对材料的限定是将现有技术中的已知材料应用于具有形状、构造的产品上，因此该权利要求请求保护的主题属于实用新型专利保护的客体。

（2）权利要求中出现单纯组成式写法

通知书中指出此类问题主要是指原独立权利要求只列出了所要求保护的产品的组成部件，而没有写明各部件之间的关系，因而未清楚地限定该实用新型。针对此种情况，应当修改独立权利要求，进一步限定各组成部件之间的关系。但在修改时只要写明它们之间的必要连接关系，而不必局限于说明书中给出的具体实施方式。此外，在修改独立权利要求的同时，应当对说明书中的技术方案作相适应的修改。如果通知书中对从属权利要求指出此类问题，往往是指该从属权利要求的限定部分仅仅写明了附加的部件，而且该部件不是该现有技术产品中的常规部件，因而不清楚该附加部件与现有技术产品之间或与该产品的部件之间的关系，在这种情况下应当对该从属权利要求作进一步限定，至少写明该附加部件与该从属权利要求所引用的权利要求的产品中的一个部件之间的关系。

（3）权利要求中出现单纯功能或性能限定

通知书中指出此类问题有可能指两种情况。其一，该独立权利要求中除给出了各部件名称，还对这些部件从功能上作了限定，但通过这些功能性限定并不能清楚地推出各部件之间的连接关系或功能作用关系，从而对实用新型来说仍未清楚地加以限定。在这种情况下最好对这些部件的功能性特征用结构特征来代替，以清楚地表述其保护范围。但是如果说明书中有多种实施方式，而用结构限定会导致其缩小保护范围的话，可以采用功能加结构特征共同限定的方式，即通过功能限定能清楚地推出这些部件之间的位置关系、结构关系或信号传送关系。

其二，该权利要求虽然写明了各部件之间的结构关系，但其与最接近的现有技术的区别仅仅是其中某一或某些部件采用了一种现有技术中未出现过的新材料或者对这些部件从材料性能方面加以限定，因而其未反映出与现有技术在结构上不同。在这种情况下，就此技术方案来说，是不可能授予实用新型专利权的，此时可根据申请文件中披露的具体技术内容的情况采用不同的补救措施：一种补救措施是重新申请一件发明专利申请，要求该实用新型专利申请的优先权；另一种补救措施是对该实用新型专利申请所要求保护的主题进行修改，将那些对部件从材料性质上作出限定的特征删去，与此同时对其从结构上作进一步限定，以反映出其在结构上与最接近的现有技术的区别。

（4）并列独立权利要求之间缺乏单一性

《专利审查指南2010》中规定的实用新型与发明的单一性判断标准基本上趋于一致，主要判断两项独立权利要求之间是否具有相同或相应的特定技术特征。此外，由于实用新型专利申请的初步审查不进行检索和创造性判断，因此在一定意义上甚至应当比发明专利申请的单一性判断更宽一些。考虑到审查员受固有思路的影响，有可能其作出的结论要严于目前《专利审查指南2010》的规定，故在收到这种意见的通知书后，应当按照《专利法》第三十一条、《专利法实施细则》第三十五条以及《专利审查指南2010》第二部分第六章第2.2.2.1节的规定，分析两项独立权利要求是否具有相同的或相应的特定技术特征，如果不具有相同的或相应的特定技术特征，则考虑是否进行分案申请。如果具有相同的或相应的特定技术特征，则可以根据情况选择意见陈述、会晤请求或电话讨论的方式，尤其是采用后两种直接交换意见的方式，与审查员交换意见，以争取说服审查员改变观点。如审查员仍然坚持此意见，则再与委托人商量是另行提出分案申请，还是坚持不修改而准备进入复审程序，前者可能会加快审批程序，但必然会加重委托人授权后的经济负担；而后者会延长审批程序，但有可能为委托人减轻授权后的经济负担。将利害得失与委托人讲清楚后，根据委托人作出的决断采取相应的措施。

至于专利申请属于《专利法》第二十五条的情况、专利申请未充分公开发明、专利申请文件修改超范围等实质性缺陷，实用新型与发明两者没有本质区别，有关这一方面如何答复请见本书第十三章第三节之三中的有关内容，这里不作重复说明。

三、外观设计专利申请初步审查期间的专利代理工作

下面先对外观设计专利申请初步审查工作的主要内容以及国家知识产权局在此期间可能发出的各类通知书作一简单介绍。鉴于专利代理人在外观设计专利申请初步审查阶段对这些通知书的处理原则与发明专利申请初步审查阶段对相应通知书的处理原则大体相同，故不再作详细说明，仅仅针对审查意见通知书或补正通知书涉及的主要缺陷具体说明如何答复和修改专利申请文件。

1. 外观设计专利申请初步审查程序中的主要审查内容及相应的通知书

按照《专利法实施细则》第四十四条第一款第（三）项以及《专利审查指南2010》第一部分第三章第1节的规定，外观设计专利申请初步审查主要审查下述四个方面内容。

①申请文件的形式审查，即专利申请是否具备《专利法》第二十七条第一款规定的专利申请文件，这些文件是否符合《专利法实施细则》第二条、第三条第一款、第十六条、第二十七条、第二十八条、第二十九条、第三十五条第三款、第五十一条、第五十二条、第一百一十九条、第一百二十一条的规定。

②申请文件的明显实质性缺陷审查，即专利申请是否明显属于《专利法》第五条第一款、第二十五条第一款第（六）项规定的情形，是否不符合《专利法》第十八条、第十九条第一款的

规定，是否明显不符合《专利法》第二条第四款、第二十三条第一款、第二十七条第二款、第三十一条第二款、第三十三条以及《专利法实施细则》第四十三条第一款的规定，或者依照《专利法》第九条规定不能取得专利权。

③其他文件的形式审查，即与专利申请有关的其他手续和文件是否符合《专利法》第二十四条、第二十九条第一款、第三十条，以及《专利法实施细则》第六条、第十五条第三款和第四款、第三十条、第三十一条、第三十二条第一款、第三十三条、第三十六条、第四十二条、第四十三条第二款和第三款、第四十五条、第八十六条、第一百条的规定。

④有关费用的审查，即专利申请是否按照《专利法实施细则》第九十三条、第九十五条、第九十九条的规定缴纳了相关费用。

由于外观设计专利申请与实用新型专利申请一样，初步审查合格后就授予专利权，因而其初步审查的内容所涉及的方面与实用新型专利申请的初步审查基本相同。但由于外观设计专利保护的客体与实用新型专利有本质的不同，因此其具体审查内容不完全一样。这主要反映在：外观设计专利的申请文件的审查主要针对外观设计图片或照片以及简要说明进行，外观设计所请求保护的客体是否为对产品的形状、图案或其结合以及色彩与形状、图案的结合所作出的富有美感并适于工业应用的新设计，合案申请的外观设计是否为两项以上同一类别并且成套出售或使用的产品的外观设计或者为同一产品的两项以上的相似外观设计，外观设计专利申请文件的修改是否超出原图片或照片表示的范围。

外观设计专利申请经初步审查后，发现专利申请不符合上述《专利法》和/或《专利法实施细则》有关条款规定的，国家知识产权局会根据案情情况分别发出审查意见通知书、补正通知书、视为撤回通知书、视为未要求优先权通知书、视为未委托专利代理机构通知书、视为未要求不丧失新颖性宽限通知书、视为未提出通知书、驳回决定等。

专利代理人在收到上述通知书或决定后的处理原则，与前面发明专利申请初步审查中的处理原则大体相同。因而在此不作重复说明，仅仅对审查意见通知书或补正通知书中涉及的主要缺陷应当如何具体答复或修改专利申请文件作一具体说明。

外观设计专利申请经初步审查后，认为其符合《专利法》和《专利法实施细则》的有关规定，将直接发出授予外观设计专利权及办理登记手续通知书。

2. 对通知书中指出的几类主要缺陷的处理

现对外观设计专利申请初步审查阶段发出的补正通知书和审查意见通知书中涉及的几种主要缺陷作一说明。

（1）外观设计图片或照片不符合《专利法》第二十七条第二款的规定

申请文件的图片或照片存在不符合《专利法》第二十七条第二款规定的缺陷时，国家知识产权局多半以发出补正通知书的方式通知申请人，也就是说这类缺陷可以通过补正加以克服。因而对于这类通知书应当弄清所存在的缺陷是什么，然后有针对性地加以消除。如果对通知书的确切含义不太理解或者不清楚如何消除此缺陷，则可以将通知书中指出的问题与《专利审查指南2010》第一部分第三章第4.2节，尤其是第4.2.4节进行对照分析，以确定通知书所指缺陷的含义，从而修改外观设计图或照片，使其符合《专利法》及《专利审查指南2010》的有关规定。有些极个别情况通过对照分析仍然不清楚时，可采用与审查员电话联系的方式，以使所作修改能克服通知书中所指出的缺陷，从而争取早日授权。

需要提醒注意的是，国家知识产权局以审查意见通知书的方式指出外观设计的图片或照片不符合《专利法》第二十七条第二款的规定时，国家知识产权局已认为所存在的缺陷无法通过补正加以克服。因此，在这种情况下，需要对本外观设计的图片或照片进行认真分析，弄清楚所存在的缺陷是什么，并分析可否通过不超出原图片或照片表示范围的修改来克服上述缺陷：如果修改图片或照片会导致超出原图片或照片表示的范围，应当尽快与申请人沟通，商量是否放弃该申请，并在修改图片或照片后重新提出一件外观设计专利申请；如果通过修改图片或照片能克服上述缺陷且修改不会超出原图片或照片表示的范围，则应当在修改图片或照片的同时，在意见陈述中详细说明修改符合《专利法》第三十三条规定的理由，此时最好与审查员就修改是否超出原图片或照片表示的范围进行必要的沟通。

（2）使用外观设计的产品名称不符合《专利审查指南 2010》的规定

国家知识产权局对于这类缺陷是作为请求书和简要说明不符合要求提出的。对于这类缺陷，应当明确究竟是不符合国际外观设计分类表的名称，还是与设计内容不相符，还是属于应当避免使用的名称。对于第一种情况，应当去查阅国际外观设计分类表，根据国际外观设计分类表进行修改；而对于第二种情况，应当根据外观设计的内容，参照国际外观设计分类表作调整；对于最后一种情况，可以对照《专利审查指南 2010》第一部分第三章中第 4.1.1 节所写明的应当避免的名称弄清原名称具体在哪一点上不符合要求，相应作出修改。

（3）外观设计专利申请属于不符合《专利法》第二条第四款规定而不给予外观设计专利保护的客体

对于这种审查意见，国家知识产权局多半以审查意见通知书的方式发出。对这种审查意见必须认真对待，因为经过陈述意见和/或修改申请文件仍然不符合此规定的，该专利申请将被驳回。

接到该审查意见通知书后，将该专利申请文件中反映的外观设计与《专利审查指南 2010》第一部分第三章第 7.4 节中列举的 11 种不授予外观设计专利权的情形作对比分析，判断其与所规定的 11 种情形是否有差别。如果认定外观设计属于此 11 种情形之一，则该外观设计专利申请就不可能被授予专利权，应当立即告知委托人。如果认定两者之间不完全相同，就要考虑这些不同能否使该专利申请取得专利权，并可针对这些不同向国家知识产权局陈述意见，以便说服审查员改变观点。例如，一种洗衣机的顶盖，通常该洗衣机顶盖不会单独出售，因而可能会被认为属于产品的不能分割、不能单独出售或使用的部分。但从专利申请人的角度来看，仍存在可以争辩的内容。对此洗衣机顶盖，可以强调通常洗衣机是整体出售的，但由于其可从洗衣机上拆下，是一件可从洗衣机上分割下来的部件，虽然多半情况洗衣机顶盖随着洗衣机整体出售，但也存在作为替换件单独出售的可能，因而其不属于所述产品的不能分割、不能单独出售或使用的部分，应当被授予专利权。

（4）外观设计专利申请中所包含的多项外观设计不属于习惯上同时出售、同时使用，且设计构思相同的成套产品

对于这种审查意见，首先考虑该多项外观设计到底是否属于习惯上同时出售、同时使用，且设计构思相同的成套产品。

若认定符合规定，则应当以意见陈述书的方式作出说明。例如，一套茶具，其中的茶杯分别带有风格相同的松、竹、梅图案，当通知书中认为三者图案不同时，可以强调在中国习惯上将松、竹、梅称作岁寒三友，因而只要其设计风格相同，就可以作为成套产品出售和使用，因此符合可同时出售、同时使用，且设计构思相同的成套产品的规定，应当允许合案申请。

如果经过分析，确实认定其为多项不属于习惯上同时出售、同时使用，且设计构思相同的成套产品，就应当与委托人商量是否分案申请。但在处理此问题时应当注意这样一种情况，即原专利申请中包含一组外观设计基本相同，但在局部上略有差别的产品，例如，一套印有各种白兔姿

态的糖果包装纸，它们虽然不属于同时出售、同时使用的成套产品，但它们是同一产品的两项以上相似外观设计，则按照 2008 年修改的《专利法》第三十一条的规定，同一产品的两项以上相似外观设计（只要不超过 10 项）仍然可以合案申请。

（5）外观设计专利申请中所包含的同一产品的多项外观设计不相似

对于这种审查意见，首先需要弄清楚通知书中指出哪一项或哪几项外观设计与简要说明中指明的基本设计不相似，在此基础上分析通知书认为不相似的理由是否成立。

经过分析，认为审查意见有道理，则应当向申请人说明，并请申请人考虑是否将这一项或这几项与基本设计不相似的设计从该申请中删去，并与申请人商量是否针对这些删去的一项或几项外观设计提出分案申请。当然，在这种情况下，还可以进一步分析这一项或这几项外观设计是否与简要说明中指明的基本设计之外的另一项外观设计相似，若与另一项外观设计相似，再分析该专利申请的其他外观设计与此另一项外观设计是否也相似，如果都相似，则可以采用另一种处理方式，在简要说明中将另一项外观设计指明为基本设计，并在意见陈述书中以此为基础说明该专利申请要求保护的多项外观设计是同一产品的多项相似外观设计。尽管后一种情况并不多见，但是在实践中不妨一试，因为如果成立则无须提出分案申请了。

经过分析，如果认为这一项或这几项外观设计与基本设计是相似的，那么在征得申请人同意的基础上，以意见陈述书的方式充分论述这一项或这几项外观设计与基本设计是相似外观设计的理由。

（6）外观设计专利申请属于《专利法》第二十五条第一款第（六）项规定的不授予专利权的情形

收到这种审查意见通知书后，可以从三个方面进行分析：使用外观设计的产品是否属于平面印刷品；该外观设计是否是针对图案、色彩或者二者的结合作出的；该外观设计是否主要起标识作用。

如果三者的答案都是肯定的，则说明审查意见正确，在这种情况下应当与申请人沟通，商讨可否对该外观设计进行修改而使其包含有不起标识作用的图案和/或色彩，从而使其不再是主要起标识作用，然后以修改后的外观设计重新提出一件专利申请。

如果三者的答案中有一个是否定的，则就可以在向申请人说明情况并征得同意的基础上，陈述该外观设计不是对平面印刷品的图案、色彩或者二者结合作出的主要起标识作用的设计，因此不属于《专利法》第二十五条第一款第（六）项规定的情形，应当可以授予专利权。

鉴于审查意见中对前两方面的分析多半不会有错，因而在进行上述三方面的分析中，重点放在第三个方面——该外观设计是否主要起标识作用。需要说明的是，有些外观设计虽然包含有能使公众识别所涉及的产品来源的内容，只要其还包含有针对图案、色彩或者其二者结合作出了富有美感的新设计，且这些新设计相对于反映产品来源的设计内容对消费者形成更明显的视觉效果，则就不能认为该外观设计主要起标识作用，在这种情况下就应当在意见陈述书中重点说明该外观设计中哪些内容不是起标识作用的，且这些设计内容对消费者能产生明显的视觉效果，因此该外观设计不是主要起标识作用的设计，不属于《专利法》第二十五条第一款第（六）项规定的不授予专利权的情形。

（7）简要说明不符合《专利法实施细则》第二十八条的规定

简要说明不符合《专利法实施细则》第二十八条的规定时，国家知识产权局多半以补正通知书的方式通知申请人，即这类缺陷可以通过补正的方式加以克服。因而在收到这种审查意见的补正通知书后，应当弄清简要说明所存在的缺陷是什么，然后有针对性地加以消除。例如，省略视图未写明原因的，在简要说明中具体说明为何省略这一或这些视图；指定的一幅图片或照片不能表明该外观设计的设计要点的，则在与申请人沟通后更换一幅能表明其设计要点的图片或照片等。

需要说明的是，2008 年修改《专利法》后，《专利法实施细则》第二十八条以及《专利审查指南 2010》第一部分第三章第 4.3 节已明确规定，简要说明中应当写明外观设计的设计要点，而设计要点是否正确反映该外观设计的内容会对申请的授权、专利的确权以及专利侵权的判断产生不可忽视的影响，因此在收到有关简要说明中所写明的设计要点不符合规定的审查意见时，应当与申请人进行充分的沟通，在此基础上作出修改，既要使其符合《专利审查指南 2010》第一部分第三章第 4.3 节规定的要求，又要使该申请在授权后能处于比较有利的保护地位。

四、实用新型和外观设计专利申请收到授予专利权通知书的处理

实用新型专利申请和外观设计专利申请初步审查后没有发现驳回理由的，国家知识产权局将发出授予专利权及办理登记手续通知书。此时意味着该专利申请即将授权。

专利代理人在收到"授予实用新型专利权及办理登记手续通知"或"授予外观设计专利权及办理登记手续通知"后，应当立即将此通知书转送委托人，并应当在《专利法实施细则》第五十四条第一款规定的自收到该通知书之日起 2 个月内为委托人办理专利登记手续。此时该专利申请进入了授予专利权阶段，也可称作专利授权程序。有关这一方面的专利代理工作将在后面第十四章第一节作进一步介绍。

第十三章　发明专利申请实质审查
程序中的专利代理

　　我国发明专利申请的审查制度是早期公开延迟审查制，按照《专利法》第三十五条的规定，对发明专利申请除进行初步审查外，还要进行实质审查。按照《专利法》第三十七条、第三十八条和第三十九条的规定，国家知识产权局在实质审查时，认为专利申请不符合《专利法》《专利法实施细则》和/或《专利审查指南 2010》的规定，将会以审查意见通知书的方式通知申请人；经申请人陈述意见和/或修改专利申请文件后仍不符合规定的，则驳回该专利申请；经过实质审查后，对专利申请文件或修改后的专利申请文件没有发现驳回理由的，将授予发明专利权。

　　由此可知，对发明专利申请来说，申请人和专利代理人应当十分重视实质审查阶段的专利代理工作。为此，本章在对发明专利申请实质审查程序作一简单介绍后，对发明专利申请实质审查程序中的专利代理工作给予较详细的说明。

第一节　发明专利申请实质审查程序

　　专利代理人和申请人要处理好发明专利申请实质审查阶段的各项专利事务，应当十分熟悉发明专利申请实质审查程序。为此，本节先对实质审查程序作一简要说明，在此基础上以方框图方式帮助专利代理人和申请人比较全面地了解整个实质审查流程。

一、发明专利申请实质审查程序简介

　　发明专利申请实质审查程序通常从申请人提出实质审查请求开始，到国家知识产权局发出授予发明专利权的通知、发出专利申请被视为撤回通知、作出驳回申请的决定且该决定生效或者申请人撤回专利申请为止。

　　在发明专利申请的实质审查阶段可能会经历下述各种情况。

　　①对于发明专利申请不符合《专利法》《专利法实施细则》和/或《专利审查指南 2010》有关规定的，国家知识产权局将会以审查意见通知书（包括分案通知书）的方式通知申请人，要求在指定期限内陈述意见和/或修改专利申请文件，申请人应当在此指定期限内作出答复，必要时应当修改专利申请文件。通知书（审查意见通知书、分案通知书或提交资料通知书等）和申请人的答复可能反复多次，直到申请被授予专利权、被驳回、被撤回或者被视为撤回。

　　②发明专利申请经实质审查没有发现驳回理由，或者经申请人陈述意见或修改专利申请文件后认为不存在或已克服所指出缺陷的情况，国家知识产权局将发出授予发明专利权通知书。

　　③发明专利申请经申请人陈述意见或者修改后的专利申请文件仍然存在通知书中指出的属于驳回理由的（即《专利法实施细则》第五十三条中所列出的）缺陷，在已给予过申请人陈述意见机会的情况下，国家知识产权局将作出驳回决定。

　　④申请人无正当理由对审查意见通知书、分案通知书或提交资料通知书等逾期不答复的，国家知识产权局将发出视为撤回通知书。

　　⑤在申请人提出会晤请求而国家知识产权局同意时，或者国家知识产权局认为需要会晤时，

将会以会晤通知书或电话约定会晤方式加以确定，并进行会晤。

此外，在发明专利申请实质审查阶段还有可能出现电话讨论、现场调查等情况。

二、发明专利申请的实质审查流程

发明专利申请实质审查程序通常自该专利申请提出实质审查请求开始。

实质审查请求满足实质审查程序启动条件时，国家知识产权局发出发明专利申请进入实质审查阶段通知书，并由负责该专利申请的实质审查部门着手进行实质审查。

如果实质审查请求书不符合规定、且此时已发出实质审查请求期限届满前通知书，国家知识产权局将发出补正通知书，补正合格，国家知识产权局发出发明专利申请进入实质审查阶段通知书；逾期未补正或者补正不合格，国家知识产权局发出实质审查请求视为未提出通知书。如果实质审查请求书不符合规定、且此时尚未发出实质审查请求期限届满前通知书，国家知识产权局发出实质审查请求视为未提出通知书。国家知识产权局在发出实质审查请求视为未提出通知书时，若此时允许提出实质审查请求的 3 年期限已经届满，将会同时发出发明专利申请视为撤回通知书，若此时允许提出实质审查请求的 3 年期限尚未届满，则申请人可以重新提出符合规定的实质审查请求，以启动实质审查程序。

如果在允许提出实质审查请求的 3 年期限内未提出实质审查请求，或者未在此规定期限内缴纳或缴足实质审查费的，国家知识产权局会发出发明专利申请视为撤回通知书。

进入实质审查阶段后，除极少数符合《专利法》和《专利法实施细则》规定的专利申请直接发出授予发明专利权通知书外，对于大多数专利申请来说或多或少存在不符合《专利法》和/或《专利法实施细则》有关规定的情况，此时国家知识产权局将发出第一次审查意见通知书。申请人在收到第一次审查意见通知书后应当在通知书中指定的期限内答复和/或修改申请文件，逾期未答复的，该专利申请将被视为撤回。申请人按期作出答复的，国家知识产权局将对此专利申请继续审查，继续审查后认为申请符合《专利法》和《专利法实施细则》规定或者修改文本已消除原申请文件存在缺陷的，则发出授予发明专利权通知书；如果申请人在第一次审查意见通知书指定的期限内未提出有说服力的意见陈述和/或证据，也未对申请文件进行修改，且该专利申请无授权前景，则国家知识产权局将会作出驳回决定；在其他情况下，尤其是该专利申请有授权前景但仍然需要修改申请文件的情况，国家知识产权局将会根据案情采用再次审查意见通知书、会晤或电话讨论的方式与申请人交换意见。在后一种情况，实质审查程序将继续进行，直到该专利申请被授权、被驳回或以其他方式结案。

申请人对国家知识产权局的驳回决定不服的，可以向专利复审委员会提出复审请求，由此启动复审程序。

申请人对视为撤回通知书（包括视为未提出实质审查请求通知书）可以提出恢复权利请求。同意恢复的，该专利申请重新回到实质审查程序当时作出该通知的相应步骤；不同意恢复的，可以向国家知识产权局提出行政复议请求（由此进入行政复议程序）或向人民法院起诉（由此进入行政诉讼程序）。此外，按法律规定，申请人对视为撤回通知书不服时也可以不提出恢复权利请求而直接提出行政复议请求或者直接向人民法院起诉，但从实践来看，还是先提出恢复权利请求比较可行。

为帮助理解，下面给出发明专利申请实质审查流程图，其中粗线框表示应当由申请人或专利代理人完成的工作。

发明专利申请实质审查流程图

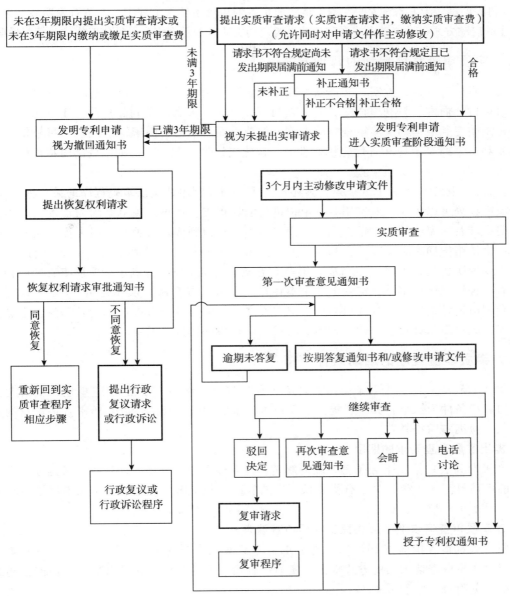

第二节　启动实质审查程序的专利代理

《专利法》第三十五条对发明专利申请实质审查的启动条件作了规定，本节对发明专利申请实质审查程序的启动方式以及申请人或专利代理人为启动实质审查程序应当做哪些工作作一简要说明。

一、实质审查程序启动的两种方式

由前一章内容可知，发明、实用新型或外观设计专利申请受理后，其初步审查由国家知识产权局自行进行。而发明专利申请的实质审查则与此不同，按照《专利法》第三十五条第一款的规定，通常发明专利申请的实质审查是应申请人的请求而启动的，国家知识产权局将根据申请人自该发明专利申请的申请日（有优先权要求的，自优先权日）起3年的期限内随时提出的实质审查请求对该专利申请进行实质审查。

但是，《专利法》第三十五条第二款还规定了发明专利申请实质审查程序的另一种启动方式：国家知识产权局可以依职权对发明专利申请进行实质审查。作出此规定是因为在理论上不能排除有些发明会涉及国家或社会的重大利益，而申请人未意识到或因某种原因尚未提出实质审查请求的情况，为了维护国家利益或社会利益，允许国家知识产权局在这种情况下主动进行实质审查。在这里需要说明的是，虽然《专利法》第三十五条中规定了发明专利申请实质审查的两种启动方式，但后一种情况极其罕见，实际上几乎不存在。我国《专利法》实施已近30年至今还没有一件发明专利申请是按后一种方式启动实质审查程序的，估计在今后很长一段时间内也未必会出现这种情况，故下面仅针对前一种方式的实质审查启动条件作具体说明。

二、实质审查程序的启动条件

按照《专利法》第三十五条第一款以及《专利审查指南2010》的相应规定，申请人请求实质审查的启动条件为三个：其一，提出实质审查请求的期限；其二，以实质审查请求书的方式提出；其三，缴纳实质审查费。

1. 提出实质审查请求的期限

按照《专利法》第三十五条第一款的规定，发明专利申请提出实质审查请求的期限是自该专利申请的申请日起3年内，对于有优先权要求的发明专利申请来说，该3年期限以该专利申请所要求的最早的优先权日起算。

2. 以实质审查请求书的形式提出实质审查请求

按照《专利审查指南2010》第一部分第一章第6.4.2节的规定，发明专利申请的实质审查请求应当以实质审查请求书的方式提出。实质审查请求书的首页最好采用国家知识产权局统一印制的表格，见附录二中的表4。

3. 缴纳实质审查费

按照《专利法实施细则》第九十三条和第九十六条的规定，发明专利申请人请求实质审查的，应当在上述允许提出实质审查请求的3年期限内缴纳实质审查费。

如果上述三个条件中有一项未满足，则应申请人请求的实质审查程序就不能启动，直到上述三个条件均满足时，才能启动该实质审查程序。

三、申请人及专利代理人启动实质审查程序时应当进行的工作

由前面所述内容可知，发明专利申请的授权必须经过实质审查，而进入实质审查程序通常应

由申请人提出实质审查请求。为使发明专利申请正常进入实质审查程序，申请人和专利代理人需要进行四个方面的工作。

1. 提出实质审查请求时机的选择

允许申请人在 3 年内提出实质审查请求的规定，可以起到鼓励申请人早日提出发明专利申请的作用。一旦申请人根据其发明构思完成了技术方案，就可向国家知识产权局提出申请，此时只需缴纳申请费，然后可以在该 3 年期限内进行调查研究，了解市场需求以及专利转让前景，判断该件发明专利申请的价值。如果该项发明确实能取得较大收益时，就向国家知识产权局提出实质审查请求，缴纳实质审查费。如果发现该发明专利申请存在无法挽回的缺陷或经济效益较差时，则可不再提出实质审查请求，从而省下约为申请费 3 倍的实质审查费。

作为专利代理人，在接受委托代理发明专利申请时，应当帮助委托人分析何时提出实质审查请求最有利。如果该项发明比较成熟，其产品能较早投入市场，且比较容易被竞争对手仿制，则应当尽早提出实质审查请求，甚至在提出专利申请的同时就提出实质审查请求，因为越早提出实质审查请求，则越早进入实质审查程序，从而可以早日授予专利权。如果对该项发明市场前景尚不清楚，或者该发明产品还要经过一段较长时间（如三四年以上）才有可能在市场上出现，则可以较晚提出实质审查请求，以便有足够的时间对市场需求和该发明的价值进行调查研究，调查研究后再确定是否提出实质审查请求。

按照《专利审查指南 2010》第一部分第一章第 6.4.2 节的规定，申请人在实质审查请求期限届满前 3 个月时尚未提出实质审查请求的，国家知识产权局将会发出期限届满前通知书，作为专利代理人收到此期限届满通知书后应及时与委托人联系，请委托人最后决定这件专利申请是否提出实质审查请求，以免该专利申请因超出《专利法》第三十五条第一款规定的允许提出实质审查请求的 3 年期限而被视为撤回。

2. 提出实质审查请求时应当办理的手续

正如前面所述，为启动实质审查程序必须以实质审查请求书的形式提出实质审查请求和缴纳实质审查费。因而为申请人在上述规定的 3 年期限内提交实质审查请求书和缴纳实质审查费是专利代理人在启动实质审查时必须要办理的手续。

当在上述规定期限内提交了实质审查请求书和缴纳了实质审查费，且符合所有要求后，国家知识产权局将会发出发明专利申请进入实质审查阶段通知书。

当在上述规定期限内提交了实质审查请求书并缴纳了实质审查费，但实质审查请求的形式仍不符合其他规定时，如果此时尚未发出期限届满前通知书，则国家知识产权局将会发出视为未提出实质审查请求通知书；如果此时已发出期限届满前通知书，则国家知识产权局将会发出补正通知书，并要求在指定期限内补正，期满未补正或者补正后仍不符合规定的，国家知识产权局将发出视为未提出实质审查请求通知书。

在上述规定的 3 年期限届满未提交实质审查请求书或者未缴纳或缴足实质审查费的，国家知识产权局将针对该专利申请发出视为撤回通知书。

需要说明的是，为了便于国家知识产权局对发明专利申请的新颖性、创造性作出评价，《专利法》第三十六条第一款规定，申请人请求实质审查时应当提交申请日前与其发明有关的参考资料，即发明人在完成发明过程中所参考过的现有技术资料，尤其是该发明最接近的现有技术的资料，如专利文献、科技书籍和期刊等。

此外，为有利于申请人尽早对其专利申请取得更有力的保护，按照《专利法实施细则》第五十一条第一款的规定，申请人可以在提出实质审查请求时以及在收到发明专利申请进入实质审查阶段通知书之日起 3 个月内对其专利申请作一次主动修改，不仅申请人可以根据新了解的现有技术对其专利申请作缩小保护范围的修改，还可以根据对发明的进一步认识在不超出原申请文件记载范围的条件下作任何修改，甚至要求更宽的保护范围。

鉴于此，专利代理人在提出实质审查前应当向委托人说明《专利法》第三十六条第一款和《专利法实施细则》第五十一条第一款的内容，请委托人准备好需要提交的该发明申请日前的有关参考资料，并询问委托人是否要利用这次专利申请文件主动修改的机会，从而可以在提交实质审查请求书的同时提交有关参考资料和必要的专利申请文件修改文本。

除此之外，欧洲专利局（EPO）、日本特许厅（JPO）、韩国知识产权局（KIPO）、中国国家知识产权局（SIPO）和美国专利商标局（USTPO）等五局（IP5）于 2013 年 9 月启动的五局专利审查高速路（IP5 PPH）试点项目已自 2014 年 1 月 6 日起开始为期 3 年的试点。另外，中国国家知识产权局还与 14 个国家签订了 PPH 试点的双边协议（中美、中日、中德、中韩、中加、中俄、中芬、中丹、中波、中墨、中奥、中新、中葡、中西）。根据上述五边协议或双边协议，申请人可以通过专利审查高速路（PPH）请求加快审查。现以五边协议中使用来自 EPO、JPO、KIPO 或 USTPO 的国家或地区工作结果的情况为例加以说明。对于以电子申请方式提交、且已作出国家公布的中国申请（包括进入中国国家阶段的国际申请，下同），当该中国申请要求在其他四局之一局提出的对应申请的优先权，或者其与在其他四局之一局提出的对应申请（包括国际申请进入国家/地区阶段申请，下同）具有相同的优先权，或者其作为在其他四局之一局提出的对应申请所要求的优先权基础，或者该进入中国国家阶段的国际申请与在其他四局之一局提出的对应的申请系同一个未要求优先权的国际申请的国家/地区阶段申请时，且上述参与 IP5 的其他四局之一局至少有一个对应申请具有一项或多项被该局认定为可授权或具有可专利性的权利要求，[❶] 如果委托人想加快审查，可以在提出实质审查请求时提出 PPH 请求。[❷] PPH 请求应当采用中国国家知识产权局制定的"参与专利审查高速路（PPH）项目请求表"（见附件二中的表 5）以电子形式提交，并同时提交与其他四局之一局就对应申请作出的所有审查意见通知书的副本及其译文[❸]、认定为具有可专利性/可授权的所有权利要求的副本及其译文、引用的对比文件为非专利文件时的副本（不需要提交译文）[❹]；在请求表中解释说明中国申请的所有权利要求如何与其他四局之一局提交的对应申请中具有可专利性/可授权的权利要求的对应性，以说明两者充分对应[❺]。

3. 确定是否要求提前公布

申请人提出实质审查请求和缴纳实质审查费并经国家知识产权局认可后，该发明专利申请就

---

❶ 以上是 PPH 使用来自 EPO、JPO、KIPO 或 USTPO 的国家或地区工作结果的条件，对于 PPH 使用来自 EPO、JPO、KIPO 或 USTPO 对国际申请的国际阶段工作结果的条件略有不同，但在原则上是相同的，为节省篇幅不再作具体说明，读者若感兴趣，可以从国家知识产权局网站上查阅"在五局专利审查高速路（IP5 PPH）试点项目下向中国国家知识产权局（SIPO）提出 PPH 请求的流程"中的第二部分"PPH：使用来自 EPO、JPO、KIPO 或 USTPO 的 PCT 国际阶段工作结果"中的有关内容。

❷ 按照五局多边协议或双边协议，PPH 请求通常在该中国申请已进入实质审查阶段但尚未对该申请进行实质审查时提出，即申请人通常应当在收到中国国家知识产权局发出的发明专利申请进入实质审查阶段通知书之后、且尚未收到实质审查部门任何审查意见通知书时提出 PPH 请求，但是作为一个允许的例外情形是申请人可以在提出实质审查请求的同时提出 PPH 请求。

❸ 对于使用来自 EPO、JPO、KIPO 或 USTPO 对国际申请的国际阶段工作结果的情况，此为"认为权利要求具有可专利性/可授权的最新国际工作结果的副本及其中文或英文译文"。

❹ 对于上述三个应当提交的文件，如果申请人通过同步或在前程序已经向中国国家知识产权局提交了，则可不必提交，但仍需在"参与专利审查高速路项目请求表"中列出省略提交文件的名称。

❺ 充分对应并不是指两者完全一致，中国申请的权利要求书相对于上述具有可专利性/可授权的所有权利要求来说删除了部分权利要求，或者中国申请的权利要求范围比在其他四局之一局提出的对应申请的权利要求范围小（即中国申请的权利要求相对于可专利性/可授权的相应权利要求增加了技术特征），这两种情形下仍认为两者是充分对应的。

进入了实质审查阶段，但这不等于说实质审查部门的审查员立即就可对该申请案进行实质审查。《专利法》第三十四条规定，发明专利申请的初步审查合格后，自申请日起满18个月予以公布，对有优先权要求的申请案来说，自优先权日起满18个月公布。按照国家知识产权局目前的发明专利申请审批流程，即使一件发明专利申请在提出申请的同时已提出实质审查请求，并在短期内初步审查合格，也必须等到该发明专利申请公布后才将申请案卷送到实质审查部门，在这之前案卷留在发明专利申请初审及流程部和有关出版部门做公布的准备工作，也就是说至少在发明专利申请公布之后实质审查部门的审查员才有可能开始进行实质审查。

鉴于此，申请人若想早日开始实质审查，仅提出实质审查请求是不够的。通常，多数申请人愿意早授权而晚公布，但由前面所述可知，这两者难以同时达到。因而，对于早期提出实质审查请求的专利申请案，专利代理人应当将上述情况告知委托人，让其在要求提前公布（从而可达到早进行实质审查和早授权）与晚授权（由不要求提前公布导致）之间作一抉择。通常早期提出实质审查请求的发明专利申请案应当同时要求提前公布。

4. 办理进入实质审查程序有关手续期间对国家知识产权局发出的通知书的处理

前面已指出发明专利申请在提出实质审查请求后，国家知识产权局会根据不同情况发出补正通知书、视为未提出实质审查请求通知书、视为撤回专利申请通知书以及发明专利申请进入实质审查阶段通知书（参见发明专利申请实质审查流程图）。下面对专利代理人或申请人在收到这些通知书时应当如何处理作一说明。

对于补正通知书，国家知识产权局基本上认为该实质审查请求总体满足《专利法》和《专利法实施细则》的规定，仅仅是实质审查请求书在形式上不符合规定，因此申请人应当配合国家知识产权局按要求进行补正。此时应当注意两点：其一，在通知书指定期限内给予补正；其二，弄清补正通知书的内容，力求补正后克服实质审查请求书所存在的全部形式缺陷。

国家知识产权局发出视为未提出实质审查请求通知书有两种情况：一种是针对实质审查请求直接发出的；另一种是发出补正通知书后申请人期满未补正或补正后仍不符合规定发出的。在前一种情况，国家知识产权局尚未发出期限届满前通知书，因而还在允许提出实质审查请求的3年期限内，此时应当尽快在此3年期限届满前重新提出实质审查请求（提交符合规定的实质审查请求书，并缴纳实质审查费）。在后一种情况，应当立即关注一下允许提出实质审查请求的3年期限是否已经届满，如果尚未届满，就应当像前一种情况一样，尽快在此3年期限内重新提出实质审查请求，其中提交的实质审查请求书应当消除前一次补正通知书所指出的形式缺陷；在大多数情况下，此时允许提出实质审查请求的3年期限已经届满，则可以在收到视为未提出实质审查请求通知书后立即按照《专利法实施细则》第六条的规定提出恢复权利请求，最晚在收到国家知识产权局针对该专利申请发出的视为撤回通知书之日起2个月内提出恢复权利请求。

对于国家知识产权局针对未在上述规定的3年期限内提交实质审查请求书或者未缴纳或缴足实质审查费的发明专利申请发出的视为撤回通知书，此时无论造成此结果是由专利代理人或委托人的原因，还是国家知识产权局的原因，或是第三方的原因，都应当在收到该通知书之日起2个月内提出恢复权利请求，并在此期限内缴纳恢复权利请求费，必要时应当消除导致发出上述通知书的原因。对于由国家知识产权局的原因造成的，可以在批准恢复权利后再要求国家知识产权局退回该恢复权利请求费。当然在此情况下，也可直接提出行政复议请求。但是对于由专利代理人或委托人的原因造成的，一定要先提出恢复权利请求，否则极有可能在行政复议程序中败诉。即使是由国家知识产权局的原因或第三方原因造成的，通常也是先提出恢复权利请求，这样比较容易见效，只有在国家知识产权局不予恢复权利时再考虑是否提出行政复议请求。

当国家知识产权局认为实质审查请求符合要求后，则发出发明专利申请进入实质审查阶段通知书。按照《专利法实施细则》第五十一条第一款的规定，在收到此通知书3个月之内还可作一次主动修改，而且从原则上讲这是最后一次主动修改机会，尤其是在此之后不允许再进行扩大专利保护范围的修改，即使所作修改未超出原申请文件记载范围也是不会被接受的。因此，专利代理人在收到该通知书后应立即通知委托人，并征询其是否利用这最后一次主动修改申请文件的机会，若委托人想修改，务必在收到该通知书之日起3个月内提交修改文本。

此外，对于符合通过PPH请求加速审查条件的申请，如果在提出实质审查请求时尚未办理PPH请求的，则应该在收到发明专利申请进入实质审查阶段通知书后，尽快准备有关材料，以便在国家知识产权局有关实质审查部门开始实质审查之前，以电子形式提交"参与专利审查高速路（PPH）项目表"以及其他需要提交的文件。

第三节　对审查意见通知书的答复

在实质审查过程中，对于绝大多数发明专利申请，国家知识产权局采用审查意见通知书的方式将实质审查意见告知申请人。如果专利代理人和申请人能针对审查意见通知书撰写出令人信服的意见陈述书，并修改出合格的申请文件，则发明专利申请就有可能在较短的时间内被授权，大大缩短了实质审查程序；相反，提交的意见陈述书未对审查意见通知书作出满意的答复，就势必加长实质审查程序，甚至会使有可能取得专利的申请导致驳回的结果。因此，如何答复审查意见通知书是专利代理人的一项基本功，对于专利代理人和申请人来说应当通过实践积累经验，加以提高。

一、审查意见通知书简介

实质审查意见通知书分为第一次审查意见通知书和再次审查意见通知书。

第一次审查意见通知书是审查员经过实质审查后首次发出的通知书，除了极少数可直接授予专利权的发明专利申请外，国家知识产权局都必须发出第一次审查意见通知书。通常对于有授权前景的发明专利申请，第一次审查意见通知书在全面审查的基础上指出专利申请文件存在的所有缺陷；而对于无授权前景的专利申请，第一次审查意见陈述书将充分论述该专利申请不能授予专利权的理由。由此可知，第一次审查意见通知书通常在审查意见通知书中最为重要，且内容最多。再次审查意见通知书是针对申请人的意见陈述书及新修改的专利申请文件继续进行实质审查后发出的，往往是对第一次审查意见通知书的补充，由再次审查意见通知书可以更清楚地得知该专利申请的授权前景。

审查意见通知书由标准表格（通常又称作"通知书扉页"）和审查意见通知书正文两部分组成。在标准表格中给出实质审查所依据的文本、引用的对比文件、对权利要求书和说明书的结论性意见、实质审查的倾向性结论意见、答复期限等，其中第一次审查意见通知书的标准表格中还给出专利申请的基本情况，如有无优先权要求、有无主动修改等。在审查意见通知书正文部分主要指出权利要求书和/或说明书的实质性缺陷，有授权前景时还指出专利申请文件所存在的其他问题，必要时还给出专利申请文件的修改建议。

按照审查意见通知书对申请文件的总体倾向性意见来看，可分为三大类。第一类是专利申请文件仅存在形式缺陷，这类专利申请明显有授权前景，通常只要按审查意见通知书对权利要求书和/或说明书进行修改就可授予专利权，以下简称"肯定性结论意见"。第二类是专利申请存在不可克服的实质性缺陷，这类专利申请无授权前景，如果意见陈述书没有足够理由来改变审查员的观点，该专利申请将被驳回，以下简称"否定性结论意见"。第三类是该专利申请存在实质性缺陷，需要根据专利申请的修改来确定其是否已消除这类缺陷，或者审查员对该专利申请的内容尚无把握的情况，通常将根据申请人所陈述的意见是否有说服力以及修改后的申请文件是否已克服缺陷确定可否授予发明专利权，以下简称"不定性结论意见"。

二、专利代理人在答复审查意见通知书时的主要工作

专利代理人从收到审查意见通知书到在指定期限内提交意见陈述书和/或修改专利申请文件，这一段时间内的专利代理工作主要包括下述几项：阅读审查意见通知书、对审查意见通知书及其引用证据的分析、向委托人转达审查意见、专利申请文件的修改和撰写意见陈述书。

1. 阅读审查意见通知书

阅读审查意见通知书时，专利代理人应当从下述三个方面去理解审查意见。

（1）明确审查意见通知书对该申请的总体倾向性意见

前面已经指出审查意见通知书对申请文件的总体倾向性意见分成肯定性、否定性和不定性三类结论意见。因而，通过阅读审查意见通知书应当明确该审查意见通知书究竟属于哪一类，以便对不同类审查意见通知书采取不同的处理办法。

通常在阅读审查意见通知书时可从三个方面了解该总体倾向性意见。首先，通过审查意见通知书标准表格中第7栏（第一次审查意见通知书表格）或第6栏（再次审查意见通知书表格）所作出的选择来了解，其中第一个框相当于肯定性结论意见，第二个框相当于不定性结论意见，第三个框相当于否定性结论意见。其次，可根据审查意见通知书正文内容判断：如果审查意见通知书中仅指出实质性缺陷而未对申请文件作全面审查，即未指出申请文件所存在的全部缺陷，这就意味着该专利申请的前景很可能被驳回；如果审查意见通知书既指出申请文件的实质性缺陷，又同时指出申请的形式缺陷，即指出申请文件的所有缺陷，则该倾向性结论意见通常应为不定性结论意见；如果审查意见通知书中仅指出申请文件的形式缺陷，甚至给出具体的修改建议，则属于肯定性结论意见。此外，审查意见通知书多半在正文结尾部分还会给出比标准表格第7栏或第6栏中更具体、更明确的倾向性结论意见。

（2）阅读重点放在审查意见通知书所指出的实质性缺陷，尤其是对权利要求书的评价上

由于申请文件存在实质性缺陷将会导致专利申请被驳回，对专利申请能否授权的前景起决定性作用，因而在阅读审查意见通知书时应当十分重视所指出的实质性缺陷。此外，根据《专利法》第五十九条的规定，权利要求书是确定发明专利保护范围的主要依据，国家知识产权局实质审查时的主要审查对象是权利要求书，因而应当将对权利要求书的评价作为阅读审查意见通知书的重点。

审查员除了在标准表格第6栏（第一次审查意见通知书）或第5栏（再次审查意见通知书）中给出对权利要求书和说明书的结论性意见外，在审查意见通知书正文部分对上述结论性意见逐条进行具体分析，因而在阅读这部分时，不仅要知道审查员对每个权利要求和说明书的结论性意见，而且要仔细理解审查员所论述的理由以及用来支持所述理由的证据（如评价权利要求不具备新颖性、创造性时所引用的对比文件）。

需要说明的是，如果在审查意见通知书中对某个从属权利要求并未指出其实质性缺陷，在这种情况下很可能是一种暗示：将此权利要求限定部分的技术特征补充到引用的权利要求中并将其改写成新的独立权利要求，就有可能取得专利保护。

（3）对审查意见通知书中提出的所有问题进行归纳整理

为加快实质审查，对于大部分专利申请，审查员在第一次审查意见通知书中会对所有存在实质性缺陷的权利要求逐项进行评价分析，还会在该通知书正文中指出权利要求书所存在的形式缺陷以及说明书所存在的全部问题。专利代理人在阅读审查意见通知书时应当将通知书中所指出的全部问题进行整理，加以归纳，最好列表；并仔细理解通知书中对这些问题所论述的理由，以便向申请人转达。此外，为避免在答复审查意见通知书时出现遗漏，可以在按照委托人的意见答复审查意见通知书和修改申请文件时借助该所归纳、整理的问题表逐一核对，以保证在意见陈述书中对审查意见通知书中指出的所有问题作出答复。

2. 对审查意见通知书及其引用证据的分析

对于上述肯定性结论意见的审查意见通知书来说，其涉及的问题基本上属于申请文件的形式缺陷，通常只需要针对通知书中指出的缺陷修改申请文件即可。但对于上述否定性结论意见和不定式结论意见的通知书，则需要仔细研究审查意见通知书的具体意见，必要时结合申请文件本身的内容以及通知书中引用的对比文件进行分析，从而正确理解所指出缺陷的含义，以便在下一步转达审查意见时告知委托人，并能提出合理的建议。

目前，一部分审查意见通知书在指出申请文件存在缺陷时论述得比较具体，此时只需要考虑通知书中的意见是否正确合理。但是，在一些审查意见通知书中仅仅笼统地指出其所存在的缺陷，而未具体说明理由，对于这种情况一定要结合申请文件本身的内容来理解通知书中指出的缺陷到底是什么原因造成的。例如，审查意见通知书指出申请文件中的权利要求未以说明书为依据，不符合《专利法》第二十六条第四款的规定，这可能有多种情况：一种是权利要求保护范围过宽，从而与说明书中给出的具体实施方式或实施例不相适应；另一种是指权利要求的技术方案未记载在说明书中；还有一种可能是将独立权利要求缺少必要技术特征或者权利要求未清楚限定发明的缺陷归属于权利要求未以说明书为依据，因此应结合申请文件的内容来判断通知书中所指出的缺陷属于哪一种情况。若通过分析尚不能理解通知书中指出缺陷的真实含义，最好能以电话沟通方式请教一下审查员，以便向委托人转达通知书的正确含义。

对于审查意见通知书中引用对比文件指出权利要求不具备新颖性、创造性的情况，则应当结合对比文件所披露的内容来理解审查意见通知书所作的具体分析，不仅要将通知书中列出的对比文件逐篇与该申请进行对比分析，还要将这些对比文件结合起来与该申请进行对比分析，尤其要将它们结合起来与通知书认为不具备新颖性、创造性的权利要求的技术方案进行对比分析，在此基础上考虑有无可商讨的余地，以便在下一步转达审查意见时告知委托人。

在上述正确理解审查意见通知书具体意见的基础上，应初步考虑一下可否通过修改申请文件来克服通知书中所指出的缺陷，以便在转达审查意见时告知委托人按照什么方向修改专利申请文件可为专利申请争取到比较有利的结果。

3. 向委托人转达审查意见

在正确理解审查意见后，就应当尽快向委托人转达该审查意见。

对于肯定性结论的意见，在转达时可告知委托人通知书中所指出的缺陷基本上都属于形式缺陷，不会影响专利保护范围，通常应当按照通知书的要求作出修改。如果委托人不同意，认为这样的修改有可能导致缩小保护范围，应慎重考虑委托人的意见。此时若委托人的说法的确有道理，应帮助委托人作积极的争取；但多半情况是委托人对《专利法》及其有关知识不太了解，应当说服委托人最好按照审查意见修改申请文件，若委托人仍然坚持己见，就应当按照委托人的意见办，不过需告知委托人这样做可能会出现不利后果（如拖长审批程序等）。

　　对于否定性结论的意见，通过对审查意见通知书（包括申请文件的内容和引用的对比文件）的仔细分析可能出现四种情况：同意审查意见、基本同意审查意见、审查意见可以商榷、不同意审查意见。第一种情况是认为通知书的意见正确，该专利申请的确不符合《专利法》的规定，无授权前景，此时仅需要向委托人转达审查意见，为帮助委托人理解可以对审查意见作些具体补充说明，由委托人自行决定如何处理，千万不要向委托人提出一些不妥当的建议，至多告知委托人若不同意上述审查意见需要提出足够的、有说服力的理由，尤其要请委托人从技术角度出发具体说明为何本申请权利要求的技术方案不存在通知书中所指出的实质性缺陷或者对申请文件进行修改后能消除通知书中所指出的实质性缺陷。第二种情况是认为通知书所指出的实质性缺陷有一定道理，但通过修改申请文件能克服所指出的实质性缺陷，在这种情况下除了向委托人转达审查意见并对审查意见作补充说明外，还应当向委托人指出申请文件的修改方向，供委托人修改参考，在此同时，还应当要求委托人在修改申请文件后从技术角度提供其所作修改可消除通知书指出的实质性缺陷的理由，以便答复时能说服审查员。第三种情况认为审查意见中提出的实质性缺陷是否存在值得商榷，也就是说认为审查意见通知书中所论述的申请文件存在实质性缺陷的全部或部分理由并不充分，有可能通过争辩改变审查员的观点。在这种情况下，应当向委托人说明存在这种可能，但对此并没有足够的把握。如果通过争辩取得成功，则专利申请有可能在一定程度上取得保护；但是若此时的争辩不能说服审查员而又未及时修改专利申请文件，则有可能会招致驳回专利申请，至少会延长审批程序。从而，请委托人确定如何作出答复。第四种情况是认为通知书中指出的实质性缺陷实际上并不存在（例如通知书中认为该申请可享受优先权而错误地引用了优先权日和申请日之间公开的外国专利文件来否定该申请的新颖性和/或创造性），对于这种情况，在转达审查意见时应向委托人详细说明专利代理人自己的观点和具体分析意见，以供委托人在确定本申请案后续处理方案时与通知书中的意见作对比，从而作出合理的决断。需要说明的是，采用第四种转达意见方式时应当十分慎重，通常只有在十分有把握确认审查意见错误的情况下才提出，否则应当按照前面所提到的第三种情况来对待。

　　对于不定式结论的意见，通过对审查意见通知书（包括申请文件的内容和引用的对比文件）的仔细分析，可能出现三种情况：同意或基本同意审查意见、审查意见可以商榷、不同意审查意见。在向委托人转达审查意见时，采取的做法总体上与否定性结论意见情况相近，但又不完全相同。对于同意或基本同意审查意见通知书中指出的实质性缺陷的情况，除了转达审查意见和对审查意见作补充说明外，还向委托人指出申请文件的修改方向，希望委托人参考审查意见对申请文件进行修改，并说明修改的申请文件如何消除通知书中所指出的实质性缺陷，其中对基本同意审查意见的情况还应告知委托人，若按照审查意见修改会导致保护范围过窄，而未完全按照审查意见修改会导致延长审批程序，请委托人作出抉择。对于审查意见可以商榷的情况，可类似于否定性结论意见那样，向委托人指明审查意见中哪些意见可以商榷，并说明为何存在争辩成功的可能，当然由于对此没有足够的把握，应告知委托人作出上述争辩的利弊，以供委托人作出选择时参考。对于不同意实质审查通知书中所指出实质性缺陷的情况，则可以类似于否定性结论意见那样向委托人转达审查意见和详细说明专利代理人自己的观点和具体分析意见，以供委托人在确定本申请案后续处理方案时与通知书中的意见进行比较，从而作出合理决断。当然，对后一种转达方式只有在十分有把握确认审查意见错误的情况才采用。

　　前面说明了向委托人转达审查意见的一般原则，但对于不同的申请案来说，由于具体情况的差别需要采用不同的转达方式，尤其是不同意审查意见通知书中所述意见的情况，在这方面专利代理人应当通过实践不断积累经验。

对审查意见通知书的答复有期限要求，第一次审查意见通知书的答复期限是自收到该通知书之日起 4 个月，再次审查意见通知书的答复期限是自收到该通知书之日起 2 个月。由于不按期答复会导致专利申请被视为撤回，因此在转达审查意见通知书时，应当要求委托人尽早给出答复处理的意见。通常对第一次审查意见通知书可将其答复期限届满前 1 个月作为指定委托人返回意见的期限，而对再次审查意见通知书，可定为答复期限届满前半个月。

4. 专利申请文件的修改和撰写意见陈述书

在收到委托人对于答复审查意见通知书的指示后，就要着手答复审查意见阶段中的最重要的一项工作，根据委托人的意见修改专利申请文件和撰写意见陈述书。

委托人对有关专利申请文件修改的意见主要有三类：

①不同意修改申请文件，并论述了不修改申请文件的理由（即认为原申请文件不存在通知书中所指出的实质性缺陷）；

②给出申请文件修改方向，委托专利代理人代为修改专利申请文件；

③给出专利申请文件的具体修改意见，甚至给出具体的修改文本。

对于后两类情况，不论其仅给出修改方向还是给出具体修改建议，都可能有三种情况。其一，该修改与专利代理人先前所作的分析基本一致，此时就按照委托人的意见完成申请文件的修改即可。其二，该修改就专利代理人来看，仍未克服原通知书中指出的缺陷，或者新修改的申请文件出现了新的问题（如修改超范围或未针对通知书指出的缺陷进行修改等），此时若时间尚许可的话；应当再与委托人最后交换一次意见，一方面说明该修改文本有可能仍未被接受的原因，另一方面告知这样修改极有可能延长审批程序，甚至会导致驳回；然后根据委托人最后认定的意见完成专利申请文件的修改和撰写意见陈述书。其三，该修改就专利代理人来看，修改得过多而导致权利要求的保护范围过窄，此时在时间许可的条件下，也应当与委托人最后交换一次意见，告知其这样修改容易被授权，但在专利保护范围上会丧失一些权利，请委托人最后确定。需要说明的是，在后两种情况下，再次交换意见后委托人仍坚持己见，则专利代理人应当遵照委托人的意愿进行修改和答复。

对于不同意修改申请文件的指示来说，只可能出现两种情况：与专利代理人先前所作分析基本一致；委托人所论述的不修改申请文件的理由并不充分。当委托人的意见与专利代理人先前所作分析基本一致，则只需要在意见陈述书中充分论述不修改申请文件的理由。当委托人在指示中所论述的不修改申请文件的理由尚不能说服专利代理人时，在时间来得及的情况下应当告知委托人所论述的意见可能仍不能说服审查员，并具体说明原因，请委托人考虑是否对申请文件作适当修改，否则极有可能被驳回，若委托人仍坚持此意见，请委托人进一步论述理由，尤其从技术角度作出进一步说明，以便为撰写意见陈述书做好准备。

在完成申请文件修改后，立即根据修改后的申请文件提交意见陈述书。对于基本上按照通知书的意见修改申请文件的情况，意见陈述书比较简单，只要指出在哪些地方根据通知书的哪些意见作了相应修改，必要时简要说明一下这样修改的文件如何消除通知书中指出的实质性缺陷。但对于未完全按照通知书的意见进行修改的情况，尤其是完全不同意通知书中所指出的实质性缺陷时，就应当认真撰写意见陈述书，将重点放在论述新修改的申请文件怎样消除了通知书所指出的实质性缺陷，或者将重点放在论述原申请文件不存在通知书中所指出的实质性缺点的理由。

对于如何修改专利申请文件以及如何起草意见陈述书将分别在本章第四节和本章本节之四作更具体的说明。

5. 审查意见通知书答复期限的监视

在此，需要强调的是一定要注意审查意见通知书的答复期限，逾期不答复将会导致专利申请被视为撤回。

因此，在向委托人转达审查意见通知书后，就应当监视审查意见通知书的答复期限。对于第一次审查意见通知书期限届满前 20 天、再次审查意见通知书期限届满前 10 天尚未收到委托人的指示意见时，就应当快速用电话或传真通知委托人，要求他在 1～3 天内以电子邮件或者传真方式返回指示意见，以确保不耽误审查意见通知书的答复。如果在期限之内得不到委托人的指示，在征得委托人同意的情况下，应当办理延期手续。如果延期届满之前仍然未得到委托人的指示，则在维护委托人最大利益的前提下，对专利申请作出主动处理。处理的方式可以是仅在期限届满日当天提交意见陈述书而不对申请文件作实质性修改或者提出会晤请求，然后立即与委托人联系以明确下一步工作如何进行。当然此时也可暂时不答复审查意见通知书，待国家知识产权局发出视为撤回通知书之后，向委托人转送视为撤回通知书，根据委托人的指示再决定是否提出恢复权利请求。

三、对审查意见通知书所指出的几类主要实质性缺陷的处理

鉴于审查意见通知书中所指出的形式缺陷基本上不涉及发明专利权的保护范围，通常只要按照通知书的要求进行修改即可，因此这里仅就如何对通知书所指出的主要几种实质性缺陷进行处理作一说明。

1. 专利申请缺乏新颖性和/或创造性

审查意见通知书中经常遇到的是发明专利申请缺乏新颖性和/或创造性。这类审查意见通知书的总体倾向性意见有两种：一种认为整个专利申请没有新颖性和/或创造性，从而专利申请根本无授权前景；另一种认为该专利申请应当对独立权利要求作进一步限定，缩小其保护范围，以使其相对于现有技术具备新颖性和创造性。这两种总体倾向性意见或者会导致专利申请驳回，或者会涉及专利申请保护范围的宽窄，这都将直接关系到委托人的权益。因而对这类审查意见通知书，专利代理人必须要仔细阅读，认真分析，帮助委托人对专利申请文件作出合适的修改，尽可能为委托人争取获得专利保护或取得更宽的专利保护范围。

一般来说，在遇到这类审查意见时可以按下述步骤进行处理。

（1）逐篇分析审查意见通知书中引用的对比文件，尤其是最接近的对比文件

判断发明专利申请是否具备新颖性和/或创造性的主要依据是通知书中所引用的对比文件，仔细研读对比文件是深入理解审查意见的基础。

在研读对比文件时，首先判断这些对比文件是否为本申请的申请日（有优先权要求的，指优先权日）之前已公开的现有技术；对于作为抵触申请的对比文件是否在本申请案的申请日（有优先权要求的，指优先权日）之前向国家知识产权局提出专利申请且已公布，或者在本申请案的申请日（有优先权要求的，指优先权日）前提出国际申请并已进入中国和作出国家公布，或者其优先权日早于本申请案的申请（有优先权要求的，指优先权日）。如果对比文件不属于上述情况，则通知书中以这些对比文件来评述本申请的新颖性和/或创造性是不妥的，这可作为争取更宽保护范围或取得专利权的突破口，以此为基础进行争辩极有可能取得成功。接着分析这些对比文件的领域是否与本申请案的领域相同、相近或相关，本领域技术人员在解决本发明的技术问题时是否会了解该对比文件所属领域现有技术的现状。

然后，逐篇研读上述在时间上符合要求且领域相同、相近或相关的对比文件，理解分析上述对比文件所披露的技术内容，将它们分别与本申请进行对比分析，尤其是与权利要求的技术方案进行对比分析，必要时可以列表进行对比分析，看看其究竟披露了本申请或权利要求中的哪些技

术特征，而本申请或权利要求的哪些技术特征还未被该对比文件披露。只要还存在未被披露的技术特征就说明本申请或权利要求相对于该篇对比文件具有新颖性。

（2）将几篇对比文件结合起来进行分析比较

将本申请或权利要求与各篇对比文件分别对比，通常只能得出本申请或权利要求具备新颖性的结论，而一项专利申请要取得专利权仅具备新颖性是不够的，还必须满足创造性的要求。因此，专利代理人在逐篇分析审查员列出的对比文件后，还应当将几篇对比文件结合起来进行分析，判断本领域技术人员根据这几篇对比文件得到本申请所披露的技术方案（尤其是权利要求所要保护的技术方案）是否显而易见，以确定这些技术方案相对于现有技术是否具有突出的实质性特点和显著的进步，从而得出本申请和权利要求是否具备创造性的结论。

首先从通知书列出的对比文件中排除作为抵触申请的对比文件，并从余下的那些在本申请的申请日（有优先权要求的，指优先权日）之前公开的对比文件中选择出与本发明最接近的对比文件，将其与本申请的技术方案（尤其是独立权利要求所要求保护的技术方案）进行对比，以确定哪些是本申请与最接近的对比文件共有的技术特征，还有哪些技术特征未在该最接近的对比文件中披露。在此基础上进一步分析，这些未被最接近的现有技术披露的技术特征是否在其他对比文件中披露或者是本领域技术人员在解决其相应技术问题时的公知常识，若在其他对比文件中披露，则进一步分析这些技术特征在该对比文件中所起的作用与其在本发明解决相应技术问题中所起的作用是否相同，以判断该对比文件是否给出将这些技术特征与最接近的现有技术结合起来而得出本申请技术方案的启示，即判断本领域技术人员在面对所述技术问题时是否有动机利用该对比文件所披露的技术特征来改进该最接近的现有技术以获得所要求保护的发明。对于这些未被最接近的现有技术披露的技术特征，如果既未在通知书列出的那些申请日（有优先权要求的，指优先权日）前公开的对比文件中披露或虽在其中一篇对比文件披露而未给出结合成本申请技术方案的启示，又不属于本领域技术人员的公知常识，则本申请的技术方案相对于通知书中列出的对比文件具备创造性。

此外，还可以从本申请相对于最接近的对比文件解决了长期以来渴望解决但始终未能获得成功的技术难题、从本申请相对于最接近的现有技术来说克服了技术偏见、从本申请相对于最接近的现有技术取得了预料不到的技术效果以及本申请相对于现有技术来说由于其所采用的技术手段而获得商业上的成功等角度来分析本申请的技术方案具有突出的实质性特点和显著的进步，从而说明本申请具备创造性。

有关如何具体分析判断是否具有突出的实质性特点和显著的进步，即如何具体分析是否具备创造性可参见本书第八章第二节有关内容，这里不再作重复说明。

（3）应当将权利要求的技术方案与对比文件作对比分析

在将本申请与对比文件作对比分析时，不仅要将说明书中的具体实施方式与对比文件进行对比分析，更应当将权利要求的技术方案尤其是独立权利要求的技术方案与对比文件进行分析对比。

由于权利要求书是侵权判断分析时确定专利保护范围的依据，《专利法》第二十二条中所规定的新颖性和创造性是针对权利要求的保护范围而言的，因而审查意见通知书中主要评价权利要求是否具备新颖性和创造性。因此，专利代理人和申请人在分析本申请的新颖性和创造性时，仅将说明书中的具体实施方式与对比文件进行分析对比是不够的。说明书中的具体实施方式相对于对比文件具备新颖性和创造性，只能说明该专利申请有授权前景，并不能证明权利要求书中的技术方案尤其是独立权利要求的技术方案具备新颖性和创造性。因此，专利代理人还必须分析原权利要求尤其是原独立权利要求是否具备新颖性和创造性，以便确定是否修改原独立权利要求。

　　例如，有一件申请案，说明书中描述了一种飞机用的三层密封玻璃窗，从而解决了现有技术中飞机用两层密封玻璃窗在温度变化剧烈时热应力使其容易破碎这一技术问题。但该申请的权利要求中文字描述不当，无法区分其所限定的技术方案为三层密封玻璃窗还是两层密封玻璃窗，从而审查意见通知书中引用了一篇两层密封玻璃窗来否定独立权利要求的新颖性及其从属权利要求的创造性。在这种情况下，专利代理人和申请人不应当仅将对比文件与说明书中披露的三层密封玻璃窗进行分析对比，得出三层密封玻璃窗具备创造性的结论，更应当将该篇对比文件与原权利要求书中要求保护的技术方案（尤其是独立权利要求的技术方案）进行对比分析，得出独立权利要求不具备新颖性的结论，从而可确定应当修改原独立权利要求。切不可因为该对比文件是两层密封玻璃窗而说明书中具体实施方式为三层密封玻璃窗就认定两者有本质不同而不修改独立权利要求。

　　（4）在分析基础上修改专利申请文件和撰写意见陈述书

　　将本申请尤其是独立权利要求与对比文件进行分析对比之后，就要确定是否修改申请文件以及如何修改申请文件。

　　如果不同意审查员的意见，即认为独立权利要求相对于通知书中引用的对比文件具备新颖性和创造性，则可以不修改权利要求书，而此时必须在意见陈述书中充分论述原独立权利要求相对于这些对比文件具备新颖性和创造性的理由。例如，通知书中承认该专利申请可享受优先权但却引用了申请日和优先权日之间公开的对比文件来否定独立权利要求的新颖性或创造性，此时可在意见陈述书中说明该对比文件不能作为本申请的现有技术来否定新颖性和创造性，并论述原独立权利要求相对于通知书中引用的其他几篇对比文件具备新颖性和创造性的理由。

　　若同意或部分同意通知书中的意见，如原独立权利要求不具备新颖性和创造性，则应当考虑修改该独立权利要求，例如将通知书中未作评述的从属权利要求上升为独立权利要求，或者将说明书中一些可使申请具有突出的实质性特点的技术特征补充到独立权利要求中，以对其保护范围作进一步限定，或者将说明书中记载的与原独立权利要求具有单一性的方案改写成新的独立权利要求，从而使新修改的独立权利要求符合新颖性和创造性的规定，并在此同时，对说明书中发明内容等部分作相适应的修改。在提交新修改的专利申请文件的同时，应当在意见陈述书中论述新修改的独立权利要求相对于通知书中引用的对比文件具备新颖性和创造性的理由。例如，在前面所述的飞机上的密封玻璃窗申请案，不仅应当在意见陈述书中论述本专利申请的三层密封玻璃窗相对于通知书中引用的有关两层密封窗的对比文件和其他对比文件具备新颖性、创造性的理由，还应当修改原独立权利要求，补充反映三层密封玻璃窗的结构特征，从而使限定的技术方案相对于通知书引用的对比文件具备新颖性和创造性。

　　如果通过分析，不仅认为原独立权利要求及其所有的从属权利要求不具备新颖性和/或创造性，而且说明书中也没有任何可使申请具有突出实质性特点的内容，在这种情况下通常就没有修改专利申请文件的必要，也无须向委托人建议修改申请文件，向委托人转达和说明审查意见后由委托人自行决定该申请案如何处理。此时，如果委托人提出了专利申请文件的修改方案，则应当根据委托人的意见尽可能在意见陈述书中论述新修改的独立权利要求具备新颖性和创造性的理由。

　　2. 权利要求书未以说明书为依据

　　当审查意见通知书指出权利要求书未以说明书为依据这一实质性缺陷时，首先应当弄清得出此结论的具体理由是什么，是指权利要求的保护范围相对于说明书具体实施方式部分披露的内容限定得过宽还是该权利要求的技术方案在说明书中没有记载。只有这样，才能有针对性地修改专利申请文件和作出答复。

对于权利要求限定范围过宽的情况来说，主要有三种情况。

第一种是说明书中仅给出 1～2 种具体结构而在权利要求中将这 1～2 种具体结构概括为用功能限定的技术特征。在这种情况下主要考虑现有技术中是否还有多种对本领域人员来说是公知的、能实现该功能的其他具体结构，如果还能列举出多种现有技术中的其他具体结构，而且本发明的改进之处并不在于实现该功能的具体结构，而是具有该功能的技术特征与其他技术特征之间的结构关系、连接关系或相互作用关系，就可以在意见陈述书中对上述情况作出分析说明，指出所采用的功能性限定方式符合《专利审查指南 2010》第二部分第二章第 3.2.1 节中的规定："如果所属技术领域的技术人员可以合理地预测说明书给出的实施方式的所有等同替代方式或者明显变型方式都具备相同的性能或用途，则应当允许申请人将权利要求的保护范围概括至覆盖其所有的等同替代或明显变型的方式。"因此，上述功能性限定未超出说明书公开的范围，满足《专利法》第二十六条第四款"权利要求书应当以说明书为依据"的要求，从而为委托人争取一个较宽的保护范围。如果不能举出现有技术中还存在能实现同样功能的其他类似结构（尤其在说明书中只给出一种具体结构时），或者该技术特征能实现的功能就是本发明实际要解决的技术问题，就应当告知委托人，最好对此功能性技术特征作进一步限定，使其与说明书中的具体结构相适应，从而克服权利要求书未以说明书为依据这个实质性缺陷。对于权利要求书中出现功能性限定的技术特征、在说明书中已给出多种（如 3～5 种）能实现此功能的具体结构情况，有一些通知书中仍然认为说明书不支持权利要求，此时应当一方面说明无法用结构特征对说明书中的多种具体结构进行概括，而只能采用功能性限定，由此说明采用功能性限定比结构特征概括更为恰当，另一方面应当强调本发明改进之处并不在于实现该功能的具体结构，而是具有该功能的技术特征与其他技术特征之间的结构关系、连接关系或相互作用关系，从而说明这种功能性限定也符合《专利审查指南 2010》第二部分第二章第 3.2.1 节的规定。

第二种是权利要求中对某一技术特征采用了上位概念或者并列选择方式概括（即在一组相当多数量的化合物、组合物、材料中作出选择），而在说明书中仅给出少数几个下位概念的实施例或其中少数几种化合物、组合物、材料的实施例，从而认为权利要求概括的保护范围过宽。对于采用上位概念概括的情况下，应当考虑本发明在解决技术问题时是否利用了这些下位概念的共性。只有在利用共性的情况下，才可以不修改权利要求，而在意见陈述书中具体说明本发明是如何利用该共性来解决技术问题的，即从它们的共性来说明这样的概括没有包含"作出推测、而其效果又难于预先确定和评价的内容"，以此说明没有理由来怀疑该上位概括所包含的所有方式都能解决发明所要解决的技术问题，并能得到相同的技术效果，因而这样概括的权利要求得到说明书的支持。否则，就应当修改权利要求，将那些不具有解决该技术问题所需性质的下位概念排除在该权利要求的保护范围之外。对于采用并列选择方式概括的情况，可将这些并列选择方式中的各个可选择要素按其性能相近进行分组，若说明书中对每一组至少给出一个相应的实施例或实施方式，由各组的实施例或实施方式可推知该组中其他性质相近的选择要素也能适用，从而可得知权利要求中采用并列选择方式概括是合适的；相反，如果其中一组性能相近的可选择要素在说明书中未给出实施例或实施方式，则权利要求中采用并列选择方式概括的保护范围超出说明书公开的范围，此时应当将这一组可选择要素从权利要求并列选择概括方式中排除出去。

第三种是权利要求中将某一技术特征限定在一个宽的数值范围，而说明书中并未给出足够的与该数值范围相适应的数值点。通常对于一个较宽的数值范围，应当在说明书中给出该数值范围两端值附近和中间部分的数值点。当说明书中仅给出两端值附近的数值点时，就必须要能说明对本领域技术人员来说该技术特征的数值范围是一个较窄的数值范围。只有在意见陈述书中所作的陈述能使审查员接受此观点时，才可以不修改该权利要求，否则应当按照说明书中给出的数值点来重新限定权利要求的保护范围。

权利要求的技术方案在说明书中未记载的情况多半是针对从属权利要求指出的。这种情况，主要判断该权利要求所限定的技术方案本身是否清楚、完整。如果是清楚、完整的，就可以将其补充到说明书发明内容部分的技术方案中或者说明书的具体实施方式中，以消除权利要求和说明书中两者表述不相一致的缺陷。例如说明书对某材料说明为导热性能好的材料，但给出了一个实施例为铝，而对于权利要求书不仅在一个从属权利要求中将其限定为铝，还在另一个从属权利要求中将其限定为铜，由于后一从属权利要求以铜作为优选的技术方案本身就是一个清楚、完整的技术方案，因此将此内容直接补入说明书中即可，从而消除了权利要求书未以说明书为依据的缺陷。如果将权利要求记载的内容补入说明书中，为支持该权利要求尚需要补入其他在原说明书中未记载的内容，则认为简单将此权利要求的文字补入说明书中仍不能克服这一实质性缺陷，最好将此从属权利要求删去。例如，原说明书中给出某一技术特征为氯、溴、碘的三个实施例，此时独立权利要求将该技术特征限定为卤族元素通常是允许的，若此时一项从属权利要求进一步将该技术特征限定为氟，则此优选技术方案由于未记载在说明书中而未以说明书为依据。在这种情况下，通常在说明书中补充了以氟代替氯后，实施例中的一些具体参数也会发生变化，而这些在原说明书中未作记载，因而此时最好将此从属权利要求的技术方案删去，或者改写成以氯、溴或碘为优选的技术方案。

当然，通知书中指出的权利要求未以说明书为依据还可能是其他情况，尤其还有可能是审查员所用法律条款欠准确造成的。若经分析确实不属于以上两种情况时，最好打电话向审查员了解其引用该法律条款的确切含义，以便有针对性地作出修改和答复。

3. 独立权利要求缺少解决技术问题的必要技术特征

对于独立权利要求缺少必要技术特征这个实质性缺陷来说，首先应当弄清楚审查员认为哪一个或哪一些是应当写入独立权利要求的必要技术特征，在此基础上分析没有这个或这些技术特征能否解决说明书中所写明的本发明要解决的技术问题。如果能够解决，就可以不修改独立权利要求，并在意见陈述书中说明本发明没有这个或这些技术特征仍能解决说明书中所写明的技术问题，并且应当充分论述不包含这个或这些技术特征的技术方案为何也能解决所述技术问题。

通过分析，如果缺少这个或这些技术特征的确不能解决说明书中所写明的要解决的技术问题，第二步要考虑该缺少的必要技术特征是否是由于原说明书将所要解决的技术问题写得过高或过多而造成的。如果发现解决的技术问题写得过高或过多，则可以考虑对其进行改写，使其与独立权利要求的技术方案相应，而将其他要解决的技术问题作为本发明从属权利要求技术方案进一步带来的有益技术效果。此时也需要在意见陈述书中论述改写说明书要解决的技术问题后，独立权利要求的技术方案如何克服通知书中所指出的这个实质性缺陷。

通过分析确实认为独立权利要求缺少解决其技术问题的必要技术特征的，还可能有两种情况。第一种情况是缺少的必要技术特征是本发明的关键改进之处，此时应当告知委托人在修改权利要求书时将这些技术特征放入独立权利要求中，以克服通知书中指出的实质性缺陷，否则将有可能导致专利申请被驳回。另一种是应当补入的技术特征是该权利要求所限定的保护客体必定包含的，但由于其与本发明技术方案所要解决的技术问题无直接关系，在采用两部分格式撰写独立权利要求时将其省略了，因而委托人会认为没有必要补入独立权利要求中。实际上写入独立权利要求并不影响其保护范围，在这种情况下没有必要坚持不写入独立权利要求，所以最好劝说委托人同意将该技术特征补入独立权利要求中。但是，通知书指出存在这种情况的缺陷大多数是因为从属权利要求进一步限定了这个本领域技术人员所公知的技术特征，这样一限定就意味着其直接或间接引用的独立权利要求可以不包含该技术特征，因而在通知书中指出该缺陷。此时可能的修改方式之一是删去该从属权利要求；而另一种修改方式是在删去该从属权利要求后，又将此技术特征补入独立权利要求中。但无论采用哪一种修改方式，其独立权利要求的保护范围实质上基本相同。

4. 权利要求未清楚限定要求专利保护的范围

目前审查意见通知书中指出权利要求未清楚限定要求专利保护范围的情况还是经常可以遇到的。

按照《专利审查指南 2010》第二部分第二章第 3.2.2 节的规定，权利要求书应当清楚包括每一项权利要求书应当清楚以及构成权利要求书的所有权利要求作为一个整体也应当清楚两个方面。而对每一个方面又包含不少内容，例如对每一项权利要求应当清楚来说，又包括类型清楚和确定的保护范围清楚，而造成所确定的保护范围不清楚又可能由各种不同原因造成的，因此在收到这类通知书时，需要正确理解通知书中所指出的权利要求不清楚到底是指哪一种，其又是由于什么原因造成的，从而才能有针对性地分析通知书中的意见是否正确，以及针对权利要求书中所存在的上述缺陷进行修改。

对于独立权利要求未清楚限定保护范围来说，一类属于文字表达不准确，对该独立权利要求进行修改通常不会影响其保护范围，对于这种情况，若有可能，可以采用与审查员电话讨论（或者会晤）的方式具体商讨在文字上如何修改以克服此缺陷。另一类独立权利要求未清楚限定保护范围是由于缺少技术特征造成的，对该独立权利要求进行修改会导致其保护范围缩小，例如前面所提到飞机密封玻璃窗，审查员也可能以该独立权利要求未清楚地限定为三层密封玻璃窗为由发出审查意见通知书，此时在对该独立权利要求修改时就应当考虑如何增加较少的技术特征，一方面使其能反映密封窗三层的结构以克服所指出缺陷，另一方面又为委托人争取较宽的保护范围。第三类是原独立权利要求的文字表达错误，未能正确表述其技术方案而导致其未清楚限定保护范围，这种情况即使不修改权利要求而被授权，也不能使发明得到有效的保护。因此应当与委托人仔细研究，根据说明书中记载的内容对独立权利要求作出正确的限定，以清楚表述独立权利要求的保护范围。此外，独立权利要求未清楚限定保护范围还有一些是非实质性的形式缺陷造成的，只要克服这些形式缺陷即可，例如：依靠附图标记对权利要求的技术特征作具体限定时，只要在保留该附图标记的同时在其所说明的技术特征前将其所限定的内容写上即可；出现了使保护范围不清楚的括号，则根据括号中的内容是对该权利要求的进一步限定还是作解释性说明进行修改，前者仅删去括号而保留括号中进一步限定的内容；后者将括号连同括号中的内容一起删去。

造成从属权利要求未清楚限定保护范围的情况，大多数是由于该从属权利要求引用关系不当造成的，例如其在限定部分作进一步限定的技术特征在其所引用的权利要求中未出现，或者其与所引用的权利要求为并列技术方案等，这种情况只需要对其引用部分作出修改即可。另一种从属权利要求未清楚限定保护范围是其进一步限定的技术方案不完整造成的，例如将与该技术方案相关的技术特征写入到对该从属权利要求作进一步限定的从属权利要求中，此时只需要将两个从属权利要求限定部分合并在一起，改写成一个新的从属权利要求即可。当然，从属权利要求也可能出现前面所提到的独立权利要求未清楚限定保护范围的几种情况，其修改方式也大致相同，不再作重复说明。

需要说明的是造成权利要求未清楚限定保护范围的情况多种多样，很难列举全，因此对这类实质性缺陷一定要弄清楚是什么样的问题造成的，然后作出针对性的修改。对于通知书中未明确说明权利要求中哪些地方未清楚限定保护范围，或者通知书中虽然指出权利要求中哪些地方未清楚限定保护范围但仍不知道如何修改来克服此缺陷时，最好能以电话沟通方式与审查员交换意见，以便修改后的权利要求能消除此缺陷。

5. 说明书未充分公开发明

在第二次修改《专利法》和《专利法实施细则》之前，《审查指南》将《专利法》第二十六条第三款有关说明书不清楚的情况分为两类：一类是该说明书不清楚、不完整，以至于所属技术领域的技术人员根据说明书公开的内容不能够实现该发明，即说明书未充分公开发明的情况；而另一类仅仅为说明书文字表达不清楚，可以通过修改说明书克服此缺陷。现施行的《专利法实施细则》在第十七条第三款中规定了发明或实用新型说明书应当用词规范、语句清楚，从而将上述第二类情况归属于不符合《专利法实施细则》第十七条第三款，这样《专利法》第二十六条第三款仅仅涉及说明书未充分公开发明。

说明书未充分公开发明，必将导致专利申请被驳回。如果认为专利申请说明书未充分公开发明，则这些未充分公开的内容不能补入说明书中，因为这些内容的补入必将导致说明书的修改超出了原说明书和权利要求书的记载范围，不符合《专利法》第三十三条的规定。

因此，专利代理人对于这种审查意见，必须认真对待，进一步理解原说明书所描述发明专利申请的内容，力求说明本领域的技术人员根据原申请文件记载的内容能够实施该发明。除此之外，对于审查意见通知书所指出的应当在说明书中作详细描述而并未记载在说明书中的内容，还可以争辩其属于本领域技术人员的公知常识，因而无须在说明书中加以详细说明。此时，最好能给出证据证明这一点，例如：教科书、技术手册或技术词典中已对上述内容作了明确的记载，以便说服审查员改变观点。此外，还可以争辩上述内容已经记载在说明书中所引证的在本申请的申请日前已公开的非专利文件或外国专利文件中或者在本申请的公开日前已公开的中国专利申请文件或中国专利文件中，但是由于《专利审查指南2010》第二部分第二章第2.2.6节规定了"对于那些就满足专利法第二十六条第三款的要求而言必不可少的内容，不能采用引证其他文件的方式撰写，而应当将其具体内容写入说明书"，因此在作上述争辩时，还应当将上述明确引证的具体内容补入到说明书中，并且在意见陈述书中说明上述补入说明书的修改未超出原说明书和权利要求书的记载范围，因为按照《专利审查指南2010》第二部分第二章第2.2.3节的规定，应当认为本申请说明书中已记载了所引证文件的内容。相反，如果审查意见通知书中所认为应当详细描述而并未记载在说明书中的内容不属于上述三种情况，也不能从原申请文件记载的内容导出，则本申请的前景极有可能会由于说明书未充公开发明而导致驳回。

这里，尤其需要注意的是，根据《专利审查指南2010》第二部分第二章第2.2.3节的规定，说明书中提到的在申请日前尚未公开的外国专利申请文件或即将出版的杂志等出版物中所披露的内容以及说明书中提到的在本申请的公开日之后才公开的中国专利申请文件所披露的内容不能作为本申请公开的内容。如果审查意见通知书认定这些内容属于本申请应当公开的内容时，不能在认定这些内容是本发明应当公开内容的前提下仅以说明书已提到这些专利申请文件或杂志作为本申请已公开这些内容的理由，而应当在意见陈述书中充分论述本领域技术人员根据说明书中记载的内容就能实施本发明，即不需要知道这些专利申请文件或杂志所披露的内容也能实施本发明，只有这样才有可能说服审查员改变观点。

导致审查员得出专利申请存在说明书未充分公开发明这一实质性缺陷的情况是多种多样的，例如说明书文字表达不清楚（包括打字错误、翻译错误、使用术语不规范等），审查员对背景技术理解不够，审查员尚未正确理解发明等。

对于说明书文字表达不清楚来说，这实际上属于前面所提到的不符合《专利法实施细则》第十七条第三款规定的用词规范、语句清楚的情况，此时除了修改说明书以克服上述文字表达错误或不清楚之处外，应当在意见陈述书中论述这样的修改未超出原说明书和权利要求书的记载范围（参见下面所述的第七种对审查意见实质性缺陷的处理）。

至于审查员对背景技术理解不够而得出未对某技术内容作出清楚描述以致认为说明书未充分公开的情况，应当在意见陈述书中作出澄清性说明，由此说明本领域技术人员根据说明书中的技术内容结合本领域技术人员的公知常识就能理解该发明，并能将其实施。当然，这种情况很有可能是因为说明书中文字表达不确切而使审查员未理解该发明，此时最好同时对说明书的文字作澄清性修改，这样更便于审查员改变观点。

6. 申请属于智力活动的规则和方法或者申请不属于《专利法》第二条第二款规定的技术方案

《专利审查指南2010》第二部分第一章第4.2节除了将智力活动的规则和方法本身（如交通行车规则、字典编排方法、游戏规则和方法、乐谱和棋谱、信息表述方法）归为不能授予发明和实用新型专利权的客体之外，还明确规定：如果一项权利要求，除其主题名称以外，对其进行限定的全部内容均为智力活动的规则和方法，则该权利要求实质上仅仅涉及智力活动的规则和方法，也不应当被授予专利权。

鉴于此，对于这类审查意见通知书，仅仅争辩该权利要求本身不是智力活动的规则和方法，并不能说服审查员。还必须在意见陈述书中说明这项权利要求虽然涉及智力活动的规则和方法，但是不仅其主题名称本身不是智力活动的规则和方法，而且该项权利要求的全部内容中还包含有不属于智力活动规则和方法的技术特征，由此来证明该项权利要求不属于《专利法》第二十五条规定的不能授予专利权的智力活动的规则和方法。

目前指出存在这类实质性缺陷的通知书中有不少是针对涉及计算机程序的发明专利申请作出的。对于这样一类通知书进行答复时，不应当认为涉及计算机程序的发明不适用此判断原则，而应当参照《专利审查指南2010》第二部分第九章的有关内容去争辩，结合该项权利要求的具体内容说明在对其主题名称进行限定的全部内容中，除涉及智力活动的规则和方法的内容外，还包含有不属于智力活动规则和方法的技术特征，因此不属于《专利审查指南2010》第二部分第九章第3节之（1）中所规定的情况，因此不应当排除其获得专利权的可能性。

按照《专利审查指南2010》第二部分第九章第2节的规定，对于这类涉及计算机程序的发明专利申请，审查意见通知书中还可能以涉及计算机程序的发明专利申请未解决技术问题，或者未利用技术手段，或者未获得技术效果为理由认定其不属于《专利法》第二条第二款规定的技术方案，从而不属于专利保护的客体。在这种情况下，应当在意见陈述书中指出将该计算机程序应用到最接近的现有技术中是为了解决技术问题，在计算机或相应设备中通过运行计算机程序对外部或内部对象进行控制或处理所反映的是遵循自然规律的手段，由此获得符合自然规律的技术效果，参照《专利审查指南2010》第二部分第九章第3节之（2）中的三个实例说明其属于《专利法》第二条第二款规定的技术方案，因此属于专利保护的客体。

7. 专利申请文件的修改超出原说明书和权利要求书记载的范围

对于专利申请文件修改超范围这个实质性缺陷来说，应当从整个原说明书和权利要求书中所记载的内容来分析，看看根据本领域技术人员的公知常识能否推导出通知书中认定为超范围的内容。如果按照原申请文件的记载不能直接地、毫无疑义地确定这些内容，则应当按照通知书的要求，删去或修改上述内容，克服修改超范围的缺陷，以免专利申请被驳回。如果根据原申请文件的记载能直接地、毫无疑义地确定这些内容，则应当分析一下为什么会造成审查员认为修改超范围，从而有针对性地进行争辩，说明这些内容虽然未直接记载在原说明书和权利要求书中，但从原申请文件中所记载的哪些内容能直接地、毫无疑义地确定这些内容，并在意见陈述书中具体说明如何导出这些内容，必要时可以采用与审查员电话讨论或会晤的方式与审查员直接交换意见，以便说服审查员改变观点。

由于对原申请文件中存在文字表述错误进行修改而导致审查员认定修改超范围时，应当在意见陈述书中证明原申请文件的错误是明显错误，并且根据本领域技术人员的公知常识或者原申请文件中其他地方记载的内容能直接地、毫无疑义地确定修改后的内容。例如原说明书中记载着两个各带一开关的电路串联，从而可使该两电路处于其中一个电路接通、另一个电路接通、两者全接通或者两者全断路的四种状态，则明显可知此处应为两个各带一开关的电路并联设置，写成串联属于笔误，若此两电路串联，该两电路必定同时处于接通或同时处于断开状态，不可能出现其中之一处于接通状态，而只有当该电路并联时才能达到此效果，因而将明显错误"串联"改为"并联"应当是允许的，未超出原说明书记载范围。当然，如果此时在附图中已明显反映该两电路为并联时，则更能证明此修改是允许的。上面只是一种简化举例，实际申请案中出现此情况时说理要比此复杂得多，可参见本节之四"意见陈述书的撰写"推荐实例中给出的案例四。

鉴于目前国家知识产权局对申请文件修改超范围的标准掌握较严，因此在修改专利申请文件时尽可能采用原说明书中已出现过的文字表述方式。此外，由于前一阶段国家知识产权局质量检查中曾将未指出申请文件修改超范围的缺陷作为一个原则性的错误，因此部分审查员将权利要求书未清楚限定保护范围等缺陷中的部分情形也认定为修改超范围，因此在收到有关修改超范围的审查意见通知书而不能理解其所指缺陷的具体含义时，可以通过电话沟通方式向审查员了解其具体所指，以便有针对性地修改申请文件以消除缺陷。

8. 缺乏单一性

对于通知书中指出的独立权利要求之间缺乏单一性的缺陷，应当通过分析这些独立权利要求之间有无相同或相应的特定技术特征来确定它们是否符合单一性的规定（参见本书第九章第一节）。

如果通过分析，尤其根据通知书中引用的对比文件进行分析后，多项独立权利要求之间确实没有相同或相应的特定技术特征，就应当考虑接受审查意见，将其中一项独立权利要求或几项彼此间具有相同或相应特定技术特征的独立权利要求保留下来，而删除不满足单一性要求的其他独立权利要求。如果委托人还要对这些独立权利要求的技术方案进行保护，则应当尽早（最迟在收到本申请授权通知书之日起办理授权登记手续的 2 个月期限届满之前）提出分案申请。

如果通过分析，认为这些独立权利要求之间具有相同或相应的特定技术特征，则可以不修改权利要求书，而在意见陈述书中具体论述这些独立权利要求相对于通知书中引用的对比文件具有相同或相应的技术特征，尤其在具有相应特定技术特征时要具体说明它们之间为什么相应。例如，对同类独立权利要求来说，可指出这些技术特征分别在它们的独立权利要求中对其要解决的技术问题起到相同或相近的作用，而对不同类独立权利要求来说，可以指出后一项独立权利要求中相对于现有技术作出贡献的技术特征正是针对前一项独立权利要求中对现有技术作出贡献的技术特征所采取的相应技术措施，由此证明这些技术特征是相应的特定技术特征。

对于通知书中指出独立权利要求不具备新颖性或创造性后又指出并列从属权利要求之间无单一性的情况，若同意通知书中对独立权利要求的评价时，就要考虑从属权利要求之间单一性的问题。通常应当首先与委托人商讨两个并列从属权利要求的技术方案在本申请中何者更为关键，即何者在本申请中更起到核心作用，此时可以将起到核心作用的从属权利要求改写成独立权利要求，而将另一项从属权利要求改写成新独立权利要求的从属权利要求。如果两者是并列的技术方案而不存在依从关系，或者两者的技术方案对本申请来说同等重要，就可以如同前面处理独立权利要求之间无单一性那样来处理这两项从属权利要求之间的单一性问题。

需要说明的是，对于单一性来说，不同审查员的判断标准不一定完全相同，因而在不同意审查员观点时最好能与审查员进行电话讨论或会晤，以便直接与审查员交换意见。

四、意见陈述书的撰写

专利代理人和申请人应当在审查意见通知书指定的期限内作出答复。通常，在发明实质审查期间应当以意见陈述书的方式提交给国家知识产权局。

1. 意见陈述书的主要内容及撰写格式

意见陈述书通常包括首页、正文部分以及修改文件替换页等附件。

意见陈述书的首页应当采用国家知识产权局统一印制的表格（见附录二中表6）。专利代理人和申请人应当按照要求填写表格中的有关内容：申请号、发明创造名称、申请人、陈述事项、陈述的意见和附件清单等。其中第③栏陈述的意见通常采用意见陈述书正文的方式提交。

下面重点介绍一下意见陈述书正文部分的主要内容。

（1）起始格式句

意见陈述书一般可用下述语句作为起始格式句：

"本意见陈述书是针对国家知识产权局于××××年×月×日第×次审查意见通知书所作的答复，并随此意见陈述书附上新修改的权利要求书全文和修改后的说明书替换页第×至第×页。"

若还有其他附件，如审查意见通知书中要求提供的现有技术资料等，也可在这一段中列出。

（2）简要说明按照通知书要求所进行的修改

在起始格式句后，首先在意见陈述书中说明同意接受审查意见通知书中的哪几条意见，从而在申请文件哪些地方作了修改，以此说明所作修改是针对通知书中所指出的专利申请文件存在的缺陷进行的，是按照通知书的要求作出的修改，符合《专利法实施细则》第五十一条第三款的规定。然后，指出这些修改（尤其是权利要求书的修改）在原说明书和权利要求书中的出处，从而说明上述修改符合《专利法》第三十三条的规定：修改未超出原说明书和权利要求书的记载范围。必要时，还应当论述所作的修改如何消除原专利申请文件存在的缺陷以及本专利申请能取得专利权的理由。对于次要的修改，如不涉及权利要求保护范围的修改、如说明书相应权利要求书所作的适应性修改也可放在意见陈述书的最后加以说明。

（3）重点分析和论述与审查意见不一致之处

如果不同意或者只是部分接受通知书中的意见，则应当逐条充分论述理由。

前面已针对几种主要实质性缺陷分别说明了如何在意见陈述书中进行争辩。此处仅以权利要求的新颖性、创造性问题为例作出具体说明。

通常可分三个层次来论述新撰写的独立权利要求或原独立权利要求具备新颖性和创造性。

①相应于新撰写的独立权利要求（或原独立权利要求），简单说明其相对于通知书中所指出的最接近的对比文件所解决的技术问题和解决该技术问题的技术方案。

②对审查意见通知书中引用的对比文件进行分析，逐篇指出上述独立权利要求的技术方案与所引用的对比文件的区别，从而说明该技术方案相对于其中的每一篇对比文件具备新颖性。

③将几篇对比文件和公知常识结合起来说明该技术方案具备创造性。即首先从通知书中引用的对比文件中确定一篇最接近的现有技术，指出上述独立权利要求技术方案与该最接近的现有技术之间的区别技术特征；然后指出这些区别技术特征未在所引用的其他对比文件中披露，也不是本领域技术人员解决所述技术问题的公知常用手段，或者该区别技术特征虽在其中另一篇对比文件中披露，但它们在该篇对比文件中所起的作用与其在本发明权利要求技术方案中为解决该技术问题所起的作用不同，从而该篇对比文件以及其他对比文件和公知常识中未给出将上述区别技术特征应用到最接近的现有技术以解决该技术问题的启示，也就是说本领域技术人员在了解上述现有技术和公知常识的基础上，没有动机将这些现有技术中公开的内容结合起来得到本发明专利申请的技术方案，由此可知从上述对比文件和公知常识得到该独立权利要求的技术方案对本领域技术人员来说是非显而易见的，具有突出的实质性特点；进一步根据其所解决的技术问题说明其有益效果，从而说明该技术方案也具有显著的进步。通过这样的分析，最后得出上述独立权利要求相对于通知书中引用的对比文件和本领域技术人员的公知常识具备创造性。

除了完全同意通知书中的观点和按照通知书的建议进行修改的情况，这一部分应当是意见陈述书的重点。

（4）对申请文件中暂时未作修改之处说明原因

一般说来，为早日取得专利权，应当在答复审查意见通知书时及时修改权利要求书，并在修改权利要求书时对说明书作出适应性修改。这样，一旦审查员同意新修改的权利要求书时就可发出授予专利权通知书，否则审查员还要发一次审查意见通知书要求专利代理人或申请人对说明书作适应性修改。但是，当专利代理人或申请人对新撰写的权利要求书还没有把握，尤其在说明书很长时，也可以先修改权利要求书，而等审查员基本同意对该权利要求书的修改后再对说明书作适应性修改。在这种情况下，就应当在意见陈述书中对此加以说明，并表示在审查员基本接受该权利要求书以电话告知后，会立即提交作出适应性修改的说明书替换页。

当然如有其他原因，暂时不能对专利申请文件作出修改的情况，也可在这一部分加以说明。

（5）结尾句

最后一部分可简单地说明希望和要求。尤其对于不同意或部分同意通知书中的意见但对陈述意见没有把握时，可以提出会晤请求，或者表示出愿意积极配合修改申请文件，请审查员在不同意目前修改申请文件时再给予一次修改文件和答复的机会。

2. 撰写意见陈述书时应当注意的几个问题

现根据多年来的实践经验，给出撰写意见陈述书时应当注意的几个问题。

①专利代理人在修改申请文件和陈述意见时要慎重，既要为委托人争取早日授权，又要为委托人争取最宽的保护范围。

由于在专利侵权诉讼中适用禁止反悔原则，因而在专利申请审查过程中对权利要求书所进行的限制其保护范围的修改以及在意见陈述书中所作的限制性解释，均成为专利侵权诉讼中确定其专利权保护范围的依据，那时就不能再对其作出与此相反的扩大性解释。因而在发明专利申请答复审查意见通知书时一定要十分慎重，正确处理好为委托人争取早日授权和争取最大权益的平衡关系。

作为专利代理人，应当站在委托人的立场，从委托人的利益出发进行专利代理工作。不加分析地按照通知书的意见修改申请文件固然能为委托人争取早日取得专利，但在不少情况下会牺牲委托人本来有可能取得更宽的专利权保护范围，作为一个好的专利代理人，应当在仔细分析审查意见的基础上据理力争，既要争取早日批准专利，更要为委托人争取到充分的保护。

由于每个审查员负责审查的领域较宽，不可能对其审查的每个申请案所涉及的技术内容都十分熟悉，对有些申请案技术内容还不一定完全了解，这样在一些通知书中虽然指出了一些实质性缺陷，如说明书未充分公开发明、权利要求书未以说明书为依据、权利要求未清楚限定要求专利保护范围等，而实际上是想听取申请人的意见再确定在什么样的保护范围内给予专利保护，更何况审查工作中也难免有失误，所以出现与通知书中不同的意见是正常的。正因为如此，专利代理人在接到审查意见通知书后，就应当如前面所指出的那样，认真阅读审查意见通知书，若经过仔细分析，确实认为申请可以取得更宽一些保护范围的话，应当为委托人积极争取，不必单纯为追求加快审查进程而使专利得不到充分保护。

通常对于非实质性的缺陷，应当尽可能地按照通知书的要求进行修改，以便争取早日授权。

而对于实质性缺陷，大多数会影响专利申请的保护范围，应当判断通知书中的意见是否有道理。只有通过分析认为通知书中的意见完全正确时，才按照通知书的要求进行修改以获得早日授权。否则，就应当设法为委托人争取更宽的保护范围，在这种情况下，一定要根据具体案情确定是否缩小保护范围或者确定部分缩小保护范围。与此同时，在意见陈述书中充分论述理由，尤其注意在陈述意见时不要作出不必要的限制性解释。

在这里必须说明一点，提出上述看法，并不是鼓励专利代理人或申请人去做不必要的争取。如果审查意见通知书中的理由充分，引用的对比文件具有说服力，观点正确，就应当接受通知书中的意见，修改申请文件；否则，不仅会拖延审查程序，甚至使原来可能被批准的专利申请遭到驳回。

②除说明书本身存在实质性缺陷外，讨论重点应当放在权利要求书上。

由于发明专利权的保护范围以其权利要求的内容为准，专利侵权诉讼中主要依据权利要求书，尤其是独立权利要求来确定专利保护范围和确定是否侵权，因而发明实质审查主要针对权利要求书进行。鉴于此，除了专利申请主要仅存在说明书本身的实质性缺陷外，意见陈述书应当重点放在对权利要求的争辩上，尤其是放在论述修改后的权利要求符合《专利法》和《专利法实施细则》的规定上。

对于通知书中指出独立权利要求及其从属权利要求不具备新颖性、创造性的情况，不应当仅在意见陈述书中论述说明书中的具体实施方式相对于现有技术具备新颖性、创造性的理由而不去修改独立权利要求。因为这样的论述仅仅能证明说明书中所描述的本发明相对于现有技术具备新颖性和创造性，并不能证明原独立权利要求具备新颖性、创造性，如果原独立权利要求不具备新颖性或创造性，则该专利申请仍不能授予专利权。所以，在此时还应当再继续分析原独立权利要求是否具备新颖性、创造性，并在此基础上确定是否需要修改权利要求书。通过分析，若认为原独立权利要求不具备新颖性或创造性，就应当修改权利要求书，改写新的独立权利要求，使其相对于通知书引用的对比文件具备新颖性和创造性。在这种情况下，需要在意见陈述书中论述新修改的独立权利要求相对于通知书中引用的对比文件具备新颖性、创造性的理由。相反，若通过分析认为原独立权利要求具备新颖性和创造性，那么应当在意见陈述书中论述原独立权利要求具备新颖性、创造性的理由。

同样，对于通知书中指出的权利要求书未以说明书为依据、权利要求未清楚限定要求专利保护的范围、独立权利要求缺乏必要技术特征以及权利要求之间缺乏单一性等实质性缺陷时，在意见陈述书中也应当争辩该权利要求不存在所指出的实质性缺陷或修改的权利要求已克服所指出的实质性缺陷的理由，而不是仅针对说明书进行分析。

③意见陈述书中所论述的理由应当层次分明、条理清楚。

在意见陈述书中，通常可以先针对完全接受的审查意见进行答复，即如前面所指出的首先说明按照通知书的意见对专利申请文件作了哪些修改，这样一开始就给审查员一个愿意配合进行修改的印象。然后再对有不同看法的审查意见进行有说服力的争辩，尤其该不同看法为涉及委托人权益的关键性实质性缺陷时，通常应当放在最后进行争辩。按这样的顺序答复会有利于与审查员的意见交流，也为下一步争取与审查员会晤或再争取一次答复意见机会创造条件。

此外，在意见陈述书中具体论述理由时也必须注意层次分明、条理清楚。例如，在论述原独立权利要求或新修改的独立权利要求具备新颖性、创造性时，应当如前面所述分三个层面进行论述，而不要只将独立权利要求的技术方案分别与各篇对比文件相比较指出区别后就得出具备新颖性、创造性的结论。因为该独立权利要求的技术方案分别与各篇对比文件相比具有区别仅能证明其具备新颖性而不能证明其具备创造性，应当在此基础上将该权利要求的技术方案与几篇对比文件结合起来进行对比分析。同样，在将几篇对比文件结合起来分析权利要求的技术方案是否具备创造性时也要先确定最接近的现有技术，指出权利要求的技术方案与最接近的现有技术的区别及其实际解决的技术问题，再通过说明其他对比文件和本领域公知常识未给出结合启示而认定权利要求的技术方案具有突出的实质性特点，在此基础上得出其具备创造性的结论。

对于其他实质性缺陷，进行争辩时也必须这样有层次、有条理地进行分析。

④应当从《专利法》和《专利法实施细则》的法律条文（包括《专利审查指南2010》的内容）出发进行有力的争辩。

专利权的保护以《专利法》和《专利法实施细则》为依据，因此答复审查意见通知书时应当以《专利法》和《专利法实施细则》有关法律条文的规定为依据进行争辩。由于大多数委托人缺乏专利法的有关知识，在给出指示时往往会局限于技术内容，作为专利代理人应当在理解委托人指示的基础上加以上升提高，从法律角度说明理由。

《专利审查指南2010》对《专利法》和《专利法实施细则》进行了解释，属于国家知识产权局颁布的部门规章，具有一定的法律约束力，因而在撰写意见陈述书时，也可借助《专利审查指南2010》的解释作为争辩的依据。

这里举两个例子说明应当如何从法律角度进行争辩。

有一种类似于魔方的玩具，其在游戏时必须按照一定的顺序才能将其移动到其最后希望到达的位置。对于这样的玩具来说，有可能会在审查意见通知书中认定其属于智力活动规则。在这种情况下，首先应当在意见陈述书中说明要求保护的客体类似魔方的玩具是一件产品，虽然在游戏时要按照一定的规则移动，但该要求保护的产品不是智力活动的规则和方法本身。然后要考虑到《专利审查指南2010》第二部分第一章第4.2节中还规定，如果一项权利要求除其主题名称以外对其进行限定的全部内容均为智力活动的规则和方法，则该项权利要求实质上仅仅涉及智力活动的规则和方法，不应当授予专利权。因此在意见陈述书中仅指出类似于魔方的玩具不是智力活动的规则和方法本身是不够的，还应当进一步具体分析该项权利要求除了主题名称表明其所要求保护的是一件产品外，还包含反映其具体结构的技术特征，从而说明该要求保护的类似魔方的玩具不属于《专利法》第二十五条第一款第（二）项的情况——智力活动的规则和方法，因而其应当属于可授予专利权的保护客体。

有的委托人在针对通知书中指出专利申请不具备新颖性或创造性缺陷所作的意见陈述中，只是强调该发明已在国际上取得发明金奖或者在国内获取成果奖，但这根本不能成为该专利申请具备新颖性和创造性的理由。在这种情况下，应当帮助委托人分析该专利申请与现有技术的实质区别，并且在意见陈述书中从《专利法》第二十二条规定的新颖性和创造性定义出发，按照《专利审查指南2010》具体写明的判断原则和判断方法，不仅说明该专利申请权利要求的技术方案分别相对于通知书中引用的任一篇对比文件具备新颖性，还应当说明其相对于这几篇对比文件具有突出的实质性特点和显著的进步，因而具备创造性。

⑤在撰写意见陈述书时应当全面考虑，切忌前后矛盾、顾此失彼。

根据《专利法实施细则》第五十三条的规定，导致专利申请被驳回的实质性缺陷多达10种以上，而且这些驳回理由相互之间有关联，因而在陈述意见和修改申请文件时就应当全面考虑，不要在克服其中一个实质性缺陷的同时又带来新的实质性缺陷，切忌意见陈述书前后矛盾、顾此失彼。由于"禁止反悔"原则的适用，尤其要注意防止由意见陈述书的陈述错误而导致专利申请最后被驳回。

例如，对于审查意见通知书中指出说明书未充分公开发明的情况，千万不能在意见陈述中表示同意该观点而采用将这部分内容补充到说明书中的做法。根据《专利法》第三十三条的规定，专利申请文件的修改不得超出原说明书和权利要求书的记载范围。因此上述意见陈述书中的陈述方式和对申请文件的修改方式使该专利申请处于进退两难的局面，从而导致其不是以说明书未充分公开发明就是以申请文件修改超范围为理由而被驳回。

同样，在意见陈述书中争辩时，决不可以该发明包含独到之处的技术诀窍作为本发明具备创造性的依据。专利保护的先决条件是要向社会公开其发明创造，以使本领域技术人员根据申请文件的记载能实施该发明。如果发明的主要构思作为一种技术诀窍未写入原申请文件，则该专利申请将得不到专利保护。因而上述强调技术诀窍的意见陈述书很有可能最后导致该专利申请未充分公开发明、不符合《专利法》第二十六条第三款的规定而被驳回。

⑥不同意审查意见通知书观点时应针对不同的实质性缺陷抓住有力的突破点。

对于不同意审查意见通知书所述观点的情况，意见陈述书的答复尤其要慎重，应当根据不同的实质性缺陷采用不同的突破点进行争辩。通常可以从引用的对比文件的选用和分析、对发明内容的理解以及《专利法》《专利法实施细则》和《专利审查指南2010》的规定几个方面入手。

对于不具备新颖性、创造性这一类实质性缺陷来说，可能取得争辩成功的有这样几种情况：从该对比文件公开的时间来看不能用作评价新颖性、创造性的现有技术；对比文件所披露的内容未给出结合成权利要求技术方案的启示；对比文件的技术领域与发明的技术领域根本无关；发明相对于现有技术来说带来了预料不到的技术效果（此时需要有旁证）等。

对于权利要求未以说明书为依据（主要指权利要求保护过宽）的情况，主要应当争辩从说明书中记载的少数实施方式和实施例能联想到采用现有技术中具有等同作用的技术特征来替换或者从说明书中记载的少数实施方式和实施例能推导出其所概括的其他范围也必然能实施。

对于说明书未充分公开发明的情况，主要应当争辩本领域的技术人员根据说明书和权利要求书记载的内容能实现本发明，或者争辩通知书中所认定的未公开的内容属于本领域的公知常识，对于后者应当举证加以说明。

对于不属于专利保护客体的情况，主要应当依据《专利审查指南2010》中对相应《专利法》和《专利法实施细则》有关条款的解释说明专利申请不属于《专利法》和《专利法实施细则》规定的排除在专利权保护范围以外的客体。

⑦在意见陈述书中进行争辩时应当有理有节。

为了能说服审查员改变观点，应当在意见陈述书中充分论述理由。在论述时应当有理有节，一方面说理时应当做到言之有理有据，以理服人；另一方面不要得理不让人，用词应当有分寸，避免使用偏激语言。事实上专利代理人与审查员在对专利申请文件审查过程中，并非是对立的关系，应当心平气和地商量和沟通，以取得对专利申请有比较一致的看法，只有这样才能为委托人争取到比较有利的结果。

⑧在意见陈述书中应当逐条对通知书中指出的问题作出答复。

对于有授权前景的专利申请，审查意见通知书中将会指出专利申请文件所存在的全部缺陷。不论是实质性缺陷还是形式缺陷均应当在意见陈述书中作出答复。如果意见陈述书中未对其中一部分形式缺陷作出答复，则往往导致发出再次审查意见通知书，这将延长审查程序。如果在意见陈述书中回避一些实质性缺陷不作答复，则不仅导致审查程序的延长，甚至有可能导致专利申请被驳回。为此，专利代理人或申请人在答复审查意见通知书时，必须对指出的所有缺陷作出答复以争取早日授权。凡是同意的意见，应在意见陈述书中写明，并对申请文件作出修改，在提交意见陈述书的同时附交修改后的申请文件或相应替换页。凡是不同意的意见，应在意见陈述书中充分论述理由，以便说服审查员，不可只给出主观断言。

⑨与委托人意见不一致时正确处理委托关系。

专利申请的主体是专利申请人，专利代理人只是受申请人的委托代其向国家知识产权局办理专利申请的有关手续，因此应当按照委托人的意见处理有关事务。但是由于委托人对专利有关知识不太熟悉，因而专利代理人在办理有关手续时应该当好委托人的参谋，及时向其提出建议，以便专利申请能得到有效的保护。

答复审查意见通知书时，往往要求专利代理人正确处理好与委托人之间的关系。首先专利代理人在向委托人转达审查意见时应当尽量帮助委托人正确理解通知书的内容，必要时对通知书作出说明，甚至可提出有关建议。而在接到委托人指示后，通常应当按照委托人的意见办。如果委托人的意见存在问题，影响对该专利申请的保护时，则应当及时与委托人再作一次商讨。商讨后如委托人坚持其意见，则专利代理人必须遵照委托人的最后指示来办理有关专利事务。当然，意见陈述书中应当朝着委托人的意见去论述理由，但在争辩时应当发挥专利代理人的作用，从《专利法》《专利法实施细则》以及《专利审查指南2010》中寻找支持委托人观点的证据，绝不可因为意见与委托人不一致而采取简单转达委托人意见的不积极态度，一定要尽量为委托人争取一个较好的结果。

3. 推荐几份撰写较好的意见陈述书

为帮助专利代理人更好地掌握如何撰写意见陈述书，现根据几份实际申请案例改写后提供给专利代理人参考。

（1）案例一：浇包的浇铸阀门

本申请案经改写后被选为1994年全国专利代理人资格考试的考题。其发明名称为"浇包的浇铸阀门"，是应用于铸造行业浇铸钢水或其他高温金属熔液的浇包底部的阀门。说明书中介绍的现有技术浇包浇铸口中采用一种塞式阀门，利用位于阀端部的塞头来控制浇铸口的开启和关闭，这种阀门由于塞头移动控制不便而不能精确控制金属液注流大小，且塞头易脱落从而导致浇铸不能进行。为解决上述技术问题，本发明采用一种由定子和转子构成的旋转式阀门。如图13-1和图13-2所示，定子3上具有金属熔液流入口7和金属熔液流出口9，转子13上具有可将定子上金属熔液流入口和流出口连通的连接通道。为使金属熔液在浇铸时可以均匀散布浇铸到铸模中，如图13-3所示，该定子可沿该阀门轴向开有多个并列设置的金属熔液流入口和流出口，转子上相应的沿轴向设置有多个并列的连接通道。在该申请说明书中，借助附图所示出的实施方式说明转子上的连接通道可以是沿转子周向延伸的镰刀形凹口15或弓形凹口15。此外在说明书最后还强调本发明不局限于这种形状的连接通道，还可以是沿转子径向延伸、通过转子轴线的直透孔或折弯透孔，也可以是不穿过转子轴线的透孔。

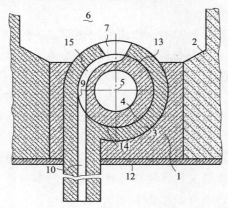

图 13-1 转子上带有沿转子周向延伸的镰刀形凹口的
旋转式浇铸阀门的横剖面图

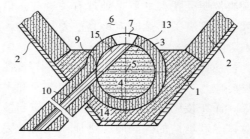

图 13-2 转子上带有沿转子周向延伸的弓形凹口的
旋转式浇铸阀门的横剖面图

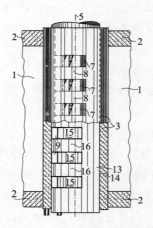

图 13-3 转子上带有沿转子周向延伸的镰刀形凹口的
旋转式浇铸阀门的纵剖面图

原权利要求书共有 5 项权利要求：

"1. 一种浇包的浇铸阀门，其特征在于：它由一个耐火的定子（3）和一个可在该定子（3）中与之相对旋转的耐火转子（13）构成，所述定子（3）的内表面（4）和所述转子（13）的外表面（14）液密封配合，所述定子（3）具有至少一个金属熔液流入口（7）和至少一个金属熔液流出口（9），所述转子（13）具有当其在定子（3）内旋转时在部分相位使所述流入口（7）和流出口（9）相连通的连接通道，而在其他相位所述连接通道未接通定子（3）的流入口（7）和流出口（9）。

2. 按照权利要求 1 所述的阀门，其特征在于：所述连接通道是在转子（13）上沿其外圆周周向伸展的凹口（15）。

3. 按照权利要求 1 或 2 所述的阀门，其特征在于：所述凹口（15）在垂直于转子（13）轴线的横截面上呈镰刀形。

4. 按照权利要求 1 或 2 所述的阀门，其特征在于：所述凹口（15）在垂直于转子（13）轴线的横截面上呈弓形。

5. 按照权利要求 2 至 4 中任一项所述的阀门，其特征在于：所述定子（3）上的金属熔液流入口为多个沿定子长度方向并列设置在其上的开口，在所述转子（13）上的凹口（15）数量与上述流入口（7）数量相同，并沿转子长度方向与所述定子上的金属熔液流入口（7）和流出口（9）对应并列设置。"

在实质审查时，审查意见通知书中引用了一篇申请日前公开的对比文件，该对比文件也公开了一种用于浇包底部的旋转式阀门，该阀门也由带金属熔液流入口和流出口的定子和带连接通道的转子构成，该转子上的连接通道既有沿转子直径延伸的直透孔，也有沿转子两半径延伸的折弯透孔。该审查意见通知书中共指出了 5 个主要问题：

①该对比文件披露了权利要求 1 的全部技术特征，因而权利要求 1 不具备新颖性。

②权利要求 2 至 4 与对比文件 1 相比，仅仅是通道形状的简单变换，因而不具备创造性。

③权利要求 5 与对比文件 1 相比仅仅是数量的简单变换，因而不具备创造性。

④权利要求 3 和权利要求 4 进一步限定的技术特征凹口在权利要求 1 中未出现过，因而该两项权利要求引用关系不当，造成权利要求未清楚限定要求专利保护的范围。

⑤多项从属权利要求 5 引用了多项从属权利要求 3 和 4，不符合从属权利要求的撰写规定。

通过阅读和分析上述审查意见通知书可知，尽管通知书指出所有权利要求均不具备新颖性或创造性，但在通知书中还指出了申请文件存在的形式缺陷，加上从通知书标准表格及正文最后所反映的倾向性结论意见可知该专利申请还有授权的可能。鉴于审查意见通知书中引用的对比文件披露了原权利要求 1 的全部技术特征，审查意见通知书中指出的权利要求 1 不具备新颖性的结论是正确的，因此对独立权利要求进行了修改，并根据修改后的独立权利要求提交了一份比较有说服力的意见陈述书。

意见陈述书正文

"本意见陈述书是针对国家知识产权局于××××年××月××日发出的第一次审查意见通知书作出的答复。申请人考虑了上述审查意见通知书中的审查意见，修改了权利要求书，并对说明书作了适应性修改。随此意见陈述书附上新修改的权利要求书全文、说明书相应替换页第 1 页、第 2 页和第 7 页以及说明书摘要。

一、修改说明

申请人在仔细研究了审查意见通知书中所引用的对比文件后，同意审查意见通知书中原权利要求 1 不具备《专利法》第二十二条第二款新颖性的意见。为此对权利要求书作了修改，对原权利要求 1 作了进一步限定，补充了使其具备新颖性和创造性的技术特征：该连接通道偏离转子的轴线。该技术特征记载在原说明书最后一段的倒数第二行中，因此修改未超出原说明书和权利要求书的记载范围。在修改权利要求 1 时，还将原权利要求 1 的全部技术特征写入新权利要求 1 的前序部分，因而相对于审查意见通知书中所引用的最接近的现有技术，即相对于对比文件 1 美国专利说明书 US×××××××A 划清了共有技术特征与区别技术特征的界限。与此同时，改写了权利要求 3 和权利要求 4 的引用部分，均仅引用权利要求 2，这样一来，不仅消除了通知书中指出的原权利要求 3 和 4 未清楚限定保护范围的缺陷，也同时消除了原权利要求 5 多项从属权利要求引用另一项多项从属权利要求的问题。在修改权利要求书后，对说明书的名称和技术领域、发明内容部分中的要解决的技术问题、技术方案和有益效果，以及说明书摘要作了相适应的修改，并将通知书中所引用的美国专利说明书 US×××××××A 的有关内容补充到背景技术部分中。此外，由于通过转子轴线的直透孔和折弯透孔已被通知书中引用的对比文件披露，故将说明书最后一段中的有关内容删去，将其排除在本发明的保护范围之外。

由此可知，上述对权利要求所作修改均是针对审查意见通知书中指出的缺陷进行的修改，对说明书的修改是针对权利要求书的修改作出的适应性修改，且所修改的内容均未超出原说明书和权利要求书记载的范围，因此上述修改既符合《专利法》第三十三条的规定，也符合《专利法实施细则》第五十一条第三款的规定。

二、修改后的独立权利要求 1 具备《专利法》第二十二条第二款和第三款规定的新颖性和创造性

新修改的权利要求 1 为：

1. 一种浇包浇铸口的旋转式阀门，由一个耐火的定子（3）和一个可在该定子（3）中与之相对旋转的耐火转子（13）构成，所述定子（3）的内表面（4）与所述转子（13）的外表面（14）之间液密封配合，所述定子（3）具有至少一个金属熔液流入口（7）和至少一个金属熔液流出口（9），所述转子（13）具有当其在定子（3）内旋转时在部分相位使所述流入口（7）和流出口（9）相连接的连接通道，而在其他相位，所述连接通道未接通定子的流入口（7）和流出口（9），其特征在于：所述连接通道偏离转子（13）的轴线。

该新修改的权利要求 1 相对于对比文件 1 来说解决了现有技术中旋转式浇铸阀门抗扭强度不高的问题。

对比文件 1 披露了新修改的权利要求 1 前序部分的全部内容，但是其所披露的旋转式浇铸阀门中连接通道都通过转子轴线，未披露连接通道偏离转子轴线的技术内容，所以权利要求 1 相对于该对比文件 1 具备《专利法》第二十二条第二款规定的新颖性。

审查意见通知书中没有引用其他对比文件，也就是说现有技术中还未出现过连接通道不通过转子轴线的教导，该技术特征也不是本领域技术人员的公知常识，此外由于连接通道偏离转子轴线相对于不通过转子轴线的方案能提高转子的抗扭强度（见原说明书中最后一段），因而也不是通道形状的简单变换，由此可知现有技术中没有给出将转子连接通道偏离轴线这个技术特征应用到对比文件 1 中来解决提高转子抗扭强度这个技术问题的启示，故权利要求 1 相对于对比文件 1 具有突出的实质性特点。另外，由于不通过转子轴线的连接通道可以提高转子的抗扭强度，它相对于现有技术来说具有显著的进步。综上所述，权利要求 1 相对于现有技术来说具有突出的实质性特点和显著的进步，符合《专利法》第二十二条第三款有关创造性的规定。

三、修改后的从属权利要求 2 至 5 也具备《专利法》第二十二条第二款和第三款规定的新颖性和创造性

将原从属权利要求2至5改写成新的从属权利要求2至5。权利要求2至4对新修改的权利要求1从结构上作进一步限定，分别限定连接通道是沿其外周边伸展的凹口和进一步限定该凹口在垂直于转子轴线的横截面上为镰刀形或弓形，权利要求5更进一步限定了定子上的金属熔液流入口和流出口以及转子上的连接通道数量为多个。当权利要求1相对于现有技术具备创造性时，对其从结构上作进一步限定的从属权利要求也具备创造性。

上面论述了新修改的独立权利要求和从属权利要求具备新颖性和创造性的理由，并对说明书作了相应的修改。通过上述修改，专利申请文件已克服了审查意见通知书中所指出的缺陷，希望审查员在考虑了上面的陈述意见后，能早日批准本申请为发明专利。若审查员认为新修改的专利申请文件仍不能符合《专利法》和《专利法实施细则》的有关规定，希望能给予一次会晤的机会，以便直接与审查员交换意见或者再给申请人一次修改专利申请文件的机会。"

这样一份意见陈述书是比较有说服力的，其特点在于：

①逐条回答了审查意见通知书中指出的5个主要问题。

②认真考虑了通知书中的意见，对权利要求书作了修改，在修改独立权利要求的同时对从属权利要求的形式缺陷也进行了修改，并对说明书作了适应性修改，一旦修改后的独立权利要求被接受，就有可能直接授权。

③通过分析，虽然专利代理人不同意审查意见通知书中对原权利要求2的观点，但不是简单地将权利要求2改写成独立权利要求，而根据说明书中最后一段所记载的内容改写成一个比原权利要求2保护范围更宽的新独立权利要求1，从而为委托人争取更大的权益。

④尽管不同意审查意见通知书中对原权利要求2有关连接通道是简单形状变换的观点，但作为策略在意见陈述书不直接表示不同意，而在论述新修改的权利要求1具备创造性时说明其不是简单形状变换。

⑤专利申请文件的修改未超出原说明书和权利要求书的记载范围，并在意见陈述书中指出修改时新增加的内容在原专利申请文件中的出处。

（2）案例二：旋流平焰燃烧器

前一个案例在论述权利要求具有创造性时针对其区别技术特征未在其他现有技术披露的情况说明了理由。本案例是作为区别技术特征已在另一篇对比文件中披露而未给出结合启示时如何进行争辩的例子。

本专利申请案的发明名称为旋流平焰燃烧器。有关该专利申请案发明内容的详细情况已在本书第八章第二节中作了说明，在此不再作重复描述。但为方便读者理解，这里给出该申请的原独立权利要求：

"1. 一种旋流平焰燃烧器，包括可燃气体喷嘴（1）、吸入段（2）、混合管（3）、扩压管（4）和旋流器（6），该可燃气体喷嘴（1）伸入到该吸入段（2），从而当可燃气体从可燃气体喷嘴（1）流入到吸入段（2）时将可燃气体喷嘴（1）周围的空气吸入，其特征在于：该可燃气体喷嘴（1）中设置了一根与高压气源相连通的中心管（5）。"

按照审查意见通知书的观点，该专利申请无授权前景。其中引用了两篇对比文件，对比文件1为本申请日前出版的教科书，其披露了权利要求1前序部分的全部技术特征。对比文件2是一篇美国专利说明书，其所公开的焊炬在可燃气体喷嘴中也具有一根与高压气源相连通的中心管，由此得出权利要求1不具备创造性。此外，并指出其余的从属权利要求限定部分的技术特征为本领域技术人员的公知常识，说明书中也无任何实质性内容。面对这样的审查意见通知书，专利代理人和申请人除提交了意见陈述书外，还与审查员进行了会晤，从而说服审查员，最后该专利申请被授予了专利权。现根据该申请案原意见陈述书的内容和会晤时申请人的陈述改写成一份意见陈述书，供读者参考。由于在前面案例 1 中已全面介绍了意见陈述书正文的撰写内容和格式，这里仅给出争辩该发明具备创造性部分的内容。

"……

对比文件 1（即申请日前出版的教科书）中所披露的旋流平焰燃烧器是发明专利申请最接近的现有技术，但其只披露了该权利要求 1 前序部分的技术特征，并未披露权利要求 1 特征部分的技术特征，即该旋流平焰燃烧器的可燃气体喷嘴中并没有与高压气源相连通的中心管。因此本发明专利申请权利要求 1 的技术方案相对于该最接近的现有技术来说，可以根据可燃气体的种类调节可燃气体与空气的混合比，从而在采用不同的可燃气体时都能实现充分燃烧。

对比文件 2（美国专利说明书 US×××××××A）中所公开的焊炬也是一种可燃气体燃烧器，虽然其可燃气体喷嘴中具有一根与高压气源相连通的中心管，但该中心管不是用来调节可燃气体的混合比。该焊炬的可燃气体固定为乙炔，因而为取得充分燃烧其混合比是不变的。在对比文件 2 的专利说明书第 × 栏第 × 行至第 × 行中明确写明：'当加大高压空气的流量时减少低压空气流量以得到一个长火焰，相反减少高压空气时增加低压空气流量使其得到一个短而粗的火焰，从而能适应焊接或切割等不同工艺的要求。'而在本专利申请中，通过加大高压空气量、其与可燃气体一起对低压空气引射，从而吸入更多空气量，这样使可燃气体与空气的混合比减少，相反减少高压气流量则加大可燃气体与空气混合比，而完全关闭高压空气可使其混合比达到最大，以适应不同燃料的燃烧。由此可知，当本领域技术人员看到对比文件 2 时，由于与高压气源相连通的中心管在这篇对比文件中所起作用与本发明完全不同，因而没有动机想到利用该与高压气源相连通的中心管来解决最接近的现有技术所存在的技术问题，也就是说对比文件 2 未给出应用其所披露的"与高压气源相连通的中心管"来解决本发明技术问题的启示，因此由这两篇对比文件得到该专利申请权利要求 1 的技术方案对本领域的技术人员来说是非显而易见的，具有突出的实质性特点。此外，权利要求 1 的技术方案相对于该两篇对比文件来说，可根据可燃气体的种类改变可燃气体与空气的混合比，以使其充分燃烧，因而相对于这两篇对比文件具有显著的进步。综上所述，权利要求 1 相对于这两篇对比文件具备《专利法》第二十二条第三款规定的创造性。

如果审查员认为上述理由能成立，则希望尽快授予本申请专利权。如果审查员不能接受上述观点，申请人可以考虑对权利要求 1 作出更清楚的限定，以体现出本专利申请与上述两篇对比文件的区别，例如将其特征部分修改为：'该可燃气体喷嘴（1）中设置了一根与高压气源相连通的中心管（5），从该中心管（5）流入吸入段（2）的高压空气与可燃气体一起将可燃气体喷嘴（1）周围的低压空气吸入到吸入段（2）。'因此希望还能在此时再给予一次会晤的机会，以便申请人能直接与审查员沟通，从而有利于加快审查程序的进程。"

（3）案例三：在打包扁带上印制标记的方法

上述两个案例中论述专利申请权利要求具备创造性是按照《专利审查指南 2010》的审查基准进行说理的。此外在《专利审查指南 2010》第二部分第四章第 5 节还给出了判断创造性时需要考虑的其他因素。需要说明的是，在利用该节的规定进行争辩时，不能仅笼统地从时间上、主观意愿上、断言上认定为属于这四种特定情况之一，就得出其具备创造性，此时也必须具体分析为何在该申请的特定情况下就具有突出的实质性特点和显著的进步，再得出其具备创造性的结论。下面以"打包扁带上印制标记方法"为例加以说明。

本发明专利申请案的名称为"在打包扁带上印制标记的方法"。

现有技术中，采用模具热压的方法在打包扁带上形成永久性变形的标记和图案，但这种方法会损伤扁带，使扁带断裂。为此，申请人设计了一种新的印制方法，先将标记刻制成下凹的图案，凹纹中用印刷颜料填平，把平面上残余颜料刮去，再采用一个印面平整无纹且质地柔软的薄橡皮布作为印体，由其印面粘取凹纹处的颜料再打印在打包扁带上，产生十分清楚的标记图案。审查员在第一次审查意见通知书中以《印刷机械概论》一书中"凹版印刷机"一章有关凹版印刷的描述内容和平版印刷一章中有关胶印机的描述内容已公开本方法全部技术特征为理由，指出该专利申请的内容不具备创造性，即使对说明书和权利要求书作修改也没有获得专利的前景。专利代理人在意见陈述书中对此作了有力的争辩，说服审查员，最后取得了专利权。现将这份意见陈述书略作改写，推荐给读者。为节省篇幅，本案例与案例二一样仅给出论述该发明具备创造性这一部分的内容。

"……

本专利申请相对于审查意见通知书中引用的对比文件具备《专利法》第二十二条第三款规定的创造性，其理由如下：

1. 将纸张印刷技术应用到打包扁带上是非显而易见的，具有突出的实质性特点。

审查意见通知书中以《印制机械概论》一书中所披露的凹版印刷和胶印技术作为本发明的最接近的现有技术，认为将纸张印刷技术中所采用的措施应用到打包扁带上对本领域技术人员来说是容易想到的，从而认定这种相近领域的转用不具有突出的实质性特点。

的确，在打包扁带上印制标记图案与纸张印刷技术比较相近。但是，将纸张印刷技术应用到打包扁带上，得到本发明的技术方案，对本领域技术人员来说需要付出创造性的劳动。

用于印刷的纸张表面从微观上看是不平的，但与打包扁带的凹凸不平相比，还是相当平整的。尽管胶印滚筒表面的橡皮板比铅印版略具弹性，印刷较粗糙的纸会显得清晰些，但是打包扁带表面具有宏观尺寸的明显凹凸纹，橡皮板相对于这种凹凸不平来说仍然是太硬了，因而采用普通胶印技术的橡皮板仍无法在打包扁带表面上印制出完整的标记。为此，本发明中采用了质地柔软薄橡皮布作为印体，有关这方面的内容已在说明书中作了明确的说明，并已记载在独立权利要求的特征部分。由上面所述可知，按照权利要求 1 的技术方案将胶印技术口的凹版印刷技术应用到打包扁带上印刷标记图案需要花费创造性的劳动，是非显而易见的。

此外，凹版印刷和胶印技术早已问世，自从 20 世纪 50 年代提出在打包扁带上印制清晰的标记且不致损伤打包扁带这个技术问题以来，该行业普通技术人员一直未想到采用凹版印刷和胶印技术。而本发明通过采用质地柔软的薄橡皮布解决了长期渴望解决的难题，这进一步证明得到本发明的技术方案是非显而易见的。

2. 解决了长期渴望解决的难题，具有显著的进步。

打包扁带自 20 世纪 50 年代就已经在国内普遍使用。由于其带面布满凹凸纹，人们采用模具热压使带面留下永久性变形的标记，但这种方法会损伤打包扁带，使其易断裂。人们一直寻求一种既在打包扁带表面上可印制出完整标记，又不损害其带基质量和强度的方法，但三十多年来，一直没有得到解决，而本专利申请却成功地解决了这个难题，从而说明本发明权利要求 1 的技术方案具有显著的进步。

……"

（4）案例四：热线式空气流量计

前三个案例的意见陈述书主要争辩专利申请具备创造性，本案例涉及专利申请文件的修改是否超出原说明书和权利要求书的记载范围。

在此选用一个复审的案例，该案例的复审请求书比较清楚地论述了专利申请文件的修改为什么未超出原说明书和权利要求书的记载范围，比较有说服力，从争辩的角度看，意见陈述书与复审请求书无本质区别，故将其改写成一份意见陈述书推荐给大家。为了便于说清问题，其审查情况的简介也与实际情况不完全相同。

该专利申请案的发明名称为"热线式空气流量计"。该流量计的放热电阻体为一种绕成线圈形的铂丝，该铂丝线圈除两端之外的表面上覆盖着玻璃材料，两端取叠绕形式，与现有技术的主要区别在于该放热电阻体（即铂丝绕成的线圈）是中空的，其内部没有绕线管。申请案原说明书有几处文字描述不清楚，例如："铂丝由绕线机以多根形式连续绕到钼心线外表面上""铂丝按照约 5 毫米的间隔以紧邻的盘绕状态和叠绕状态缠绕"，本领域技术人员仅从这些文字记载难以理解这一部分内容，而且这些描述与附图不一致。此外，说明书还有几处前后不一致或与附图不一致的情况，例如"线圈形的铂丝外径为 20 微米，长度为 5 毫米"。

审查员在第一次审查意见通知书中指出上述问题，并要求申请人加以澄清。对此，申请人在意见陈述书中承认用词不当而造成文字表达不清，以致文字前后矛盾，与附图不一致。在这同时，对申请文件作了修改，上面所述三句话改为："铂丝由绕线机以多个放热电阻体连续缠绕的方式绕在钼心线的外表面上""缠绕铂丝时，每绕制 5 毫米左右就紧邻着盘绕几圈，并在此紧邻盘绕区上再叠绕一层""绕制线圈的铂丝外径为 20 微米，线圈的长度为 5 毫米"。

审查员在第二次审查意见通知书中表示这样的修改是不允许的，因为在原说明书和权利要求书中没有直接记载上述内容。专利代理人针对此审查意见作出第二次意见陈述，比较详细地论述了上述修改符合《专利法》第三十三条规定的理由。现将这部分论述改写后抄录如下，供参考。为帮助读者理解，图 13－4 中给出原说明书的附图 2a～2e，它描述了该热线式空气流量计的制造工艺步骤。

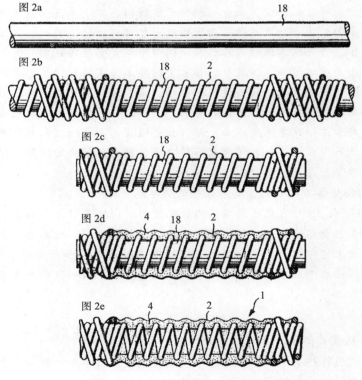

图 13－4 热线式空气流量计案例中的说明书附图 2a～2e

　　为节省篇幅，本案例未给出完整的意见陈述书正文，仅给出论述说明书的修改未超出原说明书和权利要求书的记载范围这一部分的内容。

　　"……

　　审查员在第二次审查意见通知书中指出说明书的修改超出原说明书和权利要求书的记载范围，不符合《专利法》第三十三条的规定，故不能授予专利权。申请人对此作了认真分析，认为说明书的修改未超出原说明书和权利要求书的记载范围，现陈述意见如下：

　　原说明书中结合图 2a 至图 2e 描述了该热线式空气流量计制作过程，因此应当从整体上理解这段文字描述的内容，原说明书中的明显错误应该允许改正。

　　审查员在审查意见通知书中指出新修改的说明书中有三处超出了原说明书的记载范围，申请人认为这三处均为原说明书中用词不当而造成明显错误或表达不清，现对此三处进行分析。

　　1. 原说明书第 4 页第 7~8 行：'铂丝 2 按照约 5 毫米的间隔以紧邻的盘绕状态同时也以叠绕的状态缠绕。'

　　修改后的文字为：'缠绕铂丝时，每绕制 5 毫米左右就紧邻盘绕几圈，并在此紧邻盘绕区上再叠绕一层。'

　　原说明书第 4 页第 9~11 行描述图 2c 时已明确说明沿铂丝叠绕处中心部位切开后，每根放热电阻体长度为 5 毫米。因此原文中 '按 5 毫米的间隔' 绝不可能理解成相邻两圈的间隔为 5 毫米。只可能理解成两个紧邻盘绕区中心部位之间（即两个叠绕区中心部分之间的距离）约为 5 毫米，这样当沿铂丝叠绕处中心部位切开后，每个放热电阻体的长度为 5 毫米。如按照其他含义来理解原句是无法解释通的，因此原句不清楚之处只能理解为 '缠绕铂丝时，每绕制 5 毫米左右就紧邻盘绕几圈，并在此紧邻盘绕区上再叠绕一层。' 这样修改后的文字与附图 2b 是一致的。

　　2. 原说明书第 4 页第 6~7 行：'铂丝 2 由绕线机以多根形式连续缠绕的方式绕在钼心线的外表面上。'

　　修改后的文字为：'铂丝 2 由绕线机以多个放热电阻体连续缠绕的方式绕在钼心线的外表面上。'

　　正如前面所述，描述图 2c 时已指出 '每根放热电阻体长度为 5 毫米'，显然这里的 '每根' 放热电阻体就是指每个放热电阻体。申请人在这句话中写成 '多根形式' 同样也是表示 '多个放热电阻体'。当然，由于选词不当，此处 '多根形式' 也可理解成 '多根铂丝'，但原说明书其他部分从未出现过用多根铂丝缠绕的说明，更何况作这样解释后，不仅与附图 2c 文字描述不相适应，而且与其描述的附图 2b 所提示的内容不一致。从附图 2b 上，可以清楚地看到三个放热电阻体连续缠绕的情况：紧接着前一个由铂丝绕成线圈之后，将铂丝紧邻盘绕几圈，此后再间隔地盘绕铂丝，当此铂丝线圈快到达放热电阻体的长度时再紧邻盘绕几圈，然后再缠绕下一个放热电阻体的铂丝线圈，最后在这些紧邻盘绕区上再叠绕一层铂丝。此后，按照附图 2c 所示：在上述叠绕部分中心部位切断后形成一个长度约为 5 毫米、绕在钼心线上的铂丝线圈。由此可知，附图 2b 以及说明书第 6~7 行对附图 2b 的说明所要表达的内容应是在一根钼心线上连续绕制多个放热电阻体铂丝线圈，即修改后的文字所表达的含义。

　　3. 原说明书第 3 页倒数第 6 行：'线圈形的铂丝外径为 20 微米，长度为 5 毫米。'

　　修改后的文字为：'绕制线圈的铂丝外径为 20 微米、线圈的长度为 5 毫米。'

　　此处，原说明书中的 '长度' 指什么是不清楚的，但只能有两种理解，一种理解成每个线圈的铂丝总长度，另一种是该铂丝线圈的长度。若理解成前者，由于铂丝绕在钼心线上，钼丝的外径为 0.5 毫米，每绕一圈至少要 1.5 毫米铂丝，总长度 5 毫米的铂丝只能绕 3 圈了，这样就不可能成为中间有间距、两端紧邻缠绕的铂丝线圈了。由此可知，构成每个放热电阻体的铂丝总长度远远大于 5 毫米。这样，该长度只可理解成每个线圈的总长度为 5 毫米，这一点也在对附图 2c 的文字描述中得到证实。

根据上述分析，该三处修改未超出原说明书记载范围，其理由是：

①上述三处原说明书的文字表达不清楚或者有明显错误，应允许申请人对原说明书描述不确切或者有明显错误之处作澄清性修改。

②修改是否超出原说明书和权利要求书的记载范围应当从整个说明书来看，不应局限在原句上，只要修改得到说明书其他地方所描述的内容支持即可。上述三处修改后与说明书其他部分的内容更相适应。

③附图是说明书的一部分，如果说明书在描述中用词不当，而使其与附图不一致时，应允许按照附图另选正确的词句，而且新选用的词句已得到说明书其他部分文字描述的支持。

总之，对上述三处有缺陷之处所作的修改，是以明确的附图和说明书其他部分描述的内容为依据的，修改后的内容与附图一致，也与上下文相符，这样的修改未超出原说明书和权利要求书的记载范围，应该是允许的。

希望审查员在考虑了上面陈述的意见后，允许对说明书作上述修改。若审查员仍然不同意的话，请给予一次会晤机会，以便共同探讨如何修改原说明书，一方面使其清楚地描述了发明，另一方面又不超出原说明书和权利要求书的记载范围。"

第四节　对专利申请文件的修改

专利申请文件提交后，基于各方面的原因，常常需要对其作出修改。《专利法》和《专利法实施细则》规定了申请人可以修改申请文件，但是在时间和内容上有一定的限制。本节将对发明专利申请文件的修改作一简要介绍，以帮助专利代理人和申请人了解发明专利申请文件修改的最基本要求以及初步掌握在实质审查程序中如何修改专利申请文件以满足这些要求。

一、专利申请文件修改的最基本要求

按照《专利法实施细则》第五十一条的规定，申请人对专利申请文件的修改可分为两类：一类是申请人主动提出的修改，即提出专利申请后申请人根据其对相关现有技术情况的补充了解、对该发明内容及其应用和市场前景的进一步分析以及自行发现的在专利申请文件撰写方面所存在的各种缺陷，主动向国家知识产权局提交新修改的专利申请文件，通常将这类修改称作主动修改。另一类是按照国家知识产权局发出的补正通知书和审查意见通知书的要求为消除通知书中所指出的各种实质性缺陷和形式缺陷而对专利申请文件作出修改，这类修改通常称为应通知书的要求作出的修改，又简称为被动修改。

1. 对发明专利申请文件的修改在内容和范围上的要求

按照《专利法》第三十三条的规定，发明专利申请文件的修改不得超出原说明书和权利要求书的记载范围，这是对发明专利申请文件修改的最基本的要求。无论是申请人的主动修改，还是应通知书的要求所作的被动修改，都必须符合该规定。

除进入中国国家阶段的国际申请外，普通国家申请的原说明书和权利要求书是指申请日提交的原始中文申请文件中的说明书（包括附图）和权利要求书，这是审查员判断修改是否超范围的依据。申请人在申请日向国家知识产权局提交的说明书摘要、外国申请案的外文文本以及其他附件（包括优先权副本）均不能作为原申请文件记载范围的依据。而对于进入中国国家阶段的国际申请，其原说明书和权利要求书是指在国际申请日提交的国际申请的说明书（包括附图）和权利要求书。

如何来确定专利申请文件的修改是否超出原说明书和权利要求书的记载范围呢？主要判断所作修改是否加入了所属技术领域的技术人员不可能从原说明书或权利要求书记载的信息直接地、毫无疑义地确定的内容。如果增加了这方面的内容，就认为该修改超出原说明书和权利要求书记载的范围。下面给出几种被认为修改超范围的情况。

（1）修改时增加的内容不属于本领域技术人员的知识范围

如果在修改专利申请文件时，那些不能从原说明书和权利要求书所记载的信息直接地、毫无疑义地确定的内容，即修改时所增加的内容不属于本领域技术人员的知识范围，则认定这样的修改超出原说明书和权利要求书的记载范围。

本书第十一章第三节之二中的"粉煤灰陶粒窑烧结设备和工艺"和第三节之三中的"攀登电线杆的便携式梯子"就是两个十分能说明问题的典型例子，前者在原说明书和权利要求书中指出热窑壁为中间设有保温层的内、外壁，修改后的说明书中将该保温层改为可通高温烟气的通道。显然，本领域技术人员从原说明书和权利要求书记载的保温层无法直接地、毫无疑义地确定其实际上是高温烟气通道，这样的修改超出了原说明书和权利要求书记载的范围，是不允许的。对于后者攀登梯来说，为了在下方通过扭动梯身使其顶部的开合爪牙能夹紧或松开电线杆，该开合爪牙必须要有特定的结构，该具体结构未在原说明书和权利要求书中记载，由于它不是本领域技术人员所熟知的技术内容，因而在修改时也不允许补充到说明书或权利要求书中。

（2）删去的内容导致修改后申请增加新内容

删去说明书具体实施方式或实施例中的某些技术内容也有可能导致修改后申请文件增加新的内容。

有些专利代理人、申请人认为，增加技术内容会超出原始公开的范围，而从说明书中删去某些技术内容就不会超出原始记载的范围，应该是允许的。这样的理解是片面的，对于具体问题要具体分析。如果从说明书（包括权利要求书）中删去了原技术方案的必要技术特征，势必扩大了该申请的保护范围，如删去制造方法中某工艺条件就属于这种情况，这样的修改是绝对不允许的。即使删去的内容是说明书具体实施方式中一个次要内容，仍然有可能超出原说明书和权利要求书记载的内容，因为很可能从表面上看是删除了内容，实质上是增加了内容。例如有一件申请案，原说明书中的具体实施方式中有一个半球形凹入部分，从该说明书附图的剖视图中可看出体现该半球形形状的投影线，修改时将说明书中的"半球形"三个字删去，同时将说明书的附图改为断面图，与此相应需删去该半球形凹入部分顶部（即直线部分）的投影线。修改后的说明书，该凹入部分既可理解成半球形凹坑，也可以理解成半圆形截面的凹槽，后者正是原说明书中没有的内容，因此也是不允许的。由上述可知，修改时删去某些内容也会导致修改超出原始记载的范围。

（3）说明书修改后的内容与原说明书的内容不一致

如果说明书修改后的内容与原说明书这部分所表达的内容不一致，而且也不能由说明书其他部分的内容证实原说明书这部分的描述是明显错误时，这样的修改也是不允许的。有一件名称为"用于半导体温差电子器件的强行风冷散热器"的申请案，其散热片围绕中心轴呈放射形排列，原说明书给出每个象限的翅片数为 16、18、20 和 22 四种，相邻两象限首尾翅片之夹角为 10°。

修改后的说明书翅片数为 16～21 片，相邻两象限首尾翅片之夹角为 15°。显然，两者所描述的内容是不一样的，而且从原说明书其他部分的描述也不能证明原说明书这一部分的文字描述为明显错误，在这种情况下，修改的内容不是本领域技术人员从原说明书和权利要求书能直接得到的内容，所以修改超出了原始记载的范围，是不允许的。

（4）将不能视作本发明公开内容的引证文件中记载的内容补入说明书

将原说明书中所引证的、在本申请申请日（或优先权日）后公开的外国专利文件或在本申请公开日后公开的中国专利文件中所记载的内容补入到修改后新说明书中会导致修改超范围。

按照《专利审查指南 2010》第二部分第二章的规定，即使在本申请说明书引证了申请人本人向外国专利局提交的、但在本申请的申请日（有优先权要求的，指优先权日）前尚未公开的外国专利申请文件，该外国专利申请文件中记载的内容不能视作本申请公开的内容。同样，即使在本申请说明书中引证了申请人本人已向国家知识产权局提交的中国专利申请文件，只要该中国专利申请文件直到本申请的公开日前仍未被国家知识产权局公布或公告，该中国专利申请文件中记载的内容也不能视作本申请公开的内容。在这种情况下，如果将这些专利申请文件记载的内容补入到本申请的说明书中，必然导致本申请修改后的申请文件增加了技术内容，因而这样的修改超出了原说明书和权利要求书记载的范围，是不允许的。

修改超出原说明书和权利要求书的记载范围还有其他情况，限于篇幅，不再列举。但是，如果申请文件修改所增加的内容属于本领域技术人员的公知常识或公知技术，而又不影响权利要求的保护范围，则是允许的。例如，可以将审查员检索到的对比文件，尤其是最接近的对比文件的有关内容作为现有技术补充到说明书背景技术部分中。

2. 对发明专利申请文件的修改在时间和方式上的要求

《专利法实施细则》第五十一条第一款和第三款对发明专利申请文件的修改时机和方式作出了规定。

根据上述规定，申请人只能在提出实质审查请求时、收到国家知识产权局发出的发明专利申请进入实质审查阶段通知书之日起 3 个月内以及答复审查意见通知书（包括补正通知书）时对申请文件进行修改。而且在上述 3 个可以修改申请文件的时机中，仅仅在前两个时机允许申请人作主动修改，而在后一个时机只允许申请人针对审查意见通知书指出的缺陷进行修改。这也就是说，申请人不是在实质审查请求时或在收到国家知识产权局发出的发明专利申请进入实质审查阶段通知书之日起 3 个月内提出的主动修改，即使该修改未超出原说明书和权利要求书的记载范围，该修改文本将不予接受。同样，申请人在答复审查意见通知书时所作的修改不是针对通知书中指出的缺陷进行的，这样的修改也不予接受。

但是，如果完全按照此规定办理，在实践中也会遇到一些问题，例如申请人在允许进行主动修改的时机之外提出了有利于审查（如消除原申请文件的缺陷）的主动修改，此时按照上述规定，必须在审查时先不接受该文本，然后又指出原申请文件存在的缺陷，再要求类似于不接受的文本那样修改申请文件，这样的处理显然是极不合理的。《专利审查指南 2010》中对此作了进一步说明。如果修改的时机和方式不符合《专利法实施细则》第五十一条的规定，这样的修改文本一般不予接受；但是对于修改时机和方式虽然不符合《专利法实施细则》第五十一条的规定，只要经修改的文件消除了原申请文件存在的缺陷，且符合《专利法》第三十三条的规定，又具有授权前景时，对于申请人在上述两个主动修改时机之外提出的主动修改文本可以接受，而对于申请人答复通知书时进行的修改可以被视为是针对通知书指出的缺陷进行的修改，此修改文本可以接受，从而有利于缩短审查程序。

综上所述，申请人在允许主动修改的时机修改申请文件时可以有较大的自由度，只要满足修改不超出原说明书和权利要求书的记载范围即可。而在其他时间提出的主动修改，只能针对原申请文件存在的缺陷进行修改，且同时还要满足修改不超出原始申请文件记载范围的要求。至于答复审查意见通知书（包括初审中的补正通知书）时所作的被动修改只能针对审查意见通知书中指出的缺陷以及申请文件还存在的其他未被指出的缺陷进行修改，同样该修改也必须符合《专利法》第三十三条的规定。

二、权利要求书的修改

在发明专利申请的整个审批过程中允许对权利要求书进行修改，只要对权利要求书的修改符合前面所指出的最基本要求即可。

在上述允许进行主动修改的两个时机内，只要修改满足未超出原说明书和权利要求书记载范围的要求时，可以对权利要求书进行各种修改：可以通过增加、改变、减少独立权利要求的技术特征，或者通过变更独立权利要求的主题类型或主题名称以及其相应的技术特征，来改变独立权利要求的保护范围；可以增加或者删除一项或多项权利要求；修改独立权利要求使其相对于最接近的现有技术划清界限；修改从属权利要求的引用部分以改正其引用关系，或者修改从属权利要求的限定部分以清楚地限定该从属权利要求的保护范围。

对于不在上述允许进行主动修改期限内提出的主动修改或者答复审查意见通知书时所作的修改来说，只有那些针对克服原专利申请文件的缺陷作出，且满足未超出原说明书和权利要求书记载范围要求的修改，才是允许的。具体说来，允许的修改主要包括下述九类情况。

①在独立权利要求中增加技术特征，对独立权利要求作进一步限定，以克服原独立权利要求不具备新颖性或创造性、缺少解决技术问题的必要技术特征、未以说明书为依据或者未清楚地限定要求专利保护的范围等缺陷，且修改后的独立权利要求的技术方案未超出原说明书和权利要求书记载的范围。

②变更独立权利要求中的技术特征，以克服原独立权利要求未以说明书为依据、未清楚地限定要求专利保护的范围或者不具备新颖性、创造性等缺陷，且修改后的独立权利要求的技术方案未超出原说明书和权利要求书的记载范围。

③变更独立权利要求的类型、主题名称及相应的技术特征，以克服原独立权利要求类型错误或者不具备新颖性或创造性等缺陷，此外该修改后的独立权利要求与原独立权利要求之间具有单一性，该独立权利要求的技术方案未超出原说明书和权利要求书的记载范围。

④删除一项或多项权利要求，以克服原并列的独立权利要求与第一独立权利要求之间缺乏单一性，或者两项权利要求具有相同的保护范围而使权利要求书不简要，或者权利要求未以说明书为依据等缺陷。

⑤将独立权利要求相对于最接近的现有技术正确划界。

⑥修改从属权利要求的引用部分，改正引用关系上的错误，使其准确地反映说明书中所记载的实施方式或实施例。

⑦修改从属权利要求的限定部分，清楚地限定该从属权利要求的保护范围，使其准确地反映原说明书中所记载的实施方式或实施例。

⑧对权利要求书中的明显文字错误或者与说明书描述内容不一致的地方作澄清性修改，使其与原说明书中记载的内容相适应。

⑨对权利要求书中存在的其他不符合《专利法实施细则》第二十条至第二十三条规定的形式

缺陷进行修改。

对于那些在允许进行主动修改期限之外提出的主动修改或者答复通知书时所作的主动修改，除了规定不允许超出原说明书和权利要求书的记载外，还明确指出扩大保护范围的修改文本或者新增加不符合单一性的独立权利要求的修改文本将不予接受。这主要有下述五种情况：

①主动删除独立权利要求中的技术特征，从而扩大该权利要求的保护范围。

②主动改变独立权利要求中的技术特征导致扩大请求保护的范围。

③主动增加新的独立权利要求，该独立权利要求限定的技术方案在原权利要求书中未出现过。

④主动增加新的从属权利要求，该从属权利要求限定的技术方案在原权利要求书中未出现过。

⑤主动将仅在原说明书中记载的，且与原要求保护的主题缺乏单一性的技术内容作为修改后的独立权利要求的主题。

如果不在允许进行主动修改的期限内作出了上述内容的主动修改，则包含上述内容的专利申请修改文本将不予接受，国家知识产权局将针对前一次递交的修改文本进行实质审查。如果在答复审查意见通知书所作出的不是针对通知书指出的缺陷进行的主动修改包含上述内容，则国家知识产权局将会发出修改文本不予接受通知书或者在再次审查意见通知书中要求删除上述修改内容，此后重新再提交的专利申请修改文本中未删除这些内容或者又出现其他不符合《专利法实施细则》第五十一条第三款规定的内容，则国家知识产权局将针对修改前的文本继续审查，如作出授权或驳回决定。

三、说明书的修改

说明书的修改，通常只需要从三方面进行，一方面是针对说明书本身存在的不符合《专利法》和/或《专利法实施细则》规定的缺陷作出修改；另一方面是根据修改后的权利要求书作出适应性修改；第三方面是对说明书所存在的明显文字错误进行修改。这三方面的修改只要不超出原说明书和权利要求书的记载范围都是允许的。

说明书各部分可作如下修改：

①修改发明名称，使其准确、简要地反映要求保护的主题的名称。例如，原权利要求书包括"产品"和"方法"两项独立权利要求，修改后只保留"产品"独立权利要求，则原发明名称中有关"方法"的内容应删去，只保留"产品"部分。

②修改发明所属技术领域，使其与国际专利分类表中最低分类位置涉及的领域相关，而且也应当反映修改后权利要求书中的发明类型和要求保护的主题名称。

③修改背景技术部分，补充相关现有技术，尤其是补充独立权利要求用来划界的那篇对比文件的有关内容。审查通知书中采用了比原说明书引证的现有技术更接近发明的对比文件时，必须将该对比文件的有关内容简要地写入说明书背景技术部分。

④修改发明内容部分中与该发明所解决的技术问题有关的内容，使其与要求保护的主题相适应，即反映该发明的技术方案相对于最接近的现有技术所解决的技术问题。修改后的内容不应超出原说明书和权利要求书记载的范围。

⑤修改发明内容部分中与该发明技术方案有关的内容，使其与独立权利要求请求保护的主题相适应。在修改权利要求书以后，这一部分内容也要作适应性修改。例如，原独立权利要求由于不具备新颖性、创造性或其他原因进行改写时，往往在其特征部分补充了必要的、使整个发明具备创造性的技术特征，此时在说明书这一部分应当将这些必要技术特征补充进去。通常可采用与新独立权利要求相应的词句来描述其技术方案。

⑥修改发明内容部分中与该发明的有益效果有关的内容，使其反映技术方案本身带来的客观有益效果。应当以修改后独立权利要求特征部分的区别特征为出发点进行分析，通过说明其结构特征或作用方式来论述。增加的内容只能是原说明书中提及的，或者可直接地、毫无疑义地从原始申请文件记载内容推断出的，否则，只能提供给审查员参考，不得补充到说明书中。

⑦修改附图和附图说明，包括删除附图。附图若与说明书内容描述不一致或者说明书中描述内容未在附图中清楚地表达出来时，可以按说明书中文字描述的内容修改附图，只要其在说明书中未增添新的理解内容。此外，在修改权利要求书后可将与本发明无关的附图删去。

⑧修改说明书的具体实施方式。通常，这部分的内容是不允许修改的，只有这部分内容出现明显错误、前后矛盾、用词不规范、科技术语不统一或者中文语句不通时才准许修改。在实质审查程序中，审查员对该发明能否实施表示怀疑时，不可在说明书中补充实施例，只可提供给审查员参考。在这一部分允许增加的内容一般限于补入原实施方式或实施例中具体内容的出处以及已记载的反映发明的有益效果数据的标准测量方法（包括所使用的标准设备、器具）。此外，根据审查意见通知书中引用的对比文件，由于原权利要求书中要求保护的部分主题已成为现有技术的一部分而对权利要求书进行修改后，那些不再是本发明具体实施方式的文字应当删去或者进行修改以明确其不属于本发明的实施方式。

⑨修改说明书摘要，写明发明的名称和技术领域、反映所解决的技术问题、解决该问题的技术方案（至少是独立权利要求的技术方案）的要点及主要用途。此外，应当删除商业性宣传用语。

四、修改方式

对于发明专利申请的权利要求书和说明书的修改，应当按照规定格式提交替换页。

1. 权利要求书的修改

对于权利要求书的修改，应当提交新的权利要求书全文或替换页，最好是全文。此时，应当附有在原权利要求书上标注修改意见的对照页，与此同时，在意见陈述书中指出修改增加的内容在原始申请文件中的位置，以便审查员审查核对。

2. 说明书的修改

对于说明书文字部分的修改，应当提交新说明书的全文或替换页。此时，应当附有在原说明书全文或替换页上标注修改意见的对照页，新增加的内容也必须在意见陈述书中指出其在原说明书（包括权利要求书）中的位置。

说明书附图的修改采用提交替换页的方式，以便于授权公告时专利文本的出版印刷。

五、专利申请文件的修改案例

下面结合两个具体审查案例说明实质审查过程中如何修改权利要求和说明书。其中，第一个案例比较全面地作出说明，而另一个案例仅简要地说明在修改权利要求书后如何对说明书作出适应性修改。

（一）案例一：蓄热式换热器

为帮助读者更好地理解本案例，先给出原申请案的权利要求书、说明书及其摘要，然后说明如何针对审查意见修改专利申请文件。

1. 原申请案

这件发明专利申请案的发明名称为"蓄热式换热器"。

为说明问题，对原权利要求书和说明书作了改写，删去原专利申请文件中存在的枝节问题，以便突出本节所论述的主题：如何针对审查意见通知书中的意见修改权利要求书和说明书。

（1）原权利要求书

1．一种蓄热式换热器，在具有许多流道的蓄热块（1）两端面各有一个顶盖（2），顶盖（2）径向周边上设置了径向密封垫（3），把蓄热块（1）分成多个热交换区，至少形成一个放热气体流过的区域和一个吸热气体流过的区域，由于蓄热块（1）和顶盖（2）之间不断地相对移动，这些区域交替地流过吸热气体和放热气体，同时该顶盖（2）和包住该蓄热块（1）的壳体周边之间也装有密封垫（4），其特征在于：所述径向密封垫（3）由有弹性的、直接紧靠在蓄热块（1）平坦端面上的密封部件（6，11）构成。

2．按照权利要求1所述的蓄热式换热器，其特征在于：所述直接紧靠在蓄热块（1）平坦端面上的密封部件（11）由比蓄热块更软的材料制成，它依靠弹簧力压紧在蓄热块（1）的端面上。

3．按照权利要求1所述的蓄热式换热器，其特征在于：所述直接紧靠在蓄热块（1）平坦端面上的密封部件是由许多本身有弹性的、插在密封垫托架（5）中的鬃毛（6）构成，这些鬃毛在密封垫（3）的纵向边缘处被包围在起缝隙密封作用的侧板（7）中，该侧板（7）用比蓄热块（1）更软的材料制成。

（2）原说明书

蓄热式换热器

技术领域

本发明涉及一种由相对转动的蓄热块和顶盖组成的蓄热式换热器，其顶盖径向周边上设置了径向密封垫，把蓄热块分成多个热交换区，至少形成一个放热气体流过的区域和一个吸热气体流过的区域，由于蓄热块和顶盖之间相对转动，这些区域交替流过吸热气体和放热气体，同时顶盖和包住蓄热块壳体周边之间也装有密封垫。

背景技术

在公知的蓄热式换热器中，在具有许多流道的蓄热块两个端面上各有一个顶盖，蓄热块借助突出在其端面上的径向隔板以及设置在顶盖径向周边上的径向密封垫分成多个热交换区，至少形成一个放热气体流过的区域和一个吸热气体流过的区域。由于蓄热块和顶盖之间不断地相对转动，这些区域交替地流过吸热气体和放热气体。为了保证蓄热块和顶盖相对转动时径向密封垫能起到必要的密封作用，径向密封垫的横截面至少等于一个由相邻径向隔板隔成的楔形区端面的大小，这样的蓄热块放热气流区和吸热气流区之间总隔着一个没有气流通过的楔形区。此外，突出的径向隔板加大换热器的高度，增加了成本；蓄热块端面附近的流道和蓄热块两端面容易积垢，甚至堵塞流道，当需要用机械方法来除垢时就必须让蓄热式换热器停止工作。

发明内容

本发明要解决的技术问题是提供一种结构更简单、占空间小、热交换有效面积大的蓄热式换热器，而且不必为了用机械方法来清除蓄热块端面上的积垢而周期性地停止工作。

为解决上述技术问题，本发明对本说明书开始部分所提到的那种蓄热式换热器采用了下述措施：在所述蓄热式换热器中顶盖径向周边处的密封垫为一种借助弹性力而紧靠在蓄热块平坦端面上的径向密封垫。

通过直接使密封垫紧靠在蓄热块端面上，可省去公知蓄热式换热器中突出于蓄热块端面上的径向隔板，从而减小了换热器的高度，而且蓄热块中没有气流流过的流道区域也减少了。此外，由于径向密封垫弹性地紧靠在蓄热块端面上，随着顶盖与蓄热块之间的相对转动，就不断地清除蓄热块端面的积垢。

上述径向密封垫可以采用比蓄热块材料更软的密封部件，再利用弹性元件将此密封部件压紧在蓄热块上。

该密封垫还可以采用本身就有弹性的密封部件，这些密封部件可以由涌在一个托架中的许多鬃毛制成，这些鬃毛在密封垫的纵向边缘处被包围在起缝隙密封作用的侧板中，具有这种结构的弹性密封部件不仅可以起密封的除垢作用，它还能适应蓄热块端面的不平度，而且不致损伤蓄热块。

附图说明

下面结合附图和实施方式对本发明作进一步详细的说明。

图 1 是本发明蓄热式换热器的蓄热块和顶盖的透视图。

图 2 是图 1 所示蓄热式换热器顶盖上的径向密封垫第一种实施方式沿 II – II 线的剖面图。

图 3 是径向密封垫的另一种实施方式沿 II – II 线的剖面图。

具体实施方式

图 1 所示的蓄热式换热器中，带有许多流道的蓄热块 1 是静止不动的，而顶盖 2 是旋转的。为清楚起见，在图中顶盖与蓄热块平坦端面之间拉开一段距离。当然也可以反过来，顶盖 2 静止不动，而蓄热块 1 旋转。

为使蓄热块 1 转动时在其中至少形成一个放热气体流过的区域和一个吸热气体流过的区域，在顶盖 2 上装有沿径向伸展的密封垫 3，实现蓄热块 1 和顶盖 2 之间的密封。在本实施方式中，有四根各自沿半径伸展的密封垫 3，它们互相交叉成十字形，在顶盖 2 上两根径向密封垫 3 之间所夹的两段圆弧上同样也装有密封垫 4，图 1 中周边上的密封垫 4 是一段段组合而成的。径向密封垫 3 和周边上的密封垫 4 将蓄热块分成放热气体流过的区域和吸热气体流过的区域。

由图 2 和图 3 可知，径向密封垫 3 弹性地直接紧靠在蓄热块 1 的端面上。在图 2 的实施方式中，密封垫 3 的密封部件 11 用比蓄热块 1 更软的材料制成，密封部件 11 本身没有弹性，而是靠装在托架框 8 和密封部件 11 之间的弹簧 12 将密封部件 11 压紧在蓄热块 1 的端面上。

在图 3 所示的另一种实施方式中，密封垫 3 有一个本身有弹性的密封部件，由许多鬃毛 6 插在一个托架 5 上形成。这些鬃毛 6 在密封垫 3 的纵向边缘处被包围在起缝隙密封作用的侧板 7 中。侧板 7 的材料最好比蓄热块 1 的材料软。这样一来，通过侧板 7 和鬃毛 6 的配合使用可取得良好的密封效果，而且当顶盖 2 与蓄热块 1 相对转动时，鬃毛 6 还起到以机械方式清除积垢的作用，使蓄热块 1 端面始终保持清洁。图 3 中，侧板 7 通过托架 5 装在托架框 8 上，托架框 8 装在连接架 9 上，连接架 9 再固定在与顶盖 2 相连的箱形梁 10 上。

上述本发明的结构特别适用于锅炉中可用来对空气进行预热的蓄热式换热器，也可应用于蓄热块端面积垢比较严重的蓄热式换热器。

说明书附图

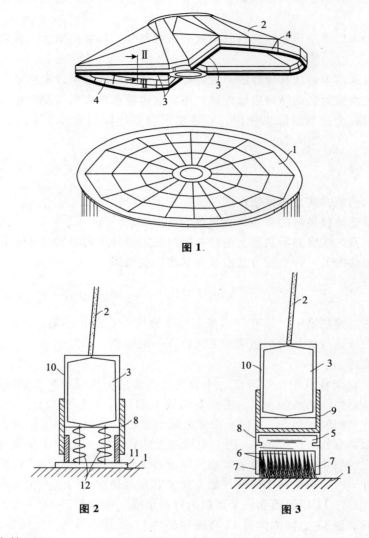

图1.

图2　　　　　图3

（3）原说明书摘要

本发明公开了一种蓄热式换热器，在具有许多流道的蓄热块（1）的两端面各有一个顶盖（2），顶盖径向周边上设置了密封垫（3），将蓄热块（1）分成多个热交换区，由于蓄热块（1）和顶盖（2）之间不断地相对转动，使这些热交换区交替地流过吸热气体和放热气体。该密封垫（3）由直接靠在蓄热块（1）平坦端面的弹性密封部件构成，这样简化了结构，增加了有效的热交换面积，减小了换热器的高度，防止蓄热块端面积垢，避免停机清洗。

摘要附图

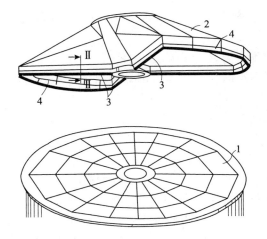

2. 根据审查意见修改权利要求书

在实质审查过程中，审查意见通知书中引用了两篇对比文件：对比文件 1 美国专利说明书 US3977465A 和对比文件 2 英国专利申请公开说明书 GB 2119039A。审查意见通知书中指出前者揭示的蓄热式换热器中采用一个由弹簧压紧在蓄热块端面的石墨密封件进行密封，也就是说，对比文件 1 公开了权利要求 1 和权利要求 2 的全部技术特征，破坏了其新颖性。对比文件 2 公开了一种采用刷子形式密封件来密封的蓄热式换热器，认为权利要求 3 相对于这两篇对比文件不具备创造性。

申请人通过分析这两篇对比文件，同意审查员对权利要求 1 和权利要求 2 的评价，因为美国专利说明书 US3977465A 是一份十分有力的对比文件，它所披露的蓄热式换热器与本发明第一个实施方式基本上相同，使该两个权利要求失去新颖性。但是，认为权利要求 3 仍然具有创造性，在意见陈述书中论述了理由：在对比文件 2 中，刷子密封件的密封面是朝向顶盖板或者是朝向蓄热块的侧壁，而不是作用在蓄热块端面上，根据这两篇对比文件的内容不能直接得到权利要求 3 请求保护的客体，因而权利要求 3 具备创造性。

在答复审查意见通知书时，专利代理人帮助申请人修改了权利要求书，删去原权利要求 1 和 2，将原权利要求 3 改写成新权利要求 1，并相对于美国专利说明书 US3977465A 划清共有特征与区别特征的界限。

修改后的权利要求书仅有一个独立权利要求，修改部分用黑体字印出。

"1. 一种蓄热式换热器，在具有许多流道的蓄热块（1）两端面各有一个顶盖（2），顶盖（2）径向周边上设置了径向密封垫（3），**它直接紧靠在蓄热块（1）的平坦端面上起密封作用，**把蓄热块（1）分成多个热交换区，至少形成一个放热气体流过的区域和一个吸热气体流过的区域，由于蓄热块（1）和顶盖（2）之间不断地相对转动，这些区域交替地流过吸热气体和放热气体，在顶盖（2）和包住蓄热块（1）的壳体周边之间也装有密封垫（4），其特征在于：**所述径向密封垫（3）由密封垫托架（5）以及安放在该密封垫托架（5）中的许多本身有弹性的鬃毛（6）构成，这些鬃毛（6）在径向密封垫（3）的纵向边缘处被包围在起缝隙密封作用的侧板（7）中，侧板（7）的材料比蓄热块（1）的材料软。**"

3. 根据修改后的权利要求书对说明书作适应性修改

在修改权利要求书后，专利代理人应当帮助申请人对说明书作出修改，使两者的内容相适应。现简单分析一下说明书各部分应作哪些修改。

（1）发明名称和技术领域

对本案例来说，修改后的权利要求书技术方案的主题名称没有变化，因此发明名称不必修改。

对于技术领域，由于找到了更接近的对比文件 US3977465A，它公开了一种顶盖径向周边密封垫直接靠在蓄热块平坦端面上的密封结构，因此可对发明所属技术领域作进一步说明："……顶盖径向周边密封垫直接紧靠在蓄热块平坦端面上起密封作用"。但是，该最接近的对比文件与原说明书中所描述的最接近的现有技术无本质变化，也就是说，本申请案技术领域没有实质变化，因此也可以不修改。

（2）背景技术

背景技术部分需增加最接近的现有技术或相关技术的有关内容。

在该案例中，应当将审查员检索到的最接近的对比文件 US3977465A 的有关内容补充进去。具体说来，就是删去这一部分的最后半句话（即蓄热块端面易积垢的内容），在这后面另起一段，描述对比文件 US3977465A 所披露的有关内容，主要说明该对比文件与本发明保护客体相关的重要技术特征，指出该对比文件存在的问题和缺点。

（3）发明内容部分中的"要解决的技术问题"

相对于最接近的现有技术修改说明书的发明内容部分中的"要解决的技术问题"。

在该案例中，对比文件 US3977465A 中的换热器也不包含径向隔板，因此，省去径向隔板而带来的效果——结构简单、占空间小、增加热交换有效面积等应从本发明要解决的技术问题中删去。即本发明要解决的技术问题可修改成"……提供一种蓄热式换热器，其密封垫同时起到清洗蓄热块端面的作用，从而不必为了用机械方法来清洗蓄热块端面而周期性地停止工作"。

（4）发明内容部分中的技术方案及其有益效果

重新改写发明内容部分中的技术方案及其有益效果。

在本案例中，由于删去了权利要求1和2，并将原权利要求3改写成新权利要求1。与此相应需删去反映原权利要求1和2的保护内容的三段文字（即原说明书发明内容部分的第二段至第四段），而将随后的一段（即原说明书发明内容部分的第五段）改写成两段。前一段描述技术方案，反映新改写的权利要求1特征部分的内容；后一段从这些结构特征出发分析本发明的优点和有益效果。

（5）具体实施方式和附图

根据修改后的权利要求书改写发明具体实施方式部分和修改附图。

在本案例中，原附图2描述的具体实施方式基本上是对比文件 US3977465A 所披露的内容，且它不包括新权利要求1中的必要技术特征"鬃毛"，因此不再是修改后独立权利要求1的具体实施方式。鉴于此，原说明书中的附图2及其相应文字部分应从这一部分删去，原附图3改为附图2。

（6）说明书摘要

对于本发明，应将"鬃毛"等主要技术特征补充到说明书摘要中，使其与新修改的独立权利要求的内容相适应。与此同时，应当删去"简化结构、增加热交换有效面积、减小换热器高度"等优点。此外，最好将原附图3（即新附图2）作为说明书摘要附图。

以下为修改后的说明书，修改文字部分用黑体字示出。

蓄热式换热器

技术领域

　　本发明涉及一种由相对转动的蓄热块和顶盖组成的蓄热式换热器，其顶盖径向周边上设置了径向密封垫，**它直接紧靠在蓄热块平坦端面上起密封作用**，把蓄热块分成多个热交换区，至少形成一个放热气体流过的区域和一个吸热气体流过的区域，由于蓄热块和顶盖之间相对转动，这些区域交替流过吸热气体和放热气体，同时顶盖和包住蓄热块壳体周边之间也装有密封垫。

背景技术

　　早期的蓄热式换热器中，在具有许多流道的蓄热块两个端面上各有一个顶盖，蓄热块借助突出在其端面上的径向隔板以及设置在顶盖径向周边上的径向密封垫分成多个热交换区，至少形成一个放热气体流过的区域和一个吸热气体流过的区域。由于蓄热块和顶盖之间不断地相对转动，这些区域交替地流过吸热气体和放热气体。为了保证蓄热块和顶盖相对转动时径向密封垫能起到必要的密封作用，径向密封垫的横截面至少等于一个由相邻径向隔板隔成的楔形区端面的大小，这样的蓄热块放热气流区和吸热气流区之间总隔着一个没有气流通过的楔形区。此外，突出的径向隔板加大换热器的高度，增加了成本。

　　美国专利说明书 US3977465A 针对早期蓄热式换热器存在的问题提出了一种由相对转动的蓄热块和顶盖组成的蓄热式换热器，其顶盖与蓄热块平坦端面之间设置有密封垫，该密封垫有一个由石墨块构成的滑动层，石墨块被弹簧压紧在蓄热块平坦端面上起密封作用。由于密封垫由石墨块构成，易磨损，且产生很大滑动阻力；此外，这种结构蓄热块端面易结垢，甚至堵塞流道，则要求定期对蓄热块清洗，往往停机较长时间以便用机械方法来消除蓄热块端面的结垢。

发明内容

　　本发明要解决的技术问题是提供一种蓄热式换热器，其**密封垫同时起到清洗蓄热块端面积垢的作用**，从而不必为了用机械方法来清除蓄热块端面上的积垢而周期性地停止工作。

　　为解决上述技术问题，本发明对本说明书开始部分所提到的那种蓄热式换热器采用了下述措施：所述蓄热式换热器中顶盖径向周边处的密封垫采用本身有弹性的密封件来作为径向密封垫，它由密封垫托架和安放在密封垫托架中的许多鬃毛构成，这些鬃毛在径向密封垫的纵向边缘处被包围在起缝隙密封作用的侧板中，侧板的材料比蓄热块软。

　　由于本发明的密封部件采用了鬃毛，鬃毛本身有弹性，直接紧靠蓄热块端面上，在其纵向边缘处被较软材料的侧板包围，它具有良好的密封作用和除垢作用，还能适应蓄热块端面的不平度，而且不会损伤蓄热块。

附图说明

　　下面结合附图和实施方式对本发明作进一步详细的说明。

　　图 1 是本发明蓄热式换热器的蓄热块和顶盖的透视图。

　　图 2 是图 1 所示蓄热式换热器顶盖上的径向密封垫沿 Ⅱ－Ⅱ 线的剖面图。

　　（说明：由于说明书中删去了一幅附图，故此处删去了相应的图面说明。）

具体实施方式

图 1 所示的蓄热式换热器中，带有许多流道的蓄热块 1 是静止不动的，而顶盖 2 是旋转的。为清楚起见，在图中顶盖与蓄热块平坦端面之间拉开一段距离。当然也可以反过来，顶盖 2 静止不动，而蓄热块 1 旋转。

为使蓄热块 1 转动时在其中至少形成一个放热气体流过的区域和一个吸热气体流过的区域，在顶盖 2 上装有沿径向伸展的密封垫 3，实现蓄热块 1 和顶盖 2 之间的密封。在本实施方式中，有四根各自沿半径伸展的密封垫 3，它们互相交叉成十字形，在顶盖 2 上两根径向密封垫 3 之间所夹的两段圆弧上同样也装有密封垫 4，图 1 中周边上的密封垫 4 是一段段组合而成的。径向密封垫 3 和周边上的密封垫 4 将蓄热块分成放热气体流过的区域和吸热气体流过的区域。

（说明：下面一段对原图 2 的文字说明连同附图 2 一起删去。）

在**图 2 的实施方式**中，密封垫 3 有一个本身有弹性的密封部件，由许多鬃毛 6 插在一个托架 5 上形成。这些鬃毛 6 在密封垫 3 的纵向边缘处被包围在起缝隙密封作用的侧板 7 中。侧板 7 的材料最好比蓄热块 1 的材料软。这样一来，通过侧板 7 和鬃毛 6 的配合使用可取得良好的密封效果，而且当顶盖 2 与蓄热块 1 相对转动时，鬃毛 6 还起到以机械方式清除积垢的作用，使蓄热块 1 端面始终保持清洁。图 3 中，侧板 7 通过托架 5 装在托架框 8 上，托架框 8 装在连接架 9 上，连接架 9 再固定在与顶盖 2 相连的箱形梁 10 上。

上述本发明的结构特别适用于锅炉中可用来对空气进行预热的蓄热式换热器，也可应用于蓄热块端面积垢比较严重的蓄热式换热器。

（说明：说明书附图采用附图 1 和附图 3，删去附图 2，将原附图 3 改为附图 2，为节省篇幅，不再给出附图。）

修改后的说明书摘要为：

本发明公开了一种蓄热式换热器，在具有许多流道的蓄热块（1）的两端面各有一个顶盖（2），顶盖径向周边上设置了**紧靠在蓄热块端面上的**密封垫（3），将蓄热块（1）分成多个热交换区，由于蓄热块（1）和顶盖（2）之间不断地相对转动，这些热交换区交替地流过吸热气体和放热气体，**径向密封垫（3）由密封垫托架（5）以及安放在该密封垫托架（5）中的许多本身有弹性的鬃毛（6）构成，这些鬃毛（6）在径向密封垫（3）的纵向边缘处被包围在起缝隙密封作用的侧板（7）中，侧板（7）的材料比蓄热块（1）的材料软。采用这种结构的密封件，不仅具有良好的密封作用和除垢作用，还能适应蓄热块端面的不平度，不会损伤蓄热块。**

（说明：说明书摘要附图改为原附图 3，即修改后的附图 2。）

（二）案例二：浇包的浇铸阀门

此案例已在本章第三节之四中作为推荐的意见陈述书的案例一中作了介绍，因而对其案情不再重复说明，这里仅对其独立权利要求的修改及说明书的适应性修改作展开说明。

通常情况下，当认为独立权利要求相对于审查意见通知书中的对比文件不具备新颖性或创造性，而其从属权利要求有可能授权时，就会将该从属权利要求改写成新的独立权利要求。在本案中，专利代理人考虑到申请案的特殊性，未按照此常规的处理方法将从属权利要求 2 改写成独立权利要求，即在新修改的独立权利要求中不是像原权利要求 2 那样将该连接通道限定为沿圆周周向伸展的凹口，而是注意到原说明书最后一段对本发明保护范围作出解释的文字说明，即该连接通道还可以是不通过转子轴线的透孔，从而在新修改的独立权利要求中进一步限定为"该连接通道偏离转子的轴线"，从而为专利申请人争取到一个更宽的保护范围。至于修改后的独立权利要求 1 已在本章第三节之四中作为推荐的意见陈述书的案例一中给出，这里不再重复。

本案例中说明书共需作出七处适应性修改。

①发明名称，随着权利要求技术方案的主题名称的改变，由"浇包的浇铸阀门"修改为"浇包浇铸口的旋转式阀门"。

②技术领域，相应于独立权利要求前序部分内容的改变而作相应的修改。

③背景技术，将审查意见通知书中采用的最接近的现有技术——即美国专利说明书的有关内容简要地补入这一部分中。

④在发明内容中与"要解决的技术问题"有关的部分，补入"提高转子抗扭强度"的内容。

⑤在发明内容中"技术方案"部分，第一段补入"该连接通道偏离转子轴线"的内容。

⑥具体实施方式部分，原说明书在最后一段还写明"该连接通道可通过转子轴线"，而该内容已在该篇美国专利说明书中披露，因此应当将这句话删去，通过这样使本发明与这篇美国专利说明书中披露的浇铸阀门区别开来。

⑦说明书摘要，应当相应于发明名称、独立权利要求的技术方案及其解决的技术问题作出修改。

第五节　实质审查程序中的其他专利代理工作

在实质审查程序中，最重要的专利代理工作就是答复审查意见通知书和修改专利申请文件。但除此之外，在实质审查程序中还有可能遇到其他一些专利代理工作，如会晤、电话讨论、对修改文本不予接受通知书的处理、对视为撤回通知书的处理、对驳回决定的处理、对授予专利权通知书的处理。本节将对上述专利代理工作作一简要说明。

一、会晤

在发明专利申请的实质审查阶段，国家知识产权局与申请人之间通常采用书面方式（即审查意见通知书和意见陈述书）交换意见。但是，为加快审查进程，还可以采用当面直接交换意见的方式，《专利审查指南 2010》第二部分第八章第 4.12 节将这种交换意见的方式称作"会晤"。

1. 会晤的启动方式

会晤属于发明专利申请实质审查程序中的一种比较重要的辅助手段。由于会晤时审查员与专利申请人双方能直接交换意见，进行充分的讨论，从而较容易达成意见一致，因而《专利审查指南 2010》第二部分第八章第 4.12 节中规定，任何一方认为通过会晤有助于审查时，均可采取启动会晤的措施。也就是说，会晤有两种启动方式。

①审查员在发明专利申请实质审查期间，认为需要与专利代理人或申请人当面商讨审查中的疑难问题时，可以发出会晤约请，按照《专利审查指南 2010》第二部分第八章第 4.12.1 节的规定，这通常应当在发出第一次审查意见通知书之后。

②专利代理人和申请人在收到第一次审查意见通知书后，由于不能十分清楚理解审查意见通知书的内容，而需要就申请文件的修改与审查员商讨时，或者想当面向审查员进一步更清楚地表述自己的观点时，可以在答复第一次审查意见通知书的同时或者之后向国家知识产权局提出会晤

请求，经国家知识产权局同意而启动会晤。

不管是审查员主动约请会晤，还是专利申请人要求会晤，都必须预先约定。按照《专利审查指南 2010》第二部分第八章第 4.12.1 节的规定，该约定可以采用书面方式，如国家知识产权局以会晤通知书的方式表示同意会晤，或者国家知识产权局直接发出会晤通知书；也可以采用电话约定方式，如双方主动以电话方式来约定会晤，或者国家知识产权局以电话通知方式表示同意专利申请人在意见陈述书中提出的会晤请求。

对于已约定的会晤日期，专利代理人或申请人应当按时参加，通常不要请求更改日期。如果无正当理由提出更改日期或者不参加会晤的，国家知识产权局有可能就不再另行安排会晤，从而丧失了直接交换意见的机会。如果专利代理人和申请人对于会晤通知书中指定的日期确实有困难而无法会晤的，应当在指定的期限内，最好以电话方式向国家知识产权局说明不能在此时间参加会晤的理由，以便另行安排会晤日期。

目前有些专利代理人或申请人未与审查员约定，就自行前来找审查员面谈，这是不允许的。审查员完全可以拒绝这样的会见，因为这不符合正常的实质审查程序。更何况审查员对这样的面谈没有思想准备，即使审查员同意当面倾听一下意见，也必然会影响会晤的质量，达不到会晤的效果。因此专利代理人和申请人应当事先提出会晤请求，经同意后再与审查员进行会晤。

2. 会晤应当注意的几个问题

由于会晤是专利代理人或申请人与审查员当面交换意见的有利时机，专利代理人应当牢牢把握住这次机会。为使会晤取得比较满意的结果，在会晤时需要注意下述几个问题。

（1）会晤前要做好充分准备

首先，应当在提出会晤请求或者与审查员约定会晤时，使双方明确会晤所要讨论的问题，从而可以更好地准备，力争通过会晤解决问题。其次，在修改专利申请文件的情况下，最好将修改的文本事先提交给国家知识产权局，审查员就可在会晤前对该修改文本作进一步审查，从而会晤时双方就可针对该修改文本进行比较充分的讨论。另外，专利代理人在会晤前应当与申请人做好两手准备，一方面朝着对申请人最有利的方向去争取，另一方面要考虑审查员不同意上述最有利的方案时可以在哪些方面作出一些让步，最多可退到什么程度，这样在会晤时达不到原定争取的目标时，就可立即与审查员进一步讨论备用的后退方案。

（2）专利代理人必须参加会晤

凡是委托专利代理机构办理专利申请事务的申请案，专利代理人必须参加会晤。因为在专利代理委托书中已写明委托专利代理人办理专利申请、审批（包括复审）程序的有关事务，因而实质审查期间的会晤必须有专利代理人参加。申请人不得单独会晤，否则国家知识产权局可以有权拒绝会晤。但是，按照《专利审查指南 2010》第二部分第八章第 4.12.2 节的规定，在委托专利代理机构办理专利申请事务的情况下，申请人可以与专利代理人一起参加会晤。因此，如果会晤所讨论的问题有可能涉及具体技术内容时，应当请申请人或者请申请人再委托发明人一起参加会晤。

需要注意的是，参加会晤人员必须出示能说明其身份的证明，由审查员确认。这样规定是为了保护专利申请人的利益，避免被其他人员冒充来探听本申请有关的内容。对于专利代理人，应当出示专利代理人证书，更换专利代理人的，还应当办理著录项目变更手续，并在著录项目变更手续合格后由变更后的专利代理人参加会晤。对于职务发明申请的申请人，由其指定的人员参加会晤时，应当出示证明其身份的证件和单位出具的介绍信；而对于个人申请人，只需出示身份证或工作证即可。

（3）会晤记录不能代替申请人的正式答复或者对专利申请文件的修改

会晤结束时，审查员填写会晤记录，将双方讨论交换意见的情况记录下来，但《专利审查指南2010》第二部分第八章第4.12.3节中明确规定，不能用会晤记录来代替意见陈述书或提交的修改申请文件。即使在会晤中，双方就如何修改专利申请文件达成了一致意见，只要这些修改不属于审查员可以依职权进行的修改，专利申请人就必须重新提交正式的修改文本。

会晤后，将根据会晤讨论的意见，确定是由国家知识产权局继续以书面方式进行审查，还是由专利申请人陈述意见和/或提交修改的申请文件。对于后者，将会根据案情在会晤记录中明确该答复期限不因会晤而改变还是视情况延长1个月，或者在会晤记录中另行指定提交修改文件或陈述意见的期限。此时，专利代理人一定要按期作出答复或提交修改文件，因为《专利审查指南2010》第二部分第八章第4.12.3节已明确此提交修改文件或陈述意见视作对审查意见通知书的答复，未按期答复的，该申请将被视为撤回。

二、电话讨论

按照《专利审查指南2010》第二部分第八章第4.13节的规定，电话讨论是发明专利申请实质审查程序中的一种辅助手段，主要用来解决申请文件中所存在的次要的且不会引起误解的形式方面缺陷所涉及的问题。按实践情况来看，往往在一件专利申请基本上可以授权、但申请文件尚存在一些次要的不会影响保护范围的缺陷时，审查员为加快审查速度就以电话讨论的方式通知专利代理人或专利申请人。由此可知，审查员主动采用电话讨论方式就意味着该专利申请极有可能在近期被授予专利权，因而此时专利代理人应当积极配合。由于在这种情况下申请文件仅存在形式上的缺陷，基本上不会影响专利申请的保护范围，通常可以尽快按照电话讨论时所提出的要求提交新修改的专利申请文件，以促使专利申请早日授权。

此外，如果专利代理人在收到审查意见通知书而不能准确理解通知书中的意见时，也可以主动打电话向审查员请教，以便更有针对性地修改专利申请文件。尽管目前《专利审查指南2010》第二部分第八章第4.13节中并未明确规定电话讨论包括这方面的内容，但国家知识产权局也并未禁止这种做法，因而当案情确实需要，可以用电话联系方式与审查员进行沟通。由于这样做有利于加快审查，大多数审查员是会接受的。

三、对修改文本不予接受通知书的处理

在本章第四节中已经指出，如果在答复审查意见通知书时，所提交的修改文本中所作修改既不是针对审查意见通知书中指出的缺陷进行的，又不是针对申请文件所存在的缺陷进行的，则这样的修改不符合《专利法实施细则》第五十一条第三款的规定，该专利申请文件的修改文本将不予接受。如果申请文件所有的修改均属于这种情况，则国家知识产权局直接发出修改文本不予接受通知书；如果申请文件所作的修改既有按照审查意见通知书要求进行的修改，又有未按照审查意见通知书要求进行的修改，则国家知识产权局会发出审查意见通知书，在提出其他审查意见的同时要求删去其中不符合《专利法实施细则》第五十一条第三款规定的修改内容。

当收到这样的通知书后，应当认真分析一下审查员所认定的不符合规定的修改内容是否是克服原申请文件存在的缺陷。如果是克服原申请文件存在的缺陷，不论是针对审查意见通知书指出的缺陷，还是针对自行发现的原申请文件存在的缺陷，都属于可接受的修改。此时，应当与审查员进行商讨，说明这样的修改是朝着克服原申请文件所存在的缺陷这个方向进行的，既未扩大权利要求所请求保护的范围，也不是将仅在说明书中记载的与原来要求保护的主题缺乏单一性的技

术内容作为修改后权利要求的主题，因而不属于《专利审查指南2010》第二部分第八章第5.2.1.3节中所列举的五种不符合《专利法实施细则》第五十一条第三款规定的情况，以说服审查员接受该修改文本。

相反，如果审查员所认定的不符合规定的修改内容是主动删去独立权利要求技术特征而扩大了保护范围，或者主动改变独立权利要求的技术特征导致扩大了保护范围，或者主动增加新的独立权利要求或从属权利要求而该独立权利要求或从属权利要求限定的技术方案在原权利要求书中未出现过，或者主动将仅在说明书中记载的与原来要求保护的主题缺乏单一性的技术内容作为修改后权利要求的主题，则这样的修改按照《专利审查指南2010》第二部分第八章第5.2.1.3节的规定确实属于不符合《专利法实施细则》第五十一条第三款的情况，这时就应当将上述修改内容从修改的专利申请文本中删去，以使该新修改的专利申请文件文本符合规定。若此时仍不删除，审查员将针对修改前的文本继续审查，如作出授权或驳回决定，从而可能会给申请人带来不利的后果。专利代理人和专利申请人对此应当引起足够的重视。

四、对视为撤回通知书的处理

国家知识产权局在审查意见通知书指定的答复期限届满时仍未收到专利申请人的答复或提交的修改文本，将会发出视为撤回专利申请的通知书。

对于视为撤回通知书，只要不是专利申请人明确表示放弃专利申请而不作答复的情况，就应当考虑是否提出恢复权利请求。如果未及时答复是由于申请人未及时给出答复指示造成的，且收到视为撤回通知书时申请人仍未给出答复指示，就应当立即将此视为撤回通知书转给申请人，并要求其尽快明确表态是否放弃专利申请，若不放弃的话，应当尽快给出答复指示，一旦收到指示，就应当在收到该视为撤回通知书之日起2个月内提出恢复权利请求，并同时缴纳恢复权利请求费，而且应当在此之前（至少同时）提交意见陈述书和/或申请文件修改文本，以消除造成权利丧失的原因。对于收到视为撤回通知书时专利申请人已经给出答复指示的情况，则立即提出恢复权利请求，缴纳恢复权利请求费以及提交意见陈述书和/或申请文件修改文本。当然，还有一种可能是已按期作出答复和/或提交了申请文件的修改文本，但由于某种客观原因造成国家知识产权局仍认定未按期答复，从而发出视为撤回通知书。此时，由于客观原因不明，专利代理人应当先主动提出恢复权利请求、缴纳恢复权利请求费以及再次提交意见陈述书和/或申请文件修改文本，并在此同时提供有关已按期作出答复的证据，请国家知识产权局核实，核实后再退回所缴纳的恢复权利请求费。

五、对驳回决定的处理

在发明专利申请实质审查期间，如果专利申请人在对第一次审查意见通知书作出答复时未针对通知书指出的可驳回的实质缺陷提出有说服力的意见陈述和/或证据，且未对专利申请文件进行修改或修改仅是改正了错别字或更换了表述方式而技术方案没有实质上的变化，或者在针对第二次审查意见通知书或其后的审查意见通知书作出答复时新修改的专利申请文件仍存在足以用已通知申请人的理由和证据予以驳回的实质性缺陷，则国家知识产权局继续审查后就有可能作出驳回决定。

专利代理人收到该驳回决定后，应当立即将该驳回决定转送给委托人，与委托人商量是否提出复审请求。通常在向委托人转送驳回决定前，应当对驳回决定作比较全面的研究，以便在转送驳回决定时向委托人提出合理的建议。

如果认为驳回决定的实体内容不正确或者尚有商讨余地，此时不论在实质审查期间国家知识产权局是否存在程序错误，均存在通过复审去争取授予专利权的可能，因此可以向委托人说明情况，由其决定是否提出复审请求。其中驳回决定明显存在错误时，如同意享受优先权而用优先权日和申请日之间公开的对比文件来否定专利申请的创造性，就可以明确告知委托人，应当提出复审请求。而对驳回决定的理由尚有商讨余地时，则告知委托人可向专利复审委员会提出复审请求以争取撤销该驳回决定，但存在一定的难度。

相反，通过对驳回决定的分析认为驳回决定的实体内容基本正确，则应分成两种情况来考虑：如果可通过修改申请文件消除驳回决定理由所涉及的申请文件存在的实质性缺陷，就有可能在复审程序中通过修改申请文件来争取撤销驳回决定，此时应将此分析结果告知委托人，请委托人考虑是否提出复审请求；如果认为专利申请基本上无授权前景，此时只需简单转送驳回决定，告知对驳回决定存在法律救济手段，但不要提供参考意见，而由委托人自行决定是否提出复审请求。对于后一种情况，委托人准备提出复审请求时，专利代理人最好再向委托人指出此复审请求成功的难度极大，并较详细地说明理由，让委托人最后确认一下是否提出复审请求。如果委托人坚持要提出复审请求，则应当尽力去为委托人争取一个好的结果。尤其需要说明的是，对后一种情况，即使国家知识产权局在作出驳回决定时存在程序缺陷，并不意味着有提出复审请求的必要，因为虽然复审请求针对驳回决定程序错误提出可以取得成功，但由于其实体判断正确，国家知识产权局克服程序错误后仍会重新作出驳回决定，因而最后专利申请仍然不能授权。

一旦委托人准备提出复审请求，则应当尽快为委托人做好准备，在收到驳回决定之日起 3 个月内向专利复审委员会提出复审请求，从而该专利申请进入复审程序。有关复审程序中的专利代理工作可参阅本书第十五章。

六、对授予专利权通知书的处理

发明专利申请实质审查后没有发现驳回理由的，国家知识产权局将发出授予发明专利权通知书和办理登记手续通知书。此时意味着该专利申请即将授权。

专利代理人在收到授予专利权通知书和办理登记手续通知书后，应当在《专利法》规定的自收到该通知书之日起 2 个月内为委托人办理专利登记手续。此时该专利申请进入了授予专利权阶段，也可称作专利授权程序。有关这方面的专利代理工作将在后面第十四章第一节中作进一步介绍。

第十四章　授予专利权阶段及其后的专利代理

发明专利申请经过实质审查以及实用新型和外观设计专利申请经过初步审查没有发现驳回理由的，国家知识产权局将作出授予专利权的决定，发给相应的专利证书，同时予以登记和公告，专利权自公告日起生效。本章将对授予专利权阶段及其后的专利代理工作作一简单介绍。

第一节　授予专利权阶段的专利代理工作

国家知识产权局对发明专利申请发出授予发明专利权通知书和办理登记手续通知书以及对实用新型和外观设计专利申请发出授予实用新型（或外观设计）专利权及办理登记手续通知书后，该专利申请就进入了专利授权阶段。

一、办理登记手续

按照《专利法实施细则》第五十四条的规定，国家知识产权局发出授予专利权的通知书，并不等于该项专利申请已被授予专利权，专利申请人必须在自收到通知书之日起 2 个月内办理登记手续，否则该专利申请仍然不能被授权。为了提醒专利代理人和专利申请人及时办理登记手续，国家知识产权局对发明专利申请在发出授予发明专利权通知书的同时，还发出办理登记手续通知书，而对实用新型和外观设计专利申请直接发出的就是授予专利权及办理登记手续通知书。

专利代理人收到上述通知书后，应当及时向委托人转送上述通知书，与此同时，着手办理登记手续的准备工作。

首先，应当关注授予专利权通知书中写明的授权文本是否正确，如果授权文本认定有误（例如将答复审查意见通知书时提交的权利要求书部分替换页认定为修改后的整个权利要求书），就应当及时向国家知识产权局反映，以便在授权公告时加以纠正；此外还应当关注授予专利权通知书中有无记载审查员依职权修改的信息，如果授权通知书中表明审查员已进行了依职权修改，就应当协助委托人审核一下依职权修改的内容是否合理，对于个别依职权修改不妥的情况应当及时向国家知识产权局反映，以便在授权公告时得到纠正。

其次，核对案卷中委托人的指示，检查是否还有需要在办理专利权登记手续之前办理的其他专利事务。例如，申请人针对原申请文件存在的缺乏单一性缺陷而删去的发明创造内容还准备提出分案申请的，应当在办理专利权登记手续之前先提出分案申请；尤其是申请人对专利证书中与专利权有关的主要著录项目（如专利申请人或专利权人）准备进行变更的，务必在办理专利权登记手续之前完成，否则专利证书中的专利权人将是变更前的专利申请人，且对于专利权的转移，国家知识产权局不予更换专利证书。

特别需要说明的是，国家知识产权局从 2013 年第一季度开始加快了授权程序的办事效率，从申请人办理专利权登记手续之日起到授权公告只需要 1 个月，与此相应，从申请人办理专利权登记手续之日起 5 日内就进入了授权公告准备。因此，专利代理人在向委托人转送办理专利权登记手续通知书时，还应当向委托人征询有无需要在办理授予专利权登记手续期限届满前办理的其他专利事务，例如有无提出分案申请的打算，是否需要针对专利申请人或专利权人进行著录项目变更。若委托人表示有这方面的需求，务必尽快完成上述专利事务的办理。

在完成上述三方面工作后，就应当着手为委托人办理登记手续。具体来说，就是按照办理登记手续通知书中写明的金额缴纳专利登记费、授权当年（办理登记手续通知书中指明的年度）的年费和公告印刷费，同时缴纳专利证书印花税。上述费用的缴纳务必在收到办理授予专利权登记手续通知书之日起2个月期限届满之前完成，否则国家知识产权局专利局将发出视为放弃取得专利权的通知书。

对于由两名或两名以上的申请人共同提出的专利申请来说，还应当征询一下委托人的意见，是否需要办理专利证书副本。若需要的话，应当在办理登记手续的同时，为共同申请人提出办理专利证书副本的请求。

二、对视为放弃取得专利权通知书的处理

在国家知识产权局发出授予专利权的通知书和办理登记手续的通知书后，申请人在自收到上述通知书之日起2个月期限届满时未办理登记手续的，即在上述办理登记手续期间未缴纳或未缴足专利登记费、公告印刷费、授权当年年费和专利证书印花税，视为放弃取得专利权的权利，此时国家知识产权局将向专利申请人发出视为放弃取得专利权通知书。

专利代理人在收到上述视为放弃取得专利权通知书后，应当核实一下是何种原因造成的，究竟是没有缴纳有关费用从而被认定未办理登记手续呢？还是没有缴纳或缴足其中一项或多项费用而被视为没有办理登记手续？另外，应当分析一下为何会出现这种情况。若是委托人未及时给出缴纳费用的指示，则应当立即向委托人转达，并征求其是否办理恢复权利请求。若是由于部分费用未缴纳或未缴足，或者由于其他客观原因（如邮局或银行所造成的费用未在规定期限内送达国家知识产权局）而造成的，则应当立即着手提出恢复权利请求。凡是决定提出恢复权利请求的，应当在收到视为放弃取得专利权通知书之日起2个月内提出，同时缴纳恢复权利请求费，而且应当补缴所有未缴纳或未缴足的费用（包括为延误缴纳当年年费而应当缴纳的滞纳金），以消除作出上述通知书的原因。需要说明的是，在提出恢复权利请求时，即使造成作出上述通知书的原因的责任不在己方，而在国家知识产权局或者第三者，都应当先将恢复权利请求费及未缴纳或未缴足的费用缴上，并随同提交责任不在己方的证明，请国家知识产权局核实后再将多缴的费用（必要时连同恢复权利请求费）退回。

第二节 授予专利权后的专利代理工作

申请人接到授予专利权通知书后，在规定期限办理了登记手续，则国家知识产权局就会作出授予专利权决定，并予以公告。从此授权公告日起直到该专利最终失效为止，该专利处于专利权的有效期间。本节将对这一阶段的专利代理工作作一简单介绍。

一、核对专利证书

国家知识产权局作出授予专利权决定的同时，将向专利申请人发放专利证书。

专利代理人在收到专利证书后，在向委托人转送该专利证书前，应当核对专利证书中所记载的与专利权有关的重要著录项目：发明创造名称、专利号（即申请号）、专利申请日、发明人或设计人以及专利权人，其中重点核实专利权人、发明人或设计人是否正确；与此同时，还应当查阅有无国家知识产权局印记、局长签章和授权公告日。如果核查时发现这些重要著录项目中存在

打印错误或者发现缺少有关内容，应当立即将专利证书退回国家知识产权局，请求予以更正。此外，还需要核实一下附于专利证书后的专利文本是否完整或存在错误，若有错误，也应将专利证书退回国家知识产权局，请求予以更正。

经核实无误的专利证书应当及时转送给委托人。

二、年费的缴纳

对于委托人在专利代理委托书中同时委托办理年费缴纳的，在授予专利权后专利代理人的主要工作就是在规定期限内代办缴纳专利年费事务。

按照《专利法实施细则》第九十七条和第九十八条的规定，除了授权当年的年费应当在办理登记手续的同时缴纳以外，以后的年费应当在上一年度期满前缴纳。《专利审查指南2010》第五部分第九章第2.2.1节规定，缴费期限届满日是申请日在该年的相应日。

专利年度从申请日起算。例如一件发明专利申请在2011年4月23日提出申请，则该专利申请的第一年度是2011年4月23日至2012年4月22日，第二年度是2012年4月23日至2013年4月22日，以此类推。如该发明专利申请在2014年8月14日被授予专利权，则在办理专利登记手续时已经缴纳了第四年度年费，其对应的第四年度为2014年4月23日至2015年4月22日，第五年度从2015年4月23日开始，则第五年度年费的缴费期限届满日为2015年4月23日。

在这里需要提醒专利权人注意的是，各年度缴纳金额是不一样的，应当按照各年度的年费缴纳。对于发明专利来说，共分成六级：前十五年每三年一级，最后五年一级。对于实用新型和外观设计专利，共分为四级：第一年至第三年一级，第四年、第五年一级，第六年至第八年一级，第九年、第十年一级。

由此可知，对于委托办理年费缴纳的情况，专利代理人应当在前一年度期满前1个月就与委托人联系，征询其是否继续缴纳下一年度年费。如果委托人及时作出答复，明确要缴纳下一年度年费，则应当在上一年度期满前按照下一年度的年费标准缴纳专利年费。如果委托人延误回答，直到过了该规定的期限再表示缴纳下一年度年费，则允许在专利年费期满之日起6个月内补缴下一年度年费，但此时尚需要按照补缴时间超过规定期限的长短缴纳相应的滞纳金。按照《专利法实施细则》第九十八条和《专利审查指南2010》第五部分第九章第2.2.1.3节的规定，补缴时间超过规定期限不足1个月的，可不缴纳滞纳金；超过期限1个月（不含1个整月）至2个月（含2个整月）的，缴纳的滞纳金额为当年全额年费的5%；超过期限2个月至3个月的，滞纳金为当年全额年费的10%；超过期限3个月至4个月的，滞纳金为当年全额年费的15%；超过4个月至5个月的，滞纳金为当年全额年费的20%；超过5个月至半年的，滞纳金为当年全额年费的25%。

三、对专利权终止通知书的处理

如果下一年度年费在该专利年费缴纳期满6个月的滞纳期内仍未缴纳或缴足的，国家知识产权局将视为专利权人主动放弃该项专利权，从而发出专利权终止通知书。

收到专利权终止通知书后，专利代理人应当立即转告委托人，并征询是否提出恢复权利请求。委托人表示要请求恢复权利的，则应当在自收到专利权终止通知书之日起2个月内提出恢复权利请求，缴纳恢复权利请求费，而且在此时还应当补缴当年年度的年费以及相当于当年全额年费25%的滞纳金。

四、在专利权有效期内可能出现的其他专利代理工作

在专利权有效期间，专利权人根据需要委托专利代理人的有关专利事务主要涉及：专利实施许可、专利权转让、专利权质押、专利权无效宣告请求审查程序、专利侵权纠纷、专利权归属纠纷等。

1. 专利实施许可合同的签订

按照《专利法》第十二条的规定，任何单位或者个人实施他人专利的，应当与专利权人订立实施许可合同。因而专利权人在与他人签订专利实施许可合同时，将委托专利代理人协助办理有关事务。

在签订专利实施许可合同时应当明确以下四个问题。

①确定该专利实施许可的类型是独占实施许可（在一定期间、在专利权有效地域内仅允许被许可人一家实施，专利权人本人也不实施）、排他实施许可（除专利权人本人实施外，在一定期间、在专利权有效地域内仅允许被许可人一家实施）、普通实施许可（在一定期间、在一定的专利有效地域内允许被许可人实施，同时保留许可其他人实施的权利）还是交叉许可（主要是存在从属专利情况下双方互相许可对方实施自己的专利）。

②明确专利使用费及支付方式，专利使用费通常根据开发专利技术所支出的费用、实施专利技术有可能取得的经济效益、专利实施许可的类型和期限以及支付使用费的方式和时间来确定，其支付方式可采取一次总算一次总付、一次总算分期支付、入门费加提成支付或者仅为提成支付等方式。

③明确双方的权利和义务，如专利权人对被许可人实施专利时应负指导责任的范围、是否允许被许可人向他人进行分许可等。

④最好明确专利权终止或者专利权被宣告无效后该专利实施许可合同的处理办法。

通常专利实施许可合同应包括下述主要内容：许可实施的专利的主要著录项目（专利号、发明创造的名称、申请日、授权日等）；许可实施的行为、必要时规定数量或规模；许可实施的地点和期限；专利实施许可的类型；专利使用费和支付方式；后续改进成果的提供和归属、分享；保密责任；专利权人的确保责任；专利权终止或被宣告无效后的处理；违约及索赔；争议的解决办法等。

需要说明的是，如果以共有的专利权订立专利实施许可合同，除另有约定外，共有人可以单独实施或者以普通实施许可方式许可他人实施该专利；许可他人实施该专利的，收取的使用费应当在共有人之间分配。以其他实施许可方式许可他人实施该专利的，应当取得其他共有人的同意。

此外，在签订专利实施许可合同后，需要告知专利权人应当自合同生效之日起向国家知识产权局备案，未经备案的专利实施合同对第三方不产生法律效力。

2. 专利权转让合同的签订

按照《专利法》第十条第一款和第三款的规定，专利权可以转让，在转让专利权时当事人需要签订书面的专利权转让合同，因而专利权人在与他人签订专利转让合同时，也将委托专利代理人协助办理有关事务。

签订专利权转让合同时，应当明确以下四个问题。

①专利权转让合同签订后，必须到国家知识产权局登记（即办理著录项目变更手续）、公告。该专利权的转让自登记之日起生效，即自国家知识产权局发出著录项目变更手续合格通知书的发

文日起生效。

②《专利法》第十条第二款规定，中国单位或者个人向外国人、外国企业或者其他外国组织转让专利权的，应当依照有关法律、行政法规的规定办理手续。此处的中国单位包括依照我国法律成立的中外合资企业、中外合作经营企业以及外商独资企业。按照《专利审查指南2010》第一部分第一章第6.7.2.2节的规定，对于发明或实用新型专利申请权或者专利权，转让方是中国内地的个人或单位，受让方是外国人、外国企业或外国其他组织的，在办理登记手续（即办理著录项目变更手续）时，应当出具国务院商务主管部门颁发的《技术出口许可证》（对限制类技术），或者出具国务院商务主管部门颁发的或地方商务主管部门颁发的《自由出口技术合同登记证书》（对自由类技术），以及双方签字或盖章的转让合同。需要注意的是，办理上述事务应当委托依法设立的专利代理机构办理。

③一项专利权有多个共同权利人时，其中一个共同权利人转让其共有的权利时，其他共同权利人享有以同等条件优先受让的权利。

④对所转让的专利权已经在实施的或已被许可实施的，应当明确后续处置方式，即原专利权人的权利和义务保留还是由受让人承受。

通常专利权转让合同应当包括下述主要内容：转让的专利的主要著录项目（专利号、发明创造的名称、申请日、授权日等）；交付的资料及交付时间、地点和方式；专利实施和专利实施许可的情况及处置方法；转让费及支付方式；专利权被宣告无效后的处理办法；违约及索赔；争议的解决办法等。

3. 专利权质押合同的签订

在2001年7月1日起施行的《专利法实施细则》中明确规定了专利权质押的有关内容，国家知识产权局又于2010年8月26日发布了《专利权质押登记办法》，因此在经济活动中专利权人可以用其专利来提供担保，以专利权出质来保障其债权的实现，获得资金而产生价值。在以专利权出质时，出质人（即专利权人）与质权人应当订立书面的专利权质押合同，因而专利权人在此时将委托专利代理人协助办理有关事务。

签订专利权质押合同应当明确六个问题。

①专利权质押合同是一项从属合同，是从属于某一项主债务合同的从合同。

②在质押期内，专利权必须有效，因而该专利权质押期满之日（即债务人履行债务的期限）应当在专利权的有效期内。

③以共有的专利权出质的，除全体共有人另有约定外，应当取得其他共有人的同意。

④专利权不能重复质押，因为专利权是一种法律赋予的独占权，只能作为一个整体来质押，一旦出质后，专利权人就无权自行处置该专利权，必须得到质权人的同意，就此意义上来说，专利权人就不可再次将其质押。

⑤专利权人和质权人通过协商订立专利权质押合同后，应当将专利权质押合同及其他有关材料送往国家知识产权局进行登记。

⑥在中国没有经常居所或者营业所的外国人、外国企业或者外国其他组织办理专利权质押登记手续时，应当委托依法设立的专利代理机构办理。

通常专利权质押合同应当包括下述主要内容：质押专利的件数及其主要著录项目（专利号、发明创造的名称、申请日、授权日等）；被担保的主债权种类及债务人履行债务的期限；质押担保范围；质押金额及支付方式；对质押期间进行专利权转让或实施许可的约定；质押期间维持专利权有效的约定；出现专利纠纷时出质人的责任；质押期间专利被宣告无效时的处理；违约及索赔；争议及解决办法；质押期满债务清偿方式等。

4. 专利权无效宣告请求审查程序

在专利权有效期间，出于某种原因（如存在专利侵权纠纷时），由第三方作为请求人向专利复审委员会提出了宣告专利权无效的请求，此时专利权人将委托专利代理人办理无效宣告请求审查程序中的有关事务。

该项工作是专利代理人在专利权有效期间的一项重要工作，但由于其进入了无效宣告请求审查程序，故这方面的内容将在本书第十六章中进行详细的说明。

5. 专利侵权纠纷

在专利权有效期间，有可能出现他人未经专利权人许可而实施其专利的行为，为维护其权益，专利权人将向人民法院起诉或向地方专利管理机关请求处理。此时，专利权人将委托专利代理人办理专利侵权纠纷期间的有关事务。

该项工作是专利代理人在专利权有效期间的一项重要工作，其中向人民法院起诉的属于专利侵权诉讼程序，本书第十八章第一节将对此作详细说明。

6. 专利权归属纠纷

在专利权有效期间，有可能出现第三方向人民法院提出专利权归属纠纷的请求。作为专利权归属纠纷的被告，专利权人也会委托专利代理人来承办专利权归属纠纷期间的有关事务。

该项工作也属于专利代理人在专利权有效期间的一项工作，但该工作属于专利权属诉讼程序，本书第十八章第二节中将对此作出说明。

第十五章 复审程序中的专利代理

按照《专利法》第四十一条第一款的规定，专利申请人对国家知识产权局驳回其专利申请的决定不服的，可以自收到驳回决定之日起 3 个月内向专利复审委员会请求复审，由此该专利申请进入了复审程序。

第一节 复审程序简述

为了便于专利代理人和其他读者更好地掌握专利申请复审程序的专利代理工作，本节概要地对复审程序作一介绍。

一、设置复审程序的必要性

在专利申请的审查过程中，由于专利审查人员的水平、经验不同，对法律条款理解上的偏差以及其他各种可能造成失误的原因，对一些本来应当批准的专利申请错误地予以驳回的情况是不能完全避免的。为了更好地保护专利申请人的正当权益，《专利法》通过设置复审程序，给专利申请人提供了一个要求改变上述不合理审查结论的申诉机会，即对上述被驳回的专利申请提供一种法律救济手段。对于国家知识产权局来说，这也是纠正审查失误的行政保障措施。因而，设置复审程序是十分必要的。

复审请求是专利申请人不服国家知识产权局对专利申请作出的驳回决定提出的，由此启动的复审程序仍然属于专利申请审批程序的一个组成部分。但是，由于它并不是每件专利申请必经的程序，例如大部分专利申请被授予专利权就未经过此复审程序，而且该复审请求的审查是具有行政复议性质的上诉审，由直接隶属于国家知识产权局的专利复审委员会受理，通常需要成立由合议组长、主审员和参审员组成的合议组进行审查，因而复审程序是专利申请审批程序中的一个特殊的法律程序。

二、启动复审程序的条件

启动复审程序需要具备两个条件。

1. 专利申请被国家知识产权局驳回

一件专利申请在其提出申请、审批和授权过程中会出现不同的处理结果。有些专利申请案不予受理，有些被视为未提出，有些由申请人主动撤回，有些被视为撤回，有些被驳回，大部分被授予专利权。上述六种处理结果中，只有被国家知识产权局驳回专利申请这一种，专利申请人不服可以向专利复审委员会提出复审请求，而对其他五种，专利申请人提出复审请求的，专利复审委员会将不予受理，不能启动复审程序。

按照《专利法》和《专利法实施细则》的规定，专利申请被国家知识产权局驳回的情形有两种：

①发明专利申请经国家知识产权局专利局实质审查部门进行实质审查认为不符合《专利法》和/或《专利法实施细则》的有关规定，在通知申请人并经其陈述意见或者对申请文件进行修改

后，仍然认为不符合上述有关规定而予以驳回（《专利法》第三十八条和《专利法实施细则》第五十三条）。

②发明、实用新型或外观设计专利申请经国家知识产权局专利局初步审查部门进行初步审查认为明显不符合《专利法》和/或《专利法实施细则》的有关规定，在通知申请人并经其陈述意见或者对申请文件进行补正或修改后仍然明显不符合上述有关规定而予以驳回（《专利法实施细则》第四十四条）。

2. 专利申请人依法提出复审请求

对于上述国家知识产权局作出驳回专利申请决定的情形，并不是都必须经过复审程序。只有专利申请人不服该驳回决定并依法向专利复审委员会提出复审请求时，才启动复审程序。

《专利法》《专利法实施细则》以及《专利审查指南 2010》对复审请求是否符合启动条件提出了具体的要求。

（1）复审请求人的资格

按照《专利法》第四十一条第一款的规定，提出复审请求的请求人应当是该被驳回的专利申请的申请人。按照《专利审查指南 2010》第四部分第二章第 2.2 节作出的进一步规定，被驳回专利申请的申请人属于共同申请人的，提出复审请求的请求人应当是全部申请人。

（2）提出复审请求的期限

按照《专利法》第四十一条第一款的规定，该复审请求必须在收到驳回决定之日起 3 个月内提出。根据《专利法实施细则》第四条第三款的规定，自国家知识产权局专利局邮寄文件的发出之日起满 15 日，推定为当事人收到该文件之日，因此提出复审请求的最后期限为国家知识产权局作出驳回决定的发文日加 15 日，再加 3 个月。

（3）复审请求书

按照《专利法实施细则》第六十条的规定，向专利复审委员会请求复审的，应当提交复审请求书，说明理由，必要时还应当附具有关证据。

（4）复审请求的费用

按照《专利法实施细则》第九十三条和第九十六条规定，提出复审请求的请求人应当在上述允许提出复审请求规定的期限（自收到驳回决定之日起 3 个月）内缴纳复审费。

此外，对于复审请求人另行委托专利代理机构办理复审程序有关事务的，应当提交专利代理委托书，并写明委托事项；其委托手续或者解除、辞去委托的手续可以按著录项目变更手续向国家知识产权局办理。但是，复审请求人在复审程序中委托专利代理机构，且委托书中写明其委托权限仅限于办理复审程序有关事务的，其委托手续或者解除、辞去委托的手续应当在专利复审委员会办理，无须办理著录项目变更手续。当然，由原专利申请所委托的专利代理机构继续办理有关复审请求事务的，可以不必再重新提交专利代理委托书。

三、复审程序的审查流程

对于不服国家知识产权局发出的驳回决定提出的复审请求，其审查流程包括形式审查、前置审查、合议审查和复审决定四个阶段。

1. 形式审查

专利复审委员会收到请求人提交的复审请求书后，首先进行形式审查。

形式审查的主要内容包括：请求复审的客体（也可称作复审请求的对象）、复审请求的期限、复审请求人的资格、复审的费用、复审请求书的格式和内容以及必要时的专利代理委托书等。

如果复审请求不是针对国家知识产权局作出的驳回决定提出的,或者提出复审请求的时间超出了法定的 3 个月期限,复审请求人不是被驳回的专利申请的申请人,或者根据《专利法》第十九条第一款规定应当委托专利代理机构的涉外复审请求人未按规定委托的,则该复审请求将不予受理。

如果复审请求人不是被驳回专利申请的全部申请人,而仅是其中部分申请人,则应当在专利复审委员会发出的补正通知书指定的 15 日期限内进行补正;期满未补正的,复审请求视为未提出。

如果复审请求书不符合规定的格式,则应当在专利复审委员会发出的补正通知书指定的 15 日期限内进行补正,期满未补正或者在指定期限内提交两次补正后仍存在同样缺陷的,该复审请求视为未提出。

如果在上述允许提出复审请求的期限内提出了复审请求,但未缴纳或缴足复审费的,则按照《专利法实施细则》第九十六条的规定,该复审请求视为未提出。

未在国家知识产权局办理有关专利代理事项著录项目变更手续而新委托专利代理机构提出复审请求的,或者在复审程序中另行委托专利代理机构提出复审请求而未提交委托书或虽提交了委托书但未写明委托权限仅限于办理复审程序有关事务的,也应当在专利复审委员会发出的补正通知书指定的 15 日期限内补正,逾期未补正或补正仍不合格的,则视为未委托专利代理;但是,对于专利申请人为在中国没有经常居所或营业所的外国人、外国企业或外国组织以及为在中国内地没有经常居所或营业所的港澳台地区的申请人,其在提出复审请求时另行委托代理机构的,收到上述通知书后期满未补正或补正仍不合格,复审请求不予受理。

复审请求人与多个专利代理机构同时存在委托关系的,应当以书面方式指定其中一个专利代理机构作为收件人;未指定的,专利复审委员会将复审程序中最先委托的专利代理机构视为收件人;最先委托的专利代理机构有多个的,专利复审委员会将署名在先的视为收件人;署名无先后,即同日分别委托的,则通知请求人在指定期限内指定;未在指定期限内指定的,视为未委托专利代理机构。

复审请求经形式审查符合《专利法》《专利法实施细则》和《专利审查指南 2010》有关规定的,则该复审请求被受理,专利复审委员会将发出复审请求受理通知书。与此同时,复审请求审查流程进入了前置审查。

2. 前置审查

根据《专利法实施细则》第六十二条的规定,专利复审委员会应当将经形式审查合格的复审请求书(包括附具的证明文件和修改后的申请文件)连同案卷一起转交作出驳回决定的原审查部门进行审查,这种审查叫作前置审查。按照《专利审查指南 2010》第四部分第二章第 3.1 节的规定,除特殊情况外,原审查部门应当在自收到案卷之日起 1 个月内完成前置审查,作出前置审查意见书。

复审请求人在复审请求时提交修改文本的,前置审查时应当首先审查申请文件的修改是否仅限于消除驳回决定所指出的缺陷。符合规定的,以修改文本为基础进行前置审查;不符合规定的,坚持驳回决定,并在详细说明修改不符合规定的意见的同时,说明驳回决定所针对的申请文件中未克服的各驳回理由所涉及的缺陷。

复审请求人提交新证据或陈述新理由的,前置审查时应当对该证据或理由进行审查。

原审查部门在前置审查意见中不得补充驳回理由和证据,但下列三种情况除外:

①为驳回决定和前置审查意见书中主张的公知常识补充相应的技术词典、技术手册、教科书

等所属技术领域的公知常识性证据；

②认为审查文本中存在驳回决定未指出的，但足以用已告知过申请人的事实、理由和证据予以驳回的缺陷，应当在前置审查意见书中指出该缺陷；

③认为驳回决定指出的缺陷仍然存在的，如果发现审查文本中还存在其他明显实质性缺陷或者与驳回决定所指出缺陷性质相同的缺陷，可以一并指出。

前置审查意见分为三种类型：

①复审请求成立，同意撤销驳回决定；

②复审请求人提交的申请文件修改文本克服了申请中存在的缺陷，同意在修改文本的基础上撤销驳回决定；

③复审请求人陈述的意见和提交的申请文件修改文本不足以使驳回决定被撤销，坚持驳回决定。

原审查部门给出的前置审查意见属于前两种类型的，专利复审委员会不再成立合议组进行合议审查，根据前置审查意见直接作出撤销驳回决定的复审决定。对于原审查部门给出的前置审查意见为坚持驳回决定的类型，专利复审委员会通常将成立合议组进行合议审查，而对其中比较简单的案件可能采用独任审查方式进行。

3. 合议审查

在合议审查过程中，合议组对复审请求书、申请案卷和原审查部门的前置审查意见书进行全面的研究。

合议审查中，合议组一般仅针对驳回决定所依据的理由和证据进行审查。

但是，合议组在合议审查中发现审查文本中存在下述两类缺陷，则可以依职权进行审查：

①足以用在驳回决定作出前已告知过申请人的其他理由及其证据予以驳回的缺陷；

②驳回决定未指出的明显实质性缺陷或者与驳回决定所指出缺陷性质相同的缺陷。

针对审查文本中存在的这两类缺陷，合议组可以对与之相关的理由及其证据进行审查，并且经审查认定后，依据该理由及其证据作出维持驳回决定的复审决定。

此外，合议组在合议审查中可以引入所属技术领域的公知常识，或者补充相应的技术词典、技术手册、教科书等所属技术领域中的公知常识性证据。

通常，复审程序的合议审查以书面方式进行，但是也可以以口头审理的方式或者书面审理与口头审理相结合的方式进行。

合议审查时，合议组对复审请求书、申请案卷和前置审查意见书全面研究后，如果认为驳回决定不正确，或者认为复审请求时新提交的申请文件修改文本已消除了驳回决定中驳回理由所涉及的不符合《专利法》和/或《专利法实施细则》有关规定的缺陷，则可以不发出复审通知书而直接作出撤销驳回决定的复审决定。

相反，如果复审请求属于下述四种情况，则合议组应当发出复审通知书或者通过发出复审请求口头审理通知书后进行口头审理：

①复审决定将维持驳回决定；

②需要复审请求人依照《专利法》《专利法实施细则》和《专利审查指南 2010》有关规定修改申请文件，才有可能撤销驳回决定；

③需要复审请求人进一步提供证据或者对有关问题予以说明；

④需要引入驳回决定未提出的理由或者证据。

针对复审通知书，复审请求人应当在收到该复审通知书之日起 1 个月内针对通知书指出的缺陷进行书面答复，期满未答复的，复审请求视为撤回。复审请求人提交无具体答复内容的意见陈述书的，视为对复审通知书中的审查意见无反对意见。

对于口头审理，除了合议组根据案情需要确定进行口头审理外，复审请求人也可以向合议组提出口头审理的请求，并具体说明理由。复审请求人提出口头审理请求可以依据的理由是需要当面向合议组说明事实或陈述理由，或者需要实物演示。合议组将根据案件的具体情况决定是否进行口头审理，同意口头审理的，将发出口头审理通知书。

合议组在复审程序中确是需要进行口头审理，则会在向复审请求人发出的口头审理通知书中通知进行口头审理的日期、地点和口头审理拟调查的事项。合议组认为专利申请不符合《专利法》《专利法实施细则》和/或《专利审查指南2010》有关规定的，还会随口头审理通知书将专利申请不符合《专利法》《专利法实施细则》和/或《专利审查指南2010》有关规定的事实、理由和证据告知复审请求人。

复审请求人在收到口头审理通知书后应当在自收到之日起7日内向专利复审委员会提交口头审理通知书回执，并在回执中明确表示是否参加口头审理；逾期未提交回执的，视为不参加口头审理。

针对合议组发出的口头审理通知书，复审请求人应当参加口头审理，或者在收到该通知书之日起1个月内针对通知书指出的缺陷进行书面答复；如果通知书已指出该申请不符合《专利法》《专利法实施细则》和/或《专利审查指南2010》有关规定的事实、理由和证据，复审请求人未参加口头审理且期满未进行书面答复的，其复审请求视为撤回。

复审请求人除了在提出复审请求时可以修改申请文件外，还可以在答复复审通知书（包括口头审理通知书）或者参加口头审理时对申请文件进行修改。所作修改应当符合《专利法》第三十三条（对发明和实用新型专利申请文件的修改不得超出原说明书和权利要求书记载的范围，对外观设计专利申请文件的修改不得超出原图片或照片表示的范围）和《专利法实施细则》第六十一条第一款（仅限于消除驳回决定或者复审通知书指出的缺陷）的规定。下列修改通常认为不符合《专利法实施细则》第六十一条第一款的规定：

①修改后的权利要求相对于驳回决定针对的权利要求扩大了保护范围；

②将与驳回决定针对的权利要求所限定的技术方案缺乏单一性的技术方案作为修改后的权利要求；

③改变权利要求的类型或者增加权利要求；

④针对驳回决定指出的缺陷未涉及的权利要求或者说明书进行修改（但修改明显文字错误或者修改与驳回决定所指出缺陷性质相同的缺陷的情形除外）。

4. 复审决定

合议组经过合议审查后，在澄清事实的基础上，按照少数服从多数的原则通过表决作出复审决定。

按照《专利审查指南2010》第四部分第二章第5节的规定，复审决定分为三种类型：

①复审请求成立，撤销驳回决定；

②专利申请文件经复审请求人修改，克服了驳回决定所指出的缺陷，在修改文本的基础上撤销驳回决定；

③复审请求不成立，维持驳回决定。

属于前两种情形时，将专利申请的案卷发回原审查部门，由原审查部门对该专利申请继续进行审批程序。原审查部门应当执行专利复审委员会的决定，不得以同样的事实、理由和证据作出与复审决定意见相反的决定。

复审决定由主审员根据合议组的表决结果撰写，经合议组全体成员签章，必要时经专利复审委员会主任或者副主任批准后，以专利复审委员会的名义送交复审请求人。对于复审决定所涉及的专利申请已公开的情况，专利复审委员会将这些复审决定公开出版。对于这些应当公开出版的、结论为维持原驳回决定的复审决定，复审请求人不服，向法院起诉并受理的，在法院判决并发生法律效力后，复审决定与法院判决书一起公开出版。

5. 复审程序的终止与起诉

复审程序中出现下述四种情形时，复审程序终止。

（1）复审请求人主动撤回其复审请求或上述复审请求被视为撤回

复审请求人在专利复审委员会受理复审请求之后到作出复审决定之前，可以随时主动撤回复审请求。一旦复审请求人撤回复审请求，该复审程序终止。

此外，复审请求人在合议审查阶段收到复审通知书之日起 1 个月内未予以答复的，或者复审请求人收到口头审理通知书且该通知书已指出申请不符合《专利法》《专利法实施细则》和/或《专利审查指南 2010》有关规定的事实、理由和证据，但复审请求人既未参加口头审理，又未在收到该通知书之日起 1 个月内针对通知书指出缺陷进行书面答复的，则该复审请求被视为撤回，从而该复审程序终止。

（2）复审决定作出后复审请求人未向法院起诉

按照《专利法》第四十一条第二款的规定，复审请求人对专利复审委员会作出的复审决定不服的，可以自收到复审决定之日起 3 个月内向人民法院起诉。

专利复审委员会作出复审决定后，复审请求人在收到复审决定之日起 3 个月内未向北京市知识产权法院起诉的，复审决定生效，复审程序终止。

（3）法院的判决已生效

北京知识产权法院对复审请求人不服复审决定依法提出的行政诉讼作出的判决已生效（其中撤销专利复审委员会复审决定的，则在专利复审委员会完成该复审程序的全部工作后），该复审程序终止。

复审请求人不服专利复审委员会作出的复审决定，在收到复审决定之日起 3 个月内向北京知识产权法院起诉，则该复审程序中止，进入诉讼程序。北京知识产权法院对该案作出判决后，一审诉讼程序结束。若判决结果为维持复审决定且复审请求人未依法提起上诉，则复审程序随之终止；若判决结果为撤销专利复审委员会的复审决定且专利复审委员会未依法上诉，则由专利复审委员会恢复复审程序，此时若根据法院的判决重新作出有利于复审请求人的复审决定后，复审程序终止。当事人不服一审判决向北京市高级人民法院上诉的，待二审判决生效后（其中判定专利复审委员会重新作出复审决定的，则在专利复审委员会依照二审判决作出复审决定后），复审程序随之终止。

（4）已受理的复审请求因不符合受理条件而被驳回请求

按照《专利审查指南 2010》第四部分第一章第 7.6 节的规定，对于已受理的复审案件，经审查认定不符合受理条件的，经专利复审委员会主任委员或者副主任委员批准后，作出驳回复审请求的决定。一旦作出驳回复审请求的决定，该复审程序终止。

6. 复审请求审查流程图

为了帮助专利代理人和申请人更全面、更清楚地了解复审程序，下面采用方框图的方式简要说明复审程序的审查流程，其中的粗框为专利代理人或复审请求人应当进行的工作。

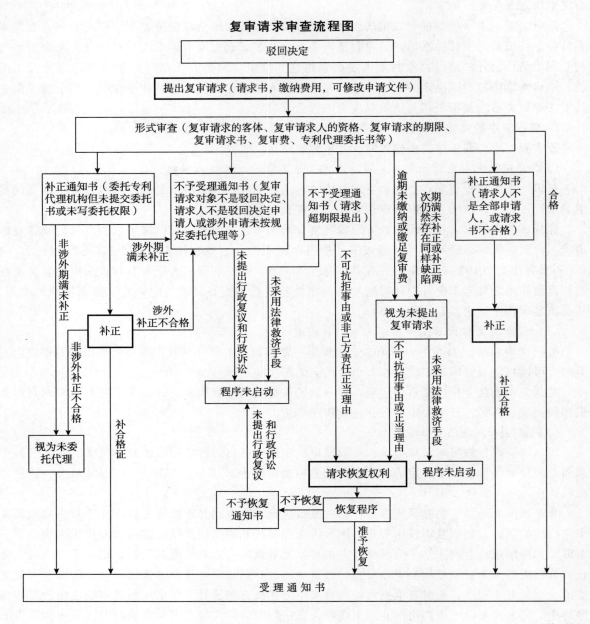

复审请求审查流程图

（接下页）

（续前页）

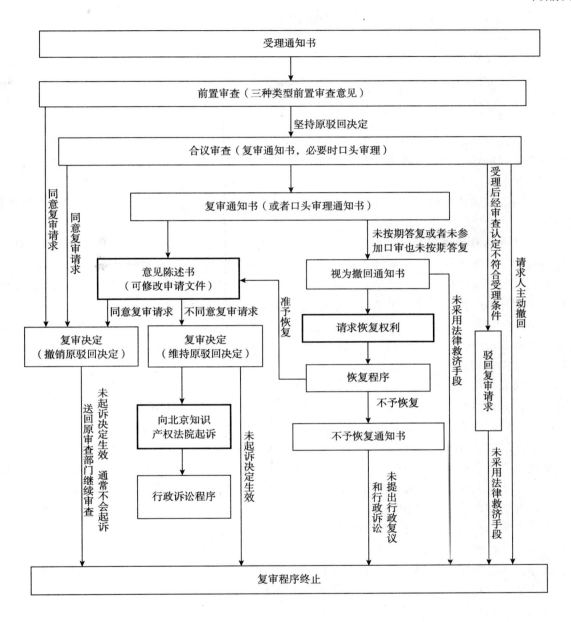

第二节　提出复审请求时的专利代理

由上一节复审程序简述所介绍的内容可知，必须及时、正确地办理复审请求的有关手续才能启动复审程序，因而本节对启动复审程序有关的专利代理工作作一介绍。

一、接受复审程序的代理委托

作为承担专利申请及审批程序的专利代理人，在收到国家知识产权局发出的驳回决定后，应当尽快将驳回决定转送给委托人，并告知其不服上述驳回决定的法律救济手段：可以在自收到驳回决定之日起3个月内向专利复审委员会请求复审，并征询其是否提出复审请求。此外，还应当要求其在期限届满之日前1个月给出是否准备请求复审的指示，以便有足够时间做好复审请求的准备工作。

一位优秀的专利代理人，在向委托人转送驳回决定之前，应当对驳回决定进行认真的分析，并将分析意见告知委托人，从而为委托人决定是否采取法律救济手段当好参谋。

如果对驳回决定分析后，认定驳回决定存在明显实体性错误，如驳回决定以申请日前申请、申请日后公开的外国专利文件为依据否定专利申请的新颖性或创造性，或者在承认优先权的条件下用申请日与优先权日之间公开的对比文件来否定专利申请的新颖性或创造性，或者以申请日前申请、申请日后公开的中国专利申请文件或专利文件来否定专利申请的创造性等，则在转达驳回决定时，明确告知委托人应当提出复审请求。

如果对驳回决定分析后，认为驳回决定的实体性理由基本正确，且该专利申请通过修改申请文件也难以获取专利权，则应当如实告知委托人，由委托人自行决定是否提出复审请求。

如果对驳回决定分析后，认为驳回决定的实体性理由有一定道理，但仍有可商榷的余地，或者驳回决定的实体性理由基本正确，但通过修改申请文件有可能消除上述驳回理由所涉及的缺陷时，则应当告知委托人该专利申请尚有争取授权的可能性，但存在一定的难度或者需要修改申请文件，以便委托人决定是否提出复审请求或者在修改申请文件的基础上提出复审请求。

如果通过对驳回决定的分析，认为该驳回决定存在程序错误时，并不要因为其存在程序错误就让委托人提出复审请求，还必须根据驳回决定是否存在实体性错误向委托人提出建议。因为在驳回决定实体性理由完全正确，且专利申请根本无授权前景时，即使专利复审委员会因驳回决定存在程序错误而撤销原驳回决定，但原审查部门继续审查时只要克服其程序错误后仍然会再次作出驳回决定。这样的复审请求并不能达到委托人取得专利权的目的。

在将上述意见转达给委托人后，至于是否提出复审请求则应当根据委托人的指示办理。

在实践中，会遇到专利申请被驳回后，委托人才委托专利代理机构办理复审程序有关事务的情况，例如专利申请事务由委托人自行办理或者委托人与原专利代理机构意见不合，从而在收到驳回决定后重新委托专利代理机构办理复审请求事务。专利代理人在新接受一项复审请求的代理委托时，首先要核实三件事：其一，复审请求是否针对驳回决定提出的；其二，复审请求的委托人是否为驳回决定所涉及的专利申请的申请人，其中被驳回专利申请人的申请人属于共同申请人的，是否为全部申请人；其三，此时是否还在允许提出复审请求的期限之内。如果复审请求不是针对驳回决定提出的，则应当告知所选择的法律救济手段不正确，应当采用其他法律救济手段，如对于视为撤回通知书应当采用恢复权利请求或者提出行政复议请求。如果委托人不是专利申请的申请人或不是全部申请人，应当告知委托人只有专利申请的申请人，而且必须是全部申请人才可提出复审请求，如果不是专利申请的申请人，则该复审请求不会被受理，如果不是全部申请人，该复审请求会被要求补正。如果此时已超过允许提出复审请求的期限，这样的复审请求必定不会被受理；如果该复审请求期限的耽误是由于不可抗拒事由造成的，应当告知委托人需要按照《专利法实施细则》第六条和《专利审查指南 2010》的规定提出恢复请求；如果该审查请求期限的耽误是由于委托人自身责任造成的，严格来说此不可作为正当理由提出恢复权利请求，但此时若自该复审请求期限届满之日起还不到 2 个月，可告知委托人不妨尝试一下立即提出复审请求和恢复权利请求，对于在自该复审请求期限届满之日起 2 个月内提出的上述请求专利复审委员会也许会受理该复审请求，不过对此并不绝对有把握。

在核实上述三项内容后，认为符合提出复审请求的条件，就应当像前面所述的那样，对驳回决定进行认真的分析，并将分析结论意见告知委托人，以便委托人最后决定是否采用复审请求这一法律救济手段。与此同时，还应当询问委托人是仅仅委托本代理机构办理复审程序有关事务，还是以后的所有专利代理事务均委托本代理机构代理，因为对于后一种情况需要向国家知识产权局办理有关专利代理事项的著录项目变更手续，而对于前一种情况，其委托手续或者解除、辞去委托的手续可以在专利复审委员会办理。

二、复审请求理由的确定

按照《专利法实施细则》第六十条第一款的规定，在提交复审请求书时，应当说明理由。

通常，复审请求的理由应当针对驳回决定的理由提出。例如，专利申请因不具备新颖性或创造性而被驳回，则复审请求的主要理由就应当为本专利申请具备新颖性和创造性；若作出驳回决定的理由为说明书未充分公开发明，则复审请求的理由应当为说明书已对发明或者实用新型作出清楚、完整的说明，从而所属领域的技术人员能够实现该发明或者实用新型。当然也允许以驳回决定中得出上述结论时所应用的法律条款不正确或认定事实错误作为复审请求的理由。

对于作出驳回决定的专利申请审批程序中同时存在程序错误的情况，还可以用专利审批程序存在程序错误作为复审请求的理由，甚至以此为理由往往可以取得复审请求的成功，但笔者通常不主张以此为理由。因为在复审程序以及随后的向法院起诉的行政诉讼程序中，程序问题将先于实体问题进行审查，一旦专利复审委员会认定程序错误，就必定不再对实体问题进行审查而直接作出撤销原驳回决定的复审决定。在这种情况下，由于专利复审委员会未审理实体问题，原审查部门极有可能在消除程序错误后，对实体问题仍作出类似的驳回决定，此时只能再次以实体理由提出复审请求，从而再次启动复审程序，这样一来更拖延了审批程序。除非由于程序问题存在而导致无法在复审程序中进行实体审查的情况，例如驳回决定所针对的驳回文本错误时，才会同时以程序错误和实体错误为理由提出复审请求。对于存在程序错误但不会影响复审程序中对实体问题的审查的情况，笔者甚至主张在复审请求书中请求专利复审委员会从有利于加快审批程序出发直接对驳回决定的实体问题进行审查，不要仅仅因为其存在程序错误而作出撤销原驳回决定的复审决定。

三、专利申请文件的修改

按照《专利法实施细则》第六十一条第一款的规定，允许复审请求人在提出复审请求时修改申请文件，但该修改仅限于消除驳回决定指出的缺陷。

因而，在复审请求案中，专利代理人在撰写复审请求书前，应当在仔细研究驳回决定的基础上与委托人一起根据利弊得失确定有无必要在提出复审请求时修改专利申请文件以及确定如何修改专利申请文件。

　　通过对驳回决定的分析，如果认为驳回决定的实体性理由基本正确，但通过修改申请文件有可能消除上述理由所涉及的缺陷时，则应当修改专利申请文件。例如驳回决定中所论述的独立权利要求和部分从属权利要求不具备新颖性和创造性的理由比较充分，但对其他从属权利要求或将说明书中有关内容补充到独立权利要求中去尚有争取授权的可能，此时就应当在提出复审请求时修改专利申请文件，针对驳回决定指出的不具备新颖性和/或不具备创造性的缺陷修改独立权利要求。这样，原审查部门进行前置审查时，若认为修改后的申请文件已克服了原驳回决定所指出的缺陷，将作出在修改文本基础上撤销原驳回决定的前置审查意见，此时专利复审委员会无须成立合议组就可作出撤销原驳回决定的复审决定，从而大大加快了复审程序。

　　通过对驳回决定的分析，如果认为驳回决定的实体性理由有一定道理，但有商榷余地时，则可以在提出复审请求时暂不修改申请文件。因为在复审程序中规定，在作出维持原驳回决定的复审决定之前必须要发一次复审通知书或者进行口头审理，给予复审请求人一次陈述意见和修改申请文件的机会，因而对于上述可商榷的情况，可以先在复审请求书中充分论述理由，如能说服原审查部门或合议组，就可为委托人争取一个较宽的保护范围；若尚未说服，就可根据复审通知书的意见，再决定是否修改申请文件和确定如何修改。当然这样做可能会延长复审程序，因而应当将此情况向委托人讲清楚，由委托人作出决断。通常对于修改文件会影响专利保护范围的情况，可以选择先不修改申请文件，而等收到复审通知书后再修改；如果为克服驳回决定所指出缺陷而对申请文件所作的修改基本不影响专利保护范围，则还是在提出复审请求的同时修改专利申请文件更有利一些，因为这有助于加快复审程序。

　　对于通过分析认为驳回决定实体性理由基本正确且申请难以授权而委托人坚持提出复审请求的情况，应当帮助委托人从专利申请文件中发掘有无可使本申请授权的内容，而且在提出复审请求的同时应当修改专利申请文件，例如通过将上述发掘出来的内容作为本专利申请技术方案的一部分反映到独立权利要求中，尽可能为委托人争取复审请求的成功。

　　当然，对驳回决定分析后，认定驳回决定存在明显实体性错误从而导致驳回理由根本不能成立，在这种情况下就完全没有必要在提出复审请求的同时修改专利申请文件。

　　在复审请求时，修改申请文件需要满足两方面的要求：其一是符合《专利法》第三十三条的规定，对发明和实用新型专利申请文件的修改不得超出原说明书和权利要求书记载的范围，对外观设计专利申请文件的修改不得超出原图片或照片表示的范围；其二是符合《专利法实施细则》第六十一条第一款的规定，仅仅针对驳回决定所指出的缺陷进行修改。对于后者，除了修改明显文字错误或者修改与驳回决定所指出缺陷性质相同的缺陷外，不允许对驳回决定指出的缺陷未涉及的权利要求或者说明书进行修改；《专利审查指南2010》第四部分第二章第4.2节还明确规定通常不允许修改后的权利要求相对驳回决定针对的权利要求扩大了保护范围，不允许将与驳回决定针对的权利要求所限定的技术方案缺乏单一性的技术方案作为修改后的权利要求，也不允许改变权利要求的类型或者增加权利要求。

　　至于如何针对驳回决定所指出的缺陷修改申请文件，与实质审查阶段答复审查意见通知书时所作的修改实质相同，可参阅本书第十三章第四节有关内容，需要说明的是，不必对说明书相对于修改后的权利要求书作出适应性修改，待专利复审委员会作出撤销原驳回决定的复审决定后，原审查部门继续对该专利申请进行审批时再作修改。

四、复审请求书的撰写

　　按照《专利法实施细则》第六十条第一款的规定，向专利复审委员会请求复审的，应当提交复审请求书。因此，在与委托人一起确定了复审请求的理由之后（如确定在提出复审请求时对专利申请文件进行修改的，则在修改专利申请文件之后），就开始着手复审请求书的撰写。

1. 复审请求书的主要内容及撰写格式

复审请求书通常应当采用国家知识产权局统一制定的表格（见附录二中的表7）。专利代理人和复审请求人应当按照要求填写表格中的有关内容：复审请求的客体（申请号和发明创造名称）、复审请求人、专利代理机构、复审请求的理由和附件清单等。其中第⑦栏复审请求的理由通常采用复审请求书正文的方式提交，成为复审请求书的主要部分，其内容可按下述方式撰写。

（1）复审请求的客体

复审请求书正文部分首先说明该复审请求针对哪一个驳回决定提出，涉及哪一件专利申请。这部分内容实际上已反映在国家知识产权局统一印制的表格中，因而也可以不写入到复审请求书正文中。但是，为使复审请求书正文体现完整性，通常仍将此作为复审请求书正文第一部分的内容；尤其在一些较大的专利代理机构中，复审请求书的表格由该机构的文员填写，在复审请求书正文的第一部分先写明这部分内容将大大方便了文员填写复审请求书的表格。这一部分通常可采用下述格式句❶：

"根据《专利法》第四十一条第一款和《专利法实施细则》第六十条第一款的规定，本复审请求人×××对国家知识产权局于××××年××月××日针对申请号为××××××××××××、发明名称为'××××××'的发明专利申请作出的驳回决定不服，现提出复审请求。"

（2）对专利申请文件的修改说明❷

如果与委托人确定在提出复审请求时对专利申请文件进行修改，则复审请求书正文部分在写明复审请求的客体之后，首先说明针对驳回决定中所指出的本专利申请文件所存在的哪些实质性缺陷对专利申请文件作出了哪些修改以及所作修改记载在原申请文件中的具体位置，在此基础上说明所作修改符合《专利法》第三十三条、《专利法实施细则》第六十一条第一款以及《专利审查指南2010》第四部分第二章第4.2节的有关规定。

（3）具体阐述复审请求的理由

对于在提出复审请求时修改专利申请文件的，这部分重点说明修改后的专利申请文件中不再存在驳回决定中驳回理由所涉及的实质性缺陷。如果所作修改是按照驳回决定之前的通知书中所给出的消除有关实质性缺陷的建议进行的，则只需要作出简要的说明即可，否则应当详细论述所作修改为何已消除了驳回理由所涉及的实质性缺陷。此外，如果在驳回决定中除驳回理由所涉及的实质性缺陷外，还指出了专利申请文件存在的其他实质性缺陷，则在这部分还要进一步说明对专利申请文件所作的修改已同时消除了驳回决定中所指出的其他实质性缺陷。

对于在提出复审请求时未对专利申请文件进行修改的，这部分重点说明原专利申请文件中为何不存在驳回决定中驳回理由所涉及的实质性缺陷。为了能说服作出驳回决定的原审查部门改变观点或者说服专利复审委员会接受己方的主张，必须针对驳回决定作出有力的反驳，说理必须充分，尤其在指出驳回决定对事实认定错误时应当有根据地指出己方所主张的事实认定的依据（如具体指出己方所主张的事实认定记载在专利申请文件或对比文件中的位置）。此外，如果认为驳回决定的作出存在程序错误（例如驳回决定所针对的文本认定错误）而导致驳回决定结论不正确，则应当首先指出驳回决定所存在的程序性错误，在此基础上进一步说明为何专利申请文件不

---

❶　此格式句以发明专利申请的复审请求书正文为例，对于实用新型专利申请和外观设计专利申请的复审请求书正文部分作相应修改即可。

❷　如果在提出复审请求时对专利申请文件不作修改的，则没有这一部分内容。

存在驳回理由所涉及的实质性缺陷。

（4）结尾段说明

复审请求书的最后一部分可简单地说明希望和要求。如果认为借助实物演示或者采用计算机投影演示等方式能有助于专利复审委员会合议组正确理解发明创造而希望合议组进行口头审理的话，可以在这一部分提出口头审理的请求，并说明提出口头审理请求的理由。

2. 撰写复审请求书时应当注意的几个问题

复审请求书的撰写对复审请求能否取得成功起着很大的作用，尤其是复审请求理由的论述，专利代理人应当十分重视这一部分的撰写。为了写出比较有说服力的复审请求书，撰写时应当注意下述几个方面。

（1）撰写前仔细分析驳回决定中的驳回理由及所引用的证据

撰写复审请求书前一定要仔细认真地弄清驳回决定的驳回理由以及支持该驳回理由的证据，从而可以在复审请求书中针对性地重点论述为什么原申请文件不存在该驳回理由涉及的实体性缺陷或者复审请求时新提交的修改文本是怎样克服了该实体性缺陷。不必将过多精力花费在一些枝节问题的争辩上，因为即使在枝节问题上证明观点是正确的，而在驳回理由所涉及的实体性缺陷上争辩失败，仍然不会取得复审请求的成功。

（2）抓住关键问题进行争辩，应当以法律条款作为立论的依据

为了使作出驳回决定的原审查部门在前置审查阶段改变观点，或者使合议组接受己方的观点，复审请求书中针对驳回决定中驳回理由所涉及的关键性问题进行争辩时应当以《专利法》《专利法实施细则》和《专利审查指南2010》的有关规定作为己方立论的依据。

例如，针对以发明未充分公开为驳回理由的复审请求案，根据《专利法》第二十六条第三款的规定，就应当重点分析本领域技术人员根据说明书中所记载的技术内容、有关公知常识以及现有技术就能够实现该发明。为此针对驳回决定中所认定未充分公开的某一技术内容或某一技术特征，应当通过列举的证明材料尽力争辩其属于本领域技术人员的公知常识，或者其在申请日前可以从市场上购买到，或者其已记载在申请日前所公开的其他专利文件或申请日前出版的杂志中。例如，第1666号复审决定有关"新型保健营养奶粉及其生产方法"中的POT复合添加剂，如果在复审请求书中能通过足够的证据充分说明申请日前可在市场上购买到该产品，或者以其后来补充提交的另一篇在先公开的专利申请文件为证明材料来说明对POT复合添加剂所需进一步说明的内容属于现有技术，则该复审请求就有可能无须发出复审通知书而直接作出撤销原驳回决定的复审决定，从而加快复审程序。

（3）说理要以事实为依据，条理清楚，符合逻辑

复审请求书中论述支持己方主张的具体理由时应当有理有据，也就是要以事实为依据，此外在针对事实作出分析时应当条理清楚，符合逻辑。

例如，针对以不具备新颖性、创造性为理由作出驳回决定的复审请求案，就应该针对驳回决定所依据的对比文件进行分析，在复审请求理由这一部分说明这些对比文件并未披露原独立权利要求或修改后的新独立权利要求中的某些技术特征和/或驳回决定中所引用的某一对比文件不能用作影响该申请新颖性或创造性的对比文件。笔者曾处理过一件涉及"连续蒸煮食品的方法和装置"的复审请求案（第230号复审决定），由于驳回决定中引用的3篇对比文件中有2篇在该申请案的优先权日和申请日之间公开，因此对于该案，专利代理人应当在复审请求书中首先指出本申请有优先权要求且能够享受优先权，而驳回决定中引用的3篇对比文件中有2篇是在申请日与优先权日之间公开的外国专利文件，不属于本申请的现有技术，然后再指出另一篇可作为本申请

现有技术的对比文件中并未披露本申请独立权利要求的全部技术特征，因而不能否定独立权利要求的新颖性，而且这些未披露的技术特征也不属于本领域技术人员的公知常识，驳回决定中也未引用其他可作为本申请现有技术的对比文件，因而也不能否定独立权利要求的创造性。这种针对对比文件所作的有条理的分析就有可能说服合议组或原审查部门进行前置审查的审查员。此外，前面所述对复审决定第 1666 号的分析论述也必须以事实为依据，要提供足够的证据说明其原说明书中未披露的内容属于现有技术。由于该案的复审请求书缺乏足够的事实证据来证明 POT 复合添加剂在申请日前可在市场上购买到，因而未能说服合议组，仅仅在接到复审通知书后向专利复审委员会提供了另一篇在先公开的专利申请文件，以此来证明其为申请日前现有技术中所记载的内容，此时复审请求才取得成功。

（4）论述复审理由时切忌顾此失彼，出现漏洞，造成不可挽回的损失

《专利法实施细则》第五十三条规定的可以作为驳回理由的条款涉及专利申请文件所存在的各种不同的实质性缺陷，其中部分实质性缺陷既相互关联，又相互制约。因此，复审请求书中在论述具体理由时千万不要为争辩不存在某一实质性缺陷所作的具体说明成为申请文件存在另一实质性缺陷的依据，致使本申请处于进退两难的尴尬境地。

此外，即使复审请求书中所论述的复审请求的理由仅涉及专利申请文件的一种实质性缺陷，同样也要注意在论述时不要顾此失彼，出现漏洞，以免造成不可挽回的损失。笔者所在单位曾接到一件复审请求案，委托人为了证明原申请文件已充分公开发明，提交了一份说明材料作为附件，但又表示此说明材料中包含即将提出的另一份专利申请的内容，因而要求在提交该附件时向合议组说明此材料仅供合议组审查时参考，而不允许公众查阅。如果在复审请求书中作出这样的说明，则这份说明材料中所写明的内容就难以证实该发明已充分公开，由于其中包含不属于本领域技术人员公知常识和/或现有技术的内容。

（5）必要时，可以提出口头审理请求

《专利审查指南 2010》第四部分第四章第 2 节规定了复审请求人可以以书面方式提出口头审理请求。当然，口头审理请求可以在答复复审通知书时提出，但也可以在提出复审请求时提出。至于何时提出更好，需要根据案件的具体情况确定。通常来说，如果认为借助实物演示或者采用计算机投影等其他演示方式能够帮助合议组正确理解发明以及本发明与现有技术之间区别的，可以考虑在提出复审请求时就提出口头审理的请求，并在复审请求书中写明请求口头审理的理由。

3. 推荐一份撰写较好的复审请求书

为帮助专利代理人更好地掌握复审请求书的撰写，现根据一份实际申请案例改写了一份复审请求书，提供给专利代理人参考。

本案例是一件发明名称为"蒸汽发生器"的发明专利申请案。该蒸汽发生器是利用燃气轮机或蒸汽轮机排出的废气余热的蒸汽发生器，通常采用卧式结构设计，其中的热燃气的流动方向为水平的，待加热的介质水的流动方向是垂直的。为充分利用热燃气的废气余热（又称作废热），申请人在其 1997 年提出的一件发明专利申请中让待加热的介质水多次经过热燃气流动通道中，但是考虑到待加热的介质水若以从上向下的方向流过热燃气通道时，则会由于其在加热过程中密度降低而形成向上的自然流动，从而导致其流动不稳定，为解决这一问题，申请人在该专利申请的废热蒸汽发生器中采用了如图 15 - 1 所示的结构。在该卧式废热蒸汽发生器的热燃气通道 3 中设有两组相串联的对待加热介质水进行加热的直流加热面 8 和 10，每组直流加热面 8 和 10 分别为由多根平行的蒸汽发生器管 13 和 14 构成的束管状管道层 11 和 12。待加热介质水经流入分配器 21 从热燃气通道 3 下方流入到第一组直流加热面 8 的管道层 11 的蒸汽发生器管 13 中，与热燃

气通道 3 中的热燃气进行热交换后再流入到位于热燃气通道 3 上方的流出汇集器 15 汇集后,再经一根位于热燃气通道 3 外部的垂直管道 17 到达位于热燃气通道 3 下方的流入分配器 22,然后再流入到第二组直流加热面 10 的管道层 12 的蒸汽发生器管 14 中,再次与热燃气通道 3 中的热燃气进行热交换后从热燃气通道 3 上方流入到第二组蒸汽发生器管 14 的流出汇集器 16 汇集,从而完成了待加热介质水与热燃气之间的热交换过程。由于上述两次换热过程中,待加热介质水在蒸汽发生器管 13 和 14 中均是自下向上流动的,从而不会出现上述因待加热介质水自上向下流动的加热过程中密度降低而导致的流动不稳定现象。

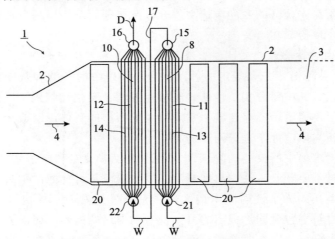

图 15 – 1   现有技术中的卧式废热蒸汽发生器结构示意图

采用上述结构卧式废热蒸汽发生器的设计后,虽然在充分利用热燃气废热的同时不会出现待加热介质水流动不稳定的问题,但其需要多次对待加热介质水进行分配和汇集,结构比较复杂。

申请人经过一段时间的实践后又设计出了另一种卧式废热蒸汽发生器,并于 2003 年提出了发明专利申请,在这种卧式废热蒸汽发生器中同样能够在实现热燃气与待加热介质水之间的多次热交换的同时不会出现待加热介质水流动不稳定,且只需要对待加热介质水进行一次分配和汇集,结构比较简单。这种卧式废热蒸汽发生器的结构如图 15 – 2 所示,其中位于热燃气通道 6 中由多根平行的蒸汽发生器管 12 组成的直流加热面 8 至少包括三组(图中为三组)彼此平行、且相串联的分段:在第一分段和第三分段中,直流加热面 8 的每根蒸汽发生器管 12 分别包括一个

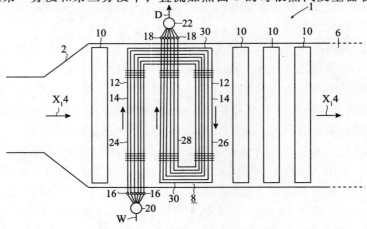

图 15 – 2   本发明专利申请中的卧式废热蒸汽发生器结构示意图

大体垂直布置、且其中待加热介质水沿着向上的方向流过的上升管段 24 和 28；而在第二分段中，直流加热面 8 的每根蒸汽发生器管 12 包括一个大体垂直布置、但其中待加热介质水沿着向下的方向流过的下降管段 26。沿热燃气方向看，属于第三分段的上升管段 28 被安排在由第一分段的上升管段 24 和第二分段的下降管段 26 之间。第一分段沿其流动方向的后端与第二分段的前端之间以及第二分段沿其流动方向的后端与第三分段的前端之间分别通一过渡段 30 相连接。在本发明的卧式废热蒸汽发生器中，由于下降管段位于热燃气通道中的后段，因而在待加热介质向下流动的加热过程中不会因密度降低过大而导致流动不稳定。

在本发明专利申请的权利要求书中共包括 7 项权利要求（独立权利要求 1 和从属权利要求 2~7），其中的独立权利要求 1 和从属权利要求 2 为❶：

"1. 一种蒸汽发生器（1），其中，在一个可供热燃气沿一个近似水平的热燃气方向（X）流过的热燃气通道（6）内设有一个蒸发器直流加热面（8），该蒸发器直流加热面（8）包括一些为流过一种流动介质（W）相互并联的蒸汽发生器管（12）并设计成使一根与该同一个蒸发器直流加热面（8）的另一根蒸汽发生器管（12）相比受到更多加热的蒸汽发生器管（12）有一个与该另一根蒸汽发生器管（12）相比更大的流动介质（W）流量，其特征在于：一根或各根蒸汽发生器管（12）分别包括一个大体垂直布置的可被流动介质（W）沿向上的方向流过的上升管段（24）、一个按该流动介质（W）流向连接在该上升管段（24）下游且大体垂直布置和可被流动介质（W）沿向下方向流过的下降管段（26），以及另一个按该流动介质（W）流向连接在该下降管段（26）下游且大体垂直布置和可被流动介质（W）沿向上方向流过的上升管段（28）。

2. 按照权利要求 1 所述的蒸汽发生器，其特征在于：所述各蒸汽发生器管（12）的另一个上升管段（28），在热燃气通道（6）内沿热燃气方向（X）看，布置在所述与之配置的上升管段（24）之后、下降管段（26）之前。"

在该专利申请的实质审查阶段，审查意见通知书中针对上述两项权利要求引用了两篇对比文件，对比文件 1 即为上述由申请人本人在 1997 年首次提出发明专利申请的公开说明书，对比文件 2 为在本专利申请的优先权日前公开的日本专利公开说明书，通知书认为权利要求 1 相对于对比文件 1 和公知常识的结合不具备创造性，权利要求 2 相对于对比文件 1、对比文件 2 和公知常识不具备创造性。

所引用的对比文件 2 中公开了一种余热回收热交换器，其结构如图 15-3 所示。该余热回收热交换器从排气上游的一侧依次具有由过热器 17、高压蒸发器 18 和高压省煤器 19 构成的高压蒸汽产生部以及由低压蒸发器 20 和低压省煤器 21 构成的低压蒸汽产生部。流动介质水通过高压给水调节阀 40 流入高压蒸汽产生部。

申请人在实质审查阶段的意见陈述书中具体指出了本发明专利申请权利要求 1 与对比文件 1 在结构上的区别，并强调审查意见通知书对公知常识未予以举证，同时认为对比文件 2 并未披露权利要求 2 的附加技术特征，在此基础上论述了权利要求 1 和权利要求 2 具备创造性的理由，从而未对专利申请文件进行修改。国家知识产权局在收到该意见陈述书后，对本发明专利申请作出了驳回决定，其驳回理由仍然是权利要求 1 相对于对比文件 1 和公知常识的结合不具备创造性，权利要求 2 相对于对比文件 1、对比文件 2 和公知常识不具备创造性。

---

❶ 为简化起见，此处仅引入独立权利要求 1 和从属权利要求 2；同样，在此后有关审查意见通知书和驳回决定中的内容及所引用的对比文件也仅涉及与这两项权利要求有关的内容。

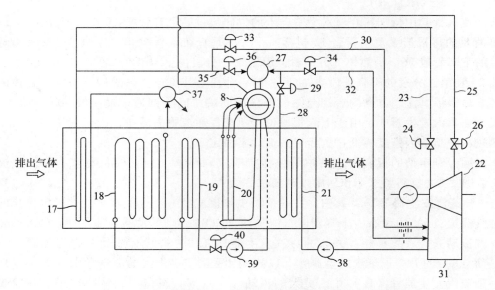

图 15 – 3 对比文件 2 公开中的余热回收热交换器结构示意图

专利代理人与申请人一起对驳回决定作了认真的分析，认为本发明权利要求 1 的技术方案与对比文件 1 中的卧式废热蒸汽发生器是两种不同的防止其中流动介质在下降管段出现流动不稳定现象的解决方案，不能认为两者的区别为本领域技术人员的公知常识，但为了使权利要求 1 的技术方案更好地体现出其与对比文件 1 在解决流动介质流动不稳定问题上所采用技术手段的区别，以便进一步确认其相对于对比文件 1 和公知常识的结合具备创造性，可以考虑将从属权利要求 2 的附加技术特征并入到独立权利要求 1 中；而对于原权利要求 2 来说，由于驳回决定中对于对比文件 2 中的事实认定错误，因此其认定权利要求 2 相对于对比文件 1、对比文件 2 和公知常识的结合不具备创造性的结论是错误的，因此决定在提出复审请求时修改专利申请文件，删去原权利要求 1，将原权利要求 2 作为修改后的独立权利要求 1。面对上述专利申请文件所进行的修改，应当在复审请求书中指出修改符合《专利法》《专利法实施细则》和《专利审查指南 2010》的有关规定，并充分论述修改后的权利要求 1 相对于对比文件 1、对比文件 2 和本领域的公知常识具备创造性的理由。下面给出推荐的复审请求书正文。

复审请求书正文

根据《专利法》第四十一条第一款和《专利法实施细则》第六十条第一款的规定，本复审请求人×××对国家知识产权局于×××年××月××日针对申请号为××××××××××××、名称为"蒸汽发生器"的发明专利申请作出的驳回决定不服，现提出复审请求。

（一）

申请人对驳回决定中有关本专利申请不具备创造性的驳回理由进行了认真分析，决定对权利要求书作出如下修改：删去原权利要求 1，将原权利要求 2 改写成修改后的独立权利要求 1，即将原权利要求 2 的附加技术特征并入到原权利要求 1 中；对原权利要求 3～7 依次重新编号，改写成新修改的权利要求 2～6。与此相应，对说明书发明内容部分中反映原权利要求 1 和权利要求 2 技术方案的内容进行了相适应的修改。详见随本复审请求书附交的修改后的权利要求书全文和说明书第 2 页的替换页。

由于上述修改未超出原说明书和权利要求书的记载范围，且所作修改是针对驳回决定中驳回理由涉及的本专利申请文件所存在的不具备创造性的实质性缺陷进行的，因此上述修改符合《专利法》第三十三条、《专利法实施细则》第六十一条第一款和《专利审查指南 2010》第四部分第二章第 4.2 节的规定。

（二）

修改后的权利要求 1~6 相对于驳回决定中引用的对比文件 1、对比文件 2 和本领域的公知常识具备《专利法》第二十二条第三款规定的创造性。

1. 修改后的权利要求 1 相对于对比文件 1、对比文件 2 和本领域的公知常识具备《专利法》第二十二条第三款规定的创造性

修改后的权利要求 1 与驳回决定中所认定的本发明专利申请最接近的现有技术对比文件 1 相比，具有两个区别：①权利要求 1 中的下降管段是一组平行的、位于热燃气通道内部的蒸汽发生器管，而对比文件 1 中的下降管段为一根位于热燃气通道外部、为直流加热面中各根蒸汽发生器管所共用以供流动介质向下流动的垂直管道；②权利要求 1 中的另一根上升管段（28）沿热燃气通道内的热燃气流动方向看布置在所述与之配置的上升管段（24）之后、下降管段（26）之前。

上述第①个区别即驳回决定中所认定的原权利要求 1 相对于对比文件 1 的区别特征；第②个区别即原权利要求 2 的附加技术特征。

驳回决定中虽然认定上述第①个区别为原权利要求 1 相对于对比文件 1 的区别特征，但却认为上述区别属于所述技术领域的惯用技术手段，因此本领域技术人员会很容易地想到用权利要求 1 中的位于热燃气管道内部、由多根平行的蒸汽发生器管构成的下降管道来代替对比文件 1 中的一根位于热燃气通道外部、供流动介质向下流动的垂直管道。复审请求人认为，驳回决定中的上述认定是不正确的。

首先，驳回决定中应当通过举证来说明两者属于本领域惯用技术手段，但是驳回决定中仅给出断言，既未举证，也未具体说明两者为本领域惯用技术手段的理由。

其次，由对比文件 1 说明书第×页第××行到第×页第××行和附图 1❶可知，对比文件 1 中为解决待加热的流动介质在向下流动时会出现流动不稳定的技术问题，将供流动介质向下流动的下降管段设置在热燃气通道外部的技术手段，而在本发明专利申请的优先权日前从未出现过将由多根平行蒸汽发生器管构成的下降管段设置在热燃气通道内部、且将下降管道设置在热燃气通道后段以解决待加热的流动介质在向下流动时会出现流动不稳定这一技术问题的卧式废热蒸汽发生器，因此不能将本发明和对比文件中解决这一技术问题所采用的两种不同的技术手段认定为本领域的惯用技术手段。正由于两者不是本领域的惯用技术手段，因而申请人在 1997 年以对比文件 1 中的技术方案提出了发明专利申请后，并不能很容易地想到采用权利要求 1 中的位于热燃气管道内部、由多根平行的蒸汽发生器管构成的下降管道来代替对比文件 1 中的一根位于热燃气通道外部、供流动介质向下流动的垂直管道，因此直到 2003 年才提出了本发明专利申请，其间经过了五六年，这足以证明由对比文件 1 中的技术手段并不能很容易地想到本发明专利申请中的技术手段。

至于第②个区别，驳回决定在分析原权利要求 2 不具备创造性时，认定其已被对比文件 2 披露，且该技术特征在对比文件 2 中所起的作用与其在本发明专利申请原权利要求 2 中所起的作用相同，因此给出了将上述技术特征应用到对比文件 1 中并结合公知常识得到原权利要求 2 技术方案的启示。复审请求人认为驳回决定中对上述事实的认定是错误的，因此其得出原权利要求 2 不具备创造性的结论也是错误的。

---

❶　即前面给出的图 15 – 1。

由本专利申请的修改后的权利要求 1 和说明书第 × 页第 × 行至第 × 页第 × × 行以及附图 1❶可知，本发明专利申请中反映上述第②个区别的具体结构为：沿待加热流动介质的流动方向看，蒸汽发生器管 12 依次包括一个上升管段 24、连接在该上升管段 24 下游的下降管段 26、另一个连接在该下降管段 26 下游的上升管段 28，且沿热燃气流动方向看，另一个上升管段 28 布置在与之配置的上升管段 24 之后、下降管段 26 之前。而由对比文件 2 第 × 栏第 × 段（相当于对比文件 2 译文第 × 页第 × 段）及附图 1❷和附图 2 可知，对比文件 2 公开的余热回收热交换器中的高压省煤器 19 并不是本发明专利申请权利要求 1 中对待加热流动介质进行加热的直流加热面，更何况从排出气体流动方向看，该高压省煤器 19 和高压蒸发器 18 中的上升管段和下降管段均是交替的，这种布局与本发明专利申请的下降管段沿热燃气流动方向布置在两个上升管段之后的布局并不相同，因此驳回决定中有关对比文件 2 披露了原权利要求 2 的附加技术特征（即上述第②个区别）的认定是错误的。

由上述分析可知，修改后的权利要求 1 相对于对比文件 1 的两个区别技术特征既不属于本领域技术人员的公知常识，也未被对比文件 2 披露，因此由对比文件 1、对比文件 2 公开的内容和本领域的公知常识得到修改后的权利要求 1 的技术方案对本领域技术人员来是非显而易见的，即修改后的权利要求 1 相对于对比文件 1、对比文件 2 和本领域的公知常识具有突出的实质性特点。

正由于本专利申请的卧式废热蒸汽发生器中，沿待加热流动介质的流动方向看，设置在热燃气通道中的蒸发器直流加热面 8 中的各个蒸汽发生器管 12 依次包括一个上升管段 24、连接在该上升管段 24 下游的下降管段 26、另一个连接在该下降管段 26 下游的上升管段 28，这样可以对待加热的流动介质进行多次加热，由于将各蒸汽发生器管 12 的另一个上升管段 28 布置在与之配置的上升管段 24 之后、下降管段 26 之前，从而下降管段也就处于热燃气通道中后段热燃气温度较低的区域，这样就能够防止流动介质在下降管段中因受热密度降低过大而导致流动不稳定。也就是说，本专利申请修改后的权利要求 1 的方案与对比文件 1 中的卧式废热蒸汽发生器一样在充分利用热燃气余热的同时不会出现待加热流动介质的流动不稳定性。正由于本专利申请修改后的权利要求 1 无须将下降管道设置在热燃气通道外部，相对于对比文件 1 中的卧式废热蒸汽发生器省去了一部分流入分配器和流出汇集器，简化了卧式废热蒸汽发生器的结构。由此可知，修改后的权利要求 1 的技术方案相对于现有技术（包括相对于对比文件 1 中的卧式废热蒸汽发生器）具有有益的技术效果，即具有显著的进步。

由上述分析可知，修改后的权利要求 1 相对于对比文件 1、对比文件 2 和本领域的公知常识具备《专利法》第二十二条第三款规定的创造性。

2. 修改后的权利要求 2 至 6 相对于驳回决定中引用的对比文件 1、对比文件 2 以及本领域的公知常识具备《专利法》第二十二条第三款规定的创造性

修改后权利要求 2 至 6 对修改后的权利要求 1 从结构上作出了进一步限定，对比文件 1 和 2 的公开日均在本专利申请的优先权日之前，因此当修改后的权利要求 1 相对于对比文件 1、对比文件 2 和本领域的公知常识具备创造性时，修改后的权利要求 2 至 6 相对于对比文件 1、对比文件 2 和本领域的公知常识也具有创造性。

由此可知，修改后的权利要求 2 至 6 相对于驳回决定中引用的对比文件 1、对比文件 2 和本领域的公知常识也具备《专利法》第二十二条第三款规定的创造性。

---

❶ 即前面给出的图 15 – 2。
❷ 即前面给出的图 15 – 3。

综上所述，修改后的权利要求 1 至 6 已消除了驳回决定中驳回理由所涉及的本专利申请不具备创造性的缺陷，因此希望专利复审委员会在考虑了专利申请的修改文本和上述复审请求的理由后，撤销国家知识产权局对本发明专利申请作出的驳回决定。如果专利复审委员会合议组在阅读了复审请求书后尚不能清楚地理解本发明专利申请与对比文件 1 公开的卧式废热蒸汽发生器两者的区别，希望能给予一次口头审理的机会，复审请求人将会采用计算机投影演示方式向合议组作出说明。

复审请求人：×××

××××年××月××日"

上述复审请求书正文部分除了撰写格式符合要求外，有下述五点可借鉴之处。

①尽管认为驳回决定中有关原权利要求 1 不具备创造性的理由的论述存在明显不妥之处，但考虑到原权利要求 1 并未清楚地反映出本发明所采用的技术方案与对比文件 1 中的卧式废热蒸汽发生器的区别，并为了便于在复审请求书中更充分地论述本发明专利申请具备创造性，决定对权利要求 1 进行修改，将原权利要求 2 的附加技术特征补入到原权利要求 1 中，成为新修改的独立权利要求 1。

②由于在提出复审请求时对专利申请文件进行了修改，因此在复审请求书正文部分指出复审请求的客体之后，对专利申请文件的修改情况作出了说明，并结合具体修改情况指出所作修改符合《专利法》第三十三条、《专利法实施细则》第六十一条第一款和《专利审查指南 2010》第四部分第二章第 4.2 节的规定。

③对于驳回决定中就原权利要求 1 与对比文件 1 的区别为本领域的惯用手段和属于公知常识的断言，并不是简单地指出驳回决定未举证说明，而是进一步结合本发明专利申请和对比文件 1 中的有关内容具体说明两者为防止流动介质下降管道中出现流动不稳定现象采用了完全不同的技术方案，从而反驳了驳回决定中两者属于本领域的惯用手段的主张。

④对于驳回决定中有关对比文件 2 披露了原权利要求 2 附加技术特征的主张，结合对比文件 2 的具体内容（指出其在对比文件 2 中的具体位置）说明应当认定的正确事实，在此基础上说明驳回决定有关这方面的事实认定错误。

⑤论述修改后的权利要求 1 相对于驳回决定中引用的对比文件 1、对比文件 2 和本领域的公知常识具备创造性时，不仅按照《专利审查指南 2010》第二部分第四章第 3.2 节规定的"三步法"论述了其具有突出的实质性特点，还论述了其具有显著的进步，而且在论述过程中又对驳回决定中的错误主张和错误事实认定进行了有根有据的针对性反驳，从而使得有关修改后的权利要求 1 具备创造性的论述比较有说服力。

五、缴纳费用和提交代理委托书

在提交复审请求时，专利代理人应当按照《专利法实施细则》第九十三条和第九十六条的规定为委托人缴纳复审费。当时未缴纳或未缴足的，则必须在允许提出复审请求的期限内（自收到驳回决定之日起 3 个月内）缴纳或缴足，期满未缴纳或缴足的，视为未提出复审请求。这里必须强调一下，在上述期限内缴纳复审费十分重要，因为复审请求有期限限制，超过上述期限所提出的复审请求将不予受理。虽然，因缴费耽误期限可以采用恢复权利请求的补救措施，但为此将又要增加恢复权利请求费，并拖延复审程序的时间，这些对委托人都是损失。在这里说明一点，在允许提出复审请求期限刚满时即已发现尚未缴纳或缴足复审费的，此时若尚未收到专利复审委员会发出的视为未提出复审请求通知书时，可以立即补缴纳或补缴足复审请求费，并同时提出恢复权利请求和办理有关恢复权利的手续，这样及时采取的补救措施，可缩短复审程序的延误时间。

对于刚介入复审程序的专利代理机构来说，应当请委托人明确是将所有专利事务委托本代理机构办理还是仅仅将复审程序的专利事务委托本代理机构办理。如果委托本代理机构办理所有专利事务，则需要由委托人填写专利代理委托书，对于专利申请先前由其他专利代理机构办理的，还必须由委托人出具解除原委托关系或提供辞去委托的证明材料，然后到国家知识产权局办理有关专利代理事项的著录项目变更手续。对于仅委托本代理机构办理复审程序有关事务的，可以在专利复审委员会办理委托手续或者解除、辞去委托的手续，此时的专利代理委托书中应当写明委托权限仅限于办理复审程序有关事务。

第三节 复审程序形式审查阶段的专利代理

专利复审委员会在收到请求人不服驳回决定提出的复审请求书后，该复审请求案就进入了复审程序的形式审查阶段，本节将对复审程序形式审查阶段的专利代理工作作一简要介绍。

一、形式审查阶段各种通知书的答复和处理

在复审请求案的形式审查阶段，专利复审委员会发出的通知书主要有下述几种：补正通知书、不予受理通知书、视为未提出复审请求通知书、视为未委托专利代理机构通知书、受理通知书。

由于上述通知书往往是针对不同情况发出的，因而除受理通知书外，专利代理人在收到其他通知书后，首先应当弄清专利复审委员会因什么事由发出该通知书，以便针对性地克服通知书中指出的问题或采用相应的法律补救手段。

1. 对补正通知书的答复

专利复审委员会发出补正通知书主要有三种情况：其一是复审请求书不符合规定的格式；其二是复审请求人不是该复审案所涉及专利申请的全部申请人；其三是新委托或另行委托专利代理机构办理复审请求，且在专利复审委员会办理委托手续的，未提交专利代理委托书或未写明委托权限仅限于办理复审程序有关事务。

对于复审请求书不符合规定格式的，则应当在该通知书指定的期限（自收到该通知书之日起15日）内按照补正通知书的要求对复审请求书予以补正。

对于复审请求人不是专利申请全部申请人的情况，应当让委托人尽快与全部申请人联系，取得他们的同意，再补办以全部申请人提出复审请求的手续，需要注意的是如果此时是由全部申请人共同委托专利代理机构办理复审请求的话，则需重新提交由全部申请人与专利代理机构签订的委托书。

对于未提交专利代理委托书或未写明委托权限的情况，则应当在指定期限（自收到通知书之日起15日）内补交专利代理委托书或补交写明委托权限仅限于办理复审程序有关事务的委托书。

2. 对不予受理通知书的处理

专利复审委员会对于复审请求发出不予受理通知书主要有四种情况：其一，复审请求的对象不是国家知识产权局作出的驳回决定；其二，复审请求人不是驳回决定的申请人；其三，提交复审请求书时已超过所允许的自收到驳回决定之日起3个月内提出复审请求的期限；其四，在中国没有经常居所或营业所的外国人、外国企业或外国组织，提出复审请求的未按规定委托依法设立的专利代理机构办理。

对于复审请求的客体不是驳回决定的情况，原选择复审请求的法律补救手段本来就不正确，

因而收到这样的通知书的专利代理人只需如实告知委托人，最好同时告知委托人正确的法律补救手段是什么。但实际上此时正确的法律补救手段多半也已逾期，因此专利代理机构应当在委托人委托办理复审请求时就为其把好这一关，告知其应当采用正确的法律补救手段。

对于复审请求人不是驳回决定所涉及专利申请的申请人的情况，应当立即告知委托人，在允许提出复审请求的期限内改由原申请人重新提出复审请求。同样，对于此问题，专利代理机构也应当在提出复审请求时就为委托人把好这一关，直接以专利申请人的名义提出复审请求。

对于复审请求提出超期限的情况，此时若是由于不可抗拒事由（如2003年北京市抗"非典"被隔离因而未能按期限提出复审请求）或者非己方责任的正当理由（如因邮局耽误期限）而造成的，则可以在收到不予受理通知书之日起两个月内为委托人提出恢复权利请求，办理有关权利恢复手续，即提交恢复权利请求书、缴纳恢复权利请求费、附具有关证明材料。若是由于委托人自身或专利代理机构工作失误造成的，严格说来，难以有法律补救手段，但是如果此时自允许提出复审请求的3个月期限届满日起还未满2个月，不妨一试提出恢复权利请求，争取作为特殊情况处理而予以恢复。

对于涉外申请因未按规定委托依法设立的专利代理机构提出复审请求而造成复审请求不予受理的，若此时仍在允许提出复审请求的期限内，应当尽快按规定委托依法设立的专利代理机构重新提出复审请求。实际上此时多半已经超出了允许提出复审请求的期限，除了在专利复审委员会所作出的不予受理通知书存在错误时可以提出行政复议或者向法院提起行政诉讼的情况以外，已没有补救办法了。当然，对于涉外申请已委托依法设立的专利代理机构办理复审请求的，不会出现这一类不予受理通知书。

3. 对视为未提出复审请求通知书的处理

专利复审委员会发出视为未提出复审请求通知书主要有三种情况：其一，在允许提出复审请求的期限内未缴纳或未缴足复审费；其二，在指定期限内对因请求书不合格或复审请求人不是全部申请人而发出的补正通知书未作出补正；其三，对于因请求书不符合规定格式或复审请求人不是全部申请人发出的补正通知书，在指定期限内提交两次补正后仍存在同样的缺陷。

对于前两种情况的视为未提出复审请求通知书，可采取法律补救手段，即向专利复审委员会提出恢复权利请求，缴纳恢复权利请求费，并同时缴纳、缴足复审请求费或者按照补正通知书的要求完成补正。而对于后一种情况，应当力求在补正时消除补正通知书所指出的缺陷，力求不出现这一类视为未提出复审请求通知书。

4. 对视为未委托专利代理机构通知书的处理

专利复审委员会发出视为未委托代理通知书仅有一种情况：对于那些在复审请求时才新委托专利代理机构或委托另一家专利代理机构办理复审请求有关事务的非涉外的复审请求，如果未提交委托书或委托手续不齐全（如委托书上未写明委托权限仅限于办理复审程序有关事务、委托多个署名无先后的专利代理机构未指定收件人等），而又未按补正通知书或要求指定收件人的通知书的要求进行补正或指定收件人时，专利复审委员会则发出视为未委托专利代理机构通知书。

对于这些非涉外专利申请的复审请求案来说，未委托专利代理机构办理的复审请求仍可被受理，但视为未委托专利代理机构办理复审请求有关事务，即该复审程序的有关事务将由委托人自行办理。若委托人仍欲委托专利代理机构办理时，则应当再重新提交委托书和办理相应手续，其中包括提交著录项目变更申报书和在提出请求变更之日起1个月内缴纳著录事项变更费（又称"著录项目变更手续费"）。

二、形式审查阶段专利代理工作事务一览表

为帮助专利代理人更清楚地理解复审程序形式审查阶段的专利代理工作，现给出该阶段专利代理工作事务一览表（见表15－1），以供参考。

表15－1　复审程序形式审查阶段专利代理事务一览表

形式审查主要内容	存在问题	发出通知书类型	补救措施	法律依据	应当办理事务
复审请求的客体	不是针对驳回决定提出的复审请求	不予受理通知书		法第四十一条第一款 指南第四部分第二章第2.1节	选择正确的法律补救手段
复审请求的期限	超过规定的3个月期限（自国家知识产权局驳回决定之日起算先加15日，再加3个月）	不予受理通知书	若有不可抗拒事由或非己方责任正当理由❶，可以提出恢复权利请求	法第四十一条第一款；细则第六条第一款、第二款、第三款 指南第四部分第二章第2.3节	1. 自障碍消除日起2个月内（最迟不超过2年）或收到通知书之日起2个月内提出恢复权利请求； 2. 提交有关证明材料； 3. 缴纳恢复权利请求费
复审请求人的资格	非专利申请人提出的复审请求	不予受理通知书		法第四十一条第一款 指南第四部分第二章第2.2节	在允许复审请求的期限内改由有复审请求资格的人重新提出
	提出复审请求的请求人仅是共同申请人的部分申请人	补正通知书		法第四十一条第一款 指南第四部分第二章第2.2节	在通知书指定期限（即自收到通知书之日起15日）内重新提交以所有申请人名义提出的复审请求书
	未在指定期限内补正	视为未提出复审请求通知书	恢复权利请求	指南第四部分第二章第2.2节 细则第六条第一款、第二款、第三款	1. 在收到通知书之日起2个月内提出恢复权利请求； 2. 缴纳恢复权利请求费； 3. 按补正通知书要求完成补正； 4. 必要时附具有关证明（如证实邮局耽误的证明材料）

---

❶　对于己方原因造成的，如果此时自允许提出复审请求的3个月期限届满日还未满2个月，可以一试提出恢复权利请求，争取作为特殊情况处理而予以恢复。

形式审查主要内容	存在问题	发出通知书类型	补救措施	法律依据	应当办理事务
复审费	在复审请求允许的 3 个月期限内未缴纳或未缴足复审费	视为未提出复审请求通知书	恢复权利请求	细则第九十六条，第六条第一款、第二款	1. 在收到通知书之日起 2 个月内提出恢复权利请求； 2. 缴纳恢复权利请求费； 3. 缴纳、缴足复审费； 4. 必要时附具有关证明（如证实邮局耽误的证明材料）
复审请求书	请求书格式不符合规定	补正通知书		细则第六十条第三款	在通知书指定期限（自收到通知书之日起 15 日）内针对通知书指出问题予以补正
	未在指定期限内补正或者在指定期限内补正两次后仍存在同样缺陷的	视为未提出复审请求通知书	恢复权利请求（仅限于未补正情况）	指南第四部分第二章第 2.4 节 细则第六条第一款、第二款、第三款	1. 在收到通知书之日起 2 个月内提出恢复权利请求（仅限于未补正情况）； 2. 缴纳恢复权利请求费； 3. 按补正通知书要求完成补正； 4. 必要时附具有关证明（如证实邮局耽误的证明材料）
专利代理委托书	根据法第十九条第一款规定应委托依法设立的专利代理机构提出复审请求而未按规定委托的	复审请求不予受理通知书		法第十九条第一款 指南第四部分第二章第 2.6 节	若此时仍在允许提出复审请求的期限内，按规定委托依法设立的专利代理机构另行提出复审请求
	新委托或另行委托专利代理机构的，未提交委托书或未写明委托权限仅限于复审程序有关事务等	补正通知书		细则第十五条第三款 指南第四部分第二章第 2.6 节	在通知书指定期限（自收到通知书之日起 15 日）内针对通知书指出问题予以补正
	最先委托多个署名无先后的专利代理机构但未指定收件人	通知指定收件人		指南第四部分第二章第 2.6 节	在通知书指定的期限内指定收件人（注意：未在指定期限内指定的，视为未委托）

续表

形式审查主要内容	存在问题	发出通知书类型	补救措施	法律依据	应当办理事务
专利代理委托书	指定期限内未补正或者在指定期限内提交的补正文件仍不合格等（非涉外复审请求人）	视为未委托代理		指南第四部分第二章第2.6节	1. 若仍需委托专利代理机构办理，可以重新提交委托书； 2. 提交著录项目变更申报书； 3. 缴纳著录事项变更费（最迟提交申报书之日起1个月内）
	指定期限内未补正或者在指定期限内提交的补正文件仍不合格的（涉外复审请求人）	复审请求不予受理通知书		指南第四部分第二章第2.6节 法第十九条第一款	

第四节　复审程序合议审查阶段的专利代理

专利复审委员会经形式审查认为复审请求符合规定的，则发出受理通知书，与此同时，将复审请求书（包括附具的证明文件和修改后的申请文件）连同原申请案卷一并送交作出驳回决定的原审查部门进行前置审查，由原审查部门对此复审请求作出前置审查意见。对于前置审查意见为坚持原驳回决定的，专利复审委员会通常将成立合议组进行合议审查（对于简单的案件可以由一名复审委员进行独任审查）。本节将复审程序中合议审查（包括简单案件的独任审查）阶段的专利代理工作作一简单介绍。

一、对复审通知书的答复

由本章第一节复审程序简述可知，除了合议审查后可直接作出撤销驳回决定的复审决定的情况外，合议组通常将以复审通知书的方式将合议审查的初步意见通知复审请求人。因而，答复复审通知书是专利代理人在合议审查阶段最主要的专利代理工作。

专利代理人在收到复审通知书后通常可按照下述方式做好复审通知书的答复工作。

1. 阅读复审通知书，判断复审请求案的前景

根据《专利审查指南2010》第四部分第二章第4.3节中所规定的合议组发出复审通知书的四种情况，由复审通知书的内容可得知该复审请求案的前景为三种：准备维持驳回决定、准备撤销驳回决定以及尚未形成初步结论。

通常，合议组撤销原驳回决定，可以直接作出复审决定。然而，在一些复审请求案中，合议组虽然认为可撤销原驳回决定，但需要请求人对专利申请文件进行修改，此时就会发出复审通知书。因而，合议组在复审通知书中要求请求人修改专利申请文件就意味着有可能作出撤销原驳回决定的复审决定。

合议组在合议审查后若准备维持驳回决定，必须向请求人发出一次复审通知书。因而，合议组在复审通知书中引入了驳回决定未提出的理由、证据，或者用审查员原引用的对比文件或证据进一步论述原驳回决定所指出的申请文件的缺陷，意味着有可能维持驳回决定。

当复审通知书要求请求人澄清问题或继续提供有关证据，往往表示合议组对此复审请求案还未形成明确的倾向性意见。

2. 及时向委托人转达复审通知书

专利代理人对复审请求案的前景作出初步判断后，应当立即向委托人转送复审通知书，并针对不同复审前景与委托人商讨答复对策。

由于复审通知书的指定答复期限仅为 1 个月，远远短于专利申请实质审查阶段审查意见通知书（尤其是第一次审查意见通知书）的答复期限，因此在收到复审通知书后应当立即将复审通知书转送给委托人。当然，在转送之前，专利代理人应当仔细认真分析复审通知书中的意见，尤其是复审前景为准备维持驳回决定和尚未形成初步结论的两种情况，并将这些分析意见一并告知委托人，以便委托人给出指示后就能立即着手准备答复复审通知书的意见陈述书。

由于合议组通常在收到复审请求人的意见陈述书后，就会作出复审决定，因此在与委托人商讨答复对策时，应充分重视合议组的意见。当合议组要求澄清问题时应积极配合，首先分析其要求澄清问题可能想解决什么问题，以便能有针对性地作出说明，必要时可主动提供有关证据。对于要求修改专利申请文件的情况，专利申请人应慎重考虑，珍惜这最后一次修改专利申请文件的机会。如果不积极配合，一旦专利复审委员会作出复审决定，即使不服该复审决定，向北京知识产权法院起诉，专利申请人在专利行政诉讼期间也不能再修改专利申请文件了。

然而，重视合议组的意见并不意味着不可对合议组的倾向性意见有不同看法，如果专利代理人与委托人商讨后认为己方的意见有道理，还应当从委托人利益出发争取更有利的结果，但进行争辩时应当采取合理的争辩手段，力求避免复审请求被拒绝。

对于合议组有可能维持驳回决定的情况，应当十分仔细认真地分析复审通知书，考虑可否通过对专利申请文件的进一步修改来克服复审通知书中所指出的缺陷，与委托人一起为专利申请寻求补救的措施。

在与委托人商讨答复对策时，专利代理人应当做好委托人的参谋。作为专利代理人，既要站在委托人的立场，从维护委托人的利益出发考虑问题，又要想到专利代理人的责任，帮助委托人深入理解《专利法》《专利法实施细则》以及《专利审查指南2010》的有关规定，以便委托人作出正确的决断。但在与委托人意见不一致的情况下，经过与其交换意见，如果委托人意见不改变的话，应当按照委托人的意见来答复复审通知书。

3. 必要时按照委托人最后作出的指示修改专利申请文件

通过与委托人交换意见，在撰写答复复审通知书的意见陈述书之前，应当按照委托人最后作出的指示确定是否修改专利申请文件以及具体完成专利申请文件的修改工作。除委托人完全授权由专利代理人作主修改申请文件或已给出十分明确具体的专利申请文件修改意见的指示这两种情况外，在修改专利申请文件后应当经过委托人的确认，所作的修改涉及权利要求保护范围时更应如此。

对于复审通知书中要求修改专利申请文件的情况，如与委托人商讨后认为复审通知书的意见有道理，则应当按照复审通知书的要求修改申请文件。如商讨后与复审通知书的意见仍不一致，且认为己方意见有道理时，还应从委托人的利益出发进行必要的争辩，但从稳妥角度考虑，可以采用多种方案的办法，即提出多个修改方案，其中包括合议组的修改建议方案，由合议组按意见陈述书中写明的顺序进行审查，这样一来，可以保证复审请求不会被拒绝。

对于合议组有可能拒绝复审请求的情况，通常应当着手修改专利申请文件，以进行最后的争取。尤其是在本章第二节之三中提到的在提出复审请求时既认为驳回决定有一定道理又想为委托人争取一个较宽保护范围而先不对专利申请文件进行修改的情况，就应当在此时对专利申请文件进行修改，因为这基本上是复审程序中最后一次修改专利申请文件的机会。此时如果不修改专利申请文件或者合议组认为所作修改仍未改正驳回决定中所指出的缺陷，一旦合议组作出维持驳回决定的复审决定，即使再向法院提出专利行政诉讼，在该行政诉讼期间不允许再修改专利申请文件了。

对于要求澄清问题的复审通知书，如果通过分析认为申请文件撰写不当造成需要澄清问题时，则除了在意见陈述书中对需要澄清的问题予以说明外，还应当同时考虑在不超出原说明书和权利要求书的记载范围的条件下修改专利申请文件。

4. 按照委托人最后作出的指示撰写意见陈述书

专利代理人在完成上述工作之后，就应当开始着手撰写答复复审通知书的意见陈述书，其首页最好采用国家知识产权局统一编制的表格格式（参见附录二中的表8）。

在撰写意见陈述书时，除了委托人的最后指示是按照复审通知书中明确的修改申请文件的要求进行修改的情况外，应当十分仔细认真地对复审通知书作出答复，因为一旦答复不到位，未说服合议组，就有可能导致维持原驳回决定的结果。

在意见陈述书中主要论述最后修改的申请文件（如此次未作出修改，则指提出复审请求时所认定的有效申请文本）如何消除驳回决定中所说明的驳回理由和/或复审通知书中所指出的缺陷。

在撰写意见陈述书时，如果对己方陈述意见能否说服合议组把握不大，可以在意见陈述书中提出口头审理的请求，争取一次与合议组当面充分交换意见的机会，尤其适用于复审通知书中表明的复审前景为准备维持驳回决定的情况。此外，在前面所述与合议组修改意见有不同看法时，除了在进行争辩时可以采用多方案的办法外，也可以向合议组提出口头审理的请求，以便在口头审理时充分发表意见，争取对己方最有利的结果，若在口头审理过程中感觉到争辩难以取得成功，就可及时按照合议组的意见进行修改。

需要说明的是，不要因为已提出口头审理请求就在意见陈述书中不详细充分地论述理由。一方面，口头审理并不是复审程序中必须进行的步骤，因而口头审理请求不一定被合议组接受，尤其是意见陈述书中未充分论述意见，合议组会认为没必要进行口头审理，仍作出维持驳回决定的复审决定；另一方面，如果意见陈述书中充分论述理由说服了合议组，就可以不必经过口头审理而作出有利于委托人的复审决定，从而加快复审程序。

对于复审通知书要求澄清问题的情况，一定要认真地对所要求澄清的问题给予充分说明，对于这种情况需要特别注意的是在作出说明时应当全面考虑，千万不要为说明问题而作一些夸大的解释，甚至在说明问题的同时使该专利申请又出现新的不可克服的缺陷，到那时由于"禁止反悔"原则所作的说明会成为该专利申请不能授权和/或该复审请求不能取得成功的主要原因。

5. 应当按期提交意见陈述书

由于复审通知书的答复期限很短，只有1个月，因而在准备答复期间应当有很强的时间观念，在该指定的期限内完成所有上述准备工作，并在期限届满之前提交答复复审通知书的意见陈述书及其所有附件。

若在此期限内不能完成上述准备工作，则应当在期限届满前办理延长期限的请求，并缴纳延长期限请求费。

至于未按时对复审通知书作出答复而收到专利复审委员会的视为撤回复审请求通知书时，可以在自收到视为撤回通知书之日起的 2 个月内提出恢复权利请求，缴纳恢复权利请求费，当然此时应当同时完成意见陈述书和其全部附件的提交。

二、口头审理的提出、准备与口头陈述意见

口头审理是复审程序合议审查阶段可能采用的一种方式。

在复审程序中口头审理的启动有两种途径：复审请求人向专利复审委员会以书面方式提出口头审理的请求，并且说明请求口头审理的理由，如需要当面向合议组说明事实或陈述理由（包括需要请证人或专家作证）、需要进行实物演示或其他演示等，该口头审理的请求最好在复审请求书中提出，但也可以在答复复审通知书的意见陈述书中提出，该请求经合议组同意后进行口头审理；此外，合议组认为有必要时，也会自行决定进行口头审理，向请求人发出口头审理通知书。

复审请求人对于口头审理通知书可以选择参加口头审理进行口头答辩；对于专利复审委员会自行决定进行口头审理的情况，也可以在指定的期限内进行书面陈述意见。复审请求人在收到口头审理通知书后通常应当按照通知书上指定的日期参加口头审理，并应当在收到口头审理通知书之日起 7 日内将口头审理通知书回执寄回专利复审委员会，并在回执中明确表示是否参加口头审理。若复审请求人或专利代理人因特殊情况不能在指定日期参加口头审理，应当在回执中提出改期举行的请求，说明要求改期的理由。逾期未提交回执的，视为不参加口头审理。

在收到口头审理通知书并准备参加的情况下，应当针对合议组的口头审理通知书中指定的口头审理内容进行准备。

首先根据复审通知书或口头审理通知书分析合议组对本案持有什么样的观点，据此与委托人一起商量对策，探讨本案会出现哪几种可能的结果，从而做好两手准备，争取其中对委托人最有利的方案，并做好退到对委托人比较不利的方案的思想准备，力求避免复审请求被拒绝的最坏结果。

参加口头审理的任务是通过口头陈述说服合议组，使合议组接受己方的观点。因此，在确定口头审理对策之后，专利代理人应当针对指定的口头审理内容和合议组可能持有的观点写好书面发言提纲，提纲应条理清楚、符合逻辑、论点具有说服力。

口头审理是与合议组充分交换意见的好机会，因此在口头审理时尽可能采用一切可利用的条件和手段来说服合议组，如挂图讲解、现场演示、播放录像等，甚至可以请证人或专家来作证。

现场演示需事先做好准备。现场演示的实物需与专利申请文件描述的发明或实用新型相符合，对比的实物需与申请日前的现有技术相符合，否则现场演示的效果并不能作为支持请求观点的依据，从而起不到说服合议组的作用。

专利复审委员会第 151 号复审决定"一种自动检测金属体是否带电的方法"就是采用现场演示方法说服了合议组，复审请求取得了成功。

由于委托人、证人和专家对专利知识不太熟悉，因此，他们在挂图讲解专利申请的技术内容或者与现有技术对比分析创造性时，很可能谈不到点子上，专利代理人应当事先请他们讲述一遍，帮助他们从专利法的角度出发进行论述和争辩，以免他们在口头审理中所作的陈述出现漏洞而不能达到预期的目的。

在口头审理时对于合议组提出的新观点、新意见和新证据，要认真听取，仔细分析，全面考虑后再陈述意见，切忌轻易表态，以免顾此失彼，出现漏洞，造成不可挽回的损失。

需要提请注意的是，对于口头审理通知书中已经告知该专利申请不符合《专利法》和/或《专利法实施细则》有关规定的情况，复审请求人如果不准备参加口头审理，则务必在通知书中指定的陈述意见的期限（通常为自收到该通知书之日起1个月）内以书面方式提交意见陈述书，否则该复审请求将被视为撤回。

第五节　复审决定后的专利代理

专利复审委员会对复审请求案进行合议审查后认为案情事实清楚，就会作出复审决定。复审决定的结果为两类三种：一类是维持驳回决定；另一类是撤销驳回决定。后一类包括在复审程序中的修改文本基础上撤销驳回决定和在驳回决定中所认定的申请文本基础上撤销驳回决定。但作出复审决定并不意味着复审程序中的专利代理工作已经结束，本节对收到复审决定后的专利代理工作作一简要说明。

一、复审决定为撤销驳回决定的情况

撤销驳回决定的复审决定可以是根据原审查部门前置审查意见直接作出的，也可以是经过合议审查后作出的。对于这些复审请求案来说，基本上已达到了复审请求人提出复审请求的目的，除极个别情况外，复审请求人不会再向法院提起行政诉讼，因此该复审请求所涉及的专利申请案返回原审查部门继续原有的审批程序。

如果作出撤销驳回决定的复审决定是专利复审委员会合议组对驳回决定的实体内容审查后作出的，则原审查部门就不得再以相同的理由和相同的证据作出与该复审决定意见相反的决定。因此专利代理人在将此类复审决定转送给委托人时，需同时告知委托人要为该专利申请的继续审批做准备。例如，复审决定认为复审程序中发明专利申请的权利要求书修改文本相对于驳回决定中引用的对比文件具备新颖性和创造性时，大多数在返回原实质审查部门时该专利申请即将被授权，此时就应该为委托人准备一份与修改后的权利要求书相适应的说明书修改文本，同时对权利要求书中所存在的其他形式缺陷也一并予以修改，尽快将其作为相应于复审决定所作的意见陈述书的附件提交给国家知识产权局，这样原实质审查部门根据复审决定以及该提交的修改文本就可以发出授予专利权通知书，而不必再在授权前发出再次审查意见通知书以要求对说明书作适应性修改和/或克服其他形式上的缺陷，从而加快审批程序。又如复审决定认为原申请文件已充分公开发明，则在返回原实质审查部门时将会继续对该专利申请的新颖性和创造性进行审查，此时在向委托人转送复审决定时应当向委托人说明，原审查部门还将对本专利申请继续进行审批过程。

如果上述撤销原驳回决定的复审决定仅仅是鉴于驳回决定存在程序性错误而作出的，那么原审查部门在克服了程序性错误后还可能以驳回决定中的理由和证据再次作出驳回决定。因此，对于这类复审决定，在向委托人转送时，应当将此可能性告知委托人，并与委托人商量一下是否对专利申请文件进行修改，若需修改申请文件，则立即将修改文本作为相应于复审决定所作的意见陈述书的附件提交给国家知识产权局，以免原审查部门再次以相同理由和证据作出驳回决定后再向专利复审委员会提出复审请求。

二、复审决定为维持驳回决定的情况

按照《专利法》第四十一条第二款的规定，专利申请人对专利复审委员会的复审决定不服的，可以自收到通知之日起 3 个月内向人民法院起诉。

由于存在上述后续法律救济手段，专利代理人就应当与委托人一起商讨是否向北京知识产权法院起诉。为此，专利代理人首先要对该复审决定进行认真的分析。如果通过分析，认为合议组的复审决定基本正确，则在将复审决定转送给委托人时告知上述观点。若委托人想要起诉，可先规劝委托人不必起诉，以免牵扯过多精力而不能取得预期效果，当然委托人仍决定起诉的，专利代理人就应着手准备起诉书。如果通过分析，认为合议组的复审决定实体判断不正确或者尚有可争取的余地，在向委托人转送复审决定时告知委托人应当或尝试向北京知识产权法院起诉，通过法律救济手段来改变专利申请被驳回的结果，与此同时，尽快为委托人准备向法院起诉的起诉书。

对于专利复审委员会作出复审决定存在程序性错误的情况，仍应当从复审决定是否存在实体性错误来确定是否向人民法院起诉。如果复审决定虽存在程序错误，而实体判断基本正确，即使向人民法院起诉取得成功后，发回专利复审委员会重审时仍然逃脱不了被驳回专利申请的后果，实现不了委托人对专利申请被授权的期望。不过，如果此时想通过再次修改申请文件来克服驳回决定和复审决定中驳回理由所涉及的专利申请的缺陷，则可以以复审程序中存在程序错误为由向北京知识产权法院起诉，一旦法院裁决发回专利复审委员会重审，就可以抓紧机会对申请文件再进行一次修改，力求避免专利申请被驳回的结局。

一旦与委托人商定向北京知识产权法院起诉的话，则一定要在收到复审决定之日起 3 个月内❶提交起诉书，耽误期限后就失去了最后挽救专利申请的机会。

---

❶ 由于法院对 15 日推定收到日不予认可，因此这 3 个月期限最好自复审决定发文日起算，即使在有收到日的证据的情况下最晚也要自实际收到日起算。

第十六章　无效宣告程序中的专利代理

按照《专利法》第四十五条的规定，自国家知识产权局公告授予专利权之日起，任何单位或者个人认为该专利权的授予不符合《专利法》和/或《专利法实施细则》有关规定的，可以向专利复审委员会提出宣告该专利权无效的请求，由此进入了该专利权的无效宣告程序。

第一节　无效宣告程序简述

为了便于专利代理人和其他读者更好地掌握无效宣告程序双方如何处理该程序中的有关事务，本节概要地对无效宣告程序作一介绍。

一、设置无效宣告程序的必要性

专利权是一种对发明创造享有的专有权，具有独占性和排他性。对符合《专利法》规定的专利申请授予的专利权，是专利权人因对社会作出贡献而依法应当享有的权益；相反，若一件专利权的授予不符合《专利法》的规定，则是对社会和公众应有权益的不合理限制和侵害。

由于专利权是一种知识产权，属于无形财产，对这种无形财产权及其归属的确认比有形财产权要复杂困难得多，它需要经过一系列的法律程序。根据无形财产权的特点以及法律规定的程序，经国家知识产权局审查授予的专利权只是推定财产权的成立及其归属。而且在审批专利申请的过程中，由于一些主客观因素的影响（例如检索文档不十分完备、对申请日前除出版物以外的公知公用现有技术的状况不可能全面准确掌握、对实用新型和外观设计专利申请不进行实质审查、授予专利权的某些重要条件如创造性和是否充分公开的判断本身存在客观不确定性以及国家知识产权局的审查人员工作经验不足等），难免出现将少数不符合《专利法》规定的专利申请授予专利权的情况。

设置无效宣告程序就向社会、向那些对国家知识产权局授予专利权有不同意见的公众，尤其是向那些与该专利权有直接利害关系的人们提供了一个请求取消该专利权的机会。由此可知，设立专利权无效宣告程序的目的是纠正对不符合《专利法》的专利申请作出的授予专利权的错误决定，即通过无效宣告程序来取消对这些已具有法律效力的财产权的承认，从而维护社会和公众的合法权益，保证专利法的正确执行。

二、无效宣告程序的启动条件

无效宣告程序的启动与复审程序一样也需要满足两个条件，但这两个条件与复审程序不完全一样。

1. 专利申请已被授予专利权

专利权无效宣告请求只能在专利权授予之后提出。在专利申请被授予专利权之前提出无效宣告请求没有意义，因为专利权尚不存在，谈不到宣告专利权无效的问题。

如果有人在授权前认为一项发明专利申请不应该被授予专利权，还不能提出无效宣告请求，只可按照《专利法实施细则》第四十八条的规定，在自该发明专利申请公布日至授权公告日期间针对该专利申请向国家知识产权局提出意见，说明理由，并提供必要的证据，供有关审查部门参考。

在这里，需要说明的是，对于已授权的专利，即使在专利权终止后（如专利权已被放弃或视为放弃）仍然可对其提出无效宣告请求。但是，已被生效的无效宣告请求审查决定宣告全部无效的或者专利权人已对该实用新型专利自始放弃专利权❶的，则不能再对其提出无效宣告请求。

2. 请求人依法提出无效宣告请求

无效宣告程序是按照请求原则进行的，只有当请求人依法提出专利权无效宣告请求时该程序才能启动，专利复审委员会无权自行对一项专利权启动无效宣告程序。

所谓依法提出无效宣告请求是指所提出的无效宣告请求符合《专利法》和《专利法实施细则》的有关规定，即符合《专利法》第四十五条以及《专利法实施细则》第六十五条、第六十六条、第九十三条和第九十九条第三款的有关规定。

无效宣告请求除了提出的时间如第 1 个启动条件所指出的那样必须在授权之后外，还必须满足下述四个条件。

（1）无效宣告请求人的资格

按照《专利法》第四十五条和《专利审查指南 2010》第四部分第三章第 3.2 节的规定，任何具备民事诉讼主体资格的单位或者个人可以对一项已授权的专利提出无效宣告请求。

但是，对于专利权人提出的无效宣告请求，按照《专利审查指南 2010》第四部分第三章第 3.2 节的规定，仅允许一项专利的全部专利权人以公开出版物为证据宣告该项专利权部分无效，这样既防止专利权人或部分专利权人以提出无效宣告请求的手段来损害利害关系人或其他专利权人的合法权益，又解决了我国专利立法中还未考虑授权后专利权人自行缩小专利保护范围的限制程序。按照上述规定，如果一项专利的部分专利权人提出无效宣告请求，或者一项专利的全部专利权人提出宣告该专利权全部无效或不是以公开出版物为证据提出无效宣告请求时，则该无效宣告请求不予受理。

此外，按照《专利法实施细则》第六十六条第三款和《专利审查指南 2010》第四部分第三章第 3.2 节的规定，以授予专利权的外观设计与他人在申请日（要求优先权的，指优先权日）前已经取得的合法权利相冲突为理由提出宣告外观设计专利权无效请求的，请求人应当是在先权利人或者利害关系人。❷

（2）无效宣告请求提出的形式

按照《专利法实施细则》第六十五条第一款的规定，无效宣告请求应当以无效宣告请求书的形式提出，而且无效宣告请求书及其附件应当一式两份，并符合规定的格式。

（3）无效宣告请求的理由及附具有关证据

按照《专利法实施细则》第六十五条第一款的规定，无效宣告请求书应当结合提交的所有证据，具体说明无效宣告请求的理由。

对于除专利权人以外的任何单位或任何个人提出的无效宣告请求，可以以《专利法实施细则》第六十五条第二款中所列出的任何一项或多项理由作为无效宣告请求的理由，并附具支持所述理由的有关证据。但是，根据《专利法实施细则》第六十六条第二款规定的一事不再理原则，若该无效宣告请求的理由和证据与另一在先对该专利权提出的无效宣告请求的理由和证据相同，

---

❶ 指同一申请人在 2006 年 7 月 1 日至 2009 年 10 月 1 日期间就同样的发明创造既申请发明专利又申请实用新型专利时，申请人在发明专利申请实质审查期间为取得发明专利权而表示自始放弃实用新型专利权的情形。

❷ 利害关系人是指有权根据相关法律规定就侵犯在先权利的纠纷向人民法院起诉或者请求相关行政管理部门处理的人。

且对该在先无效宣告请求已作出审查决定后,该无效宣告请求不予受理,从而不能启动无效宣告程序。

但对于全部专利权人提出的无效宣告请求,只能以公开出版物为证据、以授权时的部分权利要求不符合《专利法》第二十二条第二款和/或第三款(即不具备新颖性和/或创造性)或者依照《专利法》第九条规定不能取得专利权等为理由宣告该专利权部分无效。

(4)无效宣告请求的费用

按照《专利法实施细则》第九十三条和第九十九条第三款的规定,应当在提出无效宣告请求之日起1个月内缴纳无效宣告请求费。

此外,对于请求人委托专利代理机构办理有关无效宣告请求事务的,以及请求人为在中国没有经常居所或营业所的外国人、外国企业或外国其他组织的,还应当提交专利代理委托书,写明委托权限。

三、无效宣告程序的审查流程

无效宣告程序的审查流程包括形式审查、合议审查和无效宣告请求审查决定三个阶段。

1. 形式审查

专利复审委员会收到请求人提交的无效宣告请求书后,首先进行形式审查。

形式审查的主要内容包括:无效宣告请求的客体(也可称作无效宣告请求的对象)、无效宣告请求人的资格、无效宣告请求的范围及理由和证据、无效宣告请求书的格式和内容、无效宣告请求的费用,以及必要时的专利代理委托书等。

如果无效宣告请求不是针对授权专利提出的,或者该专利已被生效的无效宣告请求审查决定宣告专利权全部无效的,或者该实用新型专利权已被专利权人自始放弃的(指同一申请人在2006年7月1日至2009年10月1日期间就同样的发明创造既申请发明专利又申请实用新型专利而在发明专利申请实质审查期间为取得发明专利权而表示自始放弃实用新型专利权的情形),该无效宣告请求不予受理。

如果请求人不具备民事诉讼主体资格,或者以授予专利权的外观设计与他人在申请日(要求优先权的,指优先权日)前已经取得的合法权利相冲突为理由请求宣告外观设计专利权无效但不能证明请求人是在先权利人或利害关系人的,该无效宣告请求不予受理。

如果提出宣告专利权无效的请求人是专利权人且请求宣告专利权全部无效或所提供的证据不是公开出版物时,或者请求人不是共有专利权的所有专利权人时,该无效宣告请求不予受理。

除共有专利权的所有专利权人对其共有的专利权提出无效宣告请求的情形外,多个请求人共同提出一件无效宣告请求的,该无效宣告请求不予受理。

如果无效宣告理由不属于《专利法实施细则》第六十五条第二款规定的理由,或者所提出的无效宣告请求没有具体说明无效宣告理由,或者提交了证据但没有结合所提交的所有证据具体说明无效宣告理由的,或者对于需要证据支持的无效宣告理由(如不符合《专利法》第二十二条第二款和/或第三款有关新颖性、创造性规定)没有指明该理由所依据的证据的,该无效宣告请求不予受理。

如果以授予专利权的外观设计与他人在先取得的合法权利相冲突为理由宣告外观设计专利权无效,但未提交证明权利冲突的证据的,该无效宣告请求不予受理。

如果无效宣告理由和证据与另一在先对该专利权提出无效宣告理由和证据相同,且对该在先无效宣告请求已作出审查决定的,根据一事不再理原则,该后一无效宣告请求不予受理。但是,所述理由或证据因时限等原因未被所述决定考虑的情形除外。

请求人为在中国内地没有经常居所或营业所的外国人、外国企业或外国其他组织（包括港澳台请求人）的，未按照《专利法》第十九条第一款的规定委托依法设立的专利代理机构提出无效宣告请求的，该无效宣告请求不予受理。

如果自提出无效宣告请求之日起 1 个月内未缴纳或者未缴足无效宣告请求费的，该无效宣告请求视为未提出。

如果无效宣告请求书中未明确无效宣告请求的范围，或者无效宣告请求书不符合规定格式的，专利复审委员会将发出补正通知书，此时应当在该通知书指定的期限（15 日）内予以补正，期满未补正或者在指定期限内补正两次后仍存在同样缺陷的，该无效宣告请求视为未提出。

《专利审查指南 2010》第四部分第三章第 3.6 节中规定："请求人或者专利人在无效宣告程序中委托专利代理机构的，应当提交无效宣告程序授权委托书，且专利权人应当在委托书中写明委托权限仅限于办理无效宣告程序有关事务。在无效宣告程序中，即使专利权人此前已就其专利委托了在专利权有效期内的全程专利代理并继续该全程代理的机构的，也应当提交无效宣告程序授权委托书。"该节还进一步明确规定："在无效宣告程序中，请求人委托专利代理机构的，或者专利权人委托专利代理机构且在委托书中写明其委托权限仅限于办理无效宣告程序有关事务的，其委托手续或者解除、辞去委托的手续应当在专利复审委员会办理，无须办理著录项目变更手续。"

如果请求人或者专利权人未按上述规定委托专利代理机构，也就是说请求人或专利权人委托专利代理机构而未向专利复审委员会提交委托书，或者请求人未在委托书中写明委托权限、专利权人在委托书中未写明其委托权限仅限于无效宣告程序有关事务的，专利复审委员会将发出补正通知书。此时，请求人或者专利权人应当在专利复审委员会发出的补正通知书指定的 15 日期限内予以补正，期满未补正或补正仍不合格的，视为未委托专利代理。但是，对于请求人为在中国没有经常居所或营业所的外国人、外国企业或外国组织以及为在中国内地没有经常居所或营业所的港澳台地区的请求人，其在提出无效宣告请求时委托了专利代理机构的，在收到上述补正通知书后期满未补正或补正仍不合格，该无效宣告请求不予受理。

如果无效宣告请求人所委托的专利代理机构与该专利的申请人在专利申请阶段所委托的专利代理机构为同一专利代理机构时（包括专利权人在无效宣告请求阶段重新委托的专利代理机构与无效宣告请求人所委托的专利代理机构为同一专利代理机构的情形），专利复审委员会将通知双方当事人在指定期限内变更委托，未在规定期限内变更委托的，后委托的一方则视为未委托专利代理，同一日委托的，视为双方均未委托专利代理。

同一当事人与多个专利代理机构同时存在委托关系的，当事人应当以书面方式指定其中一个专利代理机构作为收件人；未指定的，专利复审委员会将在无效宣告程序中最先委托的专利代理机构视为收件人；最先委托的代理机构有多个的，将署名在先的专利代理机构视为收件人；署名无先后，即同日分别委托的，则通知当事人在指定期限内指定，未在指定期限内指定的，视为未委托专利代理。

无效宣告请求经形式审查符合《专利法》《专利法实施细则》和《专利审查指南 2010》有关规定的，则该无效宣告请求被受理，专利复审委员会将向请求人发出无效宣告请求受理通知书；与此同时，专利复审委员会也向专利权人（以下或称作"被请求人"）发出无效宣告请求受理通知书，并向其转送无效宣告请求书和有关文件副本，要求其在收到该通知书之日起 1 个月内答复。对于专利权人委托专利代理机构在专利有效期间全程代理的情况，上述受理通知书、无效宣告请求书和有关文件副本转送其负责全程代理的专利代理机构。专利权人或其专利代理机构应当在该指定的 1 个月期限内作出答复，对于发明或实用新型专利权来说在答复时可以修改权利要求书。

如果受理的无效宣告请求涉及专利侵权案件的，专利复审委员会可以应人民法院、地方知识产权管理部门或者请求人的请求，向受理该专利侵权纠纷案件的人民法院或者地方知识产权管理部门发出无效宣告请求受理通知书。

当专利权人对无效宣告请求作出答复后，或者专利权人虽未答复、但该指定答复期限届满后，该无效宣告程序就进入了合议审查阶段。

2. 合议审查

通常，在无效宣告请求受理后，专利复审委员会将成立合议组对该无效宣告请求进行合议审查。

（1）审查范围

在无效宣告程序中，专利复审委员会通常仅针对请求人提出的无效宣告请求的范围、理由和提交的证据进行审查，不承担全面审查专利有效性的义务。

对于专利复审委员会作出专利权部分无效的审查决定生效后，针对该专利权再次提出无效宣告请求的审查，以该专利被维持有效的部分作为审查基础。

按照《专利法实施细则》第六十七条的规定，请求人可以在提出无效宣告请求之日起 1 个月内增加理由或者补充证据，逾期增加理由或者补充证据的，合议组可以不予考虑。因此，对于请求人在提出无效宣告请求之日起 1 个月内增加的无效宣告请求的理由和补充的证据应当列入合议审查的范围。而对于请求人在提出无效宣告请求之日起 1 个月后增加的理由或者补充的证据，《专利审查指南 2010》第四部分第三章第 4.1 节又作了明确规定，除了在下面第（2）和第（3）点中所列出的情形外，合议审查时将不予考虑。

此外，合议组在下述七种情形下可以依职权进行合议审查：

①请求人提出的无效宣告理由明显与其提交的证据不相对应的，合议组可以告知其有关法律规定的含义，并允许其变更或者依职权变更为相对应的无效宣告理由；

②专利权存在请求人未提及的明显不属于专利保护客体的缺陷，合议组可以引入相关无效宣告理由进行审查；

③专利权存在请求人未提及的缺陷而导致无法针对请求人提出的无效宣告理由进行审查的，合议组可以依职权针对专利权的上述缺陷引入相关无效宣告理由并进行审查；

④请求人请求宣告权利要求之间存在引用关系的某些权利要求无效，而未以同样的理由请求宣告其他权利要求无效，不引入该无效宣告理由将会得出不合理的审查结论的，合议组可以依职权引入该无效宣告理由对其他权利要求进行审查；

⑤请求人以权利要求之间存在引用关系的某些权利要求存在缺陷为由请求宣告其无效，而未指出其他权利要求也存在相同性质的缺陷的，合议组可以引入与该缺陷相对应的无效宣告理由对其他权利要求进行审查；

⑥请求人以不符合《专利法》第三十三条或者《专利法实施细则》第四十三条第一款的规定为由请求宣告专利权无效，且对修改超出原申请文件记载范围的事实进行了具体的分析和说明，但未提交原申请文件的，合议组可以引入该专利的原申请文件作为证据；

⑦合议组可以依职权认定技术手段是否为公知常识，并可以引入技术词典、技术手册、教科书等所属技术领域中的公知常识性证据。

（2）无效宣告理由的增加

按照《专利法实施细则》第六十七条和《专利审查指南 2010》第四部分第三章第 4.2 节的

规定，请求人可以在提出无效宣告请求之日起 1 个月内增加无效宣告请求的理由，并且应当在此期限内对所增加的无效宣告理由作出具体说明。

请求人在提出无效宣告请求之日起 1 个月后增加无效宣告理由的，合议组一般不予考虑。但是被请求人（即专利权人）以合并方式修改权利要求的，允许请求人在指定作出意见陈述的期限内增加无效宣告理由，并在该期限内对所增加的无效宣告理由作出具体说明。此外，还允许请求人对明显与提交的证据不相对应的无效宣告理由进行变更。

（3）举证期限

对于请求人来说，正如前面所指出的那样，允许其在提出无效宣告请求之日起 1 个月内补充证据，此时请求人应当结合该证据具体说明相关的无效宣告理由。

请求人在提出无效宣告请求之日起 1 个月后补充证据（包括外文证据的中文译文）的，合议组一般不予考虑。但是被请求人（即专利权人）以合并方式修改权利要求或者提供反证的，允许请求人在指定作出意见陈述的期限内补充证据，并在该期限内结合该证据具体说明相关的无效宣告理由。此外，还允许请求人在口头审理辩论终结前提交技术词典、技术手册和教科书等所属技术领域中的公知常识性证据或者用于完善证据法定形式的公证文书、原件等证据，请求人应当在该期限内结合该证据具体说明相关的无效宣告理由。

对于被请求人（即专利权人）来说，应当在专利复审委员会指定的答复期限内提交证据（包括外文证据的中文译文），但对于技术词典、技术手册和教科书等所属技术领域中的公知常识性证据或者用于完善证据法定形式的公证文书、原件等证据，可以在口头审理辩论终结前补充。被请求人提交或者补充证据的，应当在上述期限内对提交或者补充的证据作具体说明。被请求人提交或者补充证据不符合上述期限规定或者未在上述期限内对所提交或者补充的证据具体说明的，合议组将不予考虑。

对于有证据表明因无法克服的困难在上述期限内不能提交的证据，请求人或者被请求人可以在所述期限内书面请求延期提交。对于不允许延期提交明显不公平的，合议组将会允许延期提交。

（4）审查方式

在合议审查阶段，合议组针对案件的不同情况，采用不同的审查方式。

①合议组经审查，认为请求人提交的证据充分，其请求宣告专利权全部无效的理由成立，则不论被请求人（即专利权人）是否作出答复，只要被请求人未要求进行口头审理，就可以直接作出宣告专利权全部无效的决定。在这种情况下，若请求人请求宣告无效的范围是宣告专利权部分无效，则也可以针对该范围作出宣告专利权部分无效的决定。

②合议组经审查，认为请求人请求宣告无效的范围部分成立，可能会在比请求人请求宣告无效的范围小的范围作出宣告专利权部分无效的决定，不论被请求人是否作出答复，将采用口头审理的方式进行合议审查。

③合议组经审查，认为被请求人在指定期限内作出的答复中陈述的理由充分，可能会作出维持专利权的决定的，合议组根据案情选择发出转送文件通知书或者发出无效宣告请求审查通知书（并向请求人附送转送文件通知书）进行书面审查，或者发出口头审理通知书（并向请求人附送转送文件通知书）进行口头审理。

④合议组经审查，认为请求人提交的证据不充分，其请求宣告专利权无效的理由不成立，尽管被请求人在指定期限内未作出答复，但仍有可能作出维持专利权的决定的，合议组将根据案情选择发出无效宣告请求审查通知书进行书面审查，或者发出口头审理通知书进行口头审理。

（5）无效宣告请求审查通知书

由上述无效宣告请求合议审查阶段的审查方式可知，在无效宣告请求的合议审查中合议组根据案情会选择发出无效宣告请求审查通知书。该通知书主要在下述几种情况发出：

①当事人主张的事实或者提交的证据不清楚或者有疑问的；

②被请求人（即专利权人）对其专利文件进行了修改，但该修改不符合《专利法》《专利法实施细则》和/或《专利审查指南2010》有关规定的；

③需要依职权引入当事人未提及的理由或者证据的；

④其他有必要发出无效宣告请求审查通知书的情形。

无效宣告请求审查通知书向双方当事人发出。通知书的内容所针对的一方当事人或双方当事人应当在通知书中指定的1个月期限内作出答复。期满未答复的，视为当事人已得知通知书中所涉及的事实、理由和证据，且对通知书中认定的上述内容未提出反对意见。

（6）口头审理

口头审理是无效宣告请求案在合议审查阶段的主要审查方式。

合议审查阶段口头审理的启动有两种方式，除了前面所述的合议组可以根据案情自行决定进行口头审理的以外，当事人也可以以书面方式向专利复审委员会提出口头审理请求，允许其提出口头审理请求的理由有下述几种：

①要求与对方当面质证和辩论；

②需要当面向合议组说明事实；

③需要实物演示；

④需要请出具过证言的证人出庭作证。

对于尚未进行口头审理的无效宣告案件，合议组在审查决定作出前收到当事人依据上述理由以书面方式提出口头审理请求的，应当同意进行口头审理。

无论以何种方式启动口头审理，合议组会向双方当事人发出口头审理通知书。双方当事人应当在收到口头审理通知书之日起7日内向专利复审委员会提交口头审理通知书回执。无效宣告请求人期满未提交回执，且不参加口头审理的，其无效宣告请求视为撤回；被请求人（即专利权人）不参加口头审理的，可以缺席审理。

口头审理过程包括四个阶段：口头审理预备阶段、口头审理调查阶段、口头审理辩论阶段以及休庭合议和宣布口头审理结论阶段。

在口头审理预备阶段，首先由合议组核对参加口头审理人员的身份证件并确认其有无参加口头审理的资格。合议组组长宣布口头审理开始后，介绍合议组成员，然后由当事人介绍出席口头审理人员。询问双方当事人对于对方出席人员资格有无异议，是否请求审案人员回避，是否请证人出庭作证和请求演示物证。此外还询问双方当事人有无和解愿望。

口头审理调查之前，必要时先由合议组成员简要介绍案情。然后，开始口头审理调查。先由请求人陈述无效宣告请求的范围及其理由，并简要陈述有关事实和证据，再由被请求人答辩。其后，由合议组就本案的无效宣告请求的范围、理由和各方当事人提交的证据进行核对，确定口头审理的审理范围。当事人当庭增加理由或者补充证据的，合议组将根据有关规定判断所述理由或者证据是否予以考虑。决定予以考虑的，给予首次得知所述理由或者收到证据的对方当事人选择当庭口头答辩或者保留以后进行书面答辩的权利。接着，由请求人就无效宣告请求的理由以及所依据的事实和证据进行举证，然后由被请求人进行质证，需要时被请求人可以提出反证，由对方当事人进行质证。案件存在多个无效宣告理由、待证事实或者证据的，当事人应当按照无效宣告理由和待证事实逐个举证和质证。此外，为了全面、客观地查清案件事实，合议组会就有关事实和证据向当事人或者证人提问，或者要求当事人或证人作出解释。

在口头审理调查后，如果双方当事人对案件证据和事实无争议，则可以在双方当事人对证据和事实予以确认的基础上，直接进行口头审理辩论。由双方当事人就证据所表明的事实、争议的问题和适用的法律、法规各自陈述意见，进行辩论。如果双方当事人对案件证据和事实有争议，双方当事人应当首先就该事实或证据是否可以采信进行争辩，然后再以此为基础就争议的问题和适用的法律、法规陈述意见。在口头审理辩论时，合议组可以根据需要就某一争议问题提问，请各方当事人更清楚地阐明观点和理由。

在双方当事人辩论意见表达完毕后，口头审理辩论结束，由双方当事人作最后意见陈述。双方当事人在最后陈述意见时，主要说明通过上述调查和辩论后己方的观点有无变化，不必重复调查和辩论时的陈述，至多简要列出支持己方观点的理由。

在双方最后陈述意见之后，口头审理暂时休庭，由合议组举行合议组会议进行合议。合议结束后，口头审理重新开始，由合议组组长宣布口头审理结论。口头审理结论主要有两种：一种是当场口头宣布审查决定的结论，并表示在一定期限内作出正式的书面审查决定；另一种是当场不宣布审查决定的结论，以后再作出正式书面审查决定。对于后一种，可以是事实已基本查清、可作出书面审查决定的情况，也可以是要求某一方或双方完成某一项工作后再作出书面审查决定的情况。

在口头审理过程中，若出现下述情况，合议组组长可以宣布中止口头审理：

①当事人请求审案人员回避的；

②当事人双方因和解需要协商的；

③需要对发明创造进一步演示的；

④合议组认为必要的其他情形。

在口头审理时，如果当事人一方未出庭，如被请求方未出庭，或请求方在口头审理回执中表示不出庭的，则可以在该方当事人缺席的情况下进行口头审理。

口头审理过程中，由书记员或者由合议组组长指定的合议组成员进行记录。担任记录的人员将重要的审理事项记入口头审理笔录。重要的审理事项包括：被请求人一方声明放弃的权利要求；请求人一方声明放弃的无效宣告请求的范围、理由或证据；双方当事人均认定的重要事实等。双方当事人应当对口头审理笔录进行核实，若有差错，当事人有权要求更正，若核实无误，双方当事人应当签字确认。

（7）案件的合并审理

为提高审查效率和减少当事人负担，合议组可以对案件合并审理。合并审理的情形通常包括：

①针对一项专利权的多个无效宣告案件，尽可能合并口头审理；

②针对不同专利权的无效宣告案件，部分或者全部当事人相同且案件事实相互关联的，合议组可以依据当事人的请求或者自行决定合并口头审理。

但是，案件的合并审理仅仅指合并进行口头审理❶，合并审理的各无效宣告案件的证据不得相互组合使用。

----

❶ 在实践中，合并口头审理只是将这几个无效案件的审理安排在同一个上午、同一天或者相邻的两天中，这几件无效案件的口头审理仍然是分开进行的。

3. 无效宣告请求审查决定

合议组根据不同的案情采用不同的审查方式进行合议审查之后，在澄清事实的基础上按照少数服从多数的原则，通过表决作出无效宣告请求审查决定。

按照《专利审查指南 2010》第四部分第三章第 5 节的规定，无效宣告请求决定分为三种类型：

①宣告专利权全部无效；

②宣告专利权部分无效，即维持专利权部分有效；

③维持专利权有效。

对于发明和实用新型专利，宣告专利权部分无效是指这样的情况：请求人针对一件发明或者实用新型专利的部分权利要求的无效宣告理由成立，针对其余权利要求（包括以合并方式修改后的权利要求）的无效宣告理由不成立，则无效宣告请求审查决定宣告上述无效宣告理由成立的部分权利要求无效，并且维持其余的权利要求有效。具体说来，主要包括两种情况：其一，独立权利要求无效，全部从属权利要求、部分从属权利要求或者将两项或两项以上彼此间无从属关系但又从属于该独立权利要求的从属权利要求以合并方式改写成新的权利要求维持有效；其二，权利要求书中要求保护多项发明创造，即该权利要求书中包含多组独立权利要求和从属权利要求，其中至少有一组独立权利要求和从属权利要求全部有效，或者该组中的全部从属权利要求、部分从属权利要求或者将两项或两项以上彼此无从属关系但又从属于该同一独立权利要求的从属权利要求以合并方式改写成新的权利要求维持有效，而其余的权利要求（包括其他组独立权利要求和从属权利要求）宣告无效。对于外观设计专利，宣告专利权部分无效是指这样的情况：外观设计专利包含若干个具有独立使用价值的产品的外观设计，请求人针对其中一部分产品的外观设计专利的无效宣告理由成立，针对其余产品的外观设计专利的无效宣告理由不成立，则无效宣告请求审查决定对无效宣告理由成立的这部分产品外观设计专利宣告无效，并且维持其余产品的外观设计专利有效。

无效宣告请求审查决定由主审员根据合议组的表决结果撰写，经合议组全体成员签字，必要时经专利复审委员会主任委员或副主任委员审批以后，以专利复审委员会的名义发送给双方当事人。对于涉及侵权纠纷案件的无效宣告请求案件，在无效宣告请求审理开始之前曾通知有关人民法院或者地方知识产权管理部门的，还将该审查决定与无效宣告审查结案通知书一起送交有关人民法院或者地方知识产权管理部门。

专利复审委员会作出的宣告专利权全部无效或部分无效的决定生效后，将由国家知识产权局登记和公告。其中，宣告专利权全部无效的，该专利权视为自始即不存在；宣告专利权部分无效的，被宣告无效的部分视为自始即不存在，但被维持有效的部分（包括修改后的权利要求）也同时视为自始即存在。

对于无效宣告请求审查决定，专利复审委员会将予以公开出版。其中当事人不服向法院起诉并受理的，在法院判决并发生法律效力后，无效宣告请求审查决定与法院判决书一起公开出版。

在这里，还需要说明一点，按照《专利审查指南 2010》第四部分第一章第 7.6 节的规定，在无效宣告程序中还存在一种驳回请求的情况：即对于已经受理的无效宣告案件，经审查认定不符合受理条件的，经专利复审委员会主任委员或副主任委员批准后，作出驳回无效宣告请求的决定。但该决定不属于无效宣告请求审查决定，而属于无效宣告程序中与无效宣告请求不予受理、无效宣告请求视为未提出等具有同样性质的行政决定。

4. 无效宣告程序的中止、恢复、起诉和终止

下面对无效宣告程序的中止和恢复、不服无效宣告请求审查决定的起诉、无效宣告程序的终

止以及专利权人在无效宣告期间放弃专利权等四个方面的内容作简单介绍。

（1）无效宣告程序的中止和恢复

按照《专利法实施细则》第八十六条第一款和第八十七条的规定，无效宣告程序审查过程中出现下述两种情形会导致该无效宣告程序中止。

①存在专利权归属纠纷的，专利复审委员会自收到专利权归属纠纷的当事人提交的中止无效宣告程序的书面请求以及专利权归属纠纷受理通知书副本之日起，将中止对该专利权提出的无效宣告请求的审查。

②人民法院在审理民事案件中裁定对专利权采取保全措施的，专利复审委员会在收到人民法院对专利权采取保全措施的民事裁定书和要求专利复审委员会协助执行专利权保全的协助执行通知书之日起，将中止对该专利权提出的无效宣告请求的审查。

无效宣告程序中止审查后，发生下述情形之一，专利复审委员会将恢复对该专利权提出的无效宣告请求的审查：

①收到权属纠纷的当事人、利害关系人（如得知权属纠纷已撤诉的无效宣告请求人）、地方知识产权管理部门或人民法院送交的已生效的调解书、裁定书或者判决书（正式文本或副本），其中涉及权利人变更的已办理了著录项目变更手续；

②收到采取保全措施的人民法院送达的符合规定的解除保全通知书；

③因采取保全措施而中止的 6 个月期限届满并且未收到采取保全措施的人民法院裁定继续采取保全措施的通知；

④无论是因权属纠纷当事人请求的中止还是应人民法院要求协助执行财产保全的中止，无效宣告程序的中止期限不超过 1 年，中止审查满 1 年的，专利复审委员会自行恢复该无效宣告程序。

（2）不服无效宣告请求审查决定的起诉

按照《专利法》第四十六条第二款的规定，对专利复审委员会宣告专利权无效（包括全部无效或部分无效）或者维持专利权的决定不服，可以自收到无效宣告请求审查决定之日起 3 个月内向北京知识产权法院起诉。对方当事人应法院的通知可以作为第三人参加诉讼。

需要说明的是，自 2000 年第二次修改《专利法》以后，专利复审委员会对实用新型专利权或外观设计专利权作出的无效宣告请求审查决定不再是终局决定，因而当事人不服专利复审委员会对发明、实用新型或外观设计专利权作出的无效宣告请求审查决定的，均可向人民法院提出行政诉讼。

（3）无效宣告程序的终止

无效宣告程序在下述六种情况下终止。

①请求人在专利复审委员会对无效宣告请求作出审查决定之前，可以撤回其无效宣告请求，请求人撤回无效宣告请求，则该无效宣告程序终止，但专利复审委员会认为根据已进行的审查工作能够作出宣告专利权无效或者部分无效的决定的除外。

②无效宣告请求人未在口头审理通知书的指定期限内提交口头审理回执，且不参加口头审理的，其无效宣告请求被视为撤回，从而该无效宣告程序终止，但专利复审委员会认为根据已进行的审查工作能够作出宣告专利权无效或者部分无效的决定的除外。

③专利复审委员会作出的宣告专利权全部无效的审查决定生效前，针对该专利权又提出了其他无效宣告请求的，在此宣告该专利权全部无效的审查决定生效后，对该专利权提出的其他无效宣告请求的审查程序终止。

④专利复审委员会对无效宣告请求作出审查决定之后，双方当事人在收到该审查决定之日起3个月内均未向人民法院提出行政诉讼，审查决定生效，该无效宣告程序终止。

⑤专利复审委员会对无效宣告请求作出审查决定之后，有关当事人在收到该审查决定之日起3个月内向人民法院提出行政诉讼，则进入行政诉讼程序：若人民法院作出了维持专利复审委员会的无效宣告请求审查决定的判决且行政诉讼原告未依法上诉的，该无效宣告程序终止；若人民法院判决撤销专利复审委员会的无效宣告请求审查决定，且专利复审委员会和作为第三人的另一方当事人均未上诉，则在专利复审委员会根据人民法院的判决重新作出无效宣告请求审查决定生效后，无效宣告程序终止；对于上诉的案件，根据《民事诉讼法》两审终审的原则，二审判决即为终审判决。

⑥已受理的无效宣告请求因不符合受理条件而被驳回请求的，该驳回请求生效后，无效宣告程序终止。

（4）专利权人在无效宣告程序期间放弃专利权

专利权人放弃专利权与宣告专利权无效两者的法律效果不同，前者失去专利权的时限从其放弃时起算，而后者宣告无效的专利权视为自始即不存在。因此，正如前面所述，在专利权终止后，例如，在专利权保护期届满后或专利权人放弃专利权后，仍可向专利复审委员会提出无效宣告请求。既然如此，在无效宣告程序中，如果专利权人以书面声明放弃专利权，该无效宣告程序不受影响，将继续进行。

《专利审查指南2010》第四部分第三章第2.2节明确了在无效宣告程序中专利权人放弃某项权利要求就表示其承认请求人对该权利要求的无效宣告请求的两种情况：

①在无效宣告程序中，专利权人针对请求人提出的无效宣告请求主动缩小专利权保护范围且相应的修改已被专利复审委员会接受的，视为专利权人承认大于该保护范围的权利要求自始不符合《专利法》和/或《专利法实施细则》的有关规定，并且承认请求人对该权利要求的无效宣告请求，从而免去请求人对宣告该权利要求无效这一主张的举证责任；

②在无效宣告程序中，专利权人声明放弃部分权利要求或者多项外观设计的部分项的，视为专利权人承认该项权利要求或外观设计自始不符合《专利法》和/或《专利法实施细则》的有关规定，并且承认请求人对该项权利要求或外观设计的无效宣告请求，从而免去请求人对宣告该项权利要求或外观设计无效这一主张的举证责任。

根据《专利审查指南2010》中的上述规定，一旦专利权人在无效宣告请求程序中表示放弃其专利权，则专利复审委员会将会作出宣告该专利权全部无效的无效宣告请求审查决定。

5. 无效宣告请求审查流程图

为帮助专利代理人和申请人更全面、更清楚地了解无效宣告程序，下面采用方框图的方式简要说明无效宣告程序的审查流程，其中粗线框表示应当由有关当事人或其专利代理人完成的工作。

无效宣告请求审查流程图

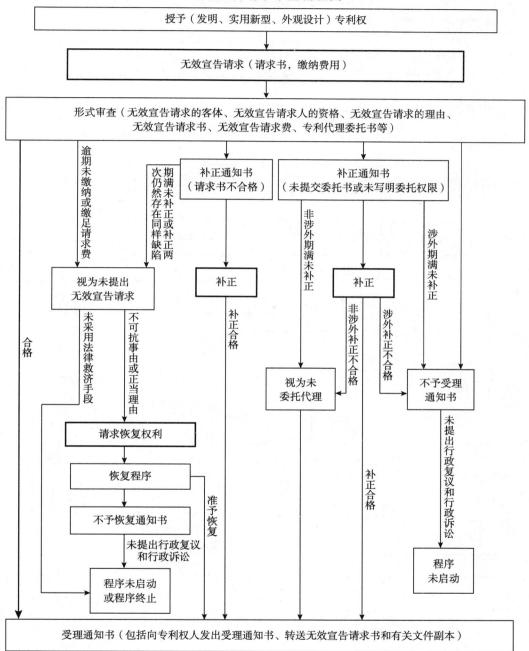

（接下页）

（续前页）

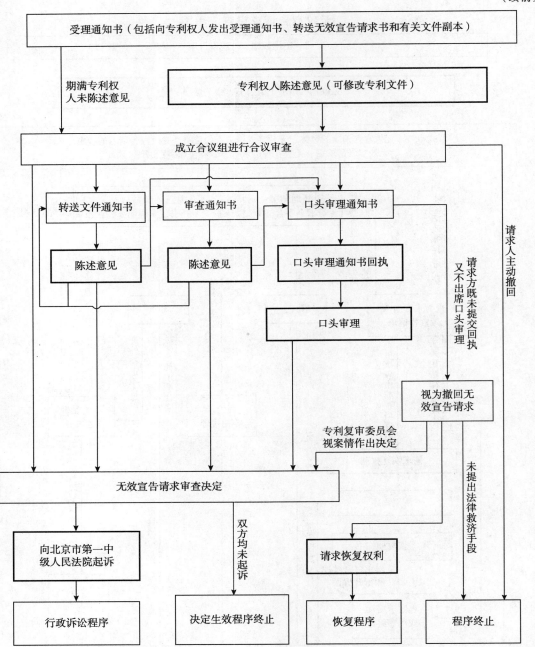

说明：不予受理通知书有多种情况，请参阅本章本节之三中"1. 形式审查"这一部分有关内容。

四、宣告专利权无效的法律效力

专利权具有普遍的约束力，其法律效力具有社会性的效力。与此相应，宣告专利权无效的法律效力也是社会性的效力，不仅对提出无效宣告请求的特定当事人产生效力，对其他公众也产生同样的效力。

按照《专利法》第四十七条第一款的规定，宣告无效的专利权视为自始即不存在。该条第二款和第三款对第一款的内容作了补充。根据上述规定，在宣告专利权无效后，将按下述几种情况来处理有关专利的善后事宜。

①专利权无效宣告请求往往伴随着专利权的侵权诉讼或侵权纠纷处理而产生。对于侵权诉讼或者侵权纠纷处理来说，侵权成立以专利权有效为前提，因而专利权一旦被宣告全部无效，侵权的前提不再存在，人民法院或者地方知识产权管理部门就可以作出侵权不成立的判决，侵权诉讼程序随之终止。如果专利权被宣告部分无效，则针对被维持有效的权利要求作出是否侵权的判决。

②宣告专利权无效的决定，对在宣告专利权无效前人民法院作出并已执行的专利侵权的判决、调解书，地方知识产权管理部门作出并已履行或强制执行的专利侵权纠纷处理决定，以及已经履行的专利实施许可合同和专利权转让合同，不具有追溯力。但是，对此有三种例外：合同中另有规定的按合同内容执行；因专利权人的恶意给他人造成的损失，应当给予赔偿；依照上述规定不返还专利侵权赔偿金、专利使用费、专利权转让费，明显违反公平原则的，应当全部或者部分返还。

第二节　提出无效宣告请求时的专利代理

正如前节所述，无效宣告程序从提出无效请求开始，作为请求方的专利代理人受请求人的委托，将承担向专利复审委员会提出无效宣告请求的工作。本节对请求方的专利代理人在提出无效宣告请求时应当进行的几项工作作一介绍，重点介绍无效宣告请求理由的确定、无效宣告请求证据的准备以及无效宣告请求书的撰写。

一、接受委托代理

当请求方委托专利代理机构办理向专利复审委员会无效宣告请求的事务时，作为专利代理机构指派的专利代理人在着手无效宣告请求的具体工作之前，需要做好三方面的工作：确定所在专利代理机构是否有资格接受委托；核实无效宣告请求人的资格；明确本次无效宣告请求的目的。

1. 确定是否有资格接受委托

按照《专利代理条例》第十条的规定❶：专利代理机构接受委托后，不得就同一内容的专利事务接受有利害关系的其他委托人的委托。根据此规定，在接受无效宣告请求人的委托之前，应当首先确定所在专利代理机构是否有资格接受这项委托。

如果发现该项专利的申请工作是本专利代理机构代理的，那么，应告知请求人上述事实，不能为其代理，让请求人委托其他专利代理机构办理无效宣告请求有关事务。在这种情况下，若仍作为请求方的代理人提出无效宣告请求，则专利复审委员会将在形式审查时发出通知书，要求当事人在指定期限内变更委托，在指定的期限内未变更委托，则视为该无效宣告请求未委托代理。

此外，如果该项专利的申请工作与本专利代理机构无关，但是该项专利的专利权人与本专

---

❶ 在 2013 年国务院法制办的《专利代理条例修订草案（征求意见稿）》中第三十二条第一款和第二款作出了更明确的规定："专利代理机构接受委托后，不得就同一专利申请或者专利权的事务接受有利益冲突关系的其他当事人的委托。""专利代理师不得就同一专利申请或者专利权的事务对有利益冲突的双方或者多方当事人提供代理服务。"

代理机构有其他业务关系，并签订了包含对本专利代理机构约束要求条款的协议，则也应当遵守此协议，并将此情况告知请求人，不能再为其代理，让请求人委托其他专利代理机构办理无效宣告请求有关事务。在这个问题上，对涉外专利代理机构需要强调一点，由于国外一些大公司在中国往往委托几家涉外专利代理机构分别为他们办理一部分专利申请案，因而当所委托的无效宣告请求针对的专利权虽然不是本专利代理机构代理的专利申请，但该项专利权的专利权人是本专利代理机构的主要客户时，最好也不要接受此项委托。否则，尽管未明显违反《专利代理条例》的规定，但在国际上通常认为这样做是不妥当的。

经核实后不属于上述两种情况，就有资格接受无效宣告请求人的委托。❶

2. 核实无效宣告请求人的资格

在确定所在专利代理机构有资格接受请求人的委托办理无效宣告请求事务的同时，在有些情况下还需要核实一下无效宣告请求人的资格。首先，该无效宣告请求人应当具备民事主体资格；其次，若无效宣告请求人拟以授予专利权的外观设计与他人在申请日（有优先权的，指优先权日）前已经取得的合法权利相冲突为无效宣告理由请求宣告外观设计专利权无效的，该无效宣告请求人应当是在先权利人或者利害关系人（即有权根据相关法律规定就侵犯在先权利的纠纷向人民法院起诉或请求相关行政管理部门处理的人）。对于不符合上述两种规定的情况，应当告知委托人，其不具备无效宣告请求人的资格，应当改由具备无效宣告请求人资格的人（前者为具备民事主体资格的请求人，后者为在先权利人或利害关系人）提出无效宣告请求，否则该无效宣告请求将不予受理。此外，如果无效宣告请求是由一件共有专利权的部分专利权人针对该共有专利权提出的，则应当告知委托人，该无效宣告请求需要由所有专利权人共同提出，否则该无效宣告请求将不予受理。

3. 明确无效宣告请求的目的

专利代理人在接受请求人委托办理无效宣告请求事务时，还应当了解请求人为什么提出无效宣告请求。目前提出无效宣告请求主要有四种情况：第一种是侵权反诉；第二种是请求人即将开发成的产品可能落入该专利权的保护范围；第三种是请求人提出宣告无效的专利是在其本人专利申请日之后提出的相似或相近专利；第四种是因技术转让引起的。专利代理人应根据这四种情况帮助请求人确定相应的对策。

对于前两种情况，无效宣告请求不一定非要以争取专利权全部无效为目的，在有些情况下宣告部分无效即可。甚至在个别情况下，即使仍维持专利权有效，但通过无效宣告请求使该专利的发明点转移到己方产品中不包含的技术特征上去，就有可能达到不侵权的目的，此时对请求人来说，无效宣告请求仍然是成功的。因此，对侵权反诉情况，专利代理人应帮助请求人分析其产品或方法与该专利的区别，从而确定是提出全部无效还是部分无效。

对于相似或相近专利问题，专利代理人应首先将两份专利进行分析比较。若在后专利是请求人在先专利的改进专利，不一定非要提出无效宣告请求，因为提出无效宣告请求不一定成功，更何况在这种情况下，可以要求该在后专利的专利权人在实施他本人的专利时支付使用在先专利的使用费。对于那些没有任何实质改进的在后专利，或者是在先专利中较有前景的优选实施方式，才有必要提出无效宣告请求。

对于因技术转让而引起的无效宣告请求应弄清是专利本身的实质性缺陷还是技术转让合同存在问题，然后采取不同的对策。

当所在专利代理机构有资格接受无效宣告请求的委托，且请求人具有提出无效宣告请求的资

---

❶ 由于目前专利代理机构之间专利代理人的流动较多，因此还应当关注该件无效宣告请求案涉及的专利申请工作中的专利代理人，如该专利代理人已调到本专利代理机构工作，则不能指派该专利代理人来承担该件无效宣告请求案的代理工作，应当指派其他专利代理人来承担。

格，并通过与请求人的沟通明确了无效宣告请求的目的，就可以着手无效宣告请求书撰写的准备工作：确定无效宣告请求的理由，准备无效宣告请求的证据。

二、无效宣告请求理由的确定和无效宣告请求证据的准备

专利代理人在着手无效宣告请求书的准备工作时，需要认真阅读专利文件，在正确理解专利文件要求保护主题的基础上分析该授权的专利存在哪些会影响其专利有效的实质性缺陷，并结合所收集的证据选择和确定无效宣告请求所采用的无效宣告理由。为做好这方面的工作，专利代理人应当十分熟悉《专利法》和《专利法实施细则》所规定的无效宣告理由，因而在此先对《专利法实施细则》第六十五条第二款所规定的无效宣告请求理由作一简单说明。

1. 法定无效宣告请求理由简介

《专利法实施细则》第六十五条第二款对允许提出的无效宣告请求理由作了明确规定，按照此规定，可归纳为下述 17 个可以作为无效宣告请求的理由。

①授予专利权的发明创造不符合《专利法》第二条第二款、第三款和第四款有关发明、实用新型或者外观设计的定义。❶

②授予专利权的发明创造的主题违反国家法律、社会公德或妨害公共利益，属于《专利法》第五条第一款规定的不授予专利权的情况。

③授予专利权的发明创造依赖遗传资源完成、但该遗传资源的获取或者利用违反法律、行政法规的规定，属于《专利法》第五条第二款规定的不授予专利权的情况。❷

④授予专利权的发明或者实用新型属于《专利法》第二十五条第一款第（一）项至第（五）项中任一项规定的不能授予专利权的客体（科学发现、智力活动的规则和方法、疾病的诊断和治疗方法、动物和植物品种及生产动物和植物品种的主要是生物学的方法、原子核变换方法和用该方法获得的物质）。

⑤授予专利权的外观设计是对平面印刷品的图案、色彩或者二者的结合作出的主要起标识作用的设计，属于《专利法》第二十五条第一款第（六）项规定的不能授予专利权的客体。❸

⑥授予专利权的发明或者实用新型不符合《专利法》第二十二条第二款、第三款有关新颖性、创造性的规定。❹

⑦授予专利权的发明或者实用新型不符合《专利法》第二十二条第四款有关实用性的规定。

⑧授予专利权的外观设计属于现有设计，或者与任何单位或者个人的在先申请、在后公告的

---

❶ 对于申请日（有优先权要求的，指优先权日）在 2009 年 10 月 1 日之前的专利，该无效宣告请求的理由应为："授予专利权的发明创造不符合修改前的《专利法实施细则》第二条有关发明、实用新型或者外观设计的定义。"

❷ 此无效宣告请求的理由仅适用于申请日（有优先权要求的，指优先权日）在 2009 年 10 月 1 日以后的专利，更确切地是指发明专利。

❸ 此无效宣告理由所涉及的内容是 2008 年修改《专利法》新增加的内容，仅适用于申请日（有优先权要求的，指优先权日）在 2009 年 10 月 1 日以后的外观设计专利。

❹ 就此无效宣告理由来说，修改前后的《专利法》第二十二条第一款有关"授予专利权的发明和实用新型应当具备新颖性、创造性和实用性"的规定没有变化，但其第二款和新增第五款的内容使得有关新颖性、创造性的具体规定有了改变，因而在选择此无效宣告请求的理由时应当注意该条款在修改前后的变化：对于申请日（有优先权要求的，指优先权日）在 2009 年 10 月 1 日以后的发明和实用新型专利，申请人本人的在先申请、在后公布或公告的中国专利申请文件或专利文件可以用作判断其是否具备新颖性的对比文件，而对于申请日（有优先权要求的，指优先权日）在 2009 年 10 月 1 日前的发明或实用新型专利，则不可作为判断其是否具备新颖性的对比文件，只能作为判断其是否不符合修改前的《专利法实施细则》第十三条有关同样的发明创造只能授予一项专利权规定的证据；此外，对于申请日（有优先权要求的，指优先权日）在 2009 年 10 月 1 日前的发明和实用新型专利，该申请日（有优先权要求的，指优先权日）前国外的公开使用或者其他方式的公开不构成该发明和实用新型专利的现有技术，不能作为判断其是否具备新颖性和创造性的证据，而对于申请日（有优先权要求的，指优先权日）在 2009 年 10 月 1 日以后的发明或实用新型专利构成该发明和实用新型专利的现有技术，可以用作判断其是否具备新颖性和创造性的证据。

中国外观设计专利文件中记载的外观设计为同样的外观设计，不符合《专利法》第二十三条第一款的规定，或者授予专利权的外观设计与现有设计或者现有设计特征的组合相比不具有明显区别，不符合《专利法》第二十三条第二款的规定。❶

⑨授予专利权的外观设计与他人在先已取得的合法权利相冲突，不符合《专利法》第二十三条第三款的规定。

⑩授予专利权的发明创造不符合《专利法》第九条规定的同样的发明创造只能授予一项专利权的规定。❷

⑪授予专利权的发明或实用新型专利说明书没有对发明或者实用新型作出清楚完整的说明、致使所属技术领域的技术人员不能实施，即未充分公开发明或者实用新型专利保护的主题，不符合《专利法》第二十六条第三款的规定。

⑫授予专利权的发明或者实用新型专利的权利要求书未以说明书为依据或者未清楚地限定专利要求保护的范围，不符合《专利法》第二十六条第四款的规定。❸

⑬授予专利权的发明和实用新型的独立权利要求未记载解决技术问题的必要技术特征，不符合《专利法实施细则》第二十条第二款的规定。❹

⑭授予专利权的外观设计的图片或照片未清楚地显示要求专利保护的产品的外观设计，不符合《专利法》第二十七条第二款的规定。❺

⑮授予专利权的发明或者实用新型申请文件的修改超出了原说明书和权利要求书记载的范围，或者授予专利权的外观设计申请文件的修改超出了原图片或照片表示的范围，不符合《专利法》第三十三条的规定。

⑯授予专利权的发明、实用新型或者外观设计是分案申请的授权专利，其内容超出了原申请记载的范围，不符合《专利法实施细则》第四十三条第一款的规定。❻

⑰授予专利权的发明或者实用新型属于在中国完成并在向外国申请专利时未按照《专利法》第二十条第一款的规定事先报经专利局进行保密审查的情形。❼

---

❶ 对于申请日（有优先权要求的，指优先权日）在 2009 年 10 月 1 日前的外观设计专利，此无效宣告理由为授予专利权的外观设计不符合修改前的《专利法》第二十二条第一款有关与申请日（有优先权要求的，指优先权日）前在国内外出版物上公开发表过或者国内公开使用过的外观设计不相同和不相近似的规定。需要说明的是，在这种情况下，如果存在他人在先申请、在后公告的中国外观设计专利文件中记载有相同或相近似的外观设计时，只能以该外观设计不符合修改前的《专利法》第九条有关先申请原则的规定为理由提出无效宣告请求，如果存在本人在先申请、在后公告的中国外观设计专利文件中记载有相同或相近似的外观设计，或者存在申请日（有优先权要求的，指优先权日）相同、并已授权公告的他人或本人的中国外观设计专利文件中记载有相同或相近似的外观设计时，只能以该外观设计不符合修改前的《专利法实施细则》第十三条第一款有关同样的发明创造只能被授予一项专利权的规定为理由提出无效宣告请求。

❷ 对于申请日（有优先权要求的，指优先权日）在 2009 年 10 月 1 日前的专利，此无效宣告请求的理由为："授予专利权的发明创造不符合修改前的《专利法实施细则》第十三条第一款有关同样的发明创造只能授予一项专利权的规定。"

❸ 对于申请日（有优先权要求的，指优先权日）在 2009 年 10 月 1 日前的发明和实用新型专利，有关"权利要求书未清楚限定要求专利保护范围"的无效宣告理由适用的法律条款为修改前的《专利法实施细则》第二十条第一款。

❹ 对于申请日（有优先权要求的，指优先权日）在 2009 年 10 月 1 日前发明和实用新型专利，此无效宣告理由适用的法律条款为修改前的《专利法实施细则》第二十一条第二款。

❺ 此无效宣告理由所涉及的内容是 2008 年修改《专利法》和 2010 年修改《专利法实施细则》新增加的内容，仅适用于申请日（有优先权要求的，指优先权日）在 2009 年 10 月 1 日以后的外观设计专利。

❻ 对于申请日（有优先权要求的，指优先权日）在 2009 年 10 月 1 日前的发明、实用新型和外观设计专利，原《专利法实施细则》第六十四条第二款并未明确规定此为无效宣告理由，因而在代理实务中对于这种情况应当以其不符合《专利法》第三十三条的规定为理由提出无效宣告请求。

❼ 此无效宣告理由所涉及的内容是 2008 年修改《专利法》和 2010 年修改《专利法实施细则》新增加的内容，仅适用于申请日（有优先权要求的，指优先权日）在 2009 年 10 月 1 日以后的发明和实用新型专利。

需要说明的是，以上理由均为实体内容方面的缺陷，上述条款中非实体方面的缺陷不能作为无效宣告请求的理由。例如，《专利法》第二十六条第三款中还规定，摘要应当简要说明发明或者实用新型的技术要点，由于这不属于该专利实体内容的缺陷，不能以说明书摘要不符合上述规定而得出该专利权不符合《专利法》第二十六条第三款的规定而提出无效宣告请求；又如《专利法》第二十六条第四款中所规定的权利要求应当简要地限定要求专利保护的范围也属于非实质方面的要求，因而也不能以权利要求未简要限定要求专利保护的范围而得出该专利权不符合《专利法》第二十六条第四款的规定而提出无效宣告请求。

除上面列出的理由之外，以其他理由提出无效宣告请求的，专利复审委员会将不予受理。例如：不符合《专利法》第三十一条有关单一性的规定，不能享受优先权、权利要求书和说明书存在形式缺陷、专利侵权或者专利实施许可合同中的纠纷以及有关程序方面的缺陷都不能作为无效宣告请求的理由。但对此需要说明的是，若无效宣告请求中包含有属于《专利法实施细则》第六十五条第二款中规定的理由时，允许在无效宣告请求中还以该专利存在其他相关缺陷作为证实该理由成立的依据。例如，对准备提出无效宣告请求的专利所找到的破坏其新颖性、创造性的对比文件中包含有在其申请日和优先权日之间公开的文件，若此时还能证明该专利享有优先权不合法，就可以该专利不符合《专利法》第二十二条的规定作为无效宣告请求的理由，但在这种情况下还必须以其不能享受优先权说明该对比文件已构成该专利的现有技术，在此基础上具体论述该专利为何相对于该对比文件和其他证据不具备新颖性和创造性。无效宣告请求审查决定第1090号就是最后在该专利不能享受优先权的前提下以该专利不具备创造性为理由而宣告该专利权无效的。

2. 对专利文件的初步分析

为确定无效宣告请求的理由和准备无效宣告请求的证据，首先应当仔细阅读和理解专利文件，以正确理解专利所要求保护的主题，在此基础上初步判断专利文件本身是否存在可能影响专利有效性的实质性缺陷，并为进一步检索和收集证据做好准备。

（1）根据该专利的申请日（有优先权要求的，指优先权日）确定所适用的法律法规

根据国家知识产权局颁布的《施行修改后的专利法的过渡办法》和《施行修改后的专利法实施细则的过渡办法》的相关规定，修改前的《专利法》的规定适用于申请日（有优先权的，指优先权日）在2009年10月1日前（不含该日）的专利申请以及根据该专利申请授予的专利权；修改后的《专利法》的规定适用于申请日（有优先权的，指优先权日）在2009年10月1日以后（含该日）的专利申请以及根据该专利申请授予的专利权；修改前的《专利法实施细则》的规定适用于申请日（有优先权的，指优先权日）在2010年2月1日前（不含该日）的专利申请以及根据该专利申请授予的专利权；修改后的《专利法实施细则》的规定适用于申请日（有优先权的，指优先权日）在2010年2月1日以后（含该日）的专利申请以及根据该专利申请授予的专利权。

由此可知，在阅读拟提出无效宣告请求的专利文件时，首先关注该专利的申请日（有优先权要求的，指优先权日）是否在2009年10月1日或者2010年2月1日之前，以确定适用修改前的《专利法》《专利法实施细则》还是修改后的《专利法》《专利法实施细则》。

（2）正确理解专利文件所要求保护的主题

对于发明和实用新型专利，阅读理解专利文件的重点放在权利要求书中各项权利要求由其技术特征所限定的技术方案的含义、每个技术特征在本发明创造中的作用以及各权利要求之间的区别，其中对于权利要求中个别表述欠清楚的技术特征通过说明书来理解其确切的含义。

对于独立权利要求，根据说明书进一步明确其相对于背景技术中的现有技术（尤其是最接近的现有技术）解决了什么技术问题，采取了哪些技术措施（即确定相对于最接近的现有技术的区别技术特征），产生哪些技术效果。而对于从属权利要求，理解其附加技术特征为本发明创造带来了什么技术效果。

如果该专利有优先权要求，必要时应当到国家知识产权局查阅该专利的优先权文件，以确定该专利的哪些权利要求可以享受优先权，哪些不能享受优先权，从而确定每项权利要求现有技术的时间界限。

对于外观设计专利，阅读理解专利文件的重点放在该专利要求保护几项产品外观设计以及各项产品外观设计的保护范围。同样，如果该专利有优先权要求，必要时也应当查阅该专利的优先权文件，以确定哪几项产品外观设计可以享受优先权，哪几项不能享受优先权，从而确定每项产品外观设计的现有设计的时间界限。

（3）判断专利文件本身是否存在可能影响其专利有效性的实质性缺陷

在前面列出的17个无效宣告理由，第①个至第⑤个、第⑦个、第⑪个至第⑭个这些无效宣告理由仅由专利文件本身就能确定其是否存在影响其专利有效性的实质性缺陷，而对于第⑮个和第⑯个这两个无效宣告理由仅需要将该专利文件与其原申请文件或原母案申请的申请文件进行比较就能确定是否存在这两个影响专利性有效的实质性缺陷，无须寻找其他证据。也就是说，对于上述无效宣告理由，通过对该专利文件本身的分析（包括与该专利原申请文件或原母案申请文件的对比分析）就能判断其是否存在可能影响其专利有效性的上述实质性缺陷。

对于委托人在委托函中具体给出无效宣告请求理由的情形，应当首先分析这些理由是否属于《专利法实施细则》第六十五条第二款规定的理由。若其中包括有明显不属于《专利法实施细则》第六十五条第二款规定的理由，应当将此理由排除；对于其中那些属于《专利法实施细则》第六十五条第二款规定且需要证据支持的理由，将在下一步收集和补充证据后再全面分析这些理由能否成立；而对于其中那些属于《专利法实施细则》第六十五条第二款规定且无须证据支持的理由，应当针对专利文件本身分析这些无效宣告请求理由所涉及的实质性缺陷是否存在，以便初步确定是否将其作为无效宣告请求的理由提出。

对于委托人在委托函中未提出无效宣告请求理由的情形，作为专利代理人在对专利文件作初步分析的同时，应当判断专利文件本身是否存在可能影响其专利有效性的实质性缺陷。具体说来，在阅读理解专利文件时，需要判断专利文件是否存在下述六个方面可能影响专利有效性的实质性缺陷❶：

（i）判断专利是否存在不属于专利保护客体的缺陷，包括专利要求保护的主题是否符合《专利法》第二条第二款、第三款和第四款有关发明、实用新型或者外观设计的定义，是否属于《专利法》第五条或者第二十五条排除的对象；

（ii）判断发明或者实用新型专利是否具备《专利法》第二十二条第四款规定的实用性；

（iii）判断发明或者实用新型专利的说明书是否按照《专利法》第二十六条第三款的要求充分公开了权利要求书要求保护的各项技术方案；外观设计专利的图片或者照片是否按照《专利法》第二十七条第二款的要求清楚地显示了要求专利保护的产品的外观设计；

（iv）判断发明或者实用新型专利的权利要求书是否符合《专利法》第二十六条第四款的规

---

❶ 对于委托函中给出具体无效宣告请求理由的情形，也应当在阅读理解专利文件时，具体分析专利文件本身是否存在委托函中无效宣告请求理由中未涉及的、但又属于下述六个方面的实质性缺陷。

定：以说明书为依据，清楚地限定了要求专利保护的范围；

（v）判断发明或者实用新型专利的独立权利要求是否按照《专利法实施细则》第二十条第二款的要求记载了解决技术问题的必要技术特征；

（vi）判断发明、实用新型和外观设计专利相对其原申请文件所作的修改是否符合《专利法》第三十三条有关不得超出原说明书和权利要求书记载范围或不得超出原图片或照片表示范围的规定，分案的发明、实用新型和外观设计专利是否符合《专利法实施细则》第四十三条第一款有关不超出原申请记载范围的规定。

通过对专利文件的分析，认为专利文件存在上述影响专利有效性的实质性缺陷，就可以将该专利不符合上述相应法律条款的规定作为无效宣告请求的理由。

3. 检索、收集和选择无效宣告请求的证据

除上述六方面的无效宣告请求理由外，其他无效宣告理由（例如，发明和实用新型专利不符合《专利法》第二十二条第二款和第三款有关新颖性和创造性的规定，外观设计专利不符合《专利法》第二十三条第一款和第二款的规定，外观设计专利不符合《专利法》第二十三条第三款有关不得与他人在先取得权利相冲突的规定，授予专利权的发明创造不符合《专利法》第九条规定的同样的发明创造只能授予一项专利权的规定）需要提供必要的证据来支持该无效宣告请求理由。

按照《专利法实施细则》第六十五条第一款的规定，以上述无效宣告请求理由向专利复审委员会提出无效宣告请求的，应当在提交无效宣告请求书的同时提交相应的必要证据，并应当在请求书中结合提交的所有证据，具体说明无效宣告请求的理由，并指明该无效宣告请求理由所依据的证据。此外《专利审查指南 2010》第四部分第三章第 4.1 节中明确指出合议组通常仅针对当事人提出的无效宣告请求的范围、理由和提交的证据进行审查。由此可知，证据不仅是启动无效宣告程序的重要形式要件，而且是无效宣告请求能否取得成功的关键，因此专利代理人和请求人应当十分重视无效宣告请求证据的准备。

（1）无效宣告程序中对证据的具体要求

证据用于证明所主张事实的客观存在，按其所属类别划分，通常包括书证、物证、视听资料、证人证言、公证文书、鉴定结论和勘验笔录等。

为证明一件事实的客观存在通常应当从该证据能看出何人、何时、何地、以何方式、公开了何物或何方法五个方面的内容。有些证据单独就能直接证明待证事实的存在，例如专利文献、科技杂志、科技书籍、技术手册等通过正规公共发行渠道发行的出版物上所披露的内容，这样的证据称作直接证据。而另一部分证据只反映了证明所述事实存在的五个方面的一部分，需要与其他证据相结合才能证实所述事实的存在，例如除公开出版物之外用于证实公知公用的证据，这些证据称作间接证据。

无论直接证据还是间接证据都必须查证属实才能使用。查证属实主要包括核实证据来源的真实可靠性和证据内容的真实可靠性。

为证明证据来源和证据内容的真实可靠性，所提供的证据应当提交原件或原物。在举证期限内提供的证据是复印件的，除了专利复审委员会和公众能够从除港澳台地区外的国内公共渠道进行核实的情况（如可以从网上下载的国内外专利文件）外，应当在口头审理时出示原件以供查证。提供的证据是物证，应当在举证期限内提供实物，有正当理由不能在举证期限内提交该实物物证的，可以请求延期提交，但应当在口头审理辩论终结前提交该实物物证；至于经公证机关公证封存的实物物证，可以在举证期限内仅提交公证文书，同样应当在口头审理辩论终结前提交该实物物证；对于上述提供物证的情况，都应当在举证期限内提交足以反映该物证客观情况的照片和文字说明，具体说明依据该物证所要证明的事实。如提供原件、实物物证或者在口头审理时出示原件、实物物证有困难的，应当告知原件或实物物证的保存地点以便查证核实，或者提供公证机关出具的公证证明文件，且此公证证明文件所证明的内容不得超出其能够证明的公证范围。

对于在我国领域外形成的证据，该证据应当经所在国公证机关予以证明，交经我国驻该国使领馆予以认证，或者履行我国与该所在国订立的有关条约中规定的证明手续；对于在港澳台地区形成的证据，应当履行相关的证明手续。但是在下述三种情况下，对我国领域外和港澳台地区形成的证据，可以不办理相关的证明手续：

①该证据是能够从除港澳台地区外的国内公共渠道获得的，如从国家知识产权局获得的国外专利文件，或者从公共图书馆获得的国外文献资料；

②有其他证据足以证明该证据真实性的；

③对方当事人认可该证据的真实性的。

此外，为了便于对证据内容的核实，《专利审查指南 2010》第四部分第八章第 2.2.1 节还对外文证据的提交作出了规定。根据该节规定，提交外文证据的，应当在该外文证据的举证期限内以书面方式提交中文译文，未在举证期限内以书面方式提交中文译文的，该外文证据视为未提交；仅提交外文证据部分中文译文的，未提交中文译文的部分不作为证据使用。

为防止请求方故意拖延无效宣告程序，《专利法实施细则》第六十七条中明确规定，请求人可以在提出无效宣告请求之日起 1 个月内增加理由或者补充证据，逾期增加理由或者补充证据的，专利复审委员会可以不予考虑。《专利审查指南 2010》第四部分第三章第 4.2 节和第 4.3 节又对此作了进一步规定，明确了在哪些例外情况可以在自提出无效宣告请求之日起 1 个月后增加新的无效宣告请求的理由和补充新的证据（参见本章第一节之三中的 "2. 合议审查" 中的 (2) 和 (3) 的有关内容），而不属于这些例外情况所增加的无效宣告理由和补充的证据将不予考虑。作出这样的规定，既防止了请求人采用不断增加无效宣告理由和补充新的证据来故意拖延无效宣告程序的时间，而又允许请求人合理地增加无效宣告理由和补充证据。

（2）无效宣告请求证据的检索和收集

为取得无效宣告请求的成功，必须提供足够的、充分的证据来支持无效宣告请求的理由。因此，接受委托办理无效宣告请求事务的专利代理人在对拟提出无效宣告请求的专利文件进行初步分析后，应当仔细研究委托人提出的证据：首先核实委托人所提供的所有证据的合法性和真实性，然后针对该专利要求保护的主题分析这些证据是否构成了与这些主题密切相关的现有技术或现有设计，是否构成其抵触申请文件，是否足以否定这些主题的专利有效性。如果证据不充分，不足以否定该专利权，或者说不能达到委托人所希望达到的无效宣告请求的目的，就应当为委托人或与委托人一起寻找更相关的证据或者寻找对已有证据起到补强作用的相关证据。对于委托人未提供证据的，更应当为委托人或者与委托人一起寻找支持无效宣告理由的证据，即找出与该专利要求保护的主题密切相关的现有技术或现有设计、抵触申请文件或者其他证据材料。

正如前面所指出的，证据分直接证据和间接证据两类。对于通过正规公共发行渠道发行的出版物这类直接证据，主要通过检索手段来寻找；而对于反映使用公开和以其他方式公开的证据，主要通过收集证据的方式来获取，这类证据主要靠委托人提供信息，必要时由专利代理人协助委托人进行取证或完善证据。

对于专利文献、科技杂志、科技书籍、技术手册等通过正规公共发行渠道发行的出版物这一类用于证明构成现有技术或抵触申请文件的直接证据，由于其可以通过正当的、确定的途径获得和查证，其真实性和公开性也容易得到对方当事人和专利复审委员会的认可，因而在寻找证据时应当将这一类证据作为重点寻找的对象。也就是说，在寻找支持无效宣告请求理由的证据时，首先应当通过检索手段在这些能表明其发表或出版日期的正规公共发行渠道发行的出版物中寻找相关证据。

检索包括对专利文献的检索和对非专利文献的检索，对专利文献的检索可以由专利代理人和委托人自行完成，或者委托国家知识产权局检索咨询中心代为检索。委托国家知识产权局检索咨询中心代办检索的，需提出书面请求或到该检索咨询中心办理委托检索的手续，但必须附具要检索对象的详细资料。非专利文献的检索也十分重要，这方面的检索需要专利代理人与委托人通力合作。

对于其他类型的出版物以及用于证明使用公开和以其他方式公开的证据材料这一类间接证据来说，除了前面所说的证据本身必须真实可靠外，还要求这些间接证据必须形成一个完整的证明体系（通常又称作"证据链"），且这些间接证据之间不得存在矛盾。就证据形成一个完整的证明体系而言，为证明专利产品或者专利方法在申请日前已为公众所知，需要证明该公开的事实发生在专利申请日之前、公开的内容与该专利保护客体相同或相关，而且这种公开对公众来说能够得知，对于公众能够得知就是何人在何地以何种方式公开，因而该构成完整的证明体系就是指这些证据能反映该公知公用事实的五个方面内容：何时、何地、何人、以何方式、公开了何物或何方法，不能反映这五方面内容的证据未构成一个完整的证明体系，这样的证据是不够的，例如仅仅提供销售发票并不能反映是何物，仅仅提供产品往往不能证明其在申请日前已公开，将销售发票和产品实物两者结合起来还需要证明该销售发票所涉及的销售对象就是所提供的产品，如果从该两证据不能证明两者为同一物，则还需要再补充取证。由此可见，通过这类证据证明现有技术具有较大的难度，在实践中也容易受到对方当事人的质疑。因此，对于委托人所提供的这一类证据，专利代理人应当对这些证据进行核实，判断这些证据来源的真实可靠性，这些证据是否存在矛盾，尤其是这些证据是否构成一个完整的证明体系；当证据并未构成完整证明体系时，无效宣告请求往往难以取得成功，专利代理人在此时应当要求委托人再次取证或提供其他证明具体事实的证据，从实践经验来看，专利代理人在委托人提供线索后协助取证的效果可能更好。

在无效宣告请求程序中，被请求宣告专利权无效的专利的审查档案也是一个重要的信息来源。专利代理人可以根据《专利法实施细则》第一百一十八条第一款的规定，到国家知识产权局查阅该专利的案卷，了解审查过程中审查意见通知书中引用过什么对比文件，外国专利局审查阶段的检索报告等，从中选择出有用的材料作为无效宣告请求的一部分证据。从实践经验看，仅靠审查意见通知书中引用的对比文件往往是不够的，因为在实质审查时考虑过这些对比文件的存在后仍授予了专利权，但是可将专利代理人、委托人自行找到的其他证据与这些对比文件结合起来作为支持无效宣告请求理由的证据。此外，查阅专利案卷还可以发现该专利在审查过程中所作出的修改以及专利申请人为取得专利权作出的澄清说明，例如，实用新型专利文件在其审批过程中所作出的修改是否超出原说明书和权利要求书记载的范围，又如专利申请人在审查程序中对说明书和权利要求书的特定名词术语已经作出了限定性解释，按照禁止反悔原则在无效宣告程序中就受在先解释的约束，不得再作出其他含义的解释等。所以在准备提出无效宣告请求时，除非已有确凿证据足以否定该专利全部权利要求的新颖性或创造性，请求方的专利代理人应当为委托人到国家知识产权局查阅该专利的案卷，这会为请求方提供一些有用的信息，至少可以做到知己知彼。

（3）无效宣告请求证据的选取和准备

专利代理人检索和收集到与拟提出无效宣告请求专利有关的证据后，就需要着手对这些证据

（包括委托人所提供的证据）进行分析，从中选择有可能影响该专利有效性的证据。

委托人所提供的证据中，如果存在既未构成该专利现有技术或现有设计、又不可能构成该专利抵触申请的证据，例如发生在该专利申请日（有优先权要求的，指优先权日）后的使用公开的证据，其公开日在该专利的申请日（有优先权要求的，指优先权日）后的外国专利文件，就应当将这些证据排除在外。但是，如果该外国专利文件的申请日或者其优先权日在该专利的申请日（有优先权要求的，指优先权日）前，而该外国专利文件公开的内容与该专利要求保护的主题属于同样的发明创造，则应当以此为线索，查阅一下该外国专利文件有无在中国的同族专利，如果存在中国的同族专利，则中国的同族专利就构成该专利要求保护的主题的抵触申请，从而可以将该中国的同族专利文件作为支持该专利要求保护的主题不具备新颖性的证据，如果不存在中国的同族专利，就只能作罢。

对于拟提出无效宣告请求的专利有优先权要求的情况，如果找到的证据中存在在该专利申请日和优先权日之间公开的现有技术或现有设计或者申请在先、公开在后的中国专利申请文件或专利文件，则应当查阅该专利的优先权文件，以确定该发明或实用新型专利的各项权利要求或者外观设计专利中各项要求保护的外观设计中哪些能享有优先权，哪些不能享有优先权，对于哪些不能享有优先权的权利要求或外观设计就可以使用这一部分证据。

如果可选用的证据中，存在公开内容基本相同的几份证据，就需要考虑选用哪一项证据更容易使无效宣告请求取得成功。例如，针对一件发明或实用新型专利，找到下述四种公开内容基本相同的证据：①一份申请日（有优先权要求的，指优先权日）前公开的对比文件；②一组用于证明申请日前（有优先权要求的，指优先权日）使用公开的现有技术证据；③一件在先申请、在后公开或公告的中国专利申请文件或专利文件；④一件申请日（有优先权要求的，指优先权日）相同、且已公布或公告的中国专利申请文件或专利文件。那么，首先优选第①件证据和第②组证据，因为他们既可用于评价该专利的新颖性，又可用于评价该专利的创造性，而后两个证据只能用于评价该专利的新颖性或者判断两者是否为同样的发明创造，而不能与其他证据或本领域的公知常识结合起来评价该专利的创造性；而在第①件证据和第②组证据之间，又优选第①件证据，因为该证据的真实可靠性会得到对方当事人和专利复审委员会的承认，而第②组证据的真实可靠性容易受到对方当事人的质疑；而在后两件证据中，又优选第③件证据，因为第③件证据用于支持该专利不符合《专利法》第二十二条第二款有关新颖性规定的无效宣告理由，而第④件证据用于支持该专利不符合《专利法》第九条规定的同样的发明创造只能授予一项专利权规定的无效宣告理由，显然采用前者时，不仅可以将第③件证据中各权利要求的技术方案，还可以将其说明书中的内容，与该专利权利要求的技术方案进行对比，而采用后者时只能将第④件证据各权利要求的技术方案与该专利权利要求的技术方案进行对比，不能将其说明书中的内容用来与该专利权利要求的技术方案进行对比。

对于可选用的证据，应当将该专利各项要求保护的主题（发明或实用新型专利的各项权利要求、外观设计专利中各项要求保护的外观设计）与这些证据所公开的相关内容进行分析对比，以确定各项要求保护的主题是否不符合《专利法》第二十二条第二款和第三款有关新颖性、创造性的规定（对于发明或实用新型专利），或者是否不符合《专利法》第二十三条第一款和第二款有关不属于现有设计、不存在抵触申请以及相对于现有设计或现有设计的组合具有明显区别的规定（对于外观设计专利）。如果这些可选用的证据中的一部分既不能单独否定该专利的有效性，也不能与其他证据结合起来否定该专利的有效性，则也应当将这些证据排除在外。仅保留哪些可以单独否定该专利有效性或者与其他证据结合起来能否定该专利有效性的证据。

　　如果对于该专利某项要求保护的主题存在单独可以否定其专利有效性的证据以及多种组合方式否定其专利有效性的证据，通常对这些证据都要利用，以确保对该项要求保护的主题的无效宣告请求能够取得成功，除非对此单独否定专利有效性的证据所支持的无效宣告理由的成立有百分之百的把握。

　　如果对检索和收集到的所有证据（包括委托人提供的证据）的内容进行分析后发现，不足以否定该专利某项要求保护的主题，例如这些证据均未披露一项权利要求中某个不属于本领域公知常识的技术特征，通常就不能否定该权利要求的新颖性和创造性，而无效宣告请求的目的又决定了必须使该项要求保护的主题宣告无效，在这种情况下最好再为委托人针对这个未被披露的技术特征进行补充检索和收集相关证据，以便找到更有力的、可以与已有证据结合起来否定该项要求保护主题的专利有效性的证据。经过再次检索后，若找到的证据仍然不能达到委托人原期望的无效宣告请求的目的，则应当如实向委托人说明情况，以便委托人考虑是否提出无效宣告请求，包括在侵权反诉情况下，供委托人确定是否要与侵权诉讼的原告就侵权事宜进行协商调解。

　　通过检索和收集到的证据（包括委托人提供的证据）基本上能够达到委托人原期望的无效宣告请求的目的时，就需要对这些证据做进一步准备。

　　选取的证据通常只需要提交复印件或复制品，同时准备好原件或者原物以备查证。必要时，可以通过公证机关进行公证。

　　如果选取的证据是中国专利文件或者在除港澳台地区的中国境内能确认的外国专利文件，只需准备复印件即可；而对于其他书面文件证据，例如科技杂志、科技书籍、技术手册、产品目录、产品样本、广告宣传册，除提供复印件外，应当准备好原件，以在口头审理时出示供专利复审委员会和对方当事人查证。所选取的证据若为物证，还应当准备反映该物证客观情况的照片和文字说明，具体说明依据该物证所要证实的事实，与物证一起在举证期限内提交；对于有正当理由不能在举证期限内提交的物证，应当准备书面材料请求延期提交，但仍应当在上述期限内提交足以反映该物证客观情况的照片和文字说明，具体说明依据该物证所要证实的事实，该物证最迟在口头审理辩论终结前提交；对于经公证机关封存的物证，应当准备好公证文书，以便在举证期限内提交，该封存的物证也应当在在口头审理辩论终结前提交。

　　所选取的证据是在中国领域外形成的，应当到所在国公证机关进行公证，并经我国驻该国的使领馆予以认证，或者履行我国与该所在国订立的有关条约中规定的证明手续；所选取的证据是在港澳台地区形成的，应当履行相关的证明手续。但是，上述证据能够从除港澳台地区外的国内公共渠道获得，如从公共图书馆获得的国外文献资料，则可以请相关单位出具证明材料予以证明，而不必进行公证认证或者履行相关证明手续。

　　所选取的证据是外文证据的，应当准备好相应的中文译文。通常外文证据应当全文翻译，但篇幅较长的外文证据，可以只对其相关部分进行翻译。

4. 无效宣告请求理由的选择与确定

　　在前面对拟提出无效宣告请求的专利进行初步分析的过程中，发现了一些无需证据就可得知该专利文件本身所存在的影响专利有效性的实质性缺陷；此后，通过将该专利要求保护的主题与检索和收集到的证据进行对比分析，进一步发现其所存在的可以作为无效宣告请求理由的实质性缺陷。在撰写无效宣告请求书之前的最后一项准备工作就是从上面所找到的该专利文件所存在的实质性缺陷中，确定这次无效宣告请求中所采用的无效宣告请求理由。

　　无效宣告请求取得成功的关键在于有一个充分的无效宣告请求理由，因此，针对一项权利要求或者一项外观设计，如果存在多个可以提出无效宣告请求的理由时，就应当认真权衡分析，选择其中最有说服力、请求宣告无效成功可能性最大的理由。在大多数情况下，应当首选哪些需要证据支持的无效宣告请求理由。因为授权专利是经过审查予以批准的，尤其是发明专利还经过实质审查，是否存在上述无需证据就能确定的实质性缺陷已经过国家知识产权局的初步审查（发明专利还经过实质审查），因而存在的可能性相对较小。此外，根据实践的经验，在专利无效宣告请求已审结的案件中，以发明和实用新型专利不具备新颖性或创造性的无效宣告请求理由以及以外观设计属于现有设计或存在抵触申请或者与现有设计或现有设计的组合不具有明显区别的无效宣告请求理由提出无效宣告请求的成功率要比以其他无效宣告请求理由提出无效宣告请求的成功率高。

　　针对发明或实用新型专利的某一权利要求的技术方案提出无效宣告请求时，如果以其不符合《专利法》第二十二条第二款有关新颖性的规定作为无效宣告请求理由，最好同时以其不符合《专利法》第二十二条第三款有关创造性的规定为无效宣告请求理由，不要只指出其不具备新颖性。因为认定不具备新颖性只能与一篇对比文件作对比，而认定不具备创造性时可以将两篇或两篇以上对比文件结合起来或者将一篇对比文件与本领域公知常识结合起来进行对比分析，因而争辩其不具备创造性成功的可能性要大得多。尤其是在专利复审委员会以往的无效宣告请求审查实践中，已多次将不具备新颖性和不具备创造性作为两个理由，因而若在无效宣告请求中仅以其不具备新颖性为无效宣告请求的理由，则专利复审委员会根据《专利审查指南 2010》第四部分第三章第 4.1 节的规定只审查其是否具备新颖性，一旦认定其具备新颖性，通常就不再审查其是否具备创造性。综上考虑，对发明和实用新型专利提出无效宣告请求时，对于作为该专利现有技术的证据，不要仅以其相对于该证据不具备新颖性为无效宣告请求理由，还应当同时提出其相对于该证据和本领域的公知常识不具备创造性的无效宣告请求理由。例如，无效宣告请求审查决定第 4162 号，最初请求方在请求书中对权利要求 1 只指出其相对于某证据 1 不具备新颖性，在该案口头审理时考虑到上述情况，将不具备新颖性和不具备创造性作为提出无效宣告请求的两个理由，因而指出权利要求 1 相对于证据 1 不具备新颖性，至少相对于证据 1 和本领域公知常识不具备创造性，最后专利复审委员会以权利要求 1 相对于该证据 1 和本领域公知常识不具备创造性作出了无效宣告请求审查决定，显然，此案在提出无效宣告请求时直接指出权利要求 1 不具备新颖性和不具备创造性更为稳妥。同理，针对一项外观设计专利提出无效宣告请求，不要仅以其属于现有设计作为其不符合《专利法》第二十三条第一款的无效宣告请求理由，还应当同时以其与现有设计或现有设计的组合不具有明显区别作为其不符合《专利法》第二十三条第二款规定的无效宣告请求理由。

　　此外，对于需要证据支持的无效宣告请求理由，应当针对所选定的证据选择更合适的无效宣告请求理由。例如，针对申请日（有优先权的，指优先权日）位于 2009 年 10 月 1 日以后（含该日）的发明或实用新型专利，如果以记载了同样发明创造的他人或本人的中国专利申请文件或专利文件为证据，且该证据的公开日晚于拟提出无效宣告请求的专利的申请日（有优先权的，指优先权日），那么，当该证据的申请日（有优先权的，指优先权日）早于拟提出无效宣告请求的专利的申请日（有优先权的，指优先权日）时，则应当以其不符合《专利法》第二十二条第二款有关新颖性的规定为无效宣告请求的理由；当该证据的申请日（有优先权的，指优先权日）与拟提出无效宣告请求的专利的申请日（有优先权的，指优先权日）为同一日时，则应当以其不符合《专利法》第九条的规定为无效宣告请求的理由。

　　需要特别强调的是，请求宣告专利权无效的理由及法律依据根据专利申请日（有优先权的，指优先权日）位于 2009 年 10 月 1 日前（不含该日）或者以后（含该日）的不同而存在差异。

基于此，对于申请日（有优先权的，指优先权日）在 2009 年 10 月 1 日前（不含该日）的专利申请授予的发明或者实用新型专利权，无效宣告请求的理由有所不同。例如，《专利法》第五条第二款、《专利法》第二十条第一款不属于无效宣告请求的理由。又如，在以不具备新颖性或者不具备创造性作为无效宣告请求的理由时，应当适用 2008 年修改前的《专利法》第二十二条第二款或者第三款，即现有技术不包括在国外公开使用和以其他方式为公众所知的技术；而且，可能构成授予专利权的发明或者实用新型的抵触申请的专利申请文件或专利文件仅限于是除专利权人之外的他人在该授权专利的申请日（有优先权的，指优先权日）前向国家知识产权局提出过申请并在申请日（有优先权的，指优先权日）以后公布或者授权公告的发明或者实用新型专利申请文件或专利文件，而对于专利权人本人在该授权专利申请日（有优先权的，指优先权日）前向国家知识产权局提出过申请，并在申请日（有优先权的，指优先权日）以后公布或者授权公告的发明或者实用新型专利申请文件或专利文件，不能成为抵触申请文件，不能用于评价该授权专利的新颖性，如果认为其与该授权专利构成同样的发明创造，则以两者属于重复授权作为无效宣告请求的理由。再如，在以授予专利权的发明或者实用新型与专利权人本人的另一项发明或者实用新型专利权构成同样的发明创造（重复授权）作为无效宣告请求的理由时，应当适用 2008 年修改前的《专利法实施细则》第十三条第一款，而不适用现行《专利法》第九条第一款。

对于申请日（有优先权的，指优先权日）在 2009 年 10 月 1 日前（不含该日）的专利申请授予的外观设计专利权，无效宣告请求的理由亦有所不同。例如，《专利法》第二十五条第一款第（六）项和第二十七条第二款不属于无效宣告请求的理由；《专利法》第二十三条第一款和第二款也不适用，代之作为无效宣告请求的理由是 2008 年修改前的《专利法》第二十三条，即授予专利权的外观设计与申请日前在国内外出版物上公开发表过或者国内公开使用过的外观设计相同或者相近似；此外，对于存在他人在外观设计专利的申请日（有优先权的，指优先权日）前向国家知识产权局提出过相同或者相近似的外观设计专利申请并在申请日（有优先权的，指优先权日）以后授权公告的情形，应当以不符合 2008 年修改前的《专利法》第九条的规定作为无效宣告请求的理由；而对于存在专利权人本人在外观设计专利的申请日（有优先权的，指优先权日）前向国家知识产权局提出过相同或者相近似的外观设计专利申请并在申请日（有优先权的，指优先权日）以后授权公告的情形，以及存在他人在外观设计专利的申请日（有优先权的，指优先权日）向国家知识产权局提出过相同或者相近似的外观设计专利申请并在申请日（有优先权的，指优先权日）以后被授权的情形，应当以不符合修改前的《专利法实施细则》第十三条第一款的规定作为无效宣告请求的理由。

三、撰写无效宣告请求书

与委托人准备齐无效宣告请求的证据和确定无效宣告请求的理由之后，就应当开始着手撰写无效宣告请求书。

1. 撰写无效宣告请求书应当注意的问题

无效宣告请求书的撰写质量不仅会影响该请求是否会被顺利受理，更重要的是其对无效宣告请求的最终审理结果起着决定性的作用，对侵权反诉的无效宣告请求案来说，无效宣告请求书的内容甚至会影响法院对侵权纠纷是否中止审理的裁定意见。

作为专利代理人，在撰写无效宣告请求书时，应当首先指出无效宣告请求的客体，写明无效宣告请求的理由，列出无效宣告请求理由所依据的证据；然后结合专利文件和证据中所记载的事实进行分析，具体说明无效宣告请求的理由。在具体论述无效宣告请求理由时应当避免强词夺理，避免仅仅提出请求专利权无效的主张而不作针对性的分析或者仅仅罗列证据而不作具体分析。针对同一项权利要求或外观设计存在多个无效宣告请求理由时，应当对其中最有说服力的理由进行重点论述，避免平均使用笔墨。

为使无效宣告请求书的论述有理有据、条理清晰、更有说服力，在具体阐述无效宣告请求理由时尤其要注意下述三个问题。

（1）论述理由时应当以事实为依据、以法律为准绳

在无效宣告请求书中阐明无效宣告请求理由时应当以事实为依据、以法律为准绳进行具体分析，不要武断地给出结论。

首先要从事实出发进行具体分析，未对事实作出具体分析而仅给出结论，则无效宣告请求不会取得成功。例如，在论述发明和实用新型专利不具备创造性时，一定要以反映现有技术的对比文件或其他证据作为评价该专利不具备创造性的基础，将权利要求所表述的技术方案与上述对比文件作对比分析，而且应当像《专利审查指南 2010》第四部分第三章第 3.3 节之（5）和本书第八章第二节中所说明的那样，先指明其最接近的对比文件，并针对每项权利要求具体说明该最接近的对比文件与其他对比文件或证据的结合方式，从而论述本领域技术人员有动机将它们相结合而得到该权利要求的技术方案，即本领域技术人员由最接近的现有技术与其他证据所披露的内容得到该权利要求的技术方案是显而易见的，由此证明该专利不具有（突出的）实质性特点和（显著的）进步，不符合《专利法》第二十二条第三款有关创造性的规定。

以法律为准绳包含两方面的含义：其一，无效宣告请求的理由应当是《专利法》和《专利法实施细则》规定的法定理由，即为前面所提到的《专利法实施细则》第六十五条第二款中所列出的理由；其二，具体阐明该无效宣告请求时应当依据《专利法》《专利法实施细则》以及《专利审查指南 2010》规定的内容作出分析。前者已在本节之二中的"4. 无效宣告请求理由的选择与确定"中作了说明，现举例来说明具体阐述无效宣告请求理由时如何从《专利法》和《专利法实施细则》的规定出发进行分析。若委托人所举的证据与该无效宣告请求所针对专利的申请日前已授权公告的另一件实用新型专利（如委托人本人的专利）有关，该证据是该实用新型专利在其审查期间提交过的中间修改文本，但由于修改超出原说明书和权利要求书的记载范围而不允许，因而授权公告的文本未披露这些超范围的内容，而正是这部分内容可用来与其他证据相结合以否定该无效宣告请求所针对专利的创造性，此时就应该根据《专利法实施细则》第一百一十八条第一款的规定，首先指出从该实用新型专利公告日起，任何人均可以经过国家知识产权局同意查阅其专利申请的案卷，从而就可以获知该中间修改文件的内容，而该实用新型专利的授权公告日在无效宣告请求所针对专利的申请日之前，因而该中间修改文件所披露的内容已成为公众可获知的内容，成为无效宣告请求所针对专利的申请日前的现有技术，可用来作为否定其创造性的证据。然后再将该证据与其他对比文件结合起来进行分析，以说明该无效宣告请求所针对的专利不符合《专利法》第二十二条第三款有关创造性的规定。

（2）无效宣告请求的理由应当得到无效宣告请求证据的支持

首先，无效宣告请求理由的选择应当与无效宣告请求的证据相适应。例如，在对一件发明或实用新型专利提出无效宣告请求时，所采用的证据是该专利申请日（有优先权的，指优先权日）前提出申请、申请日（有优先权的，指优先权日）以后公布或公告的中国专利申请文件或专利文件，此时只能以该专利不符合《专利法》第二十二条第二款有关新颖性的规定为无效宣告请求的理由，不能以该专利相对于该证据和本领域公知常识（或其他证据）不符合《专利法》第二十二条第三款有关创造性的规定为无效宣告请求的理由。又如，对一件申请日（有优先权的，指优

先权日）在 2009 年 10 月 1 日前的外观设计专利提出无效宣告请求时，另一件在该外观设计专利的申请日（有优先权的，指优先权日）由他人向国家知识产权局专利局提出申请、申请日（有优先权的，指优先权日）以后公告的相同的外观设计专利可用作无效宣告请求的证据，但此时只能以依照 2008 年修改前的《专利法》第九条规定不能取得专利权或者以不符合 2010 年修改前的《专利法实施细则》第十三条第一款的规定为无效宣告请求的理由，不可以用不符合修改前的《专利法》第二十三条的规定作为无效宣告请求的理由。

其次，无效宣告请求的证据应当足以支持无效宣告请求的理由。例如，对一件发明或实用新型专利，以该专利的申请日（有优先权的，指优先权日）前已有相同的发明创造被公开使用这一事实为依据，从而以该专利不具备新颖性为理由提出无效宣告请求时，仅以一张写有同样产品名称的销售发票作为证据并不足以支持该无效宣告请求的理由，还必须有诸如产品设计图纸或产品实物以及证实该设计图纸上的产品或产品实物就是该发票所销售的产品的证明材料等证据，使其构成一个完整的证明体系（即完整的证据链），只有这样才能证明该专利不具备新颖性的无效宣告请求理由能够成立。又如，对于一件要求优先权的授权专利提出无效宣告请求，如果找到的能影响其专利性的证据中包括有该专利优先权日至申请日之间公开的对比文件，那么还必须以该专利的优先权文件作为该专利的某些权利要求或某些外观设计不能享有优先权的证据，从而才支持该专利中这些权利要求不符合《专利法》第二十二条第二款或第三款规定（对于发明或实用新型专利）或者该专利中这些外观设计不符合《专利法》第二十三条第一款和第二款规定（对于外观设计专利）的无效宣告请求的理由。

（3）无效宣告请求理由的论述应当条理清楚、符合逻辑

按照《专利法实施细则》第六十五条第一款的规定，在无效宣告请求书中，应当结合提交的所有证据，具体说明无效宣告请求的理由，并指明每项理由所依据的证据。专利代理人在撰写请求书时，应当将《专利法》和《专利法实施细则》的有关条、款、项作为独立的理由提出，并针对每一理由提出证据、阐明观点。若所提证据为多篇对比文件，首先应当指明与请求宣告无效的专利最接近的对比文件以及结合对比方式，然后将该专利的技术方案与对比文件中公开的内容进行分析对比；如果存在两种或者两种以上结合方式的，应当分别指明具体结合方式。对于不同的独立权利要求，可以分别指明各自的最接近的现有技术。

在具体阐述无效宣告请求理由时，应当抓住该专利文件所存在的属于《专利法实施细则》第六十五条第二款列出的无效宣告请求理由所涉及的实体缺陷等关键问题进行分析，绝不要花费很多篇幅论述与无效宣告请求理由无关的内容。例如，在无效宣告请求书中论述该专利侵犯了请求人另一件在先申请并授权的专利权是没有必要的，而应当将重点放在分析该专利相对于这件在先申请专利和/或其他对比文件不具备新颖性和/或创造性上。

此外，在具体阐述无效宣告请求理由时，要避免出现前后矛盾、逻辑混乱。千万不要为强调某一观点而作出与其他内容相抵触的论述。例如，在分析权利要求不具备创造性时指出该权利要求中的某一技术特征对本领域的技术人员是显而易见的，但随后又指出该技术特征在说明书中未予以充分公开。对同一内容作出了前后矛盾的分析，会对该无效宣告请求带来不利的影响。尤其是，为证实某一事实所采用的证据中出现了前后矛盾的内容，有可能导致对这些相互矛盾的证据均不采信。

2. 无效宣告请求书的主要内容和格式

无效宣告请求书的首页应当采用国家知识产权局统一印制的表格"专利权无效宣告请求书"（见附录二中的表 9），填写表格中的有关内容：被请求宣告无效的专利，请求人，专利代理机

构，宣告专利权无效的理由、范围及所依据的证据，结合证据对无效宣告请求理由的具体陈述意见和附件清单等。其中第⑧栏结合证据对无效宣告请求理由的具体陈述意见通常采用无效宣告请求书正文的方式提交，成为无效宣告请求书的主要组成部分。无效宣告请求书正文可按下述格式撰写。

（1）起始部分

起始部分应当写明无效宣告请求所针对专利的概况、无效宣告请求的理由和法律依据、无效宣告请求的范围和无效宣告请求的证据。

（i）无效宣告请求所针对的专利的概况

在无效宣告请求书起始部分首先应当说明该无效宣告请求是针对哪一件专利提出的，并写明该专利的概要情况。这部分内容实际上已反映在国家知识产权局统一印制的表格中，因而也可以不写入到无效宣告请求书正文中。但是，为使无效宣告请求书正文体现完整性，通常仍将此作为无效宣告请求书正文起始部分的内容；尤其在一些较大的专利代理机构中，无效宣告请求书的表格由该机构的文员填写，无效宣告请求书正文的起始部分先写明这些内容将大大方便文员填写无效宣告请求书的表格。这部分内容通常采用下述格式句❶：

"本请求人××××对专利号为ZL××××××××××、专利权人为××××、名称为《××××装置》的发明专利提出专利权无效宣告请求。该专利的申请号为××××××××××××，申请日为××××年××月××日。优先权日为××××年××月××日，公布号为CN×××××××××A，公布日为××××年××月××日，授权公告号为CN××××××××B，授权公告日为××××年××月××日。"

（ii）无效宣告请求的理由和法律依据

接下来，应写明提出无效宣告请求的理由及其法律依据，可采用下述格式句：

"本请求人根据《专利法》第四十五条及《专利法实施细则》第六十五条❷的规定提出无效宣告请求，认为上述发明专利不符合《专利法》第××条第×款有关××××的规定（如不符合《专利法》第二十二条第三款有关创造性的规定）。"

（iii）无效宣告请求的范围

在此之后，应当明确说明提出无效宣告请求的范围，即请求对该专利权宣告全部无效还是部分无效。

请求人若认为该专利的全部内容都不应当取得专利权，则请求宣告该专利权全部无效，此时可写成："本请求人请求专利复审委员会宣告该发明专利权全部无效。"

如果所提供的事实和证据只能证明其中部分权利要求不应当授权，可对该专利权提出部分无效，例如可写成："本请求人请求专利复审委员会对该发明专利权宣告部分无效，即宣告权利要求×至×无效。"

（iv）无效宣告请求的证据

然后，编号列出随无效宣告请求书所提出的证据，必要时写明其公开日期，对于作为该专利抵触申请的证据，还需要写明其申请日（有优先权的，为优先权日）。

对于无效宣告请求理由既包含有需要证据支持的无效宣告理由，又包含有无需证据即可认定无效宣告请求理由成立的情况，也可以在论述需要证据支持的无效宣告理由之前列出相应的

---

❶ 本节给出的标准句均以发明专利为例，对于实用新型专利和外观设计专利作相应修改即可。

❷ 对于申请日（有优先权的，指优先权日）在2009年10月1日前的专利，此处为"修改前的《专利法实施细则》第六十四条"。

证据。

（2）具体阐述无效宣告请求的理由

这一部分是无效宣告请求的核心部分，应当针对所提出的事实和证据作出具体分析，条理清楚地阐述无效宣告请求的理由。

如果无效宣告请求中涉及几个无效宣告请求的理由，最好分成几个部分加以论述。

对于其中无需证据支持的无效宣告请求的理由，针对该专利文件本身所存在的影响其专利有效性的事实作出具体分析。例如，对于不符合《专利法实施细则》第二十条第一款规定为无效宣告请求的理由，应当具体指明哪一项独立权利要求缺乏必要技术特征，缺少哪些必要技术特征，并根据说明书所认定的该专利要解决的技术问题论述这些技术特征为什么是必要技术特征，进而得出该独立权利要求不符合《专利法实施细则》第二十条第一款规定的结论。

对于需要证据支持的无效宣告请求的理由，应当以这些证据为依据，具体说明这些证据所证明的事实，在此基础上将授权专利文件的内容（对于发明或者实用新型专利主要为权利要求的内容，对于外观设计专利主要为其图片或照片表示的内容）与这些证据披露的内容进行分析对比，详细论述所主张的无效宣告请求的理由。

正如前面所指出的，在具体分析说明无效宣告请求的理由时应当以《专利法》《专利法实施细则》以及《专利审查指南 2010》的规定为依据，因此最好先给出分析说明所依据的法律条款规定的内容和《专利审查指南 2010》具体解释的内容，在此基础上说明对上述规定内容和解释内容的理解，然后通过对具体事实和/或证据的分析阐明无效宣告请求的理由。

（3）结论部分

结论部分是无效宣告请求的概要说明，应当包括无效宣告请求理由的概述和对无效请求范围的具体主张，通常可写成：

"综上所述，本发明专利不符合《专利法》第××条第×款和《专利法实施细则》第××条第×款的规定，请求专利复审委员会宣告该发明专利权全部无效。"

或者写成：

"综上所述，本发明专利不符合《专利法》第××条第×款和第×款有关×××和×××的规定，请求专利复审委员会宣告该发明专利的权利要求×至×无效。"

最后，应当附上有关证据的原件或复印件（必要时附上相应的公证证明材料）作为无效宣告请求书的附件，对于外文证据，还需要附交该证据中有用部分的中文译文。

3. 无效宣告请求书撰写示例

为帮助专利代理人更好地掌握无效宣告请求书正文部分的撰写，现给出两份请求书正文的撰写实例，其中一份是针对实用新型专利提出的；另一份是针对外观设计专利提出的。为了更好地说明问题，对原请求书作了适当改写。

案例一：一种动铁式交流弧焊机

本案例涉及一件实用新型专利，其授权公告的权利要求书为：

"1. 一种动铁式交流弧焊机，由静铁心（1）、动铁心（2）、初级线圈（3）、次级线圈（4）、电源开关、壳体、底架及附件组成，其特征在于：动铁心为一整体 H 形。

2. 根据权利要求 1 所述的动铁式交流弧焊机，其特征在于：静铁心的斜面和动铁心的横向斜面为横向平面。

3. 根据权利要求 1 所述的动铁式交流弧焊机，其特征在于：采用黄铜板加工成凹槽作上、下滑轨，并与动铁心的上、下槽紧配合。"

推荐的无效宣告请求书的正文部分为：

无效宣告请求书正文

本请求人××有限公司对专利号为 ZL20102×××××××、专利权人为××××、名称为"一种动铁式交流弧焊机"的实用新型专利提出无效宣告请求，该专利的申请号为 CN20102××××××，申请日为 2010 年 5 月 27 日，授权公告号为 CN2×××××××××U，授权公告日为 2011 年 5 月 16 日。

本请求人根据《专利法》第四十五条以及《专利法实施细则》第六十五条的规定提出无效宣告请求，认为上述实用新型专利不符合《专利法》第二十二条第二款和第三款有关新颖性和创造性的规定。

本请求人提出下述请求：

（1）由于该实用新型专利权利要求书中的全部权利要求（即权利要求 1 至 3）不具备新颖性或创造性，请求专利复审委员会宣告该实用新型专利权全部无效。

（2）为了便于专利复审委员会合议组分析本请求人所提供的证据对上述实用新型专利权的影响，本请求人愿意与专利权人就所提供的证据进行当面质证和辩论，因而请求专利复审委员会合议组对本案进行口头审理。

（一）

本请求人以下述对比文件作为上述实用新型专利不具备新颖性和创造性的证据。

1. 日本实用新型公告说明书 JP 实公昭 38－14338（公告日为 1963 年 7 月 13 日）及其有关部分的中文译文。

2. 日本实用新型公告说明书 JP 实公昭 49－28977（公告日为 1974 年 8 月 7 日）及其有关部分的中文译文。

3. 日本实用新型公告说明书 JP 实公昭 47－33121（公告日为 1972 年 12 月 13 日）及其有关部分的中文译文。

（二）

本请求人请求宣告专利权无效的实用新型专利涉及一种动铁式交流弧焊机，其主要由静铁心、动铁心、初级线圈及次级线圈等构成。

根据该专利说明书的记载，本实用新型要解决的技术问题是提供一种结构合理、加工工序简易、体积小、噪音低、不易发热的动铁式交流弧焊机，它能减少散杂磁通引起的损耗，提高磁分路效率，且在工作时保持稳定的焊接电流。

为解决上述技术问题，该实用新型专利权利要求 1 的技术方案为：

"1. 一种动铁式交流弧焊机，由静铁心（1）、动铁心（2）、初级线圈（3）、次级线圈（4）、电源开关、壳体、底架及附件组成，其特征在于：动铁心为一整体 H 形。"

权利要求 2 对权利要求 1 从结构上作了进一步限定：静铁心的斜面和动铁心的横向斜面为横向平面。

权利要求 3 对权利要求 1 从材料和结构两个方面作了进一步限定：采用黄铜板加工成凹槽作上、下滑轨，并与动铁心的上、下槽紧配合。

（三）

现以所列出的三篇对比文件为依据具体说明上述三项权利要求为什么不具备新颖性和创造性。

1. 权利要求 1 相对于对比文件 1 不具备新颖性或创造性。

《专利法》第二十二条第二款、第三款和第五款规定："新颖性，是指该发明或者实用新型不属于现有技术；也没有任何单位或者个人就同样的发明或者实用新型在申请日以前向国务院专利行政部门提出过申请，并记载在申请日以后公布的专利申请文件或者公告的专利文件中。""创造性，是指与现有技术相比，该发明具有突出的实质性特点和显著的进步，该实用新型具有实质性特点和进步。""本法所称现有技术，是指申请日以前在国内外为公众所知的技术。"

《专利审查指南 2010》第二部分第三章第 2.3 节规定："引用对比文件判断发明或者实用新型的新颖性和创造性等时，应当以对比文件公开的技术内容为准。该技术内容不仅包括明确记载在对比文件中的内容，而且包括对于所属技术领域的技术人员来说，隐含的且可直接地、毫无疑义地确定的技术内容。但是，不得随意将对比文件的内容扩大或缩小。另外，对比文件中包括附图的，也可以引用附图。"

由上述规定可知，在判断发明或实用新型专利是否具备新颖性和创造性时，应当将发明或实用新型专利的各项权利要求与对比文件中披露的技术内容进行对比，也就是说，只要是在对比文件中披露的任何技术内容，不论其是记载在权利要求书中还是记载在说明书（包括其附图）中，甚至那些在对比文件中未明确记载，但对本领域技术人员来说是隐含的且可直接地、毫无疑义地确定的技术内容，均可作为现有技术中已公知的内容，与之进行对比分析。

在对比文件 1 中，虽然其要求保护的仅仅是一种电焊机的摇臂装置，但在该对比文件 1 说明书第 1 页左栏第 8 行至第 22 行（相应中文译文参见第 1 页第 6 行至第 13 行）对其附图 1 所示带有摇臂装置的电焊机作了描述，由这两段文字和附图 1 可清楚地看出该电焊机是一台动铁式交流弧焊机，它包括静铁心（见对比文件 1 图 1 中的附图标记 3）、动铁心（附图标记 4）、初级线圈（附图标记 1 和 1'）和次级线圈（附图标记 2 和 2'）。此外，从附图 1 中可以明显地看出其动铁心为一整体 H 形。由于专利说明书中的附图是说明书的一部分，其以工程语言对说明书中的文字作补充说明，因此应当认为对比文件 1 也公开了动铁心为一整体 H 形。这样，该专利权利要求 1 中未被对比文件 1 披露的技术特征仅仅是记载在权利要求 1 前序部分中的技术特征：该交流弧焊机还包括电源开关、壳体、底架及附件。但对于本领域技术人员来说，任何一台交流弧焊机必定包括电源开关、壳体、底架以及如电焊钳这类的附件，因此这些技术特征属于虽未记载在该对比文件 1 中但该对比文件 1 中的交流弧焊机必定包含有的部件。也就是说，虽然上述电源开关、壳体、底架及附件在对比文件 1 中未明确记载，但对于本领域技术人说，它们属于可从该对比文件 1 中直接地、毫无疑义地确定的内容，专利权人将这些技术特征写在权利要求 1 的前序部分也对此作了间接的证明。综上可知，权利要求 1 请求保护的技术方案与对比文件 1 中所公开的技术内容完全相同，属于相同的技术领域，解决基本相同的技术问题，达到基本相同的技术效果，因而权利要求 1 相对于对比文件 1 不具备《专利法》第二十二条第二款规定的新颖性。

退一步来说，即使认为交流弧焊机不一定非包含电源开关、壳体、底架和附件，但是本领域技术人员能够得知绝大部分交流弧焊机都包含上述部件，而且本专利说明书中也未说明这些部件与动铁心为一整体 H 形有特定配合关系，能产生特定的功能，因而它们属于本领域技术人员的公知常识。由此可知，将大多数交流弧焊机中所包含的上述部件与对比文件 1 结合起来成为权利要求 1 的技术方案对本领域技术人员来说是显而易见的，不具有实质性特点和进步，因此权利要求 1 相对于对比文件 1 和本领域技术人员的公知常识来说，至少不具备《专利法》第二十二条第三款规定的创造性。

2. 权利要求 2 相对于对比文件 1 和本领域技术人员的公知常识（或相对于对比文件 1 和 2 或相对于对比文件 1 和 3）不具备创造性。

正如前面所指出的，本实用新型专利权利要求2对权利要求1从结构上作了进一步的限定：静铁心的斜面和动铁心的横向斜面为横向平面。但是本实用新型专利说明书背景技术部分已明确写明动铁心有横向平面和横向斜面两种，这说明电焊机早就有了动铁心为横向平面的结构。当然动铁心为横向平面，则与之相配的静铁心也应当为横向平面。对本领域技术人员来说，通过将横向斜面改为横向平面，必定简化加工工序及节省时间和材料，这与其在本实用新型专利中所起的作用相同，因而"静铁心的斜面和动铁心的横向斜面为横向平面"属于本领域技术人员的公知常识。为证实这一点，现附上对比文件2和对比文件3，从这两篇对比文件的附图1可以明显看出，在它们所披露的电焊机中静铁心的斜面和动铁心的横向斜面为横向平面。由此可知，本领域技术人员根据其所具有的公知常识由对比文件1所披露的电焊机转换成本实用新型专利权利要求2的技术方案是显而易见的，或者说其在对比文件1的基础上结合对比文件2或者结合对比文件3得到权利要求2的技术方案是显而易见的，不具有实质性特点和进步，因此权利要求2相对于对比文件1和公知常识、或者相对于对比文件1和2、或者相对于对比文件1和3不具备《专利法》第二十二条第三款有关创造性的规定。

3. 权利要求3相对于对比文件1、对比文件2和本领域的公知常识不具备创造性。

权利要求3对权利要求1从两方面进行了限定，从结构上限定其上、下滑轨为凹槽形，并与动铁心的上、下槽紧配合，从材料上限定上、下滑轨为黄铜。在对比文件2的说明书第1栏第34和第35行（中文译文见第1页第17行和第18行）明确写明"通过将非磁性材料带材折曲成断面为U形而形成上、下滑轨，其与动铁心的上、下凹槽接合"，这一点在该对比文件2的附图1中得到清楚反映，由此可知，权利要求3进一步限定的技术特征除材料为黄铜外已被对比文件2披露，而黄铜是非磁性材料中最普通的一种，专利权人在说明书背景技术部分已说明现有技术中存在用黄铜作为滑轨的情况，因而从非磁性材料中选择黄铜作为滑轨材料是一种常规的选择。由此可知，权利要求3进一步限定的全部技术特征不是被对比文件2披露，就是本领域技术人员对材料常规的选择。对比文件2中所披露的技术特征在其中所起的作用是改善滑动性能，从非磁性材料中选择黄铜也是为了改善滑动性能，与本实用新型专利采用上述技术特征的效果相同，因而该对比文件2和本领域的公知常识给出了将上述技术特征应用于对比文件1改善其滑动性能的结合启示，即本领域的技术人员有动机将对比文件1、对比文件2和本领域的公知常识结合起来得到权利要求3这一技术方案。由此可知，由对比文件1、对比文件2和本领域的公知常识得到权利要求3的技术方案对本领域的技术人员来说是显而易见的，不具有实质性特点和进步，因此该权利要求3相对于对比文件1、对比文件2和本领域的公知常识不具备《专利法》第二十二条第三款规定的创造性。

（四）

综上所述，本实用新型专利的权利要求1不符合《专利法》第二十二条第二款有关新颖性的规定，至少不符合《专利法》第二十二条第三款有关创造性的规定。权利要求2和3不符合《专利法》第二十二条第三款有关创造性的规定。

为此，本请求人请求专利复审委员会宣告该专利权全部无效。

以上所推荐的请求书除了撰写格式符合要求外，还具有几点可借鉴之处。

①尽管根据《专利审查指南2010》认定权利要求1不具备新颖性，但对权利要求1仍同时指出其相对于对比文件1与本领域公知常识至少不具备创造性，这种以不具备新颖性和不具备创造性两者为无效宣告请求理由比较主动。

②在论述各权利要求不具备新颖性或创造性时做到了以事实为依据，具体说明了所采用的对

比方式（对权利要求 1 为单独对比，对权利要求 2、3 为结合对比），并在进行结合对比时指出了最接近的对比文件，以及各技术特征在对比文件中所披露的位置，符合《专利审查指南 2010》第四部分第三章第 3.3 节之（5）中规定的要求。

③在具体论述无效宣告请求理由时，注意到了以法律为准绳，针对该专利不符合《专利法》实体条款的缺陷进行分析，并且分析时引用了《专利审查指南 2010》中的具体规定，从而使其论述更具有说服力。

④对于三篇外文文献证据，附上了相应部分的中文译文，满足了《专利审查指南 2010》第四部分第八章第 2.2.1 节所规定的外文证据应当同时提交使用部分的中文译文的要求。

案例二：淋浴喷头

本案例涉及一件外观设计专利，所涉及的产品是一种淋浴喷头，其授权公告的外观设计照片给出了其六面视图和两幅使用状态图，由这些照片可知其为双蝶形淋浴喷头，它包括主杆、上横杆、两个对称设置且可绕上横杆转动的转杆以及带有可调螺母的下杆，在此两转杆上对称安装有近似矩形的、正面布满出水孔的蝶翼片。

推荐的无效宣告请求书的正文部分为：

无效宣告请求书正文

本请求人××××公司对专利号为 ZL20103××××××、专利权人为×××、使用外观设计的产品名称为淋浴喷头（蝶形）的外观设计专利提出无效宣告请求。该专利的申请号为 20103×××××××，申请日为 2010 年 5 月 4 日，授权公告号为 CN3×××××××× S，授权公告日为 2011 年 2 月 16 日。

本请求人根据《专利法》第四十五条以及《专利法实施细则》第六十五条的规定提出宣告专利权无效请求，其理由是上述外观设计专利不符合《专利法》第二十三条第一款和第二款的规定。

本请求人提出下述请求：

（1）请求专利复审委员会宣告该外观设计专利权全部无效；

（2）请求专利复审委员会进行一次口头审理，以便就此外观设计专利在国内公知公用的情况与专利权人进行当面质证和辩论，必要时请有关证人作证。

（一）

本请求人以下述文件作为上述外观设计属于现有设计或者与现有设计相比不具有明显区别的证据。

1. 澳大利亚《管道工程工业》杂志第×卷第×期 2001 年 8 月／9 月（Australian *Plumbing Industry* Vol. × No. × August／September 2001）的封面和第 8 页的复印件及其中文译文，包括该出版物在澳大利亚公证机关出具的证明及其中文译文和我国驻澳大利亚大使馆的认证材料。

2. 澳大利亚外观设计局（Australia Design Office）出具的第××××××号外观设计专利登记证书（申请号：320/01，公告日：2002 年 12 月 14 日）的复印件及相关译文，包括在澳大利亚公证机关出具的证明及其中文译文和我国驻澳大利亚大使馆的认证材料。

3. 请求人××××公司于 2008 年和 2009 年先后委托专利权人为法人的××××厂生产蝶形淋浴喷头所签订的两份"工矿产品购销合同"及相应发票和付款凭证的复印件。

4. 请求人××××公司委托××××厂生产蝶形淋浴喷头时向其提供的图纸。

5. ××××工贸有限公司（其前身即为××××厂）宣传其蝶形双冠淋浴系列产品广告的复印件。

以上证据1、证据2、证据3中的"工矿产品购销合同"、证据5均有原件，可以在口头审理时当庭查看。

（二）

按照《专利法》第二十三条第一款和第二款规定：授予专利权的外观设计，应当不属于现有设计，也没有任何单位或者个人就同样的外观设计在申请日前向国家知识产权局提出过申请，并记载在申请日以后公告的专利文件中；授予专利权的外观设计与现有设计或者与现有设计的组合相比，应当具有明显区别。

《专利审查指南2010》第四部分第五章第5节进一步规定："不属于现有设计，是指在现有设计中，既没有与涉案专利相同的外观设计，也没有与涉案专利实质相同的外观设计。"按照《专利审查指南2010》第四部分第五章第5.1节的规定，如果一般消费者经过对涉案专利与对比设计的整体观察可以看出，两者的区别在于一般注意力不能察觉到的局部的细微的差别，或者在于使用时不容易看到或看不到的部位、且其未产生引人注目的视觉效果，则涉案专利与对比设计实质相同。

按照《专利审查指南2010》第四部分第五章第6.1节的规定，在对涉案专利与现有设计进行整体观察以确定两者是否具有明显区别时，应当更关注使用时容易看到的部位，使用时容易看到部位的设计变化相对于不容易看到或者看不到的部位的设计变化，通常对整体视觉效果更具有显著的影响。此外，如果区别点仅在于局部细微差别，则其对整体视觉效果不足以产生显著影响，二者不具有明显区别。

由证据1澳大利亚《管道工程工业》杂志第×卷第×期2001年8月/9月封面和第8页公开的内容以及证据2澳大利亚外观设计局出具的第×××××号外观设计专利登记证书可知，该外观设计不仅在2002年被澳大利亚外观设计局公布于众，而且在2001年也已公布在澳大利亚公开出版的杂志上，即上述外观设计属于申请日前公开出版物上发表过的现有设计，不符合《专利法》第二十三条第一款的规定，应当宣告无效。

本请求人请求宣告专利无效的外观设计专利为双蝶形淋浴喷头，其包括主杆，上横杆，两个对称设置、装有蝶翼片且可绕上横杆转动的转杆以及带有可调螺母的下杆。

由上述证据1可知，在2001年8月/9月的《管道工程工业》杂志封面上已披露了这样一种双蝶形淋浴喷头的外观设计，其包括有同样的部件：立杆，上横杆，两个对称设置、装有蝶翼片且可绕上横杆转动的转杆（由该杂志第8页的附图可知其能绕上横杆转动）以及带有可调螺母的下杆。

对淋浴喷头来说，常规的、市场上常见的产品是在一长柄上带有一近似圆锥形的喷头，喷头上布满出水孔。将淋浴喷头由常规的圆锥形做成两片蝶形，是被请求无效的外观设计专利的基本出发点，因而其设计要点写明为"双蝶形翼片的形状"。对比被请求无效专利及所述杂志公开的"双蝶形淋浴喷头"，不仅其设计要点"双蝶形翼片"完全相同，而且每个部件的位置、结构甚至其尺寸比例也都相同，因此上述外观设计专利与证据1所披露的外观设计是相同的外观设计。

如果将两个外观设计仔细比较一下，看上去有一个唯一的细微差别，即证据1中的外观设计与上述外观设计专利相比，其下杆相对于立杆旋转了180°。但这只需要在安装时将下杆绕立杆旋转180°，就得到了完全相同的外观设计，从被请求人的产品广告中NC-110和HC-109就可知道，其本身的产品就有下杆相对于立杆旋转180°的情况（见证据5）。这唯一的差别并不是产品设计的不同，而是安装使用时不同位置所致。即使认为这仍然是两者的区别，那么两者也是实质相同的外观设计，因为这属于局部的细微的差别，从宏观上看，若消费者不将两者直接逐一对比难以看出此细微差别，因而在总体上会给一般消费者留下两者为实质相同的外观设计的印象。

由以上分析可知，根据《专利审查指南 2010》第四部分第五章第 4 节按一般消费者的知识水平和认知能力进行评价以及《专利审查指南 2010》第四部分第五章第 5.2.4 节"整体观察、综合判断"（由外观设计的整体而不从外观设计的部分或局部出发进行分析）的判断方式进行对比，两者是同类产品，采用了相同的（至少是实质相同的）外观设计，因此上述外观设计专利属于现有设计，不符合《专利法》第二十三条第一款的规定。

退一步讲，由于上述两者的区别"下杆相对于立杆旋转 180°"是局部细微差别，其对整体视觉效果不足以产生显著影响，因而两者不具有明显区别，由此可知上述外观设计专利与证据 1 公开的现有设计相比至少不具有明显区别，不符合《专利法》第二十三条第二款的规定。

此外，上述证据 2 是一份澳大利亚外观设计登记证书，其已于 2002 年 12 月 14 日由澳大利亚外观设计局公告，任何公众从那时起均能查阅到，并可向澳大利亚外观设计局索取到该外观设计的资料。各国专利局对外观设计专利文件（即图或照片）的要求不同，该澳大利亚外观设计只有立体图，但从该立体图可以清楚地、毫无疑问地判断出，该外观设计专利所示出的"双蝶形淋浴喷头"与被请求宣告无效专利所示出的"淋浴喷头（蝶形）"是同一产品。类似于对证据 1 的分析，上述外观设计专利与澳大利亚登记的外观设计是相同或实质相同的外观设计，因此上述外观设计专利不符合《专利法》第二十三条第一款的规定。同理，上述外观设计专利至少与证据 2 中公开的双蝶形淋浴喷头的外观设计没有明显区别，不符合《专利法》第二十三条第二款的规定。

可能专利权人会认为这两件证据均未给出该外观设计的后视图，因而由该两件证据不能认定两者的外观设计相同或实质相同，或者不具有明显的区别。但是，正如前面所指出的，该淋浴喷头与传统的淋浴喷头在其外观设计上的设计要点是双蝶形翼片形状，其中背部的形状细节不仅不是该外观设计的主要创作部位，而且也属于该类产品使用状态下不会被一般消费者关注的部位。其理由如下：

（1）从该外观设计专利的彩色照片不能得知该淋浴翼片背部形状的细节。虽然该外观设计专利中包含了后视图，但该后视图不能清楚地反映该淋浴翼片其周边有卷边；此外在其所附的两张使用状态图中均只能看到该产品的正面。

（2）由专利权人于 2010 年以后印制的产品广告来看共刊登了近 30 幅有关其所谓的专利产品的淋浴喷头照片，所有照片上只反映了该喷头翼片的正面，没有一幅照片反映其背部形状。

由此可知，对这种淋浴喷头的外观设计来说，公众和消费者只关注其翼片正面的形状，因为无论该喷头在销售展示或者使用状态，对公众（消费者和使用者）来说看到的是其正面，而不是背面。《专利审查指南 2010》第四部分第五章第 5.2.4.3 节规定："如果对比设计图片或者照片未公开的部位属于该类产品使用状态下不会被一般消费者关注的部位，并且涉案设计在相应部位的设计的变化也不足以对产品的整体视觉效果产生影响，例如……则不影响对二者进行整体观察、综合判断。"《专利审查指南 2010》第四部分第五章第 6.1 节规定："对涉案专利与现有设计进行整体观察时，应当更关注使用时容易看到的部位，使用时容易看到部位的设计变化相对于不容易看到或者看不到部位的设计的变化，通常对整体视觉效果更具有显著影响。"由此可知，对该外观设计专利来说，上述两证据未公开的翼片背部属于该类产品使用状态下不会被一般消费者关注的部位，且该外观设计专利在翼片背部的设计变化也不会对蝶形淋浴喷头外观设计的整体视觉产生显著影响，因此，在判断该外观设计专利与上述两件证据披露的外观设计是否相同、实质相同或者是否具有明显区别时应当以其正面作为判断的依据。

退一步来说，该外观设计专利后视图所反映的翼片周边卷边形状在上述证据 1 第 8 页的图中有所反映，其反映的程度与该外观设计专利彩色照片反映的清晰度基本上相同，也就是说，若认定外观设计专利照片上可看出翼片周边的卷边，同样也应当认定该证据1中的照片也反映了翼片周边的卷边。

综上所述，该外观设计专利属于现有设计，或者与现有设计相比不具有明显区别，不符合《专利法》第二十三条第一款或第二款的规定。

（三）

由证据3和证据4×××公司委托×××厂生产蝶形淋浴喷头的合同及所提供的生产图纸可知，上述外观设计专利与申请日前公知公用的外观设计是相同的外观设计，不符合《专利法》第二十三条第一款的规定，应当宣告无效。

本请求人×××公司是证据2中澳大利亚外观设计登记证书所有权人Mr. Stephen先生的合作伙伴，为其在中国加工生产蝶形淋浴喷头。由于该淋浴喷头在2002年12月已由澳大利亚外观设计授权公告，已成为公知设计，因而未在中国申请外观设计专利。2008年第四季度和2009年10月，×××公司两次委托×××厂（即现在×××工贸有限公司的前身）制造这种双冠（或双翼）淋浴器，签订了工矿产品供销合同（见证据3），并向其提供了该产品的图纸（见证据4），该委托加工产品分别于2009年年初和2009年年底交货，并付清了货款（见证据3中的发票收据和付款凭证）。谁知×××厂的法人代表×××背着本请求人×××公司向国家知识产权局提出了外观设计专利申请，且该外观设计专利的照片全部采用了对本请求人×××公司生产的产品拍摄的六面视图照片和两张使用状态照片。鉴于此，从上述证据4中产品图纸中的A4/EPL/951/23和A4/EPL/974/022两幅图可知，不仅该外观设计专利的主视图、而且其后视图、左视图、右视图、俯视图、仰视图、使用状态参考图与本请求人×××公司委托其生产的双冠（或双翼）淋浴器完全相同。因此该外观设计专利相对于其申请日2010年5月4日前的公知公用外观设计来说是相同的外观设计。

需要说明的是，在2008年的工矿产品购销合同中对违约责任写明"需方有产品专利权，供方不能随意买卖，否则追究法律责任"。此句话并不是保密协议内容，只是说明供方随意买卖，将追究其侵权责任（本请求人×××公司当时误认为外国专利也能在中国起诉专利侵权）。此外，×××公司可以委托被请求人生产，也可以委托其他厂家生产，因而在这一点上也不能采用特定人获知而不作为公开的原则。

由此可知，上述外观设计专利与申请日前公知公用的外观设计是相同的外观设计，不符合《专利法》第二十三条第一款的规定，应当宣告无效。

（四）

综上所述，外观设计专利号为ZL20103××××××的专利相对于上述证据1或者相对于上述证据2的公开出版物来说是相同或实质相同的外观设计，不符合《专利法》第二十三条第一款的规定，至少与证据1或者与证据2相比不具有明显区别，不符合《专利法》第二十三条第二款的规定；此外，上述专利相对于上述证据3和4的国内公知公用的外观设计来说是相同的外观设计，不符合《专利法》第二十三条第一款的规定，故请求专利复审委员会宣告上述外观设计专利权无效。

以上所推荐的请求书除了撰写格式符合要求外，还具有几点可借鉴之处。

①论述外观设计专利相对于申请日前公开出版物上的外观设计实质相同时说理分析具体，尤其引用了《专利审查指南2010》中判断外观设计实质相同的判断原则，从而具有说服力。

②在论述了外观设计专利与证据1或证据2公开的现有设计实质相同得出其不符合《专利

法》第二十三条第一款的规定后，又进一步指出该外观设计与证据1或证据2公开的现有设计没有明显区别，不符合《专利法》第二十三条第二款的规定，同时以此两者作为无效宣告理由提出无效宣告请求比较主动。

③由于采用了国外出版物为证据，按照《最高人民法院有关民事诉讼证据若干规定》，提交了所在国公证机关的证明材料及我国驻该国使馆的认证材料。

④对所采用的外文证据附交了中文译文，满足了《专利审查指南2010》第四部分第八章第2.2.1节所规定的外文证据需提交中文译文的要求。

⑤对于公知公用的证据，提出了口头审理的请求，并表示对其中所涉及的原件证据可以请专利复审委员会合议组当庭核实。

四、无效宣告请求的提交与形式审查阶段的专利代理工作

下面对无效宣告请求的提交以及形式审查阶段的专利代理工作作简要介绍。

1. 无效宣告请求的提交

在准备好证据和撰写好请求书后，就应该向专利复审委员会提交无效宣告请求书，并附上所涉及的证据。

凡委托专利代理机构办理无效宣告请求事务的，应当按照《专利法实施细则》第十五条第三款的规定，同时提交专利代理委托书，写明委托权限。

此外，在提交无效宣告请求的同时应当按照《专利法实施细则》第九十三条和第九十九条第三款的规定缴纳无效宣告请求费，最迟不得晚于自提出请求之日起1个月缴纳并缴足，否则会视为未提出无效宣告请求。

对于侵权反诉无效宣告请求案，通常应当在自收到侵权诉讼通知书之日起的答辩期（即15天）内提出无效宣告请求，才有可能暂时中止侵权诉讼的审理，因而对这类无效宣告请求案有两点需要注意：其一，在证据尚不完备时先在该规定的期限内提出无效宣告请求，然后尽快通过各种途径获取相关证据，在自请求日起1个月内补充无效宣告请求的理由以及补交其他有关证据；其二，应当首先到国家知识产权局专利局受理处缴纳无效宣告请求费，拿到缴费收据后立即到专利复审委员会提交无效宣告请求书、附上有关证据以及该缴费收据的复印件，从而就有可能在当天或第2个工作日得到无效宣告请求受理通知书，从而保证在侵权诉讼答辩时附交此无效宣告请求受理通知书，以便提出暂时中止侵权诉讼审理的请求。此外，在此时还可以请求专利复审委员会向审判或者处理该专利侵权案件的人民法院或者地方知识产权管理部门发出无效宣告请求案件审查状态通知书。

2. 对形式审查阶段各类通知书的答复

在无效宣告请求案的形式审查阶段，专利复审委员会发出的通知书主要有下述几种：补正通知书、不予受理通知书、视为未提出无效宣告请求通知书、驳回无效宣告请求和受理通知书。

由于上述通知书是针对不同情况作出的，因而除受理通知书外，无效宣告请求方的专利代理人在收到通知书后首先应当弄清该通知书是针对什么事由发出的，有针对性地克服通知书中所指出的问题或者采用相应的法律补救手段。

（1）对补正通知书的答复

专利复审委员会发出补正通知书主要有两种情况：其一，无效宣告请求书中未明确无效宣告请求的范围或者不符合标准表格规定格式；其二，委托专利代理机构办理的，未提交委托书或者委托书上未写明委托权限或存在其他缺陷。对于前者，应当在通知书指定的期限（收到通知书之

日起 15 日）内按照通知书的要求对无效宣告请求书进行补正，期满未补正或者补正两次仍存在同样缺陷的，该无效宣告请求视为未提出。对于后者，应当在指定的期限（收到通知书之日起 15 日）内补交委托书或者补交写明委托权限或消除其他形式缺陷的委托书，否则视为未委托代理。

（2）对不予受理通知书的处理

专利复审委员会对于无效宣告请求发出不予受理通知书的情况很多。

对于无效宣告请求不是针对已经授权的专利提出的，可以采用其他相应的法律救济手段，例如对还处于实质审查阶段的发明专利申请可按照《专利法实施细则》第四十八条规定向国家知识产权局提出意见，说明理由，并附交必要的证据，但是该证据若属于非公开出版物的公知公用情况，则在专利申请审查期间不一定被采用，此时应当继续关心专利公报，待其授权之后再重新提出无效宣告请求。

对于请求宣告无效的专利已被专利复审委员会作出的生效的无效宣告请求审查决定宣告全部无效的，则可以将此消息转告委托人，这样的结果已达到了委托人的目的，因而无需再采用相应的其他法律救济手段。

对于因为无效宣告请求的理由或证据等不符合规定而导致不予受理的，则应当针对不同的情况，或者另行确定符合规定的无效宣告请求的理由，或者指明或补充支持无效宣告请求理由的证据，在此基础上再次提出新的无效宣告请求。

对于因为请求人不具备民事主体资格或者针对共有专利权提出无效的请求人是部分专利权人而导致不予受理的，应当通知委托人另行由具备民事主体资格的请求人或者由共有专利权的全部专利权人重新提出无效宣告请求。对于这两种情况，作为请求人委托的专利代理机构指派的专利代理人应当在提出无效宣告请求时就告知委托人，避免出现这种不予受理通知书。

对于请求人为涉外当事人，因未委托专利代理机构办理无效宣告请求事务，或者虽然委托专利代理机构但委托手续不合格而延期未补正或补正不合格的，也会收到不予受理通知书。对于委托专利代理机构办理无效宣告请求事务的，不会出现前一种情况的不予受理通知书，这种情况是涉外当事人在提出无效宣告请求时应当避免的；而对于后一种情况，作为专利代理机构应当在补正时就把委托手续补齐全，避免出现这种情况的不予受理通知书。

（3）对视为未提出无效宣告请求通知书的处理

专利复审委员会发出视为未提出无效宣告请求通知书主要有两种情况：其一，自提出无效宣告请求之日起 1 个月内未缴纳或缴足无效宣告请求费；其二，未在指定期限内对不符合规定格式的无效宣告请求书给予补正或者在指定期限内两次补正后仍存在同样缺陷。

对于上述两种情况，除了无效宣告请求书补正两次仍不合格而被视为未提出的情况外，均可采取提出恢复权利请求的法律补救手续，与此同时缴纳恢复权利请求费，并消除原通知书中指出的问题（缴费或者补正）。但是，除侵权反诉并打算要求暂时中止侵权诉讼审理而对无效宣告请求的提出有时间要求的情况外，通常不建议采用此法律补救手续，因为这样不如另行提出无效宣告请求，并由此可省下恢复权利请求费。而对于无效宣告请求补正两次仍不合格的情况，作为专利代理机构指派的专利代理人应当在补正时加以解决，避免出现这种视为未提出通知书。

（4）对视为未委托代理通知书的处理

专利复审委员会发出视为未委托代理通知书包括三种情况：其一，非涉外的请求方委托专利代理机构办理无效宣告请求时未提交委托书或委托手续不齐全而又未在补正通知书指定期限内予以补正或在指定期限内提交的补正文件仍不符合要求的；其二，非涉外请求方委托的专利代理机构为专利权人办理该专利申请审批事务阶段委托的专利代理机构,专利复审委员会通知变更委托而在指定期限内未变更委托的;其三,非涉外请求方同日委托多家专利代理机构提出无效宣告请求并署名无先后且未指定收件人时,专利复审委员会通知指定收件人,未在指定期限内指定的。在这三种情况下,该无效宣告请求仍可被受理,但视为未委托专利代理机构办理无效宣告请求的有关手续。若委托人仍欲委托专利代理机构办理时,则应当重新提交符合规定的委托书和相应合格的委托手续,并办理著录项目变更有关手续(包括提交著录项目变更申报书和缴纳著录事项变更费)。但作为请求人委托的专利代理机构的专利代理人,应当在提出无效宣告请求时就注意有关要求,使委托专利代理手续符合规定,避免出现上述三种通知书,尤其在收到上述三种通知书时应当及时补正,加以克服,以确保专利复审委员会不会发出视为未委托通知书。

(5)驳回无效宣告请求

专利复审委员会在无效宣告请求形式审查阶段作出驳回无效宣告请求的,仅有一种情况:对已受理的无效宣告请求,经审查认定不符合受理条件的,经主任委员或者副主任委员批准后,驳回无效宣告请求。

对于这种情况,建议分析上述无效宣告请求为何不符合受理条件,另行提出符合受理条件的无效宣告请求。不建议采用行政复议或者向法院起诉的法律救济手段,因为法律救济手段要花费相当大的精力,更何况在这种情况下大多数是因为自身工作失误造成的,对于因自身工作失误而提出行政复议或者向法院起诉是不会取得胜诉的。

3. 形式审查阶段专利代理工作事务一览表

为帮助请求方专利代理人更清楚地理解无效宣告请求提出后的形式审查阶段的专利代理工作,现将此整理成一张该阶段专利代理事务一览表(见表16-1),以供参考。

表16-1 无效宣告请求形式审查阶段专利代理事务一览表

形式审查主要内容	存在问题	发出通知书类型	补救措施	法律依据	应当办理事务
无效宣告请求的客体	尚未被授予专利权的专利申请	不予受理通知书		法第四十五条 指南第四部分第三章第3.1节 细则第四十八条	1. 待该专利申请授权公告后再提出无效宣告请求; 2. 对发明专利申请还可以向国家知识产权局提出意见
	已被生效的无效宣告请求审查决定宣告全部无效,或者专利权人已对该实用新型专利自始放弃专利权的❶	不予受理通知书		指南第四部分第三章第3.1节	已达目的,无需办理任何事务

---

❶ 指同一申请人在2006年7月1日至2009年10月1日期间就同样的发明创造既申请发明专利又申请实用新型专利时,申请人在发明专利申请实质审查期间为取得专利权而表示自始放弃实用新型专利权的情形。

续表

形式审查主要内容	存在问题	发出通知书类型	补救措施	法律依据	应当办理事务
无效宣告请求人	请求人不具备民事主体资格	不予受理通知书		指南第四部分第三章第3.2节	另行由具备民事主体资格的人提出无效宣告请求
	以授予专利权的外观设计与他人在先已取得的合法权利相冲突为理由提出无效宣告请求的请求人不是在先权利人或利害关系人	不予受理通知书		指南第四部分第三章第3.2节	另行由在先权利人或利害关系人提出无效宣告请求
	除所有专利权人针对其共有的专利权提出的无效宣告请求外，多个请求人共同提出一件无效宣告请求	不予受理通知书		指南第四部分第三章第3.2节	由多个请求人分别另行提出无效宣告请求
	专利权人提出宣告专利权全部无效或提交证据不是公开出版物	不予受理通知书		指南第四部分第三章第3.2节	以公开出版物为证据，重新提出宣告专利权部分无效的请求
	请求人不是共有专利权的全部专利权人	不予受理通知书		指南第四部分第三章第3.2节	另行由全部专利权人提出宣告专利权部分无效的请求
无效宣告请求费	自请求日起1个月内未缴纳或未缴足请求费	视为未提出无效宣告请求通知书	1. 另行提出无效宣告请求；2. 恢复权利请求	细则第九十三条，第九十九条第三款，第六条第一款、第二款 指南第四部分第三章第3.5节	通常建议采用另行提出无效宣告请求 若在规定的2个月期限内提出恢复权利请求，则在提交恢复权利请求的同时缴纳并缴足无效宣告请求费、恢复权利请求费和有关证明材料

形式审查主要内容	存在问题	发出通知书类型	补救措施	法律依据	应当办理事务
无效宣告请求书	未具体说明无效宣告请求理由或者提出的无效宣告请求理由不符合细则第六十五条第二款规定	不予受理通知书		细则第六十五条第一款、第二款，第六十六条第一款 指南第四部分第三章第3.3节	以细则第六十五条第二款中的理由另行提出无效宣告请求
	提交了证据，但未结合所提交的所有证据具体说明无效宣告请求理由或者未指明每项理由所依据的证据	不予受理通知书		细则第六十五条第一款，第六十六条第一款 指南第四部分第三章第3.3节	重新提出无效宣告请求，在请求书中结合证据具体说明无效宣告请求理由
	无效宣告请求的理由和证据均与已审结的无效宣告请求案件相同	不予受理通知书		细则第六十六条第二款 指南第四部分第三章第3.3节	补充新的证据重新提出无效宣告请求
	以与他人在先取得合法权利相冲突为理由宣告外观设计专利权无效时未提交证明权利冲突的依据	不予受理通知书		细则第六十六条第三款 指南第四部分第三章第3.3节	以证明权利冲突的证据重新提出无效宣告请求
	请求书中未明确无效宣告请求范围或者请求书的格式不符合规定	补正通知书		细则第六十六条第四款 指南第四部分第三章第3.3节和3.4节	在指定期限（15日）内予以补正
	期满未补正或者在指定期限内两次补正后仍存在同样缺陷	视为未提出无效宣告请求通知书	1. 另行提出无效宣告请求；2. 恢复权利请求❶	细则第六十六条第四款、第六条第一款、第二款 指南第四部分第三章第3.4节	通常建议采用另行提出无效宣告请求；若在规定期限内提出恢复权利请求，则在提交恢复权利请求的同时缴纳恢复权利请求费、合格的请求书和有关证明材料

❶ 仅适用期满未补正情况。

续表

形式审查主要内容	存在问题	发出通知书类型	补救措施	法律依据	应当办理事务
专利代理委托书	根据法第十九条第一款规定应委托依法设立的专利代理机构提出无效宣告请求而未按规定委托的	无效宣告请求不予受理通知书		指南第四部分第三章第3.6节	委托依法设立的专利代理机构另行提出无效宣告请求
	未提交委托书或未写明委托权限的（包括专利权人未在委托书中写明其委托权限仅限于办理无效宣告程序有关事务的）	补正通知书		细则第十五条第三款指南第四部分第三章第3.6节	在通知书指定的期限（15 日）内针对通知书指出问题予以补正
	与专利权人委托同一专利代理机构	变更委托通知书		指南第四部分第三章第3.6节	在通知书指定的期限内另行委托专利代理机构
	委托多个专利代理机构未指定收件人（最先委托有多个，且署名无先后）	通知指定收件人		指南第四部分第三章第3.6节	在通知书指定的期限内指定收件人
	指定补正期限内未补正或者在指定期限内提交的补正文件仍不合格等（非涉外请求人）	视为未委托专利代理机构通知书		指南第四部分第三章第3.6节	若仍需委托专利代理机构办理可以重新提交符合规定的委托书和办理著录项目变更手续
	指定补正期限内未补正或者在指定期限内提交的补正文件仍不合格等（涉外请求人）	无效宣告请求不予受理通知书	另行提出无效宣告请求	指南第四部分第三章第3.6节	另行提出无效宣告请求，并提交符合规定的委托书和委托手续

第三节 答辩无效宣告请求书时的专利代理

专利复审委员会对无效宣告请求进行形式审查后，认为无效宣告请求符合《专利法》《专利法实施细则》以及《专利审查指南 2010》的有关规定，则受理该无效宣告请求，并向请求人和专利权人发出无效宣告请求受理通知书，与此同时将无效宣告请求书和有关文件副本转送给专利权人，要求其在收到该通知书之日起 1 个月内作出答复。本节将对专利权人，尤其是专利权人一方的专利代理人如何做好这方面的工作作一说明。

一、确定有无资格接受委托

专利申请时，申请人已委托本专利代理机构办理专利申请事务，则不存在此问题。只有在无效宣告请求时承接专利权人委托代理无效宣告程序有关事务时，才需要确定有无资格接受委托。

鉴于《专利代理条例》规定同一专利代理机构不得就同一内容的专利事务同时接受有利害关系双方的委托❶，因而专利代理人在接受专利权人一方的委托之前，应当确定所在专利代理机构有无资格接受这项委托，如果本专利代理机构已就此无效宣告请求接受了请求方的委托，就不能承担专利权人一方的专利代理工作。

如果不核实此事就接受专利代理工作，则专利复审委员会将会发出通知书，要求在通知书指定的期限之内变更委托，逾期未变更，则视为未委托专利代理。无论是变更委托或者被视为未委托专利代理，都会给专利权人带来不利影响；作为专利代理机构自身来说既做了无用功，又影响了声誉。出现这类情况的案件虽然不多，但在实践中也确实存在，例如无效宣告请求审查决定第 250 号所涉及的无效案中，由于专利权人一方在无效宣告请求程序中所委托的专利代理机构与请求方委托的是同一专利代理机构，专利复审委员会就通知专利权人一方变更专利代理机构。

二、核实无效宣告请求人及其代理人的资格

作为专利代理机构，承接专利权人委托办理无效程序事务后，应当核实一下无效宣告请求人及其代理人的资格。

首先，应当核实无效宣告请求人的资格。如果确认请求人不具备民事主体资格，或者对于仅以授予专利权的外观设计与他人在先取得合法权利相冲突为理由的无效宣告请求已确认其请求人不是在先权利人或利害关系人，那么只需要在答复无效宣告请求书的意见陈述书中明确指出请求人不具备提出无效宣告请求的资格，该无效宣告请求应当不予受理，为此请求专利复审委员会驳回该无效宣告请求。但是，如果对请求人不具备提出无效宣告请求资格这一事实的确认没有把握，那么在意见陈述书中对请求人资格提出质疑时，还应当对无效宣告请求书中的无效宣告请求理由和提交的证据进行分析，并作出答辩。

其次，如果该无效宣告请求是请求人委托专利代理机构办理的，还应当核实该专利代理机构及其指派的专利代理人的资格。如果请求人委托的专利代理机构或其指派的专利代理人是本专利办理专利申请事务阶段的专利代理机构或指派的专利代理人，则可以在意见陈述书中指明该专利代理机构或该专利代理人不具备《专利代理条例》中规定的代理资格。但是，在这种情况下专利

---

❶ 在 2013 年国务院法制办的《专利代理条例修订草案（征求意见稿）》中第三十二条第一款和第二款作出了更明确的规定："专利代理机构接受委托后，不得就同一专利申请或者专利权的事务接受有利益冲突关系的其他当事人的委托。""专利代理师"不得就同一专利申请或专利权的事务对有利益冲突的双方或者多方当事人提供代理服务。"

复审委员会仍会受理该无效宣告请求，因此仍应当对该无效宣告请求书中的无效宣告请求理由和提交的证据进行分析，并作出答辩。

三、阅读和分析无效宣告请求书以及所附的证据

合议组合议审查时主要根据请求人提出的事实和证据来判断无效宣告请求的理由是否成立，在此基础上作出无效宣告请求审查决定。因此，作为专利权人一方的专利代理人，在阅读和分析无效宣告请求书时应当仔细分析请求人提出的无效宣告请求的理由和提交的证据。

作为专利权人一方的专利代理人，在阅读、分析无效宣告请求书及所附证据之前，通常还应当先认真阅读和理解专利文件。在阅读和理解专利文件时，首先需要关注本专利的申请日（有优先权要求的，为优先权日），根据该申请日（有优先权要求的，为优先权日）在 2009 年 10 月 1 日之前还是以后来确定此无效宣告请求案所适用的法律法规，即其适用于修改前的《专利法》《专利法实施细则》和《审查指南 2006》还是适用现行的《专利法》《专利法实施细则》和《专利审查指南 2010》。其次，关注本专利文件首页的著录项目中的专利代理机构和专利代理人，作为前面核实请求方的专利代理人是否有资格代理的依据。最重要的是理解本专利所要求的保护主题，对于发明和实用新型专利来说，重点在于确定权利要求书中各项权利要求所限定的技术方案和所包含的技术特征，确定每个技术特征的含义以及这些技术特征在本专利中的作用，对于独立权利要求可根据专利说明书进一步明确其所要解决的技术问题，解决此技术问题所采取的技术手段以及采取上述技术手段所产生的技术效果，对于从属权利要求，理解其附加技术特征的含义以及其为该专利带来的技术效果；对于外观设计专利，重点在于确定本专利要求保护几项产品外观设计，并根据图片或照片表示的内容（必要时结合简要说明）确定各项产品外观设计的保护范围。通过对专利文件的阅读理解，为分析无效宣告请求书中所提出的无效宣告请求的理由能否成立做好准备。

1. 对于无效宣告请求书中所提出的无效宣告请求理由作初步分析

在阅读无效宣告请求书时，首先分析请求人所提出的无效宣告请求的理由是否属于《专利法实施细则》第六十五条第二款规定的理由。❶ 对属于该条款规定的无效宣告请求的理由应当认真对待，据理反驳；而对不属于该条款规定的理由（如两项独立权利要求之间不具有单一性、依赖遗传资源完成的发明创造未提供遗传资源来源披露登记表而不符合《专利法》第二十六条第五款规定、独立权利要求未相对于最接近的现有技术划清前序部分和特征部分的界限等），不必花费太多的精力，仅在答辩中指出这些理由不属于《专利法实施细则》第六十五条第二款规定的无效宣告请求的理由即可。例如在一件无效宣告请求案中（见无效宣告请求审查决定第 181 号），请求人以专利权人未在专利产品上标明专利号作为无效宣告请求理由之一，则专利权人在答辩时只需要指出不符合《专利法》第十七条的规定并不属于《专利法实施细则》第六十五条第二款规定的无效宣告请求的理由。

在这方面需要作出说明的是，对于请求人以该专利的优先权文本为证据认定该专利不应享有优先权和以介于申请日与优先权日之间公开的对比文件认定该专利不具备新颖性和/或创造性（该专利为发明或实用新型专利时）或者不符合《专利法》第二十三条第一款和/或第二款规定

---

❶ 根据国家知识产权局颁布的《施行修改后的专利法的过渡办法》和《施行修改后的专利法实施细则的过渡办法》的规定，对于无效宣告请求的理由是否属于法定理由的判断需要依据该授权专利的申请日（有优先权的，指优先权日）在 2009 年 10 月 1 日之前（不含该日）还是以后（含该日）加以确定，对于申请日（有优先权的，指优先权日）在 2009 年 10 月 1 日之前的授权专利，应当分析无效宣告请求的理由是否属于修改前的《专利法实施细则》第六十四条第二款规定的理由。

（该专利为外观设计专利时）为理由请求宣告该专利无效时，不可简单地认为优先权不合法不能作为无效宣告请求的理由以及所提供的证据介于申请日与优先权日之间公开未构成现有技术或现有设计而得出该无效宣告请求不能成功的结论。正如同本章第二节之二中的"3. 检索、收集和选择无效宣告请求的证据"中所说明的那样，当请求人找到一件或几件在申请日与优先权日之间公开的对比文件，或者找到在申请日与优先权日之间提出申请而在申请日后公布或公告的中国专利申请文件或专利文件，且又根据该专利的优先权文本证明该专利不能享有优先权时，这些对比文件就可以用来作为判断该专利是否具备新颖性和/或创造性或者判断该专利是否不符合《专利法》第二十三条第一款和/或第二款规定的对比文件，一旦这些对比文件自身或者与其他申请日前公开的现有技术或现有设计结合起来能否定该专利的有效性时，就允许请求人将这些证据结合起来作为支持该专利不具备新颖性和/或创造性（该专利为发明或实用新型专利时）或者不符合《专利法》第二十三条第一款和/或第二款规定（该专利为外观设计专利时）这个属于《专利法实施细则》第六十五条第二款规定的无效宣告请求理由的证据。

对于无效宣告请求书中未作具体说明的无效宣告请求的理由，且请求人在提出无效宣告请求之日起 1 个月内也未作补充说明，则可请求专利复审委员会对此无效宣告请求的理由不予考虑。对于请求书中所提出的需要证据支持的无效宣告请求的理由，未指明该无效宣告请求理由所依据的证据，或者虽指明了所依据的证据但未结合所提交证据具体说明无效宣告请求的理由的，也可以请求专利复审委员会对这些无效宣告请求的理由不予考虑。

2. 对无效宣告请求书所附交的证据作初步分析

对于无效宣告请求书中所提出的需要证据支持的无效宣告请求理由，在请求书中又结合所提交的证据具体说明无效宣告请求理由的，首先分析请求人提供的事实和证据的真实可靠性。根据实践经验，专利权人可以对请求人提供的事实和证据提出质疑，但是必须有根据地指出疑点来质疑该证据的真实性，必要时可以提供反证支持己方的质疑。因而，专利权人一方的专利代理人应当帮助专利权人分析这些证据有无存疑之处（例如证明同一事实存在的一组间接证据之间存在矛盾，提供的证据有造假的疑点），以便及时向合议组指出。现举两例：其一，请求人提供的两张由同一商店开出的销售发票的销售日期与发票号出现矛盾，在这两张出自同一本发票本中的发票中销售日期早的发票号大，而销售日期晚的发票号小；其二，请求方提出的证据是其与另一单位签订的协议书，但在该协议书所用的纸张表明该纸张印刷年份晚于签订协议的年份，例如协议在 2006 年签订，而协议书所用纸张的印刷年份为 2009 年。在这两件无效宣告请求案中，专利权人提出质疑的疑点得到了合议组的认可。

对于请求书中提供的证据需要通过公证认证加以证实（如中国境外或港澳台地区形成、且从除港澳台地区的中国境内的公共渠道无法获得的证据）而未提供相应证明材料的，可以对其合法性、真实性进行质疑；但是，由于这些证明材料可以在口头审理辩论终结之前提交，为避免提醒请求方去补办公证认证手续，通常不要在答复无效宣告请求书的意见陈述书中提出质疑，而留待到口头审理时再提出质疑。此外，还应当预见请求方可能在口头审理辩论终结之前提交相应的公证认证证明材料，因而在分析无效宣告请求书的无效宣告请求理由能否成立时还应当考虑该证据所反映的技术内容或设计内容是否影响该专利的有效性。

对于请求书中提供的证据为外文证据并提交了中文译文的情形，应当关注其所提供的中文译文是否正确，如果对其中文译文有异议，应当在答复无效宣告请求书的意见陈述书中提出，并对异议的部分提供中文译文。对于请求人只提供该证据的部分中文译文，该外文证据中未提交中文译文的部分将不会被专利复审委员会作为证据使用；但是，作为专利权人在必要时还应当关注该证据中未提交中文译文的部分，以正确、全面地理解该证据内容，一旦发现请求方通过只提交部分中文译文的方式对该证据的内容断章取义来曲解该证据内容，可以在答复无效宣告请求书的意见陈述书中具体说明如何正确理解该证据的内容，并提供该证据中能证明请求方曲解该证据内容的那一部分的中文译文。

对于请求方提交的证据中涉及物证但尚未提交的情形，应当关注请求方是否在自无效宣告请求之日起1个月内提交了足以反映该物证客观情况的照片和文字说明：若未提交，可以要求专利复审委员会对该证据不予考虑；若已提交，由于该物证可以在有正当理由的情形下延期至口头审理辩论终结之前提交，因此应当在答复无效宣告请求书的意见陈述书中先针对请求人提交的照片和文字说明作出初步意见陈述，并做好在口头审理时作进一步答辩的准备。

对于那些不存在真实性疑点的证据，需要进一步核实这些证据的相关性。即核实其可否构成影响本专利有效性的现有技术或现有设计，是否为可影响本专利有效性的申请在先、公布或公告在后的中国专利申请文件或专利文件等。

首先，对于请求人在提出无效宣告请求时以及在自提出无效宣告请求之日起1个月内提交的证明同一事实存在的间接证据，除分析相应的证据之间是否存在矛盾外，应当重点分析这些间接证据是否构成一个完整的证明体系，例如，除正规渠道出版物以外的公知公用的现有技术或现有设计的证据缺少证明其为何时、何地、何人、以何方式、公开何物中任何一项内容，就未构成一个完整的证明体系，此时就可以在答复无效宣告请求书的意见陈述书中向专利复审委员会指出这些证据尚不足以证实该事实存在，即以所提交的证据尚不足以证明其拟证明的事实已构成本专利申请日（有优先权的，指优先权日）前的现有技术或现有设计。

其次，对于请求人在提出无效宣告请求时以及在自提出无效宣告请求之日起1个月内提交的直接证据（即正规渠道出版的出版物），分析其是否构成本专利的现有技术或现有设计，对其中的中国专利申请文件或专利文件从其申请日（有优先权的，指优先权日）是否在本专利的申请日（有优先权且未指出本专利不能享有优先权的，指优先权日）之前以确定其是否存在构成本专利抵触申请的可能。例如，本专利要求享有优先权，请求人提供的证据的公开日在本专利的申请日和优先权日之间公开的外国专利文件或非专利文件，无效宣告请求书中未指出本专利不能享有优先权，则不能证明该证据构成本专利的现有技术或者现有设计，从而不能作为判断本发明或实用新型专利不具备新颖性和/或不具备创造性的证据或者不能作为判断本外观设计专利是否不符合《专利法》第二十三条第一款和/或第二款的证据。又如，本专利无优先权要求，对于一件申请日早于本专利申请日、且也未要求优先权的中国专利申请文件或专利文件，如果其公布日或授权公告日早于本专利的申请日，则该证据构成本专利的现有技术或者现有设计，即可以作为判断本发明或实用新型专利是否不具备新颖性和/或是否不具备创造性的证据，或者作为判断本外观设计专利是否不符合《专利法》第二十三条第一款和/或第二款的证据；如果其公布日或授权公告日晚于本专利的申请日，则该证据只能作为判断是否构成本专利抵触申请的证据，即可作为判断本发明或者实用新型专利不具备新颖性的证据或者作为判断本外观设计专利不符合《专利法》第二十三条第一款的证据，但由于该证据未构成本专利的现有技术或现有设计，因而不能作为判断本发明或者实用新型专利不具备创造性的证据，或者不能作为判断本外观设计专利是否不符合《专利法》第二十三条第二款的证据。

在作上述分析的同时，可以判断请求人所提交的无效宣告请求的证据是否与其主张的无效宣告理由相适配。例如请求方用申请日（有优先权的，指优先权日）前提出申请、申请日（有优先权的，指优先权日）以后公布或公告的中国专利申请文件或专利文件与其他现有技术或本领域的公知常识结合起来否定发明专利或者实用新型专利的创造性，则该中国专利申请文件或专利文件这一证据就与该发明或实用新型专利不具备创造性的理由不相适配，在这种情况下就可在意见陈述书中将此作为争辩该不具备创造性的无效宣告请求理由不能成立的突破点。又如，对于申请日（有优先权的，指优先权日）与本发明或者实用新型专利的申请日（有优先权的，指优先权日）相同的中国专利申请文件或专利申请文件，请求人以该对比文件作为该专利不具备新颖性的无效宣告请求理由的证据，显然该证据也与此无效宣告请求的理由不相适配；但是，在这种情况下，专利复审委员会将允许请求方将无效宣告请求理由变更为不符合《专利法》第九条第一款的规定，因此在这种情况下仍需将这件证据与该专利文件结合起来进行分析，做好请求人在此后（包括在口头审理辩论期间）变更无效宣告请求理由时的应答准备。

3. 对请求方在提出无效宣告请求后增加的无效宣告请求理由和补充证据的初步分析

根据《专利法实施细则》第六十七条的规定，请求人可以在提出无效宣告请求之日起1个月内增加无效宣告请求的理由和补充证据。因此当请求人在提出无效宣告请求后增加理由和/或补充证据时，需要核实一下是否超出这1个月的法定期限。凡是在自提出无效宣告请求之日起1个月内增加的理由和/或补充的证据，就可以如同前面所说那样，对这些无效宣告请求的理由和证据作出初步分析。

对于在自提出无效宣告请求之日起1个月后增加的无效宣告请求的理由和/或补充的证据，专利复审委员会通常不予考虑。但是，《专利审查指南2010》第四部分第三章第4.2节规定了两种可以增加理由的例外情况：专利权人以合并方式修改权利要求时可在专利复审委员会指定期限内增加无效宣告请求的理由；对明显与提交的证据不相对应的无效宣告理由允许进行变更。显然在对无效宣告请求书进行答复之前仅仅允许请求人将无效宣告请求宣告的理由变更成与所提交的证据相适配的理由。而对于补充的证据而言，《专利审查指南2010》第四部分第三章第4.3.1节也规定了两种情形：专利权人以合并方式修改权利要求时可以在专利复审委员会指定期限内补充证据；允许请求人在口头审理辩论终结之前提交本领域公知常识性证据或用于完善证据法定形式的公证文书、原件等证据。同样，在对无效宣告请求书进行答复之前只允许请求人补充第二类本领域公知常识性证据和/或用于完善证据法定形式的公证文书、原件等证据。这样一来，对于请求人在自提出无效宣告请求之日起1个月后增加的无效宣告请求的理由和/或补充的证据需要具体分析，如果增加的理由属于《专利审查指南2010》第四部分第三章第4.2节所规定的变更成与所提交证据相适配的无效宣告请求的理由，或者补充的证据为本领域公知常识性证据或用于完善证据法定形式的公证文书、原件等证据，则应当对增加的理由和补充的证据加以考虑，并对其作出初步分析；否则，可以在意见陈述书中明确指出所增加的无效宣告请求理由和/或补充的证据不符合《专利审查指南》第四部分第三章第4.2节和/或第4.3.1节的规定，请求专利复审委员会按照《专利法实施细则》第六十七条的规定对所增加的无效宣告请求的理由和/或补充的证据不予考虑。

4. 进一步分析无效宣告请求的理由是否成立

在对无效宣告请求理由和证据进行初步分析后，可以得知其中哪些无效宣告请求的理由和哪些证据可能会被专利复审委员会考虑。针对这些有可能会被专利复审委员会考虑的无效宣告请求的理由，应当结合请求书和合法的补充意见中所提到的相应的事实和/或所提交的相应证据分析这些无效宣告请求的理由是否成立。

对于不需要证据支持的法定无效宣告理由，主要分析该无效宣告理由是否得到其所提及事实的支持，即针对无效宣告请求书中依据的事实，结合专利文件所记载的具体内容，研究无效宣告请求书中的具体分析是否有道理，是否存在不妥之处，尤其是可否借助《专利审查指南2010》规定的内容进行反驳。对于这类无效宣告理由，如果需要提供反证的，应当提交反证证明材料，并对有关反证证明材料作出具体说明；例如，对于无效宣告请求书中以不符合《专利法》第二十六条第三款的规定作为无效宣告理由，如果认为请求人所主张的说明书中对该发明创造未充分公开的内容属于本领域的公知常识，就需要提交技术词典、技术手册和教科书等公知常识性证据来作为反证证明材料，并在意见陈述书中通过该反证证明材料说明这些内容属于本领域的公知常识，本领域的技术人员根据说明书中记载的内容结合本领域的公知常识就能实现本发明创造。

对于需要证据支持的法定无效宣告理由，通常可以按照如下步骤考虑该无效宣告请求的理由是否得到所提交证据的支持。

①根据前面对证据进行的初步分析，对于存在不可采信的证据（如超过举证期限提交的证据、存在伪证疑点的证据、域外形成但未进行公证认证的证据），可以主张这些证据不应予以采信。但是，由于己方的主张有可能不被专利复审委员会采纳（如专利复审委员会未接受己方有关证据是伪证的主张），或者考虑到对方当事人有可能在口头审理辩论终结前完善证据（如对域外形成证据补充公证认证材料），还应当考虑这些证据一旦被专利复审委员会考虑时对该无效宣告请求能否成立的影响。

②根据前面对证据与无效宣告请求理由适用性的分析，对于证据与无效宣告请求理由不相适配的情形（如以在先申请、在后公布或公告的中国专利申请文件或专利文件作为证据否定发明或者实用新型专利的创造性或者认定外观设计专利不符合《专利法》第二十三条第二款的，以申请人本人的在先申请、在后公布或公告的中国专利申请文件或专利文件作为抵触申请来评价申请日在2009年10月1日之前的发明和实用新型专利的新颖性，用计划任务书、设计图纸这些不属于现有技术的内部资料作为证据来否定发明和实用新型专利的新颖性和/或创造性等），可以强调上述证据不支持请求书中所主张的无效宣告理由，以此说明该无效宣告理由不能成立。

③对于与无效宣告理由相适配的证据，针对请求书中所主张的单独对比或结合对比的方式，将有关对比文件或者使用公开的证据等所披露的内容与专利文件中权利要求的技术方案（对发明或者实用新型专利）或者与专利文件中图片或照片所表示的要求保护的外观设计专利进行分析对比，以确定请求书中对无效宣告理由的分析是否有道理，对于请求书中的分析存在不正确或不妥之处，可根据《专利法》《专利法实施细则》以及《专利审查指南2010》的规定进行有力的反驳。

在分析无效宣告请求理由是否成立时，应当注意下述两个方面。

（i）应当以《专利法》《专利法实施细则》和《专利审查指南2010》的规定作为分析立论的依据

《专利审查指南》第四部分第一章第2节中明确了专利复审委员会的六个审查原则：合法原则、公正执法原则、请求原则、依职权审查原则、听证原则和公开原则。其中，合法原则是第一个审查原则，这说明合法原则是专利复审委员会在审查时应当首先遵循的审查原则，因而在《专利审查指南2010》第四部分第一章第2.1节又作出进一步的说明：专利复审委员会应当依法行政，复审案件和无效宣告请求案件的审查程序和审查决定应当符合法律、法规、规章等有关规定。

绝大多数专利权人对《专利法》《专利法实施细则》和《专利审查指南2010》并不熟悉，因而作为专利权人一方的专利代理人应当帮助专利权人从法律法规的角度来考虑问题。例如，请求人以其本人的在先发明专利申请在实质审查阶段提交的中间修改文本作为本专利不具备新颖性的证据，该中间修改文本的提交日早于本专利的申请日，但由于该中间修改文本超出原申请文件记载范围最后未能成为授权时的公告文本；在这种情况下，就需要专利代理人帮助专利权人依据

《专利法》《专利法实施细则》和《专利审查指南 2010》的规定来判断公众在本专利申请日之前能否查阅到该中间修改文本。《专利法实施细则》第一百一十八条第一款规定,任何人均可以查阅或者复制已经公布或公告的专利申请的案卷,《专利审查指南 2010》第五部分第四章第 5.2 节又进一步规定了专利申请审批的各个阶段允许公众查阅的内容,其中对于发明专利申请实质审查阶段的档案允许公众在该发明专利申请授权公告之后查阅,因此就需要查阅请求人的在先发明专利申请的授权公告日是在本专利的申请日之前还是在申请日以后?如果其授权公告日在本专利的申请日之前,此中间修改文本已成为本专利的申请日前公众可接触到的现有技术,请求人以此作为证据是合适的,就应当帮助申请人将该中间修改文本中所披露的内容与本专利权利要求的技术方案进行对比分析,进而判断本专利不具备新颖性的无效宣告理由能否成立;如果其授权公告日在本专利的申请日以后,那么公众在本专利的申请日前还无法查阅到该中间修改文本,因而可以直接向专利复审委员会指明该证据尚未构成本专利的现有技术,不能否定本专利的新颖性,而无需将本专利权利要求的技术方案与该中间修改文本所披露的内容进行分析对比。

(ii)必要时应当考虑专利复审委员会可能持有的观点

有些无效宣告请求案,请求方提供了十分有力的证据,但由于其不十分精通专利知识,请求书中具体论述理由时未谈到关键之处,甚至还出现错误的观点。此时,仅仅针对请求方的错误观点进行反驳是不够的,必须考虑合议组如何分析研究这些事实和证据,因为合议组将根据这些事实和证据作出是否宣告专利权无效,而不会仅仅因为请求方具体论述理由不当而维持专利权有效。例如,请求方随请求书提交了两篇对比文件,并在请求书中具体分析了这两篇对比文件分别披露了本专利某项权利要求的哪些技术特征,在此基础上以两篇对比文件的结合已公开了该项权利要求的全部技术特征为依据来否定该项权利要求的创造性,但是并未具体指明哪一篇对比文件是该项权利要求的最接近的现有技术以及该项权利要求与该最接近的现有技术的区别特征,也未分析另一篇对比文件如何给出结合启示,但是专利复审委员会按照《专利审查指南 2010》有关"三步法"的判断方法仍有可能认定其不具备创造性;又如,请求方认定某权利要求不具备新颖性的依据是该权利要求的技术方案与对比文件的区别仅在于对比文件中为上位概念,而权利要求的技术方案中是下位概念,显然这种分析方法不能否定该权利要求的新颖性,而实际上两者的区别仅是本领域惯用手段的直接置换,专利复审委员会仍有可能认定其不具备新颖性。在这两种情形下,不要因其论述不到位或分析不合适而认为其无效宣告理由不成立,还应当考虑专利复审委员会的合议组根据这两篇对比文件所披露的内容会得出什么样的结论,在此基础上确定答复无效宣告请求书的应对策略。

此外,《专利审查指南 2010》第四部分第三章第 4.1 节中还规定了专利复审委员会可以依职权进行审查的七种情形,如:请求人提出的无效宣告理由明显与其提交的证据不相对应时,可以告知请求人有关法律规定的意义,并允许其变更为相对应的无效宣告理由;专利权存在请求人未提及的缺陷而导致无法针对请求人提出的无效宣告理由进行审查的情形,可以依职权针对专利权的上述缺陷引入相关的无效宣告理由进行审查;可以依职权认定技术手段是否为公知常识,并可以引入技术词典、技术手册、教科书等所属技术领域中的公知常识性证据等。因此,作为专利权人一方的专利代理人在阅读分析请求书时不应当局限在请求人的思路上,需要考虑合议组可能持有的观点,❶ 只有这样才可能与专利权人一起商定出正确的应对策略。

---

❶ 在平时无效宣告请求程序代理实务中,应当这样考虑。但是,在全国专利代理人资格考试专利代理实务科目应试时,仅需根据试题作答,无需主动考虑专利复审委员会依职权审查时增加理由、变更理由和引入证据的情形。

四、根据分析结果与委托人研究应对策略

无效宣告请求审查决定的结论分为维持专利权、部分维持专利权和宣告专利权全部无效三种。专利权人一方的专利代理人在阅读了请求书以及对无效宣告请求的理由和证据进行分析后,应当对该专利在无效宣告程序中的前景作一初步判断,在此基础上与专利权人分析该专利被宣告无效的可能性有多大,以便确定答辩时的应对策略。

如果专利明显丧失新颖性,例如请求人引用的一篇申请日前已公开的出版物已披露了本发明或实用新型专利所有权利要求的技术方案,或者其所披露的一项产品的外观设计与本外观设计专利完全相同,则应当告知专利权人该专利权基本没有维持的可能性,不必再花太多精力去答辩,甚至可以放弃答辩,避免做无用之功。

如果专利权被宣告无效的可能性较大,此时可与专利权人商量是否与请求方谋求和解,例如对侵权反诉案件可以在一定条件下己方撤回侵权诉讼而对方撤回无效宣告请求。当然这仅仅在该专利权至少尚可争取部分维持时才有可能,如在前面所述明显会被宣告全部无效的情况,请求方是不会接受和解的,因此即使准备与请求方和解,仍然需要认真答辩,朝着维持专利权或部分维持专利权的方向努力,只有这样,请求方感到宣告专利权无效尚存在一定难度时,才会接受和解。

对于发明或者实用新型专利,如果通过分析认为独立权利要求不具备新颖性或创造性或者存在其他实质性缺陷,而其从属权利要求、尤其是将几项从属权利要求合并成新的权利要求具备新颖性和创造性或者不存在上述实质性缺陷,则可以与专利权人商量修改权利要求书,放弃那些不符合专利授权条件的权利要求,将从属权利要求、尤其是将几项从属权利要求合并改写成一项新的独立权利要求,在此基础上再进行答辩。

如果认为请求方提供的证据不足以宣告专利权无效的话,可以不对专利文件进行修改,此时应当认真做好答辩,写出有说服力的意见陈述书。

五、修改专利文件

按照《专利法实施细则》第六十九条的规定,在无效宣告请求的审查过程中,允许专利权人对发明或者实用新型专利的专利文件作出修改,而不允许对外观设计专利的专利文件作修改。因此,发明或者实用新型专利的专利权人在答辩无效宣告请求书时应当考虑是否修改专利文件。

1. 无效宣告程序中发明或者实用新型专利文件的修改应当满足的要求

《专利法实施细则》第六十九条第一款和第二款对无效宣告程序中的发明或者实用新型专利文件的修改作了明确规定,该修改仅限于权利要求书,不得修改说明书及其附图。

《专利审查指南2010》第四部分第三章第4.6.1节还明确了权利要求书的修改原则:

①不得改变原权利要求的主题名称;

②与授权的权利要求书相比,不得扩大原专利的保护范围;

③不得超出原说明书和权利要求书的记载范围;

④一般不得增加未包含在授权的权利要求书中的技术特征。

此外,《专利审查指南2010》第四部分第三章第4.6.2节进一步明确了所允许的权利要求书具体修改方式:权利要求的删除、合并和技术方案的删除。权利要求的删除是指从权利要求书中删除某项或某些项权利要求,是将整项权利要求删除;而技术方案的删除是从同一权利要求中并列的两种以上技术方案中删除一种或一种以上技术方案。权利要求的合并是指两项或者两项以上

相互无从属关系但在授权公告文本中从属于同一独立权利要求的权利要求的合并，此时将所合并的权利要求的技术特征组合在一起，形成新的权利要求。但这种权利要求合并方式的修改必须满足三点：其一该新的权利要求的技术方案应当包含被合并的从属权利要求中的全部技术特征；其二该新的技术方案在原说明书中有记载；其三必须在对独立权利要求进行修改时才允许将其从属权利要求进行合并式修改。而且需要强调的是，《专利审查指南 2010》第四部分第三章第 4.6.3节对合并方式的修改时机作出了限制性规定，即权利要求合并的修改方式仅允许在答复无效宣告请求书时，或者在针对专利复审委员会转送来的请求人增加的无效宣告理由或补充的证据陈述意见时，或者在针对专利复审委员会引入请求人未提及的理由或证据陈述意见时采用，在这些答复期限届满后只允许以删除方式修改权利要求。

2. 修改专利文件时应当考虑的问题

修改专利文件通常将导致权利要求保护范围的缩小，因此修改专利文件时应当有个合适的尺度。如果过于缩小保护范围，势必会妨碍专利权人的利益，相反，如果坚持不修改权利要求书就存在该专利被宣告全部无效的可能，因而专利权人一方的专利代理人一定要与专利权人很好地权衡利弊得失，寻求一个对专利权人比较有利的专利文件修改方案。这对于侵权反诉的无效宣告请求案更为重要。

在无效宣告程序中，专利文件的修改总体可以采用这样的原则，即删去授权公告权利要求书中明显不具备授权条件的权利要求，而将那些尚有可能争取到的最宽保护范围的权利要求改写成新的独立权利要求（包括前面所提到的按权利要求合并方式改写成新的独立权利要求），在这一基础上再以权利要求合并方式补充几项比较有把握符合授权条件和符合无效宣告程序中专利文件修改要求的从属权利要求。这样一来，即使新修改的独立权利要求仍然不满足授权条件而被宣告无效，而其另几项从属权利要求仍有可能被维持专利权。

允许采用上述修改方式的原因在于无效宣告请求审查决定与驳回决定、复审决定不一样。对驳回决定来说，如果有一项权利要求（不论其是独立权利要求还是从属权利要求）存在《专利法》或《专利法实施细则》中规定的实体性缺陷，而申请人又坚持不修改，就可以对专利申请作出驳回决定；对复审决定来说，只要原驳回决定中驳回理由所涉及的实质缺陷未被克服，则可以作出维持原驳回决定的复审决定；而无效宣告请求审查决定可以宣告专利权部分无效，即在无效宣告请求审查决定中要对权利要求书（包括修改时提交的权利要求书）中双方有争议的每项权利要求给出是维持有效，还是宣告其无效的结论，因而可以在审查决定中宣告该权利要求书中的部分权利要求无效，而另一些权利要求维持有效。

六、意见陈述书的撰写和提交

在与专利权人研究了应对策略、必要时对专利文件作出修改后，就应当着手撰写意见陈述书，作为对无效宣告请求书的答辩。

1. 撰写意见陈述书时应当注意的问题

在撰写意见陈述书时，专利权人一方的专利代理人应当注意下述六个方面。

①对于答辩时未修改专利文件的，答辩重点是针对请求书中所提出的无效宣告请求的理由具体说明专利文件不存在请求书中无效宣告理由涉及的实质性缺陷，此时可以从证据和对无效宣告理由的具体分析两个方面考虑反驳意见；对于答辩时已修改专利文件的，应当说明修改后的权利要求已克服了无效宣告理由所涉及的实质性缺陷。在论述专利文件或者修改后的专利文件不存在无效宣告理由所涉及的缺陷时不要仅仅针对请求书所作的具体分析说明上述缺陷不存在，更要从

《专利审查指南 2010》的有关规定出发作出有说服力的反驳。

②请求书中涉及多个无效宣告理由的，在意见陈述书中应当针对所有无效宣告理由逐条进行反驳，不要有遗漏；在对这些无效宣告理由进行反驳时，可以根据情况确定论述重点，例如在其中一项无效宣告理由相对较为充分时，应当将其作为重点进行反驳。当请求书中针对一个事实提出多个不同的无效宣告理由（如既指出该独立权利要求缺乏必要技术特征，又指出其未清楚地限定要求专利保护的范围），也应当针对所有理由进行反驳，但是可根据情况针对其中一个理由进行重点反驳，对其他理由的反驳可简要陈述，以避免重复。

③对于请求书中用多件证据支持一个无效宣告理由的情形，如果认定该无效宣告理由不能成立，就必须对所有证据进行分析，不得有遗漏。例如，对外观设计专利既以申请日前的公开出版物、又以申请日前的公开使用为证据而认定其属于申请日前的现有设计提出无效宣告请求的，则在意见陈述书中既要说明本专利的外观设计相对于该出版物披露的外观设计有明显区别，又要说明其与申请日前公开使用的证据链所反映的外观设计有明显区别。又如，对于发明或者实用新型专利来说，请求书中不仅以某对比文件与本领域公知常识结合起来否定某项权利要求的创造性，又以该对比文件与申请日前公开使用的证据相结合来否定该项权利要求的创造性，此时在意见陈述书中为证明该权利要求具备创造性，不仅要论述权利要求相对于该对比文件和本领域的公知常识具备创造性，还应当论述该权利要求相对于该对比文件和公开使用的证据具备创造性。

④意见陈述书的撰写应当条理清楚、合乎逻辑，从而使意见陈述具有说服力。为此，在意见陈述书中可以引用《专利审查指南 2010》中判断新颖性、创造性或其他有关内容的规定作为己方的论据。例如，在论述一项权利要求相对于请求书给出的多篇对比文件（其中一篇是申请日前申请、申请日后公布或公告的中国专利申请文件或专利文件）具备创造性时，可以首先指出，《专利审查指南 2010》第二部分第四章第 2.1 节中规定："在申请日以前由任何单位或者个人向专利局提出过申请并且已记载在申请日以后公布的中国专利申请文件或者公告的专利文件中的内容，不属于现有技术，因此，在评价发明创造性时不予考虑。"在此基础上指出那一篇申请日前申请、申请日后公布或公告的中国专利申请文件或专利文件只能用作评价新颖性的对比文件，不能用作评价创造性的对比文件；然后，按照《专利审查指南 2010》第二部分第四章第 3.2.1.1 节规定的判断方法，从其余几篇对比文件中确定一篇为最接近的对比文件，指出该权利要求与该最接近的对比文件的区别，再指出其他对比文件未给出将体现这些区别的技术特征应用到该最接近的对比文件以得到该权利要求技术方案的启示，而且体现这些区别的技术特征也不是本领域技术人员解决此技术问题的公知常识，从而说明该权利要求相对于所给出的所有构成现有技术的对比文件和本领域技术人员的公知常识具有突出的实质性特点（对发明专利）或实质性特点（对实用新型专利）；此后，再从上述区别技术特征出发说明该权利要求相对于最接近的对比文件带来技术效果，从而说明该权利要求具有显著的进步（对发明专利）或进步（对实用新型专利）。通过上述有条理的分析，得出该权利要求具备创造性的结论。

⑤必要时提供反证来支持意见陈述书中的观点。通常，无效宣告程序中举证的主要责任在请求方，因为按照"谁主张，谁举证"的原则，请求方提出了本专利不应授予专利权的主张，就应当由请求方提供支持其无效宣告理由的证据。但是，在实际的无效宣告程序中，为使反驳无效宣告理由的论述更具有说服力，专利权人也需要提供必要的反证材料。例如，为了证明不是在先公开销售，只是鉴定前为取得必要的试验或测试数据而交付使用的情况，专利权人应当提供一份当时签订的、包含有保密要求的合作协议书或委托测试书原件或经公证的副本；为了证明充分公开，专利权人一方可提供技术词典、技术手册或教科书等公知常识性证据，以证明说明书中未详

细描述的内容属于申请日前本领域的公知常识。需要说明的是，对于这些反证材料，除了公知常识性证据和用于完善证据法定形式的公证文书、原件等可以在口头审理辩论终结前补充提交外，都应当在专利复审委员会指定的对无效宣告请求书的答复期限（自收到无效宣告请求书之日起1个月）内提交。

⑥对己方胜诉没有绝对把握时应当及时提出口头审理请求。按照《专利审查指南2010》第四部分第三章第4.4.4节对无效宣告请求合议审查方式的规定，如果合议组认为请求人提交的证据充分，而不同意专利权人的观点，只要专利权人未提出口头审理请求，合议组就可针对请求人所请求宣告无效的范围直接作出宣告专利权全部无效或部分无效的决定。因此，作为专利权人一方的专利代理人，对于己方在意见陈述书中的论述没有把握时，应当提出口头审理请求，以争取向合议组当面说明意见的机会。

2. 答辩无效宣告请求书的意见陈述书的主要内容和格式

专利权人对请求书的答辩应当以意见陈述书的方式提交，包括首页和意见陈述书正文两部分。首页应当采用国家知识产权局统一印制的表格（见附录二中的表8），按要求进行填写。其中第⑥栏具体陈述意见是答辩的核心，撰写好坏直接影响无效宣告请求的审查结果，专利代理人和专利权人对此应当给予足够的重视。鉴于此，这一栏通常以意见陈述书正文方式提交，其内容通常可按下述格式撰写。

（1）起始部分

在意见陈述书正文的起始部分应当说明该意见陈述书的答复对象以及专利权人的请求。

（i）意见陈述书的答复对象

在意见陈述书的起始部分首先说明该意见陈述书是针对哪一件无效宣告请求作出的答复。这部分内容实际上已反映在国家知识产权局统一印制的表格中，因而也可以不写入到意见陈述书正文中。但是，为使意见陈述书正文体现完整性，通常仍将此作为意见陈述书正文起始部分的内容；尤其在一些较大的专利代理机构中，针对无效宣告请求进行答辩的意见陈述书的表格由该机构的文员填写，意见陈述书正文部分起始部分先写明这方面的内容将大大方便文员填写意见陈述书的表格。这部分内容通常可采用下述格式句：

"本意见陈述书是针对请求人×××于×××年××月××日对本专利权人的发明专利（专利号为ZL×××××××××××、授权公告号为CN×××××××××B、申请日为×××年××月××日、公布日为×××年××月××日、授权公告日为×××年××月××日、名称为'×××装置'）提出的无效宣告请求书（无效案件编号为×W××××××）作出的答复。"

（ii）专利权人的请求

在意见陈述书的起始部分还应当明确写明专利权人的要求，说明专利权人希望在原授权的范围内还是在进一步作出限定的保护范围内维持专利权有效。

要求全部维持专利权时，可采用下述格式句：

"专利权人请求专利复审委员会驳回上述请求人所提出的无效宣告请求，并按授权时公告的权利要求书和说明书维持该专利权有效。"

在对授权公告的权利要求书进行修改的情况下，可采用下述格式句：

"专利权人考虑了请求人所提出的无效宣告请求的理由和提供的证据，对授权公告的权利要求书进行了修改，现请求专利复审委员会驳回上述请求人的无效宣告请求，并按附在本意见陈述书之后新修改的权利要求书和授权公告时的说明书维持该专利权有效。"

（2）对专利文件的修改说明❶

如果在答辩无效宣告请求书时对发明或实用新型专利文件作出了修改，则应当在起始部分之后对权利要求书的修改情况作出说明：先具体说明对权利要求书如何进行修改；然后简单论述所作修改如何满足《专利法》《专利法实施细则》和《专利审查指南2010》的规定，即在具体说明所作修改符合《专利审查指南2010》第四部分第三章第4.6.1节和第4.6.2节规定的基础上指出该修改符合《专利法》第三十三条和《专利法实施细则》第六十九条的规定。通常采用的格式句如下：

"专利权人考虑了请求书中提出的有关本专利不符合《专利法》第××条第×款和《专利法实施细则》第××条第×款规定两项无效宣告理由，对授权公告的权利要求书进行了修改：……（此处具体说明权利要求书作了哪些修改，其中删除了哪些权利要求，删除了哪些权利要求中的哪个或哪些技术方案，新修改的权利要求×等是由原权利要求书中的哪几项权利要求合并而成）（具体修改内容详见随此意见陈述书附交的权利要求书修改替换页）上述修改……（此处具体说明上述修改符合《专利审查指南2010》第四部分第三章第4.6.1节和第4.6.2节的规定），因此符合《专利法》第三十三条、《专利法实施细则》第六十九条以及《专利审查指南2010》第四部分第三章第4.6.1节和第4.6.2节的规定。"

（3）论述部分

这一部分是意见陈述书正文中最重要的部分，应当针对请求人提出的无效宣告理由逐条作出有说服力的答辩。为清楚起见，针对不同类的无效宣告理由最好分节加以说明。

如果请求书中包含有不属于《专利法实施细则》第六十五条第二款规定的无效宣告理由，和/或虽然属于《专利法实施细则》第六十五条第二款规定、但在请求书中未作具体说明且在自提出请求之日起1个月内未作补充说明的无效宣告理由，可以在这一部分先用一节文字指出上述问题，并要求专利复审查委员会对这些无效宣告理由不予考虑。同样，如果随请求书所提交的证据中存在专利复审委员会应当不予考虑的证据，如仅提交证据但未结合证据的内容具体说明无效宣告理由，或者该证据明显是伪证等情形，则也可以在这一节要求专利复审委员会对这些证据不予考虑。通常，可以在这一部分先列出请求人所提出的无效宣告理由和所提供的证据；接着，指出专利复审委员会对其中哪一些无效宣告理由应当不予考虑，为使合议组采信己方的主张，需要对此作出具体说明；然后，对于请求人提出的符合规定的无效宣告理由，针对请求人所提供的证据中哪些不应被采信的证据作出具体说明。

此后，针对其他专利复审委员会将要审查的无效宣告理由（并结合相应的证据❷）具体分析说明上述无效宣告理由为何不能成立。对于所针对的某一无效宣告理由，具体分析说明通常包括三个方面的内容：首先阐明与该无效宣告理由相关的法律法规（《专利法》《专利法实施细则》和《专利审查指南2010》）的具体规定；对专利文件和证据中的相关事实进行认定，如果无效宣告请求书中所认定的相关事实存在错误，重点指出请求书中对专利文件或者证据中所认定的事实中哪些是错误的，并对相应部分的内容给出正确的认定，以此作为支持己方所主张的该无效宣告理由不能成立的依据；在此基础上，对相关法律规定的适用进行具体分析，如果对无效宣告理由的分析存在法律条款适用不当的情形（如用申请在先、公开在后的中国专利申请文件或专利文件与其他证据结合否定本专利相关权利要求的创造性），则重点指出请求书中所出现的上述适用不

---

❶ 对于要求维持专利权全部有效的情形，则意见陈述书中没有这一部分有关修改专利文件的内容。

❷ 对于己方主张不能采信的证据，如果对专利复审委员会接纳己方的主张没有把握，则在分析相应的无效宣告请求的理由是否成立时仍应当包含对这一证据的分析。

当之处，并以此作为支持己方所主张的该无效宣告理由不能成立的依据。但是，在作上述分析时，还需要考虑专利复审委员会针对事实和证据如何进行分析，因此最好还根据《专利法》《专利法实施细则》和《专利审查指南2010》的有关规定详细说明上述无效宣告理由为何不能成立。

（4）结论部分

在意见陈述书的最后，应当用概要性的文字说明本专利符合《专利法》《专利法实施细则》和《专利审查指南2010》的相关规定，并明确专利权人的具体主张。当专利权人对意见陈述书中论述的理由没有把握时，可在意见陈述书的结论部分，提出口头审理请求。

通常，未对专利文件进行修改、且希望专利复审委员会维持专利权全部有效的情形，该结论部分可采用如下格式撰写：

"综上所述，本专利符合《专利法》第××条第×款和《专利法实施细则》第××条第×款的规定，即请求人所提出的无效宣告请求的所有理由均不能成立，请求专利复审委员会依法维持本专利权有效。"

或者撰写成：

"综上所述，本专利符合《专利法》第××条第×款和《专利法实施细则》第××条第×款的规定，即请求人所提出的无效宣告请求的所有理由均不能成立，请求专利复审委员会依法维持本专利权有效。考虑到本无效宣告请求案的证据中涉及多件公开使用的证据，需要与请求人就上述证据进行当面质询，且需要有关证人当庭出面作证，因此请求专利复审委员会对本案进行口头审理。"

对于已对发明或实用新型专利授权公告的权利要求书进行了修改的情形，该结论部分可采用如下格式撰写：

"综上所述，专利权人认为本专利修改后的权利要求×至×符合《专利法》第××条第×款和《专利法实施细则》第××条第×款的规定，请求人所提出的无效宣告请求的理由不再能成立，请求专利复审委员会在修改后的权利要求书和授权公告时的说明书的基础上维持本专利权有效。"

3. 目前专利权人方答辩无效宣告请求书时存在的问题

如前所述，答辩无效宣告请求书的意见陈述书撰写得好，不仅有可能达到维持专利权的目的，而且有可能加快无效宣告请求的审查程序。相反，如果撰写得不好，尤其是专利文件的修改不妥将会影响专利权的保护范围，甚至会使本来有可能维持的专利权被宣告无效。目前在答复无效宣告请求书的意见陈述书中常见的问题主要有下述几种。

（1）对无效宣告理由的反驳缺乏说服力

造成对无效宣告理由的反驳缺乏说服力的主要原因在于仅按照感性认识来说明问题，而未以《专利法》《专利法实施细则》，尤其是未以《专利审查指南2010》的规定为依据作出反驳。例如一件无效宣告请求案，请求方以出版物上所披露的生产模具来否定用该模具制得的产品专利的创造性，专利权人在意见陈述书中仅指出两者所保护的主题名称不一样，分类号在不同的大类，从而就认为该产品相对于该模具具备新颖性和创造性，而不是按照《专利审查指南2010》有关创造性的规定进行分析。按照《专利审查指南2010》规定，两者技术领域相关，仍可成为最接近的对比文件，此时应当在意见陈述书中重点分析由该模具最多只能推知该产品的外形结构，而不能得知权利要求技术方案中有关其内部结构的技术特征，且这些内部结构是本发明该权利要求中的关键技术特征，既未在请求人提供的其他证据中披露，也不属于本领域的公知常识，从而说明本领域技术人员根据出版物上所披露的该产品的模具并不能得知该权利要求的技术方案，即该产品权利要求相对于出版物上所披露的生产模具具有突出的实质性特点和显著的进步，在此基础上得出该产品权利要求具备《专利法》第二十二条第三款规定的创造性的结论。总之，为增加己方观点的说服力，在意见陈述书中应当依据《专利法》《专利法实施细则》，尤其是《专利审查指南2010》的有关规定作出反驳。

（2）答复意见仅局限于反驳请求人的观点

在无效宣告程序中，一部分请求人不熟悉专利法律法规，其专利代理人又缺乏足够的经验，在提出无效宣告请求时虽然提供了一些有可能影响该专利有效性的证据，但在具体论述时说理不清，未抓住要害。对于这样的情形，有的意见陈述书中仅针对请求人的观点进行反驳，即仅具体说明请求书中的分析意见不正确，以此认定相应的无效宣告理由不能成立，而未考虑专利复审委员会针对请求人提供的证据和相应的无效宣告理由是如何分析的，这样就有可能导致专利复审委员会依据这些证据作出了不利于己方的无效宣告请求审查决定。面对这种情况，作为专利权人一方的专利代理人，在分析请求书所附交的证据是否支持相应的无效宣告理由时，不仅要针对请求人的观点进行反驳，还应当考虑专利复审委员会如何分析这些证据和相应的无效宣告理由，从而在意见陈述书中不仅对请求人意见作出反驳，还进一步具体说明这些证据为什么不支持相应的无效宣告理由，以便专利复审委员会在考虑该无效宣告理由是否成立时接受己方的论述意见而作出对己方比较有利的审查决定。

（3）应当修改专利文件而未及时作出修改

在发明或者实用新型专利无效宣告程序的实务中，作为专利权人一方，有可能会出现需要通过修改专利文件来达到维持专利权部分有效的情形。但是，由于无效宣告程序中对发明或者实用新型专利文件采用合并式修改方式的时机有所要求，因而如果需要对专利文件的权利要求书采用合并方式修改时，就应当尽可能在答辩无效宣告请求书时及时作出修改。而在实践中，对于这种情况，有一部分意见陈述书仅对一些没有把握能维持专利有效的权利要求进行争辩，而未在答辩期限内对授权时的专利文件作出合并修改，这样一来就很有可能会使专利权人失去了采用合并方式修改专利文件的机会，从而会给专利权人带来不利的后果。例如，请求书中针对授权公告的权利要求书中的各个权利要求分别提出不同的无效宣告理由，从而有可能导致该权利要求书中的所有权利要求被宣告无效，但是如果删去独立权利要求后并对其中部分从属于同一独立权利要求而彼此之间无从属关系的权利要求采用合并方式修改能消除授权时这些权利要求所存在的相应无效宣告理由所涉及的实质性缺陷时，就应当在答辩无效宣告请求书时及时对权利要求书采用合并式修改方式；在这种情形下，如果答辩无效宣告请求书时仅对一些没有把握能维持专利有效的权利要求进行争辩而未对权利要求书采用合并式修改，而在答辩期限届满后就很有可能没有机会再对权利要求书进行合并式修改，这样一旦争辩意见未能被专利复审委员会接受后就可能导致该专利权被宣告全部无效。又如，授权公告时的权利要求书中，大部分权利要求相对于请求书中的无效宣告理由有可能被宣告无效，而余下的一两项权利要求过于局限于其具体实施方式，其虽然可能被维持专利权，但保护范围过窄，在这种情况下也很有可能需要对专利文件权利要求书采用合并式修改方式，以便为该专利争取得到较宽范围的保护；在这种情况下，如果未及时对专利文件进行修改，则有可能使最后被维持的专利权的保护范围过窄，从而使该专利不能得到真正的保护。

（4）未在答辩无效宣告请求书时提供必要的证据

根据"谁主张，谁举证"的举证原则，对于无效宣告请求程序来说，由请求人对授权专利提出专利权无效的主张，因此通常举证责任在请求人一方。但是，专利权人在否认请求方证据所证明的事实或者对该事实作出澄清性说明时，通常需要举出反证材料，以此来支持己方的观点，例如申请日前产品在一定保密范围内的试用就需要附具证明材料。在无效宣告程序的实践中，有一部分专利权人针对请求人提出的证据准备提出反证，但是在答复无效宣告请求书时未提供，而打算在口头审理时再提交，以便让请求人措手不及，这样的做法显然是不合适的。根据《专利审查指南2010》第四部分第三章第4.3.2节规定，只有公知常识性证据和用于完善证据法定形式的公证文书、原件等证据可以在口头审理辩论终结前补充提交，其他证据均应当在专利复审委员会指定的答复期限内提交，否则这些证据专利复审委员会不予考虑。根据这一规定，专利权人针对无效宣告请求书的答辩需要提供反证的话，除公知常识性证据和用于完善证据法定形式的公证文书、原件等证据外，均应当在答辩无效宣告请求书的期限内提出，并在意见陈述书中具体说明这些证据如何支持己方的主张。

（5）意见陈述书中的论述顾此失彼致使己方处于被动

在意见陈述书中论述具体意见时应当全面考虑，绝不要为强调某一问题而带来其他更严重的问题。有一件无效宣告请求案，请求人以其一件在先专利作为抵触申请来否定专利权人的在后专利，事实上两者技术方案并不完全相同，因而并不能破坏在后专利的新颖性。但是，专利权人一方的专利代理人却在意见陈述书中根据专利权人的意见说明双方曾共同研究开发此项目，后因意见分歧而分开研究，虽然请求方的专利申请比较早，但己方的研究成果更早，提供了日期早于请求方专利申请日的销售发票来给予证明，并强调该发票销售的产品就是己方的专利产品，因此是请求方的专利剽窃了己方的研究成果，而不能作为抵触申请来否定己方专利的新颖性。请求方以专利权人本人的在先销售证据又进一步主张该专利不具备新颖性。根据专利权人的意见陈述以及请求方的主张，专利复审委员会合议组认定专利权人本人的在先销售行为已否定了该专利的新颖性，作出了宣告专利权无效的审查决定。事后，专利权人又找合议组声明，该销售的产品是早期产品，与专利不完全一样，要求合议组重新作出决定，这显然是不可能的。该案例充分说明了在陈述意见时一定要全面考虑，由于"禁止反悔"原则的约束，自己所陈述的对己方不利的内容会给己方带来十分不利的影响。同样，对于侵权反诉的无效宣告请求案来说，专利权人在答复意见陈述书时还应该考虑到侵权诉讼，因为按照"禁止反悔"原则在无效宣告程序中陈述的意见同样会成为侵权诉讼程序中判定是否侵权的依据。

4. 答辩无效宣告请求书的意见陈述书的撰写示例

为帮助专利权人及其专利代理人更好地掌握答辩无效宣告请求书的意见陈述书的撰写，现给出三份意见陈述书的撰写示例，分别为答辩时未修改专利文件、修改专利文件和外观设计专利三种情况。

案例一：微型燃气炉

本案例涉及一件实用新型专利。原案中涉及的证据较多，原独立权利要求中包含的技术特征也较多，为清楚起见，作为推荐的撰写示例对此作了简化。授权公告时权利要求书中唯一的权利要求1为：

"1. 一种微型燃气炉，由炉体、炉盘、燃烧器、阀体、气体混合器和点火器构成，其特征在于：燃烧器由深碟形气体分布器、分布气座、凸形波纹火盖构成；气体混合器与气体分布器相通，侧面有进风口，进气端是与阀体通道相通的小孔喷嘴；阀体由炉体外侧的卡盘、阀体通道、控制阀体通道开闭的旋钮和阀体通道内的滤网构成。"

无效宣告请求的请求方共提出了五份证据，既有涉及公开出版物的证据，又有涉及公开使用和以其他方式为公众所知的证据，其无效宣告请求的理由是该实用新型专利相对于上述证据不具备新颖性和创造性。

专利权人经过对无效宣告请求书和相关证据的分析后，认定上述证据尚不足以否定权利要求1的新颖性和创造性，因此答辩时未修改专利文件。

推荐的意见陈述书正文的撰写示例如下：

意见陈述书正文

本意见陈述书是针对请求人×××五金二厂于×××年×月×日对本专利权人的实用新型专利（专利号为ZL20112××××××，申请日为2011年8月2日，授权公告号为CN2××××××××U，授权公告日为×××年×月×日，名称为"微型燃气炉"）提出的无效宣告请求（无效案件编号为×W×××××××）作出的答复。

本专利权人×××实验厂请求专利复审委员会驳回上述请求人所提出的无效宣告请求，并按授权公告的权利要求书和说明书维持该实用新型专利权。

（一）

请求人随请求书中共提交了五份证据：

（1）中国实用新型专利说明书CN2××××××××U，申请日为2011年2月18日，授权公告日为2012年1月7日；

（2）原×××实验厂职工叶××出具的说明本专利产品是根据××电器厂刘××工程师提供的微型燃气炉仿制的以及本专利产品的图纸于2011年5月由叶××提供给×××五金厂的证明材料；

（3）JM-93型不锈钢电子打火气炉使用说明书；

（4）XY-A型方便气体炉使用说明书；

（5）皇冠牌卡式炉使用说明书以及皇冠牌卡式炉于2011年7月13日的销售发票。

请求人根据上述证据认为本专利要求保护的微型燃气炉已由申请日前公开的出版物披露，并已在申请日前为公众所知，因而不符合《专利法》第二十二条第二款和第三款有关新颖性和创造性的规定。

（二）

本专利权人认为请求人所提出的上述证据不足以否定本专利的新颖性和创造性。为证明本专利权人的上述观点，现提交下述反证：

①××电器厂刘××工程师出具的有关本专利微型燃气炉开发研制过程的证明材料；

②生产JM-93型不锈钢电子打火气炉的××燃气用具厂出具的说明该型号电子打火气炉于2012年才投放市场的证明材料。

（三）

请求方提供的证据（2）、（3）和（4）不能作为本专利申请日前的现有技术，不能用来否定本专利的新颖性和创造性。

《专利审查指南2010》第二部分第三章第2.1节对《专利法》第二十二条第五款规定的现有技术作了进一步说明："现有技术应当是在申请日以前公众能够得知的技术内容。换句话说，现有技术应当在申请日以前处于能够为公众获得的状态，并包含有能够使公众从中得知实质性技术知识的内容。"

《专利法》第二十四条规定："申请专利的发明创造在申请日以前六个月内，有下列情形之一的，不丧失新颖性：

（一）在中国政府主办或者承认的国际展览会上首次展出的；

（二）在规定的学术会议或者技术会议上首次发表的；

（三）他人未经申请人同意而泄露其内容的。"

《专利审查指南2010》第二部分第三章第5节又进一步明确："这三种情况不构成影响该申请的现有技术。"

在请求方提供的证据（2）中想以该证据说明两个问题：其一是该专利产品是根据××电器厂刘××工程师提供的微型燃气炉仿制；其二是该专利产品的图纸已于申请日前提供给×××五金厂。由此证明该专利产品在申请日前已经成为公众所知的现有技术。

现对这两方面的事实作如下说明：在该专利产品的研制过程中，专利权人初步设计出了具有深碟形气体分布器和凸形波纹火盖的微型燃气炉，为了由产品样品转化关批量产品，于2011年年初委托××电器厂刘××工程师根据样品绘制图纸，而不是像证据（2）中所述是刘××工程师提供的微型燃气炉，有关这方面的实际情况刘××工程师已出具了书面证言（详细情况请参见本意见陈述书的附件——反证材料①），由此可知刘××工程师为×××实验厂根据样品绘制图纸这一事实不能证明本专利微型燃气炉在申请日前已处于能够使公众得知其实质性技术知识内容的状态，即其未构成本专利申请日前的现有技术。至于向×××五金厂提供图纸一事，根据请求方提供的证据（2）中的内容可知，叶××是本专利权人的职工，他出于所谓的"为家乡做点贡献的想法"以及"与×××五金厂的感情"将上述图纸提供给×××五金厂，见证据（2）中第2页。作为一个单位的职工有义务为本单位研制成果保密，×××实验厂既未授权也未允许过叶××将该产品有关内容告知其他单位，因此叶××的上述行为是未经本专利权人同意泄露专利内容的行为，此泄露时间比申请日早3个月，因而这属于《专利法》第二十四条所规定的第三种不丧失新颖性的情况，即叶××将本专利微型燃气炉的图纸提供给×××五金厂的事实未构成影响本专利新颖性、创造性的现有技术。综上所述，请求方所提供的证据（2）不能作为本专利申请日前的现有技术，不能用来否定本专利的新颖性和创造性。

请求方提供的证据（3）和证据（4）分别是JM-93型不锈钢电子打火气炉和XY-A型方便气体炉的使用说明书，但这两份使用说明书中均没有记载印刷时间，因而仅根据这些使用说明书无法确定其产品投放市场的日期以及公众能接触这些说明书的时间，从而不能确认其在本专利申请日前已处于公众能够获得的状态，即不能确认其构成本专利申请日前公知公用的现有技术，不能用来否定本专利的新颖性和创造性。对于其中与本专利比较相近的JM-93型不锈钢电子打火气炉来说，本专利权人已取得该产品生产厂家××燃气用具厂出具的证明材料（见附在本意见陈述书之后的反证材料②），该燃气用具厂已明确JM-93型是该厂在2012年开发和投放市场的产品，由此更进一步明确了该产品及其说明书晚于本专利申请日，因而该证据不能用来否定本专利的新颖性和创造性。

由上述分析可知，能用来分析本专利是否具备《专利法》第二十二条第二款、第三款所规定的新颖性和创造性的证据仅仅为证据（1）和证据（5），最多在请求人提供了有关证据（4）的补充证据证实XY-A型方便气体炉已在本专利申请日前已投放市场时还包括证据（4）。

（四）

请求人提供的证据（1）、（4）、（5）不能否定本专利权利要求1的新颖性和创造性。

《专利法》第二十二条第二款、第三款和第五款规定：

"新颖性，是指该发明或者实用新型不属于现有技术；也没有任何单位或个人就同样的发明或者实用新型在申请日以前向国务院专利行政部门提出过申请，并记载在申请日以后公布的专利申请文件或者公告的专利文件中。"

"创造性，是指与现有技术相比，该发明具有突出的实质性特点和显著的进步，该实用新型具有实质性特点和进步。"

"本法所称现有技术，是指申请日以前在国内外为公众所知的技术。"

《专利审查指南2010》第二部分第四章第2.1节依据上述规定又进一步明确："专利法第二十二条第二款中所述的，在申请日以前由任何单位或个人向专利局提出过申请并且记载在申请日以后公布的专利申请文件或者公告的专利文件中的内容，不属于现有技术，因此，在评价发明创造性时不予考虑。"也就是说由任何单位或个人在先向国家知识产权局提出申请、在申请日或申请日后公布的中国专利申请文件或公告的中国专利文件只能用作评价新颖性的对比文件，不能用作评价创造性的对比文件。

1. 关于本专利权利要求1的新颖性

本专利权利要求1所限定的技术方案是一种可将袖珍液化容器直接卡在炉体外侧卡盘上的微型燃气炉，采用了由深碟形气体分布器、分布气座、凸形波纹火盖构成的深碟状波纹燃烧器。

对于证据（1）中国实用新型专利说明书CN2××××××××××U来说，其披露了一种通过连接软管与袖珍液化容器相连的液化气炉，既未披露深碟状波纹燃烧器，也未披露与袖珍液化容器相连接的阀体外侧卡盘，因而证据（1）未披露本专利权利要求1的技术方案，即本专利权利要求1相对于该证据（1）具备《专利法》第二十二条第二款规定的新颖性。

对于上述证据（5）"皇冠牌卡式炉"，其虽然可将袖珍液化容器直接卡挂在炉体外侧卡盘上，但其燃烧器与本专利的深碟状波纹燃烧器不同，因而证据（5）也未披露本专利权利要求1的技术方案，即本专利权利要求1相对于该证据（5）也具备《专利法》第二十二条第二款规定的新颖性。

证据（4）中的XY－A型方便气体炉在结构上与证据（5）大体相同，即使请求方能证明其已成为申请日前公开销售的证据，但由于其也未披露本专利的深碟状波纹燃烧器，因而也未披露本专利权利要求1的技术方案，即证据（4）也不能否定本专利权利要求1的新颖性。

2. 关于本专利权利要求1的创造性

证据（1）是一篇由任何单位或个人在本专利申请日前向国家知识产权局提出申请、申请日后公告的实用新型专利说明书，因此根据《专利法》第二十二条第二款和第三款以及《专利审查指南2010》第二部分第四章第2.1节的规定，该证据只可用作评述本专利新颖性的对比文件，不能作为评述本专利创造性的对比文件。前面也已指出，证据（2）和证据（3）未构成本专利的现有技术，因而请求人所提出的5份证据中可用来评述本专利创造性的对比文件仅为证据（5），最多在请求人提供了有关证据（4）的补充证据证实XY－A型方便气体炉已在本专利申请日前已投放市场时还包括证据（4）。

显然，证据（5）中的皇冠牌卡式炉是本专利最接近的现有技术。本专利权利要求1的技术方案与证据（5）中的皇冠牌卡式炉相比，其区别至少为：燃烧器由深碟形气体分布器、分布气座和凸形波纹火盖构成。由于采用这种结构的燃烧器，改进了燃烧性能，从而使本专利相对于皇冠牌卡式炉来说提供了一种体积小、火力大的微型燃气炉。而上述结构的燃烧器在证据（4）中也未被披露，而且也不是本领域技术人员的公知常识，因而在现有技术中未给出将上述深碟状波纹燃烧器应用到皇冠牌卡式炉中以达到体积小、火力大的技术启示，也就是说由现有技术得到本专利权利要求 1 的技术方案对本领域技术人员来说是非显而易见的，具有实质性特点；且由于其具有上面所指出的体积小、火力大的优点，相对于现有技术来说有进步。因此，本专利权利要求 1 的技术方案相对于所述证据（5）、证据（4）以及本领域技术人员的公知常识来说具备创造性。

综上所述，本专利权人认为请求人所提供的上述证据不能否定本专利权利要求 1 的新颖性和创造性，因此本专利符合《专利法》第二十二条第二款和第三款有关新颖性和创造性的规定，请求专利复审委员会维持该专利权全部有效。考虑到本无效宣告请求案中请求人提供的证据中涉及多件公开使用和以其他方式为公众所知的证据，需要与请求人就上述证据进行当面质证，且需要有关证人当庭出面作证，因此请求专利复审委员会对本案进行口头审理。

以上所推荐的意见陈述书除了撰写格式符合要求外，具有几点可借鉴之处。

①在意见陈述书中对请求人所提供的五份证据逐一进行分析。对于其中有争议的证据具体论述了不能用作否定本专利新颖性和创造性证据的理由。在论述本专利权利要求 1 相对于其他几份证据具备新颖性、创造性时不仅分别与每份证据对比说明具备新颖性，而且按照《专利审查指南》第二部分第四章的规定将这些证据结合起来进行分析，以证明其具备创造性。

②为证实己方对证据（2）和证据（3）所持的观点，提供了相应的反证材料，从而可使己方的观点更具有说服力。

③对于证据（4）来说，在意见陈述书中指出其未构成一个完整的证明体系（即证据链），不能用作否定本专利新颖性和创造性的证据，但考虑到请求人仍有可能补充证明这一事实的证据，因此在具体分析时指出即使考虑该证据也不影响本专利的新颖性、创造性。

④由于本案涉及公开使用和以其他方式为公众所知的证据，需要有关证人当庭作证，专利权人在意见陈述书中向专利复审委员会提出了口头审理请求。

案例二：组合动物玩具

本案例涉及一件实用新型专利。无效宣告程序中请求人在请求书中提出三方面无效宣告请求的理由：其一，以两篇申请日前公开的外国专利文件来否定该专利的新颖性和创造性；其二，权利要求 3、4 和 5 均未清楚地限定要求专利保护的范围；其三，未在其专利产品或其包装上给出专利标识。专利权人考虑到该两篇对比文件明显破坏了权利要求 1 的新颖性和部分从属权利要求的创造性，且权利要求 3、4 和 5 确实存在未清楚限定要求专利保护范围的缺陷，为使本专利在一个比较有利的范围得到保护，对专利文件进行了修改。本案例授权公告时的权利要求书如下：

"1. 一种组合动物玩具，其至少由 5 块构件构成，各构件之间设置有榫式插接结构，其特征在于：在主构件（1）上开有连贯封闭的直线型或投影为直线型的凹槽，其他构件均可与之榫接。

2. 按照权利要求 1 所述的组合动物玩具，其特征在于：除主构件（1）外的另一块构件（2）上也开有直线型凹槽。

3. 按照权利要求 1 所述的组合动物玩具，其特征在于：除主构件（1）外的又一块构件（3）为由两个分部件（31、32）组成的可拆分组合部件，这两个分部件（31、32）为从商朝布币形的中分线对称分开的两部分。

4. 按照权利要求 1 所述的组合动物玩具，其特征在于：除主构件（1）外的又一块构件（3）的两个分部件（31、32）可通过其插孔连接贴合成不同形状的组合部件，该贴合而成的组合部件上、下总有一边形成可与其他构件榫接的凹槽。

5. 按照权利要求 1 所述的组合动物玩具，其特征在于：在所述主构件（1）、除主构件（1）外的另一块构件（2）和所述可拆分组合部件（3）上开有圆孔，其他构件中至少有一块为薄圆柱体，在该薄圆柱体的一个端面上设有可嵌入上述构件（1、2、3）上的圆孔中的突起。"

推荐的意见陈述书正文撰写示例如下：

意见陈述书正文

本意见陈述书是针对请求人晏××于××××年××月××日对本专利权人的实用新型专利（专利号为ZL20102×××××，申请日为2010年5月3日，授权公告号为CN2××××××××U，授权公告日为××××年××月××日，名称为"组合动物玩具"）提出的无效宣告请求（无效案件编号为×W××××××）作出的答复。

本专利权人考虑上述请求人提出的无效宣告理由和提供的证据，对授权公告的权利要求书作了修改，现请求专利复审委员会驳回上述请求人的无效宣告请求，在附于本意见陈述书之后的新修改的权利要求书和原说明书的基础上维持专利权有效。

（一）

请求人在请求书中以本专利权利要求1至5不符合《专利法》第二十二条第二款和第三款有关新颖性和创造性的规定、权利要求3至5不符合《专利法》第二十六条第四款有关权利要求应当清楚地限定要求专利保护范围的规定，以及不符合《专利法》第十五条有关在专利产品或其包装袋上标明专利标记和专利号的规定为理由提出无效宣告请求，并随请求书提供了两篇对比文件：

（1）美国专利说明书US-6036302A，批准公开日为1966年4月7日。

（2）英国专利申请公开说明书GB-1240878A，公开日为1971年7月28日。

（二）

无效宣告请求书中对本实用新型专利提出了三个无效宣告理由，其中第三个理由（不符合《专利法》第十五条的规定）不属于《专利法实施细则》第六十五条第二款规定的无效宣告理由，在此无效宣告请求案中不应当予以考虑，因此专利权人请求专利复审委员会对此第三个无效宣告理由不予考虑。

（三）

专利权人在仔细分析研究了无效宣告请求书中的前两个无效宣告理由和所提供的两篇对比文件后，决定对原权利要求书进行修改。新修改的权利要求书共包括3项权利要求；首先删除了原权利要求1，对原权利要求3和4采用合并修改方式，即将这两项权利要求限定部分的技术特征并入原独立权利要求1中，作为新改写的独立权利要求1；与此同时，将原权利要求2至4合并成修改后的权利要求2，将原权利要求2至5合并成修改后的权利要求3。上述修改是按照《专利法实施细则》第六十九条第一款的规定进行的，且所作的具体修改也符合《专利法》第三十三条的规定和《专利审查指南2010》第四部分第三章第4.6节的要求，因此这样的修改应当是允许的。修改后的独立权利要求1以及从属权利要求2和3为：

1. 一种组合动物玩具，其至少由5块构件构成，各构件之间设置有榫式连接结构，在主构件（1）上开有连贯封闭的直线型或投影为直线型的凹槽，其他构件均可与之榫接，其特征在于：除主构件（1）外的又一块构件（3）为由两个分部件（31、32）组成的可拆分组合部件，这两个分部件（31、32）为从商朝布币形的中分线对称分开的两部分，它们可通过其插孔连接贴合成不同形状的组合部件，该贴合而成的组合部件上、下总有一边形成可与其他构件榫接的凹槽。

2. 按照权利要求 1 所述的组合动物玩具，其特征在于：除主构件（1）外的另一块构件（2）上也开有直线型凹槽。

3. 按照权利要求 2 所述的组合动物玩具，其特征在于：在所述主构件（1）、除主构件（1）外的另一块构件（2）和所述可拆分组合部件（3）上开有圆孔，其他构件中至少有一块为薄圆柱体，在该薄圆柱体的一个端面上设有可嵌入上述构件（1、2、3）上的圆孔中的突起。

（四）

上述修改后的权利要求 1 至 3 相对于请求人提供的两篇对比文件具备《专利法》第二十二条第二款和第三款规定的新颖性和创造性。

《专利法》第二十二条第二款、第三款和第五款规定：

"新颖性，是指该发明或者实用新型不属于现有技术；也没有任何单位或者个人就同样的发明或者实用新型在申请日以前向国务院专利行政部门提出过申请，并记载在申请日以后公布的专利申请文件或者公告的专利文件中。"

"创造性，是指与现有技术相比，该发明具有突出的实质性特点和显著的进步，该实用新型具有实质性特点和进步。"

"本法所称现有技术，是指申请日以前在国内外为公众所知的技术。"

1. 修改后的权利要求 1 相对于请求人提供的证据（1）或证据（2）具备新颖性

请求人所提供的证据（1）美国专利说明书 US－6036302A 公开了一种由多块带榫式连接结构构件组成的组合玩具，其一块主要构件上开有连贯封闭直线形或投影为直线形的凹槽，其他构件可与之榫接，但其所有构件都是单块构件，没有一块构件是可拆分的、形状为商朝布币形的组合部件，即未披露修改后的权利要求 1 特征部分的技术特征，由此可知，修改后的权利要求 1 所限定的组合动物玩具与证据（1）所披露的组合玩具不是同样的发明或实用新型，因此修改后的权利要求 1 相对于该证据（1）具备《专利法》第二十二条第二款规定的新颖性。

证据（2）英国专利申请公开说明书 GB－1240878A 除了公开上述证据（1）所披露的内容外，还包括一块可拆分的组合部件，但该组合部件是该组合玩具的主构件——人体构件，且其形状也不是从商朝布币形的中分线对称分开的两部分，因而它也未披露修改后的权利要求 1 特征部分的技术特征，由此可知，修改后的权利要求 1 所限定的组合动物玩具与证据（2）所披露的组合玩具不是同样的发明或实用新型，因此修改后的权利要求 1 相对于证据（2）也具备《专利法》第二十二条第二款规定的新颖性。

2. 修改后的权利要求 1 相对于请求人提供的证据（1）和证据（2）具备创造性

显然，上述两证据中证据（2）是本专利的最接近的对比文件，权利要求 1 的技术方案与证据（2）相比较的区别在于：除主构件外的又一块构件为由两个分部件组成的可拆分组合部件，这两个分部件为从商朝布币形的中分线对称分开的两部分，它们可通过其插孔连接贴合成不同形状的组合部件，该贴合而成的组合部件上、下总有一边形成可与其他构件榫接的凹槽。

上述区别技术特征在证据（1）中也未披露，而且也不属于本领域技术人员的公知常识。而采用了这种可拆分的组合部件的结构，这两块分部件既可以作为最普通接插件单独使用，又可以将这两块分部件贴合对接后形成一块带有凹槽的组合部件，然后可在此组合部件上插接其他构件，即其他构件成为该组合部件的二级接插件。此外，这两块分部件彼此间至少有两种贴合方式，从而使其形成的凹槽至少有两种不同的位置，以使其作为不同造型接插件的需要，即至少相当于两种不同结构的构件。由此可知，这种分为两块的、分别为商朝布币形中分线对称分布的分部件在组合成动物玩具时至少相当于4块构件使用，从而节省了构件的数量而能拼接成更多种组合形状的玩具，这是证据（1）和证据（2）两篇对比文件所披露的组合动物玩具不能实现的，而且这两篇对比文件和本领域技术人员公知的常识中也没有给出采用这种结构的构件来实现一种节省构件和组拼更多组合形状的组合玩具的启示，因此权利要求1相对于证据（1）和证据（2）以及本领域技术人员的公知常识是非显而易见的，具有实质性特点和进步，符合《专利法》第二十二条第三款有关创造性的规定。

3. 修改后的权利要求2和权利要求3相对于证据（1）和证据（2）也具备新颖性和创造性

修改后的权利要求2对修改后的权利要求1从结构上作了进一步限定，因此当修改后的权利要求1具备新颖性和创造性时，其从属权利要求2也具备《专利法》第二十二条第二款和第三款规定的新颖性和创造性。

修改后的权利要求3对权利要求2从结构上作了进一步的限定，因此当修改后的权利要求2具备新颖性和创造性时，该引用权利要求2的从属权利要求3也具备《专利法》第二十二条第二款和第三款规定的新颖性和创造性。尤其是该权利要求3进一步限定的技术特征为：在所述主构件、主构件外的另一块构件和组合部件上开有圆孔，其他构件中至少有一块为薄圆柱体，在该薄圆柱体的端面上设有可嵌入上述构件上的圆孔中的突起。证据（1）未披露该权利要求3限定部分的技术特征，证据（2）只披露了主构件外的另一块构件（人体头部构件）上开有圆孔，而未披露其他特征。因此，采用了权利要求3进一步限定的结构，可以采用多块部件来作为动物的头部，其中的圆孔表示动物眼睛的位置（证据（2）只有一块构件上有动物眼睛，证据（1）未能反映动物眼睛位置），尤其是形状为薄圆柱体的构件与该圆孔相配更增加了组合动物眼睛的效果，这样，在三块不同形状的构件上开有圆孔与表示眼睛的薄圆柱体构件相配就可以表示不同动物的眼睛，从而本专利组合动物玩具可组合成数十种不同形态的立体动物形象，由此可知权利要求3相对于证据（1）和证据（2）以及本领域技术人员的公知常识具有实质性特点和进步，符合《专利法》第二十二条第三款有关创造性的规定。

（五）

上述修改后的权利要求1至3已消除了授权时的权利要求3至5所存在的未清楚地限定要求专利保护范围的缺陷，符合《专利法》第二十六条第四款的规定。

修改后的权利要求1由原权利要求2和权利要求3合并而成，从而不仅清楚地给出了可拆分组合部件的两个分部件的形状，还清楚地给出了这两个分部件之间的组合关系以及这两个分部件组合与其他构件之间的配合关系，因此清楚地限定了权利要求1要求专利保护的范围。

对于修改后的权利要求2来说，其限定部分进一步限定的附加技术特征清楚地反映了另一块构件与主构件的配合关系，因此也清楚地限定了要求专利保护的范围。

对于修改后的权利要求3来说，其引用了修改后的权利要求2，这样一来其限定部分进一步限定技术特征所涉及的主构件和组合部件在权利要求1中已出现过，而另一块构件已在权利要求2中出现过，从而消除了原权利要求5中进一步限定的技术特征组合部件和另一块构件在原权利要求1中未出现过而导致权利要求未清楚限定要求专利保护范围的缺陷。

由此可知，修改后的权利要求1至3已清楚地限定了要求专利保护的范围，符合《专利法》第二十六条第四款的规定。

综上所述，本专利修改后的权利要求1至3已消除了请求书中前两个无效宣告理由所涉及的实质性缺陷，其相对于证据（1）、证据（2）和本领域的技术人员公知常识具备新颖性和创造性，且已清楚地限定了要求专利保护的范围，即前两个无效宣告理由不再成立；而后一个无效宣告请求理由不属于《专利法实施细则》第六十五条第二款规定的理由。故请求专利复审委员会驳回请求人所提出的无效宣告请求，在上述修改的权利要求书和授权时的说明书的基础上维持专利权有效。

以上所推荐的意见陈述书除了撰写格式符合要求外，具有几点可借鉴之处。

①认真考虑和分析请求人所提出的无效宣告理由和所提供的对比文件后，及时对专利文件进行了修改。当看到原权利要求书中的权利要求 1 相对于证据（1）或证据（2）不具备新颖性时删除原权利要求 1；考虑到原权利要求 2 进一步限定的技术特征有可能为本领域技术人员的公知常识，又考虑到原权利要求 3 和原权利要求 4 进一步限定的技术特征均未构成一个完整的技术方案，因而对权利要求 3 和权利要求 4 采用合并式修改方式，将这两项权利要求限定部分的技术特征合并起来写入修改后的权利要求 1 中的特征部分，而将原权利要求 2 改写成新修改的权利要求 1 的从属权利要求 2（相当于原权利要求 2、3 和 4 三项权利要求的合并）。此外，在修改新权利要求 3 时，注意到原权利要求 5 引用原权利要求 1 存在未清楚限定要求专利保护范围的缺陷，且修改后的新权利要求 3 若引用新修改的权利要求 1 仍然会存在未清楚限定要求专利保护范围的缺陷，为防止在此之后对权利要求书的修改仅允许采取删除而不允许采取合并的方式，因此新修改的权利要求 3 改为引用新权利要求 2，而不是引用新权利要求 1。

②请求书中涉及三个无效宣告理由，在意见陈述书中针对这三个无效宣告理由均作出了反驳：首先指出第三个无效宣告理由不属于《专利法实施细则》第六十五条第二款规定的理由，请求专利复审委员会不予考虑；然后重点针对第一个无效宣告理由论述修改后的权利要求 1 至 3 具备《专利法》第二十二条第二款和第三款规定的新颖性和创造性；最后，针对第二个无效宣告理由简要地说明修改后的权利要求 1 至 3 已消除了原权利要求 3 至 5 所存在的未清楚限定要求专利保护范围的缺陷，符合《专利法》第二十六条第四款的规定。

③意见陈述书不仅分析了修改后的权利要求 1 具备新颖性、创造性的理由，并进一步具体论述从属权利要求具备新颖性和创造性，鉴于新权利要求 2 进一步限定的技术特征是本领域的公知常识，因而在对从属权利要求作论述时重点放在权利要求 3 上。

④论述权利要求 1、权利要求 3 具备新颖性和创造性时条理清楚，具有说服力。

案例三：风扇

本案例涉及一件有关"风扇"的外观设计专利，授权公告时的六面正投影视图、立体图和参考图如图 16－1 所示。该专利"风扇"为无叶片风扇，包括喷嘴和基座两部分。该风扇喷嘴的出风口为椭圆环形，环形壁具有一定深度和厚度，其外壁的椭圆环长短轴从喷嘴前部向后部逐渐缩小，前部的外壁边缘设有边线，后部的外壁边缘设有倒角；该风扇的基座由主体和底座组成，基座主体呈圆柱状，底座形状接近圆台形，基座主体的直径略大于环形喷嘴的深度，基座主体下部设有环绕柱面的进风口和色彩曲线，并以所述色彩曲线形成图案来划分区域，所述曲线正面下方设有较小的圆形按钮；基座的顶部与喷嘴下部相连，连接处呈不规则的弧边尖角形。

请求人在无效宣告请求中提出了两件证据，证据 1 是一件在本专利申请日前授权公告的中国外观设计专利，证据 2 是一件申请日前公布的中国发明专利申请公布说明书。在请求书中以本外观设计专利相对于证据 1 不符合《专利法》第二十三条第一款和第二款的规定、本外观设计专利相对于 1 和 2 的设计特征的组合不符合《专利法》第二十三条第二款的规定为无效宣告请求的理由请求专利复审委员会宣告本外观设计专利无效。

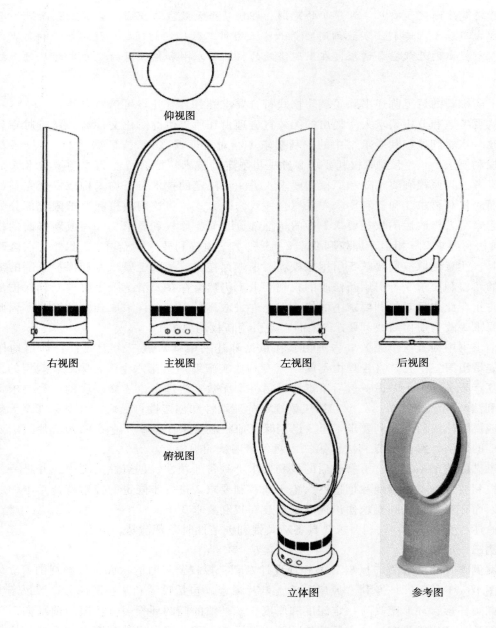

仰视图

右视图　　　　主视图　　　　左视图　　　　后视图

俯视图　　　　立体图　　　　参考图

图 16－1

　　该证据 1 也是一件无叶片风扇的外观设计专利，该外观设计专利授权公告时的六面视图和立体图如 16 – 2 所示。而证据 2 是一件有关无叶片风扇的发明专利申请公布说明书，其中反映无叶片风扇外观的图 1、图 3 和图 5 如图 16 – 3 的左、中、右三幅图所示。

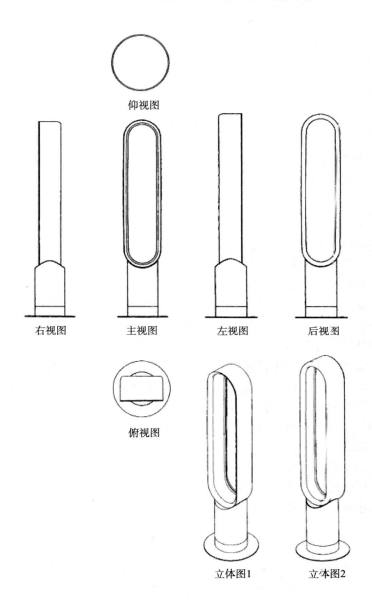

仰视图

右视图　　　　主视图　　　　左视图　　　　后视图

俯视图　　　　立体图1　　　　立本图2

图 16 – 2

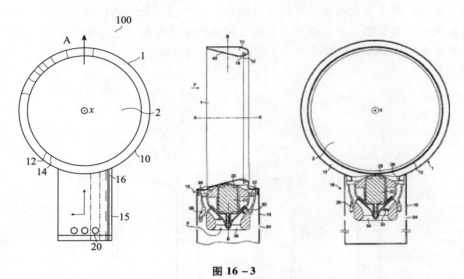

图 16 - 3

请求人在请求书中对其无效宣告请求理由作了具体说明：本外观设计专利与证据1在整体构成、喷嘴中央形成出风口、圆柱形基座以及基座与喷嘴的连接上均相同，两者的区别仅在于喷嘴出风口的形状和其敞口幅度、基座下部的按钮和色带，虽然证据1中的喷嘴出风口断面为赛道形，但赛道形为类椭圆形，两者形状相近似，而其他差别在整体设计中所占比例很小，且色带未使产品形状发生变化，故不足以对产品的整体视觉效果产生影响，可知两者属于实质相同的外观设计，因此本专利外观设计相对于证据1中的风扇外观设计不符合《专利法》第二十三条第一款的规定；即使认定两者不属于实质相同，两者也不具有明显区别，因此也不符合《专利法》第二十三条第二款的规定；此外，即使认为本专利外观设计与证据1的现有设计存在的上述区别为明显区别，但将证据2说明书第7页倒数第4行记载的椭圆形喷嘴特征、以及附图1（即图16 - 3中的左图）和说明书第5页倒数第10~11行记载的按钮特征原样与证据1的其他设计特征直接拼合，且根据说明书第7页倒数第1~2行的记载对喷嘴敞口幅度作细微变化（敞口变大）、对基座进行细微变化（附上色彩曲线），即可得到本专利的外观设计，因此本专利外观设计相对于证据1和证据2的设计特征的组合不具有明显区别，不符合《专利法》第二十三条第二款的规定。

推荐的意见陈述书正文的撰写示例如下：

意见陈述书正文

本意见陈述书是针对请求人×××有限公司于××××年××月××日对本专利权人的外观设计专利（专利号为ZL201030238868，申请日为2010年7月15日，授权公告号为CN3××××××S，授权公告日为2011年2月9日，使用外观设计的产品名称为"风扇"）提出的无效宣告请求（无效案件编号为×W××××××）作出的答复。

本专利权人×××电扇厂请求专利复审委员会驳回上述请求人所提出的无效宣告请求，维持本外观设计专利有效。

（一）

请求人随请求书提交了两份证据：

（1）中国外观设计专利授权公告文本CN3×××××××S，授权公告日为2009年11月

18 日；

（2）中国发明专利申请公布说明书 CN1××××××××A，公开日为 2009 年 5 月 6 日。

请求人根据上述证据认为本专利外观设计与证据 1 中的现有设计实质相同，至少与证据 1 中的现有设计不具有明显区别；与证据 1 和证据 2 的设计特征的组合不具有明显区别，在此基础上以本专利外观设计不符合《专利法》第二十三条第一款和第二款规定为理由提出上述无效宣告请求。

专利权人研究了请求人提供的两件证据，认为上述证据不足以证明本外观设计专利不符合《专利法》第二十三条第一款和第二款的规定。

（二）

本专利的外观设计相对于证据 1 中的现有设计符合《专利法》第二十三条第一款的规定。

《专利法》第二十三条第一款规定："授予专利权的外观设计，应当不属于现有设计；也没有任何单位或者个人就同样的外观设计在申请日以前向国务院专利行政部门提出过申请，并记载在申请日以后公告的专利文件中。"

《专利审查指南 2010》第四部分第五章第 5 节进一步规定："不属于现有设计，是指在现有设计中，既没有与涉案专利相同的外观设计，也没有与涉案专利实质相同的外观设计。"

按照《专利审查指南 2010》第四部分第五章第 5.1.1 节和 5.1.2 节有关外观设计相同和实质相同判断基准的规定：如果涉案专利与对比设计是相同种类产品的外观设计，且涉案专利的全部外观设计要素（形状、图案和色彩）与对比设计的相应设计要素相同，或者涉案专利与对比设计仅属于常用材料的替换，或者仅存在产品功能、内部结构、技术性能或者尺寸的不同，而未导致产品外观设计的变化，则两者属于相同的外观设计；如果涉案专利与对比的相同种类或相近种类产品外观设计的区别在于施以一般注意力不能察觉到的局部的细微差异，或者在于使用时不容易看到或者看不到的部位，或者在于将某一设计要素整体转换为该类产品的惯常设计的相应设计要素，或者在于将对比设计作为设计单元按照该种类产品的常规排列方式作重复排列或将其排列的数量作增减变化，或者在于互为镜像对称，则两者属于实质相同的外观设计。

现按照《专利审查指南 2010》的上述规定对本专利外观设计与证据 1 公开的现有设计进行对比分析。

虽然证据 1 中公开的现有设计与本专利外观设计涉及的产品同为风扇，属于相同种类的产品，两者从整体外形上看均采用了无叶片、无网罩的造型，且由位于上部的喷嘴和位于下部的基座两部分连接而成，但是两者至少存在两个主要区别：（1）喷嘴的形状不同，在本专利的外观设计中喷嘴的出风口呈椭圆环形，且喷嘴的环壁自前向后向内收缩，而在证据 1 的现有设计中喷嘴出风口为赛道环形，两端为半圆形，中部为平行直线，不应认定为请求人所主张的类椭圆形，且其内外壁基本上垂直于出风口平面，并不是自前向后向内收缩；（2）基座形状的不同，虽然两者均由圆柱形基座主体和位于基座主体下部的底座构成，但基座主体的形状、基座主体上的设计和底座的形状均不同，首先，本专利外观设计中的圆柱形基座主体的高径比小于证据 1 中现有设计中基座主体的高径比，从而本专利外观设计中的基座主体的形状为短粗圆柱形，而证据 1 的现有设计中圆柱形基座呈细长形，其次，本专利外观设计中的基座的底座为近似圆台形，而证据 1 的现有设计中底座为薄圆盘形。

由上述对比分析中所指出的本专利外观设计与证据 1 中的现有设计所存在的至少两个主要区别可知，两者在形状存在不同，因此应当认定两者不属于相同的设计。

　　显然，前面所指出的本专利外观设计与证据1中的现有设计所存在的两个主要区别（喷嘴的整体形状，基座形状）既不是施以一般注意力不能察觉到的局部的细微差异，也不是使用时不容易看到或者看不到的部位，当然也不是将某一设计要素整体转换为该类产品的惯常设计的相应设计要素，更不是将对比设计作为设计单元按照该种类产品的常规排列方式作重复排列或将其排列的数量作增减变化，更谈不上是互为镜像的对称设计，也就是说两者的上述区别不属于《专利审查指南2010》第四部分第五章第5.1.2节中所规定的可以认定为实质相同的情形，因此应当认为本专利的外观设计与证据1中的现有设计不属于实质相同的外观设计。

　　通过上述分析可知，本专利的外观设计与证据1中的现有设计相比，既不相同，又不实质相同，因此本专利的外观设计相对于证据1中的现有设计符合《专利法》第二十三条第一款的规定。

（三）

　　本专利的外观设计相对于证据1中的现有设计或者相对于证据1和证据2中现有设计特征的组合符合《专利法》第二十三条第二款的规定。

　　《专利法》第二十三条第二款规定："授予专利权的外观设计与现有设计或者现有设计特征的组合相比，应当具有明显区别。"

　　1. 本专利的外观设计相对于证据1中的现有设计具有明显区别

　　《专利审查指南2010》第四部分第五章第6.1节中规定："如果一般消费者经过对涉案专利与现有设计的整体观察可以看出，二者的差别对于产品外观设计的整体视觉效果不具有显著影响，则涉案专利与现有设计相比不具有明显区别。"

　　虽然本专利外观设计和证据1的现有设计中均采用了无叶片和无网罩的造型，一般消费者会对此予以特别关注，但是在这种无叶片风扇中，风扇的主要构成为喷嘴和基座，这两个主要构成部分的设计同样会引起一般消费者的关注，如果这两个主要构成部分的设计存在明显区别，则会对其整体视觉效果产生显著影响。前面已指出，本专利外观设计与证据1的现有设计存在两个主要区别为喷嘴形状的区别和基座形状的区别，由于这两个区别并不是细微的差异，一般消费者面对这两项设计能明显地看出两者在这两方面的区别，因此上述两方面区别会使得两者在整体视觉效果上产生显著的差异，因此应当认为本专利的外观设计与证据1中的现有设计相比具有明显区别。

　　2. 本专利的外观设计相对于证据1和证据2中现有设计特征的组合具有明显区别

　　按照《专利审查指南2010》第四部分第五章第6.2.3节的规定，如果该产品的外观设计是通过将相同或者相近种类产品的多项现有设计原样或者作细微变化后进行直接拼合得到的，或者是通过将产品外观设计的设计特征用另一项相同或者相近种类产品的设计特征原样或者作细微变化后替换得到的，则由此得到的外观设计与现有设计或者现有设计特征的组合相比没有明显区别。

　　请求人在请求书中主张本专利外观设计相对于证据1和证据2中现有设计特征的组合不具有明显区别时认为，本专利外观设计与证据1中现有设计所存在的区别已被证据2中有关现有设计的相关文字以及图1、图3和图5披露：①证据2的说明书第7页倒数第4行至第3行记载"可以想象其他形状的喷嘴。例如，可以使用椭圆形或'赛道'形、单条或单线或块状的喷嘴"。②证据2的说明书第7页第3段第3行至第8行记载"通过减小柯恩达表面和X轴之间的包角可以获得更高的速度。……因此，可以通过改变柯恩达表面和X轴之间的包角来改变风扇装置的性能"。③证据2中的图1公开了无叶风扇的正面视图，其所示风扇由圆环形出风口和圆柱形基座组成，基座下方有3个圆形钮，且其说明书第5页倒数第11行至第10行记载"基座16包括多个穿过外罩18可接近的选择按钮20，并且通过选择按钮可操控风扇装置100"。④证据2中的图3为图1的A-A局部侧剖视图，图5为图3的F方向B-B剖视图，且其说明书第5页倒数第2行记载"通向叶轮30的进口34与在基座16的外罩18内形成的空气进口24相通"。上述①披露了喷嘴出风口形状为椭圆形，②披露了喷嘴出风口的敞口幅度变化，③披露了基座上按钮的设计，④披露了基座上进风口的设计。在此基础上，请求人认为将证据2说明书第7页倒数第4行记载的椭圆形喷嘴特征，以及附图1和说明书第5页倒数第10~11行记载的按钮特征原样与证据1的其他设计特征直接拼合，且根据说明书第7页倒数第1~2行的记载对喷嘴敞口幅度作细微变化（敞口变大）、对基座进行细微变化（附上色彩曲线），即可得到本专利的外观设计，由此得出本专利外观设计相对于证据1和2的设计特征的组合不具有明显区别。

专利权人不同意请求人的上述主张。专利权人认为，尽管证据2的说明书中以文字方式记载了喷嘴出风口可以使用椭圆形，但由于附图中未示出椭圆形状，而出风口为椭圆形的喷嘴又存在许多不同的变化，如椭圆形出风口长短轴比例、喷嘴的壁深和壁厚等，因而仅根据证据2说明书中的文字记载的喷嘴出风口为椭圆形，无法得知其具体形状，因此无法将该文字记载的椭圆形特征作为现有设计特征与证据1中的现有设计的设计特征进行组合；其次，对于喷嘴出风口的敞口幅度变化，证据2的说明书中以文字方式记载了"通过减小柯恩达表面和X轴之间的包角可以获得更高的速度"，但是由该证据说明书的上述内容及其图1和图3的内容可知，柯恩达表面是风扇喷嘴风壁的局部表面，因此，仅根据文字所述的喷嘴内壁局部表面与其中心轴之间的夹角变化无法得知其内外壁均从前向后向内收缩，更无法得知该喷嘴环壁的具体设计特征，因此也无法将其作为现有设计特征与证据1现有设计的设计特征进行组合；对于基座上进风口的设计，由证据2说明书中的文字记载"通向叶轮30的进口34与在基座16的外罩18内形成的空气进口24相通"以及图3和图5所标注的空气进口24的位置可知在该风扇基座前后左右四个方向均设有空气进口，但无法推知该空气进口连续环绕整个基座表面设置，因此即使将其作为现有设计特征与证据1现有设计的设计特征进行组合也不能得到本专利外观设计中有关进气口的设计特征；至于按钮的设计特征，虽然可以认为其在证据2的现有设计中的按钮设计特征与其在本专利外观设计中的按钮设计特征相同，但按钮设计特征属于局部细微设计，从整体视觉效果上不会产生显著影响。通过上述比较分析可知，仅仅证据2中的按钮设计有可能被组合到证据1中的现有设计中而得到本专利外观设计中有关按钮设计特征，但是按钮设计特征相对于本专利外观设计与证据1的现有设计的其他区别来说属于局部细微设计，不会对本专利外观设计整体视觉效果产生影响，也就是说本专利外观设计与证据1和证据2中的现有设计的组合在按钮设计特征相同这一方面并不足以影响两者之间的区别对外观设计整体视觉效果具有显著影响的认定。而正如前面所指出的，本专利外观设计与证据1中现有设计主要存在两方面的区别为喷嘴的形状和基座的形状，对于这两方面的设计区别又无法根据证据2中所披露的设计内容组合到证据1的现有设计中来得到本专利外观设计中的相应设计特征，由此可知本专利外观设计与证据1中现有设计在这两方面的区别仍然会在整体视觉上构成本专利外观设计与证据1和证据2中现有设计特征组合的明显区别，因此应当认为本专利的外观设计相对于证据1和证据2中现有设计特征的组合具有明显区别，符合《专利法》第二十三条第二款的规定。

综上所述，请求人提交的两个证据不能证明本专利不符合《专利法》第二十三条第一款和第二款的规定，请求人的上述无效宣告理由不能成立，故请求专利复审委员会驳回请求人所提出的无效宣告请求，维持本外观设计专利有效。

以上所推荐的意见陈述书除了撰写格式符合要求外，有三点可借鉴之处。

①对于专利权人一方，在答复无效宣告请求时不仅要考虑能维持专利权，还要考虑论述对侵权诉讼的影响，甚至还要顾及以后新的无效宣告程序和侵权诉讼。由于外观设计专利不像发明和实用新型专利那样可以用从属权利要求层层设防，因此在意见陈述书中对本专利外观设计与现有设计的主要区别点强调到什么程度十分重要。强调多了，对维持专利权有效比较有利，但可能对侵权诉讼有较大影响；强调少了，对侵权诉讼比较有利，而对无效宣告程序来说即使能在这次维持专利权有效，也不一定能保证以后的无效宣告程序出现新证据时仍然维持有效。为此，对于外观设计专利无效宣告程序来说，在答复无效宣告请求前若有可能，最好对本外观设计专利作一次检索。在意见陈述时，除了考虑请求人所提供的证据和请求书中对无效宣告请求理由的具体分析以确定本专利外观设计与现有设计的主要区别之处外，还需要根据对检索结果的分析进一步确定本专利外观设计与现有设计的主要区别。对于本案例来说，由本专利外观设计与证据1中现有设计的比较可知两者存在四个方面的区别：喷嘴形状的区别、基座形状的区别、基座设计的区别（进气口的布置、划分区域的色彩曲线和按钮的布置）以及基座与喷嘴连接处的设计，但考虑到侵权诉讼或今后侵权诉讼的需要，针对本次无效宣告请求所涉及的现有设计证据和检索时未找到更相关证据的情况，仅仅强调喷嘴形状和基座形状这两个区别，因为这两者的区别已足以构成本专利外观设计与证据1和证据2中现有设计的设计特征组合具有明显的区别。此外，考虑到在新的无效宣告程序中可能出现更相关的证据而需要进一步强调更多区别的情况，在意见陈述书中采用了"至少存在"这两个主要区别的表述方式，并在针对请求人对无效宣告理由的分析中对于证据2中的现有设计有关基座设计是否反映了本专利外观设计的相应设计时还强调了两者在进气口排列方式的区别。这样一来，不仅兼顾了本次无效宣告程序和侵权诉讼的需要，也为今后可能出现新的无效宣告程序作了准备。

②意见陈述书中既论述了本专利外观设计相对于证据1中现有设计符合《专利法》第二十三条第一款规定的理由，又论述了本专利外观设计相对于证据1中现有设计以及相对于证据1和证据2中设计特征的组合符合《专利法》第二十三条第二款规定的理由。在论述本专利外观设计符合《专利法》第二十三条第一款规定的理由时不仅通过指出本专利外观设计专利相对于证据1中现有设计所存在的两个主要区别来说明两者不相同，又通过对这两个主要区别的分析说明其不属于《专利审查指南2010》中列出的五种实质相同的情形，即从两者既不相同、又不是实质相同两个方面来论述本专利外观设计符合《专利法》第二十三条第一款的规定。在论述本专利外观设计相对于证据1中现有设计符合《专利法》第二十三条第二款规定的理由时指出两者的主要区别会在整体视觉上产生显著的影响，而在论述本专利外观设计相对于证据1和证据2中设计特征的组合符合《专利法》第二十三条第二款规定的理由时针对请求人对证据2中现有设计的分析作出了详细且有针对性的反驳，所作论述比较有说服力。

③证据2是一件发明专利申请公布说明书，考虑到从该说明书中的附图也能反映无叶片风扇的设计特征，因此在意见陈述书中并未简单地认为该证据2不能作为评述外观设计专利是否符合《专利法》第二十三条第二款规定的对比文件，而是从其附图的内容及相应部分的文字描述说明将其与证据1中的现有设计相组合仍然不能得到本专利外观设计中的相应设计特征，在此基础上反驳请求人所主张的本专利外观设计相对于证据1和证据2中设计特征的组合不符合《专利法》第二十三条第二款规定的无效宣告理由。

5. 意见陈述书的提交

在完成意见陈述书的撰写后，必要时连同修改的专利文件一起提交给专利复审委员会。

需要强调的是，《专利审查指南 2010》第四部分第三章第 3.7 节规定，对请求书的指定答复期限为 1 个月，而根据《专利法实施细则》第七十一条的规定，在无效宣告程序中，专利复审委员会指定的期限不得延长，因此专利权人一方的专利代理人必须在自收到专利复审委员会发出的无效宣告请求受理通知书和转送的无效宣告请求书以及有关文件副本之日起 1 个月内提交上述意见陈述书。若逾期未作答复，按照《专利审查指南 2010》第四部分第三章第 4.4.1 节的规定，视为专利权人已得知无效宣告请求书中所涉及的事实、理由和所附的证据，并且未提出反对意见，这样就会给专利权人带来十分不利的影响。

按照《专利审查指南 2010》第四部分第三章第 4.4.1 节的规定，上述意见陈述书以及所附的反证材料应当一式两份。

第四节　无效宣告请求合议审查阶段的专利代理

在无效宣告请求的合议审查阶段，专利复审委员会合议组将根据案情发出转文通知书、无效宣告请求审查通知书或者口头审理通知书。经合议审查弄清事实后，专利复审委员会合议作出无效宣告请求审查决定。本节将对双方专利代理人收到上述通知书或审查决定后如何处理作一简单介绍。

一、对转文通知书的处理

专利复审委员会所发出的转文通知书中，有些是伴随无效宣告请求审查通知书或口头审理通知书一起发出的，而有些是单独发出的。

对于伴随其他通知书发出的情况，专利复审委员会主要按照审查通知书或口头审理的方式进行审查，转文通知书的目的只是将一方的陈述意见和有关证据或修改的专利文件转给另一方，供另一方答复审查通知书或供参加口头审理参考。因此，双方专利代理人此时可按照答复审查通知书或参加口头审理进行准备，但在答复审查通知书前或作口头审理准备时应当先仔细阅读一下对方的意见陈述和提供的有关证据，以使所作答复或者口头审理时的陈述更有针对性。

对于单独发出的转文通知书，专利复审委员会合议组通常会指定 1 个月的答复期限。在这种情况下，合议组是想听取收到转文通知书一方的陈述意见，因此作为专利代理人来说，收到转文通知书后应当仔细阅读对方的陈述意见和有关证据或修改的专利文件，在形成初步看法后，立即将对方的陈述意见和有关证据或修改的专利文件转给己方的委托人，并与委托人商量如何作出有针对性的答复，一定要在该指定期限内提交答复意见，否则将会如前面所指出的那样，专利复审委员会将会视己方已得知该转送文件中所涉及事实、理由和证据或修改的专利文件，并且未提出反对意见，从而会对己方当事人产生不利的影响。

对于请求方的专利代理人来说，除了仔细研读对方当事人的陈述意见和提供的反证材料外，当对方在陈述意见的同时修改了专利文件时，则应当针对修改的专利文件进一步陈述宣告无效的理由。其中，重点分析新修改的权利要求书是否还存在原无效宣告理由所涉及的实体性缺陷；如果新修改的权利要求书中包含有专利权人以合并修改方式而改写成的新的权利要求，还需要核实这些以合并方式修改成的权利要求是否超出了原说明书和权利要求的记载范围。此外，按照《专利审查指南 2010》第四部分第三章第 4.2 节和第 4.3.1 节的规定，当专利权人以合并的方式修改权利要求时，允许请求方在专利复审委员会指定的期限内增加无效宣告理由和补充证据。因此，当专利权人采用合并方式修改权利要求书时，作为请求方的专利代理人，应当与委托人商量要否增加无效宣告理由和/或补充证据。

对于专利权人一方的专利代理人来说，除了仔细研读对方的意见陈述外，当对方又增加无效宣告理由或补充证据时，首先判断一下这种增加或补充是否符合《专利审查指南2010》第四部分第三章第4.2节和第4.3.1节的规定，若不符合《专利审查指南2010》的规定，可以请求专利复审会对所增加的理由和/或补充的证据不予考虑；若符合规定，应当将补充证据和原有证据结合起来分析本专利的前景和/或具体分析新提出的无效宣告理由是否成立，因为符合《专利审查指南2010》上述规定所增加的理由和/或补充的证据，专利复审委员会在无效宣告程序中会予以考虑的。

此外，双方的专利代理人在对转文通知书准备陈述意见时（包括请求方的专利代理人在撰写无效宣告请求书时、专利权人一方的专利代理人在答辩请求书时以及双方专利代理人在后面要谈到的答复审查通知书和口头审理时）可以仔细分析专利复审委员会已作出的无效宣告审查决定的类似案例，掌握合议组的判断标准。对于专利权人一方的专利代理人，尤其要重点研究决定结论为维持或部分维持专利权有效的案例；而对于请求方的专利代理人，则重点参考那些决定结论为宣告专利权无效或部分无效（即部分维持）的案例。

为了使意见陈述更有说服力，在撰写意见陈述书时可以引用专利复审委员会审查决定中的决定要点作为支持己方观点的论据。此外，也可以引用《专利审查指南2010》中判断新颖性、创造性或者其他有关内容的原则作为己方观点的论据。

《专利审查指南2010》中的审查判断原则是根据国外多年审查经验以及《专利法》实施以来的实践总结出来的，专利复审委员会的无效宣告请求审查决定和复审决定结合具体案件将这些审查判断原则具体化。这两方面的内容对专利复审委员会的审查判断有一定指导作用，因而专利代理人利用《专利审查指南2010》中的判断原则以及无效宣告请求审查决定的决定要点进行争辩会取得比较有利的结果。

需要说明的是，我国未实行判例法，因此在先的审查决定仅作为在后审查的参考，是非强制性的。另一方面，不同案件情况不完全相同，有可能会导致不同的结论，因而不能仅注意审查决定的要点，还应当对具体案件作出具体分析。

二、对无效宣告请求审查通知书的答复

无效宣告请求案中的双方专利代理人在收到无效宣告请求审查通知书后，应当仔细阅读审查通知书，判断本无效宣告案前景如何，然后立即将审查通知书转送给委托人，与委托人商量应对策略，根据与委托人商量的意见，在审查通知书指定的1个月答复期限内作出答复。

通常，根据无效宣告请求审查通知书中的内容，可大体分析出合议组对本案的初步倾向性意见。

如果合议组在审查通知书中引入了未提及的理由或者证据，例如在请求人提出的证据基础上提出新的与证据相适配的无效宣告理由，或者告知有关法律规定的含义而反映出允许请求人根据所提交的证据变更为相应的无效宣告理由，或者引入了技术词典、技术手册、教科书等所属技术领域的公知常识性证据，则意味着专利有可能被宣告无效或部分无效。

如果在审查通知书中要求双方进一步澄清事实或者对证据作出进一步说明，往往表示合议组对此案还没有明确的倾向性意见，需进一步听取双方的意见。

如果在审查通知书中指出专利权人的主动修改不符合《专利法》和《专利法实施细则》规定，而又反映出允许专利权人再次对权利要求作出修改时，则意味着该专利有可能在专利权人对权利要求作出正确修改的修改文本基础上维持该专利权部分有效。

阅读审查通知书后，对于有利于本方的通知书，应积极响应，而对于不利于本方的通知书应探讨有无办法来改变合议组的观点。例如，审查通知书中引用了公知常识性证据，此时请求方通常应积极响应，在意见陈述书中充分论述该实用新型或发明相对于请求人提供的对比文件和合议组引用的公知常识性证据不具备创造性的理由，力争全部无效该专利，论述得好将帮助合议组下决心作出决定；而作为专利权人一方就应该极力争辩，论述本实用新型或发明相对于对比文件和公知常识性证据具备新颖性、创造性的理由，以便说服合议组改变观点，维持专利权有效或者争取在尽可能大的保护范围下维持专利权部分有效。

当然，对于合议组尚无倾向性意见的审查通知书，双方专利代理人应当据理力争，以取得对己方更有利的结果。

当无效宣告请求案是侵权反诉案时，双方还要考虑本案的前景对侵权诉讼的影响。对于请求方，若从无效宣告请求审查通知书的内容判断本案可能会被宣告专利权部分无效时，就要考虑本专利被宣告部分无效后己方的产品或使用方法是否还落入被维持有效的权利要求的保护范围，如果己方的产品或使用方法不再包含被维持有效的权利要求中的技术特征，意味着该产品或使用方法就有可能不再构成侵权，因而可以认为该无效宣告请求基本取得成功；而对于专利权人，在这种情况下就意味着有可能在侵权诉讼中将面临败诉，因而应考虑争取在一个更宽的保护范围内维持专利权有效。相反，在专利权被宣告部分无效后仍然有可能侵权的情况，专利权人一方可考虑接受合议组的意见；而请求方应积极争辩，以证明该有可能被维持有效的权利要求仍然未能消除请求书中无效宣告理由所涉及的实质性缺陷。

由于无效宣告请求案是依据请求原则而启动的确定专利权有效或无效的法律程序，所以无效宣告请求案的审理不像民事诉讼中"着重调解"，专利复审委员会没有调解的职权，决定是否和解以及在何种条件下和解是双方当事人的事，所以专利代理人在和解活动中应当起重要的作用。在实践中，有一部分无效宣告请求案是通过双方互作让步、相互妥协以和解的方式结案的。在这种情况下双方当事人找到了利益的平衡点，从而节省了时间、经费。因此，双方专利代理人应当认真帮助己方委托人分析和解的利弊得失，以便己方委托人作出决断。作为专利代理人来说，切忌为展示自己能力而对委托人一味承诺取胜，切勿在和解对双方来说是双赢的情况下阻碍当事人自愿和解。相反，如果和解及和解条件明显损害己方委托人正当权益时，也不应当为了尽快结案而听任委托人作出错误的决断。

三、口头审理的准备与辩论

从实践来看，口头审理是专利复审委员会对无效宣告请求审查的主要方式，因为通过口头审理双方的争辩可以将事实和证据搞得比较清楚，因而多数无效宣告请求案均经过口头审理才作出审查决定。鉴于此，双方专利代理人应当很好地利用口头审理的机会，为己方委托人争取比较有利的结果。

1. 口头审理的准备

专利复审委员会合议组决定进行口头审理后，将向双方当事人发出口头审理通知书，并附具口头审理回执。双方的专利代理人在收到口头审理通知书后应立即与己方委托人商量是否参加口头审理，由谁出席口头审理，是否需要请有关人员出庭作证等，将上述内容填写在口头审理通知书回执中，并自收到口头审理通知书之日起 7 日内向专利复审委员会提交回执。

由于口头审理时可以更充分、更清楚地表述己方的观点，双方当事人通常应当参加口头审理。如果有一方当事人告知专利复审委员会不参加此次口头审理，专利复审委员会仍然会在该方当事人缺席的情况下单方进行口头审理，这明显会对缺席一方带来不利。但是，与法院审理的案件不同，无效宣告程序中的口头审理并不是一个强制性的程序，因此在某种特殊情况下，如己方委托人因经济问题不愿参加口头审理时，也可以不参加口头审理，但此时应当按期提交口头审理通知书回执，告知不参加口头审理，且应当针对口头审理通知书中指定的中心议题提交意见陈述书。对于请求方的专利代理人来说，按期提交口头审理通知书回执特别重要，因为按照《专利法实施细则》第七十条第三款的规定，请求人对专利复审委员会发出的口头审理通知书在指定期限内未提交口头审理回执，且又不参加口头审理的，该无效宣告请求被视为撤回。

对于口头审理的日期，通常不应当要求改动，但如果确实有充足的理由希望专利复审委员会改变日期的，如两件由同一专利代理人代理的不同案件同时进行口头审理（包括需到法院出庭）或委托人短期在国外不能赶回来参加口头审理等，则可以在口头审理通知书回执中向专利复审委员会提出更改口头审理的日期。

一旦确定参加口头审理就应当具体着手口头审理的准备工作。

首先应当再次仔细整理分析与本案有关的证据。对于请求方专利代理人应当在考虑对方当事人陈述意见（包括其反证材料和修改后的专利文件）的基础上，分析己方的证据是否足以支持无效宣告理由。在分析证据时不仅要找出证据中支持己方观点的内容，还应当考虑该证据中有无不利于己方观点的内容，以便在口头审理时对方当事人提出此问题时能及时作出应答。而对于专利权人一方的专利代理人来说，则要从相反的角度来考虑，分析对方证据所存在的问题，己方的反证材料是否足以反驳对方的观点，以便证明对方的证据不足以支持其无效宣告理由。对于证据较多的情况，双方专利代理人都应当对证据顺序编号，并将证明不同事实的证据分成几组，将证据中的有关内容或存在的问题加以标注，最好列出一张明细表，其包括证据编号、证据名称、主要采用的内容、所证明的问题，从而为准备答辩提纲和口头审理的现场陈述打好基础。

整理、分析证据后，与己方委托人商量口头审理时的对策（包括是否与对方谋求当面和解），根据此对策准备辩论提纲。辩论提纲应当包括四个部分：己方在口头审理第一次陈述意见时的发言提纲、针对对方所提证据或反证材料准备的质询提纲和针对对方对己方证据或反证材料进行质询的答辩提纲、针对合议组在口头审理通知书中指定的中心议题准备的辩论提纲以及口头审理辩论结束时的总结发言提纲。由于发言时间有限，提纲应当简洁、清楚，各部分的内容应各有侧重。在第一次陈述意见时，双方专利代理人应当结合证据和/或反证材料比较全面地论述提出无效宣告请求的理由或者反驳对方的无效宣告请求的理由；证据调查阶段质询时，应重点放在核实这些证据的真实性、相关性以及证据之间或证据与待证事实之间有无矛盾上；口头审理辩论阶段的辩论提纲，应当多考虑几种对方有可能采用的辩论方案，相应做好几种应答的准备，当对方的争辩在己方预料之中，则己方的辩论发言就会成竹在胸，不会出现临场措手不及的情况；辩论结束时的总结发言应当简明扼要，强调关键之处，且应当在现场根据争辩情况作出适当补充。

辩论提纲与意见陈述书的不同在于其要当众发言。为取得好的效果必须条理清楚，具有说服力。但是，口头辩论不是演说，切记不要冗长空洞或只重华丽的辞藻。倾听双方争辩意见的是合议组，他们是有经验的技术和法律专家，表面华丽的辞藻往往只能赢得听众的喝彩，而不能起到说服合议组的作用，必须用可靠的事实和证据、符合《专利审查指南 2010》规定的分析说理以及合乎逻辑、条理清楚的论述来说服合议组。

专利代理人在口头审理的准备中还应当帮助当事人和有关技术人员做好临场发言的准备，指导他们从专利法角度进行争辩，切勿陷入纯技术或学术问题的讨论。

此外，在口头审理前专利代理人还应做好书证、物证、人证或现场演示的准备。对已主张事实的补充书证（如公知常识性证据或者用于完善证据法定形式的公证文书、原件等证据）和物证（如经公证机关封存的实物），应准备齐全，以便在口头审理时提交给合议组或者供合议组和对方当事人查对核实。对于已出具过证明材料的证人，也应当指导其在作证时从专利法角度说明问题，将证言说到关键之处。在现场演示专利产品时，演示的专利产品实物必须与权利要求限定的产品相一致，对比的实物必须与申请日前的现有技术产品相一致。

2. 口头审理时应当注意的问题

口头审理时辩论效果好坏对合议组的合议结果将产生较大影响，在调查和辩论阶段双方专利代理人应当注意下述几个方面。

①以事实为根据、以法律为准绳是无效宣告程序中双方论述观点的基本原则，因此双方专利代理人在口头审理调查和辩论阶段，应当以《专利法》《专利法实施细则》以及《专利审查指南2010》中的有关规定作为己方论点的立足点和出发点，用事实和证据来证明这些论点，从而使己方的答辩更具有说服力。

②口头审理是紧张的脑力劳动，既要陈述己方的主张，又要反驳对方的主张。因此，在口头审理时双方当事人在对方陈述意见时应全神贯注、头脑清醒，必要时做好记录。一方面要理清对方发言的思路和逻辑，以便针锋相对地进行答辩；另一方面注意对方发言中的薄弱环节和漏洞，在对方发言后经过合议组同意作出反驳，以引起合议组对该问题的重视。

③回答合议组提出的问题时，需考虑合议组询问的目的，慎重考虑后再作回答，切勿仓促应答。例如，在口头审理时请求方以一篇对比文件说明该专利不具备新颖性时，如果合议组追问是否以不具备新颖性为无效宣告理由，则应当立即想到合议组可能认为还需要与公知常识结合否定创造性，从而要考虑补充不具备创造性为无效宣告请求的理由。此外，同一事实，回答技巧不一样，强调重点不一样，会对合议组造成不同的印象。

④通常，在辩论阶段所辩论的内容主要涉及专利知识时，应当由专利代理人进行答复或争辩为好，但主要涉及技术内容时，专利代理人最好先与当事人商量后再作答复，或者由当事人答复，以免回答不正确而处于被动。

⑤在争辩中，双方当事人应尊重事实，千万不可强词夺理。言过其实反而会给人理屈词穷的感觉。在辩论中更不可以进行人身攻击、谩骂与恐吓，这样做实际上只会起到相反的效果。

⑥在争辩过程中应随机应变，沉着应战。例如对方当场所出具的域外形成证据的公证证明文件和认证文件，不要轻易表示认可，可以以己方要全面研究这些公证证明文件和认证文件为理由表示保留对此作出答辩的权利。

⑦双方在辩论时应当力求主动，抓住对方致命性的缺陷，尤其在准备辩论时，发现对方已提出的证据或反证材料中有些内容有利于己方，可以放在质询和辩论时再提出，使对方围绕己方的观点作防御性回答，从而使己方处于主动地位。

⑧在口头审理中，合议组会将重要的审理事项记入"口头审理笔录"，这些重要的审理事项包括：当事人当庭声明放弃的权利要求、无效宣告请求的范围、理由或证据，双方当事人均认定的重要事实等。这些重要事项不仅会对无效宣告请求的审查结果起着比较重大的影响，而且在该无效宣告请求案的行政诉讼程序中会成为法院作出判决的依据之一，因此当合议组在口头审理结束时将笔录请当事人阅读核对时，一定要认真进行核对，对笔录的差错、尤其遗漏了对己方有利

的重要事项应当及时指出，在某些情况甚至可据理力争，从而对笔录的差错或遗漏内容进行更正或补充。

⑨口头审理是双方当事人谋求和解的一次机会，无论在口头审理开始前还是在口头审理辩论结束时，专利复审委员会合议组均会询问双方当事人是否有和解愿望。双方专利代理人应当站在己方委托人的立场上，十分珍惜口头审理这次和解机会。通常，认为无效宣告请求审查决定对己方不利的，可以争取在口头审理前谋求和解；而认为无效宣告请求审查决定对己方比较有利的可以待口头审理结束时谋求和解，此时可能取得对己方比较有利的和解条件。至于在口头审理前谋求和解的，如当天达不成和解条件，且还要进一步协商的，最好在当时告知合议组先进行口头审理，口头审理后再继续协商，以免最后和解不成而又错过了口头审理的机会。

四、收到无效宣告请求审查决定后的工作

收到无效宣告请求审查决定，并不意味着该无效宣告程序已经结束，因为按照《专利法》第四十六条第二款的规定，对专利复审委员会宣告专利权无效或者维持专利权有效的无效宣告请求审查决定不服的，可以自收到该决定之日起3个月内向人民法院起诉。

因此，在收到无效宣告请求审查决定后，审查决定对己方不利的一方专利代理人，就要帮助委托人分析是否有必要向北京知识产权法院起诉。具体来说，如审查决定是宣告专利权全部无效的，专利权人一方的专利代理人就需要着手准备向人民法院起诉；如果审查决定维持专利权的，则请求方的专利代理人要做向法院起诉的考虑；对于宣告专利权部分无效的审查决定，双方专利代理人都需要考虑该审查决定是否对己方委托人有利，以便作出决断。当己方委托人决定要向人民法院起诉时，就应当着手准备，以便在收到审查决定的3个月起诉期限内向北京知识产权法院起诉。对于委托人希望尽早解决问题的，则应当在准备好起诉状后立即提出，不要等到该3个月期限快届满时才提出。由于该诉讼程序的被告是专利复审委员会，按照《专利法》第四十六条第二款规定，人民法院应当通知无效宣告请求程序的对方当事人作为第三人参加诉讼，因而另一方当事人的专利代理人在收到有利于己方委托人的审查决定时要让委托人做好对方可能起诉的思想准备。

需要说明的是，向人民法院起诉，并不仅仅取决于审查决定是否对己方委托人有利，更主要的是分析该审查决定结论是否正确。对于审查决定结论正确的，没有必要向人民法院起诉，因为起诉的结果不可能改变原审查决定，而己方委托人却要承受更多的经济负担和精力，除非己方委托人认为延长该程序有利而坚持起诉时，专利代理人才能根据委托人的意愿为委托人向人民法院起诉，但此时应当将起诉的后果向委托人交代清楚，以免委托人败诉时对专利代理人产生不满。对于不利于己方委托人的审查决定结论不正确，且至少存在使审查决定结论朝着有利于己方委托人方向变化的可能时，才有必要向人民法院起诉，此时可与委托人商量如何起诉，但也不要承诺百分之百胜诉，应当向委托人表示存在改变审查结论的可能，但尚存在一定的难度，由己方委托人决定是否起诉。

对于伴随有侵权诉讼的无效宣告请求，若无效宣告请求审查决定的结论是维持专利权有效或宣告专利权部分无效的情况，一旦不利方当事人未向人民法院起诉，则双方专利代理人就要根据此决定结果帮助己方委托人确定在侵权诉讼中的对策。这一点对发明或者实用新型专利被宣告部分无效的情况尤其重要，因为此时应当分析被诉侵权产品或者方法对于被维持部分有效的专利，即仍被维持有效的权利要求是否侵权，再在此基础上决定侵权诉讼的对策。

第十七章　涉外与港澳台地区的专利代理

在中国的专利代理工作中，凡涉及申请人来自中国境外寻求中国专利保护的，或涉及申请人寻求中国境外的专利保护的，包括向香港、澳门、台湾地区寻求专利保护，都属于中国专利代理工作中的涉外代理业务范围，作为专利代理人还应当注意涉外专利代理业务的一般要求和对香港、澳门、台湾地区专利代理业务的特殊要求。

第一节　涉外专利代理业务范围与特点

涉外专利代理业务来源于专利保护的地域性，申请人在一国申请并获得专利权，只能在该国获得保护，申请人如要在其他国家得到专利保护，就必须到其他国家去申请专利，因而也就产生了涉外专利申请业务。涉外专利代理业务大致可以划分为：国内申请人向国外专利局提交专利申请并寻求专利保护、国外申请人向中国国家知识产权局提交专利申请并寻求专利保护、PCT 国际申请的提交以及国际申请进入中国国家阶段。涉外专利代理由于委托人主要是外国人或者由于审查机构是国外的，所以与一般的专利代理有共同之处，也有其特殊之处，本节将着重就涉外专利代理业务应当注意的事项和特殊要求进行阐述。

一、涉外专利代理业务范围

下面从外国委托人在中国的专利事务、中国委托人在国外的专利事务以及中国国民或居民向中国受理局提出 PCT 国际申请三个方面简单介绍涉外专利代理业务范围。

1. 代理外国委托人在中国办理专利申请或其他专利事务

外国委托人一般指在中国没有经常居所或者营业所的外国企业或者外国其他组织，也包括已取得外国国籍的中国人。他们可以直接委托中国专利代理机构办理有关专利申请及其他专利事务，也可以通过国外的专利律师事务所委托中国的专利代理机构办理有关专利申请及其他专利事务。

此类涉外的专利业务包括：向中国提出新的国家专利申请及其审批，国际申请进入中国国家阶段，专利（申请）权的转让，专利无效宣告请求或答辩，专利权维持年费的缴纳以及专利侵权诉讼等。

2. 代理中国委托人办理国外专利申请或其他专利事务

中国委托人一般指具有中国国籍的个人或中国单位，中国单位包括在中国有营业所的合资公司、外资公司。他们为寻求在中国以外的国家或地区的专利保护，也会通过专利代理机构办理有关国外专利申请及其他专利业务。

此类涉外的专利业务包括：中国单位或个人将其在国内完成的发明创造经过国家知识产权局对拟向外国申请专利的保密审查后向外国专利局提出国家专利申请或者是办理 PCT 申请进入外国国家阶段的手续，审查意见答辩，专利权维持年费缴纳，进行专利（申请）权转让等。

3. 代理中国国民或中国居民向中国受理局提出 PCT 申请事务

按照《专利合作条约》的规定，中国国家知识产权局作为世界知识产权组织国际局的受理局接受中国国民或中国居民提交的国际申请，这类有关国际申请的专利代理工作是专利代理中的一项重要内容。向中国受理局递交国际申请的申请人中必须有中国国民或中国居民，即具有中国国籍的个人或中国单位，他们可以通过专利代理机构办理，也可以自行办理。但在中国有常住居所的外国个人或单位向中国受理局提交国际申请，必须通过专利代理机构办理。

专利代理机构一旦接受申请人委托进行国际申请事务的代理，一般应当承接该国际申请在国际阶段的全程代理，即完成国际阶段中国际申请的撰写、递交、转送国际检索报告、修改申请文件及提出国际初步审查要求、转送国际初步审查报告以及提示申请人进入国家阶段的期限和准备工作等。

二、涉外专利代理的特殊要求

涉外专利代理就是涉及与国外有关的专利业务，专利代理人不仅要熟知中国专利法律、中国专利制度发展及相关知识产权法律，还应了解有关国际条约，有关外国国家或地区的专利法，该国家或地区的专利制度发展以及相关法律，并培养和建立涉外专利代理的基本技能与必要条件，只有这样才能更好地办理涉外专利代理业务。

1. 了解熟知一些主要国家或国际的相关法律和程序

有关国际法律主要有：《专利合作条约》《专利合作条约实施细则》《专利合作条约行政规程》《巴黎公约》。

有关国家、地区的法律主要有：美国、欧洲、日本、德国、英国的专利法和相关法律以及中国香港的专利条例等。

除了解有关国家（地区）专利法及相关法律外，还应当进一步了解该国（地区）的专利申请程序、专利文件撰写的基本要求、注意事项以及相关缴纳的费用种类与标准等。在此基础上，协助申请人确定寻求外国（地区）专利保护的方案。

2. 具有外语交流能力

作为涉外专利代理人应至少精通一门外语，能正确地阅读、理解并翻译有关专利文件，能准确地表达申请人的意愿和要求，能明确转达审查员的审查意见，此外，还要能准确解答各种咨询，因为专业到位的咨询答复往往会使委托人产生信任感。

3. 充分认识和重视优先权

无论是外国人向中国申请专利，还是中国人向国外申请专利，大部分专利申请都会有优先权问题，因此要求专利代理人对优先权有相当明确的认识和处理能力。首先，要判断申请人是否能要求优先权，因为如果申请人所属的国家或地区不是《巴黎公约》成员国，而且又没有与我国互相承认优先权的协议，该申请人的该项专利申请是不能享受优先权的。其次，在能要求优先权的前提下要保证申请人能享受优先权，不能存在缺陷，一定要在优先权的有效期限内提交申请并同时要求优先权，要在规定的期限内提交优先权证明文件（从 2012 年 2 月起中国国家知识产权局与一部分国家、地区开展了优先权文件电子交换服务，对于要求这些国家或地区在先申请优先权的，可以不必再提交纸件优先权证明文件），要注意优先权人与在后申请人的一致，如不一致应提交优先权转让证明材料。申请人可以要求一项或多项优先权，要求多项优先权的，优先权期限从最早的优先权日起计算。

4. 与国外的专利代理人或律师建立良好的合作关系

无论是外国的专利申请要到中国来寻求保护，还是中国的专利申请要到外国寻求保护，尤其是中国申请人的专利申请向外国寻求保护，涉外专利业务离不开与外国同行的配合，因为大多数国家在对外国申请人到本国申请专利时，均要求委托本国的专利律师或专利代理人办理有关专利事务。所以在涉外专利代理业务中的中国申请人向外国寻求保护时，专利代理人重要的工作之一就是为申请人选择能使该申请得到专业对口和及时服务的外国专利律师或专利代理人。因此，利用一切机会与一些主要国家的专利律师或专利代理人进行接触与交流是非常重要的，要在交往中建立外国专利律师情报网，以便在接受中国委托人向国外申请专利时，能向委托人介绍其中专业比较对口且比较负责任的外国专利律师或专利代理人，供委托人选择，以使委托人的专利申请在国外取得保护得到一定的保障。在答辩外国专利局审查意见时应寻求外国专利律师或专利代理人的积极配合，因为他们更熟悉本国的专利审查基准和要求，在他们的努力下有可能得到较满意的结果，从而使专利申请能如愿获得专利保护。

5. 具有及时准确交流信息的渠道

涉外专利代理业务还有一个比较突出的特点是委托人或专利审查机构不是同一国家又不在同一地区，这导致专利代理人不可能同时方便地与委托人联系和与审查机构联系，与其中一方的联系往往依靠信函、传真及电子邮件来完成，申请文件、各种专利事务工作的指示大部分是通过邮件、通信完成，因此建立可靠及时的信息交流系统对于涉外专利代理尤其重要，因而信函与文件的管理、传递也十分重要，在收到信函后应加以确认，并及时严格按指令办理委托事务，对修改的文件要得到委托人的确认，对审查机构的信函要及时发出，不延误期限，还要注意不同国家的时差。

6. 当好委托人的费用管家

涉外专利代理的费用一般都比较高，尤其是中国委托人向外国申请专利的费用对中国的个人或单位来说是一笔不小的数目，作为专利代理人有责任有义务为委托人当好管家，在争取合理的费用标准后，应该在专利申请过程中注意考查外国专利律师或专利代理人的工作内容与效率，如出现不在预期之内的费用的，应及时提醒外国专利律师或专利代理人，防止不合理费用的产生，查明费用合理时应及时汇款以保证专利申请处于正常状态。因此，要建立严谨的费用管理程序，对委托人要给出清楚的费用支出细目，并有国外账单备查，每笔费用的支付都有账可查，以让委托人放心。

三、办理涉外专利代理事务时应当注意的问题

涉外专利代理工作按申请方向归纳为两个方面：一是向外国提交专利申请事务，简称为"内对外"业务；二是向中国提交专利申请等事务，简称为"外对内"业务，在"外对内"业务中又分为一般国家专利申请和国际申请进入中国国家阶段业务。有关国际申请进入中国国家阶段应当注意的问题将在本章第二节中专门表述，在此仅对办理涉外专利代理中的"内对外"业务和"外对内"业务中的一般国家专利申请业务时应当注意的问题加以说明。

1. 为外国委托人向中国办理专利申请事务

外国委托人向中国申请专利是涉外专利代理工作中的主要业务之一，外国委托人通常要求在一定的期限内，将已由申请人在其本国提交的专利申请文件向中国国家知识产权局提出专利申请，也就是说专利代理人接受的委托基本上是一个已符合某个国家专利申请要求的专利申请文件，中国的专利代理人主要是将其处理成符合中国《专利法》要求的专利申请文件。在办理上述专利申请手续时通常应当注意下述四个问题。

（1）明确申请类型及期限

在接到委托后，首先要明确申请的类型和期限，有的国家专利申请没有类型区分，所以明确

申请类型对专利代理人的工作来说很重要，在类型不明确时要向委托人介绍中国专利申请类型并请委托人尽快明确申请类型。另外，这类专利申请大多数有优先权要求，这将决定在中国提交专利申请的期限，发明专利申请和实用新型专利申请的优先权期限为 12 个月，外观设计专利优先权期限只有 6 个月，因此在接受委托时，首先应当确定该专利申请在中国提交的最后期限，并对其进行期限监视，保证在该期限前向中国国家知识产权局提交专利申请，从而确保该专利申请能享受优先权。

（2）准确完整地翻译申请文件

由于中国国家知识产权局只接受中文的专利申请，并且只对中文专利申请文件进行审查，因此对外国委托人的专利申请文件的撰写实际上是一个翻译过程，但这不是一般性的翻译资料，可以说是一种具有法律责任的工作，如果因专利代理人的翻译失误，造成译文不当给外国委托人造成损失，专利代理人是要承担法律责任的。所以，专利代理人在翻译时，必须仔细认真、准确地表达委托人的外国专利申请文件内容，尤其是权利要求书中独立权利要求所限定的保护范围，不能随意改变与缩小，以免损害申请人的权益，也避免专利代理人承担本不应发生的法律责任。

（3）提交完整的专利申请文件

由于外国委托人提供的文件和资料均是外文的，所以在向中国国家知识产权局提交符合要求的中文专利申请时，还应附有原文申请文件以及发明人和申请人的原文名称。如有优先权要求的，还应提交优先权证明文件，在中国的申请人与优先权证明文件中的申请人不一致时，还应提交优先权转让证明材料。如果涉及生物材料保藏的，还应提交保藏证明和存活证明。

（4）充分了解中国与国外专利审查的差异

在接受了外国委托人申请中国专利的委托后，一般得到的是委托人已在外国申请的专利申请文本，这些文本都是根据外国专利法的要求或审查基准撰写的，所以在申请中国专利时，专利代理人要根据中国《专利法》的要求和审查基准，对明显不符合中国《专利法》要求的部分进行改写或修改。例如外国有些专利局对外观设计专利允许保护产品的部分外观设计，而中国的外观设计是不接受局部保护的，只能是产品的全部，因此要将不完整的产品图片进行完善，不能完全按照外国提供的外观设计图直接提交。此外，不少国外大企业的委托人也开始要求专利代理机构根据中国与国外专利审查对申请文件要求的不同对专利申请文件所存在的问题作出具体说明，甚至要求给出具体的适应中国《专利法》《专利法实施细则》和《专利审查指南 2010》规定的应对策略和修改建议。

2. 为中国委托人向国外申请专利的代理业务

中国的申请人欲获得其他国家或地区的专利保护，必须先在中国申请专利，或者先经过保密审查，在为中国委托人办理向国外申请专利时，专利代理人应当注意下述五个方面。

（1）是否已完成保密审查

根据中国《专利法》第二十条和《专利法实施细则》第八条的规定，凡是在中国境内完成的发明或者实用新型向外国申请专利的，应当请求中国国家知识产权局进行保密审查，其中向中国国家知识产权局提交 PCT 申请的，视为已同时提出保密审查请求。因此，专利代理机构接受了向外国申请专利的委托，除了以中国国家知识产权局为受理局提出 PCT 申请外，专利代理人应当了解该发明或实用新型是否已经过中国国家知识产权局的保密审查，若尚未经过保密审查，应当首先请求中国国家知识产权局进行向外国申请专利的保密审查。

（2）建议申请人充分利用优先权

按照《巴黎公约》对优先权的规定，申请人在中国提交了专利申请后再向其他国家提出专利申请可以享受优先权，即从在中国申请专利的申请日到向外国提出申请的时间未超过《巴黎公约》规定的优先权期限，则在优先权期限内以出版物或其他形式公开的技术内容都不再成为影响该向国外提出的专利申请新颖性和创造性的现有技术。因而，专利代理人在接受该委托时应当争取在优先权期限届满前向国外提出专利申请，为委托人争取享有优先权的权利。

（3）确定申请国外专利的途径

中国委托人申请国外专利主要有两条途径：其一，直接向某个国家的专利局申请该国专利，如果要求在多个国家取得专利保护，必须在优先权期限的 12 个月内，一一向各国完成申请文件的提交；其二，通过 PCT 申请途径，在优先权期限的 12 个月内完成一份国际申请，取得国际专利申请日，该国际申请日被 100 多个 PCT 成员国承认，该国际申请进入这些成员国国家阶段的期限延长至自优先权日起 30 个月，从而申请人可以有更多的时间来准备专利申请的各项事务，但这仅适用于发明和实用新型专利。因此，专利代理人应当向委托人全面介绍这两种申请国外专利途径的利弊，选择适合委托人向国外申请专利的途径。一般来说，如委托人已明确需要取得专利保护的国家，并且国家数目在 5 个以内，办理时间又比较充裕，可以建议委托人选择直接申请国家专利的途径。如委托人只有初步想获得国外专利保护，又没有确定具体哪些国家，在这种情况下最好建议委托人选择 PCT 申请途径，先在优先权期限内申请一项 PCT 申请，以便为委托人争取更多的时间来考虑最终要向哪些国家申请专利。此外，若委托人的中国专利申请的优先权期限将近届满时，来不及向各国直接提出专利申请时，也应建议委托人先提出 PCT 申请，以便委托人和专利代理人有时间对专利申请文件进行较细致的工作，这主要是因为向国外申请专利的费用比较高，尽量使委托人少一些风险，多一点保障。

（4）确定申请国外专利的类型

国外有些国家的专利类型与我国一样，分为发明专利、实用新型和外观设计三种，有些国家只有发明专利和外观设计，给予保护的专利类型不完全相同。因此，专利代理人在接受中国委托人向国外申请专利的委托时，根据委托人在中国的专利申请类型、国外专利保护的需求及费用状况加以综合考虑，以帮助委托人确定申请国外专利的类型，以便在准备申请文件时有针对性地准备和修改。2004 年以前在采取 PCT 申请程序时，对寻求保护的专利类型应当在提出国际申请时就明确指明，否则一般是按发明专利的类型进入各国。自 2004 年以后对于 PCT 申请，允许在进入国家阶段时再明确所选择的专利保护类型。

（5）选择国外代理机构

中国申请人向国外申请专利的过程主要靠国外的专利代理人来完成，因此，选择好国外代理人是保障向国外申请专利正常顺利进行的重要环节，专利代理机构应当在刚接受中国委托人委托时就根据委托人的情况选择较适合该委托案的国外代理机构，为委托人争取价格合理、业务规范、经验丰富的国外专利律师或专利代理人是我国专利代理机构工作的职责，只有与国外专利律师或专利代理人良好配合，才能保证中国申请人向国外的专利申请顺利通过审查，并得到授权。

第二节　PCT 国际申请的专利代理

我国从 1994 年正式加入《专利合作条约》，二十年来，不仅以国际申请方式进入中国国家阶段的专利申请量迅速增长，而且在我国受理的国际申请的申请量逐年有明显的增长，因而我国专利代理人应当熟悉与 PCT 国际申请有关的内容。本节将从 PCT 体系与基本知识、国际申请的国际阶段中的专利代理工作和国际申请进入国家阶段的专利代理工作三个方面进行说明。

一、PCT 体系与基本知识

《专利合作条约》（Patent Cooperating Treaty，PCT）于 1978 年 1 月 24 日生效，并于 1978 年 6 月 1 日在最初的 18 个缔约国开始实施，截至 2013 年年底，该条约已拥有 148 个成员国。PCT 是为了克服传统专利体系中出现的问题而建立的，不仅对申请人而且对各国专利局都有极大的好处。中国于 1994 年 1 月 1 日正式加入 PCT，并成为国际申请的受理局、国际检索单位和国际初步审查单位。

1. PCT 体系简介

PCT 是专利领域的一项国际合作条约，该条约经过多次修改，已被认为是专利领域进行国际合作最具有意义的标志。但是需要明确，PCT 体系是涉及专利申请的提交、检索和审查以及专利技术信息传播的合作条约，并不对国际专利授权，授予专利权的任务和责任仍然由寻求专利保护的各个国家或地区的专利局来完成。

制订 PCT 的主要目的是简化重复的申请程序，使专利申请程序更为有效经济，也有利于各国家专利局有效地利用现有资源。为此，PCT 提出建立一种国际体系（PCT 体系），在此国际体系内，申请人以一种语言在一个专利局（受理局）提出一件专利申请（国际申请），则每一个 PCT 成员国（除其声明排除的成员国外）都承认该国际申请日有效，由一个专利局（即受理局）对国际申请进行形式审查，由一个国际检索单位进行国际检索并出具检索报告，由国际局进行统一的国际公布。如申请人要求国际初步审查，PCT 体系的国际初步审查单位为申请人提供一份是否满足新颖性和创造性的初步审查报告，供各国专利局授予专利权时参考。

PCT 体系是专利申请体系，不是专利授权体系，因此，只有国际专利申请而不存在国际专利。而且只有发明、实用新型专利申请适用于 PCT 体系，而技术方案以外的（如外观设计、商标）都不适用于 PCT 体系。

（1）PCT 体系的组织构成

PCT 体系的机构组成主要包括国际局、受理局、国际检索单位、国际初步审查单位和指定局。

国际局：指世界知识产权组织的国际局（IB）。

受理局：指受理国际申请的国家局或政府间组织（RO），目前受理局有 105 个。

国际检索单位：指负责对国际申请进行国际检索的国家局或政府间组织（ISA），目前国际检索单位有 17 个：AT 奥地利专利局，AU 澳大利亚知识产权局，BR 巴西国家工业产权局，CA 加拿大知识产权局，CN 中国国家知识产权局，EG 埃及专利局，EP 欧洲专利局（EPO），ES 西班牙专利商标局，FI 芬兰国家专利和注册委员会（NBPR），IN 印度专利局，IS 冰岛专利局，JP 日本特许厅（JPO），KR 韩国知识产权局（KIPO），RU 俄罗斯专利局，SE 瑞典专利注册局，US 美国专利商标局（USPTO），XN 北欧专利机构（NPI）。

国际初步审查单位：指负责对国际申请进行国际初步审查的国家局或政府间组织（IPEA），目前国际初步审查单位有 17 个，即上述 17 个国际检索单位同时为国际初步审查单位。

指定局：除非申请人在国际申请中声明要求排除的以外，PCT 成员国都是指定局。

（2）PCT 体系的基本流程

PCT 体系的国际申请分为两个阶段：国际阶段和国家（地区）阶段。

受理：国际局和受理局接收申请人提出的国际申请和收取相应的国际申请费用、检索费用和传送费用，并对申请文件进行形式审查，符合 PCT 及其实施细则有关规定的，国际局或受理局发出国际申请日和国际申请号通知书。

国际检索：每一个国际申请都要由国际检索单位进行国际检索，正常情况下在国际申请提交 4 至 5 个月后，申请人可获得该国际申请的国际检索报告。自 2004 年 1 月 1 日以后提交的国际申请，在获得国际检索报告的同时，还有可能得到一份由检索单位制作的书面意见，该书面意见不会与国际申请一起进入国际公开程序，只传递给申请人和国际局。如果申请人不要求国际初步审查，国际局将代表国际检索单位就该书面意见内容向申请人出具一份"关于专利性的国际初步报告（专利合作条约第 I 章）"。

国际公开：在国际申请优先权日后第 18 个月进行国际公开，以国际局出版的国际公布文本和 PCT 公报的形式公开，国际局出版的国际公布文本公开的内容有扉页、说明书、权利要求书、修改的权利要求书（如果有）、附图、序列表（如果有）以及国际检索报告。PCT 公报公开的只有国际公布文本的扉页。目前 PCT 申请国际公布的语言有 10 种：阿拉伯语、汉语、英语、法语、德语、日语、俄语、西班牙语、韩语和葡萄牙语。国际公布的文本有 A1、A2、A3、A4、A8 和 A9 六种：其中 A1 为国际申请和国际检索报告一同公布的文本；A2 为只有国际申请而没有国际检索报告的国际公布文本，或者为国际申请和根据 PCT 第 17 条第（2）（a）款宣布不制定国际检索报告的情况说明一同公布的文本；A3 是在以 A2 方式公布文本之后单独公布的国际检索报告及经更正的扉页；A4 为在此之后公布的按照 PCT 第 19 条修改的权利要求和/或声明以及经更正的扉页；A8 为对国际申请扉页中的著录项目信息的更正；A9 为对国际申请或国际检索报告的更正、变更或补充文件。

国际初步审查：国际初步审查单位一般不会对国际申请自动进行国际初步审查程序，这是必须由申请人选择启动的程序，只有申请人在规定的期限内提交国际初步审查要求书，国际初步审查单位才对国际申请进行初步审查。根据 2014 年 7 月 1 日生效的《专利合作条约实施细则》修订文本，国际初步审查单位应当进行扩展检索，审查员认为没有必要进行扩展检索，可以不进行扩展检索。国际初步审查单位出具"关于专利性的国际初步报告（专利合作条约第 II 章）"，即国际初步审查报告，并应说明是否进行了扩展检索的情况。

进入国家：该程序也称为国家阶段，只有当申请人决定进入该程序，才启动国家阶段的程序，并按各国专利局的要求进行国际申请的国家阶段的程序。

（3）PCT 缔约国

在国际申请中对国家的指定可以是地区组织，也可以是国家。

目前地区组织包括 AP 非洲地区工业产权组织、EA 欧亚专利局、EP 欧洲专利局、OA 非洲知识产权组织。

AP 非洲地区工业产权组织（ARIPO）包括的国家：BW 博茨瓦纳、GH 加纳、GM 冈比亚、KE 肯尼亚、LS 莱索托、MW 马拉维、MZ 莫桑比克、SD 苏丹、SL 塞拉利昂、SZ 斯威士兰 *❶、TZ 坦桑尼亚联合共和国、UG 乌干达、ZM 赞比亚、ZW 津巴布韦，以及任何同时是哈拉雷协定缔约国和 PCT 缔约国的国家。

EA 欧亚专利局包括的国家：AM 亚美尼亚、AZ 阿塞拜疆、BY 白俄罗斯、KG 吉尔吉斯斯坦、KZ 哈萨克斯坦、MD 摩尔多瓦共和国、RU 俄罗斯联邦、TJ 塔吉克斯坦、TM 土库曼斯坦，以及任何同时是欧亚专利公约缔约国和 PCT 缔约国的国家。

EP 欧洲专利局（EPO）包括的国家：AT 奥地利、BE 比利时 *、BG 保加利亚、CY 塞浦路斯 *、CH 瑞士、CZ 捷克共和国、DE 德国、DK 丹麦、EE 爱沙尼亚、ES 西班牙、FI 芬兰、FR

---

❶　 * 号表示这些国家局途径已关闭，PCT 申请只能通过地区专利取得该国家的专利保护。

法国*、GB 英国、GR 希腊*、HU 匈牙利、IE 爱尔兰*、IT 意大利*、LI 列支敦士登、LU 卢森堡、MC 摩纳哥*、MT 马耳他*、NL 荷兰*、PT 葡萄牙、RO 罗马尼亚、SE 瑞典、SI 斯洛文尼亚*、SK 斯洛伐克、TR 土耳其，以及任何同时是欧洲专利公约缔约国和 PCT 缔约国的国家。

OA 非洲知识产权组织（OAPI）包括的国家：BF 布基纳法索、BJ 贝宁、CF 中非共和国、CG 刚果、CI 科特迪瓦、CM 喀麦隆、GA 加蓬、GN 几内亚、GQ 赤道几内亚、GW 几内亚比绍、ML 马里、MR 毛里塔尼亚、NE 尼日尔、SN 塞内加尔、TD 乍得、TG 多哥，以及任何同时是非洲知识产权组织缔约国和 PCT 缔约国的国家。

目前 PCT 可指定的国家包括：AE 阿拉伯联合酋长国、AG 安提瓜和巴布达、AL 阿尔巴尼亚、AM 亚美尼亚、AO 安哥拉、AT 奥地利、AU 澳大利亚、AZ 阿塞拜疆、BA 波斯尼亚和黑塞哥维那、BB 巴巴多斯、BG 保加利亚、BH 巴林、BN 文莱、BR 巴西、BY 白俄罗斯、BW 博茨瓦纳、BZ 伯利兹、CA 加拿大、CH 瑞士、CN 中国、CL 智利、CO 哥伦比亚、CR 哥斯达黎加、CU 古巴、CZ 捷克共和国、DE 德国、DK 丹麦、DM 多米尼克、DO 多米尼加共和国、DZ 阿尔及利亚、EC 厄瓜多尔、EE 爱沙尼亚、EG 埃及、ES 西班牙、FI 芬兰、GB 英国、GD 格林纳达、GE 格鲁吉亚、GH 加纳、GM 冈比亚、GT 危地马拉、HN 洪都拉斯、HR 克罗地亚、HU 匈牙利、ID 印度尼西亚、IL 以色列、IN 印度、IS 冰岛、JP 日本、KE 肯尼亚、KG 吉尔吉斯斯坦、KM 科摩罗、KN 圣基茨和尼维斯、KP 朝鲜民主主义人民共和国、KR 韩国、KZ 哈萨克斯坦、LA 老挝、LC 圣卢西亚、LI 列支敦士登、LK 斯里兰卡、LR 利比里亚、LS 莱索托、LT 立陶宛、LU 卢森堡、LV 拉脱维亚、LY 利比亚、MA 摩洛哥、MD 摩尔多瓦共和国、ME 黑山、MG 马达加斯加、MK 前南斯拉夫马其顿共和国、MN 蒙古、MW 马拉维、MX 墨西哥、MY 马来西亚、MZ 莫桑比克、NA 纳米比亚、NG 尼日利亚、NI 尼加拉瓜、NO 挪威、NZ 新西兰、OM 阿曼、PA 巴拿马、PE 秘鲁、PG 巴布亚新几内亚、PH 菲律宾、PL 波兰、PT 葡萄牙、QA 卡塔尔、RO 罗马尼亚、RU 俄罗斯联邦、RS 塞尔维亚、PW 卢旺达、SC 塞舌尔、SD 苏丹、SE 瑞典、SG 新加坡、SK 斯洛伐克、SL 塞拉利昂、SM 圣马力诺、ST 圣多美和普林西、SV 萨尔瓦多、SY 叙利亚、TH 泰国、TJ 塔吉克斯坦、TM 土库曼斯坦、TN 突尼斯、TR 土耳其、TT 特立尼达和多巴哥、TZ 坦桑尼亚共和国、UA 乌克兰、UG 乌干达、US 美国、UZ 乌兹别克斯坦、VC 圣文森特和格林纳丁斯、VN 越南、ZA 南非、ZM 赞比亚、ZW 津巴布韦。

2. PCT 体系与传统国际专利申请体系的比较

国际上传统的专利申请体系要求向每个国家提出单独的专利申请以寻求在该国的专利保护（地区专利体系除外）。根据《巴黎公约》的规定，在后向外国提出的专利申请可以享受在先的专利申请的优先权，但必须自在先申请日起 12 个月内提交，也就是要求申请人自首次申请提出 1 年内分别向所有寻求其专利保护的国家提交若干专利申请，而每个受理该专利申请的专利局也必须对其进行形式审查，必须进行检索以决定其在该发明技术领域的现有技术状况并对专利性进行审查。在各国的专利审查程序中，申请人只能被动地等待或接受审查的结果。

为更清楚起见，借助用图 17－1 对传统国际专利申请体系作出说明。

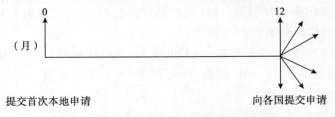

图 17－1 传统的国际专利申请体系

而在 PCT 体系中，申请人只要在优先权日 12 个月内提出一件国际申请，就取得了国际申请日。因此，对中国的申请人来说，PCT 体系为他们向其他国家申请专利提供了一种新的选择，以一份中（英）文语言形式的专利申请文件向国际局的受理局（即国家知识产权局）提交并取得国际专利申请日，同样达到了在优先权期限内向多个国家取得申请日的目的。也就是说，采取 PCT 程序，中国申请人在 12 个月的优先权期满之前只需要用一种语言提交一份国际专利申请就能在 100 多个 PCT 成员国取得国际专利申请日。

在 PCT 体系中，对每件国际申请自动地由国际检索单位进行国际检索程序，并向申请人提供检索报告，国际检索报告提供了相关的技术背景资料和特别相关的对比文件，申请人可根据检索报告对其国际申请是否值得继续进行作出决定，对国际申请进入国家阶段寻求授权的难易程度有个初步了解，可以使最终作出进入哪些国家寻求专利保护的选择更加有的放矢。申请人还可以决定是否利用国际初步审查程序对申请文件进行修改，以获得一份更有利于申请人的国际专利性初审报告，提高国际申请在进入国家阶段后顺利获得授权的概率。国际专利性初审报告对专利申请的新颖性、创造性及实用性作出比较详细的评判，能对各国专利局在国家阶段对专利申请的审查起到参考意义。专利申请人也能在没有进入各国专利局前就对其发明创造的专利性、授权可能性有比较清楚的认识。

PCT 体系可将作出最终在哪些国家取得保护的选择时间最长延至自优先权日起 30 个月，甚至在缴纳了宽限费后可宽限到 42 个月，使申请人有相当充分的时间考虑是否在外国取得专利保护的决定，可以使申请人有时间对国际市场、技术发展情况作进一步的调查与了解，有的放矢地选择和决定是否进入其他国家寻求专利保护，使向外国申请专利的决策失误的可能性大大降低，达到节省大量申请国外专利费用的目的。

下面用图 17 - 2 来清楚地表示 PCT 体系特有程序及其意义。

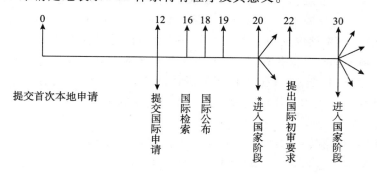

图 17 - 2 PCT 体系

* 在那些对 PCT 第 22 条之（1）的修改予以保留的国家，未提出国际初步审查要求的国际申请案进入国家阶段的期限仍为自优先权日起 20 个月。

二、国际申请在国际阶段的专利代理工作

国际申请在国际阶段的专利代理工作主要是接受中国的个人或单位的委托向 PCT 受理局提出国际申请、按 PCT 规定的程序完成国际阶段各项工作、提示申请人按照 PCT 规定的期限完成进入国家阶段的准备工作。专利代理人在国际申请的国际阶段中要进行的工作有些特殊，因此对国际阶段的专利代理工作有专门的工作程序和要求。

1. 接受委托时向委托人讲清 PCT 国际申请的利弊

PCT 体系是一种先进的专利申请体系，它的产生与发展说明其有许多先进之处，作为专利代

理人应当清楚 PCT 体系给申请人带来的好处：申请手续简化、节省费用、可以较早获知申请的前景等。但 PCT 体系也有其本身的缺陷，例如申请人特别希望尽快获得授权时采取 PCT 国际申请往往很难满足这类要求，PCT 国际申请在国际阶段的费用不能取代各国家阶段的费用。通俗地讲，PCT 国际申请在国际阶段就是花钱买了更长的时间供申请人考虑向外国申请专利保护事宜。所以，当委托人要求 PCT 国际申请时，一定要向委托人了解其申请的目的、想法，帮助委托人正确理解 PCT 体系，明确 PCT 国际申请的国际阶段的工作只是其一部分，更多的工作与费用要在国家阶段去完成和花费。PCT 国际申请国际阶段的费用是不多，但如果不进行或无法进行国家阶段的工作，国际阶段的工作与费用就等于白白浪费。

2. 国际申请的提出

专利代理机构接受了提出国际申请的委托后，专利代理人应当着手各项文件的准备工作，尽早向中国国家知识产权局提出国际申请。

（1）提出国际申请的准备工作

专利代理人在准备国际申请时，要尽可能按照国际申请的基本要求完成各项文件的准备。在此准备期间，至少应当完成下述四个方面的工作。

①确定提交国际申请的语言，中文和英文都是中国受理局接受的申请语言，要根据申请人的要求确定国际申请的语言。

②确定指定的国家与专利保护类型，虽自 2004 年 1 月 1 日起国际申请提交就意味着对所有成员国的指定，专利保护类型可以在进入国家阶段时再进行选择。但接受国际申请时也应了解申请人重点要求在哪些国家寻求专利保护和寻求保护的类型，如没有特别要求，专利保护类型一般是指发明专利。

③确定是否有优先权要求，如有优先权要求，提交国际申请的期限必须在自优先权日起 12 个月内，国际申请的所有期限都以优先权日计算。根据 2007 年 4 月 1 日生效的、修改后的《专利合作条约实施细则》，中国国家知识产权局作为受理局接受因正当理由而延误优先权期限的恢复优先权请求，申请人可在自优先权日起 14 个月内办理恢复优先权请求及提交国际申请。需要注意的是：因"非故意理由"造成优先权期限延误的恢复时，只需说明并非故意，不需提供证据；对于"合理理由"不仅需要说明原因，还需作出已采取相应措施仍导致延误优先权期限的声明并提交相应证明。

④确定申请文件的内容，应有完整的说明书、权利要求书及必要的附图，如有可能的话，应尽可能将申请文件准备详尽和完备，虽然此后有修改机会，但是所有的修改都不得超出原始提交的专利申请文件内容的范围。

（2）提出国际申请必须提交的申请文件

提出一件国际申请时应当提交下述文件。

①PCT 请求书，即 PCT/RO/101 表（见附录二中的表 10），这是以纸件形式提交的重要文件，不可缺少；或者是中文版/英文版 PCT - SAFE 系统的电子申请形式。

PCT 请求书的填写要依据《专利合作条约实施细则》第 4 条的要求逐一填写每一栏。用 PCT - SAFE 客户端可以帮助申请人制作 PCT - SAFE 的 EASY mode 和 PCT - SAFE 全电子申请两种模式的国际申请。从 2007 年 5 月 1 日起，中国国家知识产权局正式接受 PCT - SAFE 全电子模式的申请网上电子申请提交。

2014 年 3 月 1 日中国国家知识产权局正式推出 CE - PCT 管理系统，接收申请人或其专利代理人提交的 PCT 申请以及中间文件；作为受理局的相关文件也将通过该系统发出电子形式的文件。

②说明书，应当依据《专利合作条约实施细则》第 5 条的规定撰写，除写明发明名称外，分为六个部分，每一部分前最好有小标题，一般为：技术领域、背景技术、发明内容、附图说明、本发明的最佳实施方式或本发明的实施方式、工业实用性；如有序列表，其单独成为一部分，标题为："序列表和序列表自由内容"，2009 年 7 月生效的《专利合作条约行政规程》修改的内容涉及序列表提交模式：纸件申请的提交纸件序列表，电子形式申请提交序列表的电子文档。

③权利要求书，权利要求书的撰写要符合《专利合作条约实施细则》第 6 条的规定。

④附图（如果有），应当符合《专利合作条约实施细则》第 7 条的规定，流程图和图表都属于附图。

⑤摘要，摘要的内容与格式要求应当符合《专利合作条约实施细则》第 8 条的规定。

⑥其他文件，如专利代理委托书、涉及新的生物材料时需要提交生物材料保藏证明等。

3. 国际申请在国际阶段的改正

在国际申请的国际阶段，提交一件国际申请达到受理的最低要求并不意味着该国际申请可以完成国际阶段的程序，其在形式上还要符合 PCT 及其实施细则的规定，为此受理局往往会对国际申请中的一些缺陷给予改正的机会，对于这些能进行改正的内容与机会，作为专利代理人应当特别清楚和重视。

对于 PCT 第 14 条中列举的国际申请中的缺陷，受理局会要求申请人在规定期限内改正，如果期满未进行改正，该国际申请即被视为撤回，所以，在国际阶段对于受理局发出的补正通知应给予足够的重视。

可以改正的缺陷包括：没有按《专利合作条约实施细则》的规定签字；没有按规定写明申请人的情况；没有发明名称；没有摘要；以及国际申请不符合《专利合作条约实施细则》第 11 条规定的形式要求，如请求书、说明书、权利要求书和摘要的文字内容中不应有附图。对于上述缺陷，一般都会收到受理局改正缺陷的通知，只要在规定的期限内补正，不会影响国际申请的正常程序与效力。

收到受理局改正通知后，专利代理人应当注意受理局给予的改正期限，通常为自改正通知书发出之日起 1 个月内。但是，受理局可以延长该期限，只要改正的文件是在规定的期限内提交的，不会影响国际申请的正常程序进程。

对于国际阶段提交的改正，没有专门的表格，每次改正应当以一封给国际局或受理局的信函说明此次改正的内容，如需提交替换页，还应该在信函中说明替换页与被替换页之间的不同。

4. 国际申请国际初步审查的提出

国际初步审查程序在国际申请的国际阶段并不是一个必需的程序，而是由申请人决定选择的程序，也就是只有在申请人提出国际初步审查要求后，才进行的一个程序。如果申请人选择进行国际初步审查，就必须在自优先权日起 22 个月内或者在自收到国际检索局的书面意见之日起 3 个月内（两期限较晚者为最后期限）提出国际初步审查要求，并缴纳相应的手续费和要求书才能启动国际初步审查程序。

申请人要求国际初步审查时应当提交 PCT 国际初步审查要求书，即 PCT/IPEA/401 表（见附录二中的表 11），该要求书的填写要依据《专利合作条约实施细则》第 53 条的要求逐一填写每一栏。

由于国际初步审查是一个由申请人选择的程序，因此，作为专利代理人一定要帮助申请人确定是否选择国际初步审查程序。自 2004 年 1 月 1 日起，国际初步审查程序不再是申请人为了延长进入国家阶段期限的考虑因素，更多的考虑应当从该国际申请文件是否需要在国际阶段进行修改，因为只有在提出国际初步审查要求的同时或以后申请人才能对国际申请的申请文件进行修改，该修改才能被国际初步审查单位考虑并进行初步审查。所以专利代理人必须从申请人的利益考虑是否建议提出国际初步审查要求。

5. 国际阶段的修改和更正

PCT 程序为申请人在国际阶段修改申请文件提供了多次机会，但每次的修改机会都有明确的时间和范围的要求，专利代理人必须清楚每次修改的机会和要求以及在国际阶段的修改会给国家阶段带来的后果。

（1）优先权的改正或增加

在提交了国际申请后发现优先权日填写错误或遗漏一项优先权要求，可以根据《专利合作条约实施细则》第 26 条之二的规定，自优先权日起或变动了的优先权日起 16 个月内（以先届满的期限为准），向受理局提出改正请求，但是只允许对那些通过比较优先权文件就能明显看出的错误进行改正。如果受理局在 16 个月内作出了改正，国际公开将公布正确的优先权日，并且所有从优先权日起计算的期限也将根据正确的优先权日重新计算。

需要注意的是，如果未能在规定的期限内作出改正，公开的优先权日将是请求表中指明的（错误的），在国际阶段再也没有改正该优先权日的机会了。申请人只有在进入国家阶段时分别向各指定国专利局提出改正请求，但并不是所有的专利局都允许进行这类改正。

同样，对于被要求优先权的在先申请的申请号的错误，也必须在 16 个月内提交正确的申请号，向受理局请求改正。

（2）遗漏文件的补交

在提交国际申请后如果发现申请文件中遗漏了说明书、权利要求书中的部分内容，或遗漏了重要的附图，在规定的期限内还是有可能进行补交并被接受。

对于遗漏的说明书、权利要求书部分内容或附图有两种途径补交。其一，直接补交遗漏部分以使国际申请完整，但是这种补交遗漏内容的方式会导致更改国际申请日，受理局将以收到补交内容之日为重新确定的国际申请日；如果受理局针对遗漏项目发出了通知，申请人补交遗漏部分的期限是自该通知发文之日起 2 个月内。其二，国际申请要求了优先权，而且遗漏的说明书、权利要求书的部分内容或附图包含在在先申请中的，申请人可以通过《专利合作条约实施细则》第 4 条第 18 款和第 20 条第 6 款规定的援引加入方式进行补交，这样可以保留原国际申请日；但是需要注意的是，有部分 PCT 成员国对援引加入条款是保留的，也就是说通过援引加入条款补交的内容在进入国家阶段将不被接受。

虽然在国际阶段有补交文件的机会，但无论如何都会给申请人造成或多或少的损失，应尽可能避免在提交国际申请后再补交遗漏的文件。

（3）对说明书、权利要求书、附图的修改

按照 PCT 及其实施细则的规定，国际申请在国际阶段有两次修改申请文件的机会。

（i）根据 PCT 第 19 条和《专利合作条约实施细则》第 46 条的修改

这是申请人在收到国际检索报告后享受的一次修改的机会，但是只可以对权利要求书进行修改。该修改应直接向国际局提出，而且这种修改只允许在收到国际检索报告 2 个月内或者自优先权日起 16 个月内提出，以后到期者为准。例如：优先权日是 2014 年 1 月 1 日，国际申请日是 2014 年 12 月 31 日，国际检索单位寄出检索报告日是 2015 年 5 月 1 日，那么申请人修改的期限应在 2015 年 7 月 1 日前，即在寄出检索报告之日起 2 个月内；又例如 一件国际申请没有要求优先权，其国际申请日为 2014 年 1 月 1 日，国际检索单位寄出检索报告日为 2014 年 10 月 1 日，那么申请人修改的最晚期限可以在 2015 年 5 月 1 日前，即自国际申请日（由于未要求优先权，则从国际申请日起算）起 16 个月内。

这种修改提交的期限很重要，在期限内提交的权利要求书的修改将与国际局出版的国际公布文本一起公开。如果修改提交时国际公开的技术准备已完成，但只要修改是在国际检索报告传送日起 2 个月内提交的，修改的权利要求书将与国际局出版的国际公布文本首页的更新版一起进行后期公开。

需要注意的是，修改权利要求书的语言应与国际申请提交时所用的语言一致。根据 2014 年 7 月 1 日生效的《专利合作条约实施细则》第 46 条的规定，申请人根据 PCT 第 19 条修改时，应当提交替换页，该替换页包括一套完整的权利要求书，用来替换原始提交的全部权利要求。此外，提交修改的权利要求书时要同时提交一份以信件方式作出的声明（译成英文应不超过 500 字），其中指出由于修改导致哪些权利要求与原始提交的权利要求不同，并指出其不同之处；由于修改导致哪些原始提交的权利要求删除；所作修改在原始提交的申请中的基础。该声明应有标题，最好采用"根据 PCT 第 19 条（1）所作的声明"的字样，以供检索单位或初审单位的审查员辨认和工作。

（ⅱ）根据 PCT 第 34 条和《专利合作条约实施细则》第 66 条的修改

该修改向国际初步审查单位提出。这是申请人在进入国际初步审查程序中才有的一次修改文件的机会，而且是在国际阶段可以对权利要求书、说明书等申请文件进行修改的重要机会，也就是说只有在要求了国际初步审查并缴纳初步审查阶段的各项费用后，在国际初步审查单位作出初步审查报告之前，申请人有权以口头和书面方式与国际初步审查单位联系并在规定的期限内对国际申请进行修改，该修改可针对权利要求书、说明书和附图作出，但其修改不得超出原始提交的国际申请对发明公开的范围。

通常，申请人在收到国际初步审查单位发出的书面意见后，将针对该书面意见进行答辩或修改权利要求书、说明书，其期限一般是自收到书面意见通知之日起 2 个月内，如果需要的话，该答辩或修改期限可以延长，但不能超过国际初步审查报告的起草时间。申请人也可以在提出国际初步审查要求的同时或之后主动修改，最好是在提出国际初步审查要求的同时提交修改的权利要求书、说明书。

在这次修改时，除了更正明显的错误外，还可改动权利要求书、说明书或者附图，包括删去权利要求、删去说明书中某些段落或者删去某些附图。

需要注意的是，修改的文件及书信语言应与公布时使用的语言一致。根据 2014 年 7 月 1 日生效的《专利合作条约实施细则》第 66 条的规定，对于权利要求书的修改，应当提交替换页，该替换页包括一套完整的权利要求书来替换原始提交的或者根据 PCT 第 19 条（或第 34 条）修改的全部权利要求；而对于说明书或附图的修改，对修改涉及部分的每一页，都应当提交替换页。在提交修改文件的信函中，对于权利要求书的修改应当说明修改后的权利要求书与修改前的全部权利要求有哪些不同；而对于说明书和附图，一一说明被替换页与替换页之间的差别，并解释修改的原因和理由，如果修改是删去某些段落或是小的改动或增加，该替换页可以是含有改动或增加的相关页的复印件，该复印件应当清晰且可直接复制，如果修改结果导致整页删除，该修改也应在给国际初步审查单位的信函中提出并说明修改的理由；此外，还应当在信函中具体指出对权利要求书、说明书和附图所做修改在原始提交的申请中的基础。

（4）明显错误的更正

根据《专利合作条约实施细则》第 91 条的规定，对申请人提出的国际申请或其他文件中的明显错误可以请求更正。所谓明显错误，是指在国际申请中由于书写了某些并非明显打算写的东西而造成的错误。更正本身也应当是明显的，即任何人都会立即领会除了提出更正的内容以外不可能是指其他东西。但遗漏国际申请的整个部分或者整页，即使明显的是由于在复印或装订时的疏忽，也不能更正。如果申请人请求更正，最迟应在自优先权日起 17 个月届满前送达受理局或国际局，以保证更正的内容能与国际申请一起公布。

但根据《专利合作条约实施细则》第 91 条规定的更正请求并不一定都能被允许，一旦被拒绝，在国际阶段是不能再有机会改正该明显错误了，但可以书面请求国际局将被驳回的改正请求与国际申请一起公开并提交给相关单位。根据《专利合作条约实施细则》第 91 条 1（f）的规定，当更正请求公布时使指定局得知该国际申请中含有错误，以使申请人在国家阶段改正该明显错误更为有利。请求国际局公布其驳回的改正的请求，必须在自优先权日起 17 个月前（也就是在完成公开的技术准备前）提交到国际局，并要向国际局支付公开更正请求的特别费用。目前是50 瑞士法郎，每超过一页加收 12 瑞士法郎，更正请求的费用也必须在完成国际公布技术准备以前缴纳。

（5）著录事项的变更

在国际阶段直接向国际局提出变更请求，可以对国际申请的申请人、发明人、代理人的名称、译名、地址等事项提出变更，其变更手续简化，一般不需要各种证明文件或表格。变更请求可直接向国际局提交，也可交给受理局转交国际局。

上述变更的请求最迟要在自优先权日起 30 个月前向国际局提出。如不能在此期限前向国际局提出变更请求，就只能在国家阶段向各指定局提出变更请求。

需要注意的是，在国际阶段向国际局提出的著录事项变更请求，一般只需要提交写明变更事项的信件，不需要证明文件。例如对申请人的英文名称进行更改，只需在给国际局的信函中说明原来的申请人英文名称有误，要求更改为正确的形式。但是，变更申请人的变更请求要由新的申请人提出，在变更请求的信函中说明原申请人变为新申请人的原因以及正确无误的新申请人的名称、地址等信息，最好随变更请求附有支持该变更的书面证据和委托书，书面证据一般如转让合同等。如果是新增申请人，除了在请求变更的信函中说明新申请人的名称、地址等信息外，还应附有新增申请人的委托书。

6. 国际申请在国际阶段的期限监视

虽然国际申请为申请人提供了比较简化的专利申请程序，但国际申请对申请人、受理局、国际检索单位、国际初步审查单位都有一些必须严格遵守的期限，作为专利代理人同样必须注意这些重要的期限，以便向委托人介绍这些期限的意义与重要性。因此从专利代理人接受委托起，就要对国际申请的期限建立监控，只有这样才能保证一件 PCT 申请顺利完成国际阶段的各项程序。

下面将国际申请阶段需要引起特别注意的主要期限作一归纳。

①提交国际申请期限：应在优先权日起 12 个月届满前提出国际申请，取得国际申请日。

②获得国际检索报告的时间：申请人一般在提交国际申请后 3 至 4 个月可收到国际检索报告。

③根据 PCT 第 19 条修改权利要求书的期限：自国际检索报告寄送日起 2 个月内或者自优先权日起 16 个月内（两期限较晚者为最后期限）提交该修改。

④国际申请的国际公布时间：一般是自优先权日起 18 个月进行国际公布。

⑤提出国际初步审查要求的时间：自优先权日起 22 个月内或者在自收到国际检索局的书面意见之日起 3 个月内（两期限较晚者为最后期限）。

⑥根据 PCT 第 34 条规定的修改时间：提交国际初步审查要求的同时或者在收到书面意见后 1 个月内，至少在国际初步审查报告制作之前。

⑦获得国际初步审查报告的时间：一般是自优先权日起 28 个月。

⑧进入国家阶段的时间：自优先权日起 30 个月前。但对 PCT 第 22 条（1）修改继续保留的国家，如卢森堡、坦桑尼亚、乌干达等国家进入国家阶段的时间为自优先权日起 20 个月前。

⑨延误进入国家阶段的恢复期限：自优先权日起 42 个月内。但对该《专利合作条约实施细则》第 49 条第 6 款继续保留的国家，如加拿大、中国、德国、印度、韩国、拉脱维亚、墨西哥、新西兰、菲律宾、波兰，其中中国所允许的延误进入国家阶段的恢复期限为自优先权日起 32 个月内。

作为专利代理人对上述期限都要非常清楚，并且知道如何计算这些期限，尤其是提交国际申请的期限、提出国际初步审查的期限、进入国家阶段的期限，这三个重要期限要建立期限监视，在期限内完成相应事务，或者在期限前通知申请人，不能延误，一旦延误就会给申请人带来不可挽回的损失。

7. 国际申请在国际阶段应当注意的问题

由于 PCT 是一项国际性条约，是由参加该条约的国家组成的国际专利合作联盟组织，所以作为中国的专利代理人为做好国际申请的代理工作，除了认真遵守 PCT 及其实施细则等法律文件的规定完成每个阶段的工作外，还应当注意以下三个问题。

（1）认真领会 PCT 的宗旨，关注 PCT 的发展

PCT 的发展基本上代表专利领域发展的方向，而且 PCT、《专利合作条约实施细则》不断修改、不断完善，但总的指导思想是要让更多的申请人利用 PCT 体系提出国际申请，不断使国际申请的程序更为人们所接受，也就是向着简化手续、简化程序、更方便申请人利用国际申请的方向发展。尤其是近年来 PCT 法律文件频繁修改，使得国际申请更加受到欢迎。PCT 国际申请程序规定虽然非常严谨，但并不难掌握，只要专利代理人认真学习就能把握 PCT 法律文件的要求。经常关注 PCT 的发展与变化，是专利代理人必须具备的良好习惯之一，也是确保做好国际申请的专利代理工作的关键。

（2）注意 PCT 有关法律文件修改条款的适用情况

PCT 或《专利合作条约实施细则》的条款在修改生效后，并不一定会在所有成员国生效，往往会有一些成员国对其保留，也有一些国家因与本国专利法有冲突而暂时保留，所以，专利代理人在关注 PCT 有关法律文件的条款修改的同时，还要关注这些条款是否在所有成员国适用，如果不是在所有成员国适用，就要注意哪些成员国处于保留状况，例如对于 2001 年 PCT 联盟大会 10 月 3 日作出的 PCT 第 22 条第（1）款的修改，中国一开始就属于保留的国家之一，自 2003 年 2 月 1 日起才对此条款生效，至 2013 年年底还有 3 个成员国对此条款保留。又例如《专利合作条约实施细则》第 49 条第 6 款与本国法不一致的 PCT 成员国最初有 18 个局，至 2014 年 4 月还有 10 个成员国保留，我国申请人常关注的国家如加拿大、德国、韩国、印度都在此款保留成员国之列，中国也是此款保留国之一。

为此，专利代理人经常了解 PCT 有关法律文件的条款变化的同时，还要关注条款的适用情况，尤其是这些适用情况经常变化。

（3）及时了解 PCT 的最新动态与信息

由于 PCT 有关法律文件条款的修改非常频繁，以中文形式出版的有关 PCT 和《专利合作条约实施细则》都没有新的版本，所以，专利代理人及时了解有关 PCT 信息的渠道主要是通过世

界知识产权组织的官方网站和中国国家知识产权局的官方网站。

世界知识产权组织 WIPO 的网站为：http：//www.wipo.int，在该网站上可及时查到 PCT 及其法规、PCT 管理指导、PCT 申请人指南、PCT 新闻信息、PCT 国际公开信息，还可以了解 PCT 研究讨论的内容与方向。其中 PCT 申请人指南是专利代理人应当经常关注的内容。

中国国家知识产权局网站为：http：//www.sipo.gov.cn/sipo/pct，在该网站上有 PCT 专栏，可以及时了解我国对 PCT 新的变化及新条款在中国实行的具体规定和解释，下载 PCT – SAFE 客户端软件。有关 PCT – SAFE 客户端软件新版本也是专利代理人应当关注、保证使用的新的版本。

现有有关 PCT 和 PCT 国际申请的中文版书目有：

① 《PCT 法律文件汇编（2009）》，知识产权出版社，2010 年出版。

本书是我国目前正式出版发行的一部中文版的 PCT 法律文件汇编，该书包括了 PCT、《专利合作条约实施细则》《专利合作条约行政规程》《PCT 受理局指南》《PCT 国际检索和初步审查指南》等内容。

② 《PCT 申请人指南》，世界知识产权组织，国家知识产权局组织编译，知识产权出版社 2014 年出版，本书作为面向 PCT 申请人的指导文件，内容包括 PCT 国际阶段和国家阶段的介绍，用浅显易懂的语言解释了抽象的 PCT 法律规定。

三、国际申请进入国家阶段的专利代理工作

国际申请的国家阶段是 PCT 体系中的重要程序，也是国际申请获得专利授权的必要程序，PCT 第 22 条、第 39 条规定了进入国家阶段的基本要求和期限，进入国家阶段的期限一般是指自优先权日起 30 个月内，最迟不超过自优先权日起 30 个月届满日。PCT 的缔约国可以依据本国法另行规定进入本国的更迟的宽限期。

1. 进入国家阶段的基本要求

国际申请在进入国家阶段时必须满足 PCT 第 22 条和第 39 条规定的基本要求，即进入的期限和提交国际申请的副本及其译文，并缴纳国家费用。

（1）进入国家阶段的期限

PCT 第 22 条是对进入国家阶段期限规定的条款，自 2002 年 4 月 1 日生效的修改条款明确了无论是否提出国际初步审查要求，进入国家阶段的期限均为 30 个月，也就是说，除了仍保留的成员国外，国际申请进入国家阶段的期限均为：自优先权日起 30 个月。

2013 年年底仍对 PCT 第 22 条第（1）款保留的国家，如果国际申请的申请人不在自优先权日起 19 个月前提出国际初步审查要求，该国际申请进入这些国家阶段的期限仍为自优先权日起 20 个月。这些国家是卢森堡、坦桑尼亚、乌干达这 3 个国家，但由于这些国家同时又是地区专利组织的成员，对其还可通过地区专利途径获得 30 个月或 31 个月的进入国家阶段的期限。

（2）进入国家阶段的手续要求

国际申请进入国家阶段时，至少应当提交国际申请的副本和国际申请的译本，并缴纳国家费用。

国际申请的副本，一般是指原始提出的国际申请文本，正常情况下国际局会按照 PCT 的规定直接将该申请副本送达各指定局，送达的申请副本包括国际申请的全部文件和国际检索报告，如果该国际申请根据 PCT 第 19 条对权利要求进行了修改，该申请送达材料还应包括原权利要求书和经过修改的权利要求书全文，或包括原提出的权利要求书全文并具体说明修改的内容，以及根据 PCT 第 19 条进行修改的声明。

国际申请译本一般是指国际申请国际公布的语言与进入的国家官方语言要求不一致时，必须提供与该国家官方语言要求一致的译本，具体应包括说明书、权利要求书、附图中的文字和摘要；如果权利要求书已根据 PCT 第 19 条进行过修改，则应当包括原提出的权利要求书和修改后的权利要求书。

国家费用一般指进入国家局所规定的费用，主要为申请费、公布费、优先权声明费等。

2. 国际申请进入中国国家阶段

（1）国际申请进入中国国家阶段的基本要求

在中国加入 PCT 后，外国人向中国申请专利越来越多地采取 PCT 国际申请途径，为此在 2000 年和 2008 年修改的《专利法》中增设了有关国际申请的相关内容，《专利法实施细则》专门增设第十章对国际申请作了特别规定，有关进入国家阶段的国际申请内容在《专利审查指南 2010》中独立成为第三部分。这也表明实际上在接受国际申请进入中国的申请与一般的中国专利申请在审查上有着不同的要求，它不是一件新的专利申请，而是国际申请的延续，《专利法实施细则》第一百零三条和第一百零四条明确规定了国际申请进入中国国家阶段应当满足下述三方面的基本要求。

①进入中国的期限为自优先权日起 30 个月内，但在缴纳了宽限费后进入中国的期限可以延长到自优先权日起 32 个月。

②缴纳的国家费用包括申请费、申请附加费、公布印刷费，宽限费（仅在利用宽限期进入中国时）。

③提交的文件包括国际申请进入中国国家阶段声明（见附录二中的表 12、13）以及国际申请的译文和附图，其中对于国际申请是以中文以外的文字提出的，就要提交原始国际申请的中文译本，包括说明书、权利要求书、附图中的文字和摘要，而对国际申请是以中文提出的，只需提交国际公布中的摘要页和摘要附图页。

（2）国际申请在中国国家阶段的审查

国家知识产权局对国际申请进入中国国家阶段的审查包括形式审查和实质审查，其中实质审查与一般国家申请没有本质区别，但在形式审查程序中与一般国家申请有较大的不同，这在《专利法实施细则》中作了明确的规定。

首先，国家知识产权局要对国际申请在中国的效力进行审查，这主要是依据国际局传送的国际申请文本（国际公布文本），审查进入中国的国际申请是否指定了中国；国际公布文本的扉页中是否有指定中国的记载。凡是确定了国际申请日并完成了国际阶段公布的国际申请指定了中国，则根据《专利法实施细则》的规定，对符合进入中国国家阶段的国际申请，应当承认该申请有正规的国家效力，由受理局确定的国际申请日就是在中国的实际申请日。反之，不符合进入中国国家阶段的国际申请以及在中国的效力已丧失的国际申请，则不接受该国际申请进入中国，并发出不能进入中国的通知书。

根据《专利法实施细则》第十章及《专利审查指南 2010》第三部分的有关规定，进入国家阶段的国际申请的形式审查内容主要包括下述三方面。

①审查进入中国国家阶段声明中的内容是否与国际局记载的内容一致，包括申请类型、申请人、发明人及发明名称等事项。

②审查优先权要求是否与国际公布文本扉页中记载的一致，如在国际阶段没有提供在先申请号的，应当在进入中国国家阶段声明中写明在先申请号，否则该项优先权要求视为未提出；对国际申请的申请人不同于在先申请的申请人时，还要审查国际公布文本中是否记载申请人作出过有权要求在先申请优先权的声明，当声明不符合要求或没有声明的情况下，将发出通知要求申请人

提供优先权转让证明文件。申请人在国际阶段没有提供优先权文件的，还会要求申请人提供在先申请的优先权文件。

③审查国际申请的译文是否与国际局传送的国际公布文本中的内容相符，译文应当完全并忠实于原文，在译文中不得有任何修改的内容，译文包括说明书、权利要求书、附图及摘要。如果译文与原文明显不符，一般会通知申请人改正译文中的错误。

国际申请进入中国国家阶段后通过了国家阶段的形式审查，国家知识产权局将发出初审合格通知书，同时立即进行中文公布。国际申请在国际阶段是以中文进行国际公布的，在进入中国国家阶段初审合格后，中文公布的内容只是专利公报和发明专利公开说明书首页；国际申请在国际阶段是以外文进行国际公布的，在进入中国国家阶段初审合格后，中文公布的内容是专利公报和发明专利说明书全部中文译文。以外文提出的国际申请自中国国家公布之日起在中国享有临时保护的权利。

在国际申请进入中国国家阶段经过形式审查合格并进行了中文公布后，该国际申请就进入了中国国家阶段的实质审查程序，这时的国际申请与一般的国家专利申请没有本质的区别，在此不再重复介绍。

3. 代理国际申请进入中国国家阶段事务应当注意的问题

PCT 国际申请程序的独特性，使得 PCT 国际申请的国家阶段的代理事务与一般的国家申请的审查业务有所不同，从而对专利代理人的工作也提出不同的要求，因此专利代理人应当注意理解和掌握这些特别的规定。

专利代理人在接受委托人通过国际申请进入中国的专利申请时尤其应当注意下述七个方面的问题。

（1）核查该国际申请是否符合进入中国的必要条件

一件国际申请，在国际阶段指定了中国并在自优先权日起 30 个月内要求进入中国是最基本的条件，否则不能进入中国。因此专利代理人接受委托后，要核查该国际申请在国际阶段的国际公布的文本中是否有指定中国的记载，要核查国际申请日或优先权日以确定进入中国的期限，并确认其符合进入中国的条件。

以中国专利申请为优先权的国际申请进入中国国家阶段时，还应当注意被要求优先权的在先申请在中国的状态，因为这相当于要求本国优先权。该进入中国国家阶段的国际申请如属于《专利法实施细则》第三十二条第二款所列情形的，该主题不能享受优先权，对这个问题虽然在进入国家阶段的初审中暂时不会通知申请人，但此问题将在实质审查程序中进行处理。

（2）慎重对待国际申请在国际阶段的修改

一件国际申请在国际阶段作过修改的，尤其是依据 PCT 第 34 条进行修改的，其修改文本一般作为专利性国际初步报告的附件，在进入中国国家阶段时应当向国家知识产权局明确是否以修改的申请文件为基础进行审查，若以此修改文本作为审查基础，则应当提交其修改文本的中文译文。因此，一件在国际阶段进行过修改的国际申请，在进入国家阶段时，必须在提交原始的申请文件译文的同时，还要提交其修改文本的译文，如来不及翻译，可以在自进入日起 2 个月内补交中文译文，若没有补交中文译文，该修改内容在国家阶段的审查中不予考虑。这是国际申请进入国家阶段与一般的国家专利申请不同之处，也是专利代理人要特别注意的地方。在接受办理国际申请进入中国国家阶段事务的委托时，专利代理人一方面应当要求委托人明确其在国际阶段修改的申请文件是否作为中国专利申请审查的基础，另一方面应当仔细分析修改前后的申请文件，判断以何者作为在中国的审查基础更有利，再向委托人提出合理的建议供委托人参考。

（3）翻译申请文件时要完全忠实于原文

国际申请进入中国国家阶段时，提交的文本就是其国际申请文本的中文译本，该文本是不能随意改动的，即使有明显的错误也应照其翻译，对其错误之处可以采用 PCT 第 41 条规定的修改来一一更正。所以完全忠实于原申请文件的翻译，是代理国际申请进入中国国家阶段时的又一特殊要求。

（4）注意利用国际申请进入中国的宽限期

根据《专利法实施细则》第一百零三条中的规定，国际申请的申请人在规定的 30 个月的期限内未办理进入中国国家阶段手续的，在缴纳宽限费后，可以有 2 个月的宽限期，所以，可以在自优先权日起 32 个月内办理进入中国国家阶段的手续，这无疑又给申请人更长的期限，也给专利代理人更充分的准备时间。当然，是否利用这个宽限期主要取决于委托人，专利代理人认为应当利用该宽限期时，应向委托人建议并说明利用宽限期的利弊。

（5）注意满足国际申请进入中国国家阶段的基本要求

正确填写进入中国国家阶段的书面声明、提交文件同时缴纳国家费用是国际申请进入中国国家阶段的最基本要求。

目前国际申请进入中国国家阶段声明分为发明和实用新型两种，应当根据所选择的保护类型是发明还是实用新型，填写相应的书面声明表格。

对于国际申请进入中国国家阶段声明，应当像对待一般国家申请的请求书那样，认真地填写其中各栏目的内容，国际申请号、发明名称、申请人名称、发明人名称均应当与国际局记录的一致，也就是要与国际局公布的国际公布文本记载的一致。但是，对于国际阶段发明人未出现在公开文本中的情况，应当在进入中国国家阶段声明中补上。对于申请人、发明人的中文译名应当准确，如果不准确，在国家公布之前以补正方式进行更正，但在国家公布之后，就需要以著录项目变更方式进行更正。

填写进入中国国家阶段声明时要特别注意优先权事项的填写要完整准确，如果在国际申请国际阶段的优先权声明中有错误，进入国家阶段是一次更正优先权错误的最后机会。

填写进入中国国家阶段声明时，一项重要内容是标明申请人决定的国际申请文件中哪些部分作为在中国的审查基础，即以原始申请文件还是以国际阶段中的修改文本作为在中国的审查基础。

申请费（包括权利要求附加费）必须在进入国家阶段的期限内缴足，其中权利要求项数是否超过规定，以国际公布的文本中的权利要求项数为准，超出 10 项以上都应计算附加费，因此，在提交文件时要对申请所需费用进行认真核对，而且应当在提交进入中国国家阶段的申请文件的同时缴纳申请费用。

（6）国家阶段对申请文件的修改

在国家阶段对申请文件进行修改时应当注意利用主动修改的机会和利用更正译文错误的机会。

①利用主动修改的机会

由于国际申请进入中国国家阶段提交的中文译文必须与国际申请原始文本一致，因此，申请人要对国际申请进行主动修改是很普遍的要求。按照《专利法实施细则》第一百一十二条的规定，要求获得实用新型专利权的国际申请，申请人可以在办理进入中国国家阶段手续之日起 2 个月内进行主动修改；而对于要求发明专利权的国际申请，除了在进入中国国家阶段时可以按照 PCT 第 41 条的规定作出修改外，还可以在提出实质审查请求时或者在自收到进入实质审查程序通知书之日起 3 个月内主动修改申请文件。

②利用更正译文错误的机会

《专利法实施细则》第一百一十三条给予了专利代理人和申请人对译文错误更正的机会，所以在国际申请完成进入中国国家阶段后，专利代理人应当再次对所提交的中文译文进行核查，及时发现翻译错误之处以便对译文错误进行改正。在提交改正译文时要有译文替换页，并要缴纳相应的译文改正费。

译文错误可以在国家公布的准备工作完成之前的初审阶段提出改正；也可以在收到该专利申请进入实质审查阶段通知书之日起 3 个月内提出改正；还可以按照审查意见通知书中的要求进行改正。

在提出译文错误改正请求时，应当提交改正译文错误请求和译文错误的改正页，并缴纳译文改正费（初审阶段为 300 元，实质审查阶段为 1 200 元）。

（7）按照申请人意愿办理加快审查的手续

由于国家知识产权局 2014 年 1 月开始施行通过专利审查高速路（PPH）加快审查的试点项目，因此对于申请人希望加快审查的，就应当采用以电子文档形式办理进入中国国家阶段的手续，并在提出实质审查请求时，以电子形式提交"参与专利审查高速路项目请求表"，同时提交该国际申请最新国际工作结果的副本及其中文或英文译文，该国际申请被最新国际工作结果认为具有可专利性/可授权的权利要求的副本及其中文或英文译文（如果上述两文件属于不需要提交的情况，则应在请求表中列出相应文件名），最新国际工作结果中引用的、且构成驳回理由的非专利文件的副本，以及说明该国际申请在进入中国国家阶段作为审查基础的申请文本中的所有权利要求与被最新国际工作结果认为具有可专利性/可授权的权利要求充分对应的权利要求对应表。

第三节　向港澳台地区申请专利的代理

目前，由于香港、澳门回归后司法独立，以及台湾地区自身历史原因，港澳台地区的专利申请和保护有别于一般的国外专利申请，因此有必要单独对港澳台地区的专利代理作一说明。

一、香港专利

下面首先对香港专利基本情况作概要介绍，在此基础上对香港专利的申请条件和办理香港专利申请应当注意的事项作具体说明。

1. 香港专利基本状况

在香港回归前，凡获得英国专利权，包括欧洲专利（指定英国）权，均可在授权 5 年内，申请在香港注册，其在香港的专利权犹如英国专利权效力延伸至香港；英国批准的外观设计在香港直接得到保护。

1997 年 6 月 27 日实施香港立法机构讨论通过的《专利条例》和《注册外观设计条例》。《专利条例》以及相应的《专利（一般）规则》是对香港的标准专利和短期专利及其申请、审查、保护的法律依据，而《注册外观设计条例》和《注册外观设计规则》是对香港外观设计的申请、审查、保护的法律依据。香港的标准专利、短期专利、外观设计一经注册，其香港专利权独立存在。

目前，香港专利分为标准专利、短期专利和外观设计三种类型。

（1）标准专利

香港标准专利的保护期为 20 年。

香港标准专利实行注册指定国家专利的制度，也就是说香港标准专利的记录和注册首先要以一些指定国家的专利申请为基础。凡是想获得香港标准专利保护的，必须先在指定国家专利局如中国国家知识产权局申请发明专利，在规定的期限内再向香港提出标准专利的记录请求和注册与批准请求。在过渡期内被指定的专利局有中国国家知识产权局、英国专利局和欧洲专利局（指定英国）。中国的发明专利申请有资格申请香港标准专利并获得香港标准专利权。

香港标准专利的生效日期必须从香港政府公报登载批准公告之日起开始，但其标准专利的有效期则是从指定专利的申请日起算20年。例如，一件被批准的香港标准专利，其指定中国的发明专利申请的申请日是2011年2月3日，其向香港提交记录请求的日期是2012年12月19日，被香港知识产权署批准日期是2014年7月18日，该香港标准专利的有效期从2011年2月3日起计算20年，而不是从向香港提交记录请求的日期2012年12月19日起计算，但以后缴纳年费的期限是从向香港提交标准专利记录请求日起算。

香港标准专利一经香港知识产权署批准即具有独立性，不再受其在原指定国家的专利法律状态变化的影响。也就是说，一件香港标准专利，若其在该指定国家的专利被提出无效宣告请求，经无效宣告程序最后被宣告专利权全部无效，但无效请求人没有在香港对其标准专利提出无效宣告请求，该香港标准专利的专利权在香港地区仍然有效，不会因其在指定国家的发明专利被无效而自动无效。反之亦然，如果一件标准专利在香港被宣告无效，但没有对其指定专利在指定国家内提出无效宣告请求，其在指定国家的发明专利不会因香港的标准专利被无效而自动无效。

（2）短期专利

香港短期专利的保护期为4年，可续展1次，共8年。

为了保护只具短期商业价值的发明创造，以使申请人可以尽快获得专利权并付诸实施，凡是那些无法申请香港标准专利的任何产品发明和方法发明都可以在香港申请短期专利，香港的短期专利只是在保护期限上区别于标准专利，在申请的内容上没有限制，也就是说有关一项产品的具体结构、一项装置、一种新的材料、新的工艺、新的制造方法等，都可以申请香港的短期专利，只要申请人认为香港短期专利能对其发明创造起到保护作用即可。香港知识产权署对短期专利申请也只进行形式审查而不进行实质审查，只要形式上符合香港《专利条例》的规定要求，即可授予香港短期专利权并在香港公告。

（3）外观设计

香港外观设计的保护期为5年，可续展4次，共25年。

香港外观设计在香港单独立法保护，香港知识产权署外观设计注册处接受外观设计注册申请并进行形式审查，经批准后注册公布。外观设计必须应用于工业产品，一件申请可以包括多项外观设计（在洛伽诺分类中同属一类并一起出售或一起使用的物品）。已注册的外观设计自第一次销售使用之日起，同时享受25年的版权保护，可注册但未注册的外观设计则只能享受15年的版权保护。

2. 香港专利的申请条件

对不同类型的香港专利申请有不同的申请条件要求，但其在香港的专利申请的官方语言都是中文或英文，这里就标准专利、短期专利及外观设计的申请条件分别作出说明。

（1）标准专利

申请香港标准专利获得专利权有严格的程序要求，一件标准专利申请必须完成两个程序，请求记录程序和请求注册与批准程序，两者缺一不可，而且没有法律救济手段。

香港标准专利记录请求应当在自其指定专利申请公开日起6个月内提出，即其在中国或英国或欧洲（指定英国）的专利申请一经公开，申请人应在公开日起6个月内向香港知识产权署提交指定专利申请的香港标准专利记录请求，以完成记录请求的提出。

在记录请求时应当提交的文件包括：记录请求书（见附录二中的表 14），指定专利申请的公开文本复印件，摘要译文；如申请人与公开文本中不一致时，还需提供一份由指定局出具的专利申请权转让的证明文件。

香港知识产权署对标准专利记录请求进行形式审查，只要文件齐全、信息准确，香港知识产权署就对其记录请求在香港进行发表，该记录请求程序完成。

对于已经在香港知识产权署完成记录请求的标准专利申请，申请人应当在其指定专利被其指定局批准授权公告日起 6 个月内或者在指定专利的记录请求在香港公开之日起 6 个月内（此两者之中以在后的期限为准），向香港知识产权署提出注册与批准请求，以完成香港标准专利的注册与批准请求程序。此时应当提交的文件包括：注册请求书（见附录二中的表 15），指定专利的授权公告文本，而且该授权公告文本必须是经指定局出具并核实的授权公告文本。

香港知识产权署对标准专利注册与批准请求也只进行形式审查，只要文件齐全、信息准确，香港知识产权署就将其注册与批准请求在香港发表，并向申请人颁发标准专利证明书，该香港标准专利注册与批准请求程序完成。

（2）短期专利

由于申请香港短期专利是直接向香港知识产权署提出申请文件，而不是像标准专利依附于一件指定专利，因而申请香港短期专利的主要工作是专利说明书的撰写，当然，申请香港短期专利可以利用优先权，这样在先申请文件可以是申请香港短期专利的申请文件基础。申请香港短期专利提交的文件包括：短期专利请求书（见附录二中的表 16），说明书，权利要求书，附图，摘要；摘要译文，以及国际检索报告；如果申请人与发明人不一致，还需提交有关短期专利的发明权的陈述（见附录二中的表 17），表明申请人取得香港短期专利权利的合法理由，该陈述表将会由香港知识产权署直接寄给发明人，因此发明人的相关信息，包括姓名、地址都要在该表格中填写准确。

如果申请人要求的优先权不是法定语言（中文、英文），则还需提交优先权文本中的权利要求书的中文或英文译本。

中国国家知识产权局专门设立了为香港短期专利提供国际检索报告的部门，为香港短期专利的申请出具国际检索报告。

（3）外观设计

由于香港的《注册外观设计条例》和《注册外观设计规则》单独立法，而且在香港实施比较早，所以对申请香港外观设计的要求比较详细，因此要特别注意申请香港外观设计时提交的文件要求，包括：外观设计注册请求书（见附录二中的表 18），外观设计图片（图或照片）7 份，以及一份新颖性的陈述，在填写表格时要注意中英文对照，中文尽可能使用繁体；此外，对于平面设计或纺织物的设计，除图片外，还可提供样品，但需要放在单独信封或包装中，长度不超过 30cm，重量不超过 4kg。

如果要求了优先权，还应在取得香港外观设计申请日之后 3 个月内提交经认证的优先权证明文件，如果该文件是以中文或英文以外的文字写的，还应附送经核实的中文或英文译本。

3. 办理香港专利申请的注意事项

专利代理人在代理香港专利有关事务时，还应当特别注意下述几个方面的问题。

（1）以国际申请途径获得香港专利保护时应当注意的特殊事项

①要获得香港专利保护的国际申请，必须要指定中国或英国。由于《巴黎公约》和 PCT 也适用于香港，因而国际申请可以通过指定中国或英国在香港获得标准专利或短期专利保护。

②以国际申请为基础的标准专利申请，也应当按照标准专利两阶段的程序进行，只是在提出记录请求的期限和提交的文件上与前面所述的不同。

对于标准专利提出记录请求的期限来说，如果该国际申请在国际局是以中文进行国际公布的，应当在自该国际申请进入中国国家阶段的申请号通知书发文日起6个月内或自中国国家知识产权局公布该申请之日起6个月内提出香港标准专利记录请求；如果该国际申请在国际局是以其他文字进行国际公布的，应当在该国际申请进入中国国家阶段后自国家知识产权局公布该申请之日起6个月内提出香港标准专利记录请求。同样，如果该国际申请指定英国并且国际局以英文公布的，应在其进入英国国家阶段（或欧洲地区专利）后，自英国专利局（或欧洲专利局）公布该申请之日起6个月内提出。

提出记录请求时应当提供的资料包括：记录请求书（见附录二中的表14）；由国际局公布的国际申请的副本；由中国国家知识产权局（或英国专利局或欧洲专利局）公布的国际申请的任何译本的副本或公布通知，或中国国家知识产权局发出的国家申请号通知书副本。

③对于以国际申请为基础的香港短期专利申请来说，凡国际申请中寻求实用新型专利并指定中国，在其进入中国国家阶段，该项国际申请人可以在自该国际申请进入中国国家阶段的申请号通知书发文日起6个月内，向香港知识产权署申请获得香港短期专利。

此时应当提交的资料包括：短期专利请求书（见附录二中的表16）；中国国家知识产权局发出的国家申请号通知书副本；国际局公布的国际申请的副本；国际检索报告副本，中国国家知识产权局公布的该国际申请的中文译本（如果有的话可提供，如果没有可不提供）。

（2）申请语言和表格的选用应当一致

申请香港专利的官方语言有两种：中文或英文，各种申请表格也分为中文和英文，所以需要注意的是申请文件使用的语言要与表格使用的语言一致。在申请之初就要确定使用的语言是中文或英文，一旦确定某种语言，从申请到以后所有向香港知识产权署提交的文件表格和信函都必须使用相同语言。香港知识产权署用其所选择的相同语言发出文件或通知。如确定以中文为申请语言，首先就要选择中文形式的请求书表格，在申请递交以后如有补正或需要向香港知识产权署写信，也要注意选用中文的表格和使用中文书信，香港知识产权署才能对其补正和信函给予认可，香港知识产权署对此件申请也是以中文形式发出通知书或回复信函。如对外国申请人申请香港专利的业务，可在申请之时选择英文为申请语言，使用的申请表格及以后向香港知识产权署提交的文件和信函都必须用英文，香港知识产权署发出的文件或通知也是以英文形式发出，这样可以在转发香港知识产权署文件时节省翻译的程序，而且不会发生翻译误差。

（3）提交申请时应当认真核对申请文件

香港《专利条例》和《注册外观设计条例》中都严格规定了在申请提交之后再进行更正申请文件中翻译或誊写错误的程序要求，尤其是对更改专利说明书中出现的错误更为严格，除非该更正是显而易见的，也就是明显可看出原意即为所提出更正的内容，且更正后无其他意思时才允许更正。而且按照规定对提交的任何文件中的文书上的错误要求进行更正必须提出请求，采用专门的补正表格，清楚指出所要进行的更正内容，还要同时缴纳补正费用（一般一次500元港币左右）。所以虽然香港专利申请难度不高，但专利代理人必须认真做好申请提交前各项内容的核对，尽可能避免补正，否则不仅要多支付费用，还会延迟香港专利的提交时间。专利代理人应当加强工作责任心，以免给委托人造成损失。

（4）及时办理香港专利维持专利权的续期手续

香港专利三种类型的专利权续期期限各不相同，要求也有不同，因此，专利代理人要对其有所认识和了解，并及时向申请人介绍专利权续期注意事项和期限。

香港标准专利有 20 年的保护期，有效期从指定专利的申请日起计算。按照香港《专利条例》第 39 条规定，续期费的期限是从标准专利记录请求提交日起计算，但首次续期费是在批准后在提交日第 1 个周年日起计算在第 3 年届满前 3 个月办理续期手续和缴纳续期费；而后每年届满前 3 个月都应缴纳续期费，不得早于届满日 3 个月前缴纳。

例如：一件香港标准专利，其指定专利中国发明专利的申请日为 2009 年 2 月 8 日，香港标准专利记录请求提交日为 2010 年 8 月 25 日，香港标准专利批准日为 2013 年 4 月 4 日；首次办理续期费的期限是 2016 年 8 月 25 日前 3 个月。以后各年年费都应当在每年 8 月 25 日前 3 个月内缴纳续期费。

香港短期专利最长有 8 年的保护期，有效期从香港短期专利申请日起计算，按照香港《专利条例》第 126 条规定，申请人须在短期专利申请日起计算第 4 年届满前 3 个月内办理续期手续和缴纳续期费，才能享受香港短期专利 8 年的保护期。

香港外观设计共有 25 年的保护期，有效期从在香港提交外观设计的申请日起计算，每段有效期为 5 年，在每段有效期届满前可延展 5 年，最长可达 25 年有效期。办理续展必须按照香港《注册外观设计条例》第 28 条及《注册外观设计规则》第 29 条的规定，提交相应的续期表格和规定的续期费。

（5）随时注意香港专利的法规变化

香港有关专利方面的法规主要为香港《专利条例》和香港《注册外观设计条例》，与其相应的是《专利（一般）规则》和《注册外观设计规则》，这些法规经常修订，如 1997 年实行的《专利条例》，2001 年进行了修订，2002 年又对《专利（一般）规则》进行了修订，所以专利代理人应当经常关注香港上述相关法规的变化与修订，才能使专利代理工作准确到位。能正确及时了解香港专利法规变化的途径为香港知识产权署的网站：http://www.info.gov.hk/ipd，但查询有关法规全文的是香港律政司 BLIS 网站。

目前正在香港实行的相关法规如下：

① 《专利条例》（2001 年 6 月 8 日修订）；

② 《专利（一般）规则》（2002 年 3 月 1 日修订）；

③ 《注册外观设计条例》；

④ 《注册外观设计规则》。

二、澳门专利

下面对澳门专利基本状况和申请澳门专利的基本要求作概要介绍。

1. 澳门专利基本状况

由于澳门回归中国后，其司法仍是独立的，因此在中国内地的专利权不能自动延伸至澳门。澳门作为世界贸易组织成员，很早就开始建立起其自己保护工业产权的法律制度，但在 1999 年之前，澳门本地区在工业产权法律框架内只存在有关商标保护的独立制度，即 1995 年 11 月 6 日第 56/95/M 号法令所建立的制度，而其他与世界贸易组织所制定的《与贸易有关的知识产权协议》相关的内容，如专利、工业品之外观设计及新型、生产商标及商业商标、地理标记等则沿用由葡萄牙延伸到澳门来适用的《工业产权法典》（1995 年 9 月 4 日公布于《政府公报》第一组第 36 号上）。为适应法律本地化的需要，也为了填补有关法律漏洞，1999 年 12 月 13 日澳门政府颁布了第 97/99/M 号法令，即《工业产权法律制度》，同时废止了上述所指两法令。

新的《工业产权法律制度》总共有 314 条，对工业产权的登记、包括专利注册类型以及侵犯工业产权行为的刑事行政法律责任作出了详尽规定。

澳门的专利分为三种类型：

①发明专利，与我国的发明专利基本相同，对产品、方法、材料等及其改进所提出的新的技术方案，都可申请发明专利，发明专利的有效期为 20 年；

②实用专利，与中国的实用新型专利基本相同，对于产品的形状、构造或其结合作出的新的技术方案可以申请实用专利，有效期为 10 年；

③设计及新型专利，与中国的外观设计专利基本相同，对产品的形状、图案或两者的结合，以及色彩与形状、图案的结合的工业应用新设计，可以申请设计及新型专利，有效期为 25 年。

2. 申请澳门专利的基本要求

澳门的三种专利类型的保护客体与我国的专利类型相同，但在审查程序上还有些不同，三种专利申请都必须经过公布、实质审查才能被授予专利权，授予专利权后先进行公告，自公告日起1 个月内如没有异议才颁发专利证书。需要注意的是，直接向澳门提出专利申请的申请人如不是澳门特别行政区的居民与企业，必须经澳门当地的代理人办理相关的专利申请事宜。提交的申请文件必须是中文或葡文，除了准备相关的申请文件外，还必须要有经公证认证的委托书，但同一申请人只要提交过专利申请及委托书后，其后再提交新的专利申请可不必再提交委托书了。

（1）发明专利

澳门发明专利权的取得有两个途径。

其一，直接向澳门提出发明专利申请，这类专利申请在澳门的审查程序是独立的，要经过公开、实质审查程序，有的会发出审查意见，要进行答辩；但也有未发出审查意见直接授权的案例。一些有关游戏机和游戏系统的专利申请在我国不能被授予专利权，但在澳门有可能获得授权，这类专利申请可选择直接向澳门提交申请，直接向澳门提出发明专利申请不会受我国专利申请的影响，即使相同的我国专利申请被驳回了，并不意味相应的澳门专利申请也一定会被驳回，因为两局的审查基准有些差异。

直接向澳门提出发明专利申请时应当提交的文件包括请求书、说明书、权利要求书、400 字以内的摘要、附图（必要的话）和委托书。发明专利申请经形式审查合格后一般在 18 个月公布，申请人可以自申请日起 7 年内提出实质审查请求，并缴纳审查费。缴纳的申请费用中包含有 3 年的年费，如果在 3 年内还没有被授权，从第 4 年起需缴纳维持费，如果在 3 年以内授权了，在进入第 4 年时需要缴年费。

其二，将在我国申请的发明专利延伸至澳门，这是一个比较经济而简洁的申请程序，但申请人必须在我国发明专利授权权公告之日起 3 个月内向澳门办理延伸请求。提交的文件有委托书、国家知识产权局出具的专利登记簿、专利说明书。

采用将我国发明专利申请延伸至澳门的途径时，由于办理延伸的期限只有 3 个月，而必须提交的文件如专利登记簿和专利说明书不能后补，必须在规定的 3 个月内提交，因此，在我国发明专利发出授权通知书时，就要开始进行准备工作，询问客户是否需要延伸至澳门，如果客户需要延伸至澳门，就着手办理委托书的签署和公证，一旦发明专利授权公告，立即请求国家知识产权局制作专利登记簿和专利说明书两种文件。

延伸至澳门的发明专利的有效期从我国专利申请日起 20 年，并从第 4 年起开始每年缴纳专利年费，维持澳门发明专利权有效。

（2）实用专利

实用专利申请只能直接向澳门提出，应当提交的文件包括请求书、说明书、权利要求书、附图、400 字以内摘要和委托书。实用专利申请提出后经过形式审查合格以后，18 个月时进行公布，申请人必须在自申请日起 4 年内提出实质审查请求和缴纳审查费，经过审查才可能被授予专利权。实用专利的申请费中已含前 2 年年费，从第 3 年起每年需缴年费维持实用专利权有效。

（3）设计及新型专利（外观设计）

设计及新型专利申请也只能直接向澳门提出，应当提交的文件包括请求书、图片或照片、及 400 字以内的摘要。设计及新型专利申请提交后经过形式审查，12 个月时进行公布，申请人必须在自申请日起 30 个月内提出实质审查请求和缴纳审查费，经过审查才可能被授予专利权。设计及新型专利的申请费中已含前 5 年的年费，从第 6 年起每年需缴纳年费维持设计及新型专利权有效。

三、台湾地区专利

下面首先对台湾地区专利基本状况作概要介绍，然后对台湾地区申请专利的基本要求和注意事项作简要说明。

1. 台湾地区专利基本状况

台湾地区专利分发明、新型、新式样三种类型，分别类似于中国大陆的发明专利、实用新型专利、外观设计专利。台湾地区发明专利保护期限为 20 年，新型专利为 10 年，新式样专利为 12 年❶，均自申请日起算。

在 2004 年之前，台湾地区发明专利、新型专利、新式样专利三种类型申请均必须具备授权实质条件才能获得授权，也正是如此，发明专利、新型专利和新式样专利申请案只有通过实质性的审查才能获得授权。自 2002 年 10 月 26 日起台湾地区的发明申请案实行早期公开请求审查制，因此需要申请人自申请日起 3 年内提出实质审查请求并缴纳实质审查费，才能进入实质审查。但是新型和新式样申请案只要其文件齐全符合基本要求后就自动进入实质审查程序，不需要申请人提出实质审查请求。从 2004 年 7 月起新型申请不再进行实质审查，只要新型申请形式上符合要求，该新型申请就可获得授权。新型一旦被授权公告后，任何人包括专利权人在内都可以请求专利审查机关对其作出新型专利技术报告，以防止新型专利权人滥用权利，当然，如果新型专利权人要行使其权利，必须出示由专利审查机关所作的新型专利技术报告。凡不经实质审查只进行形式审查而授权的新型专利的保护期限改为 10 年，自申请日起算，如已依原"专利法"对其进行实质审查的新型专利案，其授权后的保护期限仍为 12 年。

台湾地区专利申请在审查过程中如审查员认为不符合授权条件时会发出核驳意见书，一旦收到该意见书，就意味着专利申请的审查程序已结束，申请人如不能接受审查员的意见，就要进入再审程序，并提出反驳的答辩意见和理由，同时还要缴纳再审程序所要求的费用。

在 2004 年 7 月以前，台湾地区的三种类型专利申请一经审查符合授权条件则先进行审定公告，待 3 个月届满无异议提出时再确定授予专利权和颁发专利证书。从 2004 年 7 月 1 日起实行修改后的"专利法"，在程序方面取消了异议程序，被批准的专利申请在收到授权通知书后直接通知申请人缴纳相应的颁证费和首次年费后就可以公告并颁发证书，专利权正式生效。

2. 申请台湾地区专利的基本要求

申请台湾地区专利的基本要求与在我国大陆及国外一样，必须要有完整的专利申请文件，发明、新型专利申请应有权利要求书、说明书、附图以及说明书摘要，但对其文件的具体撰写又有

---

❶ 在 2004 年以前，新型申请与发明申请一样经过实质审查才授权，新型专利的保护期限为 12 年。

不同的要求，如允许权利要求中采用功能性表述，在说明书的撰写上也与中国大陆的说明书撰写要求有所不同；新式样专利申请，与中国大陆外观设计专利申请要求基本相同，新式样的图片同样要求六面视图和立体图，图片也可用照片代替，所不同的是图片中最好用效果线表现，还必须提供对外观设计特征的简要说明和保护要点，说明产品的内容与特点。

向台湾地区申请专利还需要以下四种文件。

①委托书，由申请人签章，每一申请案一份委托书。

②身份证明，作为申请人的自然人的身份证、护照或户籍等复印件，最好经过公证。一份国籍证明适用于同一申请人的所有的申请案，但有效期为 3 年，如果不进行公证，申请人还可以签署一份"切结书"（相当于一份声明），声明其身份证书复印件与正本无误，如有不实愿负法律责任。

③法人证明，作为申请人的法人单位营业执照的复印件，最好经过公证，一份法人证明适用于同一申请人的所有的申请案，但有效期为 3 年，如果不进行公证，申请人还可以签署一份"切结书"，声明其公司营业执照复印件与正本无误，如有不实愿负法律责任。

④宣誓书，由发明人或创作人签名、盖章，主要是声明此专利申请的发明或创作的内容不是剽窃他人成果，多位发明人可共签一张宣誓书。

3. 申请台湾地区专利的注意事项

从 2010 年 11 月份起，大陆和台湾地区的专利申请已可以互为要求享有优先权，大陆的申请人向台湾地区提出专利申请可以要求向国家知识产权局提出的在先专利申请的优先权，即应当自在大陆提出专利申请之日起 12 个月（发明或实用新型）或 6 个月（外观设计）内向台湾地区提出专利申请。如不要求优先权，应当尽早向台湾地区提出专利申请，最好在大陆专利申请未公开之前取得台湾地区的专利申请日，以免大陆专利申请的公布或公告给相应的台湾地区专利申请增加不利于授权的风险。

向台湾地区提交的专利申请的说明书及申请文件均需要以中文繁体字文本提出。

向台湾地区提出专利申请时，必须在请求书中明确发明人、申请人的姓名与地址；申请人是法人时，还必须明确法人代表人的姓名，同时还必须注意法人资格的确认，在法人证明的文件中不能有"不具法人资格"的字样。

为取得台湾地区专利申请日，最低要求提交的文件是请求书、说明书、权利要求书和必要的图片；在取得申请日以后能补交的文件是：委托书、宣誓书及身份证明（法人证明）或切结书、申请权转让书（如申请人与发明人不同时）等。但是，作为大陆的专利代理人应当在提交文件时尽可能将文件提供完整，因补交文件往往会增加在台湾地区的专利代理费用。

在权利要求书的撰写上不允许出现多项从属权利要求引用多项从属权利要求，这一点与大陆的要求相同。

在发明或者新型专利申请的说明书中必须有部件标号的对照表。

在申请递交之后，申请人如需要对发明、新型专利申请说明书或新式样图片进行补正（如新式样专利申请在提交图片时没有用文字描述设计特点），而在事后进行补交一般可以被允许，但会产生额外的费用。所以应当在提交专利申请之前对申请文件认真核实和斟酌，尽量避免补正。

第十八章 专利诉讼的代理

《审理专利纠纷司法解释 2015》明确了人民法院主要受理 15 种专利纠纷案件，这 15 种专利纠纷案件中最主要涉及四大类：专利侵权诉讼、专利权属诉讼、专利合同诉讼和专利行政诉讼。本章将分别对这四大类专利诉讼中的代理工作加以介绍。

第一节 专利侵权诉讼的代理

按照《专利法》第六十条的规定，未经专利权人许可，实施其专利，即侵犯其专利权，引起纠纷的，由当事人协商解决；不愿协商或者协商不成的，专利权人或者利害关系人可以向人民法院起诉，也可以请求地方知识产权管理部门处理。其中由人民法院审理的案件就是专利侵权诉讼。

由于专利侵权诉讼涉及法律问题多种多样，而其中在确定是否构成侵犯专利权行为时，不仅涉及《专利法》及相应法规的有关规定，还会涉及该专利的技术内容，因而在专利侵权诉讼中双方当事人不仅会委托律师，还会委托专利代理人来办理专利侵权诉讼的有关事务。本节将重点说明当事人双方代理人在专利侵权诉讼中如何做好代理工作。[1]

一、专利侵权判定方法和判定原则

本书第十章第三节对构成专利侵权行为的五个条件作了说明，而其中第五个条件判断实施行为是否落入专利权的保护范围往往是法院判断专利侵权时最重要且最繁难的部分。为更有效地保护专利权和统一司法标准，最高人民法院于 2009 年 12 月公告了《最高人民法院审理侵犯专利权纠纷案件应用法律若干问题的解释》（法释〔2009〕21 号）（以下简称《审理专利侵权纠纷司法解释 2009》），在此之后，上海市高级人民法院和北京市高级人民法院根据《专利法》《专利法实施细则》和最高人民法院公告的相关司法解释分别于 2011 年和 2013 年发布了《专利侵权纠纷审理指引》和《专利侵权判定指南》供其所属各审判庭审理专利侵权纠纷案件参考。对于代理人来说，应当十分熟悉和精通专利侵权判定的有关内容，为此，在这里加以归纳整理，供代理人在办理专利侵权诉讼事务时参考，但限于篇幅，对有关内容仅作一简要说明。

1. 专利侵权判定的比较对象及判定分析的主要步骤

下面分别从发明和实用新型专利侵权判定的比较对象、外观设计专利侵权判定的比较对象以及专利侵权判定分析的主要步骤三个方面作出说明。

（1）发明和实用新型专利侵权判定的比较对象

专利侵权判定的比较对象是被诉侵权客体和专利保护客体。对于发明、实用新型专利侵权判定的比较对象来说，被诉侵权客体是指被诉侵权的产品实物或者实际上使用的方法，专利保护客体是指专利权利要求书所表述的、要求保护的技术方案。具体说来，进行专利侵权判定时，应当

---

[1] 对于专利侵权纠纷请求地方知识产权管理部门进行处理时，专利代理人需要完成的工作基本上与专利侵权诉讼中所完成的工作差不多，原则上可以参照本节内容进行。

以专利权利要求中记载的技术方案（即其全部技术特征）与被诉侵权客体的全部技术特征逐一进行比较。通常不得以专利产品与侵权物品直接进行侵权对比分析，专利产品只可以用来帮助理解权利要求所记载的技术方案和其中的技术特征。对于双方当事人均有专利权时，通常也不得以双方专利产品或者以双方专利的权利要求书进行侵权对比分析。

对于专利权利要求书，应当以国家知识产权局最终公告的专利权利要求书文本或者已发生法律效力的无效宣告请求审查决定所确定的维持有效的专利权利要求书为准。

由于在一件发明或者实用新型专利中，独立权利要求从整体上反映发明或者实用新型专利的技术方案，记载解决技术问题的全部必要技术特征，因而独立权利要求与其从属权利要求相比保护范围最大。鉴于此，在专利侵权判定时，通常应当将独立权利要求的技术方案与被诉侵权客体进行比较分析。对于一件专利中包含有多项独立权利要求时，通常应当将专利权人所主张的那一项独立权利要求的技术方案与其相应的被诉侵权客体进行比较分析。

但是，在一些特定情况下，例如被诉侵权客体是直接仿制该专利从属权利要求的具体技术方案，或者在确定独立权利要求技术方案的保护范围时对某技术特征产生歧义而其从属权利要求对该技术特征作出明确限定时，可以针对该从属权利要求确定专利权保护范围。

为此，最高人民法院在《审理专利侵权纠纷司法解释2009》第一条第一款和第二款中明确规定："人民法院应当根据权利人主张的权利要求，依据专利法第五十九条第一款的规定确定专利权的保护范围。权利人在一审法庭辩论终结前变更其主张的权利要求的，人民法院应当允许。""权利人主张以从属权利要求确定专利保护范围的，人民法院应当以该从属权利要求的附加技术特征及其引用的权利要求记载的技术特征，确定专利权的保护范围。"

至于如何确定发明、实用新型专利权的保护范围将在后面再作进一步的说明。

对于确认被诉侵权客体时，应当对被诉侵权的产品实物或实际使用的方法进行技术分析，即对其技术方案、功能和效果三方面进行分析，其中以技术方案为中心，对该被诉侵权的产品实物或实际使用方法进行整理，归纳出与专利保护客体相应的技术特征，以便进行分析比较。

（2）外观设计专利侵权判定的比较对象

在外观设计专利侵权判定的比较对象中，被诉侵权客体是指被诉侵权产品的外观设计，专利保护客体是指外观设计专利的图片或照片中所表示的该产品的外观设计。

外观设计专利的图片或照片中所表示的该产品的外观设计，是指国家知识产权局授权公告文本中的图片所反映的该产品的外观设计；如果该专利的简要说明中写明该外观设计专利要求保护色彩的（确切地说，指该外观设计专利要求保护的外观设计中包含有色彩要素），其中的色彩应当以国家知识产权局的外观设计专利申请档案中所认定的授权文本中的色彩作为依据。

当外观设计专利中包含有多项外观设计的，应当以权利人所主张的那项外观设计的图片或照片所表示的该产品的外观设计作为专利保护客体与被诉侵权客体进行比较。

与发明、实用新型专利确定比较对象一样，即使专利权人生产或销售的产品标注了该外观设计专利的标识，通常不以专利权人生产或销售的产品的外观设计与被诉侵权产品的外观设计直接进行侵权对比分析，专利权人的产品只可用来帮助了解其专利授权公告文本中的图片所反映的产品的外观设计；对于双方当事人均有外观设计专利权时，通常既不以双方专利产品的外观设计进行侵权对比分析，也不以双方专利授权公告文本中的图片或照片中所反映的产品的外观设计进行侵权对比分析。

对于被诉侵权产品的外观设计，通常仅需考虑其中与该外观设计专利所涉及的外观设计要素相应的设计要素，不需要考虑该外观设计专利未涉及的那些设计要素。例如，该外观设计专利授权公告的图片所反映的产品的外观设计仅涉及该产品的形状，那么即使该被诉侵权产品的外观设计中既包括有形状要素，还包含有图案要素，甚至包含有色彩要素，则仅仅将该被诉侵权产品的外观设计中的形状要素作为被比较的对象，无需考虑其图案要素和色彩要素。

（3）专利侵权判定分析的主要步骤

我国专利侵权判定分析的主要步骤与国际上大多数国家相同，主要分为两个步骤。

①对授权公告的发明或者实用新型专利文件权利要求书中的相关技术方案作出解释，或者对授权公告的外观设计专利文件中的图片或照片所表示的产品的外观设计作出解释，以确定专利权的保护范围。

②将经过解释而确定了专利权保护范围的专利保护客体与被诉侵权客体进行比较，以判定被诉侵权客体是否落入了所确定的专利权保护范围。

下面将分别针对发明、实用新型专利以及外观设计专利具体说明各自的专利侵权判定分析的两个步骤。

2. 发明、实用新型专利权保护范围的确定

最初，国际上对发明、实用新型专利权保护范围的确定主要分成两派。一派是以美国、英国为首的周边限定论，即专利的保护范围与权利要求文字记载的保护范围完全一致；另一派是以德国为首的中心限定论，即权利要求只确定一个总的发明核心，保护范围可以扩展到技术专家看过说明书与附图后认为属于专利权人要求保护的范围。但各国在司法审判实践中，根据具体案情，吸取本国司法审判的经验，借鉴其他国家司法审判的长处，不断完善和充实本国专利侵权判断准则。随着专利制度国际化发展，专利侵权判断的准则也在协调。《欧洲专利公约》第 69 条第（1）款规定："……专利申请的保护范围由权利要求书的内容确定，说明书和附图可以用于解释权利要求。"并在对该条款的议定书中明确指出，对发明、实用新型专利保护范围的解释应当介于上述两个极端解释原则之间。最近，世界知识产权组织在对《巴黎公约》进行协调补充时，在其中第 21 条作了与《欧洲专利公约》十分相近但更清楚的规定。

《欧洲专利公约》第 69 条第（1）款的规定后来成为各国专利法中相关规定的立法范本，我国立法时也借鉴了这一条规定。在现行《专利法》第五十九条第一款规定："发明或者实用新型专利权的保护范围以其权利要求的内容为准，说明书及附图可以用于解释权利要求的内容。"

最高人民法院在《审理专利侵权纠纷司法解释2009》第二条中作出相应明确的规定："人民法院应当根据权利要求的记载，结合本领域普通技术人员阅读说明书及附图后对权利要求的理解，确定专利法第五十九条第一款规定的权利要求的内容。"

在《审理专利侵权纠纷司法解释2009》的第三条第一款和第二款中又对此作出更进一步的规定："人民法院对于权利要求，可以运用说明书及附图、权利要求书中的相关权利要求、专利审查档案进行解释。说明书对权利要求用语有特别界定的，从其特别界定。""以上述方法仍不能明确权利要求含义的，可以结合工具书、教科书等公知文献以及本领域普通技术人员的通常理解进行解释。"

由以上规定可知，在解释权利要求时，应当以专利权利要求记载的技术内容为准，而不是以权利要求的文字或措辞为准。该权利要求的技术内容应当通过阅读说明书及附图进行理解，既可以用说明书和附图记载的具体内容进行解释，也可以借助于权利要求书中的相关权利要求进行解释，包括借助申请日前本领域技术人员的公知常识进行解释。现举一例加以说明：在一件具有特定用途的风扇的专利中，其相对于现有技术中的风扇来说增加了一组叶片，新增加的一组叶片的各个叶片分别插入在原叶片组每两个叶片之间，且其形状与原叶片的形状对称，从而该风扇在电机正反向旋转时均能正常工作。独立权利要求的技术方案中写明为两组对称设置的叶片，在这种情况下，如果说明书中给出的一个实施方式中该两组叶片的内端相连接，则可以通过说明书的解释认为，该独立权利要求的保护范围中包括风扇叶片为一组由具有形状对称两部分组成的叶片的风扇；同样，如果其从属权利要求进一步限定这两组叶片的内端相连接，也可以用该从属权利要求的技术方案来解释该独立权利要求的保护范围中包括其叶片为一组由具有形状对称两部分组成的叶片的风扇。

《审理专利侵权纠纷司法解释 2009》第四条明确规定了一种应当运用说明书及其附图对权利要求进行解释的情况："对于权利要求中以功能或者效果表述的技术特征，人民法院应当结合说明书和附图描述的该功能或者效果的具体实施方式及其等同的实施方式，确定该技术特征的内容。"

需要说明的是，不少学者认为，权利要求中经常会出现各种功能性限定技术特征，如果对这些功能性限定技术特征全部解释为在说明书和附图描述的该功能或者效果的具体实施方式，就会使"发明或者实用新型专利权的保护范围以其权利要求内容为准"这一确定专利保护范围的基本原则形同虚设，更何况《专利审查指南 2010》第二部分第二章第 3.2.1 节中明确规定"对于权利要求中所包含的功能性限定的技术特征，应当理解为覆盖了所有能够实现所述功能的实施方式"。因此建议应当对权利要求中何者为功能性限定技术特征加以界定。北京市高级人民法院 2013 年发布的《专利侵权判定指南》第十六条第二款和第三款中规定：

"功能性技术特征，是指权利要求中的对产品的部件或部件之间的配合关系或者对方法的步骤采用其在发明创造中所起的作用、功能或者产生的效果来限定的技术特征。

下列情形一般不宜认定为功能性技术特征：

（1）以功能或效果性语言表述且已经成为所属技术领域的普通技术人员普遍知晓的技术名词一类的技术特征，如导体、散热装置、粘结剂、放大器、变速器、滤波器等；

（2）使用功能性或效果性语言表述，但同时也用相应的结构、材料、步骤等特征进行描述的技术特征。"❶

对于运用专利审查档案对权利要求进行解释，《审理专利侵权纠纷司法解释 2009》第六条又作出了更明确的规定："专利申请人、专利权人在专利授权或者无效宣告程序中，通过对权利要求、说明书的修改或者意见陈述而放弃的技术方案，权利人在侵犯专利权纠纷案件中又将其纳入专利保护范围的，人民法院不予支持。"例如，一件专利申请的独立权利要求技术方案中写明其中两个部件相邻设置，专利申请人为取得专利权而在意见陈述书中强调了独立权利要求中两部件的相邻设置是指这两个部件以彼此相接触的方式靠在一起，那么人民法院在解释该独立权利要求的保护范围时，就可依据该专利审查档案中记载的上述内容，认定该独立权利要求的保护范围不包括其中两个部件相间隔设置的技术方案。

《审理专利侵权纠纷司法解释 2009》第五条对权利要求的解释借鉴了美国的捐献原则："对于仅在说明书或者附图中描述而在权利要求中未记载的技术方案，权利人在侵犯专利权纠纷案件

---

❶ 对于功能性限定技术特征来说，由于上述原则引入到我国专利侵权判定中不久，需在实践中不断完善，以避免这一原则的滥用。笔者认为，功能性技术特征的限制主要针对产品权利要求；而对于方法权利要求，由于功能和效果特征本身就是一种方法特征，只要该方法权利要求的技术方案中，其相对于最接近的现有技术的改进除了该功能和效果表述的技术特征外，还具有其他方法特征，就应当将其作为普通的方法特征来对待；此外，对于产品权利要求中出现的功能性限定的技术特征，需要分析该技术特征是否与本发明或实用新型要解决的技术问题密切相关，即是否解决该技术问题的关键，若是关键，应当认为授权专利给予的保护范围过宽，即应当用说明书和附图描述的该功能或效果的具体实施方式及其等同的实施方式来确定该技术特征的内容；若不是解决该技术问题的关键，则不必结合说明书及其附图中的实施方式加以解释。

中将其纳入专利权保护范围的, 人民法院不予支持。" 这一规定进一步明确了在确定专利权保护范围时以权利要求内容为准的基本原则。北京市高级人民法院 2013 年发布的《专利侵权判定指南》第五十六条第一款对这一原则作出了进一步的说明: "对于仅在说明书或者附图中描述而在权利要求中未概括的技术方案, 应视为专利权人放弃了该技术方案, 专利权人以等同侵权为由主张专利权保护范围包括该技术方案的, 不予支持。" ❶

此外, 在确定权利要求的保护范围时, 应当将权利要求书中记载的技术内容作为一个完整的技术方案看待, 即在确定该权利要求的保护范围时应当将该权利要求中记载的全部技术特征所表述的技术内容作为一个整体。对于独立权利要求来说, 记载在前序部分的技术特征和记载在特征部分的技术特征对于限定其专利保护范围都起作用; 而对于从属权利要求, 其附加技术特征以及其引用的权利要求记载的技术特征对于限定其专利保护范围都起作用。

《专利侵权判定指南》中对确定保护范围的解释方法还作了以下几方面的规定。

①对于权利要求书与专利说明书出现不一致或相互矛盾而导致该专利不符合《专利法》第二十六条第四款的规定, 当事人不愿通过无效宣告程序解决或者未在合理期限内提起专利权无效宣告请求的, 应当按照专利权有效原则和权利要求优先原则, 以权利要求限定的保护范围为准。但是所属技术领域的技术人员通过阅读权利要求书和说明书及附图, 能够对实现要求保护的技术方案得出具体、确定、唯一的解释的, 应当根据该解释来澄清或者修正权利要求中的错误表述。

②方法专利权利要求对步骤顺序有明确限定的, 步骤本身以及步骤之间的顺序均应对专利权保护范围起到限定作用; 方法专利权利要求对步骤顺序没有明确限定的, 不应以此为由, 不考虑步骤顺序对权利要求的限定作用, 而应当结合说明书和附图、权利要求记载的整体技术方案、各步骤之间的逻辑关系以及专利审查档案, 从本领域普通技术人员的角度出发, 确定各步骤是否应当按照特定的顺序实施。

③以方法特征限定的产品权利要求, 方法特征对于专利权保护范围具有限定作用。

④实用新型专利权利要求中包含非形状、非构造技术特征的, 该技术特征用于限定专利权的保护范围, 并按照该技术特征的字面含义进行解释。

⑤产品发明或者实用新型专利权利要求未限定应用领域、用途的, 应用领域、用途一般对专利权保护范围不起限定作用。产品发明或者实用新型专利权利要求限定应用领域、用途的, 应用领域、用途应当作为对权利要求的保护范围具有限定作用的技术特征。但是, 如果该特征对所要

---

❶ 笔者认为, 在确定专利保护范围时, 权利要求书和说明书两者之间, 应当以权利要求的内容为主, 说明书仅仅起到解释作用。因此, 如果说明书涉及两方面的内容, 例如说明书的内容既涉及某一产品, 又涉及该产品的检测方法, 而权利要求书中只要求保护产品, 那么显然不能将该产品的检测方法也纳入专利保护范围; 同样如果说明书中涉及两个配套使用的产品, 但权利要求书仅要求保护该两个产品中的一个, 显然不能将另一产品也纳入到该专利的保护范围。在这种情况下, 可以认为权利人对于权利要求书中未要求保护的技术方案 (检测方法或另一产品) 表示放弃而捐献给社会无偿使用。但是将这一捐献原则扩展到说明书中已写明的等同方式是欠妥的, 即使美国的捐献原则中包括了这一情况, 在我国借鉴时也应当分析其是否合理。按此逻辑, 未在说明书中写明的等同实施方式落入专利权的保护范围, 而在说明书中写明是等同实施方式的却未落入专利权的保护范围, 这有悖于说明书及其附图对权利要求内容进行解释的原则。有部分文章在说明此原则扩展到说明书中的等同实施方式的合理性是为了防止权利人想规避审查而将不能授权的等同实施方式也纳入专利保护范围, 这一理由是不能成立的。如果与权利要求的技术方案的等同实施方式不符合授权条件的话, 该权利要求的技术方案通常也就不符合授权条件; 即使出现例外情况, 可以在审查时要求申请人明确权利要求书中的技术方案不包括这些不符合授权条件的等同实施方式, 否则不予授权, 即便在审查时未注意到这一问题授予了专利权后, 还可通过提出无效宣告请求来实现将这些不符合授权条件的等同实施方式排除到专利权的保护范围之外。

求保护的结构和/或组成本身没有带来影响，❶ 也未对该技术方案获得授权产生实质性作用，只是对产品或设备的用途或使用方式进行描述的，则对专利权保护范围不起限定作用。

⑥写入权利要求的使用环境特征（指权利要求中用来描述发明所使用的背景或者条件的技术特征）对专利权保护范围具有限定作用。被诉侵权技术方案可以适用于产品权利要求记载的使用环境的，应当认定被诉侵权技术方案具备了权利要求记载的使用环境特征，而不以被诉侵权技术方案实际使用该环境特征为前提。

⑦说明书对技术术语的解释与该技术术语通用含义不同的，以说明书的解释为准。被诉侵权行为发生时，技术术语已经产生其他含义的，应当采用专利申请日时的含义解释该技术术语。同一技术术语在权利要求书和说明书中所表述的含义不一致时，应以权利要求书为准。

⑧权利要求中引用了附图标记时，不应以附图中附图标记所反映出的具体结构来限定权利要求中的技术特征。

⑨除了权利要求包含功能性技术特征和/或权利要求实质上即是实施方式所记载的技术方案的两种情况外，专利权的保护范围不应受说明书中公开的具体实施方式的限制。

⑩当专利文件中的印刷错误影响到专利权保护范围的确定时，可以依据专利审查档案进行修正。对于明显的语法错误、文字错误等，能从权利要求或说明书的整体及上下文得出唯一理解的，应依据实际情况予以解释。

⑪说明书摘要不能用于确定专利权的保护范围，也不能用于解释权利要求。

3. 发明、实用新型专利权的侵权判定

根据《审理专利侵权纠纷司法解释2009》第七条和北京市高级人民法院2013年发布的《专利侵权判定指南（2013）》第三十条和第三十一条的规定，判定被诉侵权客体是否侵犯发明、实用新型专利权时，采用技术特征对比的方法。即："判定被诉侵权技术方案是否落入专利权的保护范围，应当审查权利人所主张的权利要求所记载的全部技术特征，并以权利要求中记载的全部技术特征与被诉侵权技术方案所对应的全部技术特征逐一进行比较。""被诉侵权技术方案包含与权利要求全部技术特征相同或者等同的技术特征的，应当认定其落入专利权保护范围；被诉侵权技术方案的技术特征与权利要求记载的全部技术特征相比，缺少权利要求记载的一个或多个技术特征，或者有一个或一个以上技术特征不相同也不等同的，应当认定其没有落入专利权保护范围。"

由上述规定可知，被诉侵权客体所体现的技术方案落入发明或实用新型专利权保护范围的有两种情况：一种是构成相同侵权；另一种是构成等同侵权。下面对这两种情况分别作出说明。

（1）相同侵权

相同侵权，是指被诉侵权客体所体现的技术方案包含了与权利要求记载的全部技术特征相同的技术特征的情况。

具体说来，当被诉侵权客体（产品或方法）的技术方案包含了一项专利的权利要求的全部技术特征，且这些技术特征一一对应，并在专利法意义上两者相同，则认为被诉侵权客体落入了专利权保护范围。这就是通常所说的全面覆盖原则，被诉侵权客体构成了相同侵权。

全面覆盖原则是从权利要求字面含义上认为各技术特征彼此相同，因而美国又称作字面侵权原则（literal infringement）。

---

❶ 笔者认为，此处的文字表述欠严谨，应当理解成"如果该特征对所要求保护的产品的结构和/或组成本身没有带来影响"。

需要说明，在这里字面含义上的相同应当从专利法意义加以考虑。例如：

①当独立权利要求中的技术特征采用上位概念，而被诉侵权客体中相应技术特征为相应的下位概念，则两者为专利法意义上的相同；

②被诉侵权客体在包含权利要求全部技术特征的基础上又增加新的技术特征，则该被诉侵权客体相对于权利要求的技术方案来说仍构成相同侵权；

③在上述情况下，如果被诉侵权客体中增加的技术特征属于专利权人在专利申请、授权审查以及无效宣告过程中明确排除在该权利要求的保护范围之外，则未构成相同侵权，也未构成下面将要作进一步说明的等同侵权，美国将此称作反等同原则（reverse doctrine of equivalents 或 doctrine of non - equivalents）。

对于相同侵权，《专利侵权判定指南》第三十八条至第四十条又针对三种具体情况进一步说明如何认定被诉侵权技术方案是否落入发明、实用新型专利权的保护范围。

①对于组合物的封闭式权利要求，被诉侵权技术方案在包含权利要求中的全部技术特征的基础上，又增加了新的技术特征的，则未落入专利权的保护范围。但是，被诉侵权技术方案中新增加的技术特征对组合物的性质和技术效果未产生实质性影响或该特征属于不可避免的常规数量杂质的情况除外。❶

②在后获得专利权的发明或实用新型是对在先发明或实用新型专利的改进，在后专利的某项权利要求记载了在先专利某项权利要求中记载的全部技术特征，又增加了另外的技术特征的，在后专利属于从属专利。从属专利的主要形式可以是在原有产品专利或方法专利权利要求的基础上增加了新的技术特征，或者在原有产品专利权利要求的基础上发现了原来未曾发现的新的用途，实施从属专利落入在先专利的保护范围。

③对于包含功能性特征的权利要求，如果被诉侵权技术方案不但实现了与该特征相同的功能，而且实现该功能的结构、步骤与专利说明书中记载的具体实施方式所确定的结构、步骤相同的，则被诉侵权技术方案落入专利权保护范围。

（2）等同侵权

根据各国的专利司法实践，如果将发明或者实用新型专利侵权仅限于相同侵权，他人就可能在采用专利基本构思的基础上仅作些微小变化而逃避侵权，从而使专利权不能得到真正的保护，因而各国开始引入了等同侵权（infringement under doctrine of equivalents）的概念。当然各国在掌握等同侵权的标准上有所不同，但通过多次协调逐渐趋于接近。我国也接受了等同侵权的观点，当采用全面覆盖原则判定被诉侵权客体相对于专利未构成相同侵权时，就要进一步采用等同侵权原则判定是否构成侵权。

如果被诉侵权客体所反映的技术方案与专利的权利要求相比，其覆盖了该权利要求的大部分技术特征，而仅有一个或一个以上的技术特征从字面上看并不相同，但经过分析可以认定两者是等同的技术特征，则认为被诉侵权客体落入了专利权的保护范围，构成了等同侵权。

在判定等同侵权过程中，分析被诉侵权客体和权利要求两者相应的技术特征是否为等同技术特征，主要看两者相应的技术特征是否以基本相同的手段、实现基本相同的功能、产生了基本相同的效果，并且是否为所属技术领域的技术人员无需经过创造性劳动就能够想到的技术特征。对于专利的独立权利要求而言，等同特征的替换，既包括独立权利要求中区别技术特征的替换，也

---

❶ 即被诉侵权客体所反映的技术方案相对于专利权利要求的技术方案增加的技术特征是对该组合物的性质和技术效果起实质影响的组分，则被诉侵权客体未落入专利权的保护范围。

包括独立权利要求前序部分技术特征的替换；而对于从属权利要求而言，等同特征的替换既包括其附加技术特征的替换，也包括其所引用的权利要求中的技术特征的替换。此外，判定两者的技术特征是否等同应当以侵权行为发生时间为界限，即以侵权行为发生时本领域普通技术人员的水平来判定是否为等同特征。

对于其中的等同特征，《专利侵权判定指南》第四十九条、第五十条、第五十三条和第五十五条又对被诉侵权客体反映的技术方案和专利权利要求的相应技术特征是否应当认定为等同特征作出进一步说明。

①等同特征的替换应当是具体的、对应的技术特征之间的替换，而不是完整技术方案之间的替换；但是，可以是权利要求中的若干技术特征对应于被诉侵权技术方案中的一个技术特征，也可以是权利要求中的一个技术特征对应于被诉侵权技术方案中的若干技术特征的组合。

②权利要求与被诉侵权技术方案存在多个等同特征的，如果该多个等同特征的叠加导致被诉侵权技术方案形成了与权利要求技术构思不同的技术方案，或者被诉侵权技术方案取得了预料不到的技术效果的，则一般不宜认定构成等同侵权。

③对于包含有数值范围的专利技术方案，如果被诉侵权技术方案所使用的数值与权利要求记载的相应数值不同的，不应认定构成等同；但是，专利权人能够证明被诉侵权技术方案所使用的数值，在技术效果上与权利要求中记载的数值无实质差异的，应当认定构成等同。

在判断被诉侵权客体的技术方案与权利要求的技术方案是否构成等同侵权时还要考虑禁止反悔原则。也就是说，在专利授权程序或专利无效宣告程序中，专利申请人或专利权人为克服专利申请文件或专利文件缺乏新颖性或创造性、独立权利要求缺少必要技术特征、权利要求得不到说明书支持或者说明书未充分公开等不符合授权条件的实质性缺陷，通过对权利要求书、说明书的修改或意见陈述的方式，对专利权利要求的保护范围作了限制性承诺或者部分地放弃了保护，并因此取得专利权，那么在专利侵权诉讼中，就不得用等同原则将专利权保护范围扩大到包含专利权人原先已承诺限制、排除或已经放弃的内容。需要提请注意的是，人民法院不会在侵权判定过程中主动考虑禁止反悔原则，仅仅在被诉侵权人以禁止反悔原则进行不侵权抗辩时才予以考虑。当等同原则与禁止反悔原则相冲突时，即原告主张适用等同原则认定被告侵权，而被告主张适用禁止反悔原则认定己方不构成侵权行为时，则优先适用禁止反悔原则。

需要特别予以说明的是，在我国实施专利制度早期，考虑到我国的专利申请人和专利代理人缺少撰写申请文件的经验，部分人民法院在侵权判断中曾采用多余指定原则❶或者以故意变劣实施❷来认定等同侵权，周林频谱仪专利侵权案是当时采用多余指定原则的一个典型判例。随后，不少地方法院在侵权诉讼中适用多余指定原则，使得权利要求的确定性和公示性受到损害，从而最高人民法院（2005）民三提字第 1 号民事判决表明了最高人民法院对多余指定原则的态度："应当认为，凡是专利权人写入独立权利要求的技术特征，都是必要技术特征，而均应纳入技术特征对比之列。本院不赞成轻率地借鉴适用所谓的多余指定原则。"也就是说，从那时开始，法院基本上不再以多余指定或者故意变劣实施来认定等同侵权。

---

❶ 在我国实施专利制度早期的专利侵权诉讼中，人民法院在解释独立权利要求确定专利权保护范围时，将记载在独立权利要求中的明显附加技术特征（即多余指定的特征）略去，仅以独立权利要求的必要技术特征来确定专利权保护范围，在此基础上若判定被诉侵权客体落入该专利保护范围，则该被诉侵权客体属于等同侵权。上述认定等同侵权的过程中应用了多余指定原则。

❷ 在我国实施专利制度早期的专利侵权诉讼中，如果被诉侵权方故意省略权利要求中的个别技术特征，使被诉侵权客体的技术方案成为在性能和效果上均不如专利技术方案优越的变劣实施行为，只要缺少这些个别技术特征的技术方案相对于申请日前的现有技术在专利所要解决的技术问题上体现有所改进，仍以故意变劣实施认定构成等同侵权。

4. 外观设计专利权保护范围的确定

《专利法》第五十九条第二款对外观设计专利权的保护范围作了规定："外观设计专利权的保护范围以表示在图片或者照片中的该产品的外观设计为准，简要说明可以用于解释图片或者照片所表示的该产品的外观设计。"《专利侵权判定指南》第六十一条对此作了进一步说明："……外观设计专利权的保护范围以表示在图片或者照片中的该专利产品的外观设计为准，对外观设计的简要说明及其设计要点、专利权人在无效程序及其诉讼程序中的意见陈述、应国务院专利行政部门的要求在专利申请程序中提交的样品或者模型等，可以用于解释外观设计专利权保护范围。"

《专利侵权判定指南》第六十二条至第六十九条又针对外观设计专利的各种情况进一步具体说明如何确定专利权的保护范围。现将这些规定归纳为如下七点。

①外观设计专利公告授权文本中没有写明设计要点的，专利权人可以提交书面材料，说明外观设计的独创部位及其设计内容。

②外观设计专利公告授权文本的简要说明中写明请求保护色彩的，❶ 应当将该外观设计的色彩作为确定该外观设计专利保护范围的要素之一。

③在确定外观设计专利权的保护范围时，对整体视觉效果不产生影响的产品的大小、材料、内部结构（包括消费者在正常使用中看不到或者不对产品产生美感作用的设计内容），应当排除在外观设计专利权保护范围之外。

④当事人提交的用以证明专利产品外观设计发展变化的相关证据，可以在确定保护范围时予以考虑。

⑤在确定外观设计专利权保护范围时，应当区分使用状态参考图与变化状态产品的使用状态视图：使用状态参考图不能用于确定外观设计的保护范围，但是可以作为确定产品类别的因素；变化状态产品的使用状态视图，应当作为确定产品外观设计保护范围的依据。

⑥对于一件由多项相似外观设计合案申请取得的专利权，各项相似外观设计专利权的保护范围由各个独立的外观设计分别确定。基本设计与其他相似设计均可以作为确定外观设计专利权保护范围的依据。

⑦成套产品的整体外观设计与组成该成套产品的每一件外观设计均已显示在该外观设计专利文件的图片或者照片中的，其权利保护范围由组成该成套产品的每一件产品的外观设计或者该成套产品的整体外观设计确定。

5. 外观设计专利权的侵权判定

《审理专利侵权纠纷司法解释2009》第八条规定："在与外观设计专利产品相同或者相近种类产品上，采用与授权外观设计相同或者近似的外观设计的，人民法院应当认定被诉侵权设计落入专利法第五十九条第二款规定的外观设计专利权的保护范围。"

由上述规定可知，在确定被诉侵权产品的外观设计是否侵犯外观设计专利权的判定中，首先要审查被诉侵权产品与外观设计专利中的产品是否属于相同或相近种类产品，即两者为相同或相近种类产品是构成外观设计专利侵权的先决条件。如果两者既不是相同种类产品，又不是相近种类产品，则无须分析两者的外观设计是否相同或者相近似就可以直接认定被诉侵权产品的外观设计未落入外观设计专利权的保护范围；如果两者是相同或相近种类产品的话，则进一步通过分析两者的外观设计是否相同或者相近似来确定被诉侵权产品的外观设计是否落入外观设计专利权的保护范围。

---

❶ 对此应当理解为"请求保护的外观设计中包含色彩要素"，此后不再重复作脚注说明。

　　至于如何认定被诉侵权产品与外观设计专利中的产品是否为相同或者相近种类的产品，《审理专利侵权纠纷司法解释2009》第九条规定："人民法院应当根据外观设计产品的用途，认定产品种类是否相同或者相近。确定产品的用途，可以参考外观设计的简要说明、国际外观设计分类表、产品的功能以及产品销售、实际使用的情况等因素。"

　　《专利侵权判定指南》第七十四条又对此作出了补充说明。在这补充说明中进一步明确了下列三点：①根据外观设计产品的用途（使用目的、使用状态）来认定产品种类是否相同或者相近；②在确定产品的用途时，对需要综合参考的相关因素给出了考虑顺序：外观设计的简要说明、国际外观设计分类表、产品的功能以及产品销售、实际使用的情况；③如果外观设计产品与被诉侵权产品的用途（使用目的、使用状态）没有共同性，则外观设计产品与被诉侵权产品不属于相同或者相近种类产品。

　　至于如何认定被诉侵权产品的外观设计与外观设计专利要求保护的产品的外观设计是否相同或相近似，《审理专利侵权纠纷司法解释2009》第十条和第十一条规定：

　　"人民法院应当以外观设计专利产品的一般消费者的知识水平和认知能力，判断外观设计是否相同或者近似。"

　　"人民法院认定外观设计是否相同或者近似时，应当根据授权外观设计、被诉侵权设计的设计特征，以外观设计的整体视觉效果进行综合判断；对于主要由技术功能决定的设计特征以及对整体视觉效果不产生影响的产品的材料、内部结构等特征，应当不予考虑。

　　下列情形，通常对外观设计的整体视觉效果更具有影响：

　　（一）产品正常使用时容易被直接观察到的部位相对于其他部位；

　　（二）授权外观设计区别于现有设计的设计特征相对于授权外观设计的其他设计特征。

　　被诉侵权设计与授权外观设计在整体视觉效果上无差异的，人民法院应当认定两者相同；在整体视觉效果上无实质性差异的，应当认定两者近似。"

　　《专利侵权判定指南》第七十五条至第七十八条对于上述规定中的"一般消费者判断原则"又作了进一步明确规定。根据这些规定，可以归纳为下述三点。

　　①在被诉侵权产品与外观设计专利涉及的产品两者为相同或者相近种类的产品的情况下，判定被诉侵权产品的外观设计是否侵犯外观设计专利权时，应当以两者的设计是否相同或者相近似为标准，而不以是否构成一般消费者混淆、误认为标准。

　　②在判断被诉侵权产品的外观设计与专利要求保护的产品的外观设计是否相同或者相近似时，应当以该产品的一般消费者的知识水平和认知能力进行判断，而不应以该外观设计专利所属技术领域的设计人员的观察能力为标准；即不应以外观设计创作者的主观看法为准，而以一般消费者的视觉效果为准。

　　③一般消费者，是一种假设的"人"，应当从知识水平和认知能力两方面对其进行界定：一般消费者的知识水平是指，他通常对外观设计专利申请日之前相同种类或者相近种类产品的外观设计及其常用设计手法具有常识性的了解；一般消费者的认知能力是指，他通常对外观设计产品之间在形状、图案以及色彩上的区别具有一定的分辨力，但不会注意到产品的形状、图案以及色彩的微小变化。其中对外观设计产品的一般消费者的知识水平和认知能力作出具体界定时，应当针对具体的外观设计产品，并考虑申请日前该外观设计产品的设计发展过程。

　　《专利侵权判定指南》第八十条至第八十五条（包括第六十五条）对于从整体视觉上判断被诉侵权客体和外观设计专利产品两者的外观设计是否相同或者近似的几种具体情况作出了补充说明。对这些补充说明可以归纳为如下七点。

①在分析被诉侵权客体的外观设计和外观设计专利要求保护的产品的外观设计是否相同或者相近似时，针对专利要求保护的产品的外观设计涉及的要素与被诉侵权客体的外观设计涉及的相应要素进行对比分析。

②外观设计专利授权公告的简要说明中写明要求保护色彩的，且专利要求保护的产品的外观设计既涉及形状又涉及图案的，则需要针对这三方面要素形成的外观设计整体视觉效果进行对比：如果两者的形状、图案、色彩等整体上的视觉效果无差异的，则应当认为两者的外观设计相同；如果两者的形状、图案、色彩等整体上的视觉效果不完全相同，但是没有明显差异的，则应当认为两者的外观设计相近似；如果两者的形状、图案、色彩等整体上的视觉效果不同，且有明显差异的，则应当认为两者的外观设计不相同且不相近似。

③外观设计专利授权公告的简要说明中未写明要求保护色彩的，且专利要求保护的产品的外观设计既涉及形状又涉及图案的，仅针对形状和图案形成的外观设计整体视觉效果进行对比，以确定两者的形状、图案在整体上的视觉效果有无差异以及是否有明显差异来确定两者的外观设计是相同、相近似还是既不相同又不相近似。

④在分析被诉侵权客体的外观设计与外观设计专利要求保护的产品的外观设计是否相同或者相近似时，由产品功能、技术效果决定的设计特征（指实现产品功能、技术效果的有限或者唯一的设计）不予考虑。

⑤对于立体产品的外观设计，通常形状对整体视觉效果更具有影响，在进行相同相近似判断时，应以形状为重点；但如果其形状属于惯常设计（指现有设计中一般消费者所熟知的、只要提到产品名称就能想到的相应设计），则图案、色彩对整体视觉效果更具有影响，即应当仅对其图案、色彩作出判定；如果其形状是新设计，且图案和色彩也为新设计，则应当对形状、图案、色彩三者的结合作出判定。

⑥对于平面产品的外观设计，通常图案、色彩对整体视觉效果更具有影响，在进行相同相近似判断时，应以图案、色彩为重点。

⑦将不透明材料替换为透明材料，或者将透明材料替换为不透明材料，且仅属于材料特征的变换，未导致产品外观设计发生明显变化的，在判断外观设计的相同相近似时，应不予考虑。但是，如果透明材料使得该产品外观设计的美感发生了变化，导致一般消费者对该产品的整体视觉发生变化的，则应当予以考虑。

此外，在侵犯外观设计专利权的判定中也同样适用禁止反悔原则。

二、原告方提起专利诉讼阶段的代理事务

侵权诉讼程序以原告方向人民法院提起侵权诉讼而启动。由于侵权诉讼要花费不少人力和财力，因此作为原告方的代理人应当在向人民法院起诉前认真帮助原告分析案情，判断是否有必要向法院提起侵权诉讼。

从被委托办理专利侵权诉讼事宜起到为委托人提出侵权诉讼请求期间，原告方代理人需要做不少工作，其中包括：核实委托人的资格、判断专利权的稳定性、侵权证据的收集、侵权判定的分析、与委托人确定侵权诉讼策略、撰写起诉状和提出专利侵权诉讼请求。现对所列各项工作逐一作出简要说明。

1. 核实委托人的资格

根据《专利法》第六十条的规定，对于专利侵权行为，只有专利权人或者利害关系人可以向人民法院起诉。因此代理人在接受原告的委托时，应当首先核实委托人是否有权提出侵权诉讼

请求。

专利权人是指依法获得专利权的个人、法人或者其他民事主体。其可以是国家知识产权局授予该专利时的专利权人（该项专利在授权后未通过转让或继承等方式变更过专利权人），也可以是该项专利在授权后通过转让、继承等方式获得专利权的人。因而，无论是授权时的专利权人（专利授权后未进行过转让或继承），还是该专利权的受让人或继承人均有资格提出专利侵权诉讼。

利害关系人是指除专利权人外，专利权被侵犯时对其有利害关系的人，即专利实施许可合同的被许可人。就专利侵权诉讼而言，对三类不同的专利实施许可合同的被许可人作为原告的要求是不同的：独占实施许可合同的被许可人可以单独提出专利侵权诉讼；排他实施许可合同的被许可人在专利权人不起诉的情况下可单独起诉；而普通实施许可合同的被许可人除在许可合同中另有约定外，只能与专利权人一起作为共同原告起诉。因而，对于独占实施许可合同的被许可人委托专利代理机构办理有关专利侵权诉讼事务时，可认为其有资格起诉；对于排他实施许可合同的被许可人前来委托专利代理时，应要求其提供专利权人不起诉的有关证明材料；对于普通实施许可合同的被许可人前来委托专利代理的，应当要求其提供专利实施许可合同，且在该许可合同中记载了可由被许可人单独提出专利侵权诉讼的内容。否则，在后两种情况均应告知委托人，请其与专利权人共同提出专利侵权诉讼，如缺少有关证明材料或有关许可合同文件而单独提出专利侵权诉讼，人民法院将以原告主体不符合要求而不予立案。

2. 判断专利权的稳定性

一项专利权被侵犯的条件是该专利权必须有效，如果一项专利权不复存在，例如原取得的专利权被放弃或被宣告无效，就不再存在专利侵权。《专利法》第四十五条规定了任何单位或个人可以在该专利授权后以该专利权不符合《专利法》有关规定为理由提出无效宣告请求。在实践中，有一部分专利经过无效宣告请求的审查被宣告全部无效或部分无效，因此被诉侵权方多半会在收到人民法院发出的专利侵权诉讼受理通知书后针对该专利权向专利复审委员会提出无效宣告请求以摆脱侵权责任。由此可知，原告方在向人民法院提出专利侵权诉讼前，应当进一步判断所拥有专利的法律稳定性，分析有无被宣告无效的可能。这一点对于未经过实质审查而授权的实用新型和外观设计专利尤为重要。

《专利法》第六十一条第二款和《专利法实施细则》第五十六条、第五十七条对实用新型专利和外观设计专利的专利权评价报告作了明确规定。根据《专利法》第六十一条第二款的规定，专利侵权纠纷涉及实用新型专利或者外观设计专利的，人民法院或者地方知识产权管理部门可以要求专利权人或者利害关系人出具由国家知识产权局对相关实用新型或者外观设计进行检索、分析和评价后作出的专利权评价报告，作为审理、处理专利侵权纠纷的证据。《审理专利纠纷司法解释2015》第八条第一款又对原告未应法院要求提交报告的后果作了进一步规定：根据案件审理需要，人民法院可以要求原告提交检索报告或者专利权评价报告。原告无正当理由不接受的，人民法院可以裁定中止诉讼或者判令原告承担可能的不利后果。由此可知，原告方若准备起诉侵犯实用新型或外观设计专利权，最好向国家知识产权局请求作出实用新型或者外观设计专利权评价报告。按照《专利法实施细则》第五十六条第二款的规定，在请求作出专利权评价报告时，应当提交专利权评价报告请求书，写明专利号，并指明专利权评价报告所针对的文本是授权公告的专利文件还是生效的无效宣告请求审查决定维持有效的专利文件（后者还需指明相关的无效宣告请求审查决定的决定号）。原告方为利害关系人的，在请求作出专利权评价报告时，还应当同时提交能证明其有资格就专利侵权纠纷向人民法院起诉或者请求地方知识产权管理部门处理的相关证明文件。

　　在起诉前，应当帮助专利权人再进行一次专利权稳定性调查的工作。即使是已经过实质审查的发明专利和已作出专利权评价报告的实用新型专利或外观设计专利，也应如此。这是由于在发明的实质审查期间或者对实用新型专利、外观设计专利作出专利权评价报告时受到检索手段的限制，主要仅对专利文献进行了检索，而对非专利文献的检索并不彻底，加上对国内外除出版物以外的公知公用情况未作任何调研，因而在判断专利权稳定性时，专利代理人应当建议委托人最好进行相应的补充检索和调查。

　　起诉前的检索和调查应当尽可能全面、充分。对发明专利以及已委托国家知识产权局作过专利权评价报告的实用新型专利或外观设计专利来说，其重点应当放在非专利文献和国内外除出版物以外的公知公用方面，除了专利代理人根据自己对本领域的了解作进一步检索外，主要应当向专利权人（包括发明人或设计人）了解非专利文献和国内外除出版物以外的在先公知公用情况。

　　除了相对于现有技术或现有设计分析专利权是否稳固外，还需要分析专利文件是否存在其他致命的缺陷以及这些缺陷是否可以在无效宣告程序中加以克服，这对于实用新型专利更为重要。有些专利申请人在提出专利申请时并未委托专利代理人办理专利申请手续，因此其专利申请文件的撰写可能存在一些致命的缺陷，而实用新型专利又未经过实质审查，因而授权的专利文件也有可能仍存在一些致命的缺陷，如为防止仿造将本专利的关键内容作为技术秘密来处理，未写入说明书，从而造成说明书未充分公开本实用新型专利。如果经过分析，本专利存在一些致命的缺陷，且在无效宣告程序中又难以克服，则不宜提出专利侵权诉讼请求。

3. 侵权证据的收集

　　经过上述分析，确认专利权比较稳固，则在提出专利侵权诉讼前应当着手侵权证据的收集。

　　首先应当收集侵权诉讼被告实施专利侵权行为的证据。这方面的证据中最重要的是物证：侵权产品或使用侵权方法直接获得的产品，这类证据对于认定被诉侵权客体落入专利保护范围来说十分重要。在这里，需要说明的是，按照《专利法》第六十一条第一款的规定，对于涉及新产品制造方法的发明专利，举证责任倒置，由被告提供其产品制造方法来证明未采用该专利的制造方法，但即使在这种情况下，也仍然需要由原告首先提交被告已生产出该产品的证据。上述物证通常可以通过正常合法的购买手续获得，而且应当对此购买的侵权产品在公证机关在场情况下进行封存，并出具公证证明材料。除物证外，比较重要的证据是书证，包括侵权产品说明书、样本、销售广告、销售发票等，这类证据一部分可用于证明该被诉侵权客体落入该专利权保护范围，另一部分证实被告在专利权有效期内正在实施该侵权行为。此外，还可以提供其他形式的证据，如录像、照片等。这些证据最好提供原件，若提供复印件则应当进行公证，尤其对于其他形式的证据往往对原件也需要进行公证。对于网上销售的情况，由于网上的信息并不是永久性的，对于这种情况应当在有关公证机关在场的情况下下载，并出具公证材料。

　　另一类重要的证据是用作确定侵权赔偿的证据。按照《专利法》第六十五条的规定和《审理专利侵权纠纷司法解释2009》和《审理专利纠纷司法解释2015》的有关规定，确定侵犯专利权的赔偿数额有四种方式：依专利权人被侵权受到的实际损失来确定赔偿数额；实际损失难以确定的，依侵权方侵权所获得的利益来确定赔偿数额；专利权人的实际损失和侵权方侵权获利难以确定的，参考专利许可使用费合理确定赔偿数额；上述三种方式难以确定的，根据专利权的类型、侵权行为的性质和情节等因素，确定给予1万元以上100万元以下的赔偿。❶

---

　　❶ 目前正在酝酿对我国《专利法》进行第四次修订，为加强对专利权的保护，这次修订《专利法》后将加大对故意侵权行为的赔偿力度，在2014年4月上报的送审稿中，对于故意侵犯专利权的行为，可以根据侵权行为的情节、规模、损害后果等因素，在目前《专利法》中所规定的计算方法所确定的赔偿数额基础上提高至2~3倍。

专利权人因被侵权所受到的实际损失，可以根据专利权人的专利产品因侵权造成销售量减少的总数乘以每件专利产品的合理利润所得之积计算，以此方法作为侵权赔偿依据的，专利权人应当提供证明己方在侵权发生前后销售量变化的证据。但是由于市场因素比较复杂，专利权人专利产品销售量的变化还会受到其他因素影响，加上可能遇到多家同时侵权，如何确定这几家各自的影响也存在一定难度，因此对于专利权人被侵权所受到的损失又有一种新的计算方法，就是以侵权产品在市场上销售的总数乘以每件专利产品的合理利润所得之积来计算。在此时专利权人就需要提供证明被告销售侵权专利产品数量的证据以及证明己方每件专利产品合理利润的证据。显然，对于确认被告侵权专利产品数量来说，被告肯定不会配合，不会主动提供合法、齐全的财务账册和销售材料，甚至会做假账或不立账，因此专利权人在起诉专利侵权前应当通过合法手段取得被告侵权产品数量的证据，最好对取得的证据给予公证。

至于依照被告侵权所获得的利益确定赔偿数额与前面所述的第二种算法比较接近，只是作为专利权人所受实际损失来计算时每件专利产品的合理利润按照专利权人实际取得的利润来确定，而依照被告侵权获利来计算时每件专利产品的合理利润按照侵权人的营业利润（故意侵权按销售利润）来确定。这样举证的难度就更大了，不仅要提供证明被告销售侵权专利产品数量的证据，而且要提供证明其所取得营业利润或销售利润的证据，为此在确定己方专利权比较稳固且被告必定侵权的情况下，可以提出证据保全的请求。

至于以参考使用许可费的合理倍数要求侵权赔偿数额时，则应当提供与其他单位签订的专利实施许可合同作为证据。

需要说明的是，2008 年修改《专利法》后，规定赔偿数额还包括权利人为制止侵权行为所支付的合理开支。因此还需要向人民法院提供因调查专利侵权行为（如通过公证购买合理数量侵权产品）、制止专利侵权行为（如委托律师制止侵权）等支付费用的证据。

除了上述被告实施专利侵权行为和确定赔偿数额这两类证据外，还需要提供证明专利权有效以及确定专利权保护范围的证据。这主要包括：专利证书、专利缴费收据、专利登记簿副本、专利授权公告文本（或无效宣告程序中在无效宣告请求审查决定中维持专利权部分有效时所针对的文本）等，这些证据大多数是书证，且掌握在专利权人一方手中，因而上述证据的准备是最方便的。

4. 侵权判定的分析

在收集到上述证据后，就要分析对方的实施行为是否构成了侵权行为。

侵权判定分析的第一步是确定被告的侵权客体是否落在本专利的保护范围之中。首先，依据《专利法》第五十九条的规定，确定专利保护范围：对发明或实用新型专利来说，按照权利要求的内容来确定，说明书及其附图可用于对权利要求的内容作出解释；对外观设计专利来说，按照图片和/或照片所表示的该产品的外观设计来确定，简要说明可用于解释图片或者照片所表示的该产品的外观设计。然后，判断对方实施的行为是否落入所确定的专利保护范围：对发明或实用新型专利来说，判断对方的产品或使用的方法是否构成了相同侵权（被诉侵权客体与本专利保护客体特征一一对应）或等同侵权（被诉侵权客体与本专利保护客体的所有特征不是相互对应就是以基本相同手段实现基本相同功能产生基本相同效果）；而对外观设计专利，从整体视觉效果角度判断被诉侵权客体与本专利保护客体是否相同或相近似。有关这方面的具体分析方法和分析原则已在本章本节之一中作了概要说明，为节约篇幅在此不再重复。

在侵权分析时，一旦认定对方的产品或使用的方法落入本专利保护范围，并不等于对方已构成了侵权，此时还要进一步分析对方的实施行为是否以生产经营为目的、是否属于《专利法》第六十九条中所规定的不视为侵犯专利权或非故意的免责行为情况。当然，这些属于侵权方当事人可以争辩不构成侵权或侵权免赔偿责任的理由，通常应当由对方提出来，但在提出侵权诉讼之前对此进行分析仍然是必要的。例如，对方使用、销售的专利产品是否为从己方所许可实施专利的单位取得的，属于此种情况就不应当提出专利侵权诉讼。又如在分析出属于非故意销售或使用侵权免赔偿责任的情况时，就要考虑在提起侵权诉讼时将向其提供产品的单位作为共同被告。

在进行上述侵权分析时，还需要考虑一种情况，即对方的行为是诱导、怂恿、唆使他人实施专利的情况，则对方的行为构成了间接侵权。对于有直接侵权者存在时可将该间接侵权者作为共同被告，对于本书第十章第三节之三中所指出的三种不存在直接侵权者的间接侵权行为（即其故意诱导、唆使的行为属于个人非营利目的的行为或者属于《专利法》第六十九条规定的不视为侵犯专利权的行为或者实施专利的行为发生或可能发生在境外），则可考虑以该间接侵权行为人作为专利侵权诉讼的被告。

5. 与委托人研究侵权诉讼策略

有不少专利权人一旦发现有侵权现象，就立即向人民法院提出专利侵权诉讼，其实这不一定是最佳做法，因为侵权诉讼往往使双方耗费大量的人力、物力和财力，甚至一场侵权纠纷下来，双方都大伤元气。因此，作为代理人在上述工作基础上应当与委托人一起研究侵权诉讼的策略。

在研究侵权诉讼策略时需要考虑几个问题：对方的经济实力和侵权规模、市场前景预测和对己方市场的影响、对方可能是恶意侵权还是非故意侵权；然后综合上述情况确定侵权诉讼策略。例如，市场前景较小，且专利权人自身企业已能满足整个市场需要，加之对方经济实力较弱，索赔相当困难时，可以将主要着眼点放在要求对方停止侵权行为上；相反，如果市场前景较大，专利权人自身生产能力较小，远远适应不了市场需要，则应该谋求与对方签订专利实施许可合同，或者专利权人自身生产能力有一定规模，为了不致影响自身企业的市场，可以采取有地域限制的专利实施许可手段；如果对方是恶意侵权，则极有可能需要通过侵权诉讼程序加以解决，此时既要求对方停止侵权行为，又要求给予侵权赔偿，甚至必要时在诉讼时或诉讼前以财产保全方式提出先予执行、诉前禁令或者证据保全。

综合研究后所确定的诉讼策略可以有下述几种。

①先发出侵权警告，并要求对方停止生产或与己方签订专利实施许可合同，对方不接受后再提出侵权诉讼。这种做法往往是在初步判断对方非故意侵权或者本专利申请尚未授权的情况，而且在发出侵权警告之前已取得足够的证据并已进行必要的公证，以防止对方在接到侵权警告后毁灭证据或转移财产。

②直接提出侵权诉讼，此时可以根据不同的情况将诉讼的目标分别定在对方与己方签订专利实施许可合同、对方停止侵权行为或者对方停止侵权行为并支付侵权赔偿，对于前两个目标可以在诉讼程序中谋求和解而达到，对于后一个目标大多数在诉讼程序中不谋求和解，除非只要求对方作象征性赔偿。

③直接提出侵权诉讼，且在诉讼过程中提出财产保全、先予执行和/或证据保全的措施，甚至必要时在诉讼前申请采取"诉前停止侵犯专利权行为的措施"（西方国家称为"临时禁令"）。提出财产保全、先予执行或诉前禁令请求的，大多数是因对方侵权行为的继续将会给己方带来难以挽回的损失，而提出证据保全大多数是因为估计对方极有可能在诉讼期间或提出诉讼后毁灭证据或转移财产。但需要强调的是，提出上述请求必须十分慎重，首先要确信己方的专利权十分稳固，不存在被宣告无效的可能，而且要确认对方的实施行为肯定构成侵权行为，否则一旦侵权诉讼判决对己方不利将会为己方带来更大的损失。

6. 撰写起诉状

通过上述工作，确定要提起侵权诉讼后，就应当开始着手撰写起诉状。

起诉状通常包括三个部分：诉讼当事人的自然情况、诉讼请求、诉讼事实和理由。其中前两部分比较简单，重点在第三部分。

在诉讼当事人的自然情况部分中，首先写明原告的单位、住所地、法定代表人，以及写明委托律师或专利代理人的有关情况；然后写明被告的单位、住所地、法定代表人；如果有第三人，还要写明第三人的单位、住所地和法定代表人。如果诉讼当事人是自然人，要写明其姓名、性别、年龄、职业、住所地。

在诉讼请求部分中，应当以简要、明确的语言写明案由和诉讼请求的有关事项。通常可采用下述格式句：

"被告×××的产品（或方法）侵犯了原告所享有的中国××××专利ZL×××××××××××××的专利权，请求×××××人民法院依法判定被告立即停止侵权行为，并赔偿原告侵权损失××万元。"

事实和理由部分是起诉状的重点。在这一部分应当结合所附证据说明原告享有专利权的事实、被告侵犯专利权的事实以及给原告造成侵权损失的事实，以作为所提出的诉讼请求的依据。

在事实和理由部分，对于发明或实用新型专利来说重点说明专利权的保护范围，以及分析被告生产、许诺销售、销售、使用或进口的产品或者使用的方法（对于发明专利的产品制造方法来说还包括依据专利方法所获得的产品）落入专利权的保护范围，以说明其构成专利侵权行为，必要时说明是构成相同侵权还是等同侵权。对外观设计专利来说，重点根据该外观设计的设计要点说明其主要创作部位及内容，分析被告生产、许诺销售、销售或进口的产品的外观设计落入专利权保护范围，构成侵权行为。

在事实和理由部分的另一个重点是说明被告侵权行为给原告带来的经济损失或者被告通过侵权所获得的利益。对于要求被告赔偿侵权损失的，应当在这一部分利用有力的证据作出清楚的分析，以说明诉讼请求部分所提出的赔偿数额是合理的。

在准备好起诉状后，就应当将起诉状的初稿发送给委托人，请其确认。对于国内单位，还应当要求委托人在已确认的起诉状的打印件上盖上公章；对于涉外单位，可以由其法人代表在起诉状的打印件上签字。

在撰写起诉状时，应当同时准备好起诉状所提到的证据以及一份证据清单。对于其中的关键性证据最好要提供原件，至少要给出原件存放的地点并对复制件给予公证。在证据清单中按证据编号顺序给出证据名称、证据来源，为清晰起见还可说明该证据所证明的内容和证明的事实。

此外，向人民法院起诉时，除了提交起诉状和相关证据，还需要同时提交由委托人签署的委托书。委托人是国内单位，应当在委托书上加盖公章，此外还需要提交工商行政部门或事业社团登记管理部门出具的证明文件；涉外的单位，可以由其法人代表在委托书上签字，并提交该单位在所在国办理的与我国工商登记或事业社团登记相应的证明文件和提交法定代表人的证明文件，这些文件还需要经过公证认证。因此，在准备起诉状的同时，要同时请委托人准备委托书和其他需要提交的文件。

7. 侵权诉讼的提出和立案

在做好侵权诉讼的准备后，就应当向有关人民法院提出侵权诉讼，在提出侵权诉讼时还要注意下述几个问题：诉讼时效、诉讼法院的选择以及侵权赔偿额的最后确定。当然这几个问题的确定往往会影响起诉状的撰写，所以在实践中这方面的工作与撰写起诉状是结合起来进行的。

按照《专利法》第六十八条第一款的规定，侵犯专利权的诉讼时效为2年，自专利权人或利害关系人得知或者应当得知侵权行为之日起计算。对于该诉讼时效，作为原告方的专利代理人在提出专利侵权诉讼时应当注意两个问题：其一，必须在得知或应当得知侵权事实之日起2年内提出专利侵权诉讼，除非有足够证据证明由于客观原因存在无法从法律角度推定专利权人应当得知该侵权事实或者证明存在导致诉讼时效中止或中断的客观事实；其二，对于连续实施的侵权行为，若起诉时距最早的侵权发生日已超过2年，则计算侵权损害赔偿应当自起诉之日起向前推算2年，仅仅要求对这2年中的侵权行为造成的损失进行赔偿。

根据《审理专利纠纷司法解释2015》第五条、第六条、第七条的规定，专利侵权诉讼由侵权行为地或被告住所地人民法院管辖；若发生多种侵权行为，有多名共同被告，则这些共同被告的侵权行为发生地或住所地人民法院有权管辖。因此，为防止地方保护主义，原告可以在有管辖权的人民法院中进行选择。例如，某制造厂商在其制造地制造了侵权产品而在其外地分支机构销售该侵权产品，以该制造商为被告时既可向该制造地人民法院提出侵权诉讼，也可向销售地人民法院起诉，此时就可在此两个人民法院中进行选择，通常选择原则是该两个人民法院中哪一个地方保护主义的影响可能小一些，或者哪一个人民法院在审理知识产权案件更有经验。又如，制造商和销售商不在同一地，即使销售商属于《专利法》第七十条规定的可不承担赔偿责任的情况，考虑到以制造商为被告在制造地提出诉讼可能会受到地方保护主义的影响，则仍可以向销售地人民法院提出专利侵权诉讼，以销售商为被告，以制造商为共同被告。

在确定所要求的赔偿数额方面，不少专利权人认为索赔数额越高，将来取得的实际赔偿数额就越多，其实这种观点并不正确。人民法院在判决赔偿数额时主要考虑专利权人被侵权造成的实际损失或者侵权方的侵权获利，如果所要求的赔偿数额与所提供的用于确定赔偿数额的证据相应，人民法院一旦核实证据属实，所判决的赔偿数额就会接近所要求的赔偿数额。如果所要求的赔偿数额远远高于由证据确定的数额或者提供的证据经核实远远低于所要求的赔偿数额，人民法院按实际情况判决的赔偿数额就会比所要求的数额低得多。由此可知，提出过高的赔偿数额并不会给专利权人带来好处。相反，由于侵权诉讼费用与要求的赔偿数额有关，两者成一定的比例关系，而专利权人并不能保证己方百分之百胜诉，一旦败诉就要由己方支付较高的侵权诉讼费。即使双方和解，该侵权诉讼费仍与原要求的赔偿数额有关，不论此时由原告支付还是原、被告双方支付，专利权人要求过高的赔偿数额对其也不会带来什么好处。笔者获悉一件侵权案，侵权方实际上只生产过几百件产品，每件产品纯利润7元，因此侵权方总共获利不到5 000元，而专利权人在侵权诉讼中要求赔偿20万元，最后双方和解，被告赔偿原告4 000元，这与原告最后交给法院侵权诉讼费相当，显然这是由于要求赔偿数额过高造成的。当然，要求赔偿数额过低，法院判决的赔偿数额不会高于所要求赔偿数额。因此代理人在帮助委托人提出侵权诉讼时，应当协助确定一个合理的要求赔偿的数额。

另一个在提出侵权诉讼时需要考虑的问题是，在提出诉讼请求时或提出诉讼请求前是否向人民法院提出财产保全先予执行（包括要否证据保全）或诉前禁令的申请，如经过慎重考虑决定采取上述措施（具体参见本节之二的"5. 与委托人研究侵权诉讼策略"中的分析），应当在提出侵权诉讼时或侵权诉讼前向人民法院提出上述先予执行或诉前禁令的申请，并提供财产担保。其中申请诉前禁令的，应当按本书第二编第十章第三节中所指出的那样，同时提交证实其专利权真实有效的文件、证明对方正在实施或者即将实施侵犯专利权行为的证据以及其他相关证明材料。而且还应当在人民法院采取停止有关侵权行为的措施之日起15日内向人民法院提出侵权诉讼。

在向人民法院提起侵权诉讼时，为了满足人民法院立案的要求，所提交的起诉状至少应当按照对方当事人（被告、共同被告甚至包括所涉及的第三人）的数量确定所提交的起诉状份数，即在对方当事人数量的基础上加一份，但委托书和其他证明委托人资格的文件只需要提交一份。若提交证据的话，应提交与起诉状相同的份数。

在向人民法院提起侵权诉讼时，除提交起诉状、相关证据和委托书外，还应当缴纳诉讼费。即使主张对方败诉后应由对方支付诉讼费，也应先支付诉讼费，对方败诉后法院会判令对方承担诉讼费，并会将己方所缴的诉讼费退回。

三、被告方答辩起诉状阶段的代理事务

原告方提出侵权诉讼并被人民法院受理后，法院会立即将起诉状副本送达被告，并要求其在指定期限内（如15日）作出答辩。作为被告方的代理人就应当着手撰写答辩状，此时通常包括下述几方面的准备工作：认真阅读起诉状并分析己方的实施行为是否落入专利权的保护范围、了解对方专利的现有技术和现有设计并对专利权稳定性作出判断、分析是否存在侵权抗辩的理由并准备相应的证据、与委托人商讨侵权诉讼中的应诉对策以及撰写答辩状等。下面就这几方面的工作作一简单介绍。

1. 分析己方的实施行为是否落入专利权的保护范围

在收到起诉状后，应当立即仔细阅读起诉状和该侵权诉讼所涉及的专利文件。在此基础上确定该专利权的保护范围，分析己方的实施行为是否落入专利权的保护范围。

对于发明或者实用新型专利，要仔细研究权利要求书和说明书，重点放在权利人主张的侵权行为所涉及的权利要求上，根据权利要求的内容来确定其专利权的保护范围，必要时用说明书及其附图对专利权的保护范围作出解释。与此同时，将其与起诉状中原告所认定的专利权保护范围进行比较，判断双方所认定的是否一致。不一致时，应当对两者的分歧作进一步分析，判断何者更为正确。如果对方的观点比较合理，则应当以对方所确定的专利权保护范围为基础进行分析；相反，认为己方的观点正确，则应当以此作为答辩己方未构成侵权的突破口。

在根据权利要求书和说明书确定了所主张的权利要求的保护范围后，就应当着手分析己方的实施行为（即己方制造的产品或使用的方法）是否包含了该权利要求的全部技术特征，以便由此确定己方的实施行为是否落入了该权利要求的保护范围。一旦己方的实施行为包含该权利要求的全部技术特征，则己方的实施行为就以相同方式落入了对方专利权的保护范围；如果未包含该权利要求的全部技术特征，则要结合对方起诉状中论述的理由进一步分析该权利要求中未被己方实施行为覆盖的技术特征是否以等同的方式体现在己方的实施行为中，即判断己方的实施行为是否以等同方式落入该权利要求的保护范围。如果经过分析，认为己方的实施行为既未以相同方式又未以等同方式包含该权利要求的全部技术特征，则绝大部分情况就可认定己方的实施行为未构成侵犯对方专利权的行为。如果经过分析，认为己方的实施行为以相同方式或等同方式包含了该权利要求的全部技术特征，则己方的实施行为就落入了该权利要求的保护范围，此时还要进一步分析己方的实施行为是否还落入了该权利要求的从属权利要求的保护范围。作此考虑的目的是为了给后面有可能采用的无效反诉手段（即针对对方专利权提出无效宣告请求）确定所要达到的目标做好准备。

对发明或者实用新型专利来说，如果起诉状中涉及间接侵权导致的共同侵权时，那么在认定己方的实施行为既未以相同方式又未以等同方式落入专利权保护范围后，尚需进一步分析起诉状中的有关论述是否正确，判断己方的实施行为是否在主观上起到了诱导、怂恿或帮助他人实施专利技术的作用，以确定是否构成了共同侵权行为。

对于外观设计专利来说，首先要根据外观设计专利的图片和照片表示的该产品的外观设计，并结合其简要说明确定外观设计的专利保护范围，并与起诉状中有关外观设计专利权保护范围的说明进行对比；然后针对起诉状中原告所论述的理由进一步分析己方实施行为所涉及产品的外观设计是否与该外观设计专利图片或照片表示的该产品的外观设计相同或相近似，以便确定己方实施行为所涉及产品的外观设计是否落入该外观设计专利权的保护范围。

2. 了解对方专利的现有技术或现有设计，并判断对方专利权的稳固性

如果通过分析初步判断己方的实施行为落入了对方专利权的保护范围，就应当设法了解该专利申请日前现有技术或现有设计状况，其主要目的是根据检索和调研结果判断该专利的稳定性，以确定是否通过提出无效宣告请求而使己方摆脱侵权的不利处境。

为了解对方专利的现有技术或现有设计（包括申请日前申请、申请日后公布或授权公告、且披露了同样的发明创造的中国专利申请文件或专利文件），可以委托国家知识产权局专利检索咨询中心进行检索；也可以委托国家知识产权局专利局专利文献部进行机检；当然也可以自行对专利文献和非专利文献进行检索，至于如何进行专利检索可参阅本书第三章第三节之二和之三部分的内容。

除此之外，还应当到国家知识产权局专利局初审部门查阅该专利在审查期间的档案，了解其原始专利申请文件、该专利申请作过哪些修改，尤其是通过查阅可以得知发明专利实质审查期间审查意见通知书中所引用的对比文件，从而可以将这些对比文件作为对现有技术或现有设计了解的补充。

在找到与该专利相关或十分相关的现有技术或现有设计后，就应当着手分析可否用这些现有技术作为该发明或者实用新型专利不具备新颖性或创造性的证据或者用这些现有设计作为该外观设计专利不符合《专利法》第二十三条第一款或第二款规定的证据。此外，还可分析专利文件是否存在其他可以作为无效宣告理由的实质性缺陷，例如将通过查阅专利审查档案所了解到的原始专利申请文件与专利文件进行对比，以便发现该专利文件是否存在不符合《专利法》第三十三条有关修改不得超出原申请文件记载或表示范围的规定这一实质性缺陷，权利要求是否存在未以说明书为依据或者未清楚限定要求专利保护范围的实质性缺陷，独立权利要求是否存在缺少解决技术问题必要技术特征的实质性缺陷，说明书是否存在未充分公开发明创造的实质性缺陷等。若存在上述实质性缺陷，就可将其作为对该专利提出无效宣告请求的理由，以此为基础进一步判断可否宣告整个专利无效或宣告该专利部分无效；对于可宣告专利部分无效的情况，进一步分析己方实施行为是否还有可能落入被维持有效的专利权保护范围，为后面与委托人商讨侵权诉讼的应诉对策做好准备。

了解对方专利的现有技术或现有设计的另一个目的是以所找到的现有技术或现有设计作为己方采用现有技术抗辩或现有设计抗辩的证据。

现有技术抗辩是指，被诉侵权落入专利权保护范围的侵权客体的全部技术特征，与一项现有技术方案中的相应技术特征相同或者等同，或者所属技术领域的技术人员认为被诉侵权客体的技术方案是一项现有技术与所属技术领域公知常识的简单组合，则认定被诉侵权人实施的技术属于现有技术，被诉侵权人的行为不构成侵犯专利权。现有技术抗辩主要是为了防止将发明或者实用新型专利权保护范围以等同方式扩大到可被自由应用的现有技术范围。即在专利侵权诉讼中，被诉侵权客体以等同方式落入权利要求的保护范围时，如果有证据能证明被诉侵权客体与该专利申请日前公知的一项现有技术等同，则可以认定该被诉侵权的客体不构成侵权行为。因此，当所找到的现有技术虽然不能使该专利宣告无效时，还可进一步分析己方的实施行为是否属于该项可自由应用的现有技术范围，通常当己方实施行为分别与该项专利相比和与该项现有技术相比更接近该项现有技术，就可以考虑以此为理由进行抗辩。

现有设计抗辩是指，被诉侵权产品的外观设计与一项现有设计相同或者相近似，或者被诉侵权产品的外观设计是一项现有外观设计与该产品的惯常设计的简单组合，则被诉侵权产品的外观设计属于现有设计，被诉侵权人的行为不构成侵犯外观设计专利权。现有设计抗辩也是为了防止将外观设计专利权保护范围扩大到可被自由应用的现有设计范围。❶

此外，在专利侵权诉讼中适用禁止反悔原则：如果在专利授权程序、无效宣告程序中，专利权人为确保其发明、实用新型或外观设计专利符合授权条件，通过修改文件或者意见陈述的方式，对专利权保护范围作了限制性承诺或部分放弃了保护，并因此获得专利权或维持专利权有效，则在专利侵权诉讼中禁止专利权人将已被限制、排除或者已经放弃的内容纳入该专利权保护范围。因此，到国家知识产权局专利局初审部门查阅该专利在审查期间的档案，还可了解到该专利在其审批阶段作过哪些修改、审查员在发出的通知书中所表达的观点以及专利申请人在意见陈述书中陈述的意见。如果该专利已经历过无效宣告程序，还应当查阅该无效宣告程序中的有关档案，了解合议组在无效宣告请求案中的观点以及专利权人所陈述的意见。通过查阅这些档案，有可能找到有关适用禁止反悔原则的证据，从而为撰写答辩状争辩己方不侵权作了准备。

3. 分析是否存在抗辩的理由及准备相应证据

在上述工作的基础上，被诉侵权方的代理人就应当着手进行专利侵权抗辩的准备。

《专利侵权判定指南》第一百一十一条至第一百二十三条给出了六类专利侵权抗辩理由（专利权效力抗辩、滥用专利权抗辩、不侵权抗辩、不视为侵权抗辩、现有技术或现有设计抗辩、合理来源抗辩）。现对其归纳分为三大类。

（1）分析是否存在己方不侵权的抗辩理由

首先，前面所指出的己方的实施行为未落入该专利权的保护范围是己方不侵权抗辩最常见的理由。对发明或者实用新型专利来说，主要说明己方的实施行为既未以相同方式又未以等同方式包含该权利要求的全部技术特征；对于外观设计专利来说，主要说明己方所实施的产品的外观设计与该专利的外观设计既不相同、又不相近似。有关这方面的分析和争辩将在本节之四中作进一步展开说明。

其次，可以利用禁止反悔原则来作为己方不侵权抗辩的理由，说明原告在专利审批程序或无效宣告程序中通过对专利文件的修改或意见陈述已对专利权保护范围作出了限制性承诺或部分放弃保护，从而将己方的实施行为排除在专利权保护范围之外。以禁止反悔原则作不侵权抗辩理由时，应当通过向国家知识产权局查阅该专利有关档案获取需要向人民法院提供的有关证据。

再次，还可以利用现有技术或现有设计抗辩作为己方不侵权抗辩的理由，即以己方实施的行为是专利申请日以前在国内外为公众所知的现有技术或现有设计来主张己方的实施行为未构成侵权。为此，主张现有技术抗辩的，需要向人民法院提供证实存在一项在该专利申请日前为公众所知的、与己方被诉侵权客体相同或等同的技术方案的证据，或者提供存在一项可与所属技术领域公知常识简单组合成己方被诉侵权客体的现有技术方案的证据；主张现有设计抗辩的，需要向人民法院提供证实存在一项在该专利申请日前为公众所知的、与己方被诉侵权产品的外观设计相同或相近似的外观设计的证据，或者提供存在一项可与该产品的惯常设计简单组合成己方被诉侵权产品的外观设计的现有设计的证据。

---

❶　主要防止通过认定被诉侵权客体的外观设计与该专利的外观设计相近似扩大到可以自由应用的现有设计范围。

此外，根据《专利法》第十一条的规定，如果己方的实施行为属于个人非经营目的的制造、使用行为，不构成侵犯专利权。因此，在这种情况下，可以用个人非经营目的的制造、使用行为作为己方不侵权抗辩的理由。

除此之外，如果己方的实施行为不是发生在原告专利权的保护期内，例如，此时专利权已经超过保护期限、专利权已被权利人放弃或者已被专利复审委员会宣告无效，则可以以此作为专利权效力不存在为抗辩理由而认定己方不侵权。其中，对于专利权被宣告无效的情况，则由于专利权自始即不存在，因而肯定不构成侵权；但对另两种情况，该专利在其专利权未超过保护期的这段时间内或者在放弃专利权之前仍然有效，因而如果己方的实施行为不仅仅发生在后一段专利权不存在的期间，那么此时只能认定此后一段时间内的实施行为不构成侵权，而不能以此为理由认定前一段时间的实施行为也不侵权。以此理由提出不侵权抗辩的，必须向法院提供反映该专利状态的有关证明材料，这通常可以到国家知识产权局采用查阅专利登记簿的方式来获取。

由于侵犯专利权的诉讼时效为2年，因此若己方的实施行为发生在原告提出专利侵权诉讼之日起2年之前，则可以以诉讼时效抗辩作为己方不侵权的理由。需要说明的是，对于己方的连续实施行为，起始日在2年诉讼时效之前而终止之日是在2年诉讼时效之内，并不能认定不构成侵权，只是计算侵权赔偿数额时不计入发生在2年诉讼时效之前的实施行为。

对于专利权人恶意取得专利权且滥用专利权（如将申请日前已有的国家标准、行业标准等技术标准申请专利或者将明知为某一地区广为制造或使用的产品申请专利并取得专利权的）提起侵权诉讼的，还可考虑以专利权人滥用专利权作为己方实施行为不侵权的抗辩理由。

（2）分析是否存在为不视为侵权的抗辩

《专利法》第六十九条规定了五种不视为侵犯专利权的情况，因而被诉侵权方的实施行为属于此五种情况的，可考虑以此为理由提出不视为侵权的抗辩。

对于己方实施行为属于专利权人制造、尤其是经专利权人许可制造的专利产品售出后使用或者再销售该产品的行为，或者属于使用专利权人或经专利权人许可制造的设备实施方法专利的行为，则可以以专利权用尽原则作为不视为侵权抗辩的理由。在此时，应当提供己方的实施行为所涉及的产品或设备是从专利权人自身或从专利权人所许可的单位购买来的证据。

对于己方实施行为是己方在该专利申请日前独立研究开发并作好制造、使用准备且在原有规模继续实施的行为，则可以将先用权作为己方不视为侵权的抗辩理由。在这种情况需要提供三方面的证据：己方实施行为是己方独立研究完成或以合法手段取得的证据；己方实施行为在该专利申请日前已做好制造、使用的必要准备的证据；己方实施行为仅在该专利申请日前所准备的专用生产设备的实际生产产量或者生产能力的范围内继续制造、使用的证据。如果在专利申请日后扩大生产能力而超出原有范围的制造、使用行为，则只有原有范围部分可以享用先用权，超出部分仍构成侵犯专利权的行为。

如果己方实施行为属于临时通过中国领陆、领水、领空的外国运输工具，依照其所属国同中国签订的协议或者共同参加的国际条约，或者依照互惠原则，为运输工具自身需要而在其装置和设备中使用有关专利的行为，则可考虑以临时过境作为己方不视为侵权的抗辩理由。在此，必须提供证明该国与我国签订协议、共同参加的国际条约或者说明两国间有互惠原则的有关证据。在此需要强调的是，此临时过境的不视为侵权的抗辩只局限于该运输工具自身需要的使用，不包括在该运输工具中运送的产品。

如果己方的实施行为是以研究、验证、改进他人专利技术为目的的使用行为、且使用结果是对该专利技术产生新的技术成果，则可以将"专为科学研究和实验而使用"作为己方不视为侵权的抗辩理由。为此需提供证实己方实施行为是以研究他人专利技术为目的的使用行为的证据。需要说明的是，在科学研究和实验过程中使用他人专利技术，其目的不是改进他人专利技术，其结果与专利技术没有直接关系，则以此作为不视为侵权的抗辩理由不能成立。

如果己方的实施行为是为提供行政审批所需要的信息而制造、使用、进口专利药品或专利医疗器械的，或者专门为其制造、进口专利药品或专利医疗器械的，则可以以此作为不视为侵权的抗辩理由。

（3）侵权免责抗辩

《专利法》第七十条规定，为生产经营目的的使用、许诺销售或者销售不知道是未经专利权人许可而制造并售出的专利侵权产品，能证明该产品合法来源的，不承担赔偿责任。按照此规定，己方实施行为属于上述情况的，可以以非故意行为作为侵权免责抗辩的理由。但此时必须向法院提供证实己方使用或销售的产品来源的证据以及证明己方确实不知道该行为属于专利侵权的证据。需要说明的是，在这种情况下免除的仅仅是赔偿责任，仍应当承担停止侵权行为的责任。

此外，如果己方的实施行为是通过技术转让合同从第三方处合法取得的，则可以以此作为己方侵权免责、至少减少承担赔偿责任的抗辩理由。此时需向法院提交该技术转让合同作为证据，如果原告方当时未以该合同转让方为被告，则还应当要求追加该合同的转让方为共同被告。

4. 与委托人商讨侵权诉讼中的应诉对策

经过上述分析后，被诉侵权方的代理人应当与委托人一起商讨确定侵权诉讼的应诉对策。主要确定是否采取无效反诉手段和/或与对方进行和解，以及根据所确定的应诉对策如何进行答辩。

通过分析，如果认为己方的实施行为已落入对方专利权保护范围而又不存在可以作为不视为侵权抗辩理由，但对方专利权很不稳固的情况下，可以立即向专利复审委员会提出无效宣告请求，以便通过宣告该专利权无效或部分无效而使己方实施行为不再构成侵权。当然，一旦确定采取无效反诉手段，则在侵权诉讼中应当向法院提出中止侵权诉讼案件审理的请求。

需要说明的是，以无效宣告请求作为应对侵权诉讼的反诉策略时，并不一定要以宣告专利权全部无效为目的。例如，对发明或者实用新型专利，通过上述分析后得知己方的实施行为虽然落入独立权利要求保护范围，但明显未落入其优选从属权利要求保护范围，此时若找到有力的证据能否定独立权利要求的新颖性或创造性，则可以重点请求宣告该独立权利要求无效，因为这样已达到摆脱侵权的目的；甚至在个别情况，即使通过无效宣告请求未能宣告该独立权利要求无效，但根据所提供的对比文件或现有技术，使专利权人在无效宣告程序中作出的意见陈述将己方的实施行为排除在该独立权利要求的保护范围之外，此时同样也达到了使己方实施行为不再构成侵权的目的。

一旦确定提出无效宣告请求，就应当尽快准备好相应的证据，在答辩起诉状前向专利复审委员会提出无效宣告请求，并取得无效宣告请求受理通知书，以便能够在向人民法院提交答辩状的同时提出中止侵权诉讼案审理的请求。这一点十分重要，因为在此之后提出的中止请求，人民法院通常将不中止审理。为了确保在答辩期限内能得到受理通知书，应当到专利复审委员会面交该无效宣告请求书，附具法院的侵权诉讼受理通知书复印件，并同时向国家知识产权局当面缴纳无效宣告请求费，这样就可以在当天或第二个工作日从专利复审委员会得到无效宣告请求受理通知书。

此外，一旦确定提出无效宣告请求，就应当尽快着手准备证据。对于除出版物以外的公知公用证据，应当检查是否构成完整的证据链，若还未形成完整的证据链应当尽快给予补充。如果对所提供的证据没有足够的把握，应当尽快寻找其他更相关的证据。如果这些证据在侵权诉讼答辩期限届满前尚未准备齐全，则可考虑以一部分证据先提出无效宣告请求，然后在自提出无效宣告请求之日起1个月内补交有关证据，若在1个月后提交，专利复审委员会可以不予考虑。

通过分析，如果认为己方的实施行为已落入对方专利权保护范围而又不存在可以作为不视为侵权的抗辩理由，且对方专利权比较稳固的情况，应当与委托人商量要否与对方寻求和解，和解的方式可根据不同的案情而定，例如对方自身缺乏实施能力或者对方的产品尚不能满足市场需求，可以争取以签订专利实施许可合同方式谋求和解，这往往是对被诉侵权方比较有利的一种方式。此外也可采用支付一定赔偿费用加签订专利实施许可合同的方式或者支付一定赔偿费用加不再继续实施的方式。

当然，在反诉专利权无效的情况下，也可谋求和解，例如在双方都认为不太有把握的情况下，可以以互相撤诉的方式（即对方撤销侵权诉讼、己方撤销无效宣告请求）达成和解或者以互相撤诉并签订专利实施许可合同方式达成和解。

通过分析，若认定己方以不侵权抗辩或以不视为侵权抗辩理由比较充分，则应当将主要精力花费在起诉状的答辩上，以争取侵权诉讼审理作出对己方有利的判决。当然，即使在这种情况下，通过分析还认为对方专利权并不稳固，也可同时提出无效宣告请求来加大己方取胜的把握。如果对方在提出侵权诉讼前向己方发出书面警告，而又通过分析可认定己方未侵权时，最好仍与对方主动接触，说明未构成侵权理由，说服对方不要向法院提出侵权诉讼，以免双方为此花费不少精力与财力而一无所获，甚至被第三方从中渔利。此时若对侵权书面警告不加理睬，会引起专利权人不满而向人民法院提出侵权诉讼，这对双方均不利。同理，即使在这种情况下对方已提出侵权诉讼、己方也已提出了无效宣告请求，双方仍可以以互相撤诉方式谋求和解。

事实上，分析的结果并不一定都像前面所述那样具有比较明确的结论，而有可能处于一种中间状态，因此在确定侵权诉讼应诉对策时要做好多种准备，以便在诉讼进程中根据案情进展情况随时调整应对策略。

5. 答辩状的准备与提交

在与委托人商讨了侵权诉讼的应诉对策后，就应当立即着手撰写答辩状。在答辩状中应当将所有的证据、分析和理由论述清楚，以说服法院的法官支持己方的观点。即使在己方认定能将对方专利权无效或者准备与对方和解的情况，仍应重视答辩状的撰写。对于认定能将对方专利权无效的情况，万一己方判断失误而该专利权未被宣告无效或者法院认定不应当中止审理时，不会由于己方答辩状论述不力而导致作出不利于己方的判决。对于准备与对方和解的情况，一方面因为论述有力有可能促成对方与己方达成对己方比较有利的和解方式，另一方面也可在和解不成时不会由于己方答辩状论述不力而导致作出不利于己方的判决。

需要说明的是，答辩状的答复期限较短，一般只有15日，而在准备答辩时需考虑的问题很多，因此答辩时应当抓住重点，而次要的问题可以在答辩之后继续准备，在庭审时再作出答辩。

答辩状通常也包括三方面的内容：诉讼当事人的自然情况、答辩主体部分和答辩状的结尾部分。

在诉讼当事人的自然情况部分中，首先写明答辩人（即被告）的单位、住所地、法定代表人，以及写明委托律师或专利代理人有关情况；然后写明原告的单位、住所地、法定代表人及相应的律师或专利代理人有关情况；如果有第三人，还要写明第三人的单位、住所地和法定代表人。如果诉讼当事人是自然人，要写明其姓名、性别、年龄、职业和住所地。

答辩状的主体通常应当对起诉状的指诉从事实和理由两方面作出针对性的实质答辩。

但是，如果有正当理由认为受诉法院没有管辖权时，则可以先不进行实质答辩，而就管辖问题提出异议。异议成立，就可为侵权诉讼争取到相对较好的司法环境。如果异议不成立，再作实质答辩。

在实质答辩中，如果原告主体资格不符合《专利法》规定，或者该专利权不处于有效期间，或者该诉讼请求提出已超出诉讼时效，这部分应当重点结合证据针对这些理由作出抗辩。

当原告主体资格和专利权有效性不存在问题时，则答辩状的主体应当以权利要求书为基础结合说明书（对于发明或实用新型专利）或者外观设计图片或照片为基础结合简要说明（对于外观设计专利）阐明该专利权保护范围，必要时按禁止反悔原则结合原告在专利审批程序和无效宣告程序中的意见陈述或修改文件对其专利权保护范围加以限定，在此基础上分析己方的实施行为未落入该专利权保护范围，以此作为不侵权的抗辩理由。

采用现有技术或现有设计抗辩时，必须结合证明该申请日前的现有技术或现有设计存在的证据说明己方的实施行为属于自由现有技术或者自由现有设计的范围。

当然，己方的实施行为属于个人非生产经营目的的制造和使用时，则以《专利法》第十一条第一款为依据结合证据进行分析说明，作出不侵权抗辩。

此外，如果存在权利用尽、先用权、临时过境、专为科学研究和实验而使用、为行政审批提供信息的情况，则应当在提供证据的基础上分析说明己方实施行为属于《专利法》第六十九条规定的不视为侵权的行为。

在上述抗辩理由不能成立情况下，若己方实施行为属于《专利法》第七十条规定的非故意行为以及存在合同抗辩的情况，可以结合证据具体论述不承担侵权责任或者减少侵权责任的抗辩理由。

最后，在这部分还可对原告提出侵权赔偿数额要求作出答辩，但是如果这部分在撰写答辩状时来不及准备的话，可以留在庭审时再进行答辩。

对于答辩状的结尾部分，根据上述分析作出己方实施行为未构成侵权、不视为侵权或者不应承担侵权责任的结论，并由此请求法院驳回原告的诉讼请求。

同样，在撰写答辩状时，应当同时准备好答辩状中所提到的证据以及一份证据清单。其要求与起诉状中的证据和证据清单相同。

对于已采取无效反诉手段的案件，在提交答辩状的同时，应当向人民法院提交中止侵权诉讼案件审理的请求书，说明提出中止请求的理由，并附交专利复审委员会发出的无效宣告请求受理通知书。

至于答辩状、委托书和其他有关证明材料，以及有关证据的份数及要求与对原告起诉状、委托书和其他证明材料，以及有关证据的要求相同，在此不再作重复说明。

四、双方代理人在专利侵权诉讼中的其他代理事务

在原告方提交起诉状和被告方提交答辩状之后，该侵权诉讼过程通常会经历证据交换、庭审等过程，直到人民法院最后作出判决。现对在此期间双方代理人的工作作一介绍。

1. 双方对证据交换应进行的工作

人民法院在收到原告起诉状后，就会将原告的起诉状及所附的证据复印件转送给被告，要求被告在指定期限内（通常为 15 日）作出答复，即提交答辩状，并要求原、被告在指定期限内（通常为 1 个月）到法院进行证据交换或要求原、被告在指定期限内（通常为 1 个月）向法院补交在提交起诉状、答辩状时尚未交齐的证据。

通常，双方代理人应当在法院指定的期限内将证据准备齐全，按照法院的要求或者到法院进

行证据交换或者寄交（以邮戳日为准）给法院。如果出于正当理由，如原告收到被告答辩状及其所附证据后尚需要一段时间准备针对被告答辩状所论述理由和所附证据的补充证据，被告所提交的现有技术或现有设计抗辩证据涉及国外出版物需要到所在国办理公证证明，则可以提出推迟证据交换或推迟提交证据的请求，经法院同意后在推迟期限届满时完成此项工作。

按照《民事诉讼法》的有关规定，我国实行"谁主张，谁举证"的举证原则，因此在侵权诉讼中主张被告侵权的原告应当首先负有举证责任。但是随着侵权诉讼中双方的争论会发生举证责任的转移，或者属于《专利法》第六十一条第一款所规定的举证责任倒置情况，则侵权诉讼的被告在一些场合也负有举证责任。对于前者，被告若提出现有技术或现有设计抗辩，就应当由被告提供证实这一项现有技术或现有设计存在并反映其具体内容的证据；被告主张适用禁止反悔原则，就应当提供证实原告曾作过限制其专利保护范围声明和反映其具体限制内容的证据；被告主张先用权，就应当提供证实被告在申请日前已经独立完成设计、并已制造相同产品或者使用相同方法或者已做好制造或使用必要准备的证据。对于后者，在涉及新产品制造方法的专利诉讼中，在原告已提交被告已生产出该产品的证据后，被告应当就其生产新产品的方法进行举证，若不能举证就推定被告使用了该专利的新产品制造方法。因此对于被告方的代理人绝不能认为对方主张己方侵权，则侵权诉讼的举证责任全在对方；应当在准备答辩状的同时积极准备证据，在法院指定的期限内准备好证据。

双方对于因客观原因不能收集的证据，则可以在证据交换时或在补交证据时申请人民法院调查收集此证据。

对于所交换或提交的证据，双方除了提供证据外，应当编制证据目录清单，并针对所提交证据作出说明以支持己方提出的主张。

双方在法院进行证据交换时，要认真仔细地阅读对方的证据。对于对方证据中存在不清楚之处而需要进一步了解时，最好在当场提出来，以便在庭审或答辩时能作出针对性的争辩。此外，在交换证据时，千万不要轻易就对方陈述的事实明确表示承认，因为表示明确承认后就免除了对方的举证责任。

双方在法院交换证据后，或者法院转来对方所补交的证据后，需针对这些新证据提交反证或者论述不同意见的，应尽快提交给法院。

2. 双方代理人庭审前后应当进行的工作

通常，法院在双方进行证据交换后不久，就会开庭审理该侵权诉讼案，因此双方代理人应当立即着手庭审的准备工作。

首先，双方代理人应当十分仔细地阅读对方的起诉状或答辩状，结合对方所提供的证据和陈述的意见分析研究案情，有针对性地准备庭审的代理词以及法庭辩论的提纲。在准备代理词和法庭辩论提纲时重点放在双方争论的焦点上，从证据、法律规定和法理上作出有利于己方观点的论述，确立有利于己方的庭审策略。但是，作上述准备时不能只站在对己方有利的角度去考虑，还应当考虑对方针对己方的陈述可能会提出什么样的反驳意见，作好多种准备，从而在开庭时可随着庭审情况的变化作出应答。

下面对双方代理人在准备法庭辩论时可据理争辩的几方面问题作一简单介绍，当然这些争辩的观点在双方准备起诉状或答辩状时也可采用。

（1）有关相同侵权的争辩

首先，双方代理人可针对被诉侵权客体是否包含了该专利权利要求的全部技术特征进行争辩。专利权人一方的代理人若认定对方以相同方式侵犯己方专利权时，就应当具体地指出权利要求中的全部技术特征均体现在对方被诉侵权的客体中，即使有些特征看上去有区别，也只是采用技术名词的表达方式不同，实质完全一样。相反，被诉侵权一方的代理人应强调己方的实施方式中并未采用权利要求中的一个或几个技术特征，因而未构成相同侵权。

　　通常，当被诉侵权的客体中体现了权利要求的全部技术特征之外还包含有增加的技术特征时就构成了相同侵权。专利权人一方的代理人就可以从该被诉侵权客体包含有权利要求全部技术特征这一点认定其落入本专利的保护范围。即使被诉侵权的客体本身也是一项申请日更晚的专利，仍可强调对方的专利是在己方专利的基础上增加技术特征后成为本专利的改进实施，这仍然利用了本专利的技术方案，因而属于相同侵权。

　　但是，对于被诉侵权客体与权利要求相比增加技术特征的情况，还存在一个例外，如果由说明书和/或权利要求的文字记载能明确将增加该技术特征的技术方案排除到该专利保护范围之外时（即美国称作"反等同"原则的情况），被诉侵权方的代理人就可以争辩此时未构成相同侵权。例如，在化学领域中权利要求为采用封闭方式表述的组合物，如合金，就属于这种情况，在合金中增加新的元素就未落入该专利权的保护范围。为帮助理解，再举一个说明书文字记载明显排除所增加的技术特征的例子，该专利权利要求所要保护的是一种折叠式推拉窗，每扇窗包括两个窗扇，每个窗扇由多个玻璃窗页以及连接窗页的合页构成，窗页可沿着窗框的滑槽滑动而折叠或展开。被诉侵权客体包括左、右两个折叠式推拉窗扇，每个窗扇由多个将玻璃镶嵌在窗页框中的窗页和连接窗页的合页构成。显然，该被诉侵权客体包含了该权利要求的全部技术特征，它与该权利要求所表述的技术方案相比只增加了一个技术特征，该玻璃窗页是将玻璃镶嵌在窗页框中。由于在该专利说明书中明确写明它是针对现有技术中木框易腐烂、钢窗页框重量大的缺陷而作出的改进，将合页直接装在窗页玻璃上而省掉窗页框，对这种情况被诉侵权方的代理人在争辩时就可强调包含有窗页框的被诉侵权客体是该专利说明书中明确指出应当排除的内容，因而未构成相同侵权。

　　（2）有关等同侵权的争辩

　　实际上，在专利侵权诉讼中，完全仿造专利权人的专利产品不多，绝大部分侵权行为属于等同侵权，因而是否构成等同侵权往往是双方代理人争辩的重点。

　　等同侵权争辩的核心是被诉侵权客体中采用的替代手段与权利要求中被替代的技术特征是否等同。专利权人一方的代理人应当通过分析详细说明：该替代手段能达到或基本上达到权利要求中被替代特征对解决发明或者实用新型技术问题所起的作用，而且对于本领域技术人员来说能明显得知这种替代是以基本相同的方式来实现基本相同的功能，并达到基本相同的效果，故被诉侵权的客体以等同方式侵犯了专利权。而被诉侵权方的代理人应该指出此替代手段对解决发明或者实用新型的技术问题来说不能达到被替代手段所起的作用；或者强调被诉侵权客体采用的技术特征在功能、效果上明显优于专利权利要求中对应的技术特征，且本领域的技术人员认为这种变化具有实质性改进而非显而易见；或者强调对本领域技术人员来说该替代手段与该专利权利要求中的技术特征以不同的方式解决发明或实用新型的技术问题，因而被诉侵权客体并未利用本专利的技术方案，未构成侵权。

　　由于在我国专利司法实践的早期，对于被诉侵权客体与权利要求相比省略一个技术特征的情况，部分法院采用"多余指定原则"或者"以故意变劣实施"认定被诉侵权客体构成等同侵权。在今后的司法实践中仍然有一部分专利权人会以此为依据作为支持其有关被诉侵权客体构成等同侵权的主张。面对专利权人提出的"多余指定原则"或"故意变劣实施"，被诉侵权方的代理人应当强调，在判断被诉侵权的客体是否构成等同侵权时，写入权利要求中的技术特征都应当加以考虑，被诉侵权客体由于未包含这些技术特征，因此其未采用该专利的构思，未落入该专利权保护范围。例如，在"钢筋焊接机"专利侵权诉讼案中，被诉侵权的钢筋焊接机与权利要求的技术方案相比，其加热器部件采用了现有技术中的单层喷口，未包含权利要求中"喷口为双层"这个技术特征。此时，被诉侵权方在答辩中，应当强调己方生产的钢筋焊接机中的加热器未采用双层喷口，未包含该实用新型专利权利要求的全部技术特征，且由于双层喷口比单层喷口带来更好的技术效果，因此也不能将单层喷口和双层喷口认定为等同特征，由此可知，己方生产的钢筋焊接机未构成等同侵权。对于专利权人主张"多余指定原则"和"故意变劣实施"的情况，被诉侵权方的代理人还可以以最高人民法院（2005）民三提字第1号判决作为争辩的依据，最高人民法院在此判决中明确指示："应当认为，凡是专利权人写入独立权利要求的技术特征，都是必要技术特征，都不应当被忽略，而均应纳入技术特征对比之列。本院不赞成轻率地借鉴适用所谓多余指定原则。""权利要求书的作用是确定专利权的保护范围。即通过向公众表明构成发明或实用新型的技术方案所包括的全部技术特征，使公众能够清楚地知道实施何种行为会侵犯专利权，从而一方面为专利权人提供有效合理的保护，另一方面确保公众享有自由技术的自由。只有对权利要求书所记载的全部技术特征给予全面、充分的尊重，社会公众才不会因权利要求内容不可预见的变动而无所适从，从而保证法律权利的确定性，从根本上保证专利制度的正常运作和价值实现。"

当专利权人在起诉状中认定等同侵权时，在一些特定情况下，被诉侵权方的代理人可以按照禁止反悔原则指出专利权人不得以等同方式将专利权保护范围扩大到其在审批程序、无效宣告程序中为取得专利权和体现出其符合授权条件而承诺限制或放弃的内容，从而说明己方实施行为未落入专利权保护范围。例如，一项专利独立权利要求中限定两部件彼此邻接，专利权人在无效宣告程序中为体现出其与现有技术的区别，强调该权利要求中的两部件彼此邻接就是指说明书实施方式中给出的彼此隔开一段小的距离而未彼此接触，在这种情况下，被诉侵权方的专利代理人就可利用禁止反悔原则，强调不得以等同方式将专利权保护范围扩大到在无效宣告程序中所限制或放弃的内容，即不能将彼此相邻接解释成还包括彼此相接触，而是指两部件彼此间隔开一段小的距离，由于己方实施行为中采用的是彼此相接触的结构，因而未构成等同侵权。而作为专利权人一方的代理人，面对被诉侵权方以禁止反悔原则主张不能对经过修改的权利要求中的技术特征作等同扩大解释时，应当重点说明对专利文件中该技术特征的修改并不是为克服获得授权的实质性缺陷而进行的，因此不适用禁止反悔原则，仍可将该技术特征扩大解释到其等同特征。

当专利权人在起诉状中认定等同侵权时，若被诉侵权方找到的该专利申请日的现有技术比该专利权利要求的技术方案更接近己方被诉侵权客体时，则被诉侵权方可采用现有技术抗辩。被诉侵权方的代理人应当向法院提交该项现有技术，并且通过对比分析，指出己方实施行为与该专利申请日或优先权日前的现有技术两者之间不同的技术特征是等同的技术特征，或者己方实施行为是该项现有技术与所属技术领域公知常识简单组合而成，因而属于该专利申请日前的现有技术。由于等同原则不得将专利权保护范围扩大到该专利申请日的现有技术，所以己方实施行为未构成专利侵权。当被诉侵权方采用现有技术抗辩时，专利权人一方的代理人应当强调，己方所主张的被诉侵权客体与本专利权利要求技术方案两者之间的相等同的特征与被诉侵权方所主张的被诉侵权客体与该项现有技术两者之间的相等同的特征相比，在功能和效果上更为接近，即被诉侵权客体与该项现有技术之间的区别要大于被诉侵权客体与本专利权利要求技术方案之间的区别，由此可知被诉侵权方的实施行为不属于申请日前可以自由应用的现有技术的范围，因此被诉侵权方的现有技术抗辩的理由不能成立。

（3）有关由间接侵权导致的共同侵权的争辩

对于由间接侵权行为造成的共同侵权，双方可就本书第十章第三节之三中所指出的三个构成条件进行争辩。

被诉侵权一方的代理人为证明己方未构成间接侵权，可以强调己方向第三者提供的中间产品是成批上市的通用产品，并非实施该专利的专用产品；也可以强调己方主观上没有诱导他人直接侵权的故意。相反，专利权人一方的代理人应当通过举证说明被诉侵权一方故意怂恿唆使第三者实施该专利；或者强调在该专利公开日（甚至在申请日）前的现有技术中并未出现过这类产品，因而被诉侵权方向第三者提供的产品是该专利的专用产品。例如，一项专利的权利要求请求保护一种植物幼苗培育方法，其利用了一种市场上可购买到的、开有成排切口的塑料覆膜。如果被诉侵权方在制造和销售这种塑料覆膜时附有产品使用说明书，指出如何用此塑料覆膜按照该专利方法来培育植物幼苗，则专利权人一方的代理人就可以此产品使用说明书为证据说明对方有怂恿、唆使他人实施该专利的故意，与实施人一起构成了共同侵权。相反，如果被诉侵权方在制造和销售此通用的带切口塑料覆膜时，并未给出使用该塑料覆膜培育植物幼苗的任何启示，则被诉侵权方的代理人可强调这类产品是该专利申请日前已有的通用产品，且被诉侵权方在销售时并未怂恿和唆使他人实施该专利，即使他人按照该专利方法来培育植物幼苗，实施了该专利方法，被诉侵权方制造和销售这种通用的带切口塑料覆膜的行为不能认定为共同侵权。

对于间接侵权，被诉侵权方的专利代理人还可以强调间接侵权行为应当伴随着直接侵权发生，由于没有利用己方的产品来实施该专利的直接侵权行为，因而未构成间接侵权行为。需要说明的是，虽然间接侵权行为通常伴随着直接侵权行为发生，但也存在一些可以直接追究间接侵权行为的情况，如对方故意诱导、唆使的行为发生或可能发生在境外，或者属于《专利法》第六十九条规定的不视为侵犯专利权的行为，或者属于个人非营利目的的制造、使用专利的行为。因此专利权人一方的代理人可以强调对方故意诱导、唆使的行为属于上述三种情况之一，从而认定对方的行为仍然构成了间接侵权。例如，在太原重机厂诉太原电子系统工程公司和阳泉煤矿电子设备二厂侵犯该厂磁镜式直流电弧炉专利一案中，该两侵权单位制造和向台商销售了该电弧炉的专用关键部件磁镜线圈，由于台商未在中国大陆实施该专利，而仅在台湾实施，因而无法追究该台商的直接侵权责任，此时专利权人一方的代理人则可参照北京市高级人民法院在 2001 年发布的《专利侵权判定若干问题的意见（试行）》（京高法发［2001］229 号）第八十条的规定，指出对方向台商提供的中间产品磁镜线圈是本专利专用的关键部件，虽然被诉侵权方故意怂恿和唆使的直接侵权行为发生或可能发生在境外，其向台商提供磁镜线圈的行为仍然构成了对本专利的间接侵权。

（4）有关外观设计专利侵权的争辩

对于外观设计专利侵权，双方争辩的重点是被诉侵权产品的外观设计与外观设计专利图片或照片表示的该产品的外观设计是否相同或相近似。

由于在判断被诉侵权产品的外观设计与外观设计专利图片或照片表示的该产品的外观设计是否相同或相近似是从整体视觉效果上进行分析比较的，因此当两者的个别局部不相同和不相近似，而从整体视觉效果上看是相近似时，专利权人一方的代理人应当强调两者在整体视觉效果上是相近似的。例如，在冰糖雪耳燕窝饮料罐的外观设计侵权案中，两者形状相同，主视图的表面图案都采用竖式布局，中间部位有一竖立的长方形用来表现产品的名称文字图形，其右下角都有一燕子图案，在整个饮料罐侧壁下方都设计有一圈云纹，因此两者构图是相同的。但是，两者的燕子纹样不一样，云纹的纹样也不一样。对于这种情况，专利权人一方的代理人在争辩时首先可具体分析比较两者的图案，通过分析比较说明两者的形状相同，图案的构图相同，而仅仅局部的图案和纹样有所不同，从外观设计整体视觉效果上看，由于主要部分相同，差异部分为细小的局部，因此对一般消费者来说无实质性差异，因此应当认为两者的外观设计相近似，构成了侵权。

相反，如果两者各部件的形状相同或相近似，而从整体视觉效果来看两者的外观设计具有明显差异时，被诉侵权方在答辩时应当指出两者在整体视觉效果上具有明显差异，从而认定两者的外观设计不相同和不相近似。例如，有一件茶几的外观设计专利，该茶几支架是由两个长圆框形和两个稍短的长圆框形管材组装而成，借助橡胶吸盘将上、下两层几面固定在茶几支架上，两层茶几几面均为长方形，但上层几面明显大于几架，大于下层几面；而被诉侵权方生产的茶几也由两个长圆框形和两个稍短的长圆框形管材构成，其支架上、下两层几面也是长方形，但其形状、大小相等，镶在支架内。尽管这两个茶几的各部件形状均相似，但被诉侵权方的代理人在争辩时可以重点指出两者从整体视觉效果来看所存在的明显区别：专利产品中上层几面明显大于支架、大于下层几面，而被诉侵权产品上、下几面相等，两者的区别对产品的整体视觉具有显著的影响；由此可知，对于一般消费者来说，两者在外观的整体视觉效果上形成明显差异，属于不相同和不相似的外观设计，因此被诉侵权产品的外观设计未落入该外观设计专利权的保护范围，未构成侵权。

此外，在比较被诉侵权产品的外观设计与外观设计专利图片或照片表示的该产品的外观设计两者是否相近似时不考虑产品尺寸的大小，但要考虑产品各部分之间的比例关系。因此，如果被诉侵权的产品与一项外观设计专利产品相比，仅仅尺寸不一样，但基本上成比例放大或缩小，则专利权人一方的代理人在争辩时应当重点指出产品的大小不得作为两者不相同和不相近似的依据，仅仅产品大小不一样并不能摆脱侵权的命运，因为对一般消费者来说，就产品的外观而言，产品尺寸成比例放大或缩小形成的差别仍然不会在产品的整体视觉效果上形成明显的差异。相反，当被诉侵权产品与一项外观设计专利产品由基本相同的几个部分组成，而这几个部分的尺寸比例不一样而造成对该两外观设计在整体视觉效果上存在明显差异，例如被诉侵权产品的某一图案在整体中所占比例与外观设计专利产品明显不一样，被诉侵权方就可以强调两者尺寸比例不一样会对一般消费者在产品的整体视觉上形成明显的整体视觉差异，因而两者既不相同又不相近似，故未构成侵权。

对于在简要说明中写明要求保护色彩的外观设计专利来说，色彩属于外观设计的一个要素。因此，当被诉侵权方生产的产品与一项外观设计专利图片或照片表示的产品的形状、图案相同或相近似而色彩明显不一样时，被诉侵权方的代理人在争辩时应当强调两者色彩不一样，对一般消费者来说，其色彩的差别在产品的整体视觉效果上形成明显的差异，应当认为两者既不相同又不相近似，故未构成侵权。相反，如果一项外观设计专利在简要说明中只强调两部分色彩形成强烈反差，而未指定具体色彩，在被诉侵权客体中两部分色彩同样形成反差，但具有与外观设计专利中不同的具体颜色时，专利权人一方的代理人应当根据简要说明强调本外观设计的设计要点为两部分在色彩上形成强烈反差，而未指定具体色彩，所以被诉侵权方的产品仍然体现了外观设计专利的色彩要求，构成了侵权。

由于产品的材料、内部构造和性能不得作为被诉侵权客体的外观设计与外观设计专利图片或照片表示的该产品的外观设计两者不相同和不相近似的依据，因此在被诉侵权产品的外观设计与外观设计专利图片或照片表示的该产品的外观设计在形状、图案和色彩上相同或相近似时，两者仅仅在材料或其内部结构有区别，或者其性能不完全相同时，专利权人一方的代理人应当指出判断外观设计专利侵权时不考虑产品的材料、内部结构及其性能的区别，只要其形状、图案、色彩相同或相近似，就构成了侵权。

在外观设计侵权争辩时，前面所提到的禁止反悔原则和现有设计抗辩的内容同样也适用。例如，如果专利权人一方在无效宣告程序中所强调的设计要点中的部分内容未反映在被诉侵权产品的外观设计中，则被诉侵权方的代理人就可利用禁止反悔原则，说明己方的产品中并未包含专利权人在无效宣告程序中所说明的设计要点的全部内容，因而两者不相同，也不相近似，未构成侵权。

（5）有关程序或其他方面可争辩的问题

除了前面所述被诉侵权客体是否落入专利权的保护范围之外，双方代理人还可就下述几个问题进行争辩。

对于2年诉讼时效，被诉侵权方的代理人可以以己方实施侵权行为的终了之日距起诉日已经超过2年的事实提出诉讼时效抗辩，或者指出被诉侵权行为只应当推算到起诉日前2年，侵权损害赔偿数额不应当再向前推算。而专利权人一方的代理人可以通过证据说明存在诉讼时效中止（如由于不可抗力或其他障碍而无法行使请求权的）或诉讼时效中断（如被诉侵权一方接到侵权警告后表示愿意和解但后来协商破裂）的情况以说明提出侵权诉讼时未超过2年诉讼时效。此外，还可以通过举证（如侵权行为发生的时间己方一直在国外）以说明其"应当得知"侵权行为的时间应后推，以说明提出侵权诉讼未超过时效或侵权损害赔偿数额应当更往前推算。

在被诉侵权方提出先用权后，双方代理人对先用权的争辩主要包括两个方面的内容：是否满足享有先用权的条件和该先用权的规模。对于前者，主要争辩制造和使用的行为是否发生在专利权人取得的专利权的专利申请日之前；制造或使用的技术是被诉侵权方自己独立完成的还是抄袭、窃取专利权人的；被诉侵权方在该专利申请日之前是否已经做好了制造或者使用的准备。对于后者主要争辩享有先用权的制造或使用行为在该专利申请日前达到的规模和范围，尤其是以"已经作好制造的必要准备"推断其所能达到的生产能力和规模。

当被诉侵权方提及专利权用尽原则时，双方代理人主要可以就被诉侵权方使用、许诺销售、销售或进口的产品是否经专利权人许可制造并售出的专利产品。

当被诉侵权方以己方不知道所使用、许诺销售或销售的产品是他人未经专利权人许可而制造并售出的产品为理由请求不承担赔偿责任时，双方代理人主要可以就被诉侵权方在使用、许诺销售或销售他人产品时究竟是否知道该产品是未经专利人许可而制造并售出的专利产品，对于被诉侵权方来说，还应当提供所销售和使用的产品的来源。

以上对双方代理人在准备法庭辩论时可据理争辩的几方面问题作了介绍，下面对庭审前后的其他需要注意的问题作一简单说明。

庭审前，除了准备庭审代理词和辩论提纲外，如果有和解愿望的，也可以在此期间进行初步接触，商讨和解条件，以便利用庭审的机会双方就和解问题作进一步磋商。

在庭审时，双方代理人不仅要将经过精心准备的代理词和辩论提纲中所涉及的内容向法官论述清楚，还应当十分注意听取对方在庭审时陈述和辩论的意见，一方面针对这些意见不断调整己方所准备的辩论内容，使己方的陈述更有说服力，另一方面及时从对方的陈述中找出漏洞，从而使对方处于被动的不利处境。

在庭审结束时，双方代理人可根据庭审的情况决定是否将事先准备好的代理词提交给法庭。如果庭审的情况与己方准备的情况差别不大，就可以在庭审结束时将代理词提交给法庭。如果相差较大，可以在庭审后进行修改、补充完善后再提交给法庭。通常法庭根据庭审情况很快作出判决，因此对代理词的补充、完善工作应当尽早完成。此外，在庭审结束时法庭也可能对双方当事人或其中一方当事人提出要求，则有关方当事人的代理人就应当在法院所要求的期限内给予完成。如果不按要求完成，法院所作出的判决将可能会增加对己方不利的比重。

如果庭审结束时，双方有和解的愿望，应当将此意向告诉法院，这样法院要等到此给定的和解期限届满后才作出判决。

3. 双方代理人在法院作出判决后应当进行的工作

双方代理人在收到法院判决后，应当尽早与委托人一起对判决作出分析。在此分析中主要考虑两个方面的问题：判决的结论是否对己方有利，判决的理由是否充分和判决内容是否正确，在此基础上与委托人确定要否提出上诉。通常只有经分析认为判决的结论对己方不利、判决的理由或判决的内容不完全正确、且有可能通过上诉朝着有利于己方的方向转化时才提出上诉。目前不少当事人有一种错误的观点，只要判决对己方不利，不论判决理由和内容是否正确均提出上诉，这样做是不妥的。因为只要判决的理由和内容正确，上诉后并不会导致结论的改变，而上诉又会牵涉双方当事人不少的精力，通常是得不偿失的。至于结论对己方有利、而判决理由和内容不完全正确时，就要让委托人作好对方有可能提出上诉的思想准备。

与己方委托人分析、商讨后决定要上诉的，就应当立即着手上诉状的准备，一定要在判决书送达之日起 15 日（涉外当事人可宽限到 30 日）内向上级人民法院提出上诉。如果在此期限内未提出上诉，则此一审判决就生效。

第二节　专利权属诉讼代理

专利权属诉讼主要包括专利申请权归属诉讼和专利权归属诉讼。本节首先对专利权属诉讼双方的争议焦点及证据收集作一概要说明，然后分别介绍权属诉讼的原告方和被告方的代理工作。

一、概述

专利权属诉讼包括专利申请权归属诉讼和专利权归属诉讼两种，由于专利申请在没有公开时（包括发明专利申请公布之前和实用新型、外观设计专利授权公告之前）是处于保密状态的，所以大多数涉及专利申请权归属或专利权归属的纠纷会发生在专利申请的内容被公开以后，即发明专利申请权归属的纠纷大多会发生在发明专利申请被公布之后、实用新型或外观设计专利权归属的纠纷大多会发生在专利授权公告之后，真正发生在发明专利申请公布之前或者实用新型或外观设计专利授权公告之前的权属纠纷是较少的。因此，基于这两种诉讼的共同特点和事实上发生的可能性，将这两种权利归属诉讼的代理一并介绍。

专利权属诉讼是发生在平等主体之间的民事诉讼案件，诉讼当事人在诉讼中的法律地位是平等和对等的，专利权属诉讼的代理既包括对于诉讼原告的代理，也包括对诉讼被告的代理。由于双方当事人在诉讼中享有平等的诉讼权利和承担平等的诉讼义务，双方代理人所要涉及的有关问题也是共同的。现对专利权属诉讼代理中涉及的共同问题进行概述。

1. 专利权属诉讼适用的法律依据和诉讼程序

专利权属诉讼的法律依据是人民法院审理专利权属诉讼并作出公正判决的准绳，不仅需要法官熟练应用，也需要代理人（包括专利代理人和律师）熟悉和掌握。专利权属诉讼适用的法律依据主要是《专利法》的相关规定和我国其他法律（如《合同法》）的相关规定。作为诉讼代理人，不仅要注意到《专利法》和《专利法实施细则》的规定，也不能忽视其他法律的规定。

在《专利法》中，涉及适用解决专利权属纠纷的具体条款是第六条和第八条，这两条的中心内容是确定专利权属的一般原则。根据《专利法》第六条的规定，可以明确什么样的发明创造是归属于单位的职务发明，并相应明确了非职务发明创造归属于发明人或设计人；根据《专利法》

第八条的规定，除当事人另有约定的，合作完成或委托完成的发明创造的专利申请权（从而专利权）归属于完成或共同完成发明创造的单位或者个人。此外，《专利法实施细则》第十二条对《专利法》中定义的职务发明作了进一步更具体的规定，以利于在实践中更好地作出判定。

《合同法》第三百二十六条、第三百二十七条有关职务技术成果归属的规定对《专利法》的上述条款起到了进一步细化和补充作用，《合同法》第三百三十九条和第三百四十条对委托开发和合作开发产生的技术成果的权利归属也作了细化的规定。在上述《合同法》的条款中，除给出了与《专利法》规定相同的一般原则之外，还明确规定：委托开发完成的发明创造，研究开发人取得专利权的，委托人可以免费实施该专利，且享有以同等条件优先受让的权利；合作开发完成的发明创造，合作开发的当事人一方声明放弃其共有的专利申请权的，可以由另一方单独申请或者由其他各方共同申请，申请人取得专利权的，放弃专利申请权的一方可以免费实施该专利，合作开发的当事人一方转让其共有的专利申请权的，其他各方享有以同等条件优先受让的权利。《合同法》的上述规定，对于可能出现在专利权属诉讼中的复杂情况作了充分补充，使适用于解决专利权属纠纷的法律规定更加完善。

专利权属诉讼作为民事诉讼与一般专利行政诉讼有着明显的不同，要求当事人更积极地参加诉讼、更多地承担诉讼中的举证责任，而不是坐等对方当事人举证，或双方当事人期待人民法院主动收集相关证据。民事诉讼的诉讼时效与行政诉讼的诉讼时效也不同，一般适用《民法通则》规定的期间为2年的普通诉讼时效。即，对于发明、实用新型或外观设计专利权归属诉讼，提出争议的一方（原告方）应当在专利权授权公告后的2年内提出诉讼请求，而对于发明专利的申请权归属纠纷，提出争议的一方（原告方）应当在发明专利申请公布后的2年内提出诉讼请求，否则就有可能丧失胜诉权。尽管人民法院通过诉讼实践正在酝酿对于因专利侵权案件而反诉的专利权归属纠纷拟采取宽容的措施，但在未作出明确规定前仍然适用上述规定。此外，专利权属诉讼适用一般地域管辖原则，即由被告所在地的中级人民法院进行诉讼管辖。❶

2. 专利权属诉讼的一般争议焦点

虽然每一件具体的专利权属诉讼案件发生的原因不同，但是这类案件由于争议的标的性质相同、适用的法律相同，故诉讼中的争议焦点基本相同。根据司法实践，专利权属诉讼案件的争议焦点一般围绕以下四方面展开。

①《专利法》规定的本职工作的范围到底如何确定？如果发明人是在几个单位工作的，如何确定其本职工作的范围？

通常认为，发明人被单位明确职责或负有职责的工作应当是其本职工作，不管发明人在多少单位兼职，本职工作的认定均应当适用同样的判定原则。

②什么是单位交付的本职工作以外的工作任务？交付是否需要一定的形式要件？

通常认为，单位交付的本职工作以外的工作的重点在于交付，所以交付一般需要一定的形式。并且形式可以多样化。例如。会议决定并记录在会议纪要上、大会宣布、公告、成立课题小组、明确人员的任命、拨付专款专用等都是交付的形式。

③什么是属于主要利用本单位的物质技术条件？主要利用单位物质技术条件是否有协议？这种利用是公开的还是单位所不知的？

通常认为，主要利用单位的物质技术条件是指，发明人所利用的单位的物质技术条件在该发

---

❶ 对于属于北京市、上海市和广东省管辖的专利权属诉讼纠纷的第一审案件，分别由北京知识产权法院、上海知识产权法院、广州知识产权法院负责审理。

明创造完成过程中是必不可少的、不可或缺的，发明创造的完成对单位的物质技术条件是有依赖的，没有这些物质技术条件发明创造就不可能完成。如果发明人和单位就物质技术条件的利用已经达成协议，形成了合同之债关系，则不属此列。发明人主要利用单位的物质技术条件无论单位是否知道或者单位是否作为工作任务下达，只要事先没有协议，都应当认定为主要利用单位的物质技术条件。

④什么是发明创造的完成？什么是发明创造的实施？这两个问题也是在实践中经常混淆的，有时会成为专利权属争议的焦点。

通常认为，发明创造的完成是指发明创造的技术方案的形成过程，而发明创造的实施是指发明创造完整应用的过程。区别这两个概念，能够帮助我们更好地辨明专利申请权或专利权的归属。例如，发明人已经完成了发明创造的技术方案；在尚未申请专利的情况下，利用了单位的物质技术条件或根据单位的决定实施了发明创造，则不能判定该发明创造具有职务发明性质。

3. 关于证据的收集

根据《民事诉讼法》和《最高人民法院关于民事诉讼证据的若干规定》（法释〔2001〕33号），专利民事诉讼中举证责任分配的一般原则是"谁主张，谁举证"，即提出诉讼请求的人一般要承担举证责任。但是，如果提出主张的人主张的是对方当事人的消极行为，则不必承担举证责任。

在专利权属诉讼中，原告要主张诉争的专利归属于己方，需要证明的事实并不是被告的消极行为，而是己方的积极行为，即己方对该专利保护的发明创造的完成有过积极的"参与"行为，当然参与的程度和方式根据各案会有所不同。例如，提出"认定一项非职务发明的专利权应当是职务发明"诉讼请求的原告，应当承担证明该发明创造的完成是本单位的任务、属于发明人本职工作的范围或者向发明人进行过某种任务的交付以及被告是否利用了本单位的物质技术条件等事实的举证责任，否则其诉讼请求不能得到审理法院的支持。虽然在上述举证所证明的事实中，单位的物质技术条件被利用不是原告的积极行为，但这是被告的积极行为，所以举证责任还是要由原告承担。再如，有人剽窃了他人的发明创造并申请了专利，真正的发明人（包括公民或法人）提出专利申请权归属于己方的主张，虽然其要证明的事实与剽窃者没有积极作为是有关联的，但是原告仅主张被告没有积极作为并不能使法院将诉争的专利判定为原告所有，原告仍需要提交证明己方积极"参与"发明创造完成过程的证据，才能最终使法院作出权利归属己方的判定。

而对于被告而言，在诉讼没有终结之前是处于"权利人"的地位，但是这种权利人的资格和地位能否维持，要等到诉讼终结才能见分晓。因为被告在诉讼中处于当时权利人的地位，由此会产生一点诉讼上的"优势"，即在一般情况下，如果原告不能积极承担举证义务、提供充分的证据，则其诉讼请求不能成立，因此似乎被告不需要承担积极的举证义务。但实际上，如果被告不能根据具体的案情积极地提供证据，也常常会反过来处于被动的地位。例如，某单位对其销售部一位职员申请并被授权的专利主张权利归属于本单位，并提供了单位在试制过程中提供费用的相关证据，在此情况下如果被告不积极举证，仅仅否定单位参与了该发明创造的研发，会导致所作辩诉不具有充分的说服力；相反，如果被告能够积极举证，例如充分论证该发明的技术方案早在单位试制之前已经完成，单位的试制是基于产品生产前的样品制作，并提供与之相应的证据，则其答辩陈述被采信的可能性就大大增加。

总之，在专利权属诉讼中，原、被告双方都应当积极地针对诉讼的焦点以及法律关于涉及专利权属判定的有关规定收集证据，并提交给法院，才能使法院采信己方的意见和观点，否则会处于被动的地位，并使己方的意见和观点没有事实依据支持。

二、专利权属诉讼中原告的代理

原告是专利权属诉讼案件的主动方，是积极提起诉讼的人，在诉讼中处于主动地位。从某种意义上讲，原告应当是事先做好准备的一方。从准备提起诉讼到实际提起诉讼直至诉讼终结，专利权属诉讼原告代理人的代理工作可以分为几个阶段，在每个阶段中又各有不同的工作侧重点。

1. 起诉前的准备

原告代理人在这一阶段所做的工作是为提起诉讼做好一切准备工作，工作的重点在于收集证据和对诉讼理由的分析。

（1）建立委托代理关系，启动诉前准备工作

委托人（原告）在向代理人进行事实陈述时已提供证据且证据能形成证据链的，代理人在进行分析后可以与原告直接签订委托代理合同，介入诉讼的准备工作。如果原告在向代理人陈述事实时，并没有提供相关证据或提供的证据不能形成证据链的，则代理人在与原告协商后也可以就证据的收集订立合同，如果收集到的证据充分，就可以进行证据分析，做好提起诉讼的准备工作。对于证据的收集，原告作为委托人因为没有专业的诉讼经验，需要代理人的指导，此时代理人应当向原告列举证据的要求、列出证据清单，请原告自己去收集或帮助原告收集证据，代理人列出证据清单的依据就是法律规定能主张的事实和依据。

（2）对证据进行分析评估

代理人的职责就是要帮助当事人依法胜诉，代理人既不能不顾事实、纵容或唆使当事人滥用诉权，也不能只要当事人提供了证据，不作任何分析评估就向法院一交了事。无论是代理人列出清单后收集的证据，还是当事人在委托时已经提交的证据，在正式提起诉讼前代理人都要对证据进行分析评估。分析评估证据的目的就是要论证证据是否符合法律的要求，能否对求证对象起到证明作用。如果代理人已经发现当事人提交的证据有伪造的痕迹，应当坚决剔除；代理人更不能要求当事人"做"证据或"改"证据，否则提交的所谓证据在法庭上是经不起对方质证或法院提问的。

证据分析评估的标准依然是法律关于涉及专利权属判定的有关规定，针对法律的规定，对证据能否具有证明力进行分析。例如，对一项已经申请为职务发明并授权的专利，主张非职务发明的原告是该单位的负责人之一，负责单位的销售工作。原告在单位已经申请专利并获得专利权后主张该权利应当属于自己，其提供的证据必须能够充分证明其完成的发明创造与原告在单位的职务身份、分管工作或物质技术条件都没有关系。如果原告提供的证据不能证明发明创造的产品或方法与作为负责人的本单位的产品或方法无关，则这些证据就不可能对原告主张的非职务发明事实具有充分的证明力。依据这样的证据提起诉讼，将会使原告在诉讼中处于不利的地位。所以，证据评估的功能在于打"有把握之仗"。因为原告是诉讼的主动者，如果已经知道将处于不利地位又何必提起诉讼呢？所以代理人有义务在告知原告证据评估意见后，让原告自己作出是否起诉的选择。

诉讼代理人通常要具有相应的示证能力和对证据的分析评估能力，虽然代理人应当在原告授予的权限内进行代理活动，但绝不能不经评估就将原告提交的证据直接提交给法院。

（3）撰写诉讼法律文书和立案

原告决定提起诉讼后，代理人要为原告撰写诉讼法律文书。法律文书一般是规范的文书，代理人应当按照格式的要求进行撰写。事实部分的撰写一般按照时间顺序陈述，理由部分则要对证据进行分析并明确引用相关法律，证据部分应当依照相继要证明的事实列出清单，以便在法庭上

能够依次有序地证明事实。诉讼请求要明确，不要含糊，除了主张权利归属之外，如果当事人还有返还之请求的，可以一并在诉讼请求中列明。同时，还要注意法院对诉讼文书提交时的要求，准备好足够的份数，以免因补交而延误时间。在做好上述工作后，就可以将起诉状以及相关证据提交到法院立案。

代理人到法院立案也要遵循《民事诉讼法》及受理法院的程序规定，代理人要根据法院的要求，熟悉立案的程序及要准备的各种材料，才能及时有效地为当事人立案。

2. 开庭前的准备

开庭前的准备工作是指在案件立案后至开庭前这一段时间内代理人要进行的工作。在这一阶段，代理人要进行的工作主要有以下三项。

（1）阅读被告的答辩状并进行分析

根据《民事诉讼法》第一百二十五条的规定，被告在法院立案后的 5 日内（特殊情况除外）会接到由法院转来的原告起诉状副本，被告通常应当在 15 日答辩期内向法院提交书面答辩状。当然，被告也可以不答辩直接在法庭上进行答辩。如果被告提交答辩状的，法院将在开庭之前的证据交换程序中转给原告，原告代理人在接到法院转送的答辩状后应当认真阅读并进行分析，搞清被告的答辩思路，从而可以进一步完善自己准备提交或已经提交的证据，以对被告的观点做好应对的准备。

在现实中，一些被告并不提交书面的答辩状，在此情况下，原告代理人依然应当对被告可能作出的答辩意见进行预测和分析，并做好应对的准备。

（2）参加开庭前的相关诉讼活动

根据最高人民法院关于改革民事诉讼审理以及民事诉讼证据的相关规定，在民事案件开庭前，人民法院要主持进行证据交换和相关质证的活动，这是案件开庭前的重要工作，应当引起代理人的重视。在一般情况下，代理人要亲自参加这一阶段的活动。有的代理人对开庭前交换证据以及可能进行的质证活动不重视，不亲自参加这一阶段的活动，就有可能丧失向法庭表明己方观点的机会，甚至会影响下一阶段的工作，也会引起委托人的不满。

在一般情况下，诉讼中的原告应当首先提供证据或部分证据，在进行证据交换后，原告也因此而获得了被告提交给法院的证据。原告如发现所获得的被告证据中需要原告进一步提供证据进行反证的，则要向法院提出请求，要求法院给予进一步提交证据的机会和时间。需要注意的是，因为原告是主动提起诉讼的人，而且在专利权属诉讼中，原告应当证明己方对该专利保护的发明创造的完成过程有过积极的"参与"行为，所以原告应当尽可能地将所有相关的、具有证明力的证据完整地提供给法院，不必等待被告举证后才决定提交哪些证据。

（3）阅读和分析被告提交的证据并准备好书面的质证意见和代理意见

在出庭前，代理人不仅要搞清己方提供证据所要证明的事实，而且要认真阅读和分析被告提交的证据，对被告提供的证据准备好质证意见，以便能在开庭时思路清晰地进行反驳和陈述。如果代理人发现被告提供的证据已经影响了原告诉讼请求成立的可能性，也要如实向委托人（原告）说明，请原告就是否继续进行诉讼活动作出选择。在法院正式开庭前，代理人还要将自己对于案件的综合观点、法律意见汇合于代理意见书中，并在开庭前与委托人充分交换意见，这样就能够在开庭时根据准备好的分析意见进行有条不紊的陈述，使法官能够更清楚地听清代理意见，从而促使法官在合议时能充分考虑己方的意见。

3. 开庭时的工作

代理人在开庭时要进行的工作实际上就是对前述两阶段工作的检验，也是代理人工作的集中表现，代理人在这一阶段的工作一般会给审理案件的法官留下较深的印象，也会给原告留下深刻印象。

归纳代理人在这一阶段的代理工作，主要应注意以下三个方面。

（1）清楚、完整地陈述诉讼请求

原告代理人在法庭上应当清楚完整地向法庭陈述原告提出的诉讼请求和支持诉讼请求的事实和理由。

根据案情的发展，如果原告改变了诉讼请求，可以在陈述诉讼请求时明确提出，也可以在查清案件事实后提出。例如，对于一项申请人为单一主体的专利权属诉讼案件，原告在起诉时提出的诉讼请求为己方是专利权人，但是经过对证据进行分析后，原告认为应当主张己方是共有权利人之一更为合适、更能胜诉，这就需要对诉讼请求进行变更。变更诉讼请求的工作最好在开庭前提出或陈述诉讼请求时就向法庭提出，以免造成被动。由于变更诉讼请求是当事人对自己的诉权进行处分的具体表现，是法律赋予原告在民事诉讼中的一种权利，因此一般会得到法院的准许。

（2）清楚、有条理地示证和质证

原告代理人在法庭上应当清楚和有条理地出示原告提交的证据，并对被告提交的证据进行质疑和反驳，必要时应及时提交进一步的证据。

示证和质证是案件审理中的重要环节，也是展示案件事实的最好机会。原告作为诉讼的主动方，有机会首先出示己方提交给法院的证据，所以应当根据证明事项的时间顺序和轻重缓急有层次、有条理地出示己方的证据，并对证明事项进行逐一说明，使证据形成环环相扣的证据链。这样进行示证就会给法官留下深刻印象，有助于法庭予以采信。例如，主张一项非职务发明的专利权应当为职务发明的原告，所示证据应当从发明人的身份或单位交付的工作开始，依次提交关于交付的形式、经费的使用、研制的时间、研制期间发明人的工作任务等方面的书证、物证以及证人证言等，使这些证据形成证据链，从而使所提交的证据具有较高的可采信度。

对于被告所示证据，原告代理人应当尽可能地提出质疑，对于一些在真实性上无异议的证据，则可以在与本案的关联性上进行质疑，从而否定被告证据的证明力。原告代理人如果掌握了能够否定被告证据的反证，应当向法院提交并在法庭上示证，以破坏被告提交证据的诚信度，降低被告提交证据的可信度。例如，针对原告提出的要求确认职务发明的主张和证据，被告提供了相关的证人证言，证明该发明创造技术方案没有利用单位的物质技术条件，但是原告经过调查，被告的证人又向原告提供了证言，对这一事实作了相反的证明，原告出示这一证据便能够破坏被告证据的证明力。

（3）抓住案件焦点结合法律和事实对案件作综合分析

原告代理人虽然在事先已经准备好了对案件的综合分析意见，但是通过法庭调查，仍要结合调查中有争议和无争议的事实情况作综合法律分析。法律分析是展示代理人对法律的理解力和法律适用的能力的机会，综合分析应当有重点、有条理、有归纳，而不是重复案件的事实和证据。

三、专利权属诉讼中被告的代理

专利权归属诉讼中的被告是诉讼的被动者，但又是现时的专利权或专利申请权的"权利人"，虽然被告在诉讼中处于被动地位，但是当时"权利人"的特点决定了其承担的举证义务要比原告少。例如，一个公民将一项发明创造申请了实用新型专利并获得了专利权，单位认为该项发明创造是在该公民完成单位交付的其他工作中完成的，故向法院提出了确认该专利为职务发明创造的诉讼请求。在这样的诉讼中，单位作为原告，为证明己方提出的诉讼请求有事实依据，就必须出示相应的证据：如该发明创造是单位的任务并且交付给该公民、该公民在完成该发明创造期间除了本职工作以外只承担发明创造的研发等各种形式的证据，而如果作为被告的该公民没有积极的证据证明单位没有交付该发明创造的任务或自己还负责其他工作的话，就可以不举证，只需对原告提出的证据进行质证。从这个案例中可以看出，原告和被告的代理人虽然在诉讼中同样应该发挥重要的作用，但是其代理工作的侧重点有所区别。

对于为被告进行的代理工作，主要应当注意以下三个方面。

1. 积极做好应诉工作

被告在接到原告的起诉状后，如果委托代理人进行诉讼，在办理委托手续后，代理人应当立即开始着手进行应诉的答辩工作。答辩是被告在诉讼中享有的诉讼权利之一，被告不答辩并不影响案件的审理和诉讼的进程。有些被告的代理人认为不答辩不影响诉讼而不重视第一次书面答辩，直至开庭时才提交答辩状，甚至不提交书面的答辩状，这样在实际上放弃了一次向法官书面陈述观点和意见的机会，这是不可取的。其实，准备书面答辩状有利于代理人与被告理清答辩思路，决定答辩的方法，也有利于根据答辩思路决定要收集的证据。虽然被告是被动加入诉讼的，但是从准备答辩状起，被告也同样应当做到有的放矢，打有把握之仗。

准备答辩状时，应当针对原告提出的事实和证据进行有针对性的辩驳，直接陈述己方的观点，而不是向原告提出问题，向原告提问可以放在开庭时进行。陈述被告方的观点或反驳原告所诉事实时，最好针对原告在起诉状中所述事实和理由逐条进行答辩，不要跳跃式地进行陈述。例如，原告起诉主张诉争专利是单位交付给发明人本职工作以外的工作任务，那么被告就应当根据原告的陈述，依次陈述为什么不是单位的工作任务、为什么不能认定有交付的形式、为什么是己方完成的"非职务发明"等。在答辩状的最后要明确表明对于原告提出的诉讼请求的反驳性要求，例如，要求法院驳回原告的诉讼请求或者要求法院判为共有等。

答辩状撰写的过程，也是整理应诉思路的过程。一旦确定了答辩思路，代理人就可以与被告讨论证据的收集工作。除了现有的积极证据以外，对那些有可能取得的证据，应当与被告讨论获得的途径和方法，力争在证据交换前取得。在提供答辩状时，将已有的积极证据或有可能取得的证据列入证据的清单。在开庭前证据交换的程序中向法院提交上述证据，以与对方当事人进行证据交换。

2. 对原告提交的证据进行质疑以及提供反证

由于在专利权属诉讼案件中，原告必须承担证明己方是权利人的举证责任，而并不要求被告必须提供证据证明自己是权利人，因而决定了被告代理人在诉讼中的主要工作是对原告提出的证据进行质疑、反驳，并要求法院不予采信。当然，如果被告确有表明诉争的专利权或专利申请权应当归属于自己且不会存在争议的证据，也应当向法院积极提交。

例如，某单位职工在业余时间完成了一项可以节电的产品并申请了实用新型专利。在该职工将此项技术方案交给本单位实施、进行产品生产制造前，其让单位出具了一张非职务发明创造的证明，并申请了非职务发明创造的专利。此后，单位和该职工达成口头协议，开始生产该节电产品。随着市场占有量的扩大，单位想利用该项专利产品作为核心技术吸引其他单位的投资，投资者要求该单位是该项技术的所有人，因此，单位提出了该专利权归属于己方的主张，从而引发了单位和职工之间的专利权属之争。单位提交的相关证据有：单位购买原材料和设备所支付费用的单据、确认该产品生产场地的证据、销售广告（以证明由单位生产制造以及销售地点在单位等）、该职工在该产品生产中担任质量检验和技术负责人的证明等。对于原告提供的这些证据，被告及其代理人首先要质疑其真实性，如对证据形成的时间是在发明完成阶段还是在技术实施阶段？费用的产生是制造专利产品还是发明创造完成的经费投入？上述质疑的目的是为了使法院不采信原告提出的证据。此时，被告还可以到国家知识产权局查询专利审查文档，复印单位出具的非职务发明创造的证明；如果单位对于被告规定有明确的岗位职责的，被告还可以提供反映此内容的证据。将这两份证据提交给法院，可以加强被告对原告证据质疑的效力，进一步降低原告提交证据的证明力。

在对原告提交证据的质疑中，被告代理人发现原告所提交的证据可以部分支持原告诉讼请求的，代理人应当将真实情况告知被告，也可以就原告提出的部分诉讼请求提供积极的证据，以维持被告的专利权人之一的主体资格。总之，被告积极举证的效果可以使己方在诉讼过程中从被动变为主动。

3. 被告代理人在开庭时要把握好正面陈述和提问原告的关系

因为原告在专利权属的诉讼中处于主动的地位，所以在书面陈述和口头陈述中，原告一般会直接陈述己方的观点或意见，而不会过多地向被告提出反问。只有在被告提供的证据存在缺陷时，原告才会抓住缺陷提问和质疑被告。由于被告是当时的权利人，原告的诉讼请求是要否定当时的权利归属状态，因而被告会比较容易陷入"反问"的误区。例如，一些代理人经常在法庭上询问对方："你到底投了多少经费？什么时候投的？经费属于什么性质？"而不是正面陈述己方的意见。所以，被告的代理人在开庭时要把握好提问原告和正面陈述意见的关系，两者都要重视，而且要应用得当。如果被告已经掌握了直接否定原告证据的反证，可以用问题引导原告回答，然后出示反证，就能很好地起到进一步否定原告证据的作用；如果被告并没有掌握有力的反证，对原告会如何应答又胸中无数，就应当立足于对原告所诉事实和所示证据的反驳和质疑，加强质疑的力度，达到使法院不采信原告证据的目的。

总之，被告代理人与原告代理人在诉讼开庭前的起诉或应诉阶段的工作，以及开庭中的陈述和辩论活动中有许多相同点，但也有不同的工作侧重点，被告代理人应当注意与原告代理人工作的不同点，积极应对诉讼，以争取为被告赢得最大的胜诉可能。

第三节　专利合同诉讼的代理

专利合同诉讼包括涉及专利权利转让合同的诉讼和涉及专利实施许可合同的诉讼。本节首先对专利合同诉讼中常见争议焦点和论证技巧以及专利合同诉讼的法律依据和管辖作简要介绍，然后分别对专利权利转让合同诉讼和专利实施许可合同诉讼中的代理工作作简要介绍。

一、概述

专利合同诉讼包括专利权利转让合同诉讼和专利实施许可合同诉讼两种，但是实际上引起这两种诉讼发生的原因有相似之处，除了转让或许可的技术是否具备实用性或能否达到约定的技术指标外，大多数由于合同一方未履行或未全部履行合同而造成。专利合同诉讼与专利权属诉讼一样，属于发生在平等主体之间的民事诉讼，双方当事人的诉讼地位平等，当事人享有的诉讼权利义务对等或相同。专利合同诉讼的代理包括对诉讼原告的代理和诉讼被告的代理，原告和被告只是基于提起、参加诉讼的顺序、主动性的不同而有所区别，因此，专利合同诉讼对双方当事人的代理涉及许多相同的问题，在为双方当事人的代理中，对以下问题应给予充分重视。

1. 在专利合同诉讼中被告提起反诉的可能性较大

与专利权属诉讼不同的是，在专利合同诉讼中，被告提起反诉的可能性较大。反诉是指民事诉讼的被告在原告提起诉讼后，基于与原告所诉相同的事实而将原告作为被告向法院提出的独立诉讼，提出反诉的目的是为了抵消原告的起诉。人民法院在审理中会将被告的反诉与原告提出的本诉合并审理。例如，专利权转让合同中的受让方因专利权人没有及时办理转让专利权登记手续而给己方造成损害，故起诉专利权人，要求进行赔偿并要求专利权人立即办理有关登记手续；而专利权人则因为原告没有按照合同约定的时间及数额支付转让费而提起反诉，要求原告支付尚未支付的部分转让费并赔偿相关损失。法院将两案合并审理后，如果发现原告的违约行为在先并影响了被告及时办理专利权转让登记手续，就会判决原告败诉，被告提出的反诉则会胜诉。又如，专利实施许可合同的被许可方因专利权人没有履行技术指导义务而提起诉讼，要求被告履行技术指导义务并赔偿因迟延指导而造成的损害；而被告则因原告将许可的专利技术擅自许可给第三方而提出反诉，要求法院确认合同因原告的违约行为在先而应根据约定解除合同。如果被告的反诉成立，则原告的诉讼请求会被驳回；如果原告的诉讼请求得到支持，则被告的反诉请求会被驳回。需要注意的是，被告提出反诉必须基于同一事实根据，并且案件应当由受理本诉的法院管辖，反诉才能和本诉合并审理。

2. 专利合同诉讼中的常见争议焦点和论证技巧

由于专利合同诉讼包括两种，两种诉讼的争议焦点在各案中必然有所不同。但是专利合同诉讼毕竟涉及的是专利权的技术内容和权限状态，所以，有些争议焦点又是共同的。多年的司法实践表明，比较常见的专利合同诉讼的争议焦点表现为以下三个方面。

（1）转让或许可实施的技术是否具备实用性

转让或许可实施的技术究竟是否具备实用性是引起专利合同诉讼的常见原因，当然也是诉讼中常见的争议焦点。如果进行更细化的分析，实用性不仅包括技术是否可以实施，而且还包括在什么情况下实施，是在实验室内可以实施还是在批量化生产的车间可以实施。在实践中，技术实施不仅在于技术方案本身的技术可行性，受让方或被许可方是否给予必要的配合、是否具有实施能力也会影响技术实施。双方代理人应当围绕技术可行性的焦点在理论和实践上作充分的论证，必要时，双方都可以请求法院允许聘请有关技术专家进行鉴定，也可请求专家辅助人出庭代表己方进行陈述，以得出专业的结论使己方的诉讼请求得到法院的支持。需要强调的是，对转让或许可实施的技术具有可实施性的论证或鉴定应当在合同约定的范围内进行，超出合同范围的论证或鉴定都不利于使己方提出的请求得到实现。

作为转让方或许可方的代理人，应当尽力证明转让或许可实施的技术具有可实施性，但是不能仅以技术方案已经被授予专利权为依据，最好的依据应当是实验、演示或成功实施的实例；而作为受让方或被许可方的代理人，则应当尽力证明技术本身存在缺陷导致该技术不可实施，但也不能仅以自己实施不成功作为唯一的证据，还应尽力寻找其他实施不成功的实例，以及论证理论上不能实施的依据。例如，专利申请人王某于2006年10月30日就"大棚脚手架材料的制造方法"向国家知识产权局提出发明专利申请。2007年6月，经中介方的介绍，王某与某公司签订了该申请专利技术的实施许可合同。合同约定，王某许可某公司使用已经申请专利的技术，并提供全部技术资料，确保生产的产品合格，达到专利申请文件中规定的标准，还提供技术指导服务。某公司向王某支付专用设备购买费用10万元，许可使用费用8万元，并有权在全国范围内普通实施。6个月后，某公司以王某的技术不能实施为由起诉到法院，要求判令王某返还全部技术使用费等共计18万元，并赔偿投资损失30万元。该诉讼的争议焦点必然首先集中在王某许可的技术是否具备实用性上。王某的代理人在对被许可方为原告的起诉进行答辩时，不仅从理论上阐述了技术的可实施性，而且还请求法院到原告自己实施的现场观看搭建的大棚。在法庭审理过程中，被告王某的代理人还针对原告提交的坍塌的大棚照片等相关证据，提出造成搭建大棚坍塌的原因不在于搭建大棚的原材料问题，而在于被许可方的违规操作。经过充分论证，最终法院没有采信原告提出的关于被告许可的技术不具有可实施性的意见和观点。虽然在此案例中，实施许可的技术在诉讼发生时尚未被授予专利权，但是在关于技术是否可实施这一争议焦点的论证，专利实施许可合同和申请专利技术的实施许可合同诉讼所采用的论证手段和方法是相同的。

（2）转让或许可实施的技术能否达到约定的技术标准

转让或许可实施的专利技术或申请专利的技术能否达到约定的技术标准也是引起专利合同诉讼的常见原因和常见诉讼争议焦点。在相当数量的专利合同诉讼中，转让或许可实施的技术并不是不能实施，而是实施后与受让方或被许可方预期的要求有距离，进而导致受让方或被许可方认为影响了产品的销售前景而引发诉讼。对于这个争议焦点，原、被告双方都有举证证明的义务，不能只是等待对方来证明。双方对这个争议焦点的论证和举证同样不能超出合同约定的技术标准，如果合同没有约定具体标准的，则可以参照国内有关同类产品的国家标准、行业标准或已经实施单位的企业标准。上述标准都不能参考的，应当根据公平原则，确定一个通常使用的标准，以对技术是否能达到标准进行判断。

对转让或许可实施的专利技术或申请专利的技术实施后能否达到约定标准的论证，还应当考虑导致该技术未能达到技术标准的原因是在于技术本身还是由于其他因素。对于转让方或许可方的代理人，要尽量证明该技术是可以达到技术标准的，而导致受让方或被许可方在实施该技术不能达到标准的主要因素不在于技术本身而在于受让方或被许可方；而对于受让方或被许可方的代理人，则应当尽量证明转让或许可实施的技术不能达到标准的原因就在于技术本身，受让方或被许可方已经完全按照转让方或许可方的要求实施了该技术。在双方充分举证的基础上，法院根据事实和证据作出判断。在对此争议焦点的论证过程中，最忌讳的做法是：只提出论点，不提供证据；不积极举证，只消极地待证。这些做法的结果会使双方委托人的主张被法院认可的可能性大大降低。

（3）合同一方当事人的违约行为与请求赔偿的损害之间是否有必然的联系

专利合同诉讼因一方当事人或双方当事人的违约行为引发是常见的原因，所以由此原因引发的诉讼将不可避免地要对造成损害的原因这一争议焦点作出论证。根据《合同法》第七章的规定，当事人违约是承担违约责任的前提，但不是唯一前提，违约方是否要承担责任，还要考虑违约方的主观过错、是否有不可抗力的发生以及未违约方是否有损失等因素，尤其是违约行为与损害事实是否有必然的联系是必须求证的事实，那种认为只要一方当事人违约就必须承担赔偿相对方损失的认识是错误的。未违约方的当事人因对方当事人的违约行为而提起诉讼，是专利许可合同诉讼的常见原因，而通常在专利实施许可合同中，被许可方以许可方违约提起诉讼的较多。原告在提起诉讼时，一般会比较注意收集被告是否有违约行为、有哪些违约行为的证据，而不是十分重视如何证明自己受到的损害是什么以及该损害与被告的违约行为之间的必然因果关系，其实这两方面证据的收集和证明是同等重要的，不可偏废一方，否则就有可能影响诉讼请求的成立。原告即使证明了被告有违约行为，但如果己方未受到损害或不能证明所受损害与被告的违约行为有必然的因果关系，则原告的诉讼请求也不能得到法院的支持。

这里，仍以上述王某许可某公司实施"大棚脚手架材料的制造方法"专利申请技术的纠纷为例。在该案例中，被许可方作为原告提起诉讼的另一个理由是，王某没有向被许可方交付合同约定的专利申请文件而只向被许可方交付了专利申请的受理通知书，因此要求王某承担违约责任，赔偿因搭建的大棚坍塌而造成的损失15万元人民币。在案件审理过程中，被告王某承认没有交付专利申请文件的事实，但是出示了对包括原告在内的多个被许可方进行技术培训的证据，原告对此也并不否认。技术培训的具体内容就是介绍一系列的材料配方以及制造搭建大棚材料的具体设备的使用方法，同时传授了搭建大棚的具体技术，技术培训的内容实际上要大大超过专利申请文件中对专利申请技术公开的范围。同时，原告在诉讼中始终不能证明大棚的坍塌与被告没有交付专利申请文件有什么因果关系，因此其诉讼请求最终没有得到法院的支持。从此案例中可以看出，原告仅陈述被告有不交付专利申请文件的违约行为是不足以支持损害赔偿请求的，关键还要证明被告的这一违约行为对己方造成了什么损害，或者已经发生的损害与被告的违约行为之间有必然的联系，否则其诉讼请求必然不能得到法院的支持。在这种诉讼案件中，如果原告及其代理人的主要任务是证明被告的违约行为与损害行为之间存在因果关系的话，而被告及其代理人的主要任务则是证明己方的违约行为与原告所诉损害后果之间没有必然的联系，或这种联系只是次要的、非本质的，或只是一种外因，以达到减少或免除承担法律责任的目的。

3. 专利合同诉讼的法律依据和管辖

解决专利合同纠纷的法律依据与其他种类专利诉讼的法律依据的不同点是，其他专利诉讼主要适用专利法律体系内相关的规定，而专利合同诉讼除了适用《专利法》《专利法实施细则》的相关规定外，在合同的一般原则上适用《合同法》的相关规定。因此，专利合同诉讼代理人不仅要掌握《专利法》的有关内容，而且要掌握《合同法》的有关内容。因为专利权利转让合同或专利实施许可合同虽然指向的标的是无形资产，但就其性质而言，专利合同仍然属于民事合同的范围。《合同法》是规范民事合同行为的主要法律规范，专利合同也要受其调整。具体来说，专利权利转让合同和专利实施许可合同适用《合同法》中有关技术转让合同的规定，其中涉及合同双方当事人权利义务的条款是第三百四十三条至第三百五十四条，代理人应当对这些法律条款的内容有充分了解和准确理解。如果当事人在合同中没有明确约定更具体的权利义务内容，对于当事人是否违约将直接依据法律的规定进行判定。

专利合同诉讼的地域管辖适用《民事诉讼法》关于合同诉讼地域管辖的规定，在级别管辖上适用《审理专利纠纷司法解释2015》。一般情况下，对于专利合同诉讼的级别管辖，当事人不会发生争议，但在地域管辖上，专利合同诉讼发生的争议却较多发生，这些争议主要是针对合同履行地如何确定发生歧义而产生的。根据《民事诉讼法》的规定，合同诉讼由被告所在地或合同履行地人民法院管辖。其中，对于被告所在地一般不会发生争议，但是对于合同履行地却由于各个具体合同约定的不同会产生不同的看法。例如，专利实施许可合同的履行地一般应以实施技术的行为所在地为履行地，但是合同当事人在合同中明确约定合同履行地的，则一般以当事人在合同中的约定为准；如果一项合同在多地履行的，则每一个履行地的法院都有权管辖，当事人先向何地法院提起诉讼，何地的法院就有权管辖。此外，对于一项专利权转让合同，合同履行地应以办理转让登记手续地为履行地，还是以实施技术的所在地或受让方所在地为履行地？这些情况在实践中都可能引发管辖权的争议。代理人如果发现法院管辖确有不当的，可以为委托人提出案件的管辖异议，人民法院通过对管辖异议的审查作出决定以确定案件的管辖。

二、专利权利转让合同诉讼案件的代理

专利权利转让合同诉讼包括专利申请权转让合同诉讼和专利权转让合同诉讼。虽然这两种合同分别签订在专利申请阶段和专利授权后的阶段，但是这两种诉讼的本质特点是一样的，合同当事人的权利义务和当事人违约行为的表现也大同小异，所以对于这两种诉讼的代理要点并没有本质的区别。与一般的民事诉讼案件一样，虽然原告和被告在诉讼中享有对等或同等的权利，承担

对等或同等的义务，但在具体诉讼中，原告和被告的代理人具体承担代理工作的侧重点是有区别的，因此有必要对诉讼双方代理人的代理要点分开说明。

1. 对专利权利转让合同诉讼案件中原告的代理

对于原告的代理，除了在概述中已经涉及的双方代理人应当共同注意的问题外，主要侧重于以下四个方面的工作。

①如果原告是受让方，则代理人应当围绕技术是否存在缺陷、专利权人是否违约以及实施后对第三人权利是否构成侵犯等事实向委托人进行重点询问和收集相关的证据，使原告提出的诉讼请求有理有据，证据充分。而如果原告是专利权人或专利申请人，则代理人应当针对受让方是否按时支付转让费等违约行为向委托人了解情况并收集相关证据，在证明责任应当由被告承担的情况下，要求被告提供相关证据。

②作为受让方的代理人在起诉前要对诉讼请求与受让技术的缺陷之间的关系进行认真的分析。例如，针对技术标的存在的缺陷，实际中有不同的解决办法，最严厉的一种结果就是导致合同的解除，受让方还可以要求转让方赔偿损失；对于一些技术缺陷导致技术价值降低的情况，虽然不会导致合同解除，但有可能达到减少支付转让费的后果等。只有在对技术缺陷进行认真分析评估后，才能明智地确定诉讼请求。如果有必要，受让方可以事先请教有关专家，做到胸中有数。而作为转让方，不会因为技术缺陷的原因提起诉讼。

③在开庭时，如果受让方为原告，代理人就技术缺陷问题已有一定把握，可以主动请求法院进行技术鉴定并尽可能地提供有关专家名单。如果法院同意委托鉴定，对于鉴定结论也要认真考虑其与诉讼请求的关系。如果鉴定结论完全符合起诉前的预想，诉讼请求合适的，可以坚持诉讼请求；鉴定结论与起诉前的预想相比，不利于支持原告全部或部分诉讼请求的，则应该对诉讼请求进行相应修改。

④在双方的证据都不充分、同时双方当事人还没有完全对立且有可能继续合作的情况下，原告及其代理人可以主动表达和解或调解的愿望，可以通过转让另一个更好的技术项目与对方继续进行合作，以弥补本次转让的缺陷。尤其在作为受让方的原告主动提起的诉讼中，原告不首先表态愿意和解，被告一般是不会主动表态的。原告主动表态愿意和解，也可主动提出和解方案，表明自己的诚意，使陷入僵局的诉讼得到缓解。

2. 对专利权利转让合同诉讼案件中被告的代理

司法实践表明，被告是转让方与被告是受让方相比，前者胜诉的概率要大得多，所以在专利权利转让合同诉讼中，被告大多为转让方。对于这种案件的被告的代理，除了在专利合同诉讼的概述中所述代理人共同应注意的问题外，被告代理人工作的侧重点在于以下四个方面。

①如果原告起诉的理由是针对技术的可实施性提出的，则转让方要在自己实施成功、其他人实施成功和可实施的技术原理依据上寻找证据。对于原告的实施失败，如果经分析认定由原告方面的其他因素导致，则要主动、积极地收集证据并向法院提交，以使原告的诉讼请求不能得到法院的支持。

②如果原告起诉的理由是针对被告没有履行类似交付技术图纸或专利申请文件等违约行为提出的，则应当侧重于对违约行为与原告损害的因果关系进行分析，以尽量减少或免除赔偿责任。

③对于原告提出的涉及技术质量标准、验收方法和时间以及双方在验收中的权利义务履行问题的起诉理由，则要坚持合同的约定，如果合同没有明确约定且法律也没有明确规定的，则要说服法院审判人员适用公平原则，以避免单方承担责任。

④如果原告本身也有违约行为且违约在先的，则要重点分析原告违约和被告违约之间的关

系，如果符合提起反诉条件的，最好在答辩期内提出反诉，最迟应在法庭开庭审理终结前提出，如果胜诉，则能以此抵销原告的起诉。

三、专利实施许可合同诉讼案件的代理

广义的专利实施许可合同诉讼包括申请专利技术的实施许可合同诉讼和专利的实施许可合同诉讼。尽管这两种诉讼因为发生在不同阶段而表现为名称的不同，相应在权利义务设定上也有所不同，但总体而言引发这两种诉讼的一般原因和争议焦点是相同的，因而为双方当事人进行代理工作的重点也基本相同，为此将申请专利技术的实施许可合同与专利实施许可合同诉讼案件的代理一并介绍。

1. 对专利实施许可合同诉讼案件中原告的代理

这种诉讼的原告多为被许可方，许可方一般只有在被许可方没有及时支付使用费或获得许可后逾期不实施专利的情况下，才可能提起诉讼。正如在本节"概述"中所述，由于专利合同诉讼不管是专利权利转让合同的诉讼还是专利技术实施许可合同的诉讼，引发的原因有很多相同之处，故专利权利转让合同诉讼代理中的一般要点也适用于专利实施许可合同诉讼，在此不再重复。需要总结和归纳的是专利实施许可合同诉讼中需要特别注意的代理要点。

①如果原告为被许可方，在提起诉讼时要注意引发诉讼原因的排他性分析，以使法庭注意到证据和诉讼请求之间的必然性。例如，被许可方以被许可技术不能实施为由提起诉讼的，则要排除其他因素影响被许可技术实施的可能性，如果没有其他因素影响被许可技术的实施，该诉讼请求得到支持的可能性就较大。再如，被许可方起诉原告违约而要求解除合同的，则要先审查在履行合同的过程中，己方是否有在先的违约行为，该违约行为对合同的履行会产生什么影响等。如果原告起诉前不作这种分析，则有时会在诉讼中陷入被动。

②作为许可方的原告在提起诉讼时，准备工作显然要比作为被许可方的原告容易，一般只需针对被许可方的违约行为搜集相关证据，并根据证据提出恰当的诉讼请求。例如，被许可方逾期不实施专利权人所许可的技术的，原告方提出的诉讼请求一般可以是在许可方不退还使用费的情况下解除专利实施许可合同。如果被许可方在合同订立后没有按约定履行支付使用费义务，原告的诉讼请求一般可以是要求支付使用费和违约金。

③被许可方因为实施许可专利技术而被指控涉嫌侵犯第三人的在先专利权而向专利权人提起诉讼的，则要全面收集第三人专利的全部信息以及第三人与己方交涉过程的相关信息，以使法院充分了解继续履行专利实施许可合同的危险性，以论证解除合同的合理性，使己方向法院提出的解除合同、返还使用费以及赔偿损失的请求能够得到支持。

④无论原告是许可方还是被许可方，都不应超出合同约定的范围指责对方的违约行为，也不应对许可实施的技术标的提出超出合同约定范围的技术标准及验收范围和验收方法，否则，作为原告提出的诉讼请求是不可能得到支持的。

2. 对专利实施许可合同诉讼案件中被告的代理

对专利实施许可合同诉讼案件被告进行代理的主要工作是针对原告的起诉以及所提交的证据，针锋相对地提出反驳，以使原告的诉讼请求不能得到支持；同时在符合提起反诉的条件下，及时提出反诉，以抵销原告的诉讼请求。

①作为许可方的被告，不仅应当针对原告提出的起诉理由以及相关证据做好质疑、反驳的工作，而且要收集相反的证据以进一步降低原告证据的可信度。例如，当原告以自己实施许可技术失败的实例来证明许可方的技术不具有可实施性时，被告最好提供实施成功的实例作为证据，因

为实例不仅能起到反驳作用，也同时构成一个相反的证据。

②作为被许可方的被告，当原告针对己方逾期不实施许可技术或不及时支付使用费提起诉讼的，应当尽量收集有利于解释己方"违约行为"的合理性证据。例如，技术虽然可实施，但是需要花费时间做技术的转化工作；不付使用费是因为许可方不及时进行技术指导等。必要时，也可以提出反诉以抵销作为技术许可方原告的起诉效力。

③作为许可方的被告，如果原告针对己方的违约行为造成原告损失并要求赔偿而提起诉讼，在答辩时则要对己方行为可能造成的后果作客观分析，一方面要实事求是地承认违约行为的客观存在，同时要分析违约行为与原告起诉所述的损害不具有必然的联系以及原告索赔数额的非客观性，以减轻被告承担的责任。

第四节 专利行政诉讼的代理

正如本书第十章第五节所指出的，专利行政诉讼的被告具有相对的确定性，与此相应专利行政诉讼可分为以国家知识产权局为被告、以专利复审委员会为被告和以地方知识产权管理部门为被告三种类型。但是，根据多年的实践，专利复审委员会作出了大量的复审决定和无效宣告请求审查决定，而当事人不服这两种具体行政行为只能提起行政诉讼而不能申请行政复议，因此针对这两种具体行政行为提起的专利行政诉讼的数量在专利行政诉讼中占有很大的比例。鉴于上述情况，本节在对专利行政诉讼中的原告举证责任、诉讼中的争议焦点、技术鉴定等作概要介绍后，分别对以国家知识产权局为被告、以专利复审委员会为被告和以地方知识产权管理部门为被告的行政诉讼中代理工作的侧重点作出说明，其中在"以专利复审委员会为被告的专利行政诉讼的代理"这一部分重点针对专利行政诉讼中数量最多的两种行政诉讼案件（即不服专利复审委员会复审决定和无效宣告请求审查决定提起的两种行政诉讼案件）具体说明如何做好代理工作。

一、概述

专利行政诉讼包括以国家知识产权局为被告、以专利复审委员会为被告和以地方知识产权管理部门为被告的诉讼，对前两类诉讼，只能由北京知识产权法院管辖，对后一类诉讼，除属于北京市、上海市和广东省管辖的分别由北京知识产权法院、上海知识产权法院、广州知识产权法院负责专利行政诉讼的第一审案件外，其他省、自治区、直辖市管辖的，由作出行政行为机关所在地的省、自治区、直辖市人民政府所在地的中级人民法院管辖，但是如果作出行政行为机关所在地的中级人民法院已是最高人民法院特别指定的中级人民法院，则由这些中级人民法院管辖。

由于上述三类专利行政诉讼的被告都是行政机关，因此专业的法律从业人员一般不会介入到被告的代理工作，而仅涉及原告的代理。此外，不少专利行政诉讼又会涉及第三人。鉴于此，本节对专利行政诉讼的代理仅仅针对原告以及诉讼第三人的代理进行介绍。

1. 关于专利行政诉讼中原告的举证责任问题

举证责任是指当事人在诉讼中对自己的主张负有提供证据予以证明的责任。如果提出主张的一方不能提供证据，则可能导致在诉讼中败诉。根据《行政诉讼法》第三十四条的规定，专利行政诉讼案件的举证责任由被告承担，即被告对作出的具体行政行为负有举证责任，应当提供作出该具体行为的证据和所依据的规范性文件。这是专利行政诉讼不同于专利民事诉讼的特点之一，举证责任分配原则的不同也决定了在专利行政诉讼和专利民事诉讼中，代理人的工作内容也有所不同。

人民法院审理专利行政案件是对专利行政机关作出的具体行政行为的合法性进行审查。具体行政行为是被诉的专利行政机关作出的，能够证明具体行政行为是否合法的证据也只有行政机关才能提供，因此由其承担证明其行为是否合法的责任是理所当然的。专利行政机关在具体行政行为作出的过程中，需要收集证据以及根据证据证明的事实采用相适用的法律、法规和规范性文件，行政机关因为全面占有证据，所以要承担举证责任。那么，在专利行政诉讼中，原告是否就可以不必再履行举证的义务，只是等待法院对被告提供证据的审查呢？这个问题值得探讨。实际上，原告为维护其合法权益，可以提出证明其诉讼主张成立的证据材料，这是法律赋予原告方的权利，尤其是当他们认为专利行政机关采信的证据不符合法律的规定，则可以根据《行政诉讼法》第三十七条的规定，将那些证明行政行为违法的证据材料以及由己方提出而未被专利行政机关采信的证据，提供给法院，由法院在质证后决定是否采信。即使原告提供的证据不成立，不免除被告的举证责任，也不会产生不利于己方的后果。因此，在专利行政诉讼中，在强调被告举证责任的同时，原告的代理人也不能忽视举证责任的承担。

根据《行政诉讼法》第三十六条第二款的规定，原告以及代理人在诉讼中还可以积极补证。补证是指案件中已有的证据不足、尚不能证明案件事实、需要补充证据进一步证明案件事实的诉讼行为。原告的积极补证可以帮助法院查清事实，减轻人民法院调查收集证据的负担。此外，根据《行政诉讼法》第三十九条的规定，人民法院有权要求当事人提供或者补充证据，此时，当事人应当进行补证。当然，在专利行政诉讼中，应法院的要求进行补证的一方通常是专利行政机关，而积极补证的一方当事人多为原告。在专利行政诉讼中，尤其要注意的是原告提供证据的截止日期应当在法院确定的证据交换日，在证据交换日因客观原因不能提供证据的，原告应当向法院提出给予延期举证的请求；而被告的补证因为大多数是应法院要求而为，因此，法院通常在提出这些要求的同时，就会给出举证期限。当事人在举证期限内（包括法院已同意的延期举证的期限内）未提供证据的，则法院认定其未补充证据。

2. 专利行政诉讼案件的一般争议焦点

专利行政诉讼是诉讼中当事人法律地位不平等的诉讼，人民法院对于专利行政诉讼的审理要点与审理专利民事诉讼案件的要点也是不同的。

就专利行政诉讼而言，虽然引发诉讼的原因不同，但是审理所有专利行政诉讼案件的要点基本相同，即人民法院审理案件在于审查专利行政机关作出的行政行为在程序上和实体上是否符合法律的规定。

（1）程序合法性的审查

不同的专利行政机关根据法律赋予的不同职责分别作出不同性质的具体行政行为，为了使行政机关能够依法行政，对每个行政机关作出具体行政行为的过程都有严格的程序规定。遵守这些程序是行政机关的义务，也是实体法准确适用的保障。如果专利行政机关在作出具体行政行为过程中，没有遵守程序的要求，即使作出的决定在实体上可能没有错误，其行政行为也会被撤销。例如，根据《专利审查指南2010》第四部分第二章的规定，专利复审委员会在作出维持驳回决定的复审决定之前应当先发出复审通知书，说明复审请求不能成立的理由，给予复审请求人一次陈述意见和/或修改专利申请文件的机会；如果专利复审委员会在收到复审请求书后未发复审通知书而直接作出维持驳回决定的复审决定，人民法院将会以程序不合法为理由撤销专利复审委员会的复审决定。对于国家知识产权局和地方知识产权管理部门所作行政行为程序是否合法的审查同样也是人民法院在专利行政诉讼的审理过程中首先考虑的问题。

因此，原告及其代理人可以针对专利行政机关作出行政行为过程中适用程序的缺陷，依据法律提出撤销专利行政机关所作行政行为的理由，说明该缺陷会对实体审查结果造成影响，请求法院作出撤销专利行政机关作出的行政行为的判决。

（2）实体上的审查

实体上的审查包括事实审查和法律适用审查。虽然人民法院本身不具有直接依据法律作出行政行为的权力和职责，但是法院有权对于行政机关作出的行政行为作出全面的审查，包括事实和法律适用的全面审查。例如，对于涉及专利能否维持专利权的无效宣告请求案件，法院既有权审查双方在无效宣告程序中提供的证据以及专利复审委员会对证据的采信是否正确，也有权审查专利复审委员会对于证据采信后所作出的判断是否准确，两者均要考虑。只要存在其中一个方面的缺陷，就能得出该无效宣告请求审查决定得出的结论不符合《专利法》《专利法实施细则》和《专利审查指南 2010》的规定，法院就有权撤销被告作出的行政行为。

原告及其代理人的工作则是针对被告在证据采信、事实分析和法律适用上的缺陷，根据法律的规定作出分析和陈述，说服法院采信己方的观点。如果有证据进一步证明被告结论错误，应当积极向法院提供证据材料，以便法院查清事实。

3. 对专利行政诉讼中的第三人的代理

在专利行政诉讼案件的审理中，涉及第三人的，法院会通知有利害关系的第三人参加诉讼。第三人是否参加诉讼并不影响案件的正常审理，但是由于该行政诉讼的后果会直接影响到第三人的利益，所以第三人一般都会参加诉讼。

第三人由于在专利行政诉讼中与原告和被告的地位有所不同，为其代理和为原告代理工作的侧重点也有较大区别。由于本节的以下内容主要是介绍原告代理的内容，对于第三人的代理只在此作概括介绍。

第三人的诉讼地位决定了其往往与被告站在同样的立场上，即支持被告作出的具体行政行为。所以，第三人的陈述和辩论通常围绕被告的行为如何正确来进行。除了支持被告的观点之外，第三人的代理工作重点是证明第三人在行政程序中所提供的证据具有合法性和关联性以及证明被告适用法律的准确性。因为在专利行政诉讼案件中，除了单纯的行政职权行为外，在专利侵权行为的处理、专利权无效宣告请求的审查等案件中，专利行政机关在行政行为中采信的证据实际上多为第三人提供，所以关于证据本身的合法性以及与本案的关联性问题的论证，除了被告应当依法陈述外，第三人及其代理人也应当积极、全面地进行论证，这也是对被告最好的支持。此外，对于被告运用这些证据适用法律作出的判断结论，第三人也有必要进行论证和陈述，以给予被告支持。需要注意的是，关于行政行为适用程序的合法性问题，第三人不必将证明责任揽到自己身上，而应该由被告来证明；第三人一般也不必在行政诉讼中提供新的证据，因为新证据的提供可能会使法院和原告加深对于被告所作具体行政行为"证据不足"的印象，从而使原告的观点和证据更容易被采信。

4. 关于专利行政诉讼中的技术鉴定问题

在专利行政诉讼案件审理过程中，有一部分的案件所涉及的技术比较复杂，可能会涉及技术鉴定问题。人民法院本着实事求是的科学态度，有权根据案件的具体情况，全面听取有关专家的意见，以作出公正的判决。

在人民法院告知案件需要听取专家意见或直接找有关机构进行技术鉴定时，无论是原告还是第三人的代理人都有权提请法院注意鉴定人员或有关专家人选是否适当，从而保证这种鉴定或意见的听取是公平、科学、合法的。例如，对于选择的鉴定人员，应当与被告的工作人员或第三人或者与原告以及与本案有关的代理人和其他有关人员没有密切的关系，否则可能影响到技术鉴定公正进行。代理人如果发现鉴定人员与上述相关人员有密切关系的，应当提醒法院不应当将其作为案件的鉴定人。再如，根据需要技术鉴定的内容，应当选择与所需专业技术水平相适应的技术专家及鉴定人员，如果发现其中有不合适的人选，代理人应当向法院提出。代理人对于鉴定人选的名单和鉴定方式的选择也可以向法院提出积极的建议，以便法院能够更好地根据案件的具体情况从检索查新、实地演示、专家评议、分析质询等多种听取意见或鉴定方式中作出选择。

代理人对于鉴定人员所作出的结论或意见的质疑是根据该鉴定在诉讼中的地位来决定的。如果鉴定人员只作为陪审员参加案件的审理，原告或第三人以及他们的代理人都不能提出质疑，当然这种方式在专利行政诉讼中极少适用。如果鉴定人员只是作为专家发表咨询意见，并没有作为正式的证据使用，也不能对其提出独立的质疑。只有在鉴定人接受人民法院的委托，对需要鉴定的技术问题作出鉴定结论并被法院作为证据出示时，原告或第三人以及他们的代理人才能对该鉴定结论进行质疑和反驳，鉴定人应当出庭接受质询。如果代理人有证据表明鉴定结论本身的科学性和鉴定人身份以及鉴定程序的合法性上有缺陷，应当积极举证，使鉴定结论不被采信。

二、以国家知识产权局为被告的专利行政诉讼案件的代理

以国家知识产权局为被告提起的行政诉讼在专利行政诉讼中所占的比重较少。依据《行政诉讼法》和《最高人民法院关于专利、商标等授权确权类知识产权行政案件审理分工的规定》和《最高人民法院关于北京、上海、广州知识产权法院案件管辖的规定》，不服国家知识产权局具体行政行为直接向人民法院提起的诉讼以及经行政复议后仍不服行政复议决定再向人民法院提起的诉讼，其第一审由北京知识产权法院负责审理。

除了与专利实施强制许可有关以及与集成电路布图设计非自愿许可有关的决定不服或者存在在先民事争议的情况（如对由权属争议在先导致的专利申请人或专利权人变更登记不服而最终引起的行政诉讼）外，大多数没有诉讼第三人。鉴于这类专利行政诉讼案件的特殊性，在对原告进行代理时，要特别注意以下四点。

1. 对于直接向人民法院提起的行政诉讼，应检查原告自身在具体行政行为作出前有无过错

作为原告的代理人在为当事人向人民法院提起诉讼前，应当依法对国家知识产权局的具体行政行为进行分析，判断国家知识产权局作出上述具体行政行为是否合法。国家知识产权局作出的具体行政行为中有不少是由于当事人自身存在过失造成的，例如由于耽误期限而导致专利权终止，或者向国家知识产权局提供的材料不符合法律规定的要求而视为未提交相关材料或导致专利申请不予受理等，在这些情况下向人民法院起诉是难以胜诉的。因此在起诉前，原告代理人应当首先检查当事人自身在具体行为作出之前有无过错，如果存在过错应当采取其他法律补救措施，如提出恢复权利请求。只有确认自身不存在过错，而且国家知识产权局作出的具体行政行为不符合法律有关规定时才向人民法院起诉，否则原告既费时间又费财力，还不能胜诉，更重要的是由于耽误时间而丧失了采取其他法律救济手段的时机。

2. 对于不服行政复议决定而向法院提起的行政诉讼，应当对行政复议程序中原告所提供的证据的来源以及与本案的关联性进行自审

对于不服国家知识产权局具体行政行为提出的行政复议申请，由于国家知识产权局作出具体行政行为的事实依据中不少来自复议申请人（即专利申请人），因此对此具体行政行为提出行政复议申请时就需要向行政复议机关提出相关证据，如果行政复议机关作出驳回行政复议申请的行政复议决定，不服此行政复议决定的复议申请人可以向人民法院提起专利行政诉讼。这种行政诉讼实际上也是对国家知识产权局作出的具体行政行为进行司法审查。作为这种行政诉讼原告的复

议申请人，在提起行政诉讼之前，就应当先对己方在行政复议程序中所提供的相关证据（即国家知识产权局作出具体行政行为的事实依据）进行认真的自审，且应当在提起行政诉讼时向人民法院详细阐述己方在行政复议程序中提供的这些证据的可采信性，以此证明被告的行政行为不符合法律规定。如果原告在起诉前以及起诉后都不能很好地证明己方在行政复议程予中提供的证据应当被采信，就会在行政诉讼中败诉。例如，原告因为变更发明人的请求没有被准许而提出行政复议，在提起行政复议申请时就应当向行政复议机关提出己方已按照《专利审查指南 2010》第一部分第一章中的有关规定办理了变更著录项目手续的证据，如果行政复议机关作出了驳回行政复议申请的行政复议决定，而己方不服欲提出行政诉讼时，就应当先对己方在行政复议程序中提供的反映己方办理发明人变更手续的证据是否完备进行自审，如果认为自己提交的变更手续以及相关证明完全符合《专利审查指南 2010》中有关办理发明人变更手续的要求和相关法律规定，就可以提起行政诉讼。在行政诉讼中，原告及其代理人就可以依据法律和己方提供的相关证据证明国家知识产权局行政行为的错误。论证的重点应当放在己方提交的证据以及相关手续的合法性上以及国家知识产权局行政行为的不合法性上。除此之外，如果对证据的合法性有争议的话，原告还要证明己方提供证据的来源合法及真实性合法。

3. 对因国家知识产权局行政不作为而提起的行政诉讼，原告代理人要注意核定所诉行为是否属于行政不作为

虽然大多数行政诉讼是由国家知识产权局的积极行政行为引起的，但是有些行政不作为的行为也会引发行政诉讼。例如，国家知识产权局在接到申请人提交的申请后，既不予以受理也不作出不予受理的决定书，而是置之不理、束之高阁。对于这种行政不作为，申请人有权提起行政复议或直接提起行政诉讼，如果行政复议受理的范围中没有明确规定的，原告可以直接向人民法院提起行政诉讼。再如，专利权人因没有及时缴纳专利年费而导致专利权被提前终止后又依法提出恢复权利请求的，国家知识产权局虽然接受了恢复权利请求但迟迟不作决定，也属于行政不作为，当事人也应当有权提起行政诉讼。

因为被告的行政不作为而提起行政诉讼的案件，原告及其代理人的代理重点在于准确引用《专利法》以及相关行政法规的规定，说明被告应当作为，以此来证明被告不作为的不合法。所以，相对而言，在因被告的行政不作为而引起的行政诉讼中，原告及其代理人在诉讼中的工作难度相对被告的工作难度要低一些。

4. 原告代理人应当充分了解被告作出行政行为的正确程序，并在必要时对被告行政行为的程序合法性提出质疑

虽然，在这种行政诉讼中，被告应当承担证明自己作出的行政行为在程序上和实体上都是合法的举证责任，但是在提起行政诉讼时，对于被告行政行为在程序上和实体上的不合法问题，首先要由原告提出质疑，没有这种质疑，被告也就无须承担证明责任，甚至会影响到案件的立案。为使原告及代理人提出的质疑具有力度，就必须对被告作出行政行为的正确程序有比较充分的了解，否则这种质疑会变得软弱无力。例如，专利权人认为国家知识产权局作出的专利强制许可行为在程序上有问题，或者专利权人对国家知识产权局决定的强制许可费用程序的合法性产生异议，首先应当了解上述两种行政行为作出的正确程序是怎样的，然后才能有效地以自己的专利权被强制许可实施的不合法之处提出质疑，从而达到由人民法院通过审判进行纠正的目的。当然，原告也可以仅仅提出质疑，但是基于不了解正确程序的质疑会不利于诉讼的胜诉，就如同去打一场无准备之战。

三、以专利复审委员会为被告的专利行政诉讼案件的代理

因不服专利复审委员会作出的复审决定或无效宣告请求审查决定提起行政诉讼的案件在专利行政诉讼案件中的比例逐渐上升，近十来年一直居于专利行政诉讼案件的首位。在前一个阶段，根据我国最高人民法院的规定，因不服专利复审委员会作出的复审决定而提起的专利行政诉讼由北京市第一中级人民法院的行政审判庭进行审理；而因不服专利复审委员会作出的无效宣告请求审查决定提起诉讼的案件会分不同情况分别由北京市第一中级人民法院的知识产权审判庭和行政审判庭进行审理，其中对没有民事争议发生在前的行政诉讼案件由行政审判庭进行审理，对于已有民事争议发生在前的行政诉讼案件，则由知识产权审判庭进行审理。鉴于上述分工的不科学性，经过一段时间的司法实践，最高人民法院考虑到审理专利行政案件的历史和审判人员能力和素质的实际情况，对此又进行了调整。按照《最高人民法院关于专利、商标等授权确权类知识产权行政案件审理分工的规定》和《最高人民法院关于北京、上海、广州知识产权法院案件管辖的规定》，所有不服专利复审委员会作出的复审决定或无效宣告请求审查决定提起的行政诉讼案件的第一审全部由北京知识产权法院负责审理。

尽管不服专利复审决定和无效宣告请求审查决定的司法审查案件的审理法庭已经统一，但这两种案件在发生原因、审查方法、审查程序上存在较大的区别，故下面先对专利复审行政诉讼与专利无效行政诉讼案件的区别和代理工作应当注意之处作简单介绍。在此之后，考虑到这两种专利行政诉讼案件的数量已超过专利行政诉讼案件总量一半以上，为帮助代理人在这两种专利行政诉讼案件中更好地做好代理工作，分别对不服专利复审委员会复审决定提起行政诉讼的代理工作和不服专利复审委员会无效宣告请求审查决定提起行政诉讼的代理工作进行比较详细的说明。

（一）代理专利复审行政诉讼与专利无效行政诉讼案件需要注意的问题

代理人在代理原告提起行政诉讼时，要注意下述三个方面：专利复审行政诉讼与专利无效行政诉讼案件在程序上和举证上的区别；其诉讼的要点是审查被告行政行为程序的合法性和适用法律的准确性；起诉和上诉的诉讼时效。

1. 专利复审行政诉讼与专利无效行政诉讼案件的区别

专利复审行政诉讼和专利无效行政诉讼案件的区别主要表现在两个方面：程序上的区别和举证上的区别。

（1）这两种案件在程序上的区别

因不服专利复审委员会作出的复审决定而提起行政诉讼的，一般没有具有利害关系的第三人参加诉讼。这种诉讼相对于有利害关系第三人参加的不服无效宣告请求审查决定的行政诉讼案件而言，在法律关系和法律程序上都要简单一些，因而在准备诉讼材料上就有所不同。例如，对无效宣告请求审查决定不服的，提起诉讼的文书及证据的份数就要多于不服复审决定提出的诉讼，因为后者只需考虑被告和法院需要材料的份数，而无须考虑第三人需要材料的份数，但对前者还必须考虑第三人需要材料的份数，否则就有可能影响及时立案。

（2）这两种案件在举证上的区别

在不服专利复审委员会作出的复审决定而起诉的行政诉讼案件中，通常被告所出示的证据基本上都是对比文件，即书证。这些证据大多数是由国家知识产权局在审查中主动检索出并保存在审查案卷中。由于对书证的形式要件的审查相对比较容易，所以案件双方的争议焦点基本发生在如何使用证据对新颖性或创造性作出判断的论证过程和结论上。

而在不服专利复审委员会作出的无效宣告请求审查决定而起诉的行政诉讼案件中，通常被告

作出的行政决定所采信的证据种类会更加多样化，不仅有书证，还可能有物证、证人证言以及视听资料等。这些证据大多数由原告或第三人在无效宣告程序中提交给专利复审委员会，专利复审委员会一般不会在无效宣告程序中主动依职权提供证据，只有在《专利审查指南2010》规定可以依职权主动发现或认定证据时，才会提供，例如关于公知常识证据的认定等，可以由专利复审委员会主动举证。无论是无效宣告请求人或者是被请求人（专利权人）不服无效宣告请求审查决定提起诉讼，都应积极提供证据，一方面对己方在无效宣告程序中提供证据的可采信性进行证明，另一方面对被告采信证据的不合法性进行质疑并提供反证，以达到撤销专利复审委员会作出的无效宣告请求审查决定的目的。

根据所诉被告行政行为的不同，举证的不同点可以归纳为：在不服复审决定而起诉的行政诉讼案件中，通常原告不必积极举证，也不承担证明义务；而在不服无效宣告请求审查决定而起诉的行政诉讼案件中，原告在必要时，可以积极举证，尤其应当尽量收集能够证明被告行为不符合法律规定或相关科学技术事实的积极证据，并提供给法院，以使法院可以公正审理，并使自己的诉讼请求得到支持。

2. 诉讼的要点是审查被告行政行为程序的合法性和适用法律的准确性

人民法院并不是行政机关，它本身不能决定对一项专利申请应予以授权或不予以授权，或者对无效宣告请求直接作出审查决定。人民法院的任务是审查专利复审委员会在作出上述决定时是否查清事实、是否准确适用法律、是否符合审查的程序，以保证审查的程序和实体公正。如果事实已经查明，适用法律无误，专利复审委员会的行政行为就会得到法院的支持；相反，专利复审委员会的行政行为会被法院撤销并可能同时被判令作出新的行政行为。正是基于这样的司法审查功能，以专利复审委员会为被告的专利行政诉讼案件的焦点并不是请求法院直接依据《专利法》的有关规定对专利申请的内容或已经授权的专利进行审查，而是对专利复审委员会的行政审查行为的合法性进行审查，因此原告不能要求法院直接认定原告的申请是否符合授予专利权的条件或是否符合维持专利权的条件，如果原告提出这样的请求，一般不会得到法院的支持。

原告代理人可以在诉讼中请求法院着重对复审程序或无效宣告程序中不合法的地方进行重点审查，这就要求原告对于上述重点审查之处要有所准备，准备越充分越好。代理人对于专利复审委员会程序合法性质疑可以围绕以下问题进行：是否对该决定不利方当事人未给予一次符合听证原则的陈述意见机会、是否应当通知当事人出席口头审理而没有通知、是否应当回避的合议组成员没有回避、一方当事人对于对方出庭人员有异议而没有被专利复审委员会接受等问题进行。对于实体合法性的质疑则主要可以针对以下问题进行：证据的采信是否违反法律对于证据的一般规则或特别规则的规定、对于证据的不采信是否违反法律的有关规定、适用法律是否超出了无效宣告理由的范围、适用法律是否与对证据的分析相一致等。只要在上述方面能够找出任何一点被告行为合法性的缺陷，就有可能促使人民法院作出撤销专利复审委员会行政决定并要求其重新作出行政决定的判决。因此，代理人的工作重点不是泛泛地谈被告行政行为的合法性问题，而是要从专利复审委员所作行政行为的过程中找到程序上和实体上的具体缺陷，即从复审决定或无效宣告请求审查决定的字里行间找到不符合法律的具体描述或是程序上的实质性缺陷，并对其进行深入细致的法律分析，从而使法院能够接受原告的观点和意见。

3. 起诉和上诉的诉讼时效

根据《专利法》第四十一条和第四十六条的规定，以专利复审委员会为被告的上述两种行政诉讼，其提起诉讼的期限是完全一样的，即原告应当在收到复审决定或者无效宣告请求审查决定的3个月内提起诉讼。不服人民法院一审判决的上诉期限为15日，外国当事人可以宽限到30

日。对于委托人准备提起行政诉讼或上诉时，代理人应当十分重视起诉和上诉的期限，提前做好准备，以免耽误起诉或上诉期限而不能立案或者立案后丧失胜诉权。

（二）对不服专利复审委员会复审决定的专利行政诉讼案件原告的代理工作

专利申请人对专利复审委员会的复审决定不服向人民法院起诉，由法院适用行政诉讼程序作出判决。本节将对这一种专利行政诉讼中的代理工作给出比较详细的说明。

1. 不服专利复审委员会复审决定的专利行政诉讼的提出

正如本书第十五章第五节中所指出的，专利复审委员会作出复审决定的结果分为两类：撤销驳回决定，维持驳回决定。对于复审结论为撤销驳回决定的复审决定来说，复审请求人（即专利申请人）通常不会再向人民法院提起行政诉讼，因此不服专利复审委员会的复审决定提起的行政诉讼几乎都是针对专利复审委员会作出的维持驳回决定的复审决定提出的。

正如本书第十五章第五节之二中所指出的，复审请求人的代理人在收到专利复审委员会作出维持驳回决定的复审决定后，应当帮助请求人分析复审决定的作出从实体上和程序上是否存在不符合《专利法》《专利法实施细则》和/或《专利审查指南2010》的规定之处，以便决定是否按照《专利法》第四十一条第二款的规定向人民法院提出专利行政诉讼。

通常，复审请求人的代理人从收到维持驳回决定的复审决定到提出专利行政诉讼需要进行四个方面的工作：研究分析复审决定；向委托人转达复审决定；按照委托人提出专利行政诉讼的意愿准备起诉状；向法院提出专利行政诉讼请求。

（1）阅读和分析复审决定

在收到维持驳回决定的复审决定后，作为复审请求人的代理人应当在认真阅读复审决定的基础上判断复审决定的作出是否符合《专利法》《专利法实施细则》和/或《专利审查指南2010》的规定，其中阅读分析的重点应当放在复审决定的理由部分。

首先，应当分析复审决定的作出在实体上是否符合《专利法》《专利法实施细则》和/或《专利审查指南2010》的规定。通常，经过分析主要有三种情况：其一，认为复审决定的理由从实体上不符合有关法律法规规定，即复审程序中最后提交的专利申请修改文本不存在复审决定的理由部分所指出的实质性缺陷；其二，认为复审决定的理由基本上正确，在实体判断上符合有关法律法规规定，但是若对专利申请文件进行修改后有可能消除复审决定的理由部分所指出的实质性缺陷；其三，认为复审决定的理由完全正确，在实体上符合有关法律法规规定，且该专利申请文件不论如何进行修改难以克服复审决定的理由部分所指出的实质性缺陷。

其次，必要时分析复审决定的作出在程序上是否符合《专利法》《专利法实施细则》和/或《专利审查指南2010》的规定。通常主要有两种情况：其一，该复审决定的作出在程序上存在不符合有关法律法规规定之处，即该复审决定存在程序错误；其二，在程序上符合有关法律法规规定，不存在程序错误。

通过上述分析，就能得知该专利申请有无通过向法院起诉而达到撤销复审决定以至最终被授予专利权的可能。如果通过分析，该复审决定属于上述在实体上不符合法律法规规定情况，此时不论该复审决定是否存在程序错误，该专利申请就有可能通过向法院起诉而达到撤销复审决定以及最终被授予专利权。如果通过分析，该复审决定属于上述实体分析的第二种情况，即需要修改专利申请文件才有可能克服复审决定的理由部分所指出的实质性缺陷的情况，此时只有该复审决定同时存在程序错误时才有可能通过向法院起诉而最终争取授予专利权，因为在专利行政诉讼时法院只审理该复审决定的作出是否符合有关法律法规规定，而不允许在专利行政诉讼期间修改专利申请文件，因此在这种情况下只能以复审决定存在程序错误为理由而达到撤销复审决定，然后在返回复审程序后再修改专利申请文件；如果复审程序不存在程序错误，法院会以复审决定符合有关法律法规规定而作出维持复审决定的判决。如果通过分析，认为属于上述实体分析的第三种情况，即复审决定在实体上的理由完全正确，此时即使复审决定的作出在程序上存在错误，向法院起诉的最终结果仍然没有授予专利权的可能，因为即使法院在以复审决定存在程序错误撤销复审决定后，由于该专利申请文件存在不可克服的实质性缺陷，因而专利复审委员会在克服了程序错误后可再次作出维持驳回决定的复审决定。

（2）向委托人转达复审决定

在阅读了复审决定和作出分析研究后，应当尽快向委托人转达复审决定。

在转达复审决定时，应当将上述对复审决定的分析结果告知委托人，以便委托人确定是否向法院提出行政诉讼。由于委托人仅仅精通技术，而对专利法律知识并不熟悉，因此在转达时应当尽量明确地告知分析结果，以使委托人能够理解并作出正确的决断。

对于上述复审决定在实体上不符合有关法律规定的情况，应当区分两种：一种是复审决定在实体上明显错误，例如复审决定中并未指出该专利不能享受优先权而采用了优先权日和申请日之间公开的中国专利申请文件或专利文件来否定专利申请的创造性；另一种是认为复审决定中论述的实体理由存在不符合有关法律规定之处，属于有可能取得争辩成功的情况。对于前一种情况，可以明确告知委托人，起诉有较大可能取得成功，应当向北京知识产权法院提出专利行政诉讼。而对于第二种情况，向委托人建议起诉时应当留有余地，因为法院作出撤销专利复审委员会复审决定的比例并不高，因此在告知委托人提出起诉有成功可能的同时，还应当告知要取得成功也有相当难度，因为本来就存在不同的观点。

对于需要修改申请文件才能克服复审决定理由部分所指出的实质性缺陷的情况，如果复审决定不存在程序缺陷，则应当告知委托人在这种情况下向法院提出诉讼并不能取得成功，委托人若要起诉应当慎重考虑。此时，如果复审程序明显存在程序缺陷时，则应当告知委托人可以以复审决定存在程序错误为理由向北京知识产权法院提出专利行政诉讼，但是在取得诉讼成功后返回复审程序时应当主动修改申请文件，否则专利复审委员会在克服程序错误后可重新作出维持原驳回决定的复审决定；至于返回复审程序后修改申请文件后能否得到撤销原驳回决定的结果，也属于有可能通过争辩取得复审请求成功的情况，因此也应当如上面所述的那样，既告知有争辩成功的可能，又说明存在一定的难度。如果此时认为复审程序可能存在程序错误的情况，则应当告知委托人可试图通过以复审程序存在程序错误为理由来争取专利行政诉讼的成功，若能争取成功则在返回复审程序时应当主动修改申请文件。

对于复审程序仅存在程序错误而不存在实体错误的情况，则应当如实告知委托人，同时应当告知委托人在这种情况下提出专利行政诉讼意义不大，因为即使法院以复审决定存在程序错误为由撤销复审决定，专利复审委员会在克服程序错误的基础上会再次作出实体上与前一复审决定结论基本相同的复审决定。

对于分析后认为复审决定既不存在实体错误、又不存在程序错误时，也应当如实告知委托人，而且应当明确告知向法院起诉基本上不会取得成功。

在向委托人转达复审决定时应当明确告知其法律救济手段以及可采取法律救济手段的最后期限。按照《专利法》第四十一条第二款的规定，允许对复审决定提起行政诉讼的期限为收到复审决定之日起3个月，但由于准备起诉状需要充分的准备，因此最好告知委托人若准备向法院起诉的话至少提前1个月就给出提起专利行政诉讼的指示。

（3）按照委托人提出专利行政诉讼的意愿准备起诉状

若委托人表示准备向法院起诉，则专利代理人通常就应当按照委托人的意愿着手起诉的准备工作。

在准备起诉状前，应当首先认真研究一下委托人的指示。若委托人的起诉愿望与自己对复审决定的分析意见相一致，就应当尽快着手准备起诉状。对于委托人的起诉愿望与自己的分析意见不相一致时，则应当仔细分析委托人的具体意见，以判断委托人的观点是否有道理。一旦认为委托人的具体意见有可取之处，则应当改变自己的观点，并立即准备起诉状；相反，认为委托人的具体意见是由于其缺乏专利基本知识而得出了错误的看法，则应当再向委托人作一次说明，一方面表示可以按照委托人的意愿向法院起诉，另一方面告知委托人为什么按照委托人的具体意见向法院起诉并不能或者难以达到其所期望的效果，请委托人再慎重考虑一下，若委托人仍坚持原有的看法，则应当按照委托人的意愿做好向法院起诉的准备，此时应当采取积极的态度为委托人争取最有利的结果，不可因意见与委托人不一致而采取简单的转达委托人意见的处理办法。

一审的起诉状通常包括三个方面的内容：诉讼当事人的自然情况、诉讼请求、事实和理由。

在诉讼当事人的自然情况部分首先写明原告的单位、住所地、法定代表人；原告是自然人的，要写明其姓名、性别、年龄、职业、住所地（包括邮编）；委托代理的，还应当写明所委托的代理人的自然情况。然后，应当写明被告的自然情况，即国家知识产权局专利复审委员会，其法定代表人为专利复审委员会主任（国家知识产权局局长兼）或第一副主任。

诉讼请求部分应当用简明扼要的语言写明诉讼请求的事项，例如，判决撤销专利复审委员会第××××号复审决定书，判令被告承担本案的诉讼费等。

事实和理由部分是起诉状的重点部分。这部分既可以仅以复审决定的实体错误为理由，也可以仅以复审决定的程序错误为理由，还可以既以实体错误又以程序错误为起诉理由，至于选用何者为理由应当以对己方更有利作为出发点，而不仅仅以哪一理由更易得到撤销复审决定的结果为出发点。例如，当复审决定既存在明显的实体错误又存在程序错误时，笔者不主张同时以两者为起诉理由，因为若同时以两者为起诉理由，则法院在审理时会采取程序优先而撤销复审决定，这样由于法院并未审理复审决定的实体错误，专利复审委员会很可能在克服程序错误后仍然会作出在实体上与前一复审决定结论相同的复审决定，为此不得不再次起诉，这样增长了复审程序，明显对委托人不利。除非对复审决定的实体错误把握不大，或者不以复审决定的程序错误为理由就不能分析实体错误，或者需要再次修改专利申请文件时才以复审决定存在程序错误为由提起诉讼。

由于法院在这种专利行政诉讼中主要审理专利复审委员会在作出复审决定是否存在程序错误或实体错误，因此在事实和理由这一部分主要具体说明复审决定为什么不符合《专利法》《专利法实施细则》和/或《专利审查指南2010》的规定，只有认为必要时才进一步说明本专利申请为什么在这方面符合《专利法》《专利法实施细则》和/或《专利审查指南2010》的规定。这一点与审查程序和复审程序明显不同，在向审查部门或向专利复审委员会陈述意见时主要针对所指出的实质缺陷说明本专利申请为什么符合《专利法》《专利法实施细则》和/或《专利审查指南2010》的规定。另外，在论述理由时，对那些可由复审决定的内容直接证明其是错误的，可以在起诉状中明确指出；但是如果认为复审决定中的推断可能存在问题时，建议不要在起诉状中按照自己的推测去分析，最好仅指出其推断缺乏依据，此时专利复审委员会就必然会在答辩状中对其所作的推断作出具体说明，然后在庭审时就可针对其具体说明作出有利于己方的争辩；相反，在起诉状中按照推测的内容来证明决定是错误的话，专利复审委员会就会采用其他的途径来解释其所作的推断。此外，由于行政诉讼的举证责任在行政机关，因此在论述理由时可以不引用证据，但是如果引用证据更容易证明专利复审委员会的复审决定存在实体错误或程序错误时，在这一部分也可以引用证据。

在准备好起诉状后，就应当将起诉状的初稿发送给委托人，请其确认。对于国内单位，还应当要求委托人在已确认的起诉状的打印件上盖上公章；对于涉外单位，可以由其法人代表在起诉状的打印件上签字。

（4）向法院提出专利行政诉讼请求

准备好起诉状并经委托人确认后，就应当尽快向法院起诉。对于不服专利复审委员会的复审决定而提起的行政诉讼，应当向北京知识产权法院提交。

在提交起诉状的同时，还需要提交由委托人签署的委托书。即使在提出专利申请时或复审程序中已提交了委托书，向法院提出行政诉讼时必须重新提交委托书。委托人是国内单位，应当在委托书上加盖公章，此外还需要提交工商行政部门或事业社团登记管理部门出具的证明文件。涉外的单位，可以由其法人代表在委托书上签字，并提交该单位在所在国办理的与我国工商登记或事业社团登记相应的证明文件和提交法定代表人的证明文件，这些文件还需要经过公证认证。因此，在准备起诉状的同时，要同时请委托人准备委托书和其他需要提交的文件。

在向人民法院提交起诉状和委托书的同时，还应当缴纳诉讼费。即使主张对方败诉后应由对方支付诉讼费，也应先支付诉讼费，对方败诉后法院会判令对方承担诉讼费，并会将己方所缴的诉讼费退回。

正如前面所指出的那样，对于针对专利复审委员会的复审决定提出专利行政诉讼时可以不必举证，但是如果在起诉状中需要引用证据来说明己方的论点时就应当在提出起诉的同时向法院提交这些证据，并应当列出证据清单。

对于不服专利复审委员会的复审决定而提起的行政诉讼，至少应当提交起诉状两份，委托书和其他证明委托人资格的文件一份。若提交证据的话，应提交与起诉状相同的份数。

最后，需要特别强调一点，复审请求人的代理人务必在规定的期限内到北京知识产权法院提交起诉状和其他材料。按照《专利法》第四十一条第二款的规定，不服复审决定向人民法院提起行政诉讼的期限为自收到复审决定之日起3个月内，但是法院对此3个月的期限把握相当严，一方面不允许将自复审决定的发文日起15日推定为收到日，至多在出具了证实该复审决定收到的准确日期的证明材料时才从该实际收到日起计算此3个月的期限；另一方面如该期限届满日为节假日时不允许将其顺延至第一个工作日。鉴于此，建议复审请求人的代理人务必在自复审决定的发文日起3个月期满之前向人民法院提起行政诉讼，最好再提前3~5日，以免在法院立案时认为材料不全而导致耽误起诉期限。

2. 庭审前后的代理工作

人民法院受理专利行政诉讼后，就会将起诉状和其他相关材料转送给专利复审委员会。在专利复审委员会作出答辩后，法院将确定庭审日期，并将庭审通知书和专利复审委员会的答辩状一起寄给原告，专利行政诉讼就进入了庭审阶段。下面从三个方面来说明庭审前后的代理工作。

（1）庭审前的准备工作

收到庭审通知书和专利复审委员会的答辩状后，首先应当将庭审的信息告知委托人，一方面使其有思想准备，另一方面便于其安排工作。在这同时，应当抓紧时间研究分析答辩状，并及时将分析结果告知委托人。在这基础上与委托人一起准备好庭审时的发言提纲。

阅读分析答辩状时，主要分析其中所论述的观点和理由与复审决定相比作了那些改变和补充。如果其内容有改变，至少可认为其在复审决定中的原有内容存在不妥之处，这就可作为复审决定不符合有关法律法规规定的突破口。如果补充了新的内容，就说明专利复审委员会打算以此新增加的内容来巩固其原有观点，这时可以仔细分析新增加的内容是否有明显不符合法律法规规定之处，若有的话，就可将此作为在庭审时主要争辩点之一。例如，在一件专利行政诉讼案中，复审决定中分析权利要求不具备创造性时认定本领域技术人员根据普通常识可从对比文件披露的内容推断其已披露权利要求中的某个技术特征，原告在起诉状中认为复审决定中的这种推断没有依据，专利复审委员会往往就会在答辩状中具体说明如何由对比文件披露的内容推出该技术特征，此时若经过分析认定答辩状中新增加的内容明显违反其工作原理，在这种情况下就可抓住此错误说明复审决定中原有的推断是错误的，从而对取得胜诉十分有利。

在准备发言提纲时主要准备三部分内容：其一，庭审开始时对起诉理由的论述；其二，法庭调查和辩论时的发言；其三，庭审结束前的总结发言。庭审开始时的发言，基本上可按照起诉状的内容加以概括；如果在研究对方答辩状后发现原起诉状存在不妥的地方，则庭审开始时的发言应当将这些内容删去，以免在庭审时被对方在辩论阶段抓住而处于不利地位；至于在对方答辩状中所发现的问题通常不在庭审开始时的发言中指出，而让对方在说明答辩状的观点之后在法庭辩论时再提出，从而使对方处于被动地位。对于法庭调查和辩论时的发言，这部分是庭审前准备的重点。一方面要充分论述复审决定或答辩状中的观点和理由为什么不符合有关法律法规规定，而且应当以《专利法》和《专利法实施细则》的规定、尤其是《专利审查指南2010》中的具体规定作为支持己方观点的依据，以便在庭审时能明确向法院具体指出支持己方观点的法律法规依据和出处；另一方面应当分析对方对己方在庭审时的论述会有哪几种争辩的可能，并对每一种可能作出如何应答的准备，这一部分的准备是最困难的，但也是最重要的。至于庭审结束前的总结发言，虽然这部分内容不多，但准备有一定难度，既要概括己方的主要观点，又要简明，尤其还需要根据庭审的情况及时加以补充。

由于发明和实用新型均涉及技术问题，外观设计涉及的是产品的形状、图案和色彩，因而在法庭审理时仅仅依靠口头陈述有时会难以表述清楚，在这种情况下为增加法官的感性认识，可以采用实物或投影演示方式。为此，必要时在庭审前还应做好这方面的准备。

（2）庭审时应当注意的问题

法庭审理是专利行政诉讼中的重要环节，除了前面所指出的应当认真做好庭审准备外，庭审时双方陈述意见的好坏必将影响审理结果。作为专利行政诉讼原告所委托的代理人，应当注意积累这方面的经验，以提高庭审时的辩论水平。

作为代理人，在庭审时应当注意下述几方面的问题。

①由于这种专利行政诉讼是不服复审决定提出的，因此重点应当放在说明复审决定在实体上或在程序上不符合法律法规的规定。对于复审决定既存在实体错误又存在程序错误，重点应当放在实体上，除非该复审决定的实体错误以程序错误为基础。当然，如果准备修改发明或实用新型专利申请文件的，则应当重点放在复审决定的程序错误上，从而在以程序错误为由撤销复审决定后可在返回复审程序继续审查的阶段再修改专利申请文件。

②由于这种专利行政诉讼多数涉及发明或实用新型专利申请，尤其是发明，其科技含量较高。而法院的法官绝大多数不熟悉与该案件相关的科学技术，因此在陈述意见时切忌陷入具体的科学技术内容中去，应当借助《专利审查指南2010》重点从法律法规角度去分析。即使非要涉及科学技术的内容才能解释清楚，则一方面应当尽量用浅显的道理加以说明，另一方面最好借助实物、挂图或投影演示来帮助法官理解。当然对于涉及相当复杂的科学技术内容情况，还可以请求法院进行相关内容的司法鉴定。

③在法庭审理中先由原告宣读起诉状，再由专利复审委员会进行答辩。在宣读起诉状时，可

以先明确指出复审决定所存在的不符合法律法规之处，并简要地说明理由，最好能促使专利复审委员会在答辩时主动举证和陈述观点。如果对方在宣读答辩状或在辩论阶段临时增加内容进行争辩，这种即兴的论述容易出现失误，便可被利用来支持己方观点。但是，对专利复审委员会在陈述意见时所出现的失误进行分析时，只应争辩那些能证明复审决定错误的内容，而不必去争辩那些与复审决定结论错误关系不大的内容，否则会给法官产生己方在主要问题上不在理而抓住枝节问题做文章的感觉，从而会形成对己方不利的印象。

④在法庭辩论阶段，切忌仅仅按照开庭前所准备的内容照章宣读。应当仔细听取对方的争辩意见，从中寻找对方陈述意见中的漏洞，抓住该漏洞来说明复审决定不符合法律法规的有关规定。在争辩时要有随机应变的能力，尤其当对方陈述意见后出现对己方不利的情况时要能及时寻找到摆脱不利局面的途径。

⑤法庭审理结束时，法院会请双方审阅庭审记录并签字。此时应当仔细阅读该庭审记录，若有与庭审内容不一致之处，应当立即提出，请法庭改正。阅读时，不仅要阅读记录己方发言的部分，同时也要阅读记录对方发言的部分以及法官庭上提问的内容，因为这些内容都有可能作为判决的依据写入判决中。一旦签字后，记录中的内容就可能成为不服判决上诉时禁止反悔的依据。

（3）庭审后的补充陈述意见

为了便于法院更好地理解己方的观点，可以在庭审后将己方在法庭上的发言内容提交给法庭。如果法庭审理时所陈述的主要观点已反映在庭审前所准备的发言提纲中，可以在庭审后立即提交给法庭。如果法庭上的意见陈述相对于庭审前所准备的发言提纲增加了内容，而这些内容又是比较重要的，则可以在庭审结束之后加以补充作为法庭审理时发言提纲提交给法院。如果庭审后感到在法庭审理时并未将意见陈述清楚，还可以向法院提交意见陈述，但这只能作为庭审后的补充意见，不能作为法庭审理时的发言提纲。对于后两种情况，最好在法庭审理后 5 日内或者在法庭指定的期限内提交；否则，法院一旦作出判决，就比较被动了，只能采取后续的法律救济措施。

3. 收到法院一审判决书后的代理工作

通常，北京知识产权法院通过法庭审理弄清事实后将作出一审判决。一审判决主要有两种结论：一种是撤销专利复审委员会的复审决定，由专利复审委员会重新作出复审决定；另一种是维持专利复审委员会的复审决定。

作为代理人，在收到前一种撤销复审决定的法院判决书后，应当立即将法院判决书转达委托人。当然，专利复审委员会不服此判决时可以上诉，因此在转达时应当告知委托人还存在专利复审委员会上诉的可能。但是，实践中专利复审委员会对这种专利行政诉讼的案件上诉的较少，因此在转达意见的同时更要考虑在发回专利复审委员会重审后己方需要做些什么工作。例如：以专利复审委员会的复审决定存在程序错误而撤销该决定时，可考虑要否修改专利申请文件以克服原驳回决定中所指出的专利申请存在的实质性缺陷；是否需要向专利复审委员会新组成的合议组进一步陈述意见等。与委托人商量后，认为需要做上述工作时，应当主动向专利复审委员会提出，因为对于发回重审的复审案件来说，专利复审委员会一般可以不再发复审通知书和不再进行口头审理而直接作出新的复审决定。

相反，在收到后一种维持复审决定的法院判决书后，更应当立即与委托人商量要否向北京市高级人民法院上诉。也就是说，首先应当认真研究一审判决，分析一审法官为何未接受己方的观点，该判决是否有理，是否存在明显违反专利法律法规的规定，然后向委托人给出一个参考意见，以便委托人决定要否上诉。这方面的考虑与前面所涉及的是否针对复审决定提出专利行政诉讼基本相同，只是二审上诉的成功率并不高，因此向委托人建议提出上诉时应当更为慎重，表态应当留有余地，委托人不愿上诉的话千万不要竭力鼓动，以免二审再败诉时引起委托人的不满。同样，对于上诉成功率极小，甚至不存在的情况下，若委托人坚持上诉时，一方面应当为委托人作充分准备，另一方面应当将情况向委托人讲清楚，告知其上诉成功难度极大。由于不服法院一审判决的上诉期仅有 15 日，即使是涉外行政诉讼，该期限也只有 30 日。而准备上诉具有相当大的工作量，因此上诉的准备工作应当抓紧进行，以免耽误上诉的期限。

不服北京知识产权法院的判决提起上诉时，该上诉状并不是直接向北京市高级人民法院提交，而是与北京知识产权法院作出该判决的法庭书记员联系，将上诉状交给一审法院，由该法院转送给北京市高级人民法院，与此同时缴纳上诉费。总体上看，在向北京市高级人民法院上诉的二审程序中，代理人的工作与在北京知识产权法院的一审程序大体相同，其诉讼的被告也仍然是专利复审委员会。只是该上诉是不服北京知识产权法院的一审判决提出的，因而在上诉状中的上诉请求首先应当是请求撤销一审判决，此外由于二审可以对一审判决作出改判，因此还可以请求撤销专利复审委员会的复审决定。除此以外，在上诉状中或在二审法庭审理时，应当重点针对一审判决说明上诉理由，即重点说明一审判决在实体上或程序上存在不符合法律法规规定之处。当然，考虑到二审法院会对一审法院的判决作出改判，因而还可以进一步说明复审决定在实体上和/或程序上所存在的不符合法律法规的规定之处。

（三）不服专利复审委员会作出的无效宣告请求审查决定的专利行政诉讼的代理工作

对专利复审委员会作出的无效宣告请求审查决定不服向法院起诉，由法院适用行政诉讼程序作出判决。由于无效宣告请求程序本身涉及双方当事人，因此法院在受理后将通知无效宣告请求程序的另一方当事人作为第三人参加诉讼。本节将对这一种专利行政诉讼的代理工作给予比较详细的说明。

1. 不服专利复审委员会无效宣告请求审查决定的专利行政诉讼的提出

除专利权人请求宣告专利权部分无效的情况外，无效宣告请求审查程序是专利授权公告后涉及双方当事人的审查程序。因此，其与不服复审决定的专利行政诉讼不一样，提出专利行政诉讼的可以是无效宣告请求的请求人，也可以是该专利的专利权人，主要取决于无效宣告请求审查决定的结论。无效宣告请求审查决定的结论主要有三种类型：宣告专利权全部无效、宣告专利权部分无效、维持专利权有效。对于第一种和第三种类型，专利行政诉讼的原告是确定的：对于宣告专利权全部无效的审查决定，不服该审查决定的只可能是专利权人，因此提出专利行政诉讼的是专利权人；而对于维持专利权有效的，不服该审查决定的是请求人，因此在这种情况下提出专利行政诉讼的是请求人。但对于第二种宣告专利权部分无效的，无论是专利权人还是请求人，只要其不服该无效宣告请求审查决定的，都可以提出专利行政诉讼；在多数情况下，当一方认为该决定侵犯了其权益不服而提出起诉时，另一方就极有可能认为该无效宣告请求的审查决定对己有利就不会再提出诉讼，但在宣告专利权部分无效时还有可能存在双方都认为对己方不利的情况，也就是说还有可能双方同时向法院起诉的情况。

鉴于此，无论是无效宣告请求审查程序中的专利权人一方还是请求人一方的专利代理人，在收到无效宣告请求审查决定后，应当首先根据决定结论的情况帮助己方委托人确定要否向法院起诉。通常从收到无效宣告请求审查决定到提出专利行政诉讼期间要进行下述四方面的工作：研究分析无效宣告请求审查决定、向委托人转达无效宣告请求审查决定、按照委托人提出专利行政诉讼的意愿准备起诉状、向法院提出专利行政诉讼请求。

（1）研究分析无效宣告请求审查决定

收到无效宣告请求审查决定后，首先应当仔细阅读和研究分析审查决定。此时应当考虑两个问题，其一，该无效宣告请求审查决定对己方有利还是不利，其二，该无效宣告请求审查决定的作出是否在实体上或程序上存在不符合法律法规规定之处，以便帮助委托人确定要否采取法律救济措施。

对于前面所提到的第一种无效宣告请求审查结论（即宣告专利权全部无效）的情况，显然对专利权人不利而对请求人有利，这是一目了然的，无需仔细分析。而对于第二种宣告专利权部分无效的情况，双方需要考虑到底是否对己方有利，如果该专利无效宣告请求审查程序是伴随着专利侵权诉讼而产生的，还要结合专利侵权诉讼进行分析，即分析维持专利权部分有效会对专利侵权诉讼的结果带来什么影响。例如，在维持专利权部分有效时仍然构成专利侵权行为，则对请求方来说仍然是不利的结果；相反，在此时不再构成专利侵权，则对专利权人来说是不利的。对于第三种维持专利权有效的情况，显然对专利权人是有利的，对请求人多半是不利的，但是在有些情况请求人也可以考虑接受，例如无效宣告请求审查决定的结论是维持专利权有效，但是根据其决定理由的文字可以明显得知对维持其专利权有效起作用的技术特征（对发明和实用新型专利）或设计内容（对外观设计专利）并未反映在被诉侵权的客体中，这些内容可以在专利侵权诉讼中作为被诉侵权客体未构成侵权的依据。

在分析无效宣告请求审查决定是否存在实体或程序错误时，应当以实体错误为主。因为通常仅仅在其存在实体错误时，提起诉讼才能起到最终改变无效宣告请求审查决定结论的作用。如果审查决定的实体判断正确，仅仅存在程序错误，此时即使起诉成功，在发回专利复审委员会重审时专利复审委员会在克服程序错误后会再次作出与上次审查决定结论相同的决定。因此，通常在该决定存在实体错误时才提起诉讼，而在仅存在程序错误时提起诉讼的必要性不大，除非认为延长无效宣告请求审查程序对己方有利。

在分析无效宣告请求审查决定是否存在实体错误时，通常可以从两方面考虑：其一，对证据的采信方面是否存在错误，即从证据的合法性、真实性和关联性三方面分析其是否可被采信，只有在这三方面查证属实的才能使用；其二，基于这些证据作出的分析是否存在不符合法律法规规定之处，即其在审查决定中依据这些证据所论述的具体理由是否存在不符合《专利审查指南2010》有关规定的情况。

通过上述分析后，应当就是否对该无效宣告请求审查决定提出专利行政诉讼形成一个初步意见。

（2）向委托人转达无效宣告请求审查决定

在研究分析无效宣告请求审查决定后，应当尽快将无效宣告请求审查决定转送给委托人。

在转送无效宣告请求审查决定时，应当将上述对无效宣告请求审查决定的分析结果告知委托人。对于无效宣告请求审查决定对己方有利时，在转达时需要告知委托人对方有可能提出专利行政诉讼，应当对此有思想准备。对于无效宣告请求审查决定对己方不利的情况，应当将上述初步分析结果告知委托人，请委托人考虑是否要向法院提出专利行政诉讼。由于委托人仅仅精通技术，而对专利法律知识并不熟悉，因此不应仅给出初步分析结果，还应当作出具体说明，以使委托人能够理解并作出正确的决断。

前面已经指出，当无效宣告请求审查决定对己方不利时主要应当分析该审查决定是否存在实体错误。此时可能会得出四种结果。其一，审查决定明显存在实体错误，例如，对于非"简单叠加"的实用新型专利用三篇对比文件否定该专利的创造性而明显不符合《专利审查指南2010》第四部分第六章第4节的规定，应当向专利权人明确说明存在胜诉的可能，但此时主要是通过具体分析说理让委托人看到这种前景，切忌向委托人打包票一定能胜诉，因为任何个人的分析都会有一定的主观性，否则一旦败诉会遭到委托人的埋怨。其二，认为审查决定存在实体性错误，但对最终能否取得胜诉把握不大，例如，虽然认为专利复审委员会认定的某个事实不正确，可以以此作为起诉的切入点，但不清楚北京知识产权法院是否会接受这种观点，在这种情况下一方面可告知委托人有争取胜诉的可能，但同时应当告知存在一定的难度，因为这方面本来就存在不同的观点。其三，审查决定明显存在实体错误，甚至还存在程序错误，从而极有可能胜诉，但在发回专利复审委员会重审时不知专利复审委员会是否会改变原有审查决定结论的情况，例如，无效宣告请求审查决定中遗漏了请求方在规定期限内提供的一件证据，虽然作为请求方的代理人认为这篇对比文件和其他证据结合起来能否定权利要求的创造性，但不清楚发回重审时专利复审委员会是否接受这种观点，又如专利复审委员会在审查决定中所针对的专利文本并不是专利权人一方提交的符合无效宣告请求程序专利文件修改要求的最后一次文本，因此法院会以其认定文本错误发回重审，但不知专利复审委员会对该修改后的专利文件会作出什么样的审查决定，在这两种情况下均应当明确告知请求人虽然有较大可能取得胜诉，但在发回专利复审委员会重审后并不一定会得到改变原审查决定结论的结果。其四，审查决定不存在实体性错误，应当明确告知起诉的结果极难得到改变原审查决定结论的结果，即使该审查决定存在程序错误，法院发回重审后专利复审委员会将在克服原程序错误的基础上再次作出与上次审查结论相同的审查决定。

此外，由于案件的具体情况不同，还可能出现其他的情况，因此向委托人转达审查决定时应当根据具体情况采用比较合适的方式来表达意见，但无论用什么样的方式，表达意见时要留有余地，以免法院的判决与原先估计不一致时而难以向委托人作出解释。

（3）按照委托人提出专利行政诉讼的意愿准备起诉状

若委托人表示准备向法院起诉，代理人通常就应当按照委托人的意愿着手起诉的准备工作。

在准备起诉状前，应当首先认真研究一下委托人的指示。若委托人的起诉愿望与自己对无效宣告请求审查决定的分析意见相一致，就应当尽快着手准备起诉状。

对于委托人的起诉愿望与自己的分析意见不相一致时，应当仔细分析委托人的具体意见，以判断委托人的观点是否有道理，尤其是委托人作出的决定往往不局限在这一件无效宣告请求案件进行考虑，而是站在更高的层面上决定是否起诉。例如，对于审查决定实体正确但存在程序错误的情况，正如前面所指出的那样，即使以程序错误为理由而取得胜诉，但最终也难以改变原审查决定在实体上作出的结论，因而通常会认为起诉的必要性不大，但是如果认为延长无效宣告请求审查程序对己方有利时仍可提起诉讼。现以一件由发明专利侵权诉讼而引起的反诉无效案对此作出说明，该实例中对侵权诉讼而言明显属于相同侵权，因此被诉侵权的商业竞争对手采取了暂时停止生产的临时措施，而在无效宣告程序中，该项专利的申请文件撰写不当使授权后的权利要求书存在未清楚限定发明的缺陷，从而使该发明难以维持专利权，但该案件的无效宣告请求审查决定存在程序错误，专利权人考虑到己方正在开发该发明专利的改进产品，预计第二年可投入市场，而且也已提出新的专利申请，因此仍然以审查决定存在程序错误而提出专利行政诉讼，这样即使该专利最终仍可能被宣告无效，但通过延长无效宣告程序的结案时间而使己方保持市场上的优势。总之，通过分析认为委托人的具体意见有可取之处，应当改变自己的观点，并立即准备起诉状。相反，认为委托人的具体意见是由于其缺乏专利基本知识而得出了错误的看法，则应当再向委托人作一次说明，一方面表示可以按照委托人的意愿向法院起诉，另一方面应当告知为什么按照委托人的具体意见向法院起诉并不能或者难以达到其所期望的效果，请委托人再慎重考虑一下，此时若委托人仍坚持原有的看法，则应当按照委托人的意愿做好向法院起诉的准备，在准备时应当采取积极的态度为委托人争取最有利的结果，不可因意见与委托人不一致而采取简单的转达委托人意见的处理办法。

不服无效宣告请求审查决定而向人民法院提出专利行政诉讼的起诉状通常也包括三个方面的内容：诉讼当事人的自然情况、诉讼请求、事实和理由。

在诉讼当事人的自然情况部分首先写明原告的单位、住所地（包括邮编）、法定代表人；原告是自然人的，要写明其姓名、性别、年龄、职业、住所地（包括邮编）；委托代理的，还应当写明所委托的代理人的自然情况。然后，应当写明被告的自然情况，即国家知识产权局专利复审委员会，其法定代表人为专利复审委员会主任（国家知识产权局局长兼）或第一副主任。除此之外，还应当写明第三人（即无效宣告请求程序中对方当事人）的自然情况：第三人的单位、住所地、法定代表人，若第三人是自然人的，至少要写明其姓名、性别、住所地（包括邮编），总之应当清楚到法院能通知到第三人。

诉讼请求部分应当用简明扼要的语言写明诉讼请求的事项，例如，判决撤销专利复审委员会第××××号无效宣告请求审查决定书，判令被告承担本案的诉讼费等。

事实和理由部分是起诉状的重点部分。这部分既可以仅以无效宣告请求审查决定的实体错误为理由，也可以仅以无效宣告请求审查决定的程序错误为理由，还可以既以实体错误又以程序错误为起诉理由，至于选用何者为理由应当根据案情的具体情况来确定。通常以实体理由为主，尤其是选用那些可以让法院明确作出无效宣告请求审查决定结论错误的理由，其次选用那些可以让法院认定该无效宣告请求审查决定为得出其结论所作出的分析不充分的理由，对于无效宣告请求审查决定中存在程序缺陷而导致无法对实体问题作出结论时应当同时以其存在程序错误为起诉理由。由于法院在这种专利行政诉讼中主要审理专利复审委员会作出的无效宣告请求审查决定是否存在实体错误或程序错误，因此在事实和理由这一部分主要具体说明无效宣告请求审查决定为什么不符合《专利法》《专利法实施细则》和/或《专利审查指南2010》的规定。仅仅在必要时，专利权人一方可进一步具体说明该专利为什么在这方面符合《专利法》《专利法实施细则》和/或《专利审查指南2010》的规定，而对请求人一方可进一步具体说明该专利为什么在这方面不符合《专利法》《专利法实施细则》和/或《专利审查指南2010》的规定。另外，在论述理由时，对那些可由无效宣告请求审查决定的内容直接证明其是错误的，可以在起诉状中明确指出；但是如果认为该决定中的推断可能存在问题时，建议不要在起诉状中按照自己的推测去分析，最好仅指出其推断缺乏依据，此时专利复审委员会就必然会在答辩状中对其所作的推断作出具体说明，然后在庭审时就可针对其具体说明作出有利于己方的争辩；相反，在起诉状中按照推测的内容来证明决定是错误的话，专利复审委员会就会采用其他的途径来解释其所作的推断。

在准备好起诉状后，就应当将起诉状的初稿发送给委托人，请其确认。对于国内单位，还应当要求委托人在已确认的起诉状的打印件上盖上公章；对于涉外单位，可以由其法人代表在起诉状的打印件上签字。

（4）向法院提出专利行政诉讼请求

准备好起诉状并经委托人确认后，就应当尽快向法院起诉。对于不服无效宣告请求审查决定而提起的专利行政诉讼，应当向北京知识产权法院提交。

在提交起诉状的同时，还需要提交由委托人签署的委托书。即使在无效宣告程序中已办理了委托书，向法院提出行政诉讼时还必须重新提交委托书。委托人是国内单位，应当在委托书上加盖公章，此外还需要提交工商行政部门或事业社团登记管理部门出具的证明文件。涉外的单位，可以由其法人代表在委托书上签字，并提交该单位在所在国办理的与我国工商登记或事业社团登记相应的证明文件和提交法定代表人的证明文件，这些文件还需要经过公证认证。因此，在准备起诉状的同时，要同时请委托人准备委托书和其他需要提交的文件。

在向法院提交起诉状和委托书的同时，还应当缴纳诉讼费。即使主张对方败诉后应由对方支付诉讼费，也应先支付诉讼费，对方败诉后法院会判令对方承担诉讼费，并会将己方所缴的诉讼费退回。

对于针对专利复审委员会的无效宣告请求审查决定提出的专利行政诉讼，专利复审委员会承担举证责任；但是，作为原告为了使起诉状中所陈述的理由更充分，可以引用必要的证据来证实和说明己方的论点，此时就应当在提出起诉的同时向法院提交这些证据，并列出证据清单，在证据清单中按证据编号顺序给出证据名称、证据来源，为清晰起见还可说明该证据所证明的内容和证明的事实。

对于不服无效宣告请求审查决定而提起的专利行政诉讼，至少应当按照对方当事人（被告和第三人）的数量确定所提交的起诉状份数，即在对方当事人数量的基础上加一份，但委托书和其他证明委托人资格的文件只需要提交一份。若提交证据的话，应提交与起诉状相同的份数。

同样，需要特别强调的是务必在规定的期限内到北京知识产权法院提交起诉状和其他相关材料。按照《专利法》第四十六条第二款规定，不服专利复审委员会作出的无效宣告请求审查决定向人民法院提起行政诉讼的期限为自收到该审查决定之日起3个月内，但是正如前面所指出的那样，法院对此3个月的期限把握相当严，既不允许将自审查决定的发文日起15日推定为收到日，又不允许对期限届满日为节假日的情况将其顺延到第一个工作日。鉴于此，建议原告的代理人务必在自审查决定的发文日起3个月期满之前向法院提起行政诉讼，最好再提前3~5日，以免在法院立案时认为材料不全而导致耽误起诉期限。

2. 作为第三人的代理人在收到法院立案通知书后应当进行的代理工作

原告提起的专利行政诉讼符合立案条件的，北京知识产权法院在立案后于5日内将起诉状发送被告，与此同时还将原告的起诉状送交无效宣告请求程序的对方当事人，通知其作为第三人参加诉讼。这是因为法院的审理结果将直接涉及第三人的实体权利，允许第三人参加诉讼就是允许其在法院审理过程中为维护自身的合法权益陈述意见，并在不服法院作出撤销无效宣告请求审查决定时有权向北京市高级人民法院上诉。作为第三人的代理人在收到法院转送来的起诉状和立案通知书后应当着手下述三方面的工作：研究分析无效宣告请求审查决定和原告的起诉状；向委托人转送起诉状及研究对策；答辩意见的准备和提交。

（1）研究分析无效宣告请求审查决定和原告的起诉状

作为第三人的代理人，在无效宣告请求审查决定对己方有利的情况下，除了向委托人转送无效宣告请求审查决定并告知委托人应当做好对方当事人有可能向法院起诉的思想准备外，还应当对无效宣告请求审查决定作仔细分析，看一下该审查决定的内容和程序是否存在不妥之处，对方当事人可能会以什么为理由向法院提出专利行政诉讼，这样一旦对方起诉后就能在较短的时间内完成答辩意见，不致因准备不及而耽误期限。

在收到法院转来的原告起诉状后，应当将起诉状和无效宣告请求审查决定结合起来进行分析，判断一下起诉状中所论述的审查决定的实体错误和/或程序错误是否存在。作判断时一定要客观，依据《专利法》《专利法实施细则》和《专利审查指南2010》进行分析，绝不能因为无效宣告请求审查决定对己方有利就认为对方当事人的理由没有道理，这样的话很可能会由于准备不足而造成诉讼程序中的被动。

在研究起诉状时，应当注意原告提出专利行政诉讼的理由，是以审查决定的程序错误为理由还是以实体错误为理由，当然还有可能既以程序错误又以实体错误为理由。因为法院若认定存在实体错误或程序错误，将会作出撤销无效宣告请求审查决定发回重审的判决。

然后分析起诉状中所指出的实体错误和/或程序错误是否存在。如果通过分析认为起诉状中的论述有一定道理，就应当十分认真地对待，此时需要进一步分析可否通过己方的努力而使法院不接受对方的意见而作出维持无效宣告请求审查决定的判决。如果分析后认为起诉状指出的实体错误和/或程序错误不存在，还应当确实检查一下审查决定是否还存在其他实体错误或程序错误，以便在诉讼过程中、尤其是法庭审理时对方一旦提出时不致毫无准备。当然还有一种情况是分析后认为原告的起诉完全有理，此时既要在转达起诉状时向委托人说清楚以便使委托人有思想准备，还应当考虑一旦法院作出对己方不利的判决时可采取什么措施而得到对委托人比较有利的结果。

（2）向委托人转送起诉状及研究对策

由于法院所给予的答辩时间很短，只有15日，因此在对原告起诉状和无效宣告请求审查决定进行分析后，应当立即将原告起诉状转送给委托人，并将上述具体分析意见告知委托人。

由于不服专利复审委员会的无效宣告请求审查决定的专利行政诉讼的被告是专利复审委员会，法院在该诉讼中主要审理专利复审委员会所作出的审查决定是否正确、是否存在不符合有关专利法律法规之处，因而由专利复审委员会对起诉状作出答辩。但是，该诉讼的审理结果必然会涉及另一方当事人的权益，因而允许其作为专利行政诉讼的第三人为维护自身的合法权益而提出自己的主张和意见陈述。鉴于此，作为第三人一方的代理人在向委托人转送起诉状时，还应当与委托人仔细研究案情，以确定在专利行政诉讼程序中的对策。

目前，多数第三人会认为审查决定的结果对己方有利，因而采取完全支持和肯定审查决定的态度。但作为第三人的代理人，此时应当比较冷静，尤其要考虑审查决定中是否存在对方当事人在起诉状中所指出的不符合法律法规有关规定之处，在此基础上与委托人商量对策，针对不同的分析结果可采取不同的答辩意见方式。如果认为无效宣告请求审查决定不存在起诉状中所指出的实体错误和/或程序错误，则可以采取积极支持审查决定结论以及支持审查决定中所论述的具体理由和内容的答辩意见方式；如果认为审查决定存在说理不充分的情况，则可以采取对审查决定作补充说明的答辩意见方式，必要时还可以与专利复审委员会的合议组交换意见，以协助专利复审委员会在诉讼期间更充分地阐明理由；如果认为无效宣告请求审查决定确实存在实体错误和/或程序错误，就应当探索可否通过己方的答辩意见而使法院不会作出对己方十分不利的判决。

（3）答辩意见的准备和提交

一旦与委托人确定了诉讼程序中的对策，就应当尽快准备第三人的答辩意见。答辩意见通常也包括三个部分：诉讼当事人的自然情况、诉讼请求、事实和理由。

诉讼当事人的自然情况通常只需要写明第三人的自然情况：即写明委托人的自然情况，若委托人为法人，则写明其单位、住所地、法定代表人，若委托人是自然人，要写明其姓名、性别、年龄、职业、住所地（包括邮编），此外还应写明代理人的自然情况。

由于第三人在专利行政诉讼程序中有独立请求权，因而其在答辩意见中可以写明己方对该诉讼的请求，通常来说其与起诉状的诉讼请求内容相反，例如："原告在起诉状中针对专利复审委员会作出的第×××号无效宣告请求审查决定所指出的实体性错误（或者程序性错误、或者实体性错误和程序性错误）并不存在，因而请求法院维持专利复审委员会所作出的第××××号无效宣告请求审查决定。"当然，如果起诉状中明确指出了审查决定的具体错误，则在此也可以明确写明该审查决定不存在该具体错误。

通常在专利复审委员会的审查决定内容和程序基本正确的情况下，答辩意见中的事实和理由部分可以论述得比较简单。但是如果认为有必要协助专利复审委员会对其理由作出补充说明时,则应当在表示同意专利复审委员会意见的同时,尽可能清楚地阐明己方的补充意见,一方面通过所作的补充意见让法院更清楚地理解审查决定的内容是正确的,以抵销原告在起诉状中所论述的观点对法院产生的影响,从而不接受原告的论点,另一方面通过所作的补充意见可有助于专利复审委员会在法庭审理时作出更清楚更合理的解释。例如,专利复审委员会在认定证据中的某一技术内容时,由于其本身不熟悉这一领域,所作的说明仅给出一个结论,这样就可能使法院认为审查决定说理不清楚,此时就可以根据对本技术领域的了解具体说明如何从该证据记载的内容导出该结论,并指出这属于本领域技术人员的公知常识。

准备好答辩意见后,应当尽快请委托人核定,以便在北京知识产权法院所指定的期限内将答辩意见提交给法院。第三人向法院提交的答辩意见的份数应当为除己方以外的所有当事人的份数再加一份。

需要说明的是,作为第三人的代理人参加专利行政诉讼时,决不可认为已在无效宣告请求程序中提交了委托书就可自动地在专利行政诉讼中进行代理,因为两者是不同的程序,还必须重新提交由委托人签署的委托书。

至于答辩意见、委托书和其他有关证明材料以及有关证据的份数及要求与对原告起诉状、委托书和其他证明材料以及有关证据的要求相同,在此不再作重复说明。

3. 原告和第三人的代理人在庭审前后的代理工作

法院在收到专利复审委员会的答辩状以及第三人的答辩意见后,在合适的时机确定庭审日期,此时就会将庭审通知书以及专利复审委员会的答辩状和第三人的答辩意见一起寄给原告,将庭审通知书以及专利复审委员会的答辩状寄给第三人,并在此同时将庭审通知书以及第三人的答辩意见寄给专利复审委员会,此时专利行政诉讼进入了庭审阶段,下面对原告和第三人的代理人在庭审前后的代理工作作一说明。

(1) 原告代理人在庭审前的代理工作

原告代理人在收到庭审通知书以及专利复审委员会的答辩状和第三人的答辩意见后,首先应当将庭审的信息告知委托人,并将专利复审委员会的答辩状和第三人的答辩意见转送给委托人。与此同时,应当抓紧时间研究分析答辩状和第三人的答辩意见,并及时将分析结果告知委托人,以便在开庭前与委托人一起研究庭审时的对策,准备庭审时的发言提纲。

在上述分析研究中,应当以专利复审委员会的答辩状为主,因为专利行政诉讼主要是针对专利复审委员会的审查决定进行的。在阅读专利复审委员会的答辩状时,一方面研究专利复审委员会是如何针对己方起诉状中所论述的理由进行反驳的,分析其反驳的理由是否充分,另一方面要研究专利复审委员会在其陈述的理由中是否出现新的有利于己方观点的内容,从而可以在庭审时以此作为突破点说明审查决定给出的结论是错误的。例如,在一件实用新型专利的无效宣告请求案的审查决定中,专利复审委员会以三篇对比文件(其中一篇为技术手册)来否定实用新型专利的创造性,且在分析时未明确指出以哪一篇为最接近的对比文件,在专利行政诉讼的起诉状中原告认为对实用新型专利来说除了属于简单叠加的发明创造可以用多篇对比文件来否定其创造性外,通常只能以两篇对比文件来否定其创造性。此时专利复审委员会在答辩状中就强调该实用新型属于简单叠加的发明创造,因而可以用三篇对比文件来否定其创造性。由于该实用新型明显不是由这三篇对比文件的内容简单叠加而成,在这种情况下就可以在庭审中强调专利复审委员会所作出的本实用新型不具备创造性结论的审查决定以该实用新型属于简单叠加的发明创造为基础,但按照《专利审查指南2010》第二部分第四章第4.2节的规定,"简单叠加"是指各组合的技术特征之间在功能上无相互作用关系、各自仍以常规的方式工作、总的技术效果是各组合部分效果之总和；而本实用新型将上述对比文件所披露的技术特征组合后产生了新的效果，因此不是简单叠加的发明创造，由此证明专利复审委员会作出上述审查决定所认定的事实不正确，这样的论述明显有助于证明该审查决定存在实体错误。

在对专利复审委员会的答辩状作出分析研究后，还应当认真分析第三人的答辩意见。由于第三人在专利行政诉讼阶段有独立请求权，法院在专利行政诉讼中也要考虑第三人的答辩意见，因此不能对第三人的答辩意见置之不理。分析时应当注意第三人的答辩意见中有无引入新的观点，尤其要仔细分析其论述的内容会否对己方产生不利的影响，从而在庭审前针对这些观点做好充分的辩论准备。

在准备发言提纲时主要准备三方面的内容：其一是庭审开始时对起诉理由的论述；其二是法庭调查和辩论时的发言；其三是庭审结束前的总结发言。

庭审开始时的发言，基本上可按照起诉状的内容进行概括。如果在研究专利复审委员会的答辩状和/或第三人的答辩意见后发现原起诉状存在不妥之处，则庭审开始时的发言应当将这些内容删去，以免在庭审时被对方在辩论阶段抓住而处于不利地位。至于在分析专利复审委员会的答辩状时所发现的支持己方观点的内容通常不必在庭审开始时的发言中指出，而等专利复审委员会说明答辩状的观点后在法庭辩论时再提出，从而可使己方处于主动地位。

法庭调查和辩论时的发言是庭审前准备的重点。一方面要充分论述原无效宣告请求审查决定或专利复审委员会答辩状中的观点和理由为什么不符合有关法律法规规定，而且应当以《专利法》和《专利法实施细则》的规定、尤其是《专利审查指南2010》中的具体规定作为支持己方观点的理由，以便在开庭审理时能明确向法庭具体指出支持己方观点的法律法规依据和出处。另一方面应当分析专利复审委员会和第三人对己方在法庭上的论述会有哪几种争辩的可能，并对每一种可能作出如何应答的准备，这一部分的准备是最困难的，但也是最重要的。

庭审结束前的总结发言应当简单扼要，概括己方的主要观点。需要注意的是在法庭上作总结发言时还应当根据庭审的情况给予必要的补充和调整。

由于发明和实用新型均涉及技术问题，外观设计涉及的是产品的形状、图案和色彩，因而在法庭审理时仅仅依靠口头陈述有时难以表述清楚，在这种情况下为增加法官的感性认识，可以采用实物或投影演示方式。为此，必要时在庭审前还应做好这方面的准备。

（2）第三人的代理人在庭审前的代理工作

第三人的代理人在收到庭审通知书以及专利复审委员会的答辩状后也应当及时将庭审的信息告知委托人，并将专利复审委员会的答辩状转送给委托人。与此同时，应当抓紧时间研究分析专利复审委员会的答辩状，并及时将分析结果告知委托人，以便在开庭前与委托人一起研究庭审时的对策，准备庭审时的发言提纲。

在研究分析专利复审委员会的答辩状时主要将其对起诉状的分析判断与己方对起诉状的分析判断进行比较。如果两者基本一致，则在进行庭审准备时应当采取与专利复审委员会相配合的方式。如果判断并不一致，首先要仔细研究和理解专利复审委员会在答辩状中具体论述的意见，确定其与己方判断的主要不同点是什么，是否比己方的判断更合理；若比己方的判断更合理，在庭审准备阶段就要调整己方的意见，在法庭进行答辩时就要将原答辩意见中所说明的那些不太妥当的内容删去，以与专利复审委员会的答辩相适应；若认为专利复审委员会答辩状中某一方面的论述不太合理，最好事先与专利复审委员会用电话交换一下具体意见，至少在开庭前向专利复审委员会出庭的人员作简单说明，从而让专利复审委员会在法院庭审初期说明答辩意见时删去这部分内容，至少弱化这部分内容，例如在前面所提到的例子中应当告知专利复审委员会不要将该实用新型专利看作简单叠加的发明创造，由于专利复审委员会在审查决定中所引用的三篇对比文件中有一篇是技术手册，其中所披露的技术内容属于本领域技术人员的公知常识，因此审查决定实际上是用两篇对比文件加公知常识否定本实用新型专利的创造性，并不是用三篇对比文件来否定其创造性，因而未违反《专利审查指南2010》中的有关规定。这样提醒专利复审委员会后，就可使专利复审委员会在法庭上作答辩时作出比较合理的陈述，以免被对方抓住所论述的不妥之处而处于被动。

由于专利行政诉讼的被告是专利复审委员会，在法院庭审时主要由专利复审委员会进行答辩。但是作为第三人，也有权提出己方的意见，因此在庭审时应当充分利用这一权利，补充陈述意见，以协助专利复审委员会作出有利的争辩。

同样，对于庭审时发言提纲的准备，与原告一样也包括三个方面的内容：庭审开始时的答辩意见陈述、法庭调查和辩论时的发言准备、庭审结束前的总结发言。对于第三人的代理人来说，应当重点准备第二部分，即法庭调查和辩论时的发言准备，尤其是要考虑对方在研究了专利复审委员会的答辩状（包括己方的答辩意见）后可能会在哪几方面提出不同意见，并作好相应答辩的准备，这样在庭审时一旦对方提出这方面的问题就可以有准备地充分说明己方的观点。

(3) 双方代理人在法庭审理时应当注意的问题

法庭审理是专利行政诉讼中的重要环节，双方在法庭上陈述意见的好坏必将影响判决的结果，因此无论是原告的代理人还是第三人的代理人，在法庭上陈述意见时应当依据平时所积累的实践经验针对庭审时所出现的具体情况随机应变，力争在法庭审理时处于主动地位。

作为双方的代理人，在庭审时应当注意下述几方面的问题。

①由于这种专利行政诉讼是针对无效宣告请求审查决定进行的，因此原告的代理人应当着重说明审查决定在实体上或在程序上不符合法律法规的规定。作为第三人的代理人，应当针对原告所陈述的意见说明该审查决定并不存在原告所指出的实体缺陷和/或程序缺陷。

②由于这种专利行政诉讼有不少涉及发明或实用新型专利，尤其是发明专利，其科技含量较高。而法院的法官绝大多数不熟悉与该案件相关的科学技术，因此双方的代理人在陈述意见时切忌陷入具体的科学技术内容中去，应当借助《专利审查指南2010》从法律法规角度去分析。即使非要涉及科学技术的内容才能解释清楚，则一方面应当尽量用浅显的道理加以说明，另一方面最好借助实物、挂图或投影演示来帮助法官理解。当然对于涉及相当复杂的科学技术内容情况，还可以请求法院进行相关内容的司法鉴定。

③在法庭审理中先由原告宣读起诉状，再由专利复审委员会进行答辩，然后再由第三人陈述答辩意见。原告的代理人在宣读起诉状时，可以先明确指出无效宣告请求审查决定所存在的不符合法律法规之处，并简要地说明理由，最好能促使专利复审委员会在答辩时主动举证和陈述观点。如果对方在宣读答辩状或在辩论阶段临时增加内容进行争辩，这种即兴的论述容易出现失误，便可被利用来支持己方观点。对于第三人的代理人，由于其陈述答辩意见在专利复审委员会答辩之后，因此不必全面论述意见，通常只需对专利复审委员会的答辩进行补充说明，对于相同的意见可以简单地表示同意专利复审委员会的意见，重点说明那些己方认为重要而专利复审委员会未作详细说明的部分，或者在必要时可以对专利复审委员会所陈述的内容进行修正，但在后一种情况时千万不要表达成专利复审委员会的意见不对而应当按照己方的意见来理解，因为这样会给法官产生审查决定存在实体缺陷或程序缺陷的印象，从而可能形成对己方不利的判决结果。

④在法庭辩论阶段，切忌仅仅按照开庭前所准备的内容照章宣读。应当仔细听取对方的争辩

意见，从中寻找对方陈述意见中的漏洞，抓住该漏洞指出对方的观点错误，作为支持己方观点的依据。在争辩时要有随机应变的能力，尤其当对方陈述意见后出现对己方不利的情况时要能及时寻找到摆脱不利局面的途径。

⑤法庭审理结束时，法院会请双方审阅庭审记录并签字。此时应当仔细阅读该记录，若有与庭审内容不一致之处，应当立即提出，请法庭改正。阅读时，不仅要阅读记录己方发言的部分，同时也要阅读记录对方发言的部分以及法官庭上提问的内容，因为这些内容都有可能作为判决的依据写入判决中。一旦签字后，记录中的内容就可能成为不服判决上诉时禁止反悔的依据。

（4）庭审后的补充陈述意见

为了有助于法院更好地理解己方的观点，双方可以在庭审后将己方在法庭上的发言内容提交给法庭。如果法庭审理时所陈述的主要观点已反映在庭审前所准备的发言提纲中，可以在庭审后立即提交给法庭。通常，在法庭上的意见陈述相对于庭审前所准备的发言提纲增加了内容，而这些内容又是比较重要的，则可以在庭审结束之后加以补充作为法庭审理时的发言提纲提交给法院。如果庭审后感到在法庭审理时并未将意见陈述清楚，还可以进一步以书面方式向法院陈述意见，但这只能作为庭审后的补充意见，不能作为法庭审理时的发言提纲。对于后两种情况，最好在法庭审理后5日内或者在法庭指定的期限内提交；否则，法院一旦作出判决，就比较被动了，只能采取后续的法律救济措施。

4. 双方代理人在收到法院一审判决后的代理工作

通常，北京知识产权法院通过法庭审理弄清事实后将作出一审判决。一审判决主要有两种结论：一种是维持专利复审委员会的无效宣告请求审查决定；另一种是撤销专利复审委员会的无效宣告请求审查决定，由专利复审委员会重新作出审查决定。双方的代理人在收到法院的一审判决后，应当立即将法院判决书转达委托人。

对于维持专利复审委员会的无效宣告请求审查决定的一审判决，原告的代理人在转达判决书的同时应当立即与委托人商量要否向北京市高级人民法院上诉。也就是说，首先应当认真研究一审判决，分析一审法官为何未接受己方的观点，该判决是否有理，是否存在明显违反专利法律法规的规定，然后将上述分析意见告知委托人，以便委托人决定是否要上诉。如果通过分析认为可以上诉时，由于实践中二审上诉的胜诉率并不高，因此应当告知委托人上诉成功的难度还比较大，这样一旦二审败诉的话委托人就有一定思想准备。当然通过分析后认为上诉很难成功时，务必向委托人讲清楚，告知其上诉成功率极小，请委托人慎重考虑，此时若委托人仍坚持上诉，就应当积极为委托人做好上诉准备。第三人的代理人在转达上述一审判决时应当告知委托人原告仍有可能不服一审判决而向北京市高级人民法院上诉，因此需要作好原告上诉的思想准备。

对于后一种一审判决的情况，即撤销专利复审委员会的无效宣告请求审查决定、由专利复审委员会重新作出审查决定的情况，原告的代理人在转达判决书的同时应当告知委托人做好专利复审委员会或者第三人有可能向北京市高级人民法院上诉的思想准备，尤其要做好第三人上诉的思想准备。作为第三人的代理人，则应当在转送判决书的同时立即与委托人商量要否向北京市高级人民法院上诉。如果通过分析，认为一审判决在实体上或在程序上存在明显不符合专利法律法规的规定，可以建议委托人向北京市高级人民法院上诉；但是由于实践中二审上诉的胜诉率并不高，因此向委托人建议上诉时表态应当留有余地，仅表示上诉有成功的可能，然而也存在相当大的困难，让委托人对此有思想准备，从而一旦上诉不成功的话，由于事先已向委托人打过招呼而不致引起委托人的不满。当然通过分析后认为上诉很难成功，甚至不存在成功的可能时，一定要向委托人讲清楚，告知其上诉成功率极小，请委托人慎重考虑，但此时委托人坚持上诉的话，就应当积极为委托人做好上诉准备，尽力为委托人争取更好的结果。

由于不服法院一审判决的上诉期仅有 15 日，即使是涉外行政诉讼，该期限也只有 30 日。而准备上诉具有相当大的工作量，因此上诉的准备工作应当抓紧进行，以免耽误上诉的期限。

不服北京知识产权法院的判决提起上诉时，该上诉状并不是直接向北京市高级人民法院提交，而是与北京知识产权法院作出该判决的法庭书记员联系，将上诉状交给一审法院，由该法院转送给北京市高级人民法院，与此同时缴纳上诉费。

一审原告不服北京知识产权法院的判决向北京市高级人民法院上诉时，从总体上看原告的代理人在二审程序中的代理工作与一审程序大体相同，该诉讼的被上诉人仍然是专利复审委员会。只是该上诉是不服北京知识产权法院的一审判决提出的，因而在上诉状中的上诉请求首先应当是请求撤销一审判决，此外由于二审可以对一审判决作出改判，因此还可以请求撤销专利复审委员会的无效宣告请求审查决定。除此以外，在上诉状中或在二审法庭审理时，应当重点针对一审判决说明上诉理由，即一审判决在实体上或程序上存在不符合法律法规规定之处，当然考虑到二审法院会对一审法院的判决作出改判，因而还可以进一步说明无效宣告请求审查决定在实体上或程序上所存在的不符合法律法规的规定之处。此时，第三人的代理人在二审程序中的工作也与在北京知识产权法院的一审程序大体相同，仍然是配合专利复审委员会向北京市高级人民法院陈述意见，主要针对上诉状说明一审判决在实体上和程序上符合法律法规的规定，并可进一步说明专利复审委员会的无效宣告请求审查决定也符合法律法规的规定。

第三人不服北京知识产权法院的判决向北京市高级人民法院上诉时，第三人的代理人在二审的上诉状中应当以一审的原告作为二审的被上诉人。至于专利复审委员会在二审程序中应置于何种法律地位，目前法院的意见也不统一，有的认为仍应作为被上诉人，但这会造成二审法院开庭审理时安排专利复审委员会位置的困难，因此有的认为其以一审被告的身份出现在二审程序中为好。目前来看，在上诉状中有的将专利复审委员会作为被上诉人，有的作为一审被告，笔者倾向于专利复审委员会以一审被告的身份进入二审程序。一审第三人在上诉状中的上诉请求应当是撤销一审判决和维持专利复审委员会的无效宣告请求审查决定，并且在上诉状中和法庭审理时重点针对一审判决说明上诉理由，即一审判决在实体上或程序上存在不符合法律法规规定之处，与此同时还应当进一步说明专利复审委员会的无效宣告请求审查决定在实体上和程序上符合法律法规的规定。相反，作为被上诉人的一审原告在答辩状中应当说明一审判决在实体上和程序上符合法律法规的规定，并进一步说明专利复审委员会的无效宣告请求审查决定所存在的不符合法律法规的规定之处。

四、以地方知识产权管理部门为被告的专利行政诉讼案件的代理

根据《专利法》第六十条的规定，地方知识产权管理部门有权应专利权人或利害关系人的请求处理专利侵权纠纷案件，认定侵权行为成立时可以责令侵权人立即停止侵权行为，当事人不服的可以自收到处理通知之日起 15 日内向人民法院起诉。在实践中，这类案件在专利行政诉讼案件中为数不多，因为地方知识产权管理部门受理这类案件时对于侵权赔偿只有调解权，调解不成，仍需向法院起诉，即使调解成功，如果一方不执行，仍不能发生法律效力，因此更多的专利权人会选择直接到法院进行诉讼来解决专利侵权纠纷。

除了处理专利侵权纠纷案件外，地方知识产权管理部门还能直接就当事人的假冒专利行为作出处罚决定。被认定假冒专利并被处罚的当事人不服决定的，有权依法就上述处罚行为向法院提起行政诉讼，但诉讼期间不影响决定的实施。

因不服地方知识产权管理部门所作行政决定提起诉讼案件的代理，其主要工作要点在于以下三个方面。

1. 对被告采信的认定侵权行为成立的证据的合法性提出质疑或积极提供反证

虽然被告有权对专利侵权与否作出认定性的决定，但是被告一般不会主动调查取证，即使专利权人要求采取证据保全等措施，其侵权样品一般也是由专利权人指认的，因此地方知识产权管理部门作出决定的依据是专利权人提供或通过证据保全指认的证据。这些证据虽然已经可能在行政处理阶段进行过质证，但是在诉讼阶段，原告仍然可以对其"合法性、真实性及关联性"提出质疑。尤其重要的是，如果原告在行政处理阶段因一些原因没有能够提供与专利权人所提供证据相反的证据，在行政诉讼阶段可以积极提供，以否定被告证据的证明力。例如，专利权人向地方知识产权管理部门提交了被请求人涉嫌销售侵权产品的销售记录，但是如果被请求人有证明力更强的证据表明并没有销售这种被诉侵权的产品，则构成侵权行为的结论就会被推翻。

同时，原告还应当注意关于证据形式要件的合法性问题，如专利权人在取证过程中是否有瑕疵，例如书证是否有原件，证人是否与各方当事人有特殊的利害关系等，一旦发现证据存在瑕疵，可以就这些证据瑕疵提出质疑，只要确实存在不符合法律规定的证据形式要件的，就要一一提出，以达到否定证据实体证明效力的目的。

2. 对被告在行政处理程序中不采信有利于己方证据的理由进行认真分析并充分论证

通常，如果在行政程序中，原告作为被申请人（被请求人）提供了证据证明己方未构成专利侵权行为，例如，提供了现有技术或现有设计抗辩的证据或者提供了专家鉴定等证据但却没有被地方知识产权管理部门采信，原告在行政诉讼中代理工作的重点是充分论证己方在行政程序中提供证据已经形成了完整的证据链，每一个环节都是必然的联系，不可分割，由此证明被告在行政程序中对于己方所提供的证据不采信不符合法律规定的证据采信规则，并进一步论证正是由于对证据不采信的不合法才导致被告作出错误的决定。如果法院在审理中认为，被告对原告在行政程序中提供的证据应该采信而未采信的，被告的行政行为就有很大的可能被撤销。

3. 对被告在行政处理过程中的程序合法性提出质疑

被告在行政处理案件的过程中程序是否合法是这种行政诉讼案件审理的关键问题之一，也是代理人在诉讼中的代理要点之一。程序的合法性包括：证据是否经过质证、缺席处理的程序合法、假冒专利处罚程序合法（例如是否经过听证或调查等），如果地方知识产权管理部门在行政处理案件的过程中确实存在上述方面程序不合法的缺陷，即使其最终的决定在实体上可能是正确的，但行政行为仍然有可能被法院撤销。这是因为行政处理程序中的程序公正与实体公正在法律上处于同样重要的地位，如果程序上确实存在不合法的缺陷，在一般情况下，无须对实体问题作进一步审查，该行政行为就会被法院撤销。

附　　录

专 利 代 理 条 例

第一章　总　则

第一条　为了保障专利代理机构以及委托人的合法权益，维护专利代理工作的正常的秩序，制定本条例。

第二条　本条例所称专利代理是指专利代理机构以委托人的名义，在代理权限范围内，办理专利申请或者办理其他专利事务。

第二章　专利代理机构

第三条　本条例所称专利代理机构是指接受委托人的委托，在委托权限范围内，办理专利申请或者办理其他专利事务的服务机构。

专利代理机构包括：

（一）办理涉外专利事务的专利代理机构；

（二）办理国内专利事务的专利代理机构；

（三）办理国内专利事务的律师事务所。

第四条　专利代理机构的成立，必须符合下列条件：

（一）有自己的名称、章程、固定办公场所；

（二）有必要的资金和工作设施；

（三）财务独立，能够独立承担民事责任；

（四）有三名以上具有专利代理人资格的专职人员和符合中国专利局规定的比例的具有专利代理人资格的兼职人员。

律师事务所开办专利代理业务的，必须有前款第四项规定的专职人员。

第五条　向专利管理机关申请成立专利代理机构，应当提交下列文件：

（一）成立专利代理机构的申请书，并写明专利代理机构的名称、办公场所、负责人姓名；

（二）专利代理机构章程；

（三）专利代理人姓名及其资格证书；

（四）专利代理机构资金和设施情况的书面证明。

第六条　申请成立办理国内专利事务的专利代理机构，或者律师事务所申请开办专利代理业务的，应当经过其主管机关同意后，报请省、自治区、直辖市专利管理机关审查；没有主管机关的，可以直接报请省、自治区、直辖市专利管理机关审查。审查同意的，由审查机关报中国专利局审批。

申请成立办理涉外专利事务的专利代理机构，应当依照《中华人民共和国专利法》的有关规定办理。办理涉外专利事务的专利代理机构，经中国专利局批准的，可以办理国内专利事务。

第七条　专利代理机构自批准之日起成立，依法开展专利代理业务，享有民事权利，承担民事责任。

第八条　专利代理机构承办下列事务：

（一）提供专利事务方面的咨询；

（二）代写专利申请文件，办理专利申请；请求实质审查或者复审的有关事务；

（三）提出异议，请求宣告专利权无效的有关事务；

（四）办理专利申请权、专利权的转让以及专利许可的有关事务；

（五）接受聘请，指派专利代理人担任专利顾问；

（六）办理其他有关事务。

第九条　专利代理机构接受委托，承办业务，应当有委托人具名的书面委托书，写明委托事项和委托权限。

专利代理机构可以根据需要，指派委托人指定的专利代理人承办代理业务。专利代理机构接受委托，承办业务，可以按照国家有关规定收取费用。

第十条　专利代理机构接受委托后，不得就同一内容的专利事务接受有利害关系的其他委托人的委托。

第十一条　专利代理机构应当聘任有《专利代理人资格证书》的人员为专利代理人。对聘任的专利代理人应当办理聘任手续，由专利代理机构发给《专利代理人工作证》，并向中国专利局备案。初次从事专利代理工作的人员，实习满一年后，专利代理机构方可发给《专利代理人工作证》。专利代理机构对解除聘任关系的专利代理人，应当及时收回其《专利代理人工作证》，并报中国专利局备案。

第十二条　专利代理机构变更机构名称、地址和负责人的，应当报中国专利局予以变更登记，经批准登记后，变更方可生效。

专利代理机构停业，应当在妥善处理各种尚未办结的事项后，向原审查机关申报，并由该机关报中国专利局办理有关手续。

第十三条　已批准的专利代理机构，因情况变化不再符合本条例第四条规定的条件，并在一年内仍不能具备这些条件的，原审查的专利管理机关应当建议中国专利局撤销该专利代理机构。

第三章　专利代理人

第十四条　本条例所称专利代理人是指获得《专利代理人资格证书》，持有《专利代理人工作证》的人员。

第十五条　拥护中华人民共和国宪法，并具备下列条件的中国公民，可以申请专利代理人资格：

（一）十八周岁以上，具有完全的民事行为能力；

（二）高等院校理工科专业毕业（或者具有同等学历），并掌握一门外语；

（三）熟悉专利法和有关的法律知识；

（四）从事过两年以上的科学技术工作或者法律工作。

第十六条　申请专利代理人资格的人员，经本人申请，专利代理人考核委员会考核合格的，由中国专利局发给《专利代理人资格证书》。

专利代理人考核委员会由中国专利局、国务院有关部门以及专利代理人的组织的有关人员组成。

第十七条　专利代理人必须承办专利代理机构委派的专利代理工作，不得自行接受委托。

第十八条　专利代理人不得同时在两个以上专利代理机构从事专利代理业务。

专利代理人调离专利代理机构前，必须妥善处理尚未办结的专利代理案件。

第十九条　获得《专利代理人资格证书》，五年内未从事专利代理业务或者专利行政管理工作的，其《专利代理人资格证书》自动失效。

第二十条　专利代理人在从事专利代理业务期间和脱离专利代理业务后一年内，不得申请专利。

第二十一条　专利代理人依法从事专利代理业务，受国家法律的保护，不受任何单位和个人的干涉。

第二十二条　国家机关工作人员，不得到专利代理机构兼职，从事专利代理工作。

第二十三条　专利代理人对其在代理业务活动中了解的发明创造的内容，除专利申请已经公布或者公告的以外，负有保守秘密的责任。

第四章　罚　则

第二十四条　专利代理机构有下列情形之一的，其上级主管部门或者省、自治区、直辖市专利管理机关，可以给予警告处罚；情节严重的，由中国专利局给予撤销机构处罚：

（一）申请审批时隐瞒真实情况，弄虚作假的；

（二）擅自改变主要登记事项的；

（三）未经审查批准，或者超越批准专利代理业务范围，擅自接受委托，承办专利代理业务的；

（四）从事其他非法业务活动的。

第二十五条 专利代理人有下列行为之一，情节轻微的，由其所在的专利代理机构给予批评教育。情节严重的，可以由其所在的专利代理机构解除聘任关系，并收回其《专利代理人工作证》；由省、自治区、直辖市专利管理机关给予警告或者由中国专利局给予吊销《专利代理人资格证书》处罚：

（一）不履行职责或者不称职以致损害委托人利益的；

（二）泄露或者剽窃委托人的发明创造内容的；

（三）超越代理权限，损害委托人利益的；

（四）私自接受委托，承办专利代理业务，收取费用的。

前款行为，给委托人造成经济损失的，专利代理机构承担经济赔偿责任后，可以按一定比例向该专利代理人追偿。

第二十六条 被处罚的专利代理机构对中国专利局撤销其机构，被处罚的专利代理人对吊销其《专利代理人资格证书》的处罚决定不服的，可以向中国专利局申请复议，不服复议决定的，可以在收到复议决定书十五日内，向人民法院起诉。

<h3 style="text-align:center">第五章 附 则</h3>

第二十七条 本条例由中国专利局负责解释。

第二十八条 本条例自一九九一年四月一日起施行。一九八五年九月四日国务院批准，同年九月十二日中国专利局发布的《专利代理暂行规定》同时废止。

专利代理条例修订草案
（征求意见稿）

第一章　总　则

第一条　为了规范专利代理行为，保障委托人、专利代理机构以及专利代理师的合法权益，维护专利代理的正常秩序，促进专利代理行业健康发展，根据《中华人民共和国专利法》，制定本条例。

第二条　本条例所称专利代理，是指专利代理机构接受委托，以委托人的名义在代理权限范围内办理专利申请或者其他专利事务的行为。

第三条　专利代理机构和专利代理师执业应当遵守法律法规，恪守职业道德、执业纪律，依法履行职责，维护委托人的合法权益。

专利代理机构和专利代理师依法执业受法律保护。

第四条　国务院专利行政部门负责全国的专利代理管理工作。

省、自治区、直辖市人民政府管理专利工作的部门负责本行政区域内的专利代理管理工作。

第五条　中华全国专利代理师协会是社会团体法人，是专利代理行业的自律性组织。国务院专利行政部门依法对中华全国专利代理师协会进行监督、指导。

中华全国专利代理师协会章程由全国会员代表大会制定，报国务院专利行政部门备案。

中华全国专利代理师协会制定的专利代理行业自律规范不得与有关法律、行政法规、规章相抵触。

第二章　专利代理师

第六条　本条例所称专利代理师，是指具备本条例规定的执业条件，受所属专利代理机构指派提供专利代理服务的执业人员。

第七条　具备下列条件的中国公民，可以向国务院专利行政部门申请颁发专利代理师资格证：

（一）申请时年龄在十八周岁以上，具有完全的民事行为能力；

（二）具有高等院校理工科专业专科以上学历；

（三）通过国务院专利行政部门举办的全国专利代理师资格考试。

第八条　具备下列条件的中国公民，可以向国务院专利行政部门申请颁发专利代理师资格证：

（一）具有高等院校本科以上学历；

（二）从事专利审查工作十年以上；

（三）经国务院专利行政部门考核合格。

考核的具体办法由国务院专利行政部门制定。

第九条　有下列情形之一的，不予颁发专利代理师资格证：

（一）在全国专利代理师资格考试中有严重作弊行为的；

（二）因故意犯罪受过刑事处罚的；

（三）被开除公职的；

（四）被吊销专利代理师资格证的。

第十条　已获得专利代理师资格证的人员有下列情形之一的，由省、自治区、直辖市人民政府管理专利工作的部门提请国务院专利行政部门或者由国务院专利行政部门直接撤销其专利代理师资格证：

（一）不具备本条例第七条、第八条规定的申请颁发专利代理师资格证条件的；

（二）有本条例第九条规定情形的；

（三）以欺诈、贿赂等不正当手段取得专利代理师资格证的。

第十一条　专利代理师执业应当具备下列条件：

（一）持有专利代理师资格证；

（二）在专利代理机构实习满一年；

（三）与专利代理机构签订劳动合同；

（四）能够专职从事专利代理业务；

（五）年龄不超过七十周岁。

第十二条　专利代理师执业，应当在与专利代理机构签订劳动合同后三十日内到国务院专利行政部门进行执业备案。

第十三条　专利代理师转换代理机构执业，应当在与新的专利代理机构签订劳动合同后三十日内到国务院专利行政部门重新进行执业备案。

第十四条　专利代理师进行执业备案，应当提交下列材料：

（一）本人身份证和专利代理师资格证复印件；

（二）专利代理机构出具的实习证明；

（三）与专利代理机构签订的劳动合同复印件。

专利代理师应当对其备案材料的真实性负责。

第十五条　专利代理师与专利代理机构解除劳动关系、不再作为专利代理师执业的，应当在解除劳动关系后三十日内到国务院专利行政部门注销执业备案。

第十六条　国务院专利行政部门应当及时向社会公布专利代理师执业备案的相关信息。

第三章　专利代理机构

第十七条　专利代理机构的组织形式应当为普通合伙企业、特殊的普通合伙企业或者有限责任公司。

专利代理机构为合伙企业的，应当有二名以上合伙人；专利代理机构为有限责任公司的，应当有五名以上股东。

第十八条　设立专利代理机构应当具备下列条件：

（一）有符合规范的专利代理机构名称；

（二）有书面合伙协议或者公司章程；

（三）有独立的经营场所；

（四）有与其业务活动相适应的资产；

（五）有符合本条例规定条件的合伙人或者股东；

（六）财务独立。

第十九条　担任专利代理机构的合伙人或者股东，应当具备下列条件：

（一）持有专利代理师资格证；

（二）具有二年以上专利代理师执业经历；

（三）能够专职从事专利代理业务。

专利代理机构的法定代表人应当是股东。

第二十条　在申请设立专利代理机构或者转换专利代理机构时有下列情形之一的，不得担任专利代理机构的合伙人或者股东：

（一）年龄超过六十五周岁的；

（二）此前三年内受过本条例规定的警告以上处罚的；

（三）此前三年内未通过年检的。

专利代理机构的合伙人或者股东自其担任该机构合伙人或者股东之日起满二年后，方可转换专利代理机构担任合伙人或者股东。

第二十一条　设立专利代理机构，应当向国务院专利行政部门提出申请，并提交下列申请材料：

（一）设立专利代理机构申请书；

（二）合伙协议或者公司章程；

（三）合伙人或者股东的专利代理师资格证和身份证明的复印件；

（四）合伙人或者股东的简历、人事档案存放证明以及社会保险缴纳证明；

（五）出资证明、经营场所和工作设施的证明材料；

（六）其他必要的证明材料。

第二十二条　申请设立专利代理机构，应当向省、自治区、直辖市人民政府管理专利工作的部门报送申请材料。

申请材料不齐全或者不符合法定形式的，省、自治区、直辖市人民政府管理专利工作的部门应当自收到申请材料之日起五日内一次告知申请人需要补正的全部内容，逾期不告知的，收到的申请材料视为合格。

第二十三条　省、自治区、直辖市人民政府管理专利工作的部门应当自收到合格的申请材料之日起二十日内予以审查，并将审查意见和全部申请材料报送国务院专利行政部门。

国务院专利行政部门应当自收到报送材料之日起二十日内予以审核，作出是否准予设立的决定。对符合本条例规定条件的，准予设立，向申请人颁发专利代理机构执业许可证；对不符合本条例规定条件的，不予批准，书面通知申请人并说明理由。二十日内不能作出决定的，经国务院专利行政部门负责人批准，可以延长十日，并应当将延长期限的理由告知申请人。

第二十四条　申请人收到国务院专利行政部门颁发的专利代理机构执业许可证后，方可以开办专利代理业务。

第二十五条　符合下列条件的专利代理机构，可以申请设立分支机构：

（一）设立时间满三年；

（二）具有十名以上专利代理师，且在拟设立的分支机构至少有两名专利代理师执业；

（三）申请设立分支机构前三年内未受过本条例规定的处罚；

（四）申请设立分支机构前三年通过年检。

第二十六条　专利代理机构设立分支机构，由拟设立分支机构所在地的省、自治区、直辖市人民政府管理专利工作的部门负责审批，并报国务院专利行政部门备案。

分支机构应当以其所属专利代理机构的名义承接专利代理业务。

第二十七条　专利代理机构变更名称、经营场所、合伙人或者股东、法定代表人或者执行事务合伙人，应当向国务院专利行政部门申请办理变更执业许可证的手续。对符合本条例规定的申请，国务院专利行政部门应当自受理之日起二十日内颁发变更后的执业许可证；对不符合本条例规定的申请，不予办理，书面通知申请人并说明理由。

专利代理机构的分支机构的名称、经营场所等发生变更的，应当参照前款规定向国务院专利行政部门办理变更手续。

第二十八条　专利代理机构取得执业许可证后，因情况变化不再符合本条例规定的条件的，由省、自治区、直辖市人民政府管理专利工作的部门或者国务院专利行政部门依职权责令其限期整改；整改不合格的，由省、自治区、直辖市人民政府管理专利工作的部门提请国务院专利行政部门或者由国务院专利行政部门直接撤销其执业许可证。

第二十九条　国务院专利行政部门应当及时向社会公布取得、注销、撤销、吊销专利代理机构执业许可证的信息。

第四章　专利代理执业

第三十条　专利代理机构可以接受委托，办理下列业务：

（一）提供专利事务方面的咨询或者担任专利顾问；

（二）申请专利；

（三）请求宣告专利权无效；

（四）转让专利申请权、专利权以及订立专利实施许可合同；

（五）依法参与专利有关的诉讼；

（六）其他专利事务。

第三十一条　专利代理机构接受委托，应当与委托人订立书面委托合同。

专利代理机构应当指派在本机构执业的专利代理师承办专利代理业务。

第三十二条 专利代理机构接受委托后，不得就同一专利申请或者专利权的事务接受有利益冲突关系的其他当事人的委托。

专利代理师不得就同一专利申请或者专利权的事务对有利益冲突的双方或者多方当事人提供代理服务。

第三十三条 专利代理机构解散的，应当在解散前与委托人解除委托，妥善处理各种尚未办结的专利代理业务，并向国务院专利行政部门办理注销手续。

第三十四条 专利代理机构被撤销或者吊销执业许可证的，应当在接到撤销或者吊销通知书之日起三十日内通知委托人，与委托人解除委托，并妥善处理各种尚未办结的专利代理业务。

第三十五条 专利代理师应当根据专利代理机构的指派并在受委托的权限内承办专利代理业务，不得自行接受委托。

专利代理师不得与他人串通，由他人以自己的名义承办专利代理业务。

第三十六条 专利代理师不得同时在两个或者两个以上的专利代理机构从事专利代理业务。

专利代理师转换专利代理机构执业，或者从专利代理机构离职、不再作为专利代理师执业的，应当妥善办理业务移交手续。

第三十七条 专利代理机构和专利代理师对其在代理业务活动中了解的发明创造的内容，除专利申请已经公布或者公告的以外，负有保守秘密的责任。

第三十八条 专利代理机构和专利代理师不得以自己的名义申请专利或者请求宣告专利权无效。

专利代理师不得代理与本人及其近亲属有利益冲突的专利事务。

第三十九条 国务院专利行政部门或者省、自治区、直辖市人民政府管理专利工作的部门工作人员离职后在法律、行政法规规定的期限内不得从事专利代理工作。

曾在国务院专利行政部门或者省、自治区、直辖市人民政府管理专利工作的部门任职的专利代理师，不得对其审查、审理或者处理过的专利申请或者专利案件进行代理。

第四十条 国家鼓励专利代理机构和专利代理师为无收入或者低收入群体提供专利代理援助服务。

第四十一条 专利代理机构应当建立健全质量管理、利益冲突审查、投诉处理、年度考核等执业管理制度以及收费与财务管理、档案管理等运营制度，对专利代理师在执业活动中遵守职业道德、执业纪律的情况进行监督。

第四十二条 除本条例规定的专利代理机构、专利代理师外，任何单位、个人不得以专利代理机构或者专利代理师的名义开展专利代理业务，也不得以经营为目的从事本条例第三十条第（二）项和第（三）项规定的业务。

第四十三条 国务院专利行政部门负责组织省、自治区、直辖市人民政府管理专利工作的部门对专利代理机构和专利代理师进行年检，依据本条例以及国务院专利行政部门有关规章的规定，对专利代理机构和专利代理师的执业资格、执业活动以及经营效果等情况进行检查监督，并及时向社会公布年检结果。

第五章　法律责任

第四十四条 专利代理师有下列行为之一的，由省、自治区、直辖市人民政府管理专利工作的部门或者国务院专利行政部门依职权责令限期改正，予以警告、通报批评；情节严重的，责令停止承办新专利代理业务六个月至十二个月，直至吊销专利代理师资格证并注销执业备案：

（一）未依照本条例规定进行执业备案，或者提交的备案材料不真实的；

（二）就同一专利申请或者专利权的事务对有利益冲突的双方或者多方当事人提供代理服务的；

（三）自行接受委托办理专利代理业务的；

（四）与他人串通，由他人冒用自己的名义承办专利代理业务的；

（五）同时在两个或者两个以上专利代理机构从事专利代理业务的；

（六）转换专利代理机构执业未妥善办理业务移交手续的；

（七）泄露委托人发明创造的内容的；

（八）以自己的名义申请专利或者请求宣告专利权无效的；

（九）代理与本人及其近亲属有利益冲突专利事务的；

（十）曾在国务院专利行政部门或者省、自治区、直辖市人民政府管理专利工作的部门任职的专利代理师，对其审查、审理或者处理过的专利申请或者专利案件进行代理的；

（十一）不履行或者怠于履行专利代理义务，给委托人造成损失的。

第四十五条　专利代理师有下列行为之一的，依照有关法律、行政法规的规定承担法律责任；由省、自治区、直辖市人民政府管理专利工作的部门提请国务院专利行政部门或者由国务院专利行政部门直接吊销其专利代理师资格证，并注销其专利代理师执业备案：

（一）泄露国家秘密，或者泄露委托人商业秘密的；

（二）侵占、剽窃、泄露委托人的发明创造的；

（三）向有关行政、司法机关的工作人员行贿，或者指使、诱导当事人行贿的；

（四）提供虚假证据、隐瞒重要事实，或者威胁、利诱他人提供虚假证据、隐瞒重要事实的。

第四十六条　专利代理机构有下列行为之一的，由省、自治区、直辖市人民政府管理专利工作的部门或者国务院专利行政部门依职权责令限期改正，予以警告、通报批评；情节严重的，责令停止承接新专利代理业务六个月至十二个月，直至吊销专利代理机构执业许可证：

（一）申请设立时隐瞒真实情况，弄虚作假的；

（二）取得专利代理机构执业许可证以前，以专利代理机构名义开办专利代理业务的；

（三）擅自设立分支机构的；

（四）擅自变更名称、经营场所、合伙人或者股东、法定代表人或者执行事务合伙人的；

（五）就同一专利申请或者专利权的事务接受有利益冲突的其他当事人的委托的；

（六）以自己的名义申请专利或者请求宣告专利权无效的；

（七）对专利代理师疏于管理，造成严重后果的；

（八）诋毁其他专利代理机构或者以不正当手段承揽业务的。

第四十七条　专利代理师违法执业或者因过错给委托人造成损失的，由其所在的专利代理机构依法承担赔偿责任。

专利代理机构赔偿后，可以向有故意或者重大过失的专利代理师追偿。

第四十八条　专利代理机构解散或者被撤销、吊销执业许可证，未及时通知委托人，妥善处理各种尚未办结的专利代理业务，给委托人造成损失的，由原专利代理机构的合伙人或者股东依法承担赔偿责任。

专利代理师转换专利代理机构执业或者从专利代理机构离职、不再作为专利代理师执业，未妥善办理业务移交手续，给专利代理机构造成损失的，应当依法承担赔偿责任。

第四十九条　任何单位、个人违反本条例第四十二条规定开展专利代理业务的，由省、自治区、直辖市人民政府管理专利工作的部门责令停止违法行为，没收违法所得，并处违法所得一倍以上五倍以下罚款。

涂改、倒卖、出租、出借专利代理机构执业证或者专利代理师资格证的，依照有关法律、行政法规承担法律责任；并由省、自治区、直辖市人民政府管理专利工作的部门或者国务院专利主管部门依职权没收违法所得，处违法所得一倍以上五倍以下罚款，吊销其专利代理机构执业证或者专利代理师资格证。

第五十条　对省、自治区、直辖市人民政府管理专利工作的部门或者国务院专利行政部门作出的具体行政行为不服的，可以依法申请行政复议或者提起行政诉讼。

第五十一条　省、自治区、直辖市人民政府管理专利工作的部门或者国务院专利行政部门的工作人员违反本条例规定，滥用职权、玩忽职守、徇私舞弊的，依法给予处分；构成犯罪的，依法追究刑事责任。

第六章　附　则

第五十二条　外国专利代理机构在中华人民共和国境内设立常驻代表机构，须经国务院专利行政部门批准。

第五十三条　律师事务所开办专利代理业务的管理办法，由国务院专利行政部门商司法行政部门另行制定。

第五十四条　代理国防专利事务的专利代理机构和专利代理师的管理办法，由国务院专利行政部门商国防专利机构另行制定。

第五十五条　专利代理机构解散或者被撤销、吊销执业许可证后处理各种尚未办结的专利代理业务的具体办法，由国务院专利行政部门制定。

第五十六条　本条例自　年　月　日起施行。1991 年 4 月 1 日国务院发布施行的《专利代理条例》同时废止。

本条例施行前依法设立的专利代理机构以及依法执业的专利代理人，在本条例施行后可以继续以专利代理机构、专利代理师的名义开展专利代理业务。

附录二

专利代理事务常用表格下载网页地址

表 1　发明专利请求书　http：//www. sipo. gov. cn/bgxz/zlsqbg/ty/110101fmzlqqs. doc

表 2　实用新型专利请求书　http：//www. sipo. gov. cn/bgxz/zlsqbg/ty/120101syxxzlqqs. doc

表 3　外观设计专利请求书　http：//www. sipo. gov. cn/bgxz/zlsqbg/ty/130101wgsizlqqs. doc

表 4　实质审查请求书　http：//www. sipo. gov. cn/bgxz/zlsqbg/ty/110401szscqqs. doc

表 5　参与专利审查高速路（PPH）项目请求表　http：//www. sipo. gov. cn/download/110402. doc

表 6　意见陈述书　http：//www. sipo. gov. cn/bgxz/zlsqbg/ty/100012yicss. doc

以上六份表格可以从国家知识产权局网站 www. sipo. gov. cn 首页中"表格下载"栏中"与专利申请相关"的"通用类"中的表格点击下载。

表 7　复审请求书　http：//www. sipo. gov. cn/bgxz/zlsqbg/fswx/100901fsqqs. doc

表 8　复审、无效宣告程序意见陈述书　http：//www. sipo. gov. cn/bgxz/zlsqbg/fswx/100902fswxxgcxyicss. doc

表 9　专利权无效宣告请求书　http：//www. sipo. gov. cn/bgxz/zlsqbg/fswx/101001zlwxxgqqs. doc

以上三份表格可以从国家知识产权局网站 www. sipo. gov. cn 首页中"表格下载"栏中"与专利申请相关"的"复审及无效类"中的表格点取下载。

表 10　PCT 请求书　http：//www. sipo. gov. cn/ztzl/ywzt/pct/bgxz/gjjd/201205/t20120503_684895. html

表 11　PCT 国际初步审查请求书　http：//www. sipo. gov. cn/ztzl/ywzt/pct/bgxz/gjjd/201310/t20131028_872229. html

以上两份表格可以从国家知识产权局网站 www. sipo. gov. cn 首页中"专利专栏"中"业务专题"的"专利合作条约（PCT）专栏"的"申请表格下载"栏的"国际阶段申请表格"中的表格点击下载。

表 12　国际申请进入中国国家阶段声明（发明）　http：//www. sipo. gov. cn/bgxz/zlsqbg/pct/150101gjsqjrzggjjdsm. doc

表 13　国际申请进入中国国家阶段声明（实用新型）　http：//www. sipo. gov. cn/bgxz/zlsqbg/pct/150102gjsqjrzggjjdsm. doc

以上两份表格可以从国家知识产权局网站 www. sipo. gov. cn 首页中"表格下载"栏中"与专利申请相关"的"PCT 进入中国国家阶段类"中的表格点击下载。

表 14　标准专利－请求记录指定专利申请　http：//www. ipd. gov. hk/chi/forms_fees/patents/word/p4_chinese. doc

表 15　请求注册指定专利与批予标准专利　http：//www. ipd. gov. hk/chi/forms_fees/patents/word/p5_chinese. doc

表 16　请求批予短期专利　http：//www. ipd. gov. hk/chi/forms_fees/patents/word/p6_ chinese. doc

表17　提交有关短期专利的发明权的陈述　http：//www. ipd. gov. hk/chi/forms＿ fees/patents/word/p6a＿ chinese. doc

表18　外观设计注册申请　http：//www. ipd. gov. hk/chi/forms＿ fees/design/word/d1＿ chinese. doc

以上五份表格可以从香港知识产权署网站 www. ipd. gov. hk 主页中"下载区域"栏中的"专利申请表格"中的 P4、P5、P6 和 P6A 和"外观设计申请表格"中的 D1 点击下载。

附录三

专利收费表

专利收费项目简称及其标准

（单位：人民币　元）

一、国内部分

（一）申请费（简称申）

    1. 发明专利申请费：　　　　　　　　　　　　　　　900

    申请文件印刷费：　　　　　　　　　　　　　　　50

    2. 实用新型专利申请费：　　　　　　　　　　　　500

    3. 外观设计专利申请费：　　　　　　　　　　　　500

（二）发明专利申请审查费（简称审查）：　　　　　　2 500

（三）复审费（简称复审）

    1. 发明专利申请复审费：　　　　　　　　　　　　1 000

    2. 实用新型专利申请复审费：　　　　　　　　　　300

    3. 外观设计专利申请复审费：　　　　　　　　　　300

（四）著录事项变更手续费（简称变更）：

    1. 发明人、申请人、专利权人的变更：　　　　　　200

    2. 专利代理机构、代理人委托关系的变更：　　　　50

（五）优先权要求费（简称优先权）每项：　　　　　　80

（六）恢复权利请求费（简称恢复）：　　　　　　　　1 000

（七）无效宣告请求费（简称无效）

    1. 发明专利权无效宣告请求费：　　　　　　　　　3 000

    2. 实用新型专利权无效宣告请求费：　　　　　　　1 500

    3. 外观设计专利权无效宣告请求费：　　　　　　　1 500

（八）专利登记费（简称登记）（含专利文件印刷费）印花费

    1. 第一次发明专利登记费：　　　　　　　　　　　255

    2. 实用新型专利登记费：　　　　　　　　　　　　205

    3. 外观设计专利登记费：　　　　　　　　　　　　205

（九）附加费（简称附加）

    1. 第一次延长期限请求费（简称延长）每月：　　　300

    再次延长期限请求费每月：　　　　　　　　　　　2 000

    2. 权利要求附加费

    从第 11 项起每项增收附加费：　　　　　　　　　150

    3. 说明书附加费

    说明书加附图超过 30 页的，从第 31 页起每页增收附加费：　50

    说明书加附图超过 300 页的，从第 301 页起每页增收附加费：　100

（十）年费（简称年）

1. 发明专利年费

第一年至第三年每年： 900

第四年至第六年每年： 1 200

第七年至第九年每年： 2 000

第十年至第十二年每年： 4 000

第十三年至第十五年每年： 6 000

第十六年至第二十年每年： 8 000

2. 实用新型专利年费

第一年至第三年每年： 600

第四年至第五年每年： 900

第六年至第八年每年： 1 200

第九年至第十年每年： 2 000

3. 外观设计专利年费

第一年至第三年每年： 600

第四年至第五年每年： 900

第六年至第八年每年： 1 200

第九年至第十年每年： 2 000

二、PCT 申请国际阶段部分

（一）国家知识产权局代世界知识产权组织国际局收取的费用

1. 国际申请费

（1）国际申请文件不超过 30 页： 8 858

（2）超出 30 页每页加： 100

2. 手续： 1 332

（注：国家知识产权局代世界知识产权组织国际局收取的费用部分，本部分中的收费标准按 2008 年 6 月 1 日国家外汇管理局公布的外汇牌价计算，实际收费以国家知识产权局向世界知识产权组织国际局转费当日外汇牌价计算。）

（二）国家知识产权局收取的费用

1. 传送费： 500

2. 检索费： 2 100

附加检索费： 2 100

3. 优先权文件费： 150

4. 初步审查费： 1 500

初步审查附加费： 1 500

5. 单一性异议费： 200

6. 副本复制费（每页）： 2

7. 后提交费： 200

8. 滞纳金按应缴纳费用的 50% 计收；滞纳金数额按最低不少于传送费，最高不多于国际申请费（1）项的 50% 收取。

三、PCT 申请进入中国国家阶段部分

    1. 宽限费：   1 000

    2. 改正译文错误手续费：

        （1）初审阶段：   300

        （2）实审阶段：   1 200

    3. 单一性恢复费：   900

    4. 改正优先权要求请求费：   300

主要参考文献

[1] 中华全国专利代理人协会. 专利代理服务指导标准 [M]. 北京：知识产权出版社，2009.

[2] 吴观乐. 专利代理人执业培训系列教程：专利代理实务——机械分册 [M]. 北京：知识产权出版社，2013.

[3] 尹新天. 中国专利法详解 [M]. 北京：知识产权出版社，2011.

[4] 李勇. 专利代理人执业培训系列教程：专利侵权与诉讼 [M]. 北京：知识产权出版社，2013.

[5] 汤宗舜. 专利法教程（第三版）[M]. 北京：法律出版社，2003.

[6] 国家知识产权局条法司. 新专利法详解 [M]. 北京：知识产权出版社，2001.

[7] 尹新天. 专利代理概论 [M]. 北京：知识产权出版社，2002.

[8] 吴观乐，陈鸣，林伯楠. 专利代理 [M]. 北京：专利文献出版社，1994.

[9] 刘春茂. 知识产权原理 [M]. 北京：知识产权出版社，2002.

[10] 陈美章. 知识产权法律保护问答 [M]. 北京：知识产权出版社，1999.

[11] 陈美章. 知识产权教程 [M]. 北京：专利文献出版社，1993.

[12] 李建蓉. 专利文献与信息 [M]. 北京：知识产权出版社，2002.

[13] 胡佐超. 专利管理 [M]. 北京：知识产权出版社，2001.

[14] 李国光. 知识产权诉讼 [M]. 北京：人民法院出版社，1999.

[15] 尹新天. 专利权的保护 [M]. 2 版. 北京：知识产权出版社，2005.

[16] 程永顺，罗李华. 专利侵权判定 [M]. 北京：专利文献出版社，1998.

[17] 程永顺. 中国专利诉讼 [M]. 北京：知识产权出版社，2005.

[18] 吴观乐. 德、英、美专利侵权判断方法的比较研究——兼对我国发明和实用新型专利侵权判断方法提出几点粗浅看法 [G] //中国专利局专利法研究所. 专利法研究 1994. 北京：专利文献出版社，1994.

[19] 袁德. 论专利程序的基本要素和复合程序 [J]. 中国专利与商标，1997（1）.

[20] 吴观乐. 如何当好专利侵权诉讼中的专利代理人（一）（二）（三）[J]. 中国专利代理，1995（1），（2），（3）.

[21] 黄勤南，尉晓珂. 计算机软件的知识产权保护 [M]. 北京：知识产权出版社，1999.